中国石油组织史资料

附卷一（上）

组织人事大事纪要

（1949—1997）

中国石油天然气集团公司人事部
中国石油天然气集团公司办公厅 编

石油工业出版社

《中国石油组织史资料》编审委员会

张华林	张安平	张志东	张作祥	张幸福	张国珍
张宝增	张冠军	张培华	张晗亮	张维君	张喜文
张德有	张德亮	陆　凌	陈汇明	陈位强	陈建志
苟　量	范瑞丰	金　华	周永强	周华堂	周抚生
庞晓东	郑玉宝	郑明禹	宗贻平	孟向东	赵　东
赵　国	赵文智	赵尔全	赵永河	赵永起	赵政璋
赵益红	郝新刚	胡兢克	侯启军	侯浩杰	施　龙
施哲彦	姜力孚	姜万春	姜昌亮	姚志强	贺金霞
秦永和	袁士义	贾忆民	贾瑞民	夏义平	柴守平
钱新华	徐卫喜	徐可强	徐会举	徐新福	凌　霄
栾永江	高栋平	高殿龙	郭开旗	郭进平	接铭训
黄　刚	黄永章	黄维和	曹亚明	曹俊文	常延魁
章　欣	彭元正	蒋　奇	蒋尚军	谢文虎	雍瑞生
裴宏斌	谭立村	冀玉军	默新社	魏　强	

《中国石油组织史资料》编纂人员名单

编纂领导小组

主　　编：单昆基　刘志华　王志刚　张卫国

副 主 编：金　华　徐新福　任一村　曲　浩

编纂办公室

主　　任：张昌寰　周家尧　尚　真

常务副主任：白广田

副 主 任：郎东晓　于维海　王　昕　张桂珍

成　　员：胡红民　樊卫国　黄　革　郭向东　王立平　李宏伟
李　刚　吴正斌　王希文　郝庆华　丁传峰　朱长根
李　林　崔利民　寇登科　李国辉　王永军　腾　云
王子云　戴瑞祥

本卷编纂组

总纂组组长：白广田　孙万安　于晓飞

初纂组组长：齐治欣　郭光明　张建华　王晓平

责 任 编 纂：王海英　鲜于文晶　周　勇　李廷璐　邢　军

编 辑 编 务：武晓达　张洪国　吴雁荣　尚桂秋　白　丽　于维海
候瑞华　宋艳钊　宗　德　朱　明　张丽东　郑　岩
曾　路　曹　月　王子云　任宏伟　梁保伟　刘　巍
何晓东　闫好强　刘晓芳　潘煜斌　张万莉　孙淑红
朱晨哲　龚志康　职丽枫　何　波

前 言

以铜为鉴，可正衣冠；以史为鉴，可知兴替；以人为鉴，可明得失。企业的组织机构沿革和人事更迭情况，是企业发展史的一个重要组成部分。自新中国成立以来，石油工业管理体制几经调整，石油企业分合变迁，企业的组织机构和领导班子情况发生了很大变化，但一直缺少一套全面系统记录这段历史的组织史资料。许多石油战线的老领导、老职工都有一个共同的想法，希望把新中国成立以来石油工业的组织沿革好好梳理一下，编纂成册。2012年3月，中国石油天然气集团公司党组决定全面启动《中国石油组织史资料》的编纂工作，经过两年半的辛勤工作，现已告竣。这部以编年体和纪事本末体史志体例编纂的组织史资料丛书，既涵盖了从燃料工业部（石油管理总局）、石油工业部、燃料化学工业部、石油化学工业部、石油工业部等国家部委管理时期的中国石油工业发展历程，又涵盖了从中国石油天然气总公司到中国石油天然气集团公司的企业发展历史，比较全面、系统、客观、准确地记录了中国石油组织机构60多年来的历史沿革。

中国石油工业的历史，是几代石油人艰苦奋斗、顽强拼搏、探索前进，用激情与汗水、勇气与智慧谱写的一部波澜壮阔的创业史、奋进史、辉煌史。中国是世界上最早发现和利用石油及天然气的国家之一，但由于长期受封建主义、帝国主义和官僚买办资本主义的阻碍及战争环境的影响，石油工业发展非常缓慢，基础十分薄弱。从1878年台湾苗栗第一口工业油井出油，到1949年新中国成立的70多年间，尽管不少爱国知识分子和有识之士，为实现“实业救国”的理想，为勘查石油和发展中国石油工业，前赴后继，历尽艰辛，但收效甚微。中国被扣上“贫油”的帽子，成为国际“洋油”倾销的市场。到1949年，全国石油产量仅有12万吨，其中还包括人造石油5万吨。

伴随着新中国前进的步伐，中国石油工业艰难创业，在20世纪60年代实现了历史性重大转折，经历了十年动乱的严峻考验，70年代末进入世界产油大国行列，改革开放后进入了一个全新的发展时期，80年代在机制转变中持续发展，90年代在经济转型中加速发展，进入21世纪在重组改制中跨越式发展，为促进国民经济持续发展、保障国家能源安全、全面建设小康社会做出了重要贡献。新中国石油工业经过60多年的发展，实现了从小到大、从弱到强，取得了辉煌成就。

1949年至1960年，新中国石油工业在十分薄弱的基础上艰难起步。1949年，全国各地陆续解放，中国人民解放军开始接收残破的石油工业，陆续接管中国石油有限公司及其所属单位。中国共产党和人民政府对石油工业的恢复和发展给予了极大的重视和关怀，从此翻开了中国石油工业的新篇章。新中国成立后，中央人民政府设立燃料工业部，主管煤炭、电力和石油工业的恢复及建设工作。1950年4月，在燃料工业部设立石油管理总局，统一领导石油工业的勘探和生产建设工作。1955年7月，为迅速改变中国石油工业的落后局面，为国民经济发展提供强大的能源保证，设立石油工业部，负责石油工业的勘探和生产建设工作，并由地质部承担石油资源的普查工作。在此期间，中国石油工业在对原有石油厂矿实行国有化的基础上，经过三年恢复和“一五”计划，初步建立起高度集中统一的管理体制，并将石油工业发展重点从人造石油转向天然石油，开展大规模的石油普查勘探，先后发现和开发建设了新疆克拉玛依油田、青海冷湖油田和四川油气田，并扩大了玉门油田，初步形成了玉门、新疆、青海、四川4个石油天然气生产基地。在西部取得重要成果后逐步把勘探重点转到东部，相继获得一系列重大发现，特别是1959年发现了大庆油田，中国终于甩掉了“贫油”的帽子。建国后，经过10年的艰苦努力，新中国石油工业的面貌发生了很大变化，石油工业初步形成了勘探、开发、钻井、基建、炼油、储运、机械制造、科研、设计和石油教育等专业配套的工业体系。1959年，全国石油产量达到373万吨，原油年加工能力达到579万吨，当年实际加工原油395万吨。

1960年至1978年，中国石油工业在石油大会战中高速发展。以大庆石油会战为标志，中国石油工业在计划经济的大背景下，充分发挥社会主义能够集中力量办大事的优越性，创造了会战管理模式和大庆经验，成功组织开展了华北（含胜利、大港和渤海海上）、四川、江汉、辽河、陕甘宁、冀中、吉林、河南、江苏、濮阳等一系列石油大会战，完成了催化裂化、催化重整、延迟焦化、尿素脱蜡和炼油催化剂与石油添加剂“五朵金花”炼油攻关会战，使石油工业原油产量、炼油能力、经济总量和经济效益持续高速增长，创造了中国乃至世界石油工业史上的一个奇迹。在此期间，石油工业从勘探开发等上游业务到管道运输、炼油化工等中下游业务，大部分时间都由国家部委实行统一管理。1967年，石油工业实行军事管制。1970年6月，石油工业部与化学工业部、煤炭工业部合并为燃料化学工业部。1975年1月，改为石油化学工业部。1978年3月，恢复石油工业部。1978年，全国石油产量达到1.04亿吨，天然气产量达到137亿立方米，原油年加工能力达到9291万吨，当年实际加工原油7069万吨，累计建成原油管道5714千米、天然气管道2206千米。石油工业总产值为244亿元，占全国生产总值的6.7%。正是石油工业的高速发展，有力地支持了国民经济和其他工业部门的持续发展。

1978年至1988年，石油工业在改革开放中不断前进。以1978年12月中国共产党十一届三中全会为标志，中国进入了改革开放的历史新时期。1979年，随着国务院《关于扩大企业经营管理自主权的若干规定》、《关于国营企业实行利润留成的规定》等文件的相继颁布，石油工业部开启了以扩权让利为主要内容的石油企业改革，对外开放率先在海洋石油领域展开，并逐步扩大到陆上。1982年2月，国家成立副部级的中国海洋石油总公司，归口石油工业部管理。1983年7月，原由石油工业部管理及由地方管理的炼油化工企业，联合成立国务院直接领导的中国石油化工总公司。这一时期，石油工业贯彻执行“调整、改革、整顿、提高”的方针和“对外开放、对内搞活”的政策，通过一系列经济政策的调整，特别是国家决定首先在石油全行业实行1亿吨原油产量包干、海上大陆架石油对外开放、采取多种形式引进国外先进技术装备的三项政策，极大地增强了石油工业的发展活力。经过艰苦努力，石油工业战胜了十年动乱带来的严重困难，发展成为用现代技术装备起来的专业配套的能源生产行业。期间，石油勘探开发实现两大突破并取得十大重大发现，建成大庆、吉林、辽河、大港、华北、胜利、中原、河南、江苏、江汉、新疆、青海、玉门、长庆、四川、滇黔桂和延长油矿等17个油气生产勘探开发基地，海上投入开发了渤海、东海、南海东部、南海西部4个油田生产基地，石油工业的地域分布发生了根本性变化。原油产量迅速增长，1985年全国石油产量上升到世界第6位，1988年达到1.37亿吨，进入世界主要产油国行列。为国家创收大量外汇，积累了大量资金，累计上缴财政687亿元，出口创汇320亿美元，有力地支持了国家经济建设。

1988年至1998年，陆上石油工业在经济转型中加速发展。随着社会主义市场经济体制的确立和国家经济体制改革的推进，石油工业管理体制发生了重大变革。1988年3月，根据中共十三大关于经济体制改革和政企分开、转变职能、精简机构的建议，国家决定设立能源部，将石油工业部的政府职能移交能源部行使，隶属于石油工业部的中国海洋石油总公司正式分立，以石油工业部为基础组建中国石油天然气总公司。9月，中国石油天然气总公司正式挂牌成立。1993年3月，国家撤销能源部，中国石油天然气总公司与中国石油化工总公司、中国海洋石油总公司全部由国务院直接领导。这一时期，中国石油天然气总公司在治理整顿中全面深化陆上石油工业改革，完善包干政策，大力推行项目管理和各种形式的承包责任制；转换经营机制，调整企业组织结构，推行资产经营责任制，加快解体“大而全”、“小而全”，不断探索“油公司”新型管理体制，石油企业从国家统负盈亏逐步变成自主经营、自负盈亏的市场竞争主体，逐步实现了由计划经济向市场经济的体制转变。随着中国经济的快速发展，1993年中国从石油净出口国再一次变为石油净进口国。按照国家的部署和要求，中国石油天然气总公司作出了实施三大战略的重大决策。一是实施“稳定东部、发展西部”战略，坚持油气并举，东部地区总体上保持了基本稳定，西部地区发展成为重要的战略接替地区。二是实施“扩大对外合作、开展国际化经营”战略，积极扩大对外经济技术合作与交流，扩大各种形式的对外贸易，努力开拓海外勘探开发市场，在参与国际竞争中不断发展和壮大。三是实施“多元开发、多种经营”战略，实行一业为主、多元开发，产业结构得到调整，炼油化工和多种经营业务快速发展。1994年结束了连续6年的政策性亏损，实现利润102亿元，石油工业恢复了全国工业利税大户的地位。1997年原油产量增加到1.43亿吨，天然气产量上升到171亿立方米。

从1998年开始，中国石油工业在重组改制中实现跨越式发展，综合实力和国际竞争力显著增强，进入了国际资本市场和国际化经营的新阶段。1998年3月，第九届全国人民代表大会第一次会议审议通过的《国务院机构改革方案》，将化学工业部、中国石油天然气总公司、中国石油化工总公司的政府职能合并，组建国家石油和化学工业局。化学工业部和两个总公司下属的油气田、炼油、石油化工、化肥、化纤等石油与化工企业以及石油公司和加油站，按照上下游结合的原则，分别组建两个特大型石油石化企业集团公司。7月，中国石油天然气集团公司正式挂牌成立，由原来的行政性、行业性公司，变成一个真正意义上的石油集团，作为竞争主体进入市场，彻底实现了政企分开，主营业务也从油气勘探开发扩展到上下游、内外贸、产销一体化经营。1999年，中国石油天然气集团公司进行重组改制，发起创立中国石油天然气股份有限公司，并对内部现行管理体制和经营机制进行持续改革重组，实现了我国石油工业发展史上具有里程碑意义的重大变革。1998年以来，中国石油天然气集团公司在开拓中奋进，大力实施资源、市场、国际化三大战略，实现了以上游业务为主向上下游、国内外、生产销售贸易一体化企业的转变，实现了以国内业务为主的石油公司向跨国经营的国际能源公司的转变，实现了以计划调控和行政命令为主要管理方式的国有企业向市场化管理、国际规范运营的现代企业的转变，管理和运营更为稳健成熟，业绩和实力得到国际国内及业界同行的普遍认可。国内油气生产能力持续增强，一批大型炼化基地建成投运，油气管道业务蓬勃发展。海外油气合作区硕果累累，“海外大庆”高质量如期建成，油气战略通道和运营中心建设全面推进，形成综合性国际能源公司的总体架构。从石油天然气勘探开发、炼油化工生产、储运运输、贸易营销，到科研设计、工程技术、工程建设、装备制造、金融服务，再到新能源开发利用，专业门类齐全，技术管理先进，布局结构比较合理，生产经营覆盖全国城乡、连接海内外，实现了长期可持续发展，综合经济效益和整体实力显著增强。2013年，中国石油天然气集团公司总资产达到3.75万亿元，国内外油气权益当量产量达到2.42亿吨，实现营业收入2.76万亿元，利润总额1880亿元。2014年《财富》杂志全球500强排名中位居第5位，在世界50家大石油公司综合排名中位居第4位，规模实力跨入世界大石油公司前列。

中国当代石油工业的发展和重大成就，闪耀着中国共产党的理论、路线、方针、政策的光辉，凝聚着党的历代中央领导集体和老一辈无产阶级革命家的关怀、支持、鼓励和殷切期望。新中国成立后，毛泽东、周恩来、刘少奇、朱德、邓小平、陈云、李先念等党和国家领导人对石油工业的发展给予了高度重视和具体指导，倾注了很多心血。20世纪60年代，毛泽东发出“工业学大庆”的号召，亲手树起了大庆这面旗帜，还多次接见铁人王进喜，把大庆精神铁人精神所蕴涵的无私奉献的核心价值观和艰苦奋斗作风推向了全国。

邓小平主管石油工业时期，作出了战略东移的重大决策，推动了石油工业历史性的突破。江泽民多次视察油气田企业，并作出重要指示，称赞“石油部门是为我国社会主义现代化建设创立了卓越功勋的部门，石油工人是中国工人阶级的一支英雄队伍”。胡锦涛和习近平多次视察石油企业，希望石油工业战线的广大职工不辜负党和人民的期望，不断传承和弘扬光荣传统，顽强拼搏，开拓进取，为我国石油工业的发展，为推进改革开放和社会主义现代化建设做出新的更大贡献。

中国当代石油工业的发展和重大成就，凝聚着百万石油职工为国争光、为民争气、开发祖国石油的满腔热忱和艰苦奋斗、勇于探索、开拓创新的辛勤劳动。60多年来，一代又一代石油领导人、科技人员、管理干部和广大石油工人，发扬“爱国、创业、求实、奉献”的大庆精神铁人精神，以“两论”为指导，在荒凉的戈壁、沙漠、高山、草原、海上和国外，自力更生，奋发图强，艰苦奋斗，无私奉献，勇往直前，顽强探索中国石油工业发展道路，建立起独立完整、具有相当规模和实力的现代石油工业体系，使中国从一个几乎完全依赖“洋油”的“贫油国”，发展成为位居世界前列的石油天然气生产、炼油化工及乙烯生产大国，开辟了石油工业现代化的新纪元，为支持国民经济增长、社会发展和人民生活改善做出了重大贡献。许多爱国志士、科技工作者、勘探队员和石油职工献出了自己的青春年华，有的甚至献出了自己宝贵的生命。他们是中国石油的骄傲，是永远值得人们尊敬的英雄。正是“一部艰难创业史，百万覆地翻天人”。

中国当代石油工业的发展和重大成就，也凝聚着全国人民的智慧和心血。在创建新中国石油工业的宏大事业中，与石油队伍并肩战斗的广大地质队伍，作为开发矿业的尖兵，在石油地质普查中做了大量艰苦工作。中国人民解放军、国务院各相关部门、各省市自治区政府、全国各行各业以及广大的人民群众，对石油工业的建设给予了人财物等多方面的大力支援。

通古达今，史为镜鉴。编纂《中国石油组织史资料》，全面收集整理中国石油的组织发展脉络，系统总结中国石油组织建设方面的成就和经验，对研究探索中国石油组织建设的规律，充实完善中国石油的史志资料，都具有十分重要的意义。编纂人员以马列主义、毛泽东思想、邓小平理论和“三个代表”重要思想为指导，以科学发展观统领全书，坚持辩证唯物主义和历史唯物主义的立场、观点和方法，按照实事求是的原则和“广征、核准、精编、严审”的工作方针，以档案文件的真实记录为依据，去伪存真，去粗取精，反复修改，几易其稿，终于形成了这部全面系统、资料翔实的石油组织史资料史册。这是一部传承石油历史、传播石油文化的重要历史文献，也是一部了解石油企事业单位组织人事工作沿革的业务工具书。既丰富了中国石油工业的历史资料，也丰富了中华人民共和国国史资料。随着时间的推移，这套资料的价值必将越来越为人们所重视，其社会效益将愈益显著。

希望本丛书作为中国石油企业管理和文化建设的重要基础性工程，发挥“资政、存史、育人、交流”的作用，用辉煌成就鼓舞人，用优良传统教育人，用成功经验启迪人，用历史教训警示人。希望广大石油员工多读历史，多了解历史，从历史中汲取营养，获得前行的动力和方向，在中国石油天然气集团公司建设世界水平的综合性国际能源公司的新征程中，开拓奋进，继续谱写更加宏伟壮丽的篇章。

凡　例

一、本书按照中共中央组织部、中共中央党史资料征集委员会、中央档案馆制定的《关于〈中国共产党组织史资料〉征集、整理和编纂修订方案》和中国石油天然气集团公司下发的《〈中国石油组织史资料〉编纂工作方案》、《〈中国石油组织史资料〉编纂技术规范》进行编纂。

二、指导思想。本书以马列主义、毛泽东思想、邓小平理论和“三个代表”重要思想为指导，以科学发展观统领全书，坚持辩证唯物主义和历史唯物主义的立场、观点和方法，按照实事求是的原则和“广征、核准、精编、严审”的工作方针，全面客观记述中国石油的组织演变发展历程和人事变动情况，发挥“资政、存史、育人、交流”的作用。

三、断限。本书收录上限始自1949年10月中华人民共和国成立，下限断至2013年12月。

四、指代。本书中“中国石油”以1988年9月中国石油天然气总公司成立为界，之前泛指中国石油工业，之后特指“中国石油天然气总公司”和“中国石油天然气集团公司”。“燃料部”、“石油部”、“燃化部”、“石化部”、“总公司”、“集团公司”、“股份公司”等简称分别指代“燃料工业部”、“石油工业部”、“燃料化学工业部”、“石油化学工业部”、“中国石油天然气总公司”、“中国石油天然气集团公司”、“中国石油天然气股份有限公司”。

五、资料的收录范围。本书收录的资料分三部分：一是组织机构沿革及领导成员名录等正卷正文收录资料；二是组织人事统计资料及其他相关人员名录等附录附表资料；三是组织人事大事纪要、重要文献资料等附卷资料。

组织机构和领导名录按照下延一级的原则收录，组织机构收录范围主要是依据行政隶属关系和股权管理确定，领导名录收录范围主要是按照干部管理权限确定。具体包括：总部领导机构及其领导成员，总部机关部门、附属单位、专业分公司和所属企事业单位、控股子公司领导机构及其领导班子成员；所属企事业单位下属的局级二级单位，收录到总部管理的副局级以上干部；参股公司只收录总部派出的董事、监事、高级经营管理人员或股东代表。

附录附表资料主要包括：组织机构名录及沿革图，院士、专家、技术能手、教授级职称等高层次人才队伍人员名录，全国党代表、人大代表、政协委员名录，先进集体、先进个人和石油英模名录，历年人事劳资统计简表等。

组织人事大事纪要主要收录组织干部、人事劳资、教育培训等重要事件的时间、决定机关、依据文件、主要内容或结果等。

重要历史文献资料主要收录具有政策性、指导性、价值性、全局性的人事管理文件、重要的工作报告、领导讲话、工作总结、经验材料等。

六、资料的收录原则。以党政组织机构为主，其他组织机构次之；以总部组织机构为主，所属企事业单位组织机构次之；本级组织机构较详，下属组织机构较略；集团公司和总公司时期较详，国家部委时期较略；存续下来的组织机构较详，期间撤销或划出的组织机构较略；组织机构及领导成员资料较详，其他资料较略。

七、编纂结构体例。本书采取“先分阶段，再分层级，后分层次”横竖结合的方法，以卷、编、章、节、目等层次进行编纂，按历史阶段立卷设编分册，共5卷9册：第一卷　国家部委时期（1949.10—1988.9）（分上中下三册）、第二卷　中国石油天然气总公司时期（1988.9—1998.7）（共一册）、第三卷　中国石油天然气集团公司时期（1998.7—2013.12）（分上下两册）、附卷一　组织人事大事纪要（1949—2013）（分上下两册）、附卷二　文献资料选编（1949—2013）（共一册）。

第一卷，依据石油工业的历史沿革分为燃料工业部（石油管理总局）（1949.10—1955.7）、石油工业部（1955.7—1970.6）、燃料化学工业部（1970.6—1975.1）、石油化学工业部（1975.1—1978.3）、石油工业部（1978.3—1988.9）5个阶段，每个阶段为一编。第一编以燃料工业部领导机构、石油管理总局领导机构、石油管理总局机关部门、石油工业企事业单位和附录立章，第二编至第五编以各部领导机构、机关部门、石油工业企事业单位和附录立章。

第二卷，以总公司总部组织机构、所属企事业单位组织机构和附录分别设编：第一编以总公司领导机构、总部机关部门分别立章，第二编按所收编企事业单位的业务属性类别划块立章，第三编为附录。

第三卷，以集团公司总部组织机构、集团公司所属企事业单位组织机构、股份公司总部组织机构、股份公司所属企事业单位组织机构和附录分别设编：第一编、第三编分别以集团公司、股份公司总部领导机构、机关部门、附属单位、专业分公司直接立章，第二编、第四编分别按所收录企事业单位的业务板块或业务属性分类立章，第五编为附录。

各章之下，一般以本章所收编的具体机关部门、企事业单位类别或具体建制单位等分别设节，节下或不设节的章下，分别收编具体的组织机构。其中，各卷（编）“领导机构”一章及第一卷各编“机关部门”一章，章下不再设节，直接分条目收编具体的领导机构及机关部门；第二、第三卷“机关部门”一章，章下设节收录具体的机关部门；第一卷各编“石油工业企事业单位”一章，按所收编企事业单位的业务属性划块分别设节，节下分条目收编具体的建制单位；第二卷第二编和第三卷第二、第四编下各章，设节收编具体的建制单位。

第一卷各编和第二卷、第三卷之末设有附录，主要收录本级组织机构名录及沿革图、基本情况统计表、组织人事（劳资）统计报表和高层次人才、劳动模范、先进集体名录等内容。

附卷一和附卷二不再立章设节。附卷一按照大事纪要的编纂体例，分年月列条目编排；附卷二按照组织人事业务模块，分类别列条目编排。

八、本书第一卷至第三卷资料编排。本书采用文字叙述、组织机构及领导成员名录、图表相结合的编纂体例进行资料编排。

（一）组织机构沿革文字叙述的编排。本书文字叙述主要起连接机构、名录、图表的作用，主要包括综述、分述和简述。在第一卷各编之首和第二卷、第三卷各卷卷首，写有本编或本卷组织机构沿革综述。主要记述该时期本级组织机构的基本简况、沿革变化及其历史背景；下设工作机构和所属单位的机构改革、体制调整等组织沿革发展变化情况；本级组织机构在企业管理和改革、生产经营、干部和员工队伍建设、党的建设和企业文化建设等方面所采取的重大决策、重要措施及取得的主要成绩等内容。

在各章或节之首，写有本时期领导机构、机关工作部门、所属单位每个层次的分述，即本层次组织机构沿革情况概述或提要。主要是围绕本层次组织机构发展主线，采取编年纪事与本末纪事相结合的方式，简要概述本层次所涉及的重大管理体制调整、组织机构调整、业务重组整合、领导届次变化和组织机构的基本概况等。

在各节或目下，分别收编具体组织机构，其下一般为两部分：第一部分为该组织机构沿革的文字简述，第二部分为该组织机构及领导成员名录。简述主要记述该机构建立、撤销、分设、合并、名称改变、职能变化、业务划转、规格调整、体制调整的依据及结果，上级下属、内部机构设置及人员编制的变化情况，机构驻地和生产规模、工作业绩概况等。

（二）组织机构的编排顺序。一般按机构成立时间先后或编纂下限时的规范顺序排列。领导机构，以届次或时间先后收编；机关工作机构和部门，按职能部门、专业公司、直附属单位的顺序排列；各所属企事业单位，按成立时间先后或编纂下限时的规范顺序排列。

所属企事业单位党组织、行政组织和工会组织，国家部委时期按党组织、行政组织和工会组织依次编排，总公司和集团公司时期按行政组织、党组织和工会组织依次编排，有明确规定的，按规定顺序编排。设董事会、监事会的，董事会、监事会列在最前面。

“文革”时期，设有军管会、革委会的，依次进行收录和编排。

（三）领导名录的编排顺序。一般按正职（职级）、副职（职级）和任职时间先后的顺序分别排列。同为副职的，按任职先后排列；同时进班子的，按任免文件或任命时已注明的顺序排列；领导班子中有正、副局级巡视员及其他相应职级干部的，依次编排在领导班子成员名录后；提前退出领导班子现职的成员，本书未收录。

党内职务排序依次为正职、副职、常委（委员）、纪委（纪检）书记（组长）。常委（委员）的排列按选举产生或历史文献列定的顺序，后增补的按任职时间先后排列。行政职务排序一般为正职、副职、总师。一人兼任多职的，按不同职务序列名称分别编排。除上级部门领导兼任下级职务和“安全总监”职务标注“兼任”外，其他同一人分别任不同职务序列和岗位职务时一般不标注“兼任”。

本书领导名录编排顺序不代表班子成员实际排序。

（四）本书图表。各卷卷尾收录了中国石油历史沿革及历任主要领导一览表、本时期石油工业所辖主要单位区划分布示意图。第三卷还收录了集团公司海外业务分布示意图。

（五）其他。组织机构名称一般使用全称，名称过长或有常用简称的，第一次出现时使用全称，并括注之后用简称。目录和标题中的机构名称一般用全称或规范的简称。一个单位有两个名称的，第二个名称使用括号。在列名录时，涉及两个或两个以上职务名称的，第二个名称使用括号。

九、本书收录的领导成员资料包括其职务（含代理）、姓名（含曾用名）、性别、少数民族族别、非中国国籍、任职起止年月等人事状况。凡涉及女性、少数民族、兼任、主持工作、挂职、未到职或领导成员实际行政级别与组织机构职务级别不一致等情况，均在任离职时间括号内标注。涉及同一人的备注信息，仅在该节第一次出现时加注。同一卷中姓名相同的，加注性别或籍贯、出生年月、毕业院校等以示区别。对组织上明确设有“常务”职务的，一般单列职务名录或在副职名录后括号内加注，并编排在其他副职前。

十、本书收录的组织机构及领导成员，均在其后括号内注明其存在或任职起止年月。月不详者注季，季不详者注上半年、下半年或年，年、月均不详者括号内为空白。任职上下限时间在同一年者，标注下限时间时省略年，例如“（19××.×—×）”；在同一个月内者，任职时间只标注年月，例如“（19××.×）”。同一组织、同一领导成员，其存在或任职年月有两个或两个以上时期时，前后两个时期之间用“；”隔开；组织机构名称变更后，排列时原名称在前、新名称在后，中间用“—”连接。收录的某一组织机构，在其存在时限内，其领导成员一直空缺或不明者，分别在职务后括号内标注“空缺”或“不详”。

十一、组织机构设立和撤销时间，以上级机构管理部门正式下发的文件为准；没有文件的，以工商注册或资产变更等法定程序为准。

十二、领导成员任离职时间，均以干部主管部门任免时间或完成法定聘任（选举）程序时间为准。同一人有几级任免文件的，按干部管理权限，以主管部门任免行文时间为准。属自然免职或无免职文件的，将下列情况作为离职时间：被调离原单位的时间，办理了离退休手续的时间，去世时间，机构撤销时间，选举时落选时间，新领导人接替时间，副职升正职的时间，随机构名称变更而职务变化的时间，刑事处罚、行政处分和纪律处分时间。确无文件依据的，经组织确认后，加以说明或标注。

十三、本书入编机构，只收录以人事部门机构文件为准的常设机构，未收录各种临时机构、虚设机构、领导小组、委员会等非常设机构。

十四、本书资料收录的截止时间，不是组织机构和领导成员任职的终止时间。各组织机构一般按第一卷至第三卷七个时期的时限划段，分别收编在第一卷各编和第二卷、第三卷内；对跨时限时间较短的，则集中收编在上一卷（编）或下一卷（编）内。

十五、本书对历史上的地域、组织、人物、事件等，均使用历史称谓。中国共产党各级组织名称的书写，一般简写为“中共……”；各级组织机构，除章、节标题和收录党组织领导名录外，一般省略“中共”二字。中国共产党第×次全国代表大会，统一简称为“中共×大”；中华人民共和国第×届全国人民代表大会，统一简称为“第×届全国人大”；中国人民政治协商会议第×届全国委员会，统一简称为“全国政协第×届会议”，以此类推。

十六、本书一律使用规范的简化字。数字使用依据《出版物上数字用法》（GB/T 15835—2011），采用公历纪年，年代、年、月、日和计数、计量、百分比均用阿拉伯数字，表示概数或用数字构成的专用名词用汉字数字，货币单位除特指外，均指人民币。

十七、本书采用行文括号注和页末注。行文括号注包括领导成员的人事状况，组织的又称、简称、代称，专用语全称与简称的互注等。页末注系需要说明的问题。同一内容的注释，只在该节（目）第一次出现时注明。

十八、本书收录的文献多为全文照录，保留原标题。篇幅较长的文献，以突出组织人事工作主线进行适当节录。对已公开出版或已经收录到文件选编的，一般只列出标题，内文从略。

十九、本书收录的资料，仅反映组织机构沿革、领导成员更迭和干部队伍发展变化的历史，不作为机构和干部个人职级待遇的依据。由于情况复杂，个别人员姓名和任职时限难免出现错漏和误差，有待匡正。

二十、本书各卷在本凡例之后设有“本卷编纂说明”，进一步说明该卷编纂中还需要交代的具体事项。

总 目 录

本卷编纂说明

一、本卷为《中国石油组织史资料》附卷一，主要收录1949年至2013年期间，燃料工业部（1949—1955年）、石油工业部（1955—1970年）、燃料化学工业部（1970—1975年）、石油化学工业部（1975—1978年）、石油工业部（1978—1988年）、中国石油天然气总公司（1988—1998年）、中国石油天然气集团公司（1998—2013年）的组织人事工作及其相关的大事纪要。

二、本卷收录内容：

（一）组织机构。各历史时期石油主管部门、总公司、集团公司领导机构，机关部门及石油工业涉编机构的设立、合并、划转、撤销和名称变更等事项。

（二）人事任免。各历史时期石油主管部门、总公司、集团公司领导机构，机关部门及石油工业涉编机构的党政领导班子成员任免事项，以及集团公司时期主要业务工作领导小组、委员会等非常设机构主要负责人员任免事项。

（三）重大决策。各历史时期下发的组织干部、人事劳资、教育培训等方面的主要政策性文件、决策部署等事项。

（四）重要会议。各历史时期召开的组织干部、人事劳资、教育培训等方面的业务会议事项。

（五）其他事项。院士、英模先进人物、各类专家的评选和表彰情况，其他与组织人事工作相关的重要历史事件、工作成果等。

三、本卷编排原则：

（一）本卷采用编年体和纪事本末体相结合的方式记述，以编年体为主，纪事本末体为辅，依据历史文件原貌如实客观记述组织人事重要事件和活动。

（二）本卷按条目体编排，按年月日顺序逐年、逐月、逐日记述。一般一个条目只记一件事，不记多事。为便于整体反映事件的全貌，对于同一单位或同一类型的事件，一般综合到一个条目内进行综合性记述。

（三）条目排序。同日、同月发生的事件有数条，另起行以示区别，并以“同日”、“同月”记述其他条目。日期不详者，记述至月，用“上旬”、“中旬”、“下旬”或“×月”标记；月份不详者，记述至年，用“年初”、“上半年”、“下半年”、“年底”或“本年”标记。凡“上旬”排于11日前；凡“中旬”排于21日前；凡“下旬”排于30日前后；凡“×月”一律放至该月之尾；凡“上半年”、“下半年”则一般排于本时间段最末的一月之后；凡“年初”排于全年最前面，“年底”、“本年”排于全年最后。少数能判断出大体时间者则排到相应靠前位置。

（四）本卷中人物的姓名和职务名称，以干部任免文件为准；单位机构名称以文件为准，地理名称使用国家标准称谓；国家名称和政府机构名称第一次出现时用全称，其后用简称。

（五）任免领导干部的基本要素：任免时间、任免机关、任免批语（决定、批复、同意、聘任、推荐、免去）或依据、干部姓名、机构名称、职务名称等。机构名称、职务名称一般使用标准简称或通用名称。凡属党内职务任免的，在姓名后加“同志”；凡属领导干部免职的，姓名后一般加“的”。

（六）涉及多人任免同一单位行政或党群职务的，凡能避免引起歧义的，在记述任免职事项时，一般省略单位名称。

（七）中共中央、国务院、地方党委和政府印发的文件一律使用标准的政府名称或通用名称。

（八）燃料部、石油部、燃化部、石化部的组织人事工作方面的政策文件事项，记录了政策文件的名称和印发机构，并有简要内容说明；总公司、集团公司时期的政策文件事项，由于已有正式出版的文件选编，本卷只记录政策文件的名称和印发机构。

四、本卷的基础资料主要来自于中央档案馆和集团公司档案馆的文书档案、各历史时期的有关文件汇编，以及涉编企事业单位征集上报的大事纪要素材。早期部分材料来源于《年鉴》、《中国工业五十年》、《百年石油》、《中国石油大事记》等文献资料。为便于查找原文或来源，编排时将收录事项依据的文件号、档案号或具体来源在每条后用“【　】”符号予以注释。

五、由于历史时间跨度大，组织机构沿革错综复杂，领导干部更迭频繁，部分领导干部任免和机构变更情况的依据文件缺失，加之部分涉编企事业单位上报的文件资料不全等因素，本卷收录的组织人事工作大事纪要存在一定的疏漏，部分内容不够完整，还有待今后继续补充完善。

目 录

上 册

下 册

一九四九年

五　　月

5月28日　中国人民解放军上海市军管会派总代表孙冶芳、军代表徐今强接管“国民政府资源委员会中国石油有限公司”（以下简称“中国石油公司”）。该公司成立于1946年6月，统一经营全国的石油业务，公司总部设在上海市江西路131号，翁文灏任董事长兼总经理。【《上海炼油厂志》】

同日　中国人民解放军上海市军管会派军代表王禹、闫峰路接管中国石油公司高桥东厂（上海炼油厂前身），同时派驻解放军进行护厂工作。【《上海炼油厂志》】

八　　月

8月5日　中国人民解放军上海市军管会重工业处决定投资15000石（当时以米价折算）筹建日炼原油2500桶的炼油厂。25日，经上海市军管会批准，上海炼油厂建厂委员会成立，郭可铨代总经理兼主任委员，翁心源、李景汾任副主任委员，徐今强、王禹等11人为委员。【《上海炼油厂志》】

8月26日　兰州解放，兰州军管会接管中国石油公司兰州营运处，此营运处为西北销售公司前身。【《中国石油西北销售公司志】

九　　月

9月25日　中国人民解放军接管玉门油矿（原中国石油公司甘青分公司）并实行军管，康世恩任军事总代表。玉门油矿有职工5059人，军管会对原有的技术人员和管理人员实行“原职、原薪、原制度”的政策，在工作上做了妥善安排，油矿生产正常进行。至年末原油产量6.9万吨，占全国原油（天然石油）产量的98%。【《中国工业五十年》】

十 月

10月1日 中央人民政府第一次会议决定成立燃料工业部，专管煤炭、石油和电力工业的恢复及建设工作。【《中华人民共和国中央人民政府组织法》】

10月19日 中央人民政府委员会第三次会议任命陈郁为燃料工业部部长，李范一、吴德为副部长。燃料工业部机关设办公厅、人事司、计划司、经理司。编制400余人。【档案号：117-2-2562-1 117-2-40-9】

十 一 月

11月 中共中央批准燃料工业部成立党组小组，后改为党组，陈郁为书记。截至1955年8月，刘澜波、赵世兰先后担任过燃料工业部党组小组副书记、党组副书记。【《中国共产党组织史资料》】

十 二 月

12月6日 中国人民解放军进驻新疆独山子油矿。独山子油矿是与玉门、延长齐名的解放前中国的三大油矿之一，于1935年开采，至解放时累计钻井33口，生产原油1.15万吨，解放时仅有职工150人。【《中国石油大事记》、《克拉玛依油田50年大事聚焦》】

12月 中国人民解放军派军代表焦益文等7人接管中国石油公司四川油矿探勘处和重庆营业所。【西南油气田分公司上报】

本年 抚顺矿务局西制油厂（东北石油一厂前身）恢复生产。【档案号：243-1958-0116-004】

本年 锦州合成厂（东北石油六厂前身）恢复建设，并成立党总支部。【锦州石化分公司上报】

本年 旧中国石油工业基础十分薄弱，至全国解放时在中国大陆做过石油地质调查的仅有陕西、甘肃、新疆、四川、贵州、黑龙江、辽宁、浙江等8个省的局部地区，投入开发的只有陕西延长、新疆独山子、甘肃老君庙3个油田和四川自流井、石油沟、圣灯山3个气田，使用的钻机只有3部，原油年产量12万吨。东北9个人造油厂，大都没有完全建成，设备老旧，较完整的只有玉门油矿、抚顺矿务局西制油厂、锦西炼油厂等处约30万吨的炼油能力。1949

年底，全国石油职工人数只有1.1万人，其中技术干部约700人，管理人员600多人。在技术干部中，从事石油地质的技术干部仅20余人，钻井工程师10余人，地球物理、采油的技术人员均只有几人，石油专业技术力量十分缺乏。【《中国工业五十年》】

本年 石油工业职工总数1.1万人。【石油工业统计年报】

一九五〇年

一 月

1月2日 中共中央书记处书记、中央人民政府副主席刘少奇向正在苏联访问的中共中央主席、中央人民政府主席毛泽东建议，在新疆省与苏联合办石油企业，毛泽东采纳了此建议。之后，新疆省政府副主席赛福鼎·艾则孜和中共中央新疆分局常委、秘书长邓力群等赴莫斯科，参加中苏两国在新疆创办新疆石油联合股份公司（以下简称中苏石油股份公司）的谈判。【《新疆通志·石油工业志》】

1月 经东北人民政府工业部批准，锦西炼油厂改名为锦西化工厂。【锦西石化分公司上报】

同月 中共旅大市委批准组建大连中苏石油精制股份有限公司（石油七厂前身）总支委员会，任命苏德山为党总支书记。20日，苏联政府决定将大连的中苏合营企业和苏联代管企业无偿移交中国政府。3月，公司恢复生产。该公司原为侵华日军1933年设立的满洲大连制油所，1945年9月27日苏联红军从日军手中接管，1947年6月1日中苏两国合办，股份各半，定名为大连县甘井子中苏石油精制股份有限公司。中方委派汪家宝任副总经理。【大连石化分公司上报】

二 月

2月14日 《中苏友好同盟互助条约》在莫斯科签订。根据条约规定，苏联政府从本年度起，派出专家和技术工人援助中国包括石油工业在内的经济建设，同时部分专家到中国石油院校任教。据统计，从1950年到1960年，曾在中国石油工业部门工作的苏联专家、技术人员和工人共有434人（不包括在中苏石油股份公司工作的苏方人员）。【《中国石油大事记》】

2月 抚顺矿务局东制油厂（东北石油二厂前身）恢复生产。葛贤辅、贺子杰分别为正、副厂长。3月成立党支部，田福金同志任党支部书记，暂归抚顺矿务局西制油厂党委领导。【抚顺石化分公司上报】

三　　月

3月27日　中华人民共和国中央人民政府与苏联政府按平权合股原则在莫斯科签订《关于在新疆创办中苏石油股份公司的协定》。【《中国工业五十年》】

四　　月

4月13至24日　第一次全国石油工业会议在北京召开。燃料工业部部长陈郁作题为《中国石油工业的方针与任务》的报告。会议通过《第一次全国石油工业会议决议》，决定大力开发西北石油资源，尽快恢复东北人造石油工业，有计划地向两地区调送大批优秀干部，同时大力培养和训练石油工业干部。成立石油管理总局，统一管理石油工业的勘探、开发和生产建设工作，逐步把由各地工业部门管理的石油企业集中起来统一管理；成立西北石油管理局，统一领导该地区石油的产、运、销工作；建议教育部在高等院校设立石油科系；号召从事石油工业的技术人员归队。出席会议的单位有中国石油公司和中国石油公司甘青分公司、四川油矿探勘处、石油运销公司，延长石油厂、西北财委会、东北化工局、抚顺矿务局、大连中苏石油公司，北京大学、清华大学、中国科学院等单位，与会人员近200人。【《中国石油大事记》】

4月22日　中共锦州市委批准锦州合成厂成立纪律检查委员会，赵子卿同志为纪委书记。【锦州石化分公司上报】

4月23日　中央人民政府政务院第293次会议批准《关于在新疆创办中苏石油股份公司的协定》。此后，中苏双方即转入具体事项的实施中。【《新疆通志·石油工业志》】

4月　燃料工业部党组由陈郁、刘澜波、吴德、赵世兰、郭达、齐明、贾林放等7名同志组成，陈郁同志任党组书记，刘澜波同志任党组副书记。【1995年4月，“中国共产党组织史资料征编范围内的国家机关单位机构沿革及领导人名录表”】

五　　月

5月31日　燃料工业部第九次部务会议决定调整本部组织机构：原办公厅、人事司、计划司、经理司不变，增设修建司、监察处、机械制造处、技术处等4个机构，将原属于计划司领导的水力发电工程处改为水力发电工程局，直属燃料工业部领导。原石油管理总局、电业管理总局、煤矿管理总局不变；徐今强任石油管理总局副局长代理局长，严爽任副局长，在中央人民政府政务院任命公布前，两人先执行职务。【燃料工业部第九次部务会议纪要】

5月　抚顺第二化学厂更名为抚顺矿务局人造石油厂（东北石油三厂前身），人造石油厂修建委员会正式成立，褚志远任主任，顾敬心任第一副主任兼总工程师，陈骥任副主任。11月，组建党总支部，隶属中共抚顺市委领导。隋勇、田林同志先后任党总支书记。【抚顺石化分公司上报】

六　月

6月1日　根据第一次全国石油会议决议，原中国石油公司改组为燃料工业部石油管理总局，开始在上海市办公。人员计277人（含上海办事处59人、上海炼油厂30人、计划处12人、生产技术处17人、经理处27人、秘书处25人、人事处9人、探勘处22人、其他76人）。【档案号：121-11-1-1】

同日　上海炼油厂成立，王禹任厂长。【档案号：121-11-2-1　121-11-1188】

6月13日　石油管理总局上海办事处成立，许辑纲兼任主任。【档案号：121-11-2-5】

6月14日　东北人民政府工业部化学工业管理局决定，甄树森任锦州合成厂厂长，黄伟任第一副厂长，杨杰任第二副厂长。【锦州石化分公司上报】

6月15日　石油管理总局停止在上海市办公。6月22日迁往北京市，办公地址在北京秦老胡同。【档案号：121-11-1-2】

6月16日　西南财经委员会通知，原中国石油公司重庆营业所与四川油矿探勘处合并改组为燃料工业部石油管理总局重庆办事处，除受石油管理总局直接领导外，在行政上仍由西南工业部代为指导。【工秘收字第1344号】

6月28日　燃料工业部委派徐今强任石油管理总局副局长代理局长，严爽任副局长，先就职视事。8月11日政务院第45次政务会议正式任命。【档案号：121-11-10-1　117-2-245-6-2】

同日　燃料工业部委派石油管理总局各处领导，暂派孙健初任探勘处处长、翁文波任第一副处长、张更任第二副处长；王檄任生产技术处处长；翁心源任计划处处长；林强任经理处处长、许辑纲任副处长兼上海办事处主任；连庆溥任人事处处长；秘书处负责人暂缺。以上人员先就职视事。【档案号：121-11-10-3】

七　月

7月1日　石油管理总局正式在京成立。该局统一管理石油工业的探勘、开发和生产建设工作，机关设计划处、探勘处、生产技术处、经理处、人事处、秘书处等6个处，干部总数70余人，办公地址在北京秦老胡同。【档案号：121-2-28　121-11-1-4】

同日　石油管理总局重庆办事处正式成立，焦益文任主任，孙稚兴任副主任，下设石油沟气矿、隆昌气矿、歌乐山站、汉口转送站、化龙桥库、中渡口库、黑石子库等7个二级单位。办事处办公地址在重庆市枣子岚垭94号，月末迁至重庆市和平路潘家沟1号。【西南油气田分公司上报】

7月17日　燃料工业部颁发《工作人员任免暂行办法》，规定总局正副科长、地方局的处长、科长、厂长、矿长及其副职，总局直属厂矿的科长及其副职以及上述各类的同级干部由燃料工业部任免，或燃料工业部批准各总局任免。【档案号：121-11-364-1】

同日　上海炼油厂工会成立，张建勋任主任。【《上海炼油厂志》】

7月28日　燃料工业部决定，以原中国石油公司甘青分公司为基础成立西北石油管理局，康世恩任局长，杨拯民、邹明任副局长。另成立玉门矿务局。西北石油管理局下辖玉门矿务局、延长油矿、运销公司、陕北探勘大队、西安办事处和西北石油工业学校。【档案号：1-A0611956-025-001】

7月　石油管理总局秘书处处长蔡淳脱产学习，秘书处工作由张葆衡负责。【档案号：1-A061956-025-001】

八　月

8月4日　石油管理总局任命周赓谟为上海炼油厂副厂长。【《上海炼油厂志》】

8月5日　根据燃料工业部决定，玉门矿务局成立，隶属西北石油管理局领导，杨拯民兼代局长，张俊、熊尚元代理副局长，办公地址设在甘肃玉门老君庙。【玉门油田分公司上报】

8月20日　西北石油管理局从玉门油矿迁至兰州市西城巷办公。【档案号：1-A0611956-025-001】【《百年石油》】

8月21日　经中央财委批准，石油管理总局决定在华东、北京、兰州、大

连、西安等地开办地质勘探、地球物理勘探、测绘、炼油、钻井等五个训练班。【档案号：246-1985-0068-004】

8月22日　石油管理总局确定上海炼油厂的领导关系，行政方面由上海办事处领导，技术计划方面由石油管理总局领导。【档案号：121-2-4】

8月29日　中共玉门矿务局第一届委员会成立，委员会由25名同志组成，杨拯民同志任党委书记，焦力人同志任党委副书记。【玉门油田分公司上报】

九　月

9月5日　中央人民政府委员会第9次会议决定，任命刘澜波为燃料工业部副部长，免去吴德的燃料工业部副部长职务。【（50）燃干字第2143号】

9月15日　中苏石油股份公司第一次股东大会在乌鲁木齐市召开，会议通过《中苏石油股份公司组织条例》，选举中苏双方各3人组成管理委员会，中方张英明为管理委员会主任，阿不都拉扎克尔（扎克洛夫）、刘子谟为委员。【档案号：117-2-2456-66】

9月16日　原中国石油公司兰州营业所改组为西北石油管理局运销公司，高锟任经理，李景新、高百祥任副经理。经营业务主要是负责玉门油矿炼油厂成品油的收购、运输与供应。供应范围除陕西、甘肃以外，扩展到河南、四川北部至武汉等地。截至1950年底，公司有职工1135人。【西北销售公司上报】

9月25日　玉门矿务局工会召开代表大会，选举焦力人为工会主席。【玉门油田分公司上报】

9月29日　中苏石油股份公司第二次股东会议在新疆省乌鲁木齐市召开，会议通过《中苏石油股份公司章程》。【新疆油田分公司上报】

9月30日　根据《中苏关于在新疆创办中苏石油股份公司协定》，中苏石油股份公司宣告正式成立。张英明（中方）任中苏石油股份公司管理委员会主任委员，苏方阿盖耶夫（苏方）任副主任委员；聂列亭（苏方）任中苏石油股份公司总经理，阿里木阿洪（中方）任副总经理。总经理部暂设在新疆独山子，独山子油矿移交中苏石油股份公司管理。【新疆油田分公司上报】

9月　青年团玉门矿务局工作委员会成立，孟富任书记。【玉门油田分公司上报】

十　月

10月14日　燃料工业部同意蒋丹海任上海办事处第一副主任，张振仁任上海办事处第二副主任。【档案号：121-11-10-9】

十 一 月

11月30日　燃料工业部任命唐克为石油管理总局副局长，1951年2月中华人民共和国政务院第66次会议正式通过任命。【（50）燃干字第3374号】

11月　大连石油工业学校在大连石油厂成立，汪家宝兼任校长。1953年学校迁往抚顺市（抚顺石油学院前身）。【大连石化分公司上报】

十 二 月

12月13日　燃料工业部任命王显文为重庆办事处副主任，原副主任孙稚兴调京工作。【（50）燃干字第3620号】

12月　石油管理总局副总长（代理局长）徐今强在苏联考察期间，参观了苏联的石油学院和中等专业学校，回国后，提出不仅要办培训班，还要办正规的石油院校。【档案号：246-1985-0068-004】

本年　燃料工业部人事司提出了“培养干部充实机构与配备新机构”的方针，委托北京大学、北洋大学、清华大学三校代招地质、采矿两系学生382人。【人事司1950年工作简要总结】

本年　石油管理总局及各所属单位招聘大、中专学生169名，另通过招聘、上级分派、干部归队等方式吸收干部75名，补充了石油工业的专业技术力量。【人事司1950年工作简要总结】

本年　石油管理总局制定组织规程草案。【中央燃料工业部石油管理总局组织规程草案】

本年　抚顺矿务局西制油厂工会副主席段忠珠出席全国工农兵劳动模范代表大会，荣获“全国劳动模范”称号。【抚顺石化分公司上报】

本年　石油工业职工总数2.03万人。【石油工业统计年报】

一九五一年

一　　月

1月1日　大连中苏石油精制股份有限公司正式移交中国自主经营，更名为大连石油厂，由东北人民政府工业部化学工业局管理，党组织关系隶属中共旅大市委，隋书栋同志任党总支书记，汪家宝任厂长，林风任总工程师。【大连石化分公司上报】

同日　石油管理总局秘书处更名为办公室，任命杨达为办公室主任。【档案号：211-11-12-2】

1月　锦州合成厂恢复生产。【档案号：243-1958-0116-004】

三　　月

3月1日　燃料工业部成立燃料工业出版社。其工作方针和任务是：依照党的过渡时期总路线和总任务，编辑出版有关煤炭、电力、石油等方面生产、建设和教学等的规程、教材、一般图书和期刊，加强中国社会主义工业化的宣传教育，为燃料工业生产建设和教学研究服务，为广大燃料工业技术人员和干部职工服务。王林任社长兼总编辑。【档案号：243-1955-0104-014　石油工业出版社上报】

3月16日　石油管理总局决定，将上海炼油厂改由上海办事处领导。【油办（51）第1310号】

3月　中国石油界的地球物理创始人翁文波在陕北组建第一个地震队，在延长油矿外围和四郎庙、铜川城郊开始野外采集试验。【《百年石油》】

四　　月

4月17日　中共中苏石油股份公司支部委员会正式成立，隶属于中共乌苏县委。【新疆油田分公司上报】

4月 石油管理总局从南京地质探矿专科学校协调49名学员提前结业，奔赴西北各地从事地质调查工作，这是新中国培养的第一批石油地质人才。【《中国石油大事记》】

六 月

6月12日 燃料工业部决定，任命孟沛然为上海办事处主任，免去许辑纲兼任的主任职务；同意蒋丹海不再代理上海办事处主任职务。【档案号：211-11-12-12】

6月29日 石油管理总局决定，在上海市创设华东石油工业专科学校，招收高中毕业生300～500名，两年毕业。【档案号：121-11-168-2】

6月30日 燃料工业部批复，同意石油管理总局机关增设财务处，经理处更名为供应处；任命林强为石油管理总局财务处处长，免去其经理处处长职务；任命许辑纲为石油管理总局供应处副处长、兼代理处长，免去其经理处副处长职务。【档案号：1-A061956-025-001】

6月 中共中苏石油股份公司委员会成立，隶属中共中央新疆分局，贾丕谟、黎岚同志任党委副书记。【新疆油田分公司上报】

九 月

9月20日 石油管理总局呈报燃料工业部，决定成立四个石油专科学校：北京石油专科学校，以培养地球物理、材料及炼油干部为主，由石油管理总局直接领导；西南石油专科学校，以培养钻采及机械干部为主，由重庆办事处直接领导，校址在重庆市化龙桥黄桷村4号；西北石油专科学校，以培养钻采及机械干部为主，校址设在陕西省咸阳市，由西北石油管理局领导；东北石油专科学校，专门培养炼油及化工机械干部，校址设在辽宁省大连市，由大连石油厂领导。这是中华人民共和国第一批培养石油专业人才的专科学校。【（51）会稿第0272号】

十 月

10月1日 燃料工业部决定，将山丹培黎学校划归西北石油管理局领导，更名为西北石油管理局培黎工业学校，设机械、电机、土木建筑、探矿及测绘等班，培养初级技术干部及技工。路易·艾黎[①]先生任校长，段士谋为第一副校长，段得民为第二副校长，郭玉含不再担任副校长职务。【档案号：121-11-169-14】

10月3日 西南石油工业专科学校在重庆成立。【重庆石油高等专科学校上报】

10月4日 新疆人民政府政务院财经委员会转发中央人民政府政务院财经委员会命令，任命钱萍为中苏石油股份公司副总经理，同月钱萍同志任党委书记。【新疆油田分公司上报】

10月16日 西北石油管理局西北石油工业学校在原西安力行中学基础上成立，赵曼清为校长。【档案号：121-11-168-9】

10月17日 石油管理总局召开机关工会大会，选举刘克为工会主席。【石油管理总局每周大事记要】

10月24日 燃料工业部批准石油管理总局成立设计处，任命田方为设计处处长。【档案号：117-2-2480-60】

10月 中苏石油股份公司管理委员会召开第二次会议，作出加强人才培养等三项决定，提出要通过多种形式的训练，到1954年底，中苏石油股份公司共培养3723名中方人员，其中干部671人，专业技术培训达到67种。【《中国石油大事记》】

十 一 月

11月2日 为落实第一次全国石油工业会议将勘探重点放在陕北的决定，西北石油管理局办公地点从甘肃省兰州市迁往陕西省西安市东羊市街21号。【档案号：121-11-103-7】

11月3至4日 石油管理总局机关办公地点由北京秦老胡同迁至北京琉璃门6号，北京秦老胡同原址划作北京石油技术专科学校。在上海市另行成立上海办事处，办事处业务由华东工业部代为领导。【《康世恩传》】

11月6日 玉门矿务局通告本局人事配备情况，熊尚元任第一副局长兼总

① 路易·艾黎（1897—1987），男，新西兰人，1927年来到中国，此后长期居住中国。他与中国人民风雨同舟、患难与共，为中国人民的解放和建设事业奋斗了60年。20世纪40年代，他在甘肃省山丹县创办了以理论联系实际为办学宗旨的培黎工艺学校，为新中国培养了一批能吃苦、讲实干的技术人才。曾受到毛泽东、周恩来、邓小平、宋庆龄、邓颖超等党和国家领导人的亲切会见。

工程师，蒋麟湘、龙显烈任副局长兼主任工程师，詹石、焦万海任副局长。【玉人字第4821号】

11月20日 西北石油管理局上报本局干部配备情况，康世恩任局长，杨拯民任第一副局长，邹明任第二副局长，张俊任第三副局长，李广义任第四副局长。【京石（51）第7891号】

11月 玉门矿务局实行“一长制”管理体制。【玉门油田分公司上报】

十 二 月

12月8日 上海市军管会决定，上海办事处接管上海万国橡胶厂（上海万国橡皮物品机器工厂），王道一任厂长。【沪油人（51）字第03380号】

12月22日 燃料工业部补发石油管理总局各处处长任命通知书，翁心源任计划处处长；王橄任生产技术处处长；孙健初任探勘处处长，翁文波、张更任副处长；林强任财务处处长；许辑纲任供应处副处长，代理处长；田方任设计处处长；连庆溥任人事处处长；杨达任办公室主任。【（51）燃人字第5352号】

12月 根据中央人民政府政务院关于在天津市、上海市等地采购物资的规定，燃料工业部决定将本部及石油管理总局、电业管理总局在上海的三个办事处合并，成立燃料工业部上海办事处，直接归燃料工业部领导。原石油管理总局上海办事处管理的橡胶厂、炼油厂、机械厂及人事招聘、人员培养、订货等业务由石油管理总局在上海市另成立机构管理。【（51）燃经字第4995号】

本年 玉门矿务局郭孟和成为新中国石油战线第一位劳动模范。【《康世恩传》】

本年 石油管理总局委托西北工学院、清华大学、南方交大、震旦大学、重庆大学、冀工、中华工专、苏南工专等大专学校增添石油地质、炼制、机械、钻探、土木、会计等系组，招生1100名。同时，继续举办各种技术、业务训练班，培养干部647名。【人事司1951年半年工作总结】

本年 石油工业职工总数3.02万人。【石油工业统计年报】

一九五二年

一　月

1月24日　燃料工业部委派刘放为石油管理总局副局长。1953年3月27日中央人民政府政务院第172次会议通过其任命。【京石（52）0420号】

二　月

2月1日　中共中央革命军事委员会主席、中央人民政府主席毛泽东签署中央人民政府人民革命军事委员会命令。宣布：“我批准中国人民解放军第十九军第五十七师转为中国人民解放军石油工程第一师的改编计划，将光荣的祖国经济建设任务赋予你们。你们过去曾经是久经锻炼的有高度组织纪律性的战斗队，我相信你们将在生产战线上，成为有熟练技术的建设突击队。”【中央人民政府主席令】

2月10日　中共中央东北局组织部、中共辽宁省委批准成立锦州合成厂党委会，厂长甄树森同志兼任党委书记，卢鹤田同志任党委副书记。【锦州石化分公司上报】

2月　中共中央书记处书记、政务院总理周恩来指示赴京汇报工作的中苏石油股份公司副总经理钱萍：要好好学习，一定要培养出一批干部来。【《中国石油大事记》】

四　月

4月26日　西北石油管理局任命沈晨为玉门矿务局副局长，蒋麟湘任玉门矿务局主任工程师。【玉门油田分公司上报】

4月28日　西北石油管理局任命熊尚元为玉门矿务局炼油总工程师，免去其玉门矿务局副局长职务。【京石（2）字第2210号】

五　月

5月8日　燃料工业部上海办事处成立，办公地址在上海江西中路。【中央档案馆复印资料】

六　月

6月　经中共中央批准，中苏石油股份公司向苏联派出留学生23人，赴莫斯科石油学院和克拉斯诺达尔石油专科学校进修，期限5年，1957年6月学成回国。这是新中国成立后中国石油工业部门派出的首批留学生。【《中国石油大事记》】

七　月

7月28日　石油管理总局任命王明山为上海炼油厂副厂长，原副厂长周赓谟调石油管理总局工作。【档案号:《上海炼油厂志》】

八　月

8月1日　根据中央人民政府人民革命军事委员会的命令，中国人民解放军第19军第57师改编为中国人民解放军石油工程第一师。该师师长张复振、政委张文彬率近8000名指战员投身中国石油工业。【档案号：243-1955-0107-014】

8月7日　中央人民政府委员会第17次会议通过，任命李人俊为燃料工业部副部长，李人俊已于1月26日到职。【档案号：121-11-362-2】

8月28日　根据中央人民政府政务院《关于中苏石油公司由中国与苏联两国政府共同领导，中国方面委托燃料工业部领导的通知》，燃料工业部决定，中苏石油公司由石油管理总局建立领导关系。【档案号：121-11-193-1】

8月　上海市人民政府工商局批准，同意上海炼油厂为独资企业，法人代表为王禹，主业是液体燃料加工炼制、机械制造加工，次业为修理器材、保管油品等，资本额合人民币500万元。【《上海炼油厂志》】

同月　上海炼油厂临时党委成立，王明山同志任党委书记。【《上海炼油厂志》】

同月　北京石油专科学校更名为北京石油工业学校。【《长江大学校志》】

九　月

9月15日　燃料工业部和东北人民政府决定，成立东北石油工业管理局，隶属东北人民政府工业部领导，负责领导东北地区石油工业的各项工作。东北石油工业管理局将所辖东北地区人造油和炼油企业整编为10个石油厂，并分别更名为东北石油一厂（原抚顺矿务局西制油厂）、东北石油二厂（原抚顺矿务局东制油厂）、东北石油三厂（原抚顺矿务局人造石油厂）、东北石油四厂（原抚顺矿务局化工厂）、东北石油五厂（原锦西炼油厂）、东北石油六厂（原锦州合成厂）、东北石油七厂（原大连石油厂）、东北石油八厂（原四平油化厂）、东北石油九厂（原桦甸油母页岩矿）、东北石油十厂（原吉林江南化工厂）。【《中国石油大事记》】

9月　中共辽西省委决定并报请东北局批准，建立东北石油五厂党总支部委员会，直属中共辽西省委领导。【锦西石化分公司上报】

同月　清华大学开设石油工程学系，该系以清华大学化工系为基础，与天津大学采矿系、机械系、化工系石油组合并而成。【《中国石油大事记》】

十　月

10月7日　中共中央新疆分局任命钱萍同志为中苏石油股份公司党委第一书记，范子九同志为党委第二书记，黎岚同志为党委副书记。【新疆油田分公司上报】

10月11日　燃料工业部修改干部任免权限，规定总局正副科长，地方局的处长、科长、厂长、矿长及其副职，总局直属厂矿的科长及其副职以及上述各类同级干部由各总局任免，报燃料工业部备案。【档案号：121-11-304-1】

10月23日　燃料工业部任命贾启允为石油管理总局副局长，1953年3月27日中央人民政府政务院第172次会议通过其任命。【档案号：121-11-192-5】

十 一 月

11月1日　燃料工业部决定，撤销石油管理总局重庆办事处，改组为西南军政委员会工业部西南石油探勘处，由西南军政委员会工业部直接领导，何千里任处长，杨伯华、焦益文任副处长，焦益文同志任党支部书记。【西南油气田分公司上报】

本年 燃料工业部党组由陈郁、刘澜波、赵世兰、李人俊、王林、黄凯、常佩池等7名同志组成，陈郁任党组书记，刘澜波、赵世兰任党组副书记。【1995年4月，中国共产党组织史资料征编范围内的国家机关单位机构沿革及领导人名录表】

本年 石油管理总局决定，严爽代理石油管理总局探勘处、生产技术处负责人。【档案号：1-A061956-025-001】

本年 上海中华职业学校石油机械科62名毕业生分赴玉门矿务局、新疆独山子矿务局等石油单位参加石油工业建设。【集团公司老干部局2013年3月金秋石油情征稿】

本年 石油工业职工总数3.58万人。【石油工业统计年报】

一九五三年

一 月

1月1日 高等教育部、燃料工业部商定，天津大学附属石油工业学校划归燃料工业部直接领导。【档案号：121-11-517-11】

同日 中苏石油股份公司总经理部由新疆独山子迁至乌鲁木齐市明园。【新疆油田分公司上报】

1月15日 经政务院文化教育委员会批准，燃料工业部决定创办北京石油学院，即日起成立筹备委员会，下设建校筹备处。【档案号：121-11-518-3】

1月26日 燃料工业部任命张定一为东北石油管理局局长，唐海、褚志远为副局长。【档案号：121-11-357-33】

1月 东北石油工业管理局划归石油管理总局领导，更名为东北石油管理局。【档案号：1-A061956-025-001】

二 月

2月3日 西北财委会批准，调石油工程师政委张文彬任西北石油管理局副局长仍兼该师政委，张复振任玉门矿务局副局长仍兼该师师长。【（52）财经办秘字第67号】

2月11日 中央人民政府委员会第22次会议通过，任命徐达本为燃料工业部副部长。【档案号：121-11-362-4】

同日 燃料工业部通知，将吉林省石油公司（桦甸油母页岩矿、吉林江南化工厂）改为国营企业，由东北石油管理局直接领导。【档案号：121-11-366-1】

2月13日 重工业部与燃料工业部商定，将重工业部西南化学工业管理局西南三〇三厂（即四川隆昌炭黑厂）划归燃料工业部领导，燃料工业部交与石油管理总局领导。【档案号：121-11-444-1】

2月22日 燃料工业部决定撤销西北石油管理局，在西安成立地质局和钻探局。地质局下设四川、陕北、酒泉、民和、潮水等5个地质大队，编制为160

人；钻探局下设玉门、窖水、民和、延长、永坪、四郎庄、枣园等7个钻探大队，编制为261人。同时决定调康世恩等22人到石油管理总局工作。【关于调整石油组织机构的报告】

三　月

3月17日　燃料工业部决定，上海炼油厂、万国橡胶厂由上海办事处领导改为石油管理总局直接领导，江云海任上海炼油厂厂长。【档案号：121-11-444-1】

3月19日　燃料工业部任命曾禾尧为燃料工业出版社副社长。【档案号：117-2-2739-1】

3月26日　石油管理总局调玉门矿务局副局长熊尚元到石油管理总局工作。【(53)京油人字第2260号】

3月28日　燃料工业部决定，天津石油学校由石油管理总局领导。冯际平任校长、张克庸任副校长。【档案号：117-2-2601-4　246-1985-0063-004】

3月29日　玉门矿务局工会代表大会召开，选举焦力人为工会主席。【玉门油田分公司上报】

3月　石油管理总局机关增设基建处，翁心源任负责人。【档案号：1-A061956-025-001】

同月　石油管理总局决定焦力人任玉门矿务局副局长。【玉门油田分公司上报】

同月　石油管理总局批复，同意将桦甸油母页岩矿更名为东北石油九厂，将吉林江南化工厂更名为东北石油十厂。【档案号：121-11-366-4】

四　月

4月13日　石油管理总局同意叶忠贵为东北石油一厂副厂长，王连志为东北石油二厂副厂长。【档案号：121-11-362-17】

4月15日　根据政务院颁布的命令及监察室暂行组织通则，燃料工业部成立监察室，赵世兰兼主任。燃料工业部同时要求各管理总局成立监察室并制定各厂矿建立监察室的方案。5月18日，石油管理总局决定所属各单位迅速普遍建立监察室组织，室主任由各单位负政治责任的局矿长、厂长、公司经理或其副职兼任。【档案号：121-11-497-1】

4月20日 抚顺研究所成立，归东北石油管理局管理，主要从事人造石油和石油炼制方面的科研工作。【抚顺石化分公司上报】

4月28日 石油管理总局在北京成立设计局。该局以石油管理总局设计处为基础，并从东北石油管理局和玉门矿务局调入部分设计人员组建，是新中国第一个炼油专业设计机构。【中国石油化工集团公司提供】

4月 石油管理总局机关撤销生产技术处，成立运销处，王恕、李景新、万震寰为负责人；成立钻井处，严爽代理负责人；成立采油处，严爽代理负责人；成立炼油处，刘琦为负责人；成立技术安全监察处，刘琦为负责人。同时将探勘处更名为地质处，职若愚、翁文波为负责人。【档案号：1-A061956-025-001】

同月 燃料工业部批复，同意杨达任石油管理总局计划处处长，黄伟任副处长。【档案号：1-A061956-025-001】

五 月

5月1日 “陇海铁路管理局宝鸡机厂”由铁路系统移交到燃料工业部石油管理总局领导，15日召开了移交暨命名大会，厂名定为“石油管理总局第一机械厂”，生产性质由修理铁路机车改为制造石油钻探设备、工具及配件，孙励斋同志任党委书记兼厂长。该厂于1937年5月筹建，1938年开工生产，担负机车修理兼作机务段检修业务。【宝鸡石油机械有限责任公司上报】

5月6日 中共中央办公厅下发《中央关于中苏石油股份公司和中苏有色及稀有金属公司若干问题的决定》，对中苏石油股份公司经营方针、领导关系以及中方投资、产品销路与价格、增调干部等问题作出规定。【《中国石油大事记》】

5月12日 东北石油管理局决定，任命贾承烈为东北石油九厂厂长，苏宝馨为第一副厂长，王健为第二副厂长。【档案号：121-11-366-5】

5月16日 燃料工业部通知，中央人民政府人事部规定燃料工业部系统各大区管理局正副局长由燃料工业部转呈中央人民政府政务院批准任命和免职。【档案号：121-11-362-1】

5月18日 石油管理总局决定，明确5个中等技术学校名称：北京石油工业学校（原北京石油工业专修班）、天津石油工业学校（原天津大学附设石油工业学校）、西安石油工业学校（原西北石油工业学校）、大连石油工业学校、

重庆石油工业学校（原西南石油工业学校）。【档案号：121-11-517-3】

5月21日 燃料工业部决定，中等技术学校一律由各总局直接领导。【档案号：121-11-517-4】

5月23日 石油管理总局根据燃料工业部“关于中等技术学校一律由各总局直接领导，在大行政区的，可委托大区管理局领导”的意见，决定大连石油工业学校由东北石油管理局领导。【档案号：121-11-517-16】

5月28日 中央人民政府政务院财经委员会决定，上海万国橡胶厂划归华东财委领导。8月，该厂由上海市工业局接管。【档案号：121-11-448-2 121-11-448-8】

5月29日 石油管理总局同意任命李世源为东北石油四厂第二副厂长，葛启宽为东北石油五厂第二副厂长，王光天为太平矿第一副矿长，孙登山为太平矿第二副矿长。【档案号：121-11-362-19】

六　月

6月 王国兰任第一机械厂第一副厂长，靳学礼任第二副厂长，张庆云继续任工会主席。【宝鸡石油机械股份有限公司上报】

七　月

7月1日 东北石油管理局明确王泽为东北石油五厂第一副厂长，调东北石油九厂第一副厂长苏宝馨任东北石油五厂第二副厂长，葛启宽任东北石油五厂第三副厂长。【档案号：121-11-362-23】

7月3日 中共上海市委任命王兴鲁同志为上海炼油厂党委书记，原党委书记王明山同志另行分配工作。【《上海炼油厂志》】

7月10日 西北石油管理局正式撤销，地质局、钻探局同日在西安成立并开始办公，张俊任地质局局长，张文彬任钻探局局长。地质局、钻探局、玉门矿务局、延长油矿、运销公司、咸阳器材库、西安石油工业学校等单位由石油管理总局直接领导。【京油办（53）字第132号】

7月11日 为统一国内的石油销售，商业部、燃料工业部商定，将石油管理总局全部石油销售业务划归商业部领导，石油管理总局兰州运销公司机构及公司中有关销售部分的干部、主要领导也移交商业部。【档案号：121-11-356-6】

同日 石油管理总局任命张复振、焦力人、焦万海、詹石、范元绶为玉

门矿务局副局长，副局长沈晨调离。【玉办字1953第4312号】

7月19日　西南石油探勘处机关由重庆市迁至成都市狮子巷75号。【档案号：121-11-355-13】

7月23日　石油管理总局决定，任命汤学永为东北石油七厂副厂长。【京油人字第9561号　东油人干字第2500号】

7月　石油管理总局决定，许士杰任石油管理总局办公室主任，柳永生、雷振任副主任；许辑纲、黄国斌任供应处副处长。【档案号：1-A061956-025-001】

八　月

8月3日　石油管理总局任命余琳为上海炼油厂副厂长。【《上海炼油厂志》】

8月19日　燃料工业部拟请中央人民政府政务院任命康世恩为石油管理总局局长，在任命前，先行到职视事；徐今强停止代理石油管理总局局长职务。【档案号：121-11-362-6】

8月21日　中共中央批准沈晨为石油管理总局地质局第一副局长，陈寿华为石油管理总局钻探局第三副局长，杨文彬为石油管理总局钻探局第四副局长，李广业（李光业）为延长油矿矿长。【档案号：121-11-362-14】

九　月

9月8日　石油管理总局同意任命崔紫林为东北石油六厂第二副厂长。【档案号：121-11-357-35】

9月10日　石油管理总局在北京成立甘肃炼油厂筹备处，王俊任主任。【兰州石化分公司上报】

9月20日　中共四川省委组织部批准，同意西南石油探勘处成立党委，何千里、焦益文、杨伯华、温亦然、宋国鑫等5名同志任党委委员，何千里同志任党委书记，焦益文同志任党委副书记。【西南油气田分公司上报】

9月　西南三〇三厂更名为中央人民政府燃料工业部石油管理总局隆昌炭黑厂，由石油管理总局直接领导，孟庆瑗任厂长。【档案号：121-11-444-27】

同月　经中央高等教育部批准，燃料工业部决定将北京石油工业学校更名为北京石油地质探勘学校，校址由北京秦老胡同迁至北京通县定福庄。【《长江大学校志》】

十　月

10月1日　北京石油学院正式成立，阎子元任院长。该院是在清华大学石油工程学系、大连工学院化工系燃料专业及其他院校有关专业的基础上组建的，1956年培养出第一批毕业生。【《中国石油大事记》】

同日　根据商业部、燃料工业部关于统一国内石油销售的协定，西北石油管理局运销公司撤销。运输业务仍留在燃料工业部由玉门矿务局接办，成立玉门矿务局运输处，设在酒泉；销售业务划归商业部，成立中国石油公司西北区公司。【西北销售分公司上报】

10月20日　石油管理总局决定，将东北地区各建设单位施工力量集中管理，组建东北建筑安装工程公司，成立东北建筑安装工程筹备组，夏云昌为负责人。【东油秘字3657号】

10月21日　石油管理总局同意朱吉仁为东北石油七厂第三副厂长。【档案号：121-11-357-37】

10月26日　经中央人民政府政务院批准，玉门矿区政府成立，为丁等县建制，隶属甘肃省直辖。【玉门油田分公司上报】

10月27日　国家计划委员会、石油管理总局、甘肃省政府、兰州市政府及甘肃炼油厂筹备处联合派出代表，会同苏联专家在甘肃省选择炼油厂厂址，开始收集设计资料和委托设计。同月，甘肃炼油厂筹备处更名兰州炼油厂筹建处，办公地点由北京迁至兰州市民主东路208号。【兰州石化公司上报】

10月　自本月起至1954年1月呼育之任石油管理总局基建处处长。【档案号：1-A061956-025-001】

十 一 月

11月1日　经中央财政经济委员会、中共中央组织部同意，燃料工业部决定即日起撤销东北石油管理局，东北各单位（太平矿除外）同日起由石油管理总局直接领导。2日，石油管理局发文通知，除东北石油管理局局长张定一已调任北京石油学院副院长外，副局长唐海调任东北石油一厂厂长，副局长褚志远调任东北建筑安装工程公司经理兼东北石油二厂厂长，杨洁调任东北石油二厂第一副厂长，肖梦调任东北石油三厂副厂长，夏云昌、刘铭调任东北建筑安装工程公司副经理，邬承尧任东北建筑安装工程公司主任工程师，东北石油一厂厂长甘宁、东北石油二厂厂长葛贤辅因病休养，康复后另行分配工作。之后，又决定黄伟调任石油管理总局计划处副处长，毕振德任东北石油二厂副厂长，王仁任东北石油五厂副厂长，黄文焕任东北石油八厂副厂长。【（53）燃人秘字第5082号】

11月　石油管理总局决定，任命爱国同志任东北石油三厂党委副书记。【抚顺石化分公司上报】

十 二 月

12月8日　燃料工业部批准成立石油管理总局东北建筑安装工程公司，任命褚志远为公司经理兼东北石油二厂厂长，这是中国第一支炼油工程施工专业队伍。【档案号：121-11-358-23】

同日　燃料工业部批准石油管理总局成立东北供应站，任命张仑为主任，张博强为副主任。【京油办（53）字第13713号】

12月14日　中共新疆分局同意，中苏石油公司党委增加靳耀华、瓦力斯江·吐尔地同志为党委委员。【新疆油田分公司上报】

12月18日　石油管理总局批准地质局本部人员编制为275人。【档案号：121-11-681-3】

12月　根据燃料工业部的指示，石油管理总局成立专家工作室，行政上属石油管理总局办公室领导，业务上由燃料工业部专家工作室指导。柳青为负责人。同时要求各局、厂矿根据情况建立专家工作机构。【中央档案馆复印材料】

同月　燃料工业部批复，同意甘宁为石油管理总局炼油处负责人，柏映群为钻井处负责人。【档案号：1-A061956-025-001】

本年　石油管理总局机关调整机构，调整后设办公室、人事处、计划处、基本建设处、地质处、钻井处、采油处、炼油处、运销处、财务处、供应处、技术安全监察处等12个处。人员530人。【中央档案馆复印材料】

本年　石油工业职工总数5.81万人。【石油工业统计年报】

一九五四年

一　月

1月7日　石油管理总局任命胡涵秋为东北石油七厂副厂长，11月该同志调新疆中苏石油公司工作。【京油人干字第21号】

1月　石油管理总局东北建筑安装工程公司（抚顺炼厂建设工程公司前身）在抚顺市露天区石油二厂内成立。公司下设机械安装和土建两个大队。夏云昌、刘铭任副经理，邬承尧任主任工程师。【中国石油工程建设公司上报】

同月　石油管理总局决定，将局机关基建处机电业务划出，成立机电处，邓家辉任处长；张清杰任采油处副处长。【档案号：1-A061956-025-001】

二　月

2月9日　燃料工业部党组批准，石油管理总局党组由康世恩、徐今强、田方、连庆溥、杨达、甘宁、许士杰等7名同志组成，康世恩同志为党组书记，徐今强同志为党组副书记。【档案号：121-1-16】

2月19日　国家计划委员会批准燃料工业部在甘肃省兰州市西固区建设兰州炼油厂。（该厂于1956年4月开工建设，1958年9月建成投产，是国家“一五”时期156项重点项目之一，是新中国建成的第一个现代化的大型石油加工厂。）【国家计委计办王字第47号】

2月20日　罗马尼亚钻井工作组到达玉门矿务局，帮助指导中国开发建设新油田。【《中国石油大事记》】

2月23日　燃料工业部决定，任命李广业（李光业）为延长油矿矿长，胡树津为延长油矿副矿长，范元绶为玉门矿务局副局长。【档案号：121-11-702-24 121-11-702-11】

2月24日　燃料工业部任命张更、李笃信为石油管理总局地质局副局长。【（54）燃人干字第66号】

三 月

3月5日 石油管理总局任命王礼庭为上海炼油厂副厂长。【《上海炼油厂志》】

3月6日 石油管理总局任命张云山为东北石油二厂副厂长。【（54）燃人干字第419号】

同日 石油管理总局任命赵科为东北石油七厂副厂长。【（54）人干字第422号】

3月8日 石油管理总局任命刘树人为地质局钻井工务总工程师。【（54）人干字第570号】

3月9日 石油管理总局任命刘征鸿为东北石油五厂副厂长代理厂长。【（54）人干字第574号】

3月27日 石油管理总局任命毕振德为东北石油二厂副厂长。【（54）人干字第589号】

同日 石油管理总局任命黄文焕为东北石油八厂副厂长。【（54）京油人干字第590号】

3月 中共玉门矿务局委员会改名为中共玉门油矿委员会。刘长亮同志任党委第一书记、杨拯民同志任党委第二书记、杨志范同志任党委第一副书记、秦峰同志任党委第二副书记。【玉门油田分公司上报】

四 月

4月3日 石油管理总局决定，第一机械厂划归钻探局直接领导。【办秘字第509号】

4月16日 中共抚顺市委批准石油二厂成立党委，刘今生同志任书记，缪文同志任副书记，褚志远、葛贤辅、张云山、刘镇北、杨雨林等5名同志为党委常委。【抚顺石化分公司上报】

同日 中共抚顺市委组织部任命杨雨霖同志为东北建筑安装工程公司党总支书记，沈明轩同志为党总支第二书记，武进文同志为党总支副书记。【中国石油工程建设公司上报】

4月20日 石油管理总局决定，撤销西南石油探勘处，分别成立石油管理总局钻探局西南石油钻探处和石油管理总局地质局西南石油地质处。【西南油

气田分公司上报】

4月26日 石油管理总局决定，将锦州石油技工学校交由东北石油六厂代管，东北石油六厂厂长甄树森兼任校长。【京油人教字第868号】

4月28日 石油管理总局决定，任命上海炼油厂副厂长王礼庭代理厂长，任命任士学为上海炼油厂副厂长，撤销王禹的上海炼油厂厂长职务。【人干字第928号】

4月 石油管理总局机关设技术处，黄伟为负责人。【档案号：1-A061956-025-001】

五　　月

5月18至26日 中共玉门油矿第一次党代会召开，选举产生中共玉门油矿第一届委员会，刘长亮同志为党委第一书记、杨拯民同志为党委第二书记、杨志范同志任党委第一副书记、秦峰同志为党委第二副书记，刘长亮、杨拯民、杨志范、秦峰、焦力人、焦万海、张复振、张忠良等8名同志为党委常委。【玉门油田分公司上报】

5月24日 石油管理总局任命东北石油四厂厂长张鸿升兼任东北石油五厂副厂长。【人干字第1018号】

5月28日 中共中央转发华北局《关于在国营厂矿企业中实行厂长负责制的决定》，要求在各国营厂、矿（包括地方国营厂矿）中实行厂长负责制。据此，石油管理总局在各生产厂矿中推行“一长制”、“生产区域管理制”及“技术革新运动”。【《中国工业五十年》】

六　　月

6月10日 燃料工业部任命唐海为东北石油一厂厂长，薛秀川、倪毓孚为副厂长。【（54）燃人干王字第161号】

6月26日 中苏石油股份公司管理委员会选举列维斯基（苏方）任主任委员，辛兰亭（中方）任副主任委员；马载（中方）任公司总经理，聂列亭（苏方）任副总经理，西雷克（苏方）任公司总地质师。【《新疆通志·石油工业志】

6月 石油管理总局机关增设劳动工资处，路遥任副处长。【档案号：1-A061956-025-001】

同月 中共抚顺市委任命刘今生同志为东北石油二厂党委书记。【抚顺石

化分公司上报】

七　月

7月24日　孙健初[①]（1897—1952）纪念碑在玉门油矿矿区公园落成。【《中国石油大事记》】

7月　中共抚顺市委任命吴向春同志为东北石油一厂党委书记。【抚顺石化分公司上报】

同月　石油管理总局决定，寇学增任宝鸡第一机械厂总工程师。【宝鸡石油机械有限责任公司上报】

同月　石油管理总局决定，寇学增调第一机械厂任总工程师。【宝鸡石油机械有限责任公司上报】

八　月

8月12日　石油管理总局决定，因东北建筑安装工程公司经理葛贤辅病休，由东北石油二厂厂长褚志远兼任东北建筑安装工程公司经理，公司副经理夏云昌、刘铭不再兼任东北石油二厂副厂长职务。【中国石油工程建设公司上报】

8月23日　中共中央新疆分局批复，同意钱萍同志离职后由马载同志代理中苏石油股份公司党委书记职务。【新疆油田分公司上报】

8月31日　玉门矿务局召开第二届工会大会，选举杨志范为工会主席（兼任）。【玉门油田分公司上报】

8月　中共辽西省委撤销后，石油五厂党组织改由中共锦州市委领导。【锦西石化分公司上报】

同月　石油管理总局决定，王致中任石油管理总局财务处处长，支明玉任副处长。【档案号：1-A061956-025-001】

九　月

9月　玉门矿务局郭孟和当选第一届全国人大代表。【玉门油田分公司上报】

---

① 孙健初曾任国民政府甘肃油矿局地质室主任、中国石油公司甘青分公司探勘处处长。新中国成立后，曾任燃料工业部石油管理总局探勘处处长、西北财经委员会委员、中国科学院专门委员，是玉门油田的发现者和奠基人之一。

十　月

10月12日　中苏两国政府发表《中苏关于将各股份公司中的苏联股份移交中华人民共和国的联合公报》，宣布：从1955年1月1日起，中苏石油股份公司中的苏联股份全部移交给中国。苏联股份的价值由中国向苏联以供应出口物品的形式，在数年内偿还。【《新疆通志·石油工业志》】

10月13日　燃料工业部批准，同意李广业（李光业）调离延长油矿，免去其延长油矿矿长职务，任命只金耀代理延长油矿矿长。【档案号：121-11-702-38】

10月20日　石油管理总局决定，任命余迈为东北石油三厂厂长，庄润霖、肖梦为副厂长，调张炳驹到石油管理总局另行分配工作。【档案号：121-11-699-58】

同日　石油管理总局决定，任命江云海为上海炼油厂厂长，王礼庭、朱吉仁、余琳为副厂长，原副厂长任士学调石油管理总局另行分配工作。21日，石油管理总局任命汪明远为上海炼油厂副厂长。【《上海炼油厂志》】

10月25日　石油管理总局任命刘少男为东北石油五厂副厂长。【档案号：121-11-701】

10月30日　石油管理总局任命孟庆瑗为隆昌炭黑厂厂长，张铁生、周学厚任副厂长。【档案号：121-11-702-64】

10月　石油管理总局先后从全国炼油厂和学校毕业生中选派135人赴苏联实习，为兰州炼油厂准备干部和操作工人。【《中国石油大事记》】

十一月

11月6日　石油管理总局任命郑衍文为东北石油八厂厂长，刘茂丰为副厂长。【京油人行（54）字第16159号】

同日　石油管理总局任命甄树森为东北石油六厂厂长，徐铃、崔紫林、王国斌为副厂长。【档案号：121-11-705-12】

11月11日　石油管理总局任命李世源为东北石油四厂副厂长。【档案号：121-11-699-70】

11月13日　石油管理总局任命苏德山、汤学永为东北石油七厂副厂长。【档案号：121-11-701】

同日　石油管理总局任命贾承烈为东北石油九厂厂长，苏宝馨为副厂长。【档案号：211-11-705-63】

11月18日　中共中央书记处书记、国务院副总理陈云在中央讨论五年计划草案会议上提出："我们需要石油数量很大，光靠人造油是解决不了问题的。现在主要的办法是要请苏联派许多成套的人来，帮我们勘察。"经与苏方洽谈，获得苏方的支持，从1955年起，苏联派出地质勘探、开发、炼油等成套专家并组成专家顾问组，集中在石油工业和油气田领导机关以顾问身份帮助指导工作。【《中国石油大事记》】

同日　石油管理总局任命冯忠义为东北石油十厂副厂长代理厂长，朱振山为副厂长。12月，冯忠义因病休养，朱振山代理厂长。【京油人行（54）16157号】

11月20日　燃料工业部党组同意增补张维汉同志为石油管理总局党组成员。【燃党组函字第193号】

十 二 月

12月3日　燃料工业部任命叶忠贵为东北石油一厂副厂长。【（54）燃人干字第341号】

12月4日　燃料工业部党组同意焦万海同志任玉门矿务局党委副书记兼玉门市市长，陈宾任玉门矿务局副局长。【档案号：121-11-702-22】

12月22日　燃料工业部任命马载为新疆石油公司总经理，钱萍、秦峰为副总经理。1955年1月26日中央会议正式批准。【新疆油田分公司上报】

12月29日　中苏石油股份公司召开特别股东大会和管理委员会第九次会议，决定1954年12月31日结束公司业务活动，公司业务管理和公司的全部财产移交中华人民共和国燃料工业部新疆石油公司。【新疆油田分公司上报】

12月30日　中共中央新疆分局组织部通知，中央任命王其人同志为中苏石油股份公司党委书记。1955年1月26日中央会议正式批准其任命。【新疆油田分公司上报】

12月　国务院决定，成立全国石油地质委员会，作为我国石油工业的高级咨询机构。石油管理总局局长康世恩兼任主任委员。【《中国石油大事记》】

同月　石油管理总局决定，韩春任石油管理总局炼油处副处长。【档案号：1-A061956-025-001】

本年 石油管理总局决定，东北建筑安装工程公司由总局直接领导，任命陈李中为公司代理经理，免去葛贤辅兼任的公司经理职务及褚志远的代理公司经理职务。【京油人行（54）字第3746号】

本年 石油管理总局机关设计划处，杨达任处长，黄伟任副处长；地质处，职若愚、翁文波任副处长；钻井处，柏映群任副处长；采油生产技术处，张清杰任副处长；炼油生产技术处，甘宁任处长；机电处，邓家辉任处长；基本建设处，王恕任处长；技术安全劳动保护监察处，刘琦任副处长；财务处，王致中、支明玉任副处长；运销处，万震寰任副处长；器材供应处，黄国斌、许缉纲任副处长；劳动工资处，路遥任副处长；人事处，连庆溥任处长，王志成任副处长；办公室，许士杰任主任，柳永生任副主任，雷振任专家工作室主任；人民监察室（暂缺）。【石油管理总局组织系统表　石油管理总局处科级干部名单】

本年 石油工业职工总数6.67万人。【石油工业统计年报】

一九五五年

一 月

1月1日 中苏石油股份公司中的苏联股份正式移交给中国，由我国独立经营，公司更名为燃料工业部新疆石油公司，公司地址在新疆乌鲁木齐市。【新疆油田分公司上报】

1月4日 燃料工业部任命章维仁为石油设计局局长。【（54）燃人干王字第368号】

1月6日 中共上海市委重工业委员会决定，任命孙文卿同志为上海炼油厂党委书记，阎峰璐同志为党委副书记，原党委书记王兴鲁同志调重工业党委另行分配工作。【《上海炼油厂志》】

1月13至23日 石油管理总局第六次全国石油勘探会议在北京召开。会议传达国务院关于地质部、石油管理总局和中国科学院在油气勘查、开发和研究工作的分工，决定从1955年起，地质部担负石油天然气的普查任务；燃料工业部石油管理总局担负石油、天然气详查细测和钻探开发任务；中国科学院地质研究所担负石油综合研究任务。【《中国工业五十年》】

1月17日 中共中央批准陈郁、刘澜波、李人俊、徐达本、王林、刘向三、程明陞、钟子云等8名同志组成燃料工业部党组，陈郁同志为党组书记、刘澜波同志为党组副书记，刘向三、程明陞、钟子云任燃料工业部部长助理。【档案号：117-1-47】

1月26日 中共中央批准马载任新疆石油公司总经理，钱萍、秦峰任副总经理，王其人同志任党委书记。【档案号：117-2-2731-13】

1月31日 国务院第4次全体会议通过，任命刘向三、程明陞、钟子云为燃料工业部部长助理。【（55）国人事字第496号】

同日 燃料工业部任命陈宾为玉门矿务局副局长。【（55）燃人发字第35号】

1月 石油管理总局召开全国炼油厂厂长会议，决定建立总工程师责任制等企业管理制度，推行玉门矿务局炼油厂创立的科学运行法，加强科学研究与新产品试制、职工培训工作。【《中国石油大事记》】

同月 燃料工业部机关设办公厅、人事司、计划司、经理司、行政司、财务司、教育司、劳动工资司、基建司、设计行政司、生产技术司、对外联络司、人民监察司、党委办公室、部长办公室、顾问室、煤矿管理总局、电业管理总局、石油管理总局等机构。编制3680余人（含专业管理总局）。【燃料工业部组织机构图】

同月 石油管理总局决定，将专家工作室从办公室划出，由总局直接领导，雷振任专家工作室主任，柳青任副主任；同时将人事处的人民监察室划出，由总局直接领导，支明玉为人民监察室负责人；王恕任基建处处长。【档案号：1-A061956-025-001】

同月 中共抚顺市委决定免去刘今生同志的东北石油二厂党委书记职务。【抚顺石化分公司上报】

二　月

2月10日 中共抚顺市委调东北建筑安装工程公司党总支部副书记武进文同志到市委另行分配工作。【中国石油工程建设公司上报】

2月15日 根据政务院关于改进中等专业教育的决定，燃料工业部决定将石油管理总局所属北京石油地质探勘学校、西安石油学校、天津石油学校、抚顺石油学校、重庆石油学校等5所中等专业学校统一由燃料工业部直接领导。【档案号：121-11-115-2　121-11-115-3】

2月 石油管理总局任命刘征鸿为东北石油五厂厂长。【档案号：121-11-701】

三　月

3月8日 石油管理总局任命顾敬心为东北石油一厂副厂长兼总工程师。【（55）燃人管字第71号】

3月12日 中共辽宁省委批准，成立中共石油五厂委员会。截至1955年底，共有党员377名，设1个党总支部，14个党支部，在册职工2400多人。【锦西石化分公司上报】

3月31日 根据高等教育部关于中等专业学校设定校名的规定，燃料工业部决定将五所中专学校更名为燃料工业部北京石油地质学校、燃料工业部天津石油学校、燃料工业部抚顺石油学校、燃料工业部西安石油学校、燃料工业部重庆石油学校。【档案号：121-11-115-4】

同日　中共抚顺市委调东北建筑安装工程公司党委第二书记沈明轩同志到市委另行分配工作。【中国石油工程建设公司上报】

3月　石油管理总局人员配备情况：局长4人、办公室173人、专家工作室76人、人民监察室3人、保卫科4人、人事处46人、劳动工资处16人、器材供应处64人、运销处20人、财务处53人、基本建设处36人、机电处16人、技术安全监察处19人、炼油生产技术处30人、采油生产技术处10人、地质处34人、钻井处14人、计划处44人、党团办公室14人、工会2人，以上总计647人。【档案号：121-11-1149-1】

同月　中共东北建筑安装工程公司委员会成立，由中共抚顺市委直接领导。【中国石油工程建设公司上报】

四　月

4月11日　国务院批准撤销石油管理总局所属地质局、钻探局，成立四川石油探勘局、青海石油探勘局，直属石油管理总局领导。【档案号：117-1-56-2】

4月18日　燃料工业部任命刘韬为燃料工业出版社副社长。【档案号：117-2-2739-1】

4月21日　根据燃料工业部对调整石油勘探组织机构的指示，石油管理总局对调整原则及计划步骤做了具体安排：（1）拟成立四川石油探勘局，负责西南地区地质探勘工作，建立隆昌气矿并由该局领导，局址设在成都市，张忠良任局长；（2）拟成立青海石油探勘局，负责青海地区地质探勘工作，局址设在西宁市，张俊任局长；（3）拟成立西安地质调查处，统一负责川、甘、青、新等地区以外的地质调查工作，处址设在西安市，职若愚任处长；（4）拟成立器材供应处，负责勘探器材供应工作，处址设在西安市，崔元贵任处长；（5）成立西安干部学校。上述机构成立后，拟将原地质局、钻探局予以撤销。【档案号：121-2-318-1】

同日　根据石油管理总局决定，钻探局改组结束后，钻探局所属第一机械厂、培黎学校划归石油管理总局领导，不再办理移交手续；钻探局所属酒泉钻探处交由玉门矿务局领导，改为玉门矿务局钻井处。【京办密4549号命令】

4月28日　石油管理总局任命冯作霖为延长油矿矿长，叶文斌、焦玉振为副矿长。【京油人行（55）字第04686号】

4月　石油管理总局决定，石油管理总局机关增设技术处，黄伟任处长。【档案号：1-A061956-025-001】

同月 石油管理总局决定，东北石油一厂副厂长倪毓孚调离，到石油管理总局另行分配工作。【抚顺石化分公司上报】

同月 上海市委第二重工业党委调任马玉霖同志为上海炼油厂党委副书记。【《上海炼油厂志》】

五 月

5月5日 石油管理总局成立西安器材供应办事处，办公地址在西安市西关外任家庄，崔元贵任处长，潘咏熹任副处长。【档案号：121-2-319-23】

5月12日 经国务院批准，燃料工业部决定成立茂名页岩油厂筹建处，统一领导该地区各企业的筹建工作，任命方华为筹建处主任，倪毓孚为副主任。【(55)燃发辰字152号】

5月18日 石油管理总局决定，将钻探局西南石油钻探处和地质局西南石油地质处合并，成立四川石油探勘局。负责西南地区地质勘探工作，直属石油管理总局领导。办公地址在四川省成都市喇嘛寺街（原西南钻探处地址）。【档案号：121-2-319-23】

5月20日 石油管理总局决定，撤销隆昌炭黑厂，7月1日成立隆昌气矿，属四川石油探勘局领导。【西南油气田分公司上报】

5月25日 中共中央政治局会议决定焦万海同志任玉门油矿党委第二书记兼矿务局副局长。【档案号：117-2-2731-30】

同日 中共中央批准陈李中任东北石油建筑安装工程公司经理。【燃人管字第181号】

5月31日 石油管理总局地质局撤销。地质局所属酒泉地质大队交由玉门矿务局领导，改为玉门矿务局地质调查处。【玉门油田分公司上报】

同日 燃料工业部任命马龙为东北石油一厂副厂长，王尚文为青海石油探勘局总地质师。【燃人管字第160号】

5月 中共抚顺市委任命吴向春同志为东北石油一厂党委第一书记，欧阳章同志为党委第二书记。【抚顺石化分公司上报】

同月 上海市石油机械配件制造公司成立。【(55)干管字第85号】

六 月

6月1日 石油管理总局决定以柴达木地质大队和民和地质大队为基础成

立青海石油探勘局，负责青海地区地质勘探工作，直属石油管理总局领导，办公地址在西宁市东关大街150号。任命张俊为青海石油探勘局局长，陈寿华、郭究圣、杨文彬为副局长。【京油人行密（党）第6239号】

同日　石油管理总局西安地质调查处成立，统一负责川、甘、青、新等地区以外的地质调查工作，并兼管为地质探勘所需要的特殊工作，如航空测量及地球物理仪器修造所等。职若愚任处长，宋世宽、赵仁寿任副处长，谢庆辉任主任地质师。办公地址在西安市东仓门公字一号。【京油人行密（党）第6238号】

同日　西安石油干部学校筹备成立。【中央档案馆复印资料】

同日　石油管理总局钻探局撤销。原钻探局、地质局停止办公，成立结束组办理未了事项。【中央档案馆复印资料】

同日　燃料工业部决定，任命张忠良为四川石油探勘局局长，免去其钻探局副局长职务。任命李滋润为四川石油探勘局副局长、何千里为四川石油探勘局副局长兼隆昌气矿矿长、许培德为四川石油探勘局副局长。【（55）燃料工业部燃人管刘字第157号】

6月3日　燃料工业部任命赵非为燃料工业出版社副社长。【档案号：117-2-2739-1】

6月8日　石油管理总局决定，刘征鸿任东北石油五厂厂长。【锦西石化分公司上报】

6月14日　中共中央政治局会议决定，方印同志任东北石油建筑安装工程公司党委书记。【档案号：117-2-2731-28】

6月20日　燃料工业部任命崔刚为抚顺石油学校副校长代理校长，王者春为抚顺石油学校副校长。【（55）燃料工业部燃人管王字第184号】

6月23日　石油管理总局任命梁翕章为石油设计局总建筑师。【京油人行字（55）第6531号】

6月　石油管理总局任命张义山为东北石油三厂副厂长。【档案号：121-11-701】

同月　石油管理总局决定，第一机械厂党委书记、厂长孙励斋同志调离，崔明亮同志调任党委书记，刘若愚调任厂长。【宝鸡石油机械有限责任公司上报】

上半年　石油管理总局拟定由党中央及部管理的干部职务名单。【档案号：117-2-2733-1】

下半年　石油管理总局决定，沈晨任石油管理总局地质处副处长。【档案号：1-A061956-025-001】

七　月

7月1日　中共中央决定任命米吉提·扎依托夫为新疆石油公司副总经理。【干字342号】

7月5日　石油管理总局组织35人赴越南帮助建设油库工程，上海炼油厂选派高延成、陆林峰、黄钟礼、茅狗郎、梁才元、宋耀祥、吴振岳等19人参加执行援越任务。【《上海炼油厂志》】

7月7日　抚顺市委基建部调东北石油建筑安装工程公司副经理刘铭到辽宁省另行分配工作。【中国石油工程建设公司上报】

7月21日　中共辽宁省委同意，任命王鲁明同志为东北石油二厂党委书记、刘今生同志为副书记。【档案号：121-11-1066-97】

7月30日　第一届全国人大第二次会议决定撤销燃料工业部，成立石油工业部。石油工业部的任务是保证国民经济所需的原油、石油产品及可燃气体。主要负责油气的地质勘查和钻探，油气田的开发，天然油和天然气的炼制，从煤和油母页岩中生产人造液体燃料，原油的运输和储藏，油矿企业和工厂的建设，石油企业所需设备的部分生产和修理，科学研究及高、中级干部的培养等工作。【档案号：243-1959-0127-005】

同日　中华人民共和国主席任命李聚奎为石油工业部部长。【国务院公报1955年第12号】

八　月

8月2日　中共四川省委同意由李滋润、张忠良、何千里、许培德、武崇祥、赵步高、焦益文、王爱忠、李绍亮、李振等10名同志组成四川石油探勘局党委会，李滋润同志任专职党委书记，免去其四川石油探勘局副局长职务。【工字第3909号】

8月3日　燃料工业部决定，任命张文彬为新疆石油公司总经理，免去马载的新疆石油公司总经理职务，调燃料工业部另行分配工作。【（55）燃人管王字第222号】

8月5日　国务院全体会议第17次会议通过，任命李范一、李人俊、周文龙为石油工业部副部长，康世恩、刘放、黄凯为部长助理。免去李范一、李人俊燃料工业部副部长职务。【国务院公报1955年第14号】

同日　石油管理总局决定，免去焦万海的玉门矿务局副局长职务。【油发未32号】

8月9日　中共中央新疆分局决定，新疆石油公司党委委员15人，王其人、马载、钱萍、秦峰、米吉提·扎依提、张之林、张彦卿等7名同志为党委常委，王其人同志为书记；免去钱萍同志的党委书记职务，免去范子久、黎岚同志的党委副书记职务。【干字第365号】

8月10日　燃料工业部批复，同意曾鼎乾为四川石油探勘局总地质师，郝凤台为四川石油探勘局副总工程师代理总工程师。【（55）燃人管王字第224号】

8月13日　中共青海省委批准，成立青海石油探勘局党委会和监察委员会，党委常委会由张俊、潘生玺、陈寿华、杨文彬、郭究圣、吉建一、刘永德、苗德胜、赵启明、周济泉等10名同志组成，张俊同志任党委书记，潘生玺同志任党委副书记。【青海油田分公司上报】

8月19日　中共中央新疆分局决定，张文彬、石峻同志参加新疆石油公司党委，张文彬同志为党委常委。【新疆油田分公司上报】

8月22日　石油管理总局决定，成立兰州建筑安装工程公司，由石油管理总局直接领导，崔绳先代理公司经理。【京油人行（55）字第08612号】

8月26日　经中共旅大市甘井子区委组织部批准，大连石油七厂党总支部委员会改设为中共大连石油七厂委员会。【大连石化分公司上报】

8月27日　中华全国总工会书记处第89次会议通过，成立中华全国总工会石油工会工作委员会，张兆美任石油工会工作委员会主任，办公地址在北京西单二龙路18号。【档案号：243-1955-0080-001】

同日　中共中央政治局会议决定焦万海同志任玉门矿务局党委第三书记，免去其第二副书记兼玉门矿务局副局长职务；任命张复振为玉门市市长。【档案号：243-1955-0106-067】

同日　燃料工业部任命贾振礼、王子安、齐泽国为兰州石油建筑安装工程公司副经理。【档案号：243-1955-0106-062】

8月30日　燃料工业部党组向中共中央组织部报告，李聚奎、李人俊、周文龙、康世恩、黄凯、刘放等6名同志任石油工业部党组成员，李聚奎同志任

党组书记。【档案号：117-1-55-12】

8月31日 石油管理总局撤销。【档案号：121-2-323-5】

九 月

9月1日 石油工业部正式成立并开始办公，办公地点在北京市北郊六铺炕。石油工业部机关设办公厅、计划司、基本建设司、地质勘探司、炼油司、技术司、财务司、干部司、教育司、劳动工资司、人民监察司、行政司、供应制造局等13个厅司局，对外联络处、运销处、人防保卫处等3个独立处及党团机构，共674人，其中部长及部长助理7人，司局长23人，处长40人。下辖6个油气田勘探单位、11个炼油厂、2个炼厂筹建处、2个建筑安装工程公司、2个机械厂、2个供应办事处、4个科研事业单位及9所石油院校，职工人数8万余人。【档案号：243-1955-0075-005 243-1955-0104-006 243-1959-0127-001 243-1959-0127-005】

同日 石油工业部任命敖明模为兰州石油建筑安装工程公司总工程师。【档案号：243-1955-0106-059】

9月2日 石油工业部决定，任命龙显烈为兰州炼油厂筹建处总工程师，免去敖明模兰州炼油厂筹建处总工程师职务。【档案号：243-1955-0106-060】

9月3日 中共中央军事委会决定撤销石油工程第一师番号。【档案号：243-1955-0107-015】

9月10日 石油工业部成立石油工业出版社筹备处，王志群兼任筹备处主任，赵俊义为副主任。【石油工业出版社有限公司上报】

9月16日 石油工业部党组会议明确部长、副部长及部长助理的工作分工，李聚奎部长负责办公厅、计划司、人民监察司；李范一副部长负责炼油司；李人俊副部长负责财务司、基建司、技术司、器材供应制造局、设计局、运销处；周文龙副部长负责干部司、教育司、行政司、劳动工资司、人防保卫处、党团工会工作；康世恩部长助理负责地质勘探司；刘放部长助理协助李范一副部长；黄凯部长助理协助周文龙副部长。【党会第001号】

同日 国务院全体会议第18次会议通过：王志群任石油工业部办公厅副主任；杨海鹏任计划司司长、杨达任副司长；张维汉任炼油司司长、甘宁任副司长；崔振东、严爽、沈晨任地质勘探司副司长；王恕任基本建设司副司长；王凤来任财务司副司长；鲍建章任行政司司长；李荆和任劳动工资司副司长；苏风任干部司副司长；连庆溥任教育司副司长；周鉴、邓家辉任供应制造局副局长。【档案号：243-1955-0106-002　国务院公报1955第17号】

9月20日　石油工业部决定，赵宗燠为炼油司总工程师，翁文波为地质勘探司总工程师，翁心源为基本建设司总工程师。【中央档案馆复印资料】

同日　高等教育部通知，国务院已批准石油工业部新建兰州石油学校。【档案号：246-1985-0068-004】

9月23日　经国务院批准，成立玉门市，与玉门矿务局实行政企合一的管理体制。【玉门油田分公司上报】

同日　中华人民共和国主席毛泽东发布第一号授予勋章命令，石油工业部部长李聚奎荣获一级八一勋章、一级独立自由勋章、一级解放勋章；副部长周文龙荣获一级解放勋章。【档案号：243-1955-0106-005】

9月29日　中央国家机关党委批准成立石油工业部机关党委。【档案号：243-1955-0197-001】

十　月

10月1日　燃料工业部上海供应办事处撤销，石油工业部上海供应办事处成立；燃料工业部天津供应办事处撤销，石油工业部天津供应办事处成立。【（55）燃办王字第132号】

10月6日　石油工业部决定，任命刘若愚为第一机械厂厂长，崔明亮同志任第一机械厂党委书记；免去孙励斋的第一机械厂厂长职务，靳学礼的第一机械厂代理厂长职务。【档案号：243-1955-0106-066】

同日　石油工业部决定，任命王平为石油十厂厂长，免去冯忠义的石油十厂代理厂长职务。【档案号：243-1955-0106-038】

10月12日　中共锦州市委决定，武续攻、刘少男、刘征鸿、刘庆运、马阵营、刘玉文、李祥、梁超等8名同志为中共石油五厂委员会委员，武续攻同志代理党委副书记，刘庆运同志兼任监委书记。【锦西石化分公司上报】

10月18日　石油工业部决定，任命周茂祥为上海炼油厂副厂长，原副厂长汪明远调部工作。【档案号：243-1955-0106-046】

10月26日　石油工业部决定撤销石油十厂建制，1956年10月该厂停止生产。【《中国石油大事记》】

10月 从重工业部鞍山地质勘探公司、原燃料工业部煤矿管理总局地质勘探局峰峰办事处、地质部西部地质局抽调的348名职工连同13台钻机全部到达新疆石油公司。【新疆油田分公司上报】

同月 青海石油探勘局设立党委监察委员会，陈寿华同志任监委书记。【青海油田分公司上报】

十 一 月

11月1日 中共辽宁省委工业部批准刘钊同志为石油七厂党委书记。【大连石化分公司上报】

11月7日 石油工业部任命唐克为石油工业部部长办公室主任。【档案号：243-1955-0106-006】

11月14日 石油工业部决定，调上海炼油厂副厂长王礼庭到石油工业部另行分配工作，免去其上海炼油厂副厂长职务。【档案号：243-1955-0106-047】

11月19日 石油工业部任命黄国斌为上海供应办事处主任兼上海石油机械配件制造公司副经理。【档案号：243-1955-0106-048】

11月23日 石油工业部发出通知，为准确使用全国统一用语，石油工业部原用“探勘”一词一律改为“勘探”，原以“探勘”为名的机构、会议及文件一律改正为“勘探”。即日起青海石油探勘局更名为青海石油勘探局，四川石油探勘局更名为四川石油勘探局。【（55）油地办王字第234号】

十 二 月

12月8日 石油工业部成立中央研究所筹建处。至1955年底，工作人员有70人。【石油化工研究院上报】

12月9日 石油工业部决定，1956年1月在广州市成立石油工业部第四建筑安装工程公司，主要承担茂名页岩油厂建设任务，石油工业部委托茂名页岩油厂筹建处代为领导。【（55）油基办字第141号】

12月16日 石油工业部任命王鲁明同志为中共石油二厂党委第一书记。【（55）干管便字第119号】

12月17日 经中共中央批准，石油工业部印发《石油工业部分级管理的干部职务名称表》，各单位据此执行。【档案号：243-1956-0082-001】

同日 石油工业部决定，在玉门矿务局设计处基础上成立石油工业部玉门设计院，在玉门矿务局建筑厂及安装队基础上成立石油工业部第三建筑安装工程公司，均为玉门矿务局领导下的独立经济核算单位，除完成玉门矿务局任务外，还负责石油工业部交给的其他任务和外包任务。该两机构于1956年1月正式成立。【档案号：243-1955-0143-011】

12月22日 石油工业部任命申力生为中央研究所筹建处副主任。【档案号：243-1955-0106-075】

12月24日 石油工业部决定自1956年1月1日起在锦州市成立石油工业部第五建筑安装工程公司，该公司为综合性的建筑安装公司，基本任务是完成石油五厂、六厂、十厂的扩建任务，并承担外部委托的石油专业性工程，培养煤炼油专业安装施工力量。【油基办字（55）第185号】

12月26日 石油工业部任命解登峰为石油七厂副厂长。【档案号：243-1955-0106-032】

12月28日 中共中央政治局会议批准，马载任石油工业部基本建设司司长。1956年1月28日国务院全体会议第23次会议通过其任命。【档案号：243-1956-0084-001 243-1956-0084-003】

12月 中共中央书记处书记、国家副主席朱德在罗马尼亚访问时，邀请罗马尼亚派4位石油专家，分别到玉门、青海、新疆、四川等地石油企业担任技术顾问。1956年国务院外国专家局聘请德纳塞斯库（钻井方向）、阿达玛盖（采油方向）、约昂内斯库（石油地质方向）3位罗马尼亚专家组成油气田勘探开发技术组，到中国石油工业部门工作半年。【《中国石油大事记》】

本年 石油管理总局决定，赵俊义任石油管理总局办公室副主任。【档案号：1-A061956-025-001】

本年 李景新任石油工业部机关运销处处长，万震寰任副处长；缪文任石油工业部机关对外联络处代理处长；欧阳天任石油工业部机关人防保卫处处长。【《中国石油组织史资料正文》】

本年 石油工业职工总数8.01万人。【石油工业统计年报】

一九五六年

一　月

1月1日　石油工业部批准成立石油工业出版社。任命王志群兼任石油工业出版社社长，赵俊义、刘韬为副社长。办公地点设在北京市西城区六铺炕10号楼。石油工业出版社为部属事业单位，由原石油工业出版社筹备处和燃料工业出版社石油图书编辑室组成。【石油工业出版社有限公司上报】

1月5日　石油工业部任命何力山为石油一厂副厂长。【(56)油干管字第4号】

1月14日　经国务院批准，广州石油学校改由石油工业部领导。该校原为华南工学院附设工农速成中学，创办于1954年。至1975年该校曾先后更名为广州第一石油学校、广州石油学校、华南石油学院、广东石油学院、中南石油学院、广州石油学校、广东石油学校、广东石油化工学校。【档案号：243-1957-0116-042　243-1965-0021-004　243-1960-0198-008】

1月18日　石油工业部任命李笃信为西安石油干部学校校长，万品三为西安石油干部学校副校长。【(56)油干管字第11号】

1月20日　石油工业部下发关于进行工资改革准备工作的通知，计划本年在石油企业中进行一次全面的工资改革与整顿。【(56)油劳资字第29号】

1月21日　石油工业部任命邓崇信为西安石油学校副校长。【(56)油干管字第19号】

1月24日至2月4日　石油工业部、地质部、中国科学院在北京联合召开第一届全国石油勘探会议。石油工业部决定成立地质技术委员会，康世恩任主任委员，刘毅、汪家宝任副主任委员。【《中国石油大事记》】

1月30日　石油工业部决定，免去冯忠义石油十厂副厂长职务，调石油二厂任成堆干馏厂厂长。【(56)油干管字第30号】

同日　石油工业部中央研究所筹备处成立，吴宝琛为副总工程师。【(56)油干管字第77号】

二　月

2月1日　根据国务院通知，石油工业部决定将人民监察司更名为石油工业国家监察局。【（56）油监办字第2号】

2月2日　中共四川省委同意王合林同志任四川石油勘探局党委副书记。【组工字第3134号】

2月3日　石油工业部任命靳学礼为西安钻探机械配件制造厂筹建处副主任。【（56）油干管字第53号】

2月24日　中共中央政治局会议决定，孙晓风任石油工业部办公厅副主任。5月25日国务院全体会议第29次会议通过其任命。【档案号：243-1956-0004-004　243-1956-0084-011】

2月　石油工业部成立桦甸石油建筑安装工程公司，任务是完成石油九厂的建设工程并承担外部的石油专业任务，石油九厂厂长贾承烈兼任公司经理。【（56）油基企字第134号】

同月　玉门矿务局副局长范元绶离任。【玉门油田分公司上报】

三　月

3月6日　中共抚顺市委任命褚志远同志代理石油二厂党委书记，原党委第一书记王鲁明同志调离。4月刘今生同志任石油二厂党委副书记。【抚顺石化分公司上报】

3月12日　石油工业部党组扩大会明确部领导的工作分工，李范一副部长、刘放部长助理负责领导炼油司和技术司；周文龙副部长、黄凯部长助理负责领导干部司、教育司、劳动工资司、国家监察局、行政司、对外联络处和人防保卫处；康世恩部长助理负责领导地质勘探司、器材供应局和运销处；徐今强同志负责领导基建司、财务司和设计局。5月24日石油工业部党组对部领导的工作分工出补充规定，周文龙副部长负责领导国家监察局、劳动工资司、教育司；黄凯部长助理负责领导干部司、行政司、人防保卫处；徐今强除按先前分工外，并负责领导对外联络处。其余同志的分工，仍按党组以前的决议不变。【档案号：243-1956-0001-001】

3月15日　石油工业部党组做出“关于建设专业设计机构的决议”，计划在第一个五年计划期间建立6个设计院和设计管理局。玉门设计院，负责油田开发的全套设计工作；北京设计院，负责天然石油和页岩焦油的加工工厂设计；广州设计院，负责油母页岩和煤低温干馏厂和煤气发生站的设计；抚顺设计院，负责东北各厂矿限额以上的工程项目的设计；北京勘察设计院，负责全国各厂矿的测量、工程地质、水文地质的勘察工作；兰州设计院，研究和设计各种新型的钻、采、炼油机械设备和自动控制、计量仪器。设计管理局，负责指导各设计院的工作。4月，国务院正式批准石油工业部建设以上6个设计院及设计管理局。【档案号：243-1956-0001-005　243-1956-0211-005】

3月16日　石油工业部决定，杨志范任玉门矿务局工会主席。【玉门油田分公司上报】

3月19日　石油工业部任命刘少男为第五建筑安装工程公司代理经理，免去其石油五厂副厂长职务。【（56）油干管字第87号】

3月20日　石油工业部党组会通过本部关于科学研究机构组织领导的决定，1956年内成立3个研究所：北京石油炼制研究所、北京石油地质勘探研究所、抚顺油母页岩研究所。各研究所统一由部直接领导。北京石油炼制研究所和北京石油地质勘探研究所筹建工作，统一成立筹建处，由申力生负责。5月，国务院正式批准石油工业部建设以上3个研究机构。【档案号：243-1956-0001-006　243-1956-0211-005】

3月21日　石油工业部任命徐滨为北京石油地质学校副校长。【档案号：243-1956-0089-031】

3月23日　石油工业部决定，成立兰州石油学院筹备处，办公地址暂设在北京石油学院内，另在兰州市民主东路208号设办公室，陈骥任筹建处副主任。【（56）油教字第85号】

3月24日　石油工业部决定，成立华北石油钻探大队。【（56）油地钻字第183号】

同日　中共中央政治局会议决定，米吉提·扎依提同志兼任新疆石油公司青年团书记。【档案号：243-1956-0004-019】

3月26日　地质部、石油工业部和中国科学院联合成立全国石油地质委员会，地质部部长李四光担任主任委员、地质部副部长许杰、中国科学院生物地学学部委员武衡、石油工业部部长助理康世恩为副主任委员。【《百年石油》】

同日　石油工业部任命王礼庭为重庆石油学校校长。【（56）干管字第106号】

3月　中共抚顺市委决定，庄润霖同志担任石油三厂党委书记。【抚顺石化分公司上报】

同月　石油工业部任命翁文波为北京地质勘探研究所副所长，免去其地质勘探司地球物理总工程师职务。由于北京石油地质勘探研究所正在筹备阶段，4月23日，石油工业部改任翁文波为北京石油地质勘探研究所筹备处主任，任命宋冠华为北京石油地质勘探研究所筹备处副主任。【档案号：243-1956-0089-001】

同月　兰州炼油厂筹建处由兰州市民主东路208号迁至西固区。4月29日，该厂第一期工程动工建设典礼在西固举行。【兰州石化分公司上报】

同月　石油工业部决定，李德生任玉门矿务局总地质师。【玉门油田分公司上报】

四　　月

4月6至8日　中共第一建筑安装工程公司代表大会召开，选举产生中共第一建筑安装工程公司委员会和监察委员会，委员会由13名同志组成，方印、姜克诚、陈李中、沈明轩、武进文等5名同志为党委常委，方印同志为党委书记，姜克诚同志为党委副书记兼任监委书记。【中国石油工程建设公司上报】

4月7日　石油五厂工会代表大会选举郝喜顺为工会主席。【锦西石化分公司上报】

4月12日　中共中央政治局会议决定徐今强任石油工业部部长助理，免去其兰州炼油厂筹建处主任职务。5月11日，国务院全体会议第28次会议通过其任命。【档案号：243-1956-0004-003　243-1956-0084-015】

同日　中共中央政治局会议决定，任成玉任石油工业部劳动工资司副司长；宗世鉴任教育司副司长，免去其建筑工程部生产局副局长职务。5月11日，国务院全体会议第28次会议通过宗世鉴的任命。【档案号：243-1956-0004-005　243-1956-0084-015】

同日　北京军区选调2048名转业军人组成“石油钻探团”到达乌鲁木齐，其中1078名战士分编为37个钻井队，奔赴克拉玛依和独山子参加石油工业建设。【新疆油田分公司上报】

4月23日　石油工业部决定，成立玉门石油学校筹建处，陈宾兼任主任，

段得民为副主任。【(56)油教干字第122号】

同日 石油工业部决定，翁文波为北京石油地质勘探研究所筹建处主任，宋冠英为副主任。【档案号：243-1956-0089-001】

4月28日 青海省批准青海石油勘探局机关从西宁市迁至柴达木盆地茫崖市。【(56)油办秘字第102号】

4月30日 石油工业部印发《石油工业部各供应机构的基本任务和工作关系》及《石油工业部供应办事处的供应工作制度》。【(56)油供管站李字第330号】

4月30日至5月10日 石油系统106名先进生产者出席1956年全国先进生产者代表会议。【《中国工业五十年》】

4月 石油工业部成立广州设计院。【《中国石油大事记》】

五　月

5月1日 经石油工业部和新疆维吾尔自治区政府商定并报国务院批准，将黑油山油田命名为克拉玛依油田（"黑油"维吾尔语译音"克拉玛依"）。克拉玛依油田的发现是新中国石油勘探获得的第一个重大成果，并成为新中国开发建设的第一个大油田。【新疆油田分公司上报】

5月3日 石油工业部印发《关于开展职工业余教育工作的决定》。【《中国石油大事记》】

同日 中共辽宁省委批准，武续功同志任石油五厂党委副书记。【锦西石化分公司上报】

5月7日 石油工业部接收中央军委拨交汽车500辆、人员900余人，调到西北地区所属石油单位服务。【《中国石油大事记》】

5月9日 中共中央政治局会议决定，张楷任石油工业部行政司副司长。7月9日国务院全体会议第34次会议通过其任命。【档案号：243-1956-0004-006 243-1956-0084-013 国务院公报1956年28号】

同日 中共中央政治局会议决定，秦文彩任玉门矿务局副局长。【档案号：243-1956-0004-021】

5月10日 石油工业部决定，成立工资改革委员会，由周文龙副部长、黄凯部长助理、石油工会全国委员会王维昕副主席，劳动工资司、计划司、干部司、财务司等司局长组成，周文龙为主任委员，委员会下设办公室，李荆和任主任。【档案号：243-1956-0197-004】

5月11日　国务院批准建立北京石油炼制工业研究所、北京石油地质勘探研究所。【档案号：243-1956-0211-005　243-1956-0211-002】

同日　经国务院批准，石油工业部将石油一厂研究所改组为抚顺页岩油研究所，由石油工业部直接领导。【档案号：243-1957-0163-020　243-1956-0001-005　243-1956-0001-006】

5月11至21日　中国石油工会全国委员会在北京召开石油工业先进生产者代表会议，出席代表338人。【《中国工业五十年》第二部2269页】

5月25日　石油工业部决定，在西安市成立石油工业部第六建筑安装工程公司筹备处，由部直接领导。【（56）油基企字第273号】

同日　石油工业部决定，将玉门矿务局运输处划归青海石油勘探局领导，更名为青海石油勘探局运输公司，该公司731名党员及党组织关系一并转移至青海石油勘探局，机关由酒泉迁至敦煌。【档案号：243-1956-0004-034】

5月31日　因石油九厂的建设工程任务减少，石油工业部决定将桦甸石油建筑安装工程公司并入第一工程公司，石油九厂的建设任务由第一工程公司负责；免去贾承烈兼任的桦甸石油建筑安装工程公司经理职务。合并结束后，齐尚杰调任第五工程公司任副经理。【档案号：243-1956-0324-010】

六　月

6月1日　中共四川石油勘探局第一次代表大会召开，选举产生中共第一届委员会和监察委员会。李滋润同志任党委书记，王合林同志任党委副书记、监委书记。四川石油勘探局第一届党委会成立后，实行党委领导下的厂长分工负责制。【西南油气田分公司上报】

6月2日　石油工业部任命韩其信为西安地球物理仪器制造所所长，刘永年为主任工程师。【（56）干管字第190号】

6月6至12日　中共玉门油矿第二次代表大会召开，选举产生中共玉门油矿第二届委员会。委员会由29名同志组成，刘长亮、杨拯民、焦万海、杨志范、张复振、焦力人、陈宾、程浩、秦文彩、石志刚、黎中等11名同志为党委常委，刘长亮同志为党委书记，杨拯民、焦万海、杨志范同志为党委副书

记。玉门油矿党委共有10个基层党委、40个党总支、297个党支部，共有党员5633名。【玉门油田分公司上报】

6月8日　中共中央政治局会议决定，张定一任兰州石油学院院长（筹备期间任筹备处主任），免去其北京石油学院副院长职务；任命孙卓夫为北京石油学院副院长。8月28日，国务院全体会议第36次会议通过张定一、孙卓夫的任免决定。【档案号:243-1956-0004-015　243-1956-0089-040　243-1956-0084-017　243-1956-0084-018】

6月12日　根据国务院批示，石油工业部决定将新疆石油公司更名为新疆石油管理局，党组织关系隶属当地党委领导。【档案号：243-1956-0226-034　243-1956-0211-011】

6月14日　石油工业部召开第一届全国干部工作会议，主要内容是研究确定两年工作任务，确定干部职务名称表，建立健全考察了解、任免、档案、后备干部培养训练等干部工作制度，制定十二年干部工作规划，周文龙副部长作工作报告。【（56）干秘字第182号】

6月15日　石油工业部任命林风为北京石油炼制研究所筹备处副主任。【（56）干管字第210号】

同日　石油工业部任命熊尚元为北京设计院院长，李高平为副院长。【（56）干管字第208号】

6月16日　石油工业部任命李建安兼任广州设计院院长，张炳驹为总工程师。【（56）干管字第209号】

同日　根据国务院全体会议第32次会议通过的《关于工资改革的决定》，石油工业部成立工资改革委员会，周文龙副部长任主任委员。自4月份开始在全系统内进行全面的工资改革与整顿，重点是建立产业内统一的工资制度。根据企业在国民经济中的重要性、产量与对国家的贡献、设备及技术复杂程度、规模大小等原则将石油企业划分为四类。通过改革，废除工资分制度，实行了货币工资制；制定并实施领导人员、技术人员和职员的职务工资标准；制定并实施工人技术等级标准；改进地区津贴和野外津贴制度；改进和建立企业奖励工资制度。改革后职工标准工资增长13%～15%。【档案号：243-1956-0197-001　243-1956-0196-005　243-1956-0198-004】

6月16至26日　中共新疆石油公司第一次代表大会召开，选举产生中共新

疆石油公司第一届委员会和监察委员会，王其人同志任党委书记，石峻同志任监委书记。【新疆油田分公司上报】

6月18日 石油工业部任命秦文彩为玉门矿务局副局长，蒋麟湘为玉门矿务局总工程师。【（56）干管字第213号】

同日 石油工业部任命齐尚杰、严振海为第五建筑安装公司副经理。【（56）干管字第212号】

6月19日 石油工业部决定将第二工程公司与兰州炼油厂筹建处合并，合并后名称为兰州炼油厂筹建处，两机构于8月27日正式合并。【（56）石发已52号电】

6月20日 石油工业部任命杨真为北京石油勘察设计院院长，梁翕章为北京勘察设计院总工程师。【（56）干管字第215号】

6月22日 中共锦州市委批准，中共石油五厂委员会由11名同志组成，武续功、刘征鸿、李祥、刘庆运、梁超、郝喜顺等6名同志为党委常委。【锦西石化分公司上报】

6月28日 中共石油六厂第一次代表大会召开。王芝有同志代表党委作工作报告。党委下属1个党总支、19个党支部，共有党员527名。【锦州石化分公司上报】

6月30日 石油工业部撤销设计局。【（56）办秘徐字第80号】

同日 中共青海省委决定，张俊同志任青海勘探局党委第一书记，陈寿华同志任党委第二书记，刘坚壁同志任党委第三书记，潘生玺同志为党委副书记。【总号69党字67号】

6月 石油工业部教育司副司长宗世鉴率领中专考察组赴罗马尼亚考察石油中专教育。【档案号：246-1985-0068-004】

七　月

7月1日 经国务院批准，石油工业部成立设计管理局、石油工业部北京设计院和石油工业部北京勘察设计院，3个单位均属事业单位，办公地点均设在北京安定门外六铺炕。两个设计院由设计管理局领导，设计管理局由石油工业部直接领导。【（56）办秘字第102号】

同日 经国务院批准，石油工业部在中央研究所筹备处基础上成立北京石油炼制研究所筹建处，由石油工业部直接领导；任命申力生、林风为筹备处副主任。田淑英同志为党支部书记。办公地址设在北京西郊九间房。至1956年底，北京石油炼制所筹备处共有职工438人，其中技术干部265人（含工程师24人），行政干部98人。【档案号：243-1956-0001-005 006　243-1956-0089-025　243-1956-0211-005】

同日　经国务院批准，石油工业部北京石油地质勘探研究所筹建处正式成立，由石油工业部直接领导。办公地址暂在北京安定门外六铺炕。【《中国石油大事记》】

7月3日　中共中央政治局会议决定，杨霖任石油工业国家监察局局长。8月28日国务院全体会议第36次会议通过其任命。【档案号：243-1956-0004-007　243-1956-0084-008】

同日　中共中央政治局会议决定，范子久任新疆石油公司副总经理①。【档案号：243-1956-0004-016】

7月5日　石油工业部任命周庚谟为北京设计院总机械师。【档案号：243-1956-0089-019】

7月6日　石油工业部在北京召开第一次全国工资会议，主要任务是传达贯彻国务院关于工资改革的决定，部署（后）两年的工资工作任务。【档案号：243-1956-0196-001　243-1956-0196-004】

7月26日　中共中央国家机关委员会批复，同意石油工业部第二届机关委员会由13名同志组成，周文龙、黄凯、张美璠、杨海鹏、苏风、罗光远等6名同志为党委常委，周文龙同志为党委书记，苏风同志为监委书记，魏志侃同志为监委副书记。【中共中央国家机关委员会批复总号600】

7月30日　石油工业部印发《在生产中培养技术工人暂行办法（草案）》。【档案号：246-1985-0068-004】

7月　石油工业部制定《石油工业部所属生产厂矿组织机构定员试行方案的决定（草案）》。【档案号：243-1956-0202-003】

---

① 1956年7月1日，新疆石油公司正式改称新疆石油管理局，领导称谓由总经理、副总经理改为局长、副局长。

八　月

8月1日　石油工业部印发《石油工业部所属企业分类》。【档案号：243-1956-0196-020】

8月8日　石油工业部印发《关于改进和建立企业奖励工资制度的指示》。【档案号：243-1956-0198-004】

8月9日　中共兰州市委决定，王俊、张云山、邢元贵、杨雨林、刘冠三、薛秀川、任向文、贾庆礼、贾振礼、汪明远、姚光前、荆治平、王振汉、艾奇化等14名同志为兰州炼油厂党委委员。【兰州市委总号（56）秘未字第341号】

8月11日　石油工业部任命艾奇化、刘冠三、薛秀川、任向文、贾庆礼、姚光前为兰州炼油厂筹建处副主任，龙显烈为兰州炼油厂筹建处总工程师。12日，中共兰州市委批准筹建处主任王俊同志任党委书记。兰州炼油厂党组织关系隶属于中共兰州市委。【档案号：243-1956-0088-038】

同日　石油工业部任命杨光为第四建筑安装工程公司第一副经理代理经理。【（56）干管字第270号】

8月13日　石油工业部颁发《石油工业部所属各种工人技术等级标准（草案）》。【（56）劳资字第289】

同日　中共抚顺市委批准张国士为石油三厂总工程师，9月18日石油工业部正式任命。【（56）干管字第319号】

8月18日　石油工业部决定，石油八厂改建为生产润滑脂的工厂，将石油一厂生产润滑脂工段全部设备及人员调往石油八厂，将石油十厂有关润滑脂的生产设备及人员调拨给石油八厂。【（56）办秘康字105号】

8月21日　石油工业部发出《关于执行〈国务院关于工资改革的决定〉的指示》。【《中国石油大事记》】

8月22日　石油工业部任命段得民为玉门石油学校校长，免去其西安石油学校副校长职务。【（56）干管字第280号】

同日　石油工业部任命曹莲英为北京石油地质学校教务副校长。【（56）干管字第279号】

同日　石油工业部任命陈鸿璠为抚顺第一石油学校教务副校长。【（56）干管字第278号】

8月23日 石油工业部任命王尚文为青海石油勘探局总地质师，刘树人为总工程师。【（56）干管字第275号】

同日 石油工业部任命商俊生为双城工业计划经济学校校长，刘博泉、赵杰、刘世荣为副校长。【（56）干管字第283号】

8月24日 中共四川省委批准，四川石油管理局党委会由10名同志组成，李滋润、张忠良、许培德、何千里、王爱忠、焦益文、王合林等7名同志为党委常委，李滋润同志为党委书记，王合林同志为党委副书记。四川石油管理局监察委员会由7名同志组成，王合林同志兼任监委书记。【四川组工字第4441号 四川组工字第4442号】

8月25日 石油工业部印发《石油工业部所属企业奖励办法（草案）》。【（56）劳资字第324号】

同日 石油工业部任命王永清为北京石油地质学校校长，宋治安为副校长。【（56）干管字第287号】

同日 石油工业部任命马文为西安石油学校校长。【（56）干管字第288号】

同日 石油工业部任命郭德华为重庆石油学校副校长。【（56）干管字第289号】

8月 中共抚顺市委批准抚顺设计院成立总支部委员会，徐震同志为党总支书记。【中国石油化工集团公司提供】

九 月

9月6日 石油工业部任命马生辉（晖）为沈阳供应办事处主任。【档案号：243-1956-0089-050】

9月7日 中共中央政治局会议决定，周文龙同志为石油工业部党组副书记，徐今强同志为石油工业部党组成员。【档案号：243-1956-0004-001】

同日 中共中央政治局会议决定康世恩任石油工业部副部长，免去其石油工业部部长助理职务。10月10日，国务院全体会议第38次会议通过其任命。【档案号：243-1956-0004-002 243-1956-0084-020】

同日 中共中央政治局会议决定，王志群任石油工业部办公厅主任，唐克任办公厅副主任；李荆和任劳动工资司司长；侯祥麟任技术司副司长；刘培芝任财务司副司长。11月16日国务院全体会议第40次会议通过5人的任命。

【档案号：243-1956-0004-008　243-1956-0084-022】

同日　石油工业部批复设计管理局编制100人。【（56）干秘字第306号】

同日　经中共辽宁省委批准，中共锦州市委任命崔绳先同志为石油五厂党委书记，梁超同志为第二副书记。【锦西石化分公司上报】

9月8日　石油工业部任命高中为石油三厂副厂长。【（56）干管字第299号】

同日　石油工业部任命刘选伍为四川石油勘探局副局长。【（56）干管字第298号】

同日　石油工业部任命王者春为抚顺第二石油学校副校长。【（56）干管字第301号】

9月10日　石油工业部决定，任命兰丕炜为石油一厂第一副厂长，免去顾敬心的石油一厂第一副厂长兼总工程师职务。【（56）干管字第307号】

9月11日　石油工业部任命顾敬心为抚顺设计院副院长代理院长，杨洁为副院长。【（56）干管字第308号】

9月12日　石油工业部任命白维英为石油四厂副厂长。【档案号：243-1956-0087-033】

9月18日　石油工业部任命崔刚为抚顺第一石油学校校长。【（56）干管字第315号】

9月20日　石油工业部印发《所属企业职务工资标准补充等级的通知》，解决职工工资级差较大的问题。【（56）劳资字第376号】

9月22日　石油工业部印发《关于干部任免手续暂行规定的通知》。【（56）干管字第320号】

9月　石油工业部决定，从第一机械厂抽调182名职工支援新疆克拉玛依油田，建立克拉玛依机修厂。【宝鸡石油机械有限责任公司上报】

同月　青海石油勘探局党委第一书记、局长张俊当选中共第八次全国代表大会代表。【青海油田分公司上报】

十　月

10月6日　石油工业部颁发“石油工业部分级管理的干部职务名称表”的决定（草稿）。【档案号：243-1956-0085-007】

10月11日 石油工业部任命黄利国为第一机械厂副厂长。【(56)油管干字第339号】

10月15日 中共中央政治局会议批准；免去孙润华的石油工业国家监察局局长职务。【档案号：243-1956-0004-011】

同日 中共中央政治局会议批准，张仁任石油工业部设计管理局局长，免去其纺织工业部基本建设局副局长职务。12月18日国务院全体会议第41次会议通过其任免决定。【档案号： 243-1956-0004-013 243-1956-0034-024】

同日 中共中央政治局会议批准，贾振礼任玉门矿务局副局长，黎中任工会主席，李世光任团委书记；免去张复振的玉门矿务局副局长职务、杨志范兼任的工会主席职务、黎中的团委书记职务。【档案号：243-1956-0004-020 243-1956-0004-022】

同日 中共中央政治局会议批准，张文彬任新疆石油管理局局长，免去其新疆石油公司总经理职务；钱萍任新疆石油管理局副局长，免去其新疆石油公司副总经理职务；秦峰任新疆石油管理局副局长，免去其新疆石油公司副总经理职务；米吉提·扎依托夫任新疆石油管理局副局长，免去其新疆石油公司副总经理职务；范子久任新疆石油管理局副局长，免去其新疆石油公司副总经理职务。【档案号：243-1956-0004-018 243-1956-0086-021】

10月16日 石油工业部决定抽调1948年前参加革命，有两年以上企业工龄，40岁以下的干部28名，到北京石油学院干部特别班学习。【档案号：246-1985-0068-004】

10月20日 经国务院批准，石油工业部撤销器材供应制造局，成立器材供应局、机械配件制造局，两局均为部内局。【(56)干秘字第347号】

同日 石油工业部任命苏德山为石油七厂厂长，免去其副厂长代理厂长职务，任命张芳骞为石油七厂总工程师。【(56)干调字第349号】

10月25日 石油工业部任命杜博民为新疆石油管理局代理总地质师，史久光为新疆石油管理局钻井总工程师。【(56)油干管字第352号】

10月 石油工业部决定，成立抚顺石油设计院和广州石油设计院，由石油工业部设计管理局领导，从北京设计院抽调数十名技术干部到两个设计院工作。抚顺石油设计院发展规模为1000人，院址设在抚顺市火车站南（后称新华街）。【中国石油化工集团公司提供】

十 一 月

11月1日 石油工业部任命李达夫为石油工业出版社副社长。【石油工业出版社有限公司上报】

11月6日 中共中央批准王俊兼任兰州炼油厂筹建处主任。【档案号：243-1956-0004-014】

11月16日 国务院全体会议第40次会议通过，任命田之群为计划司副司长，田方为设计管理局副局长，任成玉为机械配件制造局局长，邓家辉为机械配件制造局副局长，周鉴为器材供应局局长；免去王志群的办公厅副主任职务，李荆和的劳动工资司副司长职务，邓家辉、周鉴的器材供应制造局副局长职务。【档案号：243-1956-0084-022】

11月24日 石油工业部决定撤销西安石油干部学校。【档案号：246-1985-0068-004】

11月27日 中共陕西省委同意张杨洲、刘生连任延长油矿副矿长。【档案号：243-1956-0004-025】

同日 石油工业部任命鄢飞明为西安地球物理仪器制造厂副厂长。【（56）干管字第380号】

十 二 月

12月1日 石油工业部任命罗光远为北京设计院副院长。【（56）干管字第382号】

12月11日 中共中央批准，阎玉森任石油工业部干部司司长。1957年2月7日国务院全体会议第42次会议通过其任命。【档案号：243-1956-0004-010 243-1956-0084-024】

12月19日 石油工业部任命张国光为广州设计院副院长。【（56）干管字第397号】

12月24日 石油工业部任命邢活舒为北京石油勘察设计院副院长。【（56）干管字第409号】

12月27日 石油工业部党组作出关于外国专家问题的决定。（自解放初至1956年底聘请参与石油企业建设的苏联、德国、罗马尼亚、捷克等国家的外国专家共计379人。）【档案号：243-1957-0007-001】

12月30日 中共中央批准薛迅任石油工业部部长助理并为党组成员，并于1957年2月7日国务院全体会议第42次会议通过。【档案号：243-1957-0021-001】

本年 石油工业部先后印发《石油工业领导人员、工程技术人员和职员的职务工资标准表》、《钻井操作暂行规程》、《构造钻井操作规程》、《电工操作规程（草案）》、《建设单位的工作任务和组织机构》。【《中国石油大事记》】

本年 石油工业部机关增设技术安全监察处。【档案号：243-1959-0127-001】

本年 石油工业部决定，石油工业部西安地球物理仪器制造所更名为石油工业部西安地球物理仪器制造厂。【档案号：243-1956-0211-011】

本年 石油工业部成立西安钻采机械配件制造厂筹建处。【档案号：243-1956-0211-011】

本年 石油工业部广州石油学校更名为石油工业部广州第一石油学校。成立石油工业部广州第二石油学校。【档案号：243-1956-0211-011】

本年 石油三厂加氢车间气相工段、蒸馏车间荣获“全国先进集体”称号；黄宗灏、李树生荣获“全国劳动模范”称号。【抚顺石化分公司上报】

本年 吉林化学工业公司吉林肥料厂党委书记戴曾彬当选中共第八次全国代表大会代表。【吉林石化分公司上报】

本年 石油二厂马宝坤、李源、孙宝林荣获“全国先进生产者”称号。【抚顺石化分公司上报】

本年 石油工业职工总数13.38万人。【石油工业统计年报】

一九五七年

一　　月

1月3日　中共中央批准李雨轩为石油工业部器材供应局副局长。2月7日国务院全体会议第42次会议通过其任命。【档案号：243-1957-0021-002】

1月4日　石油工业部任命焦益文为四川石油勘探局副局长。【（57）油干管字第4号】

1月6日　石油工业部任命李景汾为广州设计院总工艺师。【（57）油干管字第35号】

1月9日　中共抚顺市委批准成立中共抚顺石油设计院支部委员会，金元汉同志兼任党支部书记。【中国石油化工集团公司提供】

1月29日　中共中央批准王其人同志任新疆石油管理局党委书记，免去其新疆石油公司党委书记职务；张文彬同志为新疆石油管理局党委第二书记兼新疆石油管理局局长，李旺昭、石峻、阿瓦哈力·沙比洛夫同志为新疆石油管理局党委副书记。【档案号：243-1957-0021-003】

二　　月

2月12日　中共抚顺市委批准张守约同志任第一建筑安装工程公司党委副书记兼监委书记。【中国石油工程建设公司上报】

2月15日　石油工业部决定，广州第一石油学校与广州第二石油学校合并。【（57）教技字第32号】

2月18日　石油工业部决定，将抚顺第二石油学校并入抚顺第一石油学校，合并后校名为石油工业部抚顺石油学校。【（57）教财字第39号】

2月19日　石油工业部任命王文志为石油三厂副厂长。【（57）油干管字第47号】

2月　石油四厂移交化学工业部管理，更名为国营抚顺化工厂。【（57）油计展字第27号】

同月　石油一厂研究所改组为石油工业部抚顺油母页岩研究所，由石油

工业部直接领导。【（57）劳组55号】

三　月

3月2日　石油工业部任命王祖庚为石油一厂副总工程师代理总工程师。【（57）油干管字第52号】

3月8日　中共旅大市委同意解登峰同志任石油七厂党委副书记。【旅大工字（57）084号】

3月16日　石油工业部决定，将青海石油勘探局运输公司改组为石油工业部运输公司。【《中国石油大事记》】

3月23日　石油工业部决定，任命张复振为石油工业部运输公司经理，免去其青海石油勘探局副局长及兼任的青海石油勘探局运输公司经理职务，任命王有常、王邦松、邢柏如、王占荣为运输公司副经理。【（57）油干管字第63号】

3月26日　玉门矿务局设计院改组为石油工业部玉门设计院。【档案号：243-1957-0216-019】

3月28日　石油工业部任命钱进为石油工业部北京干部学校副校长。【（57）油干管字第67号】

四　月

4月1日　石油工业部任命徐震为抚顺设计院副院长。【（57）油管干字第71号】

4月3日　石油工业部决定，在北京成立石油工业部北京干部学校，主要培训厂矿长、处科长及车间主任等级别的干部，9月1日开始接受教学任务。【（57）油干秘字第69号】

4月8日　石油工业部任命黎煜明为抚顺设计院总工艺师。【（57）油管干字第75号】

4月9日　中共中央批准曹本熹任北京石油学院副院长。5月24日国务院全体会议第49次会议通过其任命。【档案号：243-1957-0021-004】

同日　石油工业部任命徐震为抚顺设计院副院长。【（57）油管干字第71号】

4月19日　石油工业部任命万品三为西安石油学校副校长。【（57）油管干

字第80号】

同日　石油工业部任命柏映群为玉门设计院院长。【（57）油管干字第82号】

4月23日　中共中央批准阎子元任北京石油学院院长，张定一任北京石油学院副院长。5月24日国务院全体会议第49次会议通过任命。【档案号：243-1957-0021-005】

4月26日　石油工业部任命陈鸿璠为兰州石油学校副校长，免去其抚顺第二石油学校副校长职务。【（57）油管干字第88号】

4月27日　中共中央发出《关于整风运动的指示》，根据党中央指示，石油工业部机关自5月起开展整风运动，主要对象为科长以上党员干部。此后，相继开展大鸣大放、反右派斗争、干部下放、红专辩论、务虚等运动。截至1958年8月底，运动基本结束。石油工业部在京各机关计划下放人员1000人左右，占实有人数的三分之一，下放的方向是上山下乡当农民、下厂矿当工人、退休或退职。【档案号：243-1957-0347-004　243-1957-0347-027　243-1959-0147-001】

五　　月

5月1至7日　新疆石油管理局少数民族干部参观团赴北京和全国各主要工业地区参观学习。参观团成员18人，其中维吾尔族11人，哈萨克族2人，塔塔尔族1人，团长阿瓦哈力·沙比洛夫、副团长李旺昭、瓦力斯江·吐尔地。参观团参加“五一”观礼活动。7日，参观团成员与参加“五一”观礼活动的全国各民族代表一起受到毛泽东、刘少奇、周恩来等党和国家领导人接见。毛泽东与阿瓦哈力·沙比洛夫握手时嘱咐：“要好好地搞石油。”参观团先后到抚顺、沈阳、鞍山、天津、上海、杭州、西安、兰州、玉门和柴达木盆地参观学习。【《中国石油大事记》】

5月4日　石油工业部任命许润生、沈明轩为第一建筑安装工程公司副经理。【（57）油管干字第96号】

5月7日　石油工业部任命方华为茂名页岩油厂筹建处主任，王军为副主任。【（57）油管干字第99号】

5月8日　石油工业部任命郭福田为广州第二石油学校校长，陈江文、赵余庆、郭良禄为副校长。【（57）油干管字第97号】

5月17日　石油工业部决定，任命葛贤辅为石油五厂厂长，免去其石油二

厂副厂长职务，免去刘征鸿的石油五厂厂长职务。【（57）油干管字第108号】

5月18日　石油工业部任命王平为石油二厂副厂长，免去其石油八厂厂长职务。【（57）油干管字第109号】

5月25日　石油工业部印发《石油工业部管理的干部职务名称表》及《干部职务任免手续有关规定》等制度。【档案号：243-1957-0231-004　243-1959-0144-002】

六　月

6月27日　中共中央工业工作部批复，同意青海石油勘探局运输公司改由石油工业部直接领导后，其党组织关系按驻在甘肃省境内的运输大队由中共甘肃省委领导，驻在新疆地区的运输大队由新疆维吾尔自治区党委领导，不建立运输公司党委的垂直领导。【档案号：243-1957-0163-020】

七　月

7月13日　石油工业部任命王致中为石油一厂副厂长。【（57）油干管字第146号】

同日　石油工业部任命万震寰为石油七厂副厂长。【（57）油干管字第147号】

同日　石油工业部任命范止霙为西安地球物理仪器修造厂厂长。【（57）油干管字第144号】

7月15日　根据第六次全国监察工作会议决议和国务院关于改进国家行政体制的指示，石油工业部对石油工业监察局及其所属机构的编制方案和隶属关系进行调整。12月9日，根据国务院《关于监察机关体制改进方案的报告》要求，石油工业部决定将原在石油工业部及各所属企业设置的国家监察机构改为各单位的监察机构。【《中国石油大事记》】

同日　石油工业部任命程兴武为抚顺研究所总工程师。【（57）油干管字第148号】

7月16日　中共石油五厂第一次代表大会召开，选举中共石油五厂第一届委员会。崔绳先同志为党委书记，武续功、梁超同志为党委副书记。【锦西石化分公司上报】

7月18日　石油工业部任命朱宝珏为抚顺设计院总机械师。【（57）油干管字第152号】

7月20日 石油工业部办公会议决定，成立石油工业部技术委员会，为石油工业部的咨询机构。委员会成员26人，李范一任主任委员，李人俊任副主任委员，下设若干专业小组，每组人数7—15人，石油工业部技术司为具体工作单位。【档案号：243-1957-0038-013】

7月28日 中共石油五厂委员会选举刘庆运同志为监委书记。【锦西石化分公司上报】

7月 茂名石油公司从广州市迁回茂名市，职工人数862人。【中国石油化工集团公司提供】

八 月

8月1日 石油工业部决定，成立石油工业部抚顺地区干部文化学校。筹建阶段由抚顺地区各单位共同负责。设学校管理委员会，褚志远、王者春分别为正副主任委员。8月16日石油工业部任命王者春为抚顺地区干部文化学校副校长。10月4日石油工业部决定撤销抚顺地区干部文化学校筹建处，15日正式启用石油工业部抚顺干部学校新印章，由石油工业部直接领导。【（57）油教培字第187号 （57）油干管字第175号】

8月2日 石油工业部同意夏云昌仍为第一建筑安装工程公司副经理。【档案号：243-1957-0214-021】

8月3日 中共抚顺市委批准杨雨霖同志为第一建筑安装工程公司党委副书记。【中国石油工程建设公司上报】

8月5日 石油工业部任命靳学礼为石油工业部第一机械厂副厂长代理厂长职务。【（57）油干管字第167号】

8月10日 新疆维吾尔自治区党委决定，李旺昭兼任新疆石油管理局工会主席，范子久、何子立任新疆石油管理局党委常委。【新疆油田分公司上报】

8月17日 石油工业部成立贵阳、宜昌两个石油勘探大队。【《中国石油大事记》】

8月21日 中共旅大市委任命白福瑞同志为石油七厂监委书记。【大连石化分公司上报】

8月 中共抚顺市委批准徐震、杨洁、魏瑞宏、金元汉、李占标、张异军、韩世钦等7名同志组成中共抚顺石油设计院总支部委员会，徐震同志兼任党总

支书记。【中国石油化工集团公司提供】

九　月

9月6日　石油工业部印发《企业组织机构和定员暂行办法》。规定企业增设处、科室改处、车间改分厂及其他各企业增设科室、车间等机构时须报石油工业部批准后执行；企业所属单位增设机构须报企业批准后执行并报石油工业部备案。【档案号：243-1957-0152-007】

9月9日　根据中央精简行政机构的精神，石油工业部决定，将器材供应局与机械配件制造局合并，改称为石油工业部器材供应制造局，属部外一级局（兼部的职能机构）；将干部司与教育司合并，改称为人事司；将对外联络处并入技术司；技术安全监察处并入人民监察局。【（57）办秘字第118号】

9月10日　石油工业部任命朱吉仁为上海炼油厂副厂长兼总工程师。【（57）人管字第1号】

9月19日　中共中央决定调张维汉任中国科学院大连研究所副所长，免去其石油工业部生产司司长职务。10月18日国务院全体会议第58次会议通过其任免。【档案号：243-1957-0021-006】

9月　石油工业部决定将广州设计院并入抚顺设计院，调入110名工程技术人员。【中国石油化工集团公司提供】

十　月

10月8日　中共锦州地委批复，同意刘庆运同志任石油五厂工会主席，免去其监委书记职务；梁超同志兼任监委书记。【锦西石化分公司上报】

10月12日　中共中央批准，同意任成玉同志任青海石油勘探局党委书记，免去其石油工业部机械配件制造局局长职务；徐今强任兰州炼油厂筹建处主任，免去其石油工业部部长助理职务；唐海任石油工业部技术司副司长，免去其抚顺石油一厂厂长职务。【档案号：243-1957-0021-007】

10月15日　经中共中央批准，中共甘肃省委决定成立中共玉门矿务局委员会，由中共玉门市委领导，中共玉门市委、玉门矿务局党委联署办公。原矿党委办事机构改为市委办事机构。【档案号：243-1957-0010-003】

10月26日　石油工业部任命李达夫为石油工业出版社副社长。【（57）人管字第46号】

10月　中共甘肃省委决定，刘长亮同志担任中共玉门市委员会（中共玉门矿务局委员会）书记，焦万海、杨志范、焦力人等3位同志担任副书记。【玉门油田分公司上报】

十一月

11月28日　石油工业部党组与中共广东省委联合向国务院呈送《关于建立茂名页岩油厂联合企业的报告》。【《中国石油大事记》】

十二月

12月3日　石油工业部决定，12月31日正式撤销石油工业部第五建筑安装工程公司建制。【（57）油基企字第279号】

12月6日　中共中央批准李雨轩同志任抚顺石油一厂党委书记，免去其石油工业部器材供应局副局长职务。1958年1月29日国务院全体会议第69次会议通过其免职。【档案号：243-1957-0021-008　243-1958-0090-011】

12月13日　石油工业部决定免去夏云昌的第一建筑安装工程公司副经理职务，免去齐尚杰的第五建筑安装工程公司副经理职务。【（57）人管字第99号】

12月28日　国务院全体会议通过，任命兰丕炜为石油一厂厂长，免去唐海的石油一厂厂长职务。【（57）人管字第105号】

12月30日　石油工业部任命刘少男为第一建筑安装工程公司副经理，免去其第五建筑工程公司代理总经理职务。【（57）人管字第106号】

12月　中共抚顺市委批准，孙风臣同志兼任抚顺设计院监委书记。【中国石油化工集团公司提供】

同月　石油工业部决定，第一机械厂崔明亮、刘若愚调离。孙励斋同志调任第一机械厂党委书记兼厂长。【宝鸡石油机械有限责任公司上报】

本年　石油工业部西安干部学校撤销。【（56）教培512号】

本年　兰州石油学院筹建处结束。【（57）油教薛字第10号】

本年　14名苏联专家先后到抚顺石油设计院工作。【中国石油化工集团公司提供】

本年　石油工业职工总数14.15万人。【石油工业统计年报】

一九五八年

一　月

1月　中共青海省委批准，薛宏福同志兼任青海石油勘探局党委书记。【（58）青油党字第001号】

1月1日　石油工业部、建筑工程部联合协议，将石油工业部第四工程公司划归建筑工程部中南工程管理总局领导，更名为建筑工程部中南工程管理总局第三工程公司。【档案号：243-1957-0250-007】

1月2日　中共中央批准黄凯同志任四川石油勘探局党委书记，免去其石油工业部部长助理职务。1959年4月16日国务院全体会议第87次会议通过其免职。【档案号：243-1958-0059-001　243-1959-0128-010】

同日　中共青海省委批准，薛宏福同志代理党委书记；免去张俊同志的青海石油勘探局党委第一书记职务，陈寿华同志的青海石油勘探局党委第二书记职务，刘坚壁同志的青海石油勘探局党委书记职务，潘生玺同志的青海石油勘探局党委副书记、监委书记、工会主席职务。【（58）青油党字第001号】

1月7日　中共抚顺市委批准，杨宪贵兼任石油一厂工会主席，免去张清泉的工会主席职务。【抚顺石化分公司上报】

同日　石油工业部决定，任命张清吉为西安供应办事处副主任，免去其天津供应办事处副主任职务；免去崔元贵的西安供应办事处主任职务。【（58）油人管字第4号】

1月8日　石油工业部决定调西安石油学校副校长邓崇信到第一机械厂工作，免去其西安石油学校副校长职务。【（58）油人计字第13号】

1月11日　石油工业部任命严振海为石油九厂副厂长，免去其第五建筑工程公司副经理职务。【（58）油人管字第14号】

1月29日　石油工业部印发《关于抽调领导干部入特别班和本科学习的通知》。【档案号：246-1985-0068-004】

1月31日　经国务院批准，茂名页岩露天矿与页岩油厂合并为联合企业，

定名为“石油工业部茂名页岩油公司筹建处”。同月公司一期工程开工建设，1961年11月投产。【中国石油化工集团公司提供】

本月 中共辽宁省委任命杨宪贵同志为石油一厂党委副书记。【抚顺石化分公司上报】

二 月

2月3日 石油工业部同意将天津石油学校交由煤炭工业部领导。7月，学校划归河北省领导，校址迁至承德市，校名改为河北承德石油专科学校。【（58）油人教便字第106号】

2月11日 第一届全国人民代表大会第五次会议决定，任命余秋里为石油工业部部长，免去李聚奎的石油工业部部长职务。【国务院公报1958年第8号】

同日 石油工业部批准，同意孟宪德为茂名页岩油联合企业筹建处委员会副主任，王财元、曾源为筹建处副主任。【档案号：243-1958-0315-012】

2月16日 石油工业部任命詹石为新疆石油管理局副局长，免去其玉门矿务局副局长职务。【（58）油人管字第52号】

同日 石油工业部调新疆石油管理局副局长钱萍到石油工业部另行分配工作。【（58）油人计薛字第53号】

2月24日 中共中央发出《关于干部下放劳动锻炼的指示》，随后在石油工业部门得到贯彻执行。【《中国工业五十年》】

三 月

3月3日 中共中央批准焦力人任玉门矿务局局长。【档案号：243-1958-0059-003】

同日 石油工业部通知，中央工业工作部同意杨拯民任四川石油勘探局局长。【档案号：243-1958-0097-001】

3月6日 石油工业部决定，免去曹莲英的北京石油地质学校副校长职务。【（58）油人计字第64号】

3月7日 中华人民共和国主席任命李聚奎为中国人民解放军总后方勤务部政治委员，免去余秋里的中国人民解放军总后方勤务部政治委员职务。【国务院公报1958年第10号】

3月11日 中共抚顺市委决定，免去吴向春同志的石油一厂党委第一书记

职务。【抚顺石化分公司上报】

3月13日　石油工业部决定，将石油九厂与桦甸油母页岩矿合并，组建为石油工业部桦甸页岩油公司。统一管理桦甸地区的采矿、炼油和基建业务。【（58）油劳组字第48号】

3月15日　石油工业部决定，免去汤学永的石油七厂副厂长职务。【（58）油人管字第87号】

同日　石油工业部任命李亚屏为石油三厂副厂长。【（58）油人管字第85号】

同日　石油工业部决定，免去李高平的北京设计院副院长职务。【（58）油人管字第86号】

3月25日　全国总工会党组派中国石油工会委员会主席张兆美任青海石油勘探局工会主席。【（58）青油党字第029号】

3月26日　经国务院1月31日批准，石油工业部决定，将茂名页岩露天矿与页岩油厂合并，组成联合企业，定名为石油工业部茂名页岩油公司筹建处。【（58）油劳组字第69号】

3月28日　石油工业部决定，任命秦文彩为四川石油勘探局副局长，免去其玉门矿务局副局长职务；任命李德生为四川石油勘探局总地质师，免去其玉门矿务局总地质师职务。【（58）油人管薛字第101号】

3月　中共抚顺市委批准，徐震、杨洁、孙振芳、魏瑞宏、金元汉、李占标、张昇云等7名同志组成中共抚顺石油设计院委员会，徐震同志代理党委书记，孙振芳同志为党委副书记兼任监委书记。【中国石油化工集团公司提供】

同月　中共抚顺市委决定，免去褚志远同志的石油二厂党委书记职务。【抚顺石化分公司上报】

四　月

4月2日　中共中央决定任命李铁轮为青海石油勘探局局长，免去其轻工业部部长助理职务。【档案号：243-1958-0059-006】

4月8日　石油工业部决定，任命职若愚为银川石油勘探处处长，免去其西安地质调查处处长职务；任命韩冬臣为银川石油勘探处副处长，免去其西安地质调查处副处长职务；任命宋世宽、刘若愚为松辽石油勘探处副处长，免去其西安地质调查处副处长职务。【（58）油人管字第117号】

4月22日　中共广东省委批准，成立中共茂名页岩油公司委员会。【中国石油化工集团公司提供】

4月29日　中共中央批准余秋里同志任石油工业部党组书记，免去李聚奎同志的石油工业部党组书记职务。【档案号：243-1958-0059-005】

4月　中共甘肃省委决定，焦力人同志担任中共玉门矿务局委员会、中共玉门市委员会副书记。【玉门油田分公司上报】

同月　石油工业部松辽石油勘探大队在吉林四平公主岭镇成立。【大庆油田有限责任公司上报】

同月　抚顺设计院从抚顺市南台区搬入浑河北岸新华街。【中国石油化工集团公司提供】

五　月

5月3日　中共西安市雁塔区常务委员会决定，区委副书记王瑞荣同志兼任石油工业部西安地球物理仪器修造厂党委书记。【档案号：243-1958-0059-013】

5月14日　石油工业部决定，撤销西安地质调查处；成立银川石油勘探处，由石油工业部直接领导，负责鄂尔多斯地区的地质勘探工作；成立松辽石油勘探处，由石油工业部直接领导，负责东北地区的地质勘探工作；原西安地质调查处华北石油勘探大队更名为华北石油勘探大队，由石油工业部直接领导，负责华北、苏北地区的地质勘探工作。【（58）劳组字第107号】

同日　石油工业部决定，将四川石油勘探局改组为石油工业部四川石油管理局，张忠良任局长，下设川中、川南两个矿务局和贵阳石油勘探处，局机关设在四川省成都市府青路一段5号。【（58）劳组字第106号】

同日　中共青海省委决定，免去任成玉同志的青海石油勘探局党委书记职务。【档案号：243-1958-0059-012】

5月17日　石油工业部党组决定，重庆石油学校交由四川石油管理局领导，酒泉石油学校交由玉门矿务局领导，将兰州石油学校交由兰州炼油厂筹建处领导，乌鲁木齐石油学校交由新疆石油管理局领导，广州石油学校交由茂名页岩油公司筹建处领导。【（58）油人教字第172号】

5月19日　经中共中央批准，石油工业部任命王俊同志为兰州炼油厂筹建处党委书记，免去其兼任的兰州炼油厂筹建处主任职务。【（58）油人管字第168号】

5月20日 石油工业部决定，免去邢柏如石油工业部运输公司副经理职务。【（58）油人管字第165号】

5月23日 石油工业部决定，董汉炳任四川石油管理局副局长，免去刘选伍的四川石油勘探局副局长职务，何千里兼任川南矿务局局长，秦文彩兼任川中矿务局副局长。【（58）油人管字第171号】

5月30日 根据中共中央关于下放企业的决定，石油工业部党组向党中央上报关于企业下放的报告，确定石油工业部42个企事业单位中下放的21个单位（包含已下放2个）：石油一厂、石油二厂、石油三厂、石油五厂、石油六厂、石油七厂、上海炼油厂、桦甸页岩油公司（已下放）、第一安装工程公司、延长油矿（已下放）、第一机械厂、天津石油学校、西安石油学校、抚顺石油学校、广州石油学校、兰州石油学校、酒泉石油学校、重庆石油学交、乌鲁木齐石油学校、双城工业计划经济学校、抚顺石油干部学校；保留的21个单位：茂名页岩油公司筹建处、兰州炼油厂筹建处、青海石油勘探局、四川石油管理局、西安地质调查处、松辽石油勘探处、新疆石油管理局、华北勘察大队、玉门矿务局、地球物理仪器制造厂、运输公司、北京石油炼制研究所、石油地质勘探研究所、抚顺研究所、北京设计院、抚顺设计院、玉门设计院、北京勘察设计院、北京石油学院、北京石油地质学校、北京石油干部学校。【档案号：243-1958-0058-002 243-1958-0066-016】

5月 石油工业部党组决定，从玉门抽调45个钻井队、1个试油处、1个运输大队共3400余人进行川中会战，10月又从新疆、青海抽调队伍参加会战。【《康世恩传》】

同月 石油工业部决定，张健秋任第一机械厂工会主席。【宝鸡石油机械有限责任公司上报】

六　月

6月1日 石油工业部四川石油管理局正式成立。【《石油发展简史》】

6月14日 中共中央、国务院4月11日发布《关于工业企业下放的几项决定》，规定国务院各主管工业部门，不论轻工业或重工业部门，以及部分非工业部门所管理的企业，除一些主要的、特殊的以及“试验田”性质的企业仍归中央继续管理外，其余企业，原则上一律下放，归地方管理。根据上述决定，石油工业部于6月14日前分别与4个省、市办理了11个企事业单位的交接手续：石油一厂、石油二厂、石油三厂、石油六厂、石油七厂、抚顺石油干部学校、第一安装工程公司移交辽宁省；桦甸页岩油公司移交吉林省；上海炼油厂移交上海市；延长油矿和第一机械厂移交陕西省。【档案号：243-1958-0058-003】

6月15日 上海炼油厂自即日起正式划归上海市人民委员会直接领导与管理。【档案号：243-1958-0058-028】

6月26日 石油工业部决定，任命余萍为贵州石油勘探局副局长；任命刘南为华东石油勘探局副局长；任命黄国斌为华东石油勘探局副局长，免去其上海器材供应办事处主任职务；任命职若愚为陕甘宁石油勘探局副局长，免去其银川石油勘探处处长职务；任命宋世宽为松辽石油勘探局副局长。【（58）油人管字第205号】

6月27日 石油工业部决定，撤销松辽石油勘探处，成立松辽石油勘探局，负责东北地区石油地质勘探工作，局机关设在长春市，属东北协作区领导；撤销贵阳石油勘探处，成立贵州石油勘探局，负责贵州、广西、云南等地区石油地质勘探工作和贵州省石油工业工作，局机关设在贵阳市，由贵州省领导；撤销银川石油勘探处，成立陕甘宁石油勘探局，负责陕甘宁地区石油地质勘探工作，局机关设在银川市，属西北协作区领导；成立华东石油勘探局，负责江苏、安徽、浙江等地区石油地质勘探工作，局机关设在上海市，属华东协作区领导；撤销华北石油勘探大队，成立华北石油勘探处，负责华北地区的石油地质勘探工作，地点设在济南市，属华北协作区领导；逐步撤销沈阳、西安、上海、天津四个供应办事处。上述4个局及1个处于7月10日成立，原设勘探处及大队随即撤销。【（58）油劳组薛字第143号】

6月28日 石油工业部决定，在西安石油中技校的基础上建立西安石油学院，其主要任务是为西北协作区石油工业的发展服务，由陕西省领导。该院设石油及天然气钻井、石油及天然气开采、石油矿场机械及设备、石油及天然气工学、人造石油、石油炼厂机器及设备等6个专业，学制为四年，长远规模招生3000～5000人。9月西安石油学院在陕西省西安市成立。【（58）油人教薛字第210号】

同日 石油工业部决定在四川省成都市建立一所石油学院（后称四川石油学院），其主要任务是为西南协作区石油工业的发展服务。该院设石油及天然气地质及勘探、石油及天然气地球物理测井、石油及天然气钻井、石油及天然气开采、矿场机器及设备、石油及天然气运输与储备等6个专业，学制暂定为四年，长远招生规模4000人。9月，明确学院由四川省人民委员会直接领导。【（58）油人教字第211号】

同日 石油工业部任命杨洁为北京设计院副院长，免去其抚顺设计院副院长职务。【档案号：243-1958-0019-022】

同日 石油工业部任命李高平为四川设计院副院长，免去其北京设计院副院长职务。【（58）油人计字第209号】

6月29日 中共四川省委同意四川石油勘探局党委更名为四川石油管理局党委。【省（58）字第446号】

6月30日 石油工业部决定，将兰州石油学校交给甘肃省领导。【（58）油人教字第213号】

6月 抚顺设计院派员参加石油工业部组织的工作组去山西、广西、黑龙江等28个省、自治区，帮助筹建小型煤炼油厂。【中国石油化工集团公司提供】

七　月

7月7至10日 石油工业部在北京召开学校教育工作会议，商讨学校下放及发展问题，有关省、学校负责同志参加，会议作出石油工业部教育工作会议决议。【档案号：243-1958-0089-005　243-1959-0367-004】

7月10日 天津供应办事处撤销，成立石油工业部天津专用器材储备总库，归石油工业部直接领导，张俊任副主任。【档案号：1-A1958-17-13】

同日 全国第一个女子采油队——克拉玛依矿务局采油大队“三八”女子采油队成立，时有队员27人。8月7日，全国第一支女子钻井队——克拉玛依矿务局“三八”女子钻井队成立，时有队员33人。【《中国石油大事记》】

同日 克拉玛依市成立。根据新疆维吾尔自治区党委的指示，克拉玛依市党委的工作职能由新疆石油管理局克拉玛依矿务局党委行使。【《中国石油大事记》】

7月14日 石油工业部任命李江同志为抚顺石油研究所党委书记。【档案号：243-1958-0315-012】

7月19日 根据石油工业部全国教育工作会议决议，石油工业部发出通知，决定1958年至1960年间分别在各省新建18所石油中技校。【档案号：

243-1958-0089-013】

7月20日 石油工业部决定，撤销西安供应办事处，成立石油工业部咸阳专用器材储备总库，由石油工业部直接领导，张清吉任主任。【档案号：1-A1958-17-13】

同日 石油工业部决定撤销上海供应办事处，成立石油工业部上海专用器材储备总库，牛一麟为副主任。总库在1958年内由华东勘探局代石油工业部管理。【档案号：1-A1958-17-13 1-A061958-010-011】

7月24日 中共广东省委批准，韩宽定同志任广州石油学校党委书记，免去冉济川同志兼任的党委书记职务。【档案号：243-1958-0059-014】

7月25日 中共中央批准，同意免去崔振东的石油工业部地质勘探司副司长职务、杨拯民的玉门矿务局局长职务、张楷的石油工业部行政司副司长职务、张俊的青海石油勘探局局长职务、任成玉同志的青海石油勘探局党委书记职务。1959年9月16日国务院全体会议第92次全体会议通过崔振东的免职。【档案号：243-1958-0059-016 243-1959-0128-014】

7月28日 石油工业部决定，华北石油勘探处由华北协作区领导改属山东省领导，主要负责山东、河南及河北省的石油地质勘探工作，华北石油勘探处机关办公地点仍在济南市。【（58）油劳组俊字第167号】

同日 石油工业部决定，陕甘宁石油勘探局更名为银川石油勘探局，由原属西北协作区领导改为宁夏回族自治区领导，主要负责宁夏及内蒙古自治区的石油地质勘探工作，局机关仍设在银川市。【（58）油劳组俊字第167号】

7月31日 根据中央关于文教事业体制下放的方针，石油工业部将酒泉、兰州、重庆、乌鲁木齐、抚顺、广州、天津等7所石油学校，双城工业计划经济学校，兰州技术工人学校分别移交给甘肃、四川、新疆、辽宁、广东、河北、黑龙江等省、自治区管理。【（58）油人教薛字第224号】

7月 石油工业部四川设计院在成都市府青路成立，这是当时国内唯一以天然气地面工程和长输管道设计为主的综合性油气勘察设计院。【西南油气田分公司上报】

同月 石油一厂开始实行党委领导下的厂长负责制，取消“一长制”。【抚顺石化分公司上报】

八　月

8月1日　根据石油工业部和辽宁省人民委员会的决定，即日起撤销石油工业部沈阳供应办事处，移交辽宁省管理，马生辉主任负责办理。【档案号：243-1958-0248-001　1-A1958-17-13】

8月8日　经四川省委批准，李滋润同志任四川石油管理局川中矿务局党委书记。【（58）总字501号】

8月21日　从朝鲜归国的中国人民解放军295部队1700名转业官兵分赴独山子和克拉玛依参加石油工业建设。【《新疆通志·石油工业志》】

8月　华东石油勘探局在上海成立。【档案号：243-1959-0042-011】

同月　石油工业部党组和新疆维吾尔自治区党委批准，同意开办新疆石油学院，院址设在乌鲁木齐市，张文彬同志兼任党委书记、院长。【新疆油田分公司上报】

同月　石油五厂选举刘庆运为工会主席。【锦西石化分公司上报】

九　月

9月1日　根据石油工业部决定，即日起撤销设计管理局，其原机构与石油工业部基本建设司合并为石油工业部基本建设司，设计管理局所属各设计院改属石油工业部直接领导。【（58）油办秘字第155号】

9月3日　石油工业部任命翁心源为四川设计院总工程师，免去其基本建设司总工程师职务。【（58）油人干字第290号】

9月9日　石油工业部决定，免去李德生的四川石油勘探局总地质师职务。【（58）油人干字第301号】

9月13日　中共中央决定，调国家建筑工程部副部长孙敬文任石油工业部副部长。1959年8月25日国务院全体会议第91次会议通过其任命。【档案号：243-1958-0059-019　243-1959-0130-001　243-1959-0128-011】

9月19日　石油工业部和教育部联合发文决定，四川石油学院由四川省人民委员会直接领导，同月成立建院筹备委员会，康乃尔任主任委员，马载任副主任委员。【档案号：243-1958-0089-011　243-1958-0089-012】

同日　石油工业部和教育部联合发文决定，西安石油学院由陕西省人民委员会直接领导。【档案号：243-1958-0089-012】

9月20日　石油工业部印发《关于抽调技工、干部支援地方石油工业的通知》。至本年末石油工业部机关及各厂矿抽调干部740人支援有关省市生产建设。【档案号：243-1959-0141-011】

9月24日　石油工业部决定，将北京石油炼制研究所和地质勘探研究所两个筹备处合并，成立石油工业部石油科学研究院筹备处，负责石油工业的科学研究工作，指导抚顺石油研究所，指导石油工业部属企业研究机构的工作。张俊任筹备处主任，侯祥麟、翁文波、宋冠英为副主任。【（58）油办秘字第173号】

十　月

10月1日　兰州炼油厂筹建处更名为兰州炼油厂。【兰州石化分公司上报】

10月3日　中共中央批准杨霖任西安石油学院院长，免去其石油工业部国家监察局局长职务。1959年1月22日国务院全体会议第84次会议通过其任免决定。【档案号：243-1958-0059-020　243-1959-0128-003】

10月6至26日　石油工业部召开克拉玛依现场会，宣布石油工业部党组成立川中会战指挥部的决定，进一步加强川中石油会战，并要求玉门、新疆、青海3个石油管理局各组织一个野战营，由一名局长带队，于11月中旬到达现场参加川中会战。【《中国石油大事记》】

10月10日　中国人民志愿军511医院全体医护人员500余人成建制到新疆，其中304人赴克拉玛依支援油田建设。【《新疆通志·石油工业志》】

10月23日　中共旅大市委任命马从龙为石油七厂副厂长。【档案号：243-1958-0315-012】

10月28日　为支援国家石油工业建设，国防部决定在沈阳、北京、济南、南京、昆明、兰州、新疆等7个军区1959年3月的退伍兵员中，动员5万人到石油工业部工作，后调整为3万人。【档案号：243-1958-0091-002　243-1959-0351-006　243-1959-0156-002　243-1959-0280-001】

同日　中共中央批准，同意范文兴任石油工业部人事司副司长；刘康任计划司司长；唐克任地质司司长；邓家辉任地质司副司长，免去其供应制造局副局长职务；唐海任生产技术司副司长，免去其技术司副司长职务；甘宁任生产技术司副司长，免去其炼油司副司长职务；张仁任基本建设司司长，免去其设计管理局局长职务；徐文杰任基本建设司副司长，免去其技术司副司长职务；

张俊任石油研究院院长；马载任四川石油学院院长，免去其基本建设司司长职务；鲍建章任办公厅副主任，免去其行政司司长职务；免去王恕的基本建设司副司长职务；免去刘培芝的财务司副司长职务；免去连庆溥的人事司副司长职务。1959年1月22日国务院全体会议第84次会议通过上述同志的任免。
【档案号：243-1958-0059-022 243-1959-0128-003 243-1959-0128-007 243-1959-0128-008】

10月29日 川中会战总指挥部成立，石油工业部副部长康世恩任总指挥，下设蓬莱、龙女、南充、营山、合川5个探区指挥部，由四川、新疆、玉门、川中矿务局的领导分别任指挥，采取分片包干的方式组织会战。【西南油气田分公司上报】

10月 青海石油勘探局机关从茫崖迁至大柴旦。【青海油田分公司上报】

十 一 月

11月3日 国务院批准石油工业部机关设办公厅、计划司、财务司、地质勘探司、人事司、基本建设司、生产技术司、供应制造局等8个厅司局及运销处、编辑室和机关党委、团委等机构，编制为369人。【档案号：1-A271965-003-001】

11月15日 经国务院批准，石油工业部石油科学研究院正式成立，张俊同志任党委第一书记兼院长，任成玉同志任党委书记，侯祥麟、翁文波、宋冠英任副院长。共有职工1719人，院本部职工659人，其中炼制部分8个研究室，职工439人；地质部分4个研究室，职工220人。下属抚顺页岩加工及加氢研究所、锦州气化及合成研究所、四川天然气研究所等3个研究所。这是中国第一个全国性石油科研机构。【档案号：1-A061958-010-011】

11月18日 石油工业部在四川省南充市召开誓师比武大会，宣布川中石油大会战开始。川中会战至1959年3月结束。【西南油气田分公司上报】

十 二 月

12月29日 中共辽宁省委任命兰丕炜同志为石油二厂党委书记。【抚顺石化分公司上报】

12月 中共四川省委决定，成立中共四川石油学院临时委员会，马载、王礼庭、张威、符义、李直、杨长生等6名同志为党委委员。马载同志为临时党委书记，王礼庭、张威同志为党委副书记。【档案号：243-1958-0089-012】

同月　石油工业部授予新疆石油管理局505队“勇敢的石油工作者”称号。505队先后9次横穿塔克拉玛干沙漠，完成9条剖面的导线测量和重力、磁力调查。【《中国石油大事记》】

本年　石油工业部决定对机关机构进行调整，炼油司与技术司合并为生产技术司，行政司并入办公厅，劳动工资司与人事司合并为人事司，撤销监察局，对外联络处并入生产技术司改为科学技术情报处后又划归办公厅领导，撤销人防保卫处成立保卫科归办公厅领导。【档案号：243-1959-0127-001】

本年　国家决定在南京建设一座100万吨的炼油厂。因1959年我国国民经济出现了严重的困难，中共江苏省委决定暂时缓建南京炼油厂。【中国石油化工集团公司提供】

本年　1958年开始，石油工业部相继成立广州石油学院、兰州石油学院、河北石油学院、玉门石油学院、抚顺石油学院等学院。在三年经济困难时期，根据中央关于“调整、巩固、充实、提高”的方针，经过调整，或撤销，或退为中等专业学校。到1961年，保留下来的有北京、西安、四川和东北等4所石油学院。【《中国石油大事记》】

本年　石油工业职工总数22.88万人。【石油工业统计年报】

一九五九年

一　　月

1月1日　国务院批复，同意青海石油勘探局更名为石油工业部青海石油管理局，3月管理局机关从大柴旦迁至冷湖。【档案号：A061958-010-011】

1月2日　中共中央、国务院作出决定，给职工发一次1958年跃进奖金。石油工业部据此执行。【《中国工业五十年》】

1月8日　经国家经济委员会党组1958年12月29日批准，宝鸡石油机械厂划归石油工业部领导。石油工业部将该厂定名为石油工业部第一机械厂。【档案号：243-1959-0216-001 002】

1月10日　经国家计划委员会党组与经济委员会党组批准，石油工业部将原下放给辽宁省的第一建筑安装工程公司收回并直接管理，承担修建西北输油管线的任务。即日起，石油工业部成立石油工业部西北输油管线工程筹建处，任命陈李中为筹建处主任。【档案号：243-1959-0129-004　243-1959-0267-009】

1月12日　石油工业部决定，在石油工业部内设立科学技术情报处，隶属办公厅领导。【档案号：243-1959-140-001】

1月16日　国务院批复石油工业部，同意将玉门矿务局改组为石油工业部玉门石油管理局。【国务院直编习字014号】

1月17日　石油工业部决定，任命张瀛洲为石油五厂厂长，免去葛贤辅的石油五厂厂长职务。【（59）人干字第21号】

1月20日　根据石油工业部的决定，即日起撤销天津专用器材储备总库，恢复石油工业部天津供应办事处；撤销上海专用器材储备总库，恢复石油工业部上海供应办事处；撤销咸阳专用器材储备总库，恢复石油工业部西安供应办事处。以上3个供应办事处均由石油工业部供应制造局直接领导。【（59）油供办秘康31号】

1月21日　中共西安市委决定，撤销中共西安石油学校委员会，成立中共西安石油学院委员会，自2月6日开始办公。【档案号：243-1959-0204-002】

同日　石油工业部任命李隽为石油一厂厂长。【抚顺石化分公司上报】

1月22日　国务院决定，任命张俊同志为石油科学研究院党委第一书记、院长，侯祥麟、翁文波、宋冠英为副院长，任成玉同志为党委书记，林风为副总工程师。【石油勘探开发科学研究院上报】

1月26日　国家机关党委常委会第30次会议批准余秋里、吴星峰、王志群、阎玉森、刘康、齐泽国、李鸣岐等7名同志为石油工业部机关党委常委，余秋里同志为党委书记，吴星峰同志为党委副书记，刘放同志为监委书记，齐泽国同志为监委副书记。【档案号：243-1959-0191-001　243-1958-0042-025】

1月27日　国务院批复，同意石油工业部将玉门矿务局改组为玉门石油管理局，焦力人任局长，陈宾、贾振礼、蒋麟湘、余群立、韩春任副局长。【（59）人劳字第34号】

1月30日　国家经济委员会党组1958年12月29日批复，同意松辽石油勘探局改为石油工业部直接领导。石油工业部决定将该局更名为石油工业部松辽石油勘探局。【（59）人劳余字第44号】

同日　国家经济委员会党组1958年12月29日批复，同意华东石油勘探局由上海市领导改为石油工业部直接领导。石油工业部决定将该局更名为石油工业部华东石油勘探局。【（59）人劳余字第45号】

同日　国家经济委员会党组1958年12月29日批复，同意华北石油勘探处由山东省领导改为石油工业部直接领导。石油工业部决定将该处更名为石油工业部华北石油勘探处。【（59）人劳余字第46号】

1月　中共抚顺市委决定，兰丕炜同志任石油二厂党委书记。【抚顺石化分公司上报】

二　　月

2月3日　新疆维吾尔自治区党委决定，瓦力斯江·吐尔地任新疆石油管理局副局长，张文彬兼任新疆石油学院院长。【新疆油田分公司上报】

2月4日　国家经济委员会党组1958年12月29日批复，同意银川石油勘探局由宁夏回族自治区领导改为石油工业部直接领导。石油工业部决定将该局更名为石油工业部银川石油勘探局。【（59）人劳余字第52号】

2月5日　国家科学技术委员会专家局批准，本年石油工业部系统派赴苏联实习生12名。【档案号：243-1959-0132-007】

2月13日 石油工业部任命蔚华之为茂名页岩油公司筹建处主任。【（59）人干字第53号】

2月26日 中共银川石油勘探局党委常委会由职若愚、白云海、张华诚、张志宽同志组成。【档案号：243-1959-0042-008】

三 月

3月9日 石油工业部任命刘永年为西安地球物理仪器修造厂副厂长兼总工程师。【（59）人干字第92号】

3月12日 中共抚顺市委决定，刘少男同志任第一工程公司党委第一副书记兼任副经理，郝瑞玉同志任党委副书记，张守约同志兼任监委书记，于长海任监委第二书记，詹明国、戚维祥、张岳东任第一工程公司副经理。【档案号：243-1959-0267-015】

同日 中共抚顺市委同意免去宋坤同志的石油二厂监委书记职务。【档案号：243-1959-0134-001】

3月17日 国务院3月11日批复，同意贵州石油勘探局改为石油工业部直接领导。石油工业部决定将该局更名为石油工业部贵州石油勘探局。【（59）人劳字第107号】

同日 国务院3月11日批复，同意石油二厂由辽宁省交由石油工业部直接领导。石油工业部决定将该厂更名为石油工业部石油二厂。【（59）人劳字第108号】

同日 石油工业部任命李荆和为松辽石油勘探局局长，宋世宽为松辽石油勘探局副局长。【（59）人干字第96号】

同日 石油工业部任命职若愚为银川石油勘探局副局长。【（59）人干字第95号】

同日 石油工业部决定，任命艾奇化、薛秀川、刘冠三、任向文、贾庆礼为兰州炼油厂副厂长，免去以上5人的兰州炼油厂筹建处副主任职务；任命葛贤辅为兰州炼油厂副厂长。【（59）人干字第94号】

3月18日至4月7日 石油工业部地质勘探和基本建设会议在四川省南充市召开。会议决定加强松辽石油勘探局研究力量，组建综合研究大队。康世恩全面总结川中会战的经验和教训，代表部党组宣布收缩队伍，结束川中会战。川中会战队伍于4月陆续撤离。【《中国石油大事记》】

3月19日 石油工业部决定，任命陈寿华、杨文彬、郭究圣为青海石油管理局副局长，免去3人的青海石油勘探局副局长职务。【（59）人干字第102号】

同日 济南军区3000余名转业官兵到新疆参加石油工业建设。【《新疆通志·石油工业志》】

3月20日 石油工业部决定，调新疆石油管理局克拉玛依矿务局党委书记只金耀同志任松辽石油勘探局副局长。【（59）人干字第109号】

3月 中共抚顺市委决定，免去庄润霖同志的石油三厂党委书记职务。【抚顺石化分公司上报】

四 月

4月6日 石油工业部任命李占标为抚顺石油设计院副院长。【（59）人干字第130号】

4月16日 国务院全体会议第87次会议决定，任命薛迅为北京师范大学副校长，免去其石油工业部部长助理职务。【档案号：243-1959-0128-010】

同日 中共中央批准，任命李铁轮为青海石油管理局局长，免去其青海石油勘探局局长的职务；任命焦力人为玉门石油管理局局长，免去其玉门矿务局局长职务；任命徐今强为兰州炼油厂厂长，免去其兰州炼油厂筹建处主任职务。【档案号：243-1959-0042-001 243-1959-0134-007】

4月18日 新疆石油管理局克拉玛依矿务局井架安装大队维吾尔族架工吐尔逊·阿吉当选第二届全国人大代表。【新疆油田分公司上报】

4月21日 石油工业部决定，恢复建立后备干部的培养和管理制度，制定《后备干部管理制度暂行办法》。【（59）人干字第155号】

4月22日 石油工业部决定，在沈阳市恢复成立东北供应办事处，余子宜兼任主任。【档案号：243-1959-0216-019】

同日 中共抚顺市委任命柏长山同志为石油一厂党委副书记。【抚顺石化分公司上报】

4月24日 中共青海省委决定，任命李铁轮同志为青海石油管理局党委书记兼局长，陈寿华同志为青海石油管理局党委书记，潘生玺、刘坚壁同志为青海石油管理局党委副书记；免去陈寿华的青海石油管理局副局长职务。【（59）干字第96号】

4月29日 石油工业部任命刘永德、吉建一、刘宏胜为青海石油管理局副局长。【（59）干字第168号】

同日 石油工业部任命庄润霖、宋坤为石油二厂副厂长。【（59）干字第170号】

4月30日 经国务院批准，石油工业部决定将第一建筑安装工程公司与西北输油管线工程筹建处合并，组成石油工业部第一工程局，下设第一、第二、第三公司。第一公司承担石油二厂扩建工程，第二、第三公司分别负责承担西北冷湖及武威等工厂及输油管线工程。另外在新疆地区设立输油管线工程筹备处，在抚顺地区设立工程处。【（59）人劳字第173号】

4月 中共抚顺市委决定，免去余迈的石油三厂厂长职务。【抚顺石化分公司上报】

同月 石油一厂副总工程师杨伟任第三届全国政协委员。【抚顺石化分公司上报】

五　月

5月6日 国家科学技术委员会批复，同意石油工业部党组所报的石油地质、石油炼制两组专家名单。石油地质组由14人组成，康世恩任组长，张俊、梁小平任副组长，组员有翁文波、侯德树（中国科学院）、张文佑（中国科学院）、张更、秦同洛、童宪章、姜辅志、周世尧、沈晨、李杨（中国科学院）、朱夏（地质部）；石油炼制组由17人组成，刘放任组长，张大煜（中国科学院）、张俊任副组长，组员有侯祥麟、王林（化工部）、白介夫（中国科学院）、唐海、赵宗燠、武迟、朱亚杰、朱葆琳（中国科学院）、傅鹭（北京大学）、林风、程兴武、张定一、汪寅人（煤炭部）、张东明（中国科学技术委员会）。【档案号：243-1959-0041-002】

同日 石油工业部决定，免去刘冠三的兰州炼油厂副厂长职务。【（59）人干字第186号】

5月7日 石油工业部决定，任命陈李中为石油工业部第一工程局局长，免去其第一安装工程公司经理职务；任命刘少男为第一工程局副局长，免去其第一安装工程公司副经理职务；免去王连志的第一安装工程公司副经理职务。【（59）人干字第190号】

5月9日 石油工业部任命张文彬兼任新疆石油管理局科学研究所所长，瓦力斯江·吐尔地为新疆石油管理局副局长。【（59）人干字第197号】

5月13日 石油工业部印发《石油工业部管理的干部职务名称表》，12月22日又对部分内容做了修正。【档案号：243-1959-0144-001 243-1959-0144-003】

5月15日 中共四川省委工业部同意郝凤台任四川石油管理局总工程师。【西南油气田分公司上报】

5月19日 中共甘肃省委批准刘冠三同志任兰州炼油厂党委副书记。【兰州石化分公司上报】

5月26日 辽宁省人民委员会决定，任命马元起、王怀德为石油一厂副厂长，陈丽泉、马从龙为石油七厂副厂长。【辽（59）人仇字第373号】

5月 中共抚顺市委批准，抚顺石油设计院党委常委会由郝英武、孙振芳、徐震、李占标、魏瑞宏等5名同志组成，郝英武同志任党委书记，孙振芳同志任党委副书记。【中国石油化工集团公司提供】

六 月

6月1日 经中共甘肃省委批准，中共玉门石油管理局委员会成立，隶属中共玉门市委领导，刘长亮同志兼任局党委书记，焦万海、石志刚同志任党委副书记。【玉门油田分公司上报】

6月5至13日 石油工业部在北京召开第二届人事工作会议。会议的主要内容是：交流几年来各单位培养干部工作的经验，研究石油工业的干部培养规划、实现规划的具体措施及加强干部日常管理工作的意见。人事司司长阎玉森做总结报告，副部长周文龙、部长助理刘放讲话。各局厂矿人事负责人出席会议。【档案号：243-1959-0141-005 243-1959-0141-006 243-1959-0141-007】

6月8日 石油工业部决定，西安地球物理仪器修造厂更名为石油工业部地质勘探仪器修造厂，主要担负一部分地质勘探仪器试制生产及本部所属单位地质勘探仪器的修理任务。【（59）油供秘字第339号】

6月11日 中共中央批准，阎玉森任石油工业部人事司司长，免去其石油工业部干部司司长职务；刘崇忠任石油工业部基本建设司副司长。【档案号：243-1959-0041-001】

6月17日 中共抚顺市委批复，同意张守约、董庆林、詹明国、曾继成、陈金德等5名同志为第一工程局第一工程公司党委常委，张守约同志为第一工程局第一工程公司党委第一副书记，董庆林同志为党委第二副书记兼监委书记。【中国石油工程建设公司上报】

6月20日　石油工业部印发《石油工业工人技术等级标准》，于三季度起试行，1956年颁发的标准同时废止。【（59）人劳周字第244号】

6月22日　中共石油五厂第二次代表大会召开，选举中共石油五厂第二届委员会委员15人，党委常委7人，崔绳先同志为党委书记，刘庆运同志为党委副书记兼任监委书记。【锦西石化分公司上报】

6月23日　石油工业部通知，经中共广东省委同意，茂名石油公司筹建处成立党委，原筹建处主任蔚华之同志任党委书记，原石油二厂厂长褚志远任公司筹建处主任。【（59）人干字第261号】

同日　石油工业部任命兰丕炜兼任石油二厂厂长。【（59）人干字第260号】

6月　根据国务院指示，交通部、石油工业部、商业部3个部组成新疆石油东运工作组，主要任务是保证新疆石油产品东运内地，缓解国内石油供应紧张局面。交通部副部长孙大光和石油工业部副部长孙敬文任组长。7月17日国务院总理周恩来批准调给新疆的1100辆卡车全部进疆，自此组建新疆维吾尔自治区交通厅石油运输公司。【《中国石油大事记》】

同月　中共抚顺市委决定，王英任石油三厂党委书记。【抚顺石化公司上报】

同月　中共辽宁省委决定，李曙光任石油三厂厂长。【抚顺石化公司上报】

七　月

7月6日　中共中央批准免去王俊同志的兰州炼油厂党委书记职务，调任甘肃省工会联合会主席。【档案号：243-1959-0042-014】

7月9日　石油工业部决定，石油工业部天津供应办事处更名为石油工业部华北供应办事处，石油工业部上海供应办事处更名为石油工业部华东供应办事处，石油工业部西安供应办事处更名为石油工业部西北供应办事处。【（59）油供秘字第399号】

7月11日　石油工业部决定，免去罗伯行的贵州石油勘探局局长职务，郑前辉的贵州石油勘探局副局长职务。【（59）人干字第296号】

7月14日　石油工业部决定，石油工业部地质勘探仪器修造厂更名为石油

工业部地质勘探仪器厂。【（59）油供秘字第446号】

7月16日　中共中央批准董汉炳任石油工业部器材供应制造局副局长，张清杰任石油工业部地质勘探司副司长。9月16日国务院全体会议第92次会议通过正式任命。【档案号：243-1959-0041-003】

同日　中共中央批准徐今强同志任兰州炼油厂党委书记兼厂长。【档案号：243-1959-0042-014】

7月20日　辽宁省同意将锦州石油学校交由石油工业部直接领导。【档案号：243-1959-0350-028】

同日　石油工业部决定，设立安全技术处，隶属办公厅领导。【档案号：243-1959-140-01　243-1959-140-003】

7月21日　石油工业部任命王寿山为石油工业出版社副社长。【（59）人干字第303号】

7月23日　石油工业部任命宋华核为石油二厂副厂长。【（59）人干字第312号】

同日　石油工业部决定，任命张俊为华北供应办事处主任，张清吉为西北供应办事处副主任，牛一麟为华东供应办事处副主任；免去张俊的天津专用器材储备总库副主任职务。【（59）人干字第313号】

7月　郭孟和任玉门石油管理局工会主席。【玉门油田分公司上报】

八　月

8月12日　石油工业部任命王者春为北京石油干部学校副校长。【（59）人干字第354号】

8月17日　石油工业部任命戴宗友为东北供应办事处主任。【（59）人干字第355号】

8月25日　国务院全体会议第91次会议通过，任命李人俊、李范一、周文龙、孙敬文、康世恩、刘放为石油工业部副部长。【档案号：243-1959-0128-011】

8月　石油工业部决定，张健秋任第一机械厂工会主席。【宝鸡石油机械有限责任公司上报】

同月　石油工业部决定，石油工业部运输公司由处级单位升格为局级单位，张复振同志任石油工业部运输公司经理兼党委书记，周焕南、史少卿同志任党委副书记。王有常、王邦松、邢柏如任副经理。【中国石油天然气运输公司上报】

九　月

9月9日　中共抚顺市委批准，赵海曙同志任第一工程局第一工程公司党委第三副书记，周文华任第一工程局第一工程公司第二副经理。【中国石油工程建设公司上报】

9月12日　石油工业部任命段得民兼任玉门石油学校校长。【档案号：243-1960-0192-002】

9月23日　石油工业部任命杜再生为石油工业部第一工程局第二工程公司经理。【（59）人干周字第407号】

9月26日　松辽石油勘探局32118钻井队在黑龙江省肇州县大同镇施工的松基三井（松辽盆地第三号基准井）钻出了具有工业价值的油流，由此发现大庆油田。【大庆油田上报】

9月　石油工业部决定，抽调石油科学研究院地质研究所的油田开发、钻井机械等专业人员组成研究院松辽研究站，参加大庆油田会战。后与在松辽的研究大队合并，成立地质指挥所，全面承担了大庆油田的勘探开发研究工作。【《中国石油大事记》】

十　月

10月6日　石油工业部决定，免去黄国斌兼任的上海专用器材总库主任职务、余子宜兼任的东北供应办事处主任职务。【（59）人干字第415号】

10月15日　中共上海市委批复，同意华东石油勘探局建立党委，黄国斌、刘南、刘维杰、胥德元、陈显法等5名同志为党委委员，黄国斌同志暂兼任党委书记。【档案号：243-1959-0042-011】

10月17日　石油工业部通知，对本年回国的24名留学生分配工作。【（59）人干字第427号】

10月19日　石油工业部任命余萍为贵州石油勘探局副局长。【（59）人干字第421号】

10月29日　石油工业部任命李风、贾皞（皋）为北京石油学院副院长。【（59）人干字第437号】

10月　玉门石油管理局党委副书记杨志范同志离任。【玉门油田分公司上报】

同月　石油工业部决定，免去叶忠贵的石油一厂副厂长职务。辽宁省委

决定，叶忠贵任辽宁省石化厅副处长。【抚顺石化分公司上报】

十 一 月

11月5日　中共兰州市委批复，同意张云山同志为兰州炼油厂监委书记。【兰州石化分公司上报】

11月7日　为庆祝建国十周年，为避免与山西大同市重名，黑龙江省委第一书记欧阳钦同志到松基三井慰问时，提议将松基三井所在地大同镇改为大庆镇，新发现的油田命名为大庆油田。【档案号：243-1960-0161-011】

11月19日　新疆维吾尔自治区任命张文彬兼任新疆石油学院院长，海麟任新疆石油学院副院长。【档案号：243-1960-0192-015】

十 二 月

12月2日　中共锦州市委决定，免去甄树森同志兼任的石油六厂党委书记职务。【锦州石化分公司上报】

12月10日　石油工业部任命曹在治为石油工业部地质勘探仪器厂副厂长。【档案号：243-1959-0135-016】

12月14日　石油工业部党组任命任成玉同志为中共石油工业部机关党委副书记仍兼任石油科学研究院党委书记，齐泽国同志为石油科学研究院党委副书记，段志高同志为石油工业部机关共青团委员会书记。1960年3月15日中央国家机关党委批准任成玉同志任石油工业部机关党委副书记。【档案号：243-1960-0191-001　243-1960-0128-001】

12月21日　石油工业部任命刘选伍为四川石油管理局川南矿务局局长，免去何千里兼任的川南矿务局局长职务。【（59）油人干字508号】

12月23日　石油工业部任命杨百让为新疆石油管理局副局长。【（59）人干字第521号】

12月25日　中共兰州炼油厂第一次党代会召开，选举产生中共兰州炼油厂第一届委员会和监察委员会，徐今强同志任党委书记，张云山、刘冠三任党委副书记，张云山同志任监委书记。【兰州石化分公司上报】

本年　石油工业部接收各级退伍军官1084人参加石油工业建设。【档案号：243-1959-0418-001】

本年 12名捷克斯洛伐克专家到抚顺石油设计院工作。【中国石油化工集团公司提供】

本年 四川石油管理局川中矿务局钻井队司钻成晓法当选第二届全国人大代表。【西南油气田分公司上报】

本年 石油三厂李树生荣获“全国先进生产（工作）者”称号，并出席全国先进生产（工作）者代表大会（全国群英会）。【抚顺石化分公司上报】

本年 石油工业职工总数25.71万人。【石油工业统计年报】

一九六〇年

一　　月

1月1日　中共茂名市委决定成立茂名石油公司党委，党委设3个基层党委、9个党总支、82个党支部，共有党员1940名。【中国石油化工集团公司提供】

1月5日　石油工业部印发《部属局（厂矿）领导管理中等专业学校及工人技术学校的意见》，分别明确部、局（厂矿）对学校管理的职责。【档案号：1243-1960-0217-001】

1月18日　石油工业部决定，免去张明道的石油五厂副厂长职务。【档案号：243-1960-0191-005】

1月　石油工业部第一工程公司派出646人参加松辽石油会战。【中国石油工程建设公司上报】

二　　月

2月1日　石油工业部颁发试行《石油工业学徒范围、期限和学徒要求的暂行规定（草案）》的通知。【档案号：243-1960-0206-001】

2月5日　新疆维吾尔自治区党委决定，何子立同志任新疆石油管理局党委副书记。【干字第〔60〕32号】

2月8日　石油工业部党组商中共广东省委同意以广州石油学校为基础建立华南石油学院。【档案号：243-1960-0011-002】

2月15日　石油工业部决定，新疆石油管理局局长张文彬参加松辽石油会战，秦峰代理新疆石油管理局局长。【新疆油田分公司上报】

2月15至29日　石油工业部在京召开全国石油工业教育会议，参加会议的有64个单位195人。会议传达贯彻中央大办教育、办好教育、工业部门建立教育体系的方针；制定三年规划；21个单位介绍经验，进行评比。刘放副部长作报告。【档案号：243-1960-0196-001　243-1960-0376-001　1-A011960-064-004】

2月16日　国务院全体会议第96次会议通过，任命张定一为青海石油管理局局长，免去其北京石油学院副院长职务。【档案号：243-1960-0010-002】

2月17日 中共甘肃省委批准，中共玉门石油管理局委员会常务委员会由刘长亮、焦万海、石志刚、焦力人、陈宾、贾振礼、余群立、韩春、郗林英、任志恒、段得民等11名同志组成，刘长亮同志任党委书记，焦万海、石志刚同志任党委副书记。【玉门油田分公司上报】

2月18日 石油工业部成立支援松辽石油会战办公室，开始从石油厂矿调集会战队伍和设备器材。【《中国石油大事记》】

2月20日 中共中央批准石油工业部《关于东北松辽地区石油勘探情况和今后工作部署的报告》，报告提出："我们打算集中石油系统一切可以集中的力量，用打歼灭战的方法，来一个声势浩大的石油大会战。从玉门、新疆、青海、四川等石油管理局和其他有关石油厂、矿、院、校，抽调几十个优秀的钻井队和必需的采油、地质及其他工种队伍，加上两千多名科学技术人员，参加这个大会战。"中央发文给8个省委、15个部委要求予以支援。【中发（60）129号】

2月21日至3月3日 石油工业部在哈尔滨召开松辽石油会战第一次筹备会议，决定全国石油系统37个厂矿、院校由主要领导带队，组织精兵强将并自带设备参加石油会战。将大庆长垣划分为五个战区，分别由松辽、玉门、新疆、四川和青海5个石油局负责，石油一厂、石油二厂、石油三厂、石油六厂、兰州炼油厂配合。宣布成立松辽石油会战领导小组（对外称石油工业部松辽石油勘探局），石油工业部副部长康世恩任组长，唐克、吴星峰任副组长，张俊、阎子元、张仁、宗世鉴、张文彬、焦力人、李荆和、陈李中、李镇静、杜志福、黑龙江石油局1人、全国石油工会1人为成员。【档案号：243-1960-0189-004】

2月22日 中共中央决定动员3万名退伍官兵参加松辽石油会战。【大庆油田有限责任公司上报】

三　　月

3月3日 国家经济委员会发出电报，从有关部门和省、市调拨部分钢材和设备，支援松辽石油会战。【《中国石油大事记》】

3月5日 中共四川省委批准，何千里同志任四川石油管理局党委副书记，免去其四川石油管理局副局长职务；欧阳天同志任四川石油管理局副局长，免去其四川石油管理局党委副书记职务。【总号（60）字第177号】

3月7日 中共中央批准，孙晓风任石油工业部生产技术司司长，免去其石油工业部办公厅副主任职务；免去张清杰的石油工业部地质勘探司副司长职务。4月29日国务院全体会议第100次会议通过2人的任免决定。【档案号：243-1960-0010-008 243-1960-0010-009】

同日 石油工业部任命任文平为石油二厂副厂长。【档案号：243-1960-0193-018】

3月9日 国务院副总理薄一波主持召开支援松辽会战的国务院有关部门和东北协作区参加的会议，部署支援松辽会战的工作。会战初期全国有500多家工厂企业为大庆生产机电产品和设备，有200多个科研、设计单位和企业在技术上支援会战。全国石油系统37个厂、矿、院校的精兵强将和大批设备、物资也陆续集中到大庆，参加石油会战的人数近4万人。【《中国工业五十年》】

3月11日 石油工业部任命李炽连、齐文禄为石油五厂副厂长。【档案号：243-1960-0193-036】

3月15日 根据中央工交工业部指示，石油工业部计划1960—1962年抽调280名老干部入大学特别班及大学本科学习。【档案号：243-1960-0218-001】

3月17至27日 石油工业部在玉门召开劳动工资会议。26个单位的200人参加。会议主要内容是贯彻中央“增产不增人”和“生产越多越好，用人越少越好”的方针，制定节约劳动力的规划，讨论研究后备力量的培养问题，进行评比。周文龙副部长作报告。【档案号：243-1960-0200-001】

3月21日 石油工业部党组决定，将松辽石油勘探局由吉林省长春市移至黑龙江省安达县办公，该局仍负责东北三省地区的石油勘探工作。【档案号：243-1960-0023-009】

3月25日 王进喜率领1205钻井队从玉门抵达大庆萨尔图，支援松辽石油会战。【《中国石油大事记》】

同日 石油工业部党组在哈尔滨召开第二次筹备会议，决定成立中共松辽石油会战地区临时工作委员会，石油工业部党组书记、部长余秋里同志兼任会战临时党工委书记，吴星峰兼任会战临时党工委副书记，由石油工业部机关党委组成中共松辽石油会战地区临时工作委员会办事机构。【大庆油田有限责任公司上报】

3月30日 石油工业部党组决定，松辽石油会战指挥部（对外称石油工业部松辽石油勘探局）由石油工业部党组亲自领导，组成会战领导小组，康世恩任组长，唐克、吴星峰任副组长，成员有张俊、阎子元、张文彬、焦力人、张兆美、李荆和、陈李中、宗世鉴、李镇静。同时，由石油工业部机关参加会战的干部和松辽石油勘探局机关干部组成石油大会战的领导机关，办公地点由吉林省长春市迁往黑龙江省安达县，自4月1日开始在安达县办公。【档案号：243-1960-0189-003　243-1960-0023-010】

3月31日　中共锦州石油六厂第二次代表大会召开。选举产生中共锦州石油六厂第二届委员会，实行常委制，王芝有同志为党委书记，黄兆珍同志为党委副书记。党委下属9个党总支、50个党支部，共有党员742名。【锦州石化分公司上报】

3月　中共黑龙江省委决定成立黑龙江炼油厂筹建处，曲绍铮任副主任。5月，黑龙江炼油厂筹建处在齐齐哈尔市昂昂溪区成立，10月筹建处迁到大庆油田东部的龙凤地区。【大庆石化分公司上报】

同月　中共四川省委工业部批准，何千里同志任四川石油管理局党委副书记，免去欧阳天同志的四川石油管理局党委副书记职务。【西南油气田分公司上报】

四　月

4月10日　石油工业部党组决定，将石油工业部机关党委作为松辽石油会战的临时党的办事机构，具体负责组织会战地区的政治工作，自4月8日开始在安达办公。【大庆油田有限责任公司上报】

同日　石油工业部机关党委发出《关于学习毛泽东同志所著〈实践论〉和〈矛盾论〉的决定》。【大庆油田有限责任公司上报】

4月26日　石油工业部任命徐玲为四川天然气研究所所长。【档案号：243-1960-0195-025】

4月29日　中共中央、国务院为了加快松辽石油基地建设，决定撤销安达县，成立安达市，大庆油区划归安达市委领导。【中发（60）号】

同日　松辽石油会战指挥部在黑龙江萨尔图召开“石油大会战万人誓师大会”，宣布松辽石油会战开始。会上表彰了1205钻井队等17个“一级红旗”单位，铁人王进喜被树立为石油会战的第一个标兵。会战职工开展“学铁人、做铁人”活动。【《余秋里回忆录》】

4月　石油工业部决定，将北京石油勘察设计院并入北京石油设计院，原北

京勘察设计院所承担的任务由北京设计院负责。【中国石油化工集团公司提供】

同月　新疆石油管理局独山子矿务局钻井处2200名职工参加松辽石油会战。【新疆油田分公司上报】

同月　石油工业部任命金元汉为抚顺石油设计院副院长。【中国石油化工集团公司提供】

五　月

5月10日　各地参加松辽石油会战的人数已达34733人。【档案号：1-A011960-055-003】

5月12日　中国第一支海上石油物探队——地质部渤海综合物探大队（后更名为第五物探大队）在天津塘沽成立。【《中国石油大事记》】

5月13日　石油工业部任命张清吉为石油工业部西北供应办事处主任。【档案号：243-1960-0194-024】

5月20日　中共锦州市委决定，甄树森、王芝有、石连惠、黄兆珍、崔紫林、王国斌、张国良等7名同志为石油六厂党委常委。【锦州石化分公司上报】

同日　中共锦州市委决定，王芝有同志为石油六厂党委书记，黄兆珍同志为副书记。【锦州石化分公司上报】

六　月

6月1日　石油工业部任命王致中为石油一厂厂长。【抚顺石化分公司上报】

6月4日　石油工业部决定，从玉门石油管理局再抽调1048人，从新疆石油管理局再抽调80人，从运输公司抽调一个运输处42人参加松辽石油大会战。【档案号：243-1960-0209-004　243-1960-0209-005　243-1960-0209-006】

6月7日　石油工业部决定，任命欧阳天为四川石油管理局副局长，免去何千里的四川石油管理局副局长职务。【档案号：243-1960-0192-058】

同日　中共青海省委批准，张定一同志任青海石油管理局党委书记兼局长，赵启明同志任青海石油管理局党委副书记。【青海油田分公司上报】

6月29日　中共旅大市委批复，同意李瑞平任大连石油七厂副厂长，免去其工会主席职务；孙建华任大连石油七厂工会主席。【旅大市（60）228】

6月　在抚顺设计院工作的苏联专家撤离回国。【中国石油化工集团公司提供】

七　月

7月1日　松辽石油会战指挥部再次召开万人大会，树立铁人王进喜为首的“五面红旗”，7月28日石油工业部机关党委作出《关于开展学习王、马、段、薛、朱运动的决定》，号召会战职工向王进喜、马德仁、段兴枝、薛国邦、朱洪昌五大标兵学习。【《康世恩传》】

7月4日　石油工业部任命赵宗麟、张秀芝为石油二厂副厂长。【档案号：243-1960-0193-024】

7月11日　石油工业部决定，将抚顺石油机械安装工人技术学校改为石油工业部直接领导，更名为石油工业部机械安装技工学校。【档案号：243-1960-0216-030】

同日　石油工业部任命毕可盛为石油五厂副厂长兼机械修造厂厂长，张定理为石油五厂副厂长。【档案号：243-1960-0193-043】

7月25日　河北省决定，将承德石油专科学校改为河北石油学院，为四年制本科。【档案号：243-1960-0198-027】

7月29日　石油工业部决定，复建兰州石油学院，招生规模暂定4000人，学制为四年，设石油工学、仪表与自动化、炼厂机器与设备、油品应用、喷气燃料、石油储存与运输、石油工业经济与管理等7个专业，属石油工业部直接领导。7月2日石油工业部同意甘肃省委意见，由徐今强兼任兰州石油学院院长。【档案号：243-1960-0198-010　243-1960-0198-011　243-1960-0011-006】

同日　石油工业部决定，在黑龙江安达市成立安达石油学院，招生规模4000人，学制为四年，设石油地质、石油地球物理勘探、石油地球物理测井、钻井、采油、矿场机械、炼油等7个专业，属石油工业部直接领导。【档案号：243-1960-0198-010　243-1960-0198-016】

八　月

8月4日　辽宁省人民委员会任命岳志令、林文生、单乐亭、祝宝贤、阎金峰、王殿均为石油一厂副厂长。【抚顺石化分公司上报】

8月15日　石油工业部任命靳学礼为第一机械厂厂长。【档案号：243-1960-0194-035】

8月　在石油工业部工作的苏联专家7人（其中机关6人，兰炼1人）撤离回国。我国石油工业在发展过程中，曾得到苏联专家的大力帮助，建国十年来，先后在石油工业部系统工作的苏联专家和技术工人共434人，涉及钻井、采油、地球物理、炼油、机械和设计等多个专业。【档案号：243-1960-0163-001 243-1960-0163-002】

同月　中共中央工业部决定调玉门石油管理局副局长贾振礼到国家经济委员会物资管理总局工作。【（60）油人干周字第397号】

九　月

9月1日　石油工业部决定，将华北供应办事处南仓仓库附设钢丝绳加工厂和西北供应办事处咸阳库附设钢管加工厂与该两库划开，分别定名为石油工业部钢丝绳加工厂和石油工业部钢管加工厂，均为石油工业部直属企业。【档案号：243-1960-0124-001】

9月3日　国务院批复，同意撤销杨海鹏的石油工业部计划司司长职务，撤销苏风的石油工业部人事司副司长职务，撤销王恕的石油工业部基本建设司副司长职务，撤销田方的石油工业部设计管理局副局长职务。【档案号：243-1960-0010-016】

9月15日　石油工业部印发《全面开展编制定员工作的通知》。【档案号：243-1960-0412-004】

十　月

10月8日　石油工业部任命张俊兼任石油工业部钢丝绳加工厂厂长，张清吉兼任石油工业部钢管加工厂厂长。【档案号：243-1960-0194-029】

10月10日　石油工业部任命梁玉斌为石油工业部机械安装技工学校校长，邵达德为副校长。【档案号：243-1960-0195-026】

10月29日　根据劳动部党组、内务部党组印发的《关于降低十七级以上党员干部的工资的计算方法等问题的意见》，石油工业部转发各企业，要求各企业按所在省市自治区的具体办法执行。【档案号：243-1960-0207-015】

10月　石油工业部决定，从运输公司抽调120名司机、60名修理工、60辆汽车、60辆拖罐和一些干部参加松辽石油会战。【中国石油天然气运输公司上报】

同月　四川石油管理局抽调32个钻井队、14台钻机、1700余名职工参加

松辽石油会战。【西南油气田分公司上报】

同月 石油工业部将“两弹一机”为中心的军用油品研制任务下达给石油科学研究院。为此，该院从炼油部分抽出100人左右的科技人员，扩充第十研究室（军用油品室）。【中国石油化工集团公司提供】

十 一 月

11月1日 石油工业部任命谢采贤同志为石油科学研究院党委书记，免去任成玉同志兼任的石油科学研究院党委书记职务。【中国石油化工集团公司提供】

11月2日 石油工业部决定，调整松辽石油会战领导小组成员，张文彬任领导小组副组长，王新坡、只金耀、刘少男、杨继清、宋世宽、陈国润为成员。其他领导成员暂不动。【大庆油田有限责任公司上报】

11月6日 中共中央批准范元绥任石油工业部地质勘探司副司长，免去其玉门石油管理局副局长职务。1961年1月28日国务院全体会议第108次会议通过其任免。【档案号：243-1960-0010-019 243-1961-0074-013】

11月15日 石油工业部在总结实践经验的基础上，就现实工作中比较突出的问题，制定《石油工业工作方法三十条（草稿）》，供各厂矿领导骨干参考并要求各厂矿党委和领导补充、修改和完善。【档案号：243-1960-0296-002】

11月20日 中共中央批准，董尧卿任石油工业部办公厅副主任，李景新任石油工业部生产技术司副司长。1961年4月22日国务院全体会议第110次会议通过2人的任命。【档案号：243-1961-0074-004 243-1961-0074-005】

十 二 月

12月9日 石油工业部任命齐泽国为石油科学研究院副院长。【档案号：243-1960-0191-013】

12月16日 中共兰州市委批准孙考庆任兰州炼油厂工会主席。【档案号：243-1960-0193-004】

12月27日 石油工业部任命段得民、任志恒、冯元富为玉门石油管理局副局长，陈宾、郗林英同志任玉门石油管理局党委副书记。【档案号：243-1960-0192-002】

12月31日 陕西省人民委员会同意西安石油学院自1961年元月起移交石油工业部领导。【档案号：243-1960-0198-039 243-1961-0072-007】

12月　中共抚顺市委批准，朱明银同志为石油一厂党委副书记。【抚顺石化分公司上报】

本年　石油工业部制定《石油工业十五条（草案）》。【档案号：243-1960-0296-001】

本年　玉门石油管理局担负起大学校、大试验田、大研究所，出石油、出技术、出经验、出人才的“三大四出”历史责任，先后向全国各油田输送骨干力量10余万人。【《中国石油大事记》】

本年　全国石油院校响应石油工业部党组组织松辽石油大会战的号召，调整教学计划参加会战。自4月起至8月底，先后有北京石油学院、北京石油地质学校、北京地质学院、重庆石油学校、西安石油学校、长春地质学院、安达石油学院、齐齐哈尔轻工学院、机械安装技工学校等10院校的2251名师生参加了大会战，其中石油系统院校师生1293名。【档案号：243-1960-0409-001】

本年　根据中共中央关于精简的精神，石油工业部各单位自1960年起至1962年末共精减职工8.1万人。【《1949—1975石油工业统计资料》】

本年　石油工业职工总数30.35万人。【石油工业统计年报】

一九六一年

一　月

1月1日　根据中央工业交通口精简办公室各部一律取消出版社统一归口成立中国工业出版社，在各部下成立编辑室或局的通知，石油工业部决定撤销石油工业出版社，成立石油工业部编辑室，属部内行政单位，由石油工业部直接领导，主要负责石油工业书刊的编辑工作，全室定员36人。刘韬为编辑室主任，支明玉为副主任。【档案号：243-1961-0083-009】

1月17日　吉林省扶余油矿成立，对外称吉林省扶余油化厂，为省直属企业，以石油工业部下放移交吉林省的桦甸页岩油公司干部、职工为主体组建，并将松辽石油勘探局吉林大队3个钻井队划归扶余油矿管理。【《中国石油大事记》】

1月20日　中共中央作出《关于调整管理体制的若干暂行规定》，重点强调集中统一，以克服经济困难。中央要求将经济管理的大权集中到中央、中央局和省市区三级，近两年应更多地集中到中央和中央局。据此，先前下放的石油企业又陆续收回。【《中国工业五十年》】

1月22日　吉林省委决定，江南指挥所（部）办公室副主任、吉林省石油化工厅副厅长贾承烈兼任扶余油矿（吉林省扶余油化厂）矿长。【《吉林油田大事记》（1955—2010）】

1月25日　中共抚顺市委任命孙修才为第一工程局第一公司副经理。【中国石油工程建设公司上报】

1月　石油工业部决定，从运输公司调出职工300余人，汽车30辆，组成一个运输大队，参加松辽石油会战。【中国石油天然气运输公司上报】

二　月

2月4日　中共中央批准，焦万海任玉门石油管理局局长；雷振任石油工业部生产技术司副司长；宋冠英任财务司副司长，免去其石油科学研究院副院长职务。4月22日国务院全体会议第110次会议通过三人的任免。【档案号：243-1961-0074-019　243-1961-0074-021】

同日　中共中央批准阎子元同志仍任北京石油学院党委书记。【档案号：243-1961-0016-004】

2月19日　吉林省委决定，张立业同志任吉林省扶余油矿党委书记，免去其松辽石油普查大队党委书记职务。【中共吉林省委工业部通知（61）工干字第14号】

2月25日　中共黑龙江省委批准，周宇博同志任黑龙江炼油厂党委书记，邢子陶任厂长，于景波任副厂长。【档案号：243-1961-0016-009】

2月28日　石油工业部决定，任命龙显烈为兰州炼油厂总工程师兼副厂长，敖明模、钱传钧为兰州炼油厂副厂长。【（61）油人干字第56号】

同日　石油工业部任命王长荣为石油五厂副厂长。【档案号：243-1961-0070-002】

2月　石油六厂划归石油工业部直接领导。【锦州石化分公司上报】

同月　四川石油管理局抽调3204、3222钻井队的人员、设备支援江汉油田会战。【西南油气田分公司上报】

同月　石油工业部决定，免去褚志远的石油二厂厂长职务。【抚顺石化分公司上报】

三　月

3月1日　石油工业部印发《关于颁发石油工业部人事管理有关制度的通知》。【档案号：243-1961-0237-003】

3月3日　国务院决定，将陕西省宝鸡钢管厂移交石油工业部直接管理。该厂1958年经国务院批准建设，主要任务是生产螺旋高频焊接钢管和直缝高频焊接钢管，原受冶金部和陕西省双重领导，职工总数1100人，李家让为副厂长。【宝鸡石油钢管有限责任公司上报】

3月5日　经国务院批准，石油工业部机关进行机构调整。设机关党委、地质勘探司、生产技术司、基本建设司、计划司、财务司、人事司、运销处、制造供应局、办公厅，编制定员526人（未含机关附属）。【档案号：243-1961-0097-001　243-1961-0097-003　243-1963-0143-001】

3月6日　石油工业部决定，石油工业部机械安装技工学校更名为石油工业部抚顺石油技工学校。【档案号：243-1961-0229-001】

3月16日　石油工业部印发《关于参加松辽石油会战人员在会战期间的工

资待遇问题的补充通知》。【档案号：243-1960-0414-001】

3月17日 中共黑龙江省委常委批准，周宇博同志任黑龙江炼油厂党委书记，邢子陶任黑龙江炼油厂厂长，于景波任黑龙江炼油厂副厂长。【松组发〔61〕49号】

同日 黑龙江石油工业管理局同意，黑龙江炼油厂筹建处由4月1日起建立黑龙江炼油厂机构，撤销黑龙江炼油厂。

3月18日 石油工业部决定，将玉门石油学院改为玉门石油学校。【档案号：243-1961-0229-002】

3月23日 中共中央国家机关委员会批复，同意余秋里、吴星峰、任成玉、王志群、刘康、阎玉森、唐克、张仁、谢采贤等9名同志为石油工业部机关党委常委，余秋里同志为党委书记，吴星峰、任成玉同志为党委副书记。任成玉同志为监委书记，古德勤同志为监委副书记。【档案号：243-1961-0099-001】

3月25日 石油工业部决定，从新疆石油管理局抽调1129人和设备参加松辽石油会战。实际参加会战的职工达到1695人。【档案号：243-1961-0073-003】

同日 石油工业部决定，从玉门石油管理局抽调1378人和设备参加松辽石油会战。【档案号：243-1961-0073-008】

同日 石油工业部决定，从青海石油管理局抽调537人的整建制队伍和设备参加松辽石油会战。至年末，该局共有6599名职工调往松辽盆地参加石油会战。【档案号：243-1961-0073-005】

同日 石油工业部决定，从运输公司抽调80人和设备参加松辽石油会战。同时抽调职工47人、12辆车，组成一个区队的机构，支援华北石油会战。【档案号：243-1961-0073-004】

同日 石油工业部任命崔敬忠为石油五厂副厂长。【档案号：243-1961-0070-002】

四　月

4月22日 国务院全体会议第110次会议通过，古德勤、王志成为石油工业部人事司副司长，雷振为石油工业部生产技术司副司长，宋冠英为石油工业部财务司副司长。【（61）油人干字第261号】

同日　吉林省委批准，金泰燮任扶余油矿矿长。【《吉林油田大事记（1955—2010）》】

4月28日　石油工业部决定，撤销安达石油学院筹建处，更名为东北石油学院。【档案号：243-1961-0229-003】

五　月

5月8日　石油工业部印发《关于设计机构各类人员的范围和定员标准问题的通知》。【档案号：243-1961-0220-003】

同日　石油工业部任命西北供应办事处主任张清吉兼任石油工业部钢管钢绳加工厂厂长，郭应怀任副厂长。【档案号：243-1961-0070-009】

5月9日　石油工业部任命刘选伍为四川石油管理局副局长，免去四川石油管理局川南矿务局局长职务。【（61）油人干周字第468号】

5月12日　石油工业部决定从北京石油学院抽调81名教师及行政干部支援东北石油学院和兰州石油学院。【档案号：1-A01961-037-001】

5月25日　中共甘肃省委批准，高玉印同志任宝鸡钢管厂党委副书记。【宝鸡石油钢管有限责任公司上报】

5月29日　石油工业部任命王连志为石油工业部第一工程局第一公司经理，谢天华为副经理。【（61）油人干字第239号】

5月　石油工业部决定，正式停建大同石油厂。【档案号：243-1962-0156-002】

六　月

6月7日　石油工业部机关党委发布《关于在全战区开展五好红旗队和五好红旗手运动的决定》，号召全战区职工、家属广泛开展劳动竞赛，争当五好红旗队和五好红旗手。【《中国石油大事记》】

6月9日　石油工业部任命刘东明为北京设计院副院长。【（61）油人干周字第253号】

6月10日　石油工业部党组决定，成立松辽石油会战政治部。【大庆油田有限责任公司上报】

6月12日　辽宁省石化厅任命郑丕谟为石油七厂副厂长。【辽化（61）人赵字第22号】

同日 石油工业部任命李明孝为东北供应办事处副主任。【档案号：243-1961-0070-008】

6月20日 石油工业部任命张希贤为西安石油仪器仪表制造厂副厂长。【档案号：243-1961-0070-009】

6月26日 石油工业部决定，撤销兰州石油学院，保留兰州石油学校。【档案号：243-1961-0233-001 243-1961-0071-013】

6月 玉门石油管理局副局长韩春离任。【玉门油田分公司上报】

七 月

7月8日 石油工业部决定，将华北石油勘探处并入华东石油勘探局，加强渤海湾地区的石油勘探工作。【《中国石油大事记》】

7月10日 四川石油管理局党委召开常委会，传达石油工业部党组精简下放员工的7条原则。到1962年底，全局共精简下放职工10414人。【西南油气田分公司上报】

7月13日 中共中央批准陈李中任石油工业部基本建设司副司长，免去其第一工程局局长职务。8月16日国务院全体会议第112次会议通过其任命。【档案号：243-1961-0074-016】

7月17日 中共安达市委批准，刘子仁同志兼任监察委员会书记。【安发（61）253号】

八 月

8月8日 石油工业部决定，任命方印同志为第一工程局第一公司经理兼党委书记，免去王连志的经理职务。【（61）油人干孙字第350号】

8月16日 国务院全体会议第112次会议通过，任命任向文为石油工业部基本建设司副司长。【档案号：243-1961-0074-012 243-1961-0074-025】

同日 中共中央批准，同意秦峰任新疆石油管理局局长，免去张文彬的新疆石油管理局局长职务。10月5日国务院全体会议第113次会议通过秦峰、张文彬的任免决定。【档案号：243-1961-0074-018 243-1961-0074-023】

8月25日 石油工业部将北京设计院所属兰州综合设计室和北京石油科学研究院兰州分院下放给兰州炼油厂管理。【兰州石化分公司上报】

8月 石油工业部决定，四川石油管理局400多名职工及设备调往江汉地

区开展区域综合勘探。【西南油气田分公司上报】

九　　月

9月5日　石油工业部任命孙修才为石油工业部第一工程局第一工程公司副经理。【档案号：243-1961-0070-006】

9月7日　国务院批准创建东北石油学院。焦力人兼任院长，学院设勘探、开发、炼制、机械4个系共6个专业，校址设在黑龙江省安达市。【《中国石油大事记》】

9月11日　石油工业部任命葛立兴为兰州炼油厂副厂长。【（61）油人干周字第405号】

9月18日　石油工业部任命梁超为石油工业部抚顺设计院副院长。【（61）油人干周字第410号】

9月19日　石油工业部党组同意中共广东省委任命茂名市委书记徐林汉同志兼任茂名页岩油公司党委书记。【档案号：243-1961-0070-004】

9月23日　石油工业部任命郝凤台为四川石油管理局副局长兼总工程师。【（61）油人干周字第432号】

9月27日　中共中央批准免去李旺昭同志的新疆石油管理局党委副书记职务。【档案号：243-1961-0016-008】

9月28日　石油工业部决定，自10月15日起撤销贵州石油勘探局，成立云贵石油勘探大队，隶属四川石油管理局领导。【（61）油人劳周字第428号】

十　　月

10月7日　石油工业部任命郑衍文为石油工业部施工机具机修厂厂长。【档案号：243-1961-0070-009】

10月15日　石油部决定，撤销贵州石油勘探局，组建云贵石油勘探大队，由四川石油管理局领导。【（61）油人劳周第428号】

10月21日　石油工业部决定成立石油工业部江汉石油勘探处，地址设在湖北省潜江县，下设广东海南岛石油勘探大队。全处人员编制为1086人。任命李绍亮为处长。11月28日江汉石油勘探处在湖北省潜江县正式成立。该处以石油工业部调往江汉盆地开展区域综合勘探的四川石油管理局广西勘探大队为基础组建，由石油工业部直接领导。【档案号：243-1961-0084-008】

10月 根据石油工业部指示，四川石油管理局派出3个地震队共316人，参加松辽石油会战。【西南油气田分公司上报】

十 一 月

11月3日 中共中央决定，将锦州石油六厂改为石油工业部直属企业。【档案号：243-1962-0259-002 243-1961-0014-001】

11月4日 辽宁省同意将石油三厂上交石油工业部直属领导。【档案号：243-1962-0259-002】

11月6日 石油工业部党组批复，同意东北石油学院设立党委，委员会由杨继清、李镇静、陈国润、黎岚、唐海、陈骥、李杰、焦永祥、田在艺、梁振邦等10名同志组成，杨继清同志为党委书记，黎岚同志任副院长兼党委副书记。【档案号：243-1961-0075-005】

同日 石油工业部党组批复，同意华东石油勘探局设立党委，委员会由陈寿华、李义和、刘南、陈显发、刘维杰、胥德元、王尚文、徐成华、刘灼光、陶述祥、程玉崐、靳耀华、刘长沛等13名同志组成，陈寿华同志为局长兼党委书记，李义和同志为党委副书记。1962年7月20日中共上海市委基本建设委员会批准刘维杰同志为华东石油勘探局监委专职副书记。【档案号：243-1962-0060-014 243-1962-0060-022】

11月7日 松辽石油会战工作委员会第一次会议传达石油工业部党组和中共黑龙江省委的决定，成立中共松辽石油会战工作委员会和松辽石油会战指挥部，撤销石油工业部松辽石油会战地区领导小组和中共松辽石油勘探局委员会。为保密和对外联系，继续保留松辽石油勘探局名称。会战党工委书记由石油工业部党组书记、部长余秋里同志兼任，康世恩、吴星峰、张文彬同志为会战党工委副书记，李荆和同志为秘书长，唐克、焦力人、李荆和、陈李中、杨继清、杨文彬、王新坡、徐今强、阎子元、张俊等同志为委员。石油工业部副部长康世恩兼任会战指挥部指挥，吴星峰、唐克、张文彬、焦力人、陈李中、杨文彬、王新坡、范元绶、刘少男、宋世宽、只金耀、宋振明任副指挥，李荆和任政治部主任。【大庆油田有限责任公司上报】

11月10日 石油工业部任命刘选伍为四川石油管理局副局长。【档案号：243-1961-0075-010】

11月11日　石油工业部决定，任命顾敬心为抚顺设计院院长兼总工程师，免去其副院长代理院长职务。【档案号：243-1961-0070-011】

11月15日　石油工业部任命秦峰兼任新疆石油学院院长。【（61）油人干字第474号】

11月18日　石油工业部同意，广东石油学院自1962年1月起划归石油工业部直接领导，并决定将其更名为中南石油学院。【档案号：243-1961-0072-004】

11月23日　中共中央批准李人俊同志任石油工业部党组副书记。【档案号：243-1961-0016-002】

十 二 月

12月2日　石油工业部任命邓崇信、寇学增、张志宽为石油工业部第一机械厂副厂长，温之莩兼任总工程师。【档案号：243-1961-0070-008】

12月5日　石油工业部调张文焕任西北供应办事处副主任。【档案号：243-1961-0070-009】

12月9日　石油工业部决定，任命蔡崇法为四川设计院院长，免去柏映群的四川设计院院长职务。【档案号：243-1961-0070-011】

12月15日　经国务院批准，玉门市与玉门石油管理局政企分立。中共玉门石油管理局委员会隶属中共甘肃省委领导，玉门石油管理局仍隶属石油工业部领导。【玉门油田分公司上报】

12月21日　中共石油五厂第三次代表大会召开，选举产生中共石油五厂第三届委员会和监察委员会，崔绳先同志为党委书记，刘庆运、刘捷、施宗林同志为党委副书记。刘庆运同志兼任监委书记。【锦西石化分公司上报】

12月24日　中共新疆石油管理局第二次代表大会召开，选举产生中共新疆石油管理局委员会，委员会由27名同志组成，王其人、秦峰、张之林、石峻、范子久、阿瓦哈力·沙比洛夫、何子立、詹石、瓦力斯江等9名同志为党委常委，王其人同志为党委书记，秦峰、张之林、石峻、阿瓦哈力·沙比洛夫、何子立同志为党委副书记。石峻同志兼任监委书记。【新疆油田分公司上报】

12月28日　中共宝鸡钢管厂第三次代表大会召开，选举马麟同志为党委书记。【宝鸡钢管有限责任公司上报】

12月　石油工业部制定“关于干部任免办法暂行规定”、“关于调动干部手续的暂行规定”、“关于系统考察了解干部暂行办法”、“关于后备干部管理制度暂行办法”、“关于奖惩干部批准程序的暂行规定”、“关于干部档案管理暂行办法”及“关于干部统计的工作暂行办法”等几项管理制度。【档案号：243-1961-0092-002】

本年 石油工业职工总数25.88万人。【石油工业统计年报】

一九六二年

一　　月

1月5日　吉林省委批准，郭景超任扶余油矿矿长。【中共吉林省委工业部总号（62）干任字第17号】

1月8日　石油工业部任命苗德胜、程元梁为青海石油管理局副局长。【档案号：243-1962-061-019】

同日　石油工业部任命廖全清为石油二厂副厂长。【档案号：243-1962-0059-002】

同日　石油工业部任命于树椿为第一机械厂副厂长。【宝鸡石油机械有限责任公司上报】

1月9日　中共旅大市委任命段铭德同志为石油七厂党委书记，调刘钊同志到市委另行分配工作。【旅大市委（62）7号】

1月29日　辽宁省化学石油工业厅任命单乐亭为石油一厂副厂长兼总会计师。【抚顺石化分公司上报】

1月　石油工业部成立炼油新技术核心领导小组，孙晓风任组长，张定一任副组长，侯祥麟、杨达、任向文、顾敬心为成员，统一领导和组织炼油工业5项新技术的开发攻关工作。【《中国石油大事记》】

同月　中共抚顺市委决定，免去王英同志的石油三厂党委书记职务。【抚顺石化分公司上报】

二　　月

2月12日　中共中央批准郭究圣为青海石油管理局局长，潘生玺同志为青海石油管理局党委副书记；免去张定一的青海石油管理局局长职务。6月1日国务院全体会议第116次会议通过郭究圣、张定一的任免决定。【档案号：243-1962-0062-002　243-1962-0062-004　243-1962-061-028】

2月19日　石油工业部任命王勇为石油三厂副厂长。【档案号：243-1962-0059-002】

2月20日 新疆维吾尔自治区党委决定，王其人同志任新疆石油管理局党委书记，秦峰、张之林、石峻、阿瓦哈力·沙比洛夫、何子立同志任党委副书记，石峻兼任监委书记。【新疆油田分公司上报】

2月 四川石油管理局抽调3204、3222钻井队的人员、设备支援江汉油田会战。【西南油气田分公司上报】

同月 国家经委同意将黑龙江炼油厂由黑龙江省管理改为石油工业部管理，3月26日黑龙江炼油厂正式移交。石油工业部成立黑龙江炼油厂建厂指挥部，委托松辽石油会战指挥部领导。徐今强任黑龙江炼油厂建厂指挥部指挥，邢子陶、张定一、陈斌章、敖明模、黄伟、温其芳、俞佾文、于景波、邹明、曲静照任副指挥，敖明模任总工程师，朱康福任总设计师。4月1日炼油厂开工兴建。【档案号：243-1962-0092-003 243-1962-0206-006】

同月 中共抚顺市委决定，王平同志任石油三厂党委书记。【抚顺石化分公司上报】

三 月

3月1日 中共大连市委批准，郑丕谟同志任石油七厂副厂长，免去其党委副书记职务。【旅大市委工业部（62）61号】

3月5日 新疆石油管理局机关由乌鲁木齐迁往克拉玛依市，与克拉玛依矿务局合署办公。【新疆油田分公司上报】

3月9日 中共荆州地委同意成立江汉石油勘探处党委，任命杜志立同志为党委书记，李绍亮、李炳珩同志为党委委员。【档案号：243-1962-0060-036】

3月27日 国务院全体会议第115次会议通过，任命宗世鉴为石油工业部器材供应制造局副局长，贾皞（皋）为北京石油学院副院长，李镇静、陈国润、唐海、黎岚、陈骥为东北石油学院副院长；免去唐海的石油工业部生产技术司副司长职务，唐克的石油工业部办公厅副主任职务，严爽的石油工业部地质勘探司副司长职务。【档案号：243-1962-0062-007】

3月28日 石油工业部任命王连志为第一工程局第一公司副经理兼总工程师，陈刚为第一公司副经理。【中国石油工程建设公司上报】

3月 中共咸阳市委批复，同意成立咸阳石油钢管钢绳厂党总支部委员会，靳世杰同志任党总支书记。【宝鸡石油机械有限公司上报】

四　月

4月1日　石油工业部第一机械厂成立政治处，田廷俊同志任主任。【宝鸡石油机械有限公司上报】

4月13日　石油工业部决定撤销贵州石油学校。【档案号：243-1962-0079-001】

4月16日　国家经济委员会同意将石油一厂和石油七厂由辽宁省管理改为石油工业部管理。【档案号：243-1962-0157-003】

4月18日　石油工业部党组商中共陕西省委、中共西安市委同意，任命段得民同志为西安石油学院党委副书记。【档案号：243-1962-0057-006】

4月28日　石油工业部决定，自5月1日起撤销银川石油勘探局及所属吴忠和内蒙古两个勘探大队的建制，成立银川石油勘探处，仍然负责鄂尔多斯地区的地质勘探工作。全处定员981人。任命任挺、何仲山、周宗浚为银川石油勘探处副处长。【（62）油人劳李字第119号】

同日　石油工业部调原银川石油勘探局副局长职若愚任华东石油勘探局副局长。【档案号：243-1962-0060-007】

4月　在抚顺石油设计院工作的捷克斯洛伐克专家撤离回国。【中国石油化工集团公司提供】

五　月

5月1日　石油工业部决定，将石油工业部北京实验厂交由北京石油科学研究院领导，作为院新型材料生产试验厂，代号六二一厂。【档案号：243-1962-0066-001】

5月8日　大庆油田中一注水站因管理不善酿成火灾被烧毁。大庆会战工作委员会发动群众，围绕此事件展开大讨论。通过讨论和自查自改，北二注水站率先建立“岗位责任制”。7月6日，大庆会战工作委员会决定，从北二注水站试点入手，在全油田建立健全岗位专责制、巡回检查制、交接班制、设备维护保养制、质量验收制等管理制度。到9月末全油田所有基层单位普遍建立起生产岗位责任制度，之后又建立了基层干部和机关干部岗位责任制。随后岗位责任制在石油企业普遍推广。【《康世恩传》】

5月9日　中共石油六厂第三次代表大会召开。大会选举产生中共石油六厂第三届委员会，实行常委制，王芝有同志为党委书记，高振中、黄兆珍同志为党委副书记。党委下属7个党总支、21个党支部，共有党员673名。【锦州石化分公司上报】

5月10日 石油工业部从大庆油田抽调部分干部到山东东营，组成华东石油勘探局基建指挥部。【《中国石油大事记》】

5月26日 中共黑龙江省委批准邢子陶同志任黑龙江炼油厂党委书记，免去周宇博同志的黑龙江炼油厂党委书记职务。【档案号：1-A091962-022-001】

5月29日 石油工业部接收1960年回国留学生14名，实习期满分配工作。【档案号：243-1962-0207-002】

5月30日 抚顺石油设计院第三次党员大会召开，选举卢传彬同志为党委第一副书记，孙风臣为党委副书记兼监委书记。【中国石油化工集团公司提供】

六　月

6月4日 中共抚顺市委决定，任命陶永喜为第一工程局第一公司工会主席，免去其党委副书记职务；免去曾继成的副经理职务。【中国石油工程建设公司上报】

6月6日 中共抚顺市委批准，石油一厂党委设立政治部，党委副书记杨宪贵同志兼任政治部主任，免去朱明银同志的党委副书记职务。【抚顺石化分公司上报】

6月16日 中共锦州市委常委会同意王芝有、高振中、黄兆珍、甄树森、崔紫林、王国斌、周国良等7名同志为石油六厂党委常委。王芝有同志为党委书记，高振中、黄兆珍同志为党委副书记。【锦州石化分公司上报】

6月21日 国家计委批准石油工业第一批调整的企、事业单位名单。撤销直属单位18个：玉门石油技工学校、兰州炼油厂技工学校、兰州石油学院、运输公司技工学校、新疆设计院、西宁石油学校、西宁石油技工学校、冷湖石油技工学校、西安仪器厂技工学校、银川石油学校、东北石油财经学校、成都机械厂技工学校、茂名油厂技工学校、茂名露天矿技工学校、茂名页岩油公司技工学校、贵州石油勘探局、贵州石油技工学校、贵州石油学校；撤销1个地方单位：桦甸页岩油公司；暂时关闭单位1个：大同石油厂；合并单位8个：兰州研究所（并入兰州炼油厂）、独山子技工学校（并入克拉玛依技工学校）、石油二厂技工学校（并入抚顺技工学校）、石油三厂技工学校（并入抚顺技工学校）、锦州煤炼油研究所（并入抚顺研究所）、第二建筑安装工程公司（并入松辽石油勘探局）、川中石油技工学校（并入川南技工学校）、华北石油勘探处（并入华东石油勘探局）；缩小单位1个：银川石油勘探局（改为银川石油勘探处）。共计29个单位。【档案号：243-1962-0070-004】

七 月

7月7日 石油工业部决定，将泸州天然气学校并入重庆石油学校，学校定名为重庆天然气学校。【档案号：243-1962-0079-010】

7月10日 中共上海市委批复，同意华东石油勘探局增补后的党委会由李义和、刘南、职若愚、陈显发、刘维杰、胥德元、徐成华、刘长沛、刘灼光、陶述祥、程玉岷、靳耀华等12名同志组成，李义和同志为党委副书记。【档案号：243-1962-0060-025】

同日 中共旅大市委工业部任命白福瑞同志为石油七厂工会主席，免去其党委监委书记职务。【大连石化分公司上报】

7月25日 石油工业部决定，任命叶忠贵为石油一厂副厂长，免去岳志令、林文生、祝宝贤、丛兆田的石油一厂副厂长职务。【档案号：243-1962-0059-001】

7月24至25日 中共第一工程局第一公司第二届代表大会召开，选举方印、董庆林、罗玉奎、王连志、陈刚、陈金德、曾继成等7名同志为党委常委。方印同志任党委书记，董庆林同志任党委副书记，罗玉奎同志任党委副书记兼监委书记。【中国石油工程建设公司上报】

八 月

8月6日 石油工业部决定，将抚顺石油技工学校与锦州石油学校技工部合并，合并后学校定名为“石油工业部锦州石油技工学校”，校址设在锦州市，朱国华担任并校领导小组组长。【档案号：243-1962-0079-002】

8月7日 石油工业部决定，免去敖明模的兰州炼油厂副厂长兼副总工程师职务。【档案号：243-1962-0055-003】

8月15日 中共陕西省委同意杨霖同志任西安石油学院党委书记，马文、万品三同志任党委副书记。【档案号：243-1962-0057-006】

8月22日 新疆维吾尔自治区党委决定，张之林同志调任阿勒太地委副书记，免去其新疆石油管理局党委副书记职务；石峻同志调任新疆维吾尔自治区轻工业厅党委副书记，免去其新疆石油管理局党委副书记职务。【（62）干字第324号　（62）干字第332号】

8月25日　石油工业部决定，将玉门石油学校与兰州石油学校合并，合并后学校校址设在兰州，学校招生规模定为800人，设炼油、炼厂机械、储运、内燃机等4个专业。【档案号：243-1962-0079-008】

九　月

9月21日　石油工业部任命肖斌为江汉石油勘探处副处长。【档案号：243-1962-0060-042】

9月23日　石油工业部华东石油勘探局在东营构造钻探营2井，钻至下第三系沙河街组发生井喷，日敞喷原油555吨，是当时全国日产量最高的一口探井。因为这口井的缘故，胜利油田在勘探初期被称为九二三厂。【中国石油化工集团公司提供】

9月26日　石油工业部决定，将安达石油学校并入哈尔滨石油学校。安达石油学校机构撤销。【档案号：243-1962-0079-006】

十　月

10月20日　国务院全体会议第117次会议通过，免去黎岚的东北石油学院副院长职务。【档案号：243-1962-0062-010】

10月29日　辽宁省人民委员会31次全体会议决定，任命王致中为石油一厂厂长。【档案号：243-1963-0277-006】

十一月

11月9日　中共旅大市委员会工业部决定，任命解登峰同志为大连石油七厂党委监委书记；免去刘兆昇同志兼任的党委监委书记职务。【大连石化分公司上报】

11月16日　石油工业部任命孟庆瑗为四川天然气研究所所长，徐玲任副所长。【档案号：243-1962-061-040】

11月17日　中共青海省委批准，郭究圣同志任青海石油管理局党委书记。【（63）青油党字第021号】

11月19日 新疆维吾尔自治区党委批复，同意撤销克拉玛依矿务局党委、克拉玛依矿务局，由新疆石油管理局党委代行克拉玛依市委的工作职能。【《中国石油大事记》】

11月27日 石油工业部批复，将抚顺页岩加工及加氢研究所更名为石油科学研究院抚顺石油研究所；将锦州煤炼油研究所（原气化及合成研究所）更名为合成研究室，由石油六厂代管。【中国石油化工集团公司提供】

十 二 月

12月4日 中共黑龙江省委批准，赵伟同志任黑龙江炼油厂党委副书记，免去其安达市副市长职务。【安发（62）293号】

12月12至22日 中共石油工业部运输公司第四次代表大会召开，选举产生中共石油工业部运输公司第四届委员会和监察委员会，选举张复振、周焕南、史少卿、王有常、王邦松、李长祥、常秉旭等7名同志为党委常委；张复振同志为党委书记，周焕南、史少卿同志为党委副书记，周焕南同志兼任监委书记。【中国石油天然气运输公司上报】

12月26至29日 中共石油科学研究院第一次代表大会召开，选出党委委员13人，监委委员5人。张俊同志为党委第一书记，谢采贤同志为党委书记，齐泽国同志为党委副书记、监委书记。【中国石油化工集团公司提供】

12月26日 石油工业部批复，同意崔敬忠同志任石油五厂工会主席，免去其副厂长职务；同意刘庆运同志兼任石油五厂党委监委书记。【档案号：243-1962-0059-004】

12月31日 中共上海市委同意职若愚同志兼任华东石油勘探局党委副书记。【档案号：243-1963-0277-003】

本年 石油工业部在北京及兰州炼油厂为古巴共和国培训41名炼油厂设备维修和配件制造实习生，培训时间一年半。【档案号：243-1962-077-001】

本年 石油工业职工总数22.17万人。【石油工业统计年报】

一九六三年

一　月

1月　石油工业部党组决定免去张俊同志的石油科学研究院党委第一书记职务，工作调离。【中国石油化工集团公司提供】

二　月

2月7日　石油工业部决定调兰州炼油厂周锦明任石油工业部第一机械厂副厂长。【宝鸡石油机械有限责任公司上报】

2月20日　石油五厂召开第四次工会会员代表大会，选举崔敬忠为工会主席。【锦西石化分公司上报】

2月23日　国务院全体会议第126次会议通过，免去马载的四川石油学院院长职务、曹本熹的北京石油学院副院长职务。【档案号：243-1963-0124-002】

2月28日　国务院同意撤销陈骥的东北石油学院副院长职务。【档案号：243-1963-0124-004】

三　月

3月1日　石油工业部决定，任命方华为茂名页岩油公司筹建处主任，郭庆祥、向洪、李德清、简坚为副主任；免去蔚华之的茂名页岩油公司筹建处主任职务。【档案号：243-1963-0126-001】

3月7日　石油工业部决定，撤销抚顺石油学院改办中等技术学校，定名为抚顺石油学校。【档案号：243-1963-0139-013】

3月9日　新疆维吾尔自治区党委决定，雷震任新疆石油管理局总会计师。【新疆油田分公司上报】

3月11日　石油工业部决定，免去王文志的石油三厂副厂长职务。【档案号：243-1963-0127-023】

3月15日　中共中央同意，徐今强同志任石油工业部副部长、党组成员，免去其兰州炼油厂厂长兼党委书记职务；吴星峰同志为石油工业部党组成员；

谢采贤同志任兰州炼油厂党委书记；贾庆礼任兰州炼油厂厂长。3月30日国务院全体会议第129次会议通过徐今强为石油工业部副部长的任命。【档案号：243-1963-0009-009】

同日 新疆维吾尔自治区党委决定，赵炎同志任新疆石油管理局党委副书记，曹进奎同志任党委委员。【新疆维吾尔自治区干部配备批复（63）28号】

3月27日 石油工业部决定，任命詹石为石油工业部第一机械厂厂长；靳学礼为副厂长，免去其第一机械厂厂长职务。【档案号：243-1963-0126-016】

四　月

4月25日 中共陕西省委任命詹石同志为石油工业部第一机械厂党委书记，原党委书记孙励斋同志改任党委副书记。【档案号：243-1963-0009-026】

4月 中央监察委员会下发中央国家机关设立监察组的草案，考虑向石油工业部派驻监察组，履行国家监察职能。【档案号：243-1963-0361-001】

五　月

5月2日 康世恩副部长在全国工业交通技术工作座谈会上介绍石油工业部培养和使用技术干部的经验。【档案号：243-1963-0123-001】

同日 石油工业部党组同意由中国石油工会全国委员会分党组书记张兆美同志兼任石油工业部中央监察员。【档案号：243-1963-0361-006】

5月16日 中共甘肃省委决定，任命麻耀林同志为兰州炼油厂党委监委书记，燕志成同志为兰州石油学校党委书记兼校长。【档案号：243-1963-0277-004】

5月20日 中共中央组织部决定调玉门石油管理局副局长陈宾到甘肃省委工作。【（63）油人干周字第272号】

5月22日 石油工业部调青海石油管理局党委副书记赵启明同志任石油工业部银川石油勘探处处长。【档案号：243-1963-0128-022】

六　月

6月4日 石油工业部批准茂名页岩油公司设立地质处，主管海上和陆地石油勘探工作。12月9日，茂名页岩油公司成立海上指挥部，开展南海石油勘探工作。【《中国石油大事记》】

6月25日 石油工业部任命东北石油学院副院长李镇靖同志兼任该院党委副书记。【档案号：243-1963-0009-024】

七 月

7月3日 河北省人民委员会同意将承德石油学校（已更名为河北石油学院）交由石油工业部管理。【档案号：243-1963-0121-008】

7月6日 中共甘肃省委同意焦万海同志任玉门石油管理局党委书记。【档案号：243-1963-0124-020】

7月8至23日 石油工业部召开全国石油工资工作会议，拟定干部工资标准方案及职工升级、考试的办法；讨论工资基金管理、野外津贴标准；确定本年工资总额计划指标分配方案。周文龙副部长作总结发言。【档案号：243-1963-0119-001】

7月25日 中共中央批准蔚华之同志任四川石油学院党委书记。【档案号：243-1963-0125-015】

同日 华东石油勘探局机关由上海市迁至山东省广饶东营村。9月14日，石油工业部决定，华东石油勘探局东营办事处对外使用广饶农场名称和九二三厂代号。【《中国石油大事记》】

八 月

8月2日 国家经委批准将南京炼油厂由江苏省管理改为石油工业部直接管理。9月1日正式划转。【档案号：243-1963-0118-003】

8月13日 中共中央批准，郭究圣任玉门石油管理局副局长，免去其青海石油管理局局长职务；任命刘宏胜为青海石油管理局局长。9月14日国务院全体会议第135次会议通过2人的任免。【档案号：243-1963-0129-001】

8月22日 石油工业部副部长康世恩在大庆油田调查研究，写出《岗位责任制是企业管理的一项根本制度》的调查报告。【《中国石油大事记》】

8月23日 国家编制委员会同意石油工业部监察组编制人数为11人，并列为部编制。【档案号：243-1963-0143-003】

8月 石油工业部制定《中华人民共和国石油工业部工作条例（草稿）》，共分总则、主要工作方法、石油工业队伍建设上的几个问题、计划财务物资管理、石油地质勘探和油田开发、炼油生产、基本建设、设备管理、关心职工生活加强

食堂管理、政治工作等十章共九十八条。【档案号：243-1963-0090-001】

九　月

9月3日　石油工业部发出试行《石油工业部干部管理制度（试行草案）》的通知，该制度含九个方面四十三条，分别就干部管理范围、干部调动、提升任免晋级、合理使用、培养教育、奖励惩处、考察了解、档案管理及提高干部部门政策业务水平加强组织性纪律性等方面做出规定。【档案号：243-1963-0278-001】

9月14日　国务院全体会议第135次会议通过，任命朱亚杰为北京石油学院副院长。【国务院命令1963年第17号】

9月17日　石油工业部决定，调青海石油管理局王荣兰同志任石油工业部运输公司工会主席。【中国石油天然气运输公司上报】

9月20日　中共四川省委批准，魏玉晶同志任四川石油管理局党委副书记兼监委书记。【西南油气田分公司上报】

十　月

10月3日　中共中央决定，邓洁任石油工业部副部长、党组成员，免去其轻工业部副部长、党组成员，中央手工业管理总局局长和中华全国手工业合作总社副主任、党组成员职务。23日，国务院全体会议第136次会议通过邓洁的任免。【档案号：243-1963-0009-004　243-1963-0009-005】

10月9日　大庆《战报》首次刊登《石油工业部工作条例》草稿中对待革命工作要做到“三老四严”、“四个一样”。[①]【《见证》】

10月11日　石油工业部印发《石油企业主要工种等级线标准》。【档案号：243-1963-0134-006】

同日　石油工业部决定调兰州炼油厂副厂长薛秀川任南京炼油厂厂长。【档案号：243-1963-0127-081】

10月15日　石油工业部决定，任命冉济川为广州石油学校校长，吴健、张志鸿、钟英为广州石油学校副校长。【档案号：243-1963-0125-014】

---

① “三老四严”是指对待革命事业，要当老实人，说老实话，做老实事；干革命工作，要有严格的要求、严密的组织、严肃的态度、严明的纪律。“四个一样”是指黑夜和白天干工作一个样，坏天气和好天气干工作一个样，领导不在场和领导在场干工作一个样，没有人检查和有人检查干工作一个样。

10月17日 石油工业部任命欧阳章为石油二厂厂长。【档案号：243-1963-0127-012】

10月22日 中共中央批准许士杰同志任兰州炼油厂党委书记，免去谢采贤同志的兰州炼油厂党委书记职务。【档案号：243-1963-0009-019】

10月23日 石油工业部党组同意免去欧阳天的四川石油管理局副局长职务。【西南油气田分公司上报】

10月24日 经劳动部批准，石油工业部印发《石油企业干部工资标准》。【档案号：243-1963-0135-001】

10月27日 石油工业部决定，撤销供应制造局的人事科、财务科，各机械厂、供应办事处有关劳动工资、财务工作自即日起分别由石油工业部人事司、财务司统一管理。【档案号：243-1963-0319-002】

10月29日 中共中央决定，调刘放任中华人民共和国驻罗马尼亚人民共和国特命全权大使，免去其石油工业部副部长职务。12月30日国务院全体会议第140次会议通过其免职。【档案号：243-1963-0009-001 243-1963-0009-003】

同日 石油工业部任命曹进奎为新疆石油管理局副局长。【（63）油人干802号】

10月 南京炼油厂恢复建设。石油工业部抽调部属工程建设安装公司300多名技术工人，承担南京炼油厂安装工程施工任务。【中国石油化工集团公司提供】

同月 中共江苏省委任命柯德全同志为南京炼油厂党委书记。【中国石油化工集团公司提供】

十 一 月

11月2日 中共黑龙江省委批准，免去赵伟同志的黑龙江炼油厂党委副书记职务。【档案号：243-1963-0277-005】

11月9日 石油工业部决定，任命刘捷为石油五厂副厂长，葛启宽为总机械动力师，免去李炽连的石油五厂副厂长职务。【档案号：243-1963-0127-040】

11月11日 新疆维吾尔自治区党委决定，在王其人同志学习期间，秦峰同志代理新疆石油管理局党委书记。【中共新疆自治区委员会（63）809号】

11月12日 中共甘肃省委决定，任命郭究圣为玉门石油管理局党委副书记兼玉门石油管理局副局长；任志恒同志为玉门石油管理局党委副书记，免去其副局长职务；刘长亮同志调离，免去其党委书记职务；陈宾、石志刚、郗林英同志调离，免去3名同志的玉门石油管理局党委副书记职务。【玉门油田分公司上报】

11月16日 国务院全体会议第138次会议通过，任命段得民为西安石油学院副院长。【档案号：243-1963-0124-024】

11月21日 宁夏回族自治区党委批准，成立银川石油勘探处党委，委员会由赵启明、张华诚、任挺、何仲山、杨玉宽、井玉堂、李和明、张魁昌、夏振邦等9名同志组成，赵启明同志为党委书记，张华诚同志为党委副书记兼监委书记。【档案号：243-1963-0277-025】

同日 中共辽宁省委批准，免去马从龙的石油七厂副厂长职务，调旅大市工作。【旅委组字（63）271号】

11月 石油工业部决定，调松辽石油会战指挥部机关、两个勘探处及所属58个地震队、17个钻井队和23个生产辅助队共7700余名职工，先后参加“六四一厂”会战。【大庆油田有限责任公司上报】

十 二 月

12月12日 中共中央批准，刘康同志任石油工业部人事司司长，免去其石油工业部计划司司长职务；免去阎玉森的石油工业部人事司司长职务；刘长亮同志任北京石油学院党委书记，免去其玉门石油管理局党委书记职务；免去阎子元同志兼任的北京石油学院党委书记职务。1964年2月12日，国务院全体会议第141次会议通过刘康和阎玉森的任免决定。【档案号：243-1963-0009-012 243-1963-0009-013 243-1963-0009-015】

12月14日 中共甘肃省委书记处会议批准，周焕南调任甘肃省交通厅运输局局长，免去其石油工业部运输公司党委副书记职务。【档案号：1-A09-1964-003-001】

12月18日 石油工业部任命周世英为青海石油管理局副局长。【（63）油人干1018号】

同日 石油工业部同意狄贵善同志任青海石油管理局党委副书记。【（63）油人干周字第984号】

12月19日 石油工业部决定，免去邓崇信、黄利国的石油工业部第一机械厂副厂长职务，暂列编外休养。【（63）油人干字第1009号】

12月20日 石油工业部致函河北省、天津市，决定在天津成立华北石油勘探指挥部，正式在河北省、天津市等地区开展石油勘探工作。【（63）油人劳康1025号】

12月21日 石油工业部任命张源为第一工程局第一公司副经理。【档案号：243-1963-0127-084】

12月26日 石油工业部任命郭玉山为石油工业部施工机具机修厂副厂长。【档案号：243-1963-0126-028】

12月27日 中共中央批准张俊任中央监委驻石油工业部监察组副组长。【档案号：243-1964-0076-042】

12月28日 石油工业部任命钱思潮为抚顺设计院副院长。【档案号：243-1963-0129-054】

12月 江苏省、南京市政府联合成立南京炼油厂筹建委员会。江苏省计委主任田兰田兼任筹建委员会主任。【中国石油化工集团公司提供】

本年 石油工业部决定，成立大庆油田科学研究院和设计院，余秋里部长兼任第一任研究院院长。以后相继建立了石油矿场机械研究设计所、采油工艺所、钻井工艺所和生产测井研究所，开创了结合油田需要、建立科研体系的新局面，并成为以后石油会战中建立科研机构的一种模式。【《中国石油大事记》】

本年 石油工业职工总数22.50万人。【石油工业统计年报】

一九六四年

一　月

1月3日　国务院同意石油工业部在天津设立华北石油勘探指挥部，定员1830人。【档案号：243-1964-0046-002】

同日　石油工业部党组批准冯浩同志任松辽石油勘探指挥部党委副书记兼政治部主任。【档案号：243-1964-0042-003】

1月7日　中共中央主席毛泽东听取工业交通战线汇报时，表扬石油工业部和铁人王进喜。【《中国石油大事记》】

1月10日　石油工业部任命林风为石油科学研究院炼制总工程师。【石化研究院上报】

1月14日　石油工业部任命时云增、毛鹏飞、荆治平为兰州炼油厂副厂长。【档案号：243-1964-0042-009】

1月25日　中共中央批转石油工业部党组《关于组织华北石油勘探会战的简要报告》，报告提出拟在天津以南、山东东营以北地区组织石油会战。中央同意组织华北石油勘探会战，批准关于会战的组织形式，成立华北石油勘探会战总指挥部。会战总指挥部暂设在东营，下设河北和东营两个勘探指挥部。成立华北石油勘探会战党工委，由石油工业部党组直接领导。中央指出华北石油会战是继松辽石油大会战之后的又一次重要的会战，要求有关地方和部门予以协助并责成国家经济委员会协作组织。【档案号：243-1964-0006-003】

二　月

2月5日　中共中央发出《中央关于传达石油工业部关于大庆石油会战情况的报告的通知》，决定在全国工交、财贸、文教系统和各级机关、团体、部队中，普遍传达石油工业部关于大庆石油会战情况的报告。《人民日报》等新闻单位对大庆进行了大量报道。“工业学大庆”运动在全国展开。【大庆油田有限责任公司上报】

2月18日　经中央工业交通部政治部批准，石油工业部成立政治部，负责石油系统的政治宣传、思想教育和干部管理工作。【档案号：243-1964-0082-005 243-1964-0007-005】

2月20日 松辽石油会战工作委员会作出向大庆采油三矿四队学习的决定。随后，石油工业部授予该采油队“高度觉悟，严细作风”的锦旗。5月，石油工业部在第一次政治工作会议上，把该队创造的经验概括为“三老四严”的革命作风。【《中国石油大事记》】

2月22日 经劳动部同意，石油工业部决定恢复西安石油技工学校，由石油工业部领导，校名定为石油工业部西安石油技工学校。学校招生规模为600人，学制三年，设置车工、钳工、仪器工等3个工种专业。【（64）油人教字第168号】

同日 经劳动部同意，石油工业部决定恢复宝鸡石油技工学校，由石油工业部领导，校名定为石油工业部宝鸡石油技工学校，学校招生规模为900人，学制三年，设置车工、钳工、铸工等3个工种专业。【（64）油人教字第167号】

2月24日 石油工业部决定，在天津北仓镇成立河北勘探指挥部，代号为“石油工业部六四一厂”。【大港油田分公司上报】

2月27日 石油工业部党组发出通知，要求石油工业部直属企、事业在3月将政治部（处）建立起来，其机构人员均以现有党委、保卫、干部等工作部门为基础组建，先指定一名党委书记负责政治部（处）的工作。【档案号：243-1964-0007-0060】

2月28日 石油工业部同意将独山子石油学校由新疆维吾尔自治区划归石油工业部领导，指定新疆石油管理局代部接收。6月1日正式办理交接手续。【档案号：243-1964-0044-001 243-1964-0212-008】

三 月

3月1日 兰州炼油厂成立政治部，暂由党委副书记刘冠三同志负责政治部工作。【兰州石化分公司上报】

3月4日 中共甘肃省委通知，调运输公司党委副书记周焕南同志到甘肃省委分配工作。【中国石油天然气运输公司上报】

3月6日 石油工业部决定，成立华北石油勘探会战总指挥部，下设东营勘探指挥部（代号九二三厂）和河北勘探指挥部（代号六四一厂，1965

年2月由石油工业部直接领导），总部机关设在山东东营，并直接领导东营勘探指挥部的工作，对外代号暂用九二三厂。【中国石油化工集团公司提供】

3月9日　中共中央批准焦万海同志任玉门石油管理局党委书记兼局长。【档案号：243-1964-0076-044】

3月12日　石油工业部决定，将黑龙江炼油厂更名为石油工业部大庆炼油厂，代号为黑龙江省萨尔图农垦八场。【（64）油办秘李55号】

3月14日　中共四川省委同意包茨任四川石油管理局总地质师。【档案号：243-1964-0077-073】

3月19日　石油工业部党组和中共甘肃省委批准，石油工业部运输公司成立政治部。【中国石油天然气运输公司上报】

3月20日　中共中央批准吴星峰同志任石油工业部政治部主任，汤贤珍同志任副主任。【档案号：243-1964-0007-002】

3月24日　石油工业部党组任命赵炎同志为新疆石油管理局政治部主任。【档案号：243-1964-0077-002】

同日　中共上海市委同意石油工业部党组关于驻上海市单位组建统一党委的意见，同意委员会由李义和、张俊、牛一麟、刘灼光、杜智固等5名同志组成，李义和同志任党委书记兼政治处主任。【档案号：243-1964-0080-112】

3月26日　石油工业部决定，免去张秀芝的石油二厂副厂长职务。【档案号：243-1964-0079-012】

同日　石油工业部决定，任命王长荣为石油五厂副厂长兼总工程师，施宗林同志为政治部主任。【档案号：243-1964-0079-049】

同日　石油工业部党组批复，同意石油六厂成立政治部，任命高振中同志为政治部主任。【档案号：243-1964-0079-057】

同日　石油工业部任命唐启舜为石油七厂副厂长兼总工程师。【（64）油政干字第112号】

同日　石油工业部党组批复，同意南京炼油厂成立政治部，任命卫前春同志为政治部主任。【档案号：243-1964-0079-096】

同日　石油工业部党组批复，同意石油工业部运输公司成立政治部，任命史少卿同志为政治部主任。【档案号：243-1964-0080-058】

同日　石油工业部党组批复，同意第一机械厂成立政治处，任命田廷俊

同志为政治处主任。【档案号：243-1964-0080-089】

同日 石油工业部党组批复，同意宝鸡钢管厂成立政治处，任命高玉印同志为政治处主任。【档案号：243-1964-0080-097】

3月27日 石油工业部党组批复，同意石油二厂成立政治部，任命李盛图同志为政治部主任。【档案号：243-1964-0079-013】

同日 石油工业部党组批复，同意石油三厂成立政治部，任命金国斌同志为政治部副主任。【档案号：243-1964-0079-027】

同日 石油工业部党组批复，同意西安石油仪器仪表制造厂成立政治处，任命罗生儒同志为政治处主任。【档案号：243-1964-0080-085】

3月28日 石油工业部决定，任命段铭德为石油七厂厂长，免去苏德山的石油七厂厂长职务。【（64）油政干字第115号】

3月31日 石油工业部任命杨昭庆为石油三厂副厂长。【档案号：243-1964-0079-030】

3月 根据石油工业部指示，运输公司抽调1364名职工、318辆汽车、291辆拖罐、41辆机修设备参加山东胜利油田会战。【中国石油天然气运输公司上报】

四　月

4月1日 石油工业部决定成立华北石油会战筹备小组，范元绶任组长，魏玉晶任副组长。【山东省网】

4月8日 石油工业部任命于逢一（原大同石油厂副厂长）为石油二厂副厂长。【档案号：243-1964-0079-014】

4月9日 石油工业部党组批复，同意四川石油管理局成立政治部，任命何千里同志为政治部主任。7月7日中央批准何千里同志兼任四川石油管理局政治部主任。【档案号：243-1964-0077-064　243-1964-0076-027】

同日 石油工业部决定，任命齐之达为承德石油学校校长，免去冯际平的承德石油学校校长职务。【档案号：243-1964-0081-040】

4月10日 石油工业部党组批复，同意茂名石油公司成立政治部。【中国石油化工集团公司提供】

4月13日 石油工业部党组批复，同意青海石油管理局成立政治部，任命狄贵善同志为政治部主任。【（64）油政干字第107号】

同日 石油工业部党组批复，同意石油七厂成立政治部，任命郑丕谟同志为政治部主任，免去其副厂长职务。【（64）油政干字第103号】

同日 中共承德地委任命冯际平同志为承德石油学校党委书记。【档案号：243-1964-0081-041】

4月20日 《人民日报》在第一版发表了中央人民广播电台19日全文广播的长篇通讯《大庆精神大庆人》，这是首次披露大庆油田，也是第一次提出“大庆精神”。【《中国工业五十年》】

同日 中共甘肃省委工交部同意任志恒兼任玉门石油管理局政治部主任，8月12日中共中央批准任志恒同志任职。【档案号：243-1964-0077-028 243-1964-0076-030】

4月22日 石油工业部党组会议确定石油工业部政治部设组织部、宣传部、干部部、办公室，定员70人。直属政治部、保卫处、工会、中央监察小组接受政治部领导或与政治部合署办公，其编制不包括在政治部的定员内。【档案号：243-1964-0007-003】

4月27日 石油工业部决定，免去毕可盛的石油五厂副厂长职务，列编外休养。【档案号：243-1964-0079-042】

4月29日 中共中央批准王凤来任石油工业部财务司司长，6月5日国务院全体会议第145次会议通过其任命。【档案号：243-1964-0076-002】

4月30日 石油工业部任命章德炎同志为石油科学研究院党委副书记兼副院长。【中国石油化工集团公司提供】

同日 中共哈尔滨市委批准孙希濂同志任哈尔滨石油学校党委书记。【档案号：243-1964-0081-039】

4月 石油工业部党组批复，同意抚顺设计院成立政治处，任命孙风臣同志为政治处主任。【中国石油化工集团公司提供】

五　月

5月3日 石油工业部决定，将河北石油学院改为承德石油学校。学校招生规模定为200人，学制四年，设工业企业电气装备、工业企业热工装备、机械制造、化学分析、石油及天然气工业等5个专业。【档案号：243-1964-0044-011】

5月3至11日 中共石油工业部运输公司第五次代表大会召开，选举产生第五届委员会和监察委员会，张复振、史少卿、王有常、李长祥、常秉旭等5名同志为党委常委。张复振同志为党委书记，史少卿同志为党委副书记兼任监委书记。【中国石油天然气运输公司上报】

5月7日 中共旅大市委工业部决定，任命苏德山同志为石油七厂党委书记，免去段铭德同志的党委书记职务。【旅委工字（64）118号】

5月8日 石油工业部决定，自5月20日起将茂名页岩油公司筹建处更名为石油工业部茂名石油公司。【档案号：243-1964-0048-001】

同日 石油工业部决定，自6月1日起将第一工程局第一公司更名为石油工业部炼厂建设工程公司。将石油工业部施工机具机修厂改由炼厂建设工程公司直接领导。【档案号：243-1964-0048-006】

5月11日 石油工业部任命任仕学为石油二厂副厂长。【档案号：243-1964-0079-017】

5月14日 中共中央批准任成玉同志任石油工业部政治部副主任。【档案号：243-1964-0007-003】

5月15日 经教育部批准，石油工业部决定恢复独山子石油技工学校。校址迁至乌鲁木齐市，校名定为石油工业部乌鲁木齐石油技工学校，为部直属学校，委托新疆石油管理局代管。学校发展规模600人，学制三年，设钻井、采油、电工、钳工四个工种专业。【档案号：243-1964-0044-006】

5月16日 石油工业部向中共中央组织部、中央工业交通部就部属企、事业单位政治机关的设置意见进行报告，设立政治部的22个单位，设置政治处的8个单位，设置教导员的5个单位，设置协理员的4个单位。【档案号：243-1964-0082-002 243-1964-0082-004】

5月18日 经石油工业部同意，中共锦州市委决定任命崔紫杴同志为石油六厂党委书记。【锦州石化分公司上报】

5月21日 石油工业部任命潘义文为石油二厂副厂长。【档案号：243-1964-0079-020】

5月26日 石油工业部印发《关于进行劳动定额定员工作的通知》，要求在石油单位中全面实行劳动定额定员工作。【档案号：243-1964-0218-023】

同日 石油工业部决定，任命刘荫藩为四川石油管理局副局长，包茨为

总地质师，任康生为总机械师。【档案号：243-1964-0077-074】

同日 石油工业部任命祝宝贤为炼厂建设工程公司副经理兼施工机具机修厂厂长。【档案号：243-1964-0080-052】

5月28日 石油工业部任命谷峰为石油七厂总机械师。【（64）油政干298号】

六 月

6月4日 石油工业部报请中央管理的科学技术专家23人，其中石油地质专业2人：李德生、闽豫；地球物理专业2人：翁文波、王纲道；采油专业3人：童宪章、秦同洛、刘文章；钻井专业1人：王炳诚；化工专业9人：侯祥麟、敖明模、朱康福、闵恩泽、杨光华、朱亚杰、林正仙、张家骐、何俊英；炼油专业（包括人造油）3人：龙显烈、武迟、赵宗燠；储运专业2人：张英、梁翕章；仪表制造专业1人：刘永年。【档案号：243-1964-0231-007】

6月5日 国务院全体会议第145次会议通过，任命侯祥麟、翁文波、章德炎、齐泽国、靳锡庚为石油科学研究院副院长；张定一为北京设计院院长；贾庆礼为兰州炼油厂厂长；免去张俊的石油科学研究院院长职务，王凤来的财务司副司长职务。【档案号：243-1964-0076-016】

同日 石油工业部任命盖庆禄为石油二厂副厂长。【档案号：243-1964-0079-021】

6月10日 中共中央批准，免去刘崇忠的石油工业部基建司副司长职务，调任国家物资管理总局储运管理局副局长。【档案号：243-1964-0076-043】

同日 中共中央批准，免去王其人同志的新疆石油管理局党委书记职务，4月该同志已调任乌鲁木齐市委副书记兼副市长。【档案号：243-1964-0076-045】

6月11日 石油工业部党组决定，华北石油勘探会战党工委由康世恩、吴星峰、张文彬、任成玉、唐克、杨文彬、魏玉晶、范元绶、刘南、马骥祥、王瑞龙等11名同志组成，康世恩同志任党工委书记，吴星峰、张文彬同志任党工委副书记；华北石油勘探会战指挥部由康世恩任指挥，唐克、张文彬、杨文彬、范元绶、刘南、马骥祥、张振海、张载褒、翟光明、赵声振、李云、职若愚任副指挥；任成玉同志任华北石油勘探会战指挥部政治部主任。【档案号：243-1964-0006-004】

6月16日 中共旅大市委同意郑丕谟同志任石油七厂党委副书记。【旅委

工政（64）137】

6月18日 华北石油勘探会战总指挥部（简称会战总指挥部）和中共华北石油勘探会战工作委员会（简称会战工委）正式成立。九二三厂干部管理工作受中共石油工业部党组和中共山东省委双重管理，享有地市级单位干部管理权限。【中国石油化工集团公司提供】

6月20日 石油工业部决定，四川石油学院党委书记蔚华之同志代理院长职务。【档案号：1-A091964-009-003】

6月23日 中共中央、国务院批准石油工业部党组、黑龙江省委关于在大庆油田成立特区的报告，同意撤销安达市，设立安达特区（称安达特区人民委员会，为了保密，对外仍沿用安达市人民委员会的名称），恢复安达县。特区实行政企合一的领导体制，即特区党的工作和政治工作，实行石油工业部党组领导为主、黑龙江省委领导为辅的双重领导制度；政府工作中有关企业工作以部领导为主，有关地方工作以黑龙江省人民委员会领导为主。【档案号：243-1964-0005-002】

6月25日 石油工业部任命胡涵秋、胡树津、程云山、刘照明（民）为新疆石油管理局副局长，张恺为总地质师。【（64）油政干周字第340号】

6月27日 经教育部批准，石油工业部定于8月份将哈尔滨石油学校迁往黑龙江省安达县，更名为石油工业部大庆石油学校。【档案号：243-1964-0044-012】

6月29日 新疆维吾尔自治区党委决定于耀先同志任新疆石油管理局党委常委。【新疆自治区委员会干部配备（64）62号】

6月 石油工业部同意调抚顺设计院院长顾敬心到辽宁省工作。【中国石油化工集团公司提供】

七　月

7月1日 经国家科学技术委员会及国家编制委员会批准，石油工业部决定将石油工业部编辑室改为石油工业部石油科学技术情报研究所，编制60人，由石油工业部直接领导。该所的主要任务是围绕石油工业各个时期中心任务和长远规划的需要，努力引进国外新技术，广泛交流国内外科学技术成果和生产技术经验，以促进石油工业的迅速发展。主要业务包括科学技术情报和科技图书编辑两部分。图书出版业务仍归中国工业出版社统一管理。【档案

号：243-1964-0047-002　243-1964-0047-003　243-1964-0047-004】

7月7日　中共中央批准马西夫任石油工业部政治部组织部部长，魏玉晶任干部部部长。【档案号：243-1964-0076-034】

7月9日　石油工业部决定，免去崔紫林的石油六厂副厂长职务。【档案号：243-1964-0079-063】

7月24日　石油工业部决定，免去杨百让的新疆石油管理局副局长职务，列为编外休养。【（64）油政干周字第408号】

7月27日　国务院批准石油工业部设立办公厅、地质勘探司、生产技术司、基本建设司、计划司、财务司、人事司、器材供应制造局。行政编制626人（包括中央监察委员会驻石油工业部监察组11人），附属机构305人。【档案号：1-A271965-003-001】

八　月

8月1日　国家计划委员会、国家经济委员会6月18日决定，自8月1日起将济南柴油机厂由农业机械部划归石油工业部。10月28日，石油工业部确定该厂由华北石油会战总指挥部即九二三厂领导。【档案号：243-1964-0059-003】

同日　松辽石油会战工作委员会制定领导干部的《约法三章》。①【《中国石油大事记》）

同日　石油工业部决定，免去庄润霖的石油二厂副厂长职务。【档案号：243-1964-0079-023】

8月2日　石油工业部任命侯志诚为青海石油管理局副局长。【档案号：243-1964-0077-042】

8月3日　石油工业部任命赵声振为石油工业部地质勘探司总工程师。【档案号：1-A321964-032-001】

8月5日　中共抚顺市委工交政治部任命庄润霖同志为抚顺设计院党委书记。【档案号：243-1964-0080-038】

同日　中共抚顺市委任命赵兴勤同志为炼厂建设工程公司党委副书记。【中国石油工程建设公司上报】

---

① 一要坚持发扬党的艰苦奋斗的优良传统，保持艰苦朴素的生活作风，永不特殊化；二要坚决克服官僚主义，永不做官当老爷；三要坚持“三老四严”作风，保持谦虚谨慎，永不骄傲，永不说假话。作出关于干部参加集体劳动，实行“三定”（定岗位、定职责、定时间），“一顶”（顶工人定员）措施的决定。

8月7日 石油工业部任命周汉卿为玉门石油管理局总机械师。【（64）油政干436号】

8月10日 中共中央决定李人俊同志任建筑工程部部长、党组书记，免去其石油工业部副部长、党组副书记职务。12月7日，国务院全体会议第150次会议通过，免去李人俊的石油工业部副部长职务。【档案号：243-1964-0004-001】

8月12日 中共中央批准周文龙兼任中央监委驻石油工业部监察组组长。【档案号：243-1964-0076-041】

同日 中共中央批准张兆美同志任石油工业部政治部副主任。【档案号：243-1964-0076-029】

同日 石油工业部决定，免去张殿元的石油三厂副厂长职务。【档案号：243-1964-0079-037】

同日 石油工业部任命薛仁宗同志为石油科学研究院政治部主任。【档案号：243-1964-0080-006】

同日 石油工业部任命黎煜明为抚顺设计院副院长兼总工程师。【档案号：243-1964-0080-033】

同日 国家劳动部转发大庆油田劳动工资工作的调查报告，对大庆的劳资工作进行充分肯定。【档案号：243-1964-0191-001】

8月17日 石油工业部决定，任命石油六厂副厂长王国斌代理厂长职务，原厂长甄树森调石油科学技术情报研究所工作。【锦州石化分公司上报】

8月18日 石油工业部决定，成立档案管理处，隶属办公厅领导。【档案号：243-1964-0047-005】

8月25日 孙敬文任石油工业部常务副部长。【档案号：243-1964-0004-002】

8月31日 石油工业部任命赵兴勤同志为炼厂建设工程公司政治部主任。【档案号：243-1964-0080-055】

8月 炼厂建设工程公司党委书记方印同志调离，张源、田仲垣任炼厂建设工程公司副经理。【中国石油工程建设公司上报】

九　月

9月1日 石油工业部党组决定，中共松辽石油会战工作委员会改为中共大庆石油会战工作委员会（简称会战工委），余秋里同志任党工委书记；松辽

石油会战指挥部改为大庆石油会战指挥部，徐今强任指挥。【大庆油田有限责任公司上报】

9月2日　中共甘肃省委批准，玉门石油管理局党委由23名同志组成，焦万海、郭究圣、任志恒、余群立、冯元富等5名同志为党委常委，任志恒同志兼任监委书记。【玉门局（64）党字095号】

同日　中共甘肃省委批准免去时云增同志的兰州炼油厂党委副书记职务。【档案号：243-1964-0079-093】

同日　中共甘肃省委批准，张复振同志仍任石油工业部运输公司党委书记，史少卿同志仍任运输公司党委副书记。【档案号：243-1964-0080-061】

9月10至26日　为贯彻中央三线建设的指示，改善军用油品研究与生产的布局，石油科学研究院副院长侯祥麟等人到四川选择建立新型材料基地的地址。同年11月，经中央同意，石油工业部决定，将北京六二一厂硅油脂车间的全部设备和人员与石油科学研究院氟油车间的全部设备和人员搬迁至重庆远郊，建立新型材料研究所，对外称：一坪化工厂。【中国石油化工集团公司提供】

9月13日　石油工业部印发《关于变动石油工业部管理的干部职务任免办法的通知》。【档案号：243-1964-0232-003】

9月15日至12月17日及1965年5月19至24日　中共兰州炼油厂第二次代表大会召开，选举产生中共兰州炼油厂第二届委员会和监察委员会，许士杰同志为党委书记，张云山、刘冠三、贾庆礼同志为党委副书记。下属党总支19个、党支部77个，党员总数1366人。【兰州石化分公司上报】

9月19日　甘肃省人民委员会同意将甘肃省石油技工学校划归石油工业部领导。【档案号：243-1964-0044-013】

同日　中共中央批准，宋惠任石油工业部办公厅副主任，免除阎子元北京石油学院院长职务。12月7日国务院全体会议第150次会议通过两人的任免职。【档案号：243-1964-0076-006　243-1964-0076-009】

9月27日　石油工业部决定，任命邢子陶、李敬、欧阳毅（义）为大庆石油会战指挥部副指挥，王炳诚为副指挥兼钻井总工程师，李虞庚为副指挥兼采油总工程师，季铁中同志为政治部主任，只金耀兼任工会主席；姬永兴兼任大庆炼油厂厂长，邢子陶同志兼任大庆炼油厂党委书记，柏映群、詹明国为大庆炼油厂副厂长。【档案号：243-1964-0078-003】

9月29日 中共四川省委批准，四川石油管理局党委会由17名同志组成，黄凯、张忠良、何千里、王合林、秦文彩、吴志峰、夏云昌等7名同志为党委常委，黄凯同志任党委书记，何千里、王合林同志任党委副书记。【西南油气田分公司上报】

9月 石油工业部和新疆维吾尔自治区决定，停办新疆石油学院。【新疆油田分公司上报】

十 月

10月31日 国务院全体会议第148次会议通过，任命宗世鉴为石油工业部器材供应制造局局长，刘少男为副局长；刘韬为石油科学技术情报研究所所长，甄树森为副所长；免去周鉴的器材供应制造局局长职务、宗世鉴的副局长职务。【档案号：243-1964-0076-023】

10月 兰州炼油厂党组织隶属关系由中共兰州市委领导调整为中共甘肃省委领导。【兰州石化分公司上报】

同月 石油工业部将甘肃省石油技工学校委托兰州炼油厂领导，学校更名为兰州炼油厂工读学校。【（64）油人教孙585号】

十 一 月

11月7日 中共青海省委批准，同意刘宏胜同志兼任青海石油管理局党委副书记，免去苗德胜同志的党委副书记职务。【青海局总号759任免字第416号】

11月11日 中共中央批准赵炎同志兼任新疆石油管理局政治部主任。【档案号：243-1964-0076-038】

十 二 月

12月12日 石油工业部决定，自1965年1月1日起将大庆炼油厂划归大庆石油会战指挥部领导。【（64）油计年孙451号】

12月1至15日 石油工业部召开石油院校教学工作座谈会，14日周文龙到会讲话。【档案号：243-1964-0052-001】

12月15日 新疆石油管理局根据石油工业部的指示，成立塔里木勘探会战指挥部，恢复对塔里木盆地的勘探工作。史称“三上塔里木”。此次勘探会战后因“文化大革命”中断。【《中国石油大事记》】

12月18日 石油工业部决定，将玉门石油管理局负责的吐鲁番盆地石油勘探工作移交给新疆石油管理局。1965年1月移交完毕。【新疆油田分公司上报】

12月21日 新疆石油管理局生产技术处主任工程师吴士壁、井下作业处修井队副队长克尤木·买提尼牙孜（维吾尔族）当选第三届全国人大代表。【新疆油田分公司上报】

12月22日 石油工业部决定，将四川设计院划归四川石油管理局领导。领导关系改变后，该院名称不变。【（64）油人劳孙字第575号】

12月31日 根据中央关于实行两种劳动制度和两种教育制度的精神，石油工业部决定将中技毕业生改按工人分配工作，并按工人工资等级标准评定工资级别。【档案号：243-1964-0214-001】

12月 石油工业部部长余秋里调任国家计划委员会第一副主任兼秘书长，石油工业部日常工作由副部长康世恩主持。【《中国石油大事记》】

同月 石油工业部决定，自1965年1月1日起将银川石油勘探处划归玉门石油管理局领导。【（64）油人劳周字第568号】

同月 石油工业部决定，自1965年1月1日起将江汉石油勘探处划归茂名石油公司领导，划转职工9776人。【（64）油人劳周字第566号】

同月 石油工业部决定，自1965年1月1日起将大庆炼油厂划归大庆石油会战指挥部领导。【（64）油计年孙字第451号】

同月 六四六厂地震五大队及211、212、213队入川。到1966年9月，九二三厂地震207队、六四一厂的10个地震队、玉门油矿280队等4个地震队先后赴川参加石油会战。参加会战的32个地震队，按区域建立4个地震大队。【西南油气田分公司上报】

同月 石油工业部决定，在原石油科学院地质所的基础上重新组建石油科学院石油地质研究所，从大庆油田等单位抽调科技人员近200人。新组建的地质研究所主要任务有：一、当好石油工业部地质勘探工作的参谋；二、搞好油气资源勘探和油气田开发的部署与规划；三、开展石油地质科学研究。【《中国石油大事记》】

同月 石油工业部决定，调石油工业部生产技术司总工程师赵宗燠任石油科学研究院总工程师。【中国石油化工集团公司提供】

同月 四川石油管理局成都科学研究所总地质师司徒愈旺当选第三届全

国人大代表。【西南油气田分公司上报】

同月 兰州炼油厂副厂长毛鹏飞、基建副总工程师韩荣鑫当选第三届全国人大代表。【兰州石化分公司上报】

同月 石油科学研究院总工程师翁文波、总地质师靳锡庚当选第三届全国人大代表。【石油科学研究院上报】

同月 大庆石油会战指挥部闵豫任第四届全国政协委员。【档案号：243-1964-0227-009】

同月 石油一厂副总工程师杨伟任第四届全国政协委员。【抚顺石化分公司上报】

同月 石油科学研究院总工程师童宪章、北京石油学院副教授吴崇筠任第四届全国政协特邀委员。【档案号：243-1964-0227-008】

本年 石油工业部决定，将重庆天然气学校更名为石油工业部重庆石油学校。【档案号：243-1964-0044-010】

本年 石油工业职工总数24.34万人。【石油工业统计年报】

一九六五年

一　　月

1月1日　按照中共中央要求，黑龙江省安达特区人民委员会在萨尔图成立，实行政企合一领导体制。撤销安达市，恢复安达县，安达特区对外仍称安达市人民委员会，会战工委即特区党委，实行一套班子、两块牌子。【大庆油田有限责任公司上报】

同日　根据石油工业部通知，即日起九二三厂由勘探、基建单位改为生产企业。【中国石油化工集团公司提供】

1月7日　中共抚顺市委决定，调炼厂建设工程公司党委副书记赵兴勤同志到抚顺市委另行安排工作。【中国石油工程建设公司上报】

1月25日　玉门石油管理局撤销吐鲁番勘探处，吐鲁番盆地的勘探工作正式移交新疆石油管理局。【玉门油田分公司上报】

同日　中共中央批准建设山西大同、湖南岳阳两个炼油厂，建设规模均为年加工原油150万吨。【中发（65）45号】

1月28日　石油工业部决定，自2月1日起河北勘探指挥部（六四一厂）仍由石油工业部直接领导，六四一厂地质调查处的代号为石油工业部六四六厂（此厂为东方地球物理公司的前身），由六四一厂领导。【（65）油人劳康字第31号】

同日　石油工业部党组决定，任命王瑞龙同志为华北石油会战党工委副书记，马骥祥同志为政治部主任，王照明、李光明、刘安时、孙荣富为华北石油会战总指挥部副指挥。【档案号：243-1965-0057-014】

1月30日　石油工业部决定，任命苗德胜同志为青海石油管理局党委副书记、政治部主任，免去其青海石油管理局副局长职务；免去狄贵善同志的政治部主任职务。【（65）油政干周字第41号】

1月31日　石油工业部决定，大同炼油厂对外名称为石油工业部古城炼油厂，岳阳炼油厂对外名称为石油工业部长岭炼油厂，两个炼油厂均由石油工业部直接领导。【（65）油办秘6号】

同日 石油科学研究院所属天然气研究所、合成研究室分别划归四川石油管理局和石油六厂管理。【中国石油化工集团公司提供】

1月 石油工业部提出“上山下海”战略部署，决定建造海上平台，组建海上石油勘探机构和队伍。2月，石油工业部在河北勘探指挥部成立海洋勘探室。【《中国石油大事记》】

同月 中共中央主席毛泽东在北京中南海接见全国第三届人民代表大会代表新疆石油管理局维吾尔族石油工人克尤木·买提尼牙孜。【《中国石油大事记》】

二 月

2月3日 中共中央同意将石油工业部党组改组为石油工业部党委。康世恩、周文龙、唐克、徐今强、吴星峰、孙晓风、张定一、张文彬、汤贤珍、张兆美、任成玉、杨达、王志群、张俊、魏玉晶等15名同志为党委委员。康世恩同志为党委书记，周文龙、唐克同志为党委副书记。【中发（65）70号】

2月6日 石油工业部决定将宝鸡石油技工学校改为半工半读学校，校名定为石油工业部第一机械厂工读学校，由第一机械厂领导。【（65）油人教字第33号】

2月9日 中共青海省委决定，任命狄贵善同志为青海石油管理局党委书记；刘宏胜任青海石油管理局局长，不兼任党委副书记职务。【青海省委总号39任免字16号】

2月10日 九二三厂在东营凹陷坨庄—胜利村构造钻探的坨11井试生产，获日产原油1134吨，成为中国第一口日产超千吨的高产油井。由于该井位于山东省垦利县胜坨分社胜利村，胜利油田由此得名。【《中国石油大事记》】

2月11日 石油工业部决定，任命章德炎为石油科学研究院副院长，免去其党委副书记职务；任命齐泽国同志为石油科学研究院党委副书记，免去其副院长职务。【（65）油政干周字第53号】

2月12日 中共中央同意，唐克、孙晓风、张定一、张文彬为石油工业部副部长，15日国务院全体会议第153次会议通过4人的任命。国务院全体会议第153次会议同时任命张毅为新疆石油管理局总工程师，免去雷振的石油工业部生产技术司副司长职务。【档案号：243-1965-0002-002 243-1965-0002-003 243-1965-0002-005】

2月19日 中共陕西省委批准，马麟同志任宝鸡钢管厂党委书记，高玉印同志任党委副书记。【宝鸡石油钢管有限责任公司上报】

2月22日 中共抚顺市委任命赵兴勤同志为石油一厂党委第一副书记。【抚顺石化分公司上报】

2月25日 中共陕西省委同意杨霖、葛连成、马文、段得民、惠世山、宁廷彬、张世英等6名同志为西安石油学院党委常委，杨霖同志为党委书记。【档案号：243-1965-0055-011】

2月27日 中共西南局批准，免去马西夫的四川石油管理局副局长职务、魏玉晶同志的四川石油管理局党委副书记职务。【四川省委（65）工交政字第0226号】

三 月

3月10日 石油工业部党委印章开始使用，原石油工业部党组印章同时废止。【（65）油党委发第31号】

3月11日 石油工业部决定将炼厂建设工程公司所属锦西工程处自4月1日起划归石油五厂领导。【（65）油人劳张字第53号】

3月13日 国家计划委员会批准建设兰州化学工业公司石油化工厂。【《中国石油大事记》】

3月24日 中共中央批准，同意焦力人为石油工业部地质勘探司司长、杨文彬为副司长，陈李中为石油工业部基本建设司司长，任向文为石油工业部生产技术司司长；免去唐克的石油工业部地质勘探司司长职务，孙晓风的石油工业部生产技术司司长职务，张仁的石油工业部基本建设司司长职务，陈李中、任向文的石油工业部基本建设司副司长职务。4月30日国务院全体会议第155次会议通过以上同志的任免。【档案号：243-1965-0056-003】

3月27日 国务院全体会议第154次会议通过，免去邓洁的石油工业部副部长职务。【档案号：243-1965-0002-008】

3月至4月 石油工业部决定，运输公司从甘肃、新疆两地抽调职工1340人，车辆404辆、拖罐329辆、机修设备42辆，参加华北石油会战。【中国石油天然气运输公司上报】

四　月

4月19日　石油工业部决定，调玉门石油管理局焦万海、郭究圣参加华北石油会战，余群立同志代理玉门石油管理局党委书记和局长职务。【（65）石发政字128号】

4月22日　中央国家机关党委批复，同意周文龙、唐克、吴星峰、任成玉、王志群、刘康、焦力人、任向文、齐泽国、刘东明等10名同志组成石油工业部机关党委常委会，任成玉同志为机关党委书记兼监委书记，雷振同志为监委副书记。【档案号：243-1965-0214-009】

4月23日　中共四川省委通知，石志刚同志兼任四川石油学院党委监委书记。【档案号：243-1965-0055-007】

4月26日　中共石油五厂第四次代表大会召开，选举产生中共石油五厂第四届委员会和监察委员会，张瀛洲同志为党委书记，施宗林同志为党委副书记，张玉林同志为监委书记。【锦西石化分公司上报】

五　月

5月2日　石油五厂第五次工会会员代表大会召开，选举张铭枢为工会主席。【锦西石化分公司上报】

5月3日　石油工业部任命张子玉为石油工业部运输公司副经理。【（65）油政干唐字第189号】

5月5日　石油工业部决定成立6501、6502、6503生产队，归石油工业部直接领导。【档案号：243-1965-0090-006】

5月14日　石油工业部党委决定，徐今强、李荆和、季铁中、宋振明、王新坡、王云午、宋世宽、只金耀、陈烈民等9名同志为大庆石油会战党工委常委，徐今强同志为党工委书记，李荆和、季铁中、宋振明同志为党工委副书记。【（65）油政组字第215号】

同日　石油工业部党委批准，同意大庆石油会战指挥部领导干部配备，徐今强同志任中共大庆石油会战工作委员会书记兼指挥，李荆和同志任党工委副书记，季铁中同志任党工委副书记兼政治部主任，宋振明同志为党工委副书记兼副指挥，王新坡、王云午、宋世宽、只金耀、李敬、欧阳毅（义）等6人任副指挥，王炳诚任副指挥兼钻井总工程师，李虞庚任副指挥兼采油总工程师，崔海天、杨录任副指挥，闵豫任副指挥兼总地质师，张家骥任基建总工程师，刘树人任规划总工程师，只金耀兼工会主席；焦力人兼东北石油学院院长，赵复成同志任东北石油学院党委书记，李镇靖同志任东北石油学院党委副书记兼副院长，陈国润、潘秉智、陶景明任东北石油学院副院长，巫从理任东北石油学院政治部主任。【档案号：243-1965-0057-004】

5月15日　石油工业部决定，将石油工业部机要室改为机要处，主要任务是管理部内机要工作及领导部各直属企业、事业单位的机要工作。【（65）油办秘字第20号】

同日　石油工业部党委决定，成立四川石油会战领导小组，统一指挥四川石油管理局及参加会战各单位队伍的全盘工作，张文彬任四川石油会战领导小组组长、指挥，黄凯、张忠良、杨文彬任四川石油会战领导小组副组长、副指挥，秦文彩、孙继先、郑浩、刘荫藩、夏云昌、郝风台、刘选伍、杜志富、关耀家、马文林等10人任副指挥。【（65）油党委发19号】

同日　石油工业部党委批准，同意中共华北石油勘探会战工作委员会由张文彬、焦万海、王瑞龙、马骥祥、王照明、李光明、王军、刘南、张载褒、张振海、孙荣富、刘占仓、李云、姚福林等14名同志组成。【（65）油政组张字第238号】

同日　石油工业部党委批准，同意张文彬同志为华北石油勘探会战总指挥部党工委书记兼指挥，焦万海同志任党工委副书记兼副指挥，王瑞龙同志任党工委副书记兼政治部主任，马骥祥同志任党工委副书记兼副指挥，王照明、李光明、王军、刘南任副指挥，张载褒任副指挥兼总工程师，张振海、孙荣富、刘占仓、李云、姚福林任副指挥。【档案号：243-1965-0057-020】

同日　石油工业部党委任命赵启明同志为玉门石油管理局党委副书记。【（65）油政干字281号】

同日　石油工业部党委任命贾庆礼同志为兰州炼油厂党委副书记兼厂长。【（65）油政干字283号】

同日　石油工业部党委任命李曙光同志为石油三厂党委书记兼厂长。【（65）油政干字256号】

同日　石油工业部党委决定，任命刘东明同志为北京设计院党委书记，杨华甫同志任党委副书记、政治部主任，陈自光、邵祖光、陈福生为副院长；

免去刘东明同志的北京设计院党委副书记、副院长、政治部主任职务。【（65）油政干字第235号】

同日 石油工业部党委任命钱思潮为抚顺设计院院长。【（65）油政干字234号】

同日 石油工业部党委决定，任命蔡崇法同志为四川设计院党委书记兼院长，傅熙同志为党委副书记、政治处主任。【（65）油政干字247号】

5月17日 石油工业部党委决定，任命狄贵善同志为石油工业部第一机械厂党委书记，靳学礼同志为副书记兼厂长。【（65）油政干字第287号】

同日 石油工业部党委决定，任命陈奎同志为石油科学研究院党委副书记，车时英同志为石油科学研究院政治部主任。【（65）油政干字第249号】

5月26日 石油工业部党委决定，任命杨文彬为河北勘探指挥部指挥，刘安时、余萍、张会智、杜志富、孙德福、彭佐猷、万鹏飞、田在艺、林祖膂、郭志忠为副指挥，王涛为副指挥兼总地质师，王天儒同志为政治部主任，李克向为总工程师，孟尔盛为总地球物理师。【（65）油政干字232号】

5月27日 石油工业部党委批准，同意中共河北勘探指挥部委员会由16名同志组成，杨文彬、郭究圣、刘安时、余萍、张会智、王天儒、王涛同志为党委常委，郭究圣同志为党委书记，关耀家、冯浩同志为党委副书记。【（65）油政组239号】

5月28日至6月1日 遵照中共中央毛泽东主席“要在内地搞点油、搞点气”的指示，石油工业部在成都召开会议，决定成立四川石油会战领导小组。任命张文彬为会战领导小组组长兼指挥。从10多个石油厂矿调集4000多名职工，以威远构造和泸州古隆起为主战场，再次展开“开气找油”会战。【西南油气田分公司上报】

5月28日 石油工业部任命谷峰为石油七厂总机械师。【大连石化分公司上报】

同日 石油工业部决定，任命闵恩泽、林正仙、童宪章、王纲道为石油科学研究院总工程师，李德生、余伯良、曾鼎乾、王涛为石油科学研究院总地质师。【（65）油政干字第250号】

同日 石油工业部决定，任命尤德华任四川设计院副院长，唐振华为副院长兼总工程师。【（65）油政干字248号】

5月 石油工业部决定，免去王平同志的石油三厂党委书记职务。【抚顺石化分公司上报】

六 月

6月2日 石油工业部决定，任命朱兆明、姜辅志、干志坚为石油工业部地质勘探司总工程师，翟光明为石油工业部地质勘探司总地质师，敖明模为石油工业部基本建设司总工程师，邹明为石油工业部供应制造局总工程师，翁心源为情报研究所副所长兼总工程师，李国玉、吴德琪、许缉纲、刘文东为情报研究所副所长。【（65）油政干字253号】

6月3日 石油工业部党委任命支明玉同志为情报研究所党委副书记。【（65）油政干字253号】

同日 石油工业部调石油五厂副厂长兼总工程师王长荣任石油二厂副厂长兼总工程师。【（65）油政干字278号】

同日 石油工业部调部机关亓加科同志任承德石油学校党委副书记、政治处主任。【档案号：243-1965-0060-027】

6月5日 石油工业部党委决定，任命霍文彬同志为炼厂建设工程公司党委书记、董鸿斌同志为党委副书记兼经理。【（65）油政干字282号】

6月8日 石油工业部决定，任命石万富、胡廷尧、张焕君为玉门石油管理局副局长，向同水为总工程师，李德渊为总地质师。【（65）油政干唐字299号】

同日 石油工业部任命王连志为南京炼油厂副厂长。【档案号：243-1965-0059-037】

同日 石油工业部决定，任命朱洪昌、刘佩生为石油工业部炼厂建设工程公司副经理；免去祝宝贤的石油工业部炼厂建设工程公司副经理职务。【（65）油政干唐字300号】

同日 石油工业部任命高士为炼厂建设工程公司总工程师。【（65）油政干张字第292号】

6月10日 石油工业部决定，调新疆石油管理局于耀先任玉门石油管理局副局长。【（65）油政干唐字305号】

同日 石油工业部任命黄鹏远为兰州炼油厂副厂长。【（65）油政干唐字第303号】

6月17日 石油工业部决定，免去蒋麟湘的玉门石油管理局副局长、总工程师职务，调石油工业部另分配工作。【（65）玉油干余字第0242号】

6月22日 石油工业部任命许自超、张克庸为承德石油学校副校长。【（65）油政干字第304号】

6月25日 中共旅大市委同意曹颜福同志任石油七厂党委副书记。【旅委工政（65）107号】

6月30日 石油工业部决定，调石油工业部炼厂建设工程公司王连志任六四一厂副指挥。【（65）油政干字第345号】

七　月

7月7日 石油工业部决定，调兰州炼油厂党委副书记张云山任西安石油仪器仪表制造厂副厂长。【（65）油政干字第357号】

同日 石油工业部决定，任命马青波同志为抚顺石油学校党委书记，张静彬同志为党委副书记兼校长，郑坚同志为抚顺石油学校政治处主任。【（65）油政干周字第364号】

7月19日 国务院全体会议第157次会议通过，任命侯祥麟为石油科学研究院院长，林风、武迟、咸雪峰、卢成锹、高清岚为石油科学研究院副院长；朱康福为北京设计院院长；免去张定一的北京设计院院长职务。【档案号：243-1965-0056-032　243-1965-0056-033】

7月22日 石油工业部党委发文请示中共国家计划委员会党组缓建山西大同炼油厂项目，改在胜利油田建设炼油厂。【《中国石油大事记》】

7月24日 石油工业部党委批准贾辅廷同志任石油六厂党委副书记。【（65）油政干周字第411号】

同日 石油工业部决定，任命王国斌为石油六厂厂长，李树楷为石油六厂副厂长兼总工程师，黄兆珍为石油六厂副厂长。【（65）油政干周字第412号】

同日 石油工业部决定，任命金喜春、熊尚元为石油七厂副厂长；免去熊尚元的北京设计院副院长职务。【（65）油政干周字第414号】

同日 石油工业部党委批准，同意方华同志任茂名石油公司党委副书记兼经理，郭庆祥同志任党委副书记兼监委书记，李德清任政治部主任；免去宋乃瑞的茂名石油公司政治部主任职务。【（65）油政干周字第416号】

同日　石油工业部任命简坚、刘桑、王福泰为茂名石油公司副经理。【（65）油政干周字第417号】

7月29日　石油工业部党委同意增补张子玉同志为石油工业部运输公司党委常委。【（65）油政组字第420号】

7月　九二三厂32128钻井队赴朝鲜执行援外钻井任务，这是我国成建制钻井队第一次走出国门。【中国石油化工集团公司提供】

同月　中共抚顺市委批准庄润霖、卢传彬、孙风臣、钱思潮、李占标、金元汉、张昇云等7名同志为抚顺设计院党委常委，庄润霖同志为党委书记，卢传彬、孙风臣同志为党委副书记，陈东初同志为监委书记。【中国石油化工集团公司提供】

八　月

8月1日　石油工业部政治部同意刘宝振任石油六厂工会主席。【（65）油政干字第457号】

8月4日　石油工业部党委批准，同意周世英同志任青海石油管理局党委副书记兼副局长，张俊魁同志任党委副书记兼监委书记，薛纪元同志任党委副书记、政治部主任。【档案号：243-1965-0058-062】

8月5日　石油工业部任命孙慰祖为广州石油学校副校长。【（65）油政干唐字第439号】

8月6日　石油工业部任命李建辛、吴同才为青海石油管理局副局长。【（65）油政干唐447号】

8月8日　石油工业部政治部作出《关于开展向大庆1202钻井队等12个五好标兵单位学习》的决定。【《中国石油大事记》】

8月9日　中共中央批准，同意任成玉同志兼任石油工业部机关党委书记，刘少男任石油工业部基本建设司副司长，免去其石油工业部供应制造局副局长职务。11月13日国务院全体会议第159次会议通过其任命。【档案号：243-1965-0056-007】

同日　中共中央批准，同意杨达任石油工业部计划司司长，11月13日国务院全体会议第159次会议通过其任命。【档案号：243-1965-0056-008】

同日　中共中央批准，同意刘韬任石油工业部政治部办公室主任，潘生玺同志任机关党委副书记兼政治部直属工作部部长，免去其中央监委监察员（驻石油工业部监察组）职务。【档案号：243-1965-0056-010】

同日 中共中央批准，同意赵声振任石油工业部地质勘探司副司长，李世源任石油工业部生产技术司副司长。11月13日国务院全体会议第159次会议通过任命。【档案号：243-1965-0056-010】

同日 中共中央批准，同意段志高为石油工业部政治部办公室副主任，薛仁宗为石油工业部政治部宣传部副部长。【档案号：243-1965-0056-011】

同日 中共中央批准，同意侯宏顺同志为兰州炼油厂政治部主任。【档案号：243-1965-0056-008】

8月10日 石油工业部决定，赵炎同志兼任新疆石油管理局党委监委书记。【新疆委员会（65）051号】

8月10至25日 石油工业部在北京石油学院召开石油院校教学观摩会议，主要内容是讲课观摩，交流教学改革经验和专题座谈，形象化教学和教具展览。参会人员201人。【（65）油人教字第100号】

8月18日 石油工业部决定，从运输公司抽调285人、161辆汽车、16辆机修设备到四川参加石油会战。【中国石油天然气运输公司上报】

8月19日 中共甘肃省委批准赵启明同志任玉门石油管理局党委副书记。【档案号：243-1965-0058-039】

同日 石油工业部决定，北京石油学院副院长贾皞（皋）代理院长职务。【档案号：243-1965-0060-016】

8月23日 石油工业部党委批准，同意张瀛洲同志任石油五厂党委书记，张铭枢任工会主席，张玉林同志任党委监委书记；免去张瀛洲的石油五厂厂长职务。【（65）油政干唐476号】

8月25日 石油工业部决定，任命张定理为石油五厂厂长，曲才绪为副厂长兼总工程师，李子凡为副厂长。【（65）油政干周475号令】

8月28日 石油工业部党委批准组成中共大庆石油会战工作委员会监察委员会，李荆和同志任监委书记。【（65）油政组周484号】

九　月

9月3日 石油工业部党委批复，同意增补赵启明、于耀先、石万福、向

同水同志为玉门石油管理局党委常委。【（65）油政组周490号】

9月6日 四川石油管理局机关由成都市迁至威远红村。【档案号：西南油气田分公司上报】

9月11日 石油工业部决定，广州石油学校因已迁往茂名市，更名为石油工业部广东石油学校。【（65）油人教周162号】

9月14日 石油工业部任命刘佩荣为华北石油勘探会战总指挥部副指挥。【（65）油政干周字第506号】

同日 石油工业部政治部决定，任命徐滨同志为大庆石油地质学校党委书记，王英才为校长，王喜庆同志为党委副书记、政治处主任，程贻俊、张胜为副校长。【（65）油政干周字第508号】

9月16日 石油工业部决定，九二三厂新建的炼油厂名称定为石油工业部胜利炼油厂，由九二三厂领导。【（65）油办秘张字第29号】

同日 中共辽宁省委批准，同意张瀛洲同志的石油五厂党委书记任职；免除崔绳先同志的石油五厂党委书记职务。【锦西石化分公司上报】

9月18日 石油工业部政治部批准，同意增补刘桑、王福太同志为茂名石油公司党委委员。【（65）油政组周字第513号】

同日 石油工业部政治部批准，同意苗德胜同志任西安石油仪器仪表制造厂党委书记，增补张云山同志为党委委员。【（65）油政组周第514号】

同日 上海市化工局同意朱人义为上海炼油厂总工程师。【档案号：243-1966-0054-031】

9月22日 石油工业部决定成立石油工业部地球物理勘探仪器研究所，由西安石油仪器仪表制造厂负责筹备。【（65）油供工张字第288号】

9月23日 石油工业部决定，任命杨继清为华北石油会战指挥部副指挥。【（65）油政干字第516号】

9月24日 石油工业部政治部批准，同意南京炼油厂建立党委常委会，王平、薛秀川、卫前春、潘文瀚、钱耀庭等5名同志任党委常委。【（65）油政组字第517号】

9月 石油工业部决定，北京石油地质学校迁往大庆，更名为石油工业部大庆石油地质学校。学校招生规模为800—1000人，设4个专业，学制四年。大庆石油学校与松辽石油技工学校合并，改名为石油工业部大庆石油钻采学校，设4个专业，学制四年，招生规模为1200人。由大庆石油学校的计划统计、财务会计和器材供应专业成立一所全日制中专学校，定名为石油工业部大庆石油财经学校，学制三年，招生规模为600人。3所学校由大庆石油会战指挥部代管。【（65）油人教周字第168号】

十 月

10月6日 石油工业部发出通知，成立胜利炼油厂建厂指挥部，直属华北石油勘探会战总指挥部领导。该厂厂址定在山东省淄博市桃花峪。【《中国石油大事记》】

10月7日 中共中央批准，同意梁健任石油工业部政治部直属工作部副部长，程元樑任石油工业部供应制造局副局长，杨光华任北京石油学院副院长。1966年1月18日国务院全体会议第160次会议通过程元樑的任命。【档案号：243-1965-0056-024 243-1965-0056-027】

同日 中共中央批准，同意秦峰同志任新疆石油管理局党委书记兼局长。【（65）油政干字第557号】

同日 中共中央批准刘宏胜同志任青海石油管理局党委书记兼局长。【（65）油政干字第552号】

同日 中共中央批准秦文彩同志任四川石油管理局政治部主任，免去何千里的四川石油管理局政治部主任职务；刘永昌同志任北京石油学院政治部主任。【档案号：243-1965-0056-015】

同日 中共中央批准何千里同志任四川石油学院党委书记兼院长。11月13日国务院第159次全体会议通过其任命。【（65）油政干字第553号】

10月11日 石油工业部决定，成立西南供应办事处，办公地点在四川省成都市，张泽普兼任主任。【（65）油人劳字第204号】

十 一 月

11月1日 石油工业部决定，任命夏云昌为四川石油管理局副局长，刘荫藩为四川石油管理局副局长兼总工程师，董金壁、董中央为四川石油管理局副局长。【档案号：243-1965-0058-010】

11月8日 宁夏回族自治区党委批准，任挺同志任银川石油勘探处党委书记，李和明同志任党委副书记；免去赵启明同志的银川石油勘探处党委书记

职务。【档案号：243-1965-0058-047】

11月9日　石油工业部任命李长清为钢管钢绳加工厂厂长。【（65）油政干周字第577号】

11月11日　石油工业部任命常茂生为第一机械厂副厂长。【（65）油政干周字第580号】

11月13日　国务院全体会议第159次会议通过，任命余秋里为国家计划委员会副主任，杨光华为北京石油学院副院长，范子九为西安石油学院副院长，陶景明、潘秉智为东北石油学院副院长；免去刘韬的科学技术情报研究所所长职务、甄树森的副所长职务。【档案号：243-1965-0056-012　243-1965-0056-036】

11月25日　石油工业部将独山子石油学校定名为石油工业部独山子石油学校。【（65）油人教周字第264号】

11月　石油工业部党组任命甄树森同志为石油科学技术情报研究所所长、党委书记。【石油工业出版社有限公司上报】

十　二　月

12月7日　中共中央批准詹石任石油工业部供应制造局副局长。1966年1月18日国务院全体会议第160次会议通过任命。【档案号：243-1965-0056-025　243-1965-0056-027】

12月9日　中共甘肃省委批复，同意石万富、向同水、于耀先、张九合等4名同志为玉门石油管理局党委常委。【档案号：243-1965-0054-008】

同日　中共甘肃省委批复，同意许士杰、刘冠三、贾庆礼、葛立兴、龙显烈、毛鹏飞、侯宏顺等7名同志为兰州炼油厂党委常委。【档案号：243-1966-0062-008】

12月18日　石油工业部党委决定，副部长康世恩同志兼任中共华北石油勘探会战工作委员会书记，勘探司司长焦力人同志兼会战党工委副书记、指挥，焦万海、马骥祥同志任会战党工委副书记、副指挥，王瑞龙同志任会战党工委副书记、政治部主任，刘佩荣（已任命）、欧阳毅（兼）、李光明、张振海、杨继清（已任命）、王军、刘南、姚福林任副指挥，张载褒任副指挥兼总工程师，孙荣富、刘占仑、李云任副指挥，谭文彬兼总地质师。【（66）油政干周字第004号】

12月21日 石油工业部党委同意撤销江汉石油勘探处党委，成立中共茂名石油公司江汉石油勘探指挥部委员会，简坚、冯元富、张邦杰、钟一鸣、李绍亮、李荣藻、李炳珩等7名同志为党委委员，简坚同志任党委书记，冯元富、张邦杰同志任党委副书记。【（65）油政组字第662号】

12月24日 石油工业部决定，以江汉石油勘探处为基础，成立江汉石油勘探指挥部，隶属茂名石油工业公司领导，冯元富任指挥长。【《中国石油大事记》】

12月27日 石油工业部党委批准青海石油管理局党委会由19名同志组成，刘宏胜、周世英、吴同才、侯志诚、薛纪元、李建辛、张俊魁等7名同志为党委常委，刘宏胜同志为党委书记，周世英、张俊魁、薛纪元同志为党委副书记，张俊魁同志为监委书记。【（65）油政组字第669号】

本年 石油工业职工总数27.65万人。【石油工业统计年报】

一九六六年

一　　月

1月3日　中共上海市化工局委员会任命王海山为上海炼油厂副厂长。【档案号：243-1966-0054-032】

1月5日　中共抚顺市委任命朱洪昌同志为炼厂建设工程公司政治部主任，免去其副经理职务。【中国石油工程建设公司上报】

1月7日　石油工业部批准，同意河北勘探指挥部增设海洋勘探指挥部。【（66）油人劳周1号】

1月11日　中共石油六厂第四次代表大会召开。大会选举产生中共石油六厂第四届委员会，实行常委制，崔紫林同志为党委书记，高振中、贾辅廷同志为党委副书记。党委下属33个党支部，共有党员837名。【锦州石化分公司上报】

1月14日　中共青海省委批准，青海石油管理局党委会由19人组成，刘宏胜、周世英、吴同才、侯志诚、薛纪元、李建辛、张俊魁等7名同志为党委常委，刘宏胜同志为党委书记，周世英、张俊魁、薛纪元等3名同志为党委副书记。张俊魁同志为监委书记。【档案号：243-1966-0062-004】

同日　石油工业部政治部任命赵玉鹏为石油一厂副厂长。【（66）油政干周字第18号】

1月17日　石油工业部任命赵玉鹏为石油一厂副厂长。【抚顺石化分公司上报】

1月28日　中共上海市化工局委员会批复，同意阮仁泽同志兼上海炼油厂政治部主任和党委监委书记。【档案号：243-1966-0054-033】

1月　中共抚顺市委决定，崔绳先同志任石油三厂党委书记，免去李曙光同志的石油三厂党委书记职务。【抚顺石化分公司上报】

同月　石油工业部决定设立石油工业部“地质二线”、“炼制二线”。石油科学研究院地质研究人员全部划归“地质二线”，该院部分地质研究工作停止。一部分炼制研究人员参加石油工业部“炼制二线”工作。【石油勘探开发研究院上报】

二　　月

2月5日　石油工业部任命曹进奎为河北勘探会战指挥部指挥。【（66）油政干字第33号】

2月7日　石油工业部决定，任命李春甫、刘祥、骆登月为石油三厂副厂长，免去王勇的副厂长职务。【（66）油政干张字第52号】

2月14日　石油工业部决定，任命董庆林同志为炼厂建设工程公司党委副书记兼监委书记，朱洪昌同志为政治部主任，李荣栋为工会主席。【（66）油政干周字第53号】

同日　石油工业部决定，任命高士为炼厂建设工程公司副经理兼总工程师，林金亭为副经理。【（66）油政干周字第54号】

同日　中共抚顺市委决定，免去董洪斌、罗玉奎同志的炼厂建设工程公司党委副书记职务，陶永喜的工会主席职务。【中国石油工程建设公司上报】

2月23日　石油工业部决定，任命李广明同志为石油三厂党委副书记，金国斌同志为政治部主任，张泗存兼任工会主席，刘玉田为团委书记；免去崔绳先同志的石油五厂党委书记职务。【（66）油政干字第61号】

2月24日　中共中央批准王进喜任大庆石油会战指挥部副指挥。【档案号：243-1966-0052-005】

2月26日　为加强四川石油会战领导力量，石油工业部党委同意，陈李中为四川石油会战领导小组成员、副组长（列黄凯之后），董金壁（列马文林之后）、董中央为会战领导小组成员、副指挥，负责钻井工作。【（65）油党委发5号】

2月28日　石油工业部任命钱立志、史少卿、吕长泰、谢建国为石油工业部运输公司副经理。【（66）油政干周字第65号】

同日　石油工业部政治部同意增补曹进奎同志为河北勘探指挥部党委常委。【（66）油政组字第64号】

2月　石油工业部运输公司抽调100辆汽车、500多名职工，支援六四一厂开发建设，并与六四一厂的运输大队合并，成立六四一厂运输处，担负华北石油勘探的运输任务。【中国石油运输公司上报】

三　　月

3月1日　石油工业部党委任命蔚华之同志为四川石油管理局党委书记兼

副局长。【（66）油政干字第66号】

3月2日 石油工业部党委玉门社教（四清）工作队党委确定，玉门石油管理局党委副书记任志恒同志代理玉门石油管理局副局长（常务），胡廷尧同志调任代理政治部主任，吴开富、耿健、向同水代理副局长。【（66）油甘社教队第033号】

3月8日 石油工业部授予大庆油田1205、1202等6个钻井队“优质快速红旗钻井队”称号。【《中国石油大事记》】

3月13日 中共上海市化工局委员会同意朱人义为上海炼油厂总工程师。【档案号：243-1966-0054-031】

3月14日 石油工业部任命高自谦为河北勘探会战指挥部副指挥。【（66）油政干张80号】

同日 中共锦州市委批准，同意崔紫林同志为石油六厂党委书记，高振中、贾辅廷同志为党委副书记，崔紫林、高振中、贾辅廷、王国斌、吕明泰、李树楷等6名同志为党委常委。【锦州石化分公司上报】

3月16日 中共甘肃省委批准，同意李成栋同志为运输公司党委副书记，免去史少卿同志的运输公司党委副书记职务。【档案号：243-1966-0062-010】

3月24日 石油工业部党委批准，同意李成栋同志为运输公司党委副书记、政治部主任，免去史少卿同志的运输公司党委副书记、政治部主任职务。【档案号：243-1966-0056-003】

3月 玉门石油管理局副局长冯元富离任。【玉门油田分公司上报】

四　月

4月6日 石油工业部党委作出《关于授予五好红旗单位标兵和五好标兵称号的决定》，授予大庆1202钻井队等81个单位“石油工业部五好红旗单位标兵”称号，授予王进喜等138人“石油工业部五好标兵”称号。【《中国石油大事记》】

4月14日 石油工业部下发《关于改变“石油工业部6501、6502、6503生产队”名称的通知》，决定将6501、6502、6503生产队代号取消，其中6501生产队并入长岭炼油厂领导，所有对外联系工作均用长岭炼油厂名义。【（66）油办秘5号】

4月17日 石油工业部授予玉门石油管理局“工业学大庆先进单位”称号。【《中国石油大事记》】

4月 炼厂建设工程公司与胜利炼油厂筹建处合并，成立胜利炼油厂建设指挥部。【中国石油工程建设公司上报】

五 月

5月4日 中共中央批准蔡述圣为石油工业部计划司副司长。【档案号：243-1966-0052-008】

同日 中共中央批准，同意陈烈民同志为大庆石油会战指挥部政治部主任，免去季铁中同志的大庆石油会战指挥部政治部主任职务。【（66）油政干字第148号】

5月12日 石油工业部党委批准，大庆石油会战党工委由17名同志组成，徐今强、李荆和、季铁中、宋振明、陈烈民、宋世宽、贾皞（皋）、姬永兴、王炳诚等9名同志为会战党工委常委，徐今强同志兼党工委书记，李荆和、季铁中、宋振明同志为党工委副书记，李荆和同志兼监委书记。【（66）油政组周184号】

5月16至22日 中共玉门石油管理局第五次代表大会召开，选举产生中共玉门石油管理局第五届委员会委员21名，赵启明、余群立、任志恒、向同水、耿健、于耀先、赵宗鼐等7名同志为党委常委，赵启明同志为党委副书记、代理党委书记，任志恒同志为党委副书记、监委书记。【玉门油田分公司上报】

5月19日 石油工业部决定，调江汉石油勘探会战指挥部钟一鸣任河北石油勘探指挥部副指挥。【（66）油政干字第152号】

同日 石油工业部决定，调河北石油勘探指挥部田在艺任江汉石油勘探会战指挥部副指挥。【（66）油政干字第157号】

5月20日 石油工业部任命张泽普为西南供应办事处主任。【（66）油政干字第163号】

同日 石油一厂厂长王致中调湖南长岭炼油厂任职。【抚顺石化分公司上报】

5月21日 石油工业部党委决定，成立中共石油工业部华北石油勘探工作委员会和监察委员会，党工委委员15名，吴星峰、郭究圣、曹进奎、赵复成、余萍、段志高、齐国贤等7名同志为党工委常委，吴星峰同志兼任党工委书记，郭究圣、曹进奎、赵复成、段志高等4名同志任党工委副书记，赵复成同志任

监委书记，原中共石油工业部河北石油勘探委员会和监察委员会同时撤销。【（66）油政组字第167号】

同日　石油工业部任命孙继先为江汉石油勘探会战指挥部副指挥。【（66）油政干字第151号】

5月22日　石油工业部决定，将原华北石油勘探会战总指挥部下属河北石油勘探指挥部更名为华北石油勘探指挥部，对外仍为六四一厂。【（66）油人劳唐字第89号】

5月24日　石油工业部党委决定，吴星峰兼任华北石油勘探指挥部指挥，曹进奎兼任华北石油勘探指挥部副指挥，余萍、张会智、王涛、游静裕、丁达、满应科、冯浩、郭志忠、钟一鸣、高自谦、王连志、刘安时、万鹏飞等13人任华北石油勘探指挥部副指挥，齐国贤同志任政治部主任，王涛兼任总地质师，游静裕兼任总工程师。【（66）油党委发字第22号】

5月31日　石油工业部决定从华北石油勘探指挥部调24个地震队给九二三厂、四川石油管理局和江汉石油勘探处。其中，华北石油勘探指挥部地质调查处第二大队队部及6个地震队整建制划归九二三厂；第五大队队部及13个地震队整建制划归四川石油管理局；第三大队队部和5个地震队及166名职工整建制划归江汉油田。【（66）油人劳96号】

5月　第一机械厂调217名职工支援江汉油田，在潜江成立钻采机修厂。【宝鸡石油机械有限责任公司上报】

同月　石油工业部决定免去欧阳章的石油二厂厂长职务。【抚顺石化分公司上报】

六　　月

6月3日　石油工业部决定，任命单永复同志为北京设计院政治部主任，贾金会兼北京设计院副院长；免去杨华甫同志北京设计院政治部主任职务。【（66）油政干张字第185号】

6月4日　石油工业部党委决定，对四川石油会战领导小组成员进行调整，张文彬兼任组长，黄凯、陈李中（兼任）、张忠良、杨文彬（兼任）为副组长，秦文彩、李敬、王新波、夏云昌、马文林、关耀家、张瀛洲为小组成员。【档案号：243-1966-0005-003】

6月6日 石油工业部党委决定，成立四川石油会战指挥部，加强以四川为中心的西南地区油、气勘探与开采的领导。张文彬兼任四川石油会战指挥部指挥，黄凯、陈李中（兼）、张忠良、杨文彬（兼）任副指挥，秦文彩同志任政治部主任，李敬、王新波、郑浩任副指挥，刘荫藩任副指挥兼总工程师，夏云昌、杜志富、董金壁、董中央、张瀛洲、蔚华之、刘选伍任副指挥，任康生任总机械师。【（66）油党委发25号】

6月7日 石油工业部党委任命赵启明同志为玉门石油管理局党委副书记代理书记。【（66）油政干周字第206号】

6月9日 石油工业部任命刘文章为大庆石油会战指挥部采油总工程师。【（66）油政干字第194号】

同日 石油工业部决定，任命余群立为玉门石油管理局副局长代理局长，向同水为副局长兼总工程师，耿健为副局长，安锦高为总机械师。【（66）油政干周字207号】

同日 石油工业部决定，任命钱立志同志为运输公司经理兼党委副书记，吴盛唐为副经理兼总工程师；免去张复振的经理职务、邢柏如的副经理职务。【（66）油政干字第196号】

6月10日 石油工业部党委批准，同意任命纪祥仁同志为第一机械厂厂长兼党委副书记，常茂生同志为党委副书记、政治部主任；免去靳学礼同志的党委副书记兼厂长职务，田廷俊同志的党委副书记、政治部主任职务。【（66）油政干字第204号】

6月11日 国家经济委员会批准，同意石油工业部成立抚顺石油公司，将抚顺地区石油工业部直属的7个企业和事业单位集中统一管理起来，党的关系仍归地方领导。此后石油工业部决定待“文化大革命”运动告一段落后再成立。【经企（66）268号】

6月13日 石油工业部决定，任命周锦明为第一机械厂总工程师，田廷俊、孟昭明、徐德兴为副厂长；免去周锦明、常茂生的副厂长职务，温之尃的总工程师职务。【（66）油政干张字第205号】

同日 石油工业部党委决定，任命苗德胜同志为宝鸡钢管厂党委书记兼厂长，刘文纪同志为党委副书记、政治处主任；免去高玉印同志的党委副书记、政治处主任职务，马麟同志的党委书记职务。【（66）油政干字第202号】

同日　石油工业部党委决定，任命赵凤东、高玉印为宝鸡钢管厂副厂长；免去李家让的副厂长职务。【（66）油政干张字第203号】

6月14日　石油工业部决定将六四一厂参加四川石油会战的三个建制地震队连同大队部人员共计304人调给四川石油管理局。【（66）油人劳99号】

6月15日　吉林省委批准，崔德珍同志任扶余油矿矿长兼党委副书记。【中共吉林省工业交通政治部总号〔66〕工干字第20号】

6月17日　石油工业部党委批准，同意赵兴勤同志任石油一厂党委书记，叶忠贵同志任厂长兼党委副书记，傅永安同志任党委副书记、政治部主任；免去李雨轩同志的石油一厂党委书记职务。【（66）油政干孙字第213号】

同日　石油工业部决定，任命戴述金任石油一厂副厂长兼总工程师，免去王致中的石油一厂厂长职务。【（66）油政干孙字第215号】

同日　石油工业部党委决定，任命高凤仪同志为西安石油勘探仪器厂党委书记，罗生儒同志为党委副书记兼监委书记，李俊杰同志为政治部主任；免去苗德胜同志的党委书记职务、范止霙同志的党委副书记兼厂长职务、罗生儒同志的政治部主任职务。【（66）油政干张字第212号】

6月22日　四川石油管理局泸州气矿塘1井关井求压时突发大火，32111钻井队职工同烈火展开殊死搏斗，保住了气井，但6人牺牲，22人负伤。7月，石油工业部党组授予32111队“无产阶级革命英雄钻井队”光荣称号并追授6名牺牲的职工张永庆、王平、罗华太、吴仲启、王祖明、罗木全“石油工业部五好标兵”称号。《人民日报》专门发表社论，解放军总政治部、全国总工会等号召向32111队学习。10月1日，32111队12名职工参加国庆观礼，该队代表在天安门城楼上受到中共中央主席毛泽东的接见，并代表全国工人阶级在国庆庆典上发言。【西南油气田分公司上报】

6月30日　吉林省委批准，郭瑞同志任吉林省扶余油矿党委书记。【中共吉林省委工业交通政治部总号〔66〕工干字第29号】

6月　地质学家陈贲在青海石油管理局劳动改造时被迫害致死。陈贲，1914年出生，湖南长沙人。1939年西南联合大学地质系毕业。1955年任石油工业部副总地质师，1957年被错划成“右派”，下放青海柴达木长期劳动改造。1979年平反。【《中国石油大事记》】

七　　月

7月11日　石油工业部决定成立江汉石油勘探会战指挥部，直属石油工业部领导。8月30日指挥部正式成立，代号“五七厂”，机关设在江汉一村（今江汉油田五七地区）。【中国石油化工集团公司提供】

7月12日　石油工业部党委决定，撤销原中共茂名石油公司江汉勘探指挥部委员会，成立中共石油工业部江汉勘探会战工作委员会，由石油工业部党委直接领导，马骥祥、王照明、冯元富、孙继先、李树荣、田在艺、张邦杰等7名同志任党工委委员，马骥祥同志为党工委副书记代理党工委书记，王照明同志为党工委副书记。【（66）油组孙字第238号】

7月14日　石油工业部党委决定，调石油一厂党委第一书记李雨轩同志到华北石油勘探会战党工委任职。【抚顺石化分公司上报】

7月21日　石油工业部党委决定，任命马骥祥同志为江汉勘探会战指挥部党工委副书记代书记兼指挥，王照明同志任党工委副书记、政治部主任，冯元富、孙继先、李树荣任副指挥，李荣藻任副指挥兼总工程师，田在艺任副指挥，胡朝元任总地质师。【（66）油政干孙字第237号】

7月26日　石油工业部党委决定，成立中共长岭炼油厂建厂指挥部委员会及长岭炼油厂建厂指挥部，委员会由15名同志组成，董德玉、涂秀森、金林祥、庞守则、倪松年、崔达仁、高大民等7名同志为长岭炼油厂党委常委，董德玉同志为党委书记，涂秀森、金林祥同志为党委副书记；任命涂秀森为长岭炼油厂建厂指挥部指挥，金林祥同志为政治部主任，庞守则、周皓为副指挥，陈序秋为副指挥兼总工程师，王荫堂、范大义、倪松年、黎煜明、崔达仁为副指挥。【（66）油政干张字第243号】

7月　石油工业部决定，从九二三厂抽调10个钻井队及其他专业队伍到江汉油田参加勘探、开发、建设工作。【《中国石油大事记》】

同月　石油工业部党委决定，狄贵善同志任第一机械厂党委书记。【宝鸡石油机械有限责任公司上报】

八　　月

8月3日　石油工业部任命张炎、刘汉卿为石油六厂副厂长。【档案号：243-1966-0054-027】

同日　中共锦州市委同意张炎、曹晓泉同志为石油六厂党委常委。【档案号：243-1966-0054-028】

8月　吉林省扶余油矿更名为吉林省工农油田。【吉林油田分公司上报、依据吉林油田大事记83页】

九　月

9月3日　中共旅大市委批准，同意任命邹积同、刘风生为石油七厂副厂长，焦永振为石油七厂工会主席。【大连石化分公司上报】

9月5日　石油工业部决定，将原由茂名石油公司领导的江汉石油勘探处改为石油工业部直接领导，名称定为石油工业部江汉石油勘探会战指挥部，代号为“石油工业部五七厂”。【（66）油办秘13号】

9月6日　中共中央决定，徐今强代理化学工业部部长、代理党委书记职务，免去其石油工业部副部长职务。【档案号：243-1966 -0005-001】

9月20日　石油工业部决定，将华北石油勘探指挥部地质调查处第六大队划归东营勘探指挥部。【（66）油基设孙127号】

9月29日　国务院总理周恩来等党和国家领导人接见石油战线五个先进单位的代表，分别是：在大火中抢救气井的四川油田32111钻井队，创造世界最高钻井速度的大庆油田1202钻井队和1205钻井队，登上了一次取岩芯102.32米的世界深井取岩心技术最高峰的胜利油田32104钻井队及大庆油田职工家属。【9月30日人民日报】

十　月

10月26日　国务院通知石油工业部组建25个天然地震队，在华北地区进行天然地震的研究工作，石油工业部决定此项工作交由六四六厂担负。【（66）油人劳字140号】

十一月

11月25至29日　中国共产党吉林省工农油田（扶余油矿）委员会首届党员代表大会召开，选举郭瑞同志为党委书记候选人，王彬为监委书记候选人。【《吉林油田大事记》（1955—2010）】

十 二 月

12月14日 石油工业部决定，自1967年1月1日起华北石油勘探指挥部由勘探、基建企业改为生产企业。【（66）油计年157号】

本年 四川“开气找油”会战受“文化大革命”冲击被迫中断。【《百年石油》】

本年 华北石油勘探会战因受“文化大革命”冲击被迫中断。会战历时3年。在南部济阳坳陷发现胜利油田，探明含油面积115平方千米、石油地质储量3.5亿吨。【《中国石油大事记》】

本年 石油工业职工总数30.08万人。【石油工业统计年报】

一九六七年

一 月

1月18日 石油工业部决定，自2月1日起将上海机修厂由九二三厂领导改为石油工业部直接领导，定名为石油工业部上海机械厂。【档案号：1-A091967-001-007】

二 月

2月13日 兰州军区奉中央军委命令派驻军事管制组对兰州炼油厂实行军事管制。王芝山为军事管制组组长。【兰州石化分公司上报】

2月14日 国家计划委员会批准，石油工业部在北京市房山区周口店镇坟山村一带建设一座年加工能力为250万吨的炼油厂。石油工业部为该厂定名为东方红炼油厂。【中国石油化工集团公司提供】

2月 中国人民解放军6003部队进驻九二三厂“支左”。【中国石油化工集团公司提供】

同月 经抚顺市“三支两军”办公室批准，抚顺设计院成立生产指挥部主持日常工作，指挥部由钱思潮、黄汉彩、万飞鹏、寿颂兴、王守皖等5人组成。【中国石油化工集团公司提供】

三 月

3月1日 石油工业部决定，将施工机具机修厂由原炼厂建设工程公司领导改为石油工业部直接领导，定名为石油工业部抚顺石油机械厂。【（67）油人劳27号】

3月21日 中国人民解放军四川石油管理局军事管制委员会成立，内江军分区参谋长萧延任军管会主任。7月，成都军区通信兵部主任赵永清接替萧延任四川石油管理局军管会主任。【西南油气田分公司上报】

3月23日 中共中央、国务院、中央军委作出《关于大庆油田实行军事管制的决定》，由沈阳军区派出部队，组成大庆军事管制委员会，实行军事管制。3月27日军管会正式接管大庆油田的党政权力。大庆军管会接受石油工业部和沈阳军区双重领导。【大庆油田有限责任公司上报】

3月28日 茂名石油公司实行军事管制，成立茂名石油公司生产委员会，公司职工人数11454人。【中国石油化工集团公司提供】

3月31日 根据国家计划委员会批示，石油工业部决定自3月10日起成立石油工业部东方红炼油厂筹建处，由石油工业部直接领导，李世源任筹建处主任，葛立兴、白凤仪、白跃亭任筹建处副主任。1968年8月，东方红炼油厂全面动工建设。1969年9月，原油年加工能力250万吨的东方红炼油厂一期工程建成投产。【(67)油办秘2号】

3月 经国家计划委员会批准，石油工业部从大庆油田抽调5个地震队、3个钻井队、2个试油队、1个安装队、1个特车队、1个运输队、1个供应队和部分地质、测井、射孔、机修、生活人员及服务组近千人，组建大庆六七三厂（辽河油田前身），由赵协和带队，奔赴辽河地区进行石油钻探工作，赵协和、高振才、单玉3人组成领导小组，赵协和任组长。六七三厂厂址位于盘山县沙岭公社（现沙岭镇），辽河石油会战开始组织。【大庆油田有限责任公司上报】

四　月

4月5日 中国人民解放军新疆军区8010部队奉命对新疆石油管理局实行军事管制，崔虎为军管会主任，李正忠、刘锡山为副主任，局、厂两级机关设立军干群三结合生产指挥部，负责生产、业务领导。【新疆油田分公司上报】

4月16日 兰州军区宣布对玉门石油管理局实行军事管制，宋志斌任军事管制组长，芨连元任副组长。【玉门油田分公司上报】

4月22日 石油工业部决定，东方红炼油厂筹建处由兰州炼油厂全面负责。【中国石油化工集团公司提供】

五　月

5月10日 大庆炼油厂革命委员会成立。此后，各石油企事业单位陆续成立由“支左”的解放军代表、“革命领导干部”代表、“造反派”代表组成的“三结合”革命委员会。【《中国石油大事记》】

5月15日 石油工业部决定，从大庆抽调100名设计人员支援大港油田建

设。【大庆油田有限责任公司上报】

同日　兰州军区对运输公司派出军管组实行军事管制。【中国石油天然气运输公司上报】

5月28日　中共中央、国务院、中央军委、中央文革小组决定对国务院部（委）实行军事管制，成立军事管制委员会（以下简称“军管会”）或军管领导小组，对部（委）的各项工作实行统一领导。6月10日，欧阳毅（义）任石油工业部军管会主任，至1970年6月，欧阳毅、宋承志、王星先后担任石油工业部军管会主任，李云峰、石壁、袁剑、谭山民、曹国栋先后担任石油工业部军管会副主任。【中发（67）194号】

六　月

6月13日　中国人民解放军济南军区第26军对九二三厂执行军事管制。【中国石油化工集团公司提供】

6月16日　中国人民解放军天津警备区对华北石油勘探指挥部实行军事管制，成立华北石油勘探指挥部军事管制委员会临时生产指挥部。【军管字第15号】

6月　石油工业部成立军管会生产组。【档案号：243-1967-0005-003】

八　月

8月30日　经国家计划委员会、国家建设委员会批准，石油工业部军管会决定成立石油工业部红旗炼油厂筹建处，由石油工业部直接领导。【（67）油军办3号】

九　月

9月24日　国务院任命宋承志为石油工业部军管会主任，袁剑为副主任，赵德生为委员。免去欧阳毅的石油工业部军管会主任职务、李云峰的军管会副主任职务、韩志龙的军管会委员职务。【档案号：243-1967-0004-001】

十　月

10月23日　石油工业部军管会向国务院报告，由17人组成石油工业部军管会抓革命、促生产指挥部，军管会副主任袁剑兼主任，孙晓风、王其炳（军管会委员兼生产组组长）任副主任，组成人员有部长级干部孙晓风、张定一，司局长级干部马西夫、蔡述圣、王志成、程元樑、朱兆明，革命群众代表陈福成、吴康玉、龚焕增、康一孑、祝忠厚、李天相、尤恩祯、张焕文。【（67）石军字第36号】

10月30日 石油工业部军管会决定成立东方红炼油厂筹建处领导小组。李世源任组长，葛立兴、白凤仪、白跃亭任副组长，领导小组下设规划（工程）、供应、办事、政工几个小组开展工作。【中国石油化工集团公司提供】

十 一 月

11月13日 石油工业部军管会发出《关于更改东方红炼油厂筹建处隶属关系的通知》，东方红炼油厂筹建处原由兰州炼油厂全面负责改为石油工业部直接领导，并由部负责组织领导班子。22日又通知，明确东方红炼油厂的筹建和日后的生产工作由石油工业部领导，党的工作由北京市革命委员会领导。【中国石油化工集团公司提供】

11月16日 青海省军区对青海石油管理局实行军事管制。【青海油田分公司上报】

11月20日 经国务院批准，石油工业部军管会生产指挥部正式成立。石油工业部军管会生产指挥部是在石油工业部军管会领导下抓革命、促生产、促工作的领导机构，对石油工业部机关及所属厂矿企事业单位的生产运输调度业务实行集中指挥。生产指挥部由军代表、司局长级干部及群众代表共17人组成，下设生产办公室、行政人事办公室两个部门。自11月25日开始办公并启用印鉴。原军管会生产组撤销。【（67）石军字第048号】

十 二 月

12月5日 陕西省“支左”委员会批准，石油工业部宝鸡钢管厂成立革命委员会，范鸿秀为革委会主任。【宝鸡石油钢管有限责任公司上报】

12月15日 国务院同意北京军区对六四六厂实行军事管制。【（67）国秘字355号】

12月21日 石油工业部军管会发出通知，坚决贯彻执行中共中央、国务院、中央军委、中央文革领导小组“关于中央各部在各地直属单位的无产阶级文化大革命和抓革命促生产工作统归所在地方领导的规定”，凡申请成立革命委员会的单位要报请所在省、市、自治区革委会审查批准，各单位有关生产业务工作的问题在报部办理的同时必须报告和通知所在省、市、自治区革委会。【（67）石军字第64号】

12月 按照属地管理原则，九二三厂（胜利油田）党组织关系隶属中共山东省委管理。至1967年12月，九二三厂下属12个党委、29个党总支、351个党支部，共有党员6784名。【中国石油化工集团公司提供】

本年 石油工业职工总数31.98万人。【石油工业统计年报】

一九六八年

一　月

1月18日　石油工业部第一机械厂成立革命委员会，纪祥仁为主任。【宝鸡石油机械有限责任公司上报】

1月19日　石油工业部军管会批准，同意北京石油科学研究院成立革命委员会，章德炎、蔡建阔、翟怀忠、齐泽国、蒋福康、赵金魁、高明义为革委会常委，章德炎为革委会第一副主任，蔡建阔、翟怀忠、齐泽国为副主任。【(68)石军字第9号】

1月21日　山东省革命委员会批准，同意九二三厂成立革命委员会，贾仲岭为革委会主任，王岱东（军代表）、朱家胜（群众组织代表）、张豪（军代表）、焦力人、米宝石（军代表）、芦廷起（军代表）、刘佩荣、欧阳毅等8人为革委会副主任。【中国石油化工集团公司提供】

1月27日　湖北省革命委员会批准，同意五七厂成立革命委员会，属石油工业部军管会和湖北省革命委员会领导，冯元富任革委会主任，李树荣、唐必安、刘志刚任革委会副主任，李荣藻、李祖序、赵建国为革委会常委，军代表有龙启宇、李全云、何守立、陈方亮。【中国石油化工集团公司提供】

同日　兰州军区批准，同意兰州炼油厂成立革命委员会，革委会由27人组成，王芝山、刘玉、毛鹏飞、苗瑞华、黑星枢、黄成连、张进、韩真、范有兴、张军、陈自新等11人为革委会常委，王芝山任革委会主任，刘玉、毛鹏飞、苗瑞华、黄成连、范有兴任革委会副主任。27日，兰州炼油厂各车间改为连队建制。【兰州石化分公司上报】

1月　石油工业部重新明确四川设计院仍由石油工业部领导。【档案号：243-1967-0011-005】

二　月

2月10日　中国人民解放军白城军分区对工农油田（扶余油矿）及其所有单位实行军事管制，并成立军事管制委员会（简称军管会），刘东亮为主任。

【《吉林油田大事记（1955—2010）》】

2月23日　茂名石油公司成立革命委员会，吕凤歧（军代表）、乔聚星任革委会主任。10月28日成立革命委员会的领导核心小组。职工人数11325人。【中国石油化工集团公司提供】

三　　月

3月18日　甘肃省革命委员会批准玉门石油管理局成立革命委员会，革委会由29人组成，宋志斌任革委会主任，于耀先、张俊英、张建民、阎思贵、张文跃等5人任革委会副主任，5月赵启明任革委会主任。【玉门油田分公司上报】

3月20日　天津市革命委员会批准六四一厂成立革命委员会，委员39人，曹进奎、余萍、赵复成、冯浩、郭志中、霍洪山、苑青山、张金虎、顾德华、陈厚勇、张景波、侯忠、贺清德等13人为革委会常委，曹进奎任革委会主任，余萍、霍洪山、苑青山任革委会副主任。【《对石油部六四一厂成立革命委员会的指示》】

四　　月

4月2日　上海市化工局革命委员会批准上海炼油厂成立革命委员会。【中国石油化工集团公司提供】

4月5日　石油工业部军管会决定，成立东方红炼油厂筹建处领导小组，由李世源、葛立兴、白凤仪、白耀亭、吴协刚、杨一广、孙伯诚等7人组成。李世源为组长，葛立兴、白凤仪、白耀亭为副组长，任命李世源为筹建处主任，葛立兴、白凤仪、白耀亭为副主任。【（68）油军政干字第17号】

4月6日　六七三厂成立革命委员会筹备小组，赵协和为组长。【辽河油田分公司上报】

4月17日　中国人民解放军陆军第四十军批准石油六厂成立革命委员会，孟同聚任革委会主任，单山林、汪孔义、张炎、刘汉卿同志任革委会副主任。【锦州石化分公司上报】

五　　月

5月9日　中国人民解放军4497部队68军批准石油五厂成立革命委员会，委员45名，朱科（军代表）、时维乾（军代表）、刘玉新（军代表）、李国良、张定理、张玉林、张铭枢、赵广富、丁建阳、张富、季殿春、宋宝玉、乔文学等13人为革委会常委，朱科（军代表）任革委会主任，时维乾（军代表）、刘玉新（军代表）、张定理、张铭枢为革委会副主任。【锦西石化分公司上报】

5月30日 黑龙江省革命委员会批准，同意大庆成立革命委员会，全面领导大庆的党政工作，褚传禹任革委会主任，周的民、李荆和、齐健敏、张绳武、王进喜、张洪池、陈俊、刘淑源等8人任革委会副主任，燕培星、宋世宽、庄善忠、张会臣、刘俊生、刘秀兰、赵国栋任常委。至1970年6月，担任过大庆革命委员会正、副主任的还有丁继先、任云峰、燕培星、傅金平、李成德、范文斌等。【大庆油田有限责任公司上报】

六　月

6月5日 中国人民解放军警备区司令部决定，解除对石油工业部华北石油勘探指挥部的军事管制【《关于解除石油部六四一厂军事管制的通知》】

6月20日 经陆军第三十九军批准，大庆六七三厂成立革命委员会，隶属大庆油田领导，林治开任革委会主任，宋德林、王文秀、王显富、康清明任革委会副主任。【辽河油田分公司上报】

6月 中共抚顺市委决定，免去兰丕炜同志的石油二厂党委书记职务。【抚顺石化分公司上报】

七　月

7月15日 石油工业部军管会决定，胜利炼油厂由九二三厂直接领导，厂名更名为九二三厂胜利炼油厂。【《中国石油大事记》】

7月23日 南京市革命委员会决定对南京炼油厂实行军事管制，胡文杰为军事管制小组组长。【中国石油化工集团公司提供】

八　月

8月1日 抚顺设计院成立革命委员会，革委会成员17人，王常德任革委会主任，李占标、王善秀、郝德丰为革委会副主任。【中国石油化工集团公司提供】

8月10日 经国务院批准，由中国人民解放军第38军组成军管会对东方红炼油厂实行军事管制，原筹建处机构取消，王向青任东方红炼油厂军管会主

任。【中国石油化工集团公司提供】

同日 吉林省扶余油化厂革委会成立，对内对外恢复“吉林省扶余油化厂”的名称，李旭初为主任（军代表）。【中国人民解放军总后勤部白城办事处委员会（68）第22号】

8月11日 吉林省工农油田恢复使用吉林省扶余油化厂（吉林省扶余油矿）名称。【吉林油田分公司上报、依据吉林油田大事记94页】

8月18日 石油三厂成立革命委员会，任广升任革委会主任，卢金祥、张永德、夏文才、何有权、白如栋任革委会副主任，任广升、卢金祥、张永德、夏文才、何有权、白如栋、肖殿寰、张杰为革委会常委。【抚顺石化分公司上报】

8月20日 石油工业部军管会对生产指挥部的机构做了改进，生产指挥部下设五个组，全部人员初步确定为87人（包括正副主任3人）。其中：办事组16人，负责生产指挥部日常工作；干部人事组9人，负责干部、人事等政工业务工作；生产组27人，负责地质、炼油、计划、基建、运销等工作；后勤组24人负责供应、财务工作；科研组8人，负责科研规划及外事工作。各组从8月24日起开展工作，石油工业部原各司局暂时停止办公。【（68）油军办2号】

8月24日 石油一厂成立革命委员会。【抚顺石化分公司上报】

8月 石油工业部军管会决定，向北京石油科学研究院派驻军管组，李真为组长并兼任革命委员会主任，成泽为副组长。【档案号：243-1968-0002-002 243-1968-0002-006】

同月 中共抚顺市委决定，免去崔绳先同志的石油三厂党委书记职务。【抚顺石化分公司上报】

九　月

9月3日 天津市革命委员会决定，增补马世宗、潘才炳为华北石油勘探指挥部革命委员会委员。【津革复（68）411号】

9月12日 经中共旅大市委批准，同意大连石油七厂成立革命委员会，刘世庆（军代表）同志任革委会主任、党委副书记。【大连石化分公司上报】

9月20日 南京炼油厂成立革命委员会，由部队委派姜福义担任革委会主任。【中国石油化工集团公司提供】

9月21日 经北京市革委会批准，东方红炼油厂成立革命委员会。自革委会成立至1970年，王向青、彭树桢先后任革委会主任，李世源、白凤仪、朱文俊、赵玉秀任革委会副主任。【中国石油化工集团公司提供】

9月27日 中共甘肃省委同意，石油工业部运输公司成立革命委员会，张佃荣（军代表）任革委会主任。【中国石油天然气运输公司上报】

9月28日 石油工业部军管会批准北京设计院成立革命委员会，武进生（军代表）任革委会主任，孙振盛（军代表）、刘东明任革委会副主任，武进生、孙振盛、刘东明、赵志荣、张俊芝为革委会常委。1969年韩立标（现役军人）任革委会主任。【（68）石军字第78号】

十　月

10月20日 北京市基本建设会议决定，将东方红炼油厂建设列为重点工程，并作为北京市向国庆20周年献礼项目之一。此后，石油工业部也决定把东方红炼油厂放在全国炼厂建设的首位，并成立以石油工业部副部长孙晓风为主的东方红炼油厂工程领导小组。【中国石油化工集团公司提供】

10月26日 四川省革委会批准，四川石油管理局成立革命委员会，委员75人，常委25人，军管会主任赵永清兼任革委会主任，蔚华之、尹文昌、马文林、杨文彬、彭家治、金初明、李富荣任革委会副主任。【川革发（68）306号】

10月 九二三厂20名职工代表参加国庆观礼。【《中国石油大事记》】

十一月

11月6日 石油工业部军管会批准六二一厂成立革命委员会，张克俭任革委会主任，贾旺、于治澄任革委会副主任。【（68）石军字第94号】

11月15日 石油工业部军管会暂停蔡见阔的石油科学研究院革委会副主任职务。【（68）石军字第96号】

十二月

12月15日 华北石油勘探指挥部党委常委臧成平当选中共第九次全国代表大会代表。【大港油田分公司上报】

12月17日 九二三厂革命委员会任命朱洪昌为胜利炼建革命委员会主任委员。【中国石油工程建设公司上报】

12月21日 石油工业部军管会决定成立石油二厂援助阿尔巴尼亚办公

室。【《中国石油大事记》】

12月24日 青海省革委会、石油工业部军管会批准，青海石油管理局成立革命委员会，委员17人，王秉昌、薛纪元、陈泰祥、赵延信、冉振录、李建辛、刘昌荣、齐鹏效等9人（暂空1人）为革委会常委。王秉昌任革委会第一副主任，薛纪元、陈泰祥、赵延信等3名同志任革委会副主任。【青革（68）427号】

12月28日 石油工业部根据国家对储备油库建设的战略部署和国家计划委员会《关于“三五”期间国家储备油库建设规划的复函》精神，成立林木运输站（第六建设公司前身），由石油工业部直接领导，行政上由茂名石油公司代管。林木运输站位于广西永福县罗锦公社林村大队金鸡水库旁、河碑岩侧，为了保密需要，对外通讯为广西桂林“八号信箱”。【中国石油工程建设公司上报】

同日 石油工业部茂名石油公司决定，成立石油工业部茂名石油公司林木运输站革命委员会，武玉山任革委会主任，张群生、何林丰任革委会副主任。【中国石油工程建设公司上报】

12月30日 石油工业部军管会同意取消六四一厂代号，使用石油工业部华北石油勘探指挥部名称。【（68）石军指字第33号】

12月31日 石油工业部军管会上报国务院，对石油工业部机关的机构进行调整，在原生产指挥部的基础上成立四个组：政工组（28人）负责组织干部、宣传教育，保卫、人民来信来访等，张云渤（军代表）兼组长；生产组（45人）负责地质勘探、炼油、运销、基建、科研、计划管理等，曹国栋（军代表）兼组长，康世恩、李景新、甘宁为副组长；后勤组（28人）负责器材供应、机械制造、财务等，丛翠滋（军代表）为组长，詹石为副组长；办事组（42人）负责办事、收发、机要档案、行政总务、人事（劳动工资）、外事等，王志成为组长，李洪甲、李斌为副组长。四个组共计143人。其余935人编成五个连队，一连223人，二连155人，三连234人，四连200人，五连123人。【档案号：243-1968-0001-004 243-1968-0008-005】

12月 胜利炼油厂建设指挥部撤销。【中国石油工程建设公司上报】

本年 石油工业职工总数34.24万人。【石油工业统计年报】

一九六九年

一　　月

1月25日　石油工业部决定，将原胜利炼油厂建设指挥部调到河南省豫西地区，与红旗炼油厂筹建处合并，组成石油工业部工程建设红旗总队，撤销红旗炼油厂筹建处建制。经河南省革命委员会同意，工程建设红旗总队成立革命委员会。【中国石油工程建设公司上报】

同日　中华人民共和国主席毛泽东在首都体育场接见全国石油工人代表、军管会委员及部机关有关工作人员。【档案号：243-1967-0008-012】

1月27日　石油工业部军管会向中共中央、中央文革、国务院、中央军委报告，拟在湖北省江汉地区组织石油勘探会战。第一步建设年产20万至30万吨的原油生产能力。第二步力争用三年时间，找到年产100万吨的石油资源，把江汉建成三线地区的一个具有相当规模的石油基地。为此要形成具有钻井队30个、地震队20个、油建、机修、运输等专业工种齐全的1.7万人的石油勘探会战队伍。3月25日，周恩来总理在全国计划座谈会上对江汉油田会战做了重要指示。5月18日国务院业务组听取了石油工业部军管会、地质部军代表的汇报，经请示周总理，批准组织江汉石油勘探会战。【（69）石军字第20号】

1月29日　根据中共中央关于批转上海市革命委员会关于查封清理中央各部门、各省、市、自治区驻上海市办事机构的决定，石油工业部军管会决定撤销西北供应办事处。【档案号：243-1969-0049-001】

1月31日　石油工业部军管会决定撤销西南供应办事处。【档案号：1-A201969-013-002】

二　　月

2月1日　石油工业部军管会同意停办大庆石油财经学校。【（69）石军办1号】

2月7日　黑龙江革命委员会批准，成立大庆革委会党的核心领导小组，褚传禹为组长，周的民、王进喜、李荆和为副组长，张绳武、齐健敏、燕培星、高峰、宋世宽、刘淑元、李福全为成员。至1970年6月，褚传禹、丁继先

先后担任过党的核心小组组长，任云峰、周的民、王进喜、李荆和先后担任过党的核心小组副组长。【大庆油田有限责任公司上报】

2月24日 国家计委1967年9月16日批准石油工业部组建石油勘探仪器制造厂，石油工业部军管会决定利用西安石油学院现有基础，一部分建厂，一部分作为学校，走厂校结合、以厂办校的道路。【档案号：243-1969-0041-003】

2月 茂名石油公司批复，同意增补李华为石油工业部林木运输站革命委员会副主任。【中国石油工程建设公司上报】

三　月

3月5日 石油工业部军管会决定将原大庆参加四川会战的1879人及全部装备调给五七厂，执行江汉勘探会战任务。将原六四一厂参加四川会战的钻井队伍908人、运输公司631人、兰州炼油厂48人及全部装备调给四川石油管理局，担负三线建设任务。【（69）石军办字第9号】

3月14日 四川省革命委员会批准，成立四川石油管理局革命委员会党的核心小组，履行管理局党委职责。核心小组由赵永清、蔚华之、尹文昌、彭家治、马文林、杨文彬、赵拉柱等7名同志组成，赵永清为组长，蔚华之、尹文昌、彭家治为副组长。【川革函（69）53号】

3月21日 青海省革委会政治部同意青海石油管理局成立党的核心小组，组员由王秉昌、冉振华、陈志华（军代表）、薛纪元、李建辛等5名同志组成，王秉昌同志任副组长。【青革政直字（69）081号】

3月 石油工业部决定组织冀中石油会战，在霸县成立冀中石油勘探指挥部，由大港抽调5台大型钻机和一个试油队对霸河凹陷中央构造带进行全面解剖。【大港油田分公司上报】

四　月

4月1日 “铁人”王进喜出席中国共产党第九次全国代表大会，当选为中共中央委员，受到毛泽东、周恩来等党和国家领导人的接见。【大庆油田有限责任公司上报】

4月8日 石油工业部军管会同意将承德石油学校改建为石油机械厂，并由石油机械厂办一所石油机电学校，工厂和学校规模为职工1000人左右，学生600人左右。【（69）石军办25号】

4月9日 新疆维吾尔自治区革命委员会批准，新疆石油管理局、克拉玛依市成立革命委员会，委员93人，常委33人，吴英任主任，睢万金、赵祥娃、赵铭海、孙廷宏、汪守良、曹芳春任副主任，新疆石油管理局军管会所设生产指挥部撤销。【新革发组字（69）103号】

同日 石油工业部军管会发出《关于部直属院校体制改革初步方案的通知》，提出部直属院校体制改革的原则，将部属院校一律下放厂矿，实行厂校结合，以厂办校，以厂管校，由工人阶级来管理学校。当年部属院校共14所，学生规模1.96万人，每年毕业4250人（大学毕业生1600人，中专毕业生2650人）。体制改革后由部统一招生、分配的9所学校学生规模9900人，每年毕业4000人（大学毕业生1900人，中专毕业生2100人）。【档案号：243-1969-0041-001】

4月上旬 湖北省革命委员会发出《关于将沙洋二农场（劳改农场）场部和直属有关单位交给五七油田的通知》。【《中国石油大事记》】

4月22日 石油工业部军管会向中共中央、中央文革、国务院、中央军委报告，决定除了在江汉地区组织石油会战以外，还准备在华北平原冀中地区组织一个规模较小的石油勘探会战，由大港油田、胜利油田、河北地质调查指挥部组成冀中石油勘探会战指挥部，在河北省革委会、河北省军区、石油工业部军管会领导下进行工作。【（69）石军字第45号】

4月26日 石油工业部军管会决定，自5月1日起将华北石油勘探指挥部所属六四六厂改为石油工业部直属单位，仍称石油工业部六四六厂。【（69）石军办字第35号】

4月29日 石油工业部军管会与河北省革命委员会在河北霸县召开冀中石油勘探会战筹备会议，决定成立冀中石油勘探会战领导小组和冀中石油勘探指挥部，负责冀中石油会战的组织领导，余萍任主任，欧阳毅、刘璞任副主任。【大港油田分公司上报】

4月30日 石油工业部机关、石油科学研究院、北京设计院的大批干部陆续下放到湖北潜江石油工业部“五七”干校劳动。石油工业部军管会决定成立“五七”干校临时领导小组，由12人组成，吴星峰任组长，章德炎、魏玉晶、赵志荣、刘司成任副组长，下设政工、生产、后勤3个组。【（69）石军字第48号】

同日 青海省革委会政治部同意增补刘宏胜同志为青海石油管理局革委

会常委并任革委会主任。【青革政干字（69）115号】

4月　石油科学研究院第一批干部及科技人员400人左右被下放到湖北潜江石油工业部五七干校。同年11月，又有400余人被下放到潜江五七干校。【中国石油化工集团公司提供】

同月　石油六厂还原车间团支部书记刘长江当选中共九大代表。【锦州石化分公司上报】

同月　兰州炼油厂革委会副主任黄成连当选中共九大代表，并当选中央候补委员。【兰州石化分公司上报】

同月　吉化公司染料厂工程师侯德武、化工研究院技术员王成福当选中共九大代表。【吉林石化分公司上报】

五　　月

5月15日　石油工业部军管会决定将锦州石油技工学校划归石油六厂领导。【（69）石军办字第39号】

5月28日　中共青海省核心小组同意增补刘宏胜同志为中共青海石油管理局核心小组成员并为核心小组组长。【青革政干字（69）116号】

5月　茂名石油公司决定，成立石油工业部林木运输站党的核心领导小组，由何林丰、武玉山、张群生、胡登玉、周克益、钟天裕、李华、刘顺海、马赛义等9名同志组成，何林丰任组长，武玉山任副组长。当年，林木运输站实行军事管制，马德喜为军代表。【中国石油工程建设公司上报】

六　　月

6月23日　中共山东省革委会核心领导小组批准，中共九二三厂革委会核心领导小组成立。张豪（军代表）任组长，贾仲岭、焦力人任副组长。【中国石油化工集团公司提供】

6月26日　国务院批准石油工业部军管会《关于在湖北省江汉地区组织石油勘探会战的报告》。国务院和中央军委决定，会战由武汉军区和湖北省统一领导和指挥，生产建设的计划和物资供应工作由石油工业部负责，并指示把江汉油田建成综合石油基地，即：原油生产基地、炼油基地、机械制造基地、石油科学研究基地、技术人才教育基地。【档案号：243-1969-0002-005】

6月27日　根据国家关于精简机构的指示精神，煤炭工业部、石油工业部、化学工业部正式成立合并筹备小组。筹备小组由王素（煤炭工业部军代表）、范文彩（煤炭工业部副部长）、崔增祁、周永信（煤炭工业部大联委代表）、王星（石油工业部军管会主任）、孙晓风（石油工业部副部长）、李斌、吴训铎（石油工业部大联委代表）、兰文兆（化学工业部军管会主任）、徐今强（化学工业部代部长）谭国臣、季可达（化学工业部大联委代表）等12人组成，王素任组长，王星、兰文兆任副组长。办公室由3个部各抽军代表1人和中层干部1人组成，办公地点暂设在煤炭工业部。【6月28日煤炭工业部、石油工业部、化学工业部简报】

七　月

7月2日　黑龙江革委会决定，燕培星、付金平任大庆革委会副主任，高峰、高步裕、芮继信、李欣吾任大庆革委会常委。【龙革政字（69）70号】

7月3日　石油工业部军管会明确将西安石油学院改建成西安石油仪器二厂，以生产矿场地球物理仪器为主，并由厂办一所技术学校，学校定名为西安石油机械仪表学校，面向全国地球物理勘探单位，从有生产实践的工人中选拔学生，培养野外及矿场地球物理勘探仪器和机械方面的人员。【（69）石军办50号】

7月24日　陕西省革命委员会决定苗德胜任宝鸡钢管厂革委会副主任。【宝鸡石油钢管有限责任公司上报】

7月25日　国家计划委员会、国家基本建设委员会发出《关于支援江汉石油勘探会战的通知》，将江汉油田列为国家重点成套项目，要求各省、市、自治区及各部委给予协作配合，大力支援，共同保证会战任务的完成。【档案号：243-1969-0002-007】

八　月

8月1日　江汉石油勘探会战指挥部成立，地址设在湖北潜江县五七厂。武汉军区副司令员韩东山任党委第一书记兼指挥长，武汉军区副参谋长张显扬任党委副书记兼副指挥长，石油工业部军管会副主任曹国栋、石油工业部副部长康世恩、荆州地区革委会副主任江洪任副指挥长，曾江华任副政委。【档案号：243-1969-0002-005】

8月8日　青海省革委会同意冉振录同志任中共青海省石油管理局核心小组副组长。【青革政干字【（69）187号】

8月30日　河北省保定地区革委会党的核心小组批复，建立石油工业部六

四六厂党委会，段志高同志任党委书记。【东方地球物理公司上报】

九　月

9月10日　陕西省革命委员会任命杨再华（军代表）为宝鸡钢管厂革委会副主任。【宝鸡石油钢管有限责任公司上报】

9月11日　石油工业部决定，将六四六厂234、2167地震队调给华北石油勘探指挥部。【东方地球物理公司上报】

9月　国务院批准石油工业部军管会、化学工业部和北京市革委会关于综合利用石油气生产化工产品的报告，开始筹建胜利、向阳、东风、曙光4个化工厂，同东方红炼油厂一起组成北京石油化工总厂。1969年10月北京石油化工总厂建成投产。【《中国工业五十年》】

十　月

10月13日　中共石油六厂第五次代表大会召开。大会选举产生中共石油六厂第五届委员会。党委下属38个党支部。【锦州石化分公司上报】

10月25日　石油工业部军管会决定，自11月1日起将兰州炼油厂安装公司改建为石油工业部工程建设东方红总队，主要由该公司参加北京东方红炼油厂施工的1207名职工组成，并决定从工程建设红旗总队调500名新工人予以补充。工程建设东方红总队是一支炼厂建设专业队伍，主要承担国家重点建设项目北京东方红炼油厂的建设，基地设在兰州，直属石油工业部和甘肃省革委会领导。【（69）石军生170号】

10月30日　国务院批准石油工业部军管会《关于加快江汉石油勘探和开发工作的报告》。决定从大庆、山东、玉门、新疆、四川油田及各炼油厂抽调力量并从复员军人中分配2.5万人投入会战。【档案号：243-1969-0002-001】

10月31日　中共武汉军区委员会批准，成立中共江汉石油勘探会战指挥部临时委员会。韩东山同志任党委书记，康世恩、张显扬、曾昌华同志任党委副书记，曹国栋、王树成、裴凯、江洪、任登仕、白琳、刘鹤田、焦力人同志为党委常委。【中国石油化工集团公司提供】

10月　根据中共中央关于“三线建设要抓紧”的指示，石油工业部军管会决定以玉门石油管理局为主，成立陕甘宁石油勘探会战筹备组，加强陇东地区石油勘探，12月该筹备组更名为陇东石油勘探筹备处。1970年1月，根据石油工业部把勘探的重点放在陇东的指示，玉门石油管理局成立了陇东石油勘探会战指挥部，办公地点在甘肃省庆阳县，长庆油田石油会战开始组织。【《百年石油》】

同月 沈阳军区决定，将大庆军管会的领导权移交给黑龙江省军区。【大庆油田有限责任公司上报】

同月 石油工业部军管会与成都军区、四川省革委会商定，从四川石油管理局成建制抽调20个钻井队、15个试油队、1个运输大队以及相关辅助生产和后勤人员共4400余人赴江汉参加石油会战。【（69）石军字第94号】

十 一 月

11月7日 石油工业部军管会已决定将北京石油学院迁往山东胜利油田，自10月23日起分三批共有3533人离开北京市迁往山东胜利油田。【（69）石军字第95号】

11月13日 大庆军管会、大庆革委会决定，范文彬（军代表）任大庆革委会政治部主任。【军革发（69）43号】

11月14日 江汉石油勘探会战指挥部更名为"五七"油田会战指挥部。根据国务院和中央军事委员会统一部署，从全国石油单位和中央、地方有关部门抽调队伍参加会战。包括：40多个石油单位5.28万人；武汉军区和湖北省军区的复转军人2.54万人；国务院有关部、委和其他单位1.21万人；地方民兵师共3.74万人；上级部门共派出干部1250余人，至1970年3月，会战人员总数为10.79万人。各路队伍从1969年8月以后陆续到达，队伍采用军队编制，设9个分指挥部：第一分指挥部由原五七厂的队伍组成；第二分指挥部由大庆油田的队伍组成；第三分指挥部由原五七厂物探队伍及六四一厂、六四六厂的队伍组成；第四分指挥部由九二三厂的队伍组成；第五分指挥部由四川石油管理局的队伍组成；第六分指挥部由地质部第四物探大队组成；第七分指挥部由地质部第五普查勘探大队组成；第八分指挥部由炼建、炼油队伍组成；第九分指挥部即后勤部，主要由后勤单位和3个机械厂组成。【档案号：243-1969-0002-005】

11月18日 石油工业部军管会发出《关于抽调入川会战队伍和四川局队伍参加江汉石油会战的通知》，决定除从大庆油田、胜利油田、华北石油会战指挥部等厂矿抽调力量外，再从参加四川石油会战队伍和四川石油管理局的现有队伍中，抽调4000余人参加江汉会战，包括大庆油田原入川会战的11个钻井队、10个试油队及后勤机关全部人员，六四一厂原入川会战的5个钻井队及后勤机关全部人员，运输公司原入川会战的1个运输大队；四川石油管理局4个钻井队、5个试油队。【（69）石军字第101号】

11月22日　黑龙江省革命委员会党的核心小组决定，任云峰、李成德、范文彬任大庆特区革命委员会副主任。【大庆油田有限责任公司上报】

11月28日　石油工业部军管会根据国务院业务组“江汉石油勘探会战既要找到油，还要建设一个能够生产多种军用油品的战备炼油厂”的指示，批准五七炼油厂建设规划方案，厂址确定在湖北荆门东山。【《百年石油》】

11月下旬　国务院、中央军委电令武汉军区从复员退伍军人中抽调2.5万人参加江汉石油会战。【《中国石油大事记》】

11月　根据石油工业部的安排，四川石油管理局先后派遣四川石油科学研究所徐中英、朱有鉴和吴葆青到阿尔巴尼亚援助勘探和开发石油资源。1975年9月27日，阿尔巴尼亚人民会议主席团授予吴葆青一级劳动勋章。【《中国石油大事记》】

十　二　月

12月5至13日　中共玉门石油管理局第六次党代会召开，选举产生中共玉门石油管理局第六届委员会，委员会由27名同志组成，党委常委11人，宋志斌同志为党委书记，赵启明、于耀先同志为党委副书记。【玉门油田分公司上报】

12月7日　石油工业部军管会决定，将大庆石油钻采学校下放给大庆革委会领导；将大庆石油地质学校迁到江汉，交由江汉石油勘探会战指挥部领导；将兰州石油学校下放给兰州炼油厂革委会领导；将抚顺石油学校下放给石油三厂革委会领导；将广东石油学校下放给茂名石油公司革委会领导；将重庆石油学校与四川石油管理局仪修站合并，以校改厂，由厂办校，下放给四川石油管理局革委会领导。【（69）石军办116号】

12月17日　中共石油五厂第五次代表大会召开，选举产生中共石油五厂第五届委员会，委员会由25名同志组成，党委常委7人，朱科同志为党委书记（军代表），时维乾同志为党委副书记（军代表）。【锦西石化分公司上报】

12月31日 石油工业部军管会决定，抚顺设计院搬迁到河南省宜阳县红旗炼油厂。同时组织一支具有独立设计能力的300人连队，搬迁到湖南省临湘县长岭炼油厂，承担设计任务。【军生字190号】

12月 石油工业部军管会、山东省革委会联合通知，自1970年1月起，将石油工业部九二三厂所属胜利炼油厂改由山东省、石油工业部双重领导，以山东省领导为主。【中国石油化工集团公司提供】

同月 石油工业部军管会、山东省革委会联合通知，自1970年1月起，将石油工业部九二三厂所属山东胜利合成氨厂改由山东省、石油工业部双重领导，以山东省领导为主。【中国石油化工集团公司提供】

本年 石油工业部洛阳施工机具修配厂开工兴建。石油工业部决定将该厂划归工程建设红旗总队。【中国石油工程建设公司上报】

本年 石油工业职工总数40.32万人。【石油工业统计年报】

一九七〇年

一 月

年初 为适应战备和支援五七油田会战需要，石油工业部军管会决定，将独山子机械厂迁往湖北天门，定名为石油工业部第三机械厂；将大庆钻采仪表厂迁往湖北沙洋，定名为石油工业部石油仪器三厂。【（70）石军后字第6号】

1月9日 石油工业部军管会下达北京石油科学研究院搬迁的文件。当月，北京石油科学研究院从事炼油研究的300余名科技人员迁至湖北荆门炼油厂研究所。【中国石油化工集团公司提供】

1月14日 大庆军管会、大庆革委会决定，高清廉同志（军代表）任大庆革委会政治部主任。【军革发（70）1号】

1月15日 石油工业部军管会决定将四川石油设计院由石油工业部直接领导划归四川石油管理局革委会领导。【（70）石军生14号】

1月20日 中共茂名市委员会同意，成立中共茂名石油公司林木运输站委员会，委员会由19名同志组成，马德喜、武玉山、袁荣生、张群生、刘顺海、周克益、冯家有等7名同志为党委常委，马德喜同志为党委书记，武玉山同志为党委副书记。同日，茂名石油公司革命委员会决定，马德喜任茂名石油公司林木运输站革委会主任；武玉山任第一副主任，免去其林木运输站革委会主任职务。【茂委发（70）06号】

1月 根据石油工业部决定，自元月起至2月底，石油工业部运输公司修配厂及公司机关的3246名职工、200多台设备、数百吨物资和上千万元可移动资产全部迁至湖北江陵，组建石油工业部第四机械厂，4月1日正式划转关系。运输公司仍在敦煌办公，担任青海运输任务。【中国石油天然气运输公司上报】

同月 六四六厂一大队调给华北石油勘探指挥部。【东方地球物理公司上报】

同月 姜福义同志担任南京炼油厂党委书记兼任革委会主任。【中国石油化工集团公司提供】

二　月

2月3日　茂名石油公司向石油工业部军管会报送公司革委会组成人员名单，乔聚星任茂名石油公司革委会主任，刘燊、简坚、黄成和、钟广权等4人任革委会副主任，王明章、梁德山、薛璜、张荣昌、王锷、孔繁蒲、杨忠仁、马逢顺、邝文喜、王广仁、李祥林、张殿祥等12人为革委会常委。【档案号：243-1970-0034-064】

2月4日　山东省革委会党的核心领导小组批复，同意增补欧阳毅（义）为九二三厂革委会党的核心领导小组成员，免去焦力人的九二三厂党的革委会核心领导小组副组长职务。【鲁核发（70）第53号】

2月5日　石油工业部军管会决定，将北京石油设计院所属二连、三连绝大部分人员及院部部分人员和北京石油科学研究院的一个连合编组成一个设计研究大队，调归五七油田会战指挥部。【（70）石军生字第50号】

同日　抚顺石油机械厂革委会向石油工业部军管会报送该厂革委会组成人员名单，于全明任抚顺石油机械厂革委会主任，刘德明、马龙财、朴殿弼、王玉州、崔德富、刘釗任革委会副主任，高殿满、陈瑞琴为革委会常委。【档案号：243-1970-0034-059】

2月13日　石油工业部军管会决定将独山子石油学校下放给新疆石油管理局领导。【（70）石军办13号】

2月14日　工程建设红旗总队在湖南长岭炼油厂成立长岭工程指挥部，负责在该厂施工。【中国石油工程建设公司上报】

2月18日　山东省革委会批复，同意刘佩荣、欧阳毅（义）为九二三厂革委会副主任，张载褒、杨继清、张克让、李雨轩、毛科、孙介民、武银河、张立雨、李连生、郭敬忠、赵仁昌、张泽清、曾令兑、孔宪才、张健、包瑞林、王成一等17人为革委会常委。【档案号：243-1970-0034-007】

同日　山东省革委会决定，免去黄立昭、李银亭的九二三厂革委会常委、委员职务，撤销朱家胜、田之翔在革委会担任的一切职务。【档案号：243–1970–0034–014】

2月19日　根据中共中央关于高等院校下放问题的指示，经国务院业务组批准，石油工业部军管会决定将北京石油学院迁往九二三厂，并自元月份起

更名为华东石油学院，实行厂校结合办校，由山东省革委会领导。【（70）石军021号】

2月21日　中共黑龙江省革命委员会核心小组决定，任云峰同志任中共大庆特区核心小组第一副组长、大庆特区革命委员会第一副主任，陈俊、高清廉同志任中共大庆特区核心小组成员。【大庆油田有限责任公司上报】

2月27日　石油工业部军管会任命舒风为石油科学研究院革委会主任。【（70）石军字第29号】

2月　石油科学研究院150余名从事合成油脂研究及分析测试的科技人员内迁至四川一坪化工厂，成立合成油脂研究室。【中国石油化工集团公司提供】

同月　石油工业部决定，抚顺设计院搬迁到河南省宜阳县红旗炼油厂的二、三连并入石油工业部工程建设红旗总队，成立工程建设红旗总队设计大队；搬迁到湖南省临湘县长岭炼油厂的一连并入中国人民解放军总后勤部2348工程指挥部，命名为设计大队。【中国石油化工集团公司提供】

同月　根据石油工业部军管会决定，大庆钻采仪表厂迁往湖北沙洋，定名为石油工业部石油仪器三厂。【大庆油田有限责任公司上报】

三　　月

3月5日　国务院拟定《关于国务院工业交通各部直属企业下放地方管理的通知（草案）》。同日中共中央决定，大庆油田等多个中央直属企事业单位下放地方管理。【《中国石油大事记》】

3月7日　河南洛阳地区革命委员会批复，同意工程建设红旗总队革命委员会党的核心小组由朱洪昌、刘恩惠、原所政、林金亭、邹国顺、刘佩生、刘希孟等7名同志组成，朱洪昌同志任组长，刘恩惠同志任副组长。【档案号：243-1970-0034-009】

3月10日　以安启元、金祖荣为正副领队的中国石油天然气勘探大队赴阿尔巴尼亚，帮助阿尔巴尼亚进行石油天然气勘探。大队的综合物探队、综合研究专家组人员由六四六厂派出。大队在阿工作三年，至1973年2月26日完成援助任务回国。安启元、金祖荣、何振香、谢济平、梁满德、刘清泉、马启富等荣获阿尔巴尼亚人民议会颁发的国家一级劳动勋章。【东方地球物理公司上报】

3月11日 新疆维吾尔自治区革委会决定，任命孙世英为新疆石油管理局革委会主任，毕可钦、周忆云为副主任，张茂林、肖泗、谭继业等3人为常委；免去吴英的新疆石油管理局革委会主任职务，睢万金、赵祥娃的革委会副主任职务。【新革发组（70）61号】

3月13日 天津市革命委员会政治部决定，建立中共华北石油勘探指挥部委员会，委员会由27名同志组成，曹进奎、霍洪山（军代表）、赵复成、苑青山（军代表）、马永林、刘仁杰、侯忠、贺清德、臧成平等9名同志为党委常委，曹进奎同志为党委书记，霍洪山、赵复成、苑青山、马永林、刘仁杰等5名同志为党委副书记。【津革政（70）13号】

3月15日 辽宁省革命委员会决定，成立辽宁三二二会战总指挥部（简称三二二油田），受辽宁省领导。【辽发字（1970）36号】

3月20日 抚顺设计院革委会向石油工业部军管会报送革委会组成人员名单，肖殿举（军代表）为抚顺设计院革委会主任，李占标、王善秀、郝德丰为副主任，孙连起、侯献亢为常委。【档案号：243-1970-0034-058】

3月21日 九二三厂革委会向石油工业部军管会报送革委会组成人员名单，贾仲岭任九二三厂革委会主任，张豪、米宝石、芦廷启、欧阳毅、刘佩荣等5人为副主任，王成一、毛科、孔宪才、包瑞林、史玉祥、孙介民、乔凯、李天衍、李雨轩、李连生、邹仁甫、张健、张立雨、张克让、张泽清、张载褒、杨继清、罗超福、杭平洲、武银河、赵哲、赵仁昌、柳端、郭尽忠、曾令兑等25人为常委。【档案号：243-1970-0045-015】

3月22日 辽河石油会战誓师大会在盘锦3241队井场召开。石油工业部军管会从华北石油勘探指挥部调集5000多人，并招收4500名辽宁省下乡知识青年及部分复转军人，展开下辽河石油会战。【《中国石油大事记》】

3月23日 石油工业部军管会发出《关于建立、健全生产管理、企业管理制度的通知》。【档案号：243-1970-0008-001】

3月24日 国务院批转石油工业部军事管制委员会《关于加速下辽河盆地石油勘探的报告》。【辽河油田分公司上报】

3月28日 中共青海省革命委员会生产指挥部临时党委批准，同意增补周世英、尹克升、山乃荣等3名同志为青海石油管理局党的核心小组成员，薛纪元同志任党的核心小组组长。【青油党核字第006号】

3月30日 山东省革委会批复，同意文山弟任华东石油学院革委会第一副主任，增补张学成、王成一为副主任，孔宪才为常委。【档案号：243-1970-0034-008】

3月31日 石油工业部同意重庆石油学校与重庆石油仪修厂合并成立四川石油管理局重庆石油仪器修配厂，承担地震、电测、气测、井下仪器、电子仪器的修理，并由重庆石油仪器修配厂办一所中等技术学校。【（70）石军办22号】

3月 中共旅大市委任命田维新（军代表）为大连石油七厂革委会主任。【大连石化分公司上报】

同月 六四一厂调13个钻井队和相关机关二线人员，参加下辽河石油会战。【辽河油田分公司上报】

四　月

4月1日 石油工业部军管会决定，成立辽河石油勘探指挥部（对外称六七三石油勘探指挥部），对原大庆六七三厂的勘探队伍和六四一厂调往辽河地区的队伍实行一元化领导。辽河石油勘探指挥部属辽宁省和石油工业部双重领导，曹进奎任指挥长，林治开任副指挥长，刘长亮任政委，李兴林（军代表）任副政委，王涛任参谋长。【（70）石军字第51号】

同日 石油工业部军管会决定，华北石油勘探指挥部的钻井队以及相应的试油、油田建设、机修、运输等队伍共3072人划归辽河石油勘探指挥部管理。【大港油田分公司上报】

同日 石油工业部军管会决定，将承德石油学校更名为石油工业部第五机械厂，生产石油专用设备及配件，并由第五机械厂办一所石油机电学校。【（70）石军字第21号】

同日 经国务院业务组批准，石油工业部军管会将东北石油学院交大庆革委会领导，实行以厂办校。【（70）石军字第55号】

同日 青海省革命委员会生产指挥部临时党委任命薛纪元同志为中共青海石油管理局核心小组组长。【青海油田分公司上报】

4月5日 黑龙江省革命委员会核心小组决定，丁继先同志任中共大庆特区核心小组组长、革命委员会主任。【档案号：243-1970-0034-004】

4月6日 河北省革委会建议，承德地区革委会党的核心小组同意李成志任承德石油学校革委会副主任。【档案号：243-1970-0034-060】

4月8日 天津市革命委员会批复，同意赵复成、马永林、刘仁杰任华北石油勘探指挥部革命委员会副主任。【档案号：243-1970-0034-021】

4月22日 煤炭工业部、石油工业部、化学工业部向国务院报告，拟将三个部原有的58个司（局）精简为16个组，即政工组、办事组、综合计划组、财务组、炼油组、石油勘探开发组，煤炭生产组、煤炭勘探开发组、化工生产组、化肥生产组、产品分配运销组、机械制造组、对外联络组、科学技术组、供应组、基本建设组。职工人数由3948人减至1150人。【《关于煤炭、石油、化工部合并后组织编制的报告》】

4月 大庆六七三厂汽车运输队与大港油田、新疆油田的运输会战队伍合并，成立辽河石油勘探指挥部运输营。【辽河油田分公司上报】

同月 大港油田参加辽河石油会战的采油队伍和大庆六七三厂采油队伍合并，组成辽河石油勘探指挥部试采团。【辽河油田分公司上报】

同月 吉林省革委会和石油工业部军管会批准，在扶余油矿基础上成立吉林省石油会战指挥部，同时决定组织1970年油田生产建设大会战。5月上旬，全省各地抽调近万名知识青年和千余名解放军官兵参加会战。吉林省工交办核心小组副组长、沈阳军区46军副政委皋峰任吉林省石油会战指挥部领导小组组长。截至当年6月末，实现原油日产3000吨的目标。【吉林油田分公司上报】

同月 康世恩签发了《关于开展鄂西、豫西、湘西等5个地区区域勘探工作的通知》，河南南阳石油会战开始组织。【《康世恩传》】

五　月

5月10日 四川省革命委员会党的核心领导小组批准，四川石油管理局革命委员会党的核心领导小组由赵永清、杨锡洪、张克文、黄凯、秦文彩、尹文昌、范德富、赵汉臣、王克贤、马文林、杨文彬等11名同志组成，赵永清任组长，杨锡洪、张克文、黄凯、秦文彩任副组长。【川核函（1970）302号】

同日 四川省革委会同意，增补黄凯、秦文彩、杨锡洪、王存友、王守先、古昌洲等6人为四川石油管理局革委会副主任，原革委会常委王天元调整为革委会副主任。【川革函（70）302号】

5月13日 大庆军管会、大庆革委会任命王进喜为大庆革委会生产指挥部主任。【档案号：243-1970-0034-001】

5月15日 石油工业部决定，将六四六厂六大队成建制划归中央地震工作小组办公室领导。【东方地球物理公司上报】

5月19日 青海省革委会批准，同意增补薛纪元为青海石油管理局革委会主任，周世英为青海石油管理局革委会副主任，陈志华为青海石油管理局革委会常委。【档案号：243-1970-0034-035】

5月30日 马忠厚任第一机械厂革委会副主任，增补王国兰、化长江为革委会常委。【宝鸡石油机械有限责任公司上报】

5月 中共山东省委革委会核心领导小组决定，成立山东石油化工建设指挥部，胜利炼油厂改由山东石油化工建设指挥部的直属二级单位。【中国石油化工集团公司提供】

六 月

6月3日 国务院批准，启用中华人民共和国燃料化学工业部印章，原煤炭工业部、化学工业部、石油工业部印章交回国务院。【（70）国办字2号资料10】

6月16日 石油工业部军管会同意撤销石油工业部抚顺设计院，将该院去长岭炼油厂建厂的抚顺设计院一连（约300人）划归长岭炼油厂建厂委员会；将该院去河南宜阳红旗总队的二连（约250人）、三连（约200人）划归红旗总队。抚顺市革委会指示将抚顺设计院办公楼及宿舍全部交给1403部队。【（70）石军生138号】

同日 石油工业部军管会批复，同意将大庆炼建与石油工业部6501生产队合并为一支队伍，划归长岭炼油厂军管会管理。【（70）石军生137号】

6月18日 中共中央政治局常委、国务院总理周恩来，中共中央政治局委员、国务院副总理李先念批准石油工业部军管会《关于大庆油田下放给黑龙江省革命委员会管理的请示报告》，同意大庆油田下放给黑龙江省，实行石油工业部与黑龙江省双重领导、以黑龙江省为主的管理体制。【（70）石军字第71号】

同日 石油工业部决定，由运输公司329名职工组成洗车修保营参加辽河石油会战。【辽河油田分公司上报】

6月22日 中共中央决定，将石油工业部、煤炭工业部、化学工业部三部合并成立燃料化学工业部（以下简称燃料化学工业部），任命伊文同志为燃料化学工业部党的核心小组组长、革命委员会主任，徐今强、王星、王素同志为核心小组副组长，徐今强、王星、王素、沈昌荣、唐克、孙晓风、范文彩为革命委员会副主任。【《中国石油大事记》】

6月24日 根据国务院、中央军委、中国人民解放军总参谋部及石油工业部军管会文件精神，国家测绘总局第一分局第二地形测量队成建制调给石油工业部六四六厂。【（1969）国发422号 总参谋部（70）102号 （70）石军管字第16号】

6月26日 胜利油田油建指挥部四大队成建制400多人调入辽河石油勘探指挥部参加石油会战。【辽河油田分公司上报】

同日 吉林省白城专区革委会同意，前郭炼油会战指挥部领导成员由19人组成，聂玉堂兼任总指挥，苗育全任第一副总指挥，陈国忠、姚洪权、孔维福、思勤、赵彩章等5人任副总指挥。并同意总指挥、副总指挥组成办公会议，行使常委会议职能。【白专革发（70）61号】

七　月

7月1日 燃料化学工业部党的核心小组和革命委员会正式成立，石油工业部军管会撤销。【档案号：243-1970-0004-001】

7月5日 国务院批准大庆油田实行燃料化学工业部与黑龙江省双重领导，以黑龙江省为主。【（70）燃办字第14号】

7月6日 国务院批准燃料化学工业68个科研设计体制改革的报告，除暂保留石油化工研究院等4个科研、设计单位外，燃料化学工业部所属64个研究、设计院一律改为所（队），下放给有关企业（或省）领导管理。【（70）燃办字第4号】

7月7日 国务院业务组批准，在东方红炼油厂、向阳化工厂、胜利化工厂、东风化工厂、曙光日用化工厂的基础上，成立北京石油化工总厂，由北京市和燃料化学工业部双重领导，以北京市为主，生产建设等业务工作由燃料化学工业部领导，党的工作和政治运动等由北京市领导。【档案号：244-1970-0047-001】

7月10日 燃料化学工业部党的核心小组决定，原煤炭工业部、石油工业部、化学工业部清队审干工作机构合并，由黄文仲负责，何金山、董绍杰、邱世政、张宗求等4名同志参加，组成燃料化学工业部清队审干领导小组。并从原煤炭工业部、石油工业部、化学工业部各抽一名军代表组成清队审干办公室，负责日常具体工作。同时，决定燃料化学工业部所属七台河五七学校、潜江五七学校、分宜五七学校、太康五七学校由燃料化学工业部政工组和办事组共同领导。【档案号：244-1970-0045-002】

7月17日　燃料化学工业部党的核心小组同意建立燃料化学工业部机关保密委员会，保密委员会由7人组成，黄文仲任主任委员，毛叶舟任副主任委员。【档案号：244-1970-0045-003】

同日　吉林省白城专区革委会决定，李建国任吉林省前郭会战指挥部总指挥。【白专革发（70）70号】

7月22日　大庆党的核心小组决定，季铁中、张鸿飞任大庆革委会生产指挥部副主任。【庆政（70）23号】

7月24日　燃料化学工业部党的核心小组决定，健全燃料化学工业部人防领导小组，人防领导小组由7人组成，王素任组长，毛叶舟任副组长。同时，决定将原煤炭工业部、石油工业部、化学工业部直属单位（已下放给地方的除外）的名称一律改为燃料化学工业部下属单位名称。【档案号：244-1970-0045-004】

7月27日　陕西省宝鸡市支左委员会推荐，由部队上级党委批准王瑞光（军代表）为宝鸡钢管厂革委会副主任。【宝市革批（70）131号】

7月　经国务院批准，四川石油管理局革委会改为四川省石油管理局革委会。【西南油气田分公司上报】

八　月

8月3日　沈阳军区与燃料化学工业部决定，成立“八三”工程领导小组，肖全夫为组长，张文彬、李少元、罗坤山为副组长，领导小组受燃料化学工业部和沈阳军区党委双重领导。同时，成立“八三”工程指挥部，王云午为指挥，邓聪任政委，王培德、张振勇、李占标、唐振华、张志诚、张福录为副指挥。【八三工程领导小组会议纪要】

8月4日　宝鸡市革委会党的核心小组决定，建立宝鸡钢管厂革委会党的核心领导小组，由杨再华、范鸿秀、刘文纪、赵宝珍、张忠印、王瑞光等6

名同志组成，杨再华同志任组长，范鸿秀同志（革委会主任）任副组长。【市革核批（70）10号】

8月14日 燃料化学工业部党的核心小组确定，张定一去五七学校劳动锻炼。【档案号：244-1970-0045-006】

同日 吉林省革委会批准，扶余油化厂（扶余油矿）更名为七〇油田。吉林省工交办副主任皋峰为七〇油田领导小组组长，陈祖邦、王子卿为副组长，贾承烈、孙善英、王海波、邓岚、郭瑞为领导小组成员。【吉林油田分公司上报、依据吉林油田大事记104、106页】

同日 国务院业务组批准，将兰州化学工业公司完全下放给地方领导，归甘肃省煤炭化工局管理。【（70）化军生下字731号】

8月29日 燃料化学工业部党的核心小组决定，建立燃料化学工业部七台河五七学校党的核心小组，由张炳直、张心慧、康黎军、董德民、白云亭等5名同志组成，张炳直同志为组长，张心慧同志为副组长。【（70）燃政组字第17号】

同日 燃料化学工业部党的核心小组决定，成立七台河五七学校领导小组，张炳直任领导小组组长，张心慧任副组长，康黎军、董德民、侯宝印、白云亭、康喜田、孟同明、程玉岭等为领导小组成员。【（70）燃政组字第18号】

8月 燃料化学工业部党的核心小组决定，石油科学技术情报研究所更名为科学技术情报研究所，负责煤炭、石油、化工三个行业的科技情报研究和科技图书编辑工作。同时成立石油图书编辑室，关而君任主任，郑育琪任副主任。【石油工业出版社有限公司上报】

九　月

9月1日 新疆维吾尔自治区革委会批准，赵炎、刘照民任新疆石油管理局、克拉玛依市革委会副主任。【新革发组字（70）201号】

9月6日 燃料化学工业部决定，西安石油仪器厂、西安石油仪器二厂、宝鸡钢管厂、咸阳钢管钢绳丝厂、宝鸡石油第一机械厂等5个单位移交陕西省管理，实行陕西省与燃料化学工业部双重领导，以陕西省为主。【陕革生发（70）175号】

9月8日 燃料化学工业部决定，任命舒风为石油科学研究院整党建党领导小组组长，韩克为副组长。【（70）燃政组字23号】

9月11日 燃料化学工业部决定，潜江五七学校党的核心小组由康心浩、梅嘉林、张禹琦、沙勇力、何高明等5名同志及2名军代表组成，康心浩同志任组长，梅嘉林同志及1名军代表任副组长；潜江五七学校领导小组由党的核心小组7名同志及周芳春、任洪良、凌权及1名军代表等11人组成，康心浩兼任组长，梅嘉林及1名军代表兼任副组长。【档案号：244-1970-0045-010】

9月14日　燃料化学工业部政工组同意，增补谷峰为北京石油机械厂整党建党领导小组副组长，赵生平、俞景元为成员。【（70）燃政组字第27号】

9月16日　承德市革委会决定，任命冯继平为第五机械厂革委会副主任。【（70）石五机革字第027号】

9月25日　燃料化学工业部党的核心小组决定，成立潜江五七学校党的核心小组和校革命领导小组。【（70）燃政字第249号】

同日　燃料化学工业部党的核心小组决定，成立炼油（浸没燃烧）、洗煤厂和化肥生产三个科研、设计会战小组，由炼油组、煤炭勘探开发组和化工生产组负责组织，徐今强、王素和唐克分别领导会战小组工作。【档案号：244-1970-0045-012】

同日　辽宁省革委会批准成立三二二油田革委会，革委会由43人组成，设常委17人，王秀法任革委会主任，黄达宣、曹进奎、刘长亮、马依文、杨庆岚、林治开、郭维范、贾皞（皋）、郑春发等9人任副主任。【辽发字（1970）149号】

同日　中共辽宁省革委会核心小组同意，中共三二二油田革委会核心小组由王秀法、黄达宣、曹进奎、刘长亮、马依文、杨庆岚、林治开等7名同志组成，王秀法同志任组长，黄达宣、曹进奎同志任副组长。【辽核发（1970）22号】

9月29日　黑龙江省革委会党的核心小组决定，宋世宽、张云清、高峰、高清廉、张端武等5人任大庆特区革委会副主任，袁金鑑任革委会常委；免去燕培星、范文彬的大庆革委会副主任职务，罗印成、李欣吾、张会臣、刘俊生的革委会常委职务。【龙革政字（70）216号】

9月　新疆维吾尔自治区革委会和新疆军区决定，成立新疆石油管理局南疆石油勘探会战指挥部，撤销南疆石油勘探会战指挥部革命委员会，贺景富任指挥兼政委，赵炎任第一副指挥，李保安任第一副政委。【新疆油田分公司上报】

十　月

10月8日　国务院业务组批准，将第二化工建设公司一分为二，分别下放

山西省和山东省，实行以地方为主的双重领导；山东胜利化工厂完全下放山东省。【（70）燃基字第291号】

10月12日 国务院、中央军委同意燃料化学工业部《关于请兰州军区组织陕甘宁地区石油勘探指挥部的请示》报告，兰州军区负责组织陕甘宁地区石油勘探指挥部，并配备军队干部加强领导，燃料化学工业部积极协助兰州军区做好勘探规划和石油专用物资供应等工作。【（70）国发文81号】

10月17日 国务院业务组批准，将燃料化学工业部所属27家石油化工基本建设施工队伍和建设单位下放。完全下放给省、市自治区领导的有11家；实行以地方为主、双重领导的有工程建设东方红总队、林木运输站等16家。其所承担的加工、设计、科研等任务，下放后继续承担。【（70）燃基字第310号】

10月18日 燃料化学工业部党的核心小组决定，成立政工组党的核心小组，黄文仲任组长，韩立标任副组长。【档案号：244-1970-0045-017】

10月23日 抚顺市革委会决定，郭廷福任抚顺石油一厂革委会主任，范万才任副主任。【抚发批字（1970）29号】

10月30日 燃料化学工业部党的核心小组决定，成立军工生产组，由化工生产组和科学技术组的军工部分组成，陶涛、时国兴任副组长，（组长暂缺）；建立分宜五七学校党的核心小组，党的核心小组由王延章（军代表）、李华林、武林、戴茂源、徐秋枫等5名同志组成，王延章同志任组长，李华林同志任副组长。【档案号：244-1970-0045-020】

10月 燃料化学工业部决定，将石油工业部工程建设东方红总队成建制下放北京市化工局，隶属燃料化学工业部和北京市双重领导，以北京市为主，更名为北京市化工建筑安装公司。【（70）燃基字第310号】

十 一 月

11月3日 兰州军区党委决定，组成兰州军区陕甘宁地区石油勘探指挥部，指挥部机关设在甘肃省庆阳地区（今庆阳市）宁县长庆桥村（今长庆桥镇），番号为中国人民解放军兰州军区长庆油田会战指挥部，李虎任指挥兼政治委员，齐涛任第一副指挥，焦万海、宋志斌、张少庭、胡正平等4人任副指挥，夏正平任副政治委员，张少庭兼任陕西石油勘探指挥部指挥，胡正平兼任宁夏石油勘探指挥部指挥，由李虎、齐涛、焦万海、宋志斌、胡正平、张少庭、夏继平、于耀先等8名同志组成中共陕甘宁地区石油勘探指挥部委员会，李虎同志任党委书记，齐涛同志任党委副书记。【兰州军区（1970）15号】

同日　燃料化学工业部党的核心小组决定，建立分宜五七学校行政领导小组，领导小组由王延章（军代表）、李华林、武林、戴茂源、徐秋枫、冯造兴（军代表）、陆群、郑怀斌、甄有余等9人组成，王延章兼任组长，李华林兼任副组长。【（70）燃政字第388号】

11月7日　黑龙江省革委会党的核心小组决定，王云午任大庆革委会副主任，常胜任大庆革委会常委。【龙革政字（70）252号】

11月11日　中共四川省革委会核心小组批准，成立四川省石油管理局革命委员会党的核心小组。【（70）川油核字第1号】

11月12日　吉林省白城专区革委会同意，张景阳任七〇油田革委会副主任，樊宽为七〇油田革委会常委。【吉林油田分公司上报、依据吉林油田大事记107页，时间为11月21日】

11月15日　王进喜在北京病逝。王进喜，1923年出生，甘肃玉门人。1956年加入中国共产党，先后担任1205钻井队队长、钻井二大队大队长、钻井指挥部副指挥、大庆革委会副主任、中共大庆核心小组副组长等职务。曾当选全国劳动模范、第三届全国人大代表、中共第九届中央委员。铁人王进喜是中国石油工人的光辉典范，中国工人阶级的先锋战士，中国共产党人的优秀楷模，中华民族的英雄。他为祖国石油工业的发展和社会主义建设立下了不朽的功勋，还给我们留下了宝贵的精神财富——铁人精神。建国40周年之际，他与雷锋、焦裕禄、史来贺、钱学森一起被中共中央组织部命名为建国以来在群众中享有崇高威望的共产党员优秀代表；世纪之交，他同孙中山、鲁迅、雷锋、焦裕禄、李四光、毛泽东、邓稼先、邓小平、袁隆平一起被评为“百年中国十大人物”，写入中华民族的光辉史册。【《中国石油大事记》】

11月19日　国务院业务组批准，将华北石油勘探指挥部下放天津市，实行天津市、燃料化学工业部双重领导，以天津市为主的管理体制。【政干（70）字第1号　石军字（70）77号】

11月20日　燃料化学工业部党的核心小组决定，撤销清队审干领导小组，由燃料化学工业部政工组党的核心小组实施统一领导，清队审干办公室仍保留，主要担负现实专案审查工作。【档案号：244-1970-0045-025】

11月20日至12月10日 燃料化学工业部与国家计划委员会物资局联合组织召开全国化工抓革命促生产会议。燃料化学工业部党的核心领导小组组长伊文在会议上提出为实现1971年和“四五”期间发展燃料化学工业总的方针，坚决落实毛主席“工业学大庆”的英明决策，进一步发扬大庆精神，走大庆道路；以战备为纲，集中力量，加快战略后方燃料化学工业的建设；搞好综合平衡，克服薄弱环节，加速经济协作区燃料化学工业的配套建设；狠抓资源的勘探、开发、利用和设备制造，加速燃料化学工业的基础建设；狠抓综合利用，大搞多种经营；坚持走政治建厂的道路，提高企业管理水平。1970年全国原油产量突破3000万吨，达到3064万吨。【伊文同志在全国化工抓革命促生产会议上的讲话】

11月28日 燃料化学工业部决定，以化工第一设计院、北京石油设计院为主抽调有关人员组成石油化工设计院，主要任务是组织设计会战、援外设计、设计和设备的系列化、标准化建设等工作，人员编制为70人。【（70）燃基字第487号】

十 二 月

12月5日 燃料化学工业部党的核心小组同意，信访组从秘书组分出改为信访接待室，归燃料化学工业部办事组直接领导。【档案号：244-1970-0045-026】

同日 运输公司抽调900多名职工奔赴甘肃泾川，参加陕甘宁长庆油田会战。【中国石油天然气运输公司上报】

12月6至11日 中共青海石油管理局第三次代表大会召开，选举产生第三届委员会，常委会由薛纪元、刘松恒、周世英、杜广（军代表）、刘志毅（军代表）、李建辛、尹克升等7名同志组成，薛纪元同志为党委书记，刘恒松、周世英同志为党委副书记。下属13个基层党委，共有1385名党员。【青海油田分公司上报】

12月15日 燃料化学工业部党的核心小组同意科学技术情报研究所成立革命领导小组，领导小组由宋恩远、邵锐、徐晓、张义和、李岩、刘焕民、李天华、毕汝闾、蔡剑秋、潘茂仁、孙永生、曲学顺、田景恒等13人组成，宋恩远为组长，邵锐、徐晓为副组长。【中国石油集团经济技术研究院上报】

12月16至20日 中共抚顺石油一厂第七次代表大会召开，大会选举产生中共抚顺石油一厂第七届委员会，张保德（军代表）同志为党委书记，赵玉鹏、郭廷福（军代表）同志为党委副书记，下属1个党总支、51个党支部，共

有1809名党员。【抚顺石化分公司上报】

同日　中共抚顺石油二厂第六次代表大会召开，大会选举产生中共石油二厂第六届委员会，党委常务委员会由孙金跃、刘清槐、廉永祥、张喜荣、赵光忠、孟宪春等6名同志组成，孙金跃（军代表）同志为党委书记，刘清槐同志为党委副书记，下属5个党总支、69个党支部，共有1535名党员。【抚顺石化分公司上报】

12月25至27日　中共抚顺石油三厂第八次代表大会召开，大会选举产生中共石油三厂第八届委员会，常务委员会由韩海儒、芦金祥等同志组成，韩海儒同志为党委书记，芦金祥为党委副书记。下属30个党支部，共有812名党员。【抚顺石化分公司上报】

12月25日　三二二油田第一次工代会召开，康清明任工会主任。【辽河油田分公司上报】

同日　宝鸡市革委会党的核心小组同意，建立中共宝鸡钢管厂委员会，委员会由19名同志组成，杨再华、范鸿秀、王瑞光、张忠印、朱明显、赵宝珍、刘文纪、李斌等8名同志为党委常委，杨再华同志为党委书记，范鸿秀、刘文纪等同志为党委副书记。【宝市革批（70）28号】

12月31日　燃料化学工业部明确，六四六厂担负全国石油地质、地球物理勘探任务，参加江汉、陕甘宁、下辽河等石油会战的队伍仍属六四六厂领导。【（70）燃油勘字第566号】

本年　第二石油机械厂和第五石油机械厂分别在河南南阳和河北承德建成。【《中国石油大事记》】

本年　四川石油学院更名为西南石油学院。【《中国石油大事记》】

本年　新疆石油管理局抽调4995名职工支援江汉、长庆、辽河、华北等油田建设。【新疆油田分公司上报】

本年　玉门油田召开职工代表大会，林秀峰为工代会主任。【玉门油田分公司上报】

本年　辽河石油勘探会战结束，发现黄金带、于楼、热合台、兴隆台等油田，建成原油生产能力150万吨，本年生产原油104万吨、天然气5.1亿立方米。【《中国工业五十年》】

本年　石油工业职工总数48.51万人。【石油工业统计年报】

一九七一年

一　　月

1月8日　天津市革命委员会党的核心小组批复，同意霍洪山同志任华北石油勘探指挥部党委书记，魏定远同志任党委副书记。【津核复（1971）14号】

1月15日　燃料化学工业部决定，刘忠勇任北京石油机械厂革命委员会副主任兼政工组组长。【（71）燃政组字第11号】

同日　兰州军区长庆油田会战指挥部决定，确立编制序列及机构设置，下设五个分指挥部。即第一分指挥部（陕北地区）、第二分指挥部（原陇东指挥部）、第三分指挥部（宁夏地区）、第四分指挥部（六四六厂陕甘宁指挥部）、第五分指挥部（敦煌运输公司）。【兰州军区（1971）6号】

同日　旅大市党的核心小组批复，同意组成中共大连石油七厂第五届委员会，委员会由19名同志组成，田维新、刘衍德、吴洪钦、杜英顺、贾振中、曹彦福、翟福根等7名同志为党委常委，田维新同志为党委书记，贾振中、吴洪钦、刘衍德同志为党委副书记。【旅大复字（1971）11号】

1月　上海炼油厂隶属燃料化学工业部领导，上海化学工业局代管。【中国石油化工集团公司提供】

二　　月

2月3日　国务院批准，吉林化学工业公司于1970年7月1日起下放吉林省。第一化工建设公司随吉林化学工业公司同时下放。【（71）燃基字第3号】

2月19日　国务院批准，从1971年3月1日起，将新疆石油管理局下放给新疆维吾尔自治区管理，实行双重领导、以地方为主的管理体制。【（71）燃油开字第3号】

2月28日　燃料化学工业部党的核心小组决定，保留太康、潜江两所五七学校，将七台河五七学校改为五七农场，撤销分宜五七学校，移交煤矿电机厂。【档案号：244-1971-0015-003】

2月　武汉军区和湖北省革委会批准，成立中共五七油田会战指挥部委员会，党委常务委员会由韩东山、康世恩、张显扬、曾昌华、王树成、刘鹤田、裴凯、焦力人、马骥祥等9名同志组成，韩东山同志任党委第一书记，康世恩、张显扬、曾昌华同志任党委副书记。【中国石油化工集团公司提供】

三　月

3月22日　国务院、中央军委批准，同意在东北地区八三工程指挥部基础上成立东北输油管线指挥部。【石油管道局上报】

3月25日　燃料化学工业部党的核心小组任命芮杏文为北京石油化工总厂副指挥。【（71）燃政字第48号】

3月　新疆石油管理局正式名称改为新疆维吾尔自治区石油管理局，受新疆维吾尔自治区和燃料化学工业部双重领导，简称仍为新疆石油管理局。【新疆油田分公司上报】

四　月

4月2日　燃料化学工业部向国务院呈报《关于进一步精简合并机关机构的情况报告》，提出调整燃料化学工业部机关机构的意见，决定将机关的15个大组合并调整为13个大组。同时，准备下放一批机关干部到五七学校劳动锻炼。【（71）燃党字第16号】

4月　燃料化学工业部决定，将燃料化学工业部所属林木运输站下放给广西壮族自治区，实行广西壮族自治区、燃料化学工业部双重领导，以地方为主。【中国寰球工程公司上报】

同月　燃料化学工业部批准，原煤炭工业部徐州制图厂划归六四六厂领导。【东方地球物理公司上报】

同月　燃料化学工业部党的核心小组决定，对机关部分组的领导机构进行调整，将机关的15个大组合并调整为13个大组，同时明确各组的干部配备。财务组与综合计划组合并为新的综合计划组，周太和任组长，张学信、王若鲁、张煜堃、程振华、丛翠滋、季可达任副组长；炼油组与化工生产组合并为炼油化工生产组，任向文任组长，秦仲达、于逢亭、张树棠、刘东明、王宗杰、盛华山任副组长；机械制造组与供应组合并为供应制造组，詹石为供应制造组组长，马麟通、刘自德、龚振江、王盛业、姜天赋为副组长；为加强军工生产改组军工生产组为化工生产二组，陶涛、时国兴为化工生产二组副组长；秦文彩为石油勘探开发组组长，赵声振、张殿臣、贾金会、陈守礼为副组长；牛一萍为煤炭生产组组长，马树良、杨毅、张梅、汤坤荣为副组长；李华林为煤炭勘探开发组组长，孙镜波、赵景岐、陈永常为副组长；李景新为产品分配运销组组长，滕玉彬、吴裕华、夏福干、韩春田为副组长；刘子廉任基本建设组组长，曹国栋、刘少男、张田英、黄兴盛任副组长；鲁毅为科学技术组组长，沈晨、陈自新、张培江为副组长；甘宁为对外联络组组长，王炳臣、单永复任副组长；毛叶舟为办事组组长，王志成、夏朗、李洪甲、孙世祥任副组长。【档案号：244-1971-0015-005】

五　月

5月7日　中共中央决定，康世恩任燃料化学工业部党的核心小组第一副组长、革委会第一副主任。【（71）燃党字第20号】

5月13日　黑龙江省革委会同意，大庆炼油厂更名为大庆石油化工总厂。【龙革发〔1971〕65号】

5月14日　中共甘肃省委批准，佟尊同志任玉门石油管理局党委书记，任志恒、王德礼、傅万祯同志任党委副书记，佟尊、任志恒、傅万祯、白光明、赵彭余、刘治敏、牛体君等7名同志任党委常委。【甘组字（1971）22号】

同日　旅大市革委会决定，刘衍德（军代表）、翟福根（军代表）任大连石油七厂革委会副主任。【旅革发（1971）41号】

5月18日　燃料化学工业部党的核心小组决定，成立石油化工设计院革命领导小组，领导小组由5人组成，宋恩远为组长，王林秋、孙振盛为副组长，陈自光、杨义邦为小组成员。【（71）燃党字第25号】

同日　燃料化学工业部党的核心小组决定，成立石油化工科学研究院兼六二一厂革命领导小组，舒风为组长，邸高峰、齐福海、侯祥麟为副组长，张克俭、王云庆、贾旺、张前、宋宗文、于成汉为小组成员。【（71）燃党字第26号】

同日　燃料化学工业部党的核心小组决定，潜江五七学校、分宜五七学校两校合并，在原两校原党的核心小组和校革命领导小组的基础上，成立潜江五七学校党的核心小组和革命领导小组。潜江五七学校党的核心小组由康心浩、王延章、薛仁宗、桂立海、梅嘉林、沙勇力、何高明、武林、代懋源（戴茂源）、徐秋枫等10人组成，康心浩为组长，王延章、薛仁宗为副组长；潜江五七学校革命领导小组由康心浩、王延章、薛仁宗、桂立海、梅嘉林、沙勇力、何高明、武林、代懋源（戴茂源）、徐秋枫、冯造兴、王建祥、周芳春、任洪良、凌权、张禹琦、陆群等17人组成，康心浩为组长，王延章、薛仁宗为副组长。【（71）燃党字第23号】

5月19日　中共甘肃省委批复，同意增补佟尊为玉门石油管理局革委会委员、常委、主任，任志恒、王德礼、傅万帧、魏勤身为委员、常委、副主任，张一青为常委、副主任，白光明、赵彭宇、刘志敏、喻正明、牛体君为常委。【甘干字（1971）36号】

同日　吉林省革委会批复，同意李荫樾、邵大光任吉林化学工业公司革委会副主任。【吉市革政（1971）56号】

5月21日　抚顺市革委会决定，廉永祥（军代表）任抚顺石油二厂革委会副主任。【抚发批字（1971）9号】

5月23至25日　中共兰州化学工业公司第三次代表大会召开，选举产生中共兰州化学工业公司第三届委员会，常务委员会由刘祺瑞、李联珠、郭宜民、杜锦章、王裕民、汤全起、李荣山、黄恩顺等8名同志组成，刘祺瑞同志任党委书记，李联珠、郭宜民、杜锦章同志任党委副书记。【兰州石化分公司上报】

5月26日　中共青海省委批准，张俊魁同志任青海石油管理局党委书记、革委会主任，免去其青海石油管理局西部勘探指挥部党委书记职务；尹克升同志任党委副书记、革委会副主任兼政治部主任。【青党（1971）第53号】

5月　北京军区装甲兵军管会撤出六四六厂，三十八军派军宣队进驻六四六厂。【东方地球物理公司上报】

同月　江苏省燃料化学工业局决定，南京炼油厂更名为南京石油化工厂。【中国石油化工集团公司提供】

六　　月

6月11日　中共山东省委同意将石油工业部九二三厂更名为胜利油田，九二三厂革命委员会相应更名为胜利油田革命委员会。【中国石油化工集团公司提供】

同日 四川省革委会党的核心小组同意，张忠良同志为四川石油管理局革委会副主任、党的核心小组副组长。【川革政（71）012号】

6月24日 《人民日报》发表“工业学大庆”社论。社论指出，大庆工人发扬一不怕苦、二不怕死的革命精神，建起中国第一流的大油田，甩掉西方资产阶级强加在我们头上的“贫油国家”的帽子，是中国工业史上的一次伟大的革命实践。【大庆油田有限责任公司上报】

6月30日 中共黑龙江省革委会核心小组决定，中共大庆第一届委员会由59名同志组成，党委常务委员会由丁继先、任云峰、齐健敏、李成德、李荆和、宋世宽、宋振明、张洪池、季铁中、高峰、高清廉、陶冰华、傅金平等13名同志组成，丁继先同志任党委书记，任云峰、齐健敏、李荆和、宋振明等4名同志任党委副书记。【龙革政字（71）36号】

6月 四川省石油管理局抽调3个钻井队及相关人员共331人到长庆油田参加会战。【西南油气田分公司上报】

七　月

7月8至11日 中共新疆石油管理局第三次代表大会召开，选举产生中共新疆石油管理局第三届委员会，委员会由48名同志组成，党委常务委员会由孙世英、贺景富、周忆云、秦峰、瓦力斯江·吐尔地、王素、田丕儒、毕可钦、张孝升、张敬、张志文、姚亮、蔡茂年等13名同志组成，孙世英同志任党委书记，贺景富、周忆云、秦峰、瓦力斯江·吐尔地等4名同志任党委副书记。【新疆油田分公司上报】

7月12日 兰州军区党委决定，张鹤田同志任兰州军区长庆油田会战指挥部副政委。【兰政干字（71）第25号】

7月12日至9月2日 全国燃料化学工业会议召开。中共中央政治局委员、国务院副总理李先念在会上讲话。会议强调，石油工业要继续抓紧江汉油田会战，加速甘肃庆阳地区的勘探，积极在四川开发天然气和寻找石油，迅速建设大三线地区的战备石油基地；大力开展天津大港和山东广饶地区的石油会战，增加原油产量；开展渤海湾的海上勘探，加强科学研究，打开海上采油的突破口；在地质条件较好的省、区要积极找油，增加后备资源。【《中国石油大事记》】

7月13日 大庆军管会、大庆党委决定，周大任同志任大庆革委会政治部第一主任；免去高清廉同志的政治部主任职务。【庆军革发（71）5号】

同日 大庆党委决定，陈烈民同志任大庆革委会政治部主任。【庆发（71）44号】

7月14日 燃料化学工业部党的核心小组决定，任命韩立标为清审办公室主任，柴昆（兼任）、秦飞、郝庆棠、左长安、吴传越为副主任。【档案号：244-1971-0015-018】

7月19日 新疆维吾尔自治区党委批准，成立中共新疆石油管理局、克拉玛依市第三届委员会，委员会由47名同志组成，党委常务委员会由王素、瓦力斯江·吐尔地、田丕儒、孙世英、毕可钦、张孝升、张志文、张敬、周忆云、贺景富、姚亮、秦峰、蔡茂年等13名同志组成，孙世英同志任党委书记；周忆云、贺景富、秦峰、瓦力斯江·吐尔地同志任党委副书记。【新党发（1971）37号】

7月20日 燃料化学工业部党的核心小组批复，同意增补军代表高永厚同志为潜江五七学校党的核心小组成员。【（71）燃党字第39号】

7月25日 兰州军区长庆油田会战指挥部党委决定，任命郭究圣为兰州军区长庆油田会战指挥部副指挥兼生产指挥部主任，魏光宗同志为政治部主任。【兰政干字（71）第26号】

7月 国务院、中央军委下发《关于内地职工家属安置问题的指示》，燃料化学工业部接收安排大量石油企业职工家属。【《石油工业五十年》】

八　月

8月11日 燃料化学工业部党的核心小组决定，刘焕民任科学技术情报所革命领导小组副组长。【（71）燃政组第114号】

8月23日 燃料化学工业部党的核心小组同意，建立石油化工科学研究院兼六二一厂党的核心小组，党的核心小组由舒风、齐福海、邸高峰、侯祥麟、王云庆、张克俭、贾旺、杨保春等8名同志组成，舒风同志为组长，齐福海、邸高峰同志为副组长。【（71）燃党字第45号】

8月24日 东北输油管线指挥部在沈阳正式成立。【中国石油天然气管道局上报】

8月 燃料化学工业部决定，将石油科学研究院更名为石油化工科学研究

院兼六二一厂。【中国石油化工集团公司提供】

同月 燃料化学工业部决定，侯祥麟任石油化工科学研究院兼六二一厂革命领导小组副组长。【中国石油化工集团公司提供】

九　月

9月1日 新疆石油管理局接收新疆军区后勤部建筑工程总队，更名为新疆石油管理局油建工程大队。【新疆油田分公司上报】

9月3日 中共黑龙江省委决定，宋振明、季铁中任大庆革委会副主任。【龙革政字（71）49号】

同日 宝鸡市革委会同意，增补刘文纪、赵宝珍为宝鸡钢管厂革委会副主任，李斌为革委会常委。【宝市革批（71）033号】

9月9日 燃料化学工业部党的核心小组同意，石油化工设计院革命领导小组增为7人，孙振盛为组长，王林秋为副组长，陈自光、杨义邦、王桂英、王成年、张兰卿为小组成员。【（71）燃政字第114号】

同日 燃料化学工业部决定，从四川省石油管理局、胜利油田、新疆石油管理局等单位调560名职工到东北输油管线参加管线建设。【中国石油天然气管道局上报】

9月10日 燃料化学工业部党的核心小组批复，同意建立中共石油化工设计院核心小组，由孙振盛、王林秋、陈自光、杨义邦、吴立安等5名同志组成，孙振盛同志为组长，王林秋同志为副组长。【（71）燃党字第47号】

9月13日 燃料化学工业部决定，将部分直属单位更名：第六设计院更名为燃料化学工业部第六设计院，工程建设红旗总队更名为燃料化学工业部工程建设红旗总队，第三化工建设公司更名为燃料化学工业部第三化工建设公司，第十二化工建设公司更名为燃料化学工业部第十二化工建设公司，六四六厂更名为燃料化学工业部六四六厂，石油运输公司更名为燃料化学工业部石油运输公司，汉平运输站更名为燃料化学工业部汉平运输站，郑州仓库更名为燃料化学工业部郑州仓库，煤炭部航测大队更名为燃料化学工业部航测大队。【（71）燃办字第14号】

同日 燃料化学工业部决定，调石油运输公司主要力量参加长庆油田会战，由燃料化学工业部和长庆油田会战指挥部双重领导。同时，将石油运输

公司第二分公司、第三分公司分别移交胜利油田、五七油田会战指挥部。【（71）燃计字第173号】

9月24日　中共甘肃省委、甘肃省革委会决定，赵启明同志任甘肃省革委会燃料化学工业局党的核心小组组长、革命领导小组组长；免去其兰州炼油厂党委副书记、革委会副主任职务。【甘燃党（1971）114号】

9月27日　宝鸡钢管厂更名为陕西省宝鸡石油钢管厂。【宝鸡石油钢管有限责任公司上报】

9月　伊文调离燃料化学工业部，康世恩代理燃料化学工业部革委会主任和党的核心小组组长职务。【《中国石油大事记》】

十　月

10月15日　国务院批准，将化工第一设计院、北京石油设计院的部分人员自1971年6月1日起下放给北京市，在北京石油化工总厂组建北京石油化工总厂设计所，实行双重领导，以地方为主。【（71）燃基字第64号】

10月29日　燃料化学工业部党的核心小组同意，建立燃料化学工业部科学技术情报所党的核心小组，由宋恩远、邵锐、徐晓、张义和、李岩、刘焕民、李天华、阎书方、蔡剑秋等9名同志组成，宋恩远同志为组长，邵锐、徐晓同志为副组长。【（71）燃党字第53号】

十一月

11月5日　辽宁省革命委员会同意，任命刘照民为三二二油田革委会副主任。【辽革发（1971）134号】

11月19日　宝鸡市革委会同意，狄贵善任宝鸡石油机械厂革委会副主任。【宝鸡石油机械有限责任公司上报】

11月23日　沈阳军区党委、燃料化学工业部党的核心小组决定，任命沈阳军区工程兵司令部副参谋长王培德为东北输油管线指挥部指挥，吉林省军区副政治委员邓聪为东北输油管线指挥部政治委员，燃料化学工业部工程建设红旗总队革委会主任朱洪昌为东北输油管线指挥部第一副指挥，四川石油会战指挥部副指挥张瀛洲为东北输油管线指挥部副指挥，抚顺石油设计院副院长李占标为东北输油管线指挥部副指挥，黑龙江省牡丹江军分区副政治委员张复青为东北输油管线指挥部副政委。【（71）燃党字第55号】

11月 洛阳地区革委会任命，原所政、吴惠农为工程建设红旗总队革委会副主任。【中国石油工程建设公司上报】

十 二 月

12月3日 中共天津市委决定,杨长威同志任中共华北石油勘探指挥部委员会委员、常委。【大港油田分公司上报】

12月10日 燃料化学工业部党的核心小组决定，第二石油机械厂下放地方政府管理，更名为河南省南阳石油机械厂。【(71)豫革煤化办第218号】

12月15日 燃料化学工业部党的核心小组同意科学技术情报研究所成立革命领导小组，领导小组由宋恩远、邵锐、徐晓、张义和、李岩、刘焕民、李天华、毕汝闾、蔡剑秋、潘茂仁、孙永生、曲学顺、田景恒等13人组成，宋恩远任组长，邵锐、徐晓任副组长。【(71)燃政字第168号】

12月23日 新疆维吾尔自治区革委会批准，贺景富、瓦力斯江·吐尔地、张孝升、秦峰任新疆石油管理局、克拉玛依市革委会副主任。【新革发组字(71)82号】

12月29日 中共锦州市委批复，同意胡魁成、李占林、官恩泽同志为石油五厂革命委员会副主任。【锦发（1971）120号】

同日 中共锦州市委批复，同意张定理同志任石油五厂党委副书记，胡魁成、李占林同志为党委常委。【锦发（1971）121号】

本年 玉门石油管理局改由甘肃省燃料化学工业局（后改名为甘肃省石油化学工业厅）领导。【玉门油田分公司上报】

本年 石油工业职工总数60.33万人。【石油工业统计年报】

一九七二年

一 月

1月5日 中共抚顺市委决定，张永德同志调抚顺市工作，免去其抚顺石油三厂党委常委、革委会副主任职务。【抚发批字（1972）1号】

同日 中共抚顺市委任命，张喜荣同志为抚顺石油二厂党委常委、革委会副主任，骆登月同志为抚顺石油三厂党委常委、革委会副主任。【抚发批字（1972）2号】

同日 中共抚顺市委批复，同意廉永祥同志为抚顺石油二厂党委副书记，赵光忠、孟宪春同志为党委常委、革委会副主任，孙君贵为革委会副主任。【抚发批字（1972）4号】

同日 中共抚顺市委批复，同意李广明、刘祥为抚顺石油三厂革委会副主任；林化启、王世俭同志为抚顺石油三厂党委常委、革委会常委。【抚发批字（1972）5号】

同日 中共抚顺市委批复，同意王殿钧、王友庭为抚顺石油一厂革委会副主任，戴述金、朱明银同志为抚顺石油一厂党委常委、革委会副主任。【抚发批字（1972）12号】

1月30日 中共抚顺市委批复，同意刘祥同志为抚顺石油三厂党委副书记。【抚发批字（1972）18号】

同日 中共黑龙江省委决定，免去高清廉的大庆革委会副主任职务。【（72）龙革政组字16号】

1月31日 辽宁省革命委员会任命，胡亦民为三二二油田革委会副主任。【辽革发（1972）20号】

二 月

2月8日 吉林省革委会同意，刘存仁为七〇油田革委会主任，赵南起、李群星、徐尚风、王彬为副主任，魏凤石、冷德芳为革委会常委、委员13人。【吉革干字（1972）3号批复】

2月13日 沈阳军区党委、燃料化学工业部党的核心小组批准，成立中共东北输油管线指挥部委员会，邓聪同志任党委书记；王培德、朱洪昌同志任党委副书记。【中国石油天然气管道局上报】

2月20至29日 中共吉林化学工业公司第一次代表大会召开，选举产生第一届委员会，党委常务委员会由刘林、曹波声、吴绍参、陈力、李荫樾、邵大光、侯德武等7名同志组成，刘林同志为党委书记，曹波声、吴绍参同志为党委副书记。【吉林石化分公司上报】

2月21日 《人民日报》发表长篇通讯，《一个工作认真的人——记大庆油田老工人周占鳌》，介绍周占鳌对革命工作高度负责的精神和一丝不苟的作风。周占鳌多次被评为大庆会战标兵、黑龙江省劳动模范和石油部劳动英雄。【《中国石油大事记》】

2月28日 国务院批复，从江汉石油会战中抽调近3万石油队伍先后调往胜利、长庆、大港油田及其他石油单位参加会战。【中国石油化工集团公司提供】

2月 四川省革委会批准，四川省石油管理局军管会主任杨锡洪同志任四川省石油管理局革委会主任、党的核心小组组长，同时赵永清（军代表）撤走。【西南油气田分公司上报】

三　　月

3月13日 燃料化学工业部党的核心小组决定，成立燃料化学工业部干部调配领导小组，王文忠任组长，任成玉、马树良任副组长。【档案号：244-1972-007-002】

3月15日 燃料化学工业部党的核心小组决定，将七台河五七学校并入潜江五七干校。【（72）燃政字第24号】

3月27日 中共吉林省委决定，赵东黎、贾承烈为七〇油田革命委员会副主任，免去郭瑞的七〇油田革委会副主任职务。【吉革干字（1972）13号】

同日 中共吉林省委同意，中共七〇油田革委会核心小组由刘存仁、赵东黎、赵南起、李群星、贾承烈、徐尚风、王彬、张景阳等8名同志组成，刘存仁同志为组长，赵东黎、赵南起同志为副组长。【吉林油田分公司上报】

3月28日 中共甘肃省委批复，同意葛立兴同志为兰州炼油厂党委常委、副书记，革委会委员、常委、副主任；刘锦敏、黄大智同志为兰州炼油厂党

委委员；牛奎为兰州炼油厂革委会委员。【干字（1972）52号】

3月 燃料化学工业部调在兰州化学工业公司蹲点的原化学工业部副部长杨叶澎任燃料化学工业部革委会副主任。【（72）燃政字第38号】

四 月

4月1日 中共南阳石油勘探指挥部委员会成立，委员会由10名同志组成，杜志福同志任党委书记，赵富贵、郭生吉同志任党委副书记。【中国石油化工集团公司提供】

同日 燃料化学工业部党的核心小组同意，任成玉为燃料化学工业部政工组副组长，唐振华为东北输油管线指挥部副指挥，闵豫到长庆油田分配工作。【档案号：244-1972-007-003】

4月10日 中共抚顺市委批复，同意兰丕炜同志任抚顺石油二厂党委常委、革委会副主任。【抚发批字（1972）41号】

4月11日 燃料化学工业部决定，工程建设红旗总队更名为燃料化学工业部第一石油化工建设公司，第十二化工建设公司更名为燃料化学工业部第二石油化工建设公司，第三化工建设公司更名为燃料化学工业部第三石油化工建设公司。【（72）燃办字第3号】

4月12日 燃料化学工业部党的核心小组决定，调五七油田第一分指挥部指挥长任成玉同志（原石油部政治部副主任）为燃料化学工业部政工组副组长。【（72）燃政字第63号】

4月14日 广西壮族自治区革委会决定，将广西林木运输站更名为广西壮族自治区石油化工安装公司。【区革指字（1972）105号】

4月15日 燃料化学工业部党的核心小组、沈阳军区党委决定，唐振华为东北输油管道指挥部副指挥。【（72）燃政组字第33号 （72）沈政干字第323号】

4月19日 燃料化学工业部决定，将原十二化工建设公司所属设计所改组成燃料化学工业部化工设计院。【（72）燃办字第4号】

同日 吉林省白城地区革委会同意，崔德珍任前郭炼油厂革委会主任，李树旺、阎健伍、李至生、鲍成志、曾昭允任前郭炼油厂革委会副主任。【白革发（72）28号】

4月20日 经燃料化学工业部党的核心小组征得中共河南省委同意，决定

成立南阳石油勘探指挥部，实行燃料化学工业部和河南省双重领导，以燃料化学工业部为主。【（72）燃党字第19号】

4月21日 中共白城地委批复，同意中共前郭炼油厂第一届委员会由17名同志组成，党委常务委员会由崔德珍、李树旺、阎健伍、李庆林、李至生、曾昭允、鲍成（承）志等7名同志组成，崔德珍同志任党委书记，李树旺、阎健伍同志任党委副书记。【白发（72）11号】

4月22日 中共甘肃省委决定，徐安民同志任兰州炼油厂党委委员、常委、副书记，革委会委员、常委、副主任。【甘干字（1972）56号】

4月28日 燃料化学工业部任命李敬、程国策为长庆油田指挥部副指挥。【长庆党发（1972）干21号】

4月30日 燃料化学工业部党的核心小组商中共湖北省委和武汉军区党委同意，撤销五七油田会战指挥部，成立江汉石油管理局，为地（师）级单位，由燃料化学工业部和湖北省双重领导，以燃料化学工业部为主。马骥祥任江汉石油管理局局长，王照明、姬永兴、冯元富、刘彬、王有常、李丽塘、李绍亮、张邦杰、王崇山、郭水生任副局长，雷世明任政委，张兆美、李欣吾任副政委。【（72）燃党字第15号】

4月 燃料化学工业部批准，将五七油田会战指挥部的4641名职工划归南阳油田。【中国石油化工集团公司提供】

五　月

5月4日 广西壮族自治区革委会决定，施百令任广西石油化工安装公司革委会副主任。【革指字（1972）164号】

5月5日 燃料化学工业部党的核心小组同意，成立中共燃料化学工业部第一石油化工建设公司委员会，委员会由33名同志组成，庄润霖、原所政、邹国顺、刘佩生、林金亭、吴惠农、孙风臣等7名同志为党委常委，庄润霖同志任党委书记，原所政、邹国顺同志任党委副书记。【（72）燃党字第16号】

5月16日 燃料化学工业部党的核心小组决定，甘宁为燃料化学工业部对外联络组组长，王林秋、刘宏胜、王炳臣、缪文、窦炳文为副组长；王林秋同志为成套技术进出口公司党的核心小组组长兼经理，王怀、郑仲芳为副经理，梁健同志为党的核心小组副组长，李崇瑞为政工组组长；焦力人同志任石油勘探开发规划研究院院长、党的核心小组副组长，张俊同志任党的核心小组组长，刘南、李烨、阎敦实、秦同洛任副院长。【档案号：244-1972-007-005】

5月18日　中共宝鸡市委同意，增补苗德胜同志为宝鸡石油钢管厂党委副书记。【宝市革政批（1972）173号】

5月20日　燃料化学工业部党的核心小组决定，将燃料化学工业部供应制造组分开，成立燃料化学工业部供应组和燃料化学工业部机械制造组，定员各45人。【档案号：244-1972-007-006】

同日　燃料化学工业部决定，将石油科学研究院的地质研究机构单独设置，组建为燃料化学工业部石油勘探开发规划研究院；将原供应、外事部门的成套设备机构单独设置组建为中国燃料化工成套技术进出口公司。【（72）燃办字第6号】

同日　在东北地区八三工程会战指挥部基础上成立东北输油管线指挥部，从即日起启用东北输油管线指挥部及所属单位公章。由于工程会战还在进行，东北地区八三工程会战指挥部公章继续使用。【东八字（72）第52号】

5月　中共锦州市委同意，崔紫林、黄兆珍同志为石油六厂党委常委、革委会副主任；李树楷为石油六厂革委会副主任。【锦发（1972）60】

同月　广西壮族自治区决定，广西石油化工安装公司改由广西壮族自治区燃化局代管。【中国寰球工程公司上报】

六　月

6月3日　中共盘锦地委同意，任命黄志斌、满应科、王子正、季生元、杨录、王涛为三二二油田革委会副主任，李秀芳（群众代表）为三二二油田革委会常委。【盘发（1972）45号】

6月4日　兰州军区党委同意，增补12名同志为长庆油田会战指挥部党委委员，增补李虎、齐涛、张鹤田、夏继平、焦万海、郭究圣等6名同志为党委常委，李虎同志任党委第一书记，齐涛同志任党委书记，张鹤田同志任党委副书记。【长庆党发（1972）51号】

6月7日　燃料化学工业部决定，从兰州化学工业公司抽调102名职工，第一石油化工建设公司抽调62名职工支援华北石油会战指挥部。【（72）燃计劳字第82号】

6月14日 中共辽宁省委决定，任命胡亦民同志为抚顺市委书记、市革委会副主任，免去其三二二油田革委会副主任职务。【辽发（1972）53号】

6月20日 燃料化学工业部党的核心小组会议决定，鲁毅同志为石油化工规划设计院党的核心小组组长，冯伯华为院长、党的核心小组副组长，袁荣、刘东明为党的核心小组副组长，孙振盛、李铁伦、张仁、叶忠贤、杨义邦、邵祖光、陈自光为副院长，黄鸿宁为总工程师；李苏同志为石油化工科学研究院院长、党的核心小组组长，侯祥麟同志为第一副院长、党的核心小组副组长，杨谨同志为党的核心小组副组长兼政工组组长，齐福海同志为党的核心小组副组长，潘生玺、邓家辉、张西蕾、龙在云、林枫、武迟为石油化工科学研究院副院长，林风、武迟兼任总工程师。同时，调整燃料化学工业部机关部分大组领导班子，毛叶舟为办事组组长，刘康、康宁、张一之、孙世祥、夏朗、李洪甲为副组长；周太和为综合计划组组长，许在廉、杨展、丛翠滋、季可达、胡汉滨、王守忠为副组长；白猷之为财务劳动组组长，靳崇智、王志成、张煜堃、程振华为副组长；陶涛、李维范、石国兴为化工生产二组副组长；刘子廉为基本建设组组长，贾庆礼、刘少男、张田英、山峰、黄兴盛、王葆华、王德英（瑛）为副组长。【档案号：244-1972-007-007】

6月22日 中共洛阳地委同意，卢传斌任第一石油化工建设公司革委会副主任。【洛发（1972）第302号】

6月24日 燃料化学工业部党的核心小组同意，展览工作室内设政工组、办事组、编辑组、设计组和模型工厂，人员编制116人；逐步撤销太康、潜江两所五七学校，提出在北京东郊农场筹建以轮训机关和在京直属单位干部为主的五七干校方案；增补董绍杰为干部调配小组副组长。【档案号：244-1972-007-008】

6月27日 燃料化学工业部党的核心小组决定，成立南阳石油勘探指挥部，该指挥部由河南省和燃料化学工业部双重领导，以燃料化学工业部为主；杜志福为指挥，乔二虎、朱树德、孙麦则、曾锡科、邓玉兴为副指挥，赵富贵、郭生吉为副政委。【（72）燃党字第19号】

6月30日 燃料化学工业部党的核心小组召开会议，传达国家《关于落实干部政策的五条意见》。决定各直属事业单位党的机构再过渡一下，先成立直属事业单位党的核心小组和政工组，其中政工组组长相当于本单位的副职领导职务。同时，调整燃料化学工业部机关各大组领导班子，牛一萍为煤炭生产组组长，马树良、杨毅、宋廼金、张梅、汤坤荣、姜岐山等为副组长；李华林为煤炭勘探开发组组长，高振德、刘辉、孙镜波、董永福、赵景岐、陈永常等为副组长；秦文彩为石油勘探开发组组长，邓礼让、赵声振、张殿臣、单永复、贾金会、程守礼等为副组长；任向文为炼油化工生产组组长，秦仲达、张树堂、王宗杰、盛华山、张皓若等为副组长；刘刚、于逢亭、蒋仲民等为化肥生产组副组长；李景新为产品分配运销组组长，魏化之、吴裕华、滕玉彬、夏福干、韩春田等为副组长；沈晨为科技教育组组长，高光鉴、朱献民、陈自新、张培江等为副组长；詹石为机械制造组组长，邸高峰、李薪、王国良、干志坚等为副组长；刘自德、马麟通、龚振江、王盛业、姜天赋等为供应组副组长；孔勋任华北协作组组长，曹维东、张学信任副组长。【档案号：244-1972-007-009】

同日 燃料化学工业部颁发“燃料化学工业部石油勘探开发规划研究院”印章，于7月1日启用。【（72）燃办字第8号】

七 月

7月3日 燃料化学工业部决定，陕西省阳平关汉平运输站为燃料化学工业部直属单位，党政日常工作委托中共陕西省委代管。【（72）燃政组字第96号】

7月18日 燃料化学工业部同意，增补郭怀章、房捷同志为潜江五七学校党的核心小组成员。【（72）燃党字第20号】

同日 中共黑龙江省委决定，任命陈烈民、段荷华同志为大庆革委会副主任。【龙革政组字72号】

7月27日 根据中共锦州市委、燃料化学工业局党的核心小组体制改革精神，石油六厂进行体制改革，撤销连队建制，恢复机关科室和生产车间编制。【锦州石化分公司上报】

7月 燃料化学工业部决定，将石油化工科学研究院兼六二一厂的炼油和化工研究机构分离出来，成立燃料化学工业部石油化工科学研究院，负责全国炼油和化工科研管理，原石油化工科学研究院从事炼油科研的主体部分改称综合研究所，六二一厂改为独立建制。综合所和六二一厂均由石油化工科学研究院直接领导。【中国石油化工集团公司提供】

八　月

8月2日　燃料化学工业部决定将华北石油勘探指挥部更名为华北石油会战指挥部。任命马永林、苑青山（军代表）、裴虎全、丁达、钟一鸣、陈厚勇、王礼钦、郭志忠、冯浩、万鹏飞为华北石油会战指挥部副指挥，霍洪山（军代表）为政委，申力生、魏定远（军代表）、赵复成、刘仁杰、施振芳为副政委，王礼钦（兼任）、王连志为总工程师。【（72）燃党字第22号　华油党（72）31号】

8月3日　中共锦州市委批复，同意吕明泰为石油六厂革委会副主任。【锦发（1972）97号】

8月5日　中共抚顺市委批准，同意兰丕炜同志任抚顺石油二厂党委副书记，王长荣、武进文、赵宗麟、陈永寿任革委会副主任；崔绳先、张义山、杨昭庆任抚顺石油三厂革委会副主任。【抚发批字（1972）76号】

8月7日　燃料化学工业部党的核心小组同意，建立石油化工科学研究院党的核心小组，由李苏、侯祥麟、杨谨、齐福海、潘生玺、邓家辉、张西蕾、龙在云、杨文波等9名同志组成，李苏同志任组长，侯祥麟、杨谨、齐福海同志任副组长。【（72）燃党字第23号】

同日　燃料化学工业部党的核心小组同意，建立石油化工规划设计院党的核心小组，由鲁毅、冯伯华、袁荣、刘东明、孙振盛、李铁轮、张仁、杨义邦、陈自光等9名同志组成，鲁毅同志任组长，冯伯华、袁荣、刘东明同志任副组长。【（72）燃党字第24号】

8月10日　燃料化学工业部和中共北京市委同意，自1972年8月15日起，北京石油化工总厂由燃料化学工业部和北京市革委会直接领导，生产、建设业务等工作仍由燃料化学工业部负责，党的工作由北京市负责。【京革发（72）197号】

8月11日　燃料化学工业部党的核心小组批复，同意杨玉宽同志任汉平运输站党委书记，乔玉海、侯生春（军代表）同志任党委副书记，杨玉宽、侯生春、张义卿任汉平运输站革委会副主任。【（72）燃政组字第137号】

8月25日　中共大庆委员会决定，免去陈烈民的大庆革委会政治部主任职务、李宝柱的东北石油学院革委会主任职务。【大庆政字（72）76号】

8月　中共山东省委决定，胜利油田革委会更名为胜利油田会战指挥部。【中国石油化工集团公司提供】

同月 三二二油田32146井队队长刘成章当选中共十大代表。【辽河油田分公司上报】

九 月

9月2日 燃料化学工业部党的核心小组同意六四六厂更名为燃料化学工业部石油地球物理勘探局。【（72）燃办字第14号】

同日 燃料化学工业部党的核心小组批准，燃料化学工业部政工组成立直属政工组，统管燃料化学工业部机关和在京直属事业单位的思想政治工作，原设在办事组的机关政工组撤销；将干部调配小组和干部组合并，组成政工组干部组，编制30人，直属政工组。【档案号：244-1972-007-011】

9月5日 燃料化学工业部党的核心小组同意，成立石油勘探开发规划研究院党的核心小组，由张俊、焦力人、刘南、李晔、阎敦实、秦同洛、李伯诚等7名同志组成，张俊同志为组长，焦力人同志为副组长。【（72）燃党字第26号】

9月7日 燃料化学工业部党的核心小组同意，增补张文焕、郭英、郑兴国、罗忠仁为中共太康五七学校核心小组成员，张文焕为副组长；增补张文焕、郭英、罗忠仁为太康五七学校革委会委员，张文焕为革委会副主任。【（72）燃党字第29号】

同日 旅大市革委会同意，隋广文任石油七厂革委会主任，周绍仲、金喜春同志任常委。【旅革发（1972）91号】

同日 燃料化学工业部、北京市委决定，将北京化工建筑公司划归北京石油化工总厂。【中国石油化工集团公司提供】

9月8日 中共天津市委决定，马永林、苑青山、裴虎全、丁达、钟一鸣、陈厚勇、王礼钦、郭志忠、冯浩、万鹏飞等10人任华北石油会战指挥部副指挥，霍洪山（军代表）同志任政委，申力生、魏定远（军代表）、赵复成、刘仁杰、施振芳等5名同志任副政委，王礼钦兼任总工程师，王连志任基建总工程师，吴华元任总地质师。【津党发（1972）101号】

9月12日 燃料化学工业部派出以唐克副部长为团长，焦力人、宋振明为副团长，阎敦实、赵声振、钟一鸣等人参加的石油化工考察团赴加拿大、法国考察。【《中国石油大事记》】

9月22日 中共盘锦地委决定，谢恒益、高尚仁为三二二油田革命委员会副主任；免去曹进奎、马依文、杨庆岚的三二二油田革委会副主任职务。【盘发（1972）78号】

十 月

10月13日 兰化公司党委副书记、革委会副主任杜锦章调甘肃省燃化局工作。【省委干字（1972）105号】

10月21日 中共宝鸡市委决定，曾慎达、秦和先同志为宝鸡石油机械厂党委常委、革委会副主任。【宝市革政发（1972）343号】

10月28日 中共三二二油田第一次代表大会召开，选举产生中共三二二油田第一届委员会，中共辽宁省委同意选举结果，黄达宣同志任党委第一书记，刘长亮同志任党委第二书记，贾皞（皋）、谢恒益、刘照民、林治开同志任党委书记，黄达宣、刘长亮、贾皞（皋）、谢恒益、刘照民、林治开、满应科、郭维范、黄志斌、王涛、王子正、季生元、高尚仁等13名同志为党委常委。【辽发（1972）97号】

10月30日 中共辽宁省委同意，刘长亮同志任中共盘锦地区委员会常委；黄达宣任三二二油田革委会主任；免去曹进奎同志的中共盘锦地区委员会常委、革委会主任职务，王秀法的三二二油田革委会主任职务。【辽发（1972）99号】

10月31日 中共宝鸡市委决定，高玉印同志任宝鸡石油钢管厂党委常委、革委会副主任。【宝市革发（1972）342号】

十 一 月

11月7日 燃料化学工业部党的核心小组决定，北京石油机械厂从石油化工科学研究院划归石油勘探规划研究院领导。【办组字第27号】

11月16日 中共锦州市委批复，同意曲才绪为石油五厂革委会副主任；免去刘玉新的石油五厂革委会副主任职务。【锦发（1972）143号】

11月17日 锦州市燃料化学工业局党的核心小组决定，撤销石油五厂革命委员会，石油五厂更名为锦西石油五厂。【（72）油五厂革办字第289号 锦燃化核字72第88号】

同日 燃料化学工业部批复，石生同志任石油化工科学研究院综合研究所党的核心小组组长，唐家栋、王云庆同志任党的核心小组副组长，梁俊同志任党的核心小组副组长兼政工组组长，林风兼任综合研究所所长，卢成锹、江峰、韩浩、刘一、赵仁殿5人任副所长，闵恩泽任总工程师。【（72）燃政组字第244号】

11月20日　中共抚顺市委批复，同意高大民同志任抚顺石油一厂党委常委、革委会副主任，韩文盛、杨宪贵任革委会副主任；李广明同志任抚顺石油三厂党委副书记，张义山同志任党委常委，金国斌同志任党委常委、革委会副主任，林化启、王世俭任革委会副主任。【抚发（1972）85号】

11月25日　燃料化学工业部党的核心小组批复，谭文彬任石油勘探开发规划研究院总地质师。【（72）燃政组字第253号】

同日　燃料化学工业部党的核心小组批准，赵宗燠、林正仙任石油化工科学研究院总工程师，翁文波调石油勘探开发规划研究院任总地质师，靳锡庚退休。【（72）燃政组字第254号】

同日　燃料化学工业部党的核心小组决定，李志远任中国燃料化工成套技术进出口公司副经理。【（72）燃政组字第259号】

11月27日　兰州军区党委批复，同意李敬、程国策、蒋清芝、王景周4名同志为长庆油田指挥部党委常委，焦万海、郭究圣同志为党委副书记。【长庆党发（1972）88号】

11月30日　燃料化学工业部党的核心小组批复，同意王善庆同志为石油化工科学研究院六二一厂党的核心小组组长，陈宜琨为厂长，高清岚、邵经聪、陈瑞安为副厂长，徐元达任主任工程师。【（72）燃政组字第263号】

11月　锦州市燃料化学工业局决定，石油六厂更名为锦州石油六厂。【锦州石化分公司上报】

十 二 月

12月6日　燃料化学工业部决定，在太康五七学校基础上成立燃料化学工业部干校，由燃料化学工业部政工组和办事组管理。【（72）燃办组字第30号】

12月8日　中共甘肃省委决定，任命原甘肃省副省长，省计委主任葛士英同志为兰州化学工业公司党委第一副书记、革委会第一副主任。【省委干字（1972）161号】

12月13日　中共山东省委批准，中共胜利油田革委会核心小组更名为中共胜利油田会战指挥部核心小组。【中国石油化工集团公司提供】

12月23日 燃料化学工业部征得河南省革委会生产指挥部同意，将河南省南阳石油机械厂更名为燃料化学工业部第二石油机械厂，承担石油勘探设备维修配件的生产任务，同时承担一定的设备制造任务。【（72）燃制字第27号】

12月25日 中共抚顺市委批复，同意吕鸿安同志任抚顺石油二厂党委副书记，武进文同志任党委常委，廖全清、盖庆禄、潘义文、李文路、董洪科任革委会副主任。【抚发批字（1972）87号】

本年 石油工业职工总数65.65万人。【石油工业统计年报】

一九七三年

一 月

1月8日 燃料化学工业部党的核心小组决定，宋恩远同志任科学技术情报所党的核心小组组长，徐晓、邵锐、支明玉同志任副组长，徐晓任科学技术情报所所长，李岩、刘焕民、张义和、李天华、靳仲敏任副所长。【（73）燃政组字第17号】

同日 中共中央组织部决定，调中共陕西省委常委、省革委会副主任李建平同志任燃料化学工业部党的核心小组副组长。【组干通字（73）第1号】

1月9日 旅大市革委会批复，同意大连有机合成厂与大连石油七厂合并。从1月1日起，大连有机合成厂正式作为大连石油七厂分厂，由大连石油七厂统一领导，统一核算。【旅化革发字（73）6号】

1月13日 新疆维吾尔自治区党委决定，白成铭同志任新疆石油管理局、克拉玛依市党委副书记，新疆石油管理局革委会副主任。【新党发（1973）25号】

1月28日 燃料化学工业部党的核心小组决定，成立燃料化学工业部外事领导小组，统一领导引进技术装备、援外和出口等外事方面的工作。领导小组由唐克、孙晓风、李建平、杨叶澎、焦力人、周太和、任成玉、刘子廉、杨毅、甘宁、王林秋、冯伯华、贾嵩明等13人组成，唐克为组长。【档案号：244-1973-0039-003】

1月29日 中共黑龙江省委决定，宋望平同志任中共大庆委员会副书记、革委会副主任，李友林同志任中共大庆委员会常委、革委会副主任。【（73）龙革政组字5号】

1月 南京石油化工厂军代表撤离，王平同志任南京石油化工厂党委书记、薛秀川任革委会主任。【中国石油化工集团公司提供】

二 月

2月1日 燃料化学工业部决定将燃料化学工业部物资供应管理组更名为燃料化学工业部物资供应管理局，负责燃料化学工业部直供企业的物资供应

管理工作。【（73）燃办字第112号】

2月7日 燃料化学工业部党的核心小组决定，顾令善、孙柏成任中国燃料化工成套技术进出口公司副经理。【（73）燃政组字第72号】

同日 中共白城地委同意，刘自然同志任前郭炼油厂党委副书记，李中荣同志任党委常委、革委会副主任。【白发（73）27号】

2月12日 燃料化学工业部决定，将大庆油田入川参加会战的油建一大队约500人，调给管道局；将胜利油田入川会战的地震队、原六四六厂入川会战的13个地震队共计800人，调给石油地球物理勘探局600人，调给六四一厂海洋勘探指挥部200人。【（73）燃财劳字第203号】

同日 燃料化学工业部决定，撤销长庆油田会战指挥部五分部，将石油运输公司参加会战的全部人员和设备划归长庆油田会战指挥部领导；驻新疆地区的石油运输公司一分公司更名为燃料化学工业部石油运输公司，由燃料化学工业部直接领导，驻地在新疆克拉玛依市独山子区。【（73）燃财劳字第209号】

同日 燃料化学工业部决定，将六四六厂参加长庆会战的22个地震队调给长庆油田会战指挥部，将第12大队队部的全部人员及5个地震队调给大庆油田。【（73）燃财劳字第210号】

2月14日 燃料化学工业部决定，成立南海石油勘探筹备处，由茂名石油公司领导。【《中国石油大事记》】

2月16日 国务院批复，燃料化学工业部党的核心小组成员、政工组组长黄文仲同志调回中国人民解放军总参谋部。【（73）燃党字第5号】

2月23日 根据中央精神，中共黑龙江省委同意撤销大庆油田军事管制委员会。【龙发（1973）51号】

三　月

3月5日 燃料化学工业部党的核心小组批复，增补石生、梁瑛同志为石油化工科学研究院党的核心小组成员。【（73）燃党字第7号】

3月14日 燃料化学工业部决定，石油地球物理勘探局第十大队（辖8个地震队）800余人，胜利油田5个钻井队约400人，成建制调给华北石油勘探指挥部。【（73）燃财劳字第389号】

3月23日 燃料化学工业部党的核心小组决定，任命张兆美为江汉石油管理局局长兼政委，姬永兴、王照明、李绍亮、王有常、王崇山、郭水生、霍文彬、李学尧任副局长，冯元富、郭福礼为副政委，张恕基为政治部主任，李荣藻为总工程师。【（73）燃党字第10号】

3月25日 中共宝鸡市委决定，苗德胜任陕西省宝鸡石油钢管厂革委会主任。【宝市革政批（1973）53号】

3月30日 燃料化学工业部党的核心小组批准，展青雷任燃料化学工业部办事组副组长，李天相任燃料化学工业部石油勘探开发组副组长，王泽任中国燃料化工成套技术进出口公司副经理。【（73）燃政组字第199号】

同日 燃料化学工业部批复，孙风臣任第一石油化工建设公司革委会副主任。【（73）燃政组字第198号】

四　月

4月7日 常茂生同志任宝鸡石油机械厂党委常委、革委会副主任。【宝鸡石油机械有限责任公司上报】

4月9日 中共抚顺市委批复，同意庞占元同志任抚顺石油二厂党委副书记、革委会副主任。【抚发（1973）24号】

4月13日 中共抚顺市委批复，同意杨宪贵、韩文盛同志任抚顺石油一厂党委常委，李侠任抚顺石油二厂革委会副主任，王勇任抚顺石油三厂革委会副主任。【抚发批字（1973）15号】

4月16日 国务院批准，燃料化学工业部成立石油天然气管道局，对全国石油天然气管道建设和生产管理工作进行统一领导，办公地址设在秦皇岛市。【（73）燃办字第619号】

4月20日 燃料化学工业部党的核心小组决定，调整燃料化学工业部政工组机构，编制为90人，政工组下设干部部、组织部、宣传部、保卫部、直工部和办公室。任成玉为政工组组长，张贻信、王蕴心、马树良、董绍杰为副组长；薛仁宗为干部部部长，王庭远、白凤仪、崔嘉鸿、梁绍忠、王一中为副部长；杨国凡为组织部部长，刘忠勇、杨克、杨乃昌为副部长；左长安、吴训铎为宣传部副部长；秦平为保卫部部长，芦义贵为副部长；康心浩为直工部部长，苏甦、郑吉梧、范凤玲为副部长；龚镇为办公室主任，毛华鹤、赵志为副主任。成立政工组党的核心小组，由任成玉、张贻信、王蕴心、马树良、董绍杰、薛仁宗、杨国凡、秦平、康心浩、龚镇等19人组成。任成玉任组长，张贻信、王蕴心任副组长。撤销干部调配小组和机关政工组。同时，燃料化学工业部调整办事组领导班子，刘康为办事组第一副组长，郑耀舜、康宁、白凤祥、展青雷、张一之、李洪甲为副组长。【档案号：244-1973-0039-004】

4月25日 中共抚顺市委同意，周友奎任抚顺石油一厂革委会常委、副主任，崔绳先同志任抚顺石油三厂党委副书记。【抚批发字（1973）第19号】

4月29日 燃料化学工业部党的核心小组决定，张焕文同志任五七干校党委书记，张志同志任党委副书记、校长，王者春同志任党委副书记、副校长。【（73）燃政组字第263号】

五 月

5月2日 中共黑龙江省委同意，大庆党委副书记、革委会副主任任云峰同志回部队工作，大庆党委常委、革委会副主任高峰同志回部队工作。【龙发（1973）90号】

同日 兰州军区党委同意，增补刘瑞芳、职若愚同志为长庆油田指挥部党委委员，刘瑞芳同志为党委常委。【（73）第30号】

5月7日 大庆党委决定，陈烈民兼任大庆革委会政治部主任。【庆政字（73）74号】

5月8日 燃料化学工业部党的核心小组决定，张邦杰、杨达任石油勘探开发规划研究院副院长。【（73）燃政组字第278号】

5月9日 燃料化学工业部党的核心小组批复，增补靳仲敏、毕汝闾、冯新、吴德琪等4名同志为科学技术情报所党的核心小组成员。【（73）燃党字第15号】

同日 兰州军区党委任命刘瑞芳、王景周、王凤来、职若愚、于耀先、周世英、张振海等7人为长庆油田指挥部副指挥，蒋清芝为政治部主任。【（73）干字第24号）】

5月10日 中共甘肃省委决定，免去黄成连的兰州炼油厂革命委员会副主任、中共兰州炼油厂委员会常委职务。【甘干字（1973）35号】

5月13日 抚顺石油二厂党委同意，武进文同志为抚顺石油二厂工会主任。【油二党字（73）第15号】

5月16日　中共吉林市委批复，同意侯德武任吉林化学工业公司工会主任。【吉市组发（1973）49号】

5月21日　广西石油化工安装公司党组织关系，由隶属桂林市城建局党的核心小组改为桂林市一轻局党的核心小组。【中国寰球工程公司上报】

5月22日　中共辽宁省委批准，三二二油田更名为辽河石油勘探局，撤销其革命委员会，设局长、副局长、工程师等职务；中共三二二油田委员会更名为中共辽河石油勘探局委员会，刘长亮同志兼任辽河石油勘探局党委书记，贾皞（皋）同志任党委副书记、局长，刘照民、林治开、王涛同志任党委副书记；免去黄达宣同志的中共盘锦地区委员会书记、常委，盘锦地区革委会副主任、常委，中共三二二油田委员会第一书记、常委，三二二油田革命委员会主任职务；免去谢恒益同志的中共盘锦地区委员会常委，盘锦地区革委会副主任、常委，中共三二二油田委员会书记职务。【盘发（1973）57号】

同日　中共盘锦地委决定，任命刘照民、林治开、王涛为辽河石油勘探局副局长，满应科、王子正、季生元、王天儒等4名同志为党委常委、副局长，窦小群同志为党委常委、政治部主任，刘成章、杨录、张子玉、李国璋、赵喜德等5人为副局长，蒋麟湘为总工程师，张文昭为总地质师。【盘发（1973）50号】

5月23日　燃料化学工业部党的核心小组、沈阳军区党委决定，杨作义、张福录、张振勇、金元汉、李兰生、吕中士为东北输油管线指挥部副指挥，张瀛洲同志为东北输油管线指挥部党委副书记。【中国石油天然气管道局上报】

5月26日　中共甘肃省委批复，同意刘治敏同志任玉门石油管理局党委副书记、革委会副主任，向同水、李芳兰、同维焕等3人任革委会副主任。【干字（1973）38号】

5月29日　燃料化学工业部决定，将石油地球物理勘探局地震十大队成建制调给华北石油勘探指挥部，职工人数833人。【（73）冀革劳字第87号】

5月30日　燃料化学工业部党的核心小组批准，五七干校党委由王者春、刘文明、刘国权、冯先民、田慧芬、朱瑞芬、周守成、郑兴国、张志、张焕文、郭英等11名同志组成，张焕文同志为党委书记，张志、王者春同志为党委副书记。【燃料化学工业部党的核心小组第六十七次会议】

六 月

6月4日 中共四川省委决定，黄凯同志任四川省石油管理局革委会党的核心小组组长，增补董金壁、靳学礼、董中林、王合林等4名同志为四川省石油管理局革委会副主任、党的核心小组成员，郑浩、郝凤台、刘选伍、刘荫藩等4名同志为四川省石油管理局革委会副主任，吴志峰、高俊山同志为四川省石油管理局革委会常委、党的核心小组成员。【川政函（1973）254号】

6月6日 中共广西壮族自治区燃料化学工业局核心小组决定，施百令同志任广西石油化工安装公司党委常委。【中国寰球工程公司上报】

同日 中共洛阳地委同意，刘佩生同志任第一石油化工建设公司党委副书记，卢传斌、李凯仁、纪明申等3名同志为党委常委。【洛发（1973）107号】

6月8日 燃料化学工业部决定，从茂名石油公司调40名基本建设技术骨干给华北石油勘探指挥部；从华北石油勘探指挥部、江汉石油管理局、胜利油田等单位调262名工作人员给茂名石油公司南海石油勘探筹备处。【（73）燃财劳资979号】

6月11日 新疆维吾尔自治区党委批复，同意程光庆、赵景昌同志为石油运输公司党的核心小组成员。【新党发（1973）205号】

6月12日 燃料化学工业部决定，将二三四八工程指挥部中国人民解放军后勤部领导的五七总队仍归燃料化学工业部建制，于1973年6月1日正式组建为燃料化学工业部第四石油化工建设公司。涂秀森任第四石油化工建设公司经理；庞守则、王荫堂、范大义、芦尚廉、王国栋、唐科明任副经理；陈序秋任副经理兼总工程师。【（73）燃政字第1022号】

6月16日 燃料化学工业部党的核心小组决定，成立中共燃料化学工业部第四石油化工建设公司委员会，委员会由15名同志组成。董洪斌、涂秀森、金林祥、庞守则、王荫堂、唐科明、芦尚廉、董占鳌、孙浩然等9名同志任党委常委，董洪斌同志任党委书记，涂秀森同志任党委第一副书记，金林祥同志任党委副书记。【（73）燃党字第21号】

6月18日 国务院批准，燃料化学工业部决定，成立北京石油化工总厂基本建设会战指挥部，由北京石油化工总厂统一领导，姬永兴任北京石油化工总厂基本建设会战指挥部指挥，芮杏文任第一副指挥，贾淮舟、霍文彬、杨

铭、张源、张彦宁、李乾一、刘士寰、马洪、王业荣、王惠林任副指挥，王若坚任政治部主任。【（73）燃政字第1044号】

同日 玉门石油管理局第八届工会委员会代表大会召开，选举索保根为工会主任。【玉门油田分公司上报】

6月19日 燃料化学工业部批复，同意李凯仁、纪明申、李子凡、汤学永、高岐山、王世功、依福春任第一石油化工建设公司革委会副主任。【（73）燃政字第1060号】

同日 中共黑龙江省委决定，黄生同志任中共大庆委员会常委，免去李有林同志的中共大庆委员会常委、革委会副主任职务。【龙发（1973）147号】

6月20日 燃料化学工业部批复，同意李善才为第二机械厂厂长，常茂生、吴景祥、徐德兴为副厂长，石伏波为政委，董振春为副政委。【（73）燃政组字第339号】

同日 燃料化学工业部任命，郭生吉为南阳石油勘探指挥部政委，王天才为副指挥。【（73）燃政组字第340号】

6月22日 新疆维吾尔自治区党委决定，王向群任新疆石油管理局、克拉玛依市革委会副主任。【新党发（1973）226号】

同日 中共吉林省委决定，成立吉林省石油会战指挥部，马骥祥任指挥，刘存仁任政委，贾承烈任副指挥兼七〇油田革命委员会主任，汪启智、梁树奎、田在艺、叶跃庭、朱良久、吴衍君、张怀玺任副指挥，王彬、张景阳任副指挥，赵东黎、徐尚风任副政委，罗重群任副政委兼政治部主任，王炳诚任总工程师。吉林省石油会战指挥部的党政工作暂由中共白城地委管理。【燃料化学工业部（73）燃财劳字404号 吉林油田大事记】

同日 华北石油会战指挥部副指挥李全亨当选中共十大代表。【大港油田分公司上报】

6月28日 燃料化学工业部党的核心小组决定，安启元任石油地球物理勘探局局长，林运根、庄国成、何传弟、李全慎任副局长，王绪东任政治部主任，王尚文任总地质师，王纲道、孟尔盛任总工程师。【（73）燃党字第24号】

同日 燃料化学工业部党的核心小组决定，成立中共石油地球物理勘探局委员会，段志高、安启元、刘毅、林运根、庄国成、何传弟、王绪东等7名同志任党委常委，段志高同志任党委书记，安启元同志任党委第一副书记，

刘毅同志任党委副书记。【(73)燃党字第25号】

6月29日至7月1日 中共胜利油田第一次代表大会召开，选举产生第一届委员会，委员会由53名同志组成，党委常务委员会由刘佩荣、余群立、王瑞龙、杨志钰、杨继清、欧阳毅(义)、刘占仓、王军、李雨轩、姚福林、冯其俊、于清海等12名同志组成，刘佩荣同志为党委书记，余群立、王瑞龙、杨志钰同志为党委副书记。【中国石油化工集团公司提供】

6月29日 中共黑龙江省委批复，同意薛国邦同志任大庆总工会主任。【龙组发(73)7号】

6月 华北石油会战指挥部钻井二大队大队长张国祥同志当选第四届全国人大代表。【华北油田分公司上报】

七月

7月3日 燃料化学工业部党的核心小组决定，调朱寄云同志到石油化工规划设计院任党的核心小组组长。【(73)燃党字第26号】

7月7日 中共宝鸡市委决定，免去张忠印同志的宝鸡石油钢管厂党委常委、革委会副主任职务。【宝市革政批(1973)152号】

7月10日 中共旅大市委同意，曹彦福同志任大连石油七厂党委副书记，周绍仲、隋广文同志任党委常委，白福瑞同志任党委常委、革委会常委，唐启舜任革委会副主任。【旅发(1973)33号】

7月12日 石油运输公司党组织隶属关系由中共甘肃省委改为隶属新疆维吾尔自治区党委领导。【油运党发(73)015号】

7月14日 中共吉林省委决定，吉林省石油会战指挥部党的核心小组由刘存仁、马骥祥、赵东黎、贾承烈、汪启智、梁树奎、罗重群等7名同志组成，刘存仁同志为组长，马骥祥、赵东黎同志为副组长。【吉林油田分公司上报】

7月17日 中共甘肃省委同意，张瑞琪同志任兰州化学工业公司党委委员、常委、副书记；吴登第同志任党委委员、常委、副书记，革委会委员、常委、副主任；林华同志任党委委员、常委，卓贡西同志任党委常委、革委会副主任。【干字(1973)61号】

7月18日 燃料化学工业部党的核心小组决定，杨华甫同志任石油化工规划设计院党的核心小组副组长。【(73)燃党字第28号】

同日　燃料化学工业部党的核心小组决定，高铁英任燃料化学工业部机械制造组副组长，马玉云、赵汝经任燃料化学工业部财务劳动组副组长。【（73）燃党字第29号】

7月20日　新疆维吾尔自治区党委决定，李欣吾同志任新疆石油管理局、克拉玛依市党委书记，谢采贤同志任党委副书记，瓦力斯江·吐尔地任革委会主任，王照明、侯志诚同志任党委副书记、革委会副主任，张毅、马合木提·司马义任革委会副主任；免去孙世英的新疆石油管理局、克拉玛依市党委书记、革委会主任职务，贺景富的新疆石油管理局、克拉玛依市党委副书记、革委会副主任职务、南疆石油勘探指挥部临时党委书记职务，张孝升的新疆石油管理局、克拉玛依市革委会副主任职务，秦峰的新疆石油管理局、克拉玛依市党委副书记、革委会副主任职务，赵炎的新疆石油管理局、克拉玛依市革委会副主任、南疆石油勘探指挥部临时党委副书记职务，张敬同志的新疆石油管理局、克拉玛依市委常委、钻井处党委副书记职务。【新党发（1973）266号】

7月24日　燃料化学工业部石油地球物理勘探局成立大会在河北省徐水县召开。【东方地球物理公司上报】

7月25日　中共抚顺市委同意，免去兰丕炜同志的抚顺石油二厂党委副书记、革委会副主任职务，范万才同志的抚顺石油一厂党委常委、革委会副主任职务。【抚发批字（1973）37号】

7月26日　中共旅大市委批复，同意白福瑞任大连石油七厂工会主任。【旅复（1973）122号】

7月28至31日　中共七〇油田第一次代表大会召开，选举产生首届委员会委员25人，党委常务委员会由贾承烈、徐尚风、王彬、张景阳、牛天杰、李学明、王雪涛、魏凤石、国荣等9名同志组成，贾承烈为党委书记，徐尚风为党委副书记。【吉林油田分公司上报】

7月30日　燃料化学工业部党的核心小组批复，同意中共石油化工科学研究院综合研究所核心小组由石生、林风、唐家栋、梁俊、芦成秋、江峰、韩浩、赵仁殿、杨宝春等9名同志组成，石生同志任组长，林风、唐家栋、梁俊3名同志任副组长。【（73）燃党字第39号】

7月31日　宝鸡市革委会批准，马凤祥任宝鸡石油机械厂工会主任。【宝市革二办证批（1973）17号】

7月 新疆石油管理局结束军事管制。【新疆油田分公司上报】

同月 燃料化学工业部党的核心小组决定，江汉石油管理局工程处独立建制，组建燃料化学工业部第五石油化工建设公司。【中国石油化工集团公司提供】

八 月

8月1日 吉林省革委会党的核心小组决定，牛天杰、李学明、王雪涛、魏凤石任七〇油田革委会副主任。【油革发（1973）95号】

8月3日 燃料化学工业部党的核心小组决定，李欣吾任石油勘探开发规划研究院副院长。【（73）燃党字第43号】

8月8日 中共黑龙江省委决定，张洪池、宋世宽、段荷华、傅金平、陈烈民、张云清、喻新盛等7名同志任大庆党委副书记，常胜、李虞庚、王永祯、黄国斌、黄伟、薛国邦、李玉生、周占鳌、李海峰、周大任等10名同志任大庆党委常委，李虞庚、黄国斌、周占鳌、只金耀、崔海天、李云、张鸿飞、孙靖韬任革委会副主任。【龙发（1973）184号】

8月10日 中共洛阳地委批复，同意汤学永为第一石油化工建设公司工会主任。【中国石油工程建设公司上报】

8月11日 燃料化学工业部党的核心小组决定，任命黄先有为江汉石油管理局副政委兼工会主任，魏光荣、李怀学、陈勇、汪德修为副局长，陈泽轩为总机械师，胡朝元为总工程师。【（73）燃政组字第1587号】

同日 中共广西壮族自治区燃化局核心小组决定，钟天裕、曾其南同志任广西石油化工安装公司党委委员。【中国寰球工程公司上报】

8月15日 燃料化学工业部党的核心小组批复，同意太康五七干校设立党委常务委员会，由张焕文、张志、王者春、郑兴、冯先民等5名同志组成。【（73）燃政组字第395号】

同日 中共白城地委批复，同意曾昭允同志任前郭炼油厂党委副书记，金哲训任革委会副主任。【白地组（73）3号】

8月16日 中共甘肃省委决定，侯宏顺同志任兰州炼油厂党委书记、革委会主任；免去王芝山同志的党委书记、委员，革委会主任、常委、委员职务。【干字（1973）78号】

8月17日 中共青海省委同意，陈洪振同志任青海石油管理局党委常委、副书记兼政治部主任，任增寿、李宗鸿、薛崇仁、张文安、蒋一鸣等5名同志任青海石油管理局党委常委、革委会副主任。【青革政发（1973）137号】

8月18日 中共甘肃省委决定，任命任志恒同志为玉门石油管理局党委书记、革委会主任；免去佟尊同志的玉门石油管理局党委书记、常委、委员，革委会委员、常委、主任职务，王德礼同志的党委副书记、常委、委员，革委会副主任职务。【甘干字（1973）78号】

8月22日 燃料化学工业部党的核心小组批复，刘庆元为第五石油化工建设公司政委，乔明凯为经理，曹洪杰为副政委兼政治部主任，任学文、万富杰为副政委，刘宝峰、孙发深、刘贵、周敬忠、刘海廷、李凤林为副经理，刘福章为副经理兼总工程师。【（73）燃政字第1586号】

8月27日 中共抚顺市委批复，同意崔绳先同志任抚顺石油一厂党委书记、革委会副主任，免去其抚顺石油三厂党委书记、革委会副主任职务；吕鸿安、欧阳章为抚顺石油二厂党委书记，免去吕鸿安的抚顺石油二厂革委会副主任职务。【抚发批字（1973）54号】

8月30日 新疆维吾尔自治区党委决定，免去白成铭的新疆石油管理局、克拉玛依市党委副书记、革委会副主任职务。【组字（73）001号】

8月 新疆石油管理局党委副书记、革委会主任瓦力斯江·吐尔地，兰州炼油厂革委会副主任黄成连当选中共十大代表、中央候补委员。【新疆油田分公司、兰州石化分公司上报】

同月 大庆党委副书记、革委会副主任宋振明当选中共十大代表、中共第十届中央委员，大庆党委副书记、革委会副主任张洪池当选中共十大代表、中共第十届中央委员。【大庆油田有限责任公司上报】

同月 锦州石油六厂刘长江当选中共十大代表。【锦州石化分公司上报】

同月 兰州军区决定，兰州军区驻兰州炼油厂军管组撤离。【兰州石化分公司上报】

九　月

9月3日 中共大庆委员会决定，陈烈民同志兼任中共大庆委员会政治部主任，免去其兼任的大庆革委会政治部主任职务；免去周大任的大庆革委会政治部第一主任职务。【庆政字（73）136号】

9月14日 燃料化学工业部党的核心小组决定，徐楠任中国燃料化工成套技术进出口公司副经理，陈耕夫任燃料化学工业部华北协作组副组长，张明理任燃料化学工业部综合计划组副组长，韩时针任燃料化学工业部机械制造组副组长，王权、金洪涛任燃料化学工业部化工生产二组副组长。【（73）燃政字第1802号】

同日 兰州军区党委批复，同意增补耿健、胡培成同志为长庆油田指挥部党委委员。【兰政干字（73）第88号】

9月17日 中共吉林市委同意，庄署亭、王裕民、王成福、徐增贵、纪清远等5名同志为吉林化学工业公司党委常委。【吉市组发（1973）101号】

同日 燃料化学工业部商内蒙古自治区、国家建设委员会同意，决定将第十石油化工建设公司从内蒙古调出，调给华北石油会战指挥部950人，调给石油天然气管道局560人，调给石油化工施工机具配件厂240至260人。【（73）燃基字第1809号】

9月20日 石油运输公司党的核心小组决定，成立石油运输公司工会委员会，李炳全任工会主任。【油运党发（73）025号】

9月21日 中共甘肃省委决定，兰州炼油厂党委副书记赵启明任甘肃省燃料化学工业局局长。【甘燃化党字（1973）91号】

9月24日 中共甘肃省委、甘肃省委革委会批复，同意马春发同志任兰州炼油厂党委常委。【甘燃化党（1973）93号】

同日 燃料化学工业部党的核心小组决定，余萍任石油勘探开发规划研究院副院长。【（73）燃政字第1897号】

9月25日 燃料化学工业部决定，燃料化学工业部办事组信访接待室改为人民来信来访接待处。【（73）燃政组字第472号】

十 月

10月4日 中共盘锦地委决定，刘沐任辽河石油勘探局副局长。【盘发（1973）103号】

10月17日 新疆维吾尔自治区党委决定，张家达同志任新疆石油管理局革委会副主任、党委常委兼南疆勘探开发指挥部党委书记，刘翔鹗任新疆石油管理局总工程师。【组字（1973）045号】

同日 燃料化学工业部党的核心小组决定，成立燃料化学工业部化工进口项目办公室，负责化工进口项目设备、材料引进的组织工作。【（73）燃办组字第20号】

10月18日 燃料化学工业部党的核心小组决定，成立华北输油管线指挥部，该指挥部隶属燃料化学工业部石油天然气管道局领导，办公地点设在河北省安次县。【（73）燃办字第2017号】

10月19日 胜利油田3264钻井队、32319钻井队到辽河油田参加会战。【辽河油田分公司上报】

10月20日 新疆维吾尔自治区党委决定，谢宏任新疆石油管理局总地质师。【组字（1973）055号】

10月31日 中共吉林省委决定，曹波声同志任吉林化学工业公司党委书记、革委会主任，王裕民同志任党委副书记、革委会副主任，庄署亭同志任党委副书记；免去刘林同志的党委书记职务。【吉发（1973）114号】

同日 燃料化学工业部党的核心小组决定，成立中共石油天然气管道局委员会，何承华、贾振礼、朱洪昌、王正棠、吉美生、周文华、徐文野等7名同志为党委常委。何承华同志任党委书记，贾振礼同志任党委第一副书记，朱洪昌、王正棠、吉美生同志任党委副书记。【（73）燃党字第47号】

同日 燃料化学工业部党的核心小组决定，朱洪昌任石油天然气管道局局长，周文华、刘宏胜、夏云昌、杨作义、焦福林任副局长，徐文野任政治部主任。【（73）燃党字第46号】

同日 中共天津市委决定，华北石油会战指挥部党委常务委员会由张文彬、赵复成、马永林、刘仁杰、裴虎全、齐国贤、施振芳、侯忠、臧成平、贺清德、孙德福、李全亨、阎宝钧等13名同志组成，张文彬同志兼任党委书记，赵复成同志任党委第一副书记，马永林、刘仁杰、裴虎全、齐国贤、施振芳等5名同志任党委副书记，马永林任华北石油会战指挥部指挥，裴虎全任第一副指挥，钟一鸣、孙德福、丁达、李全亨、陈厚勇、郭志忠、王礼钦、守智、冯浩、万鹏飞、禹福连、施鸣鹤任副指挥，王礼钦兼任总工程师，王连志任基建总工程师，吴华元任总地质师，朱兆明任采油总工程师，阎宝钧任政治部主任。【津党法（1973）143号】

十 一 月

11月1日 新疆维吾尔自治区党委决定，周庆祖、徐杜周、肉孜·阿尤甫、买买提·艾沙任新疆石油管理局革命委员会副主任。【组字（1973）067号】

11月5日 吉林省革委会党的核心小组批复，同意国荣任七〇油田革委会副主任。【油革发（1973）153号】

11月9日 燃料化学工业部党的核心小组决定，朱洪昌任管道局局长，周文华、刘宏胜、夏云昌、杨作义、焦福林任副局长，徐文野任政治部主任。【（73）燃党字第46号】

同日 燃料化学工业部党的核心小组决定，成立中共石油天然气管道局委员会，委员15人。委员会设常委，由何承华、贾振礼、朱洪昌、王正棠、吉美生、周文华、徐文野等7名同志组成，何承华任书记，贾振礼任第一副书记，朱洪昌、王正棠、吉美生任副书记。【（73）燃党字第47号】

11月13日 中共锦州市委决定，石连惠同志任锦西石油五厂党委书记、革委会主任，曲才绪、官恩泽同志任党委常委，曲祝荣同志任党委常委、革委会副主任。【（73）油五党干字第880号】

11月17日 燃料化学工业部党的核心小组决定，建立北京电机修造厂党的核心小组，郭怀章、刘洪元、沙勇力、张景库、顿羿、孙农、张金聚等7名同志为成员，郭怀章同志为组长，刘洪元同志为第一副组长，沙勇力同志为副组长兼政工组长，刘洪元为北京电机修造厂筹建处主任，张景库、顿羿、孙农、张金聚为副主任。【（73）燃政组字第584号】

11月21日 燃料化学工业部任命沈仲明为石油化工科学研究院综合所副所长。【中国石油化工集团公司提供】

11月24日 燃料化学工业部党的核心小组批复，孙万安同志任六二一厂党委副书记兼政治处主任，信海泉任副厂长。【（73）燃政组字第605号】

同日 燃料化学工业部党的核心小组决定，原石油工业部党委常委、政治部主任吴星峰不再担任政治部主任职务，分配到所属企业做适当的领导工作。【（73）燃党字第49号】

11月26日 中共抚顺市委同意，李向阳同志任抚顺石油一厂党委常委，刘殿运、李梅英、杨学凤任革委会副主任，肖殿环同志任抚顺石油三厂党委

常委、革委会副主任。【抚发批字（1973）72号】

11月28日 燃料化学工业部党的核心小组任命韩之廉为燃料化学工业部煤炭开发组副组长兼基建工程兵办公室副主任。【（73）燃政组字第607号】

11月 南阳石油勘探指挥部更名为河南石油勘探指挥部，仍为燃料化学工业部所属处级单位。【中国石油化工集团公司提供】

同月 燃料化学工业部党的核心小组决定，中共南阳石油勘探指挥部委员会更名为中共河南石油勘探指挥部委员会，委员会由23人组成，党委常务委员会由杜志福、郭生吉、关耀家等同志组成，杜志福、郭生吉同志任党委书记，关耀家同志任党委副书记，下属10个党委、2个党总支、85个党支部，共有2864名党员。【中国石油化工集团公司提供】

十 二 月

12月10日 中共抚顺市委批复，同意张苾同志任抚顺石油二厂政治部主任；孙君贵同志任抚顺石油二厂党委常委，刘景财任抚顺石油三厂革委会副主任。【抚发批字（1973）78号】

12月16日 中共抚顺市委批复，同意刘祥同志任抚顺石油三厂党委书记、革委会主任；免去孙金跃同志的抚顺石油二厂党委书记、革委会主任职务，廉永祥同志的抚顺石油二厂党委副书记、革委会副主任职务，韩海如同志的抚顺石油三厂党委书记、革委会主任职务，芦金祥同志的抚顺石油三厂党委副书记、革委会副主任职务。【抚发批准（1973）81号】

12月22日 中共抚顺市委批复，同意杨宪贵、周有奎同志为抚顺石油一厂党委副书记。【抚发批字（1973）84号】

12月24日 燃料化学工业部决定，成立燃料化学工业部煤矿综合机械化会战指挥部，印章于1974年1月1日启用。【（73）燃办字第2452号】

本年 石油工业职工总数68.61万人。【石油工业统计年报】

一九七四年

一　　月

1月9日　燃料化学工业部下发《关于抽调队伍、设备支援辽河石油勘探局的通知》，决定从大庆、长庆、胜利、江汉等油田抽调队伍及机关人员共计4625人，参加辽河油田会战。【中国石油化工集团公司提供】

1月11日　中共黑龙江省委决定，黄生同志任大庆党委副书记，胡绍中同志任党委常委、大庆革委会副主任。【龙发（1974）29号】

1月12日　中共四川省委决定，李滋润同志任四川省石油管理局革委会副主任、党的核心小组成员。【川委函（1974）17号】

1月18日　燃料化学工业部党的核心小组批复，同意李建元、徐培芝任石油第二机械厂副厂长。【（74）燃政组第31号】

二　　月

2月5日　燃料化学工业部党的核心小组批复，同意增补卢义贵、郭廷柏、金淑玲、任宏宾、左廷征同志为五七干校党委委员。【（74）燃政组字第58号】

2月6日　燃料化学工业部党的核心小组决定，在燃料化学工业部化工项目进口办公室的基础上，成立化工进口项目建设会战指挥部，由刘子廉兼任指挥，钱传钧、贾庆礼、陈帛、董本强、徐士华任副指挥，并由王盛业、陈自光兼任副指挥。【（74）燃政字第195号】

同日　燃料化学工业部党的核心小组批复，同意谭生彬同志任石油化工科学院党的核心小组副组长。【（74）燃政组第62号】

2月7日　燃料化学工业部党的核心小组决定，王致中任石油地球物理勘探局副局长。【（74）燃政字第2 0 1号】

同日　燃料化学工业部党的核心小组决定，周鉴任南阳石油勘探指挥部副指挥。【（74）燃政字第200号】

同日　燃料化学工业部党的核心小组决定，赵炎任江汉石油管理局副局长。【（74）燃政第234号】

同日　燃料化学工业部党的核心小组决定，申力生同志任石油勘探开发规划研究院党的核心小组副组长，秦峰任石油勘探开发规划研究院副院长。【（74）燃政字第233号】

2月10至13日　中共四川省石油管理局第四次代表大会召开，选举产生中共四川省石油管理局第四届委员会。中共四川省委同意选举结果，委员会由37名同志组成，党委常务委员会由马文林、尹光、王存友、王合林、刘忠、刘璞、杨型亮、吴志峰、张忠良、黄凯、董中林、董金璧、靳学礼、彭家治、蔡玉芳等15名同志组成，黄凯同志为党委书记，张忠良、马文林、刘璞、王合林、刘忠、杨型亮等6名同志为党委副书记。【川委发（1974）13号】

2月17日　燃料化学工业部授予胜利油田3252钻井队“铁人式英雄钻井队”称号，该钻井队在1973年创造年钻井进尺15.01万米的全国最高记录。【《中国石油大事记》】

三　　月

3月1日　燃料化学工业部决定由新疆石油运输公司负责组建一支700人规模的运输处，调入石油天然气管道局，隶属华北输油管线指挥部领导。【（74）燃财劳字第279号】

3月21日　陈郁在广州逝世。陈郁，原名陈旭贵，1901年10月出生，广东宝安人。1925年8月加入中国共产党，中华人民共和国成立后历任燃料工业部部长，煤炭工业部部长，中共广东省省委书记、省长，是中共第六届中央委员，第七届中央候补委员，第八、九、十届中央委员，第六届中央政治局委员、候补常委。【《中国石油大事记》】

3月　中共四川省委同意，中国人民解放军四川省石油管理局军事管制委员会撤销。【西南油气田分公司上报】

同月　青海石油管理局勘探处党委副书记闫清永当选第四届全国人大代表。【青海油田分公司上报】

四　　月

4月6日　中共盘锦地委决定，王镜心、田丕儒同志任辽河石油勘探局党委常委、副局长。【盘发（1974）19号】

4月10日　天津市革命委员会决定，任命张博为天津市石油化工总厂现场

指挥部指挥，董鸿宾、曹树勋为副指挥。【建政（74）第91号】

4月23日 新疆维吾尔自治区党委决定，张启华任新疆石油管理局、克拉玛依市党委副书记、革委会副主任。【组字（1974）81号】

4月24日 燃料化学工业部决定，将石油地球物理勘探局参加辽河石油会战的两个地震队调给辽河石油勘探局，加强辽河地区物探力量。【（74）燃财劳字第557号】

4月 国家计委批复同意，广东省革委会决定，将广州石油化工总厂建设指挥部更名为广州石油化工厂建设指挥部。【《中国石油大事记》】

五　月

5月6日 燃料化学工业部党的核心小组批准，华北输油管线指挥部成立临时党委，委员会由王正棠、周文华、张湘荣、杨作义、付永安、孙锦丽、芦振刚等7名同志组成，王正棠同志任党委书记，周文华、张湘荣同志任党委副书记；任命周文华为华北输油管线指挥部指挥，杨作义、孙锦丽、芦振刚为副指挥，付永安为政治部主任。【（74）燃管道党字第32号】

5月7日 燃料化学工业部党的核心小组批复，同意建立燃料化工成套技术进出口公司党的核心小组，核心小组由王林秋、梁健、郑仲芳、徐楠、李志远、刘素坤、古兆山等7名同志组成，王林秋同志任组长，梁健同志任副组长。【（74）燃党字第3号】

5月17日 燃料化学工业部党的核心小组决定，调长庆油田会战指挥部政治部主任史少卿同志任石油运输公司党的核心小组组长、革委会主任。【中国石油天然气运输公司上报】

5月18日 燃料化学工业部商河北省、天津市有关部门同意，决定将石油地球物理勘探局钻井指挥部划归华北石油会战指挥部领导，划转职工1000余名。【（74）燃财劳字第706号】

5月29日 中共抚顺市委决定，任命蔡黎为抚顺石油一厂革委会副主任；免去张保德同志的抚顺石油一厂党委书记、革委会主任职务，郭建初同志的党委副书记、革委会副主任职务。【抚发（1974）37号】

5月 天津市石油化工总厂正式建厂，隶属于天津市革委会，由天津市化学工业局管理。厂址在天津市南郊万家码头以东地区，建设规模为炼油250

万吨/年。【中国石油化工集团公司提供】

六　月

6月1日　燃料化学工业部同意，将石油地球物探局所属太康基地移交给太康县革命委员会。【东方地球物理公司上报】

6月8日　中共宝鸡市委决定，姚亮同志任宝鸡石油机械厂党委副书记、革委会主任；免去纪祥仁的宝鸡石油机械厂革委会主任职务。【宝市革政（1974）68号】

6月26日　燃料化学工业部决定，调潘德义任展览工作室主任，免去白正之兼任的展览工作室主任职务。【（74）燃政组字第216号】

七　月

7月6日　燃料化学工业部商黑龙江省、河北省革委会同意，决定将东北输油管线指挥部第三工程处的1271名职工和全部施工机具成建制调给华北输油管线指挥部。【（74）燃财劳字第1009号】

7月19日　燃料化学工业部党的核心小组决定，卢毅任石油化工科学研究院副院长。【（74）燃政字第241号】

7月20日　燃料化学工业部决定，成立华北石油会战指挥部进口汽车底盘配件制造厂，调大庆油田300名技术骨干支援华北石油会战指挥部。【（74）燃财劳字第1797号】

八　月

8月10日　中共抚顺市委同意，潘义文任抚顺石油二厂革委会副主任，田欣毅同志任抚顺石油三厂党委常委、革委会副主任。【抚发批字（1974）3号】

同日　新疆维吾尔自治区党委同意，燃料化学工业部运输公司党的核心小组由史少卿、李效胜、左治民、刘堃、王文清、陈金海、程光庆、李炳全、马俊吉等9名同志组成，史少卿同志为组长兼任革委会主任，李效胜、左治民、刘堃、王文清等4名同志为副组长兼任革委会副主任，陈金海任革委会副主任，左治民同志兼任政治处主任。【组字（1974）152号】

8月17日　燃料化学工业部决定，孙希濂任河南石油勘探指挥部第一副政委。【（74）燃政组字第284号】

8月22日 燃料化学工业部核心小组同意增补卢毅同志为石油化工科学研究院党的核心小组成员。【(74)燃政组字第283号】

8月30日 新疆维吾尔自治区党委批复，同意谢建国同志任石油运输公司革委会副主任、党的核心小组成员，程光庆任革委会副主任。【新组字(1974)193号】

8月31日 燃料化学工业部决定，吕文亭同志任石油化工规划设计院党的核心小组副组长。【(74)燃政组字第295号】

九 月

9月4日 中共黑龙江省委决定，免去宋望平同志的大庆党委副书记、大庆革委会副主任职务。【龙发(1974)113号】

9月20日 燃料化学工业部党的核心小组、沈阳军区党委决定，郭惠中为东北输油管线指挥部副指挥。【(74)燃党字第6号 (74)沈政干字第317号】

9月27日 中共甘肃省委批复，同意马春发同志任兰州炼油厂党委副书记；王金堂同志任党委委员、常委，革委会委员、常委、副主任，黄大智、王杰任革委会常委、副主任；黄鹏远任革委会委员、常委、副主任，张秀珍、李孝儒同志任党委委员、常委；刘启富同志任党委委员，聂英华任革委会委员。【组字(1974)22号】

十 月

10月7日 中共抚顺市委同意，刘万臣同志任抚顺石油二厂党委副书记，董洪科同志任党委常委。【抚发(1974)50号】

10月8日 广西壮族自治区燃化局党组决定，冯家有、谢绍佳任广西壮族自治区石油化工安装公司革委会副主任。【燃党字(74)24号】

同日 1969年至1970年间，原煤炭工业部、化学工业部、石油工业部根据党中央国务院指示，决定外迁院校和科研设计院所共6个单位，即北京矿业学院、北京石油学院、化学工业部第一化工设计院、化学工业部第六化工设计院、化学工业部化工部医药工业研究院、北京石油设计院。另有北京石油科学研究院部分职工外迁。外迁职工总数约5900人。【(74)燃政字第1553号】

10月10日 燃料化学工业部决定，增补陈广文、江涛、李庆宝、李淑兰等4名同志为中共燃料化学工业部五七干校党委委员，陈广文、江涛为革委会

委员。【（74）燃政组字第333号】

同日　燃料化学工业部党的核心小组同意，任命张文廷、孙宪昌、杨艾、钮丽莉、郑浩为展览工作室副主任，贾玉洁为副主任兼政工组组长。【（74）燃政组字第345号】

10月25日　兰州军区党委决定，陈国法、赵红翙、李清芳、蒋长安、胡培成、侯国珍、胡云卿任长庆油田指挥部副指挥，蒋清芝任副政委。【兰政干字（74）第40号】

10月　燃料化学工业部党的核心小组任命张珍为燃料化学工业部革委会副主任。【（74）燃党字第8号】

十 一 月

11月15日　中共抚顺市委同意，任命岳增才为抚顺石油一厂革委会副主任；免去李广明同志的抚顺石油三厂副书记、革委会副主任职务，杨昭庆的抚顺石油三厂革委会副主任职务，武进文同志的抚顺石油二厂党委常委、革委会副主任职务。【抚发（1974）60号】

11月17日　中共旅大市委同意，田维新同志兼任大连石油七厂党委书记、革委会主任，袁玉茂同志任大连石油七厂党委常委、革委会副主任，周绍仲任大连石油七厂革委会副主任。【旅发（1974）40号】

11月21日　燃料化学工业部党的核心小组决定，由于发现真武油田，组织会战队伍开展江苏石油会战。【《中国石油大事记》】

十 二 月

12月9日　长庆油田指挥部党委决定，王寿增任长庆油田指挥部钻井总工程师。【（74）干第29号】

12月21日　中共黑龙江省委决定，黄生同志任齐齐哈尔市委常委、市革委副主任，免去其大庆党委副书记职务；黄伟任大庆革委会副主任。【龙发（1974）183号】

12月25日　新疆维吾尔自治区党委批复，同意燃料化学工业部运输公司第一届党代会选举结果，中共燃料化学工业部石油运输公司第一届委员会委员27名，史少卿、谢建国、李效胜、孟翠英、王文清、程光庆、刘堃、陈金海、左治民、马俊吉、董昭芳等11名同志为党委常委，史少卿同志任党委书

记；谢建国、李效胜、孟翠英同志任党委副书记。【组字（1974）251号】

12月31日 燃料化学工业部决定，将东北输油管线指挥部设计研究所地质勘探队58名职工、设备、器材等成建制调给石油天然气管道局。【（74）燃财劳字第2071号】

本年 石油工业职工总数72.27万人。【石油工业统计年报】

一九七五年

一　　月

1月4日　中共锦州市委决定，杨吉民同志任锦西石油五厂党委副书记、革委会副主任。【锦发（1974）58号】

1月9日　燃料化学工业部党的核心小组决定，张忠良同志任石油天然气管道局党委副书记，张振宇、关祯元任石油天然气管道局副局长。【（75）燃党字第5号】

1月10日　燃料化学工业部党的核心小组决定，组建华东输油管线指挥部，统一负责华东地区输油管道建设和生产领导工作，贾振礼同志兼任华东输油管线指挥部党委书记，朱洪昌同志兼任指挥、党委副书记，刘占仓、白振洞同志任党委副书记，唐振华任第一副指挥，焦福林兼任副指挥。【（75）燃党字第6号】

1月11日　燃料化学工业部党的核心小组决定，将江汉石油管理局荆门炼油厂设计所的设计部分，由湖北省荆门市迁入河北省石家庄市，组建燃料化学工业部炼油设计院。炼油设计院党委会由15名同志组成，党委常务委员会由邹国顺、刘汉卿、王生联、李孝儒、王彦梅、赵志荣、李玉龙等7名同志组成，邹国顺同志任党委书记，刘汉卿同志任党委副书记、院长，王生联同志任党委副书记兼政治部主任，李孝儒、李玉龙、王彦梅、张汝存、赵志荣、张文渊等6人任副院长。【（75）燃党字第1号、第2号】

1月13日　大庆党委副书记、革委会副主任张洪池当选第四届全国人大代表、第四届全国人大常委会委员，大庆革委会副主任周占鳌、大庆生产办公室副主任屈清华、运输指挥部党委副书记张廷栋当选第四届全国人大代表。【大庆油田有限责任公司上报】

1月13至17日　第四届全国人大一次会议在北京召开，会议决定撤销燃料化学工业部，分别成立煤炭工业部、石油化学工业部，康世恩任石油化学工业部部长。【四届人大一次会议】

1月15日 燃料化学工业部党的核心小组决定，调严衍余同志任石油地球物理勘探局党委副书记。【（75）燃党字第3号】

1月16日 中共四川省委决定，免去张忠良同志的四川省石油管理局党委副书记、革委会副主任职务，郑浩同志的党委委员、革委会副主任职务，杨文彬同志的革委会副主任职务。【川委函（1975）16号】

1月18日 燃料化学工业部党的核心小组决定，谭文彬任石油勘探开发规划研究院副院长，李杰同志任政工组组长、党的核心小组成员。【（75）燃政组字第33号】

1月19日 燃料化学工业部决定，从玉门石油管理局成建制抽调1310名职工，支援辽河石油勘探局、吉林省石油会战指挥部、华北石油会战指挥部、河南石油勘探指挥部、长庆油田会战指挥部。【（75）燃财劳字第90号】

1月20日 燃料化学工业部党的核心小组决定，将第一石油化工建设公司、兰州化学工业公司、南京化学工业公司的勘察队合并组建石油化学工业部勘察公司，属燃料化学工业部（即石油化学工业部）直接领导，公司基地设在河北省沧州市。【（75）油化设字第140号】

1月24日 兰州军区党委批复，增补长庆油田会战指挥部党委委员12名，增补王凤来、宋志斌、周世英、陈国法等4名同志为党委常委，郭究圣同志为党委书记，李敬、程国策同志为党委副书记。【兰政干字（75）第7号】

1月27日 石油化学工业部决定，将施工机具配件厂筹建处并入第十三石油化工建设公司。【（75）油化基字第124号】

1月 新疆石油管理局工会副主席克尤木·买提尼牙孜、抚顺石油二厂工人李占兴、锦西石油五厂北酮苯车间政治指导员李超当选第四届全国人大代表。【新疆油田分公司、抚顺石化分公司、锦西石化分公司上报】

二 月

2月6日 中共黑龙江省委决定，宋振明同志任大庆党委书记、革委会主任；免去丁继先同志大庆党委常委、书记，革委会常委、主任职务；免去齐健敏、张洪池、段荷华、傅金平等4名同志的大庆党委常委、副书记，革委会常委、副主任职务；免去李荆和、宋世宽同志的大庆党委常委、副主任职务；免去季铁中、周大任同志的大庆党委常委职务。【龙发（1975）42号】

2月17日　经国家计划委员会批准，石油化学工业部华东输油管线指挥部在北京正式成立，该指挥部负责山东临沂至江苏仪征原油管道（鲁宁线）的建设和运营管理。【档案号：245-1975-0142-001】

2月18日　石油化学工业部决定，从华北石油会战指挥部调给茂名石油公司70名职工。【（75）油化开组字第10号】

2月22日　石油化学工业部党的核心小组决定，成立中共石油化学工业部华东输油管线指挥部委员会，委员会由12名同志组成，党委常务委员会由贾振礼、朱洪昌、刘占仓、唐振华、白振洞等5名同志组成，贾振礼同志任党委书记，朱洪昌、刘占仓、唐振华、白振洞等4名同志任党委副书记。【（75）油化政部字第16号】

同日　石油化学工业部决定，郭传才任华东输油管线指挥部政治部主任。【（75）油化政字第19号】

三　　月

3月5日　中共宝鸡市委决定，恢复王焕明宝鸡石油机械厂革委会副主任职务。【宝市组发（1975）24号】

3月6日　石油化学工业部决定，石油化工科学研究院更名为石油化学工业部石油化工科学研究院，石油勘探开发规划研究院更名为石油化学工业部石油勘探开发规划研究院，石油化工规划设计院更名为石油化学工业部石油化工规划设计院，石油天然气管道局更名为石油化学工业部石油天然气管道局，石油地球物理勘探局更名为石油化学工业部石油地球物理勘探局，炼油设计院更名为石油化学工业部炼油设计院，第一石油化工建设公司更名为石油化学工业部第一石油化工建设公司，第四石油化工建设公司更名为石油化学工业部第四石油化工建设公司，第五石油化工建设公司更名为石油化学工业部第五石油化工建设公司，石油运输公司更名为石油化学工业部石油运输公司，汉平储备库更名为石油化学工业部汉平储备库，东风储备库更名为石油化学工业部东风储备库，第二石油机械厂更名为石油化学工业部第二石油机械厂，北京石油机械厂更名为石油化学工业部北京石油机械厂。【（75）油化办字第158号】

同日　石油化学工业部决定，将燃料化学工业部第二石油机械厂更名为

石油化学工业部第二石油机械厂。【（75）油化办字第158号】

3月10日 石油化学工业部决定，从广东茂名石油工业公司抽调250名技术骨干支援广州石油化工厂。【（75）油化财劳字第172号】

3月11日 石油化学工业部决定，成立江苏石油勘探开发会战指挥部，指挥部为地（师）级单位，会战期间实行石油化学工业部与江苏省双重领导，以石油化学工业部为主。【（75）油化政字第198号】

同日 石油化学工业部党的核心小组决定，任命秦峰同志兼江苏石油勘探开发会战指挥部党委书记、指挥，张俊魁同志任党委副书记兼政治部主任，李光明同志任党委副书记、副指挥，张载褒任副指挥兼总工程师，张克让、梁俊任副指挥。【（75）油化政字第234号】

3月19日 经国家计划委员会同意，由石油化学工业部和江苏省共同组建江苏石油勘探开发会战指挥部。石油化学工业部从胜利油田会战指挥部、四川石油管理局、长庆油田会战指挥部成建制抽调石油勘探、开发专业队伍及3652名职工支援江苏石油会战。【（75）油化财劳字第243号】

3月24日 石油化学工业部党的核心小组决定，任命陈泽轩、李自新、李荣藻、段兴枝、王勇德、王玉峰、刘鸿武为江汉石油管理局副局长，李继良为政治部主任。【（75）油化政字第293号】

3月24日至4月14日 石油化学工业部在兰州召开工业学大庆现场会议，交流兰州化学工业公司、兰州炼油厂等单位学大庆经验。会议要求各炼油化工厂整顿企业，严格规章制度，加强劳动纪律，提高管理水平。会后，石油化学工业部向全国石化单位发出“学大庆、赶两兰”的口号。【《中国石油大事记》】

四　月

4月3日 中共抚顺市委决定，免去潘义文的抚顺石油二厂革委会副主任职务。【抚发（1975）23号】

4月9日 中共锦州市委决定，李振清同志任锦西石油五厂党委副书记、革委会副主任，李继仁同志任党委常委、革委会副主任。【锦发（1975）第24号】

4月15日 石油化学工业部政治部决定，李育英任北京电机修造厂筹备处副主任【油化政部字第58号】

4月26日 中共大庆委员会决定，韩荣华同志任中共大庆委员会政治部主任。【庆发（1975）20号】

4月27日 江苏石油勘探开发会战指挥部成立大会在北京举行。【《中国石油大事记》】

五 月

5月3日 石油化学工业部决定，将东北输油管线指挥部设计所的282名职工以及全部的设备、器材成建制调给石油天然气管道局。【（75）油化财劳字471号】

5月14日 广东省革委会批准，茂名石油公司更名为广东省茂名石油工业公司，隶属广东省管理。【中国石油化工集团公司提供】

5月22日 石油化学工业部党的核心小组批准，同意增补刘玉贤、董星五、赵彦等3名同志为石油化工规划设计院党的核心小组成员。【（75）油化政部第88号】

5月31日 中共宝鸡市委决定，张宏亭任宝鸡钢管厂革委会委员、常委、副主任。【宝市组发（1975）123号】

5月 石油化学工业部决定，从胜利油田抽调机修、运输、钻井系统759名职工及相应设备赴江苏石油勘探开发会战指挥部参加会战。【中国石油化工集团公司提供】

六 月

6月3日 中共四川省委决定，黄凯同志任四川省石油管理局党委书记，免去其四川省石油管理局革委会副主任职务，马文林、杨型亮、刘忠任革委会副主任，董金璧同志任党委副书记，李滋润同志任党委常委，刘璞同志兼任革委会政治部主任，唐大素同志任党委常委、革委会副主任兼泸州气矿革委会副主任，王芝顺、胡成贵同志任党委常委、革委会副主任，王合林同志离职养病。【川委函（1975）93号】

6月18日 中共黑龙江省委决定，周占鳌、李虞庚、黄伟同志任大庆党委副书记，马德仁、张鸿飞、孙靖韬、唐恩来、张德国、王苏民等6名同志任大庆党委常委，喻新盛、李玉生、王永祯、刘邦林、杨永贵、张瑞清等任大庆革委会副主任；免去陶冰华同志的大庆党委常委职务。【龙发干字（1975）20号】

同日 中共黑龙江省委决定，免去张云清同志的大庆党委副书记、革委

会副主任职务，黄国斌同志的大庆党委常委、革委会副主任职务，李云的大庆革委会副主任职务。【龙发干字（1975）25号】

6月23日 石油化学工业部决定，王瑞龙任江汉石油管理局副局长。【（75）石化政字第772号】

6月26日 石油化学工业部党的核心小组决定，成立中共江苏石油勘探开发会战指挥部委员会，委员会由秦峰、张俊魁、李光明、张载褒、朱天孝、张克让、杨贵玺、申维富、石军、孙洪喜、孙嘉章、王安华等12名同志组成，秦峰同志任党委书记，张俊魁、李光明同志任党委副书记。【（75）油化政字第801号】

七　月

7月4日 中共抚顺市委同意，王世俭同志任石油三厂党委副书记，白如栋同志任党委委员。【抚发（1975）55号】

7月5日 石油化学工业部决定，从江汉石油管理局调整建制的32166钻井队及地震队135名职工支援南海石油勘探指挥部和江苏石油勘探开发会战指挥部。【（75）油化财劳字第805号】

7月8日 新疆维吾尔自治区党委决定，李保孚同志任新疆石油管理局、克拉玛依市党委副书记兼政治部主任，国际巩同志任新疆石油管理局、克拉玛依市党委副书记，李茜同志任新疆石油管理局、克拉玛依市党委常委、局（市）革委会副主任。【组字（1975）158号】

7月11日 石油化学工业部决定，从胜利油田抽调540名职工支援华东输油管线指挥部。【（75）油化财劳字第839号】

同日 石油化学工业部任命耿健为长庆油田指挥部副指挥。【（75）石化政字第18号】

7月 黑龙江省革委会批准东北石油学院更名为大庆石油学院。【大庆石油学院上报】

八　月

8月4日 中共黑龙江省委决定，韩荣华同志任大庆党委副书记、革委会副主任，闵豫任大庆革委会副主任。【龙发干字（1975）39号】

8月5日 国务院、中央军委决定，将兰州军区领导的长庆油田会战指挥

部移交给石油化学工业部领导。【国发电（1975）18号】

8月6日　石油化学工业部政治部同意，增补王致中同志为石油地球物理勘探局党委委员。【（75）油化政部字第186号】

8月8日　石油化学工业部决定，韩建平任华东输油管线指挥部副指挥。【（75）油化政字第978号】

8月9日　石油化学工业部决定，张湘荣同志任华北输油管线指挥部党委书记，王明山同志任党委副书记、副指挥，李越之同志任党委副书记，刘万宝、傅永安、李兰生、孙锦丽、芦振刚、王俊任副指挥。【（75）油化政字第977号】

8月14日　石油化学工业部党的核心小组批复，同意组建中共华北输油管线指挥部委员会，委员会由17名同志组成，张湘荣、王明山、李越之、刘万宝、傅永安、李兰生等6名同志为党委常委（暂缺1人），张湘荣同志为党委书记，王明山、李越之同志为党委副书记。【（75）油化政字第1002号】

8月19日　石油化学工业部决定，由长庆油田会战指挥部负责组建一个500人规模的运输处，调给华东输油管线指挥部。【（75）油化财劳字第1037号】

8月23日　石油化学工业部党的核心小组决定，调石油化学工业部综合计划组副组长季可达任石油化学工业部化肥组副组长。【（75）油化政部字第225号】

九　　月

9月1日　石油化学工业部政治部决定，任命常茂生为石油第二机械厂厂长，陈自新为副厂长；免去李善才兼任的石油第二机械厂厂长职务。【（75）油化政部字第245号】

同日　石油化学工业部政治部决定，调四川省石油管理局吴志峰同志到长庆油田会战指挥部工作。中共四川省委同意，免去吴志峰同志的四川省石油管理局党委常委、政治部副主任职务。【油化政部字（75）第213号函　川委组发（75）字第634号】

9月2日　石油化学工业部决定，调四川省石油管理局王存友到茂名石油公司南海勘探指挥部工作。中共四川省委同意，免去王存友的四川省石油管理局革委会副主任职务。【川委函（1975）153号】

9月10日　石油化学工业部同意哈尔滨工程力学研究所建材室成建制划归华北石油会战指挥部。【（75）油化财劳字第1182号】

9月13日 石油化学工业部决定，黄国斌任石油天然气管道局副局长，郑浩任副局长兼管道办公室副主任。【（75）油化政字第1231号】

同日 石油化学工业部决定，许士杰任石油勘探开发规划研究院副院长，兼任石油天然气管道办公室副主任。【（75）油化政字第1230号】

9月16日 中共四川省委同意，包茨任四川省石油管理局总地质师。【川委组发（75）字第710号】

9月22日 石油化学工业部政治部决定，贾旺同志任石油化工科学研究院综合研究所所长、党的核心小组副组长，高振中任副组长。【（75）油化政部字第266号】

同日 兰州军区党委、石油化学工业部党的核心小组决定，张云清任长庆油田指挥部副指挥、党委副书记兼第一分指挥部指挥、党委书记。【（75）干字第28号】

9月30日 中共甘肃省委同意，张立杰同志任中共玉门石油管理局委员会常委，革委会常委、副主任；刘品璋、王道路、王祖惠任革委会委员、常委、副主任。【甘燃化党（1975）067号】

同日 中共甘肃省委同意，林殷才、王振国、傅一夫同志任中共兰州化学工业公司委员会常委、副书记，革委会副主任；焦金虎、刘国霞同志任中共兰州化学工业公司委员会常委；赵文秀、初世灿、李恩德、黄鹏远、孙立基、毛春荣任兰州化学工业公司革委会副主任。【甘燃化党（1975）067号】

同日 中共甘肃省委同意，林殷才、王振国、傅一夫同志任中共兰州化学工业公司委员会常委、副书记，革委会副主任；焦金虎、刘国霞、韩永泰同志任中共兰州化学工业公司委员会常委；赵文秀、初世灿、李恩德同志任中共兰州化学工业公司委员会委员、革委会副主任；黄鹏远、孙立基、毛春荣任革委会副主任。【甘燃化党（1975）067号】

十　月

10月8日 石油化学工业部决定，成立东濮石油勘探会战指挥部，由胜利油田会战指挥部领导。【《中国石油大事记》】

10月13至17日 中共石油化学工业部核心小组召开第一次全体会议，宣布中央决定，由康世恩、宋振明、孙敬文、张珍、焦力人、孙晓风、李艺林、张文彬、李国才、陶涛、杨义邦、刘祺瑞、李法兰、张贻信等14名同志组成石油化学工业部党的核心小组，康世恩同志任组长，宋振明、孙敬文、张珍、焦力人同志任副组长。中共中央批准宋振明、孙敬文任石油化学工业部常务副部长，张珍、焦力人、孙晓风、李艺林、张文彬、李国才、陶涛、杨义邦任石油化学工业部副部长。【中共石油化学工业部核心小组第一次会议简报】

10月13日 石油化学工业部决定，从新疆石油管理局抽调2576名职工支援辽河石油勘探局、长庆油田指挥部、江苏石油勘探开发会战指挥部、华东输油管线指挥部、石油天然气管道局、华北石油会战指挥部。【（75）油化财劳字第1345号】

10月16日 石油化学工业部政治部决定，任命范兆清同志为北京电机修造厂党的核心小组组长，朱有和为副组长、厂长，石长顺为副组长、副厂长，李玉英同志为党的核心小组成员、副厂长，安志忠同志为党的核心小组成员、政工组组长；原领导成员郭怀素、刘洪元、沙永力、张景库、孙农、张金聚、敦升等7名同志离职学习。【（75）油化政部字第306号】

10月20日 新疆维吾尔自治区党委决定，胡绍普同志任新疆石油管理局、克拉玛依市党委副书记。【组字（1975）231号】

10月23日 石油化学工业部党的核心小组商中共山东省委同意，调石油勘探开发规划研究院党的核心小组成员、副院长李晔任胜利油田党委副书记、副指挥。【（75）油化政字第1411号】

同日 石油化学工业部政治部决定，调大庆党委常委、革委会副主任李玉生同志任胜利油田党委常委、政治部主任。【（75）油化政字第1412号】

同日 石油化学工业部召开任6井祝捷誓师大会。石油化学工业部部长康世恩在会上提议将新发现的古潜山油田命名为任丘油田，钻成任4井的3269钻井队颁授“钢铁钻井队锦旗”。【《中国石油大事记》】

10月24日 石油化学工业部党的核心小组与中共黑龙江省委决定，调石油化学工业部办公厅副主任郑耀舜同志任大庆党委副书记、革委会副主任。【（75）油化政字第1410号 龙发干字（1975）82号】

10月27日 石油化学工业部决定成立石油化学工业部环境保护领导小组，张珍为组长，胡汉滨、张树棠、刘少男、沈晨为副组长。【（75）油化计字第1424号】

10月28日　中共宝鸡市委决定，周生财同志任中共宝鸡钢管厂委员会常委，革委会委员、常委、副主任。【宝市组发（1975）228号】

十 一 月

11月9日　中共华北石油会战指挥部委员会决定，成立华北石油会战指挥部冀中石油会战领导小组，领导小组由马永林、毛华鹤、孙德福、李全亨、郭志忠、唐克伦、刘骏等7人组成，马永林兼任组长，毛华鹤、孙德福任副组长。【华油党（75）121号】

11月28日　石油化学工业部政治部决定，调石油化学工业部党的核心小组成员张贻信同志任兰州化学工业公司党委常委、304厂党委书记。【（75）油化政部字第362号】

11月　国务院决定对一部分工人和工作人员的工资进行适当调整。【《中国工业五十年》】

十 二 月

12月3日　石油化学工业部、煤炭工业部决定，王者春同志任太康五七干校党委书记，张志同志任太康五七干校校长、党委副书记；免去张焕文同志的太康五七干校党委书记职务。【（75）煤政字759号 （75）油化政字第1674号】

12月11日　石油化学工业部决定，陕西省宝鸡石油钢管厂成建制调给华北石油会战指挥部250人。【（75）油化财劳字1688号】

同日　石油化学工业部决定，由石油地球物理勘探局调给石油天然气管道局200人、华北石油会战指挥部150人。【（75）油化财劳字第1687号】

12月13日　石油化学工业部同意，国家地震局工程力学研究所第四研究室全部人员和专用仪器设备调往华北石油会战指挥部。主要承担海上工程及油气田建设。【（75）油化政部字第227号】

12月15日　石油化学工业部决定，由华北石油会战指挥部调给石油天然气管道局400人。【（75）油化财劳字第1705号】

同日　中共抚顺市委同意，免去戴述金同志的抚顺石油一厂党委常委、革委会副主任职务，依希凡的抚顺石油一厂革委会副主任职务。【抚发（1975）127号】

12月16日　中共锦州市委决定，崔紫林同志任锦州石油六厂党委书记、

革委会主任；免去张光辉同志的锦州石油六厂党委书记、革委会主任职务。【锦发（1975）76号】

12月25日　石油化学工业部政治部任命张恺为江苏石油勘探开发会战指挥部总地质师。【（75）油化政部字第409号】

12月29日　石油化学工业部党的核心小组决定，杨文彬任石油勘探开发规划研究院副院长。【（75）油化政字第1772号】

本年　燃料化学工业部革委会副主任徐今强当选第四届全国人大代表。

本年　石油工业职工总数81.42万人。【石油工业统计年报】

一九七六年

一　　月

1月1日　石油化学工业部决定，将南海、三水、茂名三个地区的石油勘探工作合并，由茂名石油公司南海石油勘探指挥部统一领导。邹家智同志任南海石油勘探指挥部党委书记，张志友同志任党委副书记、指挥，王辉、李继良同志任党委副书记、副指挥，王存友、李有元任党委常委、副指挥，温连枝任党委常委、政治部主任，陈有年、谷耀华任副指挥。【（76）油化政字第98号】

1月30日　国务院批复，同意石油化学工业部组织冀中地区石油会战。会战以华北石油会战指挥部为主，并由胜利油田会战指挥部、吉林省石油会战指挥部、长庆油田会战指挥部、江汉石油管理局等单位成建制派出队伍参加。【华油党（76）8号】

同日　石油化学工业部决定，长庆油田成建制调出3000余人的勘探指挥部，支援冀中地区石油会战。【（76）油化财劳字第147号】

同日　石油化学工业部接收军队转业干部513人，分配到石油化学工业部所属29个单位。【（76）油化政部字第13号】

1月　经国家计划委员会、建设委员会批准，石油化学工业部从大庆石油会战指挥部、玉门石油管理局、新疆石油管理局等油田和石油地球物理勘探局等单位调集1万余人参加辽河油田曙光油田会战。【辽河油田分公司上报】

二　　月

2月10日　石油化学工业部决定，石油地球物理勘探局组织队伍参加冀中地区石油会战，在冀中地区石油会战期间，会战队伍归华北石油会战指挥部领导。【（76）燃油化政字第198号】

2月11日　石油化学工业部决定，吉林省石油会战指挥部成建制抽调物探、钻井、油建队伍共4500人参加冀中地区石油会战。【（76）油化财劳字第144号】

2月13日　石油化学工业部决定，由胜利油田会战指挥部成建制派出一个勘探指挥部，约3000人参加冀中地区会战。【（76）油化财劳字第145号】

同日　石油化学工业部决定，由江汉石油管理局成建制派出钻井大队约660人、四川省石油管理局成建制派出深井钻井队约120人参加冀中地区石油会战。【（76）油化财劳字第146号】

同日　石油化学工业部决定，由石油运输公司成建制派出运输大队约800人，参加冀中地区石油会战。【（76）油化财劳字第177号】

同日　石油化学工业部政治部决定，长庆油田会战指挥部、东北输油管线指挥部接收86名军队转业干部。【（76）油化政部字第43号】

2月19日　中共锦州市委决定，葛启宽同志任锦西石油五厂革委会副主任。【锦发（1976）4号】

2月23日　中共吉林市委决定，李茂林同志任吉林化学工业公司党委书记、革委会主任；免去曹波声同志的吉林化学工业公司党委书记、革委会主任职务。【吉林石化分公司上报】

2月24日　国务院批准，华北石油勘探的重点转移到冀中地区。石油化学工业部党的核心小组与中共河北省委、中共天津市委商定，成立中共华北石油会战指挥部核心领导小组。同时，在天津市成立大港油田指挥部和海洋石油勘探指挥部。【大港油田分公司上报】

同日　石油化学工业部决定，华北石油会战指挥部移驻河北省任丘油田，华北石油会战指挥部及其所属驻在华北省境内的机构和队伍，党的工作由中共河北省委领导，大港油田指挥部和海洋石油勘探指挥部仍由中共天津市委领导，生产业务仍受华北石油勘探指挥部领导。【冀发（1976）5号　（76）津党发11号　（76）油化党字第5号】

同日　石油化学工业部党的核心小组决定，成立中共华北石油会战指挥部核心小组，成员由张文彬、任成玉、阎国钧、马永林、马骥祥、姬永兴、施宗林、赵复成、阎敦实、霍文彬、刘仁杰、裴虎全、钟一鸣、孙德福、郭志忠、毛华鹤、王福臻、李全亨、罗重群、赵文元、陈学俊、姜阳、李向阳等23名同志组成，张文彬兼任党的核心小组组长，任成玉、阎国钧、马永林、马骥祥、姬永兴、施宗林、赵复成为副组长；张文彬兼任华北石油会战指挥部指挥，任成玉、阎国钧、马永林、马骥祥、姬永兴、孙德福、郭志忠、阎敦实、霍文彬、刘仁杰、裴虎全、钟一鸣、王福臻、李全亨、王礼欣任副指挥。施宗林兼任政治部主任。【冀发（1976）5号 （76）津党发11号 （76）油化党字第5号】

三 月

3月5日 石油化学工业部决定，石油化学工业部炼油设计院，在参加华北石油会战期间，归华北石油会战指挥部领导。炼油设计院院址改在冀中地区【（76）油化设字第281号】

3月8日 中共天津市委决定，将原华北石油会战指挥部党委更名为中共大港油田委员会，党委常务委员会由刘仁杰、裴虎全、齐国贤、师秉毅、施振芳、李树仁、于秋云、冯浩、陈厚勇、侯忠、施鸣鹤、丁达、臧成平、阎宝钧等14名同志组成，刘仁杰同志任党委书记，裴虎全、齐国贤、师秉毅、施振芳、李树仁等5名同志为党委副书记；刘仁杰任大港油田指挥部指挥，裴虎全、齐国贤、师秉毅、施振芳、李树仁、于秋云、冯浩、陈厚勇、侯忠、施鸣鹤、丁达、臧成平、侯守智、万鹏飞、禹福连、张显文、张明义等17人任副指挥。【（1976）津党发14号】

3月10日 中共抚顺市委同意，王成海任抚顺石油一厂革委会副主任。【抚发（1976）25号】

3月11日 中共黑龙江省委决定，免去李玉生同志的大庆党委常委、革委会副主任职务，季铁中的大庆革委会副主任职务。【龙发干字（1976）42号】

3月12日 中共辽宁省委决定，任命王苏民同志为中共辽河石油勘探局委员会副书记。【辽河油田分公司上报】

3月13日 石油化学工业部政治部决定，石油勘探开发规划研究院党的核心小组由张俊、申力生、张邦杰、刘南、阎敦实、谭文彬、杨达、杨文彬、李杰、余萍、张振海、秦同洛、李伯诚、陈淑英、赵衍友等15名同志组成，张俊同志为组长，申力生、张邦杰、刘南同志为副组长；焦力人兼任石油勘探开发规划研究院院长，张邦杰、刘南、阎敦实、谭文彬、杨达、杨文彬、余萍、张振海、秦同洛、秦峰、李欣吾、许士杰等12人为副院长。【（76）油化政部字第73号】

3月15日 中共宝鸡市委决定，张宏亭同志任宝鸡石油钢管厂党委副书记。【宝市组发（1976）59号】

3月21日　中共营口市委批准，崔海天同志任辽河石油勘探局党委常委、副局长，王秉祥任副局长，张中奇同志任党委常委、政治部主任。【辽油党发（1976）20号】

四　月

4月2日　石油化学工业部政治部决定，孙农、张金聚同志任北京电机修造厂党的核心小组成员、副厂长。【（76）油化政部字第149号】

4月6日　中共锦州市委决定，董明声同志为锦西石油五厂革委会副主任。【锦发（1976）11号】

4月10日　石油化学工业部决定，大庆石油会战指挥部油建一大队约500余人，成建制调给江汉石油管理局。【（76）油化财劳字第441号】

4月17日　中共旅大市委决定，唐启舜同志任大连石油七厂党委常委，杜英顺、王占虎任大连石油七厂革委会副主任。【旅发（1976）16号】

4月30日　中共甘肃省委同意，免去刘治敏同志的中共玉门石油管理局委员会委员、常委、副书记，革委会委员、常委、副主任职务；免去刘品璋的玉门石油管理局革委会委员、常委、副主任职务。【甘组字（1976）40号】

五　月

5月9日　中共抚顺市委同意，李文波同志为抚顺石油二厂革委会副主任，王荣为抚顺石油三厂革委会副主任。【抚发（1976）40号】

5月18日　新疆维吾尔自治区党委决定，免去周忆云同志的新疆石油管理局党委副书记、革委会副主任职务。【组字（1976）103号】

5月24日　石油化学工业部决定，从四川省石油管理局调给贵州石油勘探指挥部100名技术骨干。【（76）油化财劳字第630号】

六　月

6月9日　中共黑龙江省委批复，同意中共大庆第二届代表大会选举结果，委员会由81名同志组成，宋振明、陈烈民、韩荣华、郑耀舜、喻新盛、周占鳌、李虞庚、黄伟、王永祯、薛国邦、李海峰、常胜、马德仁、张鸿飞、孙靖韬、唐恩来、张德国、王苏民等18名同志为党委常委，宋振明同志为党委书记，陈烈民同志为党委第一副书记，韩荣华、郑耀舜、喻新盛、周占鳌、

李虞庚、黄伟等6名同志为党委副书记。【龙发干字（1976）96号】

同日 石油化学工业部决定，从玉门石油管理局抽调水电、运输队伍职工500名，从兰州炼油厂抽调机修队伍职工300名支援华北石油会战。【（76）油化财劳字第697号】

同日 石油化学工业部决定，从长庆油田会战指挥部抽调一支300名的柴油机修理队伍支援华北石油会战。【（76）油化财劳字第699号】

6月10日 石油化学工业部决定，由云南石油勘探指挥部派出300人参加华北地区石油会战。【（76）油化财劳字第710号】

6月11日 石油化学工业部决定，由宝鸡石油机械厂抽调1000名职工支援华北石油会战。【《中国石油大事记》】

七月

7月10日 石油化学工业部决定，由玉门石油管理局调200名机修、采油人员，云南石油勘探处调80名地质勘探人员，给海洋石油勘探指挥部。【（76）油化财劳字第700号】

7月22日 中共宝鸡市委同意，武思清同志任宝鸡石油钢管厂党委委员、常委、副书记；薛平同志任宝鸡石油钢管厂党委委员、常委，革委会委员、常委、副主任；罗定远同志任宝鸡石油钢管厂党委委员、常委，革委会副主任；孙冬英同志任宝鸡石油钢管厂党委委员、革委会常委。【宝市组发（1976）147号】

八月

8月4日 胜利油田会战指挥部奉命抽调85人和各种车辆40部组成抗震救灾队赴唐山抢险救灾，历时54天结束。抗震救灾队获国务院授予的“全国抗震救灾突击队”称号。【《中国石油大事记》】

8月8日 中共抚顺市委同意，张振武任抚顺石油一厂革委会副主任，张翠同志任抚顺石油二厂党委常委，张继雷、李占兴同志任抚顺石油二厂党委常委、革委会副主任；免去李文路同志的抚顺石油二厂党委常委、革委会副主任职务，刘景财的抚顺石油三厂革委会副主任职务。【抚发（1976）94号】

8月15日 石油化学工业部政治部批复，同意孙风臣兼任第一石油化工建设公司政治部主任。【（76）油化政部字第222号】

8月26日　中共辽宁省委同意，任命王苏民同志为辽河石油勘探局党委副书记。【辽发（1976）67号】

8月30日　石油化学工业部决定，将长庆油田指挥部两个重磁力队、胜利油田会战指挥部一个重磁力队成建制调给石油地球物理勘探局。【（76）油化财劳字第991号】

九　月

9月22日　石油化学工业部政治部批复，同意江涛任太康五七干校副校长。【（76）油化政部字第268号】

十　月

10月4日　中共天津市委决定，吴华元任大港油田勘探指挥部总地质师，王连志任基建总工程师。【（1976）津党组（工）8号】

10月5日　石油化学工业部决定，成建制调大庆石油会战指挥部1000人到华北石油会战指挥部。【（76）油化财劳字第1118号】

10月6日　石油化学工业部决定，成立石油化学工业部清仓查库办公室，李国才副部长兼任办公室主任，姜天赋、魏化之为副主任。【（76）油化供字第1128号】

10月20日　中共吉林省委工交部党组同意，赵东黎任吉林省石油会战指挥部副指挥，免去其吉林省石油会战指挥部副政委职务；王炳诚、赵炳辉同志任吉林省石油会战指挥部党的核心小组成员、副指挥；张景阳同志任吉林省石油会战指挥部党的核心小组成员，免去其吉林省石油会战指挥部七〇油田党委常委、革委会副主任职务；韩友同志任吉林省石油会战指挥部党的核心小组成员、副指挥，兼七〇油田党委书记、革委会主任；王雪涛同志任吉林省石油会战指挥部党的核心小组成员、副指挥，免去其吉林省石油会战指挥部七〇油田党委常委、革委会副主任职务；杨恒业同志任吉林省石油会战指挥部副指挥，免去其红岗油矿党委书记职务；免去贾承烈同志的吉林省石油会战指挥部七〇油田党委书记、革委会主任职务。【吉林油田分公司上报】

十 二 月

12月18日　石油化学工业部授予华北石油会战指挥部3222钻井队“一不

怕苦、二不怕死英雄钻井队”的光荣称号。【《中国工业五十年》】

12月30日 石油化学工业部决定，从大庆石油会战指挥部抽调4000名职工支援辽河石油勘探局。【（76）油化财劳字第1399号】

12月 中共锦州市委决定，刘福臣同志任锦西石油五厂革委会副主任。【锦发（1976）51号】

本年 石油工业职工总数89.24万人。【石油工业统计年报】

一九七七年

一　　月

1月7日　吉林省革委会决定，将吉林省石油钢管厂划归东北八三管道局直接领导。【吉革工字（78）1号】

1月26日　中共旅大市委决定，免去隋广文同志的大连石油七厂党委常委、革委会副主任职务，调旅大市化工局工作。【旅发（1977）10号】

1月31日　广西壮族自治区政治部决定，卜庆喜同志任广西石油化工安装公司党委副书记、革委会副主任。【桂工政字（1977）第8号】

二　　月

2月9日　石油化学工业部决定，从兰州炼油厂抽调技术干部100人支援华北石油会战指挥部。【（77）油化财劳字第128号】

2月23日　吉林省石化局党组决定，魏凤石同志任吉林省石油会战指挥部党的核心领导小组成员、副指挥。【吉林油田分公司上报】

2月24日　新疆维吾尔自治区党委决定，任荣堂同志任新疆石油管理局、克拉玛依市党委常委、局（市）革委会副主任，吕全良任新疆石油管理局革委会副主任、局（市）党委委员。【组字（1977）40号】

四　　月

4月9日　中共抚顺市委同意，张俊德、韩其印任抚顺石油二厂革委会副主任，赵恒泰、张绪良同志任抚顺石油三厂党委常委、革委会副主任；免去王友庭同志的抚顺石油一厂党委常委、革委会副主任职务。【抚发（1977）28号】

4月13日　中共宝鸡市委决定，撤销张宏亭同志的中共宝鸡市委宣传部领导小组成员、组长，宝鸡石油钢管厂党委委员、副书记，革委会委员、常委、副主任职务。【宝市组发（1977）32号】

4月15日　石油化学工业部决定，贾旺同志代理石油化工科学研究院综合研究所党的核心小组组长，郑肇樵同志为党的核心小组副组长兼政治处主任；

增补丁友声、沈钟鸣同志为党的核心小组成员。党的核心小组组长石生同志因病离职。【(77)油化政部字第44号】

同日 石油化学工业部决定，任命侯祥麟同志代理石油化工科学研究院党的核心小组组长、院长，车时英同志任党的核心小组副组长兼政工组组长，黄大智同志任党的核心小组副组长、副院长，印德麟同志任副院长、党的核心小组成员；免去杨瑾兼任的政工组组长职务，李苏、谭生彬因病离职。【(77)油化政字第391号】

4月19日 中共旅大市委决定，免去田维新同志的大连石油七厂党委书记、革委会主任职务，刘衍德同志的大连石油七厂党委副书记、革委会副主任职务，翟福根同志的大连石油七厂党委常委、革委会副主任职务，王占虎的革委会副主任职务。【旅发（1977）24号】

4月20日至5月13日 全国工业学大庆会议先后在大庆油田和北京举行，华国锋、李先念、纪登奎、李德生、陈永贵、吴桂贤、苏振华、王震、余秋里、谷牧等中央和地方领导干部、英雄模范以及全国工业战线的代表7000多人参加会议，余秋里受中共中央委托，向大会作了《全党、全国工人阶级动员起来，为普及大庆式企业而奋斗》的报告。石油化学工业部部长在北京召开的大会上介绍大庆经验。会议期间，华国锋等中央领导视察大庆油田，接见模范人物以及先进单位的代表。这次大会掀起全国工业战线学大庆活动高潮。【《中国石油大事记》】

4月22日 石油化学工业部决定，江汉石油管理局与河南石油勘探指挥部组建河南石油会战指挥部，张兆美任河南石油会战指挥部指挥，杜志福、张天一、陈勇、李荣藻、王勇德任副指挥，张学文任政治部主任；成立中共河南石油会战指挥部工作委员会，党内职务由中共河南省委任命。【(77)油化党字第2号】

4月 新疆石油管理局乌鲁木齐石油化工厂成立。【新疆油田分公司上报】

同月 中共抚顺石油化学工业局党组同意，程连印任抚顺石油二厂工会主任。【抚石化党字（77）第12号】

五　月

5月1日 石油化学工业部决定，从江汉石油管理局、大庆石油会战指挥部、玉门石油管理局、新疆石油管理局、长庆油田会战指挥部等单位先后抽

调1.5万人参加河南石油会战。【《中国石油大事记》】

5月4日 中共洛阳市委决定，林金亭、孙风臣同志任第一石油化工建设公司党委副书记，汤学永、依福春同志任党委常委。【洛市组字（1977）干047号】

5月27日 中共白城地委批准，组成中共吉林省石油会战指挥部临时委员会，何春泉、赵东黎、贾承烈、王炳诚、赵炳辉、张景阳、韩友、王雪涛、魏凤石、田在艺、杨恒业等11名同志为临时委员会委员，何春泉同志为党委书记，赵东黎同志为党委副书记。【吉林油田分公司上报】

5月 在全国工业学大庆会议上，兰州炼油厂、青海石油管理局被评为“大庆式企业”。【兰州石化分公司上报】

同月 华北石油会战指挥部副指挥李全亨同志、华北会战指挥部钻井公司井队队长王永安同志、华北石油会战指挥部古礼初同志当选中共十一大代表。【华北油田分公司上报】

六　月

6月2日 石油化学工业部决定，石油化工规划设计院院长冯伯华同志代理党的核心小组组长，刘东明为石油化工规划设计院副院长，赵彦、华荔年同志为副院长、党的核心小组成员。【（77）油化党字第4号】

6月8日 石油化学工业部决定，叶忠贵同志任燃料化工成套技术进出口公司副经理、党的核心小组成员，免去其石油化工规划设计院副院长职务；尤德华任副经理、党的核心小组成员；增补顾令善同志为党的核心小组成员。【（77）油化党字第3号】

6月25日 石油化学工业部批复，同意东北输油管线指挥部第一、二工程处及华北输油管线指挥部管道工程公司、电力通讯工程公司、运输公司划归石油天然气管道局直接领导。【（77）油化财劳字第723号】

6月28日 中共抚顺市委同意，赵玉鹏同志为抚顺石油一厂党委书记、革委会主任，王锡珪同志为党委常委、革委会副主任；李盛图同志任抚顺石油二厂党委书记、革委会主任，免去庞占元同志的党委副书记、革委会副主任职务。【抚组发（1977）15号】

七　月

7月9日 石油化学工业部决定，严衍余同志任石油地球物理勘探局党委书记，林运根同志任党委副书记、局长；免去段志高同志的石油地球物理勘探局党委书记职务，安启元同志的党委副书记、局长职务。【（77）油化党字第8号】

7月12日 中共抚顺市委决定，范恩铎同志任抚顺石油一厂党委副书记、革委会副主任。【抚组发（1977）25号】

7月13日 中共辽宁省委同意，任命张延杰、夏云同志兼任辽河石油勘探局党委副书记，单奎、杨福山、孙学才同志兼任党委常委。【辽组发（1977）57号】

同日 中共天津市委决定，马骥祥同志兼任大港油田指挥部党委第一书记、指挥；免去刘仁杰的大港油田指挥部指挥职务。【（1977）津党发53号】

同日 中共锦州市委同意，曹戈江同志任锦西石油五厂党委常委、革委会副主任。【锦西石化分公司上报】

同日 中共锦州市委决定，郑丕谟同志任锦西石油五厂党委书记、革委会主任；石连惠同志任党委副书记、革委会副主任，免去其锦西石油五厂党委书记、革委会主任职务；曲才绪同志任党委副书记；葛启宽、张铭枢同志任党委常委；免去杨吉民同志的锦西石油五厂党委副书记、革委会副主任职务。【锦委组字（1977）第12号】

7月16日 石油化学工业部征得国家建设委员会和天津市同意，决定将第五石油化工建设公司调给华北石油会战指挥部，更名为华北石油会战指挥部第四油田建设指挥部，承担华北地区（包括天津大港、渤海海上以及河北冀中等）油田建设任务，由大港油田直接领导。【（77）油化财劳字第837号】

同日 石油化学工业部决定，将北京石油化工总厂基本建设会战指挥部307人及所属运输处496人调给华北石油会战指挥部。【（77）油化财劳字第838号】

7月18日 中共辽宁省委同意，白凤仪同志任辽河石油勘探局党委书记，邓礼让同志任党委副书记、局长；免去刘长亮同志的中共营口市委副书记、兼任的辽河石油勘探局党委书记职务，贾皞（皋）同志的辽河石油勘探局局长、党委副书记职务，林治开同志的辽河石油勘探局党委副书记职务。【辽组发（1977）54号】

7月28日 国家建设委员会决定，将国家建设委员会第一工程局第二安装公司和天津市第八建筑工程公司成建制地划归石油化学工业部领导。石油化学工业部决定，将以上两个公司交由华北石油会战指挥部大港油田指挥部直接领导。【（77）建发施字172号　（77）油化财劳字第914号】

7月29日　中共黑龙江省委决定，王苏民同意任大庆党委副书记、革委会副主任。【龙发干字（1977）89号】

7月　石油化学工业部、中共吉林省委决定，派贾庆礼、郭崇隆到吉林化学工业公司主持公司党委、革委会工作。【吉林石化分公司上报】

八　月

8月1日　石油化学工业部党的核心小组决定，将石油化学工业部直属的勘察公司、各设计院划归石油化工规划设计院领导。【（77）油化政部字第101号】

8月2日　石油化学工业部决定，谢采贤同志任华北石油会战指挥部副指挥、党的核心小组成员。【（77）油化政部字第100号】

8月8日　中共辽宁省委同意东北输油管线指挥部党组织关系隶属于辽宁省委。【辽发（1977）71号】

8月10日　石油化学工业部决定，任命周鉴、郭生吉、孙希濂、孙麦则、朱树德、孙希敬为河南石油会战指挥部副指挥，原河南勘探指挥部机构撤销。【（77）油化政部字第103号】

同日　国务院印发通知，决定从1977年10月1日起提高部分职工的工资。石油化学工业部据此执行。【《中国工业五十年》】

8月15日　中共旅大市委决定，万震寰同志任大连石油七厂党委书记、革委会主任。【旅发（1977）76号】

8月16日　吉林化学工业公司党委政治部成立，吉林化学工业公司党委副书记、革委会副主任初善贵同志兼任主任。【吉林石化分公司上报】

同日　中共宝鸡市委决定，苗德胜同志任宝鸡石油钢管厂党委书记；郝枫同志任党委委员、常委，革委会委员、常委、副主任；免去杨再华同志的宝鸡石油钢管厂党委委员、常委、书记，革委会委员、常委、副主任职务。【宝市组发（1977）150号】

8月17日　石油化学工业部决定，章德炎同志任石油化工科学研究院副院长、党的核心小组成员。【（77）油化政字1051号】

同日　中共吉林省委同意，张自清任吉林省石油会战指挥部副指挥。【吉组任（1977）20号】

8月22日　中共旅大市委同意，唐启舜同志任大连石油七厂党委书记，金

喜春同志任党委常委，吕秀峰同志任党委常委、革委会副主任，李瑞平、赵科任革委会副主任。【旅组发（1977）22号】

8月 新疆石油管理局党委副书记、革委会主任瓦力斯江·吐尔地同志，南疆石油勘探会战指挥部吕星文同志，大庆党委书记、革委会主任宋振明同志，辽河油田副局长、工会主席刘成章同志，抚顺石油一厂王锡明同志，兰州炼油厂薛金达同志当选中共十一大代表。【新疆油田分公司、大庆油田有限责任公司、辽河油田分公司、抚顺石化分公司、兰州石化分公司上报】

同月 锦州石油六厂党委副书记刘长江同志当选中共十一大代表。【锦州石化分公司上报】

九　月

9月10日 中共甘肃省委批复，同意李芳兰、同维焕同志任玉门石油管理局党委副书记，赵宗鼐同志任玉门石油管理局党委常委、革委会副主任兼总工程师。【甘燃化党（1977）056号】

9月14日 石油化学工业部决定，将第一石油化工建设公司炼油设计研究院更名为石油化学工业部炼油设计研究院，直属石油化学工业部领导。【中国石油化工集团公司提供】

9月28日 中共中央通知，石油化学工业部党的核心小组改称党组，党的核心小组组长、副组长、成员分别改称党组书记、副书记、党组成员。【中发（1977）34号 （77）油化政部字第103号】

同日 国务院批准，石油、化工工业增加劳动指标5万人。【（77）劳计字119号】

9月29日 石油化学工业部决定，东北输油管线指挥部更名为东北八三管道局。【（77）东八党字第1号】

十　月

10月4日 中共宝鸡市委决定，麻芝保同志任宝鸡石油机械厂党委常委，潘茂祥同志任党委委员、常委，革委会委员、常委、副主任；张守仁同志任党委委员，革委会委员、常委、副主任；免去许超同志的宝鸡石油机械厂党委委员，革委会委员、常委、副主任职务；免去华长江同志的党委委员、革委会委员、常委职务；免去王宝坤、蔡秋声同志的革委会委员、常委职务；免去刘文纪同志的宝鸡石油钢管厂党委委员、常委、副书记，革委会委员、常委副主任职务；免去周生财、朱明显同志的宝鸡石油钢管厂党委委员、常委，革委会委员、常委副主任职务。【宝市组发（1977）167号】

10月21日　石油化学工业部党组决定，调河南石油会战指挥部杜志福同志到大港油田工作，免去其河南石油会战指挥部工作委员会副书记、副指挥职务。【（77）油化政部字第132号】

10月28日　石油化学工业部决定，将参加北京勘探指挥部会战的3232、32178、32179、32196四个钻井队调回胜利油田会战指挥部。【（77）油化财劳字第1366号】

十 一 月

11月1日　中共桂林市委同意，中共广西壮族自治区石油化工安装公司委员会由25名同志组成，王凤海、卜庆喜、谢绍佳、施百令、张群生、冯家有、刘顺海、王宗志等8名同志为党委常委，王凤海同志任党委书记，卜庆喜同志任党委副书记。【市发（1977）98号】

11月6日　石油化学工业部组成石油工业学大庆检查团和化学工业学大庆检查团，到基层单位开展大检查活动，石油化学工业部机关和在京直属单位600多名干部参加大检查，其中部党组成员11人，司局领导干部42人，分19个分团，从11月8至22日由石油化学工业部领导带队分赴各石油、化工单位检查，是石油工业规模最大的一次大检查活动。【档案号：245-1977-0069-001】

11月7日　石油化学工业部决定，从玉门石油管理局抽调400人支援华北石油会战指挥部。【（77）油化财劳字第1434号】

11月8日　中共吉林省委决定，赵东黎同志任吉林省革委会外事办公室主任、党组书记，免去其吉林省石油会战指挥部副指挥、临时党委副书记职务。【吉林油田分公司上报】

11月19日　中共中央批准，陈烈民同志任石油化学工业部党组成员、副部长兼任大庆油田党委书记，周太和同志任石油化学工业部党组成员、副部长。【（77）燃化党字第14号）】

11月25日　中共天津市委决定，杜志福同志任大港油田指挥部党委委员、常委、副书记，副指挥。【（1977）津党组54号】

11月28日 中共黑龙江省委决定，陈烈民兼任大庆革委会主任；免去宋振明同志的大庆党委委员、常委、书记，革委会委员、常委、主任职务。【龙发干字（1977）149号】

11月 石油化学工业部决定，从华北石油会战指挥部抽调2000名工人给石油运输公司。【中国石油天然气运输公司上报】

同月 中共锦州市委同意，张玉林同志任锦西石油五厂革委会副主任。【锦委组字（1977）第32号】

十 二 月

12月15日 中共四川省委决定，蔡崇法任四川省石油管理局革委会副主任。【川委组干（1977）464号】

12月29日 石油化学工业部决定，齐泽国任石油化学工业部科学技术情报研究所副所长。【（77）油化政部字第182号】

12月30日 中共辽宁省委同意，任命郭惠中为辽河石油勘探局党委副书记。【辽组发（1977）140号】

本年 大港油田指挥部刘俊秀、矿机所主任工程师郭锡禄当选为第五届全国人大代表。【大港油田分公司上报】

本年 抚顺石油二厂撤销厂工代会,改称为工会。【抚顺石化分公司上报】

本年 抚顺石油三厂撤销厂工代会,改称为工会。【抚顺石化分公司上报】

本年 石油工业职工总数95.76万人。【石油工业统计年报】

一九七八年

一 月

1月13日 中共河南省委决定，石油化学工业部炼油设计研究院党组织关系隶属于中共洛阳市委。【豫组（1978）23号】

1月22日 中共宝鸡市委决定，赵亮同志任宝鸡石油钢管厂党委委员、常委，革委会委员、常委、副主任；李生富同志任党委委员、常委。【宝市组发（1978）32号】

1月30日 石油化学工业部决定，林金亭任第一石油化工建设公司经理，石玉柱任政治部主任，依福春、王世功、汤学永、朱永刚、张功权、高歧山任副经理。【（78）油化政部字第24号】

同日 石油化学工业部决定，任命李子凡为炼油设计研究院院长，侯宪元为副院长，张明学为政治部主任，陈俊武任副院长兼总工程师，周祖荫、丁宝圣、刘月庆、赵家仁、徐洛德、聂根泰任副院长。【（78）油化政干字第20号】

1月 石油化学工业部决定，将第一石油化工建设公司的第二、三工程处及油库工程分公司独立建制，分别组成第十二、十四石油化工建设公司和地下水封石洞油库建设公司，由石油化学工业部直接领导。【中国石油化工集团公司提供】

二 月

2月5日 吉林省革委会工交办党组批准，王毓峰任吉林省石油会战指挥部副指挥。【（78）吉省化党字第1号】

2月11日 新疆维吾尔自治区党委决定，免去瓦力斯江·吐尔地同志的新疆石油管理局党委副书记、克拉玛依市党委副书记，新疆石油管理局、克拉玛依市革委会主任职务。【组字（1978）24号】

2月16日 中共陕西省委同意，西安石油仪器一厂和西安石油仪器二厂合并，成立西安石油勘探仪器总厂，狄贵善同志任西安石油勘探仪器总厂党委书记，连庆溥同志任党委副书记，李清超同志任党委副书记兼厂长，范芷英同志任党委副书记兼副厂长；宝鸡石油机械厂和宝鸡石油钢管厂合并，成立宝鸡石油综合机械厂，苗德胜同志任宝鸡石油综合机械厂党委书记，姚亮同志任党委副书记，曾慎达同志任党委副书记兼厂长。【陕发（1978）13号】

同日 石油化学工业部决定，王绪东同志任石油地球物理勘探局副局长、党委常委，免去其政治部主任职务，高凤仪同志任石油地球物理勘探局政治部主任、党委常委，柴桂林任副局长、党委委员兼总地质师，徐绍仲任副局长、党委委员。【（78）油化政字第21号】

2月18日 中共甘肃省委决定，王金堂同志任兰州炼油厂党委书记、革委会主任，刘启富、薛金达同志任党委副书记，聂英华任党委常委，尚文章同志任党委常委、革委会副主任，匡振安、王育贤、徐源和、徐诚愿、胡玉龙等5名同志任党委委员、革委会副主任；免去侯宏顺同志的兰州炼油厂党委书记、常委、委员，革委会主任、常委、委员职务。【组字（1978）27号】

2月23日 中共洛阳市委同意，第一石油化工建设公司党委常务委员会由林金亭、依福春、石玉柱、王世功、汤学永等5名同志组成，林金亭任党委书记；依福春、石玉柱任党委副书记。【洛市组字（1978）干150号】

2月26日 大庆油田陈烈民、周占鳌、张廷栋、李长荣、王启民、李景荣当选为第五届全国人大代表。【大庆油田有限责任公司上报】

2月27日 中共四川省委批准，撤销彭家治同志的四川省石油管理局党委常委、局革委会副主任职务。【（78）川油党字第045号】

2月 石油化学工业部召开塔里木会战会议，决定石油勘探战略西移，成立石油南疆会战领导小组，年末参加塔里木会战的地震队和钻井队分别达到26个，会战职工约1.48万人。【《中国石油大事记》】

同月 中共洛阳市委决定，炼油设计研究院党委常务委员会由孙风臣、李子凡、侯宪元、张明学、陈俊武等5名同志组成，孙风臣同志任党委书记，李子凡、侯宪元、张明学同志任党委副书记。【中国石油化工集团公司提供】

同月 新疆石油管理局工会副主席克尤木·买提尼亚孜，青海石油管理局采油厂女子采油班班长张勤秀，炼油设计研究院党委副书记李子凡，兰州化学工业公司党委副书记、革委会副主任葛士英当选第五届全国人大代表。【新疆油田分公司、青海油田分公司、兰州石化分公司上报、中国石油化工集团公司提供】

三　月

3月5日　第五届全国人大一次会议决定，康世恩任国务院副总理兼国家经济委员会主任；撤销石油化学工业部，设立石油工业部和化学工业部，宋振明任石油工业部部长。【《中国石油大事记》】

3月9日　中共四川省委决定，郝凤台同志调四川石油普查勘探指挥部工作，免去其四川省石油管理局党委委员、革委会副主任兼总工程师职务。【川委组干（1978）088号】

3月16日　石油工业部决定，恢复承德石油学校，招收普通班，设机械制造、工业企业电气化两个专业，招生规模600人，生源为高中毕业生，学制三年。【（78）油化科教字第352号】

3月17日　中共四川省委同意，马文林同志到南海石油勘探指挥部工作，免去其四川省石油管理局党委副书记、革委会主任职务。【川委组干（1978）095号】

3月19日　中共辽宁省委商石油工业部党组同意，邓礼让同志任辽河石油勘探局党委书记，张中奇同志任党委副书记；免去白凤仪同志的党委书记职务，郭惠中同志的党委副书记职务。【辽组发〔1978〕56号】

3月24日　中共甘肃省委决定，赵启明同志任兰州化学工业公司党委书记、革委会主任，免去其甘肃省燃料化学工业局局长、党组书记、成员职务；免去李超伯同志的兰州化学工业公司党委书记、常委、委员，革委会主任、常委、委员职务。【甘肃省委组字（1978）58号】

3月26日　中共中央、国务院领导在听取中国石油代表团赴美考察的汇报后，决定在坚持独立自主、自力更生的原则下，中国海上石油勘探开发可以采取平等互利的补偿贸易方式，在国家指定的海域，直接和外国石油公司建立商务关系，开展对外合作。【《中国石油大事记》】

3月29日　石油化学工业部决定，将长庆油田会战指挥部参加华北地震会战的2270多人（包括指挥部机关和下属的3个大队，19个地震队），成建制调给石油地球物理勘探局。【（78）油化财劳字第430号】

同日　石油化学工业部党组商中共河南省委同意，冯元富任河南石油会战指挥部副指挥，李培杰任副指挥兼生产办公室主任。【（78）油化政部字第86号】

3月31日 石油化学工业部党组决定，高凤仪同志任石油地球物理勘探局党委副书记，免去其政治部主任职务；庄国成同志任党委副书记；张俊瑞同志任党委常委、政治部主任；丁满喜同志任副局长、党委委员；赵景明同志任副局长、党委委员。【（78）油化政部字第87号】

3月 石油勘探规划研究院院长侯祥麟当选第五届全国政协委员会常务委员，总工程师翁文波当选第五届全国政协委员。

四 月

4月2日 中共抚顺市委同意，赵玉鹏兼任抚顺石油一厂厂长，范恩铎兼任政治部主任，朱明银、王锡硅（兼总工程师）、高大民、韩文盛、王成海、张振武任副厂长；李盛图兼任抚顺石油二厂厂长，于长生同志任党委副书记，陈永寿任副厂长兼总工程师，李文波任政治部主任，赵宗麟、廖全清、李长良、张君贵、张继雷、刘甲增（兼总工程师）、张俊德任副厂长；刘祥兼任抚顺石油三厂厂长，骆登月、张绪良、林化启、赵永福、金国干、李宝才、王荣、王殿成、刘玉启任副厂长，粱恒智任政治部主任。【抚组发〔1978〕45号】

4月13日 中共四川省委批准，免去刘忠同志的四川省石油管理局党委副书记、革委会副主任职务，调四川石油普查勘探指挥部工作。【川委组干〔1978〕146号】

4月14日 中共中央批准，宋振明同志任石油工业部党组书记，原石油化学工业部党组成员、副部长张文彬同志任石油工业部党组副书记、副部长，原石油化学工业部党组副书记、副部长焦力人同志任石油工业部党组副书记、副部长，调四川省石油管理局党委书记黄凯同志任石油工业部党组副书记、副部长，原石油化学工业部党组成员、副部长陈烈民同志任石油工业部党组副书记、副部长，原石油化学工业部党组成员、副部长孙晓风同志任石油工业部党组成员、副部长，调江汉石油管理局党委书记、局长张兆美同志任石油工业部党组成员、副部长兼政治部主任，调石油化工科学研究院院长侯祥麟同志任石油工业部党组成员、副部长，调石油勘探开发规划研究院副院长阎敦实同志任石油工业部党组成员、副部长，调大庆油田革委会副主任兼总地质师闵豫同志任石油工业部党组成员、副部长，原石油化学工业部勘探开发组副组长李天相同志任石油工业部党组成员、副部长，原石油化学工业部政治部负责人季铁中同志任石油工业部党组成员，调新疆石油管理局党委书记李欣吾同志任石油工业部党组成员，原石油化学工业部党组成员李法兰同志任石油工业部党组成员。【机发（1978）120号】

4月15日　国务院批准，国家劳动总局决定，动员50342名退伍战士到石油工业部门参加石油工业建设。【《中国石油大事记》】

4月19日　国家对外经济贸易部商石油工业部同意，中朝友谊输油管线国内段划归石油工业部东北八三管道局管理；中国对外贸易运输总公司丹东分公司输油站的全部机构、人员和资产均移交东北八三管道局，并改称东北八三管道局中朝友谊输油管线管理处。【（78）油管道字第10号】

4月26日　中共抚顺市委同意，免去田欣毅同志的抚顺石油三厂党委常委、革委会副主任职务。【抚组发〔1978〕51号】

五　月

5月18日至6月11日　全国石油化学工业第二次工业学大庆会议在大庆油田召开，国务院副总理康世恩到会讲话。会议讨论今后8年石油工业发展规划和化学工业的主要部署；石油工业部和化学工业部发出《关于授予石油化工战线先进集体、先进个人荣誉称号的决定》，表彰了63名劳动英雄、447名学铁人标兵、57个荣誉单位和261个红旗单位。【《中国石油大事记》】

5月25日　新疆维吾尔自治区党委决定，帕哈达·吐木尔同志任新疆石油管理局、克拉玛依市党委副书记，免去其新疆石油管理局独山子矿区党委书记职务；刘凯同志任新疆石油管理局、克拉玛依市党委副书记兼乌鲁木齐石油化工厂党委书记；田玉庆同志任新疆石油管理局、克拉玛依市革委会副主任兼乌鲁木齐石油化工厂厂长、党委副书记；刘玉吉同志任新疆石油管理局、克拉玛依市革委会副主任，免去其新疆石油管理局运输处党委书记职务；胡玉昆同志任新疆石油管理局、克拉玛依市革委会副主任，免去其新疆石油管理局油田建设工程处党委书记、革委会主任职务；韩继武同志任新疆石油管理局、克拉玛依市革委会副主任，免去其新疆石油管理局技术作业处革委会主任、党委副书记职务；宋洪道同志任新疆石油管理局政治部主任，免去其新疆石油管理局输油管理处党委书记职务；免去国际巩同志兼任的乌鲁木齐石油化工厂党委书记职务；免去周庆祖同志兼任的乌鲁木齐石油化工厂党委

副书记、厂长职务；免去李保孚同志兼任的新疆石油管理局政治部主任职务。【新疆维吾尔自治区 组字〔1978〕172号】

5月30日 中共白城地委批准，张自清、王毓峰同志为吉林石油会战指挥部临时党委委员。【吉林油田分公司上报】

六 月

6月10日 天津市革委会函复石油工业部，同意将华北石油会战指挥部所属海洋石油勘探指挥部单独划出，成立石油工业部海洋石油勘探局，实行双重领导，以石油工业部为主的管理体制，党的关系归中共天津市委领导。8月，海洋石油勘探局在天津市塘沽区正式成立。【（1978）津革11号】

6月13日 石油工业部决定，抽调石油地球物理勘探局一个地震大队360人，成建制划给江苏石油勘探开发会战指挥部。【（78）油财劳字第176号】

6月24日 中共大庆委员会转发中共黑龙江省委（龙发干字〔1978〕207号）决定，薛国邦同志任大庆党委副书记；张德国同志任大庆党委副书记，革委会委员、常委、副主任；张云中同志任大庆党委委员、常委、副书记，革委会委员、常委、副主任；王瑞藩、刘国良同志任大庆党委委员、常委、副书记，革委会委员、常委、副主任；马德仁同志任大庆革委会委员、常委、副主任；刘继文、胡学义、董继美、刘邦林同志任大庆党委委员、常委；金毓荪同志任大庆党委委员、常委，革委会委员、常委、副主任；林瑞峰、李长荣、李惠新、王汉民同志任大庆党委委员、常委；张立中、固革、郝万春、杨万里、白世辉、王志武、徐修玲同志任大庆革委会委员、常委、副主任。免去喻新盛、周占鳌、黄伟同志的大庆党委副书记、常委、委员，革委会副主任、常委、委员职务；王永祯、张鸿飞、孙靖韬同志的大庆党委常委、委员，革委会副主任、常委、委员职务；李海峰同志的大庆党委常委、委员，团支部书记职务；常胜、唐恩来同志的大庆党委常委、委员职务；杨永贵、张瑞清、闵豫同志的大庆革委会副主任、常委、委员职务。【庆发〔1978〕23号】

七 月

7月4日 中共四川省委组织部向省委建议，撤销四川省石油管理局革命委员会，恢复四川省石油管理局名称，实行党委领导下的局长分工负责制。同时，对四川省石油管理局领导班子调整提出如下意见：杨型亮同志任四川省石油管理局党委书记；董金璧任局长；党万廷、尹光、孟庆瑗、贾奉辛、马兴峙、史鉴生等6人任副局长；侯国珍同志任副局长、党委常委；革委会副主任李滋润、蔡崇法、刘选伍、胡成贵、刘荫藩等5人改任副局长；王芝顺、唐大素拟担任基层领导，不再任局级职务；革委会副主任靳学礼停职检查，不进领导班子；王守先、古昌州、李富荣、金初明、王天元等5名群众代表回原生产工作岗位。【川委组发〔1978〕239号】

7月10日　石油工业部政治部决定，向同水、翁文波任石油勘探开发科学研究院总工程师，邱中健、李德生、靳锡庚、张庚任总地质师，刘文章、朱兆明任采油总工程师。【（78）油政部字第38号】

7月11日　国务院批复，同意石油工业部设立政治部（政治部内只设部或处一级）、石油科学技术委员会、办公厅、总调度司、地质勘探司、钻井工程司、油气田开发司、炼油化工生产司、运销司、计划司、人事教育司、财务司、科技司、外事局、行政司、农副业生产办公室、基本建设局、机械制造局、物资供应管理局。行政编制共800人。【国发〔1978〕133号　（78）油政字第407号】

7月22日　新疆维吾尔自治区党委和石油工业部党组决定，李敬同志任新疆石油管理局、克拉玛依市党委书记、局（市）革委会主任，张毅同志任新疆石油管理局党委副书记、克拉玛依市党委副书记；免去李欣吾同志新疆石油管理局、克拉玛依市党委书记职务。【新疆维吾尔自治区组字（1978）215号】

7月26日　石油工业部决定，海洋石油勘探局自1978年8月1日起按新机构正式对外办公。【（78）油人教字第328号】

同日　石油工业部明确，承德石油学校实行石油工业部与河北省双重领导、以石油工业部为主的管理体制。【（78）油人教字第334号】

7月28日　根据中共中央《关于恢复和健全保密委员会的通知》要求，石油工业部党组决定恢复保密委员会及其办事机构，季铁中、梁健、吴宗英、翟光明、王守忠、沈晨、秦平任保密委员会委员，季铁中任主任；办事机构设在政治部保卫部，由秦平负责。【中共中央〔1978〕39号】

同日　中共四川省委决定，四川省石油管理局革委会改为四川省石油管理局，实行党委领导下的局长分工负责制；杨型亮同志任四川省石油管理局党委书记，董金璧任局长，侯国珍、李滋润、党万廷、蔡崇法、刘选伍、尹光、孟庆瑗、贾奉辛、胡成贵、刘荫蕃、马兴峙、史鉴生等12人任副局长；增补侯国珍同志为党委常委，增补党万廷、马兴峙、史鉴生同志为党委委员。【川委组干〔1978〕606号】

7月29日 中共锦州市委决定，郑丕谟同志任锦西石油五厂党委书记；石连惠同志任党委副书记、厂长；曲才绪同志任党委副书记、副厂长；官恩泽、葛启宽、张铭枢、李继仁同志任党委常委、副厂长；董明声、刘福臣、赵祥、尹生、肖德祥任副厂长；刘玉新同志任党委常委；张玉林任顾问，免去革委会副主任职务；免去李占林、李振清同志党委副书记、革委会副主任职务；免去曹戈江同志党委常委、革委会副主任职务；免去乔文学、宋宝玉同志革委会副主任职务。【锦委组字（1978）62号】

八　月

8月1日 石油工业部党组商中共河北省委、中共天津市委同意，调胜利油田党委副书记、副指挥余群立同志任华北石油会战指挥部党的核心小组副组长、副指挥，李玉生同志任华北石油会战指挥部党的核心小组副组长兼政治部主任，毛华鹤、赵文元同志任华北石油会战指挥部副指挥，三礼钦同志任华北石油会战指挥部党的核心小组成员，梁树魁、查全衡（兼总地质师）、王若坚、施鸣鹤同志任华北石油会战指挥部党的核心小组成员、副指挥，孔靖同志任华北石油会战指挥部党的核心小组成员、政治部第一副主任；免去任成玉、马骥祥同志华北石油会战指挥部党的核心小组副组长、副指挥，免去施宗林同志的华北石油会战指挥部政治部主任职务，免去阎敦实、霍文彬、钟一鸣、王福臻、谢采贤同志的华北石油会战指挥部党的核心小组成员、副指挥职务，免去刘仁杰同志的华北石油会战指挥部党的核心小组成员兼大港油田党委书记职务。【（78）油党字第6号】

同日 石油工业部商湖北、河南、湖南、江西四省革委会同意，决定以江汉石油管理局为基础，成立鄂、豫、湘、赣石油会战指挥部，对湖北、河南、湖南、江西四省的石油勘探、开发实行统一领导。鄂、豫、湘、赣石油会战指挥部直属石油工业部领导，河南石油会战指挥部由石油工业部直属改为由鄂、豫、湘、赣石油会战指挥部领导。【（78）油人教字第354号】

同日 石油工业部政治部批复，同意王树祥、吕来新、孔文庆任第十二石油化工建设公司副经理。【（78）油政部字第58号】

8月4日 石油工业部决定，从1978年9月1日起，石油工业部直对属施工企业进行更名，原石油化学工业部第一石油化工建设公司，改为石油工业部第一工程公司；原石油化学工业部第十二石油化工建设公司，改为石油工业部第二工程公司；原石油化学工业部第十四石油化工建设公司，改为石油工业部第三工程公司；原石油化学工业部第四石油化工建设公司，改为石油工业部第四工程公司；原石油化学工业部地下水封石洞油库建设公司，改为石油工业部地下石洞油库工程公司。【（78）油建字第367号】

8月8日 国务院决定，季铁中任石油工业部政治部副主任兼干部部部长，李法兰任副主任兼农副业生产办公室主任，梁健任副主任兼直工部部长，徐文野任副主任兼宣传部部长，陈炳骞、乐秀民任工业学大庆办公室副主任、政治部办公室副主任，王正棠任组织部副部长，卢义贵、彭昌忠、张宽信任干部部副部长，张江漪任宣传部副部长，秦平任保卫部部长，魏绪顺、范凤玲任直工部副部长；吴宗英、任学忠任石油工业部办公厅副主任，甘宁任顾问；秦文彩任石油工业部总调度司司长，肖玉昆、王福臻、关祯元（兼石油天然气管道局副局长）、李国玉、白世荫任副司长；翟光明任石油工业部石油地质勘探司司长兼总地质师，张邦杰、程守礼任副司长；李荣藻、王关清任石油工业部钻井工程司副司长；谭文彬任石油工业部油气田开发司司长兼总地质师，贾金会、曲广玲任副司长；薛秀川任石油工业部炼油化工生产司司长，李风、陈宜焜任副司长，任向文任顾问；王守忠任石油工业部计划司司长，胡汉滨、张鸣治任副司长；王志成任石油工业部人事教育司司长，王者春、康书丛、师尚义任副司长，雷振任顾问；陈敬业、徐会祥任石油工业部财务司副司长，王凤来任顾问；沈晨任石油工业部科学技术司司长，蒋其凯（蒋其垲）、吕寿斌任副司长；尤德华、赵声振、缪文、窦炳文、王振华、何渊清、张镕任石油工业部外事局副局长兼石油成套技术引进公司副经理，王泽、刘树人、史久光、邹明任石油成套技术引进公司顾问；李景新任石油工业部运销司司长，孙延祯任副司长；张鸿飞任行政司司长，张钦、李洪甲任副司长，章德炎任顾问；王廷锦任石油工业部农副业生产办公室副主任；单永复任石油工业部基本建设局局长，刘忠勇、叶忠贵、胡象尧（兼石油规划设计院院长）、刘少男、孙柏诚、徐世广、郝景玉任副局长；詹石任石油工业部机械制造局局长，杨永贵、陈泽轩、张德录任副局长；张振海任石油工业部物资供应管理局局长，夏培清、徐杜周、刘子明任副局长；陈自光、邵祖光、陈人炳任石油工业部石油规划设计院副院长，张仁、杨华甫任顾问；高光鉴任石油工业部石油科技情报所所长、石油工业出版社社长，齐泽国、白正之、吴德琪任石油科技情报所副所长、石油工业出版社副社长。【（78）国政字第38号 （78）油政字第407号】

8月10日 石油工业部决定，从原石油化学工业部勘察公司中分出石油方面的人员，成立石油工业部勘察公司，直属石油工业部领导，机构按县（团）级设置。勘察公司的主要任务是，承担全国炼厂、油库建设的工程地质、水文地质勘探和测量等。【（78）油人教字第401号】

同日 吉林省石油化学工业局党组同意，免去赵炳辉同志的吉林省石油会战指挥部副指挥、临时党委委员职务。【吉林油田分公司上报】

8月15日 石油工业部商化学工业部同意，原石油化学工业部沧州器材库划分为两个部分别管理，相应成立石油工业部沧州器材库和化学工业部沧州器材库。【（78）油供字第412号 （78）化供字第515号】

8月22日 石油工业部商天津市、辽宁省同意，决定从华北石油会战指挥部大港油田抽调10个钻井队及相应的二线配套队伍1600多人，参加辽河油田欢喜岭石油会战（建制仍属大港油田）。【（78）油调字第442号】

8月23日 中共大庆委员会转发中共黑龙江省委（龙发干字〔1978〕288号）决定，杨育芝任大庆油田总设计师，陈泽奎任大庆油田总会计师，王可驹任大庆油田石油化工总工程师。【庆发〔1978〕39号】

8月25日 石油工业部决定，从四川石油管理局成建制抽调15个钻井队和相应的试油大队、钻前工程大队、完钻作业大队、运输大队3900余人；从江汉石油管理局抽调5个钻井队、1个试油队到新疆石油管理局工作，受新疆石油管理局领导。【新疆油田分公司上报】

8月26日 辽宁省革委会决定，将辽阳钢管厂划归石油工业部东北八三管道局领导。【辽革发〔1978〕206号】

8月30日 经国务院批准，石油工业部商有关省、自治区同意，决定按地质单元成立12个石油勘探开发会战指挥部，除7个已成立外，再成立东北、鄂豫湘赣、苏浙皖、甘青藏、滇黔桂5个石油勘探开发会战指挥部。东北地区石油勘探开发会战指挥部以大庆油田为基础，由石油工业部党组副书记、副部长陈烈民同志兼组长；鄂豫湘赣地区石油勘探开发会战指挥部以江汉石油管理局为主，由江汉石油管理局党委书记张恕基同志任组长；苏浙皖地区石油勘探开发会战指挥部以江苏石油勘探开发会战指挥部为具体办事机构，江苏石油勘探开发指挥部党委书记、指挥秦峰同志任组长；甘青藏地区石油勘探开发会战指挥部以玉门石油管理局和青海石油管理局为基础，由青海石油管理局党委书记、局长薛纪元同志任组长；滇黔桂石油勘探开发会战指挥部由王振英同志代理党委书记、指挥。【（78）油政字第495号】

同日 石油工业部党组决定，侯祥麟、车时英、黄大智、潘生玺、林风、高清岚、卢成锹、韩浩、贾旺、张定超等10名同志组成石油化工科学研究院临时党委，侯祥麟同志兼任党委书记，车时英、黄大智同志任党委副书记。【（78）油政部字第76号】

8月 石油工业部召开教育工作会议，参加会议正式代表共计165人。【（78）油人教字第279号】

九 月

9月2日 石油工业部党组决定，李欣吾同志任石油勘探开发科学研究院党委书记。【（78）油党字第18号】

同日 石油工业部党组决定，杨达同志任石油规划设计院党委书记。【（78）油党字第19号】

同日 石油工业部党组决定，唐亚芳同志任石油工业部外事局党委副书记兼政治处主任。【（78）油党字第20号】

同日 石油工业部党组决定，任成玉同志任石油地球物理勘探局副局长、党委委员。【（78）油党字第21号】

9月4日 中共甘肃省委批复，同意蒋长安、周世英、李云同志任长庆油田会战指挥部党委副书记，刘俊卿、赵兴勤、张志华同志任党委常委，宋凤翥、王寿增、朱锡龄同志任长庆油田会战指挥部党委委员。【组字〔1978〕205号】

9月7日 石油工业部决定，陆邦干任石油工业部地质勘探司地球物理总工程师，李克向任钻井工程司总工程师，朱吉仁任炼油化工生产司总工程师，李芳百任基本建设局总工程师，安锦高任机械制造局总机械师，李长林任财务司总会计师，郑维田任石油成套技术引进公司钻井总工程师。【（78）油政字第534号】

9月8日 石油工业部党组决定，杨达、胡象尧、陈自光、邵祖光、陈人炳、陈炳泉、刘玉贤等7名同志组成石油规划设计院临时党委，杨达同志任临时党委书记，胡象尧同志任临时党委副书记。【（78）油政部字第85号】

同日 石油工业部同意，张云清任长庆油田会战指挥部指挥，蒋长安任副指挥兼生产办公室主任，刘俊卿任政治部主任，宋凤翥任副指挥，王寿增、朱锡龄任副指挥兼钻井总工程师；免去郭究圣的副指挥职务。【（78）油政字第535号】

同日 石油工业部同意，李春甫、张昌杰、韩学伦、魏启厚任江汉石油管理局副局长，文光辉任政治部主任，张祗生任总地质师。【（78）油政字第537号】

9月11日 石油工业部政治部同意，张恕基兼任江汉石油学院院长，章贻俊任副院长，宗有葆任副院长兼教育长，杨华超任政治部主任，白光弟、张学义任副院长。【（78）油政部字第87号】

9月22日 石油工业部党组决定，建立中共石油勘探开发科学研究院临时委员会，委员会由李欣吾、申力生、刘南、余萍、李杰、秦同洛、向同水、胡见义、韩大匡等9名同志组成，李欣吾同志任临时党委书记，申力生同志任临时党委副书记。【（78）油党字第26号】

9月28日 新疆维吾尔自治区党委商石油工业部党组同意，决定刘仁杰、史少卿同志任新疆石油管理局、克拉玛依市党委副书记、局（市）革委会副主任，郑浩同志任新疆石油管理局克拉玛依市革委会副主任、局（市）党委常委；免去侯志诚同志的新疆石油管理局、克拉玛依市党委副书记，局（市）革委会副主任职务。【新疆维吾尔自治区组字〔1978〕285号】

十　月

10月11日 石油工业部决定，成立石油工业部教材编译室，编制50人，为石油工业部直属事业单位。【（78）油人教字第658号】

10月12日 中共吉林省委批准，张德国同志任吉林省石油会战指挥部党委书记、指挥，雷发瑞同志任吉林省石油会战指挥部党委副书记，裴宗正同志任吉林省石油会战指挥部党委副书记、副指挥，王润才任吉林省石油会战指挥部副指挥。【干任〔1978〕162号】

10月13日 国务院、中共中央军委批复，同意撤销中国人民解放军基本建设工程兵石油化学工业部办公室，分别成立中国人民解放军基本建设工程兵石油工业部办公室、化学工业部办公室，以上两个办公室隶属中国人民解放军基本建设工程兵，党的关系划归中国人民解放军基本建设工程兵党委，受中国人民解放军基本建设工程兵和石油工业部、化学工业部双重领导。【国发〔1978〕212号】

10月14日 中共吉林省委工交工作部同意，雷发瑞同志兼任吉林省石油会战指挥部政治部主任，王润才兼任吉林省石油会战指挥部总调度长。【吉工干字（78）51号】

10月16日 中共辽宁省委同意，王镜心同志任中共辽河石油勘探局委员会副书记。【辽组发〔1978〕188号】

10月17日 中共吉林省委工交决定，崔德珍同志任前郭炼油厂党委书记，周玉琢同志任党委副书记、厂长，唐德平同志任党委副书记、副厂长，王凤仪同志任党委副书记、副厂长、关秀峰同志任党委常委、副厂长，王德春同志任党委常委、副厂长，王兰香同志任党委常委、副厂长，金哲训任副厂长。【吉工干字〔1978〕62号】

10月18日 国务院批准，同意广西石油化工安装公司的领导关系由以地方为主双重领导，改为以石油工业部为主双重领导的管理体制。从1978年11月1日起，公司名称改为石油工业部第六工程公司。【（78）油建字第680号】

10月19日 石油工业部党组决定，张福录同志任石油工业部管道局党委委员、常委、书记，朱洪昌同志任局长、党委委员、常委、副书记，唐振华同志任副局长、党委委员、常委、副书记，张湘荣同志任党委委员、常委、副书记兼政治部主任，张振勇同志任副局长、党委委员、常委，杨作义、孙锦丽、刘宏胜、黄国斌、焦福林、焦喜林、韩建平、贾振礼、吉美生、李越之同志任副局长、党委委员，李广明、李星斗同志任政治部副主任、党委委员，杨作义、孙锦丽同志任党委常委。【（78）油党字第31号】

10月20日 新疆维吾尔自治区党委决定，李全慎任新疆石油管理局、克

拉玛依市革委会副主任。【组字（1978）307号】

同日 张立业任吉林省石油会战指挥部党委副书记、副指挥。【吉林省革委会工交办党组（吉革）工党组发〔1977〕29号】

10月23日 石油工业部决定，石油天然气管道局更名为石油工业部管道局，为石油工业部直属企业；东北八三管道局更名为东北输油管理局，华东输油管线指挥部更名为华东输油管理局，以上两个单位归属石油工业部管道局领导；撤销华北输油管线指挥部，其业务并入石油工业部管道局。【（78）油人教字第699号】

10月24日 石油工业部决定，于德海、刘振波、王学忠任第一工程公司副经理。【（78）油政部字第138号】

10月25日 石油工业部决定，管道局北京通讯总站改为石油工业部在京直属事业单位，相当于处级，编制暂定60人，业务上由石油工业部总调度司领导。【（78）油人教字第708号】

10月26日 石油工业部决定，马骥祥任海洋石油勘探局局长，钟一鸣、王涛、侯志诚、韦布仁、孙继先、王兆诸、曹德安、曹学汉、张景春任副局长，李秉泉任总地质师。【（78）油政字第715号】

同日 石油工业部决定，调海洋石油勘探局丁耀民同志任滇黔桂石油勘探开发会战指挥部党委副书记、副指挥。【（78）油政部字第140号】

10月27日 石油工业部决定，韩谭贻任江苏石油勘探开发会战指挥部副指挥，喻新盛兼任政治部主任。【（78）油政字第717号】

10月31日 中共抚顺市委同意，王怀德任抚顺石油一厂党委常委、副厂长，翟永谦任抚顺石油三厂副厂长。【抚组发〔1978〕142号】

十 一 月

11月3日 石油工业部商天津市革命委员会同意，将海洋及油气田工程技术研究所更名为石油工业部施工技术研究所，行政级别为县（团）级，规模200人，党政关系隶属于石油工业部第四工程公司，业务仍由石油工业部归口管理。【（78）油人教字第766号】

11月7日 石油工业部党组商中共辽宁省委同意，张瀛洲同志任东北输油管理局党委书记，吕中士同志任局长、党委副书记，周韶华同志任党委副书记，郭典贵同志任党委副书记兼政治部主任，李占标、高志和、金元汉、李传录、阎庆林、杜再生任副局长。【（78）油党字第29号】

11月9日 中共大庆委员会转发中共黑龙江省委（龙发干字〔1978〕346号）决定，王志武兼任大庆油田总地质师。【庆发〔1978〕52号】

11月14日 中共天津市委决定，余群立同志任中共大港油田指挥部党委委员、常委、书记、指挥，李道品、秦振华、刘安时任副指挥。【〔1978〕津党发211号】

11月25日 甘肃省革命委员会同意，兰州石油学校由石油工业部和甘肃省双重领导，以石油工业部为主。【甘革发（1978）235号】

11月27日 石油工业部党组决定，刘宏胜同志任石油工业部管道局党委委员、常委、副书记、副局长。【（78）油党字第33号】

十 二 月

12月5日 经国务院批准，北京炼油设计研究院更名为北京石油设计院。【《中国石油大事记》】

12月8日 中共中央、中央军委批准，石油工业部原副部长周文龙任中国人民解放军总后勤部顾问。【（78）干通字1100号】

12月9日 中共抚顺市委同意，吕文盛任抚顺石油一厂副厂长，李长峰任抚顺石油三厂副厂长。【抚组发〔1978〕154号】

12月12日 石油工业部决定，成立中国石油学会，侯祥麟当选为理事长。【《中国石油大事记》】

12月13日 第四石油化工建设公司党委批复，同意成立中共石油施工技术研究所临时党支部委员会，临时党支部委员会由王乃民、杜春斌、张忠廉、龚家森、杜兰香、陈兴业等6名同志组成，王乃民同志任党支部书记，杜春斌同志任党支部副书记。【（78）油四党字第062号】

12月18日 中共大庆委员会转发中共黑龙江省委决定（龙发干字〔1978〕387号），韩荣华同志因工作调动，免去其大庆党委副书记、常委、委员，革委会副主任、常委、委员职务。【庆发〔1978〕60号】

同日 锦州市委同意，赵连恩任锦西石油五厂副厂长。【锦委组字（1978）95号】

12月19日　石油工业部商四川、甘肃、广东省革命委员会同意，确定重庆石油学校、兰州石油学校、广东石油化工学校由原来的省属改为石油工业部与有关省双重领导、以石油工业部为主。恢复办学的承德石油学校，已商河北省同意，实行石油工业部与河北省双重领导、以石油工业部为主的领导体制。以上4所学校均列入石油工业部重点中等专业学校。【（78）油人教字第955号】

12月21日　石油工业部党组决定，张英任石油规划设计总院总工程师。【（78）油党字第37号】

12月24日　中共四川省委决定，免去李滋润同志的四川省石油管理局党委常委、委员、副局长职务，调任四川省统计局副局长、党组成员。【川委组干〔1978〕1204号】

同日　中共四川省委决定，丁耀民同志任四川省石油管理局党委委员、副局长；免去刘荫藩同志的党委委员、副局长职务。【川委组干〔1978〕1205号】

12月　石油工业部决定，孙风臣同志任石油工业部炼油设计研究院党委书记。【中石化洛阳石油化工工程公司提供】

本年　石油工业职工总数100.55万人。【石油工业统计年报】

一九七九年

一 月

1月4日 中共青海省委同意，李宗鸿、张文安、蒋一鸣的职务改称为青海石油管理局副局长；马万海为青海石油管理局西部指挥部副指挥。【（79）青石化党字第001号】

1月10日 石油工业部商中共辽宁省委同意，调大庆油田党委副书记、革委会副主任王瑞藩同志任辽河石油勘探局党委副书记。【（79）油政部字004号】

1月19日 石油工业部商新疆维吾尔自治区同意，成立新疆石油学院，买买提·艾沙任新疆石油学院筹备领导小组组长，张福斋、郭追、王湘清任副组长，校址设在原乌鲁木齐石油学校，招生规模暂定为4000人。【新石革发〔1979〕8号 新克革发〔1979〕12号】

1月31日 中共黑龙江省委决定，免去宋世宽、只金耀同志的大庆党委委员，革委会副主任、常委、委员职务。【黑发干字〔1979〕11号】

1月 世界石油大会中国国家委员会在北京成立，侯祥麟任主席。【《中国石油大事记》】

二 月

2月8日 中共抚顺市委同意，金国斌同志兼任中共抚顺石油三厂纪律检查委员会书记。【抚组发〔1979〕24号】

2月15日 石油工业部商甘肃省同意，决定兰州炼油厂技工学校改为石油工业部兰州石油技工学校，实行石油工业部和甘肃省双重领导，以石油工业部为主，委托石油工业部管道局代管，招生规模1200人。【（79）油人教字第132号】

2月23日 石油工业部政治部决定，调长庆油田会战指挥部潘瑗任石油地球物理勘探局副局长。【（79）油政部字第038号】

2月26日 石油工业部批复管道局，同意华东输油管理局运输处改为管道局第二运输公司，由管道局直接领导，基地仍设在徐州市；原管道局运输公

司改为第一运输公司，仍由管道局直接领导。【（79）油人教字第171号】

2月 石油工业部党组决定，成立石油工业部甘青藏石油勘探开发会战指挥部，抽调胜利油田、玉门油田约3000名职工到柴达木盆地参加石油会战。【青海油田分公司上报】

三 月

3月2日 新疆维吾尔自治区党委同意石油工业部提议，批准郑维田任新疆石油管理局、克拉玛依市革委会副主任兼钻井总工程师，分管南疆的钻井工作。【组字〔1979〕73号】

3月5日 中共甘肃省委批复，同意林殷才任兰州化学工业公司经理，初世灿、黄鹏远、赵文秀、李明祖、李枝荣、幺喜魁、毛春荣任副经理。兰州化学工业公司实行党委领导下的经理分工负责制后，兰州化学工业公司革委会即行撤销，革委会正、副主任，常委，委员职务即行消除。【甘肃省委组字（1979）88号】

同日 甘肃省委决定，刘启富任兰州炼油厂厂长，聂英华任兰州炼油厂副厂长，龙显烈同志任兰州炼油厂党委常委，王洁同志任兰州炼油厂党委常委、副厂长，徐诚愿、王育贤、徐源和、胡玉龙任兰州炼油厂副厂长；邵贵才、葛贤辅任兰州炼油厂顾问；免去薛金达、马春发同志的兰州炼油厂党委副书记、常委、委员职务，邵贵才同志的兰州炼油厂党委常委职务，张秀珍同志的兰州炼油厂党委常委、委员职务。实行党委领导下的厂长分工负责制后，兰州炼油厂革委会即行撤销，革委会正、副主任，常委，委员职务即行消除。【组字（1979）89号】

3月9日 石油工业部政治部决定，王德礼任第一工程公司副经理。【（79）油政部字第42号】

3月12日 石油工业部政治部决定，林生祥任石油工业部西北供应办事处主任。【（79）油政部字第061号】

3月13日 中共中央批准，秦文彩同志任石油工业部党组成员、副部长兼石油工业部外事局局长，石油成套技术引进公司党委书记、经理；李敬同志任石油工业部党组成员、副部长兼新疆石油管理局、克拉玛依市党委书记，局（市）革委会主任。【机发（1979）197号（电文）】

3月15日　石油工业部政治部决定，钱萍任石油工业部华东供应办事处主任，王祖成、陈济民任副主任。【（79）油政部字第047号】

同日　石油工业部政治部决定，王福海任石油工业部中南供应办事处主任，单孝良任副主任。【（79）油政部字第057号】

同日　石油工业部政治部决定，张清吉任石油工业部华北供应办事处主任，叶金福、李济林任副主任。【（79）油政部字第058号】

同日　石油工业部政治部决定，李占贤、乔青年任石油工业部东北供应办事处副主任。【（79）油政部字第059号】

同日　石油工业部政治部决定，郑忠贤任石油工业部西南供应办事处主任，乔远芳任副主任。【（79）油政部字第060号】

同日　石油工业部政治部决定，高崇禹任石油工业部广州供应办事处主任，吴长锦任副主任。【（79）油政部字第067号】

3月17日　石油工业部政治部批复，同意王天增任长庆油田会战指挥部油建总工程师。【（79）油政部字第49号】

同日　石油工业部政治部批复，同意杨录兼任辽河石油勘探局钻井总工程师。【（79）油政部字第56号】

同日　中共青海省委决定，尹克升任青海石油管理局局长，免去其革委会副主任职务；杨秀东、税为群、孟令章、王晓民任青海石油管理局副局长；免去薛纪元的青海石油管理局革委会主任职务。【青发〔1979〕51号】

3月20日　甘青藏石油勘探开发会战指挥部在青海冷湖正式成立。【《中国石油大事记》】

3月22日　新疆维吾尔自治区党委决定，阿瓦哈里·沙比洛夫任新疆石油管理局、克拉玛依市革委会副主任。【新疆维吾尔自治区组字〔1979〕100号】

3月27日　中共抚顺市委同意，骆登月任抚顺石油三厂厂长。【抚组发〔1979〕49号】

四　　月

4月10日　石油工业部批复，同意赵兴勤、张志华、杨俊杰任长庆油田会战指挥部副指挥，杨俊杰兼任总地质师。【（79）油党字第9号】

同日　石油工业部党组与中共河北省委同意，施宗林同志任华北石油会战指挥部党的核心小组副组长、副指挥，游静裕同志任党的核心小组成员、副指挥兼钻井总工程师，朱志贤同志任党的核心小组成员、副指挥兼总机械师，张会智同志任党的核心小组成员、副指挥兼油田指挥部指挥。【（79）油党字第10号　（79）第104号】

4月11日　石油工业部政治部决定，曹景昌同志任石油工业部北京电机修造厂副厂长、党的核心小组成员。【（79）油政部字第087号】

4月12日　石油工业部政治部同意，蔡保安任河南石油会战指挥部副指挥。【（79）油政字第317号】

4月27日　中共中央、国务院批准石油工业部与9家外国石油公司合作，在我国南海进行地球物理勘探工作。同日，石油工业部以中国石油天然气勘探开发公司名义与法国国营埃尔夫—阿奎坦石油公司和道达尔石油公司在北京签订在南黄海北部进行地球物理勘探的第一个协议，面积6万平方千米，作地震测线1万千米。【《中国石油大事记》】

4月28日　石油工业部同意，抚顺石油研究所更名为抚顺石油炼制研究所。【《中国石油大事记》】

4月29日　石油工业部党组与中共安徽省委商定，李岳山兼任苏浙皖石油勘探开发会战指挥部领导小组副组长。【（79）油政字第364号】

同日　石油工业部批复，同意成立新疆石油管理局南疆石油勘探会战指挥部，全面负责领导和组织南疆地区石油勘探会战，在库车地区成立第二钻井指挥部，属南疆石油勘探会战指挥部领导，撤销依奇克里克油矿，原油矿所属单位划归第二钻井指挥部领导。【（79）油人教字第368号】

五　月

5月2日　中共天津市委决定，张丁华、陈光虞（兼总工程师）、史汝先任大港油田指挥部副指挥；免去杜志福的大港油田指挥部副指挥职务；免去师秉毅同志的大港油田指挥部党委副书记职务；免去万鹏飞的大港油田指挥部副指挥职务，改任顾问；免去李树仁同志的大港油田指挥部党委常委、副书记、副指挥职务；免去于秋云、侯忠、臧成平同志的大港油田党委常委、副指挥职务；免去张明义的大港油田副指挥职务；免去王连志的大港油田基建总工程师职务，改任顾问。【津党发〔1979〕130号】

5月7日 石油工业部党组商中共甘肃省委同意，陈宾调任甘青藏石油勘探开发会战指挥部领导小组副组长。【（79）油政字第379号】

5月8日 石油工业部决定，石油化学工业部炼油设计研究院更名为石油工业部第二炼油设计研究院。【中石化洛阳石油化工工程公司提供】

5月9日 石油工业部政治部决定，调大港油田指挥部禹富连任石油运输公司副经理。【（79）油政字第386号】

同日 石油工业部决定，调石油工业部管道局赵景昌任石油运输公司副经理兼总工程师。【（79）油政字第387号】

5月10日 石油工业部政治部决定，刘祥同志任六二一厂党委书记、厂长，陈瑞安、邵经聪、信海泉、孙万安任副厂长。【（79）油政部字第110号】

5月12日 石油工业部邀请新西兰友好人士、培黎工艺学校创始人路易·艾黎为兰州石油技工学校名誉校长。【（79）油人教字第400号】

5月17日 石油工业部批复，同意石油工业部运输公司恢复为局级单位，公司机关干部编制为150人。【（79）油人教字第413号】

5月18日 石油工业部决定，张振宇同志任石油工业部管道局副局长、党委委员。【（79）油政字第417号】

5月25日 石油工业部政治部同意，李广明任管道局工会主席（兼）。【（79）油政部字第141号】

5月26日 石油工业部政治部决定，吴万福任石油工业部广州供应办事处副主任。【（79）油政部字第142号】

5月 石油工业部决定，大庆、吉林、辽河、华北等油田和石油物探局等单位抽调勘探队伍进入二连探区，在锡林浩特市成立内蒙古二连盆地石油勘探指挥部，委托大庆石油会战指挥部负责会战组织工作。【《中国石油大事记》】

六 月

6月2日 石油工业部政治部批复，同意倪毓孚任抚顺石油炼制研究所所长，免去其革委会副主任职务；顾群任副所长兼工程师；杨世诚任副所长，免去其革委会副主任职务；张明道任副所长；杨雨时任副所长，免去其革委会副主任职务；李文斌任副所长。【（79）油政部字第157号】

6月7日 石油工业部决定，调四川石油管理局靳学礼任石油工业部第二

石油机械厂副厂长。【（79）油政字第495号】

6月8日 石油工业部政治部决定，在大庆成立石油工业部干部学校分期分批地轮训石油企业和部机关司局一级领导干部。石油工业部党组副书记、副部长陈烈民同志兼任石油工业部干部学校校长、党委书记，石油工业部党组成员、政治部副主任季铁中同志和政治部副主任徐文野同志分别兼任石油工业部干部学校副校长、副书记。【（79）油政字第502号】

同日 石油工业部以中国石油天然气勘探开发公司的名义，与英国石油公司在北京签署南黄海南部2.6万平方千米海域8000千米地震测线的物探协议。【《中国石油大事记》】

6月26日 中共中央组织部同意，李长林任石油工业部财务司副司长，高光鉴任石油工业部科学技术司副司长，王有常任石油工业部机械制造局副局长。【（79）干任字171号】

6月29日 石油工业部党组商中共辽宁省委同意，调辽河石油勘探局副局长张子玉任华东输油管理局副局长。【（79）油政部字第180号】

七　月

7月5日 石油工业部政治部批复，同意李生有任勘察设计研究院副院长，免去其党委副书记职务。【（79）油政部字第178号】

7月11日 中共中央批准，张文彬同志兼任石油工业部纪律检查组组长，杨达同志任石油工业部纪律检查组副组长。【（79）干任字193号　（79）油党字第18号】

7月18日 石油工业部印发《石油工业部机关司局职责范围》（试行草案）。【（79）油办字第631号】

7月19日 石油工业部党组、四川省革委会同意，四川省石油管理局恢复为四川石油管理局。【（79）油办字第428号　川革函〔1979〕150号】

7月20日 石油工业部决定，阎宝钧同志任海洋石油勘探局政治部主任。【（79）油政字第642号】

7月26日 石油工业部党组商中共黑龙江省委同意，调大庆油田李荆和任石油工业部地球物理勘探局副局长。【（79）油政字第656号】

八　月

8月1日　华北石油会战指挥部从冀中勘探指挥部抽调8个钻井队及600名职工划归大港油田指挥部。【华北油田分公司上报】

8月3日　石油工业部政治部批复，同意钱鸿业任抚顺石油炼制研究所总工程师。【（79）油政部字第656号】

8月7日　中共中央同意，屈清华任石油工业部钻井工程司司长，免去其中共中央组织部干部审查局局长职务；王镜心任石油工业部总调度司副司长；连庆溥任石油工业部人事教育司副司长；展青雷任石油工业部办公厅副主任。【（79）干任字237号】

8月8日　国务院、中共中央军委同意撤销基本建设工程兵石油工业部办公室和化工部办公室，成立基本建设工程兵石油化工指挥部，为军级单位。编制定员100人，受基本建设工程兵和石油工业部领导。【国发（1979）196号】

同日　石油工业部商云南省、贵州省、广西壮族自治区同意，滇黔桂石油勘探开发会战指挥部领导小组副组长为安增彬、董衍乐（兼，贵州）、兰建超（兼，广西）、陈世英，成员为刘荫藩、陈桐元、王靖怀、李潮海、刘友道（兼，贵州）、刘玉呈（兼，广西）。【（79）油政字第693号】

8月9日　中共锦州石油六厂第六次代表大会召开。大会选举产生中共锦州石油六厂第六届委员会和纪律检查委员会。崔紫林同志为党委书记，李树楷、贾辅廷、欧阳庆源同志为党委副书记，贾辅廷同志为纪委书记。党委下属42个党支部，共有党员1389名。【锦州石化分公司上报】

8月10日　石油工业部政治部决定，任志林任沧州器材库主任，陈步云为副主任。【（79）油政部字第214号】

同日　石油工业部政治部同意，于树（书）文任华北供应办事处副主任。【（79）油政部字第215号】

同日　石油工业部政治部同意，戴世壁任西南供应办事处副主任。【（79）油政部字第216号】

同日　石油工业部政治部同意，梁淮西任西北供应办事处副主任。【（79）油政部字第217号】

8月17日　石油工业部党组商中共江苏省委同意，调兰州炼油厂倪秀成任

江苏石油勘探开发会战指挥部副指挥。【（79）油政字第723号】

8月20至27日 中共大港油田指挥部第一次代表大会召开，选举产生中共大港油田指挥部第一届委员会和纪律检查委员会，常务委员会由余群立、裴虎全、杜志福、张丁华、陈厚勇、陈光虞、李道品、秦振华、师秉毅、丁达等10名同志组成，余群立同志为党委书记，裴虎全、杜志福同志为党委副书记，杜志福同志兼纪委书记。【大港油田分公司上报】

九　月

9月3日 中共抚顺市委同意，刘兴业任抚顺石油一厂副厂长；王计春任抚顺石油二厂副厂长。【抚组发〔1979〕209号】

9月10日 中共中央同意，焦万海同志任石油化工科学研究院党委书记，任向文同志任石油化工科学研究院院长、党委副书记。【（79）干任字290号】

9月17日 石油工业部批复，同意王涛兼任辽河石油勘探局总地质师，刘沐兼任总经济师。【（79）油政字第825号】

同日 天津市革委会建设委员会批复，同意石油工业部第四工程公司施工技术研究所建设用地在天津市塘沽选址，该所隶属关系不变。【〔1979〕建城354号】

9月18日 石油工业部政治部决定，调辽河石油勘探局孟昭明任河南石油会战指挥部第二石油机械厂副厂长。【（79）油政部字第246号】

9月24日 中共抚顺市委同意，康庆泽、王志平任抚顺石油二厂副厂长。【抚组发〔1979〕150号】

9月 河南南阳油田建成投产。该油田1970年6月开始勘探，1977年5月1日起展开会战。【《中国工业五十年》】

十　月

10月3日 中共天津市委批复，同意中共大港油田指挥部第一次代表大会选举结果，中共大港油田指挥部委员会由余群立、裴虎全、杜志福等33名同志组成，党委常务委员会由余群立、裴虎全、杜志福、张丁华、陈厚勇、陈光虞、李道品、秦振华、师秉毅、丁达等10名同志组成，余群立同志任党委书记，裴虎全、杜志福同志任党委副书记，杜志福同志任纪委书记。【津党发〔1979〕217号】

10月7日　中共辽宁省委同意，王瑞范兼任辽河石油勘探局副局长；窦小群同志任辽河石油勘探局党委副书记，免去其政治部主任职务；王永成同志任辽河石油勘探局党委常委、政治部主任；芦振钧、杨维庆、赵光明、范元绶、高清勤、张凭、李佩实、周守忠、周永康、华光兴任辽河石油勘探局副局长。【辽组干字〔1979〕184号】

10月9日　石油工业部印发《关于解决野外地质职工劳保、生活福利等若干问题的暂行规定》的通知。【（79）油人教字第873号】

同日　中共河北省委决定，华北石油会战指挥部党的核心小组纪律检查组改为华北石油会战指挥部党的核心小组纪律检查委员会，纪检组组长赵复成同志改任纪律检查委员会书记。【华油党（79）11号】

10月11日　甘肃省石油化学工业局批复，同意郑国善兼任兰州化学工业公司工会主席。【甘油化党（1979）137号】

10月20日　石油工业部党组决定，调刘占仓任河南石油会战指挥部副指挥。【（79）油党字第22号】

10月23日　石油工业部党组商中共吉林省委、中共天津市委同意，调吉林石油会战指挥部王炳诚任海洋石油勘探局副局长兼总工程师。【（79）油党字第21号】

10月25日　石油工业部政治部决定，靳学礼任第二石油机械厂厂长。【（79）油政部字第280号】

同日　石油工业部党组、中共广东省委决定，方华同志兼任南海石油勘探指挥部党委第一书记，马文林同志任党委第二书记兼指挥，李镇靖同志兼任党委书记，邹家智、张志友、王辉、李继良同志任党委副书记、副指挥，王存友、王彦（兼钻井总工程师）、李有元、陈有年同志任党委常委、副指挥，温连枝任党委常委、政治部主任。【（79）油党字第20号　（79）粤字第92号】

同日　石油工业部决定，张美璠任石油地球物理勘探局顾问。【（79）油政字第922号】

同日　石油工业部决定，宋洪道任河南石油会战指挥部政治部主任；免去张学文兼任的政治部主任职务。【（79）油政字第924号】

10月26日　石油工业部党组决定，调河南石油会战指挥部宋世宽任华北石油会战指挥部副指挥。【（79）油党字第26号】

同日 石油工业部党组商中共天津市委、中共河北省委同意，调刘安时同志任华北石油会战指挥部党的核心小组副组长、会战指挥部副指挥。【（79）油党字第27号】

10月29日 石油工业部决定，石油工业部副部长、总地质师阎敦实兼任甘青藏石油勘探开发会战指挥部指挥，张邦杰、薛纪元、姚福林、傅万祯、尹克升、江措（兼）、赵宗鼐（兼）、同维焕、王关清任会战指挥部副指挥，陈洪振任政治部主任，蒋一鸣、李宗鸿、张文安、杨秀东、税为群、孟令章、王晓民、刘堃任会战指挥部副指挥，陈斯忠任会战指挥部总地质师，胡毅任总机械师，叶蜚庭任总工程师。【（79）油党字第28号】

同日 石油工业部决定，朱康福任石油规划设计总院总工程师。【（79）油政字第938号】

同日 石油工业部党组决定，成立中共甘青藏石油会战指挥部工作委员会。【青海油田分公司上报】

10月30日 石油工业部决定，张振国任石油规划设计总院副院长。【（79）油党字第31号】

10月31日 石油工业部转发《国务院关于职工升级的几项具体规定》的通知。【国发〔1979〕251号 （79）油人教字第948号】

十 一 月

11月6日 石油工业部批复，同意南海石油勘探指挥部确定为地师级单位，指挥部机关编制175人，指挥部下属各单位机关编制410人。【（79）油人教字第975号】

11月22日 中共甘肃省委批复，同意傅万祯同志任玉门石油管理局党委书记，赵宗鼐同志任党委副书记、局长，同维焕同志任党委副书记、副局长，魏绪顺同志任党委副书记，李芳兰同志任党委副书记、副局长，胡廷尧、赵熙寿、陶保阳、康恺同志任党委常委、副局长，黄自强、李和明、刘智英任副局长，郭孟和、贾志仁同志任党委常委；免去张立杰同志的党委常委职务。同时，玉门石油管理局实行党委领导下的分工负责制，玉门石油管理局革委会即行撤销，革委会正副主任、常委、委员职务自动解除。【玉局党字（79）380号】

同日　中共甘肃省石油化学工业局党组同意，赵宗鼐兼任玉门石油管理局总工程师，吴震权、杨秀森任总地质师，于树椿、周汉卿任总机械师，陈景福任总会计师。【玉局党字（79）381号】

11月23至26日　中共玉门石油管理局第七次代表大会召开，选举产生中共玉门石油管理局第七届委员会，常务委员会由傅万祯、同维焕、魏绪顺、李芳兰、胡廷尧、赵熙寿、陶保阳、康恺、郭孟和、贾志仁等11名同志组成，傅万祯同志为党委书记，赵宗鼐、同维焕、魏绪顺、李芳兰等4名同志为党委副书记。【玉门油田分公司上报】

11月26日　石油工业部海洋石油勘探局“渤海2号”钻井船在渤海湾迁移井位的拖航作业途中翻沉，死亡72人，直接经济损失达3700多万元。【《中国工业五十年》】

十 二 月

12月1至27日　石油工业部在北京召开石油企业领导干部会议。中共中央政治局委员、国务院副总理余秋里，国务院副总理康世恩到会讲话。石油工业部部长宋振明作会议总结。会议邀请挪威国家石油公司总裁约翰逊介绍与外国石油公司合作勘探开发的做法。【《中国石油大事记》】

12月6日　石油工业部以中国石油天然气勘探开发公司的名义与日本石油公团在北京签订渤海南部和渤海西部石油勘探开发合作协议。【《中国海洋石油发展回顾与思考》】

12月11日　中共中央同意，张鸿飞任石油工业部总调度司司长，免去其行政司司长职务；李国玉任地质勘探司副司长，免去其总调度司副司长职务；秦峰同志任石油规划设计总院党委书记；刘南任科学技术委员会副主任。【（79）干任字407号】

12月14日　石油工业部党组同意，成立石油地球物理勘探局党委纪律检查委员会，高凤仪同志兼任纪委书记。【（79）油党字第38号】

同日　国务院批复，同意黑龙江省安达市改名黑龙江省大庆市。【国发〔1979〕288号】

12月17日　石油工业部政治部同意，王阳林任石油工业部施工机具修造厂厂长，于清林、张遵杰、王清惠、宋文学、尚学道、袁辉仁任副厂长。【（79）

油政部字第335号】

12月18日 石油工业部政治部决定，王瑞庭任石油工业部第六工程公司经理，秦安民、谢绍佳、张周武、张群生任副经理，王宗志任政治处主任。【（79）油政部字第334号】

同日 中共吉林省委同意，免去张自清的吉林省石油会战指挥部副指挥职务，调回部队另行安排工作。【吉林油田上报】

12月19日 石油工业部政治部决定，调长庆油田会战指挥部吴德堂任石油工业部汉平储备库主任。【（79）油政部字第339号】

同日 中共中央组织部同意，陈宾同志兼任华东石油学院党委第一书记，赵炎同志任党委书记，杨光华同志任院长、党委副书记，刘应元同志任党委副书记，乔聚星、尹建华、陈树基、华泽澎、康斌、朱亚杰、吕德甫、胡湘炯任副院长。【（79）干任字428号】

同日 新疆维吾尔自治区党委决定，任命谢宏为新疆石油管理局革委会副主任、总地质师，段振廷、沈增鑫、宋汉良为新疆石油管理局革委会副主任，刘志泉为新疆石油管理局炼油总工程师。【新疆油田分公司上报】

12月20日 石油工业部政治部批复石油化工科学研究院呈报意见，同意刘祥同志任六二一厂党委书记、厂长，徐元达、刘炳文同志任党委副书记、副厂长，孙万安同志任党委副书记兼政治处主任，邵经聪、信海泉任副厂长，王普任副厂长兼主任工程师，朱明贤任副厂长。【（79）油政部字第341号】

12月25日 石油工业部政治部批复，同意李越之任管道局顾问，免去其副局长职务。【（79）油政部字第346号】

同日 中共桂林市委同意，王凤海同志任石油工业部第六工程公司党委书记，王瑞庭同志任副书记。【市发〔1979〕222号】

12月28日 中共中央组织部批准，张鸿飞任石油工业部总调度司司长，免去其行政司司长职务；屈清华任钻井工程司司长；展青雷任办公厅副主任；高光鉴任科学技术司副司长；刘南任科学技术委员会副主任；连庆溥任人事教育司副司长；李国玉任地质勘探司副司长，免去其总调度司副司长职务；李长林任财务司副司长；焦万海同志任石油化工科学研究院党委书记；任向文同志任石油化工科学研究院院长、党委副书记；秦峰同志任石油规划设计总院党委书记。【（79）油政字第1139号】

同日 石油工业部政治部批复，同意董庆林同志任石油工业部施工机具修造厂党委书记，王阳林同志任党委副书记，马水虎同志任党委副书记，免去其副厂长职务。【（79）油政部字第349号】

12月30日 中共抚顺市委决定，王瑛同志任抚顺石油三厂党委副书记，免去其石油三厂顾问职务。【抚发〔1979〕1号】

12月31日 石油工业部决定，调大港油田指挥部齐国贤任石油工业部管道局副局长。【（79）油政字第62号】

本年 石油工业部第二炼油设计研究院高丽云被评为“全国三八红旗手”；刘凤珍被团中共中央授予“新长征突击手”称号。【中石化洛阳石油化工工程公司提供】

本年 石油工业职工总数112.70万人。【石油工业统计年报】

一九八〇年

一　月

1月5日　石油工业部同意，沈福权任江苏石油勘探开发会战指挥部副指挥。【（80）油政字第2号】

同日　石油工业部决定，韩谭贻任江苏石油勘探开发会战指挥部指挥。【（80）油政字第3号】

同日　石油工业部决定，陈勇任江汉石油管理局局长，谢国光任副局长兼钻井总工程师，訾祖耀任副局长兼地球物理总工程师，黄家瑗任采油总工程师。【（80）油政字第5号】

同日　石油工业部党组商新疆维吾尔自治区党委决定，史少卿同志任石油运输公司党委书记，谢建国同志任经理、党委副书记，禹富连同志任党委副书记、副经理，郭进山同志任党委副书记兼政治部主任，赵景昌、董建国、刘堃、周玉干任副经理。【（80）油政字第6号】

1月8日　石油工业部政治部同意，侯宪元任第二炼油设计研究院院长，汪景砺任副院长兼副总工程师，杨景瑞任副院长，赵家仁、徐洛德任顾问。【（80）油政部字第3号】

1月14日　中共中央同意，季铁中任石油工业部副部长。【机发（1980）11号（电文）】

同日　石油工业部党组商中共天津市委同意，调关耀家任河南石油会战指挥部副指挥。【（80）油政字第44号】

1月15日　中共中央批准，张定一任石油工业部顾问。【机发（1980）15号（电文）】

1月17日　中国人民解放军基本建设工程兵党委决定，由13名同志组成基建工程兵石油化工指挥部临时党委，张文秀、吴子均、王炳臣、肖玉才、王勇德、赵志等6名同志为党委常委，张文秀同志任党委副书记。【（80）建党字第7号】

1月23日　石油工业部同意，李家鹏、辛福海任抚顺石油炼制研究所副所

长。【（80）油政部字第21号】

同日 石油工业部政治部同意，杨儒廷同志任石油工业部施工机具修造厂党委副书记，何自铭任副厂长。【（80）油政部字第19号】

1月28日 辽河油田建成，年产原油能力已达500万吨，天然气17亿立方米，成为我国主要油田之一。【《中国工业五十年》】

同日 石油工业部第一工程公司第二次工会会员代表大会召开。选举产生工会第二届委员会，王德礼任工会主席。【中国石油工程建设公司上报】

1月31日 石油工业部党组批复，同意中共石油工业部外事局委员会由秦文彩、尤德华、何渊清、窦炳文、唐亚芳、王振华、张镕、缪文、赵声振、杨泾安、魏玉峰等11名同志组成，秦文彩同志兼任党委书记；尤德华、唐亚芳同志任党委副书记。【（80）油党字第4号】

1月 中共管道局第一次代表大会召开，选举产生中共管道局第一届委员会和纪律检查委员会，党委常务委员会由张福录、朱洪昌、吉美生、唐振华、刘宏胜、张湘荣、周文华、徐文野、张振勇、杨作义、孙锦丽等11名同志组成，张福录同志为党委书记，朱洪昌、吉美生、唐振华、刘宏胜、张湘荣等5名同志为党委副书记，张湘荣同志为纪委书记。【中国石油天然气管道局上报】

二 月

2月1日 石油工业部决定，调大庆油田王恕任石油地球物理勘探局副局长。【（80）油政字第125号】

2月2日 石油工业部政治部决定，调石油工业部第三工程公司敖明模任石油规划设计总院总工程师。【（80）油政字第128号】

2月5日 石油工业部决定，北京石油设计院党委和勘察公司临时党委由石油规划设计总院临时党委领导改为石油工业部党组直接领导，其行政业务工作仍归口石油规划设计总院。【（80）油政部字第39号】

2月6日 中共大庆市委决定，李惠新同志任大庆石油管理局政治部主任。【庆发〔1980〕13号】

2月7日 中共抚顺市委同意，陈永寿任抚顺石油二厂厂长；免去李盛图兼任的抚顺石油二厂厂长职务。【抚组发〔1980〕39号】

2月9日 中共中央同意，免去李法兰同志的石油工业部党组成员、政治

部副主任兼农副业生产办公室主任职务。【（80）干任字86号】

2月14日 石油工业部党组商中共广东省委同意，决定在广州成立“石油工业部广州外语训练班”，有关教学行政等工作，由广东石油学校负责；有关对外联系等事宜，委托南海石油勘探指挥部代为办理。【（80）油人教字第169号】

2月25日 石油工业部党组商中共广东省委、中共黑龙江省委同意，调大庆油田张云中任南海石油勘探指挥部副指挥。【（80）油政字第182号】

同日 石油工业部党组商中共广东省委同意，调江汉石油管理局郭水生任南海石油勘探指挥部副指挥兼总地质师。【（80）油政字第183号】

2月26日 中共黑龙江省委和石油工业部党组批准，成立中共大庆市委员会和中共大庆石油管理局委员会。【大庆油田有限责任公司上报】

2月29日 石油工业部党组批复，同意中共管道局委员会由25名同志组成，张福录、朱洪昌、唐振华、刘宏胜、张湘荣、张振勇、杨作义、孙锦丽等8名同志为党委常委，张福录同志任党委书记，朱洪昌、唐振华、刘宏胜、张湘荣等4名同志任党委副书记。【（80）油党字第8号】

同日 甘肃省委决定，王信祥同志任兰州炼油厂副厂长、党委委员。【组字（1980）51号】

三　月

3月1日 中共四川省委决定，丁耀民同志任四川石油管理局党委常委、副局长。【川委组干〔1980〕144号】

3月10至14日 中共新疆石油管理局第四次代表大会召开，大会选举产生中共新疆石油管理局第四届委员会和纪律检查委员会。李敬同志当选为党委书记，国际巩同志当选为纪检委书记。【新疆石油分公司上报】

3月27日 大港油田指挥部第一届工会会员代表大会召开，选举产生大港油田指挥部工会第一届委员会，柳恒昌任工会主席。【港油党（80）24号】

3月31日 中共青岛市建委党组和石油工业部政治部决定，取消地下石洞油库工程公司何光大党员资格并免去其党委委员、副经理职务。【（80）油地党字第13号】

四 月

4月1日 石油工业部决定，郑浩任石油规划设计总院副院长。【（80）油政字第312号】

同日 石油工业部政治部决定，调石油工业部管道局窦忠岭同志任石油工业部汉平储备库党委书记，王长春任汉平储备库副主任。【（80）油政部字第83号】

4月8日 石油工业部政治部批复，同意石油化工科学研究院临时党委设立纪律检查组，车时英同志任组长；石油勘探开发科学研究院临时党委设立纪律检查组，李杰同志任组长；规划设计总院临时党委设立纪律检查组，刘玉贤同志任组长。【（80）油政部字第93号】

4月9日 中共云南石油勘探指挥部党委决定，成立云南石油勘探指挥部纪律检查委员会，安增彬同志兼任纪委书记。【（80）云油党字第03号】

4月11日 中共黑龙江省委决定，原大庆党委书记、副书记、常委、委员改为大庆市委书记、副书记、常委、委员。【黑发干字〔1980〕81号】

4月15日 华北石油会战指挥部党的核心小组批复，同意成立华北石油会战指挥部工会委员会，赵文元兼任工会主席。【华油党（80）21号】

4月16日 新疆维吾尔自治区党委批复，同意中共新疆石油管理局、克拉玛依市第四次代表大会选举产生的局（市）委员会，委员会由36名同志组成，9名同志为党委候补委员；王照明、吕全良、任荣堂、刘凯、刘仁杰、李敬、李保孚、宋汉良、张毅、张家达、帕达哈·吐木尔、国际巩、韩继武等13名同志为党委常委，李敬同志为党委书记，王照明、国际巩、张毅、李保孚、刘仁杰、帕达哈·吐木尔、刘凯等7名同志为党委副书记，国际巩同志为纪委书记。【新疆维吾尔自治区组字〔1980〕172号】

4月29日 中共中央书记处批准，金钟超任石油工业部科技司副司长。【（80）干任字171号 （80）油政字第842】

同日 中共中央组织部批复，同意杨型亮兼任西南石油学院院长，张九山同志任西南石油学院党委书记。【（80）干任字164号 （80）油政部字第133号】

五 月

5月4日 中共中央纪律检查委员会同意，石油工业部直属单位党委的纪律检查组改为纪律检查委员会。各单位纪律检查委员会由5～9人组成，专职

干部配备人数仍按部党组（79）油党字17号文执行。【（80）油党字第17号】

5月6日 国务院批准，同意建立西安石油学院，在原址恢复建校，学制4年，招生规模2000人，设石油矿场机械、炼厂机械、机械制造工艺与设计、石油仪器制造、石油炼制、炼厂仪表及自动化、电子计算机应用等专业。由石油工业部与陕西省双重领导，以石油工业部为主。【（80）教计字197号 （80）油人教字第462号】

5月7日 国务院批准，同意建立大庆师范专科学校。以大庆师范学校为基础建校，学制三年，招生规模1200人，由黑龙江省领导。【（80）教计字196号】

同日 国务院批准，同意恢复建立抚顺石油学院。抚顺石油学院以原抚顺化工学院留在抚顺部分为基础建校，学制四年，招生规模3000人。设炼油、炼厂机械、炼厂仪表及自动化、石油分析、催化剂、石油储运、电子计算机、基本有机化工等专业。由石油工业部与辽宁省双重领导，以石油工业部为主。【（80）教计字207号 （80）油人教字第471号】

5月9日 石油工业部转发国家劳动总局“关于贯彻执行《国务院关于调整工资区类别的几项具体规定》若干具体问题的处理意见”的通知。【（80）油人教字第442号】

5月12日 石油工业部政治部决定，张清杰任石油科技情报所副所长。【（80）油政字第467号】

5月13日 石油工业部商河北省同意，在河北省固安县成立华北石油职工大学，由华北石油会战指挥部领导，招生规模3000人。【（80）油人教字第468号】

同日 石油工业部党组商中共云南省委同意，调华东石油学院焦益文任滇黔桂石油会战指挥部副指挥。【（80）油政部字第135号】

5月15日 中共广东省委同意，南海石油勘探指挥部党的组织关系由广东省委工交政治部领导改为中共湛江地委领导。【粤组党字〔1980〕17号】

5月16日 国家经济委员会、石油工业部、财政部批复，同意大庆油田自1980年起实行黑龙江省和石油工业部双重领导，以石油工业部为主。【（80）财企字第28号】

同日 中国石油天然气勘探开发公司与法国埃尔夫—阿奎坦公司、道达尔公司在北京分别签订了在渤海中部—渤东海区和北部湾东北部海区石油勘探、开发、生产合同。余秋里副总理参加签字仪式。【《中国海洋石油发展回顾与思考》】

5月30日　中共四川省委批准，党万廷、丁耀民同志增补为四川省石油管理局党委常委。【西南油气田分公司上报】

六　月

6月4日　石油工业部同意，增补王关清、陈洪振同志为中共甘青藏石油勘探开发会战指挥部工委副书记。【（80）油党字第21号】

6月5日　新疆维吾尔自治区党委决定，新疆维吾尔自治区石油管理局革命委员会更名为新疆维吾尔自治区石油管理局，王照明任局长，张毅、谢宏、刘仁杰、宋汉良、张家达、任荣堂、韩继武、吕全良、李茜、马合木提·司马义、肉孜·阿尤甫、周庆祖、郑维田、刘玉吉、胡玉昆、田玉庆、买买提·艾沙、阿瓦哈里·沙比洛夫、段振廷、沈增鑫任副局长；免去赵铭海的新疆石油管理局革委会副主任职务。【新疆油田分公司上报】

6月6日　石油工业部党组决定，调石油地球物理勘探局何传弟任河南石油会战指挥部副指挥。【（80）油党字第22号】

6月11日　中共中央书记处批准，韩荣华兼任中国石油工会全国委员会主席；屈清华任中国石油工会全国委员会副主席，免去其石油工业部钻井司司长职务；王廷锦任中国石油工会全国委员会副主席，免去其石油工业部农副业办公室副主任职务。【（80）干任字243号】

6月13日　中共中央批准，李天相同志任国家能源委员会副主任、党组成员。【中发〔1980〕62号】

6月21日　石油工业部党组商中共山东省委同意，调林治开任东濮石油会战指挥部副指挥。【（80）油政部字第164号】

6月25日　石油工业部党组商中共江苏省委同意，调地球物理勘探局刘毅同志任江苏石油勘探开发会战指挥部党委副书记。【（80）油党字第23号】

6月27日　国务院批准，石油工业部成立中国石油工程建设公司。【《中国石油大事记》】

七　月

7月4日　中共中央批准，侯芙生任石油工业部炼油化工生产司副司长，李芳百任石油工业部基本建设局副局长。【（80）干任字300号　（80）油政字第842号】

7月15日 石油工业部党组批复，同意由邹国顺、李子凡、王生联、李玉龙、赵志荣、李昌彀、梁丰、张汝存、魏功隆等9名同志组成中共北京石油设计院委员会，邹国顺同志任党委书记，李子凡、王生联同志任党委副书记。【（80）油党字第26号】

同日 石油工业部党组批复，同意北京石油设计院党委纪律检查委员会由王生联等5名同志组成，王生联同志兼任纪委书记。【（80）油党字第27号】

同日 石油工业部批复，同意增补张清杰同志为石油科学技术情报研究所党委委员。【（80）油党字第28号】

7月18日 石油工业部政治部批复，同意李广志同志任石油工业部第三工程公司党委副书记兼政治部主任，免去其副经理职务；片锡发任工会主席，免去其副经理职务；郑国瑞任副经理。【（80）油政部字第186号】

同日 石油工业部决定，自1980年8月1日起，石油化工科学研究院所属六二一厂改变隶属关系，由石油工业部直接领导，为县（团）级单位，有关生产科研方面业务由石油工业部炼化司归口管理。【（80）油人教字第684号】

同日 石油工业部政治部同意，王俊杰、李宪成任石油工业部第二工程公司副经理。【（80）油政部字第187号】

7月21日 石油工业部政治部商中共抚顺市委同意，调华东石油学院承光武任抚顺石油炼制研究所副所长。【（80）油政部字第192号】

7月23日 甘肃省石油化学工业局党组研究决定，刘振庄任兰州炼油厂第五届工会主席。【甘油化党（1980）051号】

7月30日 石油工业部转发“国务院批转民政部、国家劳动总局、财政部、教育部关于普通高等学校毕业生工资待遇若干具体问题的处理意见”的通知。【（80）油人教字第742号】

7月31日至8月1日 中共兰州炼油厂第四次代表大会召开，大会选举产生中共兰州炼油厂第四届委员会，王金堂同志任党委书记，刘启富、徐安民、聂英华同志任党委副书记。

八　　月

8月5日 中共中央国家机关临时党委批准，同意成立中共石油工业部机关临时委员会，季铁中、梁健、李杰、甘宁、秦平、展青雷、张钦、王志成、秦峰、焦万海、蒋其凯、邹国顺等12名同志为党委委员，季铁中同志兼任党委书记，梁健、李杰、甘宁、秦平同志任党委副书记，甘宁兼任京直工会主席，秦平同志负责保卫、保密和党的纪检工作。【部机党字（80）1号　（80）油党字第43号　国党发（1980）14号】

8月8日　石油工业部党组商中共广东省委、甘肃省委同意，调玉门石油管理局周汉卿任南海石油勘探指挥部总机械师。【（80）油政部字第205号】

8月21日　石油工业部同意，东濮石油会战指挥部从大庆油田成建制调入700名职工。【大庆油田有限责任公司上报】

8月25日　国务院作出处理"渤海2号"翻沉事故的决定，解除宋振明石油工业部部长的行政职务，给主管石油工业的国务院副总理康世恩记大过行政处分。【《中国石油大事记》】

8月25至27日　石油工业部在北京召开全国石油企业领导干部紧急会议，专门总结"渤海2号"事故教训。【《中国石油大事记》】

8月26日　第五届全国人大常委会第十五次会议通过，国务院副总理余秋里兼任国家能源委员会主任。【《中国石油大事记》】

8月30日　石油工业部、全国总工会决定，屈清华同志任中共石油工会全委会分党组副书记，王廷锦同志为分党组成员；免去梅江、朱太峰同志的中共石油工会全委会分党组成员职务。【中华全国总工会文件】

九　月

9月2日　天津市中级人民法院对"渤海2号"翻沉事故直接责任人作出判决，马骥祥、王兆诸、张德经、蔺永志等4人被判处有期徒刑。【《中国石油大事记》】

9月6日　石油工业部决定，高俊凯任石油工业部管道局总工程师。【（80）油政字第862号】

9月10日　石油工业部政治部决定，范凤玲任六二一厂副厂长，免去其石油工业部机关职工部副部长的职务。【（80）油政部字第225号】

同日　石油工业部党组商新疆维吾尔自治区党委同意，调石油地球物理勘探局赵景明到新疆石油管理局工作。【（80）油党字第59号】

9月18日　石油工业部党组商中共上海市委同意，朱翔同志兼任上海炼油

厂党委纪律检查委员会书记。【沪化干字（80）第062号】

9月20日 中共中央决定，免去宋振明同志的石油工业部党组书记职务。【〔1980〕93号】

同日 石油工业部政治部批复，同意徐心志任第四工程公司副经理。【（80）油政部字第242号】

9月23日 石油工业部政治部商得广东省石油化学工业厅同意，免去吴万福的广州石油供应办事处副主任职务，回茂名石油公司工作。【（80）油政部字第243号】

同日 吉林省石油化学工业局决定，韩友兼任吉林省石油会战指挥部政治部主任；免去雷发瑞兼任的吉林省石油会战指挥部政治部主任职务。【（80）吉省化党字第28号】

9月24日 石油工业部政治部商中共洛阳市委同意，孙风臣、侯宪元、陈俊武、丁宝圣、付敏修、周祖荫、汪景砺、赵秀峰等8名同志组成中共石油工业部第二炼油设计研究院第六届委员会，孙风臣同志任党委书记，侯宪元、周祖荫同志任党委副书记，周祖荫同志兼任纪委书记。【中石化洛阳石油化工工程公司提供】

9月25日 玉门石油管理局召开第九届工会委员会会员代表大会，选举产生第九届工会委员会，同维焕任工作主席。【玉门油田分公司上报】

同日 新疆维吾尔自治区党委批准，史少卿同志兼任运输公司党委纪律检查委员会书记。【组字（1980）412号】

同日 新疆维吾尔自治区党委批准，中共石油工业部运输公司第二届委员会由史少卿、谢建国、禹富连等21名同志组成，常务委员会由史少卿、谢建国、禹富连、郭进山、赵景昌、董建国、韩新盛等7名同志组成，史少卿任党委书记，谢建国、禹富连、郭进山同志任党委副书记。【组字（1980）413号】

十　月

10月5日 中共吉林省委决定，吉林省石油会战指挥部临时党委改由吉林省委工交部管理。【吉林油田分公司上报】

10月6日 中共中央组织部批准，同意王正棠同志任石油工业部党组纪律检查组副组长；免去曲广玲的石油工业部油气田开发司副司长职务。【（80）

干任字480号 （80）油党字第69号】

10月7日 中共吉林省委组织部同意，王汝同志任吉林省石油会战指挥部临时党委书记，张立业任吉林省石油会战指挥部指挥；免去张德国同志的吉林省石油会战指挥部临时党委书记、指挥职务。【吉林油田分公司上报】

10月9日 甘肃省委决定，艾奇化任兰州炼油厂副厂长。【组字（1980）316号】

10月15日 石油工业部政治部商广西石油化学工业厅同意，武玉山任石油工业部第六工程公司副经理。【（80）油政部字第259号】

10月17日 石油工业部印发《关于中专毕业生按干部分配工作的通知》。【（80）油人教字第977号】

10月18日 中国人民解放军基本建设工程兵党委批准，同意选举产生的石油化工指挥部党委纪律检查委员会，张文秀同志任纪委书记。【（80）石化党字第252号】

10月21日 中共中央组织部批准，史少卿同志任石油工业部运输公司党委书记。【（80）干任字528号 （80）油党字第67号】

10月28日 石油工业部第二炼油设计研究院召开工会第二次会员代表大会，选举赵秀峰为工会主席。【中石化洛阳石油化工工程公司提供】

10月29日 石油工业部转发《国务院批转国家劳动总局、地质部关于调整地质勘探职工野外工作津贴的报告》的通知。【（80）油人教字第974号】

10月 石油工业部决定，撤销第二炼油设计研究院政治部。【中石化洛阳石油化工工程公司提供】

十 一 月

11月5日 石油工业部政治部决定，阎庆麟同志任施工技术研究所党委书记；龚家森、张家琪（兼总工程师）、张忠廉、黄其兴任副所长。【（80）油政字第278号】

同日 教育部批准，重庆石油学校、兰州石油学校、广东石油学校、承德石油学校、大庆石油学校、胜利石油学校列为重点中等专业学校。

11月10日 石油工业部党组同意，栾克任石油工业部管道局副局长，李广明任工会主席，芦振刚、李兰生任副局长；白振洞任华东输油管理局副局

长。【（80）油党字第71号】

11月11日 石油工业部政治部同意，马龙任第二炼油设计研究院副院长。【（80）油政部字第272号】

11月19日 石油工业部党组批复，石油地球物理勘探局撤销政治部。【（80）油党字第72号】

11月26日 石油工业部政治部决定，顿羿为北京电机修造厂副厂长。【（80）油政部字第285号】

同日 石油工业部印发《石油工业专业工种学徒工学习期限和熟练工熟练期限的通知》。【（80）油人教字第1066号】

十 二 月

12月1日 石油工业部同意，王恕任石油地球物理勘探局副局长。【东方地球物理公司上报】

12月3日 中共中央同意，侯祥麟兼任石油科学技术委员会主任，周庆祖任石油工业部计划司副司长。【（80）干任字653号 （80）油政部字第307号】

12月4日 石油工业部党组商中共云南省委、中共广东省委同意，调南海石油勘探指挥部曾鼎乾任滇黔桂石油会战指挥部总地质师。【（80）油政部字第290号】

12月13日 石油工业部政治部批复，同意尚学道任石油施工机具修造厂顾问，免去其副厂长职务。【（80）油政部字第296号】

同日 中共抚顺市委同意，吴春元、朱家甄任抚顺石油一厂副厂长。【抚组发〔1980〕161号】

12月18日 石油工业部印发《关于从事与外商合作勘探开发海上石油的职工和外国公司雇用我方人员待遇的函》。【（80）油人教字第1122号】

同日 石油工业部商中共陕西省委同意，薛纪元同志任西安石油学院党委副书记；赵乃禄、王恕仁、李茜、余国安、满应科任西安石油学院副院长。【（80）油党字第76号】

12月21日 石油工业部政治部批复，同意赵秀峰任第二炼油设计研究院工会主席。【（80）油政部字第315号】

12月31日 石油工业部政治部商中共抚顺市委组织部同意，调董德玉任

石油工业部施工机具修造厂副厂长。【（80）油政部字第316号】

12月　中共锦州市委同意，于学成任锦西石油五厂副厂长。【锦组干字（1980）181号】

本年　石油工业部钻井技术培训中心在华东石油学院建立。该中心属于联合国开发计划署资助项目，由联合国和中国政府共同提供资金，1983年扩展为勘探开发培训中心，1981年至1990年共举办勘探、开发、钻井等新技术培训班140多期，为中国培训专业技术人员5000多人次。【《中国石油大事记》】

本年　石油工业职工总数121.29万人。【石油工业统计年报】

一九八一年

一　　月

1月14日　石油工业部印发《关于成立中国石油工程建设公司的通知》，明确中国石油工程建设公司为独立经营、自负盈亏的综合性对外承包工程建设的国营企业，张兆美任公司董事长，单永复任总经理，王振华、李芳百任副总经理。【(81)油建字第26号】

1月15日　石油工业部转发《国务院批转关于提高中等专业学校毕业生定级工资水平请示的函》。【(81)油人教字第29号】

1月19日　中共中央决定，康世恩副总理兼任石油工业部部长。

1月28日　石油工业部政治部决定，甘宁兼任石油工业部直属机关工会主席。(经北京市总工会批准，石油工业部直属机关工会于1980年11月20日正式成立)【(81)油政部字第007号】

1月31日　石油工业部政治部同意，郭兴和同志兼任江汉石油管理局纪委书记。【(81)油政部字第002号】

同日　石油工业部政治部同意，张岱成同志兼任华东输油管理局纪委书记。【(81)油政部字第11号】

同日　石油工业部政治部决定，高俊卿任兰州石油学校副校长。【(81)油政部字第13号】

二　　月

2月11日　中共四川省委决定，唐克碧同志任四川石油管理局党委副书记兼纪委筹备组副组长。【川委组干〔1981〕039号】

同日　中共抚顺市委同意，李文波任抚顺石油二厂副厂长，免去其政治部主任职务；隋长山、潘清盛、梁锡彬任抚顺石油二厂副厂长。【抚组发〔1981〕34号】

同日　中共吉林省委工交部党组批准，唐世伦任吉林省石油会战指挥部副指挥，杨祖序任副指挥兼总地质师，卢林生任副指挥。【吉林油田分公司上报】

2月13日　国家编制委员会批复，同意石油工业部设立干部局，人事教育司分设为教育司、劳动工资司，行政司并入办公厅。【（81）国编字第10号】

2月20日　石油工业部政治部决定，魏振国同志任石油勘察公司党委书记，张文渊同志任经理、党委副书记；免去周长庆同志的石油勘察公司经理、党委副书记职务。【（81）油政部字第20号】

2月26日　石油工业部印发《关于从事与外商合作勘探开发海上石油职工待遇的补充通知》。【（81）油人教字第160号】

同日　中共大庆市委员会转发中共黑龙江省委（黑发干字〔1981〕25号）决定，大庆石油会战指挥部改为大庆石油管理局，与大庆市人民政府实行政企合一的领导体制。郑耀舜、李虞庚、金毓荪、马德仁、林瑞峰、崔海天、张立中、固革、郝万春、杨万里、王志武、白士辉、徐修玲、李同起、詹世清、钱棣华等16人任大庆石油管理局副局长。【庆发〔1981〕2号】

三　　月

3月6日　第五届全国人大常委会第十七次会议通过康世恩兼任石油工业部部长的任命。【《中国石油大事记》】

同日　中共中央组织部批复，同意狄贵善同志兼任西安石油学院党委书记。【（81）干任字126号】

3月9日　石油工业部转发国家人事局、国家劳动总局《关于中等专业学校毕业生工资待遇若干问题的答复》的通知。【（81）油人教字第189号】

3月10日　中共锦州市委同意，赵祥同志任锦西石油五厂党委副书记，免去副厂长职务【锦组干字（1981）43号】

3月27日　石油工业部转发国务院关于公布《国务院关于职工探亲待遇的规定》的通知。【（81）油人教字第241号】

3月30日　中共大庆市委员会转发中共黑龙江省委（黑发干字〔1981〕48号）决定，金毓荪任大庆石油管理局采油总工程师。【庆发〔1981〕14号】

四　　月

4月2日　中共四川省委决定，刘选伍同志任四川石油管理局顾问，免去其副局长职务。【川委组干〔1981〕211号】

4月4日　石油工业部印发《关于试行全国石油企业统一劳动定额、定员

标准的通知》。【（81）油人教字第262号】

4月11日 石油工业部印发《关于承担伊拉克劳务出国人员有关待遇的通知》。【（81）油人教字第288号】

4月18日 中共大庆市委同意，陈洪启任大庆市总工会主席，免去薛国邦兼任的大庆市总工会主席职务。【庆发〔1981〕21号】

4月20日 中共中央组织部同意，蔡述圣任石油工业部计划司副司长，宋惠任石油工业部办公厅顾问。【（81）干任字253号】

4月30日 中国人民解放军基本建设工程兵党委批准，同意增补张兆美同志为石油化工指挥部党委委员、常委、第一书记，刘子廉同志为党委委员、常委、第二书记。【（1981）建党字第17号】

五　月

5月4日 石油工业部印发《关于调整井下作业小队野外津贴标准的通知》。【（81）油人教字第354号】

5月14日 石油工业部转发国务院关于发布《国家机关工作人员病假期间生活待遇的规定》的通知。【（81）油人教字第387号】

5月15日 石油工业部商广东省人民政府同意，成立石油工业部广州外语培训中心，为石油工业部直属县团级单位，规模暂定为200～300人，人员编制50人。【（81）油人教字第391号】

5月18日 中共中央批准，王苏民兼任大庆石油管理局局长。【黑发干字〔1981〕83号】

5月23日 石油工业部党组商中共广东省委同意，调茂名石油公司党委副书记冉济川同志兼任广东石油学校党委书记；吴健同志任校长、党委副书记，免去其党委书记职务；调张健同志任党委副书记、副校长。【（81）油政部字第67号】

5月29日 中共中央组织部同意，张鸿飞任石油工业部钻井司司长，免去其石油工业部总调度司司长职务；陈炳骞任石油工业部办公厅副主任。【（81）干任字353号】

六　月

6月1日 石油工业部党组商中共河北省委、中共天津市委同意，华北石油会战指挥部更名为华北石油管理局；华北石油会战指挥部党的核心小组更名为中共华北石油管理局委员会。大港石油管理局与华北石油管理局在生产业务上分开，实行单独管理。机构变更后，领导干部职务、名称相应调整、改变。焦力人同志兼任华北石油管理局党委书记，免去其兼任的华北石油会战指挥部党的核心小组组长、会战指挥部指挥职务；免去阎国钧同志兼任的党的核心小组副组长、会战指挥部副指挥职务；姬永兴、施宗林、马永林、刘安时同志任副书记、副局长，免去以上4名同志的华北石油会战指挥部党的核心小组副组长、会战指挥部副指挥职务；免去余群立同志的华北石油会战指挥部党的核心小组副组长、会战指挥部副指挥职务；赵复成同志任党委副书记兼纪委书记，免去其华北石油会战指挥部党的核心小组副组长兼纪委书记职务；李玉生同志任副书记兼政治部主任，免去其华北石油会战指挥部党的核心小组副组长兼政治部主任职务；免去裴虎全同志的华北石油会战指挥部副指挥、党的核心小组成员职务；孙德福、郭志忠、毛华鹤、梁树魁、施鸣鹤、李全亨、赵文元、张会智同志任副局长、党委委员，免去以上8名同志的华北石油会战指挥部副指挥、党的核心小组成员职务；王礼钦同志任副局长兼钻井总工程师、党委委员，免去其华北石油会战指挥部副指挥兼钻井总工程师、党的核心小组成员职务；免去查全衡同志的华北石油会战指挥部副指挥兼总地质师、党的核心小组成员职务；游静裕同志任副局长兼钻井总工程师、党委委员，免去其华北石油会战指挥部副指挥兼钻井总工程师、党的核心小组成员职务；朱志贤同志任副局长兼机械总工程师、党委委员，免去其华北石油会战指挥部副指挥兼机械总工程师、党的核心小组成员职务；宋世宽任副局长，免去其华北石油会战指挥部副指挥职务；孔靖同志任政治部第一副主任兼组织部部长、党委委员，免去其华北石油会战指挥部政治部第一副主任兼组织部部长、党的核心小组成员职务；免去罗重群同志的华北石油会战指挥部党的核心小组成员职务；陈学俊、李向阳同志任党委委员，免去两名同志的华北石油会战指挥部党的核心小组成员职务。【冀发〔1981〕57号 （81）油党字第19号】

6月2日 石油工业部党组决定，调西北输油管道指挥部筹建处副书记张俊魁同志任长庆油田会战指挥部副指挥。【（81）油党字第22号】

同日 石油工业部党组批复，同意刘万宝任管道局副局长，免去其华东输油管理局副局长职务。【（81）油党字第23号】

6月3日 国务院办公厅发出《国务院办公厅转发国家能源委关于协调组织石油工业部超产原油、成品油出口安排问题报告的通知》，批准石油工业部实行一亿吨原油产量包干方案，要求各有关部委和地方政府参照执行。这是中国工业部门的第一个行业大包干。这项政策一定三年不变，后又决定延长到1985年。【《中国石油大事记》】

6月6日 中共中央批准，李虞庚任大庆石油管理局总工程师。【黑发干字〔1981〕87号】

6月10日 石油工业部政治部决定，广东石油学校校长、党委副书记吴健同志兼任石油工业部广州外语培训中心主任，调广东石油学校副校长苏志任石油工业部广州外语培训中心副主任。【（81）油政部字第92号】

6月12日 石油工业部党组决定，撤销范德福同志的西南石油学院党委副书记兼政治部主任职务，仍留在四川石油管理局工作。【（81）油党字第26号】

6月13日 石油工业部转发《国务院关于贯彻执行国务院10号文若干问题的补充规定》的通知。【（81）油人教字第492号】

6月15日 新疆维吾尔自治区党委决定，阿瓦哈里·沙比洛夫同志任新疆石油管理局（克拉玛依市）党委副书记；帕达哈·铁木尔同志任新疆石油管理局（克拉玛依市）党委顾问，免去其局（市）党委副书记职务；赵景明同志增补为新疆石油管理局（克拉玛依市）党委委员。【新疆维吾尔自治区组字〔1981〕260号】

6月18日 新疆维吾尔自治区党委决定，瓦力斯江·吐尔地同志任新疆石油管理局副局长、局（市）党委副书记。【新疆维吾尔自治区组字〔1981〕261号】

6月22日 国务院批准，石油工业部成立华东石油学院北京研究生部。招收硕士研究生，学制2～3年。招生规模400人，教职工编制300人。【（81）油人教字第413号 （81）教计事字第113号 （81）油人教字第523号 （81）教计事字第147号】

6月26日 石油工业部政治部同意，李延瑞同志任地下石洞油库工程公司党委副书记兼纪委书记，赵锦亭任工会主席；免去张廷茂同志的纪委书记职务。【（81）油政部字第86号】

同日 中共抚顺市委同意，姜克成同志任抚顺石油一厂党委书记，赵玉鹏、金国斌同志任党委副书记，免去赵玉鹏同志的抚顺石油一厂党委书记职务；李志才任抚顺石油二厂副厂长；董洪科同志任抚顺石油三厂党委书记，免去金国斌同志的抚顺石油三厂党委书记职务。【抚组发〔1981〕73号】

同日　石油工业部政治部同意，西南石油学院史今离职休养。【（81）油政部字第87号】

七　月

7月6日　石油工业部决定，调长庆油田会战指挥部基建处处长孙少春同志任郑州器材库主任、党委副书记。【（81）油政部字第93号】

同日　石油工业部政治部批复，同意焦尔孔同志任郑州器材库党委副书记，李正善、何志坚任副主任。【（81）油政部字第94号】

同日　石油工业部政治部商新疆维吾尔自治区党委组织部同意，调新疆石油管理局运输处党委书记赵明文同志任郑州器材库党委书记。【（81）油政部字第95号】

同日　石油工业部政治部商广东省石化厅同意，调长庆油田会战指挥部油田供应指挥部指挥傅兆岩同志任广州供应办事处主任、党委副书记。【（81）油政部字第96号】

同日　石油工业部政治部决定，高崇禹同志任广州供应办事处党委书记，免去其办事处主任职务。【（81）油政部字第97号】

7月13日　中共中央组织部同意，王守忠任国家能源委员会计划局副局长，免去其石油工业部计划司司长职务；王福臻任国家能源委员会生产建设局副局长，免去其石油工业部总调度司副司长职务；吴宗英任国家能源委员会政策研究室副主任，免去其石油工业部办公厅副主任职务。【（81）干任字435号】

7月15日　石油工业部党组商中共青海省委同意，任命肖玉昆同志为甘青藏石油会战指挥部工委副书记、副指挥兼青海石油管理局党委副书记、副局长；周沛、陈文玺为青海石油管理局副局长，张听源为总经济师。【（81）油党字第29号　（81）油党字第30号】

7月21日　石油工业部党组批复，同意增补郑浩、兰田方、张振国同志为石油规划设计总院临时党委委员。【（81）油党字第31号】

7月22日 中共中央书记处书记、国务院副总理姚依林在中央党校讲话时指出："文化大革命"期间，我们经济上一个十分重要的物质因素在支持发展，那就是我们石油工业的发展，假如没有这个发展，"文化大革命"时期的经济会比现在严重得多，我们是依靠石油的支持在发展，甚至包括以后两年，1978年、1979年也是这样。【《中国石油大事记》】

7月24日 中共中央书记处召开会议，专门听取国家能源委员会汇报，同意石油工业实行三项重要政策，即：实行包干制，增加石油行业自我发展能力；沿海大陆架实行对外开放，开发海上油气资源；采用多种方式引进国外先进技术和装备。【《中国石油大事记》】

7月25日 石油工业部政治部同意建立广州外语培训中心党委，由冉济川、吴健、苏志等3人组成，冉济川同志兼任党委书记，吴健同志兼任副书记、苏志同志任副书记。【（81）油政部字第104号】

八　　月

8月10日 石油工业部实行原油产量1亿吨包干动员大会在北京召开。【《中国石油大事记》】

8月14日 中共抚顺市委同意，张奇同志任抚顺石油一厂党委常委、副厂长。【抚组发〔1982〕97号】

同日 中共抚顺市委同意，王世俭同志任抚顺石油三厂党委副书记。【抚组发〔1981〕107号】

同日 中共大庆市委员会转发中共黑龙江省委（黑发干字〔1981〕131号）决定，梁振邦同志任大庆师范专科学校党委书记，徐斌任大庆师范专科学校校长。【庆发干字〔1981〕1号】

8月19日 为适应海上对外石油天然气勘探开发合作需要，与美国得克萨斯州休斯敦德莱赛·阿特拉斯公司合作，在我国创办测井合作服务公司。根据协议规定，董事会有3名中方人员。石油工业部政治部决定，何渊清（石油工业部外事局副局长兼进出口公司副经理）为代董事长；段康（胜利油田测井副总工程师）为董事兼副总裁；聂勋禹（四川石油管理局测井主任工程师）为董事兼副总裁。【（81）油政部字第110号】

8月24日 石油工业部商河南、山东两省人民政府同意，决定东濮石油会战指挥部从胜利油田会战指挥部划出，成为地师级独立企业，受河南省和石油工业部双重领导，以石油工业部为主。【（81）油人教字第681号】

8月29日　石油工业部党组商中共河南省委同意，中共东濮石油会战指挥部委员会常务委员会由李晔、张慎三、胡笑云、傅积隆、方颂扬、林治开、车卓吾等7名同志组成，李晔同志任党委书记，张慎三、胡笑云同志任党委副书记。【（81）油党字第36号】

同日　石油工业部商中共河南省委同意，胡笑云任东濮石油会战指挥部指挥；傅积隆任副指挥，免去其胜利油田副指挥职务；方颂扬任副指挥、总经济师；林治开任副指挥；车卓吾任副指挥、总地质师；梁帮民、陆人杰任副指挥；李允子任副指挥、钻井总工程师；胡振民任副指挥，免去其南阳油田副指挥职务。【（81）油党字第37号】

8月31日　石油工业部政治部同意，调玉门石油管理局魏绍斌同志任红旗储备库党委书记。【（81）油政部字第116号】

九　月

9月1日　石油工业部决定，由宝鸡石油机械厂中心试验室建立石油工业部石油专用管材物理、化学性能检验中心。【（81）油供字第674号】

9月9日　中共中央同意，任向文任石油工业部计划司司长，免去其石油化工科学研究院院长职务；陈炳骞任石油工业部办公厅副主任；翁文波、赵宗燠任石油工业部科学技术委员会副主任；赵宗鼐同志任石油工业部海洋石油勘探局党委书记；姬永兴任华北石油管理局局长。【（81）干任字353号　（81）干任字597号　（81）油党字第42号】

9月16日　石油工业部决定，自1981年10月1日起撤销北京电机修造厂，原占用矿业学院实习工厂的厂房校舍全部归还煤炭工业部，对北京电机修造厂的260名在册职工另行安排工作。【（81）油人教字第740号】

9月18日　新疆石油管理局改为由石油工业部和新疆维吾尔自治区双重领导，以石油工业部为主。【新疆油田分公司上报】

9月30日　石油工业部党组商中共山东省委同意，刘元勋、侯庆生、李继顺任胜利油田副指挥。【（81）油政字第775号】

9月　国务院批准成立上海高桥石油化工公司。该公司由上海炼油厂、高

桥炼油厂等6家原来分属石油工业部、化学工业部、上海市的炼油化工企事业单位横向联合组成。【《中国石油大事记》】

十　月

10月6日　石油工业部批复，同意焦益文、王海亮、黄云开、郝焕文、秦延华（兼）5人增补为滇黔桂石油勘探开发会战指挥部领导小组成员，焦益文、刘荫藩为领导小组副组长；免去刘玉呈的领导小组成员职务。【（81）油政字第781号】

10月13日　石油工业部政治部决定，明确华北石油管理局罗重群（原吉林石油会战指挥部副政委兼政治部主任），朱良久、张怀玺、吴衍君、汪启智（原吉林石油会战指挥部副指挥），巫从理（原东北石油学院政治部主任），咸雪峰（原部石油科学研究院副院长），李直（原四川石油学院副院长），林祖胥、彭佐猷（原六四一厂副指挥）等10人仍按副局级待遇。【（81）油政部字第147号】

10月22日　石油工业部党组批复，同意免去胡培成的长庆油田会战指挥部副指挥职务。【（81）油党字第48号】

10月23日　中共锦州市委同意，周存义、李宗维、张兆玉任锦西石油五厂副厂长。【锦组干字（1981）162号】

10月27日　吉林省政府同意，吉林省石油会战指挥部更名为吉林省油田管理局，隶属于吉林省石油化工局领导。【吉政发〔1981〕262号】

10月30日至11月2日　中共吉林省油田管理局第一次代表大会召开，选举产生第一届委员会和纪律检查委员会，常务委员会由11名同志组成，王汝同志为党委书记，张立业、韩友同志为党委副书记，韩友同志兼纪委书记。【吉林油田分公司上报】

10月　石油工业部决定，尹克升同志代理青海石油管理局党委书记。【青海油田分公司上报】

同月　青海石油管理局党委政治部撤销，青海石油管理局工会委员会改为中国石油工会青海省委员会，工会主席改设副局级。【青海油田分公司上报】

十 一 月

11月14日　中共抚顺市委同意，孙忠诚、张瑞池任抚顺石油三厂副厂长。

【抚委工交部发〔1981〕13号】

同日　中共大庆市委员会转发中共黑龙江省委（黑发干字〔1981〕188号）决定，梅江任大庆市副市长、大庆石油管理局副局长。【庆发干字〔1981〕15号】

11月19日　中共抚顺市委同意，臧传连、周祥尧同志任抚顺石油二厂党委副书记。【抚组发〔1982〕14号】

11月25日　石油工业部转发《国务院关于一九八一年调整部分职工工资的通知》。【（81）油人教字第910号】

11月26日　石油工业部商广东省政府同意，在中国海洋石油总公司正式成立之前，为适应对外合作需要，决定成立南海石油勘探指挥部珠江口筹建处。筹建处的领导工作由已在珠江口盆地参加对外合作委员会的王涛（辽河石油勘探局副书记、副局长、总地质师）、王礼钦（华北石油管理局副局长、总工程师）、马启富（大庆石油管理局副总工程师）3人负责，由王涛负责全面组织领导工作。【（81）油人教字第916号】

11月27日　石油工业部决定成立石油工业部体制改革办公室，任向文任体制改革办公室主任，郑浩任副主任。【（81）油人教字第921号】

十　二　月

12月1日　石油工业部商大连市化工局同意，石油工业部管道局大连输油站移交给大连石油七厂。【（81）油人教字第931号】

12月12日　石油工业部政治部同意，曾鼎乾任南海石油勘探指挥部总地质师。【（81）油政部字第188号】

12月15日　国务院批准成立金陵石油化学总公司，该总公司由南京炼油厂、南京栖霞山化肥厂、南京烷基苯厂、南京化工厂、南京钟山化工厂、南京合成化工厂（原南京塑料厂）、南京长江石油化工厂等企业联合组成。【《中国石油大事记》】

12月　江汉石油管理局第二勘探指挥部的8个钻井队和配套后勤队伍共1332人陆续调往东濮石油会战指挥部。【《中国石油大事记》】

本年　石油工业职工总数126.53万人。【石油工业统计年报】

一九八二年

一　　月

1月8日　石油工业部政治部同意，王德礼任石油工业部第一工程公司工会主席，免去其副经理职务。【（82）油政部字第005号】

同日　中共抚顺市委工业交通工作部同意，罗德余任抚顺石油一厂副厂长，刘洪海任抚顺石油一厂工会主席，程连印任抚顺石油二厂工会主席，马云祥任抚顺石油三厂工会主席。【抚委工发〔1982〕2号】

1月12日　石油工业部政治部决定，施百令任石油工业部第六工程公司副经理。【（82）油政部字第008号】

1月28日　国务院批准，国家经济委员会批转，同意抚顺石油一厂、抚顺石油二厂、抚顺石油三厂、抚顺化学纤维厂、抚顺化工二厂等5个厂联合成立抚顺石油工业总公司，隶属辽宁省人民政府管理，受石油工业部、辽宁省双重领导，以辽宁省为主。【经综〔1982〕32号】

1月30日　石油工业部以中国石油天然气勘探开发公司的名义和美国地球物理服务公司在北京签订塔里木盆地地球物理勘探服务合同。规定双方合作组建3支沙漠地震队。【《中国石油大事记》】

二　　月

2月12日　中共甘肃省委批复，同意胡廷尧、贾志仁同志任玉门石油管理局党委副书记。【组字〔1982〕15号】

2月13日　中共中央组织部批准，秦文彩任中国海洋石油总公司总经理，赵宗鼐、尤德华、刘东明任副总经理。【《中国石油大事记》】

2月15日　中国海洋石油总公司在北京挂牌成立。该公司是具有法人资格的国家公司，为国务院直属副部级单位，归口石油工业部管理。是独立核算、依法纳税、自负盈亏、自主经营的经济实体，石油工业部以中国石油天然气勘探开发公司名义，与外国公司签订的物探协议和石油合同，转由中国海洋石油总公司执行。【《中国石油大事记》】

2月20日 河北省人民政府商石油工业部同意，将承德石油机械厂交由石油工业部管理。【河北省人民政府（1982）32号】

同日 中共抚顺市委工业交通工作部同意，金宝鑫任抚顺石油二厂副厂长。【抚委工发〔1982〕13号】

2月 石油工业部决定，调江汉油田安装公司一大队、二大队和部分机关及基层单位2000多人到辽河石油勘探局，成立辽河石油勘探局第二油田建设指挥部。【辽河油田分公司上报】

三 月

3月11日 石油工业部印发《关于从事海洋石油对外合作（合资）职工待遇的函》。【（82）油人教字第161号】

3月13日 辽宁省人民政府明确，抚顺石油工业总公司为企业性质，地（师）级。隶属辽宁省人民政府，受石油工业部和辽宁省双重领导。辽宁省政府委托抚顺市人民政府管理。【辽政发〔1982〕85号】

3月15日 抚顺石油工业总公司董事会召开第一次会议，选举谈立人为董事长，孙晓风为第一副董事长，季连（琏）元、金石、宋飞鸿、李盛图为副董事长，赵玉鹏为秘书长。【抚顺石化分公司上报】

3月16日 辽宁省人民政府同意，李盛图任抚顺石油工业总公司总经理。【辽政任〔1982〕8号】

同日 中共抚顺市委同意，陈永寿任抚顺石油工业总公司副总经理、总工程师，赵玉鹏、骆登月、王志平、朱家甄任副总经理，谭锡三、刘今生、王希庭任顾问。以上同志原职务免除。【抚组发〔1982〕48号】

同日 中共抚顺市委同意，成立中共抚顺石油工业总公司委员会。辽宁省委同意，李盛图同志任党委书记。中共抚顺市委同意，陈永寿、赵玉鹏、骆登月、马克起同志任党委常委。【抚组发〔1982〕49号】

3月17日 抚顺石油工业总公司成立大会在抚顺剧院召开。【抚顺石化分公司上报】

同日 中共抚顺石油工业总公司纪律检查委员会筹备组成立，赵玉鹏任组长。【抚顺石化分公司上报】

3月27日 中共中央批准，唐克任石油工业部部长，李敬、李天相任副部

长，张文彬、孙晓风任顾问。【中任〔1982〕12号　（82）国任字75号】

3月31日　石油工业部决定，东濮石油会战指挥部更名为中原石油勘探局，负责豫北、豫东、鲁西地区石油天然气的勘探开发。由河南省和石油工业部双重领导，以石油工业部为主；党组织关系仍隶属中共河南省委领导。【（82）油人教字第213号】

四　月

4月3日　石油工业部发出《关于试行〈石油企业整顿和管理体制改革纲要〉的通知》，对企业整顿和改革工作作出部署。【《中国石油大事记》】

4月9日　石油工业部政治部批复，同意马世华任石油工业部第六工程公司副经理。【（82）油政部字第59号】

4月14日　中共吉林省委批准，张立业任吉林省油田管理局局长。【吉林油田分公司上报】

4月24日　石油工业部转发国务院关于发布《企业职工奖惩条例》的通知。【（82）油人教字第285号】

同日　石油工业部转发《国务院关于严格制止企业滥发加班加点工资的通知》。【（82）油人教字第286号】

4月27日　石油工业部批复，同意李建辛任石油勘探开发研究院临时工会主席。【（82）油政字第304号】

五　月

5月10日　石油工业部决定，将承德石油机械厂并入承德石油学校，改为校办工厂，校厂合一，成为一个机构。【（82）油人教字第348号】

5月12日　中共中央同意，段志高同志任辽河石油勘探局党委书记；免去邓礼让同志的辽河石油勘探局党委书记职务。【（82）干任字332号】

5月21日　基建工程兵石化指挥部党委批复，同意增补谢景坤同志为党委纪委书记，免去刘锡林同志的党委纪委书记职务。【（82）党字第076号】

5月31日　中共中央同意，胡廷尧任玉门石油管理局局长。【组字〔1982〕121号】

六　月

6月5日　石油工业部政治部批复，同意石油规划设计总院张仁离职休养。【（82）油政字第435号】

6月15日　国务院发出《关于撤销康世恩同志处分的通知》。【《中国石油大事记》】

6月28日　石油工业部印发《关于改变现行津贴和建立远郊补贴的函》。【（82）油人教字第478号】

6月　新疆石油管理局东部勘探指挥部成立，领导机关设在吉木萨尔县。准噶尔盆地东部石油勘探全面展开。【新疆油田分公司上报】

七　月

7月8日　新疆维吾尔自治区党委批准，雷震离职休养，免去其新疆石油管理局总会计师职务。【新党工任字〔1982〕36号】

7月9日　石油工业部批复，同意地下石洞油库工程公司更名为石油工业部第七工程公司，行政级别为县（团）级。【（82）油人教字第510号】

7月10日　中共辽宁省委批准，抚顺石油工业总公司总经理李盛图同志任中共抚顺市委副书记。【抚组发〔1982〕126号】

7月17日　中共中央组织部通知，中共中央同意张德国同志任青海石油管理局党委书记。【（82）油党字第28号　（82）干任字347号】

7月22日　中共吉林省委工交部同意，张景阳、王雪涛、魏凤石任吉林省油田管理局副局长。【吉林油田分公司上报】

7月26日　石油工业部党组商中共青海省委同意，免去肖玉昆同志的甘青藏石油会战指挥部工委副书记、副指挥兼青海石油管理局党委副书记、副局长职务。【（82）油党字第31号】

7月28日　中共辽宁省委批准，邓礼让同志兼任辽河石油勘探局党委副书记。【辽组干字〔1982〕172号】

同日　新疆维吾尔自治区人民政府同意，调整乌鲁木齐石油化工厂的组织机构，改称乌鲁木齐石油化工总厂，仍归新疆石油管理局领导。【新疆油田分公司上报】

八　月

8月2日　中共中央组织部通知，中共中央同意国际巩同志任石油工业部第一工程公司党委书记；免去林金亭同志的党委书记职务。【（82）油党字第33号　（82）干任字536号】

8月5日　石油工业部同意，管道局四平钢管厂从1982年1月1日起，移交吉林省四平市管理。【东输总调字（82）第219号】

8月12日　国务院批复，同意石油工业部下设办公厅、政策研究室、计划司、财务司、石油勘探司、油田开发生产司、钻井司、机械制造司、劳动工资司、教育司、科技司、外事司、干部司、老干部管理局等14个司局。机关行政编制670人。【（82）国函字164号】

8月18日　中共中央组织部批复，同意石油工业部原副部长季铁中、石油工业部原顾问张定一离职休养。【（82）干任字628号】

8月30日　中共中央批准，赵宗鼐同志任石油工业部副部长、党组成员，免去其中国海洋石油总公司副总经理职务；宋惠同志任石油工业部党组成员、机关党委书记，免去其石油工业部办公厅顾问职务；阎敦实任石油工业部总地质师。【中任（1982）122号　（82）油党字第38号】

九　月

9月1日　新疆石油管理局党委书记李敬同志当选中共十二大代表。【新疆油田分公司上报】

同日　中共中央同意，赵声振任中国海洋石油总公司副总经理，免去其石油工业部外事局副局长职务。【（82）干任字679号】

9月7日　石油工业部转发国家劳动人事部、国家计划委员会、国家经济委员会、财政部《关于加强奖金管理，严格控制奖金发放的通知》。【（82）油人教字第679号】

同日　中共四川省委组织部批准，石志刚同志离职休养，免去其四川省石油管理局副局长、党委常委职务；孟庆瑗同志离职休养，免去其四川省石油管理局副局长职务。【川经党干〔82〕74号】

9月20日　石油工业部批复，同意六二一厂使用石油工业部长城高级润滑油公司名称，人员编制不变。【（82）油人教字第715号】

9月28日　石油工业部决定，机关党的工作部门设机关党委、纪律检查组；炼油化工生产司、运销司的机构在未正式确定以前，继续按原工作任务和职责范围进行工作；基本建设局与中国石油工程建设公司两块牌子、一套机构；器材供应局工作任务和职责范围不变。【（82）油人教字第734号】

十　月

10月19日　中共中央同意，宋振明任中原油田技术攻关会战领导小组组长，按副部长级待遇。【（82）干任字792号】

10月22日　国务院批复，同意中国海洋石油总公司定为相当于国务院直属局级，归石油工业部领导。总公司下属的地区公司研究发展中心、海上石油工程开发设计公司定为相当于司局级。【（82）国函字228号　（82）油劳字第912号】

10月26日　石油工业部征得天津市同意，将长庆油田会战指挥部的15个钻井队、5个试油队以及相应的二线配套建制队伍，组建勘探处，总计4000人调入大港油田指挥部。【（82）油劳字第19号】

十 一 月

11月3日　中共中央同意石油工业部以下同志任职：王福臻任办公厅主任，李洪甲、陈福成任副主任；康心浩、温厚文、吴宗英任政策研究室副主任；周庆祖任计划司司长，蔡述圣任副司长；胡汉滨任财务司司长，李长林任副司长；翟光明任石油勘探司司长，王镜心、李国玉任副司长，陆邦干任总工程师；谭文彬任油田开发生产司司长，郑浩、贾金会、白世荫任副司长；张鸿飞任钻井司司长，李荣藻、王关清、李克向任副司长；康书丛、师尚义任劳动工资司副司长；王者春、陈鸿璠任教育司副司长；金钟超任科技司司长，蒋其凯、吕寿斌任副司长；窦炳文任外事司司长，陈宜焜任副司长，缪文任顾问；白凤仪、彭昌忠、张宽信任干部司副司长；展青雷任老干部管理局局长，刘玉贤任副局长，王志成任顾问；李杰、周齐鲲同志任机关临时党委副书记。【（82）干任字第835号　（82）油干字第900号】

同日　中共中央组织部批复，同意杨达、章德炎离职休养。【（82）干任字829号】

11月6日　国务院、中央军委同意撤销石油工业部基建工程兵第82支队。【（1982）32号】

11月23日 石油工业部批复，同意撤销郭志忠的华北石油管理局副局长职务。【（82）油干字第892号】

11月28日 石油工业部机关临时党委批复，同意成立中共海洋石油总公司机关临时委员会，临时委员会由刘东明、刘忠勇、张江漪、陈炳骞、白东亮、房义坤等6名同志组成。刘东明同志任党委书记，房义坤同志任党委副书记。【（82）油机党组字第13号】

十 二 月

12月16日 中共中央批复，同意原政治部副主任任成玉，原人事司副司长范文兴，原人事教育司副司长连庆溥、顾问雷振，办公厅原顾问甘宁，原行政司副司长张钦等6人离职休养。【（82）干任字1008号】

12月17日 石油工业部转发《国务院关于调整国家机关、科学文教卫生等部门部分工作人员工资的决定》。【（82）油劳字第964号】

同日 中共中央同意，李远雄同志任茂名石油工业公司党委书记；王杰任经理；简坚任顾问，免去其经理职务；免去方华同志的党委书记职务。【（82）干任字1021号】

12月20日 石油工业部党组商中共河北省委同意，调华北石油管理局副局长施宗林到北京市委分配工作，副局长毛华鹤到石油工业部分配工作。【（82）油干字第977号】

12月23日 中共中央组织部决定，调大庆市市长、大庆石油管理局局长王苏民到石油工业部浅海石油勘探会战领导小组工作。【〔82〕干调字269号 （82）油干字第1002号】

12月27日 中共中央同意，唐亚芳任石油工业部老干部局副局长。【（82）干任字1116号 （83）国任字22号】

同日 中共中央同意，焦力人任石油工业部顾问。【中任〔1982〕177号 （83）国任字22号 （83）油党字第8号】

同日 国务院任命，阎敦实为石油工业部总地质师；王福臻为办公厅主任，李洪甲、陈福成为副主任；康心浩、温厚文、吴宗英为政策研究室副主任；周庆祖为计划司司长，蔡述圣为副司长；胡汉滨为财务司司长，李长林为副司长；翟光明为石油勘探司司长，王镜心、李国玉为副司长，陆邦干为总工程师；谭文彬为油田开发生产司司长，郑浩、贾金会、白世荫为副司长；张鸿飞为钻井司司长，李荣藻、王关清、李克向为副司长；康书丛、师尚义为劳动工资司副司长；王者春、陈鸿璠为教育司副司长；金钟超为科技司司长，蒋其凯、吕寿斌为副司长；窦炳文为外事司司长，陈宜焜为副司长，缪文为顾问；白凤仪、彭昌忠、张宽信为干部司副司长；展青雷为老干部管理局局长，刘玉贤为副局长，王志成为顾问；秦文彩为中国海洋石油总公司总经理，钟一鸣、尤德华、赵声振、刘东明为副总经理。【（82）国任字165号】

本年 石油工业职工总数130.51万人。【石油工业统计年报】

一九八三年

一　　月

1月17日　中共中央批复，同意方华改任茂名石油工业公司顾问，公司顾问简坚离职休养。【（83）干任字62号】

1月18日　石油工业部决定，石油工业部机关司局编制和处室设置如下：办公厅编制214人（其中工人100人），下设办公室、秘书处、档案管理处、信访处、行政处、房产管理处、房建办公室、绿化环卫办公室、劳动服务公司、保卫处、农副业办公室；政策研究室编制30人，下设综合调查研究处、企业管理处、经济法规处、基层政治工作处、办公资料室；计划司编制35人，下设办公室、长远规划处、基建计划处、生产计划处、统计处、环境保护处；财务司编制30人，下设供销事业财务处、生产财务处、基建财务处、监察审计处、综合处；地质勘探司编制35人，下设办公室、勘探处、测井处、试油处、综合处；油田开发生产司编制55人，下设办公室、安全生产调度处、设备管理处、油藏工程处、油气田管理处、采油工艺处；钻井司编制25人，下设办公室、钻井工艺处、生产管理处、泥浆处；劳动工资司编制30人，下设综合处、劳动组织处、技工培训处、工资处；教育司编制25人，下设办公室、高教处、中教处、职工教育处；科技司编制35人，下设办公室、综合计划处、油田科技处、炼油化工科技处、标准管理处；外事司定编30人（编制与成套技术引进公司合一），下设办公室、综合调研处、联络处、科技合作处、勘探开发引进处、炼化引进处、计划财务处；干部司编制30人，下设办公室、机关干部处、企业干部处、技术干部处、青年干部处；老干部管理局编制15人，下设办公室、一处、二处；机关党委编制20人，下设办公室、组织部、宣传部、共青团委员会；纪检组编制14人，下设办公室；机械制造司编制30人，处室设置待机械制造司提出意见后另定；另外，炼油化工司、运销司的编制和处室设置暂维持原状，以后根据机构改革变化情况，再研究决定。【（83）油劳字第35号】

1月29日　石油工业部同意，乌鲁木齐石油化工总厂归新疆石油管理局领导，乌鲁木齐石油化工总厂及所属机构的级别分别为总厂正职按副局级配备，职能办公室正职为副处级，炼油、化肥两厂为处级。【（83）油劳字第72号】

二　月

2月5日　石油工业部转发《劳动人事部、中华全国总工会劳人险（1982）34号文件通知》。【（83）油劳字第89号】

2月7日　中共中央组织部批准，石油部原党组成员、石油勘探开发科学研究院党委书记李欣吾，部党组纪律检查组副组长杨达，石油科学技术情报所党委书记、所长高光鉴，原政治部副主任任成玉，原人事司副司长范文兴，原人事教育司副司长连庆溥、顾问雷振，办公厅原顾问甘宁，原行政司副司长张钦、顾问章德炎，规划设计总院党委书记秦峰、顾问杨华甫，炼油化工生产司副司长李风等13名同志离休。【（83）油干任字第40号】

2月13日　石油工业部1982年12月18日党组会议研究决定，办公厅代管的展览工作室划归中国石油工程建设公司领导。【（83）油办厅字第4号】

2月19日　中共中央、国务院批准，同意国家经济委员会、国家计划委员会、国家体制改革委员会、财政部等四部委《关于成立中国石油化工总公司的报告》，决定成立中国石油化工总公司。对分属石油工业部、化学工业部、纺织工业部等部门和地方管理的炼油、石油化工和化纤企业，实行集中领导，统筹规划，统一管理。乌鲁木齐石油化工厂、大庆石油化工总厂、大庆石油管理局石油化工会战指挥部、北京石油设计院、北京石油化工科学研究院（除油田化学室）、石油规划设计总院（炼油部分）、石油科技情报研究所（炼油部分）、石油成套技术引进公司（炼油化工部分）、荆门炼油厂、北京长城高级润滑油公司、第二工程公司、第三工程公司、第四工程公司、东风储备油库、红旗储备油库、汉平储备油库、第二炼油设计研究院、抚顺石油炼制研究所、石油勘探公司、兰州石油学校等20家企事业单位划归中国石油化工总公司管理。【中发〔1983〕7号】

2月21日　国务院同意，劳动人事部将原批准各部门设立的老干部管理局，改称老干部局。【劳人编〔1983〕14号】

三　月

3月1日　中共中央组织部批复，同意王振华任石油工业部外事司副司长。

【（83）干任字170号　（83）油干字第178号】

3月12日　国务院批转石油工业部《关于组织中原油田生产建设技术攻关会战的报告》，宋振明为会战领导小组组长。【《中国工业五十年》】

同日　中共中央组织部同意，中共海洋石油总公司成立分党组，分党组由唐克、秦文彩、钟一鸣、尤德华、赵声振、刘东明、唐振华等7名同志组成，唐克同志任党组书记（兼），秦文彩同志任党组副书记。【（83）油党字第18号】

3月14日　中共中央同意，赵声振、钟一鸣任中国海洋石油总公司副总经理。【（82）干任字679号、817号　（83）油干字第179号】

3月16日　由中国海洋石油总公司和美国贝克海洋公司合资兴办的中国南海贝克钻井有限公司在北京正式签订合同。总部设在广东省深圳市。【《中国工业五十年》】

3月17日　中共中央批复，同意黄凯任中共中央纪律检查委员会驻石油工业部纪律检查组组长，邹国顺、王正棠任副组长（免去邹国顺同志的北京石油设计院党委书记职务），张文仁任成员、副局级检查员。【（83）干任字498号】

3月22日　石油工业部决定，海洋石油勘探局更名为中国海洋石油总公司渤海石油公司。【《中国石油大事记》】

3月23日　国务院、中央军委批转部分基建工程兵部队改编为石油工业部所属单位，确定接收5900人。【劳人计〔1983〕27号】

3月31日　国务院港澳办公室（82）港办政字1190号文同意，何渊清任中国海洋石油总公司驻香港代表处主任兼中国近海石油服务（香港）有限公司常务副董事长。【（83）油党字第26号】

四　月

4月1日　石油工业部转发劳动人事部《关于招工考核择优录用的暂行规定的通知》的函。【（83）油劳字第231号】

同日　国务院批准，同意成立新疆石油学院，由新疆维吾尔自治区人民政府和石油工业部双重领导，以新疆维吾尔自治区人民政府为主。新疆维吾尔自治区委托新疆石油管理局具体管理，并责成新疆维吾尔自治区教育厅在教学业务上给予指导。学院学制四年（少数民族学生增学一年预科）。先设置石油地质、石油工业企业管理专业，招生规模1000人。【新政办〔1983〕42号】

同日　中共甘肃省委决定，王金堂同志任兰州市委委员、常委、书记，免去其兰州炼油厂党委书记、常委、委员职务。【甘机发（1983）102号　甘任字〔1983〕10号】

4月5日　石油工业部转发国家科技委员会发布的《自然科学研究机构建立、调整的审批试行办法》的通知。【（83）油劳字第237号】

4月6日　石油工业部商河南省同意，决定将河南石油会战指挥部更名为河南石油勘探开发公司，仍实行石油工业部和河南省双重领导，以石油工业部为主的管理体制，党组织关系隶属中共河南省委。【（83）油劳字第244号】

4月7日　石油工业部党组商中共黑龙江省委同意，杨万里同志任大庆石油管理局党委副书记，王志武、金毓荪、梅江、钱棣华、周家俊、郝万春、郭正印任副局长，吕风祥任顾问。原任大庆石油管理局党委副书记、副局长职务随即免去。【（83）油党字第31号】

4月9日　石油工业部批复，同意石油工业部运输公司周玉干离休。【（83）油干字第250号】

4月13日　中共甘肃省委批准，聂英华同志任兰州炼油厂党委书记，刘启富同志任厂长、党委常委，刘品璋、阎三忠同志任党委副书记，李文成同志任副厂长、党委常委，周明义、徐诚愿、王育贤任副厂长，龙显烈任总工程师，王洁任顾问。【甘任字〔1983〕36号　甘机发（1983）147号】

4月15日　石油工业部决定，单永复任中国石油工程建设公司经理，徐世广、李芳百、郝景玉、康卫平、刘定江任副经理，李芳百兼任总工程师。【（83）油干字第278号】

4月18日　石油工业部决定，将石油工业部机关及直属单位从事炼油化工业务的部分机构、人员及业务划给中国石油化工总公司。【（83）油办字第279号】

4月19日　中共中央组织部通知，中共中央同意徐文野同志任石油科学技术情报研究所党委书记。【（83）油党字第36号　（83）干任字862号】

4月　大港油田指挥部机动处副处长、主任工程师郭锡禄当选第六届全国人民代表大会代表。【大港油田分公司上报】

五　　月

5月11日　石油工业部转发国家经济委员会、劳动人事部《关于全国整顿

企业劳动组织工作座谈会纪要的通知》。【(83)油劳字第351号】

同日 石油工业部关于转发国务院批转劳动人事部《关于1983年企业调整工资和改革工资制度问题的报告》。【(83)油劳字第353号】

同日 石油工业部转发国务院、中央军委批转劳动人事部、基建工程兵《关于基建工程兵集体转业人员工资待遇问题请示》。【(83)油劳字第352号】

同日 浙江省石油化学工业厅党组同意，周秀山任浙江省石油地质大队第二届工会主席。【浙化党〔1983〕14号】

5月12日 石油工业部决定，金燕凯任中国石油工程建设公司总工程师；免去李芳百兼任的总工程师职务。【(83)油干字357号】

5月17日 中共中央同意，黄凯同志任中央纪律检查委员会驻石油工业部纪律检查组组长；邹国顺、王正棠同志任副组长，免去邹国顺同志的北京石油设计院党委书记职务；张文仁同志任成员、副局级检查员。【(83)干任字498号 (83)油党字第53号】

5月19日 石油工业部印发《关于贯彻实行部颁统一劳动定额、定员新标准的通知》。【(83)油劳字第380号】

5月21日 石油工业部转发国家劳动人事部《关于颁发工人技术考核暂行条例(试行)》。【(83)油劳字第383号】

5月25日 石油工业部转发国家劳动人事部《关于改革技工学校毕业生分配制度等问题意见》。【(83)油劳字第393号】

5月28日 中共四川省委商石油工业部党组同意，杨型亮同志任四川石油管理局党委书记，傅尧生同志任党委副书记，史兴全任局长，马兴峙、刘璞、徐文渊、王宓君、史鉴生、许德林等6人任副局长，董金璧、董中林任顾问。【川委干发〔1983〕75号】

同日 中共四川省委决定，四川石油管理局党委常委会由杨型亮、史兴全、傅尧生、董金璧、尹光等5名同志组成，尹光同志任纪委书记。【川委组干〔1983〕544号】

同日 中共四川省委决定，机构改革后，侯国珍、贾奉辛、党万廷、胡成贵等4名同志新的职务由四川省计经委党组任命，副局级待遇不变；唐克碧同志离职学习，副局级待遇不变；丁耀民同志由石油工业部另行分配工作；蔡崇法同志离职休养。【川委组干〔1983〕545号】

5月31日　中共中央组织部批复，同意王守忠任石油工业部计划司顾问。【（83）干任字535号　（83）油党字第67号】

六　月

6月14日　中共中央批准，同意白凤仪任石油工业部干部司司长，王者春任石油工业部教育司司长。【（83）干任字587号　（83）油党字第67号】

6月16日　中共甘肃省委决定，傅万祯同志任玉门石油管理局党委书记，贾志仁、王鹏同志任党委副书记，胡廷尧同志任党委常委、局长，同维焕、赵熙寿、康恺同志任党委常委、副局长，唐光裕、李和明任副局长，吴震权任总地质师，张焕君任总工程师，陈景福任总会计师，李芳兰任顾问。【甘任字【1983】87号　玉油局党字（83）52号】

6月20日　石油工业部转发劳动人事部《关于整顿“以工代干”工作中一些问题的意见》。【（83）油干办字第344号】

6月23日　中共中央组织部通知，中共中央同意李虞庚任大庆石油管理局局长。【（83）干任字616号　（83）油党字第64号】

同日　中共黑龙江省委决定，陈烈民同志任大庆石油管理局党委书记，李虞庚、杨万里同志任党委副书记，王志武、马德仁、茹作斌、陈灼华同志任党委常委。【黑发干字〔1983〕186号】

同日　石油工业部党组决定，邹家智同志任南海东部石油公司党委书记，王涛任总经理，王礼钦、张志友、马启富任副总经理，高崇禹同志任党委副书记，李镇靖任顾问。【（83）油党字第59号】

同日　石油工业部党组商中共广东省委同意，马文林同志任南海西部石油公司党委书记，王彦任总经理，郭水生、张云中、朱锡林、王淦清任副总经理，温连枝同志任党委副书记，王辉、曾鼎乾任顾问，周汉卿任总机械师，陶阳声任总会计师。【（83）油党字第60号】

6月26日　石油工业部党组决定，张恕基同志任华北石油管理局党委书记，扈连才任华北石油管理局局长，咸雪峰、施鸣鹤、朱良久、唐智、梁树魁、游静裕任副局长；杨栋梁同志任华北石油管理局党委副书记；中共华北石油管理局常委会由张恕基、杨栋梁、扈连才、朱良久、罗重群、徐天明、袁申、于孔照等8名同志组成。【（83）油党字第62号　（83）油党字第63号　（83）油党字第65号　华油党（83）31号】

6月29日 中国海洋石油总公司南海东部石油公司和南海西部石油公司分别在广州和湛江成立。【《中国石油大事记》】

6月 新疆石油管理局采油三厂工程师热夏提·亚森任第六届全国政协委员。【新疆油田分公司上报】

同月 兰州炼油厂工会主席薛金达当选为第六届全国人大代表。【兰州石化分公司上报】

七 月

7月7日 石油工业部转发劳动人事部、国家经济委员会《关于企业职工要求"停薪留职"问题的通知》。【(83)油劳字第511号】

7月12日 中国石油化工总公司成立大会在北京人民大会堂举行。隶属该公司的有13个石油化工公司、总厂，17个炼油厂，4个化纤厂，5个化肥厂等39个大中型企业，还有规划、科研、设计、院校、机械制造和维修等所属单位。【《中国工业五十年》】

7月13日 中共中央组织部同意，唐振华任中国海洋石油总公司副总经理。【(83)干任字670号】

7月15日 中共甘肃省委决定，袁凤翙任兰州石油化工机器厂工会主席，薛金达任兰州炼油厂工会主席，刘智英任玉门石油管理局工会主席，均按副厂（局）级对待。【甘任字〔1983〕167号】

7月25日 中共天津市委决定，大港油田指挥部党委常委会由张丁华、陈光虞、张俊杰、李东昌、杨晓华、裴虎全等6名同志组成，张丁华同志主持党委全面工作，张俊杰同志任党委副书记，李东昌同志任纪委书记；陈光虞主持行政全面工作，李道品、陈厚勇、张大德、俞叔武、张树明任副指挥；大港油田指挥部党委常委、副指挥丁达同志离职休养，副指挥侯守智、史汝先退休。【津党〔1983〕146号】

7月29日 中国海洋石油总公司南黄海石油公司（后更名为东海公司）在上海成立，负责黄海和东海的勘探开发工作。【《中国石油大事记》】

7月30日 新疆维吾尔自治区党委决定，王照明同志任新疆石油管理局党委书记，张毅同志任局长、党委副书记，阿瓦哈里·沙比洛夫、谢志强同志任党委副书记，瓦力斯江·吐尔地、任荣堂同志任副局长、党委常委，戴菊生、谢宏、韩继武、宋世权、买买提·艾沙、沈增鑫、方天禄、胡玉昆任副局长，刘允祥、马化民同志任党委常委，张家达同志任党委常委、纪委书记，买买提·努尔任工会主席，李保孚、马合木提·司马义、刘玉吉任调研员。【新疆维吾尔自治区新党任〔1983〕55号】

同日　石油工业部决定，从长庆油田会战指挥部抽调原建制10个钻井队及二线人员2200人到胜利油田工作。【（83）油劳字第485号　（83）油劳字第555号】

八　　月

8月4日　石油工业部印发《1983年石油企业第二次劳动定员定额工作会议有关文件的通知》。【（83）油劳字第589号】

8月17日　国务院决定，王守忠任石油工业部计划司顾问，王者春任教育司司长，白凤仪任干部司司长，孙希敬任河南石油勘探开发公司经理，李虞庚任大庆石油管理局局长，扈连才任华北石油管理局局长，唐振华任中国海洋石油总公司副总经理。【（83）国任字199号】

九　　月

9月3日　四川石油管理局党委决定，重庆石油学校党委会由秦政枢、夏树华、邹水生、徐启荣、周永珍等5名同志组成。【（83）川油党干字第089号】

同日　四川石油管理局党委决定，徐启荣同志任重庆石油学校纪律检查委员会书记，周永珍同志任工会主席。【（83）川油党干字第091号】

9月6日　石油工业部决定，林金亭任石油工业部第一工程公司经理，陈家元、王祖荣、王学忠、陈敬才、甘志兴任副经理，夏清成同志任党委副书记，国际巩任顾问。【（83）油党字第83号】

9月8日　石油工业部干部司决定，何应训任石油工业部第一工程公司总工程师。【（83）油干任字第498号】

9月9日　国家经济委员会批复，贵州石油勘探指挥部、广西石油勘探开发指挥部改为部、省（区）双重领导、以石油工业部为主的领导体制。人、财、物由石油工业部滇黔桂石油勘探开发会战指挥部直接统一管理。【经体〔1983〕791号　（83）油劳字第737号】

9月10日　中共洛阳市委同意，石油工业部第一工程公司党委会由张志华、夏清成、林金亭、陈家元、魏立孝等5名同志组成。张志华同志任党委书

记，夏清成同志任党委副书记。【中国石油工程建设公司上报】

同日 石油工业部决定，对中国海洋石油总公司干部管理权限明确如下：总公司副总经理、总工程师、顾问，由石油工业部党组协助中央管理，干部任免由石油工业部党组讨论后报请中央审批；总公司各部门经理、地区公司正副总经理、正副书记、总工程师，由总公司分党组讨论报部党组任免；总公司各部门副经理及所属处级干部由公司分党组讨论任免，同时报石油工业部备案；总公司所属各地区公司、研究中心、设计公司的干部管理范围由公司分党组研究决定。【（83）油党字第87号】

同日 石油工业部干部司决定，秦政枢任重庆石油学校党委书记，夏树华任校长，蒋德芳、曾祥清任副校长，邹水生任党委副书记。【（83）油干任字第504号】

9月12日 石油工业部党组商新疆维吾尔自治区党委同意，郭进山同志任石油工业部运输公司党委副书记，赵景昌、董建国、陈远富任副经理，史少卿任顾问，谢建国任调研员，禹富连任工会主席，任生杰任纪委书记，赖昆炎任总工程师，张德芳任总经济师。【（83）油党字第90号】

9月24日 中共天津市委报经中共中央批准，张丁华同志任大港油田指挥部党委书记，陈光虞任大港油田指挥部指挥；免去余群立的大港油田指挥部党委书记、指挥职务。【津党〔1983〕198号】

9月27日 石油工业部决定，张江漪任石油工业部政策研究室副局级调研员。【（83）油干字第724号】

9月27至29日 中共兰州炼油厂第五次党员代表大会召开，大会选举产生中共兰州炼油厂第五届委员会，聂英华同志任党委书记，刘品璋、阎三忠同志任党委副书记。【兰州石化公司上报】

9月28日 石油工业部商甘肃省同意，长庆油田会战指挥部更名为长庆石油勘探局。原会战指挥部所属各基层指挥部改为厂、处、公司。长庆石油勘探局仍实行由石油工业部和甘肃省双重领导、以石油工业部为主的管理体制，党的关系由中共甘肃省委领导。【（83）油劳字第729号】

同日 石油工业部转发民政部、公安部、劳动人事部、总参谋部、总政治部《关于城镇退伍义务兵安置工作几个问题试行意见的通知》。【（83）油劳组字第78号】

十 月

10月7日 吉林省经委政治部决定，张立业同志任吉林省油田管理局党委书记，免去其油田管理局局长职务；崔万瑛同志任局长、党委常委；王汝任顾问，免去其吉林省油田管理局党委书记职务；韩友同志任顾问，免去其党委副书记职务；张景阳任顾问，免去其副局长职务；魏风石、王雪涛同志任副局长、党委常委；卢林生、唐世伦、高立元任副局长。【吉林油田分公司上报】

10月10日 石油工业部干部司批复，同意吴健任广州外语培训中心顾问，免去其兼任的主任职务。【（83）油干任字第556号】

同日 华北石油管理局党委决定，华北石油管理局纪律检查委员会常委会由罗重群等5名同志组成，罗重群同志任纪委书记。【华油党（83）83号】

10月12日 石油工业部党组商中共天津市委同意，中国海洋石油总公司渤海石油公司党委常委会由刘仁杰、王裴修、钟一鸣、曹德安、许荣富等5名同志组成，刘仁杰同志任党委书记；王裴修同志任党委副书记。【（83）油党字第96号】

同日 石油工业部党组商中共上海市委同意，中国海洋石油总公司南黄海石油公司党委会由韦布仁、刘锡三、张载褒、吴耀文、胡克杰等5名同志组成，韦布仁同志任党委代理书记，刘锡山同志任党委副书记。【（83）油党字第97号】

同日 中共甘肃省委决定，刘智英同志任玉门石油管理局工会主席。【甘任字（1983）167号 玉油局党字（83）92号】

10月13日 中共四川省委批准，丁耀民同志任四川石油管理局工会主席。【丁耀民干部任免呈报表】

10月17日 石油工业部商天津市人民政府同意，在天津市设立浅海石油勘探会战领导小组，为局级单位。【津政函〔1983〕66号】

10月19日 国务院同意，中国海洋石油总公司设立中国海洋石油总公司海洋石油开发工程设计公司，该公司为中国海洋石油总公司直属企业，相当于司局级，机关办公地点设在北京市。【（83）油劳字第788号】

10月22日 石油工业部决定，成立石油工业部通讯公司，为司局级单位，编制80人（含固安卫星通讯总站40人），机关办公地点在河北省固安县。【（83）油劳字第794号】

十 一 月

11月1日 中共中央组织部通知，中共中央同意韩新盛同志任石油工业部运输公司党委书记；毛继昌任石油工业部运输公司经理；史少卿同志任顾问，免去其党委书记职务；免去谢建国的石油工业部运输公司经理职务。张志华同志任第一工程公司党委书记；国际巩同志任顾问，免去其党委书记职务。袁光明同志任江汉石油管理局党委书记；朱文科任胜利油田会战指挥部指挥。【（83）干任字916号 （83）油干字第835号】

11月2日 石油工业部印发《石油工业部关于实行大中专毕业生见习试用制度的试行办法》的通知。【（83）油干字第829号】

11月3日 石油工业部党组商中共甘肃省委同意，雷发瑞同志任长庆石油勘探局纪委书记，陈国法同志任工会主席，宋凤翥任调研员。【（83）油干字第837号】

11月4日 石油工业部党组商中共甘肃省委同意，中共长庆石油勘探局党委会常务委员会由蒋长安、李云、魏光强、王祖文、倪崇僖、杨俊杰、陈国法、雷发瑞等8名同志组成；蒋长安同志主持党委全面工作，李云、魏光强同志任党委副书记。【（83）油党字第106号】

同日 石油工业部党组商中共甘肃省委同意，倪崇僖、杨俊杰、刘福德、陈耕、孙玉辰任长庆石油勘探局副局长，张云清任顾问。【（83）油干字第840号】

11月12日 石油工业部决定，同意石油科学技术情报研究所与石油工业出版社分为两个单位，均为石油工业部在京司局级事业单位。【（83）油劳字第867号】

11月18日 国务院批准，邹明、张英、史久光任中国海洋石油总公司顾问。【（83）国任字327号】

同日 石油工业部与云南、贵州和广西三省（自治区）人民政府商定，滇黔桂石油勘探开发会战指挥部更名为滇黔桂石油勘探局。【（83）油劳字第883号】

同日 石油工业部商天津市人民政府同意，将大港油田指挥部更名为大港石油管理局。【（83）油劳字第884号 津政发〔1983〕187号】

11月21日 石油工业部决定，白正之任石油工业出版社社长，陈炳泉同

志任石油工业出版社党委副书记。【（83）油干字第890号】

11月24日　石油工业部决定，李星斗同志任管道局纪委书记，李广明同志任管道局工会主席，孙景（锦）丽、齐国贤、栾克、李兰生、芦振刚等5人任管道局调研员。【（83）油干字第906号】

11月25日　石油工业部决定，周箴铭（明）任石油规划设计总院总工程师，苗承武任副院长；免去张振国、陈人炳的石油规划设计总院副院长职务，乐秀民同志的党委副书记职务。【（83）油干字第961号】

11月28日　石油工业部党组决定，管道局党委常委会由张福录、徐世仁、朱洪昌、李星斗、于茂林等5名同志组成，张福录同志任党委书记，徐世仁同志任党委副书记。【（83）油党字第112号】

同日　石油工业部决定，朱洪昌任管道局局长，焦福林、邢振亚、蔡适生、刘万宝任副局长。【（83）油干字第905号】

同日　石油工业部决定，从1984年1月1日起，将乌鲁木齐石油化工厂、大庆石油化工总厂、大庆石油管理局石油化工会战指挥部、北京石油设计院、北京石油化工科学研究院（除油田化学室）、石油规划设计总院（炼油部分）、石油科技情报研究所（炼油部分）、石油成套技术引进公司（炼油化工部分）、荆门炼油厂、北京长城高级润滑油公司、第二工程公司、第三工程公司、第四工程公司、东风储备油库、红旗储备油库、汉平储备油库、第二炼油设计研究院、抚顺石油炼制研究所、石油勘察公司、兰州石油学校等20家企事业单位的劳动工资计划统计移交给中国石油化工总公司管理。【（83）油劳字第919号】

十 二 月

12月3日　石油工业部党组商新疆维吾尔自治区党委同意，石油工业部运输公司党委常委会由韩新盛、郭进山、毛继昌、禹富连、任生杰等5名同志组成。韩新盛同志任党委书记，郭进山同志任党委副书记。【（83）油党字第113号】

12月7日　石油工业部党组商中共广东省委同意，中共南海东部石油公司临时委员会由邹家智、高崇禹、王涛、王礼钦、张志友、马启富等6名同志组成，邹家智同志任党委书记，高崇禹同志任党委副书记。【（83）油党字第115号】

同日　中共辽宁省委经济工作部决定，任命黄嘉麟为辽河石油勘探局基建总工程师，常熹为辽河石油勘探局测井总工程师。【辽河油田分公司上报】

12月8日 石油工业部党组决定，对石油工业部机关临时党委成员进行调整，宋惠、段志高、李杰、周齐鲲、梁健、焦万海、王志成、邹国顺、白凤仪、王福臻、蒋其凯、展青雷、秦平、刘东明、申力生、徐文野、魏绪顺、于瑛、谢全国等19名同志为委员。宋惠、段志高、李杰、周齐鲲、梁健、焦万海、王志成、邹国顺、白凤仪、王福臻、蒋其凯等11名同志为党委常委，宋惠同志为党委书记，段志高、李杰、周齐鲲同志为党委副书记。【（83）油党字第116号】

12月9日 中共中央同意，韩荣华任中国石油化学工会全国委员会主席。【中华全国总工会文件】

12月10日 石油工业部党组同意，马德仁同志任大庆石油管理局纪律检查委员会书记。【（83）油党字第118号】

同日 石油工业部党组商中共广东省委同意，中共南海西部石油公司临时委员会由马文林、温连枝、王彦、郭水生、张云中、朱锡林、王淦清、王存友、许祥枢、刘致义等10名同志组成。马文林同志任临时党委书记，温连枝同志任临时党委副书记。【（83）油党字第119号】

12月12日 石油工业部确定，北京石油化工科学研究院划转中国石油化工总公司，其中的油田化学研究室仍留石油工业部，划归石油勘探开发科学研究院管理，原建制不变。【（83）油劳字第947号】

12月14日 石油工业部干部司决定，李延瑞同志任第七工程公司纪委书记。【（83）油干任字第670号】

同日 石油工业部干部司决定，张周武同志任第六工程公司纪委书记。【（83）油干任字第671号】

同日 石油工业部干部司决定，何凤友任第七工程公司总工程师。【（83）油干任字第673号】

12月15日 石油工业部干部司决定，中共第六工程公司委员会由秦安民、马世华、邹学绅、张周武、蔡仲铭等5名同志组成，秦安民同志任党委书记，马世华同志任党委副书记。【（83）油干任字第676号】

同日 石油工业部干部司决定，邹学绅、杨军、李凡起、谢绍佳任第六工程公司副经理。【（83）油干任字第677号】

同日 石油工业部干部司决定，朴殿举任第七工程公司经理，张志勋、

季成忠、杨文信任副经理。【（83）油干任字第678号】

同日 石油工业部干部司决定，中共第七工程公司委员会由李凯仁、殷德之、朴殿举、李延瑞、曹洪金等5名同志组成，李凯仁同志任党委书记，殷德之同志任党委副书记。【（83）油干任字第679号】

同日 中共辽宁省委同意，邓礼让同志任辽河石油勘探局党委书记，王子正同志任党委副书记兼纪委书记，周永康同志任党委常委，主持生产行政工作；王天儒、施少荃、刘安、刘成章同志任党委常委；周守忠、刘沐、赵光明、杨维庆、崔仁义、刘玉林、王瑞范任辽河石油勘探局副局长；刘照民、窦小群任顾问；杨录任辽河石油勘探局总工程师；张林生任总地质师；张中奇、华光兴、张凭任调研员；蒋麟湘、王树芝任局技术顾问；芦振钧、高清勤、王永成、李佩实、赵喜德保留副局级待遇，另行安排工作。【辽组干字〔1983〕246号】

12月16日 国务院批复，同意石油工业部设立运销司，所需人员在现有行政编制内调剂解决。【（83）国函字263号】

12月17日 石油工业部印发《石油企业、事业单位离休干部政治、生活待遇若干具体问题的暂行规定》的通知。【（83）油老干字第960号】

12月19日 石油工业部党组商中共青海省委同意，青海石油管理局党委常委会由张德国、周沛、陈洪振、蒋一鸣、张文安、党喜坤、董福科、刘扬寿等8名同志组成，张德国同志任党委书记，陈洪振同志任党委副书记。【（83）油党字第122号】

12月20日 中华全国总工会党组决定，韩荣华任中共石油化学工会全委会分党组书记，屈清华、宋殿谋、常木昌、王潜任分党组成员。【中华全国总工会文件】

12月22日 中共中央同意，陈泽轩任石油工业部机械制造司司长，杨永贵、张德禄任副司长；徐杜周、刘子明任供应局副局长；曾庆红任外事司副司长；陈敬业任财务司副司长；万仁溥任油田开发生产司总工程师；免去詹石的机械制造局局长、张振海的供应局局长职务。【（83）干任字1045号】

同日 石油工业部党组批复，同意石油科技情报研究所齐泽国离休。【（83）油党字第125号】

12月22至24日 中共四川石油管理局第五次代表大会在成都召开，选举产生中共四川石油管理局第五届委员会和纪律检查委员会，常务委员会由杨型亮、傅尧生、史兴全、董金璧、尹光、马兴峙、高杰先等7名同志组成，杨型亮同志为党委书记，傅尧生同志为党委副书记，尹光同志为纪委书记。【西南油气田分公司上报】

12月26日 石油工业部印发《关于原参加大庆油田、胜利油田会战干部工资问题的通知》。【（83）油劳字第985号】

同日 石油工业部批复，同意石油科技情报研究所张清杰离休。【（83）油干字第992号】

12月28日 石油工业部决定，胡文海任石油科技情报研究所总工程师。【（83）油干字第995号】

同日 石油工业部党组决定，高纪清同志任东北输油管理局工会主席，李葆恒同志任纪委书记。【（83）油党字第134号】

同日 石油工业部决定，崔学良同志任东北输油管理局党委副书记，戴秀庠、李传录、焦喜林、李裕晨任副局长。【（83）油干字第997号】

12月31日 石油工业部党组决定，石油地球物理勘探局党委常委会由严衍余、陈启发、潘瑗、张俊瑞、武慎让、徐绍仲、曹云福等7名同志组成，严衍余同志任党委书记，陈启发同志任党委副书记。【（83）油党字第132号】

同日 石油工业部决定，钟辛生、许大坤、王见仁、庄国成、武慎让任石油地球物理勘探局副局长，林运根任顾问。【（83）油干字第996号】

本年 石油地球物理勘探局地质专家吴奇之当选第六届全国人大代表。【东方地球物理公司上报】

本年 石油工业职工总数110.39万人。【石油工业统计年报】

一九八四年

一　　月

1月5日　中共四川省委批准，中共四川石油管理局第五届党委会常务委员会由杨型亮、傅尧生、史兴全、董金璧、尹光、马兴峙、高杰先等7名同志组成，杨型亮同志任党委书记，傅尧生同志任党委副书记，尹光同志任纪委书记。【川组经〔1984〕4号】

1月6日　中共吉林省委决定，林治政、刘春贵、范力群同志任吉林省油田管理局党委常委。【吉林油田分公司上报】

1月9日　中共中央批准，同意闵豫任中国国际信托投资公司副总经理。【中任（1984）4号】

1月10日　石油工业部决定，张俊瑞同志任石油地球物理勘探局工会主席，徐绍仲同志任纪委书记，柴桂林任总地质师，李全慎任副总工程师（副局级），高凤仪、王绪东、丁满喜任调研员。【（84）油干字第12号】

1月11日　石油工业部批复，同意增补李自新、张义发同志为江汉石油管理局党委委员。【（84）油党字第3号】

1月12日　石油工业部决定，中共华北石油职工大学委员会由黄凯、薛仁宗、石则砺、王明德、闫国志、陈才年、梁保堂、刘宗彦、于溶源等9名同志组成，黄凯同志兼任党委书记，薛仁宗同志兼任党委副书记，石则砺同志任党委副书记。【（84）油党字第7号】

1月13日　石油工业部商天津市政府同意，决定将石油工业部施工技术研究所领导体制改为天津市和石油工业部双重领导，以石油工业部为主；党组织关系隶属天津市建工局党委。【（84）油劳字第20号】

1月16日　中共中央组织部同意石油工业部转发，陈泽轩任机械制造司司长，杨永贵、张德禄任副司长；曾庆红任外事司副司长；陈敬业任财务司副司长；万仁溥任油田开发生产司总工程师；免去詹石的机械制造局局长，张振海的供应局局长职务。【（83）干部任字1045号　（84）油干字第28号】

1月21日 国务院决定，陈泽轩任机械制造司司长，杨永贵、张德禄任副司长；徐杜周、刘子明任供应局副局长；曾庆红任外事司副司长；陈敬业任财务司副司长；万仁溥任油田开发生产司总工程师；免去吕寿斌的石油工业部科学技术司副司长职务。【（84）国任字018号】

1月23日 石油工业部党组商中共云南省委同意，中共滇黔桂石油勘探局委员会由安增彬、李超祖、韩明镜、王靖寰、黄云开等5名同志组成，安增彬同志任党委书记，李超祖同志任党委副书记。【（84）油党字第10号】

1月28日 石油工业部决定，华北石油职工大学按局级单位组建，除继续承担华北石油管理局职工高等教育外，同时承担石油工业部干部高等教育和干部培训。【华北油田分公司上报】

1月29日 中共天津市委商石油工业部党组同意，杨晓华同志任大港石油管理局工会主席。【港油党（84）20号】

1月30日 石油工业部决定，中共大庆石油学院委员会由刘继文、金国梁、陶景明、韩德旺、朱国兴、范铁荣、申宝库等7名同志组成，刘继文同志任党委书记，金国梁同志任党委副书记。【（84）油党字第13号】

二　月

2月7日 中共中央组织部同意，蒋长安同志任长庆石油勘探局党委书记，王祖文任局长，张云清任顾问。【组任字〔1984〕21号　（84）油党字第15号】

2月8日 国务院批复，同意石油工业部设立运销司。【（83）国函字263号　（84）油劳字第87号】

2月10日 中共中央组织部同意，魏绪顺同志任石油规划设计总院党委书记，胡象尧任石油规划设计总院院长，吴德琪任石油科技情报研究所所长。【组任字〔1984〕22号　（84）油干字第88号】

2月17日 石油工业部颁发《关于“基层队建设要求（试行）”的通知》。【（84）油政研字第102号】

2月21日 石油工业部同意，王寿增任大港石油管理局副总工程师（副局级）。【港油党（84）39号】

2月22日 石油工业部转发《国务院关于认真整顿招收退休、退职职工子女工作的通知》中若干问题的意见的通知。【（84）油劳字第134号】

2月23日　根据中共中央纪律检查委员会精神，结合石油工业具体情况，石油工业部对直属单位纪律检查机构的编制定员暂作规定：大庆石油管理局20～25人；胜利油田、华北石油管理局15～20人；新疆石油管理局、长庆石油管理局、江汉石油管理局、中原石油管理局、大港石油管理局12～15人；河南石油勘探开发公司、江苏石油勘探开发公司、滇黔桂石油勘探局8～12人；石油地球物理勘探局、管道局、东北输油管理局、华东输油管理局、渤海石油公司、南海西部石油公司、石油工业部运输公司、第一工程公司6～8人；中国海洋石油总公司7人；华东石油学院、大庆石油学院、西南石油学院、江汉石油学院、第六工程公司、第七工程公司、承德石油学校、石油勘探开发科学研究院4～6人；西安石油学院、重庆石油学校、广东石油学校、兰州石油技工学校、南海东部石油公司、南黄海石油公司、抚顺施工机具修造厂、石油施工技术研究所、规划设计总院、石油科技情报研究所2～4人。地方为主管理的单位建议：四川石油管理局15～20人；辽河石油勘探局、吉林油田管理局12～15人；青海石油管理局、玉门石油管理局8～12人；西安石油仪器总厂、宝鸡石油机械厂6～8人；宝鸡石油钢管厂、咸阳钢管钢绳厂、抚顺石油机械厂4～6人。【（84）油劳字第136号】

2月24日　国务院同意，胡象尧任石油规划设计总院院长，吴德琪任石油科技情报研究所所长，王祖文任长庆石油勘探局局长，张云清任长庆石油勘探局顾问。【（84）国任字059号】

2月27日　中共中央组织部同意，孙延祯任石油工业部运销司司长，高喜发、梁高才任副司长；免去李景新的司长职务。【组任字（1984）75号　（84）油干字第204号】

三　　月

3月10日　石油工业部干部司批复，同意蔡仲铭同志任第六工程公司工会主席。【（84）油干任字第72号】

3月15日　石油工业部机关临时党委批复，同意中共石油规划设计总院委员会由魏绪顺、胡象尧、周箴铭、苗承武4名同志组成，魏绪顺同志任党委书记。【（84）油机党字第006号】

3月16日　石油工业部同意，吕中士任管道局副局长，高志和任东北输油管理局副局长，韩建平任华东输油管理局总经济师。【（84）油干字第206号】

3月22日 石油工业部同意，潘家华任管道局总工程师，免去高俊凯的总工程师职务。【（84）油干字第209号】

同日 中共中央组织部同意，张湘荣同志任东北输油管理局党委书记，免去张瀛洲同志的党委书记职务，吕中士的局长职务；郭惠中同志任华东输油管理局党委书记，张振勇任局长，免去周文华的局长职务。【组任字〔1984〕100号 （84）油党字第25号】

同日 石油工业部党组商中共辽宁省委同意，中共东北输油管理局党委会常务委员会由张湘荣、崔学良、高志和、戴秀庠、李传录、李葆恒等6名同志组成，张湘荣任党委书记，崔学良任党委副书记。【（84）油党字第26号】

同日 石油工业部党组同意，中共华东输油管理局委员会由郭惠中、于开洛、张振勇、龚锦文、李华隆等5名同志组成，郭惠中同志任党委书记，于开洛同志任党委副书记。【（84）油党字第27号】

3月26日 河北省总工会批复，同意华北石油管理局工会第二次代表大会选举的第二届委员会和常务委员会，徐天明为工会主席。【冀工〔1984〕20号】

3月27日 石油工业部党组商中共黑龙江省委同意，夏国理任大庆石油管理局副局长。【（84）油干字第222号】

同日 国务院批复，同意中国海洋石油总公司下设海洋石油勘探开发研究中心，其级别相当于司局级。该研究中心在原物探局油气资源评价所的基础上组建，直属中国海洋石油总公司领导。【（84）油海字第228号】

同日 石油工业部批复，同意华北石油管理局罗重群离休。【（84）油干字第225号】

3月30日 石油工业部干部司同意，中共郑州器材库委员会由赵明文、赵秉恒、崔鹏飞、过德治、赵竹亭等5名同志组成，赵明文同志任党委书记。【（84）油干任字第117号】

同日 石油工业部批复，同意华北石油管理局李直离休。【（84）油干字第243号】

四　月

4月2日 石油工业部批复，同意张昭明任东北输油管理局总工程师。【（84）油干字第212号】

4月3日　石油工业部决定，石油工业部兰州石油技工学校更名为石油工业部培黎石油技工学校，路易·艾黎仍为学校名誉校长。【（84）油劳字第256号】

同日　石油工业部劳动工资司转发北京市人民政府《北京市招工暂行办法》、《北京市招收退休工人子女的暂行办法》的函。【（84）油劳组字第40号】

4月5日　石油工业部决定，成立石油工业部北京天然气工程指挥部，单永复兼指挥长，徐世广、梁树魁、张凭、林金亭（兼）、朱永刚、刘庆林（兼）为副指挥长。【（84）油建字第269号】

同日　石油工业部党组商中共上海市委同意，石油工业部外事司副司长曾庆红同志兼任南黄海石油公司党委书记；免去韦布仁同志的代理党委书记职务。【（84）油党字第32号】

4月9日　石油工业部党组决定，李玉超同志任华北石油管理局党委常委、副书记，咸雪峰同志任党委常委，黄炎任副局长。【（84）油党字第28号　华油党（84）53号】

4月14日　石油工业部决定，中国石油工程建设公司所属展览工作室从5月1日起并入石油工业出版社。【（84）油劳字第313号】

五　　月

5月3日　石油工业部印发《石油工业部关于改进干部调配工作的试行办法》。【（84）油干字第368号】

5月15日　石油工业部决定，调大庆石油管理局副局长郝万春到海洋石油勘探开发研究中心工作。【（84）油干字第406号】

5月18日　石油工业部批复，同意华北石油管理局宋世宽、赵复成、巫从理离休。【（84）油干字第417号】

5月21日　石油工业部转发《国务院国发【1984】55号、国务院办公厅国办发【1984】35号、劳动人事部劳人薪【1984】127号等三个文件的通知》。【（84）油劳字第424号】

同日　石油工业部机关临时党委批复，同意中共石油工业出版社委员会由白正之、陈炳泉、郑育琪3名同志组成，白正之、陈炳泉同志任党委副书记。【（84）油机党字第16号】

5月26日　中共中央组织部同意，周永康任辽河石油勘探局局长；免去段

志高同志的辽河石油勘探局党委书记职务。【组任字〔1984〕201号】

5月28日 国务院任命，舒自清为中国海洋石油总公司顾问。【（84）国任字163号】

同日 中共中央组织部同意严衍余同志任石油地球物理勘探局党委书记，潘瑗任局长；免去林运根的局长职务。【组任字（1984）170号 （84）油干字第447号】

5月29日 石油工业部印发《关于下放企业机构设置审批权限的通知》。石油工业部为贯彻国务院暂行规定，对石油企业机构设置权限分工办理原则：新建企业（指由部直接领导的独立企业）机构，由石油工业部审批。国家指令建立的机构，由企业负责执行。在部核定的定员编制总数或劳动计划以内的企业内部机构设置，由企业自行确定；二级单位及企业职能机构设置和调整，须报部备案。企业的整顿验收，已经部审批的企业下属机构，仍以部文为主；企业自定的机构，以企业正式决定为主。【国发（1984）67号 （84）油劳字第467号】

5月30日 石油工业部决定，从石油地球物理勘探局成建制抽调6个地震队以及相关人员到华北石油管理局工作。【（84）油劳字第463号】

六 月

6月5日 石油工业部决定，从石油地球物理勘探局成建制抽调6个地震队580人，综合研究、仪修、机修、运输及机关工作人员等80人，共660人到中原石油勘探局工作。【（84）油劳字第485号】

6月7日 石油工业部决定，郑州器材库更名为石油工业部郑州供应办事处，为县（团）级单位，原编制不变，行政及业务由石油工业部直接管理，党的隶属关系由石油工业部第一工程公司党委改为中原石油勘探局党委领导。【（84）油劳字第495号】

6月13日 石油工业部干部司批复，陈凤朝同志任石油工业部第一工程公司纪委书记。【（84）油干任字第209号】

6月14日 浙江省石油化学工业厅党组任命，应光宇同志为浙江省石油地质大队党委副书记。【浙化党〔1984〕30号】

6月27日 石油工业部同意，张轰同志任大庆石油管理局党委常委、副书记，陆敬任副局长。【（84）油干字第559号】

七 月

7月4日 中共甘肃省委批复，黄树德同志任玉门石油管理局局长、党委常委，罗玉成任玉门石油管理局副局长；免去胡廷尧同志的玉门石油管理局局长、党委常委职务；免去同维焕、康恺同志的玉门石油管理局副局长、党委常委职务；免去唐光裕的玉门石油管理局副局长职务。【甘任字〔1984〕65号】

7月5日 石油工业部党组商中共辽宁省委、中共河北省委同意，调辽河石油勘探局王子正同志任华北石油管理局党委副书记。【(84）油干字第588号】

7月11日 石油工业部党组商中共河南省委同意，宋振明参加中原石油勘探局的党政领导工作。【石油工业部党组-无文号】

同日 石油工业部批复，同意赵鸿翙任长庆石油勘探局调研员。【（84）油干字第606号】

7月13日 国务院批准，同意石油工业部设立审计司，机关行政编制在现有670人的基础上增加13人。【劳人编〔1984〕151号 （84）油劳字第660号】

7月18日 大港石油管理局党委决定，免去柳恒昌同志的大港油田指挥部工会主席职务，任工会调研员。【港油党（84）92号】

7月19日 国家经济委员会批复，同意成立石油工业部天然气公司。该公司的主要任务是负责天然气的勘探、开发以及经营管理，实行独立核算，自负盈亏，照章纳税，为石油工业部领导下的司局级单位，暂定编制30人。【经体（1984）544号 （84）油劳字第659号】

7月20日 石油工业部转发劳动人事部《关于石油工业提前退休工种的复函》的通知。【(84）油劳字第627号】

7月23日 中共中央组织部批复，同意免去陈宜焜、王振华的石油工业部外事司副司长职务。【组任字（1984）293号】

7月25日 石油工业部党组同意，中共江汉石油学院委员会由牟杰、白光第、章贻俊、张学义、王书仁等5名同志组成，牟杰同志任党委书记，白光第同志任党委副书记，张学义同志任纪委书记。【(84）油党字第53号】

7月26日 石油工业部党组商中共河南省委同意，中共中原石油勘探局委员会常务委员会由唐光裕、田庆鲁、胡笑云、陆人杰、车卓吾等5名同志组成，唐光裕同志任党委书记，田庆鲁同志任党委副书记。【(84）油党字第55号】

7月31日 中国石油企业管理协会成立大会在大庆举行。【（84）油政研字第669号】

八 月

8月13日 中共天津市委同意，张连生任大港石油管理局副局长，郑伦叙任大港石油管理局总工程师。【津党〔1984〕100号】

8月14日 石油工业部党组决定，段志高同志任天然气公司党委书记，王镜心任经理，李昭仁、高喜发、曲广玲任副经理，叶秉三任总地质师；免去王镜心的石油勘探司副司长职务、高喜发的运销司副司长职务。【（84）油党字第60号】

同日 中共黑龙江省委批复，同意中共大庆石油管理局第三次代表大会选举结果，陈烈民、李虞庚、杨万里、张轰、王志武、马德仁、茹作斌、陈灼华、苏冠玉、宋传清、秦玉海等11名同志为中共大庆石油管理局第三届委员会常务委员会委员。【黑组干字〔1984〕427号】

8月16日 中共上海市委决定，南黄海石油公司党委书记曾庆红同志任中共上海市委组织部副部长。【沪委〔1984〕143号】

同日 石油工业部决定，成立石油工业部干部培训领导小组。李天相任组长，陈鸿璠、彭昌忠任副组长。【（84）油干字第721号】

8月24日 石油工业部党组决定，胡象尧同志兼任石油规划设计总院党委书记，乐秀民同志任党委副书记。【（84）油党字第66号】

同日 石油工业部成立中国石油天然气勘探开发公司。公司总部设在北京，在广州设立分公司。公司负责石油工业部自筹外汇的石油技术、设备引进工作和开展对外经济技术合作与科技合作。公司注册资本8000万元人民币，法人代表为李天相。【《中国石油大事记》】

同日 石油工业部决定，魏绪顺任老干部局局长，查全衡任石油勘探司副司长，朱秉刚任计划司副司长，吴康围任计划司总经济师。【（84）油干字第730号】

8月27日 石油工业部决定，唐克伦任劳动工资司司长，免去其石油勘探开发科学研究院政治部主任职务；李元任外事司副司长。【（84）油干字第711号】

8月28日 石油工业部党组决定，李天相兼任中国石油天然气勘探开发公司总经理，窦炳文同志兼任党委书记、副总经理，杨泾安同志任党委副书记，李元兼任副总经理，张培生、傅志达任副总经理，胡乃人任总工程师。【（84）油党字第65号】

同日　石油工业部决定，成立石油职工体育协会。办公厅承办组建成立有关事宜，孙晓风担任石油体协理事会主席，常务理事9人，并吸收各大、中石油企业工会负责人为理事。【（84）油办字第734号】

8月29日　中共辽宁省委同意，施少荃同志任辽河石油勘探局党委副书记兼纪委书记。【辽委经干发〔1984〕199号】

九　　月

9月5日　石油工业部同意，李广明、齐国贤、栾克、芦振刚离职休养。【（84）油干字第768号】

9月7日　石油工业部党组研究并商得中共黑龙江省委同意，马德仁任大庆石油管理局纪委书记。【油党字〔1984〕67号】

9月17日　石油工业部党组商中共天津市委同意，郑长明任大港石油管理局总地质师。【（84）油干任字第302号】

9月19日　石油工业部印发《石油工业部工资改革方案的通知》。【（84）油劳字第796号】

9月24日　玉门石油管理局党委转发甘肃省石化厅党组（84）51号文件，同意李志新、张斌任玉门石油管理局副局长。【玉油局党字（84）59号】

9月25日　吉林省油田管理局召开第二次工会会员代表大会，选举产生第二届委员会，林治政为工会主席。【吉林油田分公司上报】

9月26日　中央国家机关党委批复，同意中共石油工业部机关第五次代表大会选举结果，赵宗鼐同志兼任石油工业部机关党委书记，任学忠、周齐鲲同志任党委副书记，刘立娜同志任机关纪委书记。【国党组〔1984〕122号　（84）油机党字第2号】

9月29日　中共吉林省委批准，吉林省石油化工厅通知，常小平同志任吉林省油田管理局党委副书记，于俊武、范力群任副局长；免去魏凤石、王雪涛、唐世伦副局长职务。吉林省经委批准，魏凤石任吉林省油田管理局总会计师，唐世伦任总工程师，黄明登任钻采总工程师，丁正言任勘探总地质师；

谢橥任采油总地质师。吉林省纪委同意，厅党组决定，王雪涛同志任吉林省油田管理局纪委书记。【（84）吉省化党字第55号　吉油发〔1984〕59号】

十　月

10月4日　石油工业部党组商中共辽宁省委同意，张湘荣、崔学良、高志和、戴秀庠、李传录、李葆恒、王景和等7名同志为东北输油管理局党委常委，张湘荣同志任党委书记，崔学良同志任党委副书记，李葆恒同志任纪委书记。【（84）油党字第72号】

10月6日　石油工业部决定，孙晓群任石油工业部干部司副司长，免去张宽信的干部司副司长职务。【（84）油干字第829号】

同日　石油工业部批复，同意马培泉任管道局工会主席。【（84）油干字第830号】

10月12日　石油工业部决定，任命李湘鲁为中国石油天然气勘探开发公司副总经理。【（84）油干字第850号】

10月15日　石油工业部决定，胡廷尧同志任石油工业部通讯公司党委书记，关祯元、陈人炳、张敏文任副经理。【（84）油干字第848号】

10月22日　石油工业部转发《国务院关于石油和天然气开采工人免征奖金税的批复》。【（84）油财字第866号】

10月24日　中共中央组织部同意，陈烈民同志任大庆石油管理局党委书记，李虞庚、杨万里、张轰同志任党委副书记。【大庆油田有限责任公司上报】

10月27日　中共天津市委同意，大港石油管理局顾问王连志离职休养。【津党〔1984〕121号】

10月31日　石油工业部批复，同意长庆石油勘探局郭究圣离职休养。【（84）油干字第471号　长党发（1984）第128号】

十 一 月

11月6日　石油工业部决定，成立华北石油管理局二连石油勘探开发公司，为局级单位，是一个具有法人地位的、相对独立的经济实体，机关职能部门为处级编制。【华北油田分公司上报】

11月7日　石油工业部决定，华北石油管理局二连石油勘探开发公司党委由扈连才、梁文成、马永林、谭绪承、尹玉国等5名同志组成，扈连才同志兼

任党委书记，梁文成同志任党委副书记。【（84）油党字第79号】

11月8日　石油工业部决定，张文学任石油工业部机械制造司副司长。【（84）油干字第900号】

同日　石油工业部机关党委批复，同意中共石油工业部通讯公司临时委员会由胡廷尧、关祯元、陈人炳、张敏文、任曼莉等5名同志组成，胡廷尧同志任党委书记。【（84）油机党字第4号】

11月10日　石油工业部决定，马永林任华北石油管理局副局长。【（84）油干字第909号】

同日　石油工业部商北京市计委、成人教育局同意，成立石油工业部石油管理干部学院，学院招生规模为800人。【国发〔1983〕87号　（84）油劳字第905号】

11月12日　中国石油体育协会成立大会在北京召开，会期三天。【（84）油办厅字第059号】

11月14日　石油工业部党组批准，同意缪文、李杰离职休养。【（84）油党字第81号】

11月16日　石油工业部决定，马永林任华北石油管理局副局长兼二连石油勘探开发公司经理，谭绪承、胡杰、孟达让任副经理，王汉泉任副经理兼总会计师，王长安任总地质师，刘钺任总工程师。【（84）油干字第908号　油干字第909号　华油党（84）146号】

11月17日　石油工业部批复，同意石油工业部第一工程公司企业行政级别为副局级，公司领导干部实行局级干部和处级干部混合配备，党政一把手为副局级，党政副职为正处级。【（84）油劳字第928号】

11月29日　石油工业部决定，李培宗任石油工业部服务公司经理（副局级）。【（84）油干字第953号】

11月30日　石油工业部党组批准，同意王志成离职休养。【（84）油党字第84号】

十 二 月

12月2日　石油工业部决定，将第七工程公司勘察设计研究所分离为独立建制，同时成立油田化工设计承包公司。【中国石油工程建设公司上报】

12月3日 石油工业部印发《石油施工企业试行百元产值工资含量包干实施办法》等办法的通知。【(84)油建字第961号】

12月3至5日 大港石油管理局工会第二次会员代表大会召开，选举产生大港石油管理局第二届工会委员会，杨晓华任工会主席。【(84)津工发145号】

12月5日 国家科技委员会批复,同意建立石油工业部西部地区地质勘探研究中心及石油勘探开发研究院廊坊分院，为石油工业部直属事业单位。【(84)国科发管字1192号】

12月8日 石油工业部批复,同意石油工业部通讯公司更名为石油工业部通信公司，为局级单位，是相对独立的经济实体。【(84)油劳字第972号】

12月9日 石油工业部印发《关于石油企业从工人中选聘干部的暂行规定》。【(84)油干字第973号】

12月10日 国家科技委员会正式批准,同意建立浙江省石油地质研究所，为浙江省属事业单位，实行浙江省和石油工业部双重管理，以浙江省为主的领导体制，人员规模为200人。【(84)国科发管字1211号】

12月11日 石油工业部商河北省同意，决定华北石油管理局北部地区研究分院划归石油工业部石油勘探开发科学研究院领导，并改名为石油勘探开发科学研究院廊坊分院。【(84)油劳字第977号】

12月14日 石油工业部批准，同意刘少男离职休养。【(84)油干字第991号】

12月24日 天津市总工会批复,同意杨晓华任大港石油管理局工会主席。【〔1984〕津工发145号】

12月25日 石油工业部干部司同意，聂国栋同志任广州外语培训中心党委书记兼主任，苏志、沈尧年任广州外语培训中心副主任。【(84)油干任字第385号】

同日 石油工业部批准，同意刘玉贤离职休养。【(84)油干字第1012号】

同日 石油工业部批准，同意任向文离职休养。【(84)油干字第1018号】

12月28日 石油工业部印发《关于修订石油工业部管理的干部职务名称表的通知》。【(84)油干字第995号】

同日 石油工业部批准，同意李景新、沈晨离职休养。【(84)油干字第1039号】

同日 石油工业部决定，免去王守忠的石油工业部计划司顾问、徐杜周的供应局副局长职务。【(84)油干字第1041号】

同日 石油工业部批准，同意石油勘探开发科学研究院院长、代理党委书记申力生，副院长余萍、杨文彬、范元绶，工会主席李建辛离职休养。【（84）油干字第1047号】

12月29日 石油工业部印发《石油工业部关于落实知识分子政策有关问题的暂行规定》。【（84）油干字第1046号】

12月31日 石油工业部批准，同意焦万海离职休养。【（84）油干字第1065号】

同日 石油工业部决定，刘素阁任石油工业部政策研究室副局级调研员。【（84）油干字第1066号】

本年 石油工业职工总数117.91万人。【石油工业统计年报】

一九八五年

一　月

1月3日　经国家经济委员会批准，同意浙江省石油地质大队改为浙江省与石油工业部双重管理、以石油工业部为主的领导体制。【（85）油劳字第3号】

1月4日　石油工业部印发《关于给有特殊贡献职工晋级的有关问题的通知》。【（85）油劳字第6号】

同日　石油工业部决定，在石油勘探开发科学研究院组建全国矿产储量委员会石油、天然气专业委员会办公室，直属石油勘探开发科学研究院领导，杨通佑任主任。【（85）油勘字第7号】

1月17日　中共甘肃省委决定，王鹏同志任玉门石油管理局党委书记；免去傅万祯同志的党委书记职务。石油化学工业厅党组决定，李志新同志任玉门石油管理局党委委员、常委、副书记，免去其副局长职务；吴碧莲任副局长；贾志仁同志任局纪委书记，免去其党委副书记职务；傅万祯同志任玉门石油管理局生产咨询委员会主任，免去其党委常委职务；李和明任玉门石油管理局生产咨询委员会副主任，免去其副局长职务。【甘石化党（85）007号　玉油局党字（85）8号】

1月20日　石油工业部决定，郑浩任石油工业部物资供应管理局局长，免去其油田开发生产司副司长职务。【（85）油干字第44号】

1月25日　中共中央组织部批复，同意宋惠离职休养。【（85）干任字9号（85）油干字第53号】

1月28日　石油工业部决定，撤销浅海石油勘探会战领导小组。【（85）油劳字第58号】

同日　石油工业部决定，陈敬业任石油工业部审计司副司长，免去其财务司副司长职务；曲广玲任油田开发生产司副司长，免去其天然气公司副经理职务。【（85）油干字第63号】

1月29日　石油工业部党组商中共广东省委、省政府同意，中国石油天然

气勘探开发公司拟在广州设立代表处，相当于局级单位，编制为50人。【（85）油劳字第60号】

1月30日　石油工业部转发《国务院关于国营企业工资改革问题的通知》及《国务院办公厅关于认真做好国营企业工资改革准备工作的通知》。【（85）油劳字第75号】

1月31日　石油工业部印发《关于调入企业职工工资改革的函》。【（85）油劳字第7号】

二　月

2月13日　石油工业部转发国务院《关于发给离休退休人员生活补贴费的通知》。【（85）油劳字第101号】

2月15日　石油工业部党组批复，同意张福录同志任管道局党委书记，徐世仁同志任党委副书记，刘勇同志任纪委书记。2月24日，石油工业部机关党委批复，同意中共管道局委员会常务委员会由张福录、徐世仁、朱洪昌、吕中士、马培泉、刘勇、于茂林等7名同志组成，张福录同志任党委书记，徐世仁同志任党委副书记，刘勇同志任纪委书记。【（85）油党字第4号　（85）油机党字第004号】

同日　石油工业部党组批复，同意陈炳骞同志任中共海洋石油总公司分党组成员兼机关临时党委书记，免去刘东明同志兼任的机关临时党委书记职务。【（85）油党字第5号】

同日　石油工业部决定，贾福绵、孙慰祖任华北石油职工大学副校长，于溶源同志任党委副书记。【（85）油干字第118号】

2月16日　石油工业部党组决定，翟光明兼任石油勘探开发科学研究院院长；贾金会同志任党委书记，免去其石油工业部油田开发生产司副司长职务。【（85）油党字第3号】

2月19日　石油工业部批复，同意李志敏任石油工业部运输公司经理；张士清同志任党委书记；毛继昌任副经理，免去其经理职务；姜善亭同志任党委副书记；谈葆棠任总经济师；张德芳任总会计师，免去其总经济师职务；韩新盛同志任公司调研员，免去其党委书记职务；赵景昌任公司调研员，免去其副经理职务；郭进山同志任调研员，免去其党委副书记职务。【（85）油

干字第128号】

同日 石油工业部干部司批复，同意秦安民同志任石油工业部第六工程公司经理，免去其党委书记职务；梁福源同志任党委书记；刘亚利任副经理；刘增运同志任党委副书记；马世华同志任调研员，免去其党委副书记职务。【（85）油干任字第46号】

2月28日 石油工业部党组商中共河北省委同意，扈连才同志任华北石油管理局党委副书记兼二连石油勘探开发公司党委书记，免去其局长职务，主要负责二连地区石油勘探开发工作；王子正同志任华北石油管理局局长，免去其党委副书记职务。【（85）油干字第140号】

三　月

3月1日 石油工业部党组决定，王明德、王庭树、闫国志任石油管理干部学院副院长，廖国芳同志任党委副书记。【（85）油党字第7号】

同日 石油工业部决定，张淮江任石油工业部办公厅副主任，秦晓任石油工业部外事司副司长。【（85）油干字第134号】

同日 石油工业部决定，成立石油工业部工资改革领导小组，赵宗鼐为组长，李敬为副组长。【（85）油干字第142号】

3月6日 中共中央批准，恢复宋振明原部长待遇。【（85）干任字第66号】

3月7日 石油工业部党组商中共天津市委同意，决定曹德安任渤海石油公司总经理；免去钟一鸣兼任的渤海石油公司总经理职务。【（85）油干字第153号】

3月11日 中共中央纪律检查委员会批复，同意单庆颐同志任中纪委驻石油工业部纪检组副局级检查员。【中纪任（85）8号　（85）油党字第16号】

3月14日 石油工业部干部司同意，郑锡祥任浙江石油地质大队大队长。【（85）油干任字第71号】

同日 石油工业部决定，王俊岭任石油工业部第一工程公司经理；夏清成同志任党委书记；张志华同志任党委副书记，免去其党委书记职务；李玉明任副经理；陈家元任总工程师，免去其副经理职务；陈敬才兼任总经济师；甘志兴兼任总会计师；邢宏坤任工会主席；林金亭任调研员，免去其经理职务；朱永刚任调研员；免去何应训的总工程师职务。【（85）油干字第181号】

同日　石油工业部印发《关于严格控制职工人数的通知》。【（85）油劳字第177号】

3月16日　石油工业部批复，同意戴秀庠任东北输油管理局局长。【（85）油干字第182号】

3月18日　吉林省石油化工厅党组批准，刘春贵任吉林省油田管理局工会主席；林治政任企业管理咨询委员会副主任（副局级），免去其工会主席职务；张业生同志任纪委书记；王雪涛同志任企业管理咨询委员会主任（副局级），免去其纪委书记职务。【（85）吉省化党字15、16号】

3月19日　石油工业部党组决定，于瑛同志任石油工业出版社党委副书记，免去其机关党委组织部长职务；陈炳泉同志任副社长，免去其党委副书记职务。【（85）油党字第11号】

同日　石油工业部决定，万仁溥任石油工业部油田开发生产司副司长，免去其总工程师职务；王乃举任油田开发生产司总地质师。【（85）油干字第179号】

3月20日　新疆维吾尔自治区党委批准，王照明同志离职休养，免去其新疆维吾尔自治区顾问委员会委员、新疆石油管理局党委书记职务。【新党经老字〔1985〕9号】

同日　石油工业部党组商中共甘肃省委同意，魏光强同志任长庆石油勘探局党委书记。【（85）油干字第197号】

3月27日　华北石油管理局党委常委会决定，贾福绵、孙慰祖同志增补为华北石油职工大学党委委员。【华油党（85）31号】

同日　召开中共广州外语培训中心党员大会，选举产生中共广州外语培训中心第二届委员会，聂国栋同志为党委书记，苏志同志为副书记，朱海、王惠华、赖汉坤3名同志为委员。【广州培训中心上报】

四　　月

4月2日　石油工业部决定，王廷锦任石油工业部服务公司副经理（副局级）。【（85）油干字第230号】

4月5日　石油工业部决定，任命陈耕为石油工业部劳动工资司副司长，免去其长庆石油勘探局副局长职务；免去师尚义的石油工业部劳动工资司副

司长职务。【（85）油干字第238号】

同日 石油工业部党组商中共四川省委同意，刘金铭同志任四川石油管理局党委书记；陈应权、唐克碧同志任党委副书记；蒋长安同志任局长、党委常委；王宓君、夏鸿辉、滕耀坤、傅尧生、刘璞、栗源林、樊友珍任副局长；马兴峙任总工程师；许德林同志任党委常委、纪委书记；免去杨型亮同志的党委书记、常委职务，改任调研员；免去史兴全同志的局长、党委常委职务，另行分配工作；免去傅尧生同志的党委副书记、常委职务；免去尹光同志的党委常委、纪委书记职务；免去董金璧同志的党委常委职务；免去马兴峙、许德林的副局长职务；免去徐文渊的副局长职务，改任化工总工程师；免去史鉴生的副局长职务，改任调研员。【川组经〔1985〕75号】

4月13日 石油工业部党组商中共广东省委同意，张云中同志任南海西部石油公司党委书记；免去马文林同志的党委书记职务。【（85）油干字第267号】

4月15日 石油工业部转发国务院《关于发给离休退休人员生活补贴费的补充通知》。【（85）油劳字第270号】

4月17日 石油工业部决定，宋振明任中国石油勘探开发公司总经理，免去李天相兼任的中国石油勘探开发公司总经理职务。【（85）油干字第275号】

4月19日 石油工业部机关党委决定，增补贾金会同志为石油工业部机关党委委员。【（85）油机党字第008号】

4月27日 国家经济委员会同意，田东油田划归广西壮族自治区管理。【经体〔1985〕288号 （85）油劳字第52号 （85）油劳字第296号】

五 月

5月2日 浙江省石化厅党组决定，陈清泉同志任浙江省石油地质研究所纪委书记。【浙化党（1985）13号】

同日 浙江省石化厅决定，邹鑫祜任浙江省石油地质研究所第一副所长，陈继贤、王根海任副所长。【浙化人教（1985）66号】

5月23日 石油工业部印发《关于部属企业、事业单位实行局长（厂长、经理、院长）任期制的暂行规定》。【（85）油干字第22号】

同日 石油工业部干部司印发《关于石油企事业单位所属处级单位实行厂长（经理、所长）任期制有关问题的补充通知》。【（85）油干任字第119号】

5月24日　石油工业部批复，同意肖玉昆任中国海洋石油总公司勘探开发部经理，免去其中国海洋石油总公司合作部经理职务；免去邱中建兼任的海洋石油总公司勘探开发部经理职务。【（85）油干字第364号】

5月29日　石油工业部同意，师尚义离职休养。【（85）油干字第370号】

同日　石油工业部决定，免去韦布仁的南黄海石油公司总经理职务。【（85）油干字第371号】

同日　石油工业部决定，王慎言任石油勘探司副司长，史训知任科技司副司长，张坚任老干部局副局长。【（85）油干字第375号】

同日　石油工业部决定，翟光明兼任石油勘探开发科学研究院科学技术委员会主任，金钟超兼任副主任，李德生任副主任。【（85）油干字第376号】

5月30日　石油工业部干部司同意，免去王学忠的石油工业部第一工程公司副经理职务，任调研员；免去王德礼的工会主席职务，任调研员；石玉柱任调研员；王世功、高岐山、刘振波、于德海改任调研员。【（85）油干任字第124号】

六　　月

6月4日　石油工业部决定，殷德之同志任石油工业部第七工程公司党委书记，伍金堂、葛墨轩任副经理，邓德利同志任党委副书记，杨文信任总工程师，免去其副经理职务；季成忠任总会计师，免去其副经理职务；付广奎任总经济师，李凯仁、张志勋、李延瑞、张廷茂、谷宝林、赵锦亭任调研员。【中国石油建设公司上报】

6月7日　石油工业部决定，贾金会（兼）、胡见义、张邦杰任石油勘探开发科学研究院副院长；韩大匡任总工程师室主任，免去其副院长职务；于炳忠任总工程师室副主任，免去其副院长职务；毛华鹤同志任石油勘探开发科学研究院党委副书记；李伯诚同志任纪委书记；免去田在艺、秦同洛的副院长职务。【（85）油干字第403号】

同日　石油工业部印发《关于石油事业单位工资制度改革由所在地区人民政府统一领导问题的通知》。【（85）油劳字第399号】

6月8日　中共辽宁省委同意，郭忠范任辽河石油勘探局总会计师。【辽委经干发〔1985〕176号】

6月10日 根据中共中央组织部组通字〔1985〕16号文的要求，石油工业部印发《关于企业领导班子调整工作中几个问题的通知》。【(85)油干字第411号】

6月12日 石油工业部批复，同意石油体育协会专职工作人员编制3～5人，下设办公室，为处级单位。【(85)油劳字第410号】

6月13日 中共中央决定，王涛同志任石油工业部部长、党组书记，免去唐克同志的石油工业部部长、党组书记职务；赵宗鼐同志任石油工业部党组副书记。【中委〔1985〕149号】

6月14日 中共黑龙江省委同意，詹林森任大庆师范专科学校校长。【黑组干字〔1985〕300号】

6月18日 第六届全国人大常委会第十一次会议通过王涛为石油工业部部长的任命。【《中国石油大事记》】

6月24日 石油工业部印发《关于严格控制增加机构、编制的通知》。【(85)油劳字第447号】

同日 石油工业部批复，同意成立石油勘探开发科学研究院临时党委，临时党委由贾金会、毛华鹤、翟光明、胡见义、张邦杰、韩大匡、于炳忠、李伯诚等8名同志组成，贾金会同志任书记，毛华鹤同志任副书记。【(85)油机党字第14号】

同日 石油工业部党组商新疆维吾尔自治区党委同意，中共石油工业部运输公司委员会由张士清、李志敏、姜善亭、毛继昌、任生杰等5名同志组成。【(85)油党字第21号】

6月29日 中共中央批复，同意免去张轰同志的大庆石油管理局党委副书记职务，调河南石油勘探开发公司工作。【组任字〔1985〕45号】

同日 石油工业部干部司同意，徐克定任浙江石油地质大队总地质师。【(85)油干任字第150号】

七　　月

7月16日 石油工业部批复，同意蔡适生任管道局总经济师，免去其副局长职务；于嘉禾任总会计师；刘万宝任调研员，免去其副局长职务。【(85)油干字第502号】

7月20日 浙江省石化厅党组决定，中共浙江省石油地质研究所委员会由

徐立寿、邹鑫祐、陈清泉等3名同志组成。【浙化党组（1985）17号】

7月24日　石油工业部干部司商中共青岛市委同意，中共石油工业部第七工程公司委员会由殷德之、邓德利、朴殿举、曹鸿金、伍金堂、李周文、陈贻纲等7名同志组成，殷德之同志任党委书记，邓德利同志任党委副书记，曹鸿金同志任纪委书记。【（85）油干任字第163号】

八　月

8月6日　中共中央组织部批复，同意王德民任大庆石油管理局总工程师，免去李虞庚兼任的总工程师职务，唐曾熊任总地质师；免去王志武兼任的总地质师职务，张光照任总会计师职务，免去陈泽奎的总会计师职务。【组任字〔1985〕63号　（85）油干字第574号】

8月17日　石油工业部决定，成立打击严重经济犯罪活动斗争领导小组，黄凯任组长，李敬任副组长，王正棠、刘忠勇、刘立娜为成员，下设“经打”办公室，作为常设机构，其日常工作由中纪委驻部纪检组代管。【（85）油纪字第565号】

8月20日　石油工业部党组商中共广东省委、中共上海市委同意，陈铜台任中国海洋石油总公司南海东部石油公司总经理，马启富调南黄海石油公司任总经理。【（85）油干字第531号】

九　月

9月3日　石油工业部商甘肃省人民政府同意，并报请国家科技委员会批准，在甘肃省兰州市建立石油工业部西北石油地质勘探研究所，为石油工业部直属科研事业单位，行政级别为局级。【（84）国科发管字第1192号　（85）油劳字第597号】

9月6日　中国海洋石油总公司征得石油工业部、广东省人民政府同意，决定成立海洋天然气利用公司。该公司是中国海洋石油总公司直属的经济实体，为局级单位，人员编制暂定250人，办公地址设在广东省广州市，党的关系隶属当地党委领导。【（85）海油总（劳）364号】

9月7日　石油工业部党组决定，宋振明同志任中国石油开发公司分党组书记，李元、李湘鲁、杨泾安同志为分党组成员。【（85）油党字第27号】

9月9日　石油工业部决定，傅志达任石油工业部外事司副司长，免去其中国石油开发公司副总经理职务；杨泾安任中国石油开发公司副总经理，免去其党委副书记职务；免去窦炳文同志的中国石油开发公司党委书记、副总经理职务；免去李元的外事司副司长职务；免去张培生的中国石油开发公司副总经理职务。【（85）油干字第613号】

9月14日 石油工业部批复，同意玉门石油管理局建立西北石油地质勘探研究所筹建领导小组，领导小组由傅万祯、赵熙寿、康恺、晁吉俊、王昌桂等5人组成，傅万祯任组长，赵熙寿、康恺任副组长。【（85）油干字第633号】

9月17日 石油工业部转发国家经济委员会、劳动人事部《关于国营企业必须正确行使3%晋级权问题的通知》。【（85）油劳字第637号】

9月26日 中共辽宁省委经济工作部批准，辽河石油勘探局高清勤、吕长泰、李成栋为副局级调研员。【辽河油田分公司上报】

十　月

10月9日 石油工业部印发《加强技工学校建设的几点意见》。【（85）油劳字第686号】

10月11日 石油工业部干部司批复，同意李周文任石油工业部第七工程公司工会主席。【（85）油干任字第213号】

10月18日 国家经济委员会批准，石油工业部、交通部联合成立华海石油运销有限公司，办公地点设在北京，陈文兴任总经理，李彬任副总经理。【经交（1984）949号　（85）交海字1901号】

10月22日 石油工业部干部司同意，鹿其民任石油工业部第一工程公司副经理；陈敬才任总经济师，免去其副经理职务；甘志兴任总会计师，免去其副经理职务。【（85）油干任字第224号】

同日 石油工业部干部司批复，同意张金任油田化工设计公司经理，徐东河同志任党委书记，何凤友任副经理。【（85）油干任字第223号】

10月23日 石油工业部干部司同意，纪明申同志任施工技术研究所所长兼党委书记；周兴山任副所长；袁中立同志任党委副书记；龚家森任总工程师，免去其副所长职务；阎庆麟同志任调研员，免去其党委书记职务。【（85）油干任字第225号】

10月25日 石油工业部批复，同意李德渊任长庆石油勘探局总地质师，

曲贯星任总经济师。【（85）油干字第712号】

10月31日 石油工业部同意，在石油勘探开发科学研究院标准化室的基础上成立石油工业标准化研究所。对外名称：石油工业部石油工业标准化研究所；对内名称：石油工业标准化研究所。人员编制30人，业务上受科技司指导。【（85）油劳字第772号】

十 一 月

11月8日 天津市建工局党委批复，同意中共石油工业部施工技术研究所委员会由纪明申、袁中立、张中廉、卢锡茂、侯浩杰等5名同志组成，纪明申同志任党委书记，袁中立同志任党委副书记。【（85）筑党字第88号】

11月9日 石油工业部批复，免去刘东明同志的中国海洋石油总公司副总经理、分党组成员职务。【（85）油干字第741号】

11月12日 石油工业部批复，同意陈炳骞任中国海洋石油总公司副总经理。【（85）油干字第742号】

十 二 月

12月3日 石油工业部批复，同意玉门石油管理局建立西北石油地质勘探研究所，人员编制为500人。【（85）油劳字第785号】

12月12日 石油工业部同意，姬永兴、刘立娜离职休养。【（85）油干字第822号】

12月16日 石油工业部转发国务院、中央军委《关于军队转业干部工资待遇问题的通知》。【（85）油劳字第825号】

12月17日 中共中央批准，周永康同志任石油工业部副部长、党组成员。【中委（1985）277号】

12月19日 石油工业部党组商中共云南省委同意，方其录同志任滇黔桂石油勘探局党委委员、纪委书记；免去黄云开同志的党委委员、纪委书记职务，任调研员。【（85）油党字第37号】

12月20日 石油工业部批复，同意免去卢义贵的中国海洋石油总公司人事部经理职务，改任调研员。【（85）油干字第837号】

12月21日 中共天津市委同意，大港石油管理局副局级调研员师秉毅离职休养。【港油党（85）119号】

12月24日　石油工业部决定，张宽信任石油工业部教育司副司长。【（85）油干字第852号】

12月24至25日　中共玉门石油管理局第八次代表大会召开，选举产生中共玉门石油管理局第八届委员会，王鹏、李志新、黄树德、赵熙寿、贾志仁、张焕君、王德仁、黄亦纯等8名同志为党委常委，王鹏同志为党委书记，李志新同志为党委副书记。【玉门油田分公司上报】

12月27日　石油工业部决定，培黎石油技工学校改为石油中等专业学校。更名为培黎石油学校，继续聘请艾黎为名誉校长。学制四年，招生规模1200人。【（85）油劳字第854号】

12月30日　石油工业部同意，王者春、蔡述圣离职休养。【（85）油干字第868号】

12月31日　石油工业部决定，延长吴康玉退休年龄，免去其石油工业部计划司总经济师职务。【（85）油干字第869号】

本年　石油工业职工总数119.92万人。【石油工业统计年报】

一九八六年

一 月

1月14日 石油工业部党组商中共湖北省委同意，中共江汉石油管理局第二届委员会由23名同志组成，王煌今、文光辉、袁光明、陈勇、张树平、张义发、郭永诚等7名同志为党委常委，王煌今同志为党委书记，文光辉同志为党委副书记，张义发同志为纪委书记。【（86）油党字第2号】

1月17日 石油工业部党组决定，王涛同志兼任中共海洋石油总公司分党组书记；免去唐克同志兼任的中共海洋石油总公司分党组书记职务。【（86）油党字第5号】

同日 石油工业部批复，同意石油工业部油田化工设计承包公司更名为石油工业部油田化工设计公司，按企业化管理。【（86）油建字第34号】

二 月

2月1日 中共天津市委组织部批复，同意原大港油田指挥部副指挥裴虎全改任大港石油管理局调研员职务（副局级）。【津党组复〔1986〕21号】

2月6日 石油工业部干部司批复，同意石油工业部广州外语培训中心吴健离职休养。【（86）油干任字第16号】

三 月

3月6日 石油工业部党组商中共辽宁省委同意，李钊同志任东北输油管理局党委副书记；武敬州任副局长；罗玉琮任总经济师；高志和、李传录任调研员，免去以上2人的副局长职务；免去崔学良同志的党委副书记职务。【（86）油干字第117号】

3月8日 甘肃省石化厅党组批复，同意刘世洲同志任玉门石油管理局工会主席，吴碧莲兼任总经济师。【甘石化党（86）007号 玉油局党字（86）19号】

3月11日 石油工业部同意，免去黄凯同志兼任的华北石油职工大学党委书记职务，薛仁宗同志兼任的华北石油职工大学校长、党委副书记职务。【（86）

油干字第128号】

3月14日 石油工业部干部司批复，同意邢宏坤、赵方舜任石油工业部北京天然气工程指挥部副指挥。【（86）油干任字第35号】

3月18日 石油工业部党组请示国务院、中宣部，决定成立《中国石油报》社，创办《中国石油报》。报社为石油工业部所属司（局）级事业单位，办公地址定在河北省涿县，编制暂定95人。【（86）油劳字第145号】

3月19日 石油工业部党组商中共湖北省委同意，文光辉同志任江汉石油管理局党委书记；免去王煌今同志的党委书记职务。【（86）油党字第14号】

同日 石油工业部党组商中共湖北省委、中共江苏省委同意，调江汉石油管理局王煌今到江苏石油勘探开发公司工作。【（86）油干字第173号】

3月20日 石油工业部批准，成立新疆石油管理局塔里木盆地沙漠勘探项目管理经理部。【塔里木油田分公司上报】

同日 新疆维吾尔自治区党委决定，张毅同志任新疆石油管理局党委书记，买买提·努尔同志任党委副书记，周原同志任党委副书记兼塔里木盆地沙漠勘探项目管理经理部临时党委书记，谢志强、谢宏、任荣堂、韩继武、刘允祥、买买提·艾沙、马化民等7名同志任党委常委；谢志强任局长，谢宏、任荣堂、戴菊生、韩继武、宋世权任副局长，钟树德任副局长、总工程师兼塔里木盆地沙漠勘探项目管理经理部经理，方天禄、尼牙孜·阿不都拉任副局长，张国俊任总地质师；戴明梓任总经济师，李保孚、马合木提·司马义、刘玉吉、沈增鑫任调研员，刘允祥同志任纪委书记，买买提·艾沙任工会主席。免去谢志强同志的新疆石油管理局党委副书记职务；免去阿瓦哈里·沙比洛夫同志的党委副书记职务，调新疆石油学院工作；免去张毅同志的局长职务；免去买买提·艾沙、沈增鑫的副局长职务；免去瓦力斯江·吐尔地同志的副局长、党委常委职务；免去张家达同志的党委常委、纪委书记职务；免去买买提·努尔的工会主席职务。【新党干字〔1986〕16号】

3月21日 石油工业部党组商中共山东省委同意，张文彦同志任胜利油田副指挥，免去其党委副书记职务；周庆祖、单永复兼任副指挥；刘兴材任副指挥兼总地质师；刘子明、王乃举兼任副指挥；姚福林、郝敦典、侯庆生任副指挥；于万祥任总工程师，免去其副指挥职务；李继顺任工会主席，免去其副指挥职务；免去何忠正的胜利油田工会主席职务。【（86）油干字第150号】

3月25日　甘肃省石化厅党组批复，同意刘智英任玉门石油管理局调研员，免去其工会主席职务。【甘石化党（86）015号　玉油局党字（86）21号】

同日　石油工业部商中共山东省委、江苏省委同意，调胜利油田会战指挥部介霖、何富荣到江苏石油勘探开发公司工作。【（86）油干字第154号】

3月29日　石油工业部决定，李昭仁任石油工业出版社副社长，免去其天然气公司副经理职务。【（86）油干字第179号】

同日　石油工业部机关党委批复，同意中共石油工业部通信公司临时委员会由胡廷尧、王金瑞、张敏文、朱自珍、张棋等5名同志组成，胡廷尧同志任党委书记，朱自珍同志分管纪律检查工作。【（86）油信党字第007号】

3月31日　石油工业部党组商中共江苏省委同意，介霖任江苏石油勘探开发公司经理，王煌今同志任党委书记，何富荣任副经理；免去韩谭贻的经理职务、喻新盛同志的党委书记职务。【（86）油干字第177号】

四　月

4月1日　天津市总工会批复，同意高兰成同志任大港石油管理局工会主席；免去杨晓华同志的工会主席职务。【〔1986〕津工发42号】

同日　石油工业部决定，免去张文彬的中国石油工程建设公司董事长职务，周庆祖、胡汉滨、康书丛、李荣藻、张振国等5人的董事职务。【（86）油干字第181号】

4月2日　石油工业部印发中央职称改革工作领导小组《技工学校教师职务试行条例》及《实施意见》的通知。【职改字（1986）第48号】

同日　石油工业部党组决定，白凤仪同志兼任石油管理干部学院党委书记。【（86）油党字第15号】

4月4日　中共天津市委批准，中共大港石油管理局第二届委员会常务委员会由张俊杰、陈光虞、姚和清、李东昌、石玉呈、张德寿、高兰成等7名同志组成；张俊杰同志任党委书记，陈光虞、姚和清同志任党委副书记，李东昌同志任纪委书记。【津党组〔1986〕92号】

4月8日　石油工业部决定，张今弘任石油技术经济研究所筹备组负责人。【（86）油干字第208号】

同日　石油工业部干部司同意，刘兴和任华北供应办事处主任；管琪同志任党委书记；刘珩同志任主任工程师，免去其党委书记、主任职务；于书文任调研员，免去其副主任职务。【（86）油干任字第53号】

4月15日 石油工业部决定，成立石油工业部职称改革工作领导小组，赵宗鼐任组长，李天相、侯祥麟任副组长，白凤仪、唐克伦、金钟超、翟光明、谭文彬、胡汉滨、陈泽轩、李克向、徐世广、朱秉刚、孙晓群、史训知、尹道墨等13人为成员。【（86）油干字第230号】

同日 天津市人民政府决定，李允富任大港石油管理局副局长。【津政发〔1986〕43号】

4月17日 中共吉林省委同意，单纪宽同志任吉林省油田管理局党委副书记，赵炳辉任副局长，张业生同志任纪委书记，刘春贵任工会主席。【干任〔1986〕60号】

4月23日 石油工业部机关党委批复，同意增补李昭仁同志为石油工业出版社党委委员。【（86）油机党字第11号】

4月24日 新疆石油管理局党委批复，同意中共塔里木盆地沙漠勘探项目管理经理部临时委员会由周原、钟树德、刘昌瑶、李大华、王秋明等5名同志组成，新疆石油管理局党委副书记周原兼任临时党委书记。【塔里木油田分公司上报】

4月25日 石油工业部决定，赵国珍任石油工业部教育司代司长、石油管理干部学院院长，尹道墨任教育司副司长；免去秦晓的外事司副司长职务。【（86）油干字第261号】

同日 石油工业部党组决定，给王苏民撤销局级领导职务的处分，另行分配工作。【（86）油党字第20号】

4月26日 中共中央批准，调赵宗鼐同志任中央直属机关党委副书记（常务），免去其石油工业部副部长、党组副书记职务。【中委（1986）106号】

4月29日 石油工业部决定，对石油工业部科学技术委员会的性质和组成人员进行调整，委员会成员100人，实行聘任制，任期三年，侯祥麟任主任委员，阎敦实、翁文波、翟光明、朱亚杰、梁翕章、邹明、李德生、秦同洛、安锦高、王守忠、史训知等11人任副主任委员，委员88人。（1978年国务院批准，建立石油工业部科学技术委员会，由51名委员组成。1982年对部分委员进行调整，增加到77人。）【（86）油科字第268号】

五 月

5月5日 石油工业部机关党委批复，同意中共石油管理干部学院临时委员会由白凤仪、赵国珍、廖国芳、王明德、王庭树、王翔书等6名同志组成。白凤仪同志兼任党委书记，廖国芳同志任党委副书记。【（86）油机党字第12号】

5月6日 石油工业部党组商中共江苏省委同意，中共江苏石油勘探开发公司委员会常务委员会由王煌今、孟宪铎、介霖、沈福权、王厚德等5名同志组成，孟宪铎同志任党委副书记，王厚德同志任纪委书记；免去罗益策的副经理职务，改任副总地质师（副局级）；免去尹行柱同志的纪委书记职务，改任调研员。【（86）油党字第21号 （86）油干字第272号】

5月8日 石油工业部批复，同意河南石油勘探开发公司更名为河南石油勘探局，江苏石油勘探开发公司更名为江苏石油勘探局，以上两个机构级别均为地（师）级。【（86）油劳字第280号】

5月9日 石油工业部党组商中共青海省委、中共河南省委同意，调青海石油管理局周沛到中原石油勘探局工作。【（86）油干字第286号 】

同日 石油工业部党组商中共河南省委同意，郭生超（郭升超）任中原石油勘探局副局长，陆荣生任总地质师；免去车卓吾兼任的总地质师职务，方颂扬兼任的副局长职务。【（86）油干字第288号】

同日 中共中央组织部批复，同意李敬兼任胜利油田会战指挥部指挥；李晔同志留任党委书记；朱文科不再担任指挥职务，改任常务副指挥（原待遇不变）。【组任字〔1986〕46号 （86）油干字第293号】

同日 石油工业部党组商中共河南省委同意，中共中原石油勘探局委员会常务委员会由胡笑云、唐光裕、林治开、田庆鲁、周沛、陆人杰、车卓吾、谢英涵、裴宗正等9名同志组成。胡笑云同志任党委书记，唐光裕、林治开、田庆鲁、周沛等4名同志任党委副书记，裴宗正同志任纪委书记。【（86）油党字第23号】

5月12日 新疆石油管理局决定，管理局副局长钟树德兼任塔里木盆地沙漠勘探项目管理经理部经理，刘昌瑶、王秋明、李大华任副经理。【塔里木油田分公司上报】

5月14日 新疆维吾尔自治区人民政府商石油工业部同意，新疆石油学院

改变领导体制，改为由石油工业部和新疆维吾尔自治区人民政府双重管理，以石油工业部为主。【(86)油教字第300号】

5月16日 石油工业部印发《石油工人“七五”培训规划》和《石油技工学校“七五”规划》的通知。【(86)油劳字第307号】

5月21日 石油工业部干部司商天津市石油化工局同意，免去于书文同志的华北供应办事处党委副书记职务。【(86)油干任字第71号】

同日 石油工业部党组商中共青海省委同意，苗玉辰任青海石油管理局副局长；李秋杰同志任党委副书记；杨秀东任总工程师，免去其副局长职务；严振鸣任总经济师；贾国明任总会计师；陈洪振同志任调研员，免去其党委副书记职务；孟令章、陈文玺任调研员，免去2人的副局长职务；免去周沛的局长职务；免去张听源的总经济师职务。【(86)油干字第314号】

5月23至25日 中共石油工业部第一工程公司召开第二次代表大会，选举产生第二届委员会和纪律检查委员会，王俊岭、邢宏坤、陈凤朝、陈敬才、张志华、夏清成、魏立孝等7名同志任党委委员，夏清成同志为党委书记，张志华同志为党委副书记，陈凤朝同志为纪委书记。【中国石油工程建设公司上报】

5月26日 石油工业部批复，同意李玉生、孙德福、赵文元、张怀玺、汪启智等5人任华北石油管理局调研员。【(86)油干字第324号】

5月27日 石油工业部决定，对大庆石油管理局油田建设设计研究院等9个单位的油田设计研究机构对外使用石油工业部××石油勘察研究院名称，其隶属关系不变，仍属各油气田管理局领导，实行技术经济责任制，石油规划设计总院在业务上给予指导。【(86)油设字第327号】

5月29日至6月1日 中共吉林省油田管理局第二次代表大会召开，选举产生第二届委员会和纪律检查委员会，张立业、常小平、单纪宽、崔万瑛、卢林生、高立元、刘春贵、张业生、侯殿才等9名同志为党委常委，张立业同志为党委书记，常小平、单纪宽同志为党委副书记，张业生同志为纪委书记。【吉林油田分公司上报】

六　月

6月5日 石油工业部批复，同意刘勇同志任华东输油管理局党委书记；潘希柏同志任党委副书记；李春光兼任总工程师；马猛龙任总会计师；郭惠中同志任调研员（正局级），免去其党委书记职务；刘文渊任调研员，免去其副局长职务；白振洞任调研员，免去其工会主席职务；方嘉华任工会主席，免去其副局长职务；免去于开洛同志的党委副书记职务。【（86）油干字第350号】

同日　石油工业部同意，李克成同志任管道局纪委书记；免去刘勇同志的纪委书记职务。7月14日石油工业部机关党委批复，同意增补李克成同志为石油工业部管道局党委委员、常委；免去刘勇同志的党委常委职务。【（86）油干字第351号　（86）油机党字第18号】

6月9日　石油工业部党组商中共山东省委同意，聂代兴留任胜利油田会战指挥部副指挥。【（86）油干字第358号】

6月12日　石油工业部党组商中共河南省委同意，张学文同志任河南石油勘探局纪委书记，免去其河南石油勘探开发公司副经理职务。【（86）油干字第369号】

同日　石油工业部决定，原河南石油勘探开发公司党委书记、副书记、经理、副经理、总工程师、总地质师、总经济师、总会计师、总机械师、工会主席、调研员均相应改为河南石油勘探局党委书记、副书记、局长、副局长、总工程师、总地质师、总经济师、总会计师、总机械师、工会主席、调研员。原江苏石油勘探开发公司党委书记、副书记、经理、副经理、总地质师、纪委书记、工会主席、调研员均相应改为江苏石油勘探局党委书记、副书记、局长、副局长、总地质师、纪委书记、工会主席、调研员。【（86）油干字第371号】

6月14日　石油工业部干部司批复，同意中原石油勘探局纪委常委会由7名同志组成，裴宗正同志任纪委书记。【（86）油干任字第90号】

6月17日　石油工业部印发《石油工人技术考核实施办法》。【（86）油劳字第383号】

6月24日　石油工业部印发《关于改善石油企业工资制度的实施办法》。【（86）油劳字第387号】

6月26日　石油工业部印发《关于改进石油企业内部奖励工作若干意见的通知》。【（86）油劳字第402号】

6月30日　中共辽宁省委商石油工业部党组同意，调整补充辽河石油勘探局领导职务，邓礼让同志仍任党委书记；张林生、刘安、陈富贤同志任党委副书记；施少荃、周守忠、王显骢同志任党委常委；免去施少荃同志的党委副书记职务；张林生任辽河石油勘探局局长，免去其总地质师职务；施少荃任常务副局长；周守忠仍任副局长；王显骢任副局长；刘沐任总经济师，免去其副局长职务；杨录仍任总工程师；杨维庆、崔仁义、刘玉林仍任副局长；郭忠范仍任总会计师；赵光明、王瑞藩任局级调研员，免去2人的副局长职务。【辽委经干发〔1986〕111号】

同日 石油工业部党组商中共辽宁省委同意，增补李钊、武敬州同志为东北输油管理局党委常委；免去崔学良、高志和、李传录等3名同志的党委常委职务。【（86）油党字第28号】

七 月

7月3日 石油工业部党组商中共青海省委同意，增补李秋杰、苗玉辰同志为青海石油管理局党委常委；免去周沛、陈洪振、刘扬寿等3名同志的党委常委职务。【（86）油党字第27号】

7月7日 石油工业部决定，李天相任石油工业部职称改革工作领导小组组长，原组长赵宗鼐调离。【（86）油干字第409号】

7月9日 中共甘肃省委组织部同意，增补刘世洲同志为中共玉门石油管理局第八届委员会常务委员会委员。【组任字（1986）59号】

7月10日 新疆石油管理局塔里木盆地沙漠勘探项目管理经理部更名为南疆石油勘探公司（副局级）。南疆石油勘探公司采用全国招标、择优录用、以甲乙方合同制为主要形式的新体制，按国际规范进行管理，为陆上石油工业体制改革探索一条新途径。【新疆油田分公司上报】

同日 中共中央组织部批复，中央同意王志武任大庆石油管理局局长（任期四年），免去李虞庚的局长职务。【组任字〔1986〕69号 （86）油干字第418号】

同日 中共中央组织部批复，中央同意王志武同志任大庆石油管理局党委副书记，丁贵明任副局长，王福印同志任党委副书记；免去李虞庚同志的党委副书记职务，金毓荪、夏国理的副局长职务。【组任字〔1986〕64号 （86）油干字第419号】

同日 石油工业部党组商中共黑龙江省委同意，调大庆石油管理局党委常委、局长李虞庚同志任石油工业部副总工程师。【（86）油干字第420号】

7月11日 石油工业部党组商中共黑龙江省委、中共河南省委同意，调大

庆石油管理局采油总工程师金毓荪同志任中原石油勘探局副局长、党委常委。【（86）油干字第421号】

同日　石油工业部党组商中共黑龙江省委同意，调大庆石油管理局夏国理任石油技术经济研究所调研员（河北省固安县）。【（86）油干字第422号】

同日　石油工业部党组商中共江苏省委同意，杨贵玺任江苏石油勘探局工会主席；朱孝天任调研员，免去其工会主席职务。【（86）油干字第423号】

7月14日　石油工业部机关党委批复，同意增补李克成同志为石油工业部管道局党委委员、常委；免去刘勇同志的党委常委职务。【（86）油机党字第18号】

7月21日　石油工业部党组决定，毛华鹤同志调任石油科学技术情报研究所副所长，免去其石油勘探开发科学研究院党委副书记职务。【（86）油干字第438号】

同日　石油工业部劳动工资司转发《关于党政机关办劳动服务公司几个问题的规定》。【（86）油劳组字第71号】

同日　中共中央组织部明确，陈烈民同志为大庆石油管理局党委书记，王志武、杨万里、王福印等3名同志为党委副书记。【组任字〔1984〕332号　组任字〔1986〕64号　（86）油党字第30号】

同日　中共中央组织部批复，王志武为大庆石油管理局局长，陆敬、丁贵明、钱棣华、周家俊、梅江、郭正印为副局长，王德民为总工程师，唐曾熊为总地质师，张光照为总会计师。【组任字〔1986〕64号　组任字〔1986〕69号　（86）油干字第436号】

同日　石油工业部党组商中共四川省委同意，王宓君同志任四川石油管理局党委常委；栗源林任总经济师，免去其副局长职务。【川组经〔1986〕162号】

7月30日　石油工业部转发国务院《关于发布改革劳动制度四个规定》的通知。【（86）油劳字第459号】

八　　月

8月6日　石油工业部批复，同意何传弟任河南石油勘探局调研员。【（86）油干字第468号】

8月13日　石油工业部机关党委批复，同意增补刘勇、潘希柏、方嘉华3位同志为华东输油管理局党委委员、常委，免去郭惠忠、于开洛同志的华东

输油管理局党委委员、常委职务。【（86）油机党字第22号】

8月14日 石油工业部决定，调石油工业部运输公司谈葆棠到石油技术经济研究所（河北省固安县）工作。【（86）油干字第487号】

8月20日 石油工业部印发《石油工业部关于加强基层队伍建设的若干意见》。【（86）油政研字第494号】

8月25日 石油工业部党组商中共山东省委同意，姜连成、王永杰任胜利油田会战指挥部副指挥，王福成同志任党委副书记，张如椿任总经济师。【（86）油干字第500号】

8月26日 石油工业部干部司批复，田清锦任东北供应办事处主任，王法民同志任党委副书记。【（86）油干任字第138号】

九　月

9月2日 石油工业部党组商新疆维吾尔自治区党委、中共河南省委同意，调新疆石油管理局吕全良任中原石油勘探局调研员。【（86）油干字第517号】

同日 石油工业部党组商新疆维吾尔自治区党委同意，调江苏石油勘探局喻新盛任石油运输公司副经理。【（86）油干字第518号】

9月8日 石油工业部决定，吴象贤任石油勘探开发科学研究院副局级调研员。【（86）油干字第536号】

同日 中共黑龙江省委批复，同意陆敬、丁贵明、钱棣华、王德民任大庆石油管理局党委委员、常委；免去苏冠玉、宋传清、秦玉海同志的党委常委职务。【黑组干字〔1986〕385号】

同日 石油工业部党组决定，免去杨栋梁同志的华北石油管理局党委副书记职务。【（86）油党字第32号】

9月9日 石油工业部决定，程守礼同志任中国石油开发公司副总经理、分党组成员；免去其中国海洋石油总公司技术发展培训部经理职务。【（86）油干字第544号】

9月15至17日 中共新疆石油管理局第五次代表大会召开，张毅同志当选党委书记，刘允祥同志当选纪委书记。【新疆油田分公司上报】

十　月

10月3日 中共天津市委组织部同意，石油工业部施工技术研究所党的关

系划归中共塘沽区委代管。【津党组复〔1986〕124号 （86）筑党字第72号 中共天津市建筑工程局委员会】

10月4日 石油工业部印发《石油工业部工业卫生管理办法（试行）》。【（86）油劳字第573号】

10月7日 石油工业部党组商中共上海市委、中共青海省委同意，调南黄海石油公司吴耀文任青海石油管理局局长。【（86）油干字第577号】

10月23日 石油工业部决定，屈清华任石油规划设计总院副院长（正局级）。【（86）油干字第606号】

10月28日 石油工业部印发《贯彻国务院改革劳动制度四个规定的实施意见》的通知。【（86）油劳字第627号】

10月29日 石油工业部党组商中共青海省委批复，同意增补吴耀文同志为青海石油管理局党委常委。【（86）油党字第36号】

十 一 月

11月4日 石油工业部批复，同意叶大信留任胜利油田会战指挥部总地质师。【（86）油干字第640号】

11月12日 石油工业部印发《石油工业部关于实行干部年度考核的通知》。【（86）油干字第694号】

11月15日 石油工业部决定，胡朝元任天然气公司副经理。【（86）油干字第671号】

同日 石油工业部党组商中共河北省委同意，段大钧任华北石油管理局副局长。【（86）油干字第665号】

同日 石油工业部干部司批复，同意苏志任广州外语培训中心主任；免去聂国栋兼任的主任职务。【（86）油干任字第181号】

11月19日 大庆市人民政府、大庆石油管理局决定，将大庆师范专科学校、大庆师范学校、大庆卫生学校、大庆农业学校、大庆警察学校等5所学校由大庆市划归大庆石油管理局管理。【庆政发〔1986〕63号】

11月20日 吉林省油田管理局召开第三次工会会员代表大会，选举刘春贵为工会主席。【吉林油田分公司上报】

十 二 月

12月8日 石油工业部党组商中共天津市委同意，中共渤海石油公司委员会常务委员会由刘仁杰、刘福、曹德安、李秉铨、许荣富、马继祚、张宝昆等7名同志组成，刘仁杰同志为党委书记，刘福同志为党委副书记，马继祖同志为纪委书记。【（86）油党字第40号】

12月12日 中共天津市委组织部批复，同意杨晓华改任大港石油管理局副局级巡视员。【津党组复〔1986〕157号】

12月13日 浙江省石化厅党组决定，刘友民同志任浙江省石油地质研究所所长兼党委书记。【浙化党组（1986）18号】

12月16日 石油工业部决定，免去赵声振同志的中国海洋石油总公司副总经理、分党组成员职务。【（86）油干字第728号】

同日 石油工业部决定，魏宜清任中国石油报社副社长兼总编辑；丁满喜任副社长，免去其物探局副局级调研员职务。【（86）油干字第736号】

同日 石油工业部党组商中共山东省委同意，增补王福成、唐生海、李继顺同志为胜利油田党委常委；免去何忠正、欧阳毅（义）同志的党委常委职务。【（86）油党字第42号】

12月19日 石油工业部同意，增补屈清华同志为石油规划设计总院党委委员。【（86）油机党字第34号】

12月22日 国务院批准，同意石油工业部设立天然气工业司，增加行政编制20名，石油工业部机关行政编制共为703名。原石油工业部天然气公司同时撤销。【劳人编〔1986〕272号　（87）油劳字第30号】

12月24日 中共辽宁省委同意，王秋华任辽河石油勘探局总地质师；宋道堂同志任党委常委、纪委书记；王德明同志任党委常委、工会主席；刘成章同志任副局级调研员，免去其党委常委、工会主席职务；免去施少荃同志的纪委书记职务。【辽组干三字〔1986〕36号】

本年 石油工业职工总数123.62万人。【石油工业统计年报】

一九八七年

一 月

1月15日 中共中央批复，同意免去史久光、张英、邹明、舒自清的中国海洋石油总公司顾问职务。【组任字〔1987〕10号】

二 月

2月11日 石油工业部党组商中共四川省委同意，袁光明同志任四川石油管理局党委书记；免去刘金铭同志的党委书记职务，由石油工业部另行安排工作。【川组经〔1987〕23号】

2月21日 华北石油管理局党委决定，段大钧同志兼任二连石油勘探开发公司党委书记、经理。【华油党（87）13号 华油党（87）14号】

2月28日 石油工业部批复，吴训铎任中国海洋石油总公司对外联络部经理，何渊清任科技发展部经理。【（87）油干字第125号】

三 月

3月5日 石油工业部党组决定，调整二连石油勘探开发公司体制。二连石油勘探开发公司名称不变，改为华北石油管理局领导的一级半单位，经理为副局级，副经理正处级。扈连才、马永林回华北石油管理局工作。【（87）油干字第134号】

3月9日 石油工业部党组商中共四川省委同意，调四川石油管理局刘金铭同志任华北石油职工大学纪委书记。【（87）油干字第133号】

3月10日 石油工业部决定，石油工业部油田化工设计公司（油田化工设计研究院）更名为石油工业部华东勘察设计研究院。更名后该院的任务、规模、机构、性质、级别、人员编制以及隶属关系均不变，经济上仍实行独立核算、自负盈亏。【（87）油劳字第142号】

3月11日 石油工业部批复，同意华北石油管理局石则砺离职休养。【（87）油干字第147号】

3月26日 石油工业部党组商中共河北省委同意，杨万里同志任华北石油管理局局长、党委副书记；王子正同志任党委书记，免去其局长职务；免去张恕基同志的党委书记职务。【（87）油党字第4号】

同日 石油工业部党组决定，张恕基同志任中国石油报社党委书记兼社长，张江漪同志任副社长、党委副书记。【（87）油党字第5号】

3月30日 石油工业部商浙江省有关部门同意，浙江石油地质大队更名为浙江石油勘探处，机构级别（处级）不变，人员编制不变。【（87）油劳字第194号】

四 月

4月22日 中共中央组织部批准，调大庆石油管理局原局长李虞庚到石油工业部工作。【（87）干调字18号 （87）油干调字第56号】

五 月

5月7日 石油工业部决定，章兆淇任石油科技情报研究所副所长。【（87）油干字第257号】

同日 石油工业部同意，刘颂威同志任石油地球物理勘探局副局长，增补为党委常委。【（87）油干字第258号】

5月15日 石油工业部决定，杨承志任石油工业部计划司副司长，潘明方任总经济师；孙寿荣任审计司副司长；高润清任财务司副司长，陆寿椿任总会计师；杨景民任运销司副司长。【（87）油干字第277号】

同日 石油工业部机关党委批复，同意中共石油工业出版社第一届委员会由于瑛、李昭仁、陈炳泉、牛瑄、李希文等5名同志组成，于瑛同志任党委副书记。【（87）油机党字第20号】

同日 石油工业部机关党委批复，同意成立中共中国石油报社委员会，张恕基、张江漪、魏宜清、丁满喜、牛治国等5名同志任党委委员，张恕基同志任党委书记，张江漪同志任党委副书记。【（87）油机党字第21号】

5月16日 石油工业部批复，同意长庆石油勘探局张云清离休。【（87）油干字第278号】

六 月

6月3日 石油工业部决定，邱中建任石油勘探司司长，免去其中国海洋石油总公司总地质师职务；免去翟光明的石油勘探司司长职务。【（87）油干字第323号】

6月18日 石油工业部商中共上海市委、中共广东省委同意，马启富同志兼任南黄海石油公司党委书记；免去胡克杰同志的南黄海石油公司党委书记职务，改任南黄海石油公司调研员；免去邹家智同志的南海东部石油公司党委书记职务，改任中国海洋石油总公司调研员。【（87）油党字第13号】

6月19日 石油工业部印发《关于1986年解决石油工业部机关和在京事业单位部分工作人员工资问题的通知》。【（87）油劳字第345号】

6月22日 河北省总工会批复，同意华北石油管理局工会第三次代表大会选举结果，徐天明为工会主席。【冀工总字〔1987〕23号】

6月 国家对外经济贸易部批准，石油工业部成立石油投资开发公司。【（87）外经贸管体字第175号】

七 月

7月1日 石油工业部决定，同意独山子炼油厂由局属二级单位调为局属一级半单位。【（87）油劳字第384号】

同日 石油工业部劳动工资司印发《关于试行工人全面考核择优晋级办法的通知》。【（87）油劳资字第58号】

7月9日 中共中央同意，免去焦力人的石油工业部顾问职务；免去张文彬、孙晓风的石油工业部顾问职务，2人离职休养。【中委（1987）95号】

7月17日 石油工业部决定，焦力人任中国石油技术开发公司总经理，夏培清（兼）、傅志达为副总经理。【（87）油干字第414号】

7月18日 石油工业部劳动工资司批复，同意中国石油报社编制150人。【（87）油劳组字第70号】

7月30日 石油工业部印发《关于加强石油企业劳动力和机构编制管理若干意见》的通知。【（87）油劳字第399号】

7月 国家对外经济贸易部批准，同意石油投资开发公司更名为中国石油技术开发公司。【（87）外经贸管体字第253号】

八　月

8月5日　石油工业部决定，承光武调任华北石油职工大学副校长。【(87)油干字第462号】

8月7日　石油工业部党组决定，孙希文同志任石油勘探开发科学研究院党委副书记。【(87)油党字第17号】

同日　石油工业部决定，郭尚平任石油勘探开发科学研究院副院长（正局级），王盛基任副院长。【(87)油干字第458号】

8月12日　中共中央组织部批复，中央同意张轰同志兼任大庆石油管理局党委副书记。【组任字〔1987〕45号　(87)油党字第19号】

8月15日　石油工业部决定，成立石油工业部教育指导委员会，李天相任主任，阎敦实、李虞庚、贾皞（皋）、赵国珍任副主任，赵国珍兼任秘书长，李天相、阎敦实、李虞庚、贾皞（皋）、王者春、赵国珍、孙晓群、陈耕、杨光华、张一伟、陶景明、张绍槐、邢汝霖、章贻俊、包尔汉·木拉提、王炳诚、张克庸、王锡光、徐滨、荀永年、徐怀平等21人为委员。【(87)油教字第478号】

8月19日　石油工业部劳动工资司转发国务院《关于国营企业劳动争议处理暂行规定》。【(87)油劳组字第75号】

8月20日　石油工业部批准，同意石油工业部物资供应管理局局长郑浩离职休养。【(87)油干字第486号】

8月26日　中共中央批复，同意金钟超同志任中央纪律检查委员会驻石油工业部纪律检查组组长；免去黄凯同志的组长职务。【中委(1987)126号】

8月27日　石油工业部印发《关于1986年解决石油工业部机关和在京事业单位部分工作人员工资问题的补充通知》。【(87)油劳字第506号】

8月28日　石油工业部决定，朱有和兼任石油工业部机关服务公司经理，李培宗、张淮江任副经理（副局级）；李维谌任石油工业部政策研究室总经济师。【(87)油干字第508号】

同日　石油工业部决定，康心浩任石油工业部政策研究室主任，免去吴宗英的石油工业部政策研究室副主任职务；吴宗英、朱有和任石油工业部办公厅副主任，免去张淮江的石油工业部办公厅副主任职务。【(87)油干字第509号】

8月29日　石油工业部决定，张文昭任石油工业部石油勘探司副司长。

【（87）油干字第510号】

同日　石油工业部决定，在石油工业部机关设立矿产资源管理组，行使国务院授予石油工业部对油气勘察、开采登记发证及监督检查的管理权。同时决定，李国玉任矿产资源管理组组长（正局级），免去其石油勘探司副司长职务；王慎言任副组长（副局级），免去其石油勘探司副司长职务。【（87）油干字第517号】

同日　石油工业部决定成立机关服务公司，中共石油工业部机关服务公司临时委员会由朱有和、李芳百、李培宗、张淮江、董杰臣等5名同志组成，朱有和同志任党委书记。【（87）油机党字第037号】

九　月

9月21至23日　中共辽河石油勘探局第二次代表大会召开，选举产生中共辽河石油勘探局第二届委员会和纪律检查委员会，党委常务委员会由邓礼让、张林生、刘安、陈富贤、施少荃、王显聰、周守忠、宋道堂、王德明等9名同志组成，邓礼让同志为党委书记，张林生、刘安、陈富贤同志为党委副书记，宋道堂同志为纪委书记。【辽河油田分公司上报】

9月22日　石油工业部同意，恢复设立石油工业部机关工会，为处级机构，定编4人，在机关党委编制人数内调剂解决。【（87）油劳字第566号】

9月25日　石油工业部同意，刘同刚代理中国石油学会秘书长职务（副局级）。【（87）油干字第573号】

9月28日　石油工业部印发《石油企业劳动定额管理办法》。【（87）油劳字第577号】

十　月

10月4日　华北石油管理局党委决定，承光武、刘金铭增补为华北石油职工大学党委委员。【华油党（87）76号】

10月10日　石油工业部、劳动人事部印发《石油行业实行技师聘任制的实施意见》。【（87）油劳字607号】

同日　石油工业部劳动工资司印发《关于转发劳动人事部实行技师聘任制的暂行规定》和《贯彻实行技师聘任制暂行规定的几点意见的通知》。【（87）油劳培字第117号】

10月23日 石油工业部印发《关于适当解决石油企业部分职工工资问题的通知》。【（87）油劳字第639号】

10月24日 石油工业部发布《井下作业劳动定员、定额等六项石油工业标准》。【（87）油劳字第635号】

10月25日 新疆石油管理局局长谢志强当选中共十三大代表。

十 一 月

11月6日 石油工业部决定，调傅万祯同志任西北石油地质勘探研究所党委书记（正局级），调于文铎任所长（副局级）。【（87）油干字第652号】

11月12日 石油工业部干部司批复，同意李凡起任石油工业部第六工程公司总工程师，免去其副经理职务；刘亚利任总经济师，免去其副经理职务；吴上开任总会计师；谢绍佳任工会主席，免去其副经理职务；蔡仲铭任调研员，免去其工会主席职务。【（87）油干任字第168号】

11月20日 石油工业部批准，同意石油工业部老干部局副局长唐亚芳离职休养。【（87）油干字第695号】

11月26日 石油工业部决定，殷德之同志任石油工业部第七工程公司经理，免去其党委书记职务；朴殿举同志任党委书记，免去其公司经理职务。【中国石油建设公司上报】

十 二 月

12月1日 中共辽宁省委组织部同意，辛一平任辽河石油勘探局总工程师；免去杨录的总工程师职务。【辽组干三字〔1987〕68号】

12月3日 石油工业部决定，延长石油勘探开发科学研究院院长翟光明任职时间4年。【（87）油干字第732号】

同日 石油工业部批复，同意大庆石油管理局纪委书记、党委常委马德仁同志退休。【（87）油干字第740号】

同日 石油工业部决定，王廷锦任石油工业部机关服务公司副局级调研员。【（87）油干字第743号】

本年 石油工业职工总数129.48万人。【石油工业统计年报】

一九八八年

一　月

1月12日　石油工业部决定，段志高同志任石油工业部政策研究室调研员（正局级），免去其原天然气公司党委书记职务。【（88）油干字第31号】

1月18日　石油工业部党组批复，同意华北石油管理局从1988年起实行局长负责制，杨万里任局长，王子正同志任党委书记。【华北油田分公司上报】

同日　中共辽宁省委批复，同意辽河石油勘探局张中奇离休。【辽河油田分公司上报】

1月　石油地球物理勘探局测井公司主任工程师爱新觉罗·衡志当选第七届全国人大代表。【东方地球物理公司上报】

二　月

2月6日　石油工业部干部司批复，同意浙江石油勘探处杨守来离休。【（88）油干任字第15号】

2月10日　石油工业部批复，同意朱兆明、田在艺、秦同洛3人继续延长退休年限二年，到1990年初；钱绍新继续延长离休年限三年，到1991年初；张克勤、黄汝昌继续延长退休年限三年，到1991年初。【（88）油干字第79号】

2月21日　经国家教育委员会批准，石油工业部决定在承德石油学校的基础上成立承德石油高等技术专科学校，为准地（师）级单位，由石油工业部和河北省人民政府双重领导，以石油工业部为主。学校招生规模2000人，学制3年，设置机械制造工艺与设备、焊接工艺及设备、热能动力机械与装置、内燃机、工业企业电气化、应用电子技术、计算机应用、油田应用化学、环境监测和工业分析等10个专业。【（88）油教字第97号】

同日　石油工业部同意，龚再升任中国海洋石油总公司总地质师。【（88）油干字第99号】

2月24日　石油工业部批复，同意西北石油地质勘探研究所按照第一期工程的要求，总编制控制在350人以内，实行所长负责制。【（88）油劳字第112号】

三　　月

3月1日　中共中央组织部同意，朱文科任胜利油田会战指挥部指挥，免去李敬的胜利油田会战指挥部指挥职务。【组任字〔1988〕13号】

3月3日　石油工业部决定，免去周庆祖、单永复、刘子明、王乃举等4人兼任的胜利油田指挥部副指挥职务。【（88）油干字第126号】

3月5日　石油工业部商陕西省石化厅同意，决定原属宝鸡石油机械厂代管的石油管材试验研究中心划归石油工业部直接领导。【（88）油劳字第130号】

同日　中共河南省委商石油工业部党组同意，调第一工程公司党委书记夏清成到河南省财政厅工作。【（88）油干字第135号】

同日　石油工业部批复，同意石油工业部运输公司张德芳退休。【（88）油干字第137号】

3月11日　中共黑龙江省委决定，王进一同志任大庆师范专科学校党委书记，梁振邦离职休养。【黑组干字〔1988〕126号】

3月23日　石油工业部、中国科学院商甘肃省政府同意，决定中国科学院兰州渗流力学研究室改由石油工业部、中国科学院双重领导，以石油工业部为主的管理体制，名称定为石油工业部、中国科学院渗流流体力学研究所，由石油勘探开发科学研究院管理，地点设在河北省廊坊市石油勘探开发科学研究院万庄分院。【石油工业部、中国科学院管理体制协议】

3月28日　石油工业部商天津市、河北省同意，决定大港石油管理局北部石油勘探开发公司单独划出，成立冀东石油勘探开发公司。该公司为石油工业部直属局级单位，负责南堡洼陷的勘探开发工作，由石油勘探开发科学研究院总承包，形成科研—生产联合体。【（88）油劳字176号】

3月30日　黑龙江省人民政府任命，王德安为大庆师范专科学校校长。【〔1988〕黑人任字20号】

3月　新疆石油管理局钻井处钻井队长李聪恒当选第七届全国人民代表大会代表，新疆石油管理局采油三厂工程师热夏提·亚森担任第七届全国政协委员。【新疆油田分公司上报】

四　　月

4月5日　石油工业部任命翟光明兼任冀东石油勘探开发公司经理，贾金

会同志兼任党委书记，张邦杰任副经理，李允富同志任党委副书记兼纪委书记，张家茂任副经理。【（88）油干字197号】

4月8日　国家教育委员会批准，同意华东石油学院更名为石油大学。【〔1988〕教计字029号　（88）油教字206号】

4月9日　第七届全国人大一次会议审议通过《国务院机构改革方案》，决定撤销石油工业部、煤炭工业部、电力工业部，组建能源部，将石油工业部政府职能转交给能源部，在石油工业部基础上组建中国石油天然气总公司。

同日　石油工业部印发《工人技术等级标准》的通知。【（88）油劳字第222号】

4月15日　冀东石油勘探开发公司成立大会在河北省唐山市唐海举行。【《中国石油大事记》】

同日　石油工业部批准，新疆石油管理局实行局长负责制，谢志强任局长，张毅同志任党委书记。【（88）油政研字第233号】

4月27日　石油工业部向中央党史资料征集委员会、中央组织部、中央档案馆报送《石油工业部组织机构沿革及领导人名录》，共分三个时期：基本完成社会主义改造和开始全面建设社会主义时期（1955.9—“文革”），“文化大革命”时期（1966.8—1976.10），社会主义建设新时期（1976.10—1987.10）。【（88）油党字第5号】

4月29日　石油工业部干部司批复，同意晁吉俊同志任西北石油地质勘探研究所副所长，王憭同志任总工程师。【（88）油干任字第85号】

五　月

5月3日　国务院任命王涛为中国石油天然气总公司总经理，周永康、李天相为副总经理。【国任字〔1988〕100号】

同日　根据国务院机构改革方案，隶属于石油工业部的中国海洋石油总公司分立。【《中国石油大事记》】

5月6日　中共四川省委商石油工业部党组同意，免去包茨（副局级）四川石油管理局总地质师职务。【川组经字〔1988〕135号】

5月7日　石油工业部干部司批复，同意何冰同志任东北供应办事处主任兼党委书记，吴世祥任副主任；佟志勋任主任工程师，免去其副主任职务；

免去田清锦的东北供应办事处主任职务，回中南供应办事处工作；免去王法民同志的东北供应办事处党委副书记职务，回石油工业部供应局工作。【（88）油干任字第90号】

5月30日 石油工业部干部司批复，同意程宝华同志任中南供应办事处主任兼党委书记，田清锦任副主任。【（88）油干任字第111号】

六 月

6月10日 国务院同意中国石油天然气总公司保留部级待遇。【国函〔1988〕87号】

6月11日 总公司任命史兴全为长庆石油勘探局副局长兼贺西石油勘探公司经理。【（88）油干任字第348号】

同日 石油工业部党组商中共青海省委同意，蒋一鸣任青海石油管理局局长；吴耀文调能源部工作，免去其青海石油管理局局长职务。【（88）油干字第349号】

6月18日 中共吉林省委批准，免去常小平同志的吉林省油田管理局党委副书记职务。【吉组干任〔1988〕78号】

6月25日 能源部向国务院呈报《关于组建中国石油天然气总公司的报告》。

6月28日 石油工业部干部司批复，同意中共第六工程公司第三次党代会选举结果，梁福源同志为第六工程公司党委书记，刘增运同志为党委副书记、纪委书记；免去张周武同志的纪委书记职务，改任调研员。【（88）油干任字第144号】

6月29日 国务院批复能源部《关于组建中国石油天然气总公司的报告》。强调组建中国石油天然气总公司，是石油工业管理体制的一次重大变革，是为适应社会主义商品经济发展的要求迈出的重要一步。要努力适应国民经济发展的需要，按照政企分开的原则，把总公司逐步办成真正的经济实体。【国办发〔1988〕44号】

七 月

7月14日 石油工业部商陕西省石化厅同意，决定将原属于宝鸡石油机械厂代管的石油管材试验研究中心划归中国石油天然气总公司直接领导。改变隶属关系后，机构名称改为中国石油天然气总公司石油管材研究中心，系总公司直属的技术服务性和社会公益性科研事业单位，机构级别为正处级（县、团级）。【（88）油劳字第430号】

7月25日　总公司决定，将石油工业部广州外语培训中心更名为石油大学广州培训部，石油大学广州培训部实行总公司与广东省双重管理、以总公司为主的领导体制。【（88）油教字第436号】

7月26日　石油工业部决定，任命邢宏坤为第一工程公司经理，免去其工会主席职务；王俊岭同志为党委书记，免去其经理职务。【（88）油干字第437号】

八　月

8月5日　中共吉林省委组织部和吉林省人民政府批准，任命常小平为吉林省油田管理局副局长，免去其吉林省油田管理局党委副书记职务。【吉组干任（1988）78号　吉政干任（1988）18号】

8月8日　总公司决定，任命阎敦实（副部级）为总公司总地质师，谭文彬（正局级）、邱中建（正局级）为总公司副总地质师，李虞庚（正局级）为总公司总工程师，周庆祖（正局级）为总公司总经济师，周永康为总公司体制改革办公室主任（兼），康心浩（正局级）为总公司体制改革办公室常务副主任，金钟超（副部级）为宣传思想办公室主任。【（88）中油任字第10号】

同日　总公司决定，任命史训知为人事教育部主任（中共中央组织部6月20日批复同意任该职），白凤仪继续为北京石油管理干部学院党委书记，赵国珍继续为北京石油管理干部学院院长。【〔1988〕干任160号　（88）中油任字第9号】

同日　总公司决定，任命朱秉刚为计划部主任，李长林为财务部主任，邱中建为勘探部主任，谭文彬为开发生产部主任，梁高才为经营销售部主任，陈泽轩为装备部主任，蒋其垲（凯）为科技发展部主任，王镜心为企业管理部主任，陈耕为劳动工资部主任，王正棠为监察室主任，窦炳文为外事局局长，李国玉为油气资源管理局局长，吴宗英为办公厅主任，魏绪顺为老干部局局长，夏培清为物资局局长，王关清为钻井工程局局长，程守礼为中国石油开发公司第一副经理，单永复为中国石油工程建设公司经理，李荣藻为油田化学公司经理（以上19人为正局级）；徐世广为基建工程部副主任，孙寿荣为审计部副主任，

朱有和为行政事务部副主任（以上3人为副局级）。【（88）中油任字第11号】

8月10日 中共中央决定，李敬同志任胜利石油管理局局长兼党委书记；随机构变更，李晔同志的胜利油田会战指挥部党委书记职务和朱文科同志的胜利油田会战指挥部指挥职务自然免除。【组任字〔1988〕50号】

8月11日 总公司决定，任命杨承志、潘明方为计划部副主任，陆寿椿、高润清为财务部副主任，查全衡、张文昭、胡朝元为勘探部副主任，王乃举、万仁溥、曲广玲为开发生产部副主任，白世荫、张德录、张文学为装备部副主任，王慎言为油气资源管理局副局长。【（88）中油任字第13号】

8月15日 石油工业部决定，任命张丙寅为第一工程公司副经理，上官寻国为总工程师；免去王祖荣的第一工程公司副经理职务。【（88）油干任字第166号】

8月20日 中共中央国家机关工作委员会批准，由王涛、周永康、李天相、金钟超、任学忠、史训知、邹国顺等7名同志组成中共中国石油天然气总公司临时委员会，王涛同志兼任党委书记；金钟超、任学忠同志任党委副书记；由邹国顺、王正棠、孙寿荣、单庆颐、赵瑜等5名同志组成中共中国石油天然气总公司临时纪律检查委员会，邹国顺同志任纪委书记。【国党工组〔1988〕73号 （88）中油党字第1号】

同日 总公司决定，任命高喜发、杨景民为经营销售部副主任，张文仁为监察室副主任，单庆颐为监察副专员，傅志达为外事局副局长，陈福成为办公厅副主任，张坚为老干部局副局长，温厚文为体制改革办公室副主任（正局级），张江漪为宣传思想工作办公室副主任、中国石油报社副社长，李维谌为企业管理部总经济师，陆邦干为勘探部总工程师。【（88）中油任字第21号】

8月21日 总公司决定，任命王明太为科技发展部副主任，石宝珩为副主任兼石油新技术服务公司经理，曾宪义为总工程师，白新贺为审计部总会计师。【（88）中油任字第29号】

8月29日 国务院办公厅转发能源部《关于组建中国石油天然气总公司的报告》。总公司由能源部归口管理，在国家计划中单列户头。【国办发〔1988〕44号】

8月31日 石油工业部干部司决定，任命王道纯为石油管材研究中心主任，李鹤林为常务副主任兼总工程师、石油管材质量监督检测中心主任，宋治为石油管材质量监督检测中心副主任。【（88）油干任字第175号】

同日 总公司决定，成立新疆吐鲁番—哈密石油勘探项目组。受总公司

直接领导，是自主经营的经济实体。项目组依托玉门石油管理局，对外称新东石油勘探公司。【（88）油勘字第500号】

九　月

9月2日　总公司决定，任命李克向为钻井工程局副局长、总工程师，李培宗为行政事务部副主任，胡乃人为中国石油开发公司总工程师，胡汉滨为深圳石油开发集团公司（筹）负责人。【（88）中油任字第31号】

9月3日　总公司决定，任命金燕凯、郝景玉为基建工程部副主任，康卫平为中国石油工程建设公司副经理。【（88）中油任字第32号】

9月10日　总公司决定，任命郑国平为计划部总经济师，周成勋为开发生产部总地质师，田学义为总调度长（副局级），康书丛为劳动工资部副主任，吴训钺为外事局总工程师，沈裕祖为物资公司总经济师，张福祥为钻井工程局副局长，董杰臣为行政事务部副主任，安郁培为体制改革办公室副主任。【（88）中油任字第46号】

9月16日　总公司决定，任命姜志国为监察室监察副专员，王竹君为宣传思想工作办公室副主任，李本忠为油田化学公司副经理。【（88）中油任字第56号】

9月17日　中国石油天然气总公司成立大会在北京召开。【《中国石油大事记》】

9月22日　总公司批复，同意华东石油学院党委副书记李秀生同志兼任石油大学副校长。【（88）中油任字第57号】

9月　经中共北京市委教工委批准，成立中共石油大学（北京）临时委员会，由张一伟同志任党委书记，刘汝洵同志任党委副书记、纪委书记，杨光华、蒋南华、梅凤翔、罗维东、张嗣伟同志任委员。

十　月

10月4日　陕西省石化厅决定，免去崔积坤同志的陕西省宝鸡石油钢管厂党委委员、厂长职务，金振玉的陕西省宝鸡石油钢管厂副厂长职务。【中国石油物资采购中心上报】

10月6日　陕西省石化厅党组决定，潘茂祥同志为陕西省宝鸡石油钢管厂厂长、党委委员、书记，田秀婷同志为党委副书记，李自强为副厂长。【陕石化干发〔1988〕070号　陕石化干发〔1988〕096号】

10月11日 总公司任命王金瑞为通信公司经理（副局级）。【（88）中油任字第84号】

10月14日 总公司决定，成立党委工作部，负责临时党委的日常工作，任学忠同志兼党委工作部主任。【（88）中油党字第6号】

10月18日 总公司决定，任命陈鸿璠为总公司教育指导委员会专职副主任，孙晓群、赵毅为企业管理部副主任，张兴儒为企业管理部总工程师，李章亚为勘探部总工程师，蔡宗荣为监察室监察副专员，任学忠（总公司临时党委副书记）行政级别为正局级。【（88）中油任字第97号】

同日 总公司任命张今弘为石油规划设计总院总经济师。【（88）中油任字第96号】

10月20日 按能源部关于能源部石油天然气资源管理办公室与总公司矿产资源管理局为一套机构的要求，总公司任命李国玉为能源部石油天然气资源管理办公室主任，王慎言为副主任。【（88）中油任字第102号】

同日 总公司决定，任命张宽信为人事教育部副主任；尹道墨为人事教育部副主任，免去其教育司副司长职务。【（88）中油任字第103号】

10月21日 总公司决定，任命朱秉刚为计划部主任，杨承志、潘明芳为副主任，郑国平为总经济师；李长林为财务部主任，陆寿椿、高润清为副主任；邱中建为勘探部主任，查全衡、张文昭、胡朝元为副主任，陆邦干、李章亚为总工程师；谭文彬为开发生产部主任，王乃举、万仁溥、曲广玲为副主任，周成勋为总地质师，田学义为总调度长；徐世广、郝景玉、金燕凯为基建工程部副主任；梁高才为经营销售部主任，高喜发、杨景民为副主任；陈泽轩为装备部主任，白世荫、张德录、张文学为副主任；蒋其垲（凯）为科技发展部主任，王明太、石宝珩为副主任，曾宪义为总工程师；史训知为人事教育部主任，张宽信、尹道墨为副主任；王镜心为企业管理部主任，孙晓群、赵毅为副主任，李维谌为总经济师，张兴儒为总工程师；陈耕为劳动工资部主任，康书丛为副主任；孙寿荣为审计部主任，白新贺为总会计师；王正棠为监察室主任，张文仁为副主任，单庆颐、姜志国、蔡宗荣为监察副专员；窦炳文为外事局局长，傅志达为副局长，吴训钺为总工程师；李国玉为油气资源管理局局长，王慎言为副局长；吴宗英为办公厅主任，陈福成为副主任；朱有和、李培宗、董杰臣为行政事务部副主任。【（88）中油任字第111号】

同日 总公司决定，任命阎敦实（副部级）为总公司总地质师，谭文彬（正局级）、邱中建（正局级）为总公司副总地质师，李虞庚（正局级）为总公司总工程师，周庆祖（正局级）为总公司总经济师；周永康（兼）为体制改革办公室主任，康心浩为常务副主任，温厚文（正局级）、安郁培为副主任；金钟超（兼）为宣传思想工作办公室主任，张江漪、王竹君为副主任；陈鸿璠为教育指导委员会专职副主任。【（88）中油任字第112号】

10月24日 总公司决定，任命魏绪顺为老干部局局长，张坚为副局长；王关清为钻井工程局局长，李克向为副局长、总工程师，张福祥为副局长，张鸿飞为局级调研员；夏培清为中国石油物资公司经理，沈裕祖为总经济师；宋振明为中国石油开发公司总经理（正部级），程守礼为第一副总经理（正局级），杨泾安、宋善昆为副经理，胡乃人为总工程师；李荣藻为油田化学公司经理，李本忠为副经理；单永复为中国石油工程建设公司经理，康卫平为副经理；石宝珩为新技术服务公司经理（副局级）；胡汉滨为深圳石油开发集团公司筹备组负责人，孙延祯、彭昌忠为成员。【（88）中油任字第125号】

10月26日 国务院任命金钟超为总公司副总经理。【国任字〔1988〕214号】

10月 能源部、物资部批复，同意总公司在石油工业部物资供应管理局的基础上组建中国石油物资公司，受物资部和能源部双重领导，以能源部为主，是总公司直属的经营生产资料的全国性专业公司，是具有法人资格的经济实体。【能源人〔1988〕116号】

十 一 月

11月16日 总公司决定，石油规划总院的设计管理职责划归总公司基建工程部归口管理。【（88）中油基字第203号】

11月18日 总公司决定，直属机关工会委员会由张子涵等7人组成，张子涵任机关工会主席。【（88）中油任字第8号】

11月22日 中央国家机关党工委批复，同意周永康同志为中国石油天然气总公司临时党委副书记（列金钟超之前）。【（88）中油党字第11号】

11月28日 总公司临时党委同意，中共石油大学（北京）临时委员会由刘汝洵、张嗣伟、蒋南华、梅风翔、罗维东等5名同志组成，刘汝洵同志任党委副书记。【（88）中油党字第12号】

十 二 月

12月6日 总公司决定，更改部分隶属单位名称，原石油工业部地球物理勘探局更名为中国石油天然气总公司地球物理勘探局，原石油工业部管道局更名为中国石油天然气总公司管道局，原石油工业部运输公司更名为中国石油天然气总公司运输公司，原石油工业部第一工程公司更名为中国石油天然气总公司第一建设公司，原石油工业部第六工程公司更名为中国石油天然气总公司第六建设公司，原石油工业部第七工程公司更名为中国石油天然气总公司第七建设公司，原石油工业部第八工程公司更名为中国石油天然气总公司第八建设公司，原石油工业部华东勘察设计研究院更名为中国石油天然气总公司华东勘察设计研究院，原石油工业部施工技术研究所更名为中国石油天然气总公司工程技术研究所，原石油工业部西北石油地质勘探研究所更名为中国石油天然气总公司西北地质研究所，原石油工业部通信公司更名为中国石油天然气总公司通信公司，原石油工业部石油勘探开发科学研究院更名为中国石油天然气总公司石油勘探开发科学研究院，原石油工业部、中国科学院渗流力学研究所更名为中国石油天然气总公司、中国科学院渗流力学研究所，原石油工业部规划设计总院更名为中国石油天然气总公司规划设计总院，原石油工业部科学技术情报研究所更名为中国石油天然气总公司情报研究所。按照国务院批准的中国石油天然气总公司组建方案中关于“总公司及其隶属的企业都是经济实体”的规定，上述单位工作任务、工作职责、生产经营范围、隶属关系均保持不变。【（88）中油劳字第215号】

同日 总公司决定，将石油工业部第二石油机械厂更名为中国石油天然气总公司第二石油机械厂。【（88）中油劳字215号】

12月7日 总公司人事教育局批复，同意石国栋、袁中立任施工技术研究所副所长。【（88）人教字第110号】

12月11日 总公司机关党委批复，同意建立中国石油物资公司党支部委员会，由夏培清同志任书记，傅泉清同志任副书记。【（88）中油党工字第13号】

12月15日 总公司决定，聘任孙延祯为深圳石油实业发展公司总经理，彭昌忠为副总经理。【（88）中油任字第225号】

12月16日 总公司决定，在海南海口市组建“海南石油实业公司”，任命胡

汉滨为海南石油实业公司总经理，彭昌忠为副总经理。【（88）中油任字第224号】

12月21日 总公司临时党委任命傅大顺同志为总公司党委工作部副主任。【（88）中油党字第13号】

12月26日 根据国务院《关于深化物资体制改革的方案》（国发〔1988〕27号文件）的精神，总公司决定将石油工业部物资供应管理局组建为中国石油物资公司，并正式启用中国石油物资公司印章。

12月27日 总公司党委同意，成立冀东石油勘探开发公司临时党委，由贾金会、翟光明、张邦杰、李允富、张家茂等5名同志组成，贾金会同志为党委书记，李允富同志为党委副书记、纪委书记。【（88）中油党字第6号】

同日 总公司任命王廷锦为行政事务部副局级调研员。【（88）中油任字第238号】

12月30日 总公司决定，任命陈志荣为承德石油高等技术专科学校校长（副局级），崔士文、关四福、王宗政为副校长。【（88）中油任字第249号】

同日 总公司党委决定，任命陈志荣同志为承德石油高等技术专科学校党委书记，刘兴安同志为党委副书记。【（88）中油党字第16号】

同日 总公司决定，任命邱贤明为基建工程部总工程师，刘兴和为物资公司副经理，张献放为总公司科技委员会专职副主任（副局级）。【（88）中油任字第250号】

同日 总公司决定，在直属科研院所全面实行院所长负责制。【（89）中油科字第8号】

12月31日 总公司党委任命单庆颐、程文学同志为总公司临时纪委副局级纪律检查员。【（88）中油党字第15号】

本年 胜利油田会战指挥部荣获全国“五一劳动奖状”。

本年 石油工业部决定，第二石油机械厂归河南石油勘探局领导。仍按1972年燃料化学工业部《关于将南阳第二石油机械厂划归南阳石油勘探指挥部的通知》执行；第二石油机械厂领导干部的考察、任免、调配等由河南石油勘探局统一管理；财务关系从1988年1月1日起改由河南石油勘探局直接管理。【（88）油劳字第41号】

本年 总公司职工总数131.58万人。【石油工业统计年报】

一九八九年

一　月

1月4日　中共施工技术研究所第一次党员大会召开，选举产生中共第一届施工技术研究所委员会和纪律检查委员会，党委会由石国栋、纪明申、侯浩杰、张中廉、龚家森等5名同志组成，纪明申为党委书记，侯浩杰为纪委书记。【海洋工程有限公司上报】

1月7日　总公司决定，任命赵焕国为中国石油工程建设公司副经理，张树为总工程师，刘金湘为总经济师。【(89)中油任字第7号】

1月12日　中共天津市塘沽区委批复，同意中共施工技术研究所第一次党代会选举结果，党委会由5名同志组成，纪明申同志任党委书记，纪律检查委员会由4名同志组成，侯浩杰同志任纪委书记。【塘党组〔1989〕16号】

1月20日　总公司批复，同意组建北京油田化学公司（为厅局级），后注册名称为中国石油天然气油田化学公司。【(89)中油劳字第55号】

同日　总公司人事教育局决定，任命钟懋荣为浙江石油勘探处处长；郑锡祥为总工程师，免去其浙江石油勘探处处长职务。【(89)人教字第021号】

1月28日　总公司任命王兆诸为冀东石油勘探开发公司副经理。【(89)中油任字第73号】

同日　总公司任命杨秀东为青海石油管理局副局长。【(89)中油任字第74号】

1月30日　中共四川省委同意,免去徐文渊的四川石油管理局化工总工程师职务（副局级待遇不变）。【川组经〔1989〕14号】

二　月

2月11日　总公司党委决定，任命介霖同志为江苏石油勘探局党委书记；免去王煌今同志的党委书记职务。【(89)中油党字第05号】

2月13日　总公司任命唐光裕为河南石油勘探局副局长。【(89)中油任字第105号】

2月23日　总公司决定，将石油工业部华东供应办事处、华北供应办事处、郑州供应办事处、西南供应办事处、西北供应办事处、中南供应办事处、东北供应办事处、深圳供应办事处、广州供应办事处分别更名为中国石油天然气总公司华东办事处、华北办事处、郑州办事处、西南办事处、西北办事处、中南办事处、东北办事处、深圳办事处、广州办事处，承担总公司交办的任务，管理所属资产（包括房、地产）。同时仍承担石油工业的物资供应业务，机构名称为中国石油物资公司上海公司、天津公司、郑州公司、成都公司、西安公司、武汉公司、沈阳公司、深圳公司、广州公司，具有法人资格，名称更改后，按一套机构两块牌子组织开展工作，机构级别暂不作变动（县、团级）。石油工业部沧州器材库、昆山石油器材供应公司分别更名为中国石油物资公司沧州公司、昆山公司，均具有法人资格。【（89）中油劳字第114、115、116、117、118、119、120、121、122、123号】

2月24日　总公司决定，任命朱水安为冀东石油勘探开发公司副经理、总地质师，张世琪为副经理（未到职）。【（89）中油任字第128号】

2月25日　总公司任命胡文瑞为长庆石油勘探局副局长。【（89）中油任字第127号】

同日　总公司决定成立绿化委员会，周永康为主任，王镜心、李维谌为副主任。【（89）中油人教字第134号】

同日　总公司决定，任命华北石油管理局副局长黄炎兼任二连石油勘探开发公司经理，段大钧兼任二连石油勘探开发公司党委书记；王文达、刘海胜、李玉超任华北石油管理局副局长，李康中任总工程师，唐智任总地质师，朱良久任总经济师；免去唐智、朱良久、梁树魁、游静裕的副局长职务。【（89）中油任字第126号】

2月28日　总公司任命决定，杨万里为华北石油管理局科委主任，游静裕、梁树魁为副主任。【（89）中油任字第142号】

同日　总公司批复，同意翁青山为江汉石油管理局工会主席，任职期间享受副局级待遇。【（89）中油党字第08号】

三　　月

3月2日　总公司批复，同意魏启厚为江汉石油管理局调研员。【（89）中

油任字第145号】

3月3日 总公司任命王煌今为江汉石油管理局副局长、总经济师。【（89）中油任字第148号】

3月6日 总公司决定，组建塔里木石油勘探开发指挥部领导班子，由副总经理周永康兼指挥，邱中建兼副指挥，王炳诚（特聘）、钟树德、周原、柴桂林、刘兴和为副指挥，张仲珉为总工程师，王秋明为总地质师，童晓光为总地质师兼地质研究大队大队长，李大华为总经济师。【（89）中油任字第153号】

同日 总公司党委决定，组建中共塔里木石油勘探开发指挥部临时委员会，由周永康、周原、邱中建、王炳诚、钟树德（暂缺2人）等7名同志组成，周永康同志兼任临时党委书记，周原同志任临时党委副书记、纪委书记。【（89）中油党字第09号】

3月7日 总公司成立塔里木石油勘探开发指挥部，由总公司直接领导。【（89）中油劳字第160号】

3月9日 总公司党委任命刘兴安同志为承德石油高等专科学校纪委书记。【（89）中油党工字第16号】

3月14日 总公司任命吴长青为中国石油天然气总公司第一建设公司工会主席，任职期间享受副处级待遇。【（89）中油党工字第18号】

3月17日 总公司人事教育局批复，同意薛静诚为浙江石油勘探处副处长；蒋维三为总地质师，免去其总工程师职务；免去林银松的副处长职务，保留副处级待遇；鲁忠保、吴宝山、李明夫3名同志由副处级巡视员改任副处级调研员。【（89）人教字第93号】

3月18日 总公司党委决定，任命张轰同志为大庆石油管理局党委书记；免去陈烈民同志的党委书记、常委、委员职务。【（89）中油党字第11号】

3月25日 中共河北省委批复，同意中共华北石油管理局第一次代表大会选举结果，常委会由王子正、扈连才、杨万里、李玉超、段大钧、袁申、黄炎、王文达、麦峰、张兆林、姚治晓等11名同志组成，王子正任党委书记，杨万里、扈连才、李玉超、段大钧等4名同志任党委副书记，扈连才任纪委书记。【冀发〔1989〕36号】

3月27日 总公司人事教育局批复，同意徐东河兼任中国石油天然气总公司华东勘察设计研究院副院长，车克宽任副院长，王宝珠任总工程师，于存

孚任总经济师。【（89）人教字第111号】

3月30日 总公司人事教育局批复，同意邓德利兼任中国石油天然气总公司第七建设公司副经理，许烨烨任总工程师，免去杨文信的总工程师职务。【（89）人教字第117号】

3月31日 总公司决定，在原石油工业部钻井司的基础上，组建中国石油天然气总公司钻井工程局。【（89）中油劳字第250号】

同日 河北省总工会批复，同意麦峰为华北石油管理局工会主席。【冀工总组字〔1989〕25号】

四 月

4月6日 总公司任命崔学良为管道局副局长兼管道勘察设计院院长。【（89）中油人教字第270号】

同日 总公司批复，同意浙江石油勘探处从1989年起实行处长负责制。【（89）中油体改字第268号】

4月10日 塔里木石油勘探开发指挥部成立大会在新疆巴音郭楞蒙古自治州库尔勒市召开。【塔里木油田分公司上报】

4月17日 总公司人事教育局批复，同意朱志贤为华东办事处主任（副局级），傅兆岩为深圳办事处主任（正处级），程宝华为中南办事处主任（正处级），何冰为东北办事处主任（正处级），管琪为华北办事处主任（正处级），赵秉恒为郑州办事处主任（正处级），陈秀元为广州办事处主任（正处级）。【（89）人教字第118号】

4月22日 总公司决定，任命李伯诚为监察室副局级监察专员，免去其石油勘探开发研究院纪委书记职务。【（89）中油任字第287号】

同日 陕西省石化厅党组决定，于维华任陕西省宝鸡石油钢管厂副厂长。【陕石化党发〔1989〕30号】

4月25日 中共勘探开发科学研究院第一次代表大会召开，选举产生中共勘探开发科学研究院第一届委员会和纪律检查委员会，委员会由贾金会、翟光明、胡见义、孙希文、李学志、潘维志等6名同志组成，贾金会同志为党委书记，孙希文同志为党委副书记、纪委书记。【石油勘探开发科学研究院上报】

4月29日 总公司党委批复，同意中共中国石油天然气第七建设公司第三次代表大会选举结果，邓德利、李周文、朴殿举、殷德之、曹鸿金等5名同志为第七建设公司党委委员，朴殿举同志任党委书记，邓德利同志任党委副书记，曹鸿金同志任纪委书记。【（89）中油党工字第24号】

五　月

5月4日　总公司同意江汉石油管理局党委副书记张树平同志兼任副局长。【（89）中油任字第308号】

5月6日　天津市人民政府决定，张俊杰兼任大港石油管理局副局长。【津政发〔1989〕52号】

5月10日　总公司党委批复，同意石油勘探开发科学研究院党委会由贾金会、翟光明、胡见义、孙希文、李学志、潘维志等6名同志组成，贾金会同志任党委书记，孙希文同志任党委副书记，石油勘探开发科学研究院纪律检查委员会由孙希文等5名同志组成，孙希文同志任纪委书记。【（89）中油党字第12号】

同日　总公司党委批复，同意冀东石油勘探开发公司临时纪律检查委员会由李允富等7名同志组成，李允富同志任纪委书记。【（89）中油党字第13号】

同日　总公司党委批复，同意中国石油天然气总公司第七建设公司工会第三次代表大会选举结果，李周文同志为工会主席。【（89）中油党工字第25号】

5月17日　总公司批复，中国石油开发公司是自主经营、独立核算、具有法人资格的经营实体，隶属于中国石油天然气总公司。其任务是依照国务院授权负责南方十一省（区）的对外开采陆上石油资源；同时按照平等互利的原则，逐步参加国外的油气勘探开发活动；根据总公司授权兼营我国南方部分新区的勘探项目，并承担相应的储量和产量任务。该公司本部设在北京，公司原设广州代表处更名为中国石油开发公司广州公司，为方便管理及与当地政府的联系，对自营勘探项目，公司可按精简、效能的原则，设置必要的地区性派出管理机构，由公司授权，负责项目的日常管理工作。【（89）中油办字第320号】

5月24日　总公司任命黄光祥为西南办事处代主任（正处级）。【（89）中油任字第342号】

5月26日　总公司任命同维焕为中原石油勘探局调研员（副局级）。【（89）中油任字第350号】

六　　月

6月1日　总公司将原中国石油开发公司广州代表处改建为中国石油开发公司广州公司。【（89）中油劳字第356号】

6月9日　总公司任命涂人祥为中原石油勘探局副局长。【（89）中油任字第369号】

6月20日　总公司印发《关于石油大学办学若干问题的通知》。《通知》转达了1988年2月27日，国家教委向石油工业部、山东省和北京市人民政府发出《关于同意华东石油学院更名为石油大学的通知》，并着重指出“石油大学应本着巩固提高东营，加速建设北京的精神，坚持两地办学，注意发挥山东东营和北京昌平两地的各自优势，培养本科生工作的重点在山东东营。坚持走教学、科研、生产三结合的办学道路，以教学为主，面向生产，发展科研，全面提高教学质量，努力把石油大学办成以工为主，理工结合，文理渗透多功能的、高质量的、高层次的石油工业科技和管理人才的培养基地”。石油大学由石油大学（北京）、石油大学（华东）、石油大学北京管理干部学院和石油大学广州培训部（副局级）四部分组成，招生规模为本、专科生6000人，研究生600人，培训生2300人。本部设在北京。【（89）中油人教字第389号】

6月27日　国家人事部授予李天相、邱中建、陆邦干、张文昭、万仁溥、俞寿明、梁狄刚、陆荣生、赵振文、林世雄、顾心怿、金培孚、张绍槐等13名同志为1988年度国家级有突出贡献的科技专家。【人专函〔1989〕3号】

6月　总公司与河南省人民政府签订关于合资举办中原石油化工联合公司的协议，双方共同授权中原石油勘探局对联合公司进行归口管理。【中国石油化工集团公司提供】

七　　月

7月4日　总公司党委批复，同意增补孙均平同志为华东输油管理局党委委员、常委。【（89）中油党字第20号】

7月12日　总公司任命周铭涛、徐中清为青海石油管理局副局长。【（89）中油任字第417号】

7月17日　总公司决定，任命杨光华为石油大学校长，华泽澎为常务副校长兼（华东）校长，张一伟为常务副校长兼（北京）校长，赵国珍为副校长兼管理干部学院院长；李秀生、方华灿为石油大学（华东）副校长；张嗣伟、葛家理为石油大学（北京）副校长；张炳林、尹建华为石油大学校务委员会副主任。【（89）中油任字第331号】

同日 总公司党委决定，任命石油大学（华东）党委由华泽澎、钱锡俊、刘应元、李秀生、陆介明、李玉琛、杜金亮等7名同志组成，华泽澎同志为党委书记，钱锡俊同志为党委副书记，刘应元同志为党委副书记、纪委书记。【（89）中油党字第17号】

7月26日 国务院决定，任命周永康兼胜利石油管理局局长，免去李敬的胜利石油管理局局长职务。【国任字〔1989〕48号】

7月30日 总公司决定，胜利油田会战指挥部从8月1日起更名为胜利石油管理局。【（89）中油劳字第492号】

7月 中共玉门石油管理局第九次代表大会召开，选举产生中共玉门石油管理局第九届委员会和纪律检查委员会。王鹏、黄树德、赵熙寿、刘世洲、张焕君、吴碧莲、王德仁、李志新、黄亦纯等9名同志为党委常委，王鹏同志为党委书记，李志新同志为党委副书记，黄亦纯同志为纪委书记。【玉门油田分公司上报】

同月 中原石油勘探局第二次工会会员代表大会选举产生第二届工会委员会，任振成为工会主席。【中国石油化工集团公司提供】

同月 总公司和河南省人民政府双方领导就组建中原石油化工联合公司，合资兴建中原乙烯工程达成协议。双方协议，在建设期间组成中原乙烯工程领导小组，对工程建设进行全面指导。【中国石油化工集团公司提供】

八　月

8月1日 总公司决定，将石油工业部所属中国石油体育协会、中国石油摄影协会两个行业性全国组织的管理体制改为中国石油天然气总公司所属。【（89）中油劳字第455号】

8月3至5日 中共吉林省油田管理局第三次代表大会召开，选举产生第三届委员会和纪律检查委员会，党委常委会由常小平、单纪宽、崔万瑛、高立元、刘春贵、张业生、侯殿才、张成友、周永涛等9名同志组成，常小平同志为党委书记，单纪宽同志为党委副书记，张业生同志为纪委书记。

8月4日 总公司批复，任振成为中原石油勘探局第二届工会委员会主席，任职期间享受副局级待遇。【（89）中油党字第22号】

同日 中共河南石油勘探局第一次代表大会召开，选举产生中共河南石油勘探局第一届委员会和纪律检查委员会，常委会由唐光裕、孙希敬、杨国珍、张文彦、张学文、周蔚云等6名同志组成，唐光裕同志为党委书记，孙希敬、杨国珍同志为党委副书记，张学文同志为纪委书记。

8月7日 总公司任命戴宗林为中国石油开发公司副总经理。【（89）中油任字第469号】

8月10日 总公司任命李国璋为中国石油天然气油田化学公司副经理。【（89）中油任字第476号】

8月12日 总公司任命朱文科为胜利石油管理局常务副局长（正局级），陆人杰为常务副局长（正局级），姚福林、郝敦典、刘兴材、聂代兴、王永杰、侯庆生等6人为副局长，叶大信为科技委主任（副局级），王乃举为总地质师，于万祥为总工程师，张如椿为总经济师，李继顺为工会主席，陈树基为调研员（副局级）。【（89）中油任字第480号】

同日 总公司决定，调姜连成到冀东石油勘探开发公司任副经理。【（89）中油任字第478号】

同日 总公司决定，调张文彦同志到河南石油勘探局任党委副书记。【（89）中油任字第479号】

同日 中共九泉地区委员会批复，同意中共玉门石油管理局第九届委员会和纪律检查委员会选举结果，王鹏、李志新、黄树德、赵德寿、刘世洲、黄亦纯、张焕君、吴碧莲、王德仁等9名同志为局党委常委，王鹏同志为党委书记，李志新同志为党委副书记，黄亦纯同志为纪委书记。【地委组发〔1989〕58号】

8月14日 中共山东省委批准，周永康同志兼任胜利石油管理局党委书记，陆人杰、王福成同志任党委副书记，朱文科、李继顺、唐生海等3名同志为党委常委；免去李敬同志的胜利石油管理局党委书记职务。【鲁任〔1989〕38号】

8月18日 总公司决定，成立教育指导委员会。委员会是在中国石油天然气总公司领导下的石油教育工作的参谋、咨询、指导机构。基本任务是：坚持教育的社会主义方向，全面贯彻教育必须为社会主义建设服务，必须与社会实践相结合的方针，培养德智体全面发展，有理想、有道德、有文化、有纪律的人才。中国石油天然气总公司教育指导委员会由黄凯、贾皡（皋）、杨光华、赵国珍、白凤仪、陈鸿璠等25人组成，黄凯为主任，贾皡（皋）、杨光华、赵国珍、白凤仪、陈鸿璠等4人为副主任，尹道墨为秘书长，邱志远为副秘书长。【（89）中油人教字第520号】

同日 总公司党委决定，同意增补傅庆云同志为华东输油管理局纪委委员、常委；免去王兴楼、孙均平同志的华东输油管理局纪委常委职务。【（89）中油党字第25号】

同日 总公司特聘谢展为中国石油开发公司总地质师，聘期两年。【（89）中油人教字第507号】

同日 总公司特聘李蕴兰为财务部总会计师，聘期两年。【（89）中油人教字第508号】

同日 总公司批准陆邦干留任勘探部三年。【（89）中油人教字第510号】

同日 总公司批准李克向留任钻井局总工程师三年。【（89）中油人教字第631号】

九　月

9月13日 天津市人民政府决定，佟志民任大港石油管理局总会计师。【津政发〔1989〕108号】

9月15日 总公司党委批复，同意曹志光同志为浙江石油勘探处第四届工会委员会主席，任职期间享受副处级待遇。【（89）中油党工字第46号】

9月18日 总公司决定，任命王显骢为江汉石油管理局局长，免去陆人杰的江汉石油管理局局长职务。【（89）中油任字第565号】

9月30日 总公司党委任命王显骢同志为江汉石油管理局党委副书记。【（89）中油党字第29号】

十　月

10月6日 吉林省人民政府同意，黄明登、丁正言、谢燊按副局级干部管理。【吉政函〔1989〕114号】

10月10日 浙江省石油化学工业厅直属机关党委同意，增补钟懋荣同志为浙江石油勘探处党委委员。【浙化直机党〔89〕8号】

10月17日 中共辽宁省委决定，任命刘安同志为辽河石油勘探局党委书

记；免去邓礼让同志的党委书记职务。【辽组干（1989）202号】

10月26日　总公司党委决定，任命曹开胜同志为西南石油学院党委书记，林维澄同志为党委副书记；免去张永一同志的西南石油学院党委书记职务。【（89）中油党字第33号】

同日　总公司任命罗平亚、张斌为西南石油学院副院长。【（89）中油任字第655号】

10月28日　总公司党委决定，任命金国梁同志为大庆石油学院党委书记，李云鹏、姜淑卿同志为党委副书记；免去龙廼昌同志的党委书记职务，任调研员。【（89）中油党字第34号】

10月29日　总公司决定，任命李云鹏为大庆石油学院院长，刘业厚、郑广汉为副院长；免去陶景明的院长职务，潘秉智、黄匡道、姜淑卿等3人的副院长职务。【（89）中油任字第656号】

10月30日　总公司决定，任命史兴全为长庆石油勘探局局长，陈国法、王苏民为副局长，杨俊杰为总地质师；免去王祖文的局长职务，改任科技委员会主任；免去刘福德的副局长职务；免去李德渊的总地质师职务。【（89）中油任字第659号】

10月　总公司决定，华北石油职工大学由华北石油管理局直接领导，改为副局级建制。【（89）中油人教字第592号】

同月　新疆维吾尔自治区决定，免去戴菊生新疆石油管理局副局长职务。【新党经老字〔1989〕4号】

十 一 月

11月10日　总公司决定，任命杨正一为西安石油学院副院长；免去赵乃禄、余国安的副院长职务；免去李茜的副院长职务，改任调研员。【（89）中油任字第677号】

11月11日　总公司决定，任命裴广乐为中原石油化工工程建设指挥部副指挥长，朱玉生为总会计师。【（89）中油任字第684号】

11月20日　中共甘肃省委决定，黄树德同志任甘肃省石油化学工业厅党组书记，免去其玉门石油管理局党委常委职务。【甘任字〔1989〕105号】

十 二 月

12月4日 总公司批复，同意增补赵鹏志同志为管道局纪委委员、常委，免去云波同志的管道局纪委常委、委员职务。【（89）中油党字第61号】

12月7日 总公司党委决定，同意建立中国石油工程建设公司临时党委，单永复、康卫平、赵焕国、胡贵平、刘金湘、周延抗等6名同志任党委委员，单永复同志任临时党委书记，胡贵平同志任临时党委副书记。【（89）中油党字第2号】

12月18日 总公司党委决定，任命张树平同志为江汉石油学院党委书记，免去其江汉石油管理局党委副书记职务；免去牟杰同志的江汉石油学院党委书记职务。【（89）中油党字第38号】

同日 总公司人事教育局同意，王学旨为中国石油天然气第六建设公司副经理。【（89）人教字第372号】

12月19日 总公司任命苏志为石油大学广州培训部主任（副局级）。【（89）中油任字第769号】

同日 总公司党委任命聂国栋同志为石油大学广州培训部党委书记（副局级）。【（89）中油党字第39号】

同日 总公司任命杜成武为中原石油管理局副局长。【（89）中油任字第767号】

同日 总公司任命余守德为冀东石油勘探开发公司副经理。【（89）中油任字第768号】

12月21日 中共中央批准成立中共中国石油天然气总公司党组，王涛同志任党组书记，周永康同志任党组副书记。【中委〔1989〕211号】

同日 中共中央组织部同意，李天相、金钟超同志任中国石油天然气总公司党组成员。【组任字〔1989〕73号】

12月22日 甘肃省人民政府任命赵熙寿为玉门石油管理局局长。【甘政任字〔1989〕38号】

12月29日 中共中国石油天然气总公司第一建设公司第三次代表大会召开，选举产生中共第一建设公司第三届委员会和纪律检查委员会，党委会由王俊岭等7名同志组成，王俊岭、邢宏坤、张志华、魏立孝、吴长青等5名同

志为党委常委，王俊岭同志为党委书记，张志华同志为党委副书记，魏立孝同志为纪委书记。【中国石油工程建设公司上报】

12月31日　总公司党组决定，任命李秋杰同志为青海石油管理局党委书记；免去张德国同志党委书记职务，调西部石油管道筹备小组工作。【（89）中油党字第40号】

12月　中共长庆石油勘探局第二次代表大会召开，选举产生中共长庆石油勘探局第二届委员会和纪律检查委员会，魏光强、李云、史兴全、孙玉辰、王祖文、倪崇僖、杨俊杰、陈国法、雷发瑞、曲贯星、王苏民等11名同志为党委常委，魏光强同志为党委书记，史兴全、孙玉辰同志为党委副书记，雷发瑞同志为纪委书记。【长庆油田分公司上报】

本年　总公司职工总数135.62万人。【石油工业统计年报】

一九九〇年

一　月

1月6日　中共石油大学广州培训部第三次党员大会召开，选举产生中共石油大学广州培训部第三届委员会，党委会由聂国栋等5名同志组成，聂国栋同志当选党委书记，苏志同志为党委副书记，聂国栋同志为纪委书记；党组织关系从广东省石油化工厅机关党委调整到中共广东省委高校工委。【广州石油培训中心上报】

1月7日　国务院批准，大港石油管理局、辽河石油勘探局划归中国石油天然气总公司管理。【国函〔1990〕4、5号】

1月8日　中共四川省委同意，史鑑生为四川石油管理局副局长，免去其调研员职务。【川组经（1990）2号】

1月23日　总公司决定，任命贾福绵为华北石油职工大学校长（副局级），承光武为调研员；免去承光武、孙慰祖的副校长职务。【（90）中油任字第34号】

同日　总公司党组决定，任命于溶源同志为华北石油职工大学党委书记；免去刘金铭同志的纪委书记职务，任调研员。【（90）中油党字第2号】

1月24日　总公司决定，任命朱洪昌为塔里木石油勘探开发指挥部副指挥（正局级），免去其管道局局长职务。【（90）中油任字第30号】

1月25日　总公司党组决定，任命朱洪昌同志为塔里木石油勘探开发指挥部临时党委委员，免去其管道局党委常委、委员职务。【（90）中油党字第3号】

同日　总公司任命戴菊生为塔里木石油勘探开发指挥部副指挥。【（90）中油任字第31号】

二　月

2月4日　四川省委同意四川石油管理局党委副书记唐克碧同志享受正局级待遇。【川组经（1990）32号】

2月16日　中共辽宁省委决定，任命宋道堂同志为辽河石油勘探局党委副书记、纪委书记，李厚国、林青山同志为辽河石油勘探局副局长。【辽组干

〔1990〕39号】

2月22日　总公司决定，成立西部石油长输管道筹备小组，李虞庚兼任组长，徐世广、张德国、杨承志为副组长。【（90）中油任字第92号】

同日　总公司党组决定，任命陆敬同志为江苏石油勘探局党委书记，沈福权、王安华同志为党委副书记；免去孟宪铎同志的党委副书记职务。【（90）中油党字第4号】

同日　总公司任命夏国理为石油工业质量管理协会专职副理事长（副局级）。【（90）中油任字第85号】

2月26日　总公司党组决定，任命赵显文同志为承德石油高等技术专科学校党委书记，免去陈志荣同志的党委书记职务。【（90）中油党字第9号】

同日　总公司党组决定，任命张宗义同志为胜利石油管理局党委副书记，严家发同志为党委常委、纪委书记，刘锦信同志为党委常委；免去朱文科同志的胜利石油管理局党委常委职务、周德山同志的纪委书记职务。【（90）中油党字第5号】

2月27日　总公司决定，任命周德山为胜利石油管理局常务副局长，张如椿为胜利石油管理局副局长、总经济师，叶蜚庭、马富才、周长祯、张长和、刘锦信为副局长，帅福德为总地质师（勘探）、赵良才为总地质师（开发），宋万超为总工程师；免去朱文科的胜利石油管理局常务副局长职务，姚福林、侯庆生、陈树基的副局长职务，王乃举的总地质师职务。【（90）中油任字第103号】

2月　国家工商行政管理总局核准，中国石油物资公司注册名称为中国石油物资总公司。【中国石油物资采购中心上报】

三　　月

3月3日　总公司党组任命刘扬寿同志为青海石油管理局纪委书记。【（90）中油党字第8号】

3月7日　总公司决定，任命介霖为中原石油勘探局局长，蔡世启为副局长，纪树培为总工程师；免去金毓荪的中原石油勘探局局长职务。【（90）中油任字第109号】

同日　总公司党组决定，任命介霖同志为中原石油勘探局党委副书记，免去金毓荪同志的党委副书记职务。【（90）中油党字第7号】

3月11日 吉林省人民政府任命，谢燊为吉林省油田管理局副局长。【吉政干任〔1990〕5号 吉油干任字〔1990〕6号7月14日转发】

3月12日 国务院决定，免去陆敬的大庆石油管理局副局长职务。【国任字〔1990〕27号】

3月13日 总公司任命邸超为塔里木石油勘探开发指挥部副指挥。【(90)中油任字第132号】

3月16日 陕西省石化厅党组决定,于维华同志任陕西省宝鸡钢管厂党委委员、书记，田秀婷、钟裕敏任副厂长，黎芦同志任党委委员、纪委书记；免去潘茂祥同志的陕西省宝鸡钢管厂党委书记职务，于维华的副厂长职务，田秀婷同志的党委副书记、纪委书记职务。【陕石化党发〔1990〕20号】

3月22日 总公司决定，成立炼油化工局，主管炼油、石油化工、油田气体处理及以油气伴生矿为原料的化工生产。【(90)中油劳字第51号】

3月26日 总公司决定，任命张永一为石油管理干部学院院长，免去赵国珍的院长职务。【(90)中油任字第179号】

同日 总公司党组决定，任命张永一同志为石油管理学院党委书记，免去白凤仪同志的党委书记职务。【(90)中油党字第11号】

同日 总公司决定，任命秦安民为基建工程部副主任，免去徐世广的基建工程部副主任职务。【(90)中油任字第177号】

3月27日 总公司人事教育局同意,邹学绅为中国石油天然气第六建设公司经理；免去秦安民的中国石油天然气第六建设公司经理职务。【(90)人教字第122号】

3月29日 总公司党组任命邱中建同志为塔里木石油勘探开发指挥部临时党委副书记。【(90)中油党字第12号】

四 月

4月2日 总公司任命决定，张家茂为石油勘探开发研究院副院长兼廊坊分院院长（副局级）；免去李道品的石油勘探开发研究院廊坊分院院长职务。【(90)中油任字第195号】

同日 总公司任命韩谭贻为华东输油管理局副局长。【(90)中油任字第196号】

4月14日 总公司任命马天吉为华北石油管理局副局长。【（90）中油任字第214号】

同日 甘肃省人民政府任命梅士琪为玉门石油管理局副局长。【甘政任字〔1990〕7号】

4月18日 总公司决定李维谌留任企业管理部总经济师两年。【（90）中油人教字第239号】

同日 总公司决定万仁溥留任开发生产部总工程师职务三年。【（90）中油人教字第240号】

4月30日 总公司党组任命张同冉同志为中原石油勘探局纪委书记、党委常委。【（90）中油党字第15号】

五 月

5月3日 总公司决定，任命王乃举为开发生产部主任，金燕凯为基建工程部主任，裴德海为劳动工资部副主任，黄志潜为装备部总工程师；免去谭文彬的开发生产部主任职务。【（90）中油任字第253号】

同日 总公司同意，谭文彬留任总公司副总地质师三年。【（90）中油任字第270号】

5月8日 总公司印发党组书记王涛在干部工作会议上的讲话，指出各单位党委一定要把考察干部工作列入重要议事日程，党政主要领导干部要亲自抓；考察干部要与领导班子调整、充实、提高紧密结合起来，进一步加强石油战线各级领导班子的建设；高度重视石油战线干部队伍建设，大力培养选拔中青年优秀干部。会上总公司人事教育局局长史训知作了“加强各级领导班子建设，搞好后备干部工作”的报告。【（90）中油人教字第274号】

5月23日 总公司任命郑虎为石油管理干部学院副院长。【（90）中油任字第296号】

5月24至26日 中共大庆石油学院第五次代表大会召开，选举产生中共大庆石油学院第五届委员会和纪律检查委员会，委员会由金国梁、李云鹏、姜淑卿、郑广汉、刘业厚、申宝库、梁彪等7名同志组成，金国梁同志为党委书记，李云鹏、姜淑卿同志为党委副书记，姜淑卿同志为纪委书记。【东北石油大学上报】

5月30日 总公司决定，任命张江漪为石油工业出版社社长，免去其宣传思想工作办公室副主任、中国石油报社副社长职务；免去李昭仁的石油工业出版社副社长职务。【（90）中油任字第311号】

同日 总公司党组决定，任命张江漪同志为石油工业出版社党委书记，免去其中国石油报社党委副书记职务；免去于瑛同志的石油工业出版社党委副书记职务。【（90）中油党字第18号】

同日 总公司决定，任命李昭仁为石油科学技术情报研究所所长，免去其石油工业出版社副社长职务；免去吴德琪的石油科学技术情报研究所所长职务。【（90）中油任字第312号】

5月31日 国务院决定，任命陆人杰为胜利石油管理局局长，免去周永康兼任的胜利石油管理局局长职务。【国任字〔1990〕59号】

同日 吉林省人民政府任命，王仲茂为吉林省油田管理局总工程师。【吉政干任〔1990〕14号 吉油干任字〔1990〕6号7月14转发】

六 月

6月1日 中央国家机关党工委批复，同意成立总公司机关临时党委，任学忠同志任临时党委书记，傅大顺同志任临时党委副书记，单庆颐同志任临时纪委书记。【国党工组〔1990〕35号】

6月8日 总公司党组决定，成立中原石油化工工程建设指挥部临时党委，由周沛等5名同志组成，周沛同志为临时党委委员、书记，方颂扬同志为临时党委委员、副书记。【（90）中油党字第19号】

同日 总公司党组决定，任命陆人杰同志为胜利石油管理局党委书记，免去周永康同志兼任的胜利石油管理局党委书记职务。【（90）中油党字第20号】

6月13日 宋振明同志在黑龙江省大庆市逝世。宋振明，1926年6月出生，河北馆陶人，1938年参加革命，1942年加入中国共产党，1952年随石油工程第一师转入石油战线。生前曾任大庆石油会战指挥部党委书记、石油化学工业部副部长、石油工业部部长、国家能源委员会副主任、中国石油天然气勘探开发公司总经理。【《中国石油大事记》】

6月21日 总公司党组任命殷俊平同志为石油工业出版社党委副书记。【（90）中油党字第27号】

6月22日　总公司印发《中国石油天然气总公司机构编制管理办法》。【（90）中油劳字第416号】

6月23日　总公司决定，免去周原的塔里木石油勘探开发指挥部副指挥职务。【（90）中油任字第356号】

同日　总公司党组决定，免去周原同志的塔里木石油勘探开发指挥部临时党委副书记、纪委书记职务。【（90）中油党字第30号】

6月26日　总公司同意，增补刘扬寿、杨秀东、徐中清等3名同志为青海石油管理局党委常委；免去张德国、张文安同志的党委常委职务。【（90）中油党字第31号】

七　月

7月2日　甘肃省人民政府决定，任命杨秀森为玉门石油管理局副局长、总地质师，唐世荣、姚树梯为副局长，翟树人为总工程师。【甘政任字〔1990〕15号】

7月4日　总公司决定，任命张福录为管道局局长，陈吉庆、臧珍年为副局长。【（90）中油任字第371号】

同日　总公司党组决定，任命徐世仁同志为管道局党委书记；张福录同志为党委副书记，免去其局党委书记职务；于茂林同志为纪委书记。【（90）中油党字第33号】

同日　总公司决定，任命潘希柏为华东输油管理局局长；张振勇为副局长、总经济师，盛沛伦为副局长；免去张振勇的局长职务、李春光的副局长职务、韩建平的总经济师职务。【（90）中油任字第373号】

同日　总公司党组决定，任命于立新同志为华东输油管理局党委副书记，傅庆云同志为纪委书记；免去潘希柏同志的纪委书记职务。【（90）中油党字第35号】

同日　总公司决定，任命张连生为深圳石油实业发展公司总经理，彭昌忠为副总经理；免去孙延祯的总经理职务。【（90）中油任字第374号】

同日　总公司任命徐世庸为河南石油勘探局总地质师。【（90）中油任字第369号】

7月5日　总公司决定，任命刘国华为东北输油管理局副局长，余景春为

总工程师；免去焦喜林的副局长职务。【(90）中油任字第372号】

7月6日 总公司任命廖华志为中国石油画报社社长（副局级）。【(90）中油任字第382号】

7月10日 总公司党组决定,任命彭昌忠同志为深圳石油实业发展公司临时党委书记，张连生同志为临时党委副书记。【(90）中油党字第36号】

7月11日 总公司党组任命李万堃同志为塔里木石油勘探开发指挥部临时党委副书记。【(90）中油党字第38号】

7月13日 总公司党组任命李昭仁同志为石油科学技术情报研究所党委副书记。【(90）中油党字第39号】

7月16日 总公司决定,任命张连生为中国石油天然气总公司深圳办事处主任（副局级），彭昌忠为副主任（副局级）。【(90）中油任字第402号】

7月17日 总公司决定，任命何国裕为江汉石油管理局总工程师，彭章涛为总机械师。【(90）中油任字第583号】

7月20日 总公司印发《石油企业干部岗位规范》。【(90）中油人教字第417号】

7月26日 总公司决定，任命邢英明、张兴礼为国家原油大流量计量鉴定站副站长，郑福民为总工程师。【(90）中油任字第431号】

7月31日 总公司决定，成立国有资产管理局，国有资产管理局与总公司财务局合署办公。【(90）中油劳字第447号】

7月 国家体改委批复,安徽石油勘探总公司划归中国石油天然气总公司管理为主。【体改委〔1990〕36号】

八　月

8月2日 中共中央组织部同意邱中建同志为中国石油天然气总公司党组成员。【组任字〔1990〕89号】

8月6日 总公司决定，成立审计所。【(90）中油劳字第449号】

8月9日 总公司批复，同意朱国兴为大庆石油学院调研员（副局级）。【(90）中油任字第453号】

8月10日 国务院批准玉门石油管理局划归中国石油天然气总公司为主管理。【国函〔1990〕63号】

8月11日　总公司决定，任命赵熙寿为吐鲁番石油勘探开发会战指挥部指挥，唐世荣为副指挥，王昌桂为副指挥、勘探总地质师，崔辉为副指挥、开发总地质师，王世信为副指挥、采油总工程师，王景星、郭敬为副指挥，温羡藩为钻井总工程师；王鹏为吐鲁番石油勘探开发会战指挥部临时党委书记，刘世洲为临时党委副书记。【（90）中油任字第459号】

8月28日　总公司决定，任命金毓荪为石油勘探开发科学研究院总地质师（原局级待遇不变），韩大匡为油田开发总工程师，于炳忠为机械工程总工程师，刘翔鹗、刘文章为采油总工程师，吴震权为总地质师。【（90）中油任字第491号】

8月26日　国务院任命邱中建为总公司副总经理。【国任字〔1990〕95号】

九　月

9月5日　总公司党组决定，任命李克成同志为东北输油管理局党委书记，戴秀庠同志为党委副书记，李钊同志为纪委书记，吴云海同志为党委副书记，焦喜林同志为工会主席；免去张湘荣同志的东北输油管理局党委书记职务、李葆恒同志的纪委书记职务、高纪清同志的工会主席职务。【（90）中油党字第34号】

9月13日　中共甘肃省委组织部批复，同意增补杨秀森、吴碧莲同志为玉门石油管理局党委常委。【组任字〔1990〕122号】

9月17日　总公司决定，任命邱中建兼塔里木石油勘探开发指挥部指挥，周永康不再兼任塔里木石油勘探开发指挥部指挥职务。【（90）中油任字第522号】

同日　总公司党组决定，组建塔里木石油勘探开发指挥部党工委，对油田甲、乙方队伍党的工作实施统一领导，由邱中建等11名同志组成，邱中建、王炳诚、李万堃、朱洪昌、钟树德等5名同志为党工委常委，邱中建同志任党工委书记，王炳诚、李万堃同志任党工委副书记。中共塔里木石油勘探开发指挥部临时委员会撤销。【（90）中油党字第43号】

9月29日　总公司决定，任命唐光裕为河南石油勘探局局长；调孙希敬到大港石油管理局工作，免去其河南石油勘探局局长职务。【（90）中油任字第550号】

同日　总公司任命杨志钰为胜利石油管理局副局级调研员。【（90）中油任字第551号】

同日 总公司决定，任命孙希敬为大港石油管理局局长，王永杰、刘厚敏为副局长，于庄敬为总地质师，陈光虞任科委主任；免去陈光虞的局长职务、张连生的副局长职务。【（90）中油任字第552号】

同日 总公司党组决定，任命孙希敬同志为大港石油管理局党委常委、副书记，王永杰同志为党委常委；免去孙希敬同志的河南石油勘探局党委副书记、常委职务。【（90）中油党字第44号】

同日 总公司党组决定，任命李用甲同志为中国石油天然气总公司第八建设公司党委副书记、倪化行同志为纪委书记。【（90）中油党字第45号】

9月30日 总公司党组批复，同意增补李克成、吴云海、焦喜林、李裕辰等4名同志为东北输油管理局党委常委。【（90）中油党字第46号】

十　月

10月13日 总公司决定，撤销新技术服务公司，成立新技术推广总站。【（90）中油劳字第595号】

10月16日 新疆维吾尔自治区党委决定，任命谢志强同志为新疆石油管理局、克拉玛依市党委书记，王德华同志为独山子炼油厂党委书记（副局级）；免去张毅同志的新疆石油管理局、克拉玛依市党委书记职务，新疆石油管理局党委委员职务；免去任荣堂同志的新疆石油管理局、克拉玛依市党委常委职务。【新党干字〔1990〕49号】

同日 总公司任命程守礼为中国石油开发公司总经理。【（90）中油任字第581号】

同日 总公司任命林壬子为江汉石油学院副院长。【（90）中油任字第580号】

同日 总公司党组决定，任命蒋发太同志为江汉石油学院党委副书记，马秀奇同志为纪委书记，熊开源同志为工会主席；免去张学义同志的纪委书记职务。【（90）中油党字第47号】

10月17日 总公司任命杨润臣为中国石油物资公司副经理。【（90）中油任字第591号】

同日 总公司决定，任命沈平平为石油勘探开发科学研究院副院长，傅诚德为总经济师。【（90）中油任字第592号】

同日 总公司党组任命郭永诚同志为江汉石油管理局党委副书记。【（90）

中油党字第48号】

10月19日 总公司决定，成立中国石油天然气销售公司，销售公司是总公司直属单位，具有法人资格的经济实体，实行自主经营，独立核算。【（90）中油劳字第599号】

同日 总公司党组任命何积庆同志为通信公司党委书记（副局级）。【（90）中油党字第49号】

10月23日 总公司党组决定，任命方克礼同志为中国石油天然气总公司西北地质研究所党委书记（副局级），免去傅万祯同志的党委书记职务。【（90）中油党字第54号】

10月26日 总公司任命程绍志为河南石油勘探局副局长。【（90）中油任字第604号】

同日 总公司党组批复，同意增补黄敏同志为胜利石油管理局党委常委。【（90）中油党字第55号】

同日 中共新疆维吾尔自治区委员会决定，王德华同志任独山子炼油厂党委书记（副局级）。【新党干字〔1990〕49号】

10月27日 新疆维吾尔自治区人民政府决定，任命谢宏为新疆石油管理局局长，杨生汉为独山子炼油厂厂长（副局级）；免去谢志强的新疆石油管理局局长职务、任荣堂的副局长职务、张毅的新疆石油学院院长职务。【新政任字〔1990〕11号】

10月29日 总公司人事教育局批复，同意吴惠起为中国石油天然气总公司第一建设公司副经理。【（90）人教字第379号】

同日 总公司人事教育局批复，同意刘增运为中国石油天然气第六建设公司副经理。【（90）人教字第380号】

10月 陕西省宝鸡石油钢管厂晋升为国家二级企业和国家节约能源二级企业。【中国石油物资采购中心上报】

同月 总公司决定，将石油勘探开发科学研究院廊坊分院的机构规格调整为副局级，仍为石油勘探开发科学研究院下属单位。【（90）中油劳字第579号】

同月 中共华东输油管理局第三次代表大会召开，大会选举产生中共华东输油管理局第三届委员会和纪律检查委员会，常委会由刘勇、潘希柏、于立新、傅庆云、张振勇、方嘉华、孙均平等7名同志组成，刘勇同志为党委书记，潘希柏、于立新同志为党委副书记，傅庆云同志为纪委书记。

十 一 月

11月1日　总公司党组批复，同意龙君贵同志任中国石油天然气第六建设公司党委副书记，免去刘增运同志的党委副书记职务。【（90）中油党字第58号】

11月2日　总公司印发《机关职能部门机构设置、人员编制有关问题的通知》。对监察室及计划部等13个原称作“部”的职能部门均改名为“局”，上述部门的领导职务名称相应为局长、副局长，总师改为局总师；总公司党委工作部改为机关党委；总公司宣传思想工作办公室改名为思想政治工作办公室；设立政策研究室（局级），负责组织研究总公司的发展战略及重大方针政策，原办公厅的调研业务划归该室。设立多种经营局，归口管理石油工业的多种经营和集体经济工作，原企业管理局的集体经济管理业务划归该局。撤销体制改革办公室，有关体改业务划归政策研究室。办公厅、外事局、钻井局、油气资源管理局、炼油化工局、老干部局名称不变。调整后，机关设管理部门24个，人员编制917人。【（90）中油劳字第630号】

同日　总公司人事教育局批复，同意莫水江为浙江石油勘探处副处长。【（90）人教字第399号】

11月3日　新疆维吾尔自治区人民政府决定，任命杨生汉为独山子炼油厂厂长（副局级）。【新政任字〔1990〕11号】

11月7日　总公司机关临时党委批复，同意增补郭大伟同志为管道局第二届党委委员、常委。【（90）机党字第20号】

11月8日　总公司决定，任命王苏民为滇黔桂石油勘探局局长，陆荣生为副局长、总地质师，杜全义任科技委主任（副局级）；免去王献智的局长职务、杜全义的总地质师职务。【（90）中油任字第624号】

同日　总公司党组任命王苏民同志为滇黔桂石油勘探局党委副书记。【（90）中油党字第62号】

同日　总公司党组决定，任命李玉超同志为石油地球物理勘探局党委常委、书记，刘颂威同志为党委副书记，钟辛生、柴桂林同志为党委常委；免去李玉超同志的华北石油管理局党委常委、副书记职务，潘瑗同志的石油地球物理勘探局党委常委职务。【（90）中油党字第63号】

11月9日　总公司决定，任命刘颂威为石油地球物理勘探局局长，柴桂林为副局长，许大坤为总工程师，赵瑞平为副局长，武慎让为总经济师，吴奇之为总地质师；免去潘瑗的局长职务、柴桂林的总地质师职务、武慎让的副局长职务。【（90）中油任字第625号】

11月10日　总公司任命王贤清为炼油化工局副局长。【（90）中油任字第713号】

同日　总公司决定，任命罗平亚为西南石油学院院长；免去张绍槐的院长职务、林维澄的副院长职务。【（90）中油任字第631号】

同日　总公司党组决定，任命林维澄同志为西南石油学院党委书记；免去曹开胜同志的党委书记职务、崔汝梁同志的工会主席职务。【（90）中油党字第65号】

同日　总公司任命王献智为江汉石油管理局副局长。【（90）中油任字第632号】

11月12日　总公司决定，免去严衍余同志石油地球物理勘探局党委书记、常委、委员职务。【（90）中油党字第66号】

同日　总公司任命严衍余为深圳石油实业发展公司副总经理。【（90）中油任字第634号】

11月24日　总公司党组决定，任命杨泽民同志为中国石油天然气总公司运输公司工会主席、党委委员，任职期间享受副局级待遇。【（90）中油党字第68号】

十 二 月

12月5日　总公司决定，组建总公司机关临时党委、总公司机关临时纪委。临时党委会由任学忠、傅大顺、吴宗英、史训知、王正棠、徐世仁、李玉超、贾金会、单庆颐、陈富贤、蒿成等11名同志组成；临时纪律检查委员会由单庆颐、张宽信、孙寿荣、孙希文、乐秀民、赵瑜等6名同志组成。【（90）中油党字第71号】

12月6日　总公司决定王正棠留任监察室主任一年。【（90）中油人教字第682号】

12月10日　总公司党组印发《关于表彰102名石油战线优秀思想政治工作者的决定》。【（90）中油党字第74号】

12月16日 中国石油文联在胜利石油管理局黄河饭店成立。

12月23日 总公司党组决定，任命王宗政同志为承德石油高等技术专科学校党委副书记、纪委书记，孙德生同志为承德石油高等技术专科学校机械厂党委书记；免去刘兴安同志的承德石油高等技术专科学校纪委书记职务。【（90）中油党字第76号】

12月24日 总公司任命张书玺、潘永祥为行政事务局副局长。【（90）中油任字第714号】

同日 总公司任命张绍槐为西安石油学院院长，免去邢汝霖的院长职务。【（90）中油任字第711号】

同日 总公司党组决定，任命邢汝霖同志为西安石油学院党委书记，张绍槐同志为党委委员；免去吴林祥同志的党委书记职务。【（90）中油党字第75号】

同日 总公司党组批复，同意增补李仕伦、张斌同志为西南石油学院党委委员。【（90）中油任字第77号】

本年 总公司职工总数140.85万人。【石油工业统计年报】

一九九一年

一　月

1月4日　总公司印发《关于稳定和加强一线职工队伍的若干意见》。【（91）中油办字第1号】

同日　总公司党组决定，任命殷德之同志为中国石油天然气第七建设公司党委书记，曹鸿金同志为党委副书记；免去朴殿举同志的党委书记职务，任调研员。【（91）中油党字第1号】

1月5日　总公司人事教育局决定，邓德利为中国石油天然气第七建设公司经理，邵永田为副经理，姬宗杰为总经济师；免去殷德之的经理职务。【（91）人教字第2号】

1月16日　总公司任命陶惠鑫为吐鲁番石油勘探开发会战指挥部副指挥（正处级）。【（91）中油任字第38号】

1月18日　总公司决定，任命白世荫为外事局局长，免去其装备部副主任职务。【（91）中油任字第36号】

同日　总公司决定，任命王煌今为多种经营局局长，朱有和为副局长。【（91）中油任字第37号】

1月21日　总公司决定，组建塔里木石油勘探开发指挥部纪律检查委员会，李万堃同志为纪委书记；杨宏智同志为纪委副书记。【（91）中油党字第2号】

1月23日　总公司人事教育局批复，同意刘海生为大庆石油管理局党委组织部部长。【（91）人教字第38号】

1月25日　总公司印发《总公司机关职能部门的调整变更和启用印章的通知》。【（91）中油劳字第50号】

1月31日　总公司党组同意，增补赵瑞平同志为塔里木石油勘探开发指挥部党工委委员；免去钟辛生同志的党工委委员职务。【（91）中油党字第3号】

二　月

2月9日　总公司决定，任命赵中坚为江汉石油管理局总地质师，徐达人

为总经济师；免去戴世昭的总地质师职务。【（91）中油任字第88号】

同日 总公司任命董保真为西南石油学院副院长。【（91）中油任字第89号】

同日 总公司党组任命黄建民同志为西南石油学院副书记、纪委书记。【（91）中油党字第4号】

同日 总公司任命王喜田同志为管道局党委副书记。【（91）中油党字第5号】

2月11日 总公司成立离退休职工管理局，与老干部局一套编制。【（91）中油劳字第118号】

同日 总公司决定，任命王慎言为勘探局副局长，免去油气资源管理局副局长职务。【（91）中油任字第82号】

同日 总公司任命李法兰为多种经营局副局长。【（91）中油任字第83号】

同日 总公司任命韩世全为体制改革办公室总经济师。【（91）中油任字第84号】

同日 总公司决定，任命查全衡为油气资源管理局局长，李国玉留任油气资源管理局总地质师两年。【（91）中油任字第85号】

同日 总公司决定，任命施鸣鹤为冀东石油勘探开发公司经理，张邦杰为副经理；免去翟光明兼任的经理职务。【（91）中油任字第87号】

同日 总公司党组决定，任命施鸣鹤同志为冀东石油勘探开发公司党委书记；免去贾金会同志兼任的党委书记职务。【（91）中油党字第6号】

同日 总公司决定，成立吐鲁番—哈密石油勘探开发会战指挥部，由总公司直接领导。【（91）中油劳字第109号】

2月26日 总公司劳动工资局印发《关于稳定和加强一线职工队伍中有关劳动工资问题的几个具体规定》。【（91）劳办字第19号】

三 月

3月4至6日 中共管道局第三次代表大会在廊坊召开，大会选举产生中共管道局第三届委员会和纪律检查委员会，常委会由徐世仁、张福录、王喜田、于茂林、吕中士、郭大伟、邢振亚等7名同志组成，徐世仁同志为党委书记，张福录、王喜田同志为党委副书记；于茂林同志为纪委书记。

3月6日 总公司党组决定，任命曹开胜同志为中国石油天然气总公司工程技术研究所党委书记（保留副局级）；免去纪明申同志的党委书记职务。

【（91）中油党字第8号】

同日 总公司党组决定，免去马培泉管道局工会主席，改任调研员（副局级）。【（91）中油党字第9号】

3月7日 吉林省人民政府决定，任命王选华为吉林省油田管理局副局长。【吉政干任〔1991〕10号】

3月8日 总公司决定，任命谭文彬为吐鲁番—哈密石油勘探开发会战指挥部指挥，赵熙寿为常务副指挥（正局级），杨秀森、杨承志、吴碧莲、张福祥、秦安民、罗玉成、梅士琪、唐世荣、姚树梯、王世信等10人为副指挥，翟树仁为总工程师，王昌桂为勘探总地质师，崔辉为开发总地质师。【（91）中油任字第110号】

同日 总公司党组决定，成立中共吐鲁番—哈密石油勘探开发会战指挥部工作委员会，由谭文彬等19名同志组成，常委会由谭文彬等9名同志组成，谭文彬同志为党工委书记；王鹏同志为党工委常务副书记（正局级）；赵熙寿、刘世洲同志为党工委副书记；杨承志、张福祥、秦安民、唐世荣、王世信等5名同志为党工委常委。党的纪检工作由中共玉门石油管理局纪律检查委员会负责。原吐鲁番石油勘探开发会战指挥部临时党委随即撤销。【（91）中油党字第7号】

同日 总公司决定，任命郭忠范为审计所所长（副局级），免去其辽河石油勘探局总会计师职务；刘芬为审计所副所长（正处级）。【（91）中油任字第167号】

同日 总公司党组决定，组建审计所临时党委，由郭忠范、杨纪昌、刘芬等3名同志组成，郭忠范同志任审计所临时党委书记，杨纪昌同志任临时党委副书记（正处级），刘芬同志任临时党委委员。【（91）中油党字第10号】

3月9日 新疆维吾尔自治区党委决定，买买提·努尔同志任自治区总工会党组书记，免去其新疆石油管理局党委副书记职务。【新党干字〔1991〕41号】

同日 总公司人事教育局同意，李鹤林为石油管材研究中心主任，免去其石油管材研究中心总工程师职务；宋治为石油管材研究中心副主任，免去其石油管材质量监督检测中心总工程师职务；免去王道纯的石油管材研究中心主任职务。【（91）人教字第121号】

3月11日 总公司印发《王涛同志关于贯彻全国省区市党委组织部长会议精神的讲话》。【（91）中油党字第15号】

同日 总公司决定，任命徐中清为青海石油管理局局长；免去蒋一鸣的局长职务，改任科学技术委员会主任。【（91）中油任字第181号】

同日 总公司党组决定，任命徐中清同志为青海石油管理局党委副书记，刘扬寿同志为党委副书记，谢福利同志为纪委书记；免去刘扬寿同志的纪委书记职务、蒋一鸣同志的党委常委职务。【（91）中油党字第12号】

同日 总公司党组决定，任命徐绍铭同志、李凤岐同志为大庆石油管理局党委副书记，于宝祥同志为纪委书记；免去王福印同志的党委副书记职务。【（91）中油党字第11号】

3月16日 总公司征得能源部同意，查全衡为能源部石油天然气资源管理办公室主任（与总公司油气资源管理局为两块牌子、一套机构），李国玉为能源部石油天然气资源管理办公室总地质师（正局级）。【（91）中油任字第200号】

3月20日 中共黑龙江省委决定，任命张书德同志为大庆师范专科学校党委书记，王进一为校长；免去王进一同志的大庆师范专科学校党委书记职务，免去王德安的校长职务，保留副厅级。【黑组干字〔1991〕171号】

3月21日 中共中央组织部批准成立中国石油天然气总公司党组纪律检查组。【（91）干任字134号】

同日 中共中央批准，金钟超同志兼任中国石油天然气总公司党组纪律检查组组长。【中委〔1991〕67号】

3月22日 总公司机关临时党委决定，增补王兆诸、朱水安、余守德、施鸣鹤、姜连成等5名同志为冀东石油勘探开发公司临时党委委员，免去贾金会、翟光明、张邦杰、张家茂等4名同志的临时党委委员职务。【（91）机党字第15号】

3月30日 总公司决定，任命雷发瑞、苗铁生为长庆石油勘探局副局长，许超杰为总工程师。【（91）中油任字第230号】

同日 总公司党组决定，任命张继昌同志为长庆石油勘探局纪委书记，王树荣同志为工会主席；免去雷发瑞同志的纪委书记职务。【（91）中油党字第16号】

四　月

4月2日 总公司决定，任命孙寿荣为审计局局长，郭忠范为副局长。【（91）中油任字第247号】

同日　总公司机关临时党委批复，同意中共管道局第三届委员会由徐世仁等23名同志组成，徐世仁、张福录、王喜田、吕中士、于茂林、邢振亚、郭大伟等7名同志为党委常委，徐世仁同志为党委书记，张福录、王喜田同志为党委副书记；纪律检查委员会由于茂林等17名同志组成，于茂林同志为纪委书记。【（91）机党字第14号】

同日　总公司任命李长林为中国石油天然气总公司总会计师。【（91）中油任字第252号】

同日　中共中国石油天然气总公司通信公司党员大会召开，选举产生中共通信公司第二届委员会和纪律检查委员会，委员会由何积庆、王金瑞、朱自珍、张敏文、余自强等5名同志组成，何积庆同志为党委书记，朱自珍同志为纪委书记。【管道局上报】

4月3日　中共石油工业出版社第二次党员大会召开，选举产生中共石油工业出版社第二届委员会和纪律检查委员会，委员会由张江漪、殷俊平、陈炳泉、牛瑄、彭宪章等5名同志组成，张江漪同志为党委书记，殷俊平同志为党委副书记、纪委书记。【石油工业出版社有限公司上报】

4月6日　总公司党组决定，任命张文仁同志为总公司党组纪律检查组副组长（正局级）；免去其监察局副局长职务。【（91）中油党字第22号】

同日　总公司任命周铭涛兼任格尔木炼油厂工程建设指挥部指挥。【（91）中油任字第258号】

同日　经总公司同意，陕西省石化厅党组决定宋满生为宝鸡石油钢管厂副厂长。【陕石化党发〔1991〕22号】

4月8日　总公司决定，任命马力行、陈世贤为青海石油管理局副局长，宋克显为总工程师；免去杨秀东的总工程师职务。【（91）中油任字第254号】

同日　总公司任命周永华为玉门石油管理局副局长。【（91）中油任字第255号】

同日　总公司党组任命黄亦纯同志为玉门石油管理局党委副书记。【（91）中油党字第18号】

同日　总公司党组任命王树宽同志为管道局党委常委、工会主席。【（91）中油党字第19号】

4月9日　总公司印发《关于贯彻执行〈企事业单位评聘专业技术职务若

干问题暂行规定〉的实施办法》。【（91）中油人教字第412号】

同日 总公司、劳动部印发《石油行业高级技师评聘试点办法》。【（91）中油劳字第275号】

同日 总公司决定，任命蔡志刚、陈景权为华北石油管理局副局长，杨培山为总地质师。【（91）中油任字第260号】

4月10日 总公司印发《中国石油天然气总公司专业技术职务评审委员会组织办法》。【（91）中油人教字第413号】

4月16日 总公司任命殷俊平为石油工业出版社副社长。【（91）中油任字第277号】

4月23日 中央国家机关党工委批复，同意王孝先同志为总公司机关临时党委副书记。【国党工组〔1991〕80号】

4月29日 总公司批复，同意胜利石油管理局叶大信留任局科委主任一年，至1991年12月31日。【（91）中油任字第309号】

4月 总公司决定，新疆石油管理局泽普石油天然气开发公司为副局级单位。【新疆油田分公司上报】

同月 中共江汉石油学院第三次代表大会召开，选举产生第三届委员会和纪律检查委员会，委员会由张树平、章贻俊、白光第、蒋发太、马秀奇、宗有葆、凌克宽、刘绍沛、林壬子等9名同志组成，张树平同志为党委书记，章贻俊、白光第、蒋发太等3名同志为党委副书记，马秀奇同志为纪委书记。【江汉石油学院上报】

五　月

5月3日 总公司印发石油工业劳动工资工作会议材料。强调围绕石油工业的“三大战略”，建设好“三支队伍”，实现“三个良性循环”；采取有效措施，控制职工总量增长；加强培训，调整队伍结构，建设一支适应“三大战略”需要的工人队伍。【（91）中油劳字第293号】

同日 总公司党组批复，同意中共江汉石油学院第三次党代会选举结果，张树平同志为江汉石油学院党委书记，章贻俊、白光第、蒋发太同志为党委副书记，马秀奇同志为纪委书记。【（91）中油党字第25号】

5月7日 总公司党组决定，任命谈立平同志为石油情报研究所党委副书

记（列李昭仁之前），主持党委工作；免去徐文野同志的党委书记职务。【（91）中油党字第27号】

5月8日 中共黑龙江省委同意，于宝祥、刘海生同志为大庆石油管理局党委常委；免去茹作斌同志的党委常委、委员职务。【黑组干字〔1991〕254号】

5月17日 国务院决定，任命王德民、严世才、关晓红等3人为大庆石油管理局副局长，巢华庆为总地质师；免去丁贵明的副局长职务、唐曾熊的总地质师职务。【国任字〔1991〕53号】

5月23日 总公司关于文联机构编制的批复，同意文联下设办公室，作为日常办事机构。【（91）劳组字第62号】

5月24日 总公司直属机关党委批复，同意中共中国石油工程建设公司党代会选举结果，党委会由单永复、康卫平、赵焕国、胡贵平、高振华、周延抗、侯浩杰等7名同志组成，单永复同志任党委书记，胡贵平同志任党委副书记、纪委书记。【（91）机党字第36号】

5月30日 总公司党组决定，任命彭昌忠同志为深圳石油实业发展公司临时党委书记，张连生同志为临时党委副书记，安立德、高来福、张斌江等3名同志为临时党委委员。【（91）中油党字第30号】

六　月

6月1日 总公司决定，任命魏宜清为中国石油报社社长，免去张恕基的社长职务。【（91）中油任字第367号】

同日 总公司党组决定，任命王福印同志为中国石油报社党委书记，免去张恕基同志的党委书记职务。【（91）中油党字第29号】

同日 总公司任命邱孝培为炼油化工局总工程师。【（91）中油任字第368号】

6月3日 中央国家机关党工委批复，同意王孝先、史训知、任学忠、朱秉刚、傅大顺、蒿成等6名同志为总公司直属机关第六届党委常委，任学忠同志为党委书记，王孝先同志为党委副书记，傅大顺同志为纪委书记。【国党工组〔1991〕108号】

6月5日 总公司党组同意，增补谢福利同志为青海石油管理局党委常委。【（91）中油党字第32号】

6月7日 总公司决定，将中国石油开发公司总部从北京迁往广州，公司

在北京设代表处。【(91)中油办字第393号】

6月10日 中共石油管理干部学院第一次代表大会召开，选举产生中共石油管理干部学院第一届委员会和纪律检查委员会，委员会由张永一、郑虎、廖国芳、王庭树、闫国志、施哲彦、刘少斌等7名同志组成，张永一同志为党委书记，廖国芳同志为党委副书记、纪委书记。【(1991)油干党字第14号】

6月18日 总公司决定，免去郑基英的江汉石油学院副院长职务。【(91)中油任字第418号】

6月29日 总公司任命何富荣为胜利石油管理局副局长。【(91)中油任字第441号】

6月 总公司下发《关于吐鲁番—哈密地区石油勘探开发实行新型管理体制的实施意见》的通知，确定了"油公司"模式的基本框架，为吐哈会战进一步推行新体制奠定基础。【〔1991〕中油体改字449号】

七 月

7月1日 总公司党组任命王福印同志为思想政治办公室副主任。【(91)中油党字第36号】

同日 总公司同意郝景玉为能源部和总公司石油基建工程质量监督中心站站长（副局级）。【(91)中油人教字第445号】

同日 总公司决定，任命赵世温为辽河石油勘探局副局长，王革为总会计师，时庚戌为总地质师（开发），赵建元为总工程师，辛一平为科技委主任。【(91)中油任字第273号】

同日 总公司党组决定，任命姚亚元同志为辽河石油勘探局纪委书记，免去宋道堂同志的纪委书记职务。【(91)中油党字第23号】

7月2日 总公司党组决定，任命赵红同志为中国石油天然气总公司西北地质研究所纪委书记，韩元生为工会主席。【(91)中油党字第37号】

同日 总公司党组同意，张殿权同志任河南石油勘探局工会主席。【(91)中油党字第40号】

7月3日 总公司党组决定，组建石油管材研究中心临时党委，李鹤林、李凤媛、宋治、梁梅生、李健鹏等5名同志任党委委员，李鹤林同志为石油管材研究中心临时党委书记，李凤媛同志为临时党委副书记，党的关系隶属于

宝鸡石油机械厂党委。【（91）中油党字第42号】

7月6日 总公司任命施少荃为长庆石油勘探局副局长。【（91）中油任字第454号】

同日 总公司印发《关于宝鸡石油机械厂等4个企业划归中国石油天然气总公司管理的通知》。国家体改委以体改生〔1991〕31号文批准，1991年1月起将陕西省宝鸡石油机械厂、陕西省宝鸡石油钢管厂、西安石油勘探仪器总厂、陕西省咸阳钢管钢绳厂划归总公司管理。陕西省宝鸡石油机械厂更名为宝鸡石油机械厂，陕西省宝鸡石油钢管厂更名为宝鸡石油钢管厂，陕西省咸阳钢管钢绳厂更名为咸阳石油钢管钢绳厂。【（91）中油劳字第457号】

7月9日 总公司党组批复，同意中共中国石油天然气总公司直属机关第六届委员会由23名同志组成，中共中国石油天然气总公司直属机关第六届纪律检查委员会由9名同志组成。经中央国家机关党工委批准，同意任学忠、王孝先、史训知、朱秉刚、傅大顺、蒿成等6名同志为中共中国石油天然气总公司直属机关第六届委员会常委，任学忠同志为党委书记，王孝先同志为党委副书记；傅大顺同志为中共中国石油天然气总公司直属机关第六届纪律检查委员会书记。【（91）中油党字第39号】

7月12日 总公司决定，成立北京天然气集输公司，为隶属于中国石油天然气总公司直属的局级单位，主要负责长庆靖边气田至北京天然气管道及配套工程的建设和运营管理。原石油工业部天然气工程指挥部同时撤销。【（91）中油劳字第509号】

7月13日 总公司决定，任命王永纯为塔里木石油勘探开发指挥部副指挥；免去柴桂林、戴菊生的副指挥职务。【（91）中油任字第482号】

同日 总公司党组批复，同意增补张仲珉、李大华、王秋华、刘兴和同志为塔里木石油勘探开发指挥部党工委常委。【（91）中油党字第43号】

同日 总公司党组决定，任命乐秀民同志为石油规划设计总院党委书记，免去胡象尧同志的党委书记职务。【（91）中油党字第46号】

同日 总公司直属机关党委批复，同意中共石油规划设计总院第二届委员会由乐秀民、胡象尧、苗承武、屈清华、陈茂祥、吴明胜等6名同志组成，乐秀民同志任党委书记，胡象尧同志任党委副书记；乐秀民同志任纪委书记。【（91）直机党字第60号】

7月16日 总公司任命丁贵明为勘探局局长。【（91）中油任字第521号】

同日 总公司任命陈茂祥为石油规划设计总院总工程师。【（91）中油任字第494号】

同日 总公司决定，成立中国石油天然气总公司物资供应管理局，与中国石油物资总公司一套机构，负责石油物资供应方面的有关行业管理工作。【（91）中油劳字第495号】

7月27日 总公司任命杨栋梁为中原石油化工工程建设指挥部副指挥长。【（91）中油任字第518号】

同日 总公司党组批复，同意增补杨栋梁同志为中原石油化工工程建设指挥部党委委员。【（91）中油党字第47号】

八　月

8月9日 总公司决定，任命臧珍年为北京天然气集输公司经理，张凭、单成吉为副经理，车庆斌为总工程师，李芳柏为顾问。【（91）中油任字第563号】

8月27日 总公司党组决定，任命臧珍年同志为北京天然气集输公司临时党委书记，李芳百、张凭、单成吉、车庆斌等4名同志为临时党委委员。【（91）中油党字第51号】

8月28日 经国务院企业管理指导委员会核定，同意胜利石油管理局、新疆石油管理局晋升为国家二级企业。【（91）中油企字第600号】

8月29日 总公司决定，新疆石油管理局泽普石油天然气开发公司更名为新疆石油管理局塔西南勘探开发公司，仍为副局级。【（91）中油劳字第603号】

九　月

9月6日 总公司任命孙宗绪为胜利石油管理局总会计师。【（91）中油任字第629号】

9月9日 总公司决定，任命程守礼为中国石油开发公司总经理，戴宗林为副总经理、总地质师，杨泾安、宋善昆为副总经理，胡乃人为总工程师。【（91）中油任字第632号】

同日 总公司党组决定，组建中国石油开发公司临时党委，委员会由程守礼等7名同志组成，程守礼同志为临时党委书记，宋善昆同志为临时党委副书记，戴宗林、杨泾安、曾兴球、关毅、肖翼等5名同志为临时党委委员。【（91）

中油党字第52号】

同日 总公司任命高崇禹为中国石油开发公司顾问（聘任二年）。【（91）中油任字第633号】

同日 总公司批复，同意免去张中廉的工程技术研究所副所长职务，改任调研员（副处级）。【（91）人教字第382号】

9月11日 新疆维吾尔自治区党委决定，谢志强同志兼任新疆石油学院党委书记，赵国轩同志任党委副书记，谢宏、王祖国、阿西木江·斯拉依诺夫同志任党委委员；免去阿瓦哈力·沙比诺夫同志的新疆石油学院党委书记、委员职务，安吉庆同志的党委委员职务。【新党干字〔1991〕114号】

同日 总公司印发《关于石油企事业单位评聘专业技术职务有关问题的意见》。【（91）中油人教字第642号】

9月18日 总公司决定，任命白世荫为中国石油技术开发公司总经理；免去焦力人的中国石油技术开发公司总经理职务。【（91）中油任字第660号】

同日 总公司任命马猛龙为深圳石油实业发展公司总会计师。【（91）中油任字第657号】

9月21日 总公司批复，同意成立石油大学研究生院。【（91）中油劳字第640号】

9月25至27日 中共新疆石油管理局、克拉玛依市第六次代表大会召开，选举产生局、市党委第六届委员会和纪律检查委员会，委员会由29名同志组成，常委会由谢志强、谢宏、周原、司马义·托乎提、刘允祥、戴明梓、李兆智、李木林、买买提·艾沙等9名同志组成，谢志强同志为党委书记，谢宏、周原、司马义·托乎提同志为党委副书记，刘允祥同志为纪委书记。【新疆油田分公司上报】

同日 总公司决定，任命梁高才为销售公司经理，高喜发、杨景民为销售公司副经理。【（91）中油任字第675号】

同日 总公司任命高姿为辽河石油勘探局副局长。【（91）中油任字第676号】

9月26日 中共中央组织部同意张轰同志为总公司党组成员。【组任字〔1991〕115号】

9月28日 国务院生产办公室批复，同意成立中国石油油田化学公司，为中国石油天然气总公司的全资子公司，是实行自主经营、独立核算、自负

盈亏，具有法人资格的全民所有制企业。【国生企业〔1991〕30号】

9月29日 唐山市总工会批复，同意冀东石油勘探开发公司工会第一次代表大会选举结果，杨湘岳为冀东石油勘探开发公司工会主席（正处级）。【唐工总字（1991）34号】

十　月

10月9日 新疆维吾尔自治区人民政府决定，谢宏兼任新疆石油学院院长，王祖国任副院长；免去安吉庆的新疆石油学院副院长职务。【新政任字〔1991〕41号】

同日 新疆维吾尔自治区人民政府决定，戴明梓、陈汉扬、杨生汉、王荣任新疆石油管理局副局长，赵立春任副局长、开发总地质师，李立诚任总工程师；免去钟树德的副局长、总工程师职务。【新政任字〔1991〕30号】

10月16日 国务院决定，任命张轰为总公司副总经理，免去金钟超的总公司副总经理职务。【国任字〔1991〕127号】

10月21日 中共中央组织部批准史训知同志任总公司党组成员。【组任字〔1991〕135号】

10月25日 总公司任命刘喜恩任宝鸡石油钢管厂总会计师。【（91）人教字第438号】

十 一 月

11月5日 总公司印发《关于享受一九九一年政府特贴人员的通知》。【（91）中油人教字第767号】

11月7日 新疆维吾尔自治区党委决定，姜彬同志任新疆石油管理局东疆勘探开发公司党委书记（副厅级），赵文光同志任新疆石油管理局泽普石油天然气开发公司党委书记（副厅级）。【新党干字〔1991〕148号】

11月12日 中共大庆石油管理局第四次代表大会召开，大会选举产生中共大庆石油管理局第四届委员会和纪律检查委员会，实行常委制，张轰同志为党委书记，王志武、徐绍铭、李凤岐等3名同志为党委副书记，于宝祥同志为纪委书记。

同日 总公司为加强西北油气管道建设的领导，决定调整西北油气管道建设领导小组，周永康兼任组长，李虞庚、周庆祖、李长林任副组长，徐世广、张福录、张德国、臧珍年、李芳百、潘明方、高润清、金燕凯、沈裕祖、梁高才、傅志达、潘家华为成员，原西部石油长输管道筹备小组撤销。【（91）中油任字第772号】

11月16日　国家劳动部复函，同意总公司机关机构设置25个部门，人员编制917人（包括老干部局、行政事务局）。【劳力字〔1991〕60号】

同日　总公司决定，任命贡华章为财务局总会计师，王毓信为国有资产管理局总会计师，孙振纯为钻井工程局总工程师，张庆成为运销局总工程师。【（91）中油任字第790号】

同日　总公司决定，任命张少南、李世安为大庆石油学院副院长；免去韩德旺的副院长职务。【（91）中油任字第787号】

同日　总公司党组任命孙彦彬同志为大庆石油学院党委副书记。【（91）中油党字第57号】

11月18日　总公司党组批复，同意增补王树荣同志为长庆石油勘探局党委常委。【（91）中油党字第58号】

11月21日　中共吉林省委决定，侯殿才同志任吉林省油田管理局党委副书记。【（91）干任字第325号】

11月22日　总公司党组任命严家发同志为胜利石油管理局党委副书记。【（91）中油党字第61号】

11月25日　中共黑龙江省委批复，同意于宝祥、王志武、王德民、刘海生、李凤岐、张轰、陈灼华、周家俊、钱棣华、徐绍铭、梅江等11名同志为大庆石油管理局党委常委，张轰同志为党委书记，王志武、徐绍铭、李凤岐等3名同志为党委副书记，于宝祥同志为纪委书记。【黑组干〔1991〕676号】

11月26日　总公司人事教育局决定，免去蒋德芳的重庆石油学校副校长职务。【（91）人教字第478号】

11月29日　总公司决定，任命梁狄刚为塔里木石油勘探开发指挥部总地质师；免去童晓光的总地质师职务。【（91）中油任字第819号】

11月　中共中原石油勘探局第二次党员代表大会召开，选举产生中共中原石油勘探局第二届委员会和纪律检查委员会，林治开、介霖、田庆鲁、周沛、张同冉、刘恩学、李清壁、任振成等8名同志为党委常委，林治开同志为党委书记；介霖、田庆鲁同志为党委副书记；张同冉同志为纪委书记。【中

国石油化工集团公司提供】

同月 中共西南石油学院第五次党员代表大会召开，大会选举产生中共西南石油学院第五届委员会和纪律检查委员会，委员会由林维澄、黄建民、李士伦、张斌、董保真、张应光等6名同志组成，林维澄同志为党委书记，黄建民同志为党委副书记、纪委书记。【西南石油学院上报】

十 二 月

12月2日 新疆维吾尔自治区人民政府决定，薛连达任新疆石油管理局东疆勘探开发公司经理，吴振杰任新疆石油管理局塔西南勘探开发公司经理。【新政任字〔1991〕48号】

12月5日 总公司党组决定，任命单庆颐同志为直属机关纪委副局级纪检员，免去其总公司机关临时纪委书记职务。【(91)中油党字第64号】

12月8日 总公司党组任命曾宪平同志为西南石油学院党委副书记。【(91)中油党字第63号】

12月9日 总公司印发《关于改进石油企业3%奖励晋级办法的意见》。【(91)中油劳字第840号】

12月10日 总公司任命罗英俊为开发生产局副局长，张玉良为企业管理局副局长。【(91)中油任字第845号】

12月14日 总公司任命张凤文为冀东石油勘探开发公司总会计师。【(91)中油任字第868号】

12月17日 总公司决定，中国石油天然气总公司华东勘察设计研究院更名为华东石油勘察设计研究院。【(91)中油劳字第875号】

12月24日 陆上石油工业首批57人获得国家劳动部授予的高级技师证书。其中钻井高级技师9人、采油高级技师18人、井下作业高级技师11人、焊接高级技师19人。【《中国石油大事记》】

12月25日 总公司党组任命陈启发同志为石油地球物理勘探局纪委书记，刘明义同志为工会主席、党委常委。【(91)中油党字第66号】

12月26日 总公司任命童晓光为勘探局副局长。【(91)中油任字第909号】

同日 总公司机关党委批复，同意廖国芳同志任石油管理干部学院工会主席。【(91)油机工字第15号】

12月29日　中共石油地球物理勘探局第一次代表大会召开，选举产生中共石油地球物理勘探局第一届委员会和纪律检查委员会，常委会由李玉超、刘颂威、陈启发、张俊瑞、武慎让、徐绍仲、曹云福、钟辛生、柴桂林、刘明义等10名同志组成，李玉超同志为党委书记，刘颂威、陈启发同志为党委副书记，陈启发同志为纪委书记。

12月31日　总公司印发《石油干部队伍"八五"发展计划和十年规划》。总目标是紧密围绕实施石油工业发展"三大战略"的需要，抓紧建设好"三支队伍"。经过十年的努力，将石油干部队伍建设成为政治素质好、技术业务水平高、数量充足、门类齐全、结构合理、专业配套、能适应石油工业生产建设发展需要的能打硬仗、善于经营的队伍。到本世纪末，基本实现石油工业人才接替的良性循环。【（91）中油人教字第538号】

12月　总公司正式注册成立中国石油天然气油田化学公司，为总公司的全资子公司，行政级别为副局级。

本年　总公司职工总数146.34万人。【石油工业统计年报】

一九九二年

一　月

1月7日　总公司部分企业更名：中国石油天然气总公司运输公司更名为中国石油天然气运输公司；中国石油天然气总公司管道局更名为中国石油天然气管道局；中国石油天然气总公司第一建设公司更名为中国石油天然气第一建设公司；中国石油天然气总公司第六建设公司更名为中国石油天然气第六建设公司；中国石油天然气总公司第七建设公司更名为中国石油天然气第七建设公司；中国石油天然气总公司第八建设公司更名为中国石油天然气第八建设公司。【（92）中油劳字第140号】

同日　总公司直属机关党委批复，同意李玉超等25名同志为中共石油地球物理勘探局第一届委员会委员，刘明义、刘颂威、许大坤、李玉超、陈启发、武慎让、钟辛生、柴桂林等8名同志为党委常委，李玉超同志为党委书记，刘颂威、陈启发同志为党委副书记，陈启发同志为纪委书记。【（92）直机党字第1号】

1月21日　总公司党组批复，同意增补赵瑞平、王荣、陈远富、郭典贵同志为塔里木石油勘探开发指挥部党工委委员，钟辛生、沈增鑫同志不再担任塔里木石油勘探开发指挥部党工委委员职务。【（92）中油党字第1号】

1月23日　总公司决定，将中国石油天然气总公司第二石油机械厂更名为南阳石油机械厂。【（92）中油劳字第50号】

1月27日　新疆维吾尔自治区党委决定，免去周原同志的新疆石油管理局党委委员、常委、副书记职务。【新党干字〔1992〕10号】

1月29日　总公司任命王家宏为塔里木石油勘探开发指挥部总地质师。【（92）中油任字第44号】

1月30日　中共中央组织部批准，同意张永一同志任总公司党组成员，免去李天相同志的总公司党组成员职务。【组任字〔1992〕7号】

1月31日　总公司党组任命傅泉清同志为中国石油物资总公司党委副书

记。【（92）中油党字第3号】

二　月

2月3日　总公司党组任命林友进同志为浙江石油勘探处党委书记。【（92）中油党字第2号】

2月12日　总公司人事教育局决定，林友进为浙江石油勘探处处长；钟懋荣为副处长，免去其处长职务。【（92）人教字第60号】

2月17日　总公司授予翁文波“石油工业杰出科学家”称号。【（92）中油人教字第81号】

同日　总公司任命梁狄刚为石油勘探开发科学研究院总地质师。【（92）中油任字第82号】

2月18日　总公司决定，任命李秀生为石油大学（华东）校长，陆基孟、王耀斌、段景泰、仝兆岐为副校长；免去华泽澎的校长职务、方华灿的副校长职务。【（92）中油任字第83号】

同日　总公司党组决定，任命李秀生同志为石油大学（华东）党委书记，郑其绪同志为党委副书记；免去华泽澎同志的党委书记职务。【（92）中油党字第4号】

同日　总公司党组决定，任命华泽澎同志为石油大学（北京）临时党委书记，张一伟同志为临时党委副书记；免去张一伟同志的临时党委书记职务、杨光华同志的临时党委委员职务。【（92）中油党字第5号】

同日　总公司决定，任命张一伟为石油大学校长；免去杨光华的校长职务、赵国珍的副校长职务。【（92）中油任字第104号】

同日　总公司决定，任命范玉琦为石油大学（北京）副校长，方华灿为石油大学校务委员会副主任。【（92）中油任字第105号】

2月22日　国务院决定，任命张永一为总公司副总经理，免去李天相的副总经理职务。【国任字〔1992〕11号】

2月23日　总公司人事教育局同意，玉门石油管理局副局长吴碧莲调甘肃省财政厅工作。【（92）人教字第183号】

三　月

3月3日　总公司决定，任命沈柳芳为计划局总经济师，免去郑国平的总

经济师职务。【(92)中油任字第141号】

3月6日 总公司决定，授予394名同志1991年首批石油工业有突出贡献科技专家、管理专家、教育专家、思想政治工作者，并颁发证书、证章。【(92)中油人教字第147号】

同日 总公司批复，同意中国石油天然气勘探开发公司修改后的《中国石油天然气勘探开发公司章程》。【(92)中油企字第138号】

同日 中共中央国家机关工作委员会发布《关于表彰中央国家机关“巾帼建功”标兵的决定》，总公司开发局曲广玲和石油勘探开发科学研究院沈联蒂获中央国家机关“巾帼建功”标兵称号。

3月11日 总公司人事教育局同意，郭万源任重庆石油学校副校长。【(92)人教字第129号】

3月18日 总公司党组决定，成立总公司直属机关党校，设在总公司石油管理干部学院，任学忠同志兼任直属机关党校校长，张宽信、郑虎、王孝先等3名同志兼任直属机关党校副校长。【(92)中油党字第8号】

3月25日 总公司党组任命卢国忠同志为宝鸡石油机械厂党委副书记。【(92)中油党字第11号】

同日 中共工程技术研究所第二次代表大会召开，选举产生中共工程技术研究所第二届委员会，委员会由曹开胜、纪明申、刘希和、石国栋、周兴山等5名同志组成，曹开胜同志为党委书记，刘希和同志为纪委副书记。【海洋工程有限公司上报】

3月27日 总公司党组任命张德寿同志为大港石油管理局党委副书记。【(92)中油党字第12号】

3月28日 总公司任命黄炎为华北石油管理局代理局长(正局级)。【(92)中油任字第183号】

同日 总公司决定，任命史习盐为华北石油管理局二连石油勘探开发公司经理，刘国良为华北石油管理局呼和浩特炼油厂厂长(副局级)；免去段大钧兼任的华北石油管理局副局长职务、黄炎的华北石油管理局二连公司经理职务。【(92)中油任字第184号】

同日 总公司党组决定，任命段大钧同志为华北石油管理局党委书记，黄炎同志为党委副书记，王建斌同志为华北石油管理局党委副书记兼二连石

油勘探开发公司党委书记；免去王子正同志的华北石油管理局党委书记、常委职务。【（92）中油党字第9号】

同日　总公司党组任命白泽生同志为呼和浩特炼油厂党委书记（副局级）。【（92）中油党字第10号】

3月　中共西北地质所第二次党员大会召开，选举产生第二届委员会和纪律检查委员会，委员会由方克礼、于文铎、晁吉俊、赵红、韩元生、陈升安、殷岐山等7名同志组成，方克礼同志为党委书记，赵红同志为纪委书记。【石油勘探开发科学研究院上报】

四　月

4月7日　新疆维吾尔自治区党委组织部将新疆石油管理局干部管理业务移交中国石油天然气总公司管理（1981年9月经国务院批准，同意新疆石油管理局由1981年起实行双重领导，以石油工业部管理为主，但干部管理业务因故一直未交接）。【（92）人教便字第54号】

4月8日　四川省委组织部四川石油管理局干部管理业务移交中国石油天然气总公司管理（鉴于四川石油管理局的计划、财务、劳动工资以及产运销等有关业务已列入总公司管理，将四川石油管理局干部业务改为总公司管理为主）。【（92）人教便字第55号】

4月14日　总公司任命曾兴球为中国石油开发公司副总经理。【（92）中油任字第235号】

4月16日　总公司任命李伯诚为监察局正局级监察员。【（92）中油任字第244号】

4月17日　总公司决定，成立新疆石油协调领导小组，邱中建任组长，谭文彬、谢宏、张邦杰等3人任副组长，李志敏、王永纯、姚树梯、徐炳奎等4人为领导小组成员。新疆石油协调领导小组下设办公室，张邦杰为主任，免去其冀东科研生产联合体协调小组组长职务。【（92）中油办字第188号】

4月24日　国务院决定，任命高瑞祺为大庆石油管理局副局长，胡博仲为总工程师；免去王德民兼任的总工程师职务、郭正印的副局长职务。【国任字〔1992〕28号】

五　月

5月6日　总公司在华北油田召开石油企业三项制度（劳动、人事、工资）改革工作会议。中心议题是以企业为出发点，以提高劳动效率和经济效益为中心，逐步建立起以宏观调控为指导，以企业自主管理为主体的行业劳动、人事、工资管理体制，形成干部能上能下、职工能进能出、工资能升能降的企业劳动人事工资管理制度。

5月7日　总公司决定，成立中国石油天然气总公司浦东开发办公室，朱志贤为主任。【中国华油集团公司上报】

5月11日　浙江省石油化学工业厅同意，曹志光任浙江石油勘探处第五届工会委员会主席。【浙化工〔1992〕7号】

5月18日　总公司人事教育局同意，王宝珠为华东石油勘察设计研究院副院长，陈文亚为副院长，刘宗良为总工程师；免去王宝珠的总工程师职务、于存孚的总经济师职务。【（92）人教字第244号】

5月19日　总公司任命徐梦虹为人事教育局副局长，免去尹道墨的人事教育局副局长职务。【（92）中油任字第305号】

同日　总公司任命尹道墨为石油管理干部学院院长。【（92）中油任字第304号】

同日　总公司党组任命尹道墨同志为石油管理干部学院党委书记。【（92）中油党字第15号】

同日　总公司人事教育局同意，曾顺懋为石油管材研究中心副主任。【（92）人教字第251号】

同日　总公司人事教育局同意，石国栋为中国石油天然气总公司工程技术研究所总工程师，免去其副所长职务；免去龚家森的总工程师职务。【（92）人教字第252号】

5月21日　总公司人事教育局同意，曹家麟为咸阳石油钢管钢绳厂总工程师；杨军为总经济师。【（92）人教字第253号】

同日　总公司批复，同意呼和浩特炼油厂为华北石油管理局副局级单位。【（92）中油劳字第320号】

5月23日　总公司党组决定，任命于存孚同志为华东石油勘察设计研究院临时党委书记，牛淑云同志为临时纪委书记，李少莆同志为工会主席；免去徐东河同志的临时党委书记职务。【（92）中油党字第16号】

5月25日 总公司决定，免去唐智的华北石油管理局总地质师职务，游静裕、梁树魁的局科技委副主任职务。【（92）中油任字第330号】

5月26日 总公司决定，将石油地球物理勘探局研究院机构级别调整为副局级。【（92）中油劳字第332号】

5月30日 总公司印发《关于石油企业劳动人事工资制度配套改革的意见》。【（92）中油劳字第341号】

六 月

6月1日 国务院经济贸易办公室批复，同意成立中国石油天然气销售公司，总公司运销局与销售公司合署办公。【国经贸企〔1992〕15号】

同日 总公司劳动工资局印发《关于在深化劳动人事工资制度改革中进一步加强定员定额工作的通知》。【（92）劳组字第54号】

6月2日 总公司决定，石油大学广州培训部更名为石油大学（广州）。【（92）中油人教字第363号】

同日 总公司劳动工资局印发《关于石油企业普遍开展优化劳动组合逐步实行全员劳动合同制的意见》。【（92）劳组字第60号】

6月6日 总公司决定，任命薛世荣为大港石油管理局总地质师；免去郑长明的总地质师职务，改任科技委副主任（副局级）。【（92）中油任字第201号】

6月7日 总公司党组决定，任命南高生同志为宝鸡石油机械厂党委副书记，马宝宪同志为纪委书记；免去石康才同志的党委副书记、纪委书记职务。【（92）中油党字第20号】

6月8日 总公司人事教育局批复，同意石康才为宝鸡石油机械厂副厂长，李一澄为总经济师。【（92）人教字第407号】

6月9日 总公司决定，任命姜逢春为中国石油天然气运输公司副经理，孔旭为总经济师。【（92）中油任字第372号】

同日 总公司决定，免去华泽澎的石油大学常务副校长职务。【（92）中油任字第373号】

6月12日 总公司决定，任命刘雨芬为全国储委石油天然气专业委员会办

公室主任（保留副局级待遇），免去杨通佑的全国储委石油天然气专业委员会办公室主任职务。【（92）中油任字第380号】

6月13日 总公司决定，任命秦安民为中国石油工程建设公司经理，张纬九为副经理；免去单永复的中国石油工程建设公司经理职务。【（92）中油任字第379号】

同日 总公司党组决定，任命秦安民同志为中国石油工程建设公司党委书记，免去单永复同志的党委书记职务。【（92）中油党字第22号】

6月17日 总公司决定，任命林壬子为江汉石油学院院长，华北庄、金振武为副院长；免去章贻俊的江汉石油学院院长职务（留任学术委主任）。【（92）中油任字第385号】

同日 总公司党组决定，任命林壬子同志为江汉石油学院党委副书记，免去章贻俊同志的党委副书记、委员职务。【（92）中油党字第23号】

同日 国家人事部同意，总公司任命钱棣华为大庆石油管理局常务副局长（正局级）。【（92）中油任字第389号】

6月22日 总公司决定，任命卢言礼为江汉石油管理局副局长，汪仕忠为总地质师。【（92）中油任字第402号】

6月25日 新疆维吾尔自治区总工会批复，同意新疆石油管理局第六次会员代表大会选举结果，阿不来海提·克尤木为工会主席。【新工函发〔1992〕23号】

6月26日 总公司决定，范秋茂任中国石油天然气总公司郑州办事处主任；朱宏才任郑州办事处副主任；免去赵秉恒的郑州办事处主任职务。【（92）中油任字第415号】

6月27日 总公司党组决定，任命甘秉法同志为中国石油天然气第七建设公司纪委书记，免去曹鸿金同志的纪委书记职务。【（92）中油党字第25号】

6月29日 总公司印发《石油企业干部聘任制试行办法》。要求在总公司所属企事业单位范围内，逐步建立起“聘任上岗、责权统一、能上能下、易岗易薪”的竞争择优机制，破除干部职务终身制。【（92）人教字第428号】

同日 总公司决定，任命曾宪义为科技发展局局长，免去蒋其垲的局长职务。【（92）中油任字第422号】

同日 总公司任命田小雪为石油管理干部学院副院长。【（92）中油任字第423号】

同日 总公司任命李怀奇为外事局副局长。【（92）中油任字第424号】

6月30日 总公司党组决定，任命熊继辉同志为石油大学（北京）党委副书记，刘少斌同志为纪委书记；免去刘汝洵同志的纪委书记职务。【（92）中油党字第27号】

七 月

7月9日 总公司人事教育局批复，同意秦顺亭为中国石油天然气总公司西北地质研究所副所长。【（92）人教字第439号】

7月13日 国家人事部关于总公司所属事业单位机构编制的批复，批准中国石油天然气总公司石油勘探开发科学研究院事业编制1760人，经费实行差额补贴；中国石油天然气总公司石油规划设计总院事业编制241人，经费自理。【人中便函〔1992〕20号】

同日 总公司党组决定，任命屈维章同志为西安石油学院党委书记，辛希贤同志为党委副书记；免去邢汝霖同志的党委书记、委员职务。【（92）中油党字第28号】

同日 总公司任命薛中天为西安石油学院副院长。【（92）中油任字第450号】

7月16日 总公司决定，任命夏培清为中国石油物资装备总公司总经理，陈泽轩为副总经理（正局级），傅志达、郑虎、刘兴和、杨润臣为副总经理，黄志潜为副总经理、总工程师，沈裕祖为总经济师。【（92）中油任字第465号】

同日 总公司党组决定，中国石油物资装备总公司成立临时党委，党委委员由夏培清、陈泽轩、傅泉清、傅志达、郑虎等5名同志组成，夏培清同志任临时党委党委书记，陈泽轩同志任临时党委党委副书记；傅泉清同志任临时党委副书记兼纪委书记。【（92）中油党字第29号】

7月23日 总公司决定，成立中国石油物资装备总公司。中国石油物资装备总公司是中国石油天然气总公司领导下的经营石油物资、专用装备、进出口贸易的全民所有制法人企业，属人财物、产供销、内外贸相结合的经济实体。中国石油物资装备总公司由总公司装备局、中国石油技术开发公司、中国石油物资总公司联合组成。【（92）中油劳字第469号】

7月28日 总公司党组决定，任命尹道墨同志兼任直属机关党校常务副校长；免去郑虎同志的直属机关党校副校长职务。【（92）中油党字第30号】

7月30日 宝鸡石油钢管厂被国家经贸委认定为大型一类工业企业。【中国石油物资采购中心上报】

八 月

8月3日 总公司批复，同意成立上海浦东华油实业公司。【(92)中油劳字第482号】

8月4日 总公司任命朱志贤为上海浦东华油实业公司总经理（正局级）。【(92)中油任字第486号】

同日 总公司党组批复，同意华东石油勘察设计研究院党委由于存孚、张金、牛淑云、刘宗良、李少莆等5名同志组成，于存孚同志为党委书记；华东石油勘察设计研究院纪委由牛淑云等5名同志组成，牛淑云同志为纪委书记。【(92)中油党字第31号】

8月8日 总公司决定，任命张文学为重大技术装备办公室专职副主任，免去其装备局副局长职务。【(92)中油任字第504号】

8月15日 总公司决定，免去戴宗林的中国石油开发公司副总经理职务，留任总地质师。【(92)中油任字第507号】

8月19日 总公司党组决定，任命石玉呈同志为大港石油管理局纪委书记，免去李东昌同志的纪委书记、党委常委职务。【(92)中油党字第32号】

同日 总公司决定，免去陈厚勇的大港石油管理局总工程师职务，留任副局长两年，专管浅海工作。【(92)中油任字第513号】

8月20日 总公司决定，将华东石油勘察设计研究院更名为中国石油天然气总公司华东勘察设计研究院。【(92)劳组字第97号】

九 月

9月2日 总公司发文明确，经国家人事部批复，浙江省石油地质研究所管理体制调整为总公司的直属事业单位，更名为中国石油天然气总公司杭州石油地质研究所，行政级别为县（团）级。【(92)中油劳字第541号】

9月5日 总公司决定，成立新技术推广中心。职责是推广国内外石油行业的新技术，促进石油工业水平的提高。【(92)中油劳字第559号】

9月11日 总公司和甘肃省人民政府在兰州培黎学校举行仪式，纪念新西兰友人路易·艾黎建校50周年。

同日 总公司直属机关党委批复，同意增补张纬九同志为中国石油工程建设公司党委委员。【（92）直机党字第28号】

9月23日 总公司决定，任命石宝珩为新技术推广中心主任（正局级），王用起为副主任（副局级）。【（92）中油任字第599号】

9月26日 总公司决定，将西安石油勘探仪器总厂、宝鸡石油机械厂、宝鸡石油钢管厂行政级别由正处级调整为副局级。【（92）中油劳字第614号】

9月28日 总公司决定，成立石油教育与人才研究所，以加强和改进石油教育以及石油人才资源开发的研究工作。【（92）劳组字第116号】

9月29日 总公司决定，成立技术监督局，撤销企业管理局。【（92）中油劳字第628号】

同日 总公司任命梁生正为华北石油管理局总地质师。【（92）中油任字第611号】

同日 总公司任命马振都为中原石油勘探局总工程师（基建）。【（92）中油任字第610号】

同日 总公司党组决定，任命唐健同志为新疆石油管理局党委常委、副书记，阿不来海提·克尤木同志为党委常委。【（92）中油党字第34号】

十　月

10月5日 总公司人事教育局同意，刘田福为西安石油勘探仪器总厂副厂长，徐莉莉为总工程师。【（92）人教字第555号】

同日 总公司人事教育局同意，西安石油勘探仪器总厂简世信、薛向贵、徐国伟、韩彦华、何国信、华高祥等6人职务级别为正处级；宝鸡石油机械厂乐美喻、张守仁、石康才、何世华、郭耀德、南高生、朱绍曾、李一澄、马宝宪、姚继堂等10人职务级别为正处级；宝鸡石油钢管厂蔚长春、李自强、田秀婷、钟裕敏、宋满生、刘喜恩、黎芦、韩双辰等8人职务级别为正处级。【（92）人教字第554号】

10月8日 总公司党组决定，任命林峰同志为西安石油勘探仪器总厂党委书记，免去姚亮同志的党委书记职务（副局级待遇）；赵元惠同志为党委副书记，免去其工会主席职务；张永泰为工会主席。【（92）中油党字第35号】

同日 总公司同意，明确林峰、卢国忠、吴道荣、潘茂祥、于国华等5

人职务级别为副局级。【(92)中油任字第621号】

同日 总公司党组任命张桂林同志为咸阳钢管钢绳厂党委书记(副局级)。【(92)中油党字第36号】

10月10日 总公司任命金国梁为华油实业开发总公司总经理兼油田化学公司经理。【(92)中油任字第630号】

同日 总公司党组决定，任命孙先锋同志为河南石油勘探局党委常委、纪委书记，姚大富同志为工会主席；免去张学文同志的党委常委、纪委书记职务，张殿权同志的工会主席职务。【(92)中油党字第37号】

10月13日 总公司印发《总公司机关干部退(离)休的规定》、《高级专家退(离)休和返聘的暂行规定》。【(92)中油人教字第685号】

10月15日 总公司决定，任命吴令英为滇黔桂石油勘探局副局长，沈鸿基为总经济师；免去王润才的副局长职务。【(92)中油任字第654号】

10月21日 总公司决定，任命张书玺为办公厅副主任，贡华章为财务局副局长，王毓信为国有资产管理局副局长，高润清为运销局副局长、总会计师，曲广玲为华油北京服务总公司总经理，李培宗、董杰臣、潘永祥为华油北京服务总公司副总经理。【(92)中油任字第644号】

10月22日 总公司决定，任命李文振为劳动工资局副局长；傅诚德为科技发展局副局长，免去其石油勘探开发科学研究院总经济师职务。【(92)中油任字第652号】

10月24日 总公司决定，成立华油实业开发总公司，是总公司所属自主经营、独立核算、自负盈亏，具有法人资格的全民所有制企业。【(92)中油劳字第655号】

10月29日 总公司党组任命李人学同志为胜利石油管理局党委常委。【(92)中油党字第38号】

十 一 月

11月1日 总公司决定，任命包芳钧为长庆石油勘探局副局长，杨峰为总会计师。【(92)中油任字第671号】

同日 总公司决定，任命王世信为玉门石油管理局副局长，吴涛、陶惠鑫、彭立垣等3人为吐哈石油勘探开发会战指挥部副指挥、玉门石油管理局副

局长。【（92）中油任字第670号】

同日　总公司党组任命李志新同志为吐哈石油勘探开发会战指挥部工委常委、副书记。【（92）中油党字第39号】

11月2日　总公司人事教育局同意，免去徐克定的浙江石油勘探处总地质师职务，延长至1993年10月退休。【（92）人教字第576号】

11月3日　中共中央组织部决定，调四川石油管理局唐克碧同志到全国总工会工作。【中组部〔1992〕干调字211号】

11月9日　总公司决定，任命谢志强为塔里木石油勘探开发指挥部常务副指挥（正局级）；免去王炳诚（特聘）、朱洪昌的副指挥职务。【（92）中油任字第690号】

同日　总公司党组决定，任命谢志强同志为塔里木石油勘探开发指挥部党工委常委、常务副书记；免去王炳诚同志的党工委常委、副书记职务，朱洪昌同志的党工委常委职务。【（92）中油党字第40号】

11月10日　总公司批复，同意辽河石油勘探局刘培泉、朱章华、汪锡茂、葛泰生、王振华等5人享受副局级待遇。【（92）人教字第589号】

11月11日　总公司党组决定，任命李云鹏同志为大庆石油学院党委书记，免去金国梁同志的党委书记职务。【（92）中油党字第41号】

11月14日　总公司任命张兴儒、张玉良为技术监督局副局长。【（92）中油任字第723号】

11月17日　中共吉林省委决定，免去常小平同志的吉林省油田管理局党委书记职务。【干任字〔1992〕379号】

11月19日　总公司决定，任命李克成为办公厅主任，免去吴宗英的办公厅主任职务。【（92）中油任字第707号】

11月21日　总公司人事教育局批复，同意吴德海为中国石油天然气第八建设公司副经理，徐长普为总工程师；免去孙广祥的总工程师职务。【（92）人教字第598号】

同日　总公司党组批复，同意傅宇扬同志为中国石油天然气第八建设公司工会主席，免去吴德海同志的工会主席职务。【（92）中油党字第46号】

11月23日　总公司决定，任命吴宗英为政策研究室主任，许永发、严绪朝为副主任，郭永祥为副局级研究员；韩世全为体制改革办公室副主任，免

去其体制改革办公室总经济师职务。【(92)中油任字第708号】

11月27日 总公司党组任命曲广玲同志为华油北京服务总公司党委书记。【(92)中油党字第48号】

11月28日 总公司决定，任命钟辛生为石油地球物理勘探局局长；武慎让、王业胜为副局长；免去刘颂威的局长职务、庄国成的副局长职务、武慎让的总经济师职务。【(92)中油任字第726号】

同日 总公司党组决定，任命钟辛生同志为石油地球物理勘探局党委副书记，免去刘颂威同志的党委副书记、常委职务。【(92)中油党字第47号】

11月 中共西安石油学院第五次代表大会召开，选举产生中共西安石油学院第五届委员会和纪律检查委员会，委员会由屈维章、张绍槐、辛希贤、薛中天、李原平等5名同志组成，屈维章同志为党委书记，辛希贤同志为党委副书记、纪委书记。【西安石油学院上报】

十 二 月

12月1日 中共吉林省委决定，崔万瑛同志任吉林省油田管理局党委书记。【干任字〔1992〕392号】

12月5日 总公司和国家对外经济贸易部联合发文批准正式筹建中国联合石油公司。该公司是总公司与国家对外经济贸易部下属的中国化工进出口总公司共同出资组建的股份制企业。【〔1992〕外经贸管体函字第1475号】

12月8日 总公司决定，任命黄炎为华北石油管理局局长、科委主任，免去杨万里的局长、科委主任职务。【(92)中油任字第742号】

同日 总公司党组决定，免去杨万里同志的华北石油管理局党委副书记、常委职务。【(92)中油党字第54号】

同日 总公司党组决定，任命李继顺同志为胜利石油管理局党委副书记、纪委书记，黄敏同志为工会主席；免去严家发同志的党委副书记、常委、纪委书记职务，李继顺同志的工会主席职务。【(92)中油党字第49号】

12月9日 总公司决定，撤销行政事务局，成立华油北京服务总公司，为服务经营型的经济实体，具有法人资格的全民所有制企业。【(92)中油劳字第737号】

12月10日 总公司决定，任命王显骢为辽河石油勘探局局长，王福成为

副局长；免去张林生的局长职务。【（92）中油任字第746号】

同日　总公司党组决定，任命王福成同志为辽河石油勘探局党委常委、书记，王显骢同志为党委常委、副书记；免去刘安同志的党委书记、常委职务，张林生同志的党委副书记、常委职务。【（92）中油党字第50号】

同日　总公司任命沈福权为上海浦东华油实业公司副总经理（正局级）。【（92）中油任字第750号】

同日　总公司印发《关于总公司机关职能部门机构设置有关问题的通知》，总公司机关实施机构改革。厅局由25个精简为20个，处室由130个精简为81个，机关人员由983人精简至498人，机关部门和人员编制均减少20%，同时下放管理权限，简化管理项目和程序。机关职能部门设：办公厅、政策研究室（含体制改革办公室）、计划局、财务局、勘探局、开发生产局、基建局、钻井工程局、炼油化工局、科技发展局、技术监督局、人事教育局、劳动工资局、多种经营局、纪检组（监察局）、油气资源管理局、思想政治工作办公室、机关党委纪委、外事局、老干部局（离退休职工管理局）。【（92）中油劳字第745号】

12月12日　总公司决定，成立西北石油管道建设指挥部，主要负责新疆库尔勒—河南洛阳的西部石油管道建设任务。【（92）中油劳字第755号】

同日　总公司决定，任命安志忠为监察局监察副专员，赵瑜为党组纪检组副局级纪律检查员，孙万安为人事教育局副局级巡视员。【（92）中油任字第759号】

同日　总公司决定，任命李干生为勘探局副局长，潘兴国为开发生产局油藏总工程师；周成勋为中国石油天然气国际公司筹备组总地质师，免去其开发生产局总地质师职务。【（92）中油任字第760号】

同日　总公司人事教育局批复，同意曾世民、朱忠虎为中国石油天然气第一建设公司副经理，张志昌为总经济师；免去李玉明、张丙寅的副经理职务，陈敬才的总经济师职务。【（92）人教字第653号】

同日　总公司党组决定，任命魏立孝同志为中国石油天然气第一建设公司党委副书记，贺新文同志为纪委书记，张鉴同志为工会主席；免去张志华同志的党委副书记职务，魏立孝同志的纪委书记职务，吴长青同志的工会主席职务。【（92）中油党字第55号】

同日 总公司决定，任命章兆淇为石油情报研究所所长，彭守义为副所长，免去李昭仁的所长职务。【（92）中油任字第761号】

同日 总公司党组决定，任命章兆淇同志为石油情报研究所党委书记，免去李昭仁同志的党委副书记职务。【（92）中油党字第56号】

12月14日 总公司决定，任命刘锦信为中原石油勘探局局长，免去介霖的局长职务。【（92）中油任字第747号】

同日 总公司党组决定，任命刘安同志为中原石油勘探局党委常委、书记，刘锦信同志为党委常委、副书记；免去林治开同志的党委书记、常委职务，介霖同志的党委副书记、常委职务。【（92）中油党字第51号】

同日 总公司决定，任命文光辉为江汉石油管理局局长，免去王显骢的局长职务。【（92）中油任字第748号】

同日 总公司党组决定，免去王显骢同志的江汉石油管理局党委副书记、常委职务。【（92）中油党字第53号】

12月17日 总公司决定，任命牟书令为江苏石油勘探局局长，秦顺亭为副局长；免去沈福权的局长职务。【（92）中油任字第749号】

同日 总公司党组决定，任命牟书令同志为江苏石油勘探局党委副书记，免去沈福权同志的党委副书记、常委职务。【（92）中油党字第52号】

12月19日 总公司决定，任命郑虎为中国石油技术开发公司副总经理（负责公司全面工作），免去白世荫的总经理职务。【（92）中油任字第786号】

12月20日 吉林省人民政府决定，张真任吉林省油田管理局局长，免去崔万瑛的吉林省油田管理局局长职务。【吉政干任〔1992〕42号 吉油干任字〔1992〕29号】

12月26日 总公司决定，任命周庆祖为中国联合石油公司董事长，梁高才为副董事长，安郁培为常务副总经理，赵德祯为副总经理。1993年1月在北京人民大会堂举行了开业典礼。【（92）中油任818号】

12月27至29日 中共胜利石油管理局第二次代表大会召开，大会选举产生中共胜利石油管理局第二届委员会和纪律检查委员会，常委会由陆人杰、张宗义、周德山、李继顺、唐生海、黄敏、李人学、张如椿、马富才等9名同志组成，陆人杰同志为党委书记，周德山、张宗义、李继顺等3名同志为党委副书记；李继顺同志为纪委书记。

12月28日　总公司决定，任命张德国为西北石油管道建设指挥部指挥，王树宽、闫久红为副指挥。【（92）中油任字第817号】

同日　总公司党组决定，组建西北石油管道建设指挥部临时委员会，由张德国、于立新、王树宽、闫久红、张佩荣等5名同志组成，张德国同志任临时党委书记，于立新同志任临时党委副书记；免去于立新同志的华东输油管理局党委副书记、常委职务，王树宽同志的管道局党委常委、工会主席职务。【（92）中油党字第62号】

12月29日　总公司决定，任命林治开为中原石油化工联合公司董事长，方颂扬为副董事长，副董事长河南省1人（待定），董事会其他成员待定。【（92）中油任字第850号】

同日　总公司决定，任命马振都为中原石油化工工程建设指挥部指挥长、中原石油化工联合公司经理，免去方颂扬的中原石油勘探局副局长、中原石油化工工程建设指挥部指挥长、中原石油化工联合公司总经理职务。【（92）中油任字第851号】

同日　总公司党组决定，任命马振都同志为中原石油化工工程建设指挥部临时党委委员、副书记，免去方颂扬同志的中原石油勘探局党委常委、中原石油化工工程建设指挥部临时党委副书记、委员职务。【（92）中油党字第63号】

同日　总公司人事教育局批复，同意中原石油勘探局穆绍珩、王绍基、程璞、任中声等4人职务级别为副局级。【（92）人教字第679号】

同日　总公司决定，免去刘沐的辽河石油勘探局总经济师职务，退休。【（92）中油人教字第855号】

本年　承德石油高等技术专科学校改名为承德石油高等专科学校。

本年　总公司职工总数149.22万人。【石油工业统计年报】

一九九三年

一　　月

1月4日　总公司党组同意，吴全清同志在大庆石油管理局享受副局级待遇。【（93）人教企干字第003号】

1月8日　总公司党组决定，任命严家发同志为纪检组副组长，免去张文仁同志的纪检组副组长职务。【（93）中油党字第2号】

同日　总公司决定，任命严家发为监察局局长，免去王正棠的监察局局长职务。【（93）中油任字第17号】

1月13日　总公司决定，任命袁光明为四川石油管理局局长，免去蒋长安的局长职务。【（93）中油任字第21号】

同日　总公司党组决定，免去蒋长安同志的四川石油管理局党委常委职务。【（93）中油党字第3号】

同日　中共山东省委组织部批复，同意中共胜利石油管理局委员会由陆人杰、周德山、张宗义、李继顺、马富才、唐生海、张如椿、黄敏、李人学等9名同志组成，陆人杰同志为党委书记；周德山、张宗义、李继顺等3名同志为党委副书记。中共胜利石油管理局纪律检查委员会由李继顺等7名同志组成，李继顺同志为纪委书记。【〔1993〕组任字5号】

同日　总公司人事教育局决定，叶步强任中国石油天然气总公司广州办事处主任，免去陈秀元的主任职务。【（93）人教企干字第015号】

1月19日　总公司批准，成立中国石油工程建设公司长城钻井分公司。【（93）劳力字第6号】

同日　国家人事部批准，胡博仲、谢朝阳、宋万超、陈义贤、曾时田、刘宗良、鞠晓东等7人为1992年度有突出贡献的中青年科学、技术、管理专家。【人专发〔1992〕21号】

同日　总公司决定，任命李大华为塔里木石油勘探开发指挥部总会计师，张孔法为总经济师；免去李大华的总经济师职务。【（93）中油任字第36号】

同日　总公司决定，任命宋克显为青海石油管理局副局长，免去陈世贤

的副局长职务。【（93）中油任字第37号】

同日 总公司任命杨海光为新疆石油管理局独山子炼油厂常务副厂长（副局级）。【（93）中油任字第38号】

同日 总公司党组决定，任命陈世贤同志为青海石油管理局党委常委、工会主席，免去党喜坤同志的党委常委、工会主席职务。【（93）中油党字第5号】

同日 总公司党组决定，任命陈宗禹同志为独山子炼油厂党委书记，免去王德华同志的党委书记职务。【（93）中油党字第6号】

同日 总公司任命管忠为石油地球物理勘探局研究院院长（副局级）。【（93）中油任字第39号】

同日 总公司党组任命段雨欣同志为石油地球物理勘探局研究院党委书记（副局级）。【（93）中油党字第7号】

1月20日 总公司党组决定，任命李智廉同志为大庆石油管理局党委常委、书记，钱棣华同志为党委常委、副书记；免去张轰同志的党委书记、常委职务。【（93）中油党字第8号】

1月22日 中共青岛市委批复，同意中共中国石油天然气第七建设公司第四届委员会由殷德之、邓德利、曹鸿金、李周文、伍金堂、甘秉法、王子春等7名同志组成，殷德之同志为党委书记，邓德利、曹鸿金同志为党委副书记，甘秉法同志为纪委书记。【青普发〔1993〕14号】

1月 新疆石油管理局副局长戴明梓和塔西南勘探开发公司石化厂马合木提·买买提当选为第八届全国人民代表大会代表。【新疆油田分公司上报】

二 月

2月3日 总公司决定，任命蒋发太为江汉石油学院副院长，免去宗有葆的副院长职务。【（93）中油任字第64号】

同日 总公司党组决定，免去蒋发太同志的江汉石油学院党委副书记职务。【（93）中油党字第9号】

2月17日 总公司决定，任命王孟振、高世魁为中国石油天然气勘探开发公司副总经理；免去曾兴球、杨泾安、宋善昆等3人的副总经理职务。【（93）中油任字第97号】

同日 总公司党组决定，免去宋善昆同志的中国石油天然气勘探开发公

司临时党委副书记、委员职务，曾兴球、杨泾安同志的临时党委委员职务。【（93）中油党字第10号】

2月22日 总公司决定，免去韩继武的新疆石油管理局副局长职务，办理离休。【（93）中油人教字第120号】

2月26日 总公司党组同意，增补李国信同志为江汉石油管理局党委常委。【（93）中油党字第11号】

同日 总公司党组同意，增补李厚国、赵世温、姚亚元等3名同志为辽河石油勘探局党委常委；免去陈富贤同志的党委副书记、常委职务（保留副局级），周守忠同志的党委常委职务。【（93）中油党字第12号】

三　月

3月2日 总公司决定，将中国石油天然气总公司工程技术研究所、中国石油天然气第六建设公司、安徽石油勘探总公司、中国石油天然气总公司华东勘察设计研究院等4个单位的行政级别由正处级调整为副局级。【（93）中油劳字第128号　（93）中油劳字第129号　（93）中油劳字第130号　（93）中油劳字第131号】

同日 总公司批复，同意石油规划设计总院申办甲级工程设计资格证书，实行企业化管理。【（93）中油基字第146号】

3月9日 总公司决定，任命孙寿荣为中国石油审计事务所所长，郭忠范、陈维忠、刘芬等3人为副所长，白新贺为总审计师。【（93）中油任字第165号】

同日 总公司决定，任命马振武为塔里木石油勘探开发指挥部副指挥，俞新永为总工程师；免去张仲珉的总工程师职务。【（93）中油任字第150号】

同日 总公司决定，任命张晋仁为中原石油勘探局勘探总地质师，李宗信为开发总地质师。【（93）中油任字第151号】

同日 总公司决定，任命秦顺亭为江苏石油勘探局总地质师，免去马力的总地质师职务。【（93）中油任字第152号】

同日 总公司决定，任命姚玉魁为华东输油管理局副局长、总经济师，免去张振勇的副局长、总经济师职务。【（93）中油任字第153号】

同日 总公司党组决定，任命郭大伟同志为管道局纪委书记，程桂彬同志为工会主席。【（93）中油党字第15号】

同日 总公司党组决定，任命傅庆云同志为华东输油管理局党委副书记，惠泽人同志为工会主席；免去方嘉华同志的党委常委、工会主席职务，张振勇同志的党委常委职务。【（93）中油党字第16号】

3月11日 总公司决定，任命陈建新为信息中心主任（副局级），许宗荫为体制改革办公室总经济师。【（93）中油任字第174号】

3月15日 总公司党组决定，建立中共中国石油审计事务所临时委员会，临时委员会由孙寿荣、郭忠范、杨继昌、陈维忠、刘芬等5名同志组成，孙寿荣同志为临时党委书记，杨纪昌同志为临时党委副书记、纪委书记。【（93）中油党字第17号】

3月16日 总公司决定，任命刘磊为管道局副局长，陈孝厚为总经济师；免去蔡适生的总经济师职务、于嘉禾的总会计师职务。【（93）中油任字第181号】

同日 总公司决定，任命武敬洲为西北石油管道建设指挥部副指挥、总工程师，张振勇为副指挥。【（93）中油任字第182号】

同日 总公司党组任命武敬洲、张振勇同志为西北石油管道建设指挥部临时党委委员。【（93）中油党字第18号】

同日 总公司人事教育局批复，同意祝启波为石油大学（广州）副校长，免去沈尧年的副校长职务。【（93）人教企字第118号】

同日 总公司决定，翟树人不再担任玉门石油管理局、吐哈石油勘探开发会战指挥部总工程师职务，适当安排工作，保留副局级。【（93）中油任字第183号】

3月17日 经国家审计署批复同意，总公司决定以审计局、审计所为基础，在北京注册成立中国石油审计事务所，代表总公司从事石油企事业单位内部的审计查证工作。【（93）中油劳字第188号】

3月19日 总公司党组决定，任命戴秀庠同志为东北输油管理局党委书记，增补罗玉琮、李玉祥同志为党委常委；免去李克成同志的党委书记、常委职务，武敬洲同志的党委常委职务。【（93）中油党字第19号】

同日 总公司决定，任命罗玉琮、余景春为东北输油管理局副局长，免去武敬洲的副局长职务。【（93）中油任字第193号】

同日 总公司决定，任命孙成立为辽河石油勘探局副局长，赵大雄为总经济师。【（93）中油任字第192号】

3月20日 总公司党组任命赵张保同志为华北石油管理局党委常委、副书记。【(93)中油党字第20号】

同日 总公司任命于英太为华北石油管理局副局长。【(93)中油任字第196号】

3月22日 总公司党组任命李延元同志为安徽石油勘探开发公司党委委员、副书记。【(93)中油党字第21号】

3月25日 总公司决定,将中国石油天然气总公司科技情报研究所更名为中国石油天然气总公司信息研究所。【(93)中油劳字第216号】

3月27日 总公司党组同意,增补陈吉庆、程桂彬、曹华光同志为管道局党委委员、常委。【(93)中油党字第22号】

3月29日 总公司人事教育局决定,黄光祥任中国石油天然气总公司西南办事处主任。【(93)人教企干字第134号】

3月15至31日 第八届全国人大一次会议通过国务院机构改革方案,决定撤销能源部,总公司改由国务院直接管理,国家计划委员会负责联系。【《中国石油大事记》】

3月31日 总公司党组决定,胜利石油管理局党委副书记周德山同志的职务级别为正局级。【(93)中油党字第23号】

同日 总公司决定,任命蒋洁敏为胜利石油管理局副局长,免去周德山的常务副局长职务。【(93)中油任字第230号】

四 月

4月1日 总公司直属机关党委批复,同意增补田小雪同志为石油管理干部学院党委委员。【(93)直机党字第11号】

4月3日 总公司决定,成立信息中心,为总公司机关所属事业单位(副局级),由政策研究室归口管理。【(93)中油劳字第234号】

同日 总公司同意,成立石油对外服务公司,隶属于华油实业开发总公司,是属于自主经营、自负盈亏、独立核算的具有法人资格的全民所有制单位。【(93)中油劳字第237号】

4月22日 总公司任命王关清兼长城钻井公司董事长。【(93)中油任字第283号】

4月24日　总公司决定，成立廊坊经济技术开发办公室，挂靠华油实业开发总公司。【（93）中油劳字第310号】

4月30日　总公司重奖有突出贡献科技人员大会在北京召开，向王志武等15名为“大庆油田稳油控水系统工程”做出突出贡献的科技人员颁发奖金125.5万元。【（93）中油办字第286号】

五　月

5月7日　总公司决定，任命李朝鑫、何炽、朱昌南为四川石油管理局副局长，曾时田为总工程师，胡光灿为总地质师，陈时述为总会计师；免去王宓君的四川石油管理局副局长职务，负责专家组工作；免去马兴峙的总工程师职务，任科委主任；免去史鉴生的副局长职务，负责华油四川实业发展总公司工作；免去傅尧生的副局长职务；免去樊友珍的副局长职务，保留副局级待遇。【（93）中油任字第311号】

同日　总公司党组决定，任命王思爵同志为四川石油管理局纪委书记，傅尧生同志为工会主席，增补夏鸿辉、李朝鑫、朱昌南、栗源林、王思爵、傅尧生、张传书等7名同志为四川石油管理局党委常委；免去王宓君、马兴峙同志的党委常委职务；免去许德林同志的党委常委、纪委书记职务，保留副局级待遇安排适当工作；免去丁耀民同志的工会主席职务；免去高杰先同志的党委常委职务，负责华油四川实业发展总公司党务工作（副局级）。【（93）中油党字第25号】

5月12日　总公司同意，成立五环高级润滑油联合公司，隶属于中国石油天然气销售公司。【（93）中油劳字第327号】

5月18日　总公司任命齐小慧为技术监督局局长。【（93）中油任字第336号】

同日　总公司任命汪国良为计划局副局长。【（93）中油任字第337号】

5月22日　总公司任命李怀奇兼任石油对外服务公司董事长。【（93）中油任字第351号】

5月25日　总公司印发《关于石油工人技师、高级技师管理办法》。【（93）中油劳字第442号】

同日　总公司印发《关于调整队伍结构精干主业和分离人员的意见》。针对队伍总量过大、产业结构单一、劳动生产率下降的趋势，提出调整队伍结

构，精干主业，分离人员，形成各为实体、分灶吃饭、互相依存、协调发展的格局。【（93）中油劳字第423号】

六　月

6月9日　总公司党组批复，同意增补孙淑光同志为大庆石油管理局党委委员、常委，免去刘海生同志的党委常委、委员职务。【（93）中油党字第29号】

6月18日　总公司党组批复，同意增补王孟振、高世魁、蒋有卓等3名同志为中国石油天气勘探开发公司临时党委委员。【（93）中油党字第30号】

6月25日　总公司印发《关于调整队伍结构精干主业和分离人员的意见》。【（93）中油劳字第423号】

6月28日　中共辽宁省委组织部函调辽河石油勘探局副局长高姿回辽宁省工作。【辽组调〔1993〕45号】

6月29日　总公司人事教育局同意，葛听根为五环高级润滑油联合公司经理。【（93）人教企字第236号】

同日　总公司人事教育局同意，中国石油天然气第六建设公司王学旨、杨军、刘增运、龙君贵、李凡起、吴上开、谢绍佳等7人职务级别为正处级。【（93）人教企干字第228号】

同日　总公司人事教育局同意，中国石油天然气工程技术研究所周兴山、袁中立、石国栋、赵修杰等4人职务级别为正处级。【（93）人教企干字第229号】

同日　总公司人事教育局同意，中国石油天然气总公司华东勘察设计研究院陈文亚、王宝珠、车克宽、何凤友、刘宗良、牛淑云、李少甫等7人职务级别为正处级。【（93）人教企干字第230号】

6月30日　总公司任命决定，张敏文为中国石油天然气通信公司经理；免去王金瑞的经理职务。【（93）中油任字第430号】

同日　总公司党组同意，增补石毅同志为华北石油管理局党委常委，免去袁申、张兆林同志的党委常委职务。【（93）中油党字第32号】

同日　总公司同意，中国石油天然气第六建设公司经理周学绅职务级别为副局级。【（93）中油任字第432号】

同日　总公司党组同意，中国石油天然气第六建设公司党委书记梁福源同志职务级别为副局级。【（93）中油党字第31号】

同日　总公司同意，中国石油天然气工程技术研究所所长纪明申职务级别为副局级。【（93）中油任字第433号】

同日　总公司同意，中国石油天然气总公司华东勘察设计研究院院长张金职务级别为副局级。【（93）中油任字第434号】

同日　总公司党组同意，中国石油天然气总公司华东勘察设计研究院党委书记于存孚同志的职务级别为副局级。【（93）中油党字第33号】

七　　月

7月2日　总公司同意，聘任庄国成为廊坊经济技术开发办公室主任。【（93）中油任字第436号】

7月3日　总公司决定，任命张家茂为石油工业出版社社长，免去张江漪的社长职务。【（93）中油任字第438号】

同日　总公司任命张振明为石油信息研究所副所长（正局级）。【（93）中油任字第439号】

同日　总公司党组决定，任命张家茂同志为石油工业出版社党委书记，免去张江漪同志的党委书记职务。【（93）中油党字第35号】

同日　总公司决定，任命甄鹏为石油勘探开发研究院副院长兼廊坊分院院长，免去张家茂的副院长兼廊坊分院院长职务。【（93）中油任字第440号】

同日　总公司党组决定，任命甄鹏同志为石油勘探开发研究院廊坊分院党委书记，免去张家茂同志的党委书记职务。【（93）中油党字第36号】

同日　总公司任命王金瑞为北京天然气集输公司副总经理。【（93）中油任字第441号】

7月6日　总公司决定，任命邱孝培为炼油化工局副局长、门存贵为炼油化工局总工程师，免去邱孝培的总工程师职务。【（93）中油任字第458号】

7月12日　总公司决定，成立石油人才交流中心。旨在改变过去人事管理的单一计划模式，积极开发人才资源，促进人才流动，调剂人才余缺，为发展石油工业服务。【（93）中油劳字第466号】

同日　中共中国石油天然气第一建设公司第四次代表大会召开，选举产生中共中国石油天然气第一建设公司第四届委员会和纪律检查委员会，党委会由王俊岭、邢宏坤、魏立孝、贺新文、张鉴等5名同志组成，王俊岭同志为

党委书记，邢宏坤、魏立孝同志为党委副书记，贺新文同志为纪委书记。【中国石油工程建设公司上报】

7月13日 总公司任命王安华为江苏石油勘探局副局长。【（93）中油任字第470号】

同日 总公司党组决定，任命陈济中同志为江苏石油勘探局党委副书记，吴元礼同志为党委常委、工会主席；免去王安华同志的党委副书记职务，杨贵玺同志的党委常委、工会主席职务。【（93）中油党字第38号】

同日 总公司决定，任命苗玉辰为安徽石油勘探开发公司经理，免去吴景芳的安徽石油勘探开发公司经理职务、苗玉辰的青海石油管理局副局长职务。【（93）中油任字第471号】

同日 总公司党组决定，任命吴景芳同志为安徽石油勘探开发公司党委书记，苗玉辰同志为党委委员、副书记；免去栗文耀同志的党委书记、委员职务，颜明生同志的党委副书记职务，苗玉辰同志的青海石油管理局党委常委职务。【（93）中油党字第37号】

同日 总公司人事教育局决定，免去丁大民的安徽石油勘探开发公司副经理职务。【（93）人教企字第269号】

7月17日 吉林省人民政府任命，周荣阁为吉林省油田管理局副局长。【吉政干任〔1993〕12号】

7月21日 总公司决定，将中国石油天然气勘探开发公司迁回北京，同时在广州成立南方石油勘探开发公司。南方石油勘探开发公司是隶属于中国石油天然气总公司的全民所有制企业，为正局级经济实体。【（93）中油劳字第493号】

同日 总公司人事教育局同意，樊正鸿为中原石油化工工程建设指挥部副指挥长。【（93）人教企字第280号】

7月27日 总公司决定，将石油管材研究中心行政级别调整为副局级，更名为中国石油天然气总公司石油管材研究所。【（93）中油劳字第501号】

同日 总公司决定，将中国石油天然气第七建设公司行政级别调整为副局级。【（93）中油劳字第502号】

7月29日 国家教育委员会批复，同意大庆师范专科学校改建为大庆高等专科学校，原大庆师范专科学校建制撤销。【教计〔1993〕111号】

八 月

8月5日 总公司任命孙万安为人才交流中心主任。【（93）中油任字第525号】

8月12日 总公司党组同意，增补韩谭贻同志为华东石油管理局党委常委，姚玉魁同志为党委委员、常委，盛沛伦同志为党委委员。【（93）中油党字第40号】

8月23日 总公司党组作出《关于开展向王为民学习活动的决定》。【（93）中油党字第41号】

8月25日 吉林省石油化学工业厅党组决定，免去谢欒的吉林省油田管理局采油总地质师职务。【吉省化党字〔1993〕14号】

8月28日 总公司决定，成立中国石油天然气总公司咨询中心，该中心为总公司直属单位，主要职责是为石油工业发展建设重大决策提供科学依据。【（93）中油劳字第577号】

九 月

9月4日 总公司人事教育局同意，辽河石油勘探局杨好学的职务级别为副局级。【（93）人教企字第339号】

9月6日 总公司决定，任命王永杰为中原石油勘探局副局长，免去其大港石油管理局副局长职务。【（93）中油任字第589号】

同日 总公司党委决定，任命王永杰同志为中原石油勘探局党委委员、常委，免去其大港石油管理局常委、委员职务。【（93）中油党字第43号】

9月7日 吉林省人民政府任命，刘耀宗为吉林省油田管理局总地质师。【吉政干任〔1993〕17号】

9月16日 总公司任命宋善昆为石油工业出版社副社长。【（93）中油任字第614号】

同日 总公司党组任命宋善昆同志为石油工业出版社党委副书记。【（93）中油党字第46号】

9月23日 总公司决定，总公司审计局与中国石油审计事务所合署办公，审计局行使的石油企事业单位内部审计监督职能，根据工作需要，在总公司机关设立办公机构。【（93）中油劳字第630号】

十　月

10月15日　唐山市总工会批复，同意李允富任冀东石油勘探开发公司工会主席；免去杨湘岳的工会主席职务。【唐工总组字〔1993〕30号】

10月18日　总公司任命姜建衡、高鼎城为新疆石油管理局副局长。【(93)中油任字第690号】

10月24日　总公司人事教育局同意，宋治、曾顺懋为石油管材研究所副所长。【(93)人教企字第394号】

同日　总公司人事教育局同意，中国石油天然气第七建设公司伍金堂、葛墨轩、曹鸿金、许烨烨、姬宗杰、季成忠、甘秉法、李周文等8人职务级别为正处级。【(93)人教企干字第393号】

10月25日　总公司同意，中国石油天然气第七建设公司经理邓德利职务级别为副局级。【(93)中油任字第704号】

同日　总公司党组同意，中国石油天然气第七建设公司党委书记殷德之同志职务级别为副局级。【(93)中油党字第48号】

同日　总公司任命李鹤林为石油管材研究所所长(副局级)。【(93)中油任字第705号】

十一月

11月22日　总公司青年干部工作经验交流会在北京召开，会议强调要适应改革开放新形势，加快选拔培养青年干部，建设一支跨世纪的石油干部队伍。

11月25日　总公司决定，任命芦明厚、程璞、任宗声等3人为中原石油勘探局副局长；免去李允子的副局长职务。【(93)中油任字第760号】

11月27日　总公司决定，任命姚和清为大港石油管理局副局长，曲经文为总工程师；免去陈光虞的大港石油管理局科技委主任职务，延长退休至1994年8月。【(93)中油任字第768号】

同日　总公司党组决定，免去陈光虞同志的大港石油管理局党委副书记、常委职务。【(93)中油党字第50号】

同日　总公司同意，严衍余在物探局办理退休手续，同时免去其深圳石油实业发展公司副总经理职务。【(93)中油任字第769号】

11月29日　总公司人事教育局同意，娄建青为安徽石油勘探开发公司总

地质师，免去吴少华的总地质师职务。【（93）人教企字第425号】

同日 总公司人事教育局同意，刘希和同志任工程技术研究所党委副书记。【（93）人教企字第428号】

十 二 月

12月2日 总公司决定，任命邱中建兼任石油勘探开发科学研究院院长，沈平平任常务副院长（正局级），胡见义任副院长（正局级）；免去翟光明的石油勘探开发科学研究院院长职务，贾金会、张邦杰的副院长职务。【（93）中油任字第778号】

同日 总公司党组决定，任命邱中建同志兼任石油勘探开发科学研究院党委书记、沈平平同志任党委副书记，免去贾金会同志的党委书记职务。【（93）中油党字第51号】

同日 总公司任命倪光耀为江汉石油管理局总经济师。【（93）中油任字第779号】

同日 总公司决定，任命李辉长为河南石油勘探局总工程师、李清亮为总经济师，免去周蔚云的总工程师职务、陈培基的总经济师职务。【（93）中油任字第780号】

同日 总公司党组批复，同意增补程绍志、杜有年、姚大富等3名同志为河南石油勘探局党委常委。【（93）中油党字第52号】

同日 总公司任命梁狄刚为塔里木石油勘探开发指挥部副指挥。【（93）中油任字第781号】

同日 总公司党组批复，同意增补梁狄刚同志为中共塔里木石油勘探开发指挥部工委常委。【（93）中油党字第53号】

12月4日 总公司决定，任命苗承武为石油规划设计总院院长，免去胡象尧的院长职务。【（93）中油任字第784号】

同日 总公司任命段振兴、季松花江为华油北京服务总公司副总经理。【（93）中油任字第796号】

12月6日 总公司决定，任命贾金会为基建局局长、冯立胜为副局长，免去金燕凯的局长职务。【（93）中油任字第789号】

12月13日 总公司党组印发《关于加强领导班子思想作风建设的若干意

见》。【（93）中油党字第59号】

同日 总公司任命张加林为东北输油管理局副局长。【（93）中油任字第814号】

12月14日 总公司党组决定，任命王苏民同志为滇黔桂石油勘探局党委书记、方其录同志为党委副书记、李朝祖同志为纪委书记，免去韩明镜同志的党委书记职务、方其录同志的纪委书记职务。【（93）中油党字第60号】

同日 总公司决定，任命雷文举为滇黔桂石油勘探局副局长，韩明镜为局科委主任（保留正局级）。【（93）中油任字第815号】

12月16日 总公司党组印发《关于选拔、培养、使用年轻干部十项规定》。【（93）中油党字第61号】

同日 总公司决定，任命江裕彬为青海石油管理局副局长、总地质师，陈渝为总会计师；免去顾树松的总地质师职务。【（93）中油任字第825号】

12月19至22日 中共青海石油管理局第五次代表大会召开，选举产生中共青海石油管理局第五届委员会和纪律检查委员会，常委会由李秋杰、徐中清、刘扬寿、周铭涛、谢福利、马力行、宋克显、杨秀东、陈世贤等9名同志组成，李秋杰同志为党委书记，徐中清、刘扬寿同志为党委副书记，谢福利同志为纪委书记。【青海油田分公司上报】

12月20日 总公司任命史训知、黄炎、陈耕为总公司总经理助理。【（93）中油任字第840号】

同日 总公司党组决定，任命苗承武同志、王凤元同志为石油规划设计总院党委副书记，免去胡象尧同志的党委副书记职务。【（93）中油党字第54号】

同日 总公司决定，任命裴德海为劳动工资局局长，免去陈耕的劳动工资局局长职务。【（93）中油任字第839号】

同日 总公司决定，任命金志俊为技术监督局副局长，免去齐小慧的局长职务。【（93）中油任字第837号】

同日 总公司决定，任命蒿成为老干部局副局长，免去张坚的副局长职务。【（93）中油任字第829号】

同日 总公司决定，任命贡华章为财务局局长，免去李长林的局长职务、陆寿椿的副局长职务。【（93）中油任字第836号】

12月21日　总公司决定，中国石油画报社改由中国石油天然气总公司主管和主办。【（93）中油劳字第828号】

12月22日　总公司决定，聘任李天相为中国石油天然气总公司咨询中心主任，周庆祖为副主任兼经济部主任，李虞庚为副主任兼工程部主任，翟光明为咨询中心勘探部主任，张文昭为勘探部副主任，唐曾熊为开发部主任（正局级），万仁溥为开发部副主任，王炳诚为工程部副主任，齐小慧为经济部副主任，陆寿椿为经济部副主任，金燕凯为综合部主任，陈希吾为综合部副主任（副局级）。以上人员聘期三年，至1996年12月。【（93）中油任字第791号】

同日　石油地球物理勘探局总地质师袁秉衡获“李四光地质科学奖”。【《中国石油大事记》】

同日　总公司决定，任命喻新盛为中国石油天然气运输公司经理、李志敏为副经理兼总工程师，免去李志敏的经理职务、赖昆炎的总工程师职务。【（93）中油任字第827号】

同日　总公司党组决定，任命喻新盛同志为中国石油天然气运输公司党委书记、张士清同志为党委副书记、姜善亭同志为纪委书记，免去张士清同志的党委书记职务。【（93）中油党字第64号】

12月27日　总公司决定，任命张轰兼任思想政治办公室主任；王福印为思想政治办公室副主任（正局级），免去其中国石油报社党委书记职务；魏绪顺为思想政治办公室副主任（正局级），免去其老干部局局长职务。【（93）中油任字第838号】

12月28日　中国石油天然气总公司咨询中心在北京成立。【（93）中油劳字第577号】

同日　总公司任命张坚为北京华油经济技术开发公司经理（副局级）。【（93）中油任字第850号】

同日　总公司决定，免去白世荫的外事局局长职务。【（93）中油任字第851号】

同日　总公司决定，任命张宽信为人事教育局局长、孙万安为副局长，免去史训知的局长职务、孙万安的副局级巡视员职务。【（93）中油任字第852号】

同日　总公司决定，免去阎敦实的总公司总地质师职务、周庆祖的总公司总经济师职务、李虞庚的总公司总工程师职务、李长林的总公司总会计师

职务、谭文彬的总公司副总地质师职务。【(93)中油任字第853号】

同日 总公司决定，免去李蕴兰的财务局总会计师职务，退休。【(93)中油人教字第584号】

同日 总公司决定，免去陈福成的办公厅副主任职务，退休。【(93)中油人教字第848号】

同日 总公司决定，免去毛华鹤的信息研究所副所长职务，退休。【(93)中油任教字第849号】

12月29日 总公司决定王宏孝任西北办事处副主任，免去姚寿仁西北办事处副主任职务。【(93)人教企干字第494号】

12月31日 总公司决定，任命段大钧为华北石油管理局局长，免去黄炎的华北石油管理局局长职务。【(93)中油任字第860号】

同日 总公司党组决定，免去黄炎同志的华北石油管理局党委副书记、常委委员职务。【(93)中油党字第65号】

12月 免去宋世权的新疆石油管理局副局长职务。【新油党委字〔1993〕84号】

本年 胜利石油管理局被评为中国500家最大工业企业第六名。

本年 总公司职工总数151.41万人。【石油工业统计年报】

一九九四年

一 月

1月3日 总公司决定，撤销王兆诸的冀东石油勘探开发公司副经理职务。【（94）中油监字第19号】

1月6日 总公司决定，任命张宝庄为华北石油管理局副局长兼二连石油勘探开发公司经理，史习盐为二连石油勘探开发公司常务副经理（副局级），马广悦为华北石油管理局总会计师，翟昌年为二连石油勘探开发公司副经理（副局级）；免去王文达的华北石油管理局副局长职务，史习盐的二连石油勘探开发公司经理职务。【（94）中油任字第2号】

同日 总公司党组任命张宝庄同志为华北石油管理局二连石油勘探开发公司党委书记，史习盐同志为二连石油勘探开发公司党委副书记；免去王文达同志的华北石油管理局党委常委、委员职务，王建斌同志的二连石油勘探开发公司党委书记职务。【（94）中油党字第1号】

1月8日 总公司决定，任命万仁溥为华美—哈里伯顿技术服务有限公司中方董事长，李康中、高大康、刘兴和、唐世荣等4人为董事。【（94）中油任字第12号】

同日 中共石油大学（广州）党员大会召开，选举产生中共石油大学（广州）第四届委员会和纪律检查委员会，聂国栋同志为党委书记、纪委书记。

1月10至13日 中共华北石油管理局第二次代表大会召开，选举产生中共华北石油管理局第二届委员会和纪律检查委员会，常委会由于英太、马天吉、王建斌、石毅、刘海胜、麦峰、张宝庄、赵张宝、段大钧、姚治晓、蔡志刚等11名同志组成，段大钧为党委书记，王建斌、赵张保同志为党委副书记，赵张保同志为纪委书记。【华北油田分公司上报】

1月11日 中央国家机关工作委员会批复，同意周永康同志兼任总公司直属党委书记、王孝先同志任党委常务副书记，免去任学忠同志的党委书记职务。【国党工组〔1994〕5号】

同日 总公司直属机关党委决定，免去王兆诸同志的冀东石油勘探开发公司临时党委委员职务。【(94)直机党字第3号】

同日 总公司决定，任命李克成兼任政策研究室主任；免去吴宗英的政策研究室主任职务，由其负责组建经济研究中心。【(94)中油任字第13号】

同日 总公司决定，免去李国玉的油气资源局总地质师职务、李克向的钻井工程局总工程师职务、陆邦干的勘探局总工程师职务、胡朝元的勘探局副局长职务。【(94)中油任字第14号】

同日 总公司决定，免去张今弘的石油规划设计总院总经济师职务，到中国石油天然气总公司咨询中心工作。【(94)中油任字第15号】

1月15日 总公司同意，免去马猛龙的深圳石油实业发展公司总会计师职务。【(94)中油任字第33号】

1月17日 总公司任命李长林为香港 Paragon 公司总裁。【(94)中油任字第41号】

同日 总公司任命谭文彬为中美石油开发公司董事长。【(94)中油任字第42号】

1月18日 总公司劳动工资局印发《劳动力宏观调控管理暂行办法》。【(94)劳力字第3号】

1月27日 总公司同意，成立华油远东实业开发公司，隶属于华油实业开发总公司，是自主经营、独立核算、自负盈亏的法人经济实体。【(94)中油劳字第49号】

1月31日 总公司决定，将济南柴油机厂从胜利石油管理局划出，改为总公司直接管理。行政隶属关系改变后，济南柴油机厂党的关系仍由胜利石油管理局党委领导，同时行政级别由处级调整为副局级。【(94)中油劳字第53号】

1月 中共石油大学（华东）第七次代表大会召开，大会选举产生中共石油大学（华东）第七届委员会和纪律检查委员会，常委会由李秀生、钱锡俊、郑其绪、陆基孟、王耀斌、仝兆岐、李玉琛等7名同志组成，李秀生同志为党委书记，钱锡俊、郑其绪同志为党委副书记，郑其绪同志为纪委书记。【石油大学上报】

二 月

2月3日 经国家经济贸易委员会和对外经济贸易合作部批准，将中国石油勘探开发公司由广州迁回北京，同时在广州成立南方石油勘探开发公司。【（94）中油劳字第78号】

2月4日 总公司任命潘元林为胜利石油管理局总地质师。【（94）中油任字第62号】

2月17日 总公司任命徐世仁为老干部局局长。【（94）中油任字第73号】

同日 总公司任命王明才为中美石油勘探开发公司总经理。【（94）中油任字第70号】

2月22日 总公司决定，免去秦安民、杨承志的吐哈石油勘探开发会战指挥部副指挥职务。【（94）中油任字第81号】

同日 总公司人事教育局同意，丁德全为承德石油高等专科学校副校长。【（94）人教企干字第53号】

2月23日 吉林省人民政府任命高立元为吉林省油田管理局局长，免去于俊武的吉林省油田管理局副局长职务。【吉政干任〔1994〕5号】

2月28日 总公司人事教育局同意，安徽石油勘探开发公司副经理王宏林职务级别为正处级。【（94）人教企干字第60号】

三 月

3月7日 总公司决定，任命李学志为石油勘探开发科学研究院副院长；免去郭尚平的副院长职务，于炳忠、刘文章的总工程师职务，吴震权的总地质师职务。【（94）中油任字第103号】

3月10日 总公司决定，免去李鎏的西安石油学院副院长职务，延长退休两年至1996年2月。【（94）中油任字第114号】

3月12日 总公司决定，将中国石油天然气工程技术研究所更名为“中国石油天然气总公司工程技术研究院”。【（94）中油劳字第119号】

3月14日 总公司印发《关于石油企业境外工作人员工资待遇的暂行规定》的通知。【（94）中油劳字第134号】

3月18日 总公司任命韩文芳为销售公司副经理。【（94）中油任字第125号】

同日 总公司决定，免去徐世仁同志的管道局党委书记职务。【（94）中

油党字第11号】

3月21日　总公司党组批复，同意赵张保同志为华北石油管理局纪委书记。【（94）中油党字第12号】

3月22日　总公司决定，在石油企业中设立副总审计师岗位。【（94）中油人教字第128号】

3月25日　总公司人事教育局同意，马积祚为安徽石油勘探开发公司副经理、总经济师。【（94）人教企干字第89号】

同日　总公司直属机关党委批复，同意咨询中心建立临时党支部，委员由金燕凯、王炳诚、齐小慧、李道品、康竹林等5名同志组成，金燕凯同志任临时党支部书记，康竹林同志任临时党支部副书记。【（94）直机党字第15号】

3月30日　总公司决定，调整绿化委员会成员，张轰为主任，王煌今、朱有和、张树玺为副主任，朱有和兼任办公室主任。【（94）中油人教字第154号】

四　月

4月1日　总公司决定，成立技术设备引进办公室，设在计划局，归口管理技术设备引进工作。【（94）中油劳字第156号】

4月6日　总公司决定，任命翁维珑为石油规划设计总院副院长，李建民为总工程师（列陈茂祥之后）。【（94）中油任字第173号】

同日　总公司决定，任命吕鸣岗为勘探局总地质师，赵化昆为总工程师。【（94）中油任字第174号】

同日　总公司决定，免去王庭树的石油管理干部学院副院长职务，延长退休至1995年1月。【（94）中油任字第176号】

同日　总公司任命李士富为滇黔桂石油勘探局炼化总工程师。【（94）中油任字第177号】

同日　总公司任命李人学为胜利石油管理局组织部长（职务级别为副局级）。【（94）中油任字第178号】

同日　总公司决定，任命王永纯为上海浦东石油实业发展公司总经理、浦东开发办公室主任（副局级），朱志贤为上海浦东华油实业公司董事会副董事长；免去朱志贤的上海浦东华油实业发展公司总经理、浦东开发办公室主任职务，沈福权的上海浦东华油实业发展公司副总经理职务，王永纯的塔里

木石油勘探开发指挥部副指挥职务。【（94）中油任字第179号】

4月7日　总公司决定，在石油管理干部学院经济管理研究中心的基础上组建中国石油天然气总公司经济研究中心，为总公司直属局级事业单位。【（94）中油劳字第182号】

同日　中共天津市委批复，同意中国石油天然气总公司工程技术研究所（中国石油天然气总公司工程技术研究院）党的工作由中共天津市委科学技术工作委员会代管。【津党函〔1994〕5号】

4月9日　总公司决定，任命杜晓瑞为中原石油勘探局钻井总工程师，佗文汉为总会计师。【（94）中油任字第198号】

同日　总公司同意，赵良才留任胜利石油管理局总地质师职务一年，至1995年4月底。【（94）中油任字第199号】

同日　总公司同意，免去帅德福的胜利石油管理局总地质师职务，延长退休两年至1996年2月底。【（94）中油任字第200号】

4月12日　总公司决定，任命喻祥隆为承德石油高等专科学校校长，免去陈志荣的校长职务。【（94）中油任字第204号】

同日　总公司党组决定，任命喻祥隆同志为承德石油高等专科学校党委委员、书记，免去赵显文同志的党委书记、委员职务。【（94）中油党字第16号】

同日　总公司任命赵显文为冀东石油勘探开发公司副经理。【（94）中油任字第203号】

4月14日　总公司任命白世荫为总公司驻莫斯科办事处主任（正局级）。【（94）中油任字第211号】

4月18日　中共中央国家机关党工委批复，王海森同志任总公司直属机关党委副书记。【国党工组〔1994〕55号】

4月21日　总公司任命刘宝和为开发生产局副局长。【（94）中油任字第224号】

4月22日　总公司决定，任命吴宗英为总公司经济研究中心主任，尹道墨为副主任（兼）。【（94）中油任字第225号】

同日　总公司党组决定，建立中共南方石油勘探开发公司临时委员会，临时委员会由程守礼、王孟振、高世魁、戴宗林、关毅、肖翼、蒋有卓等7名同志组成，程守礼同志任临时党委书记。【（94）中油党字第19号】

4月23日　总公司决定，成立中国石油天然气总公司国际勘探开发合作局

（简称国际合作局），与中国石油天然气勘探开发公司合署办公，具体负责国内外石油勘探开发对外合作的总体规划，归口管理国内外石油勘探开发对外合作项目。【（94）中油劳字第230号】

五　月

5月7日　总公司决定，任命吴耀文为中国石油天然气勘探开发公司总经理，曾兴球、傅志达为副总经理，童晓光为副总经理、总地质师，胡乃人为总工程师。【（94）中油任字第249号】

同日　总公司决定，任命程守礼为南方石油勘探开发公司总经理，王孟振、高世魁为副总经理，戴宗林为总地质师；原中国石油天然气勘探开发公司的领导职务同时免除。【（94）中油任字第251号】

5月24日　总公司三项制度改革经验交流会在胜利石油管理局召开。会议确定当年工作重点：控制职工总量，搞好人员分流；推行“三岗制”和“三干法”，搞活用人机制；加强职工培训考核，提高队伍素质；加快养老保险制度的改革，建立具有石油特点的社会保险体系。

5月25日　总公司任命谢志强为塔里木石油勘探开发指挥部指挥，钟树德为常务副指挥（正局级），杨润臣、王忠华为副指挥，鲍培义为总会计师；邱中建不再兼任塔里木石油勘探开发指挥部指挥职务，免去李大华的总会计师职务、王秋明的总地质师职务、刘兴和的副指挥职务、张孔法的总经济师职务。【（94）中油任字第278号】

同日　总公司党组任命谢志强同志为塔里木石油勘探开发指挥部党工委书记，增补马振武、俞新永同志为塔里木石油勘探开发指挥部党工委常委；邱中建同志不再兼任塔里木石油勘探开发指挥部党工委书记、常委职务，免去李大华、王秋明、刘兴和等3名同志的党工委常委职务。【（94）中油党字第20号】

同日　总公司决定，济南柴油机厂温泽民、何清山职务级别为副局级。【（94）中油任字第279号】

同日　总公司人事教育局同意，济南柴油机厂副厂长赵传祥、戴宪德、王在武等3人为正处级，石瑛、于增礼、刘其珉级别不变为正处级，工会主席王传文级别为正处级，赵炳坤、赵宝玉级别为正处级，孙启峰另行安排工作，副处级；调研员刘铭仁、曹玉金级别不变。【（94）人教企干字第206号】

5月26日　总公司党组同意，增补蒋洁敏、丁恩海同志为胜利石油管理局党委常委。【（94）中油党字第22号】

5月30日　总公司党组任命姚和清同志为大港石油管理局党委书记。【（94）中油党字第24号】

同日　总公司党组同意，增补罗平亚、李允同志为西南石油学院党委委员。【（94）中油任字第23号】

同日　总公司任命李允为西南石油学院副院长。【（94）中油任字第286号】

同日　总公司人事教育局同意，管道局郭典贵的行政级别为副局级。【（94）人教企干字第207号】

六　月

6月2日　总公司任命唐生海为胜利石油管理局副局长。【（94）中油任字第295号】

6月3日　中国工程院成立大会上公布了首批96名院士名单，工程院倡议人之一的中国科学院院士、原石油工业部副部长侯祥麟于1994年5月当选中国工程院院士；大庆石油管理局王德民同时当选为院士。【〔94〕中工函002号】

6月9日　总公司任命刘颂威为石油勘探开发科学研究院副院长（正局级）。【（94）中油任字第313号】

同日　总公司任命薛时文为中国石油报社副社长。【（94）中油任字第309号】

同日　总公司任命王春鹏为辽河石油勘探局副局长。【（94）中油任字第310号】

同日　总公司党组研究并商中共青海省委、中共山东省委同意，任命蒋洁敏同志为青海石油管理局党委常委、党委书记，免去李秋杰同志的党委书记、常委职务。【（94）中油党字第25号】

同日　总公司党组任命李秋杰同志为中国石油报社党委委员、书记，薛时文同志为党委委员。【（94）中油党字第26号】

同日　总公司党组任命刘毅同志为辽河石油勘探局党委常委、副书记。【（94）中油党字第27号】

6月14日　总公司任命吴耀文为国际勘探开发合作局局长；曾兴球为副局

长；傅志达为副局长，免去其物资装备总公司副总经理职务；童晓光为副局长、总地质师；胡乃人为总工程师。【(94)中油任字第250号】

6月22日 总公司任命林壬子为西安石油学院院长，免去其江汉石油学院院长职务；华北庄为江汉石油学院院长；免去张绍槐的西安石油学院院长职务。【(94)中油任字第337号】

同日 总公司党组任命林壬子同志为西安石油学院党委副书记，免去其江汉石油学院党委副书记、委员职务；免去张绍槐同志的西安石油学院党委委员职务。【(94)中油党字第29号】

七 月

7月5日 总公司决定，在勘探局设立全国储委石油天然气专业委员会办公室，为隶属于勘探局的处级职能部门。【(94)中油劳字第361号】

7月6日 总公司决定，成立社会保险管理委员会，统一负责石油系统社会保险政策和基金的管理工作，周永康为主任，陈耕为副主任。【(94)中油劳字第365号】

同日 总公司人事教育局同意，张茂贵为中国石油天然气第七建设公司副经理。【(94)人教企字第247号】

7月8日 总公司党组决定，任命唐健同志为新疆石油管理局党委书记，李木林同志为党委副书记；免去谢志强同志的党委书记、常委职务。【(94)中油党字第31号】

同日 总公司任命张乐家为新疆石油学院副院长。【(94)中油任字第355号】

同日 总公司决定，任命刘业厚为重庆石油高等专科学校校长，免去其大庆石油学院副院长职务。【(94)中油任字第369号】

同日 总公司党组决定，任命黄建民同志为重庆石油高等专科学校党委书记，刘业厚同志为党委副书记，邹水生同志为党委副书记、纪委书记，周永珍同志为工会主席；免去高国炎、刘万源同志的党委副书记职务，黄建民同志的西南石油学院党委副书记、委员、纪委书记职务。【(94)中油党字第32号】

7月9日 总公司印发《关于进一步精干石油主业队伍分离人员的意见》的通知。【(94)中油劳字第387号】

7月11日 总公司人事教育局同意，高国炎、郭万源、武金陵等3人为重

庆石油高等专科学校副校长；免去肖义昭、侯忠勇的副校长职务。【（94）人教企字第249号】

7月12日 总公司印发《石油企业干部教育培训工作暂行规定》。【（94）中油人教字第377号】

同日 总公司决定，在重庆石油学校的基础上组建重庆石油高等专科学校，实行由中国石油天然气总公司和四川省人民政府双重领导，以总公司为主的管理体制，为副局级单位。【（94）中油劳字第379号】

7月15日 总公司印发关于《教育指导委员会换届和成立中国石油教育学会》的通知。教育指导委员会和中国石油教育学会实行“两块牌子、一个办事机构”，合署办公。【（94）中油人教字第382号】

同日 总公司党组批复，同意增补邸超同志为塔里木石油勘探开发指挥部党工委常委。【（94）中油党字第33号】

7月16日 总公司任命温宗卫为新疆石油管理局总会计师。【（94）中油任字第381号】

7月28日 中国石油天然气总公司职业鉴定指导中心成立，负责管理和组织石油天然气行业特有公众社会化职业技能鉴定，指导石油企业内部开展工人考核鉴定，协调与有关地区职业技能鉴定中心的关系等。【（94）劳力字第58号】

7月 中共滇黔桂石油勘探局第一次代表大会召开，选举产生中共滇黔桂石油勘探局第一届委员会和纪律检查委员会。王苏民、方其录、李超祖、吴令英、雷文举、陆荣生等6名同志为党委常委，王苏民同志为党委书记，方其录同志为党委副书记，李超祖同志为纪委书记。

同月 中共中国石油天然气第六建设公司第四次代表大会召开，选举产生中共第六建设公司第四届委员会和纪律检查委员会，委员会由王学旨、龙君贵、刘增运、杨军、邹学绅、梁福源、谢绍佳等7名同志组成，梁福源同志为党委书记，龙君贵同志为党委副书记、纪检委书记。

八　月

8月2日 总公司任命金燕凯为总公司咨询中心副主任兼综合部主任。【（94）中油任字第405号】

8月3至5日 中共吉林省油田管理局第四次代表大会召开，选举产生第四届委员会和纪律检查委员会，常委会由单纪宽、高立元、侯殿才、刘春贵、周永涛等5名同志组成，单纪宽同志为书记，侯殿才同志为副书记、纪委书记。【吉林油田分公司上报】

8月8日 中共桂林市委组织部批复，同意中共中国石油天然气第六建设公司第四届委员会由王学旨、龙君贵、刘增运、杨军、邹学绅、梁福源、谢绍佳等7名同志组成，梁福源同志为党委书记，龙君贵同志为党委副书记、纪委书记。【市组党〔1994〕87号】

8月10日 总公司成立扶贫领导小组，张轰任组长，陈耕任副组长。

8月12日 总公司成立机关职称改革工作领导小组，史训知任组长。【（94）中油人教字第426号】

8月18日 总公司决定，由总公司所属油气田测井企业共同出资组建中油测井有限责任公司，该公司为总公司直属副局级单位，业务上归口总公司勘探局领导。人员编制100人。【（94）中油劳字第433号】

8月22日 中国科学院院士、石油勘探开发研究院李德生获美国石油地质学会授予的杰出成就奖。

同日 总公司决定，免去陈厚勇的大港石油管理局副局长职务。【（94）中油人教字第435号】

8月23日 总公司决定，免去郑长明的大港石油管理局科委副主任职务，延长退休两年至1996年7月。【（94）中油任字第436号】

同日 总公司决定，任命李干生为中油测井有限责任公司董事长，林峰为常务副董事长，王寿美、王志信为副董事长，吴铭德为中油测井有限责任公司总经理，以上5人的职务级别不变。【（94）中油任字第437号】

8月26日 总公司任命李朝鑫为四川石油管理局常务副局长。【（94）人教企字第297号】

同日 总公司人事教育局同意四川石油管理局工会副主席杨长录享受副局级待遇。【（94）人教企字第298号】

九 月

9月7日 总公司决定，任命陈吉庆为管道局局长、程桂彬为副局长，免去张福录的管道局局长职务、吕中士的副局长职务、潘家华的总工程师职务。

【（94）中油任字第511号】

同日 总公司决定，任命田以民为华东输油管理局副局长，宣林为总会计师；免去李兴杰的副局长职务，保留副局级待遇。【（94）中油任字第505号】

同日 总公司任命孙淑光为大庆石油管理局党委组织部长（副局级）。【（94）中油任字第503号】

同日 总公司决定，任命王家宏为石油勘探开发科学研究院副院长，林志芳为塔里木石油勘探开发指挥部总地质师兼石油勘探开发科学研究院总地质师；免去王家宏的塔里木石油勘探开发指挥部总地质师职务。【（94）中油任字第504号】

同日 总公司党组任命张传书同志为四川石油管理局党委副书记。【（94）中油党字第36号】

同日 总公司党组决定，任命龚金伟同志为通信公司党委委员、书记，免去何积庆同志的党委书记、委员职务。【（94）中油党字第37号】

同日 总公司人事教育局同意，章顺义为中国石油天然气通信公司副经理。【（94）人教企字第318号】

同日 总公司党组任命刘垒昌同志为辽河石油勘探局党委常委（副局级）。【（94）中油党字第38号】

9月8日 总公司党组决定，任命刘安同志为管道局党委常委、书记，陈吉庆、郭大伟同志为管道局党委副书记，惠泽人同志为管道局党委常委、纪委书记，曹华光同志为管道局工会主席，王喜田同志为华东输油管理局党委常委、副书记、工会主席；免去王喜田、张福录同志的管道局党委副书记、常委职务，郭大伟同志的管道局纪委书记职务，程桂彬同志的管道局工会主席职务，吕中士同志的管道局党委常委职务，惠泽人同志的华东输油局党委常委、工会主席职务。【（94）中油党字第39号】

同日 总公司党组决定，任命刘锦信同志为中原石油勘探局党委书记，免去刘安同志的党委书记、常委职务。【（94）中油党字第40号】

9月19日 总公司任命谢英涵为中原石油勘探局副局长（保留正局级）。【（94）中油任字第541号】

同日 总公司同意，新加坡东方石油技术公司董事会由丁贵明等12人组成，丁贵明为董事长，钟辛生为副董事长，许大坤为新加坡东方石油技术公

司总经理，潘树琪为执行董事。以上人员的职务级别均不变。【(94)中油人教字第537号】

9月21日 中共大港石油管理局第三次代表大会召开，选举产生中共大港石油管理局第三届委员会和纪律检查委员会，常委会由石玉成、孙希敬、张大德、张树明、张德寿、姚和清、高兰成等7名同志组成，姚和清同志为党委书记，孙希敬、张德寿同志为党委副书记，石玉呈同志为纪委书记。【港油党发(1994)43号 津党组(1994)278号】

同日 总公司决定，任命王忠华为华油北京服务总公司总经理，免去曲广玲的华油北京服务总公司总经理职务。【(94)中油任字第557号】

同日 总公司党组决定，任命王忠华同志为华油北京服务总公司党委书记，免去曲广玲同志的党委书记职务。【(94)中油党字第42号】

同日 总公司决定，任命曲广玲为开发生产局副局长(正局级)，寿铉成为国际勘探开发合作局副局长，张孔法为计划局总经济师，林金高为财务局总会计师。【(94)中油任字第558号】

同日 总公司决定，任命郑虎为中国石油物资装备总公司总经理，免去夏培清的总经理职务。【(94)中油任字第561号】

同日 总公司党组决定，任命郑虎同志为中国石油物资装备总公司党委书记，免去夏培清同志的党委书记职务。【(94)中油党字第43号】

9月23日 总公司决定，任命张桐义为辽河石油勘探局总工程师；赵建元为科委主任，免去其总工程师职务；免去辛一平的科委主任职务，延长退休一年至1995年5月。【(94)中油任字第540号】

9月26至28日 中共四川石油管理局第六次代表大会召开，选举产生中共四川石油管理局第六届委员会和纪律检查委员会，常委会由袁光明、王思爵、朱昌南、李朝鑫、张传书、陈应权、栗源林、夏鸿辉、傅尧生等9名同志组成，袁光明同志为党委书记，陈应权、张传书同志为党委副书记，王思爵同志为纪委书记。

十　月

10月6日 中国石油教育学会成立大会在北京召开。宗旨是“团结石油教育工作者，探索行业办学的规律，促进我国石油教育的改革和发展”。【中国石油教育学会上报】

10月7日　总公司任命寿铉成为中国石油天然气勘探开发公司副总经理。【（94）中油任字第562号】

同日　总公司人事教育局决定，任命王宏孝为中国石油天然气总公司西北办事处主任（正处级），免去何炳贵的西北办事处主任职务、崔鹏飞的中国石油天然气总公司郑州办事处副主任职务。【（94）人教企字第356号】

10月8日　中共天津市委批复，中共大港石油管理局第三届委员会常委会由石玉成、孙希敬、张大德、张树明、张德寿、姚和清、高兰成等7名同志组成，姚和清同志任党委书记，孙希敬、张德寿同志任党委副书记，石玉成同志任纪委书记。【津党组〔1994〕278号】

10月12日　总公司聘任张福录为中国石油文联副主席。【（94）人教机字第370号】

10月16日　中国石油教育学会印发关于学会领导人员的通知，王涛、黄凯、朱亚杰被聘为名誉理事长，张永一当选为理事长。【（94）油教会字第2号】

10月17日　总公司直属机关党委批复，同意增补赵显文、张凤文同志为冀东石油勘探开发公司党委委员。【（94）直机党字第53号】

10月20日　总公司决定，任命冯星安为工程技术研究院院长，免去纪明申的院长（原工程技术研究所所长）职务。【（94）中油任字第592号】

同日　总公司党组决定，任命冯星安同志为工程技术研究院党委委员、书记，免去曹开胜同志的党委书记、委员（原工程技术研究所党委书记、委员）职务。【（94）中油党字第45号】

10月21日　总公司决定，任命王作然为胜利石油管理局副局长；魏学义为副局级，负责塔里木胜利钻井公司工作。【（94）中油任字第598号】

同日　中共辽宁省委批复，同意中共东北输油管理局第三届委员会常委会由李钊、李玉祥、李裕晨、吴云海、余景春、罗玉综、戴秀庠等7名同志组成，戴秀庠同志为党委书记，李钊、吴云海同志为党委副书记，李钊同志为纪委书记。【辽委组干发〔1994〕28号】

同日　总公司任命孙尚璋为江苏石油勘探局副局长。【（94）中油任字第597号】

同日　总公司党组决定，任命严祥贵为江苏石油勘探局党委常委、纪委书记，免去王厚德同志的纪委书记、党委常委职务。【（94）中油党字第46号】

10月22日 总公司印发《关于建立石油高等教育教学奖励制度的通知》。【(94)中油人教字第600号】

十 一 月

11月3日 总公司决定，成立石油大学校务委员会，由张一伟等9人组成，张一伟为主任，李秀生、李云鹏、张嗣伟、陆基孟等4人为副主任，仝兆岐、熊继辉、王耀武、罗维东等4人为委员。【(94)中油任字第620号】

同日 总公司决定，任命张嗣伟为石油大学（北京）校长，熊继辉、罗维东为副校长；免去张一伟的石油大学（北京）校长职务、葛家理的石油大学（北京）副校长职务。【(94)中油任字第621号】

同日 总公司党组决定，任命李云鹏同志为石油大学（北京）临时党委委员、书记，张嗣伟同志为临时党委副书记，刘少斌同志为临时党委副书记，蒋庆哲同志为党委委员、副书记；免去华泽澎同志的临时党委书记、委员职务，张一伟同志的临时党委副书记、委员职务，刘汝洵同志的临时党委副书记、委员职务，熊继辉同志的临时党委副书记职务。【(94)中油党字第49号】

同日 总公司决定，任命郑广汉为大庆石油学院院长，免去李云鹏的院长职务。【(94)中油任字第622号】

同日 总公司决定，免去于庄敬的大港石油管理局总地质师职务，延长退休两年至1996年10月底。【(94)中油任字第623号】

同日 总公司党组决定，任命姜淑卿同志为大庆石油学院党委书记，郑广汉同志为党委副书记；免去李云鹏同志的党委书记、委员职务。【(94)中油党字第50号】

11月7日 在国务院召开的现代企业制度试点工作会议上，大港石油管理局被确定为全国百家现代企业制度试点单位之一。【《中国石油大事记》】

11月9日 总公司决定，任命蒋洁敏为青海石油管理局局长；免去徐中清的局长职务（保留正局级），另行安排工作。【(94)中油任字第628号】

同日 总公司党组决定，免去徐中清同志的青海石油管理局党委副书记、常委职务。【(94)中油党字第51号】

11月10日 总公司决定，免去崔仁义辽河石油勘探局副局长职务，延长退休一年至1995年11月。【(94)中油任字第634号】

11月18日 中国科学院院士翁文波在北京逝世。【《中国石油大事记》】

11月19日 总公司印发《关于加强跨世纪学术技术带头人队伍建设的实施意见》的通知。提出到2000年，地质勘探、钻井、开发、机械、石油化工等专业技术带头人队伍建设的工作目标和具体的实施意见。【（94）中油人教字第658号】

11月28日 总公司同意深圳石油实业发展公司改组为深圳石油实业有限责任公司。【（94）中油体改字665号】

同日 中共辽河石油勘探局第三次代表大会召开，选举产生中共辽河石油勘探局第三届委员会和纪律检查委员会，王福成、王显骢、宋道堂、刘毅、李厚国、赵世温、姚亚元、王德明、刘垒昌、王春鹏、王革等11名同志为常委，王福成同志为党委书记，王显骢、宋道堂、刘毅等3名同志为党委副书记，姚亚元同志为纪委书记。【辽河油田分公司上报】

11月 中共华东输油管理局第四次代表大会召开，选举产生中共华东输油管理局第四届委员会和纪律检查委员会。刘勇、潘希柏、傅庆云、王喜田、姚玉魁、田以民、孙福祥等7名同志为党委常委，刘勇同志为党委书记，潘希柏、傅庆云、王喜田等3名同志为党委副书记，傅庆云同志为纪委书记。【管道局上报】

同月 中共陕西省委组织部批复，石油管材研究所党的组织关系由宝鸡石油机械厂党委移交陕西省石油化学工业局党组领导。【陕组通字〔1994〕52号、陕石化党发〔1994〕81号】

十 二 月

12月1日 总公司印发《常驻国（境）外办事机构、海外公司人事管理暂行规定》的通知。规定驻外人员的选派条件及审批任免权限、聘任（用）办法以及任期与考核、纪律等要求。【（94）中油人教字第678号】

12月13日 中共辽宁省委批复，同意中共辽河石油勘探局第三届委员会和纪律检查委员会选举结果，常委会由王福成、王显骢、宋道堂、刘毅、李厚国、赵世温、姚亚元、王德明、刘垒昌、王春鹏、王革等11名同志组成，王福成同志任党委书记，王显骢、宋道堂、刘毅等3名同志任党委副书记，姚亚元同志任纪委书记。【辽委干组发〔1994〕44号】

12月20日 总公司任命谢志强为新疆石油管理局局长。【(94)中油任字第699号】

同日 总公司党组决定，任命谢志强同志为新疆石油管理局党委常委、书记；唐健同志为党委副书记，免去其党委书记职务。【(94)中油党字第53号】

同日 总公司人事教育局同意，杨庆前为中国石油天然气第六建设公司副经理。【(94)人教企字第460号】

12月21日 总公司直属机关工会批复，同意石油规划设计总院成立工会委员会，王凤元为工会主席。【(94)直机工字第8号】

12月22日 总公司党组决定，谢志强不在塔里木石油勘探开发指挥部工作期间，由邱忠建全面主持塔里木石油勘探开发指挥部党政工作。【(94)中油人教字第713号】

同日 总公司决定，免去张振勇的西北石油管道建设指挥部副指挥职务，退休。【(94)中油人教字第714号】

12月29日 总公司决定，成立台湾工作办公室，设在外事局。职责是：在国务院台湾事务办公室的指导下，总公司系统对台经济技术交流与合作业务进行归口管理和协调。【(94)中油劳字第729号】

同日 总公司决定，在销售公司增设原油进出口处，其主要职责是研究和提出国内原油及成品油进出口总量的预测，开展国际石油贸易。【(94)中油劳字第730号】

12月30日 中共石油管材研究所第一次党员大会召开，选举产生中共石油管材研究所第一届委员会，委员会由李鹤林、宋治、李平全、王宗芳、韩勇等5名同志组成，李鹤林同志为党委书记。【中国石油集团石油管工程技术研究院上报】

12月 中共江苏石油勘探局召开第四次代表大会，选举产生江苏石油勘探局第四届委员会和纪律检查委员会，常委会由陆敬、牟书令、陈济中、严祥贵、孟宪铎、吴元礼等6名同志组成，陆敬同志为党委书记，牟书令、陈济中同志为党委副书记，严祥贵同志为纪委书记。【中国石油化工集团公司提供】

本年 总公司职工总数153.58万人。【石油工业统计年报】

一九九五年

一　月

1月3日　总公司决定，任命吕鸣岗为全国储委石油天然气专业委员会办公室主任（副局级），免去吕鸣岗的勘探局总地质师职务、刘雨芬的全国储委石油天然气专业委员会办公室主任职务。【（95）中油任字第1号】

1月12日　中共中央批准，史训知同志为总公司党组纪律检查组组长，免去金钟超同志的党组纪律检查组组长职务。【中委〔1995〕15号】

同日　中共中央组织部决定，免去金钟超同志的中国石油天然气党组成员职务。【组任字〔1995〕15号】

1月13日　总公司决定，新疆石油管理局12·8友谊馆火灾事故损失严重，确认是一起特大安全责任事故，给予谢宏等5名同志党纪、政纪处分。撤销谢宏新疆石油管理局局长职务，同意中共新疆维吾尔自治区党委撤销其局党委副书记、常委职务处分；同意中共新疆维吾尔自治区党委给予唐建同志党内严重警告处分；撤销方天禄新疆石油管理局副局长职务，同意中共新疆维吾尔自治区党委给予其开除党籍处分；给予副局长、安全委员会副主任尼牙孜·阿不都拉行政降级处分，同意中共新疆维吾尔自治区党委给予其撤销党内职务处分；同意中共新疆维吾尔自治区党委给予阿不来海提·克尤木同志（局工会主席）撤销党内职务处分，建议罢免其工会主席职务。【（95）中油党字第2号】

1月16至20日　总公司测井工作暨中油测井公司成立大会在北京召开。【《中国石油大事记》】

1月18日　总公司印发《石油高校面向21世纪，深化教育改革的若干意见》。【（95）中油人教字第18号】

1月　中共中国石油物资装备总公司党员大会召开，选举产生第一届委员会和纪律检查委员会，委员会由郑虎、陈泽轩、傅泉清、刘兴和、黄志潜、冯振清、王利德等7名同志组成，郑虎同志为党委书记，陈泽轩、傅泉清同志

为党委副书记，傅泉清同志为纪委书记。【中国石油物资采购中心上报】

二　　月

2月7日　总公司任命杨景民为销售公司经理。【（95）中油任字第55号】

同日　总公司任命孟慕尧、刘万赋为开发生产局总工程师。【（95）中油任字第57号】

同日　总公司决定，任命杨承志为北京天然气集输公司经理，免去臧珍年的北京天然气集输公司经理职务。【（95）中油任字第58号】

同日　总公司党组决定，任命杨承志同志为北京天然气集输公司临时党委委员、书记，免去臧珍年同志的临时党委书记、委员职务。【（95）中油党字第5号】

同日　总公司党组决定，任命臧珍年同志为石油规划设计总院党委委员、书记，免去乐秀民同志的党委书记、委员职务。【（95）中油党字第6号】

2月9日　总公司任命戴明梓为新疆石油管理局常务副局长（正局级）。【（95）中油任字第64号】

同日　总公司党组任命张树平同志为新疆石油管理局党委常委、常务副书记（正局级）。【（95）中油党字第11号】

2月10日　总公司印发《中国石油天然气总公司干部考核任免工作暂行条例》。【（95）中油人教字第70号】

2月11日　总公司党组决定，任命蒋发太同志为江汉石油学院党委书记，免去张树平同志的党委书记、委员职务。【（95）中油党字第13号】

同日　总公司党组任命曾宪平同志为西南石油学院纪委书记。【（95）中油党字第14号】

同日　总公司党组任命石瑛同志为济南柴油机厂纪委书记。【（95）中油党字第15号】

同日　总公司决定，免去蒋发太的江汉石油学院副院长职务。【（95）中油任字第73号】

2月13日　中共陕西省石油化学工业局党组批复，同意中共石油管材研究所第一届委员会由李鹤林、宋治、李平全、王宗芳、韩勇等5名同志组成，李鹤林同志任党委书记。【陕石化党发〔95〕12号】

2月14日　总公司任命杨生汉为炼油化工局局长。【（95）中油任字第75号】

同日　总公司直属机关工会批复，同意中国石油物资装备总公司成立工会委员会，傅泉清同志任工会主席。【（95）直机工字第3号】

2月16日　总公司任命徐锭明为计划局副局长。【（95）中油任字第85号】

同日　总公司机关党委批复，同意中国石油物资装备总公司党委由郑虎、陈泽轩、刘兴和、黄志潜、冯振清、傅泉清、王利德等7名同志组成，郑虎同志任党委书记，陈泽轩、傅泉清同志任党委副书记。【（95）直机党字第7号】

同日　总公司机关党委批复，同意傅泉清同志兼任中国石油物资装备总公司纪委书记。【（95）直机党字第8号】

2月20日　总公司决定，设立中国石油天然气总公司中心医院，行政隶属于管道局，业务由总公司主管部门归口指导。【（95）中油劳字第93号】

同日　总公司任命王春寅为总公司中心医院院长。【（95）中油任字第96号】

同日　总公司党组任命王春寅同志为总公司中心医院党委委员、书记。【（95）中油党字第18号】

同日　总公司党组批复，同意增补杨合厚同志、王毅锴同志为中国石油报社党委委员。【（95）中油党字第20号】

2月24日　新疆维吾尔自治区党委批复，保留谢宏同志的副省级待遇。【新党干字〔1995〕170号】

2月27日　总公司党组任命苗玉辰同志为安徽石油勘探开发公司党委书记。【（95）中油党字第19号】

2月28日　总公司决定，在南方石油勘探开发公司的基础上，由中国石油天然气总公司与中国石油物资装备总公司共同出资组建南方石油勘探开发有限责任公司。【（95）中油劳字第124号】

2月　中共陕西石油化工局党组批复，同意管材研究所第一届党委由李鹤林等5名同志组成，李鹤林同志为党委书记。【陕石化党发〔95〕12号】

三　　月

3月1日　总公司决定，免去梁高才的销售公司经理职务。【（95）中油任字第121号】

3月2日　总公司决定，技术监督局更名为技术监督与安全环保局。【（95）

中油劳字第134号】

3月3日 总公司人事教育局同意，聘任周吉平为中国石油勘探开发公司瓦努阿图有限公司总经理兼中国石油勘探开发公司巴布亚新几内亚有限公司总经理。【（95）人教企字第49号】

3月9日 总公司决定，石油工业部北京外语培训中心更名为中国石油天然气总公司外语培训中心。【（95）中油劳字第147号】

同日 总公司决定，大庆石油管理局所属勘探开发研究院、油田建设设计研究院、第一采油厂、第二采油厂、油田化学助剂厂、大庆热电厂等六个单位机构规格调整为副局级。【（95）中油劳字第157号】

3月20日 总公司党组同意，增补王作然同志为胜利石油管理局党委常委。【（95）中油党字第24号】

同日 总公司任命马志祥为管道局副局长，高探贵为管道局总工程师，王永祥为管道局总会计师。【（95）中油任字第176号】

同日 总公司任命魏兆胜、徐延卿为大庆石油学院副院长。【（95）中油任字第177号】

同日 总公司任命胡文宝为江汉石油学院副院长。【（95）中油任字第178号】

同日 总公司党组任命孙彦彬同志为大庆石油学院党委书记。【（95）中油党字第25号】

同日 总公司党组任命华北庄同志为江汉石油学院党委副书记。【（95）中油党字第26号】

四　月

4月2日 浙江省石油化学工业厅工会工作委员会同意曹志光任浙江石油勘探处第六届工会委员会主席。【浙化工〔95〕7号】

4月12日 总公司决定，成立干部培训工作领导小组，史训知为组长。【（95）中油人教字第228号】

同日 总公司决定，任命范卓瑛同志为西北石油管道建设指挥部临时党委委员，免去武敬洲同志的临时党委委员职务。【（95）中油党字第27号】

同日 总公司决定，任命武敬洲为管道局科委主任，免去其西北石油管道建设指挥部副指挥、总工程师职务。【（95）中油任字第226号】

4月14日　总公司决定，任命初延洪为中国石油天然气运输公司副经理；免去毛继昌的副经理职务，退休。【（95）中油任字第175号】

同日　总公司决定，从1995年1月起，中原石油化工联合公司由中原石油勘探局划出，改为总公司直接管理。【（95）中油劳字第231号】

4月17日　总公司决定，成立中国石油天然气总公司知识产权保护办公室，负责所属单位职务智力劳动成果的权力及监督、检查、指导知识产权的保护工作。办公室设在信息研究所专利处。【（95）中油劳字第234号】

4月21日　康世恩同志在北京逝世。康世恩是我国工业战线杰出的领导人，新中国石油、石化工业卓越的开拓者，1915年生，河北怀安人，1936年10月加入中国共产党，1937年参加八路军。历任玉门油矿军事总代表，西北石油管理局局长，燃料部石油管理总局局长，石油工业部部长助理、副部长、部长，国务院副总理兼国家经济委员会主任、党组书记，中共第十一届、十二届中央委员，中顾委常委。【《中国石油大事记》】

五　月

5月3日　经中国石油学会第四届代表大会理事会选举，总公司党组同意，陆基孟任中国石油学会秘书长（正局级），陈立滇任副秘书长（副局级）。【（95）中油任字第265号】

同日　总公司党组决定，任命初延洪同志为中国石油天然气运输公司党委常委，免去毛继昌同志的党委常委职务。【（95）中油党字第30号】

同日　总公司决定，任命李华林为中国石油天然气加拿大公司董事、总经理，免去王建设的董事、总经理职务。【（95）人教企字第129号】

5月19日　陕西省石油化学工业工会委员会批复，同意王宗芳任石油管材研究所第二届工会委员会主席。【中国石油集团石油管工程技术研究院上报】

5月29日　总公司印发《中国石油天然气总公司境外工作人员工资津贴待遇管理规定》。【（95）中油劳字第333号】

5月30日　总公司人事教育局同意，杨贻锆、李越强为中油测井有限责任公司副总经理。【（95）人教企字第161号】

5月31日　中国石油天然气运输公司受总公司扶贫办委托，代表总公司与新疆维吾尔自治区木垒哈萨克自治县人民政府共同组建股份制企业木垒中油

新绿有限责任公司，注册资本455万元，运输公司入股200万元。【中国石油天然气运输公司上报】

六　月

6月2日　总公司人事教育局同意，免去莫水江的浙江石油勘探处副处长职务。【（95）人教企字第164号】

6月8日　总公司决定，任命张宝庄为南方石油勘探开发公司总经理、高有楠为副总经理，免去程守礼的南方石油勘探开发公司总经理职务、王孟振的南方石油勘探开发公司副总经理职务、张宝庄的华北石油管理局副局长兼二连石油勘探开发公司经理职务。【（95）中油任字第330号】

同日　总公司党组决定，任命张宝庄同志为南方石油勘探开发公司临时党委委员、书记，高有楠同志为临时党委委员；免去程守礼同志的临时党委书记、委员职务，王孟振同志的临时党委委员职务。【（95）中油党字第32号】

同日　总公司人事教育局同意，聘任马积祚为安徽石油勘探开发公司副经理、总经济师，赵永康、王宏林为副经理，阙良升为总工程师，娄建青为总地质师。【（95）人教企字第168号】

6月13至17日　总公司石油企业三项制度改革工作会议在中原石油勘探局召开。会议确定劳动人事工资制度改革的重点和目标是：积极稳妥推进劳动合同制，逐步实现劳动关系法制化，继续控制职工数量，养老保险制度改革要有实质性进展。

6月15日　总公司决定，为理顺玉门吐哈油田管理体制，同意组建玉门吐哈企业集团管委会，下属玉门石油勘探开发公司（仍称玉门石油管理局）和吐哈石油勘探开发公司，玉门吐哈企业集团设办公室，配主任一名（副局级），副主任两名（正处级）；并在中共吐哈石油勘探开发指挥部工作委员会的基础上，组建中共吐哈石油勘探开发公司临时委员会。【（95）中油劳字第346号】

6月16日　总公司党组任命钟树德同志为塔里木石油勘探开发指挥部党工委副书记。【（95）中油党字第36号】

同日　中共石油大学（北京）第七次代表大会召开，选举产生中共石油大学（北京）第七届委员会和纪律检查委员会，委员会由李云鹏、张嗣伟、刘少斌、蒋庆哲、刘少斌等5名同志组成，李云鹏同志为党委书记，张嗣伟、

刘少斌、蒋庆哲等3名同志为党委副书记，刘少斌同志为纪委书记。【中国石油大学（北京）上报】

6月19日 总公司决定，任命张桂林为西北石油管道建设指挥部副指挥，免去其咸阳石油钢管钢绳厂厂长职务。【（95）中油任字第354号】

同日 总公司党组决定，任命张桂林同志为西北石油管道建设指挥部临时党委委员，免去其咸阳石油钢管钢绳厂党委书记职务。【（95）中油党字第36号】

同日 总公司决定，任命朱忠虎为中国石油天然气第一建设公司经理，免去邢宏坤的经理职务。【（95）中油任字第355号】

同日 总公司党组决定，任命邢宏坤同志为中国石油天然气第一建设公司党委书记，免去王俊岭同志的党委书记、委员职务。【（95）中油党字第37号】

同日 总公司任命王俊岭为塔里木石油勘探开发指挥部副指挥。【（95）中油任字第356号】

同日 总公司任命丁树柏为石油勘探开发研究院副院长。【（95）中油任字第364号】

6月20日 石油大学（北京）时铭显教授当选中国工程院院士。

6月20至22日 中原乙烯工程领导小组第三次会议在河南省濮阳市中原油田宾馆召开。会议决定撤销中原石油化工工程建设指挥部和中原石油化工联合公司，决定组建中原石油化工有限责任公司，并确定董事会、监事会的组成人选。【中国石油化工集团公司提供】

6月21日 总公司决定，任命陈耕为吐哈玉门石油企业集团管理委员会主任（兼），赵熙寿、杨秀森为副主任，罗英俊、李志新、刘世洲、黄亦纯等4人为委员。【（95）中油任字第347号】

同日 总公司决定，任命刘世洲为玉门石油管理局局长，孔繁瑾为副局长、总工程师，高玉江为副局长；免去赵熙寿的玉门石油管理局局长职务，杨秀森的副局长、总地质师职务，罗玉成、梅士琪、唐世荣、姚树梯、王世信、吴涛、陶惠鑫等7人的副局长职务。【（95）中油任字第348号】

同日 总公司党组决定，任命黄亦纯同志为玉门石油管理局党委书记，刘世洲同志为党委副书记，张东泉同志为党委委员、常委、党委副书记、纪委书记，田玉军同志为工会主席，增补周永华同志为玉门石油管理局党委常委，增补彭立垣、田玉军同志为玉门石油管理局党委委员、常委，增补孔繁瑾、高玉江同志为玉门石油管理局党委委员；免去王鹏同志的玉门石油管理局党委书记、常委、委员职务，李志新同志的党委副书记、常委、委员职务，刘世洲同志的工会主席职务，赵熙寿、杨秀森同志的党委常委、委员职务。【（95）中油党字第34号】

同日 总公司决定，任命罗英俊为吐哈石油勘探开发公司总经理，石兴春、吴涛、唐世荣、王世信、姚树梯、陶惠鑫等6人为副总经理，刘宏斌为总工程师，袁明生为总地质师。【（95）中油任字第349号】

同日 总公司党组决定，任命李志新同志为吐哈石油勘探开发公司临时党委委员、书记，罗英俊同志为临时党委委员、副书记，张国栋同志为临时党委委员、副书记、纪委书记，石兴春、吴涛、唐世荣、王世信、姚树梯、陶惠鑫等6名同志为临时党委委员。【（95）中油党字第35号】

6月22日 总公司决定，任命梅士琪为中原石油化工有限责任公司总经理，林锡庆为常务副总经理、总工程师，马振都为副总经理。【（95）中油任字第352号】

同日 总公司人事教育局决定，裴广乐、樊正鸿、李书文等3人为中原石油化工有限责任公司副总经理，朱玉生为总会计师。【（95）人教企字第186号】

同日 总公司党组决定，任命谢英涵同志为中原石油化工有限责任公司临时党委委员、书记，梅士琪同志为临时党委委员、副书记，李洪皋同志为临时党委委员、副书记，闫子良同志为临时党委委员、副书记、纪委书记，李小明同志为临时党委委员、工会主席，马振都、裴广乐同志为临时党委委员。【（95）中油党字第40号】

同日 总公司决定，免去谢英涵的中原石油勘探局副局长职务、马振都的总工程师职务。【（95）中油任字第353号】

6月25日 李聚奎同志在北京逝世。李聚奎，1904年生，湖南怀化人。1926年参加工农红军，曾任东北军区后勤部部长兼政治委员、后勤学院院长、石油工业部部长、总后勤部政治委员、中央军委顾问等。1958年被授予上将军衔，是第二、三届国防委员会委员，第四、五届全国人民代表大会常务委员会委员。【《中国石油大事记》】

6月30日 总公司决定，任命杨景民为中国联合石油公司董事会董事、董事长，免去周庆祖的董事会董事长、董事职务。【（95）中油任字第383号】

七 月

7月3日 总公司决定，任命纪士寅为廊坊经济技术开发办公室主任、王家宽为总工程师，免去庄国成的廊坊经济技术开发办公室主任职务。【（95）中油任字第386号】

7月4日 总公司同意，聘任王金瑞、单成吉、姚伟等3人为北京天然气集输公司副经理，车庆斌为总工程师，侯延友为总会计师。【（95）中油任字第384号】

7月10日 总公司人事教育局决定，曹家麟为咸阳石油钢管钢绳厂厂长。【（95）人教企字第220号】

同日 总公司党组任命曹家麟同志为咸阳石油钢管钢绳厂党委书记。【（95）中油党字第42号】

同日 总公司任命吴惠起、施哲彦为中国石油工程建设公司副经理。【（95）中油任字第408号】

同日 总公司决定，任命田齐祥、周孟瑜为滇黔桂石油勘探局副局长，免去汤昌钧的副局长职务。【（95）中油任字第410号】

同日 总公司同意，辽河石油勘探局陈志淦在人大任职期间享受副局级待遇。【（95）中油任字第409号】

7月11日 总公司任命刘全新为中国石油天然气总公司西北地质研究所所长。【（95）中油任字第412号】

同日 总公司党组任命刘全新同志为中国石油天然气总公司西北地质研究所党委委员。【（95）中油党字第38号】

7月13日 总公司印发《关于石油企事业单位全面实行劳动合同制的实施意见》，要求自1995年1月1日起，两年内对全部从业人员通过订立劳动合同建立劳动关系。【（95）中油劳字第424号】

同日 西南石油学院院长罗平亚当选中国工程院院士。

同日 总公司人事教育局决定，调中国石油天然气第一建设公司甘志兴任深圳石油实业开发公司总会计师。【（95）人教企字第228号】

7月14日 总公司决定，任命秦顺亭为江苏石油勘探局副局长、总地质师，孟宪铎、孙尚章、汪东进等3人为副局长，吴明华为总会计师，朱天孝为调研

员。【（95）中油任字第423号】

7月20日 中共大庆石油学院第六次代表大会召开，选举产生中共大庆石油学院第六届委员会和纪律检查委员会，委员会由姜淑卿、郑广汉、孙彦彬、申宝库、张少南、徐延卿、魏兆胜等7名同志组成，姜淑卿同志为党委书记，郑广汉、孙彦彬同志为党委副书记，孙彦彬同志为纪委书记。【大庆石油学院上报】

7月 中共中国石油天然气总公司通信公司第三次党员大会召开，选举产生中共中国石油天然气总公司通信公司第三届委员会和纪律检查委员会，委员会由龚金伟、张敏文、姬宁、余自强、朱自珍等5名同志组成，龚金伟同志为党委书记，姬宁任同志为纪委书记。【管道局上报】

八　月

8月10日 总公司人事教育局同意，韩建荒为中国石油天然气第八建设公司副经理；免去张遵杰、于清林的副经理职务，徐长普的副经理、总工程师职务。【（95）人教企字第248号】

同日 总公司党组决定，任命傅宇扬同志为中国石油天然气第八建设公司党委书记，倪化行同志为工会主席；免去张遵杰同志的党委书记、委员职务，徐长普同志的党委委员职务。【（95）中油党字第45号】

同日 总公司任命唐成九为新疆石油管理局塔西南勘探开发公司经理，免去吴振杰的经理职务。【（95）中油任字第474号】

同日 总公司党组决定，任命唐文豹同志为新疆石油管理局塔西南石油勘探开发公司党委书记，免去赵文光同志的党委书记职务。【（95）中油党字第46号】

同日 总公司党组决定，成立中共上海浦东华油实业公司临时委员会，王永纯同志任临时党委书记。【（95）中油党字第47号】

同日 总公司决定，任命向小壮为西南石油学院副院长，免去李仕伦的副院长职务。【（95）中油任字第473号】

同日 总公司任命安岐为吐哈—玉门石油企业集团办公室主任（副局级）。【（95）中油任字第475号】

8月25日 总公司决定，任命姚和清为大港石油管理局局长，免去孙希敬

的局长职务。【（95）中油任字第506号】

同日　总公司党组决定，任命王鹏同志为大港石油管理局党委常委、书记，姚和清同志为党委副书记；免去姚和清同志的党委书记职务，孙希敬同志的党委副书记、常委职务。【（95）中油党字第48号】

同日　总公司决定，吐哈石油勘探开发公司更名为吐哈石油勘探开发指挥部。【（95）中油劳字第501号】

同日　总公司同意，承德石油机械厂从承德石油高等专科学校划归中国石油物资装备总公司直接管理，党的组织关系仍隶属于承德石油高等专科学校党委。【（95）中油劳字第505号】

8月30日　总公司同意，聘任初延洪为中国石油天然气运输公司副经理，林萌为副经理兼总工程师，王宪顺、赵太民为副经理。【（95）中油任字第513号】

同日　总公司党组决定，任命陈远富同志为中国石油天然气运输公司党委常委、工会主席，林萌同志为党委常委；免去张士清同志的党委副书记职务、常委职务，李志敏同志的党委常委职务，杨泽民同志的工会主席职务。【（95）中油党字第49号】

8月　西安石油学院袁森被国家教委评为1995年全国优秀教师，并授予全国优秀教师奖章。

九　月

9月8日　总公司职称改革领导小组印发《陆上石油企业单位专业技术职务聘任制实施意见》的通知。【（95）中油职改字第529号】

同日　总公司印发《关于总公司机关实行干部聘任制的实施意见（试行）》的通知。【（95）人教机字第290号】

9月15日　总公司机关党委批复，同意中共管道局第四届委员会和纪律委员会选举结果，党委由马志祥等29名同志组成，刘安、陈吉庆、郭大伟、邢振亚、惠泽人、刘磊、曹华光、马志祥、黄伯谦等9名同志为党委常委，刘安同志为党委书记，陈吉庆、郭大伟同志为党委副书记，惠泽人同志为纪委书记。【（95）直机党字第49号】

9月18日　总公司任命纪永存为大庆石油管理局副总会计师（副局级）。【（95）中油任字第542号】

同日 总公司决定，任命瞿国忠为大庆石油管理局勘探开发研究院院长，邢英明为大庆石油管理局油田设计研究院院长，白执松为大庆石油管理局采油一厂厂长，万福年为大庆石油管理局采油二厂厂长，高俊才为大庆石油管理局化学助剂厂厂长，张广瑜为大庆石油管理局热电厂厂长。【（95）中油任字第541号】

同日 总公司党组决定，任命任积文同志为大庆石油管理局勘探开发研究院党委书记，张星礼同志为大庆石油管理局油田设计研究院党委书记，孙业松同志为大庆石油管理局采油一厂党委书记，王成俊同志为大庆石油管理局采油二厂党委书记，朱鼎科同志为大庆石油管理局化学助剂厂党委书记，薛贵仁同志为大庆石油管理局热电厂党委书记。【（95）中油党字第52号】

9月19日 国家体改委和总公司联合发文批复大港油田现代企业制度试点方案，同意大港石油管理局依照《公司法》改组为国有独资公司，注册名称为大港油田集团有限责任公司，大港石油管理局现代企业制度试点展开。【（95）中油体改字第543号】

9月21日 吉林省人民政府决定，李文阳为吉林省油田管理局副局长。【吉政干任〔1995〕48号】

9月22日 总公司党组决定，任命潘茂祥同志为宝鸡石油钢管厂党委书记；免去于维华同志的党委书记职务，延长退休两年，至1997年7月。【（95）中油党字第55号】

同日 总公司决定，任命许大坤、赵瑞平、王业胜、殷会祥、王小牧等5人为石油地球物理勘探局副局长，钱荣钧为总工程师，吴奇之为总地质师；免去柴桂林、王见仁、武慎让的副局长职务，许大坤的总工程师职务。【（95）中油任字第549号】

同日 总公司党组决定，任命赵瑞平、王业胜同志为石油地球物理勘探局党委常委；免去柴桂林、武慎让同志的党委常委职务。【（95）中油党字第54号】

同日 总公司决定，任命翟昌年为二连石油勘探开发公司经理，免去史习盐的经理职务。【（95）中油任字第550号】

同日 总公司决定，明确中美石油开发公司总经理王明才职务级别为副局级。【（95）中油任字第551号】

同日 总公司同意，聘任姚玉魁、田以民、高河东等3人为华东输油管理局副局长，钱建华为副局长兼总工程师，宣林为总会计师，李春光为科委主任；免去李春光的总工程师职务，韩谭贻、盛沛伦的副局长职务。【（95）中油任字第548号】

同日 总公司决定，任命林金高为财务局副局长、李波为国有资产管理局副局长，免去林金高的财务局总会计师职务。【（95）中油任字第584号】

9月28日 总公司人事教育局决定，王根海任杭州石油地质研究所总工程师。【（95）人教企字第316号】

9月29日 总公司任命史习盐为中国石油物资装备总公司副总经理。【（95）中油任字第572号】

十 月

10月6日 总公司人事教育局决定，顾天成任中国石油天然气总公司华北办事处主任，免去管琪的中国石油天然气总公司华北办事处主任职务。【（95）人教企字第322号】

同日 根据《国有企业财产监督管理条例》和国务院国发〔1995〕18号文件精神，总公司决定，向华北石油管理局派出监事会，负责对华北石油管理局的资产经营情况进行监督，受总公司领导。监事会由总公司、国家经贸委、国有资产管理局、财政部、中国工商银行和华北石油管理局代表组成。孙寿荣任监事会主席，王毓信任监事会副主席。【（95）中油人教字第581号】

10月10日 经中国人民银行批准，总公司决定成立中油财务有限责任公司（英文名称：China Petroleum Finance Co Ltd，简称 CPF），单位级别为正局级，系中国银监会直管的非银行金融机构。【（95）中油劳字第590号 中国人民银行银复〔1995〕267号】

10月14日 总公司党组决定，免去周沛、李清壁同志的中原石油勘探局党委副书记、常委职务。【（95）中油党字第58号】

10月16日 总公司同意，聘任王毓信为中油财务有限责任公司总裁（正局级），王国樑为副总裁（副局级）。【（95）中油任字第585号】

同日 总公司直属机关党委批复，同意臧珍年、苗承武、王凤元、翁维珑、李建民、吴明胜、王玉金等7名同志为石油规划设计总院第三届党委委员，臧珍年同志任党委书记，苗承武、王凤元同志任党委副书记，臧珍年同志任

纪委书记。【(95)直机党字第52号】

10月27日 总公司党组任命蔡志山同志为新疆石油管理局党委常委、纪委书记。【(95)中油党字第59号】

10月 石油勘探开发研究院郭尚平、戴金星当选为中国科学院院士。

十 一 月

11月8日 国家劳动部印发《关于表彰"中华技能大奖"和"全国技术能手"获得者的决定》。胜利石油管理局采油工王为民荣获"中华技能大奖",四川石油管理局钻井工吴仲琪、大庆石油管理局汽车驾驶员裴成斌荣获"全国技术能手"奖。【劳部发〔1995〕403号】

11月10日 总公司人事教育局同意,聘任曾世民为中国石油天然气第一建设公司副经理、总工程师,顾满林为副经理、总经济师,马天华、赵益红为副经理,高忻元为总会计师;免去鹿其民、上官寻国、张志昌的现任领导职务。【(95)人教企字第363号】

同日 总公司党组决定,任命朱忠虎同志为中国石油天然气第一建设公司党委副书记,鹿其民同志为党委副书记、纪委书记,顾满林、戴文信同志为党委委员;免去魏立孝同志的党委副书记、委员职务,贺新文同志的纪委书记、委员职务。【(95)中油党字第62号】

11月17日 总公司决定,任命陈宗禹为独山子石油化工总厂厂长,杨建国为总厂常务副厂长兼乙烯厂厂长,张绍基为总厂副厂长,徐福贵为总厂副厂长兼炼油厂厂长,努尔买买提·阿曼、李汉文为总厂副厂长,刘景奎为总厂总工程师,王仁堂为总厂总动力师,崔光耀为总厂总经济师,杨海光为总厂科委主任。【(95)中油任字第671号】

同日 总公司党组决定,成立中共独山子石油化工总厂委员会,隶属新疆石油管理局党委。委员会由陈宗禹、董明、苏尔坦·艾斯帕尔、杨建国、张绍基、徐福贵、韩文考、陈望平等8名同志组成,陈宗禹同志为独山子石油化工总厂党委副书记,董明同志为党委副书记、纪委书记(主持党务日常工作),苏尔坦·艾斯帕尔同志为党委副书记、工会主席,韩文考同志为委员兼炼油厂党委书记,陈望平同志为委员兼乙烯厂党委书记。【(95)中油党字第64号】

同日 总公司任命陈宗禹为新疆石油管理局常务副局长(正局级)。【(95)

中油任字第672号】

同日　总公司党组增补陈宗禹、董明同志为新疆石油管理局党委常委。【（95）中油党字第65号】

同日　总公司同意，新疆石油管理局独山子石油化工总厂胡子中、王德成职务级别为副局级。【（95）中油任字第673号】

11月20日　经国家体改委、总公司批准，设立大港油田（集团）有限责任公司董事会和监事会。总公司党组商中共天津市委同意，决定委派姚和清等9人为大港油田（集团）有限责任公司董事会董事，姚和清任董事长，王鹏、汪国良任副董事长，张德寿、张大德、石彦民、郭德宝、吴昭生、高兰成（职工代表）等6人为董事，委派陈玉瑾为监事会主席，高凤翔、屈延龄、徐树荣（职工代表）、石桂臣（职工代表）等为监事会监事。【（95）中油任字第675号】

同日　总公司决定，聘任姚和清为大港油田（集团）有限责任公司总经理，朱敬成为副总经理，石彦民为副总经理、总地质师，张幸福、郭德宝、刘厚敏为副总经理，吴炤生为副总经理、总会计师。【（95）中油任字第676号】

同日　总公司党组决定，中共大港油田（集团）有限责任公司常务委员会由王鹏、姚和清、张德寿、陈玉瑾、高兰成、朱敬成、郭德宝等7名同志组成，王鹏同志为党委书记，姚和清同志、张德寿同志为党委副书记，陈玉瑾同志为纪委书记，高兰成同志为工会主席。【（95）中油党字第66号】

同日　总公司决定，任命姚和清为大港油田（集团）有限责任公司科委主任，张大德、曲经文为科委副主任。【（95）中油任字第683号】

11月21日　总公司决定，在独山子炼油厂、乙烯工程指挥部的基础上，组建新疆石油管理局独山子石油化工总厂。总厂是隶属于新疆石油管理局的正局级单位，作为局委托法人。独山子石化总厂下设炼油厂、乙烯厂两个内部独立核算的副局级单位。【（95）中油劳字第667号】

11月23日　总公司任命傅诚德兼任总公司知识产权保护办公室主任。【（95）人教机字第383号】

11月28日　中共中央组织部、人事部、国家档案局在京召开“全国干部人事档案工作经验交流会”。总公司人事教育局综合处、华北石油管理局干部处、吉林石油管理局党委组织部、大庆市委组织部档案科、克拉玛依市委组织部荣获全国干部人事档案工作先进集体称号。

11月 中国石油天然气总公司、中国北方工业（集团）总公司与伊拉克签署艾哈代布油田合作开发备忘录。12月，两家公司共同筹备组建艾哈代布油田合作开发项目执行机构——绿洲（艾尔瓦哈）石油有限责任公司。【《中国石油大事记》】

同月 中国石油天然气总公司决定，免去杨生汉的新疆石油管理局副局长职务。【新疆油田分公司上报】

十 二 月

12月4日 总公司党组决定，任命董保真同志为西南石油学院党委书记；免去林维澄同志的党委书记、委员职务，李士伦同志的党委委员职务。【（95）中油党字第68号】

同日 总公司决定，免去董保真的西南石油学院副院长职务。【（95）中油任字第698号】

12月14日 总公司人事教育局决定，周恒友为浙江石油勘探处处长，免去林友进的处长职务。【（95）人教企字第283号】

同日 总公司党组决定，任命周恒友同志为浙江石油勘探处党委委员、书记，免去林友进同志的党委书记、委员职务。【（95）中油党字第51号】

同日 总公司决定，徐建新任广州办事处副主任。【（95）人教企字第405号】

12月25日 总公司同意，刘国良辞去呼和浩特炼油厂厂长职务。【（95）中油任字第747号】

12月29日 总公司决定，任命李阳初、孙起瑞为石油大学（华东）副校长，免去段景泰的副校长职务。【（95）中油任字第759号】

同日 总公司任命戴向东为江汉石油学院副院长。【（95）中油任字第760号】

同日 总公司党组决定，任命李玉平同志为石油大学（华东）党委常委、副书记，免去钱锡俊同志的党委副书记、常委职务。【（95）中油党字第71号】

同日 总公司人事教育局同意，聘任晁吉俊为中国石油天然气总公司西北地质研究所副所长，王新民为副所长、总地质师，梁秀文、陈升安为总工程师；免去张东明的副所长职务。【（95）人教企字第465号】

同日 总公司党组决定，任命方克礼同志兼中国石油天然气总公司西北地质研究所纪委书记，晁吉俊同志为工会主席，王新民同志为党委委员；免

去赵红同志的纪委书记、党委委员职务。【（95）中油党字第72号】

同日　总公司党组任命王宗芳同志为石油管材研究所党委副书记兼纪委书记。【（95）中油党字第73号】

同日　总公司人事教育局批复，同意聘任宋治、韩勇、李平全等3人为石油管材研究所副所长，宋治的聘期至1996年12月，免去曾顺懋的副所长职务。【（95）人教企字第466号】

本年　总公司职工总数155.65万人。【石油工业统计年报】

一九九六年

一　月

1月4日　总公司人事教育局同意，聘任高建中为中国石油天然气总公司销售公司华东分公司经理，虞坚中为中国石油天然气总公司销售公司西北分公司经理。【（96）人教企字第7号】

1月5日　总公司决定，任命黄炎为国家原油大流量计量检定站站长（兼），姜冠戎为国家原油大流量计量检定站副站长，免去金钟超的国家原油大流量计量检定站站长职务。【（96）中油任字第5号】

同日　总公司决定，任命邱中建为塔里木石油勘探开发指挥部指挥（兼）、贾承造为总地质师，免去谢志强的指挥职务、梁狄刚的总地质师职务、鲍培义的总会计师职务。【（96）中油任字第6号】

同日　总公司党组决定，任命邱中建同志为塔里木石油勘探开发指挥部党工委常委、书记（兼），免去谢志强同志的工委书记、常委职务。【（96）中油党字第1号】

1月8日　总公司决定，任命黄绍和为国际勘探开发合作局总工程师，免去胡乃人的总工程师职务。【（96）中油任字第17号】

同日　总公司决定，任命纪士寅为油田化学公司经理（副局级），免去金国梁的经理职务。【（96）中油任字第11号】

1月15日　总公司决定，任命黄炎为中国联合石油公司副董事长，林青山为中国联合石油公司总经理（正局级）。【（96）中油任字第31号】

1月17日　总公司同意，聘任余景春为东北输油管理局副局长、总工程师，张加林、韩汉、李德铭等3人为副局长，谢戈果为总会计师；免去罗玉琮的副局长、总经济师职务，李裕晨、刘国华的副局长职务。【（96）中油任字第29号】

同日　总公司党组决定，任命吴云海同志为东北输油管理局纪委书记，刘国华同志为工会主席、党委常委，张加林、韩汉同志为党委常委；免去李钊同志的党委副书记、常委、纪委书记职务，罗玉琮、李裕晨同志的党委常

委职务。【（96）中油党字第3号】

1月18日　总公司决定，免去林青山的辽河石油勘探局副局长职务。【（96）中油任字第28号】

同日　总公司决定，任命徐中清为冀东石油勘探开发公司经理，免去施鸣鹤的经理职务、姜连成的副经理职务。【（96）中油任字第30号】

同日　总公司党组决定，任命李允富同志为冀东石油勘探开发公司党委书记，徐中清同志为党委委员、副书记；免去施鸣鹤同志的党委书记、委员职务，姜连成同志的党委委员职务。【（96）中油党字第4号】

1月19日　总公司决定，任命姜连成为胜利石油管理局副局长，免去张如椿的胜利石油管理局副局长、总经济师职务。【（96）中油任字第39号】

同日　总公司党组决定，免去张如椿同志的胜利石油管理局党委常委职务。【（96）中油党字第5号】

同日　总公司党组同意，增补祖凤鸣同志为大庆石油管理局党委常委。【（96）中油党字第6号】

1月　河南油田获得国家经济贸易委员会、国家计划委员会、国家科学技术委员会和全国总工会授予的“全国节能先进单位”称号。【《中国石油大事记》】

二　　月

2月1日　总公司任命俞明康为多种经营局副局长。【（96）中油任字第58号】

2月6日　总公司任命张如椿为CNPC香港办事处主任（正局级）。【（96）中油任字第65号】

2月16日　总公司批复，同意聘任刘海胜、蔡志刚、于英太、沈文先、王立民等5人为华北石油管理局副局长，翟昌年为副局长兼二连石油勘探开发公司经理，马广悦为总会计师，乔明凯为呼和浩特炼厂厂长；免去陈景权的副局长职务。【（96）中油任字第73号】

同日　总公司党组决定，任命陈锦权为华北石油管理局工会主席、党委常委，马广悦同志为华北石油管理局党委常委，刘玉喜同志为华北石油管理局二连石油勘探开发公司党委书记。【（96）中油党字第9号】

2月27日　总公司任命谭文彬为总公司咨询中心副主任。【（96）中油任字第94号】

同日 总公司决定，免去张晋仁的中原石油勘探局总地质师职务。【（96）中油任字第95号】

2月29日 总公司决定，撤销在陕西省礼泉县的六五七所（战备档案库），撤销后档案业务移交总公司办公厅管理。【（96）劳力字第16号】

三 月

3月1日 总公司任命丁贵明、吴耀文为总经理助理。【（96）中油任字第108号】

同日 总公司决定，任命张永一为石油工业质量管理协会理事长、黄炎为石油工业质量管理协会副理事长，免去李虞庚的石油工业质量管理协会理事长职务。【（96）中油任字第110号】

同日 总公司决定，免去范玉琦的石油大学（北京）副校长职务。【（96）中油任字第106号】

同日 总公司决定，任命安郁培为中国石油工程建设公司副经理，其原任职务同时免除。【（96）中油任字第109号】

3月7日 国务院决定，任命丁贵明为大庆石油管理局局长，免去王志武的局长职务，钱棣华、周家俊的副局长职务。【国人字〔1996〕24号】

同日 总公司印发《关于调整队伍机构，职工分流转岗问题的若干意见》。提出石油主业、多元开发、社会服务三支队伍的划分标准，调整队伍结构的原则及有关政策。【（96）中油劳字第122号】

3月12日 中共中央组织部批复同意，总公司党组决定，张轰同志兼任大庆石油管理局党委常委、书记，免去李智廉同志的党委书记、常委职务。【（96）中油党字第13号】

同日 总公司党组决定，任命张树平同志为大庆石油管理局党委常委、常务副书记（正局级），丁贵明同志为党委常委、副书记；免去王志武同志的党委副书记、常委职务，钱棣华同志的党委副书记、常委职务，周家俊同志的党委常委职务。【（96）中油党字第14号】

同日 总公司任命王志武为总公司咨询中心副主任。【（96）中油任字第136号】

同日 中共工程技术研究院第三次党员大会召开，选举产生第三届党委会和纪律检查委员会，冯星安、刘希和、周兴山、曲建省、赵修杰等5名同志为党委委员，冯星安为党委书记，刘希和为党委副书记、纪委书记。【海洋工程有限公司上报】

3月14日　辽河石油勘探局局长王显骢获“金球奖”。该奖是中国企业联合会、中国企业家协会授予全国企业家的最高荣誉奖。【《中国石油大事记》】

3月19日　总公司人事教育局同意，赵化昆为石油测井仪器质量监督检测中心主任。【（96）人教企字第90号】

3月23日　总公司向新疆喀什地区伽师县、克孜勒苏柯尔克孜自治州阿图什市地震灾区捐款捐物价值123.1万元人民币。【《中国石油大事记》】

3月27日　中共天津市委组织部批复，中共中国石油天然气工程技术研究院第三届委员会由冯星安、刘希和、周兴山、屈建省、赵修杰等5名同志组成，冯星安同志为党委书记，刘希和同志为党委副书记；中共中国石油天然气工程技术研究院纪律检查委员会由刘希和等5名同志组成，刘希和同志为纪委书记。【津党组〔1996〕169号】

3月30日　国务院批复，同意煤炭工业部、地质矿产部、中国石油天然气总公司联合组建中联煤层气有限责任公司。主要任务是从事煤层气资源的勘探、开发、输送、销售和利用。4月20日中联煤层气有限责任公司成立大会在北京人民大会堂召开。【国函〔1996〕23号】

3月　中共西北地质研究所第三次党员大会召开，选举产生第三届委员会和纪律检查委员会，委员会由方克礼、刘全新、晁吉俊、王新民、陈升安等5名同志组成，方克礼同志为党委书记、纪委书记。【石油勘探开发科学研究院上报】

四　　月

4月1日　总公司职工捐资兴建的新疆木垒哈萨克自治县石油希望小学举行落成典礼。中国石油天然气运输公司为希望小学捐赠教学器材等共计12万元。【中国石油天然气运输公司上报】

4月3日　总公司任命周家俊为塔里木石油勘探开发指挥部副指挥。【（96）中油任字第170号】

同日　总公司党组任命周家俊同志为塔里木石油勘探开发指挥部党工委常委。【（96）中油党字第17号】

4月4日　总公司批复，同意成立上海浦东华油实业有限责任公司，为中国石油天然气总公司控股公司。【（96）中油劳字第184号】

4月9日　中共甘肃省委批复，同意中共中国石油天然气总公司西北地质研究所第三届委员会由方克礼、刘全新、晁吉俊、王新民、陈升安等5名同志组成，方克礼同志为党委书记、纪委书记。【甘任字〔1996〕119号】

4月10日　总公司任命高瑞祺为勘探局局长。【（96）中油任字第191号】

4月10至13日　总公司在辽河油田召开全国石油系统党建工作座谈会，会议总结了1995年党建工作的特点，并指出要实现“九五”目标就要依靠各级党组织认真组织广大职工学习贯彻中央和国务院领导同志的重要指示和讲话，用指示和讲话的精神统一思想和行动，鼓舞广大群众进行第二次创业。强调企业党委一定要围绕生产经营和企业改革这个中心来进行，认真总结近年来企业党建工作取得的经验，根据现代企业的特点，积极探索企业党组织发挥政治核心作用的有效途径，在实际工作中应把握五点：一是坚持企业党组织的政治核心地位不动摇；二是坚持企业党组织参与重大问题决策；三是坚持党管干部的原则；四是坚持民主集中制的原则；五是要合理设置党的工作机构，把党务干部队伍建设好。为总公司“九五”发展目标及2010年远景目标的实现提供思想和组织保证。

4月13至23日　总公司在新疆石油管理局驻乌鲁木齐办事处召开定点扶贫工作会议。

五　　月

5月6日　总公司决定，委派张有、刘经华任大港油田（集团）公司监事会监事。【（96）中油任字第225号】

5月15日　煤炭工业部、地质矿产部、中国石油天然气总公司决定，组建中联煤层气有限责任公司董事会，董事会由陈明和、王慎言、许宝文、郦建人、张树明、刘泽英、孙茂远等7名董事组成，陈明和为董事长，王慎言、许宝文为副董事长。【煤任字〔1996〕第48号】

同日　煤炭工业部、地质矿产部、中国石油天然气总公司决定，王慎言兼任中联煤层气有限责任公司总经理，郦建人、张树明、刘泽英、孙茂远等4人兼任中联煤层气有限责任公司副总经理，袁长永任中联煤层气有限责任公

司总会计师。【煤任字〔1996〕第49号】

同日　煤炭工业部、地质矿产部、中国石油天然气总公司决定，赖文生任中联煤层气有限责任公司监事会主席。【煤任字〔1996〕第50号】

5月20日　总公司决定，成立艾尔瓦哈有限责任公司，该公司由中国石油天然气总公司和中国北方工业集团总公司共同投资组建。【（96）中油劳字第249号】

5月22日　总公司印发《深化石油系统职工养老保险制度改革实施方案》。【（96）中油劳字第259号】

5月23日　总公司决定，任命邱中建兼塔里木石油化工工程建设指挥部指挥，周家俊为常务副指挥，杨润臣、王俊岭、魏明义等3人为副指挥。【（96）中油任字第256号】

5月28日　总公司任命罗骁为基建工程局副局长。【（96）中油任字第269号】

六　　月

6月5日　总公司党组决定，任命卢国忠同志为宝鸡石油机械厂党委书记，免去吴道荣同志的宝鸡石油机械厂党委书记职务。【（96）中油党字第19号】

同日　总公司人事教育局批复同意，聘任王学旨为中国石油天然气第六建设公司副经理，杨庆前为副经理、总工程师，黄勇华为副经理，吴上开为副经理、总会计师；免去杨军、刘增运、李凡起等3人的现任领导职务。【（96）人教企字第173号】

同日　总公司人事教育局批复同意，聘任王新文为中国石油天然气通信公司副经理，免去余志强、章顺义、顾茂霖的现任领导职务。【（96）人教企字第164号】

同日　总公司人事教育局同意，陈耀华为新加坡东方石油技术开发公司董事、总经理。【（96）人教企字第174号】

6月6日　总公司批复同意，聘任翁维珑、王功礼、王玉金等3人为石油规划设计总院副院长，李建民为总工程师。【（96）中油任字第284号】

同日　总公司党组决定，任命龙君贵同志为中国石油天然气第六建设公司工会主席，杨庆前、黄勇华、吴上开等3名同志为党委委员；免去谢绍佳同志的党委委员、工会主席职务，杨军、刘增运同志的党委委员职务。【（96）中油党字第17号】

同日 总公司决定，任命李干生为新区勘探事业部主任（正局级），赵政璋、廖永远为副主任（副局级）。【（96）中油任字第300号】

6月7日 总公司决定，成立新区勘探事业部，为总公司直属局级事业单位，编制90人，实行独立核算。【（96）中油劳字第288号】

6月13日 总公司决定，任命王永杰为艾尔瓦哈石油有限责任公司总经理（正局级），免去其中原石油勘探局副局长职务，孙波为副总经理。【（96）中油任字第298号】

同日 总公司党组决定，免去王永杰同志的中原石油勘探局党委常委职务。【（96）中油党字第20号】

同日 总公司任命罗强为西南石油学院副院长。【（96）中油任字第297号】

6月15日 国务院决定，任命马富才为胜利石油管理局局长，免去陆人杰的局长职务。【国任字〔1996〕55号】

6月19日 总公司决定，任命戴明梓为新疆石油管理局局长，免去谢志强的局长职务。【（96）中油任字第304号】

同日 总公司批复同意，聘任姜建衡为新疆石油管理局副局长，王宜林为副局长兼总地质师，陈汉扬为副局长，赵立春为副局长兼总地质师（开发），高鼎城、董培基、阿不拉·阿不都热西提为副局长，李立诚为总工程师，温宗卫为总会计师，陈长庚为准东石油勘探开发公司经理；免去王荣的新疆石油管理局副局长，张国俊的总地质师，薛连达的准东石油勘探开发公司经理职务。【（96）中油任字第305号】

同日 总公司党组决定，任命戴明梓同志为新疆石油管理局党委副书记，艾孜木·阿不都里木同志为党委常委、副书记，姜建衡、王宜林、徐卫喜、张志颜同志为党委常委，张庆鹏同志为党委常委、工会主席，薛连达同志为准东石油勘探开发公司党委书记；免去司马义·托乎提同志的新疆石油管理局党委副书记、常委职务，姜彬同志的准东石油勘探开发公司党委书记职务。【（96）中油党字第21号】

6月26日 中共煤炭工业部直属机关委员会决定，中联煤层气有限责任公司成立临时党支部，临时党支部由陈明和、王慎言、刘泽英、孟广鐏、杜明同志等5名同志组成，陈明和同志任党支部书记，王慎言、孟广鐏同志任党支部副书记。【煤直机关党字〔1996〕第48号】

6月　中共西南石油学院第六次代表大会召开，选举产生中共西南石油学院第六届委员会和纪律检查委员会，委员会由董保真、曾宪平、高卫东、罗平亚、李允、向小壮、罗强等7名同志组成，董保真同志为党委书记，高卫东同志为党委副书记，曾宪平同志为纪委书记。【西南石油学院上报】

七　月

7月1日　总公司党组决定，中国石油天然气总公司香港有限公司董事会由周永康、陈耕、张如椿、林金高、潘明方、杨景民、郑虎、林青山、王煌今等9人组成，周永康兼任董事长，陈耕兼任副董事长，张如椿为副董事长兼总经理，郭泽光、梁德成为副总经理。【（97）中油任字第213号】

7月2日　中共克拉玛依市、新疆石油管理局第七次代表大会召开，选举产生中共克拉玛依市、新疆石油管理局第七届委员会和纪律检查委员会，第七届委员会由35名同志组成，谢志强、戴明梓、唐健、李木林、艾孜木·阿不都里木、蔡志山、姜建衡、王宜林、徐卫喜、张志颜、张庆鹏、陈宗禹、董明等13名同志为党委常委，谢志强同志为党委书记，戴明梓同志为党委副书记，艾孜木·阿不都里木同志为党委副书记，蔡志山同志为纪委书记。【新疆油田分公司上报】

7月9日　总公司决定，成立塔里木石油化工工程建设指挥部。

7月11日　总公司决定，任命张如椿为深圳石油实业发展公司董事会董事长，梁德成为董事会副董事长兼总经理、深圳办事处主任；免去周庆祖的深圳石油实业发展公司董事长职务，张连生的深圳石油实业发展公司总经理、深圳办事处主任职务，彭昌忠的副总经理、深圳办事处副主任职务，傅兆岩的副总经理、深圳办事处副主任职务。【（96）中油任字第336号】

同日　总公司党组决定，任命张如椿同志为深圳石油实业发展公司党委委员、书记，梁德成同志为党委委员、副书记；免去彭昌忠同志的深圳石油实业发展公司党委书记、委员职务，张连生同志的党委副书记、委员职务，傅兆岩同志的党委委员职务。【（96）中油党字第23号】

同日　总公司批复同意，聘任叶舟为浙江石油勘探处副处长、总地质师，薛静诚为副处长；免去钟懋荣、郑锡祥、蒋维三、李明夫的现任领导职务。【（96）人教企字第210号】

同日 总公司党组决定，任命曹志光同志为浙江石油勘探处党委委员、副书记、纪委书记，叶舟、徐贵欣同志为党委委员；免去陈志维同志的纪委书记、党委委员职务，钟懋荣、郑锡祥同志的党委委员职务。【（96）中油党字第22号】

八　月

8月1日 总公司决定，任命杨正一为西安石油学院院长，乔学光、张宁生为西安石油学院副院长；免去林壬子的西安石油学院院长职务。【（96）中油任字第371号】

同日 总公司党组决定，任命杨正一同志为西安石油学院党委副书记，辛希贤同志为纪委书记；免去林壬子同志的党委副书记、委员职务。【（96）中油党字第25号】

8月3日 总公司机关党委批复，同意中共吐哈石油勘探开发指挥部第一届委员会由21名同志组成，李志新、罗英俊、张国栋、石兴春、王世信、吴涛等6名同志为党委常委，李志新同志为党委书记，罗英俊、张国栋同志为党委副书记，张国栋同志为纪委书记。【（96）直机党字第30号】

8月27日 总公司干部工作会议在无锡召开，强调当前搞好陆上石油干部工作要抓好的几个问题：一是要改革干部管理制度，实行干部能上能下的任免制度，在思想、机制和制度上努力创造一个人才脱颖而出的良好环境；二是要进一步加大干部交流的力度；三是要加快培养选拔优秀年轻干部；四是要进一步推广“三干法”，实行干部聘任制，扩大职工群众参与干部选拔任用工作的力度；五是要从严治党。【（96）中油阅字第24号】

九　月

9月6日 总公司党组决定，任命刘兴安同志为承德石油高等专科学校纪委书记，免去王宗政同志的纪委书记、党委委员职务。【（96）中油党字第27号】

同日 总公司人事教育局批复同意，聘任赵修杰、袁中立、屈建省为中国石油天然气总公司工程技术研究院副院长；免去赵修杰的总经济师职务，周兴山、石国栋的现任领导职务。【（96）人教企字第257号】

同日 总公司人事教育局同意，王纪安、辛宝林为承德石油高等专科学校副校长。【（96）人教企字第258号】

9月11日　总公司党组决定，任命王作然同志为胜利石油管理局党委书记，免去陆人杰同志的党委书记、常委职务。【（96）中油党字第28号】

同日　总公司党组决定，任命马富才同志为胜利石油管理局党委副书记，宋万超同志为党委常委。【（96）中油党字第29号】

同日　总公司决定，任命宋万超为胜利石油管理局常务副局长（正局级），陆人杰为胜利石油管理局顾问；免去宋万超的总工程师职务，王作然的胜利石油管理局副局长职务。【（96）中油任字第444号】

9月12日　总公司批复，同意组建济南柴油机股份有限公司，设立股东会、董事会、监事会【（96）中油劳字第447号】

9月17日　总公司聘任侯祥麟为中国石油天然气总公司高级顾问。

9月28日　总公司批复，同意新疆石油管理局克拉玛依炼油厂更名为新疆石油管理局克拉玛依石油化工厂，机构级别为副局级。【（96）中油劳字第470号】

同日　吉林省人民政府决定，周受超为吉林省油田管理局总地质师。【吉政干任〔1996〕98号　吉油干任字〔1996〕16号】

十　月

10月10日　总公司决定，设立济南柴油机股份有限公司董事会和监事会，董事会由7人组成，何青山任济南柴油机股份有限公司董事长，温泽民任副董事长，王在武、赵传祥、戴宪德、王传文、姜小兴任董事；监事会由3人组成，石瑛任监事会主席。【（96）中油任字第479号】

同日　总公司批复同意，经济南柴油机股份有限公司董事会讨论通过，聘任温泽民为济南柴油机股份有限公司总经理。【（96）中油任字第480号】

同日　总公司人事教育局批复同意，聘任王在武、姜小兴为济南柴油机股份有限公司副总经理，刘其珉为总工程师，翟耀鲁为总经济师，姜纯朴为总会计师。【（96）人教企字第290号】

10月16日　总公司任命王永纯为上海浦东华油实业有限责任公司总经理（正局级）。【（96）中油任字第499号】

10月17日　侯祥麟获得“何梁何利基金”1996年科学与技术成就奖。

10月24日　总公司决定，任命陈义贤为辽河石油勘探局总地质师，免去王秋华的总地质师职务。【（96）中油任字第508号】

同日 总公司党组决定，任命孙崇仁同志为辽河石油勘探局党委常委、纪委书记，免去姚亚元同志的纪委书记、党委常委职务。【（96）中油党字第31号】

同日 总公司下发《干部队伍建设“九五”规划纲要》。确立了以经济效益为中心加快发展的方针和“稳定东部、发展西部，油气为主、多元开发、实行国际化经营”的发展战略。总体目标是：到2000年，造就一批符合“四化”要求、适应现代企业发展需要的领导干部和高级专家人才队伍；建设一支结构合理、整体素质较高的专业技术队伍；形成一个具有中国陆上石油特色的比较完整的干部培训体系；建立一套充满活力的用人机制，为陆上石油工业的改革和发展提供可靠的组织人才保证。【（96）中油人教字第523号】

10月31日 总公司决定，任命夏鸿辉为四川石油管理局局长，免去袁光明的局长职务、李朝鑫的副局长职务。【（96）中油任字第518号】

同日 总公司党组决定，任命陈应权同志为四川石油管理局党委书记，夏鸿辉同志为党委副书记；免去袁光明同志的党委书记、常委职务，李朝鑫同志的党委常委职务。【（96）中油党字第33号】

同日 总公司决定，任命李朝鑫为滇黔桂石油勘探局局长，免去王苏民的局长职务。【（96）中油任字第519号】

同日 总公司党组决定，任命李木林同志为滇黔桂石油勘探局党委常委、书记，李朝鑫同志为党委常委、副书记；免去王苏民同志的滇黔桂石油勘探局党委书记、常委职务。【（96）中油党字第34号】

同日 总公司党组决定，免去李木林同志的新疆石油管理局党委副书记、常委职务。【（96）中油党字第35号】

10月 中共玉门石油管理局第十次代表大会召开，选举产生中共玉门石油管理局第十届委员会和纪律检查委员会。常委会由黄亦纯、刘世洲、张东泉、彭立垣、孔繁瑾、高玉江、田玉军等7名同志组成，黄亦纯同志为局党委书记，刘世洲、张东泉同志为党委副书记，张东泉同志为纪委书记。

十 一 月

11月5日　总公司任命袁光明为成都石油化工总厂筹建组组长(正局级)。【(96)中油任字第532号】

同日　总公司决定，将总公司所属中亚石油公司更名为中油中亚石油有限责任公司。【(96)中油劳字第537号】

11月11日　总公司决定对总部机关实行全面改革，将原有的23个厅局调整为15个：办公厅（研究室）、规划计划局、财务局（国有资产管理局）、勘探局、开发生产局、科技发展局、技术监督与安全环保局、人事教育局、劳动工资局、政策法规局、外事局、审计局、纪检组（监察局）、政治思想工作部（直属机关党委）、离退休职工管理局（老干部局）；设附属单位7个：信息中心、新区勘探事业部、新技术推广中心、人才交流中心、社会保险中心、北京中油对外服务公司、北京华油经济技术开发公司。【(96)中油党字第36号】

同日　总公司党组印发《关于进一步加强领导班子思想政治建设若干问题的决定》的通知。决定要求始终把思想建设作为领导班子建设的根本性建设，指出加强思想政治建设的基本要求和总体目标，以及坚持用党的基本理论武装领导干部、建立严格的管理监督约束机制、落实思想政治建设责任制等具体措施。【(96)中油党字第42号】

同日　总公司任命胡文瑞为长庆石油勘探局常务副局长(正局级)。【(96)中油任字第542号】

同日　总公司党组决定，任命史兴全同志为长庆石油勘探局党委书记，胡文瑞同志为党委常委、副书记，张继昌同志为党委副书记；免去魏光强同志的长庆石油勘探局党委书记、常委职务。【(96)中油党字第37号】

同日　总公司党组决定，任命魏光强同志为河南石油勘探局党委常委、书记，唐光裕同志为党委副书记，免去其党委书记职务。【(96)中油党字第38号】

11月19日　中央国家机关党工委批复，同意李克成同志为总公司直属机关党委常务副书记，安志忠同志为总公司直属机关纪委书记；免去王孝先同志的总公司直属机关党委常务副书记职务，傅大顺同志的总公司直属机关纪委书记职务。【国党工组〔1996〕44号】

11月20日　总公司决定，任命马富才、王显骢为中国石油天然气总公司

总经理助理（兼）。【（96）中油任字第571号】

同日 总公司决定，任命徐世仁为办公厅主任，李润生为办公厅副主任兼信息中心主任，毕跃明、桑珍萍为办公厅副主任，陈建新为信息中心副主任（副局级）；免去李克成的办公厅主任、政策研究室主任职务，张书玺的办公厅副主任职务。【（96）中油任字第572号】

同日 总公司决定，任命朱秉刚为规划计划局局长，潘明方、汪国良、冯力胜、白倬生为副局长，潘兴国、李文绮为总工程师，吕鸣岗为总地质师，沈柳芳为总经济师；免去冯力胜的基建工程局副局长职务，张孔法的计划局总经济师职务。【（96）中油任字第573号】

同日 总公司决定，任命李干生为勘探局副局长（正局级），赵政璋为副局长、新区勘探事业部主任（副局级），孙振纯为总工程师，陈永武为总地质师；免去李干生的新区勘探事业部主任职务，廖永远的新区勘探事业部副主任职务。【（96）中油任字第574号】

同日 总公司决定，任命刘宝和为开发生产局局长、阎存章为总地质师，免去潘兴国的总工程师职务。【（96）中油任字第575号】

同日 总公司决定，任命石宝珩为科技发展局局长，刘振武为副局长，孙宁为副局长、新技术推广中心主任；免去石宝珩的新技术推广中心主任职务。【（96）中油任字第576号】

同日 总公司任命姜冠戎为技术监督与安全环保局局长。【（96）中油任字第571号】

同日 总公司决定，任命陆基孟为人事教育局副局长（正局级），苏士峰、覃国军为人事教育局副局级巡视员，吴大鹏为人才交流中心主任（副局级）；免去徐梦虹的人事教育局副局长职务，孙万安的人才交流中心主任职务。【（96）中油任字第578号】

同日 总公司决定，任命李春伍为劳动工资局副局长，孙祖岭为社会保险中心主任（副局级）；免去李文振的副局长职务。【（96）中油任字第579号】

同日 总公司决定，任命韩世全为政策法规局局长，许宗荫为副局长，郭进平为总经济师。【（96）中油任字第580号】

同日 总公司决定，任命李怀奇为外事局局长、章欣为外事局副局长，免去吴训钺的外事局总工程师职务。【（96）中油任字第581号】

同日 总公司决定，任命孙先锋为监察局副局长，陈明、王戎、陈桂儒等3人为监察局监察副专员（副局级）。【（96）中油任字第582号】

同日 总公司决定，任命李克成为政治思想工作部主任，王竹君为副主任，王海森为副主任兼直属工作部部长，刘敏星为政治思想工作部党建工作部部长（副局级），李伟为政治思想工作部宣传工作部部长（副局级），王益岭为政治思想工作部办公室主任（副局级）；免去王福印的思想政治办公室副主任职务。【（96）中油任字第583号】

同日 总公司决定，任命李文振为离退休职工管理局（老干部局）局长，免去徐世仁的局长职务。【（96）中油任字第584号】

同日 总公司决定，任命李法兰为总公司绿化委员会办公室副主任兼机关绿化办公室主任（副局级），免去其多种经营局副局长职务。【（96）中油任字第585号】

同日 经全国矿产资源委员会同意，任命查全衡为全国资源委石油天然气储量委员会办公室主任（正局级），免去其油气资源局局长职务；免去吕鸣岗的全国储委石油天然气专业委员会办公室主任职务。【（96）中油任字第586号】

同日 总公司决定，任命刘勇为中国石油天然气销售公司经理，高润清、陈治源、韩文芳、李海元为副经理，李彬为总工程师，陈耀华为总经济师；免去杨景民的经理职务，张庆成的总工程师职务。【（96）中油任字第587号】

同日 总公司决定，任命杨生汉为中油炼油化工总公司总经理、炼油化工局局长，邱孝培、杜建荣为副总经理、副局长，沈钢为副总经理，门存贵为中油炼油化工总公司、炼油化工局总工程师。【（96）中油任字第588号】

同日 总公司决定，任命王煌今为华油实业开发集团公司总经理、多种经营局局长，金国梁为常务副总经理，俞明康为多种经营局副局长，梁彪为华油实业开发集团公司副总经理，王家宽为华油实业开发集团公司总工程师、廊坊经济技术开发办公室主任，胡继善为华油实业开发集团公司总经济师；免去纪士寅的廊坊经济技术开发办公室主任、油田化学公司经理职务。【（96）中油任字第589号】

同日 总公司任命周吉平为中国石油天然气勘探开发公司副总经理、国际勘探开发合作局副局长，童晓光为中国石油天然气勘探开发公司总地质师，王莎莉为中国石油天然气勘探开发公司总经济师；免去童晓光的中国石油天

然气勘探开发公司副总经理、国际勘探开发合作局副局长职务。【(96)中油任字第590号】

同日 总公司决定，任命钟树德为中油技术服务总公司总经理、工程技术局局长，张福祥为副总经理、副局长、长城钻井公司经理，吴铭德为副总经理、中油测井公司经理；免去王关清的钻井工程局局长职务。【(96)中油任字第591号】

同日 总公司决定，任命沈平平为石油勘探开发科学研究院院长，免去邱中建的院长职务。【(96)中油任字第592号】

同日 总公司党组决定，任命王福印同志为石油勘探开发研究院党委委员、书记，沈平平同志为党委副书记；免去邱中建同志的石油勘探开发研究院党委书记职务，孙希文同志的党委副书记职务。【(96)中油党字第48号】

同日 总公司决定，任命王孝先为石油管理干部学院院长，免去尹道墨的院长职务、闫国志的副院长职务。【(96)中油任字第593号】

同日 总公司党组决定,任命王孝先同志为石油管理干部学院党委委员、书记；免去尹道墨同志的党委书记、委员职务，廖国芳同志的党委副书记、委员职务。【(96)中油党字第46号】

同日 总公司决定，任命廖永远为塔里木石油勘探开发指挥部常务副指挥，免去钟树德的常务副指挥职务。【(96)中油任字第594号】

同日 总公司党组决定，任命廖永远同志为塔里木石油勘探开发指挥部党工委委员、常委、副书记，免去钟树德同志的党工委副书记、常委、委员职务。【(96)中油党字第49号】

同日 总公司党组决定，任命王孝先同志为直属机关党校校长、于秀珍同志为直属机关党校副校长，免去任学忠同志的校长职务。【(96)中油党字第47号】

同日 总公司决定，任命徐世仁为政策研究室主任，许永发、严绪朝、郭永祥为研究室副主任。【(96)中油任字第599号】

11月26日 总公司设立审计局，任命孙寿荣为审计局局长、苗铁生为中国石油审计事务所所长，免去孙寿荣的中国石油审计事务所所长职务。【(96)中油任字第606号】

同日 总公司党组决定，任命苗铁生同志为中国石油审计事务所临时党

委委员、书记；免去孙寿荣同志的临时党委书记、委员职务，陈维忠同志的临时党委委员职务。【（96）中油党字第50号】

同日 吉林省人民政府建议，高立元为吉林石油集团有限责任公司总经理，范力群、谢燊、王选华、周荣阁、李文阳为副总经理。【吉政干任〔1996〕120号】

同日 吉林省人民政府决定，高立元任吉林石油集团有限责任公司董事长，单纪宽任副董事长，侯殿才任监事会主席。【吉政干任〔1996〕121号】

11月27日 总公司决定，任命杨景民为经济研究中心主任，免去吴宗英的经济研究中心主任职务。【（96）中油任字第607号】

11月 华北石油管理局召开工会第四次会员代表大会和四届一次全委会，大会选举产生第四届委员会和常务委员会，陈锦权为工会主席。

十 二 月

12月2日 总公司决定，任命陈维忠为审计局副局长、白新贺为审计局总审计师，免去陈维忠的中国石油审计事务所副所长职务、白新贺的中国石油审计事务所总审计师职务。【（96）中油任字第610号】

12月2至6日 总公司人事教育局在华北石油管理局召开干部人事档案经验交流会，总结近几年的工作成绩和经验，研究部署今后一个时期的工作。

12月17日 吉林省人民政府批复，同意吉林省油田管理局改组为吉林石油集团有限责任公司和以其为核心企业（母公司）组建吉林石油集团。【吉改联批〔1996〕7号】

同日 总公司人事教育局同意，聘任刘仲秋、关毅为中美石油开发公司总经理助理，刘戬为中美石油开发公司总会计师。【（96）人教企字第387号】

12月19日 中共中央组织部批复，同意马富才、黄炎、吴耀文任中国石油天然气总公司党组成员，免去邱中建、张永一的党组成员职务。【组任字〔1996〕174号】

同日 总公司人事教育局同意，聘任吴明林为中国石油天然气国际（苏丹）公司经理，卢宏、张永杰为副经理。【（96）人教企字第389号】

12月23日 中共中央决定，周永康同志任中国石油天然气总公司党组书记，免去王涛同志的党组书记职务。【中委〔1996〕207号】

12月26日 吉林石油集团有限责任公司正式成立。总公司老领导金钟超、

吉林省副省长魏敏学为吉林石油集团有限责任公司揭牌。【吉林油田分公司上报】

同日 总公司任命陈安家为华油实业开发集团公司副总经理、油田化学公司经理（副局级）。【（96）中油任字第663号】

同日 总公司批复同意，聘任张国旗、赵显文为冀东石油勘探开发公司副经理，周海民为总地质师，张凤文为总会计师；免去朱水安的冀东石油勘探开发公司副经理、总地质师职务，余守德的副经理职务。【（96）中油任字第664号】

同日 总公司党组决定，任命刘联民同志为冀东石油勘探开发公司党委委员、纪委书记，郑丽芳同志为党委委员、工会主席，张国旗同志为党委委员；免去李允富同志的冀东石油勘探开发公司纪委书记职务，朱水安、余守德同志的党委委员职务。【（96）中油党字第54号】

同日 总公司决定，任命李秋杰为中国石油报社社长，方崇滋为中国石油报社副社长、总编辑；免去魏宜清的社长、总编辑职务，免去薛时文的副社长职务，由报社另行安排工作（保留副局级）。【（96）中油任字第665号】

同日 总公司党组决定，任命方崇滋同志为中国石油报社党委委员，免去魏宜清、薛时文同志的党委委员职务。【（96）中油党字第55号】

同日 总公司决定，任命王启民为大庆石油管理局勘探开发研究院院长，张广成为大庆石油管理局采油一厂厂长，李凤林为大庆石油管理局采油二厂厂长，苏玉添为大庆石油管理局热电厂厂长；免去瞿国忠的大庆石油管理局勘探开发研究院院长职务，白执松的大庆石油管理局采油一厂厂长职务，张广瑜的大庆石油管理局热电厂厂长职务。【（96）中油任字第666号】

同日 总公司党组决定，任命曾玉康同志为大庆石油管理局勘探开发研究院党委书记、祖凤鸣同志为大庆石油管理局采油一厂党委书记，免去祖凤鸣同志的大庆石油管理局党委常委职务。【（96）中油党字第57号】

同日 总公司党组决定，任命段雨欣同志为石油地球物理勘探局党委常委、纪委书记，张忠民同志为石油地球物理勘探局研究院党委书记；免去段雨欣同志的石油地球物理勘探局研究院党委书记职务，陈启发同志的石油地球物理勘探局党委副书记、常委、纪委书记职务。【（96）中油党字第56号】

12月27日 国务院决定，任命周永康为中国石油天然气总公司总经理，马富才、黄炎、吴耀文为副总经理；免去王涛的总经理职务，邱中建、张永一的副总经理职务。【国人字〔1996〕114号】

同日 总公司决定，任命谢宏为总公司咨询中心副主任，王乃举为总公司咨询中心副主任，孙希文为总公司咨询中心副主任兼综合部主任（正局级）；免去王乃举的开发生产局局长职务。【（96）中油任字第595号】

同日 总公司决定，任命贾金会为总公司咨询中心工程部主任、温厚文为总公司咨询中心经济部副主任，免去贾金会基建工程局局长职务、温厚文的经济体制改革办公室副主任职务。【（96）中油任字第600号】

同日 总公司决定，曾宪义、王贤清、张兴儒、王明太、周成勋、邱贤明等6人到总公司咨询中心工作。【（96）中油任字第605号】

12月30日 总公司同意，聘任王春江为中原石油勘探局副局长，李宗信为副局长、总地质师，张勤、芦明厚为副局长，佗文汉为副局长、总会计师；免去蔡世启、涂人祥、杜成武、任宗声等4人的中原石油勘探局副局长职务，潘义纯的总经济师职务。【（96）中油任字第671号】

同日 总公司决定，任命杨建国为中原石油化工有限责任公司总经理，免去梅士琪的总经理职务、马振都的副总经理职务。【（96）中油任字第672号】

同日 总公司党组决定，任命任宗声同志为中原石油化工有限责任公司党委委员、书记，杨建国同志为党委委员、副书记；免去谢英涵同志的党委书记、委员职务，梅士琪同志的副书记、委员职务，马振都同志的党委委员职务。【（96）中油党字第59号】

同日 总公司人事教育局同意，免去朱玉生的中原石油化工有限责任公司总会计师职务。【（96）人教企字第417号】

同日 总公司任命梅士琪为四川炼油化工总厂筹建组副组长（副局级）。【（96）中油任字第673号】

同日 总公司党组决定，任命王献安同志为中原石油勘探局党委常委、副书记，田庆鲁同志为工会主席，王春江、张勤同志为党委常委；免去田庆鲁同志的党委副书记职务，刘恩学同志的中原石油勘探局副书记、常委职务，任振成同志的工会主席职务，蔡世启同志的常委职务。【（96）中油党字第58号】

同日 总公司决定，免去杨建国的独山子石油化工总厂常务副厂长、乙烯厂厂长职务。【（96）中油任字第674号】

同日 总公司党组决定，免去杨建国同志的独山子石油化工总厂党委委员职务。【（96）中油党字第60号】

同日 总公司党组任命张国全同志为河南石油勘探局党委常委、纪委书记。【(96)中油党字第61号】

12月31日 总公司决定，任命魏宜清为石油工业出版社社长、张家茂为石油工业出版社总编辑、李斌为副社长，免去张家茂的社长职务、宋善昆的副社长职务。【(96)中油任字第677号】

同日 总公司党组决定，任命魏宜清同志为石油工业出版社党委委员、副书记，免去宋善昆同志的党委副书记、委员职务。【(96)中油党字第62号】

12月 中共工程技术研究所第三次代表大会召开，选举产生中共工程技术研究所第三届委员会和纪律检查委员会，委员会由冯星安、刘希和、周兴山、屈建省、赵修杰等5名同志组成，冯新安同志为党委书记，刘希和同志为纪委书记。【海洋工程公司上报】

本年 总公司职工总数157.20万人。【石油工业统计年报】

一九九七年

一 月

1月1日 总公司召开党组和领导成员全体会议，明确了总公司党组和领导成员的分工。【（97）中油办字第1号】

1月2日 总公司聘任原总经理王涛为总公司高级顾问。【（97）中油任字第2号】

1月3日 总公司决定，成立中俄油气合作领导小组，副总经理张永一任组长。【（97）中油任字第3号】

同日 总公司决定，聘任黄立功、郑玉宝为青海石油管理局副局长，李建青为总地质师；免去杨秀东的副局长职务，江裕彬的副局长、总地质师职务。【（97）中油任字第11号】

同日 总公司党组决定，任命黄立功、郑玉宝同志为青海石油管理局党委常委，免去杨秀东同志的党委常委职务。【（97）中油党字第6号】

同日 总公司决定，聘任胡文瑞为长庆石油勘探局常务副局长（正局级），陈国法、包芳钧、饶永久、腾玉林为副局长，赵业荣为总工程师，何自新为总地质师，张芝兰为总会计师。【（97）中油任字第12号】

同日 国家人事部批准，辽河石油勘探局初宝明、大庆石油管理局冀宝发、长庆石油勘探局史兴全、胜利石油管理局杨云岭等4人被评为1996年有突出贡献的中青年科学、技术、管理专家。

1月8日 中组部在北京召开的全国老干部工作座谈会上，中原油田离退休职工管理处被授予“全国老干部工作先进单位”称号。

同日 总公司直属机关党委批复，同意增补史习盐同志为中国石油物资装备总公司党委委员。【（97）直机党字第1号】

1月9日 总公司党组决定，任命刘恩学同志为江汉石油管理局党委常委、书记，文光辉同志任党委副书记，郭永诚同志为纪委书记，戴彦爵同志为党委常委；免去文光辉同志的党委书记职务，张义发同志的江汉石油管理局党

委常委、纪委书记职务。【（97）中油党字第5号】

同日 总公司批复同意，聘任戴彦爵为江汉石油管理局副局长、总工程师，陈金华为总会计师；免去何国裕的江汉石油管理局总工程师职务，罗耀光的总会计师职务。【（97）中油任字第13号】

同日 总公司决定，原属于塔里木石油勘探开发指挥部的塔里木石油化工工程建设指挥部划归总公司直接领导（党组织隶属关系不变），行政级别为正局级。【（97）中油劳字第19号】

同日 总公司决定，成立总公司中俄油气合作领导小组（对外称“中俄油气合作工作委员会”），下设办公室，挂靠外事局。【（97）中油劳字第28号】

1月10日 总公司决定，任命杨生汉为塔里木石油化工工程建设指挥部指挥，周家俊、沈钢、王俊岭等3人为副指挥，门存贵为总工程师；免去邱中建兼任的塔里木石油化工工程建设指挥部指挥职务，周家俊、王俊岭的塔里木石油勘探开发指挥部副指挥职务，杨润臣、魏明义的塔里木石油化工工程建设指挥部副指挥职务。【（97）中油任字第8号】

同日 总公司党组决定，任命杨生汉同志为塔里木石油勘探开发指挥部党工委常委、副书记，塔里木石油化工工程建设指挥部党委委员、书记；免去周家俊同志的塔里木石油勘探开发指挥部党工委常委职务。【（97）中油党字第4号】

1月13日 总公司机关党委批复，同意增补孙希文、贾金会同志为咨询中心党支部委员，孙希文同志任党支部书记。【（97）直机党字第8号】

1月16日 总公司决定，任命秦顺亭为江苏石油勘探局局长，免去牟书令的局长职务。【（97）中油任字第25号】

同日 总公司党组决定，任命秦顺亭同志为江苏石油勘探局党委副书记，免去牟书令同志的党委副书记、常委职务。【（97）中油党字第8号】

1月17日 总公司党组决定，任命孔繁文同志为中国石油天然气总公司华东勘察设计研究院党委委员、书记，陈亚文、刘泽复同志为党委委员；免去于存孚同志的党委书记、委员职务。【（97）中油党字第9号】

同日 总公司人事教育局批复同意，聘任刘宗良、刘泽复为中国石油天然气总公司华东勘察设计研究院副院长，李胜山为总工程师；免去何凤友、车克宽的中国石油天然气总公司华东勘察设计研究院副院长职务，刘宗良的

总工程师职务。【（97）人教企字第27号】

1月21日　总公司党组授予王启民同志“新时期铁人”、授予王为民同志“铁人式的好工人”荣誉称号。【（97）中油党字第10号】

1月24日　总公司批复，同意由中国石油天然气销售公司与管道局、辽河石油勘探局、中国联合石油公司共同出资组建国奥燃料油开发经销有限责任公司。【（97）中油劳字第39号】

二　月

2月4日　总公司任命张友林为新疆石油管理局克拉玛依石油化工厂厂长。【（97）中油任字第66号】

同日　总公司党组任命韩建业同志为新疆石油管理局克拉玛依石化厂党委书记。【（97）中油党字第13号】

同日　总公司决定，任命赵文智、薄启亮为石油勘探开发科学研究院副院长，袁士义为总工程师；免去王盛基的副院长职务，刘翔鹗、韩大匡的总工程师职务。【（97）中油任字第61号】

2月13日　总公司党组任命翁青山同志为江汉石油管理局党委副书记。【（97）中油党字第18号】

同日　总公司任命中俄油气合作领导小组（对外称“中俄油气合作工作委员会”）人员组成，张永一为组长，章欣为副组长，苗成武、胡见义、潘明方、林金高、童晓光、邢振亚、张庆成、陈光芝为成员。【（97）中油任字第80号】

2月14日　总公司人事教育局决定，朱维明任中国石油天然气总公司东北办事处主任，免去何冰的主任职务。【（97）人教企字第58号】

同日　总公司人事教育局决定，范秋茂任中国石油天然气总公司华北办事处主任，免去范秋茂的中国石油天然气总公司郑州办事处主任职务、顾天成的中国石油天然气总公司华北办事处主任职务。【（97）人教企字第59号】

2月17日　新疆维吾尔自治区党委决定，蔡志山同志为克拉玛依市党委副书记，免去李木林同志的党委副书记、常委、委员职务。【新党干〔1997〕45号】

2月20日　总公司党组决定，任命汪东进、吕连海同志为江苏石油勘探局党委常委，免去孟宪铎同志的党委常委职务。【（97）中油党字第15号】

同日　总公司决定，任命吕连海、司马伟为江苏石油勘探局副局长，免

去孟宪铎的副局长职务。【(97)中油任字第86号】

同日 总公司党组任命蔡志山同志为新疆石油管理局党委副书记。【(97)中油党字第17号】

2月26日 中共中央组织部同意李克成为中国石油天然气总公司党组成员。【组任字〔1997〕23号】

三 月

3月3日 总公司印发《关于机关机构设置、人员编制的通知》，对部分机关机构和人员编制进行了调整。办公厅，局级职数7人，下属总公司信息中心（副局级）；规划计划局，局级职数7人；财务局（国有资产管理局），局级职数4人；勘探局，局级职数5人，下属新区事业部（副局级）；开发生产局，局级职数5人；科技发展部，局级职数3人，下属新技术推广中心（副局级）；技术监督与安全环保部，局级职数3人；人事教育局，局级职数6人，下属总公司人才交流中心（副局级）；劳动工资局，局级职数3人，下属总公司社会保险中心（副局级）；政策法规局，局级职数3人；外事局，局级职数3人，下属北京中油对外服务公司（处级）；审计局，局级职数3人；纪检组、监察局，局级职数5人；政治思想工作部，局级职数8人；离退休职工管理局（老干部局），局级职数3人，下属北京华油经济技术开发公司（处级）。【(97)中油劳字第108号】

3月4日 总公司决定，成立四川炼油化工总厂筹备组。【(97)中油劳字第111号】

3月5日 总公司任命关晓红为政治思想工作部副主任。【(97)中油任字第116号】

同日 总公司任命刘磊为劳动工资局副局长。【(97)中油任字第130号】

同日 总公司决定，任命刘勇为运销局局长，高润清、陈治源任运销局副局长。【(97)中油任字第131号】

3月13日 总公司党组批复，同意增补于秀珍同志为石油管理干部学院党委委员。【(97)中油党字第22号】

3月20日 总公司人事教育局任命徐梦虹为石油教育与人才研究所所长。【(97)人教机字第106号】

3月27日　总公司决定，中国石油天然气勘探开发公司设立董事会，董事会成员构成及人数另定，董事长1人，为公司法人代表。【（97）中油劳字第167号】

同日　总公司决定，任命陈立滇为中国石油学会秘书长（副局级），免去陆基孟的中国石油学会秘书长职务。【（97）中油任字第160号】

3月　经国务院对外经济贸易合作部审批，香港办事处更名为中国石油天然气香港有限公司，机构规格为正局级。【〔1996〕外经贸政海函字第2445号】

同月　中共中国联合石油公司第一次代表大会召开，选举产生中国联合石油公司第一届委员会和纪律检查委员会，委员会由林青山、高山、王立华、常露莎、郑源遥等5名同志组成，林青山为党委书记，高山为党委副书记，王立华为纪委书记。【中国联合石油公司上报】

四　月

4月1日　总公司决定，组建中国石油工程建设企业集团。中国石油工程建设公司为集团核心企业，代行企业集团职能。中国石油天然气第一建设公司、第六建设公司、第七建设公司和华东勘察设计研究院划归该集团为子公司。【（97）中油劳字第180号】

同日　物资装备总公司同意，聘任钟裕敏为宝鸡石油钢管厂常务副厂长，田秀婷、宋满生为副厂长，丁晓军为副厂长兼总工程师，王广文为副厂长，刘喜恩为总会计师；免去李自强的宝鸡石油钢管厂副厂长、党委委员职务。【（97）物党字第103号】

同日　总公司党组任命牟书令同志为胜利石油管理局党委常委、副书记。【（97）中油党字第25号】

4月8日　中共冀东石油勘探开发公司第一次代表大会召开，选举产生中共冀东石油勘探开发公司第一届委员会和纪律检查委员会，委员会由李允富、徐中清、赵显文、张国旗、刘连民、周海民、郑丽芳等7名同志组成，李允富同志为党委书记，徐中清同志为党委副书记，刘联民同志为纪委书记。【冀东油田分公司上报】

4月11日　总公司印发《专业技术人员晋升高、中级职称外语水平的规定》。【（97）中油职改字第1号】

4月16日　总公司决定，组建中国石油物资装备企业集团。中国石油物资装备总公司为该集团核心企业（母公司），宝鸡石油机械厂、西安石油勘探仪器总厂、宝鸡石油钢管厂、咸阳石油钢管钢绳厂、承德石油机械厂为该集团子公司。【（97）中油劳字第212号】

同日 总公司同意辽河石油勘探局检察院检察长王友三在任期间享受副局级待遇。【（97）中油任字第217号】

4月17日 总公司批准中国石油天然气香港有限公司董事会由9人组成，吴耀文为董事长，张如椿为副董事长，潘明方、林金高、王煌今、刘勇、周吉平、郑虎、林青山等7人为董事。【（97）中油任字第213号】

同日 总公司决定，任命张如椿为中国石油天然气总公司香港公司总经理，郭泽光、梁德成为副总经理。【（97）中油任字第214号】

同日 江汉石油管理局王明华被共青团中央授予“全国十大杰出青年岗位能手”荣誉称号。【《中国石油大事记》】

4月17至18日 中共西安石油学院第六次代表大会召开，选举产生中共西安石油学院第六届委员会和纪律检查委员会，委员会由屈维章、杨正一、辛希贤、薛中天、乔学光、张宁生、祝亚荣等7名同志组成，屈维章同志为党委书记，杨正一、辛希贤同志为党委副书记，辛希贤同志为纪委书记。【西安石油学院上报】

4月22日 总公司直属机关委员会批复，同意中共冀东石油勘探开发公司第一届委员会由刘联民、李允富、张国旗、周海民、郑丽芳、赵显文、徐中清等7名同志组成，李允富同志任党委书记，徐中清同志任党委副书记，刘联民同志任纪委书记。【（97）直机党字第34号】

4月23日 国务院决定，任命牟书令为胜利石油管理局局长，免去马富才的局长职务。【国任字〔1997〕35号】

4月28日 总公司批复同意，聘任宋万超为胜利石油管理局常务副局长（正局级），何生厚、张殿国、何富荣、姜连成、曹耀峰、聂绍光等6人为副局长，潘元林、才汝成为总地质师；免去唐生海、郝敦典、周长祯、张长和的胜利石油管理局副局长职务，孙宗绪的总会计师职务。【（97）中油任字第234号】

同日 总公司党组决定，任命张宗义同志为胜利石油管理局党委副书记（正局级），李人学同志为党委副书记、纪委书记，何生厚、张殿国同志为党委常委；免去周德山同志的党委副书记、常委职务，李继顺同志的党委副书记、常委、纪委书记职务，唐生海、丁恩海同志的党委常委职务。【（97）中油党字第28号】

4月　中共长庆石油勘探局第三次代表大会召开，选举产生中共长庆石油勘探局第三届委员会和纪律检查委员会，常委会由史兴全、孙玉辰、胡文瑞、张继昌、陈国法、雷发瑞、王树荣、包方钧、饶永久等9名同志组成，史兴全同志为党委书记，孙玉辰、胡文瑞、张继昌等3名同志为党委副书记，张继昌同志为纪委书记。【长庆油田分公司上报】

五　月

5月4日　总公司决定，组建中国石油天然气技术服务总公司（工程技术局）。该公司统一组织国外油气勘探开发有关钻井、测井、录井、测试等井筒作业工程项目承包、相关工程技术服务、重点新技术推广和员工技术培训等业务，下设中油长城钻井公司、中油测井公司、中油测试公司、中油录井公司。【（97）中油劳字第240号】

5月7日　总公司同意，聘任何炽、朱昌南、张书铭、胥永杰、廖光中等5人为四川石油管理局副局长，曾时田为总工程师，冉隆辉为总地质师；免去腾耀坤的副局长职务，栗源林的总经济师职务，胡光灿的总地质师职务，陈时述的总会计师职务。【（97）中油任字第243号】

同日　总公司党组决定，任命何炽、张书铭、郭跃武同志为四川石油管理局党委常委，免去栗源林同志的党委常委职务。【（97）中油党字第29号】

5月29日　总公司决定，任命周吉平为中国石油天然气总公司苏丹办事处主任。总公司人事教育局同意，李亚平为中国石油天然气总公司苏丹办事处副主任、首席代表，韩华为中国石油天然气总公司苏丹办事处副首席代表。【（97）中油任字第296号　（97）人教企字第181号】

同日　四川石油管理局川东钻探公司经理周华安获全国五一劳动奖章。【西南油气田分公司上报】

同日　辽河石油勘探局荣获全国总工会颁发的全国五一劳动奖状。欢喜岭采油厂职工束滨霞获五一劳动奖章。【辽河油田分公司上报】

六　　月

6月5日　总公司直属机关工会批复，同意石油勘探开发科学研究院第一届工会委员会选举结果，委员会由李学志等19名同志组成，李学志同志任工会主席。【（97）直机工字第16号】

6月22日　中共中央组织部授予“新时期铁人”王启民等18人“优秀共产党员”称号。【《中国石油大事记》】

6月27日　总公司批复，同意国奥燃料油开发经销有限责任公司更名为中油秦皇岛燃料油有限责任公司。【（97）中油劳字第333号】

七　　月

7月3日　根据《国家计委关于油气勘探计算机软件国家工程中心可行性研究报告的批复》，总公司决定，组建油气勘探计算机软件国家工程研究中心，软件工程研究中心以石油地球物理勘探局为依托进行组建。【（97）中油劳字第347号】

7月10日　总公司任命周家俊为塔里木石油化工工程建设指挥部副指挥。【（97）中油任字第357号】

同日　总公司人事教育局决定，毛国强同志任中国石油天然气总公司广州办事处主任，免去叶步强的主任职务。【（97）人教企字第222号】

7月11日　总公司成立中油秦皇岛燃料油有限责任公司董事会，黄炎为董事长，王显骢、刘勇、陈吉庆、韩世全、林青山、马志祥、姚亚元、吴国志等8人为董事。【（97）中油任字第370号】

7月15日　国务院决定，任命马富才为大庆石油管理局局长，免去丁贵明的局长职务。【国人字〔1997〕61号】

同日　国家对外贸易经济合作部批复，同意中国联合石油公司更名为中国联合石油有限责任公司。【〔1997〕外经贸政审函字1773号】

7月18日　总公司党组决定，任命张树平同志为大庆石油管理局党委书记，免去张轰同志兼任的党委书记、常委、委员职务。【（97）中油党字第38号】

同日　总公司党组决定，任命马富才同志为大庆石油管理局党委委员、常委、副书记，免去丁贵明同志的党委副书记、常委、委员职务。【（97）中油党字第39号】

八　　月

8月5日　总公司人事教育局同意，聘任黄学锋为安徽石油勘探开发公司副经理、总工程师，王士斌为安徽石油勘探开发公司副经理。【（97）人教企字第247号　（97）人教企字第248号】

8月8日　吉林省人民政府建议，柏承强为吉林石油集团有限责任公司总经理，免去高立元的总经理职务。【吉政干任〔1997〕57号】

同日　吉林省人民政府决定，柏承强任吉林石油集团有限责任公司董事长，单纪宽任副董事长，侯殿才任监事会主席。【吉政干任〔1996〕121号】

8月11日　中共中央批准，张轰同志任中共中国石油天然气总公司党组纪律检查组组长，免去史训知同志的中共中国石油天然气总公司党组纪律检查组组长职务。【中委〔1997〕129号】

8月12日　总公司决定，以新疆石油管理局独山子石化总厂为主，组建苏丹喀土穆炼油工程建设指挥部，指挥部人员控制在400人以内，其中领导人员职数10人，人员主要从独山子石化总厂和物资装备总公司选聘，以上人员行政隶属关系不变。【（97）中油劳字第402号】

8月19日　中国著名石油地质学家孙健初诞辰100周年纪念会在北京召开。【《中国石油大事记》】

8月20日　总公司决定，任命张冠军为宝鸡石油机械厂厂长，免去卢国忠的厂长职务。【（97）中油任字第417号】

同日　总公司任命吴恩来为塔里木石油化工工程建设指挥部副指挥。【（97）中油任字第418号】

同日　总公司决定，任命于立新为西北石油管道建设指挥部副指挥，黄泽俊为总工程师。【（97）中油任字第416号】

同日　总公司党组决定，任命范卓瑛同志为西北石油管道建设指挥部临时党委副书记、纪委书记，免去于立新同志的临时党委副书记职务。【（97）中油党字第42号】

同日　中共煤炭工业部直属机关委员会决定，邱沛哲同志为中联煤层气有限责任公司工会主席。【煤直机关工字〔1997〕第15号】

同日　总公司党组决定，任命沈钢同志为塔里木石油化工工程建设指挥部党委副书记，韩建业同志为党委副书记、纪委书记；免去韩建业同志的新疆石油管理局克拉玛依石油化工厂党委书记职务。【(97)中油党字第43号】

8月21日 中国石油教育学会常务理事会决定，吴耀文任中国石油教育学会代理事长。【(97)油教会字第13号】

8月22日 总公司任命王明才为中油国际委内瑞拉公司总裁。【(97)中油任字第380号】

同日 总公司党组任命朱洪月同志为吐哈石油勘探开发指挥部党委常委、工会主席。【(97)中油党字第44号】

同日 总公司任命徐晓鲁为中国石油香港（集团）有限公司副总经理、总会计师。【(97)中油任字第453号】

8月25日 总公司决定，在规划设计总院组建总公司石油工程造价管理中心，原总公司工程定额站职能移交该中心。【(97)中油劳字第431号】

九 月

9月2日 总公司人事教育局任命，王根海为杭州石油地质研究所所长，免去钱奕中的所长职务。【(97)人教企字第280号】

9月3日 总公司任命管忠为油气勘探计算机软件国家工程研究中心主任。【(97)中油任字第449号】

9月4日 总公司任命费智毅为玉门石油管理局副局长。【(97)中油任字第454号】

9月5日 总公司人事教育局同意，刘仲秋、王绍贤、刘戬、祝俊峰、崔斌等5人为中油国际委内瑞拉公司副总裁，郭呈柱为总工程师，王瑞河为总地质师。【(97)人教企字第281号】

9月11日 总公司人事教育局批复同意，聘任杨晓宁、杨坚为杭州石油地质研究所副所长，李大成为总地质师；免去黄正正的副所长职务。【(97)人教企字第285号】

同日 总公司党组决定，任命王根海、杨晓宁、杨坚等3名同志为杭州地质研究所党委委员，免去钱奕中、黄正正同志的党委委员职务。【(97)中油党字第45号】

9月25日 总公司任命杨震为炼油化工局总工程师。【(97)中油任字第515号】

同日 总公司决定，中国联合石油有限责任公司副总经理王立华职务级别为副局级。【（97）中油任字第514号】

同日 总公司决定，将办公厅绿化管理机构与多种经营局绿化管理机构合并，挂靠办公厅，实行统一管理。【（97）中油劳字第506号】

9月29日 中共中央组织部批准陈耕同志为中国石油天然气总公司党组成员。【组任字〔1997〕108号】

9月 河南油田劳动争议调解委员会被全国总工会授予“全国先进单位”称号。

十 月

10月6日 总公司批复同意，聘任雷文举、孟繁昌、田齐祥、周孟瑜等4人为滇黔桂石油勘探局副局长，邹绍春为总地质师，沈鸿基为总经济师；免去曾宪代的副局长职务，陆荣生的副局长、总地质师职务，李士富的总工程师职务。【（97）中油任字第530号】

同日 总公司党组决定，任命曾宪代同志为滇黔桂石油勘探局党委副书记、工会主席，吴绍安同志为党委常委、副书记、纪委书记，孟繁昌同志为党委常委；免去方其录同志的滇黔桂石油勘探局党委副书记、常委职务，李超祖同志的常委、纪委书记职务。【（97）中油党字第47号】

同日 总公司决定，将南方石油勘探开发有限责任公司划归中国石油天然气勘探开发公司统一管理，公司机构规格调整为副局级。【（97）中油劳字第532号】

10月13日 国务院决定，任命陈耕为中国石油天然气总公司副总经理，免去张轰的副总经理职务。【国人字〔1997〕91号】

10月23日 总公司决定，任命陈忠禹为苏丹喀土穆炼油工程建设指挥部指挥，刘兴和、李文汉、闵安科、刘闯、王炳琦等5人为副指挥。【（97）中油任字第556号】

10月 石油勘探开发科学研究院田在艺当选为中国科学院院士。【石油勘探开发科学研究院上报】

十 一 月

11月5日 东北输油管理局被全国总工会授予“社会保障先进单位”称号。

11月6日 国务院决定，任命苏树林、徐绍铭、巢华庆、纪士寅、萧德明、瞿国忠、王亚伟、刘希俭、周抚生等9人为大庆石油管理局副局长；免去梅江、严世才、高瑞祺、关晓红等4人的副局长职务，胡博仲的总工程师职务，巢华庆的总地质师职务。【国人字〔1997〕103号】

同日 总公司决定，任命王福成为辽河石油勘探局局长，免去王显骢的局长职务。【（97）中油任字第578号】

同日 总公司决定，聘任王春鹏、李厚国、赵世温、姚亚元、孙成立等5人为辽河石油勘探局副局长，王革为副局长、总会计师，刘俊荣为副局长、总地质师，王正江为副局长、总工程师，陈义贤为总地质师；免去杨维庆、刘玉林的副局长职务，张桐义的总工程师职务，时庚戌的总地质师职务，赵大雄的总经济师职务。【（97）中油任字第579号】

同日 总公司党组决定，任命宋道堂同志为辽河石油勘探局党委书记，王福成同志为党委副书记，孙崇仁同志为党委副书记，陈雨范同志为党委常委、工会主席，刘俊荣同志为党委常委；免去王福成同志的党委书记职务，王显骢同志的党委副书记、常委职务，王德明同志的党委常委、工会主席职务，姚亚元同志的党委常委职务。【（97）中油党字第54号】

11月7日 总公司党组决定，任命许大坤同志为石油地球物理勘探局党委书记，肖平同志为党委常委、副书记、工会主席，殷会祥、王小牧同志为党委常委；免去李玉超同志的党委书记、常委职务，刘明义同志的党委常委、工会主席职务，赵瑞平同志的党委常委职务。【（97）中油党字第55号】

同日 总公司批复同意，聘任接铭训、徐文荣为石油地球物理勘探局副局长，免去赵瑞平的副局长职务。【（97）中油任字第580号】

11月10日 总公司党组决定，任命陆敬同志为大庆石油管理局党委常委、副书记（正局级），于宝祥、孙淑光同志为党委副书记，苏冠玉同志为党委常委、工会主席，增补苏树林、韩福奎（副局级）同志为党委常委；免去徐绍铭同志的党委副书记职务，李凤岐同志的党委副书记、常委职务，梅江同志的党委常委职务。【（97）中油党字第58号】

11月11日 总公司党组决定，任命陈济中同志为江苏石油勘探局党委书记；免去陆敬同志的党委书记、常委职务，汪东进同志的党委常委职务。【（97）中油党字第62号】

同日 总公司免去汪东进的江苏石油勘探局副局长职务。【（97）中油任字第602号】

同日 总公司决定，任命贾承造、俞新永、唐其烈、秦刚等4人为塔里木石油勘探开发指挥部副指挥，孙德龙为总地质师；免去梁狄刚、杨润臣的副指挥职务，林志芳的总地质师职务。【（97）中油任字第596号】

同日 总公司党组决定，任命徐会举同志为塔里木石油勘探开发指挥部党工委常委、副书记、纪委书记，贾承造同志为党工委常委；免去李万堃同志的党工委副书记、常委、纪委书记职务，梁狄刚同志的党工委常委职务。【（97）中油任字第63号】

同日 总公司决定，任命蔡志刚为吐哈石油勘探开发指挥部指挥，免去罗英俊的指挥职务。【（97）中油任字第597号】

同日 总公司党组决定，任命蔡志刚同志为吐哈石油勘探开发指挥部党委常委、副书记，免去罗英俊同志的党委副书记、常委职务。【（97）中油党字第59号】

11月12日 总公司决定，任命刘海胜为华北石油管理局局长，免去段大钧的局长职务。【（97）中油任字第600号】

同日 总公司决定，聘任苏俊、郭开旗为华北石油管理局副局长，马桂成为副局长兼二连石油勘探开发公司经理，赵树栋为总地质师，陈金瑞为总会计师；免去蔡志刚、沈文先的华北石油管理局副局长职务，李康中的总工程师职务，杨培山、梁生正的总地质师职务，马广悦的总会计师职务，翟昌年的二连石油勘探开发公司经理职务。【（97）中油任字第601号】

同日 总公司党组决定，任命于英太同志为华北石油管理局党委书记，刘海胜同志为党委副书记，单祥国同志为党委常委、副书记，沈文先同志为党委常委、工会主席，增补王立民、苏俊、马桂成、郭开旗等4名同志为党委常委；免去段大钧同志的党委书记、常委职务，王建斌同志的党委副书记、常委职务，蔡志刚同志的党委常委职务，陈锦权同志的党委常委、工会主席职务，马广悦同志的党委常委职务。【（97）中油党字第61号】

同日 总公司决定，任命刘恩学为江汉石油管理局局长，免去文光辉的局长职务。【（97）中油任字第598号】

同日 总公司批复同意，聘任戴彦爵、李国信、卢言礼、钟国强、卢耀祖、杨晓林等6人为江汉石油管理局副局长，戴彦爵为总工程师，汪仕忠为总地质师，倪光耀为总经济师，陈金华为总会计师；免去李自新、戴世昭、王献智的副局长职务。【（97）中油任字第599号】

同日 总公司党组决定，任命张玉春同志为江汉石油管理局党委常委、副书记，免去文光辉同志的党委副书记、常委职务，李自新、戴世昭、王献智等3名同志的党委常委职务。【（97）中油党字第60号】

11月17日 物资装备总公司党委研究并商中共宝鸡市委同意，任命张冠军同志为宝鸡石油机械厂党委副书记。【（97）物党字第332号】

11月19日 总公司决定，任命傅志达为石油信息研究所所长、谈立平为副所长，免去章兆淇的所长职务。【（97）中油任字第617号】

同日 总公司党组决定，任命张振明同志为石油信息研究所党委书记，傅志达同志为党委委员、副书记；免去章兆淇同志的党委书记、委员职务，谈立平同志的党委副书记职务。【（97）中油党字第65号】

同日 总公司决定，任命段大钧为石油管理干部学院院长，刘少斌为副院长；免去王孝先的院长职务，田小雪的副院长职务。【（97）中油任字第618号】

同日 总公司党组决定，任命段大钧、刘少斌同志为石油管理干部学院党委委员、副书记；免去田小雪同志的党委委员职务。【（97）中油党字第66号】

同日 总公司任命罗建新为中油技术服务总公司副总经理。【（97）中油任字第619号】

11月20日 中国石油工程建设公司批复同意，聘任张茂贵、王国超为中国石油天然气第七建设公司副经理，许烨烨为副经理兼总工程师，汪桃义为副经理，刘宝刚为副经理兼总会计师，伍金堂继续留任副经理；免去葛墨轩的副经理职务，季成忠的总会计师职务，姬宗杰的总经济师职务。【（97）中油建党字第15号】

11月27日 总公司人事教育局决定，朱宏才任中国石油天然气总公司郑州办事处主任。【（97）人教企字第364号】

11月28日 培黎石油学校举办纪念“路易·艾黎”诞辰100周年活动。

11月 根据中组部、国家经贸委、人事部、全国总工会关于对国有企业领导班子进行一次普遍地认真地考察精神和总公司党组关于班子考核建设的工作部署，对总公司所属企事业领导班子进行全面考核，组织近1万人次参加，其中局级干部504人次，处级干部3500人次，有51000余名干部和职工代表参加了对领导班子的评议。在此期间共考核局级领导班子60个，局级干部472人；考核处级班子2398个，处级干部9787人。考察范围之大，参加人数之多，工作程度之深前所未有。总公司在全国工交系统第一批完成了领导班子考核建设任务，并两次在全国国有企业领导班子考核建设会议上介绍经验。整个考核工作于11月基本结束。

同月 石油勘探开发科学研究院胡见义、石油管材研究所李鹤林当选为中国工程院院士。【中工函〔1997〕014号】

十 二 月

12月5日 第五届李四光地质科学奖揭晓，丁贵明、王秋华获野外地质科学奖，胡见义获科学研究奖。【《中国石油大事记》】

12月12日 总公司任命王显骢为总公司咨询中心副主任（正局级），不再担任总公司总经理助理职务。【（97）中油任字第668号】

12月16日 总公司人事教育局批复同意，聘任周旭奇为中国石油天然气国际（苏丹）公司副经理，免去卢宏的副经理职务。【（97）人教企字第391号】

同日 总公司人事教育局批复同意，聘任胡景隆、王仲才、毛泽锋等3人为中油国际（哈萨克斯坦）有限责任公司副总经理。【（97）人教企字第392号】

12月17日 总公司批复，同意成立总公司资产物资调剂中心。中心设在中国石油物资装备总公司，业务上接受总公司国有资产管理局指导。【〔97〕中油劳字第678号】

12月20日 总公司决定，成立中国石油勘探开发公司董事会，由史训知等18人组成，史训知兼董事长，周吉平为常务董事，贡华章、朱秉刚、李怀奇、曾兴球、王明才、王永烈、张如椿、王乃举、介霖、黄绍和、王国樑、刘希俭、宋万超、赵世温 、董培基、王春江等16人为董事。【（97）中油任字第681号】

同日 总公司决定，任命周吉平为中国石油天然气勘探开发公司总经理，王明才为副总经理兼中油国际苏丹公司总经理，王国樑为副总经理、总会计师，黄绍和为副总经理、总工程师，王莎莉为副总经理、总经济师，李亚平为副总经理，李华林为副总经理、中油国际加拿大公司董事长、总经理，康明章为副总经理、中意海外石油（荷兰）股份有限公司中方经理；免去吴耀文的中国石油天然气勘探开发公司总经理职务，傅志达的中国石油天然气勘探开发公司副总经理职务。【（97）中油任字第682号】

12月22日 总公司决定，任命黄炎为东方石油技术公司董事长，林青山为东方石油技术公司副董事长，刘勇、曾兴球、王立华、王志军等4人为东方石油技术公司董事。【（97）中油任字第684号】

同日 总公司任命马广悦为中国物资装备总公司总会计师。【（97）中油任字第685号】

12月25日 总公司上报国务院扶贫办公室在新疆“五县”定点扶贫工作情况的报告，实施扶贫76项次，投入1578.1万元。【（97）中油办字第93号】

12月26日 大庆石油管理局党委组织关系从大庆市委划出，隶属中共黑龙江省委管理。【黑组建字〔1997〕37号】

12月28日 总公司任命谢东星为中原石油化工有限公司董事、副董事长（河南省派）。

同日 总公司党组任命李洪皋同志为中原石油化工有限责任公司党委委员、副书记。【（97）中油党字第67号】

12月29日 总公司决定，免去王国樑的中油财务有限责任公司副总裁职务。【（97）中油任字第697号】

本年 总公司职工总数156.56万人。【石油工业统计年报】

目　录

下　册

一九九八年

一　　月

1月4日　总公司劳动工资局印发《关于加强石油企业劳动定员定额工作的意见》。【（98）劳组字第1号】

同日　国家经济贸易委员会批复，同意中国石油工程建设公司更名为中国石油工程建设（集团）公司，并以其为核心企业组建中油工程建设企业集团。【国经贸企（1998）5号】

1月8日　总公司下发《关于吐哈玉门石油企业集团管理委员会有关问题的通知》。鉴于吐哈和玉门油田理顺体制工作基本完成，总公司决定撤销管委会，陈耕不再兼任管委会主任职务，其他副主任、委员职务同时自行免除。【［98］中油人教字第9号】

1月13日　总公司决定，将中国石油天然气运输公司所属一公司、三公司划归胜利石油管理局。【［98］中油劳字第23号】

1月24日　总公司决定，张良杰任大庆石油管理局油田建设设计研究院院长；免去邢英明的大庆石油管理局油田建设设计研究院院长职务，高俊才的大庆石油管理局油田化工总厂副厂长（原油田化学助剂厂厂长）职务。【［98］中油任字第47号】

同日　总公司党组决定，曾玉康同志任大庆石油管理局党委常委，邱根发同志任大庆石油管理局勘探开发研究院党委书记，张振同志任大庆石油管理局油田化工总厂党委书记，尤靖波同志任大庆石油管理局大庆热电厂党委书记；免去曾玉康同志的勘探开发研究院党委书记职务，朱鼎科同志的大庆石油管理局油田化工总厂党委书记（原油田化学助剂厂党委书记）职务，薛贵仁同志的大庆石油管理局大庆热电厂党委书记职务。【［98］中油党字第1号】

1月25日　总公司劳动工资局转发《关于同意成立中油工程建设企业集团的批复》的通知。【（98）劳组字第9号】

二　　月

2月5日　总公司党组决定，任命朱元同志为总公司直属机关工会主席。【［98］中油党字第7号】

同日　总公司决定，梁狄刚任石油勘探开发科学研究院副院长（正局级），胡见义为总地质师（正局级），贾承造为副院长；免去梁狄刚的石油勘探开发科学研究院总地质师职务，胡见义的副院长职务，金毓荪、林志芳的总地质师职务。【［98］中油任字第73号】

同日　总公司决定，成立苏丹项目协调领导小组，任命刘兴和为苏丹项目协调领导小组组长，李亚平、陈希吾为副组长。【［98］中油任字第55号】

同日　总公司决定，安岐任吐哈石油勘探开发指挥部总经济师。【［98］中油任字第58号】

同日　总公司决定，赵国权任华油北京服务总公司副总经理；免去段振兴的副总经理职务。【［98］中油任字第72号】

同日　总公司党组决定，王煌今同志任中国华油集团公司党委书记；免去金国梁同志的党委书记职务。【［98］中油党字第9号】

同日　总公司决定，王煌今任中国华油集团公司总经理，免去其华油实业开发集团公司总经理职务；金国梁任中国华油集团公司副总经理兼华油实业开发总公司总经理，免去其华油实业开发集团公司常务副总经理职务；王永纯任中国华油集团公司副总经理兼上海浦东华油实业公司总经理；俞明康任中国华油集团公司副总经理；梁彪任中国华油集团公司副总经理，免去其华油实业开发集团公司副总经理职务；陈安家任中国华油集团公司副总经理兼油田化学公司经理，免去其华油实业开发集团公司副总经理职务；张二林任中国华油集团公司副总经理兼廊坊经济技术开发办公室主任；胡继善任中国华油集团公司副总经理，免去其华油实业开发集团公司总经济师职务；王家宽任廊坊经济技术开发办公室副主任，免去其华油实业开发集团公司总工程师、廊坊经济技术开发办公室主任职务。【［98］中油任字第71号】

同日　总公司决定，王涛任济南柴油机厂厂长，免去温泽民的厂长职务；王涛任济南柴油机股份有限公司董事、董事长、总经理，免去何清山的董事长职务（保留董事），温泽民的副董事长、董事、总经理职务。【［98］中油任字第64号】

同日 总公司党组决定，王涛同志任济南柴油机厂党委委员、书记，何清山同志任党委副书记；免去何清山同志的党委书记职务，温泽民同志的党委副书记、委员职务。【[98]中油党字第3号】

同日 总公司党组决定，张殿云同志任新疆石油管理局克拉玛依石化厂党委书记。【[98]中油党字第2号】

同日 总公司党组决定，刘勇同志任中国石油天然气销售公司党委书记；段振兴同志任党委副书记、纪委书记，免去其华油北京服务总公司党委副书记、委员职务。【[98]中油党第10号】

同日 总公司决定，王明章任新疆石油管理局独山子石油化工总厂副厂长，王宝贤任独山子石油化工总厂乙烯厂厂长，赵复来任独山子石油化工总厂炼油厂厂长；免去徐福贵兼任的独山子石油化工总厂炼油厂厂长职务。【[98]中油任字第57号】

2月6日 国家机关工委批准，同意张轰同志任中共中国石油天然气总公司直属机关委员会书记，李克成同志任常务副书记，安志忠同志任纪委书记。【国党工组[1998]011号】

同日 总公司决定，中国石油画报社并入中国石油报社，成立中国石油画报编辑部，为正处级单位，对外仍称中国石油画报社。【[98]中油劳字第78号】

2月7日 总公司党组决定，卢言礼同志任上海浦东华油实业有限责任公司临时党委委员、书记；王永纯同志任临时党委副书记，免去其临时党委书记职务；李华民同志任临时党委委员。总公司决定，卢言礼任上海浦东华油实业有限责任公司副总经理，免去其江汉石油管理局副局长职务；李华民任上海浦东华油实业有限责任公司副总经理。【[98]中油党字第5号 [98]中油任字第66号】

2月8日 总公司劳动工资局印发《关于职工队伍划分和分流职工统计口径的意见》、《中国石油天然气总公司驻外工作人员工资福利待遇管理规定》。【[98]劳组字第16号 [98]中油劳字第69号】

2月9日 总公司决定，吴国志任中国石油天然气销售公司副经理；免去高润清的中国石油天然气销售公司副经理、总会计师、总公司运销局副局长职务。【[98]中油任字第74号】

同日 总公司印发《关于调整队伍结构、减员增效、实施再就业工程的

意见》的通知。【［98］中油劳字第68号】

2月12日 总公司印发《中国石油天然气总公司资产经营责任制实施办法》。【［98］中油资产字第85号】

2月19日 中共中国石油天然气总公司直属机关第七次代表大会召开，选举产生直属机关第七届委员会和纪律检查委员会，直属机关第七届委员会由27名同志组成，直属机关第七届纪律检查委员会由9名同志组成。中央国家机关党工委批准，同意张轰、李克成、王海森、徐世仁、孙万安、安志忠、贾光生等7名同志为中共中国石油天然气总公司直属机关委员会常务委员，张轰同志为党委书记，李克成同志为常务副书记，王海森同志为党委副书记；安志忠同志为总公司直属机关第七届纪律检查委员会书记。【［98］中油党字第15号】

2月20日 总公司党组决定，严祥贵同志任江苏石油勘探局党委副书记，司马伟、孙尚章同志任党委常委。总公司批复，同意聘任雍自强为江苏石油勘探局副局长，钱基为总地质师。【［98］中油党字第13号 ［98］中油任字第102号】

2月24日 总公司党组决定，董丕久、聂绍光、王立新等3名同志任胜利石油管理局党委常委，其中，王立新同志职务级别为副局级。总公司批复，同意聘任董培久为胜利石油管理局副局长。【［98］中油党字第14号 ［98］中油任字第111号】

同日 总公司同意，胜利石油管理局公安处处长李东红的职务级别为副局级。【［98］中油任字第112号】

2月27日 经总公司同意，吴永平为大港油田（集团）有限责任公司董事会董事，并建议董事会聘任其为公司副总经理、总地质师；石彦民不再担任董事会董事，并建议董事会解聘其公司副总经理、总地质师职务。【［98］中油任字第122号】

三 月

3月1至4日 总公司1998年干部工作会议在北京召开，传达全国组织工作会议精神，总结近两年干部人事工作，交流领导班子考核建设工作经验，会议强调要努力转变思想观念，在选人标准上，必须坚持德才兼备、任人唯贤的原则，注重选拔懂经营、会管理的人才；在选人办法上，要坚持公开、平等、竞争、择优的原则；在年轻干部选拔使用上，坚持唯贤是举、唯才是用的原则；在干部交流上，树立人才流动有利人才成长和事业发展的开放意识；大力推进干部人事制度改革，形成富有生机和活力的用人机制。人事教育局局长张宽信作了《深入贯彻十五大精神，全面提高干部队伍素质，努力做好面向新世纪的干部人事工作》的工作报告。

3月2日 总公司党组决定，授予长庆石油勘探局职工罗玉娥“英雄女采油工”称号，并号召广大职工向罗玉娥学习。全国总工会授予长庆石油勘探局职工罗玉娥“全国先进女职工”称号，全国妇联追授她为“全国三八红旗手”。【[98]中油党字第16号】

3月3日 国家经济贸易委员会批复，同意中国石油物资装备总公司更名为中国石油物资装备（集团）总公司，并以其为核心企业组建中油物资装备集团。【国经贸企〔1998〕101号】

3月5日 总公司决定，张昌民、张玉清任江汉石油学院副院长；免去戴向东的副院长职务。【[98]中油任字第127号】

同日 总公司决定，焦棣任西南石油学院副院长，刘扬任大庆石油学院副院长。【[98]中油任字第128号 [98]中油任字第129号】

同日 总公司党组决定，郑其绪同志任石油大学（华东）党委书记，免去其石油大学（华东）纪委书记职务；仝兆岐同志任石油大学（华东）党委副书记，纪效田同志任党委副书记、纪委书记；免去李秀生同志的石油大学（华东）党委书记、常委、委员职务，李玉平同志的党委副书记、常委、委员职务。【[98]中油党字第18号】

同日 总公司党组决定，戴向东同志任石油大学（广州）党委委员、书记；免去聂国栋同志的党委书记职务。总公司决定，戴向东任石油大学（广州）校长。总公司人事教育局决定，马旭东任石油大学（广州）副校长，免去潘社吟的副校长职务。【[98]中油党字第19号 [98]中油任字第130号 [98]人教企66号】

同日 总公司党组决定，李玉平同志任重庆石油高等专科学校党委委员、书记；免去黄建民同志的党委书记、委员职务，邹水生同志的党委副书记、委员、纪委书记职务，高国炎同志的党委委员职务。【[98]中油党字第22号】

同日 总公司决定，仝兆岐任石油大学（华东）校长，鞠晓东、仝兴华、孙海峰任副校长；免去李秀生的校长职务。【[98]中油任字第138号】

3月6日　总公司党组决定，石彦民同志任南方石油勘探开发有限责任公司党委委员、书记；免去张宝庄同志的党委书记职务，高有楠同志的党委委员职务。【［98］中油党字第23号】

同日　总公司决定，石彦民任中国石油勘探开发公司副经理兼任南方石油勘探开发有限责任公司总经理，张宝庄任南方石油勘探开发有限责任公司副总经理，免去其总经理职务；免去高有楠的副总经理职务。【［98］中油任字第131号】

3月9日　总公司人事教育局同意，免去宋治的石油管材研究所副所长职务。【［98］人教企072号】

3月10日　第九届全国人民代表大会第一次会议，审议通过《国务院机构改革方案》，决定将化学工业部、中国石油天然气总公司、中国石油化工总公司的政府职能合并，组建国家石油和化学工业局，由国家经贸委管理。化学工业部和两个总公司下属的油气田、炼油、石油化工、化肥、化纤等石油与化工企业以及石油公司和加油站，按照上下游结合的原则，分别组建两个特大型石油石化企业集团和若干大型化肥、化工产品公司。

同日　总公司决定，高有楠任总公司勘探局新区勘探事业部副主任。【［98］中油任字第139号】

3月11日　总公司同意，免去李春光的华东输油管理局科委主任职务。【［98］中油任字第146号】

同日　总公司党组同意，免去宋治同志的管材研究所党委委员职务。【［98］中油党字第24号】

3月16日　总公司决定，李云鹏任石油大学（北京）校长，金之钧、黄述旺任副校长；免去张嗣伟的石油大学（北京）校长职务，熊继辉的副校长职务。【［98］中油任字第157号】

同日　总公司党组决定，李秀生同志任石油大学（北京）党委委员、书记；李云鹏同志任党委副书记，免去其党委书记职务；张来斌同志任党委委员、副书记，蒋庆哲同志任党委委员、副书记、纪委书记；免去张嗣伟同志的党委委员、副书记职务，熊继辉同志的党委委员职务。【［98］中油党字第17号】

同日　总公司决定，王永杰任绿洲（艾尔瓦哈）有限责任公司副董事长，王国樑、孙波、翟耀南任董事；免去傅志达的副董事长职务，寿铉成、史习

盐董事职务。【［98］中油任字第164号】

3月17日 国家环境保护局授予青海石油管理局“全国一百家环境保护先进企业”称号。

3月23日 中共中央决定，周永康任国土资源部部长，不再担任总公司总经理职务；中共中央组织部通知，由副总经理马富才主持总公司全面工作，负责筹备中国石油天然气集团公司的组建工作。

3月30日 总公司党组决定，赵国轩同志任新疆石油学院党委常务、副书记（正局级）。总公司决定，谢志强兼任新疆石油学院院长，赵国轩任常务副院长；免去谢宏的院长职务。【［98］中油党字第21号 ［98］中油任字第185号】

同日 总公司同意，免去赵立春的新疆石油管理局副局长、开发总地质师职务，温宗卫的总会计师职务。【［98］中油任字第186号】

3月31日 总公司党组决定，付德新同志任新疆石油管理局党委常委、纪委书记；免去蔡志山同志的纪委书记职务。【［98］中油党字第26号】

四 月

4月2日 总公司党组决定，曹随义同志任青海石油管理局党委常委、副书记（正局级）。【［98］中油党字第27号】

4月8日 国家石油和化学工业局成立，系国家经济贸易委员会主管石油和化工行业的行政机构。

4月9日 总公司批复，同意原属于中国石油物资装备总公司的承德石油机械厂被江汉石油管理局兼并后，其下属的承德司达石油装备开发公司更名为承德石油机电公司，仍为物资装备总公司下属处级单位。【［98］劳组27号】

4月14日 总公司召开划出企业座谈会，总公司领导通报石油、石化两家集团公司组建情况，胜利石油管理局、中原石油勘探局、江苏石油勘探局、江汉石油管理局、河南石油勘探局、滇黔桂石油勘探局、安徽石油勘探开发公司等7个石油企业和中原石油化工有限责任公司、华东输油管理局等划出企业的负责人出席并在会上发言。【《中国石油大事记》】

同日 总公司决定，郑其绪、仝兆岐任石油大学校务委员会副主任，李阳初、鞠晓东、金之钧、仝兴华、孙启瑞、黄述旺、孙海峰等7人任委员；免去陆基孟的副主任职务，熊继辉的委员职务。【［98］中油任字第214号】

4月16日 总公司召开划入企业座谈会，总公司全体领导成员出席。大庆石油化工总厂、林源炼油厂、哈尔滨炼油厂、前郭炼油厂、大连石化分公司、大连西太平洋石化有限公司、抚顺石化分公司、锦西炼油化工总厂、锦州石油化工公司、辽阳石油化纤公司、兰州化学工业公司、兰州炼油化工总厂、乌鲁木齐石化总厂、宁夏化工厂等划入企业负责人参加座谈。【《中国石油大事记》】

4月17日 国家经济贸易委员会向国务院呈报《关于组建两个特大型石油石化集团公司有关问题的请示》。【《中国石油大事记》】

4月23日 总公司决定，寿铉成任中油国际（哈萨克斯坦）有限责任公司总经理。【［98］中油任字第227号】

同日 总公司决定，汪东进任中油国际（尼罗）有限责任公司总经理，王莎莉任常务副总经理。【［98］中油任字第228号】

4月28日 辽河石油勘探局召开辽河金马油田股份有限公司创立大会。【《中国石油大事记》】

4月29日 国务院决定，马富才任中国石油天然气集团公司总经理，黄炎、吴耀文、任传俊等3人为副总经理。【国人字〔1998〕109号】

4月 玉门石油管理局党委书记黄亦纯调甘肃省监察厅工作，由局长刘世洲代理党委书记。【玉门油田分公司上报】

同月 总公司决定，组成石油大学第二届校务委员会，张一伟任石油大学校务委员会主任，张嗣伟、李秀生、郑其绪、李云鹏、仝兆岐等5人任副主任，李阳初、罗维东、鞠晓东、金之钧、仝兴华、孙起瑞、黄述旺、孙海峰等8人任委员。【中国石油大学（华东）上报】

五　月

5月7日 中共黑龙江省委决定，张九生同志任大庆高等专科学校党委书记；免去张德书同志的党委书记职务。【黑组任字〔1998〕120号】

5月12日 国务院办公厅印发《关于组建中国石油天然气集团公司和中国石油化工集团公司有关石油公司划转问题的通知》。【国办发〔1998〕14号】

5月15日 总公司人事教育局决定，成立中国石油天然气销售公司东北公司筹备组，骆宝贵为组长，董仁平为副组长。【［98］人教企141号】

同日 总公司人事教育局决定，成立中国石油天然气销售公司西北公司筹备组，田景惠为组长，郭文祥为副组长；成立中国石油天然气销售公司西南公司筹备组，聂端阳为组长；成立中国石油天然气销售公司华东公司筹备组，高振怀为组长。【[98]人教企142号、143号、144号】

5月26日 中国石油天然气总公司和中国石油化工总公司划转企业交接协议书签字仪式在国家石油和化学工业局举行。按照九届人大一次会议通过的国务院机构改革方案和国务院批准的国家经贸委《关于组建两个特大型石油石化集团公司有关问题的请示》，两大公司经协商确定，将中国石油化工总公司所属的大庆石油化工总厂等19家石化企业划转中国石油天然气总公司，将中国石油天然气总公司所属的胜利石油管理局等12家石油企业划转中国石油化工总公司。划转的基准时间定为1997年12月31日。自1998年6月1日起，两大公司正式对划入企业行使管理权。【《中国石油大事记》】

同日 总公司决定，康明章兼任中油国际加拿大公司董事长、总经理；免去李华林兼任的董事长、总经理职务。【[98]中油任字第273号】

六　月

6月2至3日 总公司减员增效和再就业工作会议在北京召开。会议提出，减员增效和再就业工作事关改革、发展、稳定大局，要提高认识，以高度责任感和紧迫感切实抓好这项工作。强调下岗分流要依靠主业和多种经营发展，减人的目的是增效，核心问题是解决下岗职工再就业。【《中国石油大事记》】

6月25日 陕西省石化工会批复，同意王宗芳任石油管材研究所第三届工会委员会主席。【中国石油集团石油管工程技术研究院上报】

6月26日 总公司按照划转企业交接协议，将胜利石油管理局、中原石油勘探局、河南石油勘探局、江汉石油管理局、江苏石油勘探局、滇黔桂石油勘探局、安徽石油勘探开发公司、中原石油化工有限责任公司、华东输油管理局、胜利输油公司、新乡输油公司、襄樊输油公司划归中国石油化工集团公司；将原中国石油化工总公司划入的抚顺石油化工公司、大连石油化工公司、大庆石油化工总厂、兰州炼油化工总厂、锦州石油化工公司、锦西炼油化工总厂、乌鲁木齐石油化工总厂、大连西太平洋石油化工有限公司、哈尔滨炼油厂、林源炼油厂、前郭炼油厂、辽阳石油化纤公司（含鞍山炼油厂）、兰州化学工业公司、宁夏化工厂、沈阳销售公司、哈尔滨销售公司、西北销售公司、宝鸡销售公司、吉林销售公司等19个炼油化工企业和销售公司划归中国石油天然气集团公司。【《中国石油大事记》】

七　月

7月2日　总公司直属机关党委批复，同意中共廊坊经济技术开发办公室临时党总支部委员会由张二林、王家宽、李鹏杰、邵春全、崔华等5名同志组成，张二林同志任党总支部书记。【［98］直机党字23号】

7月8日　总公司印发《关于保障企业下岗职工基本生活和再就业工作有关问题的意见》。【［98］中油劳字第346号】

7月9日　总公司决定，裴天伟任东北办事处主任。【［98］人教企字209号】

7月17日　中共重庆石油高等专科学校第一次党员大会召开，选举产生中共重庆石油高等专科学校第一届委员会和纪律检查委员会，李玉平同志为党委书记，刘业厚、武金陵同志为党委副书记，武金陵同志为纪委书记。【重庆科技学院上报】

7月21日　国务院印发《对组建中国石油天然气集团公司有关问题的批复》，同意将吉林省所属的吉林石油集团有限责任公司和吉化集团公司，以及各省市自治区地方政府所属的黑龙江石油化工销售公司、吉林省石油总公司、辽宁省石油总公司、大连石油集团公司、甘肃省石油总公司、陕西省石油总公司、新疆维吾尔自治区石油总公司、四川省石油集团有限公司、重庆石油（集团）有限公司、内蒙古自治区石油总公司、宁夏回族自治区石油总公司、青海石油（集团）有限公司、西藏自治区石油总公司及其下属各级石油公司和加油站，整体划归中国石油天然气集团公司。【国函〔1998〕57号】

7月23日　总公司同意，马洪盛在任辽河石油勘探局法院院长期间享受副局级待遇。【［98］中油任字第366号】

同日　总公司决定，免去吴涛的吐哈石油勘探开发指挥部副指挥、党委常委、委员职务，退休。【［98］中油人教字第368号】

7月25日　国家经济贸易委员会下发《关于中国石油天然气集团公司组建方案》。【《中国石油大事记》】

7月27日　中国石油天然气集团公司、中国石油化工集团公司成立大会在

人民大会堂举行。【《中国石油大事记》】

7月28日 中国石油天然气集团公司举行揭牌仪式。【《中国石油大事记》】

同日 国务院批准，组建中国石油天然气集团公司和中国石油化工集团公司有关石油公司划转问题的通知。【国办发〔1998〕14号】

7月 廊坊经济技术开发办公室决定，廊坊经济技术开发公司更名为廊坊中油建材总公司。【［98］廊开发26号】

八 月

8月3日 总公司直属机关党委批复，同意中共中国石油天然气勘探开发公司临时委员会由史训知、周吉平、李亚平、曾兴球、黄绍和、王铁夫、张弘等7名同志组成，史训知同志兼任临时党委书记，周吉平、李亚平同志任临时党委副书记，李亚平同志任临时纪委书记。【直机党字〔1998〕第1号】

8月27日 集团公司决定，原中国石油天然气总公司江汉机械研究所、江汉测井研究所划归石油勘探开发科学研究院，并更名为中国石油天然气勘探开发科学研究院江汉机械研究所、中国石油天然气集团公司勘探开发科学研究院江汉测井研究所。【中油劳字〔1998〕第77号】

九 月

9月2日 集团公司转发《关于加强国有企业下岗职工管理和再就业服务中心建设有关问题》的通知。【中油劳字〔1998〕第84号】

9月18日 集团公司党组决定，张景仁同志任辽阳石油化纤公司党委常委；免去王树志同志的党委常委职务。【中油任字〔1998〕第113号】

9月21日 集团公司决定，蔺爱国任大连西太平洋石油化工有限公司总经理；免去王安顺的总经理职务。【中油任字〔1998〕121号】

9月28日 集团公司决定，中国华油经济技术开发公司更名为中国华油集团公司，作为中国华油集团公司核心企业；将华油实业开发公司、廊坊中油建材总公司（廊坊华油经济开发公司）、华油远东实业开发公司、中国石油天然气油田化学公司的资产以及上海浦东华油实业有限责任公司的中国石油天然气集团公司股权，整体划归中国华油集团公司。【中油劳字〔1998〕第130号】

9月30日 国务院决定，蒋金楚任中国石油天然气集团公司副总经理。【国人字〔1998〕181号】

十 月

10月8日 集团公司印发中国石油天然气集团公司《劳动合同管理暂行规定》。【中油劳字〔1998〕138号】

10月9日 集团公司决定，孙波任中油国际委内瑞拉公司副总裁，免去其绿洲（艾尔瓦哈）石油有限责任公司副总经理、董事职务。【中油任字〔1998〕第141号】

10月10日 集团公司在北京召开机关干部大会，总经理马富才讲话。会议动员和部署机关机构改革方案，认真落实定编、定员、定责工作。【《中国石油大事记》】

10月14日 集团公司决定，罗英俊任中国石油天然气集团公司总经理助理。【中油任字〔1998〕第143号】

同日 集团公司决定，徐世仁任集团公司办公厅主任，免去其兼任的研究室主任职务；许永发任集团公司办公厅副主任，免去其研究室副主任职务；毕跃明、桑珍萍任集团公司办公厅副主任；严绪朝任集团公司发展研究部主任，郭进平任集团公司发展研究部副主任兼法律事务室主任，免去韩世全的政策法规局局长职务；朱秉刚任集团公司规划计划部主任，汪国良、冯力胜、白倬生任副主任，免去吕鸣岗的规划计划局总地质师职务，免去李文绮的规划计划局总工程师职务；贡华章任集团公司财务资产部主任，林金高、李波任副主任；张宽信任集团公司人事劳资部主任，裴德海、陆基孟、孙万安、刘磊、李春伍等5人任副主任，苏士峰、覃国军任集团公司人事劳资部副局级巡视员，吴大鹏任集团公司人才劳动力交流中心（再就业中心、技能鉴定中心）主任，孙祖岭任集团公司社会保险中心主任；傅诚德任集团公司科技发展部主任，刘振武、孙宁任集团公司科技发展部副主任，免去孙宁兼任的新技术推广中心主任职务，免去石宝珩的科技发展局局长职务；李怀奇任集团公司国际合作部（外事局）主任、局长，曾兴球任集团公司国际合作部（外事局）副主任、副局长兼国内对外合作经理部主任，免去其国际勘探开发合作局副局长、石油天然气勘探开发公司副总经理职务；章欣任集团公司国际合作部（外事局）副主任、副局长，免去周吉平、寿铉成兼任的国际勘探开发合作局副局长职务；高瑞祺任集团公司油气勘探部主任，赵政璋任副主任，免去其兼任的新区勘探事业部主任职务；

赵化昆任集团公司油气勘探部总工程师，免去孙振纯的勘探局总工程师职务；刘宝和任集团公司油气开发部主任，曲广玲、阎存章任集团公司油气开发部副主任，刘万赋任集团公司油气开发部总工程师，免去孟慕尧的开发生产局总工程师职务；杨生汉任集团公司炼油化工部主任，杜建荣、沈钢任副主任，杨震任总工程师，免去门存贵的炼油化工局总工程师职务；姜冠戎任集团公司质量安全与环保部主任；孙寿荣任集团公司审计部主任，苗铁生任副主任（兼任），陈维忠任副主任，白新贺任总审计师；王煌今任集团公司多种经营部主任，俞明康、梁彪任副主任；严家发任集团公司监察部（纪检组）主任，安志忠任监察副专员（兼任），陈明、王戎、陈桂儒任监察副专员；李克成任集团公司政治思想工作部主任，王海森、关晓红任副主任，刘敏星任集团公司政治思想工作部党建工作部（直属机关党委组织部）部长，贾光生任副部长，李伟任集团公司政治思想工作部宣传工作部（直属机关党委宣传部）部长，王益岭任集团公司政治思想工作部办公室（直属机关党委办公室）主任，朱元任集团公司政治思想工作部职工工作部部长；李文振任集团公司离退休职工管理局局长，蒿成任副局长。【中油任字〔1998〕第144号】

同日 集团公司决定，林青山任中国石油天然气销售总公司总经理，陈治源、韩文芳、李海元、吴国志等4人任副总经理，李彬任总工程师，陈耀华任总经济师；免去刘勇的中国石油天然气销售公司经理、运销局局长职务，陈治源的运销局副局长职务。【中油任字〔1998〕第145号】

同日 集团公司决定，王立华任中国联合石油有限责任公司总经理；免去林青山的总经理职务。【中油任字〔1998〕第147号】

同日 集团公司决定，傅志达任石油经济和信息研究中心主任，张振明、彭守义、谈立平、陈建新等4人任副主任；杨景民任正局级研究员，免去其经济研究中心主任职务。【中油任字〔1998〕148号】

同日 集团公司决定，韩世全任石油工业出版社社长；魏宜清任副社长、总编辑，免去其社长职务。【中油任字〔1998〕第149号】

同日 集团公司决定，任传俊兼任中国华油集团公司董事会董事长，王煌今任副董事长，金国梁、王永纯、汪国良、林金高、陈安家、张二林等6人任董事；免去金国梁、王永纯、陈安家、张二林等4人的副总经理职务。【中油任字〔1998〕第151号】

同日 集团公司决定，李文绮任规划设计总院副院长。【中油任字〔1998〕第152号】

10月15日 集团公司决定，王立华任中国联合石油有限责任公司总经理；免去林青山的总经理职务，王立华的副总经理职务。【人教机字〔1998〕第70号】

10月27日 中共国家煤炭工业局直属机关委员会批复，同意中共中联煤层气有限责任公司党总支部委员会由陈明和、王慎言、刘泽英、孟广鐏、杜明等5名同志组成，陈明和同志任党总支部书记，王慎言、孟广鐏同志任党总支部副书记。【煤直机关党字〔1998〕50号】

10月28日 集团公司印发《关于集团公司机关机构设置、人员编制的通知》，集团公司机关设办公厅、发展研究部、规划计划部、财务资产部、人事劳资部、科技发展部、国际合作部（外事局）、油气勘探部、油气开发部、炼油化工部、审计部、质量安全与环保部、纪检组、监察部、政治思想工作部和直属机关党委等14个职能部门。【中油劳字〔1998〕第183号】

十 一 月

11月2日 集团公司决定，李刚任吉林化工学院院长，曲海波任副院长；免去李刚、吴存宁、周洪泉等3人的吉化集团公司副经理职务，朱德兴的总工程师职务，曲海波的总会计师职务。【中油任字〔1998〕第191号】

11月3日 集团公司批复，同意聘任周志斌为四川石油管理局副局长兼总会计师。【中油任字〔1998〕第193号】

同日 集团公司决定，集团公司规划计划局设计管理处的业务和人员划归规划设计总院。【中油劳字〔1998〕第214号】

11月5日 集团公司人事教育局决定，叶舟任浙江石油勘探处处长，郑华平任总地质师；免去周恒友的处长职务，叶舟的总地质师职务。【人教企〔1998〕79号】

11月9日 中共天津市委批准，中共大港油田集团有限责任公司第四届委员会由王鹏等21名同志组成，党委常委由王鹏、朱敬成、张德寿、陈玉瑾、姚和清、郭德宝、高兰成等7名同志组成，王鹏同志任党委书记，姚和清、张德寿同志任党委副书记，陈玉瑾任纪委书记。【津党组〔1998〕265号】

同日 集团公司决定，将中国石油天然气总公司新区勘探事业部更名为

中国石油天然气集团公司新区勘探事业部，并改由石油地球物理勘探局管理。【中油劳字〔1998〕第202号】

11月13日 集团公司决定，王毅铠任中国石油报社总编辑；免去方崇滋的总编辑职务。【中油任字〔1998〕第209号】

11月18日 集团公司决定，保留集团公司离退休职工管理局（老干部局），其内设机构、人员编制和管理职能保持不变，人员编制单列；集团公司多种经营局更名为集团公司多种经营部，与中国华油集团公司一个机构两块牌子，人员不列机关编制。【中油劳字〔1998〕第228号】

11月19日 集团公司决定，曹政言任集团公司发展研究部副主任，黄望平任总经济师；赵化昆任集团公司油气勘探部副主任，免去其总工程师职务，邓隆武任总地质师；覃国军任集团公司人事劳资部副主任，免去覃国军、苏士峰的副局级巡视员职务；董国永、孙为群任集团公司质量安全与环保部副主任；陈明任集团公司监察部（纪检组）副主任，免去其监察副专员职务。【中油任字〔1998〕第220号】

同日 集团公司决定，集团公司规划计划部副主任汪国良的行政级别为正局级。【中油任字〔1998〕第222号】

同日 集团公司决定，聘任徐丰利为集团公司财务资产部副主任。【中油任字〔1998〕第223号】

同日 集团公司决定，聘任孙立为集团公司炼油化工部副主任，杨继钢为总工程师。【中油任字〔1998〕第224号】

同日 集团公司决定，傅泉清、朱巩、邢祖侗等3人任中国石油物资装备（集团）总公司副总经理。【中油任字〔1998〕第225号】

11月23日 吴邦国副总理就中国石油天然气集团公司和中国石油化工集团公司的重组改革工作提出："从石油石化两大集团看，解决发展问题首先还是要考虑整体改制上市。""石油、石化集团公司整体上市工作要抓紧抓好，把工作做在前面。"【《中国石油大事记》】

11月26日 集团公司决定，对集团公司所属油气管道企业进行重组，将中国石油天然气管道局、东北输油管理局、西北管道建设指挥部、吐哈石油勘探开发指挥部外输天然气管道业务进行整合，组建新的中国石油天然气管道局；将集团公司在北京天然气集输公司中的股份和人员委托中国石油天然气管道局代管，将塔里木石油勘探开发指挥部在塔里木输油（气）有限责任公司中的股份划入中国石油天然气管道局。【中油劳字〔1998〕第245号】

11月27日　集团公司批复，同意中国石油审计事务所更名为中国石油审计所，并划归集团公司审计部。原中国石油审计事务所的社会审计业务与集团公司脱钩，按国家有关规定另行注册。【劳组字〔1998〕第26号】

同日　集团公司批复，同意西太平洋石油化工有限公司的领导干部可比照局级干部进行管理。【中油劳字〔1998〕第246号】

十 二 月

12月10日　中共山东省委组织部批准，同意济南柴油机厂党组织关系改为隶属于济南市委，石油大学（华东）党的组织关系改为隶属于山东省委高校工委。【〔1998〕鲁组党字3号】

12月21日　中共中央大型企业工作委员会决定，成立中国石油天然气集团公司党组，马富才同志任党组书记，黄炎、吴耀文、任传俊、蒋金楚、张轰、李克成等6名同志任党组成员。【企工委〔1998〕14号】

12月23日　集团公司党组决定，李克成同志任集团公司直属机关党委常务副书记，王海森同志任党委副书记，安志忠同志任纪委书记，朱元同志任工会主席。【中油党字〔1998〕第3号】

同日　集团公司党组决定，李克成同志兼任集团公司直属机关党校校长，段大钧、于秀珍同志任党校副校长。【中油党字〔1998〕第4号】

同日　集团公司党组决定，林青山同志任中国石油销售总公司党委委员、副书记，段振兴同志任党委委员、副书记、纪委书记；免去刘勇同志的党委书记、委员职务。【中油党字〔1998〕第5号】

同日　集团公司党组决定，张振明同志任石油经济和信息研究中心党委书记，傅志达同志任党委副书记。【中油党字〔1998〕第8号】

同日　集团公司党组决定，段大钧同志任石油管理干部学院党委书记。【中油党字〔1998〕第10号】

同日　集团公司党组决定，叶舟同志任浙江石油勘探处党委书记，徐桂欣同志任纪委书记；免去周恒友的党委书记、委员职务，曹志光的纪委书记职务。【中油党字〔1998〕第12号】

同日 集团公司党组决定，肖平同志任石油地球物理勘探局纪委书记，免去其工会主席职务。【中油党字〔1998〕第13号】

同日 集团公司党组决定，董立国同志任华北石油管理局党委常委。【中油党字〔1998〕第14号】

12月24日 集团公司党组决定，苏士峰同志任中国石油天然气管道局党委委员、常委、书记，陈吉庆、郭大伟同志任党委委员、常委、副书记，惠泽人同志任党委委员、常委、副书记、纪委书记，刘勇、吴云海、范卓瑛、邢振亚、马志祥等5名同志任党委委员、常委，程桂彬同志任党委委员、常委、工会主席；原中国石油天然气管道局党委领导班子成员领导职务同时免除。【中油党字〔1998〕第1号】

同日 集团公司决定，陈吉庆任中国石油天然气管道局局长，邢振亚、马志祥、刘勇、张加林、闫久红、黄维和、曹华光、汤亚利等8人任副局长，谢戈果任总会计师；原中国石油天然气管道局行政领导班子成员领导职务同时免除。【中油任字〔1998〕第294号】

同日 集团公司党组决定，吴云海同志任东北输油管理局党委书记，范卓瑛同志任西北石油管道建设指挥部临时党委书记；免去戴秀庠同志的东北输油管理局党委书记职务，张德国同志的西北石油管道建设指挥部临时党委书记职务。集团公司决定，张加林任东北输油管理局局长，免去戴秀庠的局长职务；闫久红任西北石油管道建设指挥部指挥，免去张德国的指挥职务。【中油党字〔1998〕第2号　中油任字〔1998〕第295号】

12月25日 集团公司决定，免去王启民的大庆石油管理局勘探开发研究院院长职务。【中油任字〔1998〕第300号】

12月28日 集团公司油气管道企业重组大会在河北廊坊召开，宣布集团公司关于油气管道企业重组的决定。【《中国石油大事记》】

12月29日 集团公司决定，原中国石油天然气总公司西北石油地质研究所和杭州石油地质研究所的资产和人员划归石油勘探开发科学研究院管理。【中油劳字〔1998〕第310号】

同日 集团公司决定，组建“中国石油天然气勘探开发公司研究中心”，英文名称为“Research Centre of China National Oil and Gas Exploration and Development Corporation”（缩写为CNODC RC），对内称“海外勘探开发研究

中心”，作为石油勘探开发科学研究院的下属单位，行政级别为正处级。【中油劳字〔1998〕第311号】

同日　集团公司党组决定，王选华、苑福城同志任吉林石油集团有限责任公司党委委员。集团公司决定，聘任王选华、周荣阁、苑福城等3人为吉林石油集团有限责任公司副总经理，周受超为总地质师；免去范力群、谢歆的副总经理职务，李文阳的董事、副总经理职务。【中油党字〔1998〕第11号　中油任字〔1998〕305号】

同日　中共青海省委同意，中共青海石油管理局第六届委员会常务委员会由马力行、刘扬寿、李建青、汪振多、陈世贤、周铭涛、郑玉宝、黄立功、蒋洁敏等9名同志组成，蒋洁敏同志任党委书记，刘扬寿同志任党委副书记、纪委书记。【青组干任（1998）122号】

12月30日　集团公司决定，在原中国石油天然气总公司石油信息研究所、经济技术研究中心、信息中心的基础上，组建中国石油天然气集团公司石油经济和信息研究中心，为集团公司直属正局级科研事业单位。【中油人劳字〔1998〕第309号】

12月31日　集团公司直属机关党委批复，同意中共中国石油报社委员会由李秋杰、方崇滋、王毅铠、冯高贡、庞志学等5名同志组成，李秋杰同志任党委书记，冯高贡任纪委书记。【直机党字〔1998〕第5号】

12月　集团公司提出整体重组改制的工作方案。基本思路是：油气生产业务与服务业务分开，构建符合国际惯例的油公司并先行上市；对石油服务业务再重组，组建专业石油服务公司并争取上市；集团公司成为以资本运营为主的控股公司。【《中国石油大事记》】

本年　集团公司用工总量154.30万人。

一九九九年

一　　月

1月2日　国务院决定，任命苏树林为大庆石油管理局局长，陆敬为副局长；免去马富才兼任的局长职务。【国人字〔1999〕3号】

1月6日　集团公司党组决定，苏树林同志任大庆石油管理局党委副书记；免去马富才同志兼任的党委副书记、常委、委员职务，陆敬同志的党委副书记职务。集团公司决定，陆敬任大庆石油管理局常务副局长（正局级）。【中油党字〔1999〕第1号　中油任字〔1999〕第5号】

1月15日　集团公司人事劳资部决定，中国石油天然气总公司人才交流中心更名为中国石油天然气集团公司人才劳动力交流中心，同时挂中国石油天然气集团公司再就业服务中心和中国石油天然气集团公司技能鉴定中心的牌子。【人劳字〔1999〕第7号】

同日　集团公司同意中国石油销售总公司组建四个地区公司，即中国石油销售西北公司、中国石油销售东北公司、中国石油销售西南公司、中国石油销售华东公司，机构规格均为副局级。【中油人劳字〔1999〕第23号】

同日　集团公司决定，组建集团公司国内石油勘探开发对外合作经理部，由集团公司国际合作部归口管理。【中油人劳字〔1999〕第19号】

1月19日　集团公司决定，将中国海洋石油总公司与原中国石油天然气总公司组建联营公司的权益交由石油地球物理勘探局继承。该公司后注册为天津海龙石油地球物理勘探有限责任公司（独立法人企业）。【勘探字〔1999〕第8号】

1月20日　集团公司人事劳资部决定，原冠有“中国石油天然气总公司”质量、标准、计量、安全、环保、节能等机构予以更名，上述机构更名后由集团公司质量安全与环保部归口业务指导。【人劳字〔1999〕第15号】

同日　集团公司人事劳资部决定，石油工业劳动定员定额标准化技术委员会更名为中国石油天然气集团公司劳动定员定额标准化技术委员会，其秘书处仍挂靠在中国石油天然气管道局，刘磊任主任委员。【人劳字〔1999〕第12号】

同日 集团公司党组决定，林青山同志任中国石油销售总公司党委书记。【中油党字〔1999〕第3号】

同日 集团公司同意，聘任李海元、吴国志、田景惠等3人为中国石油销售总公司副总经理，李彬为总工程师，陈耀华为总经济师，杨信为总会计师；免去陈治源、韩文芳的副总经理职务。【中油任字〔1999〕第26号】

1月28日 集团公司决定，调整中国石油天然气勘探开发公司董事会成员，史训知兼任董事长，周吉平为常务董事，贡华章、朱秉刚、李怀奇、曾兴球、王明才、王永杰、张如椿、黄绍和、王国樑、刘希俭、赵世温、董培基等12人为董事。【中油人劳字〔1999〕第39号】

1月29日 集团公司党组决定，马平凡同志任大连石油化工公司党委副书记；免去张瑞祥同志的党委副书记职务。集团公司决定，刘栋任大连石油化工公司副经理；免去李宏文、马平凡的副经理职务。【中油党字〔1999〕第5号 中油任字〔1999〕第43号】

1月30日 集团公司人事劳资部决定，中国石油天然气总公司职业技能鉴定指导中心更名为中国石油天然气集团公司职业技能鉴定指导中心。【人劳字〔1999〕第39号】

二 月

2月3日 久经考验的、忠诚的共产主义战士，无产阶级革命家，新中国石油工业的创建者，经济工作的杰出领导人，中国人民解放军卓越的政治工作领导者余秋里同志在北京逝世。【《集团公司2000年年鉴》】

同日 集团公司人事劳资部批复，同意规划总院的原中国石油天然气总公司石油造价管理中心更名为中国石油天然气集团公司石油工程造价中心。【人劳字〔1999〕第38号】

同日 国务院决定，任命贡华章为中国石油天然气集团公司总会计师。【国人字〔1999〕24号】

2月5日 集团公司印发《中国石油天然气集团公司所属企业生产经营考核奖惩试行办法》和《企业生产经营考核奖惩试行办法实施细则》。【中油研字〔1999〕第57号】

2月9日 集团公司党组决定，管忠同志任石油地球物理勘探局工会主席。【中油党字〔1999〕第9号】

2月10日 集团公司决定，成立中国石油天然气集团公司重组与上市筹备组，蒋洁敏任中国石油天然气集团公司总经理助理兼集团公司重组与上市筹备组组长。【中油任字〔1999〕第63号】

2月23日 集团公司决定，廖永远任塔里木石油勘探开发指挥部指挥，吴东山任总会计师；免去邱中建兼任的指挥职务。【中油任字〔1999〕第78号】

同日 集团公司决定，史兴全任中国石油天然气集团公司总经理助理。【中油任字〔1999〕第79号】

同日 集团公司党组决定，史兴全同志任塔里木石油勘探开发指挥部党工委常委、书记。【中油党字〔1999〕第11号】

2月24日 集团公司人事劳资部批复，同意成立中国石油天然气集团公司石油管道与重大装备劳动安全卫生评价中心，该中心隶属于石油管材研究所。【人劳字〔1999〕第50号】

2月25日 集团公司党组决定，姜善亭同志任中国石油天然气运输公司党委书记，范瑞丰同志任党委委员、常委、副书记、纪委书记，王宪顺同志任党委委员、常委。集团公司决定，王宪顺任中国石油天然气运输公司经理。【中油党字〔1999〕第13号　中油任字〔1999〕第119号】

同日 中国石油销售总公司党委决定，韩孝山同志任陕西省石油总公司党委委员、副总经理。【销党字〔1999〕第40号　销字〔1999〕第41号】

2月26日 集团公司人事劳资部决定，将兰州炼油化工总厂自动化技术开发中心等18个炼化技术开发中心，作为中国石油天然气集团公司的炼化技术开发中心。【人劳字〔1999〕第51号】

三　月

3月1日 中国石油销售总公司决定，聘任程国祺为中国石油销售东北公司副总经理兼哈尔滨分公司经理，孟庆涛、马丹、王玉滨等3人为中国石油销售东北公司副总经理，张文栋为总会计师。【销字〔1999〕第43号】

3月16日 集团公司印发《中国石油天然气集团公司关于进一步严格控制职工总量增长，切实做好减员增效工作的意见》。【中油人劳字〔1999〕第114号】

3月16至17日　集团公司干部人事工作会议在北京召开。张轰、李克成出席会议，马富才总经理到会并讲话。

3月17日　集团公司人事劳资部决定，成立中国石油天然气集团公司物探监理中心，该中心行政上挂靠石油地球物理勘探局管理，业务上接受集团公司油气勘探部指导，办公地点设在河北省涿州市。【人劳字〔1999〕第71号】

3月22日　集团公司党组决定，李绍双同志任中国石油销售东北公司党委书记，程行策同志任中国石油销售西北公司党委书记，项平生同志任中国石油销售西南公司党委书记。【中油党字〔1999〕第14号】

同日　集团公司决定，聘任董仁平为中国石油销售东北公司经理，程国祺为副经理；郭文祥为中国石油销售西北公司经理，聂端阳为副经理；杨宁海为中国石油销售西南公司经理，高振怀为中国石油销售华东公司经理。【中油任字〔1999〕第120号】

3月23日　集团公司人事劳资部颁发中国石油天然气《工种目录》。【人劳字〔1999〕第76号】

3月24日　集团公司决定，邱中建任集团公司咨询中心主任。【中油任字〔1999〕第127号】

3月26日　集团公司转发《国务院办公厅关于进一步做好国有企业下岗职工基本生活保障和企业离退休人员养老金发放工作有关问题的通知》。【中油人劳字〔1999〕第143号】

3月29日　集团公司同意，明确中油国际哈萨克斯坦有限责任公司副总经理兼阿克纠宾油气股份有限公司董事长王仲才的职务级别为副局级。【中油任字〔1999〕第138号】

同日　集团公司决定，聘任梁森林为中国华油集团公司总会计师。【中油任字〔1999〕第137号】

同日　集团公司决定，吴枚任集团公司规划计划部副主任，刘凯信任总工程师。【中油任字〔1999〕第140号】

3月30日　集团公司决定，杨纪昌任中国石油审计所副所长；刘芬不再担任副所长职务（保留副局级）。【中油任字〔1999〕142号】

同日　集团公司党组决定，李木林同志任中国石油审计所临时党委书记、纪委书记；苗铁生同志任临时党委副书记，免去临时党委书记职务；免去杨

纪昌同志临时党委副书记、纪委书记职务。【中油党字〔1999〕16号】

同日 集团公司党组决定，张玉藏同志任集团公司中心医院党委书记；免去王春寅同志的党委书记职务。【中油党字〔1999〕17号】

3月31日 浙江省石油化学工业厅工会委员会批复，同意徐桂欣同志任浙江石油勘探处第七届工会委员会主席。【浙化工〔1999〕2号】

四 月

4月1日 集团公司人事劳资部决定，将原中国石油天然气总公司工程质量监督中心总站划归石油工程技术研究院管理，并更名为中国石油天然气集团公司工程质量监督中心总站，业务上接受集团公司质量安全与环保部指导。【人劳字〔1999〕第107号】

同日 集团公司人事劳资部决定，成立中油销售华北公司筹备组，梅士琪任组长，李凯任副组长。【人劳字〔1999〕第108号】

同日 集团公司党组决定，孙玉辰同志任长庆石油勘探局党委书记；免去史兴全同志的党委书记、常委职务。【中油党字〔1999〕第19号】

同日 集团公司决定，胡文瑞任长庆石油勘探局局长，聘任饶永久、滕玉林、陈国法、包方（芳）钧等4人为副局长，赵业荣为总工程师，何自新为总地质师，张芝兰为总会计师；免去史兴全的局长职务。【中油任字〔1999〕第146号 中油任字〔1999〕第147号】

4月2日 集团公司党组决定，孙彦彬同志任大庆石油学院党委书记，免去其纪委书记职务。【中油党字〔1999〕第20号】

4月6日 集团公司决定，中国石油天然气基本建设工程办公室划归集团公司质量安全与环保部管理。【中油人劳字〔1999〕第153号】

同日 集团公司批复，同意成立中油销售华北公司，作为中国石油销售总公司的派出机构，按子公司体制运作，具有法人资格。【中油人劳字〔1999〕第152号】

同日 集团公司党组决定，魏光强同志任陕西省石油总公司党委委员、书记。【中油党字〔1999〕第21号】

同日 集团公司决定，薛中天任西安石油学院院长，胡健任副院长。【中油任字〔1999〕第151号】

4月9日　集团公司印发《中国石油天然气集团公司关于深化劳动用工制度改革的意见》和《关于深化劳动用工制度改革实施办法》。【中油人劳字〔1999〕第164号　人劳字〔1999〕第256号】

同日　集团公司决定，在新疆石油学院成立中国石油天然气集团公司职工培训中心。暂与新疆石油学院联合办公，人财物由新疆石油管理局继续管理。【中油人劳字〔1999〕第170号】

4月11日　集团公司党组决定，周铭涛同志任青海石油管理局党委书记，黄立功同志任党委副书记，宗贻平同志任党委常委，王志学同志任党委常委、工会主席；免去蒋洁敏同志的党委书记、常委职务，陈世贤同志的党委常委、工会主席职务。集团公司决定，黄立功任青海石油管理局局长；免去蒋洁敏的局长职务。【中油党字〔1999〕第24号　中油任字〔1999〕166号】

4月19日　集团公司党组决定，成立中共吉林省石油总公司临时委员会，原中共吉林省石油总公司党组随即撤销。【中油党字〔1999〕第32号】

4月20日　集团公司决定，组建中油销售海运公司，为中国石油销售总公司全资子公司，后更名为股份公司大连海运分公司。【中油人劳字〔1999〕第180号】

4月27日　中国石油销售总公司决定，聘任刘启银、骆忠伟为中国石油销售西南公司副经理。【销字〔1999〕第113号】

同日　中国石油销售总公司决定，聘任王浩、虎仁山为青海石油（集团）有限公司副总经理，马光元为总会计师；免去马光元的副总经理职务。【销字〔1999〕第115号】

4月28日　中共中央大型企业工作委员会批准，成立中国石油天然气集团公司党组纪检组，张轰同志任党组纪检组组长。【企工委〔1999〕6号】

4月29日　集团公司党组决定，顾希山同志任吉林省石油总公司临时党委委员、书记，原吉林省石油总公司党组成员领导职务一并免除。【中油党字〔1999〕第33号】

同日　集团公司决定，王振刚任吉林省石油总公司总经理；免去张波的总经理职务。【中油任字〔1999〕第202号】

同日　中国石油销售总公司党委决定，王振刚同志任吉林省石油总公司临时党委委员、副书记，张健、王志才、于臣等3名同志任临时党委委员；免去邢玉祥同志的中共吉林省石油总公司纪检组组长职务，原吉林省石油总公

司党组成员职务一并免除。【销党字〔1999〕第5号】

同日 中国石油销售总公司决定，免去翟学忠的吉林省石油总公司副总经理职务。【销字〔1999〕第116号】

五 月

5月6日 吴邦国副总理在北京中南海听取集团公司重组与上市工作汇报，同意集团公司重组改制上市方案。【《中国石油大事记》】

5月7日 集团公司向国家经贸委正式提交《关于中国石油天然气集团公司重组与上市的报告》。【《集团公司2000年年鉴》】

5月10日 集团公司决定，撤销四川炼油化工总厂筹建组，其全部资产、人员及承担四川炼油化工项目的筹建工作移交四川石油管理局。【中油人劳字〔1999〕227号】

5月12日 集团公司人事劳资部决定，从新疆石油管理局、乌鲁木齐石油化工总厂、玉门炼油化工总厂、兰州炼油化工总厂、兰州化学工业公司、宁夏化工厂、青海石油管理局格尔木炼油厂、长庆石油勘探局等8家企业原销售人员中，抽调50名业务骨干划归中油销售西北公司。【人劳字〔1999〕第154号】

同日 集团公司决定，段文德任抚顺石油化工公司经理，刘强、李汝森、于力等3人任副经理，兰云升任总会计师；免去张新志的经理职务，罗运爵、李洪光的副经理职务，徐丰利的总会计师职务。【中油任字〔1999〕第229号】

同日 集团公司党组决定，康建华同志任宁夏化工厂党委书记，许飞、高永祥同志任党委委员；免去王怀儒同志的党委书记、委员职务，丁立言同志的党委委员、工会主席职务，吴生才、王殿梁同志的党委委员职务。【中油党字〔1999〕第34号】

同日 集团公司党组决定，孙圣贵同志任抚顺石油化工公司党委书记，段文德同志任党委常委、副书记，李世明同志任党委副书记，李洪光同志任党委常委、纪委书记，刘强同志任党委常委；免去时崇光同志的党委书记、常委职务，李汝森同志的党委副书记职务，张新志、罗运爵同志的党委常委职务。【中油党字〔1999〕第35号】

同日 集团公司决定，雍瑞生、邹敏任宁夏化工厂副厂长；免去吴生才、王殿梁的副厂长职务。【中油任字〔1999〕第230号】

5月14日　吴邦国副总理对集团公司重组与上市的报告批示："这对实现三年脱困目标，石油天然气公司组建现代企业制度，将是很大促进。"同日，温家宝副总理圈阅报告。5月18日，朱镕基总理对报告作出批示："拟同意，先启动。请秀诗同志继续征求有关部门（计委、财政部、税务局、人行、法制办）的意见，并按程序批准。"【《中国石油大事记》】

同日　集团公司决定，温青山任集团公司财务资产部副主任。【中油任字〔1999〕第236号】

5月24日　集团公司批复，同意组建中油新技术开发公司，作为中油技术服务有限责任公司的子公司。同时撤销原中国石油天然气总公司科技局所属的新技术推广中心，其人员和资产划归中油技术服务有限责任公司。【中油人劳字〔1999〕253号】

同日　集团公司党组决定，王永明同志任乌鲁木齐石油化工总厂党委副书记，郝新刚同志任党委常委、纪委书记，刘新元同志任党委常委；免去刘佩通同志的党委常委、纪委书记职务，石扶忠同志的党委常委职务。【中油党字〔1999〕第37号】

同日　集团公司决定，刘新元、郑明禹任乌鲁木齐石油化工总厂副厂长，王庭富兼任总工程师；免去石扶忠的副厂长职务。【中油任字〔1999〕第251号】

5月26日　集团公司人事劳资部决定，聘任王在武、卢宪忠为济南柴油机厂副厂长，姜纯朴为总会计师；何清山同志任工会主席；免去赵传祥、戴宪德的副厂长职务，王传文同志的工会主席职务。【人劳字〔1999〕第163号、第165号】

同日　集团公司人事劳资部决定，姜小兴任济南柴油机股份有限公司总经理；免去王涛的总经理职务。【人劳字〔1999〕第164号】

5月28日　集团公司决定，张新志任集团公司炼油化工部主任；免去杨生汉的主任职务。【中油任字〔1999〕第256号】

六　　月

6月1日　集团公司党组决定，济南柴油机厂党组织隶属关系改由隶属于中国石油物资装备（集团）总公司党委。【中油党字〔1999〕第40号】

同日　集团公司党组决定，姜小兴、姜纯朴同志任济南柴油机厂党委委

员、常委；免去戴宪德、王传文同志的党委常委、委员职务。【中油党字〔1999〕第41号】

6月2日　集团公司决定，石兴春任石油经济和信息研究中心副主任，免去其吐哈石油勘探开发指挥部副指挥职务。【中油任字〔1999〕264号】

6月3日　集团公司决定，将原中国石油天然气总公司咨询中心更名为中国石油天然气集团公司咨询中心，为集团公司直属单位。【中油人劳字〔1999〕268号】

6月8日　中国石油销售总公司决定，聘任刘德祥为中国石油销售西北公司副经理，田发禄为总会计师。【销字〔1999〕第138号】

6月9日　集团公司党组决定，张耀军同志任锦西炼油化工总厂党委常委、书记，刘宝林同志任党委副书记；免去吕文君同志的党委书记、常委职务。集团公司决定，魏立东任锦西炼油化工总厂副厂长，李庆毅任总会计师；免去张耀军、白玉光的副厂长职务。【中油党字〔1999〕第43号　中油任字〔1999〕第277号】

同日　集团公司党组决定，吕文君同志任锦州石油化工公司党委常委、副书记；免去杨学庄同志的党委常委职务，于湖芳同志的党委副书记、常委职务。集团公司决定，吕文君任锦州石油化工公司经理，于湖芳任副经理，李波任总工程师，胡运昌任总会计师；免去杨学庄的经理职务，齐明田的副经理职务，赵玉中的总工程师职务。【中油党字〔1999〕第44号　中油任字〔1999〕第276号】

同日　集团公司党组决定，孙洪来同志任辽阳石油化纤公司党委书记，韩述岐同志任党委副书记，王大为同志任党委常委、副书记、纪委书记，张景仁同志任工会主席，栗东生、宋杰同志任党委常委；免去杨文通同志的党委书记、常委职务，吴经九同志的党委副书记、常委、纪委书记职务，张万铎同志的党委常委、工会主席职务。【中油党字〔1999〕第45号】

同日　集团公司决定，宋杰任辽阳石油化纤公司副经理，阚学诚任总工程师，免去其副经理职务；免去杨连增的副经理职务，汪朝宗的副经理、总工程师职务，王大为、孙立的副经理职务。【中油任字〔1999〕第274号】

同日　集团公司党组决定，免去石兴春同志的吐哈石油勘探开发指挥部党委常委职务。【中油党字〔1999〕第46号】

6月10日　集团公司人事劳资部决定，隶属于中国人民解放军总参谋部的陕北石油生产基地划归长庆石油勘探局；隶属于中国人民解放军海军的大连海隆沥青加工厂划归大连石油化工公司。【人劳字〔1999〕第211号】

同日　集团公司党组决定，李海龙同志任华东勘察设计研究院党委委员、书记，李利民同志任党委委员；免去孔繁文同志的党委书记、委员职务。集团公司决定，李利民任华东勘察设计研究院院长。【中油党字〔1999〕第47号　中油任字〔1999〕第281号】

6月16日　国家煤炭工业局、中国石油天然气集团公司、中煤建设集团公司决定，接明训兼任中联煤层气有限责任公司总经理，张树明、孙茂远、纪成岐、冯三利等4人任副总经理，纪成岐兼任总会计师。【煤任字〔1999〕13号】

6月21日　集团公司印发《中国石油天然气集团公司关于进行企业重组的意见》，要求各企业结合实际情况，制定重组实施方案上报集团公司，对企业重组的指导思想、原则、任务和步骤提出了明确的要求。从6月下旬至7月底，集团公司分别对油气田、炼化、销售、科研等53个企事业单位的重组方案进行批复，涉及5000多亿元资产、154万名职工。【中油办字〔1999〕第300号】

6月23日　集团公司决定，调整集团公司住房制度改革领导小组成员，蒋金楚任组长，领导小组办公室设在集团公司发展研究部。【中油人劳字〔1999〕第306号】

同日　中国石油销售总公司决定，聘任顾希山、张健、王志才、于臣等4人为吉林省石油总公司副总经理。【销字〔1999〕第169号】

同日　中国石油销售总公司决定，聘任张贵生、赵建青为中国石油销售西北公司副经理。【销字〔1999〕第170号】

七　月

7月7日　集团公司党组决定，陈玉瑾同志任大港油田分公司党委副书记、纪委书记、工会主席，吴永平、张幸福、李遵义等3名同志任党委委员。集团公司决定，陈玉瑾、吴永平、张幸福、李遵义等4人任大港油田分公司副经理。【中油党字〔1999〕第51号　中油任字〔1999〕第325号】

同日　集团公司决定，肖燕明任吐哈石油勘探开发指挥部总会计师；免去王世信、陶惠鑫的副指挥职务。【中油任字〔1999〕326号】

同日　集团公司党组决定，朱洪月同志任吐哈油田分公司党委副书记、纪委书记、工会主席，刘宏斌、袁明生、许君祖等3名同志任党委委员。集团公司决定，朱洪月、刘宏斌、袁明生等3人任吐哈油田分公司副经理，许君祖任总会计师。【中油党字〔1999〕第52号　中油任字〔1999〕第327号】

同日　集团公司决定，陆启荣、施建勋、邹海峰、张兴福、倪慕华等5人任吉林石化分公司副经理。【中油任字〔1999〕第328号】

同日　集团公司党组决定，邹海峰同志任吉林石化分公司党委副书记、纪委书记、工会主席，陆启荣、施建勋、张兴福、倪慕华等4名同志任党委委员。【中油党字〔1999〕第53号】

同日　集团公司党组决定，加拉力丁·吉利利同志任乌鲁木齐石化分公司党委副书记、纪委书记，刘继远同志任党委委员、工会主席，刘新元、郑明禹、孙宗民、何建新等4名同志任党委委员。集团公司决定，加拉力丁·吉利利、刘新元、郑明禹、刘继远等4人任乌鲁木齐石化分公司副经理，孙宗民任总会计师。【中油党字〔1999〕第54号　中油任字〔1999〕第329号】

同日　集团公司党组决定，杜斌同志任中国石油辽宁省销售分公司党委委员、副书记、纪委书记、工会主席，黄威、吴汉同志任党委委员。集团公司决定，杜斌、黄威、董加孟、吴汉等4人任中国石油辽宁省销售分公司副总经理。【中油党字〔1999〕第55号　中油任字〔1999〕第330号】

同日　集团公司决定，郭秀竹、董永博任辽宁省石油集团有限责任公司[①]副总经理；免去董洪基的总工程师职务。【中油任字〔1999〕第331号】

同日　中国石油销售总公司决定，周军同志任中国石油销售西北公司纪委书记、工会主席。【销字〔1999〕第177号】

7月8日　中国石油销售总公司决定，免去王林香、张贞同志的内蒙古自治区石油总公司党委委员、副总经理职务，退休。【销字〔1999〕第183号】

7月9日　集团公司人事劳资部批复，同意塔里木石化工程建设指挥部人员分流实施意见。【人劳字〔1999〕第232号】

7月12日　集团公司印发《中国石油天然气集团公司关于职工与企业自愿解除劳动关系有关问题的暂行通知》。【中油人劳字〔1999〕第337号】

同日　集团公司党组决定，徐卫喜同志任新疆石油管理局纪委书记；免

① 即辽宁省石油总公司。

去付德新同志的纪委书记职务。【中油党字〔1999〕第56号】

同日　集团公司批复，同意聘任王庆祥为新疆石油管理局副局长，张昌雄为总会计师；免去李立诚的总工程师职务。【中油任字〔1999〕第333号】

同日　集团公司党组决定，付德新同志任独山子石油化工总厂党委委员、书记，徐福贵同志任党委副书记，阿不来海提·克尤木同志任独山子石油化工总厂炼油厂党委书记；免去陈宗禹同志兼任的独山子石油化工总厂党委副书记、委员职务。集团公司决定，徐福贵任独山子石油化工总厂厂长，肖宏伟任副厂长；免去陈宗禹兼任的厂长职务。【中油党字〔1999〕第57号　中油任字〔1999〕第334号】

7月14日　国务院决定，任命阎三忠为中国石油天然气集团公司副总经理。【国人字〔1999〕85号】

7月15日　中共中央大型企业工作委员会决定，阎三忠同志任中国石油天然气集团公司党组成员。【企工委〔1999〕24号】

同日　集团公司决定，新疆石油管理局所属塔西南勘探开发公司划归塔里木石油勘探开发指挥部管理。【中油人劳字〔1999〕第418号】

7月16日　集团公司同意，新疆维吾尔自治区石油总公司重组设立中国石油新疆销售公司。【中油办字〔1999〕第365号】

7月19日　集团公司明确，苏丹喀土穆炼油有限公司和股权整体划入中国石油天然气勘探开发公司，并作为该公司的海外控股子公司。【中油人劳字〔1999〕第411号】

7月20日　集团公司决定，免去郭开旗的华北石油管理局副局长职务。【中油任字〔1999〕第410号】

7月26日　集团公司人事劳资部决定，路民旭任集团公司管材研究所副所长。【人劳字〔1999〕第238号】

八　月

8月2日　集团公司决定，聘任石桂臣为大港油田（集团）有限责任公司副总经理；免去刘厚敏的副总经理职务。【中油任字〔1999〕第438号】

8月4至6日　中共华北石油管理局第三次代表大会召开，选举产生第三届委员会和纪律检查委员会，于英太、刘海胜、单祥国、郭开旗、沈文先、王立民、苏俊、马桂成、董立国、陈金瑞、宋建良等11名同志任党委常委，于英太同志任党委书记，刘海胜、单祥国、郭开旗等3名同志任党委副书记，郭开旗同志任纪委书记。【华北油田分公司上报】

8月10日 集团公司决定，将北京东西软件公司划归石油勘探开发科学研究院。【中油人劳字〔1999〕第467号】

同日 集团公司决定，张金铸任石油经济和信息研究中心副主任。【中油任字〔1999〕第454号】

8月16日 集团公司人事劳资部印发《关于石油企业开展职业技能鉴定试点工作的意见》。【人劳字〔1999〕第246号】

同日 集团公司决定，明确中国联合石油有限责任公司总经理王立华的职务级别为正局级，副总经理沈定成的职务级别为副局级。【中油任字〔1999〕第460号】

同日 集团公司决定，刘仲秋任中国联合石油有限责任公司副总经理，原任职务同时免除。【中油任字〔1999〕第461号】

同日 集团公司党组决定，刘田福同志任西安石油勘探仪器总厂党委书记；免去林峰同志的党委书记职务。集团公司决定，孙鹏任西安石油勘探仪器总厂厂长；免去林峰的厂长职务。【中油党字〔1999〕第63号 中油任字〔1999〕第462号】

同日 集团公司党组决定，张冠军同志任宝鸡石油机械厂党委书记；免去卢国忠同志的党委书记职务。【中油党字〔1999〕第64号】

同日 集团公司党组决定，钟裕敏同志任宝鸡石油钢管厂党委书记；免去潘茂祥同志的党委书记职务。集团公司决定，王建东任宝鸡石油钢管厂厂长；免去潘茂祥的厂长职务。【中油党字〔1999〕第65号 中油任字〔1999〕第463号】

8月17日 集团公司决定，成立集团公司绿化委员会，蒋金楚任绿化委员会主任，徐世仁、李法兰任副主任，原中国石油天然气总公司绿化委员会随即撤销。【《集团公司2000年年鉴》】

同日 中国石油销售总公司决定，聘任李凯、高栋平为中国石油华北销售公司副经理。【销字〔1999〕205号】

8月17至19日 集团公司劳动工资工作会议在大港油田召开。会议提出，

深化劳动工资制度改革要以提高经济效益为中心，建立起一套新的用工制度。【《中国石油大事记》】

8月19日 集团公司批复，同意中国石油学会第五次全国代表大会选举结果，钱玉怀任中国石油学会秘书长。【中油任字〔1999〕第478号】

8月23日 集团公司决定，张如椿任深圳石油实业有限公司总经理。【《集团公司2000年年鉴》】

同日 集团公司决定，李华民任石油管理干部学院副院长。【中油任字〔1999〕第481号】

同日 集团公司决定，聘任梁德成、吴熙荣为上海浦东华油实业有限责任公司副总经理；免去李华民的副总经理职务。【中油任字〔1999〕第482号】

8月25日 集团公司人事劳资部印发《关于深化劳动用工制度改革实施办法》。【人劳字〔1999〕第256号】

8月 集团公司决定，将持有的中国联合石油有限责任公司70%的股份全部转让给股份公司，对中国联合石油有限责任公司按照股份公司控股的专业子公司进行管理。

同月 国土资源部同意，成立矿产资源储量评审中心石油天然气专业办公室（油气储量评审办公室），机构规格为正局级，行政上挂靠集团公司，业务上接受国土资源部矿产储量司领导。【国土资函〔1999〕第367号】

九　月

9月1日 集团公司人事劳资部印发《中国石油天然气集团公司基本工资制度动态运行的暂行规定》。【人劳字〔1999〕第265号】

9月2日 集团公司人事劳资部印发《关于一九九九年调整职工工资的实施办法》。【人劳字〔1999〕第267号】

9月3日 集团公司印发《关于改革现行基本工资制度和一九九九年调整工资方案》。【中油人劳字〔1999〕第516号】

同日 中国石油销售总公司党委批复，同意罗敬同志任中国石油辽宁省销售分公司党委委员。【销党字〔1999〕第16号】

9月6日 集团公司印发《中国石油天然气集团公司工资总额管理暂行办法》。【中油人劳字〔1999〕第518号】

9月7日 中国证券监督管理委员会向集团公司发出《关于同意受理中国石油天然气集团公司有关境外上市申请的函》。【《中国石油大事记》】

9月10日 集团公司召开机关重组改革动员大会。副总经理吴耀文就集团公司机关重组和组建中国石油天然气股份有限公司机关方案进行说明，总经理马富才作动员讲话。【《中国石油大事记》】

9月15日 集团公司人事劳资部印发《关于职业资格证书核发与管理的意见》。【人劳字〔1999〕第300号、第301号】

9月16日 集团公司人事劳资部印发《关于所属企业职业技能鉴定机构更名的通知》，将所属大型企业的鉴定机构统一更名为“中国石油××职业鉴定中心”。【人劳字〔1999〕第306号】

9月17日 国土资源部发出《关于中国石油天然气集团公司拟设立境内子公司从事石油天然气勘探和开发的有关问题的复函》，同意集团公司的探矿权、采矿权变更为中国石油天然气股份有限公司所有。【《中国石油大事记》】

9月20日至10月11日 集团公司党组、集团公司分批任命重组后上市公司各地区公司和集团公司各未上市企业的领导班子成员，以及集团公司和上市公司机关各部门负责人。【《中国石油大事记》】

9月20日 集团公司党组决定，贺荣芳同志任中国石油大庆石化公司党委委员、书记，勾振东同志任党委委员、副书记、纪委书记、工会主席，白斌、吴冠京、喻宝才、焦桐祥、徐柏祥等5名同志任党委委员。集团公司决定，贺荣芳任中国石油大庆石化公司经理，白斌、吴冠京、喻宝才、焦桐祥等4人任副经理。【中油党字〔1999〕第74号 中油任字〔1999〕第550号】

同日 集团公司党组决定，赵伯超同志任大庆石油化工总厂党委常委、书记，郑怀义同志任党委副书记、纪委书记，韩生田、万志强、赵增和等3名同志任党委常委；免去贺荣芳同志的党委书记、常委职务，宏学诚同志的党委副书记、常委、纪委书记职务，勾振东同志的党委副书记、常委职务，王昱、王振江、白斌等3名同志的党委常委职务。集团公司决定，赵伯超任大庆石油化工总厂厂长；免去王昱的厂长职务，王振江、白斌的副厂长职务，吴冠京的总工程师职务，门香和的总会计师职务。【中油党字〔1999〕第75号 中油任字〔1999〕第551号】

同日 集团公司党组决定，徐福贵同志任中国石油独山子石化公司党委委员、书记，努尔麦麦提（买买提）·阿曼同志任党委委员、副书记、纪委书记、工会主席，张绍基、刘景奎、肖宏伟等3名同志任党委委员。【中油党字〔1999〕第81号】

同日　集团公司决定，徐福贵任中国石油独山子石化公司经理，张绍基、刘景奎、肖宏伟等3人任副经理。【中油任字〔1999〕第574号】

同日　集团公司党组决定，王明章、王仁堂同志任独山子石油化工总厂党委委员；免去徐福贵同志的独山子石油化工总厂党委副书记、委员职务，张绍基同志的党委委员职务，阿不来海提·克尤木同志的党委书记职务。【中油党字〔1999〕第103号】

同日　集团公司决定，付德新任独山子石油化工总厂厂长；免去徐福贵的独山子石油化工总厂厂长职务，张绍基、努尔麦麦提·阿曼、肖宏伟的副厂长职务，刘景奎的总工程师职务。【中油任字〔1999〕第575号】

同日　集团公司党组决定，吕文君同志任锦州石化股份有限公司党委委员、书记，裴宏斌同志任党委委员、副书记、纪委书记、工会主席，陈本浩、俞文豹、李波、胡运昌等4名同志任党委委员。【中油党字〔1999〕第82号】

同日　集团公司决定，吕文君任锦州石化股份有限公司总经理，陈本浩、俞文豹、李波等3人任副总经理，胡运昌任总会计师；锦州石化股份有限公司原任总经理、副总经理职务一并免除。【中油任字〔1999〕第558号】

同日　集团公司党组决定，王锡元、尹航同志任锦州石油化工公司党委常委；免去吕文君同志的党委副书记、常委职务，裴宏斌、陈本浩同志的党委常委职务。【中油党字〔1999〕第83号】

同日　集团公司决定，冷述铁任锦州石油化工公司经理；免去吕文君的经理职务，裴宏斌、陈本浩、俞文豹等3人的副经理职务，李波的总工程师职务，胡运昌的总会计师职务。【中油任字〔1999〕第559号】

同日　集团公司党组决定，陈忻同志任中国石油宁夏石化公司党委委员、副书记、纪委书记、工会主席，吴炎曾、雍瑞生、邹敏、白玉才等4名同志任党委委员。集团公司决定，吴炎增、雍瑞生、邹敏等3人任中国石油宁夏石化公司副经理。【中油党字〔1999〕第85号　中油任字〔1999〕第563号】

同日　集团公司党组决定，康建华同志任中国石油宁夏石化公司党委委员、书记，许飞同志任宁夏化工厂党委书记，杨克忠同志任宁夏化工厂工会

主席；免去康建华同志的宁夏化工厂党委书记、委员职务，吴炎曾、白玉才同志的党委委员职务。【中油党字〔1999〕第86号】

同日 集团公司决定，康建华任中国石油宁夏石化公司经理，许飞任宁夏化工厂厂长；免去康建华的宁夏化工厂厂长职务，吴炎曾的副厂长兼总工程师职务，陈忻、雍瑞生、邹敏等3人的副厂长职务。【中油任字〔1999〕第564号】

同日 集团公司党组决定，李正光同志任中国石油哈尔滨石化公司党委委员、书记、纪委书记、工会主席，王化国同志任党委委员、副书记，杜烈奋、郑全光同志任党委委员，刘守信同志任中国石油哈尔滨石化公司党委委员、哈尔滨石油化工服务公司党委书记；免去以上5名同志的哈尔滨炼油厂党群领导职务。【中油党字〔1999〕第87号】

同日 集团公司决定，王化国任中国石油哈尔滨石化公司经理，杜烈奋任副经理兼总会计师，娄人杰、张振翔、王忠滨等3人任副经理，孙淑红任哈尔滨石油化工服务公司经理；免去王化国、杜烈奋、娄人杰、张振翔、孙淑红、王纯赏等6人的哈尔滨炼油厂行政领导职务。【中油任字〔1999〕第565号】

同日 集团公司党组决定，董孝利同志任中国石油林源石化公司党委委员、书记，魏强同志任党委委员、副书记、纪委书记，郭亚新、肖锐、栾永江等3名同志任党委委员。集团公司决定，董孝利任中国石油林源石化公司经理，魏强、郭亚新任副经理，肖锐任总会计师。【中油党字〔1999〕第88号、第89号 中油任字〔1999〕第566号】

同日 集团公司党组决定，季振华同志任林源炼油厂党委委员、副书记、纪委书记、工会主席，李殿敏、魏毓茂、庞向阳等3名同志任党委委员；免去董孝利同志的党委委员职务，王世清同志的党委副书记、委员、工会主席职务，刘自强同志的纪委书记职务。【中油党字〔1999〕第89号】

同日 集团公司决定，刘自强任林源炼油厂厂长，魏毓茂任副厂长；免去董孝利的厂长职务，魏强、季振华的副厂长职务，魏毓茂的总工程师职务，肖锐的总会计师职务。【中油任字〔1999〕第567号】

同日 集团公司党组决定，曾宪君同志任中国石油前郭石化公司党委委员、书记，张俊杰同志任党委委员、副书记、纪委书记、工会主席，陈善堂、刘为民、刘德佳等3名同志任党委委员，任春安同志任前郭炼油厂党委副书记、纪委书记，杨克儒、王成军同志任党委委员；免去宫云喜同志的前郭炼油厂

纪委书记职务，曾宪君、陈善堂、王振刚等3名同志的党委委员职务。【中油党字〔1999〕第90号】

同日 集团公司决定，曾宪君任中国石油前郭石化公司经理，宫云喜任前郭炼油厂厂长；免去曾宪君的前郭炼油厂厂长职务。【中油任字〔1999〕第568号】

同日 集团公司人事劳资部决定，陈善堂、刘为民、刘德佳等3人任中国石油前郭石化公司副经理。【人劳字〔1999〕第312号】

同日 集团公司人事劳资部决定，王成军任前郭炼油厂副厂长；免去陈善堂、王振刚的副厂长职务，刘为民的总工程师职务。【人劳字〔1999〕第313号】

同日 集团公司党组决定，朱廉宝同志任大连西太平洋石油化工有限公司党委委员、书记；免去王安顺同志的党委书记、委员职务。【中油党字〔1999〕第91号】

同日 集团公司党组决定，王永明同志任中国石油乌鲁木齐石化公司党委委员、书记，郝新刚同志任乌鲁木齐石油化工总厂党委副书记、工会主席，宋俊生、乌斯满·依米热木孜、刘峰等3名同志任党委常委；免去王永明同志的乌鲁木齐石油化工总厂党委副书记、常委职务，加拉力丁·吉利利同志的党委副书记、常委职务，刘继远同志的党委常委、工会主席职务，刘新元同志的党委常委职务。【中油党字〔1999〕第92号】

同日 集团公司决定，王永明任中国石油乌鲁木齐石化公司经理，杨炳升任乌鲁木齐石油化工总厂厂长；免去王永明的乌鲁木齐石油化工总厂厂长职务，刘新元、张德义、郑明禹等3人的副厂长职务，孙宗民的总会计师职务。【中油任字〔1999〕第570号】

同日 集团公司党组决定，邹海峰同志任吉化集团公司党委副书记，王学冷、孔祥国同志任党委常委；免去陆启荣、施建勋、张兴福等3名同志的党委常委职务。集团公司决定，免去陆启荣、施建勋、邹海峰、倪慕华、张兴福等5人的吉化集团公司副经理职务。【中油党字〔1999〕第93号 中油任字〔1999〕第569号】

同日 集团公司党组决定，孙淑光同志任中国石油大庆油田公司党委委员、副书记、纪委书记、工会主席，陆敬、徐绍铭、巢华庆、纪士寅、萧德铭等5名同志任党委委员。集团公司决定，陆敬、徐绍铭、巢华庆、纪士寅、萧德铭等5人任中国石油大庆油田公司副经理。【中油党字〔1999〕第95号 中

油任字〔1999〕第581号】

同日 集团公司党组决定，孙崇仁同志任中国石油辽河油田公司党委委员、副书记、纪委书记、工会主席，王革、刘俊荣、王正江等3名同志任党委委员。集团公司决定，王革、刘俊荣、王正江等3人任中国石油辽河油田公司副经理。【中油党字〔1999〕第96号 中油任字〔1999〕第582号】

同日 集团公司党组决定，于英太同志任中国石油华北油田公司党委委员、书记，郭开旗同志任党委委员、副书记、纪委书记、工会主席，苏俊、赵树栋、杜金虎、陈金瑞等4名同志任党委委员。集团公司决定，于英太任中国石油华北油田公司经理，苏俊、赵树栋、杜金虎等3人任副经理，陈金瑞任总会计师。【中油党字〔1999〕第99号 中油任字〔1999〕第589号】

同日 集团公司党组决定，王宜林同志任新疆石油管理局党委副书记，艾孜木·阿不都里木同志兼任纪委书记，陈汉扬、高鼎城同志任党委常委；免去戴明梓同志的党委副书记、常委职务，陈宗禹、姜建衡同志的党委常委职务，徐卫喜同志的党委常委、纪委书记职务。【中油党字〔1999〕第100号】

同日 集团公司决定，唐健任新疆石油管理局局长；免去戴明梓的局长职务，陈宗禹的常务副局长职务，王宜林的副局长、总地质师职务，姜建衡、董培基、王庆祥等3人的副局长职务。【中油任字〔1999〕第572号】

同日 集团公司党组决定，王宜林同志任中国石油新疆油田公司党委委员、书记，徐卫喜同志任党委委员、副书记、纪委书记、工会主席，阿不来海提·克尤木同志任党委委员、副书记，姜建衡、董培基、王庆祥等3名同志任党委委员。集团公司决定，王宜林任中国石油新疆油田公司经理，姜建衡、董培基、王庆祥等3人任副经理。【中油党字〔1999〕第101号 中油任字〔1999〕第573号】

同日 集团公司党组决定，姚和清同志任中国石油大港油田公司党委委员、书记，张德寿同志任大港油田（集团）有限责任公司纪委书记，吴炤生、石桂臣同志任党委常委；免去姚和清同志的大港油田（集团）有限责任公司党委副书记、常委职务，陈玉瑾同志的党委常委、纪委书记职务。【中油党字〔1999〕第104号】

同日 集团公司决定，姚和清任中国石油大港油田公司经理，王鹏任大港油田（集团）有限责任公司董事长、总经理，张德寿任监事会主席；免去姚和清的大港油田（集团）有限责任公司董事长、总经理职务，陈玉瑾的监事会主席职务，吴永平的副总经理、总地质师职务，张幸福的副总经理职务。

【中油任字〔1999〕第576号】

同日 集团公司党组决定，夏鸿辉同志任中国石油西南油气田公司党委委员、书记，郭跃武同志任四川石油管理局党委副书记、工会主席，胥永杰、廖光中、张元泽等3人同志任党委常委；免去夏鸿辉、张传书同志的四川石油管理局党委副书记、常委职务，何炽、张书铭同志的党委常委职务，傅尧生同志的党委常委、工会主席职务。【中油党字〔1999〕第105号】

同日 集团公司决定，夏鸿辉任中国石油西南油气田公司经理，陈应权任四川石油管理局局长，张元泽任副局长，张敬谦任总会计师；免去夏鸿辉的四川石油管理局局长职务，何炽、张书铭的副局长职务，周志斌的副局长、总会计师职务，冉隆辉的总地质师职务，曾时田的总工程师职务。【中油任字〔1999〕第590号】

同日 集团公司党组决定，张书铭同志任中国石油西南油气田公司党委委员、副书记、纪委书记、工会主席，何炽、周志斌、冉隆辉、李鹭光等4名同志任党委委员。集团公司决定，何炽、周志斌、冉隆辉、李鹭光等4人任中国石油西南油气田公司副经理，周志斌兼任总会计师。【中油党字〔1999〕第106号　中油任字〔1999〕第583号】

同日 集团公司党组决定，包方钧同志任中国石油长庆油田公司党委委员、副书记、纪委书记、工会主席，喻昌荣、何自新、金忠臣、张敬堂等4名同志任党委委员。集团公司决定，喻昌荣、何自新、金忠臣、王道富等4人任中国石油长庆油田公司副经理。【中油党字〔1999〕第108号　中油任字〔1999〕第584号】

同日 集团公司党组决定，柏承强同志任中国石油吉林油田公司党委委员、书记，侯殿才同志任党委委员、副书记，苑福城、范国籍、王永春等3名同志任党委委员。集团公司决定，柏承强任中国石油吉林油田公司经理，苑福城、范国籍、王永春等3人任副经理。【中油党字〔1999〕第109号　中油任字〔1999〕第577号】

同日 集团公司党组决定，饶永久同志任吉林石油集团有限责任公司党委常委、副书记，马卫东同志任党委常委、副书记、纪委书记，马平超同志任工会主席；免去柏承强同志的党委副书记、常委职务，侯殿才同志的纪委书记、党委副书记、常委职务，苑福城同志的党委常委职务。集团公司决定，饶永久任吉林石油集团有限责任公司总经理，单纪宽任副总经理；免去苑福城、范国籍等3人的副总经理职务，周授超的总地质师职务。【吉林油田分公司上报】

同日 集团公司党组决定，廖永远同志任中国石油塔里木油田公司党工委常委、书记，马振武同志任党工委常委、副书记、纪委书记、工会主席，徐会举同志任中国石油塔里木油田公司党工委常委、塔里木油田服务公司党委书记，贾承造、邸超、俞新永、唐其烈等4名同志任中国石油塔里木油田公司党工委常委；以上同志原塔里木石油勘探开发指挥部党群领导职务同时免除，免去史兴全同志的塔里木石油勘探开发指挥部党工委书记、常委职务。【中油党字〔1999〕第111号】

同日 集团公司决定，廖永远任中国石油塔里木油田公司经理，贾承造、邸超、俞新永、唐成久、秦刚、孙龙德等6人任副经理，唐其烈任塔里木油田服务公司经理，徐会举任副经理；以上人员原任的塔里木石油勘探开发指挥部行政领导职务同时免除，免去吴东山的塔里木石油勘探开发指挥部总会计师职务。【中油任字〔1999〕第579号】

同日 集团公司党组决定，蔡志刚同志任中国石油吐哈油田公司党委委员、书记，张国栋兼任吐哈石油勘探开发指挥部工会主席，唐世荣、姚树梯、安岐同志任党委常委；免去蔡志刚同志的吐哈石油勘探开发指挥部党委副书记、常委职务，朱洪月同志的党委常委、工会主席职务，王世信同志的党委常委职务。【中油党字〔1999〕第112号】

同日 集团公司决定，蔡志刚任中国石油吐哈油田公司经理，李志新任吐哈石油勘探开发指挥部指挥，安岐任副指挥；免去蔡志刚的吐哈石油勘探开发指挥部指挥职务，安岐的总经济师职务，刘宏斌的总工程师职务，袁明生的总地质师职务。【中油任字〔1999〕第580号】

同日 集团公司决定，孔繁瑾、彭立垣、熊湘华等3人任中国石油玉门油田公司副经理，杨国玲任总会计师。【中油任字〔1999〕第586号】

同日 集团公司党组决定，黄立功同志任中国石油青海油田公司党委委员、书记，免去其青海石油管理局党委副书记、常委职务，严振明同志任青海石油管理局党委常委；免去李建青、宗贻平同志的党委常委职务。【中油党字〔1999〕113号】

同日 集团公司党组决定，李建青同志任中国石油青海油田公司党委委

员、副书记、纪委书记，宗贻平、党玉琪、李厚联等3名同志任党委委员。【中油党字〔1999〕第114号】

同日 集团公司决定，黄立功任中国石油青海油田公司经理，周铭涛任青海石油管理局局长；免去黄立功的青海石油管理局局长职务，李建青、宗贻平的副局长职务，党玉琪的总地质师职务，李厚联的总会计师职务。【中油任字〔1999〕第592号】

同日 集团公司党组决定，徐中清同志任中国石油冀东油田公司党委委员、书记，刘联民同志任冀东石油勘探开发公司党委副书记、工会主席；免去徐中清同志的冀东石油勘探开发公司党委副书记、委员职务，张国旗同志的党委委员职务，郑丽芳同志的党委委员、工会主席职务，周海民同志的党委委员职务。【中油党字〔1999〕第117号】

同日 集团公司党组决定，张国旗、周海民同志任中国石油冀东油田公司党委委员，郑丽芳同志任党委委员、工会主席。集团公司决定，张国旗、周海民任中国石油冀东油田公司副经理。【中油党字〔1999〕第118号 中油任字〔1999〕第587号】

同日 集团公司决定，徐中清任中国石油冀东油田公司经理，李允富任冀东石油勘探开发公司经理；免去徐中清的冀东石油勘探开发公司经理职务，张国旗的副经理职务，周海民的总地质师职务。【中油任字〔1999〕第594号】

同日 集团公司党组决定，徐桂欣同志任浙江石油勘探处党委副书记；免去曹志光同志的党委副书记职务。【中油党字〔1999〕第119号】

同日 集团公司人事劳资部决定，叶舟任浙江勘探公司经理，郑华平任副经理。【人劳字〔1999〕第308号】

同日 集团公司人事劳资部决定，薛静诚任浙江石油勘探处处长，曹志光任副处长；免去叶舟的处长职务，郑华平的总地质师职务。【人劳字〔1999〕第309号】

9月22日 集团公司决定，设立集团公司市场管理部和集团公司多种经营管理部两个机关职能部门。【中油人劳字〔1999〕第633号】

同日 集团公司党组决定，温明友同志任四川省石油集团有限公司党委书记，王选全同志任党委委员；免去吕明清同志的工会主席职务。【中油党字〔1999〕第121号】

同日 集团公司决定，温明友任四川省石油集团有限公司总经理，王选全任副总经理；免去杨顺成的总经理职务，王建中、胡兴东、叶学胜、刘桂林等4人的副总经理职务。【中油任字〔1999〕第601号】

同日 集团公司党组决定，董仁平同志任中国石油东北销售公司临时党委委员、书记。集团公司决定，董仁平任中国石油东北销售公司经理，程国祺任副经理。【中油党字〔1999〕第123号　中油任字〔1999〕第603号】

同日 集团公司决定，李绍双任中国石油销售东北公司经理；免去董仁平的经理职务，程国祺的副经理职务。【中油任字〔1999〕第604号】

同日 集团公司党组决定，郭文祥同志任中国石油西北销售公司临时党委委员、书记。集团公司决定，郭文祥任中国石油西北销售公司经理，聂端阳任副经理。【中油党字〔1999〕第124号　中油任字〔1999〕第605号】

同日 集团公司决定，程行策任中国石油销售西北公司经理；免去郭文祥的经理职务。【中油任字〔1999〕第606号】

同日 集团公司党组决定，钟玉振同志任中国石油大连销售公司临时党委委员、书记。集团公司决定，钟玉振任中国石油大连销售公司经理，沈庆凯任副经理。【中油党字〔1999〕第125号　中油任字〔1999〕第607号】

同日 集团公司党组决定，何能祯同志任中国石油甘肃销售公司临时党委委员、书记。集团公司决定，张德义任中国石油甘肃销售公司经理。【中油党字〔1999〕第126号　中油任字〔1999〕第609号】

同日 集团公司党组决定，张昆同志任中国石油内蒙古销售公司临时党委委员、书记。集团公司决定，卢乃洪任中国石油内蒙古销售公司经理。【中油党字〔1999〕第128号　中油任字〔1999〕第612号】

同日 中国石油销售总公司党委决定，卢乃洪同志任中国石油内蒙古销售公司临时党委委员、副书记，胡世清同志任临时党委委员、纪委书记、工会主席，王永和、乔世明、刘宏设等3名同志任临时党委委员。中国石油销售总公司决定，聘任张昆、王永和、乔世明、刘宏设等4人为中国石油内蒙古销售公司副经理；免去李贵品的内蒙古石油总公司副总经理职务。【销党字〔1999〕第35号　销字〔1999〕第241号】

同日 集团公司党组决定，魏光强同志任中国石油陕西销售公司临时党委委员、书记兼临时纪委书记，免去其陕西省石油总公司党委书记、委员职

务。【中油党字〔1999〕第129号】

同日 集团公司决定，卢济新任中国石油陕西销售公司经理，免去其陕西省石油总公司总经理职务。【中油任字〔1999〕第613号 中油任字〔1999〕第614号】

同日 集团公司党组决定，买买提伊明·阿布拉同志任中国石油新疆销售公司临时党委委员、书记，免去其新疆维吾尔自治区石油总公司党委书记、委员职务。集团公司决定，王梓桐任中国石油新疆销售公司经理，免去其新疆维吾尔自治区石油总公司总经理职务。【中油党字〔1999〕第130号 中油任字〔1999〕第615号】

同日 集团公司党组决定，艾俊良同志任中国石油黑龙江销售公司临时党委委员、书记。集团公司决定，艾俊良任中国石油黑龙江销售公司经理。【中油党字〔1999〕第131号 中油任字〔1999〕第616号】

同日 集团公司党组决定，王世清同志任黑龙江省石油化工销售总公司临时党委委员、书记；免去艾俊良同志的党组书记职务。集团公司决定，王世清任黑龙江省石油化工销售总公司总经理；免去艾俊良的总经理职务。【中油党字〔1999〕第132号 中油任字〔1999〕第617号】

同日 集团公司党组决定，顾希山同志任中国石油吉林销售公司临时党委委员、书记。集团公司决定，王振刚任中国石油吉林销售公司经理。【中油党字〔1999〕第133号 中油任字〔1999〕第618号】

同日 集团公司党组决定，吴大鹏同志任中国石油物资装备（集团）总公司党委委员、书记，刘兴和同志任党委副书记；免去郑虎同志的党委书记、委员职务。集团公司决定，刘兴和任中国石油物资装备（集团）总公司总经理，吴大鹏任副总经理；免去郑虎的总经理职务，杨润臣的副总经理职务。【中油党字〔1999〕第134号 中油任字〔1999〕第622号】

同日 集团公司党组决定，张纬九同志任中国石油工程建设（集团）公司党委书记；秦安民同志任党委副书记，免去其党委书记职务；侯浩杰同志任党委副书记、纪委书记、工会主席。【中油党字〔1999〕第135号】

同日 集团公司党组决定，郭大伟同志兼任中国石油天然气管道局纪委书记，黄维和同志任党委常委；免去陈吉庆同志的党委副书记、常委、委员职务，惠泽人同志的党委副书记、常委、委员、纪委书记职务，马志祥、刘

勇、邢振亚等3名同志的党委常委、委员职务。【中油党字〔1999〕第138号】

同日 集团公司党组决定，王福印同志任集团公司党组纪检组巡视员。【中油党字〔1999〕第139号】

同日 集团公司党组决定，关晓红同志任集团公司直属机关党委常务副书记，贾光生同志任党委副书记；免去李克成同志兼任的党委常务副书记职务，王海森同志的党委副书记职务。【中油党字〔1999〕第140号】

同日 集团公司党组决定，免去杨生汉同志兼任的塔里木石油化工工程建设指挥部党委书记、委员职务。集团公司决定，免去杨生汉兼任的塔里木石油化工工程建设指挥部指挥职务。【中油党字〔1999〕第141号 中油任字〔1999〕第631号】

同日 集团公司决定，严进元任中国石油宁夏销售公司经理。【中油任字〔1999〕第619号】

同日 集团公司决定，高振怀任中国石油华东销售公司经理。【中油任字〔1999〕第620号】

同日 集团公司决定，石彦民兼任南方石油勘探开发公司经理，李华林兼任中油国际哈萨克斯坦公司总经理，孙波任中国石油天然气勘探开发公司总工程师，杨震任中国石油天然气勘探开发公司总工程师兼喀土穆炼油有限公司中方经理，吴东山任中国石油天然气勘探开发公司总会计师；免去寿铉成的中国石油天然气勘探开发公司副总经理、中油国际哈萨克斯坦公司总经理职务，王国樑的中国石油天然气勘探开发公司副总经理、总会计师职务，李亚平的中国石油天然气勘探开发公司副总经理职务。【中油任字〔1999〕第621号】

同日 集团公司决定，胡继善任华油实业开发总公司总经理，李本忠任中国石油化学公司经理；免去金国樑的华油实业开发总公司总经理职务，陈安家的中国石油化学公司经理职务，俞明康的中国华油集团公司副总经理职务。【中油任字〔1999〕623号】

同日 集团公司决定，迟尚忠、刘飞军任规划设计总院副院长；免去李文绮、王玉金的副院长职务。【中油任字〔1999〕第624号】

同日 集团公司决定，孙起瑞任石油管理干部学院副院长；免去李华民的副院长职务。【中油任字〔1999〕第626号】

同日 集团公司决定，谢志强任中国石油天然气集团公司总经理助理。【中油任字〔1999〕第629号】

同日 集团公司批复，同意于湖芳离岗内部退养，免去其锦州石油化工公司副经理职务。【中油人劳字〔1999〕第630号】

同日 集团公司决定，刘海胜任集团公司规划计划部主任，李文绮任副主任，免去朱秉刚的主任职务，白倬生的副主任职务；黄望平任集团公司发展研究部副主任，免去其总经济师职务；林金高任集团公司财务资产部主任，免去贡华章兼任的主任职务；郑虎任集团公司人事劳资部主任，张宽信任局级巡视员，免去其主任职务，免去裴德海、陆基孟的副主任职务；免去吴大鹏的集团公司人才劳动力交流中心（再就业中心、技能鉴定中心）主任职务；王海森任集团公司质量安全与环保部主任，免去姜冠戎的主任职务；关晓红任集团公司政治思想工作部主任，贾光生任副主任，免去李克成兼任的主任职务，王海森的副主任职务；李亚平任集团公司国际合作部副主任、外事局副局长；安志忠任集团公司监察部监察专员；陈安家任集团公司多种经营部主任，免去王煌今的主任职务，梁彪的副主任职务。【中油任字〔1999〕第634号】

同日 集团公司决定，朱秉刚、戴明梓任集团公司咨询中心副主任。【中油任字〔1999〕第635号】

9月23日 集团公司决定，拟筹备成立中国石油天然气股份有限公司（以下简称股份公司）；成立股份公司筹备委员会，为筹备工作的领导机构，马富才为主任，阎三忠为副主任，黄炎、吴耀文、任传俊、蒋金楚、张轰、贡华章、李克成、蒋洁敏等8人为成员；筹备委员会下设办公室，黄炎为主任；任传俊、罗英俊、史兴全、蒋洁敏等4人为成员；股份公司机关成立部门筹备组，具体负责各部门的组建工作。【中油人劳字〔1999〕第638号】

9月24日 集团公司党组决定，杨顺成同志任中国石油四川销售公司临时党委委员、书记，胡兴东同志任临时党委委员、副书记，叶学胜同志任临时党委委员、临时纪委书记、工会主席，刘桂林、涂安宁、温明友同志任临时党委委员。集团公司决定，杨顺成任中国石油四川销售公司经理，聘任胡兴东、刘桂林、涂安宁等3人为副经理。【中油党字〔1999〕第120号 中油任字〔1999〕第600号】

同日 中国石油销售总公司决定，聘任买买提伊明·阿布拉、刘战明、侯汝星为中国石油新疆销售公司副经理，王常荣为总会计师；免去刘战明、侯汝星、宋兴平、涂拉洪·托乎提的新疆维吾尔自治区石油总公司副总经理职务。【销字〔1999〕第234号】

同日 中国石油销售总公司党委决定，王梓桐同志任中共中国石油新疆销售公司临时委员会委员、副书记，买买提伊明·阿布拉同志任纪委书记。刘战明、侯汝星、王常荣、曹绪海4位同志任中共中国石油新疆销售公司临时委员会委员；免去王梓桐、买买提伊明·阿布拉、刘战明、侯汝星、曹绪海等5位同志的新疆维吾尔自治区石油总公司党群职务，宋兴平的党委委员职务。【销党字〔1999〕36号】

同日 中国石油销售总公司党委决定，马丹同志任中国石油东北销售公司临时党委委员、纪委书记、工会主席，张文栋同志任临时党委委员。中国石油销售总公司决定，免去马丹的中国石油销售东北公司副经理职务。【销党字〔1999〕第18号 销字〔1999〕第244号】

同日 中国石油销售总公司党委决定，王玉滨同志任中国石油东北销售公司临时党委委员、纪委书记、工会主席，程国祺、孟庆涛、李绍双等3名同志任临时党委委员。中国石油销售总公司决定，聘任孟庆涛为中国石油东北销售公司副经理；免去孟庆涛、王玉滨的中国石油销售东北公司副经理职务。【销党字〔1999〕第19号 销字〔1999〕第245号】

同日 中国石油销售总公司党委决定，王增岭同志任中国石油西北销售公司临时党委委员、副书记、纪委书记、工会主席，聂端阳、张贵生、刘德祥、田发禄、程行策等5名同志任临时党委委员。中国石油销售总公司决定，聘任张贵生、刘德祥为中国石油西北销售公司副经理，田发禄为总会计师。【销党字〔1999〕第20号 销字〔1999〕第240号】

同日 中国石油销售总公司党委决定，赵建青同志任中国石油销售西北公司临时党委委员、纪委书记，周军同志任临时党委委员。中国石油销售总公司决定，聘任赵建青、周军为中国石油销售西北公司副经理。【销党字〔1999〕第21号 销字〔1999〕第239号】

同日 中国石油销售总公司党委决定，高振怀同志任中国石油华东销售公司临时党委委员、副书记，孙志玉、孟繁礼、姜滇等3名同志任临时党委委员。中国石油销售总公司决定，聘任孙志玉、孟繁礼为中国石油华东销售公司副经

理，聘任姜滇为总会计师。【销党字〔1999〕第22号　销字〔1999〕第246号】

同日　中国石油销售总公司党委决定，杨宁海同志任中国石油西南销售公司临时党委委员、副书记，骆忠伟、刘启银同志任临时党委委员。中国石油销售总公司决定，聘任骆忠伟、刘启银为中国石油西南销售公司副经理。【销党字〔1999〕第23号　销字〔1999〕第249号】

同日　中国石油销售总公司党委决定，史敬波同志任中国石油黑龙江销售公司临时党委委员、副书记、纪委书记、工会主席，刘松林、孙玉发、徐晓鸣、王世清等4名同志任临时党委委员；史敬波、刘松林同志原任的黑龙江省石油化工销售总公司党群职务一并免除。中国石油销售总公司决定，聘任刘松林、孙玉发、徐晓鸣等3人为中国石油黑龙江销售公司副经理；免去刘松林、史敬波的黑龙江省石油化工销售总公司副总经理职务。【销党字〔1999〕第24号　销字〔1999〕第229号】

同日　中国石油销售总公司党委决定，卞忠智同志任黑龙江省石油化工销售总公司临时党委委员、副书记兼纪委书记、工会主席，余宪龙、佟长青同志任临时党委委员，以上3名同志原任的党群职务一并免除。中国石油销售总公司决定，聘任余宪龙、佟长青为黑龙江省石油化工销售总公司副经理。【销党字〔1999〕第25号　销字〔1999〕第228号】

同日　中国石油销售总公司党委决定，王振刚同志任中国石油吉林销售公司临时党委委员、副书记，顾希山同志任纪委书记，张健、王志才、于臣等3名同志任临时党委委员。中国石油销售总公司决定，聘任顾希山、张健、王志才、于臣等4人为中国石油吉林销售公司副经理。【销党字〔1999〕第26号　销字〔1999〕第250号】

同日　中国石油销售总公司党委决定，沈庆凯同志任中国石油大连销售公司临时党委委员、副书记，刘金河同志任临时党委委员、纪委书记、工会主席，西金来、张克清同志任临时党委委员，以上同志原任的大连市石油总公司党群职务一并免除；免去崔宪瑞同志的大连市石油总公司党委委员、纪委书记职务。中国石油销售总公司决定，聘任西金来为中国石油大连销售公司副经理；免去西金来、教文栋的大连石油集团公司（大连市石油总公司）副总经理职务，王恒的总会计师职务。【销党字〔1999〕第27号　销字〔1999〕第247号】

同日　中国石油销售总公司党委决定，张克清同志任大连市石油总公司临时党委委员、书记，贾忠礼同志任临时党委委员、纪委书记、工会主席，张起鹏、陈本立同志任临时党委委员，以上同志原任的大连市石油总公司党群职务一并免除。中国石油销售总公司决定，张克清任大连石油集团公司（大连市石油总公司）总经理，张起鹏、陈本立任副总经理，以上同志原任的大连石油集团公司（大连市石油总公司）行政职务一并免除。【销党字〔1999〕第28号　销字〔1999〕第248号】

同日　中国石油销售总公司党委决定，卢济新同志任中国石油陕西销售公司临时党委委员、副书记，曹俊文同志任临时党委委员、副书记、工会主席，韩孝山、王建学、石文龙等3名同志任临时党委委员，以上同志原任的陕西省石油总公司党群职务一并免除。中国石油销售总公司决定，聘任魏光强、韩孝山、王建学等3人为中国石油陕西销售公司副经理；免去韩孝山、曹俊文、王建学等3人的陕西省石油总公司副总经理职务。【销党字〔1999〕第29号　销字〔1999〕第236号】

同日　中国石油销售总公司党委决定，石文龙同志任陕西省石油总公司临时党委委员、书记，田云五同志任临时党委委员、副书记兼纪委书记、工会主席，陈元武、邵镇江同志任临时党委委员，以上同志原任的陕西省石油总公司党群职务一并免除。中国石油销售总公司决定，聘任石文龙为陕西省石油总公司总经理，陈元武、邵镇江为副总经理。【销党字〔1999〕第30号　销字〔1999〕第237号】

同日　中国石油销售总公司党委决定，何能祯同志任中国石油甘肃销售公司纪委书记，张德义同志任临时党委委员、副书记，李珊、赵维国、郭凤岐等3名同志任临时党委委员，以上同志原任的甘肃省石油总公司党群职务一并免除；免去冯志杰同志的甘肃省石油总公司党委委员职务，周永镇同志的副书记、党委委员、纪委书记职务。【销党字〔1999〕第31号】

同日　中国石油销售总公司决定，聘任何能祯、李珊、赵维国等3人为中国石油甘肃销售公司副经理；免去冯志杰、李珊的甘肃省石油总公司副总经理职务。【销字〔1999〕第232号】

同日　中国石油销售总公司党委决定，郭凤岐任甘肃省石油总公司临时党委委员、书记。中国石油销售总公司决定，聘任郭凤岐为甘肃省石油总公司总经理。【销党字〔1999〕第32号　销字〔1999〕第233号】

同日　中国石油销售总公司党委决定，成立中国石油宁夏销售公司临时党委，严进元同志任临时党委委员、副书记。中国石油销售总公司决定，聘任来建国、李宁宝为中国石油宁夏销售公司副经理，王明亭为总会计师；免去董森旺的宁夏回族自治区石油总公司总会计师职务。【销党字〔1999〕第33号　销字〔1999〕第238号】

同日　中国石油销售总公司党委决定，封希声同志任中国石油青海销售公司临时党委书记，杨顺义同志任临时党委副书记，虎仁山同志任临时党委委员、纪委书记、工会主席，王浩、高现勇、马光元等3名同志任临时党委委员；免去张少文[①]同志的青海石油（集团）有限公司党委委员职务。中国石油销售总公司决定，聘任杨顺义为中国石油青海销售公司经理，封希声、王浩、高现勇等3人为副经理，马光元为总会计师。【销党字〔1999〕第34号　销字〔1999〕第242号】

同日　中国石油销售公司党委决定，曹绪海同志任新疆石油总公司临时党委委员、书记、纪委书记、工会主席，周进化同志任临时党委委员、副书记，胡顺铭、巴亚斯・喀里木同志任临时党委委员；曹绪海、周进化、胡顺铭等3名同志原任的新疆石油总公司党群职务一并免除。中国石油销售总公司决定，聘任周进化为新疆石油总公司总经理，胡顺铭、巴亚斯・喀里木为副总经理。【销党字〔1999〕第37号　销字〔1999〕第235号】

同日　中国石油销售总公司党委决定，阿丁同志任中国石油西藏销售公司临时党委委员、书记，多布拉同志任临时党委委员、副书记、纪委书记、工会主席，吕生喜、洛桑金巴同志任临时党委委员。中国石油销售总公司决定，聘任阿丁为中国石油西藏销售公司经理，吕生喜、洛桑金巴、马斌太、赵自顺、刘西彩等5人为副经理。【销党字〔1999〕第38号　销字〔1999〕第243号】

同日　中国石油销售总公司党委决定，项平生同志任中国石油重庆销售公司临时党委委员、副书记，黎志钦同志任临时党委委员、副书记、纪委书记、工会主席，曹启模、孙敦寿、方勇等3名同志任临时党委委员，以上同志原任的重庆石油总公司党群职务一并免除。中国石油销售总公司决定，聘任邝正平、曹启模、孙敦寿为中国石油重庆销售公司副经理，以上人员原任的重庆石油总公司的职务一并免除；免去殷仲举的重庆石油总公司副总经理职

① 1997年6月已内退，1999年9月正式免除党委委员职务。

务。【销党字〔1999〕第39号　销字〔1999〕第231号】

同日　中国石油销售总公司决定，方勇同志任重庆市石油总公司[①]临时党委委员、书记，潘传清同志任临时党委委员、纪委书记、工会主席，吴华南同志任临时党委委员，以上同志中原任的重庆石油总公司党群职务一并免除。中国石油销售总公司决定，聘任方勇为重庆市石油总公司总经理，吴华南为副总经理，以上人员在原重庆石油总公司法人治理结构中担任的职务一并免除。【销党字〔1999〕第40号　销字〔1999〕第230号】

9月27日　集团公司党组决定，张义同志任中国石油大连石化公司党委委员、书记，孟纯绪、蒋凡、王继国等3名同志任党委委员，张瑞祥同志任党委委员、工会主席。集团公司决定，张义任中国石油大连石化公司经理，孟纯绪、蒋凡、王继国等3人任副经理。【中油党字〔1999〕第76号　中油任字〔1999〕第552号】

同日　集团公司党组决定，马平凡同志任大连石油化工公司党委书记，张玄同志任党委常委、副书记、纪委书记、工会主席；免去马克起同志的党委书记、常委职务，刘泽盈同志的纪委书记、党委常委职务，张瑞祥同志的工会主席、党委常委职务，张义、孟纯绪、蒋凡等3名同志的党委常委职务。集团公司决定，马平凡任大连石油化工公司经理；免去张义的经理职务，孟纯绪的副经理兼总工程师职务。【中油党字〔1999〕第77号　中油任字〔1999〕第553号】

同日　集团公司党组决定，孙立同志任中国石油兰州石化公司党委委员、书记，李政华同志任党委委员、副书记、纪委书记、工会主席，李春升、张文奎、李永经等3名同志任党委委员。集团公司决定，孙立任中国石油兰州石化公司经理，李春升、张文奎、李永经等3人任副经理。【中油党字〔1999〕第78号　中油任字〔1999〕第554号】

同日　集团公司党组决定，王鼎周同志任兰州化学工业公司党委常委、副书记、工会主席，谢延凯、范子祺同志任党委常委；免去刘建中同志的党委副书记、常委职务，李政华同志的党委常委、工会主席职务，朱廉宝、李春升同志的党委常委职务。集团公司决定，时庆林任兰州化学工业公司经理；免去朱廉宝的经理职务，李春升、张文奎、张志德等3人的副经理职务，李永经的总工程师职务。【中油党字〔1999〕第79号　中油任字〔1999〕第555号】

---

① 即重庆石油（集团）有限公司。

同日 集团公司党组决定，周国勋同志任中国石油兰州炼化公司党委委员、书记，许国华同志任党委委员、副书记、纪委书记、工会主席，方纪才、陈越民、廖国勤等3名同志任党委委员。集团公司决定，周国勋任中国石油兰州炼化公司经理，方纪才、陈越民、廖国勤等3人任副经理。【中油党字〔1999〕第80号 中油任字〔1999〕第556号】

同日 集团公司党组决定，蒋宜芳同志任兰州炼油化工总厂纪委书记，许志清、赵维纲、胡汉章等3名同志任党委常委；免去许国华同志的党委副书记、常委、纪委书记职务，陈守杰、周国勋同志的党委常委职务。集团公司决定，戴年喜任兰州炼油化工总厂厂长；免去陈守杰的厂长职务，周国勋、方纪才的副厂长职务，周天骥的总工程师职务。【中油党字〔1999〕第81号 中油任字〔1999〕第557号】

同日 集团公司党组决定，胡文瑞同志任中国石油长庆油田公司党委委员、书记，赵业荣、张芝兰同志任长庆石油勘探局党委常委；免去胡文瑞同志的长庆石油勘探局党委副书记、常委职务，饶永久、包方钧同志的党委常委职务。【中油党字〔1999〕第107号】

同日 集团公司决定，胡文瑞任中国石油长庆油田公司经理，孙玉辰任长庆石油勘探局局长；免去胡文瑞的长庆石油勘探局局长职务，饶永久、包方钧的副局长职务，何自新的总地质师职务。【中油任字〔1999〕第591号】

同日 集团公司党组决定，刘世洲同志任中国石油玉门油田公司党委委员、书记，张东泉同志任玉门石油管理局党委书记，高玉江同志任玉门石油管理局党委副书记、纪委书记、工会主席，严晓昱、孙卫东同志任玉门石油管理局党委常委；免去刘世洲同志的玉门石油管理局党委副书记、常委职务，张东泉同志的纪委书记职务，孔繁瑾、彭立垣同志的党委常委职务，田玉军同志的工会主席职务。【中油党字〔1999〕第115号】

同日 集团公司决定，刘世洲任中国石油玉门油田公司经理，张东泉任玉门石油管理局局长，田玉军、严晓昱、孙卫东等3人任玉门石油管理局副局长；免去刘世洲的玉门石油管理局局长职务，孔繁瑾的副局长、总工程师职务，彭立垣、高玉江的副局长职务。【中油任字〔1999〕第593号】

9月29日 集团公司党组决定，单祥国同志任华北石油管理局党委书记，张宝庄同志任党委常委、副书记，刘玉喜同志任党委常委、副书记、纪委书记，翟昌年同志任党委常委；免去于英太同志的华北石油管理局党委书记、常委职务，刘海胜同志的党委副书记、常委职务，郭开旗同志的党委副书记、常委、纪委书记职务，苏俊同志的党委常委职务，陈金瑞同志的党委常委职务；刘玉喜同志兼任的华北石油管理局二连石油勘探开发公司党委书记职务。【中油党字〔1999〕第98号】

同日 集团公司决定，张宝庄任华北石油管理局局长；免去刘海胜的华北石油管理局局长职务，于英太、苏俊的副局长职务，陈金瑞的总会计师职务，赵树栋的总地质师职务；马桂成兼任的华北石油管理局二连石油勘探开发公司经理职务。【中油任字〔1999〕第595号】

同日 集团公司决定，授予耿淑荣等106人"中国石油天然气集团公司技术能手"称号，并颁发奖章、证书和奖金。【中油人劳字〔1999〕第669号】

十　月

10月8日 集团公司党组决定，王凤元同志任规划设计总院纪委书记。【中油党字〔1999〕第143号】

同日 集团公司党组决定，裴德海同志任集团公司党组纪检组巡视员。【中油党字〔1999〕第144号】

10月11日 国家工商行政管理总局发出《企业名称预先核准通知书》，同意预先核准中国石油天然气集团公司投资3000亿元人民币，在北京市设立的股份有限公司名称为"中国石油天然气股份有限公司"。【《中国石油大事记》】

同日 集团公司党组决定，李世明同志任中国石油抚顺石化公司党委委员、副书记、纪委书记、工会主席，刘强、于力、匡卓贤等3名同志任党委委员。集团公司决定，刘强、于力、匡卓贤等3人任中国石油抚顺石化公司副经理，兰云升任总会计师。【中油党字〔1999〕第70号　中油任字〔1999〕第546号】

同日 集团公司党组决定，段文德同志任中国石油抚顺石化公司党委委员、书记，李洪光同志任抚顺石油化工公司党委副书记；免去段文德同志的抚顺石油化工公司党委副书记、常委职务，李世明同志的党委副书记、常委、委员职务，刘强、吴华威、孙忠成等3名同志的党委常委、委员职务。【中油党字〔1999〕第71号】

同日 集团公司决定，段文德任中国石油抚顺石化公司经理，孙圣贵任抚顺石油化工公司经理；免去段文德的抚顺石油化工公司经理职务，刘强、吴华威、于力等3人的副经理职务，匡卓贤的总工程师职务，兰云升的总会计师职务。【中油任字〔1999〕第547号】

同日 集团公司党组决定，王大为同志任中国石油辽阳石化公司党委委员、副书记、纪委书记、工会主席，宋杰、李传良、李文勖、阚学诚、李铁等5名同志任党委委员。集团公司决定，宋杰、李传良、李文勖、阚学诚等4人任中国石油辽阳石化公司副经理。【中油党字〔1999〕第72号 中油任字〔1999〕第548号】

同日 集团公司党组决定，韩述岐同志任中国石油辽阳石化公司党委委员、书记，张景仁同志任辽阳石油化纤公司党委副书记、纪委书记，于全佩、孙克栋同志任党委常委；免去韩述岐同志的辽阳石油化纤公司党委副书记、常委职务，王大为同志的党委副书记、常委、纪委书记职务，宋杰同志的党委常委职务。【中油党字〔1999〕第73号】

同日 集团公司决定，韩述岐任中国石油辽阳石化公司经理，孙洪来任辽阳石油化纤公司经理；免去韩述岐的辽阳石油化纤公司经理职务，宋杰、李传良、李文勖等3人的副经理职务，阚学诚的总工程师职务。【中油任字〔1999〕第549号】

同日 集团公司党组决定，耿忠武同志任中国石油锦西石化公司党委委员、副书记、纪委书记、工会主席，李庆毅、魏立东、王洪斌、吴华威等4名同志任党委委员。集团公司决定，李庆毅、魏立东、王洪斌、吴华威等4人任中国石油锦西石化公司副经理，李庆毅兼任总会计师。【中油党字（1999）第84号 中油任字〔1999〕第561号】

同日 集团公司党组决定，刘宝林同志任中国石油锦西石化公司党委委员、书记，孙景毅同志任锦西炼油化工总厂党委副书记，张维君、胡晓明同志任党委常委；免去刘宝林同志的锦西炼油化工总厂党委副书记、常委职务，耿忠武同志的党委副书记、常委职务，郑万有同志的党委常委职务。【中油党字〔1999〕第94号】

同日 集团公司决定，刘宝林任中国石油锦西石化公司经理，张耀军任锦西炼油化工总厂厂长；免去刘宝林的锦西炼油化工总厂厂长职务，郑万有、魏立东的副厂长职务，高凌霄的总工程师职务，李庆毅的总会计师职务。【中

油任字〔1999〕第562号】

同日 集团公司党组决定，王福成同志任中国石油辽河油田公司党委委员、书记，王春鹏同志任辽河石油勘探局党委副书记，刘毅同志任党委副书记、纪委书记；免去王福成同志的辽河石油勘探局党委副书记、常委职务，孙崇仁同志兼任的纪委书记职务，王革、刘俊荣同志的党委常委职务。【中油党字〔1999〕第97号】

同日 集团公司决定，王福成任中国石油辽河油田公司经理，王春鹏任辽河石油勘探局局长，宋道堂任副局长；免去王福成的辽河石油勘探局局长职务，王革的副局长、总会计师职务，刘俊荣的副局长、总地质师职务，王正江的副局长、总工程师职务，陈义贤的总地质师职务。【中油任字〔1999〕第588号】

10月18日 中国化工进出口总公司发出《关于中国石油天然气集团公司重组涉及中国联合石油有限责任公司股权变更的确认函》，同意将该公司所持中国联合石油有限责任公司全部股权转让中国石油天然气股份有限公司。【《中国石油大事记》】

10月20日 财政部发出《关于中国石油天然气集团公司拟投入中国石油天然气股份有限公司资产评估项目审核意见的函》，确认中企华资产评估公司出具的对组建中国石油天然气股份有限公司注入资产评估结果。【《中国石油大事记》】

10月22日 国家发展计划委员会发出《关于中国石油天然气集团公司天然气开发利用和炼油化工发展规划思路的批复》，同意集团公司天然气和炼油化工发展规划的思路。【《中国石油大事记》】

10月24日 财政部发出《关于中国石油天然气股份有限公司（筹）国有股权管理有关问题的批复》，同意中国石油天然气股份有限公司独家发起设立方案，确认评估后的资产情况和公积金，确立股本结构，同意5家已上市子公司的国有股权转让中国石油天然气股份有限公司。【《中国石油大事记》】

10月25日 国家经济贸易委员会发出《关于同意设立中国石油天然气股份有限公司的复函》，批复：（1）同意中国石油天然气集团公司作为发起人，以独家发起方式设立中国石油天然气股份有限公司。（2）股份公司总资产为40200269.49万元人民币，负债为18891627.29万元人民币，净资产折为股本，计为1600亿股（每股面值1元），由中国石油天然气集团公司持有。（3）同意大庆油田作为股份公司的全资子公司注册。（4）在公开发行股票准备工作完成后，股份公司即可修改公司章程，并报国家经济贸易委员会批准，转为境外募集公司。【国经贸企改〔1999〕第1024号】

同日　中国石油销售总公司党委决定，张静波同志任中国石油重庆销售公司临时党委委员。中国石油销售总公司决定，聘任张静波为中国石油重庆销售公司总会计师。【销党字〔1999〕第41号　销字〔1999〕第274号】

10月26日　集团公司决定，刘兴和任中国石油技术开发公司总经理；免去郑虎的总经理职务。【中油任字〔1999〕第703号】

10月27日　集团公司历时4个多月的机构、业务、资产和人员的分开分立工作完成，企业重组工作结束。这次企业重组涉及企事业单位53个、职工156万人、资产近6000亿元人民币。【《中国石油大事记》】

10月28日　中国石油天然气股份有限公司创立大会暨首次股东大会在北京召开。会议由中国石油天然气集团公司召集，发起人代表马富才主持会议。会议以投票方式通过了6项决议：（1）同意发起人《关于中国石油天然气股份有限公司筹备工作报告》；（2）同意设立中国石油天然气股份有限公司并通过《中国石油天然气股份有限责任公司章程》作为本公司章程；（3）委派马富才、阎三忠、黄炎、吴耀文、任传俊、蒋金楚、张轰、贡华章、蒋洁敏、邹海峰等10人，聘任董建成、吴敬链为公司首届董事会成员，其中董建成、吴敬琏为独立董事；（4）委派李克成、林金高、陈维忠、白新贺等4人为公司首届监事会成员，确认孙崇仁为职工推举的首届监事会成员；（5）同意授权董事会办理公司注册登记事宜，并授权其签署必要文件，以落实重组方案所确定的重组事宜；（6）同意发起人《关于中国石油天然气股份有限公司设立费用情况报告》。【石油办〔1999〕第1号】

同日　中国石油天然气股份有限公司第一届董事会第一次会议在北京召开，选举马富才为中国石油天然气股份有限公司董事会董事长，阎三忠、黄炎为副董事长，聘任黄炎为总裁，任传俊为高级副总裁，蒋洁敏、罗英俊、史兴全、苏树林等4人为副总裁，王国樑为财务总监，委任寿铉成为董事会秘书。【石油办〔1999〕第2号】

同日　中国石油天然气股份有限公司第一届监事会一次会议召开，选举李克成为中国石油天然气股份有限公司监事会主席。【石油办〔1999〕第3号】

十 一 月

11月5日 中国石油天然气股份有限公司在国家工商局注册登记，注册号：3252，注册资本金1600亿元，法人代表马富才。【中油办〔1999〕第734号】

同日 集团公司决定，许大坤任集团公司市场管理部主任，安郁培任副主任。【中油任字〔1999〕第720号】

同日 集团公司决定，苏士峰任中国石油天然气管道局局长，黄维和兼任总工程师，孙福泉任总会计师，刘国华任东北输油管理局局长，范卓瑛任西北石油管道建设指挥部指挥；免去陈吉庆的中国石油天然气管道局局长职务，邢振亚、马志祥、刘勇、张加林、闫久红、汤亚利等6人的副局长职务，高探贵的总工程师职务，谢戈果的总会计师职务，张加林的东北输油管理局局长职务，闫久红的西北石油管道建设指挥部指挥职务。【中油任字〔1999〕628号】

同日 集团公司党组决定，陈吉庆同志任中国石油管道公司临时党委委员、书记，惠泽人同志任临时党委委员、副书记兼纪委书记、工会主席，张加林、马志祥、刘勇、谢戈果等4名同志任临时党委委员。集团公司决定，陈吉庆任中国石油管道公司经理，张加林、马志祥、刘勇等3人任副经理，谢戈果任总会计师。【中油党字〔1999〕第137号 中油任字〔1999〕第627号】

同日 集团公司决定，闫久红任中国石油工程建设（集团）公司副总经理；免去安郁培的副总经理职务。【中油任字〔1999〕第721号】

11月9日 股份公司明确领导班子成员分工：总裁黄炎，负责股份公司全面工作，分管规划计划、人事、监察和审计工作；高级副总裁任传俊，负责炼化与销售公司全面工作，分管劳动、薪酬、培训、外事（包括对外合作、进出口）和联合石油有限责任公司工作；副总裁蒋洁敏，分管董事会秘书局、总裁办公室（不含外事）、法律事务、质量安全环保、科技与信息工作；副总裁罗英俊，负责勘探与生产公司全面工作；副总裁史兴全，负责天然气与管道公司全面工作；副总裁苏树林，负责大庆油田有限公司全面工作；财务总监王国樑，负责财务工作。【石油办字〔1999〕第4号】

同日 集团公司决定，高瑞祺任国土资源部矿产资源储量评审中心石油天然气专业办公室主任，免除其原任职务。【中油任字〔1999〕第729号】

11月11日 集团公司印发《关于集团公司设立中国石油天然气股份有限

公司的通知》。【中油办字〔1999〕第734号】

11月20日 中央机构编制委员会批复，中国石油天然气总公司石油勘探开发研究院更名为中国石油天然气集团公司科学技术研究院，中国石油天然气总公司勘探开发科学研究院廊坊分院更名为中国石油天然气集团公司科学技术研究院廊坊分院，中国石油天然气总公司渗流流体力学研究所更名为中国石油天然气集团公司渗流流体力学研究所，中国石油天然气总公司石油科学技术情报研究所更名为中国石油天然气集团公司石油科学技术情报研究所，中国石油天然气总公司工程技术研究所更名为中国石油天然气集团公司工程技术研究所，中国石油天然气总公司西北地质研究所更名为中国石油天然气集团公司西北地质研究所，中国石油天然气总公司杭州地质研究所更名为中国石油天然气集团公司杭州地质研究所，中国石油天然气总公司规划设计总院更名为中国石油天然气集团公司规划设计总院，中国石油天然气总公司华东勘察设计研究院更名为中国石油天然气集团公司华东勘察设计研究院，中国石油天然气总公司石油管材研究所更名为中国石油天然气集团公司石油管材研究所，中国石油审计事务所更名为中国石油审计所。【中编办字（1999）118号】

11月25日 集团公司党组决定，李万余同志任辽宁销售分公司党委委员、书记。【中油党字〔1999〕第153号】

同日 集团公司党组决定，郭秀竹同志任辽宁省石油总公司党委书记；免去李万余同志的党委书记、委员职务，杜斌同志的党委委员职务。集团公司决定，郭秀竹任辽宁省石油总公司总经理，董永博任副总经理；免去李万余的总经理职务，杜斌、黄威、董加孟、吴汉等4人的副总经理职务。【中油党字〔1999〕第154号 中油任字〔1999〕第758号】

11月27日 中国石油销售总公司党委决定，柳世杰同志任大连销售公司临时党委委员。中国石油销售总公司决定，柳世杰任大连销售公司总会计师。【销党字〔1999〕第42号 销字〔1999〕第295号】

11月30日 股份公司印发《中国石油天然气股份有限公司机构设置方案》。股份公司总部机关设8个综合管理部门：总裁办公室（外事办公室）、规划计划部、财务部、人事部（监察室）、法律事务部、审计部、质量安全环保部、科技与信息管理部；还设有董事会秘书局、党群工作部（企业文化部、直属机关党委）。股份公司下设3个专业分公司：勘探与生产分公司、炼化与销售分公司、天然气与管道分公司；1个控股专业子公司：中国联合石油有限责任公司；50个地区公司；7个股权转入股份公司的控股子公司。将大庆油田公司更名为大庆油田有限责任公司。【石油人事〔1999〕第5号】

同日 集团公司批复，同意中国石油天然气勘探开发公司成立中油国际（苏丹）炼油有限公司。【中油人劳字〔1999〕768号】

11月 集团公司决定，将所持北京天然气集输公司的股权划转股份公司，北京天然气集输公司由股份公司直接管理。【中石油北京天然气管道有限公司上报】

十 二 月

12月3日 中国石油天然气股份有限公司在集团公司召开临时股东大会。会议由公司董事长马富才主持，出席会议的股东代表为：马富才、阎三忠、黄炎、吴耀文、任传俊（由张轰代）、蒋金楚、张轰、贡华章、史训知、李克成、蒋洁敏、罗英俊、史兴全、王国樑、寿铉成、苏树林、林金高、陈维忠、白新贺、邹海峰、孙崇仁，代表100%的股份表决权。经股东代表表决，大会做出《关于同意转为社会募集股份并上市公司的决议》、《关于修改公司章程的决议》、《关于聘任监事的决议》，同意聘任刘鸿儒、吴志攀为股份公司首届监事会独立监事。

12月6日 股份公司印发《中国石油天然气股份有限公司机关职能部门和专业公司职责范围》。【石油人事〔1999〕第7号】

12月10日 股份公司印发《关于颁发中国石油天然气股份有限公司职务名称序列的通知》。【石油人事〔1999〕第9号】

同日 集团公司决定，免去罗英俊、史兴全、蒋洁敏等3人的中国石油天然气集团公司总经理助理职务。【中油任字〔1999〕第781号】

同日 集团公司决定，免去桑珍萍的集团公司办公厅副主任职务；郭进平的集团公司发展研究部副主任、法律事务室主任职务，曹政言的集团公司发展研究部副主任职务；汪国良的集团公司规划计划部副主任职务，吴枚的副主任职务，刘凯信的总工程师职务；李波、徐丰利的集团公司财务资产部副主任职务；覃国军、李春伍的集团公司人事劳资部副主任职务；陈明的集团公司监察部副主任职务，陈桂儒的副专员职务；白新贺的集团公司审计部总审计师职务；曾兴球、章欣的集团公司国际合作部（外事局）副主任、副局长职务。【中油任字〔1999〕第782号】

12月13日 股份公司印发《股份公司总部机关职能部门机构编制的通知》。【石油人事〔1999〕第8号】

同日 股份公司决定，李华民任股份公司总裁办公室主任，章欣任股份公司总裁办公室副主任兼外事办公室主任，桑珍萍、曹政言任股份公司总裁办公室副主任；汪国良任股份公司规划计划部总经理，吴枚、白玉光、刘凯信等3人任副总经理；王国樑兼任股份公司财务部总经理，李波、徐丰利、于毅波任副总经理；覃国军任股份公司人事部总经理，李春伍任副总经理，陈明任副总经理兼监察室主任，单昆基任副总经理；姜冠戎任股份公司质量安全环保部总经理，王光军任副总经理；刘希俭任股份公司科技与信息管理部总经理；白新贺、陈桂儒任股份公司审计部副总经理；郭进平任股份公司法律事务部总经理，毛泽锋任副总经理；徐小鲁任股份公司董事会助理秘书兼投资者关系负责人。【石油任字〔1999〕第10号】

同日 股份公司决定，罗英俊兼任勘探与生产分公司总经理，刘宝和、赵政璋任副总经理，曾兴球任勘探与生产分公司副总经理兼国内石油勘探开发对外合作经理部总经理，曲广玲、赵化昆、阎存章等3人任勘探与生产分公司副总经理，邓隆武任总地质师。【石油任字〔1999〕第29号】

同日 股份公司决定，林青山任炼化与销售分公司副总经理、炼油与销售总经理，张新志任炼化与销售分公司副总经理、化工总经理，吴国志、田景惠、陈耀华任炼油与销售副总经理，杨继钢任炼油与销售总工程师，杨信任炼油与销售总会计师，杜建荣、沈钢任化工副总经理。【石油任字〔1999〕第30号】

同日 股份公司决定，史兴全兼任天然气与管道分公司总经理，李海元、李彬、汤亚利等3人任副总经理。【石油任字〔1999〕第31号】

同日 股份公司决定，梅士琪任华北销售分公司总经理。【石油任字〔1999〕第35号】

同日 股份公司决定，苏树林任大庆油田有限责任公司总经理，陆敬、徐绍铭、巢华庆、纪士寅、萧德铭等5人任副总经理。【石油任字〔1999〕第36号】

同日 股份公司决定，王宜林任新疆油田分公司总经理，姜建衡、董培基、王庆祥等3人任副总经理。【石油任字〔1999〕第38号】

同日 股份公司决定，姚和清任大港油田分公司总经理，陈玉瑾、吴永平、张幸福、李遵义等4人任副总经理。【石油任字〔1999〕第40号】

同日　股份公司决定，夏鸿辉任西南油气田分公司总经理，何炽、周志斌、冉隆辉、李鹭光等4人任副总经理，周志斌兼任总会计师。【石油任字〔1999〕第41号】

同日　股份公司决定，胡文瑞任长庆油田分公司总经理，喻昌荣、何自新、金忠臣、王道富等4人任副总经理。【石油任字〔1999〕第42号】

同日　股份公司决定，蔡志刚任吐哈油田分公司总经理，朱洪月、刘宏斌、袁明生等3人任副总经理，许君祖任总会计师。【石油任字〔1999〕第45号】

同日　股份公司决定，焦海坤任吉林石化分公司总经理，邹海峰、陆启荣、施建勋、张兴福、倪慕华等5人任副总经理。【石油任字〔1999〕第49号】

同日　股份公司决定，张义任大连石化分公司总经理，孟纯绪、蒋凡、王继国等3人任副总经理。【石油任字〔1999〕第53号】

同日　股份公司决定，孙立任兰州石化分公司总经理，李春升、张文奎、李永经等3人任副总经理。【石油任字〔1999〕第57号】

同日　股份公司决定，周国勋任兰州炼化分公司总经理，方纪才、陈越民、廖国勤等3人任副总经理。【石油任字〔1999〕第58号】

同日　股份公司决定，徐福贵任独山子石化公司总经理，张绍基、刘景奎、肖宏伟任副总经理。【石油任字〔1999〕第60号】

同日　股份公司决定，董孝利任林源石化分公司总经理，魏强、郭亚新任副总经理，肖锐任总会计师。【石油任字〔1999〕第63号】

同日　股份公司决定，曾宪君任前郭石化分公司总经理。【石油任字〔1999〕第64号】

同日　股份公司决定，陈吉庆任管道分公司总经理，张加林、马志祥、刘勇等3人任副总经理，谢戈果任总会计师。【石油任字〔1999〕第65号】

同日　股份公司决定，董仁平任东北销售分公司总经理，程国祺任副总经理。【石油任字〔1999〕第66号】

同日　股份公司决定，郭文祥任西北销售分公司总经理，聂端阳任副总经理。【石油任字〔1999〕第67号】

同日　股份公司决定，杨宁海任西南销售分公司总经理。【石油任字〔1999〕第68号】

同日　股份公司决定，高振怀任华东销售分公司总经理。【石油任字〔1999〕第69号】

同日　股份公司决定，李万余任辽宁销售分公司总经理，杜斌、黄威、董加孟、吴汉等4人任副总经理。【石油任字〔1999〕第72号】

同日　股份公司决定，钟玉振任大连销售分公司总经理，沈庆凯任副总经理。【石油任字〔1999〕第73号】

同日　股份公司决定，卢乃洪任内蒙古销售分公司总经理。【石油任字〔1999〕第74号】

同日　股份公司决定，张德义任甘肃销售分公司总经理。【石油任字〔1999〕第77号】

同日　股份公司决定，项平生任重庆销售分公司总经理。【石油任字〔1999〕第80号】

同日　股份公司人事部决定，叶舟任浙江勘探分公司经理，郑华平任副经理。【油人字〔1999〕第17号】

12月15日　集团公司决定，调整集团公司领导成员工作分工，副总经理阎三忠，分管办公厅、科技、质量安全与环保、多种经营、华油北京服务总公司工作，协助马富才总经理分管审计工作；副总经理吴耀文，分管市场管理部、中联煤层气有限责任公司工作；副总经理蒋金楚，分管通信工作；集团公司领导同志其他工作分工不变。【中油办字〔1999〕第791号】

同日　集团公司直属机关党委批复，同意梁彪、梁森林、胡继善、李本忠、张二林、展孺牛等6名同志任中国华油集团公司党委委员。【直机党字〔1999〕第33号】

同日　集团公司直属机关党委批复，同意王新文、石晓海同志任通信公司党委委员，石晓海同志任纪委书记。【直机党字〔1999〕第34号】

12月22日　股份公司印发《石油销售企业岗位基薪工资制度方案》。【石油人字〔1999〕第87号】

12月23日　国家经济贸易委员会发出《关于同意中国石油天然气股份有限公司转为境外募集公司的复函》，同意中国石油天然气股份有限公司境外募集股份并上市。【《中国石油大事记》】

同日　集团公司批复，同意原中国石化财务有限责任公司沈阳和兰州办

事处划归中油财务有限责任公司管理。【中油人劳字〔1999〕第804号】

同日 股份公司决定，艾俊良任黑龙江销售分公司总经理。【石油任字〔1999〕第70号】

12月24日 股份公司印发《关于股份公司所属专业公司、地区公司名称变更的通知》，对股份公司所属3个专业公司、47个地区公司的名称进行变更。【石油人字〔1999〕第89号】

同日 集团公司党组决定，祖凤鸣同志任集团公司党组纪检组副组长；免去严家发同志的党组纪检组副组长职务。集团公司决定，祖凤鸣任集团公司监察部主任；免去严家发的主任职务。【中油党字〔1999〕第158号 中油任字〔1999〕第803号】

12月25日 集团公司党组决定，严家发同志任集团公司党组纪检组局级巡视员。【中油党字〔1999〕第159号】

12月27日 中国石油销售总公司决定，聘任赵永起为华北销售公司副总经理。【销字〔1999〕第89号】

12月28日 集团公司决定，谷伟任华油北京服务总公司副总经理；免去李培宗的副总经理职务。【中油任字〔1999〕第807号】

同日 集团公司党组决定，钟辛生同志任石油地球物理勘探局党委书记，徐文荣同志任党委常委、副书记，管忠同志任党委常委；免去许大坤同志的党委书记、常委职务，接铭训同志的党委常委职务。【中油党字〔1999〕第161号】

同日 集团公司决定，徐文荣任石油地球物理勘探局局长，阎万朝、张玮任副局长，夏义平任总地质师，张永刚任石油地球物理勘探局研究院院长；免去钟辛生的石油地球物理勘探局局长职务，许大坤、接铭训的副局长职务。【中油任字〔1999〕第810号】

同日 集团公司党组决定，常延魁、赵士峰同志任中国石油天然气管道局党委委员、常委。集团公司决定，常延魁、马骅任中国石油天然气管道局副局长。【中油党字〔1999〕第162号 中油任字〔1999〕第812号】

同日 集团公司决定，戴明梓任咨询中心综合技术部主任（兼），翟光明任咨询中心勘探部主任，陈希吾任咨询中心工程炼化部主任，白倬生任咨询中心经济部主任。【中油任字〔1999〕第806号】

同日 集团公司决定，江夕根任集团公司规划计划部副主任，陆凌任集团公司财务资产部副主任，樊胜利任集团公司人事劳资部副主任，石林任集团公司市场管理部副主任，孙祖岭任集团公司人才劳动力交流中心主任，刘志华任集团公司社会保险中心主任；免去孙祖岭的集团公司社会保险中心主任职务。【中油任字〔1999〕第808号】

同日　集团公司直属机关党委批复，同意王功礼、李文绮同志任规划设计总院党委委员。【直机党字〔1999〕第6号】

12月　集团公司决定，将所持大连西太平洋石油化工有限公司（简称西太公司）22.862%的股权转让股份公司持有并负责经营管理。西太公司作为股份公司控股子公司，行政上由股份公司直接管理，业务上由炼化与销售分公司管理。【大连西太平洋石油化工有限公司上报】

本年　集团公司用工总量164.39万人。

二〇〇〇年

一　　月

1月3日　集团公司决定，从2000年1月1日起，将中国石油物资装备总公司所属大庆公司、抚顺公司、大连公司、锦西公司等4家外贸公司及新疆石油管理局所属独山子石油化工总厂进出口贸易公司划归中国石油天然气股份公司下属的中国联合石油有限责任公司管理。【中油人劳字〔2000〕第8号】

同日　集团公司党组决定，朱忠虎同志任第一建设公司党委书记；免去邢宏坤同志的党委书记、委员职务。【中油党字〔2000〕第1号】

1月5日　股份公司决定，大庆油田有限责任公司董事会由苏树林、陆敬、徐绍铭、巢华庆、纪士寅、萧德铭、王玉普、王广昀、周明春等9人组成，苏树林任董事长，陆敬、徐绍铭任副董事长；大庆油田有限责任公司监事会由5人组成，孙淑光任监事会主席。【石油任字〔2000〕第1号】

1月6日　集团公司决定，从2000年1月1日起，将中国石油物资装备总公司下属的国际事业抚顺公司、国际事业锦州公司、国际事业兰炼公司、国际事业兰化公司等4家外贸公司的机构和人员，划归原挂靠炼化企业，作为子公司管理，公司名称按照“中国石油国际事业＋挂靠企业简称＋公司”的统一格式进行变更。【中油人劳字〔2000〕第9号】

同日　集团公司决定，阎三忠兼任中国华油集团公司董事长，王煌今任副董事长，刘海胜、陈安家、王永纯、温青山、胡继善、李本忠、张二林等7人任董事；免去任传俊、金国梁、汪国良、林金高等4人的中国华油集团公司董事会董事职务。【中油人劳字〔2000〕第6号】

1月9日　新疆维吾尔自治区总工会批复，同意塔里木油田分公司工会第一届委员会常委由9人组成，马振武同志为工会主席。【新工函发〔2000〕第07号】

1月10日　集团公司决定，徐明任抚顺石油化工公司副经理。【中油任字〔2000〕第12号】

同日　集团公司党组决定，徐明、徐涛同志任抚顺石油化工公司党委常

委。【中油党字〔2000〕第2号】

1月11日　股份公司决定，成立中国石油天然气股份有限公司锦州石化分公司，该公司与锦州石化股份有限公司按“一套机构、两块牌子”运作。【石油人字〔2000〕第5号】

1月12日　集团公司人事劳资部决定，成立中国石油健康安全环境审核中心，该中心挂靠大港油田集团有限责任公司，业务由集团公司质量安全与环保部指导。【人劳字〔2000〕第19号】

1月21日　集团公司党组决定，张守梅、宋友立同志任新疆石油管理局党委常委，凌霄同志任新疆石油管理局准东石油勘探开发公司党委书记。【中油党字〔2000〕第5号】

同日　集团公司决定，陈岩、张中洲任新疆石油管理局副局长，凌霄任新疆石油管理局准东石油勘探开发公司经理；免去陈长庚的新疆石油管理局准东石油勘探开发公司经理职务。【中油任字〔2000〕第20号】

1月24日　股份公司人事部决定，杨顺义任青海销售分公司总经理。【油人字〔2000〕第19号】

1月25日　集团公司党组决定，董永博同志任辽宁省石油总公司纪委书记。【中油党字〔2000〕第7号】

同日　集团公司党组决定，董永博同志继续担任辽宁省石油总公司党委书记，崔北林同志继续担任辽宁省石油总公司工会主席。【人劳函字〔2000〕第11号】

同日　集团公司决定，王纪安任承德石油高等专科学校校长；免去喻祥隆的校长职务。【中油任字〔2000〕第25号】

1月31日　股份公司人事部决定，将中国石油天然气集团公司石油工程造价管理中心更名为中国石油天然气股份有限公司石油工程造价管理中心。【油人字〔2000〕第27号】

二　　月

2月1日　集团公司印发《中国石油天然气集团公司关于推进存续企业改革与发展的若干政策措施》。【中油研字〔2000〕第30号】

同日　集团公司决定，调整集团公司科技委员会成员，集团公司总经理

马富才任主任。【中油人劳字〔2000〕第31号】

同日 集团公司决定，俞明康任集团公司监察部监察专员，免去其集团公司多种经营部副主任职务。【中油任字〔2000〕第32号】

同日 中国石油销售总公司党委决定，王杨同志任吉林销售分公司临时党委委员。炼化与销售分公司决定，聘任王杨为吉林销售分公司总会计师。【销党字〔2000〕第1号 油炼销字〔2000〕第22号】

同日 中国石油销售总公司党委决定，何瑞林同志任华东销售分公司临时党委委员、副书记、纪委书记、工会主席。【销党字〔2000〕第2号】

同日 中国石油销售总公司党委决定，杨振恒同志任宁夏销售分公司临时党委委员、副书记、纪委书记、工会主席。【销党字〔2000〕第3号】

同日 中国石油销售总公司党委决定，贾占普同志任甘肃销售分公司党委委员。炼化与销售分公司决定，贾占普任甘肃销售分公司总会计师。【销党字〔2000〕第5号 油炼销字〔2000〕第24号】

同日 炼化与销售分公司决定,聘任王国松为华北销售分公司总会计师。【油炼销字〔2000〕23号】

2月9日 集团公司召开石油高等院校领导工作会议，集团公司副总经理吴耀文在会上宣读了国家关于普通高校管理体制划转的文件,集团公司所属7所高等院校进行划转和更名。其中石油大学划转给教育部管理，大庆石油学院划转给黑龙江省、西南石油学院划转给四川省、江汉石油学院划转给湖北省、西安石油学院划转给陕西省、承德石油高等专科学校划转给河北省管理，新疆石油学院更名为集团公司培训中心。【《集团公司2001年年鉴》】

2月16日 集团公司党组决定，周抚生同志任大庆石油管理局党委常委，徐国才同志任党委委员、常委；免去孙淑光同志的党委副书记、常委职务，陆敬、徐绍铭、巢华庆、萧德铭等4名同志的党委常委职务。【中油党字〔2000〕第10号】

同日 集团公司决定，张树平任大庆石油管理局局长，曾玉康任常务副局长，苏玉添任副局长，李忠臣任总会计师；免去苏树林的局长职务，陆敬的常务副局长职务，徐绍铭、王德民、巢华庆、纪士寅、刘希俭等6人的副局长职务。【中油任字〔2000〕第47号】

同日 集团公司党组决定,免去焦海坤同志的吉化集团公司党委副书记、常委职务。集团公司决定，朱忠民任吉化集团公司经理；免去焦海坤的经理职务。【中油党字〔2000〕第11号 中油任字〔2000〕第48号】

2月17日 股份公司决定，成立中国石油天然气股份有限公司监事会办公室，机构规格为正局级，按总部机关部门管理。【石油人字〔2000〕第35号】

2月21日 集团公司决定，成立集团公司关联交易协调领导小组，吴耀文任组长。【中油人劳字〔2000〕第61号】

同日 集团公司人事劳资部决定，成立石油高校管理体制改革及学校交接工作小组，郑虎任组长。【人劳字〔2000〕第52号】

2月22日 股份公司决定，杜烈奋任炼油与销售公司副总经理，免去其哈尔滨石化分公司副总经理兼总会计师职务。【石油任字〔2000〕第37号】

同日 股份公司决定，贾忆民任股份公司财务部副总经理。【石油任字〔2000〕第38号】

2月25日 集团公司决定，将中国石油销售总公司控股管理的中油优特高级润滑油联合公司的股权交由中国华油集团公司控股管理。【中油人劳字〔2000〕第63号】

2月28日 股份公司决定，股份公司董事会设立投资发展委员会、审计委员会、考核与薪酬委员会、健康环境委员会，蒋金楚、董建成、任传俊、阎三忠分别担任主任委员。【石油人字〔2000〕第48号】

三 月

3月1日 集团公司人事劳资部决定，撤销集团公司职称外语考试中心和外语测试中心，成立集团公司考试中心，考试中心挂靠在石油管理干部学院，业务归口集团公司人事劳资部管理。【人劳字〔2000〕第60号】

3月2日 集团公司决定，成立集团公司西气东输工程领导小组，黄炎任组长。【中油人劳字〔2000〕第69号】

同日 集团公司直属机关党委批复，同意迟尚忠、刘飞军同志任石油规划设计总院党委委员。【直机党字〔2000〕第5号】

同日 集团公司直属机关党委批复，同意马广悦同志任中国石油物资装备（集团）总公司党委委员。【直机党字〔2000〕第6号】

3月3日 股份公司决定，将青海销售分公司、西藏销售分公司的机构规

格调整为副局级。【石油人字〔2000〕第52号】

同日 股份公司决定，将辽宁销售分公司所属的沈阳石油公司机构规格调整为正处级。【石油人字〔2000〕第53号】

3月6日 股份公司决定，陈吉庆任西气东输工程项目经理部总经理，陈希吾、王树宽、谢戈果、姜笃志等4人任副总经理，谢戈果兼任总会计师。【石油任字〔2000〕第57号】

3月8至10日 集团公司在北京召开2000年人事工作会议。集团公司、股份公司机关及所属企事业单位近200人参加会议。会议的主要任务是：认真学习党的十五大和十五届四中全会精神，贯彻全国组织部长会议，人事、劳动厅局长会议和集团公司工作会议精神，总结1999年的人事工作，部署2000年的人事工作任务，研究讨论人事工作有关新的政策制度，进一步认清形势、坚定信心、团结奋进，努力开创人事工作新局面，为实现集团公司持续发展战略目标努力奋斗。集团公司总经理、党组书记马富才和副总经理吴耀文出席会议并讲话，人事劳资部主任郑虎作工作报告。

3月8日 股份公司决定，成立中国石油天然气股份有限公司西气东输工程项目经理部，机构规格为正局级。【石油人字〔2000〕第56号】

3月16日 股份公司决定，刘敏星任股份公司党群工作部（企业文化部）主任，王益岭任副主任。【石油任字〔2000〕第63号】

3月17日 股份公司决定，新疆油田分公司所属独山子石化公司上划中国石油天然气股份公司，从2000年1月1日起，作为股份公司直属地区公司，机构规格为正局级。【石油人字〔2000〕第58号】

3月22日 集团公司党组决定，李克成同志兼任股份公司直属机关党委委员、书记，刘敏星同志任党委委员、常务副书记、工会主席，王益岭同志任党委委员、副书记，陈明同志兼任党委委员、纪委书记，李华民、覃国军、刘宝和、林青山、张新志、李海元、王立华等7名同志任党委委员。【中油党字〔2000〕第15号】

3月31日 集团公司批复，同意地球物理勘探局进行工商注册登记取得企业法人资格，企业名称为中国石油集团地球物理勘探局。【中油人劳字〔2000〕第105号】

四　月

4月3日　集团公司党组决定，免去周永涛、王纪元同志的吉林石油集团有限责任公司党委常委职务。【中油党字〔2000〕第16号】

4月6日　集团公司直属机关党委批复，同意王莎莉、李华林、尹君泰等3名同志任中国石油天然气勘探开发公司临时党委委员，王莎莉同志任临时纪委书记。【直机党字〔2000〕第16号】

同日　集团公司直属机关党委批复，同意王立华同志任中国联合石油有限责任公司党委书记，刘仲秋、沈定成、于吉友等3名同志任党委委员，沈定成同志任纪委书记；免去王立华同志的纪委书记职务。【直机党字〔2000〕第17号】

4月6日和7日　中国石油股票分别在美国纽约证券交易所和香港联合交易所挂牌交易，成功上市。【《中国石油大事记》】

4月7日　集团公司印发《中国石油天然气集团公司关于存续企业减员增效的实施意见》。【中油人劳字〔2000〕第115号】

4月10日　集团公司人事劳资部批复，同意撤销西安石油职工大学、西安石油勘探仪器总厂技工学校、宝鸡石油钢管厂技工学校、宝鸡石油机械厂技工学校、咸阳石油钢管钢绳厂技工学校，吉林化工技工学校。【人劳字〔2000〕第97号　人劳字〔2000〕第98号】

4月11日　集团公司印发《关于加强培训工作意见的通知》。【中油人劳字〔2000〕第117号】

4月12日　股份公司人事部印发《关于做好后备干部选拔工作的通知》。【油人字〔2000〕87号】

4月20日　集团公司决定，调整集团公司国家安全小组成员，马富才任组长，领导小组办公室设在集团公司办公厅信访保卫处。【中油人劳字〔2000〕第131号】

同日　股份公司决定，撤销中国石油天然气股份有限公司炼化与销售分公司，在炼油与销售板块的基础上设立中国石油天然气股份有限公司炼油与销售分公司，在化工与销售板块基础上设立中国石油天然气股份有限公司化工与销售分公司。【石油人字〔2000〕第85号】

4月29日　集团公司决定，调整集团公司保密委员会成员，吴耀文任主任，

委员会办公室设在集团公司办公厅。【中油人劳字〔2000〕第156号】

同日 集团公司人事劳资部决定，调整石油工业劳动定员定额标准化技术委员会成员，刘磊任主任委员。【人劳字〔2000〕第114号】

4月30日 集团公司决定，调整集团公司人民防空委员会成员，蒋金楚任主任。【中油人劳字〔2000〕第154号】

五　月

5月8日 集团公司决定，成立集团公司技术设备引进领导小组，吴耀文任组长，中国石油天然气总公司技术设备引进领导小组随即撤销。【中油人劳字〔2000〕第159号】

5月10日 股份公司决定，张新志任化工与销售分公司总经理，杜建荣、沈钢任副总经理。【石油任字〔2000〕第101号】

同日 股份公司决定，林青山任炼油与销售分公司总经理，杜烈奋、吴国志、田景惠、陈耀华等4人任副总经理，杨继钢任总工程师，杨信任总会计师。【石油任字〔2000〕第102号】

同日 股份公司直属机关党委决定，陈明、李风山、白新贺、单昆基、徐丰利等5名同志任股份公司直属机关纪律检查委员会委员，陈明同志兼任纪委书记，李风山同志任纪委副书记。【油直机党字〔2000〕第14号】

5月11日 集团公司党组决定，刘少斌同志任石油管理干部学院纪委书记。【中油党字〔2000〕第19号】

5月17日 集团公司决定，调整集团公司关联交易协调领导小组成员。【中油人劳字〔2000〕第172号】

同日 集团公司直属机关党委批复，同意戴明梓同志任咨询中心党支部书记，康竹林同志任党支部副书记。【油直机党字〔2000〕第22号】

同日 股份公司印发《中国石油天然气股份有限公司薪酬总额与经济效益挂钩暂行办法》。【石油人字〔2000〕第104号】

5月18日 集团公司人事劳资部印发《中国石油天然气集团公司职业技能鉴定制度》。【人劳字〔2000〕第140号】

同日 集团公司决定，调整集团公司绿化委员会成员，蒋金楚任主任。【中油人劳字〔2000〕第171号】

同日 集团公司人事劳资部决定，北京石油管理干部学院不再隶属石油大学，作为集团公司的直属单位，继续承担集团公司干部的培训任务。【人劳字〔2000〕第138号】

同日 集团公司直属机关党委批复，同意孙起瑞同志任石油管理干部学院党委委员。【油直机党字〔2000〕第21号】

5月19日 集团公司印发《中国石油天然气集团公司所属企业生产经营考核试行办法》和《中国石油天然气集团公司所属企业生产经营考核试行办法实施细则》。【中油计字〔2000〕第175号】

5月22日 集团公司党组决定，林青山同志任炼油与销售分公司党委委员、书记，段振兴同志任党委委员、副书记、纪委书记、工会主席，杜烈奋、吴国志、田景惠、陈耀华、杨继钢、杨信等6名同志任党委委员。【中油党字〔2000〕第26号】

同日 股份公司直属机关党委决定，李炜同志任炼油与销售分公司党委委员。【油直机党字〔2000〕第20号】

5月23日 集团公司党组印发《关于加强企业领导班子建设若干问题的意见》、《关于选拔任用领导干部实行公示的暂行办法》、《领导干部选拔任用工作监督检查暂行办法》、《中国石油天然气集团公司（党组）管理的干部职务名称表》、《关于明确集团公司重组后企业党（工会、共青团）组织关系和干部管理权限的暂行办法》。【中油党字〔2000〕第20号、第21号、第22号】

5月23至24日 中国石油天然气股份有限公司人事工作会议在京召开，黄炎、任传俊、李克成出席会议并分别作了讲话。

六 月

6月1日 股份公司决定，毛泽锋任股份公司董事会助理秘书兼投资者关系负责人、香港代表处总代表，不再担任股份公司法律事务部副总经理职务；免去徐小鲁的董事会助理秘书兼投资者关系负责人、香港代表处总代表职务。【石油任字〔2000〕第120号】

6月2日 集团公司印发《中国石油天然气集团公司所属事业单位考核奖惩试行办法》。【中油计字〔2000〕第197号】

同日 炼化与销售分公司决定，将吉林销售分公司大连开发区公司整体

划入大连销售分公司。【油炼销字〔2000〕第116号】

6月5日 中共中央组织部任命，李克成为中国石油天然气集团公司党组纪检组组长。【组任字〔2000〕125号】

6月6日 股份公司决定，成立股份公司安全生产保证基金管理委员会，任传俊任主任。【石油人字〔2000〕第121号】

6月7日 股份公司印发《中国石油天然气股份有限公司劳动合同管理暂行办法》、《中国石油天然气股份有限公司员工内部退养暂行规定》、《中国石油天然气股份有限公司操作服务人员绩效考核指导意见》。【石油人字〔2000〕第124号、第127号、第128号】

6月8日 股份公司印发《中国石油天然气股份有限公司关于减员增效工作的若干意见》。【石油人字〔2000〕第125号】

同日 集团公司决定，王明才任中国石油天然气香港有限公司副董事长、总经理；免去张如椿的副董事长、总经理职务。【中油任字〔2000〕第202号】

同日 集团公司党组决定，王富同志任冀东石油勘探开发公司党委委员、副书记、纪委书记、工会主席，席励新同志任党委委员；免去刘联民同志的党委副书记、纪委书记、工会主席职务。集团公司决定，刘联民、席励新任冀东石油勘探开发公司副经理。【中油党字〔2000〕第27号 中油任字〔2000〕第201号】

同日 集团公司决定，孙波任中国石油天然气勘探开发公司副总经理兼中油国际（委内瑞拉）公司总经理，李庆平任总工程师，黄渝任总经济师；免去孙波的中国石油天然气勘探开发公司总工程师职务，王莎莉兼任的总经济师职务，王明才的副总经理、中油国际（委内瑞拉）公司总经理职务。【中油任字〔2000〕第203号】

6月9日 股份公司印发《中国石油天然气股份有限公司员工有偿解除劳动关系暂行规定》。【石油人字〔2000〕第126号】

6月12日 股份公司印发《中国石油天然气股份有限公司机构编制管理暂行办法》。【石油人字〔2000〕第129号】

6月13日 集团公司人事劳资部决定，石油大学（广州）更名为中国石油天然气集团公司广州培训中心。【人劳字〔2000〕第148号】

6月19日 股份公司直属机关党委批复，同意罗英俊、刘宝和、赵政璋、曾兴球、曲广玲、贾东、韩红等7名同志任勘探与生产分公司党委委员，罗英

俊同志任党委书记，刘宝和同志任党委副书记，曲广玲同志任纪委书记。【油直机党字〔2000〕第22号、第23号】

同日　股份公司直属机关党委批复，同意张新志、杜建荣、沈钢、万金龙、温铁民等5名同志任化工与销售分公司党委委员，张新志同志任党委书记，杜建荣同志任党委副书记，沈钢同志任纪委书记。【油直机党字〔2000〕第24号、第25号】

同日　股份公司直属机关党委批复，同意史兴全、李海元、李彬、汤亚利、吴世勤等5名同志任天然气与管道分公司党委委员，史兴全同志任党委书记，李海元同志任党委副书记，汤亚利同志任纪委书记。【油直机党字〔2000〕第26号、第27号】

6月20日　集团公司印发《中国石油天然气集团公司所属事业单位考核奖惩试行办法》。【中油人劳字〔2000〕第197号】

6月23日　集团公司决定，成立集团公司健康安全与环境指导委员会，马富才任主任，委员会办公室设在集团公司质量安全与环保部。【中油人劳字〔2000〕第226号】

同日　集团公司党组决定，王永春同志任吉林油田分公司党委书记；免去柏承强同志的党委书记、委员职务。股份公司决定，王永春任吉林油田分公司总经理；免去柏承强的总经理职务。【中油党字〔2000〕第29号　石油任字〔2000〕第138号】

同日　股份公司直属机关党委批复，同意杜建荣同志任化工与销售分公司工会主席。【油有机字工字〔2000〕第14号】

6月24日　集团公司党组决定，秦刚同志任塔里木油田分公司塔西南勘探开发公司党委书记；免去唐文豹同志的党委书记职务。【中油党字〔2000〕第32号】

同日　集团公司党组决定，董立国同志任华北油田分公司党委委员。【中油党字〔2000〕第36号】

6月26日　股份公司印发《中国石油天然气股份有限公司关于加强领导班子建设的若干意见》、《中国石油天然气股份有限公司经营管理者职务竞聘试行办法》。【石油人字〔2000〕第142号】

同日　股份公司决定，秦刚任塔里木油田分公司塔西南勘探开发公司经理（兼）；免去唐成久兼任的经理职务。【石油任字〔2000〕第145号】

同日 股份公司决定，贾东任勘探与生产分公司总会计师。【石油任字〔2000〕第149号】

6月27日 股份公司决定，周世民任化工与销售分公司副总经理，孙宗民任总会计师。【石油任字〔2000〕第148号】

6月28日 中国石油天然气集团公司、中煤建设集团公司决定，中联煤层气有限责任公司第二届董事会由黄绍和、黄稚达、接明训、孙茂远、纪成岐、冯三利等6人组成，黄绍和任董事长，黄稚达任副董事长；聘任黄稚达为总经理，接明训、孙茂远、纪成岐、冯三利等4人为副总经理，纪成岐兼任总会计师，冯三利兼任总工程师。【中油任字〔2000〕第229号、第231号】

同日 集团公司党组决定，刘富国同志任大庆油田有限责任公司油田建设设计研究院党委书记。股份公司决定，冀宝发任大庆油田有限责任公司勘探开发研究院院长。【中油党字〔2000〕第31号 石油任字〔2000〕第143号】

同日 集团公司党组决定，伍金堂同志任中国石油天然气第七建设公司党委书记；免去邓德利同志的党委书记、委员职务。集团公司决定，汪桃义任中国石油天然气第七建设公司经理；免去邓德利的经理职务。【中油党字〔2000〕第38号 中油任字〔2000〕第232号】

6月29日 集团公司党组决定，亓平同志任管道分公司临时党委委员。【中油党字〔2000〕第33号】

同日 集团公司决定，调整集团公司石油教育与人才研究所挂靠单位，由挂靠石油大学（北京）变更为石油管理干部学院，该所为正处级单位。【中油人劳字〔2000〕第240号】

同日 集团公司决定，在北京华油服务总公司的基础上，成立集团公司机关服务中心。【中油人劳字〔2000〕第241号】

6月30日 集团公司决定，李世范任辽宁石油总公司副总经理。【中油任字〔2000〕第244号】

七 月

7月3日 集团公司党组决定，蔺爱国同志任大连西太平洋石油化工有限公司党委委员、副书记。【中油党字〔2000〕第35号】

同日 集团公司人事劳资部决定，免去祝启波的石油大学（广州）副校

长职务。【人劳字〔2000〕第166号】

7月6日　股份公司印发《中国石油天然气股份有限公司员工教育培训暂行规定》。【石油人字〔2000〕第161号】

7月10日　集团公司党组决定，苏树林同志任大庆油田有限责任公司党委书记。【中油党字〔2000〕第40号】

同日　集团公司党组决定，焦海坤同志任吉林石化分公司党委书记。【中油党字〔2000〕第41号】

7月11日　炼油与销售分公司决定，聘任刘安川为四川省石油集团有限责任公司副总经理。【油炼销字〔2000〕第170号】

同日　炼油与销售分公司党委决定，杨富同志任内蒙古销售分公司临时党委委员。炼油与销售分公司决定，聘任杨富为内蒙古销售分公司总会计师。【油炼销党字〔2000〕第10号　油炼销字〔2000〕第171号】

同日　炼油与销售分公司党委决定，张双平同志任黑龙江销售分公司临时党委委员。炼油与销售分公司决定，聘任张双平为黑龙江销售分公司总会计师。【油炼销党字〔2000〕第12号　油炼销字〔2000〕第173号】

7月12日　中国石油天然气股份有限公司首届董事会第六次会议在北京召开，同意聘任王福成为中国石油天然气股份有限公司副总裁，委任其为中国石油天然气股份有限公司负责与香港联交所联系的授权代表，林青山为副总裁兼炼油与销售分公司总经理，张新志为副总裁兼化工与销售分公司总经理，沈平平为副总裁兼勘探开发研究院院长；免去蒋洁敏的副总裁职务及负责与香港联交所的授权代表职务。【董决字〔2000〕28号】

同日　股份公司决定，贾承造任中国石油天然气股份有限公司总地质师，免去其塔里木油田分公司副总经理、勘探开发研究院副院长职务。【石油任字〔2000〕第170号】

同日　股份公司决定，设立中国石油天然气股份有限公司润滑油分公司。【董决字〔2000〕30号】

同日　集团公司党组决定，王革同志任辽河石油勘探局党委常委、副书记，张凤山、姚亚元、孙成立等3名同志任党委常委；免去王春鹏同志的党委副书记、常委职务，赵世温、刘垒昌同志的党委常委职务。集团公司决定，王革任辽河石油勘探局局长，张凤山、郝家奎、刘振军等3人任副局长；免去

王春鹏的辽河石油勘探局局长职务，赵世温的副局长职务。【中油党字〔2000〕第42号　中油任字〔2000〕第256号】

同日　股份公司决定，免去刘宏斌的吐哈油田分公司副总经理职务。【石油任字〔2000〕第169号】

7月14日　集团公司党组决定，王春鹏同志任辽河油田分公司党委委员、书记，付从飞、谢文彦、梁作利等3名同志任党委委员；免去王福成同志的党委书记、委员职务，王革同志的党委委员职务。股份公司决定，王春鹏任辽河油田分公司总经理，付从飞、谢文彦、梁作利等3人任副总经理；免去王福成的总经理职务，王革的副总经理、总会计师职务。【中油党字〔2000〕第43号　石油任字〔2000〕第167号】

7月18日　集团公司党组决定，刘宏斌同志任吐哈石油勘探开发指挥部党委委员、常委、副书记，杨盛杰同志任党委委员、常委；免去唐世荣同志的党委委员职务。集团公司决定，刘宏斌任吐哈石油勘探开发指挥部指挥，杨盛杰任副指挥；免去李志新的指挥职务，唐世荣的副指挥职务。【中油党字〔2000〕第46号　中油任字〔2000〕第265号】

同日　集团公司党组决定，默新社同志任独山子石油化工总厂党委委员、副书记、纪委书记，麦麦提·伊力同志任党委委员、副书记、工会主席，吕健同志任党委委员；免去董明同志的党委副书记、委员、纪委书记职务。集团公司决定，吕健任独山子石油化工总厂副厂长；免去崔光耀的总经济师职务。【中油党字〔2000〕第47号　中油任字〔2000〕第267号】

同日　集团公司党组决定，李殿敏同志任林源炼油厂党委副书记，刘自强同志任纪委书记、工会主席；免去季振华同志的党委副书记、纪委书记、工会主席职务。集团公司决定，李殿敏任林源炼油厂厂长，季振华任副厂长；免去刘自强的厂长职务。【中油党字〔2000〕第48号　中油任字〔2000〕第266号】

7月25日　集团公司印发《有偿解除劳动合同审批资金管理暂行办法》。【中油人劳字〔2000〕第278号】

同日　股份公司印发《中国石油天然气股份有限公司高级管理人员业绩考核暂行办法》、《中国石油天然气股份有限公司中层以下管理人员业绩考核指导意见》。【石油人字〔2000〕第189号、第190号】

7月27日　股份公司明确领导班子成员分工：总裁黄炎，负责股份公司全面工作，分管规划计划、人事、监察和审计工作；高级副总裁任传俊，负责炼油与销售、化工与销售方面工作，分管总裁办公室、劳动、薪酬、培训、外事（包括对外合作、进出口）和中国联合石油有限责任公司工作；副总裁王福成，负责资本市场方面工作，分管法律事务、质量安全环保、科技与信息工作；副总裁罗英俊，负责勘探与生产分公司全面工作；副总裁史兴全，负责天然气与管道分公司全面工作；副总裁苏树林，负责大庆油田有限责任公司全面工作；副总裁林青山，负责炼油与销售分公司全面工作；副总裁张新志，负责化工与销售分公司全面工作；副总裁沈平平，负责勘探开发研究院全面工作；财务总监王国樑，负责财务工作；总地质师贾承造，协助黄炎总裁、罗英俊副总裁负责战略勘探方面工作。【石油办字〔2000〕第203号】

7月28日　炼油与销售分公司党委决定，大连海运分公司党支部委员会由张本良、刘志斌、范志敏等3名同志组成，张本良同志任党支部书记，范志敏同志任党支部副书记。【油炼销党字〔2000〕第14号】

7月31日　集团公司人事劳资部印发《〈关于加强培训工作的意见〉实施细则》。【人劳字〔2000〕第199号】

八　月

8月1日　股份公司决定，自7月1日起，华北油田分公司所属第一炼油厂、呼和浩特炼油厂和大港油田分公司所属大港油田炼油厂划归股份公司直接管理，上划后3个炼油厂分别更名为中国石油天然气股份有限公司华北石化分公司、中国石油天然气股份有限公司呼和浩特石化分公司、中国石油天然气股份有限公司大港石化分公司。【石油人字〔2000〕第197号】

8月3日　股份公司决定，成立股份公司预算委员会，黄炎任主任。【石油人字〔2000〕第201号】

同日　股份公司印发《中国石油天然气股份有限公司关于选拔领导人员实行任前公示的暂行办法》。【石油人字〔2000〕第199号】

同日　集团公司党组决定，张殿云同志任新疆石油管理局克拉玛依石油化工公司党委书记。集团公司决定，张殿云任新疆石油管理局克拉玛依石油化工公司经理。【中油党字〔2000〕第57号　中油任字〔2000〕第345号】

8月4日　集团公司党组决定，免去贾承造同志的塔里木油田分公司党工

委常委职务。【中油党字〔2000〕第50号】

同日 集团公司党组决定，免去孙宗民同志的乌鲁木齐石化分公司党委委员职务。【中油党字〔2000〕第51号】

8月11日 股份公司决定，张金铸任股份公司财务部副总经理。【石油任字〔2000〕第213号】

8月15日 集团公司决定，免去张金铸的石油经济和信息研究中心副主任职务。【中油任字〔2000〕320号】

8月16日 集团公司决定，设立中国石油天然气集团公司资本运营部，以事业部模式运作，按集团公司分公司注册。【中油人劳字〔2000〕第321号】

8月17日 股份公司决定，设立中国石油天然气股份有限公司天然气与管道华北分公司，机构规格为正处级，行政后勤由北京天然气集输公司代管，业务上由天然气与管道分公司归口管理。【石油人字〔2000〕第220号】

同日 股份公司决定，设立中国石油天然气股份有限公司化工与销售东北分公司、中国石油天然气股份有限公司化工与销售西北分公司、中国石油天然气股份有限公司化工与销售华东分公司、中国石油天然气股份有限公司化工与销售华北分公司等4个化工与销售大区公司，机构规格均为正处级，为股份公司直属地区公司。【石油人字〔2000〕第221号】

8月18日 集团公司人事劳资部决定，恢复中国石油天然气集团公司土地管理办公室，挂靠集团公司规划计划部。【人劳字〔2000〕第219号】

8月21日 集团公司决定，唐其烈任塔里木石油勘探开发指挥部指挥。【中油任字〔2000〕第333号】

同日 集团公司党组决定，徐会举同志任塔里木石油勘探开发指挥部党委委员、书记，唐其烈同志任党委委员、副书记，冯忠田同志任党委委员、副书记、纪委书记、工会主席，吴文阳、陈沛文同志任党委委员。【中油党字〔2000〕第55号】

8月22日 集团公司人事劳资部决定，中国石油天然气基建管理办公室划归集团公司规划计划部。【人劳字〔2000〕第229号】

8月24日 股份公司决定，孟纯绪任炼油与销售分公司副总经理兼总工程师，免去其大连石化分公司副总经理职务；杨继钢任化工与销售分公司副总经理兼总工程师，免去其炼油与销售分公司总工程师职务。【石油任字〔2000〕第229号】

8月28日 集团公司印发《中国石油天然气集团公司专业技术职务评聘工作暂行规定》。【中油职改字〔2000〕第1号】

同日 集团公司人事劳资部决定，徐会举任塔里木石油勘探开发指挥部副指挥。【人劳字〔2000〕第224号】

8月29日 中共中央组织部批准，同意苏树林、郑虎、贡华章等3名同志任中国石油天然气集团公司党组成员，免去蒋金楚同志的党组成员职务。【组任字〔2000〕220号】

同日 中共中央组织部批复，同意苏树林、郑虎任中国石油天然气集团公司副总经理；免去蒋金楚的副总经理职务，退休。国务院9月14日决定，任命苏树林、郑虎为中国石油天然气集团公司副总经理；免去蒋金楚的副总经理职务。【组任字〔2000〕219号 国人字〔2000〕131号】

九 月

9月1日 集团公司决定，成立中国石油天然气集团公司石油工程造价管理中心，该中心挂靠中国石油工程建设（集团）公司，业务接受集团公司规划计划部指导。【中油人劳字〔2000〕第352号】

同日 集团公司决定，成立中国石油天然气集团公司技术中心，该中心与集团公司科技发展部合署办公，实行一个机构、两块牌子的管理体制。【中油人劳字〔2000〕第353号】

同日 集团公司决定，调整集团公司职称改革工作领导小组成员，吴耀文任组长。【中油人劳字〔2000〕第355号】

同日 集团公司决定，王忠华任集团公司机关服务中心主任。【中油任字〔2000〕第358号】

9月5日 股份公司人事部决定，给予钟玉振行政撤销大连销售分公司经理职务的处分，并降低职务工资二级。【石油监字〔2000〕第238号】

同日 股份公司决定，杨天奎为化工与销售华北分公司负责人，霍建中为化工与销售东北分公司负责人，刘军为化工与销售西北分公司负责人，靳永青为化工与销售华东分公司负责人。【石油人字〔2000〕第255号】

9月11日 集团公司党组决定，刘守信同志任哈尔滨炼油厂党委委员、书记，孙淑红同志任党委委员、副书记。集团公司决定，孙淑红任哈尔滨炼油

厂厂长。【中油党字〔2000〕第59号　中油任字〔2000〕第364号】

同日　集团公司党组决定，戴向东同志任广州培训中心党委委员、书记，马旭东、潘社吟、余刚强、刘远东等4名同志任党委委员，原石油大学（广州）党委成员的职务自然免除。集团公司决定，戴向东任集团公司广州培训中心主任。集团公司人事劳资部决定，马旭东任集团公司广州培训中心副主任。【中油党字〔2000〕60号　中油任字〔2000〕第389号　中油人劳字〔2000〕第240号】

9月27日　集团公司决定，吴耀文任中国石油天然气香港有限公司第二届董事会董事长，王明才任副董事长，周吉平、李怀奇、张如椿、温青山、江夕根、王利德等6人任董事；原公司董事会成员职务自然免除。【中油人劳字〔2000〕第406号】

同日　张敬谦、王泽福两名同志在中共四川石油管理局第七次代表大会上增补为四川石油管理局党委常委。【川油党发〔2000〕第35号　川组任〔2000〕第547号】

9月28日　股份公司决定，兰州石化分公司、兰州炼化分公司整体合并重组，组建新的中国石油天然气股份有限公司兰州石化分公司。【石油人字〔2000〕第260号】

十　月

10月8日　集团公司党组决定，孙立同志任兰州石化分公司党委书记，周国勋同志任党委副书记，许国华同志任党委副书记、纪委书记，李政华同志任党委副书记、工会主席，李春升、张文奎、陈越民、李永经、夏荣安、蒋尚军等6名同志任党委委员。【中油党字〔2000〕第61号】

同日　股份公司决定，周国勋任兰州石化分公司总经理，孙立为常务副总经理，李春升、张文奎、陈越民、李永经、夏荣安等5人为副总经理，蒋尚军为总会计师；免去以上人员及方纪才、廖国勤担任的原兰州炼化分公司和兰州石化分公司行政领导职务。【石油任字〔2000〕第261号】

同日　集团公司党组决定，黄刚同志任辽河石油勘探局党委委员、常委。【中油党字〔2000〕第63号】

10月10日　股份公司决定，乔明凯任呼和浩特石化分公司总经理。【石油任字〔2000〕第275号】

10月11日　集团公司党组决定，张加林同志任管道分公司党委书记，黄维和同志任党委委员、副书记；免去陈吉庆同志的党委书记、委员职务，马志祥、谢戈果同志的党委委员职务。【中油党字〔2000〕第64号】

同日　股份公司决定，黄维和任管道分公司总经理，张加林任副总经理；免去陈吉庆的总经理职务，马志祥的副总经理职务，谢戈果的总会计师职务。【石油任字〔2000〕265号】

10月12日　股份公司决定，孙金瑜任股份公司人事部副总经理，李风山任股份公司监察室监察副专员。【石油任字〔2000〕第270号】

同日　股份公司决定，白新贺任股份公司审计部总经理。【石油任字〔2000〕第271号】

同日　股份公司决定，白新贺任股份公司监事会办公室主任（兼），王一端任副主任。【石油任字〔2000〕第272号】

同日　股份公司决定，廖国勤任润滑油分公司总经理。【石油任字〔2000〕第268号】

同日　集团公司党组决定，王玉普同志任大庆油田有限责任公司党委委员、第一采油厂党委书记，王广昀、周明春同志任大庆油田有限责任公司党委委员；免去纪士寅同志的大庆油田有限责任公司党委委员职务。【中油党字〔2000〕第69号】

同日　股份公司决定，王玉普任大庆油田有限责任公司副总经理兼第一采油厂厂长，王广昀任副总经理，周明春任总会计师；免去纪士寅的大庆油田有限责任公司副总经理、董事会董事职务，张广成的第一采油厂厂长职务。【石油任字〔2000〕第273号】

同日　集团公司党组决定，纪士寅同志任大庆炼化分公司党委委员、书记，董孝利同志任党委委员、副书记，张振同志任党委委员、副书记、工会主席，沈殿成、魏强、郭亚新、肖锐等4名同志任党委委员，以上人员原任的领导职务同时免除。【中油党字〔2000〕第70号】

同日　股份公司决定，董孝利任大庆炼化分公司总经理，沈殿成任常务副总经理，魏强、郭亚新任副总经理，肖锐任总会计师；以上人员原任的领导职务同时免除。【石油任字〔2000〕第274号】

同日　集团公司党组决定，中共西气东输工程项目经理部临时委员会由陈吉庆、陈希吾、王树宽、谢戈果等4名同志组成，陈吉庆同志任党委书记。股份公司决定，免去姜笃志的西气东输工程项目经理部副总经理职务。【中油党字〔2000】第67号　石油任字〔2000〕第269号】

同日　集团公司党组决定，姜笃志同志任中国石油天然气管道局党委委员、常委；免去黄维和同志的党委常委、委员职务。集团公司决定，姜笃志任中国石油天然气管道局副局长；免去黄维和的副局长、总工程师职务。【中油党字〔2000〕第66号　中油任字〔2000〕第428号】

同日　股份公司人事部决定，高宝光、王旭伟、王兴太等3人任呼和浩特石化分公司副总经理，刘前保任总工程师。【油人字〔2000〕第299号】

同日　股份公司人事部决定，刘存柱任华北石化分公司总经理，金龙欣、姜兴周、白跃华、单维忠、李金成、于建忠、刘金尚、孙效新等8人任副总经理，张景涛任总工程师，马表任总会计师。【油人字〔2000〕第300号】

同日　股份公司人事部决定，齐庆利任大港石化分公司总经理，杨彦东、武文斌、张俊泽、胡小明、周建国、左文斗、庞晓东、武宝贵、杨金凡等9人任副总经理，武宝贵兼任总会计师。【油人字〔2000〕第301号】

同日　炼油与销售分公司党委决定，方勇同志任重庆石油（集团）有限公司临时党委委员、书记，潘传清同志任临时党委委员、纪委书记、工会主席，吴华南同志任临时党委委员。炼油与销售分公司决定，聘任方勇为重庆石油（集团）有限公司总经理，吴华南为副总经理。【油炼销党字〔2000〕第20号　油炼销字〔2000〕第264号】

10月13日　股份公司决定，林源石化分公司与大庆油田化工总厂合并重组，成立中国石油天然气股份有限公司大庆炼化分公司，上划股份公司管理，机构规格为正局级。【石油人字〔2000〕第277号】

同日　股份公司批复，同意西北地质研究所更名为中国石油天然气股份有限公司勘探开发研究院西北分院，更名后机构及人员编制不变。【石油人字〔2000〕第278号】

10月17日　集团公司党组决定，范垂明同志任塔里木油田分公司党工委常委、塔里木石油勘探开发指挥部党委委员、副书记；免去唐其烈同志的塔里木油田分公司党工委常委、塔里木石油勘探开发指挥部党委副书记、委员职务。集团公司决定，范垂明任塔里木石油勘探开发指挥部指挥，免去唐其

烈的指挥职务。【中油党字〔2000〕第72号 中油任字〔2000〕第439号】

同日 集团公司党组决定，何明杰同志任锦州石油化工公司党委副书记、纪委书记，陈青松同志任党委常委；免去夏中伏同志的党委副书记、纪委书记职务。集团公司决定，陈青松、夏中伏任锦州石油化工公司副经理。【中油党字〔2000〕第73号 中油任字〔2000〕第447号】

同日 集团公司党组决定，巩立志同志任大连石油化工公司党委常委、党委副书记、纪委书记、工会主席；免去张玄同志的党委副书记、常委、纪委书记、工会主席职务。【中油党字〔2000〕第74号】

同日 集团公司决定，陈维忠任集团公司审计部主任，孙先锋、马驰任副主任；免去孙寿荣的主任职务，苗铁生兼任的副主任职务。【中油任字〔2000〕第449号】

10月18日 集团公司批复，同意曲万胜在担任辽宁省人民检察院辽河油田分院检察长期间享受副局级待遇。【中油任字〔2000〕第448号】

10月23日 集团公司党组决定，朱龙、刘晓莉同志任集团公司党组纪检组（监察部）监察副专员。【中油党字〔2000〕第75号】

10月25日 股份公司决定，组建中国石油天然气股份有限公司润滑油分公司，为股份公司副局级地区公司，业务上由炼油与销售分公司归口管理；将兰州石化分公司、大庆石化分公司、独山子石化分公司、新疆油田克拉玛依石化厂、大庆炼化分公司等5家企业的润滑油调合车间、包装车间和设在外地的调合厂及其销售机构划入润滑油分公司。【石油人字〔2000〕第222号】

同日 集团公司党组决定，何树山同志任吉林石油集团有限责任公司党委委员、常委。集团公司决定，何树山任吉林石油集团有限责任公司总工程师。【中油党字〔2000〕第76号 中油任字〔2000〕第467号】

10月31日 集团公司党组决定，刘志同志任中国石油天然气运输公司党委委员、常委、副书记。集团公司决定，刘志任中国石油天然气运输公司副经理。【中油党字〔2000〕第80号 中油任字〔2000〕第472号】

十 一 月

11月2日 集团公司决定，撤销中油技术服务有限责任公司，成立中油国际工程有限责任公司，作为集团公司全资子公司，机构规格为正局级。下属4

个控股子公司：中国石油工程建设（集团）公司、中国石油技术开发公司、中油长城钻井公司、中油测井有限责任公司。同时，将中国石油工程建设（集团）公司所属的第一、第六、第七建设公司和华东勘察设计研究院4个副局级单位一并划入中油国际工程有限责任公司。【中油人劳字〔2000〕第487号】

11月3日 集团公司印发《中国石油天然气集团公司职业技能竞赛管理办法》。【中油人劳字〔2000〕第488号】

11月4日 集团公司党组决定，许志清同志任兰州炼油化工总厂党委副书记、纪委书记、工会主席，姚志强、王学文同志任党委常委；免去蒋宜芳同志的党委常委、纪委书记、工会主席职务，赵维纲同志的党委常委职务。集团公司决定，姚志强、王学文任兰州炼油化工总厂副厂长；免去赵维纲、许志清的副厂长职务。【中油党字〔2000〕第81号 中油任字〔2000〕第491号】

11月6日 集团公司党组决定，丁军同志任兰州化学工业公司党委常委，免去范子祺同志的党委常委职务。集团公司决定，丁军任兰州化学工业公司副经理，免去范子祺的副经理职务。【中油党字〔2000〕第83号 中油任字〔2000〕第503号】

11月8日 集团公司决定，张二林任中油建材总公司总经理。【中油任字〔2000〕第496号】

同日 集团公司决定，蒋金楚任中油国际工程有限责任公司董事长，许大坤、秦安民任副董事长，张纬九、刘海胜、李怀奇、周吉平、刘兴和、吴铭德等6人任董事。【中油人劳字〔2000〕第493号】

11月16日 集团公司决定，成立中国石油集团工程设计有限责任公司筹备工作领导小组，苗承武任组长，李文绮、刘飞军任副组长。【中国石油集团工程设计有限责任公司上报】

同日 集团公司党组决定，李长安同志任哈尔滨炼油厂党委委员。【中油党字〔2000〕第84号】

11月28日 集团公司党组决定，秦安民同志任中油国际工程有限责任公司党委委员、书记，许大坤同志任党委委员、副书记，吴铭德、张纬久、邢祖侗、李越强、林建浩等5名同志任党委委员。集团公司决定，许大坤任中油国际工程有限责任公司总经理，秦安民、张纬久、邢祖侗、吴铭德、李越强等5人任副总经理，刘戬任总会计师，杨时榜任安全总监。【中油党字〔2000〕

第87号 中油任字〔2000〕第540号】

同日 集团公司决定，安郁培任集团公司市场管理部主任；免去许大坤的主任职务。【中油任字〔2000〕第541号】

同日 集团公司党组决定，免去秦安民同志的中国石油工程建设（集团）公司党委副书记、委员职务。集团公司决定，张纬九任中国石油工程建设（集团）公司总经理；免去秦安民的总经理职务。【中油党字〔2000〕第88号 中油任字〔2000〕第542号】

同日 集团公司决定，邢祖侗任中油技术开发公司总经理；免去刘兴和的总经理职务。【中油任字〔2000〕第543号】

同日 集团公司决定，李越强同志任中油测井公司经理；免去吴铭德的经理职务。【中油任字〔2000〕第544号】

11月30日 集团公司同意，聘任李庆毅为集团公司资本运营部主任，石兴春、喻文益为副主任。【中油任字〔2000〕第547号】

同日 集团公司党组决定，韩建业同志任塔里木石油化工工程建设指挥部党委书记，张斌、夏书堃、宋北新等3名同志任党委委员；免去沈钢同志的党委副书记、委员职务，姜文、付建昌同志的党委委员职务。集团公司决定，王俊岭任塔里木石油化工工程建设指挥部指挥；免去沈钢的指挥职务。【中油党字〔2000〕第86号 中油任字〔2000〕第546号】

十 二 月

12月12日 股份公司人事部决定，免去周建国的大港石化分公司副总经理职务。【油人字〔2000〕第397号】

同日 股份公司人事部决定，免去孙效新的华北石化分公司副总经理职务。【油人字〔2000〕第398号】

12月16日 集团公司人事劳资部决定，王基鹏任集团公司广州培训中心副主任。【人劳字〔2000〕第326号】

12月18日 集团公司决定，成立集团产权制度改革领导小组，阎三忠任组长，领导小组办公室设在集团公司资本运营部。【中油人劳字〔2000〕第584号】

同日 股份公司同意，免去大庆油田有限责任公司陆敬、巢华庆、张广成等3人所任职务，退休。【石油人字〔2000〕第330号】

12月19日 股份公司人事部决定，宫伟军、罗贵儒任润滑油分公司副总经理、于文魁任总会计师。【油人字〔2000〕第409号】

12月20日 股份公司决定，在总部、专业公司、地区公司及安全生产关键岗位和重要工程项目经理部设立专职或兼职安全总监（监督），建立从股份公司总部到基层班组和生产现场的安全监督体系。【石油人字〔2000〕329号】

12月22日 股份公司批复，同意大庆油田有限责任公司6456人划转大庆炼化分公司。【油人函字〔2000〕第101号】

12月23日 集团公司批准，同意徐世仁、杨景民、张宽信、孙万安、傅诚德、石宝珩、张文学、孙寿荣、严家发、裴德海、王福印、钟树德、张福祥、杨生汉等14名同志退休，同时免去现任职务。【中油人劳字〔2000〕第590号】

同日 集团公司批准，同意白倬生、门存贵、孟慕尧、刘万赋等4名同志退休，同时免去现任职务。【中油人劳字〔2000〕第591号】

同日 股份公司批复，同意独山子石化公司张绍基退休。【石油人字〔2000〕第334号】

12月25日 股份公司批准，同意陈治源、韩文芳退休。【石油人字〔2000〕第336号】

同日 股份公司批准，同意赵化昆、孙振纯退休。【石油人字〔2000〕第339号】

12月27日 集团公司人事劳资部决定，集团公司石油工程造价管理中心调整挂靠石油经济信息研究中心管理。【人劳字〔2000〕第343号】

12月28日 炼油与销售分公司决定，聘任胡顺铭为新疆销售分公司副总经理。【油炼销字〔2000〕第349号】

同日 炼油与销售分公司党委决定，胡顺铭同志任中国石油新疆销售分公司临时党委委员。【油炼销党字〔2000〕第25号】

12月29日 集团公司决定，许永发任集团公司办公厅主任，施哲彦任集团公司办公厅副主任；刘振武任集团公司科技发展部主任，孙为群任集团公司科技发展部副主任，免去其集团公司质量安全与环保部副主任职务；杨果任集团公司质量安全与环保部副主任；金华任集团公司人事劳资部副主任。【中油任字〔2000〕第606号】

同日 集团公司决定，免去施哲彦的中国石油工程建设（集团）公司副

总经理职务。【中油任字〔2000〕第607号】

同日 集团公司决定，孙先锋任中国石油审计所所长（兼），薛振祥任副所长兼总审计师；免去苗铁生的所长职务，杨纪昌的副所长职务。【中油任字〔2000〕第609号】

同日 集团公司党组决定，孙先锋同志任中国石油审计所临时党委委员、副书记（兼）；薛振祥同志任临时党委委员；免去苗铁生同志的临时党委副书记、委员职务；免去杨纪昌、刘芬两名同志的临时党委委员职务。【中油党字〔2000〕第94号】

同日 集团公司决定，苗铁生任咨询中心综合部主任；免去戴明梓兼任的综合部主任职务。【中油任字〔2000〕第610号】

同日 集团公司党组决定，展孺牛同志任中国华油集团公司纪委书记兼工会主席。集团公司决定，梁森林兼任中国华油集团公司副总经理。【中油党字〔2000〕第93号 中油任字〔2000〕第611号】

同日 集团公司决定，魏宜清任石油工业出版社社长；免去韩世全的社长职务。【中油任字〔2000〕第612号】

同日 集团公司决定，汪东进任中油国际（阿克纠宾）公司总经理，免去其中油国际（尼罗）公司总经理职务；孙波任中油国际（尼罗）公司总经理，免去其中油国际（委内瑞拉）公司总裁职务；祝俊峰任中国石油天然气勘探开发公司副总经理兼中油国际（委内瑞拉）公司总裁；叶先灯任中国石油天然气勘探开发公司总地质师兼中油国际（委内瑞拉）公司副总裁、总地质师；孙贤胜任中油国际（尼罗）公司副总经理兼苏丹3/7区合资公司中方总经理（副局级）；免去王仲才的中油国际（阿克纠宾）公司总经理职务（保留副局级）。【中油任字〔2000〕第613号】

12月30日 集团公司人事劳资部决定，高耀廷任宁夏化工厂副厂长。【人劳字〔2000〕第344号】

12月31日 集团公司党组决定，王小牧同志任石油地球物理勘探局党委书记，殷会祥同志任工会主席，张玮、阎万朝、段世民等3名同志任党委常委；免去钟辛生同志的党委书记、常委职务，王业胜同志的党委常委职务，管忠同志的党委常委、工会主席职务。集团公司决定，王铁军、苟量、王文沧任石油地球物理勘探局副局长；免去王业胜、殷会祥的副局长职务。【中油党

字（2000）第95号　中油任字〔2000〕第618号】

同日　集团公司党组决定，马波同志任宁夏化工厂党委委员、副书记、纪委书记、工会主席，高耀廷同志任党委委员；免去杨克忠同志的宁夏化工厂党委副书记、委员、纪委书记、工会主席职务。【中油党字〔2000〕第96号】

同日　集团公司党组决定，郑玉宝同志任青海石油管理局党委书记，李建青同志任党委常委、副书记，王志学同志任党委副书记、纪委书记，高云建、胡成礼同志任党委常委；免去周铭涛同志的党委书记、常委职务，刘扬寿同志的党委副书记、常委、纪委书记职务，严振鸣、汪振多同志的党委常委职务。集团公司决定，李建青任青海石油管理局局长，高云建、胡成礼任副局长；免去周铭涛的局长职务，郑玉宝、严振鸣的副局长职务。【中油党字〔2000〕第97号　中油任字〔2000〕第619号】

同日　集团公司党组决定，李志深同志任吉化集团公司党委副书记，张晓霈、申尧民同志任党委常委；免去温继武同志的党委副书记、常委职务。集团公司决定，张晓霈、申尧民任吉化集团公司副经理。【中油党字〔2000〕第98号　中油任字〔2000〕第626号】

同日　集团公司党组决定，杨庆理同志任长庆石油勘探局党委常委，蒲建中同志任党委常委、工会主席，张启英同志任党委常委；免去陈国法同志的长庆石油勘探局党委常委职务，王树荣同志的党委常委、工会主席职务。集团公司决定，杨庆理、刘自强任长庆石油勘探局副局长；免去陈国法的副局长职务。【中油党字〔2000〕第99号　中油任字〔2000〕第628号】

12月　集团公司批准，同意中国石油天然气第八建设公司整体改制为中国石油天然气第八建设有限公司，为集团公司参股企业。【中国石油天然气第八建设公司上报】

本年　集团公司用工总量142.11万人。

二〇〇一年

一　月

1月1日　集团公司党组决定，吴宏任西气东输工程项目经理部临时党委委员。【中油党字〔2001〕3号】

同日　集团公司党组决定，李润生同志任炼油与销售分公司党委委员、书记；免去林青山同志的党委书记职务。股份公司决定，李润生任炼油与销售分公司副总经理。【中油党字〔2001〕4号　石油任字〔2001〕10号】

1月2日　集团公司党组决定，姜吉祥、李崇杰同志任吉林石化分公司党委委员；免去陆启荣同志的党委委员职务。【中油党字〔2001〕1号】

同日　股份公司决定，兰云升任吉林石化分公司副总经理兼总会计师，姜吉祥任吉林石化分公司副总经理，李崇杰任吉林石化分公司副总经理兼总工程师，施建勋任吉林化学工业股份有限公司总经理；免去兰云升的抚顺石化分公司总会计师职务，陆启荣的吉林石化分公司副总经理、吉林化学工业股份有限公司总经理职务。【石油任字〔2001〕7号】

同日　股份公司批复，同意焦海坤为吉林化学工业股份有限公司新一届董事会董事长候选人，邹海峰为新一届监事会主席候选人；同意施建勋任吉林化学工业股份有限公司总经理，兰云升任副总经理兼财务总监，姜吉祥任副总经理，李崇杰任副总经理兼总工程师；免去陆启荣的总经理职务，邹海峰的副总经理职务。【石油任字〔2001〕8号、9号】

同日　股份公司决定，吴宏任西气东输工程项目经理部副总经理。【石油任字〔2001〕12号】

1月3日　集团公司党组决定，撤销王宪顺同志的中国石油天然气运输公司经理、党委委员、常委职务。【中油监字〔2001〕7号　中油党字〔2001〕6号】

1月5日　集团公司批复，同意吉化集团公司所属吉林化工学院划转吉林省政府管理。【中油人劳字〔2001〕8号】

1月9日 集团公司党组决定，瞿国忠同志任华东销售分公司党委委员、书记。炼油与销售分公司决定，聘任瞿国忠为华东销售分公司副总经理。【中油党字〔2001〕2号 油炼销字〔2001〕8号】

1月10日 股份公司印发《关于高级管理人员业绩考核办法的改进完善意见》。【石油人字〔2001〕17号】

同日 炼油与销售分公司党委决定，张晓玲同志任西南销售分公司临时党委委员。【油炼销党字〔2001〕3号】

同日 集团公司决定，由刘志全面主持运输公司行政、生产、经营工作。【中国石油天然气运输公司上报】

1月11日 集团公司决定，李华林任中国石油天然气香港有限公司副总经理；免去李华林的中国石油天然气勘探开发公司副总经理、中油国际（哈萨克斯坦）公司总经理职务。【中油任字〔2001〕13号、14号】

1月12日 集团公司决定，免去瞿国忠的大庆石油管理局副局长职务。【中油任字〔2001〕11号】

同日 股份公司决定，姜冠戎任中国石油天然气股份有限公司安全总监。【石油任字〔2001〕20号】

1月14日 炼油与销售分公司决定，聘任张晓玲为西南销售分公司总会计师。【油炼销字〔2001〕14号】

1月15日 股份公司批复，同意王玉普兼任大庆油田有限责任公司安全总监。【油人函字〔2001〕9号】

同日 股份公司批复，同意唐成久兼任塔里木油田分公司安全总监。【油人函字〔2001〕11号】

同日 股份公司批复，同意宗贻平兼任青海油田分公司安全总监。【油人函字〔2001〕12号】

同日 股份公司批复，同意刘强兼任抚顺石化分公司安全总监。【油人函字〔2001〕15号】

同日 股份公司批复，同意王继国兼任大连石化分公司安全总监。【油人函字〔2001〕18号】

同日 股份公司批复，同意俞文豹兼任锦州石化分公司安全总监。【油人函字〔2001〕19号】

同日 股份公司批复，同意李春升兼任兰州石化分公司安全总监。【油人函字〔2001〕21号】

同日 股份公司批复，同意张景涛兼任华北石化分公司安全总监。【油人函字〔2001〕25号】

同日 股份公司批复，同意张俊泽兼任大港石化分公司安全总监。【油人函字〔2001〕26号】

同日 股份公司批复，同意于国文兼任大连西太平洋石油化工有限公司安全总监。【油人函字〔2001〕27号】

同日 股份公司批复，同意金海龙任华北油田分公司安全总监。【油人函字〔2001〕30号】

同日 股份公司直属机关党委批复，同意周世民、孙宗民同志任化工与销售分公司党委委员。【油直机党字〔2001〕5号】

1月16日 炼油与销售分公司决定，聘任孟庆涛为东北销售分公司安全总监（兼）；聂端阳为西北销售分公司安全总监（兼）；骆忠伟为西南销售分公司安全总监（兼）；赵永起为华北销售分公司安全总监（兼）；李俊海为大连海运分公司安全总监（兼）；王志才为吉林销售分公司安全总监（兼）；吴汉为辽宁销售分公司安全总监（兼）；西金来为大连销售分公司安全总监（兼）；刘宏设为内蒙古销售分公司安全总监（兼）；王建学为陕西销售分公司安全总监（兼）；李珊为甘肃销售分公司安全总监（兼）；高现勇为青海销售分公司安全总监（兼）；胡顺铭为新疆销售分公司安全总监（兼）；赵自顺为西藏销售分公司安全总监（兼）；刘桂林为四川销售分公司安全总监（兼）；陈三强为重庆销售分公司安全总监（兼）。【油炼销字〔2001〕15号】

1月18日 中央机构编制委员会办公室下发《关于中国石油天然气集团公司所属事业单位机构编制调整的批复》，明确石油管材研究所、教育与人才研究所、机关服务中心、审计服务中心、重庆石油高等专科学校、石油管理干部学院、培黎石油学校、石油工业出版社、中国石油报社、中加石油技术交流培训中心及新区勘探事业部等11个单位为集团公司的事业单位。【中编办字〔2001〕16号】

同日 炼油与销售分公司党委决定，张建银同志任陕西销售分公司临时党委委员。【油炼销党字〔2001〕2号】

同日 炼油与销售分公司党委决定，程国祺同志任东北销售分公司党委副书记、纪委书记、工会主席；免去王玉滨同志的纪委书记、工会主席职务。炼油与销售分公司决定，王玉滨任东北销售分公司副总经理。【油炼销党字〔2001〕5号 油炼销字〔2001〕56号】

同日 炼油与销售分公司决定，聘任范志敏为大连海运分公司副总经理、工会主席，马宏、李俊海为副总经理，王自祥为总会计师。【油炼销字〔2001〕19号】

1月19日 股份公司决定，委派黄炎、王福成、刘希俭等3人担任中油和黄信息技术有限公司董事，黄炎任董事长。【油人函字〔2001〕2号】

同日 股份公司决定，吴国志兼任炼油与销售分公司安全总监，沈钢兼任化工与销售分公司安全总监，马志祥兼任天然气与管道分公司安全总监。【石油任字〔2001〕22号】

1月21日 集团公司人事劳资部决定，中国石油审计所更名为中国石油审计服务中心。【人劳字〔2001〕6号】

二 月

2月7日 集团公司决定，委派郑虎、傅志达为中油和黄信息技术有限公司董事，郑虎为副董事长人选。【中油人劳函字〔2001〕2号】

2月8日 中共中央组织部决定，陈耕同志任中国石油天然气集团公司党组成员。【组任字〔2001〕12号】

2月10日 集团公司决定，王忠仁任中油国际工程有限责任公司副总经理兼长城钻井公司总经理。【中油任字〔2001〕32号】

2月17日 国务院决定，任命陈耕为中国石油天然气集团公司副总经理。【国人字〔2001〕30号】

同日 按照国家六部委《关于印发建设部等11个部门（单位）所属134个科研机构转制方案的通知》（国科发政字〔2000〕300号）要求，集团公司决定，将中国石油天然气总公司石油勘探开发科学研究院更名为中国石油集团科学技术研究院，中国石油天然气总公司石油勘探开发科学研究院廊坊分院更名为中国石油集团科学技术研究院廊坊分院，中国石油天然气总公司石油勘探开发科学研究院江汉机械研究所更名为中国石油集团科学技术研究院江汉机械研究所，中国石油天然气总公司石油勘探开发科学研究院江汉测井研究所更名为中国石油集团科学技术研究院江汉测井研究所，中国石油天然气总公司西北地质研究所更名为中国石油集团西北地质研究所，中国石油天然气总公司杭州地质研究所更名为中国石油集团杭州地质研究所，中国石油天然气总公司工程技术研究院更名为中国石油集团工程技术研究院，中国石油天然气集团公司石油经济和信息研究中心更名为中国石油集团经济和信息研究中心。【中油人劳字〔2001〕41号】

2月21日　股份公司决定，张本良任大连海运分公司总经理。【石油任字〔2001〕44号】

同日　股份公司决定，王功礼任规划总院院长。【石油任字〔2001〕47号】

2月22日　炼油与销售分公司决定，聘任孙玉发为黑龙江销售分公司安全总监。【油炼销字〔2001〕52号】

同日　炼油与销售分公司决定，聘任李宁宝为宁夏销售分公司安全总监。【油炼销字〔2001〕54号】

同日　股份公司人事部决定，依托大连石化分公司质检中心、兰州石化分公司质检中心、吉林石化分公司研究院分别组建中国石油天然气股份有限公司大连石油产品质量监督检验中心、中国石油天然气股份有限公司兰州石油产品质量监督质检中心、中国石油天然气股份有限公司吉林化工产品质量监督质检中心。【油人字〔2001〕80号】

2月23日　集团公司党组决定，李克成同志兼任集团公司直属机关党委书记。【中油党字〔2001〕11号】

同日　集团公司党组决定，王功礼同志任规划总院党委副书记。【中油党字〔2001〕12号】

同日　集团公司党组决定，朱开成同志任中国石油勘探开发研究院廊坊分院党委书记。【中油党字〔2001〕13号】

2月27日　集团公司党组决定，免去林萌同志的中国石油天然气运输公司党委常委、委员职务。集团公司决定，免去林萌的中国石油天然气运输公司副经理、总工程师职务。【中油党字〔2001〕14号　中油任字〔2001〕64号】

2月　股份公司决定，成立中国石油天然气股份有限公司电子商务办公室，按股份公司机关部门管理。【股份公司物资采购管理部上报】

三　月

3月1日　集团公司决定，孙先锋任中国石油审计服务中心主任，薛振祥任副主任兼总审计师。【中油任字〔2001〕68号】

3月5日　集团公司决定，调整集团公司领导成员工作分工，陈耕负责规划计划、发展研究和设计、通信工作，分管华油北京服务总公司、石油经济和信息研究中心工作；郑虎负责人事、劳资和教育工作，分管中国石油物资装备（集团）总公司、石油管理干部学院、石油工业出版社工作；集团公司领导成员的其他工作分工不变。【中油办字〔2001〕75号】

3月8日　股份公司直属机关党委决定，成立润滑油分公司党委，梁国藩、廖国勤、宫伟军、罗桂儒、于文魁等5名同志任党委委员，梁国藩同志任党委书记，廖国勤同志任党委副书记。【油直机党字〔2001〕7号】

同日　股份公司决定，明确青海销售分公司党政主要领导的职务级别为副局级。【石油人字〔2001〕95号】

同日　姜善亭借调集团公司监察部，刘志主持运输公司党政全面工作。【中国石油天然气运输公司上报】

3月9日　集团公司决定，成立中国石油集团工程设计有限责任公司，机构规格为副局级。【中油人劳字〔2001〕94号】

同日　股份公司决定，设立中国石油销售有限责任公司，为股份公司全资子公司，与炼油与销售分公司一套机构。【石油人字〔2001〕54号】

3月12日　集团公司批复，同意华北石油管理局所属华北石油职工大学整体移交中国远东国际贸易总公司。【中油人劳字〔2001〕95号】

同日　集团公司党组印发《关于开展“三讲”学习教育活动的实施方案》。【中油党字〔2001〕第20号】

3月13日　集团公司党组决定，徐绍铭同志任大庆石油管理局党委委员、常委、书记，曾玉康同志任党委副书记，孙淑光同志任党委委员、常委、副书记，苏冠玉同志任党委副书记、纪委书记，王亚伟同志任党委常委、工会主席，苏玉添同志任党委常委；免去张树平同志的党委书记、常委、委员职务，苏树林同志的党委副书记、常委、委员职务，于宝祥同志的党委副书记、常委、委员、纪委书记职务，苏冠玉同志的工会主席职务，徐国才同志的党

委常委职务。【中油党字〔2001〕21号】

同日　集团公司决定，曾玉康任大庆石油管理局局长，徐绍铭任副局长；免去张树平的局长职务，王亚伟的副局长职务。【中油任字〔2001〕91号】

同日　集团公司党组决定，徐国才同志任大庆石油管理局电力总公司党委书记。集团公司决定，尤靖波任大庆石油管理局电力总公司总经理。【中油党字〔2001〕22号　中油任字〔2001〕90号】

同日　集团公司决定，聘任梁萍为中油财务有限责任公司副总裁。【中油任字〔2001〕86号】

3月14日　股份公司决定，成立炼油化工技术委员会，张新志为主任。【石油人字〔2001〕58号】

3月15日　集团公司党组印发《关于集团公司各企事业单位领导班子及成员中开展“三讲”学习教育活动的通知》。【中油党字〔2001〕第27号】

同日　集团公司党组决定，孙淑光同志任大庆油田有限责任公司党委书记；免去苏树林同志兼任的党委书记职务，徐绍铭同志的党委委员职务，王玉普同志的大庆油田有限责任公司第一采油厂党委书记职务。【中油党字〔2001〕23号】

同日　股份公司同意，王玉普任大庆油田有限责任公司常务副总经理，免去徐绍铭的副总经理职务；宁树枫任大庆油田有限责任公司第一采油厂厂长，免去王玉普兼任的厂长职务。【石油任字〔2001〕59号】

同日　集团公司党组决定，于宝祥同志任大庆炼化分公司党委委员、书记；免去纪士寅同志的党委书记、委员职务。股份公司决定，于宝祥任大庆炼化分公司副总经理。【中油党字〔2001〕24号　石油任字〔2001〕60号】

同日　集团公司党组决定，李丽同志任辽宁销售分公司党委委员。股份公司决定，李丽任辽宁销售分公司总会计师。【中油党字〔2001〕25号　石油任字〔2001〕61号】

同日　集团公司党组决定，成立中共中国石油集团工程设计有限责任公司临时委员会，刘毅同志任临时党委委员、书记。【中油党字〔2001〕26号】

同日　集团公司决定，组建中国石油集团工程设计有限责任公司董事会、监事会，刘毅任董事长，陆凌任监事会主席。【中油任字〔2001〕97号】

同日　集团公司决定，迟尚忠任中国石油集团工程设计有限责任公司总经理。集团公司人事劳资部决定，聘任王立昕、闫伦江、沈成之、王惠敏、高正钧等5人为副总经理。【中油任字〔2001〕99号　人劳字〔2001〕43号】

同日　股份公司决定，青海销售分公司杨顺义、封希声的职务级别为副局级。【石油任字〔2001〕62号】

3月17日　集团公司召开“三讲”学习教育活动电视电话动员会议，126个企事业单位党政领导班子成员及有关负责人近3000人在59个分会场参加了会议。【《集团公司2002年年鉴》】

3月20日　集团公司人事劳资部同意，聘任杨震为中油国际（尼罗）公司副总经理（兼）。【人劳字〔2001〕45号】

同日　集团公司批准，同意中国石油天然气销售总公司所持中油燃料油有限公司股份全部转让中国石油天然气股份有限公司，股权划转后，中油燃料油有限公司按股份公司地区公司管理，机构规格为副局级。【中石油燃料油有限责任公司上报】

3月21日　炼油与销售分公司党委决定，刘合合同志任华东销售分公司临时党委委员。炼油与销售分公司决定，聘任何瑞林、刘合合为华东销售分公司副总经理。【油炼销党字〔2001〕9号　油炼销字〔2001〕76号】

同日　炼油与销售分公司党委决定，陈三强同志任重庆销售分公司临时党委委员。炼油与销售分公司决定，聘任陈三强为重庆销售分公司副总经理。【油炼销党字〔2001〕11号　油炼销字〔2001〕77号】

3月30日　集团公司党组决定，高玉江同志任玉门石油管理局党委书记，田玉军同志任党委副书记，免去张东泉同志的党委书记、常委、委员职务。集团公司决定，田玉军任玉门石油管理局局长；免去张东泉的局长职务。【中油党字〔2001〕28号　中油任字〔2001〕124号】

3月31日　炼油与销售分公司决定，聘任张健为大连销售分公司副总经理。【油炼销字〔2001〕78号】

四　月

4月2日　股份公司决定，将前郭石化分公司与吉林油田分公司石化公司实施合并重组，重组后的前郭石化分公司，业务上仍归口炼油与销售分公司管理。【石油人字〔2001〕85号】

4月3日 集团公司党组决定，免去刘毅同志的辽河石油勘探局党委副书记、常委、委员、纪委书记职务。【中油党字〔2001〕29号】

4月5日 集团公司批复，同意将石油地球物理勘探局所属石油物探职工大学整体划转北京财贸管理干部学院。【中油人劳字〔2001〕140号】

同日 集团公司人才劳动力交流中心印发《关于海外石油资源开发项目借聘人员有关问题的通知》。【人才字〔2001〕065号】

4月8日 股份公司决定，设立中国石油销售有限责任公司董事会，任传俊为董事长，林青山、李润生、吴国志、田景惠等4人为董事。【石油人字〔2001〕93号】

同日 股份公司决定，林青山任中国石油销售有限责任公司总经理（兼），李润生、孟纯绪、杜烈奋、吴国志、田景惠、陈耀华等6人任副总经理，杨信任总会计师。【石油任字〔2001〕94号】

4月9日 集团公司党组决定，纪士寅同志任大连销售分公司党委委员、书记。股份公司决定，沈庆凯任大连销售分公司总经理。【中油党字〔2001〕30号 石油任字〔2001〕96号】

4月12日 股份公司印发《中国石油天然气股份有限公司培训项目招标投标管理暂行办法》。【石油人字〔2001〕99号】

4月16日 股份公司人事部批复，同意张俊义任管道分公司安全总监。【油人函字〔2001〕73号】

4月20日 股份公司决定，刘全新任勘探开发研究院西北分院院长。【石油任字〔2001〕107号】

4月23日 集团公司党组决定，方克礼同志任勘探开发研究院西北分院党委书记。【中油党字〔2001〕32号】

4月26日 国家工商管理总局核准，同意中油燃料油有限公司名称变更为中油燃料油股份有限公司。【中石油燃料油有限责任公司上报】

4月29日 股份公司决定，将西气东输工程项目经理部更名为中国石油天然气股份有限公司西气东输管道分公司，为股份公司直属地区公司，业务上归口天然气与管道分公司管理。【石油人字〔2001〕113号】

五　　月

5月11日　集团公司人事劳资部决定，中国石油天然气总公司石油管材研究所更名为中国石油天然气集团公司管材研究所。【人劳字〔2001〕128号】

5月17日　股份公司决定，将新疆油田分公司所属克拉玛依石油化工厂、辽河油田分公司所属石油化工总厂、长庆油田分公司所属炼油化工总厂3个单位划归股份公司直接管理，分别组建中国石油天然气股份有限公司克拉玛依石化分公司、中国石油天然气股份有限公司辽河石化分公司、中国石油天然气股份有限公司长庆石化分公司，新组建的3个石化分公司作为股份公司地区公司，业务上由炼油与销售分公司归口管理。【石油人字〔2001〕125号】

5月21日　集团公司决定，集团公司与中油财务有限责任公司共同投资成立奥伊尔投资管理有限责任公司。【中油人劳字〔2001〕225号】

5月22日　集团公司决定，调整集团公司绿化委员会成员，陈耕任主任，李法兰任绿化委员会办公室主任。【中油人劳字〔2001〕215号】

5月25日　集团公司决定，调整《中国石油天然气集团公司年鉴》编委会组成人员，马富才任主任。【中油人劳字〔2001〕220号】

5月28日　集团公司决定，调整集团公司信息化工作领导小组成员，陈耕任组长，领导小组办公室设在规划计划部。【中油人劳字〔2001〕216号】

5月30日　中油燃料油股份有限公司首届董事会第一次会议召开，选举黄炎为董事长，林青山、苏士峰为副董事长，吴国志为总经理，聘任李伟为常务副总经理，翟有成为副总经理，王力国为副总经理兼财务总监。【中石油燃料油有限责任公司上报】

六　　月

6月6日　股份公司直属机关党委同意，张景福同志任中国联合石油有限责任公司党委委员。【油直机党字〔2001〕13号】

同日　股份公司人事部决定，霍建中任化工与销售东北分公司总经理，赵一芹、常仲亮为副总经理；刘军任化工与销售西北分公司总经理，王建立任副总经理，刘丽华任副总经理兼总会计师；靳永青任化工与销售华东分公司总经理，洪建明任副总经理，肖华任副总经理兼总会计师；杨天奎任化工与销售华北分公司总经理，黄让敏任总会计师，闫智才、黄庆东任副总经理。

【油人字〔2001〕196号】

6月7日　股份公司决定，王玉普、萧德铭任大庆油田有限责任公司副董事长，侯启军任董事，王成俊任监事。【石油任字〔2001〕144号】

同日　股份公司决定，陈新发任新疆油田分公司副总经理兼总地质师，孙晓岗任总工程师，吴会军任总会计师。【石油任字〔2001〕146号】

同日　股份公司决定，王立学任中油BP江门石油有限公司副总经理。【石油任字〔2001〕151号】

同日　股份公司决定，罗治斌任股份公司科技与信息管理部副总经理。【石油任字〔2001〕152号】

6月8日　集团公司党组决定，杨广山同志任大庆油田有限责任公司第一采油厂党委书记；李凤林同志任大庆油田有限责任公司第二采油厂党委书记，免去王成俊同志的党委书记职务；夏济连同志任大庆油田有限责任公司勘探开发研究院党委书记，免去邱根发同志的党委书记职务。【中油党字〔2001〕39号】

同日　集团公司党组决定，蓝海波同志任大连西太平洋石油化工有限公司党委副书记、纪委书记，于国文、刘初春、金朝宽等3名同志任党委委员；免去李安靖同志的党委副书记、委员、纪委书记职务，王培云同志的党委委员职务。【中油党字〔2001〕41号】

同日　集团公司党组决定，曾宪君同志任前郭石化分公司党委书记，孙贵诚同志任党委副书记、纪委书记，张俊杰同志任党委副书记、工会主席，郝文泰、陈善堂、刘为民、刘德佳、刘希民等5名同志任党委委员；免去张俊杰同志的纪委书记职务。股份公司决定，曾宪君任前郭石化分公司总经理。【吉林油田分公司上报】

同日　股份公司人事部决定，聘任郝文泰、陈善堂、刘为民、刘德佳、刘希民等5人为前郭石化分公司副总经理。【油人字〔2001〕204号】

6月9日　集团公司党组决定，黄刚同志任辽河石油勘探局党委副书记、纪委书记。【中油党字〔2001〕37号】

同日　集团公司党组决定，张国旗同志任冀东石油勘探开发公司党委委员、书记，免去其冀东油田分公司党委委员职务，焦向民同志任冀东石油勘探开发公司党委委员；免去李允富同志的冀东石油勘探开发公司党委书记、委员职务，赵显文同志的冀东石油勘探开发公司党委委员职务。【中油党字〔2001〕38号】

同日 集团公司决定，聘任卢思忠为集团公司发展研究部副主任。【中油任字〔2001〕238号】

6月18日 股份公司决定,聘任王建新为大庆油田有限责任公司第二采油厂厂长；免去李凤林的厂长职务。【石油任字〔2001〕145号】

同日 集团公司人事劳资部决定，中国石油天然气总公司中心医院更名为中国石油天然气集团公司中心医院。【人劳字〔2001〕130号】

6月20日 集团公司人事劳资部印发《关于处级干部任职资格培训的实施意见》。【人劳字〔2001〕151号】

6月22日 集团公司党组决定，王宜林同志任新疆石油管理局党委书记，张殿云同志任党委委员、常委、副书记，陈岩、王新明同志任党委委员、常委，赵为民同志任党委委员、常委、工会主席；免去谢志强同志的党委书记、常委、委员职务，陈汉扬、高鼎城同志的党委常委、委员职务，张庆鹏同志的党委常委、委员、工会主席职务。【中油党字〔2001〕44号】

同日 集团公司决定，聘任张国珍、凌霄、潘仁杰等3人为新疆石油管理局副局长；免去陈汉扬、高鼎城、阿不拉·阿不都热西提等3人的副局长职务。【中油任字〔2001〕264号】

同日 集团公司党组决定，陈吉庆同志任西气东输管道分公司临时党委书记，陈希吾、王树宽、谢戈果、吴宏等4名同志任临时党委委员。股份公司决定，陈吉庆任西气东输管道分公司总经理，陈希吾、王树宽、谢戈果、吴宏等4人任副总经理，谢戈果兼任总会计师。【中油党字〔2001〕45号　石油任字〔2001〕166号】

同日 集团公司决定，张国旗任冀东石油勘探开发公司经理，聘任焦向民为副经理;免去李允富的经理职务,赵显文的副经理职务。【中油任字〔2001〕237号　中油任字〔2001〕266号】

6月26日 股份公司印发《中国石油天然气股份有限公司技师、高级技师管理暂行办法》。【石油人字〔2001〕167号】

6月27日 中国石油天然气勘探开发公司研究决定，为加强中油国际（哈萨克斯坦）公司（中油国际阿克纠宾油气股份公司）中方内部管理，对公司中方领导成员进行调整，汪东进兼任总经理，蒋奇任高级副总经理，邓民敏、卞德智、裴建胜、曹亚明等4人任副总经理，周长江任总会计师。【油人字〔2001〕63号】

6月28日　集团公司人才劳动力交流中心印发《关于国外石油工程承包项目借聘人员有关问题的通知》。【人才字〔2001〕97号】

6月29日　集团公司隆重召开大会，纪念中国共产党成立80周年。【《集团公司2002年年鉴》】

6月30日　集团公司直属机关党委批复，同意中共中国石油集团工程设计有限责任公司第一次代表大会选举结果，刘毅同志任党委书记、纪委书记，迟尚忠同志任党委副书记。【直机党字〔2001〕31号】

七　月

7月1日　大庆石油管理局党委、吉林油田分公司党委、吐哈石油勘探开发指挥部井下作业分公司党委、新疆石油管理局钻井公司45188队党支部，被评为"全国先进基层党组织"。吉化股份有限公司供应分公司党委书记、经理徐元祥被评为"全国优秀党务工作者"。【《集团公司2002年年鉴》】

7月2日　国家发展计划委员会批准，同意成立吉林燃料乙醇有限责任公司，年产60万吨燃料乙醇项目。【计产业〔2001〕1437号】

同日　集团公司党组决定，杨庆前同志任中国石油天然气第六建设公司党委书记；免去梁福源同志的党委书记职务。集团公司决定，聘任黄勇华为中国石油天然气第六建设公司经理；免去邹学绅的经理职务。【中油党字〔2001〕46号　中油任字〔2001〕284号】

同日　集团公司党组决定，张友林同志任克拉玛依石化分公司党委书记，余国孝同志任党委副书记、纪委书记、工会主席，李明科、华钟文、许立甲、梁永智、吴佩君等5名同志任党委委员。股份公司决定，张友林任克拉玛依石化分公司总经理。【中油党字〔2001〕47号　石油任字〔2001〕179号】

同日　集团公司党组决定，刘文华同志任辽河石化分公司党委书记，李占宁同志任党委副书记，卢钟同志任党委副书记、纪委书记、工会主席，李树槐、闫铁伦、屠规龙、张庆海、刘敬岳、柳洪路等6名同志任党委委员。股份公司人事部决定，李占宁任辽河石化分公司总经理，刘文华、李树槐、闫铁伦、屠规龙、张庆海等5人任副总经理，张世杰任总工程师，刘敬岳任总会计师。【中油党字〔2001〕48号　油人字〔2001〕229号】

同日　集团公司党组决定，张锋同志任长庆石化分公司党委书记，张喜文、冼健民、朱悦正等3名同志任党委委员。股份公司人事部决定，张喜文任长庆石化分公司总经理，冼健民、朱悦正、刘永干等3人任副总经理。【中油党字〔2001〕49号　油人字〔2001〕228号】

同日　股份公司人事部决定，李明科、华钟文、许立甲、梁永智、吴佩君等5人任克拉玛依石化分公司副总经理。【油人字〔2001〕227号】

7月10日　集团公司党组决定，魏君同志任林源炼油厂党委委员。集团公司决定，魏君任林源炼油厂副厂长。【中油党字〔2001〕52号　中油任字〔2001〕298号】

7月11日　集团公司决定，成立集团公司工程技术服务定额领导小组，刘海胜任组长，领导小组办公室设在集团公司规划计划部。【中油人劳字〔2001〕299号】

同日　股份公司人事部印发《“十五”期间劳动定员定额工作的意见》。【油人字〔2001〕246号】

7月20日　集团公司决定，聘任李剑浩、于洪金为大庆石油管理局副局长。【中油任字〔2001〕314号】

7月26日　集团公司人事劳资部决定，成立中国石油天然气集团公司环境工程技术中心，行政关系隶属于中国石油集团工程设计有限责任公司，业务上由集团公司质量安全与环保部指导。【人劳字〔2001〕161号】

7月　集团公司决定，将培黎石油学校整体移交甘肃省管理。

八　月

8月2日　集团公司人事劳资部决定，调整集团公司注册石油设计工程师管理委员会，刘海胜任主任。【人劳字〔2001〕168号】

8月4日　中央机构编制委员会办公室批复，同意石油大学广州培训部（广州培训中心）更名为广州石油培训中心。【中编办复字〔2001〕105号】

8月15日　集团公司党组决定，李志深同志任吉化集团公司党委书记，张晓霈同志任党委副书记；免去朱忠民同志的党委书记、常委、委员职务。集团公司决定，张晓霈任吉化集团公司经理，李志深任副经理；免去朱忠民的经理职务。【中油党字〔2001〕55号　中油任字〔2001〕373号】

8月17日　集团公司决定，调整集团公司国家安全小组成员。【中油人劳

字〔2001〕380号】

8月20日　中国石油天然气集团公司与甘肃省人民政府协商，甘肃省庆化集团有限责任公司划转中国石油天然气集团公司管理。【庆阳石化分公司上报】

8月28日　股份公司决定，聘任李斌、朱巩、王国强等3人为股份公司电子商务办公室副主任。【石油任字〔2001〕224号】

8月29日　中国石油天然气股份有限公司首届董事会第十一次会议召开，同意寿铉成辞去中国石油天然气股份有限公司董事会秘书职务的申请，委任李怀奇为首届董事会秘书；免去罗英俊的副总裁职务，同意聘任刘宝和为副总裁，接任罗英俊分管的工作；同意总裁提议的关于设立股份公司国际事业公司及单独设立监察机构的议案。【董决字〔2001〕12号】

8月31日　集团公司党组决定，陈永胜同志任中国石油物资装备（集团）总公司党委副书记、纪委书记、工会主席。【中油党字〔2001〕60号】

同日　集团公司决定，聘任王涛、周永强为中国石油物资装备（集团）总公司副总经理；免去朱巩的副总经理职务。【中油任字〔2001〕396号】

同日　集团公司党组决定，冯振清同志任宝鸡石油机械厂党委书记；免去张冠军同志的党委书记职务。【中油党字〔2001〕61号】

同日　集团公司决定，刘海胜、周吉平、段文德等3人任中国石油天然气集团公司总经理助理；免去史训知的总经理助理职务。【中油任字〔2001〕395号】

同日　集团公司决定，聘任王学旨为中国石油工程建设（集团）公司副总经理。【中油任字〔2001〕397号】

同日　集团公司党组决定，孙景毅同志任锦西炼油化工总厂工会主席；免去岳丛林同志的工会主席职务。集团公司决定，岳丛林任锦西炼油化工总厂副厂长。【中油党字〔2001〕第65号　中油任字〔2001〕第401号】

九　月

9月3日　股份公司决定，组建中国石油国际事业有限责任公司，统一归口管理股份公司的贸易业务，为股份公司控股子公司，对内按分公司管理；股份公司授权其持有股份公司在中国联合石油有限责任公司的股权，与中国联合石油有限责任公司一套领导班子、分开设账、独立核算。【石油人字〔2001〕239号】

同日　股份公司决定，设立中国石油天然气国际（勘探开发）有限公司，该公司在英属维尔京群岛（BritishVirgin Islands）注册，为股份公司直属的境外全资子公司。【石油人字〔2001〕240号】

同日 股份公司决定，股份公司监察室与人事部分立，并将监察室更名为中国石油天然气股份有限公司监察部，机构规格为正局级。【石油人字〔2001〕241号】

同日 股份公司决定，聘任刘宝和为中国石油天然气股份有限公司副总裁；免去罗英俊的副总裁职务，退休。【石油任字〔2001〕227号】

同日 股份公司决定，刘宝和任勘探与生产分公司总经理（兼）；免去罗英俊的总经理职务。【石油任字〔2001〕228号】

同日 股份公司决定，寿铉成任中国石油天然气国际（勘探开发）有限公司总经理。【石油任字〔2001〕229号】

同日 股份公司决定，陈桂儒任股份公司审计部总经理；免去白新贺的总经理职务。【石油任字〔2001〕230号】

同日 股份公司决定，陈明任股份公司监察部总经理，免去其人事部副总经理职务。【石油任字〔2001〕231号】

9月4日 股份公司决定，黄炎任中国石油天然气股份有限公司总裁，任传俊任高级副总裁，苏树林、王福成、史兴全、刘宝和、林青山、张新志、沈平平等7人任副总裁，王国樑任财务总监，贾承造任总地质师。【石油任字〔2001〕238号】

9月6日 中国石油集团工程设计有限责任公司第二次股东会召开，会议同意王学泠辞去董事的请求，补选孔祥国为董事。【中国石油集团工程设计有限责任公司上报】

9月8日 集团公司决定，冯星安任中国石油集团工程技术研究院院长。【中油任字〔2001〕72号】

9月12日 股份公司人事部决定，组建中国石油天然气股份有限公司大庆化工销售中心，业务上由化工与销售分公司归口管理，机构规格为正处级。【油人字〔2001〕296号】

9月14日 集团公司决定，甘肃省庆化集团有限责任公司更名为中国石油集团庆阳炼油化工有限责任公司。【中油人劳字〔2001〕434号】

同日 集团公司人事劳资部决定，中国石油天然气第一建设公司、第六建设公司、第七建设公司从中国石油工程建设（集团）公司分离，划归中油国际工程有限责任公司管理。【人劳字〔2001〕201号】

9月19日 吉林燃料乙醇有限责任公司在吉林市注册成立。该公司是经国务院批准建立的中国首个大型生物质能源生产企业，由中国石油天然气集团公司、吉林粮食集团有限公司、中粮集团有限公司共同出资，中国石油天然气集团公司控股经营管理。【吉林石化分公司上报】

9月24日 集团公司决定，调整关联交易协调领导小组成员，吴耀文任组长，领导小组办公室设在集团公司市场管理部。【中油人劳字〔2001〕455号】

9月27日 集团公司明确总经理助理的工作分工：谢志强协助陈耕负责"西气东输"工程管道施工协调工作；刘海胜协助陈耕负责规划计划工作；周吉平协助吴耀文负责海外业务工作；段文德协助总经理、副总经理负责企业的改革工作。【中油办字〔2001〕464号】

9月29日 集团公司人事劳资部批复，同意聘任王玉林为冀东石油勘探开发公司安全总监。【人劳字〔2001〕203号】

十 月

10月10日 集团公司党组决定，于力同志任抚顺石油化工公司党委委员、常委、党委书记；免去孙圣贵同志的党委书记、常委、委员职务。集团公司决定，于力任抚顺石油化工公司经理；免去孙圣贵的经理职务。【中油党字〔2001〕68号 中油任字〔2001〕477号】

10月11日 炼油与销售分公司决定，免去柳世杰的大连销售分公司总会计师职务。【油炼销字〔2001〕298号】

10月16日 集团公司决定，大连石油化工公司所属设计院划入中国石油集团工程设计有限责任公司。【中油资字〔2001〕486号】

10月18日 集团公司技术能手表彰大会在北京召开，授予王河等106名同志"中国石油天然气集团公司技术能手"称号。【《集团公司2002年年鉴》】

同日 集团公司决定，蒿成任集团公司离退休职工管理局局长，聘任李向阳、邱伟法为副局长；免去李文振的局长职务，蒿成的副局长职务。【中油任字〔2001〕501号】

10月23日 集团公司直属机关党委批复，同意中油长城钻井公司、中油

测井有限责任公司、中国石油技术开发公司等3个单位组建党委。【直机党字〔2001〕37号】

同日 集团公司直属机关党委批复，同意周永强、王涛同志任中国石油物资装备（集团）总公司党委委员。【直机党字〔2001〕38号】

10月29日 股份公司人事部决定，中国石油天然气股份有限公司电子商务办公室更名为中国石油天然气股份有限公司电子商务部。【油人字〔2001〕343号】

同日 经集团公司推荐、中组部考核，塔里木油田分公司党工委书记、总经理廖永远被派往甘肃省挂职锻炼。廖永远挂职期间，孙龙德全面负责塔里木油田分公司行政工作，马振武全面负责党务工作。【塔里木油田分公司上报】

10月31日 集团公司党组决定，孙崇仁同志任辽河油田分公司党委书记，王春鹏同志任党委副书记，免去其党委书记职务。【中油党字〔2001〕70号】

同日 集团公司党组决定，刘强同志任抚顺石化分公司党委书记，冷胜军同志任党委副书记、纪委书记、工会主席，玄昌伟、李若平、陈位强等3名同志任党委委员；免去段文德同志的党委书记、委员职务，李世明同志的党委副书记、委员、纪委书记、工会主席职务，于力同志的党委委员职务。【中油党字〔2001〕71号】

同日 集团公司党组决定，刘增江同志任管道分公司党委副书记、纪委书记、工会主席，高庭禹、董盛厚同志任党委委员；免去惠泽人同志的党委副书记、委员，纪委书记、工会主席职务。【中油党字〔2001〕72号】

同日 炼油与销售分公司党委决定，高振怀同志任大连海运分公司党支部书记；张本良同志任党支部副书记，免去其党支部书记职务。【油炼销党字〔2001〕29号】

同日 炼油与销售分公司党委决定，免去高振怀同志的华东销售分公司党委副书记职务。【油炼销党字〔2001〕30号】

十 一 月

11月1日 集团公司党组决定，白连刚同志任抚顺石油化工公司党委副书记、纪委书记、工会主席，耿承辉、巴恒越同志任党委委员、常委；免去李洪光同志的党委副书记、常委、委员、纪委书记职务，李汝森同志的党委常委、委员职务，刘正来同志的党委常委、委员、工会主席职务。集团公司决定，聘任耿承辉、徐明、巴恒越等3人为抚顺石油化工公司副经理；免去李汝森、白连刚的副经理职务。【中油党字〔2001〕73号　中油任字〔2001〕505号】

同日　股份公司决定，刘强任抚顺石化分公司总经理；段文德不再担任抚顺石化分公司总经理职务。【石油任字〔2001〕277号】

同日　股份公司决定，聘任玄昌伟、匡卓贤、李若平、陈位强等4人为抚顺石化分公司副总经理；免去于力的副总经理职务。【石油任字〔2001〕278号】

同日　股份公司决定，瞿国忠任华东销售分公司总经理，免去高振怀的总经理职务。【石油任字〔2001〕279号】

同日　股份公司决定，高振怀任大连海运分公司常务副总经理。【石油任字〔2001〕280号】

同日　股份公司决定，高庭禹、董盛厚任管道分公司副总经理。【石油任字〔2001〕281号】

11月5日　集团公司决定，聘任吕功训为中油国际（委内瑞拉）公司副总裁兼奥里乳化油公司总经理。【中油任字〔2001〕510号】

11月10日　股份公司人事部印发《关于进一步加强员工总量控制的通知》。【油人字〔2001〕329号】

11月14日　股份公司人事部决定，庞晓东同志任大港石化分公司党委副书记、总经理，张俊泽同志任党委副书记、常务副总经理；免去齐庆利同志的党委委员、总经理职务。【油人字〔2001〕379号】

11月15日　股份公司人事部印发《中国石油天然气股份有限公司干部人事档案管理暂行办法》和《中国石油天然气股份有限公司干部人事档案工作目标管理实施细则》。【油人字〔2001〕385号】

11月16日　集团公司出资3000万元在清华大学、北京大学、人民大学、复旦大学、西安交通大学、中国地质大学、哈尔滨工业大学、大连理工大学、四川大学、石油大学（华东）、石油大学（北京）、西南石油学院、大庆石油学院、江汉石油学院、西安石油学院等15所高等院校设立“中国石油奖学金”基金。奖学金分优秀生奖和优秀特困生奖两个奖项，从2002年起，每年将发放奖金188万元。【《集团公司2002年年鉴》】

11月18日　集团公司批复，同意咸阳石油钢管钢绳厂生产经营性资产的

55%出售给济南柴油机股份有限公司。济南柴油机股份有限公司以收购的资产出资，咸阳石油钢管钢绳厂以剩余的生产经营性资产出资，共同发起设立咸阳石油钢管钢绳有限责任公司。【中油资字〔2001〕537号】

11月20日 集团公司批准，同意喻文益的辞职申请，免去其集团公司资本运营部副主任职务。【中油任字〔2001〕547号】

同日 集团公司党组决定，邢祖侗同志任中国石油技术开发公司党委书记，李越强同志任中油测井有限责任公司党委书记。【中油党字〔2001〕75号】

同日 辽河石油勘探局党委批复，同意中共辽河油田分公司第一次代表大会的选举结果，王正江、王春鹏、付从飞、刘俊荣、孙崇仁、张庆东、周国华、梁作利、谢文彦等9名同志为党委委员，孙崇仁同志为党委书记、纪委书记，王春鹏同志为党委副书记。【辽油党发〔2001〕48号】

11月24日 集团公司印发《在企业设置安全总监、副总监的通知》。【中油人劳字〔2001〕551号】

11月30日 股份公司决定，成立股份公司清欠工作领导小组，任传俊任组长。【石油人字〔2001〕302号】

十 二 月

12月2日 集团公司同意，撤销西北石油管道建设指挥部副局级建制，在其基础上分别成立管道局西安办事处、西安西北石油管道服务中心，均为正处级建制，一个机构两块牌子，为管道局二级单位。【中油人劳字〔2001〕578号】

12月3日 集团公司印发《中国石油天然气集团公司“十五”员工培训规划》。【中油人劳字〔2001〕576号】

12月4日 集团公司批复，同意吉林石油集团有限责任公司石化综合服务公司划入前郭炼油厂管理。【中油人劳字〔2001〕595号】

12月7日 中央机构编制委员会批复，同意集团公司新区勘探事业部更名为集团公司国际事业部。【《集团公司2002年年鉴》】

12月13日 股份公司决定，李斌、朱巩、王国强等3人任股份公司电子商务部副总经理。【石油任字〔2001〕318号】

同日 股份公司决定，李正光任哈尔滨石化分公司总经理；免去王化国

的总经理职务。【石油任字〔2001〕325号】

12月14日　股份公司印发《中国石油天然气股份有限公司油气勘探重大发现奖励暂行办法》。【石油人字〔2001〕316号】

12月19日　集团公司商得宁夏回族自治区人民政府同意，将宁夏大元炼油化工有限责任公司划归集团公司管理。【宁夏石化分公司上报】

12月20日　集团公司决定，聘任陈安家为中国石油化学公司经理；免去李本忠的经理职务。【中油任字〔2001〕630号】

12月21日　股份公司人事部决定，撤销中国石油天然气股份有限公司化工与销售西北分公司，组建中国石油天然气股份有限公司化工与销售西南分公司，机构规格为正处级。【油人字〔2001〕431号】

同日　股份公司人事部决定，组建中国石油天然气股份有限公司乌鲁木齐、独山子、抚顺、吉林、兰州、宁夏、辽阳等7个化工销售中心，机构规格均为正处级。【油人字〔2001〕432号、433号、434号、435号、436号、437号、438号】

12月24日　集团公司批复，同意免去离退休职工管理局（老干部局）李文振、规划计划部冯力胜所任职务，退休。【中油人劳字〔2001〕618号】

同日　集团公司批复，同意免去咨询中心朱秉刚、戴明梓所任职务，退休。【中油人劳字〔2001〕619号】

12月25日　股份公司决定，组建中国石油天然气股份有限公司中俄原油管道项目组。【石油人字〔2001〕330号】

12月26日　集团公司党组决定，勾振东同志任大庆石化分公司党委书记，喻宝才同志任党委副书记；免去贺荣芳同志的党委书记，委员职务。集团公司决定，喻宝才任大庆石化分公司总经理；免去贺荣芳的总经理职务。【中油党字〔2001〕77号　中油任字〔2001〕324号】

同日　股份公司决定，贺荣芳任股份公司质量安全环保部总经理。【石油任字〔2001〕321号】

同日　股份公司决定，连建家任股份公司规划计划部副总经理兼中俄原油管道项目组组长。【石油任字〔2001〕323号】

同日　股份公司决定，李正光任哈尔滨石化分公司总经理；免去王化国的总经理职务。【石油任字〔2001〕325号】

同日　股份公司决定，刘俊荣任辽河油田分公司常务副总经理。【石油

任字〔2001〕327号】

同日 股份公司决定，齐振林任大庆油田有限责任公司董事。【石油任字〔2001〕328号】

12月26日 集团公司党组决定，免去亓平同志的管道分公司党委委员职务。【中油党字〔2001〕81号】

同日 集团公司党组决定，薄启亮同志任中国石油天然气国际（勘探开发）有限公司党委书记。股份公司决定，薄启亮任中国石油天然气国际（勘探开发）有限公司副总经理，免去其中国石油勘探开发研究院副院长职务。【中油党字〔2001〕82号 石油任字〔2001〕322号】

同日 集团公司党组同意，丁树柏、赵文智、李文阳、袁士义等4名同志任中国石油勘探开发研究院党委委员。【中油党字〔2001〕83号】

12月27日 股份公司批复，同意油气储量评审办公室高瑞祺、质量安全环保部姜冠戎、炼油与销售分公司孟纯绪退休。【石油人字〔2001〕341号、342号、344号】

同日 集团公司决定，章欣任集团公司国际合作部（外事局）主任（局长），聘任胡绎为集团公司发展研究部总经济师，肖燕明为集团公司财务资产部副主任；免去李怀奇的集团公司国际合作部（外事局）主任（局长）职务。【中油任字〔2001〕629号】

同日 集团公司决定，严绪朝任中国石油集团经济和信息研究中心主任（兼），聘任王同良为副主任；免去傅志达的主任职务，石兴春的副主任职务。【中油任字〔2001〕631号】

同日 集团公司决定，聘任张卫国为石油工业出版社副社长；免去李斌的副社长职务。【中油任字〔2001〕632号】

同日 集团公司党组决定，范卓瑛同志任中国石油天然气管道局党委副书记、纪委书记；免去郭大伟同志的纪委书记职务。【中油党字〔2001〕86号】

12月30日 集团公司决定，宁夏大元炼油化工有限责任公司更名为中国石油集团宁夏大元炼油化工有限责任公司。【中油人劳字〔2001〕640号】

本年 集团公司用工总量133.78万人。

二〇〇二年

一 月

1月4日 集团公司决定，以集团公司石油经济和信息研究中心为基础组建中国石油集团经济技术研究中心。【中油人劳字〔2002〕526号】

1月7日 集团公司批复，同意大庆石油化工总厂公安处移交大庆市公安局管理。【中油人劳字〔2002〕1号】

同日 集团公司批复，同意新疆石油管理局所属准东油田公安局移交新疆维吾尔自治区昌吉回族自治州管理。【中油人劳字〔2002〕2号】

1月8日 集团公司党组决定，姜杉同志任集团公司中心医院党委书记。【中油党字〔2002〕1号】

1月9日 集团公司人事劳资部决定，集团公司新区勘探事业部更名为集团公司国际事业部，并划归集团公司国际合作部管理。【人劳字〔2002〕3号】

同日 集团公司决定，姜杉任集团公司中心医院代院长。【中油任字〔2002〕4号】

1月10日 股份公司决定，免去焦海坤的吉林石化分公司总经理职务。【石油任字〔2002〕4号】

1月11日 集团公司党组决定，免去焦海坤同志的吉林石化分公司党委书记、委员职务。【中油党字〔2002〕2号】

同日 集团公司决定，成立集团公司股权战略管理、投融资、人事与考核和收益管理4个委员会。陈耕任战略管理委员会主任委员，由集团公司发展研究部牵头；刘海胜任投融资委员会主任委员，由集团公司规划计划部牵头；郑虎任人事与考核委员会主任委员，由集团公司人事劳资部牵头；贡华章任收益管理委员会主任委员，由集团公司财务资产部牵头。【中油人劳字〔2002〕14号】

1月15日 集团公司直属机关工会批复，同意邢祖侗为中国石油技术开发公司工会主席。【直机工字〔2002〕2号】

同日 集团公司决定，成立集团公司安全生产委员会，马富才任主任。【中油人劳字〔2002〕24号】

1月17日 集团公司决定，聘任陶玉春为深圳石油实业有限公司总经理。【中油任字〔2002〕25号】

1月30日 集团公司批复，同意抚顺石油化工公司接收由抚顺石化分公司租赁经营的晴纶化工厂。【中油人劳字〔2002〕42号】

同日 集团公司党组决定，杨龙同志任集团公司管材研究所党委委员、书记；免去李鹤林同志的党委书记、委员职务。集团公司决定，杨龙任集团公司管材研究所所长；免去李鹤林的所长职务。【中油党字〔2002〕4号 中油任字〔2002〕44号】

同日 股份公司决定，成立股份公司西气东输长庆气田资源开发工作领导小组，刘宝和任组长。【石油人字〔2002〕20号】

1月31日 集团公司直属机关党委批复，同意张卫国同志任石油工业出版社党委委员。【直机党字〔2002〕130号】

二 月

2月5日 股份公司印发《中国石油天然气股份有限公司员工带薪年休假暂行规定》。【石油人字〔2002〕19号】

同日 股份公司印发《中国石油天然气股份有限公司关于生产装置关闭、阶段性停产员工息工期间有关问题的暂行规定》。【石油人字〔2002〕21号】

同日 集团公司党组决定，蒋凡同志任大连石化分公司党委书记，张瑞祥同志任党委副书记、纪委书记、工会主席；免去张义同志的党委书记、委员职务。股份公司决定，蒋凡任大连石化分公司总经理，聘任王继国、何盛宝、焦玉瑞等3人为副总经理；免去张义的总经理职务。【中油党字〔2002〕6号 石油任字〔2002〕24号、25号】

同日 股份公司决定，李文勖任呼和浩特石化分公司总经理。【石油任字〔2002〕26号】

同日 股份公司人事部决定，李文勖同志任呼和浩特石化分公司党委副书记，王旭伟同志任党委副书记、纪委书记、工会主席，刘前保同志任副总经理、总工程师、党委委员；免去王旭伟的副总经理职务，李志敏同志的党

委委员、工会主席职务。【油人字〔2002〕44号】

同日　集团公司党组决定，免去李文勖同志的辽阳石化分公司党委委员职务。股份公司决定，免去李文勖的辽阳石化分公司副总经理职务。【中油党字〔2002〕7号　石油任字〔2002〕27号】

同日　集团公司决定，孔繁瑾任玉门油田分公司总经理；免去刘世洲的总经理职务。【中油任字〔2002〕22号】

2月9日　股份公司决定，贺荣芳任股份公司安全生产保证基金管理委员会副主任委员兼办公室主任，戴鑑任委员；免去姜冠戎的副主任委员兼办公室主任职务，吴国志的委员职务。【石油人字〔2002〕30号】

同日　股份公司直属机关党委决定，刘宝和同志任勘探与生产分公司党委书记；免去罗英俊同志的党委书记职务。【油直机党字〔2002〕4号】

2月20日　股份公司决定，贺荣芳任股份公司安全总监；免去姜冠戎的安全总监职务。【石油任字〔2002〕35号】

同日　股份公司决定，王立华任中国石油国际事业有限公司总经理，刘仲秋、沈定成任副总经理。【石油任字〔2002〕36号】

2月27日　集团公司批复，同意吉林石化分公司所属丙烯腈厂及高碳醇厂整体移交吉化集团公司管理。【中油人劳字〔2002〕90号】

2月28日　股份公司印发《关于改进高级管理人员业绩考核工作的若干意见》。【石油人字〔2002〕44号】

三　月

3月4日　集团公司批复，同意大庆石化分公司租赁经营的化工三厂及化肥厂橡胶装置整体移交大庆石油化工总厂管理。【中油人劳字〔2002〕97号】

3月5日　集团公司决定，吴耀文任中国石油天然气香港有限公司第二届董事会董事长，王明才任副董事长，章欣、李华林、吴东山、温青山、江夕根、王利德等6人任董事。【中油人劳字〔2002〕96号】

3月8日　集团公司党组决定，田庆峰同志任锦西炼油化工总厂党委书记，张维君同志任党委副书记；免去张耀军同志的党委书记、常委、委员职务。集团公司决定，张维君任锦西炼油化工总厂厂长；免去张耀军的厂长职务。【中油党字〔2002〕11号　中油任字〔2002〕105号】

3月15日 集团公司决定，聘任苗铁生为集团公司咨询中心副主任。【中油任字〔2002〕109号】

3月18日 股份公司印发《关于股份公司总部机关开展岗位竞聘的实施意见》。【石油人字〔2002〕57号】

同日 集团公司党组决定，郑明禹同志任乌鲁木齐石化分公司党委书记，努尔曼·吾甫力哈斯木同志任党委副书记、纪委书记、工会主席，宋自力、李新石、悦仲林等3名同志任党委委员；免去王永明同志的党委书记、委员职务，加拉力丁·吉利利同志的党委副书记、委员、纪委书记职务。【中油党字〔2002〕13号】

同日 股份公司决定，郑明禹任乌鲁木齐石化分公司总经理，聘任刘继远、宋自力、李石新、悦仲林等4人为副总经理；免去王永明的总经理职务，加拉力丁·吉利利的副总经理职务。【石油任字〔2002〕55号、56号】

3月22日 股份公司决定，周明春任股份公司财务部总经理；免去王国樑兼任的总经理职务。【石油任字〔2002〕62号】

同日 股份公司决定，刘宏斌任股份公司规划计划部总经理。【石油任字〔2002〕63号】

同日 股份公司决定，于毅波任大港油田分公司副总经理。【石油任字〔2002〕64号】

四　月

4月1日 集团公司人事劳资部印发《关于对外合作骨干人员培训的安排意见》。【人劳字〔2002〕94号】

同日 集团公司党组决定，刘志同志任中国石油天然气运输公司党委书记；免去姜善亭同志的党委书记、委员职务。集团公司决定，刘志任中国石油天然气运输公司经理。【中油党字〔2002〕14号　中油任字〔2002〕130号】

4月9日 集团公司党组决定，郑怀义同志任大庆石油化工总厂党委书记，赵伯超同志任党委副书记，免去其党委书记职务。【中油党字〔2002〕16号】

同日 股份公司人事部批复，同意刘前保任呼和浩特石化分公司安全总监。【油人函字〔2002〕42号】

4月10日 集团公司人事劳资部印发《关于2002—2005年企业经营管理人

员工商管理培训的安排意见》。【人劳字〔2002〕108号】

同日 集团公司党组决定，姚志强同志任兰州炼油化工总厂党委副书记。集团公司决定，姚志强任兰州炼油化工总厂厂长，聘任王学文为安全总监（兼）；免去戴年喜的厂长职务。【中油党字〔2002〕17号 中油任字〔2002〕144号、150号】

同日 集团公司党组决定，王庭富同志任兰州化学工业公司党委委员、常委、副书记。集团公司决定，王庭富任兰州化学工业公司经理；免去时庆林的经理职务。【中油党字〔2002〕18号 中油任字〔2002〕145号】

同日 集团公司决定，免去王庭富的乌鲁木齐石油化工总厂副厂长、总工程师职务。【中油任字〔2002〕146号】

同日 集团公司批复，同意聘任阎万朝为石油地球物理勘探局安全总监（兼），高云建为青海石油管理局安全总监（兼），耿承辉为抚顺石油化工公司安全总监（兼），王学文为兰州炼油化工总厂安全总监（兼）。【中油任字〔2002〕147号、148号、149号、150号】

4月13日 集团公司党组批复，同意中共中国石油天然气集团公司直属第八届委员会由王小牧、朱元、刘敏星、关晓红、安志忠、许永发、苏士峰、李华民、李克成、李学志、贾光生等11名同志组成，李克成同志兼任党委书记，关晓红同志任党委常务副书记，安志忠、贾光生同志任党委副书记，安志忠同志兼任纪委书记。【中油党字〔2002〕24号】

4月18日 集团公司党组决定，免去段振兴同志的炼油与销售分公司党委副书记、纪委书记、工会主席职务。【中油党字〔2002〕20号】

同日 股份公司决定，聘任桑珍萍、曹政言为股份公司总裁办公室副主任，茅启平为副主任兼外事办公室主任；吴枚、白玉光、刘凯信、连建家等4人为股份公司规划计划部副总经理；徐丰利、贾忆民、张金铸、柴守平、郭铁栋等5人为股份公司财务部副总经理，免去李波的副总经理职务；李风山为股份公司监察部副总经理，赵旭东为监察副专员；晓坤为股份公司法律事务部副总经理；闫光、刘毅为股份公司审计部副总经理；王光军为股份公司质量安全环保部副总经理；罗治斌为股份公司科技与信息管理部副总经理；王益岭为股份公司党群工作部（企业文化部）副主任；蒋立新为股份公司董事会助理秘书；王一端为股份公司监事会办公室副主任；赵政璋、阎存章、刘圣志、吴奇、冉新权等5人为勘探与生产分公司副总经理，吴国干为总地质师，贾东为总会计师，免去曲广玲的副总经理职务，邓隆武的总地质师职务；杜烈奋、田景惠、吴冠京、戴鑑等4人为炼油与销售分公司副总经理，杨信为总会计师，免去陈耀华的副总经理职务；杜建荣、沈钢为化工与销售分公司副总经理，杨继钢为副总经理兼总工程师，周世民为副总经理，孙宗民为总会计师；马志祥、汤亚利、丁建林等3人为天然气与管道分公司副总经理，张耀明为总会计师，免去李海元、李彬的副总经理职务。【石油任字〔2002〕85号】

同日 集团公司党组决定，于力同志任吉林石化分公司党委书记。股份公司决定，于力任吉林石化分公司总经理，推荐于力为吉林化学工业股份有限公司董事长人选。【中油党字〔2002〕21号 石油任字〔2002〕88号、89号】

同日 集团公司党组决定，免去沈殿成同志的大庆炼化分公司党委委员职务。股份公司决定，免去沈殿成的大庆炼化分公司常务副总经理职务。【中油党字〔2002〕22号 石油任字〔2002〕86号】

同日 集团公司党组决定，沈殿成同志任辽阳石化分公司党委副书记。股份公司决定，沈殿成任辽阳石化分公司总经理；免去韩述岐的总经理职务。【中油党字〔2002〕23号 石油任字〔2002〕87号】

同日 集团公司决定，初延洪兼任运输公司安全总监。【中国石油天然气运输公司上报】

4月19日 股份公司决定，免去施建勋、张兴福的吉林石化分公司副总经理职务；免去兰云升的副总经理兼总会计师职务，李崇杰的副总经理兼总工程师职务，倪慕华、姜吉祥的吉林化学工业股份有限公司副总经理职务。【石油任字〔2002〕91号】

4月21日 集团公司决定，姜善亭任集团公司监察部监察专员。【中油任字〔2002〕165号】

4月25日 股份公司决定，辽河石化分公司润滑油业务及员工203名划入润滑油分公司。【油人函字〔2002〕46号】

五 月

5月10日 集团公司批准，宝鸡石油钢管厂以生产经营性资产向控股子公

司宝鸡中油钢管有限公司增资，将宝鸡中油钢管有限公司更名为宝鸡石油钢管有限责任公司。【中油资字〔2002〕185号】

同日 集团公司批复，同意将济南柴油机厂整体划转中国石油物资装备（集团）总公司直接管理。【中油人劳字〔2002〕186号】

5月13日 股份公司决定，黄维和任西气东输管道分公司总经理；免去陈吉庆的总经理职务。【石油任字〔2002〕100号】

5月14日 集团公司决定，张凤山任辽河石油勘探局安全总监（兼）。【中油任字〔2002〕190号】

同日 集团公司党组决定，黄维和同志任西气东输管道分公司党委书记；免去陈吉庆同志的西气东输管道分公司党委书记职务。【中油党字〔2002〕27号】

同日 集团公司决定，温青山任集团公司财务资产部主任；免去林金高的主任职务。【中油任字〔2002〕193号】

同日 集团公司党组决定，段世民同志任石油地球物理勘探局党委副书记、纪委书记；免去肖平同志的党委副书记、常委、委员、纪委书记职务。【中油党字〔2002〕28号】

同日 集团公司党组决定，肖平同志任中国石油报社党委委员、书记；免去李秋杰同志的党委书记、委员职务。集团公司决定，肖平任中国石油报社社长；免去李秋杰的社长职务。【中油党字〔2002〕29号 中油任字〔2002〕194号】

同日 集团公司决定，聘任姜文为中油国际（苏丹）炼油有限公司总经理；免去杨震的中国石油天然气勘探开发公司总工程师、中油国际（苏丹）炼油有限公司总经理、中油国际（尼罗）公司副总经理职务。【中油任字〔2002〕195号】

5月17日 集团公司党组决定，玄昌伟同志任抚顺石油化工公司党委委员、常委、书记，耿承辉同志任党委副书记；免去于力同志的党委书记、常委、委员职务，徐涛同志的党委常委职务。集团公司决定，耿承辉任抚顺石油化工公司经理，玄昌伟任副经理；免去于力的经理职务。【中油党字〔2002〕30号 中油任字〔2002〕200号】

同日 集团公司党组决定，张国栋同志任吐哈石油勘探开发指挥部党委书记，杨盛杰同志任党委副书记；免去李志新同志的党委书记、常委、委员职务，刘宏斌同志的党委副书记、常委、委员职务，肖燕明同志的党委委员职务。集团公司决定，杨盛杰任吐哈石油勘探开发指挥部指挥；免去刘宏斌

的指挥职务，肖燕明的总会计师职务。【中油党字〔2002〕31号　中油任字〔2002〕201号】

5月20日　集团公司印发《中国石油天然气集团公司直属单位工资总量调控办法》。【中油人劳字〔2002〕213号】

5月21日　集团公司印发《中国石油天然集团公司人事档案工作管理规定》(试行)。【中油人劳字〔2002〕218号】

5月22日　集团公司决定，调整集团公司人事档案工作领导小组，郑虎任组长，领导小组办公室设在集团公司人事劳资部。【中油人劳字〔2002〕210号】

5月27日　股份公司决定，成立股份公司炼化企业结构调整领导小组，任传俊任组长。【石油人字〔2002〕114号】

5月28日　炼油与销售分公司批复，同意刘启银兼任西南销售分公司安全总监；免去骆忠伟兼任的安全总监职务。【油炼销字〔2002〕108号】

5月31日　集团公司批复，同意将吐哈石油勘探开发指挥部所属吐哈石油公安局移交新疆维吾尔自治区吐鲁番地区行政公署管理。【中油人劳字〔2002〕221号】

同日　集团公司批复，同意将塔里木石油勘探开发指挥部所属塔里木石油公安局移交新疆维吾尔自治区巴音郭楞蒙古自治州管理。【中油人劳字〔2002〕235号】

六　月

6月4日　股份公司印发《进一步推进地区公司领导班子行政副职竞聘上岗工作的安排意见》。【石油人字〔2002〕179号】

6月6日　集团公司批复，同意大庆石油管理局所属公交分局移交大庆市公安局管理。【中油人劳字〔2002〕226号】

同日　集团公司批复，同意林源炼油厂所属公安分局移交大庆市政府管理。【中油人劳字〔2002〕227号】

6月7日　集团公司批复，同意大庆石油管理局所属朝阳沟公安分处移交大庆市公安局管理。【中油人劳字〔2002〕228号】

同日　股份公司人事部批准，同意高振怀辞去大连海运分公司常务副总经理职务。【石油人字〔2002〕132号】

6月13日 集团公司决定，聘任朱喜龙、杨大明为大庆石油化工总厂副厂长；免去韩生田的副厂长职务。【中油任字〔2002〕231号】

同日 集团公司批复，同意聘任马桂成为华北石油管理局安全总监（兼）。【中油任字〔2002〕232号】

6月14日 股份公司决定，组建股份公司炼油化工技术研究发展中心筹备小组，杨继钢兼任组长。【石油任字〔2002〕137号】

6月18日 集团公司决定，调整集团公司扶贫工作领导小组成员，陈耕任组长，领导小组办公室设在集团公司办公厅。【中油人劳字〔2002〕237号】

同日 集团公司决定，调整集团公司国家安全领导小组成员，马富才任组长，领导小组办公室设在集团公司办公厅保卫处。【中油人劳字〔2002〕238号】

6月21日 炼油与销售分公司下发《关于加强销售企业重组期间统一管理的通知》。【炼油销字〔2002〕118号】

6月24日 集团公司党组决定，免去郭秀竹同志的辽宁省石油总公司党委书记、委员职务，崔北林同志的党委副书记、委员、纪委书记、工会主席职务，李世范同志的党委委员职务。集团公司决定，免去郭秀竹的辽宁省石油总公司总经理职务，李世范的副总经理职务。【中油党字〔2002〕40号 中油任字〔2002〕248号】

同日 集团公司党组决定，免去李绍双同志的中国石油销售东北公司党委书记、委员职务。集团公司决定，免去李绍双的中国石油销售东北公司经理职务。【中油党字〔2002〕41号 中油任字〔2002〕249号】

同日 集团公司党组决定，杜斌同志任辽宁销售分公司党委书记，郭秀竹同志任党委副书记，崔北林同志任党委委员、工会主席，黄威、吴汉、李丽、李世范等4名同志任党委委员；免去李万余同志的党委书记、委员职务，杜斌同志的纪委书记、工会主席职务。【中油党字〔2002〕42号】

同日 股份公司决定，郭秀竹任辽宁销售分公司总经理，聘任杜斌、黄威、董加孟、吴汉等4人为副总经理，李丽为总会计师；免去李万余的总经理职务。【石油任字〔2002〕143号、144号】

同日 集团公司党组决定，李万余同志任华北销售分公司党委书记；免去李凯同志的党委书记职务。股份公司决定，李万余任华北销售分公司总经理；免

去梅士琪的总经理职务。【中油党字〔2002〕43号　石油任字〔2002〕157号】

同日　炼油与销售分公司党委决定，张宏同志任华北销售分公司党委副书记、纪委书记、工会主席，薛彦卓、李多同志任党委委员；免去梅士琪同志的党委副书记职务。炼油与销售分公司决定，聘任高栋平、赵永起、薛彦卓、李多等4人任华北销售分公司副总经理，王国松任总会计师；免去李凯的副总经理职务。【油炼销党字〔2002〕21号　油炼销字〔2002〕133号】

同日　集团公司党组决定，李绍双同志任东北销售分公司党委书记；免去董仁平同志的党委书记职务。股份公司决定，董仁平任东北销售分公司总经理。【中油党字〔2002〕44号　石油任字〔2002〕145号】

同日　炼油与销售分公司党委决定，董仁平同志任东北销售分公司党委副书记，王荣利同志任党委副书记、纪委书记、工会主席，孟庆涛、王玉滨、邹友军、张亚林等4名同志任党委委员；免去程国祺同志的东北销售分公司党委副书记、委员、纪委书记、工会主席职务，马丹同志的中国石油销售东北公司纪委书记、工会主席、党委委员职务，张文栋同志的党委委员职务。【油炼销党字〔2002〕10号】

同日　炼油与销售分公司决定，聘任李绍双、孟庆涛、王玉滨等3人为东北销售分公司副总经理，邹友军为总会计师；免去张文栋的中国石油销售东北公司总会计师职务。【油炼销字〔2002〕122号】

同日　集团公司党组决定，纪士寅同志任大连销售分公司党委书记。股份公司决定，沈庆凯任大连销售分公司总经理。【中油党字〔2002〕45号　石油任字〔2002〕155号】

同日　炼油与销售分公司党委决定，沈庆凯同志任大连销售分公司党委副书记，西金来同志任党委副书记、纪委书记、工会主席，张健、张起鹏同志任党委委员；免去刘金河同志的大连销售分公司纪委书记、工会主席、党委委员职务，张克清同志的大连石油集团公司党委书记、委员和大连销售分公司党委委员职务，贾忠礼同志的大连石油集团公司纪委书记、工会主席、党委委员职务，张起鹏、陈本立同志的大连石油集团公司党委委员职务。【炼油销党字〔2002〕11号】

同日　炼油与销售分公司决定，聘任张健、张起鹏为大连销售分公司副总经理；免去西金来的副总经理职务。【油炼销字〔2002〕131号】

同日　集团公司党组决定，邝正平同志任重庆销售分公司党委书记。股份公司决定，项平生任重庆销售分公司总经理。【中油党字〔2002〕46号　石油任字〔2002〕153号】

同日　炼油与销售分公司党委决定，项平生同志任重庆销售分公司党委副书记，黎志钦同志任党委副书记、纪委书记、工会主席，陈三强、徐毅、张静波、潘传清等4名同志任党委委员；免去曹启模同志的重庆销售分公司党委委员职务，方勇同志的重庆石油（集团）有限公司党委书记、委员和重庆销售分公司党委委员职务，潘传清同志的重庆石油（集团）有限公司党委委员、纪委书记、工会主席职务，吴华南同志的重庆石油（集团）有限公司党委委员职务。【油炼销党字〔2002〕12号】

同日　炼油与销售分公司决定，聘任邝正平、陈三强、徐毅等3人为重庆销售分公司副总经理，张静波为总会计师；免去曹启模的重庆销售分公司副总经理职务，方勇的重庆石油（集团）有限公司总经理职务，吴华南的重庆石油（集团）有限公司副总经理职务。【油炼销字〔2002〕130号】

同日　集团公司党组决定，何能祯同志任甘肃销售分公司党委书记。股份公司决定，张德义任甘肃销售分公司总经理。【中油党字〔2002〕47号　石油任字〔2002〕151号】

同日　炼油与销售分公司党委决定，张德义同志任甘肃销售分公司党委副书记，李珊、赵维国、贾占普等3名同志任党委委员；免去何能祯同志的甘肃销售分公司纪委书记职务，郭凤岐同志的甘肃省石油总公司党委书记、委员和甘肃销售分公司党委委员职务。【油炼销党字〔2002〕15号】

同日　炼油与销售分公司决定，聘任何能祯、李珊、赵维国等3人为甘肃销售分公司副总经理，贾占普为总会计师；张德义任甘肃省石油总公司总经理；免去郭凤岐的甘肃省石油总公司总经理职务。【油炼销字〔2002〕128号】

同日　集团公司党组决定，张慧清同志任内蒙古销售分公司党委书记；免去张昆同志的党委书记、委员职务。【中油党字〔2002〕48号】

同日　炼油与销售分公司党委决定，王永和同志任内蒙古销售分公司党委副书记、纪委书记、工会主席；免去胡世清同志的党委副书记、纪委书记、工会主席职务。【油炼销党字〔2002〕17号】

同日　炼油与销售分公司决定，聘任张慧清、乔世明、刘宏设等3人为内

蒙古销售分公司副总经理，杨富为总会计师；免去张昆、王永和的副总经理职务。【油炼销字〔2002〕126号】

同日 集团公司党组决定，刘战明同志任新疆销售分公司党委书记；免去买买提伊明·阿布拉同志的党委书记、委员职务。股份公司决定，王梓桐任新疆销售分公司总经理。【中油党字〔2002〕49号 石油任字〔2002〕152号】

同日 炼油与销售分公司党委决定，王梓桐同志任新疆销售分公司党委副书记，巴亚斯·喀里木同志任党委副书记、工会主席，侯汝星、胡顺铭、王常荣等3名同志任党委委员；免去买买提伊明·阿布拉同志的新疆销售分公司纪委书记职务，曹绪海同志的新疆石油总公司党委书记、委员、纪委书记、工会主席和新疆销售分公司党委委员职务，周进化同志的新疆石油总公司党委副书记、委员职务，巴亚斯·喀里木同志的党委委员职务。【油炼销党字〔2002〕14号】

同日 炼油与销售分公司决定，聘任刘战明、侯汝星、胡顺铭等3人为新疆销售分公司副总经理，王常荣为总会计师；免去买买提伊明·阿布拉的新疆销售分公司副总经理职务，周进化的新疆石油总公司经理职务，巴亚斯·喀里木的副总经理职务。【油炼销字〔2002〕129号】

同日 集团公司党组决定，张贵生同志任西北销售分公司党委书记；免去郭文祥同志的党委书记职务。股份公司决定，郭文祥任西北销售分公司总经理。【中油党字〔2002〕50号 石油任字〔2002〕149号】

同日 炼油与销售分公司党委决定，郭文祥同志任西北销售分公司党委副书记，王增岭同志任党委副书记、纪委书记、工会主席，刘德祥、杜丽学、田发禄等3名同志任党委委员；免去聂端阳、程行策同志的西北销售分公司党委委员职务，赵建青同志的中国石油销售西北公司纪委书记、党委委员职务，周军同志的党委委员职务。【油炼销党字〔2002〕18号】

同日 炼油与销售分公司决定，聘任张贵生、刘德祥、杜丽学等3人为西北销售分公司副总经理，田发禄为总会计师；免去聂端阳的西北销售分公司副总经理职务，赵建青、周军的中国石油销售西北公司副经理职务。【油炼销字〔2002〕124号】

同日 集团公司党组决定，胡兴东同志任四川销售分公司党委书记，杨顺成同志任党委副书记，叶学胜同志任党委副书记、纪委书记、工会主席，温明友、刘桂林、涂安宁、刘华治等4名同志任党委委员。股份公司决定，杨顺成任四川销售分公司总经理，胡兴东、温明友、刘桂林、涂安宁等4人任副总经理，刘华治任总会计师。【中油党字〔2002〕51号　石油任字〔2002〕147号、148号】

同日　集团公司党组决定，上官建新同志任炼油与销售分公司党委副书记、纪委书记、工会主席。【中油党字〔2002〕52号】

同日　集团公司党组决定，王世清同志任黑龙江销售分公司党委书记；免去艾俊良同志的党委书记、委员职务。股份公司决定，刘松林任黑龙江销售分公司总经理；免去艾俊良的总经理职务。【中油党字〔2002〕53号　石油任字〔2002〕146号】

同日　炼油与销售分公司党委决定，刘松林同志任黑龙江销售分公司党委副书记，卞忠智同志任党委副书记、纪委书记、工会主席，余宪龙、孙玉发、徐晓鸣、张双平、史敬波等5名同志任党委委员；免去史敬波同志的黑龙江销售分公司党委副书记、纪委书记、工会主席职务，卞忠智同志的黑龙江省石油化工销售总公司党委副书记、委员、纪委书记、工会主席职务，余宪龙、佟长青同志的党委委员职务。【油炼销党字〔2002〕19号】

同日　炼油与销售分公司决定，聘任王世清、余宪龙、孙玉发、徐晓鸣等4人为黑龙江销售分公司副总经理，张双平为总会计师；免去余宪龙、佟长青的副总经理职务。【油炼销字〔2002〕125号】

同日　集团公司党组决定，曹俊文同志任陕西销售分公司党委书记；免去魏光强同志的党委书记、委员职务。【中油党字〔2002〕54号】

同日　炼油与销售分公司党委决定，卢济新同志任陕西销售分公司党委副书记，陈元武同志任党委副书记、纪委书记、工会主席，韩孝山、王建学同志任党委委员；免去魏光强同志的陕西销售分公司纪委书记职务，曹俊文同志的工会主席职务，石文龙同志的陕西省石油总公司党委书记、委员和陕西销售分公司党委委员职务，田云五同志的陕西省石油总公司党委副书记、委员、纪委书记、工会主席职务，陈元武、邵镇江同志的党委委员职务。【油炼销党字〔2002〕16号】

同日　炼油与销售分公司决定，聘任曹俊文、韩孝山、王建学等3人为陕西销售分公司副总经理；免去魏光强的陕西销售分公司副总经理职务，免去

石文龙的陕西省石油总公司总经理职务，陈元武、邵镇江的副总经理职务。【油炼销字〔2002〕127号】

同日 股份公司决定，唐胜云任西藏销售分公司总经理；免去阿丁的总经理职务。炼油与销售分公司党委决定，唐胜云同志任西藏销售分公司党委副书记，多布拉同志任党委副书记、纪委书记、工会主席，马斌太、吕生喜、洛桑金巴、刘西彩等4名同志任党委委员。炼油与销售分公司决定，聘任阿丁、马斌太、吕生喜、洛桑金巴、刘西彩等5人为西藏销售分公司副总经理；免去赵自顺同志的副总经理职务。【石油任字〔2002〕154号 油炼销党字〔2002〕13号 油炼销字〔2002〕132号】

同日 股份公司决定，李凯任规划总院副院长。【石油任字〔2002〕158号】

6月25日 中国石油物资装备（集团）总公司决定，钟裕敏任宝鸡石油钢管有限责任公司总经理。【物任字〔2002〕263号】

6月26日 集团公司党组决定，免去王世清同志的黑龙江省石油化工销售总公司临时党委书记、委员职务。集团公司决定，免去王世清的黑龙江省石油化工销售总公司总经理职务。【中油党字〔2002〕第55号 中油任字〔2002〕第253号】

同日 集团公司党组决定，免去程行策同志的中国石油销售西北公司党委书记、委员职务。集团公司决定，免去程行策的中国石油销售西北公司经理职务。【中油党字〔2002〕56号 中油任字〔2002〕252号】

同日 集团公司批复，同意聘任丁军为兰州化学工业公司安全总监（兼）。【中油任字〔2002〕255号】

同日 集团公司批复，同意聘任徐明为抚顺石油化工公司安全总监（兼）；免去耿承辉兼任的安全总监职务。【中油任字〔2002〕256号】

6月27日 集团公司党组决定，阿丁同志任西藏销售分公司党委书记。【《集团公司2003年年鉴》】

6月28日 集团公司党组同意，将吐哈石油勘探开发指挥部党组织关系划转新疆维吾尔自治区党委，吐哈油田分公司党组织关系仍由吐哈石油勘探开发指挥部党委管理。【直属党字〔2002〕29号】

6月 集团公司决定，对未上市销售企业和股份公司所属地区销售公司的两套班子和两个机关进行整合，实行一个领导班子、一套机关职能部门、一体化运作的管理体制。9月，经股份公司董事会批准，股份公司完成对未上市销售企业资产的重组工作。

七　　月

7月10日　集团公司批复，同意将中国石油集团地球物理勘探局正定基地的现有资产和133名在册职工整体划转石家庄经济学院。【中油人劳字〔2002〕276号】

7月19日　中国石油与香港和记黄埔等大股东组成的中油和黄信息技术有限公司董事会决定，聘任李斌为公司总经理，王国强、张宏伟（香港和记黄埔代表）为副总经理。【《集团公司2003年年鉴》】

7月22日　集团公司决定，聘任汪家祺为大连石油化工公司安全总监（兼）。【中油任字〔2002〕293号】

同日　炼油与销售分公司批复，同意聘任马丹为东北销售分公司安全总监；免去王玉斌兼任的安全总监职务。【油炼销人字〔2002〕38号】

同日　炼油与销售分公司批复，同意聘任曹启模为重庆销售分公司安全总监；免去陈三强兼任的安全总监职务。【油炼销人字〔2002〕44号】

7月26日　股份公司决定，萧德铭任油气储量评审办公室主任。【石油任字〔2002〕186号】

同日　股份公司决定，孙龙德任塔里木油田分公司总经理；免去廖永远的总经理职务。【石油任字〔2002〕187号】

同日　股份公司决定，聘任周新源、安文华、宋文杰、郭建军等4人为塔里木油田分公司副总经理；免去邸超、俞新永、唐成久、秦刚等4人的副总经理职务。【石油任字〔2002〕188号】

7月29日　集团公司党组决定，孙龙德同志任塔里木油田分公司党工委书记，秦刚同志任党工委副书记、纪工委书记、工会主席，周新源、安文华、宋文杰等3名同志任党工委常委；免去廖永远同志的党工委书记、常委职务，马振武同志的党工委副书记、常委、纪工委书记、工会主席职务，邸超、俞新永同志的党工委常委职务。【中油党字〔2002〕61号】

7月31日　北京市工商行政管理局核准，北京天然气集输公司正式更名为北京华油天然气有限责任公司。【中石油北京天然气管道有限公司上报】

同日 集团公司决定，成立集团公司物探和测井两个专业公司筹备领导小组，刘海胜任组长。【中油人劳字〔2002〕306号】

八 月

8月2日 集团公司党组决定，李玉平同志任石油管理干部学院党委委员、书记；免去段大钧同志的党委书记、委员职务，孙起瑞同志的党委委员职务。集团公司决定，李玉平任石油管理干部学院院长；免去段大钧的院长职务，孙起瑞的副院长职务。【中油党字〔2002〕64号 中油任字〔2002〕312号】

同日 集团公司决定，聘任吴恩来、王林为集团公司资本运营部副主任，朱元为集团公司政治思想工作部副主任。【中油任字〔2002〕313号、314号】

同日 集团公司人事劳资部决定，聘任孙秀娟为中国石油集团工程设计有限责任公司总会计师。【人劳字〔2002〕155号】

8月5日 集团公司党组决定，郭德宝同志任大港油田集团有限责任公司党委书记，朱敬成同志任党委副书记；免去张德寿同志的党委副书记、常委、委员、纪委书记职务。集团公司决定，委派朱敬成为大港油田集团有限责任公司董事、董事长，聘任其为总经理；免去王鹏的董事长、董事、总经理职务，张德寿的董事、监事会主席、监事职务。【中油党字〔2002〕65号 中油任字〔2002〕317号】

8月6日 集团公司决定，凌霄任新疆职工培训中心（新疆石油学院）主任（院长）；免去谢志强兼任的新疆石油学院院长职务。【中油任字〔2002〕319号】

8月21日 股份公司人事部批复，同意聘任张志东为吐哈油田分公司安全总监。【油人函字〔2002〕105号】

8月26日 集团公司党组决定，王思爵同志任四川石油管理局党委副书记。【中油党字〔2002〕72号】

8月27日 集团公司决定，将吐哈石油勘探开发指挥部所属物探公司、录测井公司的测井业务、资产及人员，分别划转中国石油集团东方地球物理勘探有限责任公司和中国石油集团测井有限责任公司。【中油研字〔2002〕341号】

8月29日 集团公司党组决定，李玉平同志任集团公司直属机关党校副校长；免去段大钧同志的党校副校长职务。【中油党字〔2002〕74号】

8月30日　集团公司决定，成立集团公司海外研究中心管理委员会，沈平平任主任。【中油人劳字〔2002〕356号】

九　月

9月2日　股份公司人事部决定，在兰州恢复组建中国石油天然气股份有限公司化工与销售西北分公司，黄克平任临时负责人主持全面工作。【油人字〔2002〕290号　油人字〔2002〕296号】

同日　股份公司人事部决定，秦明星任化工与销售西南分公司总经理；刘军不再担任化工与销售西南分公司临时负责人。【油人字〔2002〕291号】

同日　股份公司人事部决定，丛瑜滋任化工与销售华东分公司副总经理。【油人字〔2002〕292号】

9月3日　股份公司决定，中国石油天然气国际（勘探开发）有限公司与对外合作经理部合并，暂保留对外合作经理部牌子，重组后的中国石油天然气国际（勘探开发）有限公司为股份公司直属的全资子公司，对内按分公司管理。【石油人字〔2002〕217号】

9月4日　集团公司直属党委批复，同意陈安家同志任中国华油集团公司党委委员。【直属党字〔2002〕34号】

9月13日　集团公司批复，同意辽河石油勘探局所属辽河公安局划转辽宁省政府管理。【中油人劳字〔2002〕371号】

9月14日　集团公司党组印发《关于企业领导人员学历、学位等信息检查清理的通知》。【中油党字〔2002〕78号】

9月17日　集团公司批复，同意聘任杨庆理为长庆石油管理局安全总监（兼）。【中油任字〔2002〕380号】

同日　集团公司批复，同意聘任尹航为锦州石油化工公司安全总监（兼）。【中油任字〔2002〕392号】

9月20日　集团公司人事劳资部印发《中国石油天然气集团公司机关人员培训管理办法》。【人劳字〔2002〕174号】

9月21日　集团公司印发《中国石油天然气集团公司人事统计工作考评办法（试行）》。【中油人劳字〔2002〕364号】

9月23日　股份公司决定，吴冠京兼任股份公司炼油化工技术委员会副主

任；免去孟纯绪的副主任职务。【石油人字〔2002〕230号】

9月28日 集团公司党组决定，贾立仁同志任集团公司管材研究所党委委员、副书记、纪委书记、工会主席，霍春勇、冯耀荣同志任党委委员；免去王宗芳同志的党委副书记、委员、纪委书记、工会主席职务，李平全、韩勇同志的党委委员职务。【中油党字〔2002〕80号】

同日 集团公司人事劳资部决定，聘任霍春勇为集团公司管材研究所副所长，冯耀荣为总工程师；免去李平全、路民旭、韩勇等3人的副所长职务。【人劳字〔2002〕189号】

9月 中国石油天然气集团公司、中国长城工业总公司、中国粮油食品进出口（集团）有限公司按照7：2：1的出资比例联合组建中国华铭国际投资有限公司，在北京注册，为中国石油天然气集团公司控股子公司，机构规格为副局级。【中国华油集团公司上报】

十　月

10月1日 集团公司党组决定，汪东进同志任中国石油天然气勘探开发公司党委副书记；免去周吉平同志的党委副书记、委员职务。【中油党字〔2002〕82号】

同日 集团公司决定，聘任汪东进为中国石油天然气勘探开发公司总经理，蒋奇为中油国际（哈萨克斯坦）有限责任公司、阿克纠宾油气股份有限公司总经理；免去周吉平的中国石油天然气勘探开发公司总经理职务。【中油任字〔2002〕402号】

同日 集团公司决定，成立集团公司苏丹工程建设项目协调领导小组，孙波任组长。【中油任字〔2002〕403号】

同日 集团公司决定，免去刘国华的东北输油管理局局长职务，骆宝贵的副局长职务。【中油任字〔2002〕404号】

同日 集团公司党组决定，免去吴云海同志中国石油天然气管道局党委常委、委员、东北输油管理局党委书记职务，由中国石油天然气管道局负责安排具体工作。【中油党字〔2002〕81号】

10月9日 集团公司党组同意，李凯同志任规划总院党委委员。【中油党字〔2002〕84号】

10月10日　财政部党组同意，推荐张佑才同志担任中国石油天然气股份有限公司独立监事。【财党〔2002〕31号】

10月12日　集团公司党组决定，韩述岐同志兼任辽阳石化分公司纪委书记、工会主席，王德义、吕文军同志任党委委员；免去王大为同志的党委副书记、委员、纪委书记、工会主席职务，阚学诚同志的党委委员职务。【中油党字〔2002〕90号】

同日　集团公司党组决定，黄成义、王金娥同志任大庆石化分公司党委委员。【中油党字〔2002〕89号】

同日　集团公司党组决定，侯启军、齐振林同志任大庆油田有限责任公司党委委员。股份公司决定，聘任侯启军、齐振林为大庆油田有限责任公司副总经理。【中油党字〔2002〕85号　石油任字〔2002〕242号】

同日　股份公司决定，聘任郭万奎为大庆油田有限责任公司勘探开发研究院院长；聘任谢中立为大庆油田有限责任公司油田建设设计研究院院长，免去张良杰的院长职务。【石油任字〔2002〕243号】

同日　集团公司党组决定，苟三权、杨华、周宗强等3名同志任长庆油田分公司党委委员；免去何自新、金忠臣、张敬堂等3名同志的党委委员职务。【中油党字〔2002〕87号】

同日　集团公司党组决定，纪树范同志任大港油田分公司党委委员。【中油党字〔2002〕88号】

10月14日　集团公司党组决定，李文强同志任大港油田（集团）有限责任公司党委常委、副书记、纪委书记、工会主席，秦永和同志任党委常委，张运通同志任党委委员、常委；免去高兰成同志的党委常委职务。集团公司决定，聘任郭德宝、秦永和、石桂臣、张运通、王育山等5人为大港油田（集团）有限责任公司副总经理，张运通兼任安全总监，王育山兼任总会计师；免去吴昭生的副总经理、总会计师职务。【中油党字〔2002〕91号　中油任字〔2002〕417号】

同日　集团公司党组决定，魏银广同志任吐哈石油勘探开发指挥部党委委员、常委、副书记、纪委书记、工会主席，娄铁强、赵明方同志任党委委员、常委；李大祥、周元祥任党委委员；免去张国栋同志兼任的纪委书记、工会主席职务，姚树梯、安岐同志的党委常委职务。集团公司决定，聘任张国栋、娄铁强、赵明方、李大祥等4人为吐哈石油勘探开发指挥部副指挥，娄铁强兼任安全总监，周元祥为总会计师；免去姚树梯、安岐的副指挥职务。【中油党字〔2002〕92号 中油任字〔2002〕416号】

10月15日 集团公司批复，同意撤销东北输油管理局副局级建制。【中油人劳〔2002〕419号】

同日 集团公司党组决定，马红新同志任吉化集团公司党委副书记、工会主席；免去李志深同志的工会主席职务。【中油党字〔2002〕93号】

同日 集团公司决定，聘任孔祥国、申尧民、孙树祯、周海峰等4人为吉化集团公司副经理，孙树祯兼任安全总监。【中油任字〔2002〕421号】

10月16日 集团公司党组决定，孙永会、张作祥同志任玉门石油管理局党委常委。集团公司批复，同意聘任严晓昱、孙卫东、孙永会、张作祥等4人为玉门石油管理局副局长，孙永会兼任安全总监。【中油党字〔2002〕94号 中油任字〔2002〕423号】

同日 股份公司批复，同意中国石油国际事业有限公司设立中国石油国际事业（伦敦）有限公司、中国石油国际事业（哈萨克斯坦）有限公司。【石油人字〔2002〕250号、251号】

同日 股份公司决定，聘任焦桐祥、黄成义、王金娥等3人任大庆石化分公司副总经理。【石油任字〔2002〕247号】

同日 股份公司决定，聘任宋杰、王德义、吕文君等3人任辽阳石化分公司副总经理；免去阚学诚的副总经理职务。【石油任字〔2002〕248号】

10月18日 中共黑龙江省委决定，祁志群同志任大庆高等专科学校党委书记，徐克明任校长；免去张九生同志的党委书记职务，王进一的校长职务。【黑组任字〔2002〕272号】

同日 中共黑龙江省委决定，李仁同志任大庆职业学校党委书记，王江任院长。【黑组任字〔2002〕280号】

10月20日 股份公司决定，免去于毅波的大港油田分公司副总经理职务。【石油任字〔2002〕255号】

10月21日 集团公司决定，委派石桂臣、王育山为大港油田（集团）有限责任公司董事会董事，李文强、朱耀峰、刘爱萍等3人为监事会监事，李文强为监事会主席；免去姚和清、汪国良、高兰成、吴昭生、吴永平、张大德等6人的董事职务，石桂臣、陈玉瑾、屈延龄、高凤翔、刘经华、徐树荣、张有等7人的监事职务。【中油任字〔2002〕432号】

10月23日　集团公司党组决定，吴熙荣同志任上海浦东华油实业有限责任公司党委书记、纪委书记，石清俊同志任党委委员、副书记；免去王永纯同志的党委副书记、委员职务。集团公司决定，聘任石清俊为上海浦东华油实业有限责任公司总经理；免去王永纯的总经理职务，吴熙荣的副总经理职务。【中油党字〔2002〕95号　中油任字〔2002〕439号】

同日　集团公司决定，王永纯任中国华油集团公司副总经理。【中油任字〔2002〕440号】

同日　股份公司直属机关党委批复，同意阎存章、刘圣志、吴奇等3名同志任勘探与生产分公司党委委员，赵政璋同志任党委副书记，阎存章同志任纪委书记；免去曲广玲同志的党委委员、纪委书记职务。【油直机党字〔2002〕15号】

同日　股份公司直属机关党委批复，同意吴冠京、戴鉴同志任炼油与销售分公司党委委员；免去段振兴、孟纯绪、吴国志、陈耀华等4名同志的党委委员职务。【油直机党字〔2002〕16号】

同日　股份公司直属机关党委批复，同意丁建林、张耀明、梁鹏等3名同志任天然气与管道分公司党委委员，马志祥同志任党委副书记；免去李海元、李彬、吴世勤等3名同志的党委委员职务，李海元同志的党委副书记职务。【油直机党字〔2002〕18号】

10月23至24日　上海浦东华油实业有限责任公司召开第二次股东会暨第二届董事会、监事会第一次会议，选举阎三忠为董事长，王煌今、王永纯为副董事长，陈应权、杨盛杰、孙奎荣、石清俊、孙福泉、刘强、邹利平、李建新等8人为董事；梁森林为监事会主席，崔荫松为监事。【中国华油集团公司上报】

十　一　月

11月4日　集团公司批准，同意宝鸡石油机械厂与中国石油物资装备总公司共同出资，组建宝鸡石油机械有限责任公司。【中油资字〔2002〕457号】

11月6日　集团公司印发《集团公司机关岗位聘任实施办法》。【中油人劳字〔2002〕464号】

11月8日 集团公司决定，成立集团公司援藏工作领导小组，郑虎任组长。【中油人劳字〔2002〕471号】

同日 集团公司决定，对集团公司机关机构设置、人员编制和管理职能进行调整，撤销多种经营管理部，调整后的机关设部门14个：办公厅、发展研究部、规划计划部、财务资产部、资本运营部、人事劳资部、科技发展部、国际事业部、市场管理部、质量安全环保部、审计部、党组纪检组（监察部）、政治思想工作部（集团公司直属党委）、离退休职工管理局（老干部局）。【中油人劳字〔2002〕468号】

同日 集团公司人事劳资部决定，成立集团公司注册安全工程师执业资格审核认定工作领导小组，王海森任组长。【人劳字〔2002〕225号】

11月15日 集团公司决定，聘任许永发为集团公司办公厅主任，严绪朝为集团公司发展研究部主任，江夕根为集团公司规划计划部主任，温青山为集团公司财务资产部主任，李庆毅为集团公司资本运营部主任，刘振武为集团公司科技发展部主任，章欣为集团公司国际事业部（外事局）主任（局长），安郁培为集团公司市场管理部主任，王海森为集团公司质量安全环保部主任，陈维忠为集团公司审计部主任，祖凤鸣为集团公司监察部（纪检组）主任（副组长），关晓红为集团公司政治思想工作部主任，蒿成为集团公司离退休职工管理局（老干部局）局长，集团公司人事劳资部主任仍由郑虎兼任，免去刘海胜兼任的集团公司规划计划部主任职务。【中油任字〔2002〕477号】

11月19日 集团公司印发《中国石油天然气集团公司机关各部门工作职责》。【中油人劳字〔2002〕490号】

同日 中国石油天然气股份有限公司召开临时股东大会，批准马富才、吴耀文、任传俊、苏树林、贡华章、邹海峰等6人为中国石油天然气股份有限公司董事，董建成、刘鸿儒为独立董事；李克成、陈维忠、温青山、白新贺等4人为监事，张佑才、吴志攀为独立监事。【股决字〔2002〕2号】

11月20日 集团公司决定，成立中国石油天然气集团公司人事服务中心，为集团公司机关附属机构归口集团公司人事劳资部管理，同时保留职业技能鉴定中心、人才交流中心、社会保险中心和CNPC留学服务中心牌子。【中油人劳字〔2002〕501号】

同日 集团公司党组决定，孙先锋同志任中国石油审计服务中心临时党委书记，朱龙同志任临时党委委员、副书记、纪委书记；免去朱龙同志的集团公司监察部监察副专员职务，李木林同志的中国石油审计服务中心临时党委书记、委员、纪委书记职务。【中油党字〔2002〕102号】

同日 集团公司决定，聘任陈安家为集团公司机关行政事务中心主任，孙祖岭为集团公司人事服务中心主任。【中油任字〔2002〕488号】

11月21日 集团公司决定，曾玉康任中国石油天然气集团公司总经理助理兼任大庆石油管理局局长、党委副书记。【中油任字〔2002〕496号】

11月22日 集团公司决定，成立集团公司机关行政事务中心，为集团公司机关附属机构，业务归口集团公司办公厅管理，独立运作。【中油人劳字〔2002〕502号】

11月25日 集团公司党组决定，何树山同志任吉林石油集团有限责任公司党委副书记；免去饶永久同志的党委副书记、委员职务。集团公司决定，委派何树山任吉林石油集团有限责任公司董事、董事长，聘任其为总经理，免去其总工程师职务；免去饶永久的董事长、董事、总经理职务。【吉林油田分公司上报】

11月26日 股份公司印发《中国石油天然气股份有限公司职业技能竞赛管理暂行办法》。【石油人字〔2002〕277号】

同日 股份公司印发《中国石油天然气股份有限公司海外项目人员借聘管理暂行办法》。【石油人字〔2002〕278号】

11月27日 股份公司决定，聘任黄泽俊为西气东输管道分公司副总经理。【石油任字〔2002〕279号】

同日 股份公司决定，聘任李斌为股份公司电子商务部总经理。【石油任字〔2002〕280号】

同日 集团公司党组决定，刘磊同志任管道分公司党委副书记；免去黄维和同志的党委副书记、委员职务。股份公司决定，刘磊任管道分公司总经理；免去黄维和的总经理职务。【中油党字〔2002〕106号 石油任字〔2002〕281号】

11月28日 集团公司党组决定，李伟同志任西气东输管道分公司党委副书记兼纪委书记、工会主席，黄泽俊同志任党委委员。【中油党字〔2002〕108号】

同日 集团公司党组决定，李文勖同志任呼和浩特石化分公司党委书记；免去白泽生同志的党委书记、委员职务。【中油党字〔2002〕107号】

同日　中共中央组织部同意，免去阎三忠、黄炎同志的中国石油天然气集团公司党组成员职务。【组任字〔2002〕159号】

十 二 月

12月3日　集团公司决定，由集团公司、长庆石油勘探局、华北石油管理局、吐哈石油勘探开发指挥部、青海石油管理局、塔里木石油勘探开发指挥部、西安石油勘探仪器总厂、中国石油集团科学技术研究院等8个单位共同出资，组建成立中国石油集团测井有限公司，为集团公司的子公司。【中油人劳字〔2002〕529号】

同日　中国石油天然气股份有限公司第二届董事会一次会议召开，选举马富才为中国石油天然气股份有限公司董事长，吴耀文、任传俊为副董事长；聘任陈耕为总裁，苏树林为高级副总裁，王福成、刘宝和、段文德等3人为副总裁，王国樑为财务总监，贾承造为总地质师。【董决字〔2002〕16号、17号、18号】

同日　中国石油天然气股份有限公司第二届监事会一次会议召开，选举李克成为中国石油天然气股份有限公司监事会主席。

12月4日　股份公司决定，调整股份公司领导成员工作分工，陈耕负责股份公司全面工作，分管人事部、监察部和审计部；苏树林负责计划、科技和天然气与管道工作，分管规划计划部、科技与信息管理部、天然气与管道分公司、国际（勘探开发）有限公司；王福成负责资本市场工作，分管总裁办公室（外事办公室）、法律事务部、电子商务部，协助陈耕分管审计工作；王国樑负责财务和关联交易工作，分管财务部；刘宝和负责油气勘探与开发生产，分管勘探与生产分公司；段文德负责炼油、化工和质量安全环保工作，分管炼油与销售分公司、化工与销售分公司、质量安全环保部；贾承造负责油气战略勘探工作，分管石油勘探开发研究院全面工作。【石油办字〔2002〕288号】

同日　集团公司党组决定，苏玉添同志任大庆石油管理局党委书记；免去徐绍铭同志的党委书记、常委、委员职务。集团公司决定，免去徐绍铭、李剑浩的大庆石油管理局副局长职务。【中油党字〔2002〕111号　中油任字〔2002〕528号】

12月5日　集团公司决定，由石油地球物理勘探局与新疆石油管理局、吐哈石油勘探开发指挥部、青海石油管理局、长庆石油勘探局、华北石油管理局、大港油田集团有限责任公司等6家的物探公司（地调处）等单位联合组建，成立中国石油集团东方地球物理勘探有限责任公司（简称“东方地球物理公司”）。【中油人劳字〔2002〕530号】

12月6日　股份公司人事部印发《中国石油天然气股份有限公司劳动定员定额标准化管理暂行办法》。【油人字〔2002〕423号】

12月9日　集团公司党组决定，饶永久同志任中国石油集团测井有限公司临时党委委员、书记，李剑浩同志任临时党委委员、副书记。集团公司决定，中国石油集团测井有限公司首届董事会由9人组成，饶永久任董事长，李剑浩任副董事长；首届监事会成员由3人组成，马驰任监事会主席；李剑浩任总经理。【中油党字〔2002〕115号　中油任字〔2002〕534号】

同日　集团公司党组决定，王小牧同志任东方地球物理公司党委书记，徐文荣同志任党委副书记，段世民同志任党委副书记、纪委书记，阎万朝、张玮同志任党委常委，殷会祥同志任党委常委、工会主席。集团公司决定，东方地球物理公司首届董事会由9人组成，王小牧任董事长，徐文荣任副董事长；首届监事会由3人组成，殷会祥任监事会主席；徐文荣任总经理，阎万朝、张玮、王铁军、苟量、王文沧等5人任副总经理。【中油党字〔2002〕114号　中油任字〔2002〕535号】

同日　集团公司决定，聘任苏志良为集团公司发展研究部副主任，孔祥国为集团公司规划计划部副主任，裴颖为集团公司国际事业部（外事局）副主任（副局长），秦文贵为集团公司市场管理部副主任，叶东风、刘江宁为集团公司监察部监察副专员，翁心林为咨询中心炼化部主任。【中油任字〔2002〕536号】

同日　集团公司决定，聘任施哲彦、毕跃明为集团公司办公厅副主任；卢思忠为集团公司发展研究部副主任，胡绎为总经济师；李文绮为集团公司规划计划部副主任；陆凌、肖燕明为集团公司财务资产部副主任；石兴春、吴恩来为集团公司资本运营部副主任；樊胜利、金华、刘志华等3人为集团公司人事劳资部副主任；孙宁、孙为群为集团公司科技发展部副主任；李亚平为集团公司国际事业部（外事局）副主任（副局长）；石林为集团公司市场管理部副主任；董国永、杨果为集团公司质量安全环保部副主任；孙先锋（兼）、马驰为集团公司审计部副主任；姜善亭（兼）、刘晓莉为集团公司监察部副主任；贾光生、朱元为集团公司政治思想工作部副主任；李向阳、邱伟法为集团公司离退休职工管理局（老干部局）副局长；免去黄望平的集团公司发展研究部副主任职务，刘磊的集团公司人事劳资部副主任职务，朱龙、王戎的集团公司监察部监察副专员职务，刘志华的集团公司社会保险中心主任职务。【中油任字〔2002〕537号】

同日 集团公司决定，聘任姜善亭、安志忠为集团公司监察部监察专员。【中油任字〔2002〕538号】

同日 集团公司决定，聘任徐新福为集团公司人事服务中心副主任，张继光为集团公司机关行政事务中心副主任。【中油任字〔2002〕539号】

同日 集团公司决定，聘任李遵义、刘克雨为中国石油集团经济和信息研究中心副主任；免去谈立平的副主任职务。【中油任字〔2002〕540号】

同日 集团公司党组决定，汪鉴定同志任石油管理干部学院党委委员、副书记、纪委书记；免去刘少斌同志的党委副书记、委员、纪委书记职务。集团公司决定，聘任狄明信、汪鉴定为石油管理干部学院副院长；免去刘少斌的副院长职务。【中油党字〔2002〕112号 中油任字〔2002〕541号】

12月10日 集团公司人事劳资部决定，李俊英任中国石油集团工程设计有限责任公司纪委书记。【人劳字〔2002〕260号】

12月11日 集团公司党组决定，韩炜同志任新疆石油管理局党委常委；免去张守梅同志的党委常委职务。【中油党字〔2002〕116号】

同日 集团公司决定，聘任白泽生为石油工业出版社社长，张镇为总编辑；免去魏宜清的社长、总编辑职务。【中油任字〔2002〕544号、545号】

12月14日 国务院决定，免去阎三忠、黄炎的中国石油天然气集团公司副总经理职务。【国人字〔2002〕95号】

12月16日 股份公司决定，贾承造兼任勘探开发研究院院长；免去沈平平的院长职务。【石油任字〔2002〕306号】

12月17日 炼油与销售分公司党委决定，班文同志任陕西销售分公司党委委员、副总经理。【油炼销党字〔2002〕38号 油炼销字〔2002〕270号】

12月18日 集团公司党组决定，免去李遵义同志的大港油田分公司党委委员职务。股份公司决定，免去李遵义的大港油田分公司副总经理职务。【中油党字〔2002〕121号 石油任字〔2002〕303号】

12月19日　集团公司党组决定，贾承造同志任石油勘探开发科学研究院党委副书记；免去沈平平同志的党委副书记、委员职务。【中油党字〔2002〕120号】

12月20日　股份公司决定，胡文瑞任勘探与生产分公司总经理，蔺爱国任炼油与销售分公司总经理，孙立任化工与销售分公司总经理，黄维和任天然气与管道分公司总经理；免去史兴全的天然气与管道分公司总经理职务，刘宝和兼任的勘探与生产分公司总经理职务，林青山的炼油与销售分公司总经理职务，张新志的化工与销售分公司总经理职务。【石油任字〔2002〕309号】

同日　集团公司党组决定，免去孔祥国同志的吉化集团公司党委常委、委员职务。集团公司决定，免去孔祥国的吉化集团公司副经理职务。【中油党字〔2002〕123号　中油任字〔2002〕566号】

同日　集团公司党组决定，李遵义同志任中国石油集团经济和信息研究中心党委委员、副书记、纪委书记。【中油党字〔2002〕127号】

同日　集团公司决定，免去吴恩来的塔里木石油化工工程建设指挥部副指挥职务。【中油任字〔2002〕567号】

12月22日　集团公司党组决定，胡文瑞同志任勘探与生产分公司党委书记，蔺爱国同志任炼油与销售分公司党委副书记，孙立同志任化工与销售分公司党委书记，黄维和同志任天然气与管道分公司党委书记；免去史兴全同志的天然气与管道分公司党委书记职务，刘宝和同志的勘探与生产分公司党委书记职务，林青山同志的炼油与销售分公司党委委员职务，张新志同志的化工与销售分公司党委书记职务。【中油党字〔2002〕122号】

同日　股份公司决定，聘任陈永武为天然气与管道分公司副总经理。【石油任字〔2002〕310号】

12月23日　集团公司党组决定，刘迪同志任前郭炼油厂党委委员、副书记。集团公司决定，刘迪任前郭炼油厂厂长；免去宫喜云的厂长职务。【中油党字〔2002〕126号　中油任字〔2002〕569号】

同日　股份公司人事部决定，刘文学同志任庆阳炼化有限责任公司党委副书记、总经理，辛克庆同志任党委书记、纪委书记、工会主席，张万权、颉天合同志任党委委员、副总经理，韩登科同志任党委委员、总会计师，俄克斌、张豫锋任副总经理。【油人字〔2002〕435号】

同日 股份公司人事部决定，焦学义同志任宁夏大元炼油化工有限责任公司党委书记、总经理，田福国同志任党委副书记、纪委书记、工会主席，刘玉民、张洪斌、郭建强、陈坚、王建国等5名同志任党委委员、副总经理。【油人字〔2002〕434号】

12月26日 集团公司党组决定，赵增和同志任锦州石油化工公司党委委员、常委、书记，陈青松同志任党委副书记；免去冷述铁同志的党委书记、常委职务。集团公司决定，陈青松任锦州石油化工公司经理，赵增和任副经理；免去冷述铁的经理职务。【中油党字〔2002〕129号 中油任字〔2002〕574号】

同日 中油国际工程有限责任公司决定，同意聘任赵焕国为中国石油工程建设（集团）公司安全总监（兼)。【国际人字〔2002〕239号】

本年 集团公司用工总量134.98万人。

二〇〇三年

一 月

1月2日 集团公司人事劳资部决定，集团公司国际合作局（外事局）所属北京中油对外服务公司人员和资产划转石油工业出版社管理。【人劳字〔2003〕1号】

1月6日 集团公司党组决定，张剑同志任乌鲁木齐石油化工总厂党委委员、常委、副书记、纪委书记、工会主席，陈礼军、高鸣同志任党委委员、常委；免去郝新刚同志的党委副书记、纪委书记、工会主席职务。【中油党字〔2003〕2号】

同日 集团公司决定，聘任郝新刚、宋俊生、乌斯满·依米热木孜等3人为乌鲁木齐石油化工总厂副厂长，陈礼军为总会计师，郝新刚兼任安全总监。【中油任字〔2003〕3号】

1月7日 炼油与销售分公司党委决定，王广生同志任华北销售分公司党委委员、副总经理。【油炼销党字〔2003〕1号 油炼销字〔2003〕5号】

1月9日 集团公司印发《中国石油天然气集团公司机关劳动合同管理实施细则》。【中油人劳字〔2003〕12号】

1月13日 集团公司决定，调整集团公司信息化工作领导小组成员，任传俊任组长，领导小组办公室设在集团公司规划计划部。【中油人劳字〔2003〕14号】

1月14日 集团公司直属机关党委同意，成立中国石油国际事业有限公司党委、纪委，王立华、刘仲秋、沈定成、张景福、常露莎、于吉友等6名同志任党委委员，王立华同志任党委书记，沈定成同志任纪委书记。【直机党字〔2003〕1号】

同日 股份公司人事部决定，于国文任大连西太平洋石油化工有限公司总经理，金朝宽任副总经理；免去蔺爱国的总经理职务。【油人字〔2003〕10号】

1月20日 集团公司决定，调整集团公司领导成员工作分工，马富才负责集团公司全面工作，分管办公厅和人事、监督、审计工作；吴耀文负责科技、对外合作、外事、关联交易工作，分管市场管理部、科技发展部、国际事业部和勘探开发公司、国际工程有限责任公司；任传俊负责规划计划、质量安全环保工作，分管规划计划部、质量安全环保部和工程设计有限责任公司、通信公司、华油集团公司、华油北京服务总公司，协助马富才分管审计工作；陈耕在中国石油天然气股份有限公司工作；苏树林在中国石油天然气股份有限公司工作；郑虎负责劳资、职工培训、发展战略研究工作，分管发展研究部、人事劳资部、人事服务中心、机关行政事务中心和物资装备（集团）总公司、石油管理干部学院、石油经济和信息研究中心、石油工业出版社，协助马富才分管办公厅和人事工作；李克成负责纪检、思想政治工作、机关离退休职工工作，分管政治思想工作部、直属党委、纪检组、离退休职工管理局（老干部局）和中国石油报社，协助马富才分管监察工作；贡华章负责财务、资产、资本运营工作，分管财务资产部、资本运营部和中油财务有限责任公司；谢志强负责“西气东输”管道工程施工协调工作；刘海胜协助任传俊负责规划计划工作；周吉平协助吴耀文负责海外业务工作；曾玉康在大庆石油管理局工作。【中油办字〔2003〕20号】

1月21日　集团公司党组决定，王道富同志任长庆油田分公司党委书记；免去胡文瑞同志的党委书记、委员职务。股份公司决定，王道富任长庆油田分公司总经理；免去胡文瑞的总经理职务。【中油党字〔2003〕3号　石油任字〔2003〕13号】

同日　股份公司决定，调整股份公司安全生产保证基金管理委员会委员及其办公室成员，段文德任主任委员。【石油人字〔2003〕22号】

同日　集团公司直属机关党委批复，同意白泽生、张镇同志任石油工业出版社党委委员。【直属党字〔2003〕2号】

同日　集团公司直属机关党委批复，同意狄明信同志任石油管理干部学院党委委员。【直机党字〔2003〕3号】

同日　中油燃料油股份有限公司一届六次董事会决定，同意聘任李久杰为公司副总经理。【中石油燃料油有限责任公司上报】

1月22日　集团公司决定，免去陈安家的中国华油集团公司所属中国石油化学公司经理职务。【中油任字〔2003〕25号】

1月28日　集团公司党组决定，于国文同志任大连西太平洋石油化工有限

公司党委委员、副书记；免去蔺爱国同志的党委副书记、委员职务。【中油党字〔2003〕4号】

二　月

2月17日　股份公司决定，调整西气东输长庆气田资源开发工作领导小组成员，刘宝和任组长。【石油人字〔2003〕33号】

2月18日　集团公司党组决定，于宝祥同志兼任大庆石油管理局党委委员、常委、副书记，于洪金、李忠臣同志任党委委员、常委。集团公司同意，聘任曲广学、姜万春为大庆石油管理局副局长。【中油党字〔2003〕6号　中油任字〔2003〕54号】

同日　集团公司党组同意，胡文瑞、李润生、孙立、黄维和、李学志等5名同志为股份公司直属机关党委委员；免去刘宝和、林青山、张新志、李海元等4名同志的党委委员职务。【中油党字〔2003〕7号】

2月20日　集团公司直属党委同意，组建集团公司苏丹地区党委，孙波、孙贤胜、姜文、成忠良、刘定武、蒋省蔚、杜光鉴、马春青、刘德军、路峭、欧阳文等11名同志任党委委员，孙波同志任党委书记，孙贤胜同志任党委副书记。【直属党字〔2003〕10号】

同日　集团公司直属党委同意，组建集团公司哈萨克斯坦地区党委，蒋奇、门廉魁、陈意深、刘若岩、章泽华、徐安平、韩维、谭志武、黄伯谦等9名同志任党委委员，蒋奇同志任党委书记，门廉魁同志任党委副书记。【直属党字〔2003〕11号】

同日　集团公司直属党委同意，组建集团公司委内瑞拉地区党委，祝俊峰、叶先灯、吕功训、周云章、许岱文、冀成楼、李刚、戴瑞祥、张立波等9名同志任党委委员，祝俊峰同志任党委书记，叶先灯、吕功训同志任党委副书记。【直属党字〔2003〕12号】

2月24日　集团公司决定，调整集团公司关联交易协调领导小组成员。【中油人劳字〔2003〕76号】

同日　集团公司决定，调整集团公司房改领导小组成员，郑虎任组长，领导小组办公室设在集团公司发展研究部。【中油人劳字〔2003〕77号】

同日　集团公司决定，成立集团公司普法和依法治企领导小组，郑虎任组

长，领导小组办公室设在集团公司发展研究部。【中油人劳字〔2003〕78号】

同日 集团公司决定，调整集团公司科技委员会成员，委员会办公室设在集团公司科技发展部。【中油人劳字〔2003〕79号】

2月25日 集团公司决定，调整集团公司HSE指导委员会成员，马富才任主任，委员会办公室设在集团公司质量安全环保部。【中油人劳字〔2003〕80号】

同日 集团公司决定，调整集团公司产权制度改革领导小组成员，贡华章任组长，领导小组办公室设在集团公司资本运营部。【中油人劳字〔2003〕81号】

同日 集团公司决定，调整集团公司体制改革领导小组成员，郑虎任组长，领导小组办公室设在集团公司发展研究部。【中油人劳字〔2003〕82号】

同日 集团公司决定，任传俊兼任中国华油集团公司董事长；免去阎三忠的董事长职务。【中油任字〔2003〕83号】

2月26至27日 集团公司在北京召开2003年人事工作会议。集团公司、股份公司机关及所属企事业单位230余人参加会议。会议的主要任务是：传达贯彻全国组织工作会议和中纪委第二次全体会议精神，总结回顾过去五年来的人事工作和基本经验，明确今后一个时期人事工作的总体思路，部署2003年的人事工作任务，交流人事工作经验，研究讨论相关政策制度。

三 月

3月5日 集团公司决定，调整集团公司绿化委员会成员，郑虎任主任。【中油人劳字〔2003〕95号】

3月10日 十届全国人大一次会议通过国务院机构改革方案，设立国务院国有资产监督管理委员会（简称国务院国资委），中国石油天然气集团公司业务改由国务院国资委管理，其中董事长、总经理、党组书记由中央任命和管理，中国石油天然气集团公司副职由国资委任命和管理，并报中央组织部备案。【《集团公司2004年年鉴》】

3月12日 股份公司决定，成立西气东输塔里木上游资源保障工作领导小组，刘宝和任组长。【石油人字〔2003〕45号】

同日 股份公司决定，成立长庆苏里格气田开发技术攻关协调小组，刘

宝和任组长。【石油人字〔2003〕46号】

3月13日 集团公司决定，调整集团公司安全生产委员会成员。【中油人劳字〔2003〕115号】

3月14日 集团公司决定，调整集团公司维护稳定工作领导小组成员，马富才任主任。【中油人劳字〔2003〕121号】

同日 集团公司决定，张卫国兼任北京中油对外服务公司董事长；免去李怀奇的董事长职务。【人劳函字〔2003〕8号】

3月19日 中国石油天然气集团公司、中国长城工业总公司及中国粮油食品进出口（集团）有限公司共同出资设立中国华铭国际投资有限公司，机构规格为副局级，集团公司出资70%。【中油人劳字〔2003〕129号】

同日 集团公司决定，调整集团公司扶贫工作领导小组成员，郑虎任组长，领导小组办公室设在集团公司办公厅。【中油人劳字〔2003〕130号】

同日 集团公司决定，调整集团公司国家安全领导小组成员。【中油人劳字〔2003〕131号】

同日 集团公司决定，调整集团公司社会治安综合治理领导小组成员，李克成任组长，领导小组办公室设在集团公司办公厅。【中油人劳字〔2003〕132号】

3月24日 集团公司决定，成立中国石油天然气集团公司销售企业管理办公室，负责销售存续企业的管理工作，办公室设在股份公司炼油与销售分公司。【中油人劳字〔2003〕145号】

3月26日 中共陕西省委组织部批复，同意成立中共中国石油集团测井有限公司委员会，党组织关系隶属中共陕西省委。【陕组通字〔2003〕23号】

3月27日 集团公司印发《中国石油天然气集团公司2003—2005年人才队伍建设规划》。【中油人劳字〔2003〕150号】

四　月

4月4日 集团公司人事劳资部决定，调整集团公司住房制度改革办公室，胡绎任主任。【人劳字〔2003〕47号】

4月8日 集团公司决定，成立集团公司扭亏解困工作领导小组，贡华章任组长，领导小组办公室设在集团公司财务资产部。【中油人劳字〔2003〕176号】

4月9日 集团公司决定，调整《中国石油天然气集团公司年鉴》编委会成员。【中油人劳字〔2003〕178号】

4月10日 集团公司决定，阎三忠任咨询中心主任，张新志任副主任；免去邱中建的主任职务。【中油任字〔2003〕177号】

4月18日 股份公司决定，成立股份公司炼化企业结构调整领导小组，段文德任组长。【石油人字〔2003〕78号】

4月21日 股份公司人事部批复，同意张清新任大连西太平洋石油化工有限公司安全总监。【油人函字［2003］26号】

4月22日 股份公司决定，组建中国石油天然气股份有限公司资本运营部，机构规格为正局级。【石油人字〔2003〕84号】

同日 集团公司决定，聘任胡晓明、岳丛林、赵岩等3人为锦西炼油化工总厂副厂长，赵岩兼任安全总监。【中油任字〔2003〕196号】

同日 股份公司决定，免去李永经的兰州石化分公司副总经理职务，退休。【石油人字〔2003〕103号】

同日 集团公司人事劳资部决定，聘任高正琦为奥伊尔投资管理有限公司副总经理。【人劳字〔2003〕79号】

4月23日 股份公司决定，吴冠京任股份公司炼油化工技术研究中心主任，免去其炼油与销售分公司副总经理职务。【石油任字〔2003〕81号】

同日 股份公司决定，于毅波任股份公司资本运营部总经理，免去其股份公司财务部副总经理职务。【石油任字〔2003〕82号】

同日 股份公司决定，聘任魏志刚为中国石油天然气国际（勘探开发）有限公司副总经理兼印尼项目总经理。【石油任字〔2003〕83号】

4月24日 集团公司决定，王林任奥伊尔投资管理有限责任公司董事长、总经理；免去王林的集团公司资本运营部副主任职务，李庆毅的奥伊尔投资管理有限责任公司董事长、总经理职务。【中油任字〔2003〕200号】

4月28日 集团公司印发《中国石油天然气集团公司职业技能鉴定实施办法》。【中油人服字〔2003〕215号】

同日 集团公司决定，成立集团公司石油工程技术服务企业和队伍资质认证委员会，任传俊任组长，委员会办公室设在集团公司质量安全环保部。【中油人劳字〔2003〕201号】

同日 股份公司决定，调整股份公司清欠工作领导小组成员，王国樑任组长。【石油人字〔2003〕89号】

4月29日 集团公司党组决定，马平超同志任吉林石油集团有限责任公司党委副书记、纪委书记，张凤民、高晓明同志任党委委员、常委；免去马卫东同志的党委副书记、纪委书记职务。【中油党字〔2003〕14号】

同日 集团公司决定，聘任周荣阁、马卫东、张凤民等3人为吉林石油集团有限责任公司副总经理，高晓明为总会计师；周荣阁兼任安全总监，张凤民兼任总工程师。【中油任字〔2003〕207号】

同日 集团公司决定，委派马卫东、张凤民、高晓明等3人为吉林石油集团有限责任公司董事会董事，解除马平超的董事会董事职务；委派马平超为监事会监事，并任监事会主席，解除马卫东的监事会监事、主席职务。【中油任字〔2003〕208号】

4月30日 集团公司党组印发《关于在集团公司内部实行企业分类分级管理的实施意见》。【中油党字〔2003〕15号】

五　月

5月7日 集团公司党组印发《中国石油天然气集团公司企业领导人员管理暂行办法》。【中油党字〔2003〕18号】

同日 集团公司党组决定，魏志刚同志任中国石油天然气国际（勘探开发）有限公司党委委员。【中油党字〔2003〕16号】

同日 集团公司党组决定，马永峰同志任华北石油管理局党委委员、常委。集团公司决定，聘任马永峰为华北石油管理局副局长。【中油党字〔2003〕17号　中油任字〔2003〕217号】

同日 集团公司决定，聘任王仲才为中国石油天然气勘探开发公司副总经理兼中油国际（俄罗斯）有限责任公司总经理。【中油任字〔2003〕220号】

5月12日 集团公司人事劳资部印发《公开选拔任用企业领导人员暂行办法》。【人劳字〔2003〕91号】

5月15日 集团公司党组决定，姚志强同志任兰州炼油化工总厂党委书记；免去戴年喜同志的党委书记、常委、委员职务，胡汉章同志的党委常委、委员职务。集团公司决定，免去胡汉章的兰州炼油化工总厂总会计师职务。

【中油党字〔2003〕19号　中油任字〔2003〕231号】

同日　集团公司党组决定，谢延凯同志任兰州化学工业公司党委书记；免去时庆林同志的党委书记职务。集团公司决定，免去谢延凯的兰州化学工业公司副经理职务。【中油党字〔2003〕20号　中油任字〔2003〕232号】

5月17日　集团公司决定，调整集团公司加油站专项整治领导小组成员，任传俊任组长，领导小组办公室设在股份公司炼油与销售分公司。【中油人劳字〔2003〕239号】

5月20日　集团公司批复，同意中国石油集团科学技术研究院廊坊分院更名为廊坊中石油科学技术研究院。【中油人劳字〔2003〕240号】

5月22日　股份公司决定，成立股份公司乙醇汽油工作领导小组，段文德任组长。【石油人字〔2003〕115号】

5月23日　集团公司决定，调整集团公司保密委员会成员。【中油人劳字〔2003〕248号】

同日　集团公司党组决定，何清山同志任济南柴油机厂党委书记；免去王涛同志的党委书记、委员职务。集团公司决定，何清山任济南柴油机厂厂长；免去王涛的厂长职务。【中油党字〔2003〕22号　中油任字〔2003〕254号】

同日　集团公司党组决定，赵太民、赵百成、张亚成等3名同志任中国石油天然气运输公司党委委员、常委。集团公司决定，聘任赵百成、张亚成为中国石油天然气运输公司副经理。【中油党字〔2003〕23号　中油任字〔2003〕255号】

5月27日　股份公司印发《中国石油天然气股份有限公司技师、高级技师管理办法》。【石油人字〔2003〕118号】

同日　集团公司人事劳资部批复，同意中国石油天然气集团公司直属机关党校更名为中国石油天然气集团公司党校。【人劳字〔2003〕100号】

5月30日　股份公司人事部决定，前郭石化分公司所属综合利用厂划转吉林油田分公司管理。【油人字〔2003〕146号】

六　月

6月9日　集团公司人事劳资部印发《关于开展技师培训工作的意见》。集团公司人事服务中心印发《关于开展班组长工作的意见》。【人劳字〔2003〕109号　人服字〔2003〕8号】

同日 股份公司决定，成立股份公司“两反一保”（为做好加入WTO后的反倾销、反补贴和保障措施工作）领导小组及其办公室，王福成任组长。【石油人字〔2003〕130号】

6月10日 股份公司印发《中国石油天然气股份有限公司薪酬总额与业绩指标挂钩的通知》。【石油人字〔2003〕132号】

6月12日 集团公司批复，同意青海石油管理局青海区域公安机构划归海西州人民政府管理。【中油人劳字〔2003〕282号】

6月13日 集团公司党组决定，汪鉴定同志任石油管理干部学院工会主席（兼）。【中油党字〔2003〕26号】

同日 集团公司决定，聘任黄绍和为咨询中心副主任。【中油任字〔2003〕286号】

6月16日 集团公司人事劳资部批复，同意大连石油化工公司所属职工医院移交辽宁省，重组到大连医科大学附属二院。【人劳字〔2003〕117号】

同日 集团公司决定，聘任上官建新为集团公司销售企业管理办公室主任，董仁平为中国石油销售东北公司经理，郭文祥为中国石油销售西北公司经理，郭秀竹为辽宁省石油总公司总经理，吴汉为辽宁省石油总公司副总经理，杨顺成为四川省石油集团有限公司总经理，刘华治为四川省石油集团有限公司副总经理，刘松林为黑龙江省石油化工销售总公司总经理，王振刚为吉林省石油总公司总经理，沈庆凯为大连石油集团公司总经理，项平生为重庆石油集团有限公司总经理，卢乃洪为内蒙古石油总公司总经理，王梓桐为新疆维吾尔自治区石油总公司总经理，卢济新为陕西省石油总公司总经理，张德义为甘肃省石油总公司总经理，严进元为宁夏回族自治区石油总公司总经理，杨顺义为青海石油（集团）有限公司总经理。【中油任字〔2003〕290号】

同日 集团公司人事劳资部决定，聘任王玉滨为中国石油销售东北公司副经理，杜丽学为中国石油销售西北公司副经理，张双平为黑龙江省石油化工销售总公司副总经理，王杨为吉林省石油总公司副总经理，张起鹏为大连石油集团公司副总经理，徐毅为重庆石油集团有限公司副总经理，王永和为内蒙古石油总公司副总经理，王常荣为新疆维吾尔自治区石油总公司副总经理，邵镇江为陕西省石油总公司副总经理，赵维国为甘肃省石油总公司副总经理，王明亭为宁夏回族自治区石油总经理副总经理，高现勇为青海石油（集

团）有限公司副总经理。【人劳字〔2003〕115号】

6月17日 股份公司决定，成立海洋石油作业安全办公室中油分部，设在勘探与生产分公司，业务上接受国家安全生产监督管理局海洋石油作业安全办公室领导。【《集团公司2004年年鉴》】

6月18日 股份公司决定，聘任张湘宁为中国石油天然气国际（勘探开发）有限公司副总经理，熊愚为总会计师。【石油任字〔2003〕140号】

6月19日 集团公司党组决定，张湘宁、熊愚同志任中国石油天然气国际（勘探开发）有限公司党委委员。【中油党字〔2003〕29号】

同日 集团公司党组修订印发《中国石油天然气集团公司党组管理的领导人员职务名称表》。【中油党字〔2003〕30号】

6月25日 集团公司党组印发《关于实行企业领导人员带薪年休假制度的暂行办法》。【中油党字〔2003〕31号】

6月26日 股份公司决定，调整股份公司预算委员会委员及其办公室成员，陈耕任主任。【石油人字〔2003〕148号】

同日 股份公司决定，聘任马安、胡徐腾为股份公司炼油化工技术研究中心副主任。【石油任字〔2003〕149号】

同日 股份公司决定，聘任王征为股份公司资本运营部副总经理。【石油任字〔2003〕150号】

七　月

7月3日 集团公司党组印发《关于企业领导班子及助理、副总师职数设置的意见》。【中油党字〔2003〕33号】

同日 集团公司印发《中国石油天然气集团公司基本工资制度改革方案》。【中油人劳字〔2003〕324号】

同日 股份公司人事部印发《中国石油天然气股份有限公司总部机关劳动合同管理实施细则》。【油人字〔2003〕206号】

同日 集团公司直属党委批复，同意王永纯同志任中国华油集团公司党委委员。【直属党字〔2003〕39号】

7月7日 集团公司印发《中国石油天然气集团公司企业领导人员年薪制管理办法（试行）》。【中油人劳字〔2003〕326号】

7月9日　股份公司印发《中国石油天然气股份有限公司基本工资制度改革方案》。【石油人字〔2003〕166号】

7月10日　集团公司人事劳资部印发《集团公司机关人员管理暂行办法》。【人劳字〔2003〕127号】

同日　股份公司印发《中国石油天然气股份有限公司高级管理人员年薪制管理办法（试行）》、《中国石油天然气股份有限公司地区公司分类管理暂行办法》。【石油人字〔2003〕169号、170号】

7月11日　集团公司印发《中国石油天然气集团公司关于深化专业技术人员管理制度改革的指导意见》。【中油人劳字〔2003〕343号】

同日　股份公司人事部印发《关于调整和完善岗位基薪工资制度的通知》。【油人字〔2003〕223号】

同日　集团公司召开工资分配制度改革电视视频会议，郑虎作《理顺分配关系，强化激励机制，积极稳妥地推进工资分配制度改革》的工作报告，马富才发表讲话。

7月15日　股份公司决定，成立股份公司安全生产委员会，陈耕任主任，委员会办公室设在股份公司质量安全环保部。【石油人字〔2003〕174号】

7月16日　集团公司决定，聘任陈永武为咨询中心勘探部主任，石兴春为咨询中心开发部主任，免去其集团公司资本运营部副主任职务。【中油任字〔2003〕350号】

同日　股份公司决定，组建中国石油天然气股份有限公司炼油化工技术研究中心，机构规格为正局级。【石油人字〔2003〕178号】

7月17日　集团公司人事劳资部印发《关于贯彻落实〈中国石油天然气集团公司关于深化专业技术人员管理制度改革的指导意见〉的工作安排》。【人劳字〔2003〕181号】

7月24日　股份公司决定，林青山任中船燃料有限责任公司筹备组组长。【石油人字〔2003〕190号】

7月28日　集团公司决定，王宜林任中国石油天然气集团公司总经理助理。【中油任字〔2003〕367号】

同日　集团公司决定，聘任马永峰为华北石油管理局安全总监（兼）；免去马桂成兼任的安全总监职务。【中油任字〔2003〕368号】

同日 集团公司决定，聘任刘炳义为咨询中心综合部主任，陈路为咨询中心工程经济部主任。【中油任字〔2003〕369号】

同日 集团公司决定，聘任谷伟为北京华昌置业有限公司总经理（兼）。【中油任字〔2003〕383号】

同日 集团公司决定，聘任周抚生、魏国良、王跃峰等3人为集团公司所投资公司专职董事。【中油任字〔2003〕384号】

7月29日 新疆维吾尔自治区党委批复，同意中共吐哈石油勘探开发指挥部第二届委员会由17名同志组成，张国栋、杨盛杰、魏银广、娄铁强、周元祥、赵明方、惠龙等7名同志任党委常委，张国栋同志任党委书记，杨盛杰同志任党委副书记，魏银广同志任党委副书记、纪委书记。【新党组干〔2003〕37号】

同日 股份公司决定，王洪斌任锦西石化分公司总经理；免去刘宝林的总经理职务。【石油任字〔2003〕199号】

7月31日 集团公司党组决定，王洪斌同志任锦西石化分公司党委书记，常力强同志任党委副书记、纪委书记、工会主席；免去刘宝林同志的党委书记、委员职务，耿忠武同志的党委副书记、纪委书记、工会主席职务。【中油党字〔2003〕38号】

八　月

8月4日 集团公司决定，将抚顺石油化工公司所属设计院划入中国石油集团工程设计有限责任公司。【中油资字〔2003〕381号】

8月5日 股份公司决定，聘任姜力孚为股份公司资本运营部副总经理。【石油任字〔2003〕206号】

8月8日 集团公司人事劳资部批复，同意石油管理干部学院更名为北京石油管理干部学院。【人劳字〔2003〕191号】

8月18日 集团公司印发《中国石油天然气集团公司企业领导人员综合业绩考核暂行办法》。【中油人劳字〔2003〕228号】

8月19日 集团公司决定，聘任马力行、高云建、陈长青等3人为青海石油管理局副局长。【中油任字〔2003〕402号】

同日 集团公司党组决定，李殿军同志任吉化集团公司党委常委。集团公司决定，聘任李殿军为吉化集团公司副经理兼总工程师。【中油党字〔2003〕

44号　中油任字〔2003〕403号】

同日　集团公司党组决定，免去周抚生同志的大庆石油管理局党委常委、委员职务。集团公司决定，免去周抚生的大庆石油管理局副局长职务。【中油党字〔2003〕45号　中油任字〔2003〕404号】

同日　集团公司党组决定，饶永久同志兼任中国石油集团测井有限公司纪委书记、工会主席，李储龙、胡启月、王春利等3名同志任党委委员、常委。集团公司决定，聘任李储龙、胡启月、王春利等3人为中国石油集团测井有限公司副总经理，胡启月兼任安全总监。【中油党字〔2003〕46号　中油任字〔2003〕405号】

8月21日　集团公司党组印发《中国石油天然气集团公司企业领导人员选拔任用工作监督检查实施办法》。【中油党字〔2003〕48号】

8月22日　集团公司党组决定，成立中共新疆石油准东地区工作委员会和新疆石油准东地区管理委员会，统一协调处理准东地区石油企业事务。【中油党字〔2003〕49号】

同日　集团公司决定，委派徐文荣为中油油气勘探软件国家工程研究中心有限公司董事长；免去许大坤的董事长职务。【中油任字〔2003〕419号】

8月23日　股份公司印发《关于领导班子职务设置和职数管理的暂行规定》。【石油人字〔2003〕225号】

8月26日　股份公司印发《中国石油天然气股份有限公司控股、参股企业股东代表、董事、监事选派及管理的暂行办法》。【石油人字〔2003〕224号】

九　月

9月2日　集团公司决定，由集团公司、中油财务有限责任公司出资联合组建成立北京华昌置业有限公司。【中油人劳字〔2003〕433号】

9月16日　集团公司授予李齐生等109人“中国石油天然气集团公司技术能手”荣誉称号。【中油人服字〔2003〕443号】

9月22日　股份公司决定，勾振东任大庆石化分公司总经理；免去喻宝才的总经理职务。【石油任字〔2003〕234号】

同日　股份公司决定，成立股份公司科技与信息技术委员会，陈耕任主任。【石油人字〔2003〕238号】

同日 集团公司党组决定，免去喻宝才同志的大庆石化分公司党委副书记、委员职务。【中油党字〔2003〕54号】

同日 集团公司党组决定，寿铉成同志任中国石油天然气国际（勘探开发）有限公司党委副书记，薄启亮同志任纪委书记。【中油党字〔2003〕57号】

同日 股份公司决定，聘任匡立春为新疆油田分公司副总经理。【石油任字〔2003〕232号】

同日 股份公司决定，免去陈永武的天然气与管道分公司副总经理职务。【石油任字〔2003〕242号】

9月24日 集团公司人事劳资部印发《中国石油天然气集团公司基本工资制度改革方案实施细则》。【人劳字〔2003〕214号】

同日 集团公司党组决定，陈俊豪、胡永庆同志任独山子石化分公司党委委员。股份公司决定，聘任肖宏伟、陈俊豪、胡永庆等3人为独山子石化分公司副总经理。【中油党字〔2003〕55号 石油任字〔2003〕237号】

同日 集团公司党组决定，郭开旗同志任华北油田分公司党委书记，苏俊同志任党委副书记；免去于英太同志的党委书记、委员职务。股份公司决定，苏俊任华北油田分公司总经理；免去于英太的总经理职务。【中油党字〔2003〕59号 石油任字〔2003〕241号】

9月25日 集团公司决定，吴耀文任中国石油天然气勘探开发公司董事长；免去史训知的董事长职务。【中油任字〔2003〕456号】

同日 集团公司决定，吴华西任新疆石油准东地区管理委员会主任。【中油任字〔2003〕457号】

同日 集团公司决定，免去凌霄兼任的新疆石油管理局准东石油勘探开发公司经理职务。【中油任字〔2003〕458号】

同日 集团公司决定，推荐周抚生为中国石油集团测井有限公司董事；免去石兴春的董事职务。【中油人劳函字〔2003〕47号】

同日 股份公司批复，同意聘任袁明生、张志东为吐哈油田分公司副总经理，许君祖为总会计师，王仲林为总地质师。【石油任字〔2003〕233号】

同日 集团公司党组决定，张志东、王仲林同志任吐哈油田分公司党委委员。【中油党字〔2003〕52号】

9月27日 股份公司印发《中国石油天然气股份有限公司基本工资制度改

革方案实施细则》。【石油人字〔2003〕250号】

同日　股份公司决定，成立中国石油天然气股份有限公司西气东输销售分公司，与中国石油天然气股份有限公司西气东输管道分公司合署办公，一个机构两块牌子，西气东输销售分公司总经理由黄维和兼任。【石油人字〔2003〕251号】

同日　集团公司党组决定，喻宝才同志任兰州石化分公司党委书记；免去周国勋同志的党委副书记、委员职务。股份公司决定，喻宝才任兰州石化分公司总经理；免去周国勋的总经理职务。【中油党字〔2003〕53号　石油任字〔2003〕235号】

同日　股份公司决定，聘任魏立东、张友才、陈志等3人为锦西石化分公司副总经理，崔柳凡为总会计师；免去吴华威的副总经理职务。【石油任字〔2003〕236号】

十　　月

10月8日　集团公司党组决定，张书铭同志任西南油气田分公司党委书记，李鹭光同志任党委副书记；免去夏鸿辉同志的党委书记、委员职务。股份公司决定，李鹭光任西南油气田分公司总经理；免去夏鸿辉的总经理职务。【中油党字〔2003〕58号　石油任字〔2003〕240号】

10月10日　国家教育部批复，同意将重庆石油高等专科学校由集团公司划转重庆市人民政府管理。【教发函〔2003〕279号】

同日　集团公司决定，聘任丁士炉为集团公司资本运营部副主任。【中油任字〔2003〕470号】

同日　集团公司决定，青海石油管理局勘察设计研究院划入中国石油集团工程设计有限责任公司。【中油资字〔2003〕475号】

10月13日　集团公司决定，聘任刘兴和为集团公司市场管理部主任；免去安郁培的主任职务。【中油任字〔2003〕476号】

同日　集团公司决定，聘任吴大鹏为集团公司监察部（党组纪检组）监察专员。【中油任字〔2003〕477号】

同日　集团公司党组决定，史习盐同志任中国石油物资装备（集团）总公司党委书记，王涛同志任党委副书记，张冠军同志任党委委员；免去吴大

鹏同志的党委书记、委员职务，刘兴和同志的党委副书记、委员职务。【中油党字〔2003〕62号】

同日 集团公司决定，王涛任中国石油物资装备（集团）总公司总经理，聘任马广悦为副总经理兼总会计师，张冠军为副总经理兼宝鸡石油机械厂厂长；免去刘兴和的总经理职务，吴大鹏的副总经理职务。【中油任字〔2003〕480号】

同日 集团公司决定，免去秦安民、邢祖侗的中油国际工程有限责任公司副总经理职务。【中油任字〔2003〕481号】

同日 集团公司党组决定，毕跃明同志任中国石油技术开发公司党委委员、书记；免去邢祖侗同志的党委书记、委员职务。集团公司决定，聘任张晗亮为中国石油技术开发公司总经理；免去邢祖侗的总经理职务。【中油党字〔2003〕64号 中油任字〔2003〕482号】

同日 集团公司决定，聘任刘东徐为中国石油审计服务中心总审计师；免去薛振祥的总审计师职务。【中油任字〔2003〕483号】

10月15日 集团公司党组决定，高志文、王凌同志任兰州炼油化工总厂党委委员、常委。集团公司决定，聘任王学文、高志文、王凌等3人为兰州炼油化工总厂副厂长，王学文兼任安全总监，王凌兼任总工程师。【中油党字〔2003〕65号 中油任字〔2003〕488号】

同日 集团公司党组决定，谢延凯同志兼任兰州化学工业公司纪委书记、工会主席，李汝新、马自勤同志任党委委员、常委；免去王鼎周同志的党委副书记、常委、委员、纪委书记、工会主席职务。集团公司决定，聘任丁军、李汝新、马自勤等3人为兰州化学工业公司副经理，丁军兼任安全总监。【中油党字〔2003〕66号 中油任字〔2003〕489号】

10月16日 集团公司直属机关党委批复，同意中共中国石油天然气国际（勘探开发）公司委员会由薄启亮、寿铉成、魏志刚、张湘宁、熊愚、王铁夫、赵进锡等7名同志组成，薄启亮同志任党委书记、纪委书记，寿铉成同志任党委副书记。【直机党字〔2003〕13号、14号】

同日 集团公司直属机关党委批复，同意杨继钢同志任化工与销售分公司党委委员。【直机党字〔2003〕15号】

10月20日 股份公司决定，孙晓岗任新疆油田分公司副总经理，免去其总工程师职务。【石油任字〔2003〕269号】

10月21日　集团公司决定，免去毕跃明的集团公司办公厅副主任职务。【中油任字〔2003〕478号】

10月22日　股份公司决定，成立股份公司三次采油领导小组，刘宝和任组长，领导小组办公室设在勘探与生产分公司。【石油人字〔2003〕271号】

10月23日　集团公司印发《中国石油天然气集团公司高级技术专家管理办法（试行）》。【中油人劳字〔2003〕501号】

同日　股份公司印发《中国石油天然气股份有限公司高级管理人员业绩考核办法》。【石油人字〔2003〕272号】

10月24日　集团公司党组决定，王清山同志任吉林石化分公司党委副书记。【中油党字〔2003〕69号】

同日　集团公司直属党委批复，同意黄绍和同志任咨询中心党支部书记，刘炳义同志任党支部副书记。【直属党字〔2003〕46号】

10月28日　集团公司直属党委批复，同意中共冀东石油勘探开发公司第二届委员会由张国旗、王富、焦向民、席励新、王卫红等5名同志组成，张国旗同志任党委书记，王富同志任党委副书记、纪委书记。【直属党字〔2003〕48号】

同日　股份公司决定，徐丰利任股份公司监事会办公室主任，免去其股份公司财务部副总经理职务；免去白新贺的股份公司监事会办公室主任职务。【石油任字〔2003〕258号】

10月30日　集团公司党组决定，栗东生同志任辽阳石油化纤公司党委副书记，武军同志任党委委员、常委；免去于全佩同志的党委常委、委员职务。集团公司决定，栗东生任辽阳石油化纤公司经理，聘任孙克栋、武军为副经理；免去孙洪来的经理职务，于全佩的副经理职务。【中油党字〔2003〕73号　中油任字〔2003〕505号、506号】

十　一　月

11月4日　集团公司决定，聘任梁萍为中油财务有限责任公司总裁；免去王毓信的总裁职务。【中油任字〔2003〕509号】

11月6日　集团公司党组决定，张余同志任北京华油天然气有限责任公司党委委员。股份公司决定，聘任张余为北京华油天然气有限责任公司副总经理。【中油党字〔2003〕76号　石油任字〔2003〕287号】

11月14日 股份公司印发《中国石油天然气股份有限公司关于深化专业技术人员管理制度改革的指导意见》、《高级技术专家管理办法（试行）》。【石油人字〔2003〕291号 石油人字〔2003〕292号】

11月18日 股份公司决定，调整中俄油气合作领导小组成员，苏树林任组长。【石油人字〔2003〕296号】

同日 股份公司人事部决定，赵玉明、朱志平任化工与销售西北分公司副总经理，朱志平兼任总会计师。【油人字〔2003〕405号】

11月20日 炼油与销售分公司党委决定，韩越同志任甘肃销售分公司党委副书记、纪委书记、工会主席。【油炼销党字〔2003〕32号】

11月25日 集团公司决定，成立集团公司出疆石油管道项目法人筹备领导小组，任传俊任组长，领导小组办公室设在集团公司规划计划部。【中油人劳字〔2003〕548号】

十 二 月

12月2日 集团公司印发《关于推进石油职业教育改革与发展的意见》。【中油人劳字〔2003〕560号】

12月3日 集团公司印发《中国石油天然气集团公司企业领导人员履职测评工作实施细则》。【中油人劳字〔2003〕558号】

同日 中共天津市委批复，同意中共大港油田（集团）有限责任公司第五届委员会由21名同志组成，王育山、石桂臣、朱敬成、李文强、张运通、秦永和、郭德宝等7名同志任党委常委，郭德宝同志任党委书记，朱敬成同志任党委副书记，李文强同志任党委副书记、纪委书记。【津党组〔2003〕127号】

12月5日 集团公司决定，成立集团公司综合业绩考核委员会，郑虎任主任，委员会办公室设在集团公司人事劳资部。【中油人劳字〔2003〕561号】

同日 集团公司人事劳资部批复，同意前郭炼油厂石化综合服务公司划转吉林石油集团有限责任公司管理。【人劳字〔2003〕260号】

12月8日 股份公司决定，委派段文德为大连西太平洋石油化工有限责任公司副董事长；免去任传俊的副董事长职务。【石油资函字〔2003〕93号】

12月9日 集团公司人事劳资部印发《关于集团公司机关挂靠单位岗位聘任工作的安排意见》。【人劳字〔2003〕262号】

同日　集团公司决定，将集团公司通信公司整体划入中国石油天然气管道局管理，与管道局通信电力工程总公司重组建立新公司，保留集团公司通信公司名称，实行一个机构两块牌子。【中油人劳字〔2003〕565号】

同日　国务院国资委党委决定，周吉平、段文德、王宜林等3名同志任中国石油天然气集团公司党组成员；免去吴耀文同志的党组成员职务。【国资党任字〔2003〕45号】

同日　国务院国资委决定，任命周吉平、段文德、王宜林等3人为中国石油天然气集团公司副总经理；免去吴耀文的副总经理职务。【国资任字〔2003〕60号】

12月11日　集团公司决定，免去王建东的宝鸡石油钢管厂厂长职务。【中油任字〔2003〕572号】

12月13日　集团公司人事劳资部印发《中国石油天然气集团公司机关人员年度履职测评实施细则》。【人劳字〔2003〕274号】

12月15日　集团公司党组决定，王玉普同志任大庆油田有限责任公司党委副书记。股份公司决定，王玉普任大庆油田有限责任公司董事长、总经理；免去苏树林兼任的董事长、总经理职务。【中油党字〔2003〕80号　石油任字〔2003〕321号】

同日　集团公司党组决定，王东军同志任大庆石化分公司党委副书记、纪委书记、工会主席，李天书同志任党委委员。股份公司决定，聘任李天书为大庆石化分公司副总经理。【中油党字〔2003〕81号　石油任字〔2003〕322号】

12月17日　集团公司决定，聘任王志刚为集团公司办公厅副主任。【中油任字〔2003〕579号】

12月25日　集团公司人事劳资部决定，调整集团公司机关高级专业技术职务评审委员会，郑虎任主任委员。【人劳字〔2003〕301号】

12月26日　中国船舶燃料供应总公司改制为中国船舶燃料有限责任公司，中国石油天然气股份有限公司和中国远洋运输（集团）总公司各持股50%。

同日　炼油与销售分公司党委决定，王那顺同志任内蒙古销售分公司党委委员。【油炼销党字〔2003〕39号】

12月29日　集团公司决定，聘任刘栋、杜吉洲为大连石油化工公司副经

理，翁兴波为总会计师，刘栋兼任安全总监；免去汪家祺的副经理、安全总监职务。【中油任字〔2003〕599号】

12月31日 集团公司决定，免去谢志强的中国石油天然气集团公司总经理助理职务。【中油任字〔2003〕610号】

本年 集团公司用工总量136.07万人。

二〇〇四年

一　月

1月1日　集团公司党组决定，李宝军同志任青海油田分公司党委副书记、纪委书记、工会主席，徐凤银同志任党委委员。【中油党字〔2004〕4号】

1月5日　集团公司决定，廖永远、徐文荣、汪东进等3人任中国石油天然气集团公司总经理助理。【中油任字〔2004〕3号】

同日　集团公司决定，聘任吴恩来为中国石油天然气勘探开发公司副总经理；免去孙波的中国石油天然气勘探开发公司副总经理、中油国际（尼罗）有限责任公司总经理职务。【中油任字〔2004〕5号】

同日　集团公司党组决定，孙波同志任中国石油工程建设（集团）公司党委委员、书记；免去张纬九同志的党委书记、委员职务。集团公司决定，孙波任中国石油工程建设公司总经理；免去张纬九的总经理职务。【中油党字〔2004〕2号　中油任字〔2004〕6号】

同日　集团公司党组决定，李亚平同志任中油国际工程有限责任公司党委委员、书记。集团公司决定，聘任李亚平为中油国际工程有限责任公司副总经理；免去张纬九的副总经理职务。【中油党字〔2004〕3号　中油任字〔2004〕7号】

1月6日　集团公司党组决定，赵玉建同志任大港油田分公司党委副书记、纪委书记、工会主席，周标同志任党委委员；免去陈玉瑾同志的党委副书记、委员、纪委书记、工会主席职务。股份公司批复，同意聘任高凤翔为大港油田分公司副总经理；免去陈玉瑾的副总经理职务。【中油党字〔2004〕5号　石油任字〔2004〕5号】

同日　股份公司决定，聘任宗贻平、党玉琪、徐凤银等3人为青海油田分公司副总经理，李厚联为总会计师。【石油任字〔2004〕6号】

同日　股份公司同意，免去兰云升的吉林化学工业股份有限公司副总经理、财务总监职务。【石油任字〔2004〕7号】

同日　集团公司党组决定，钱新华、李耕南、杨冬艳等3名同志任抚顺石化分公司党委委员。股份公司决定，聘任钱新华、李耕南为抚顺石化分公司副总经理，杨冬艳为总会计师。【中油党字〔2004〕10号 石油任字〔2004〕8号】

1月9日 中国石油勘探开发研究院苏义脑同志当选为中国工程院士。【《集团公司2005年年鉴》】

1月15日 集团公司党组决定，任广利同志任管道分公司党委委员。【中油党字〔2004〕9号】

同日 股份公司人事部决定，聘任杨廷（庭）为长庆石化分公司副总经理。【油人字〔2004〕27号】

1月16日 集团公司人事劳资部决定，汪东进任中国石油天然气勘探开发公司副董事长，严绪朝、江夕根、刘振武、章欣、许大坤、樊胜利、魏国良等7人任董事。【人劳字〔2004〕6号】

1月18日 集团公司决定，调整集团公司领导成员工作分工，副总经理周吉平，负责科技、对外合作、外事、关联交易工作，分管市场管理部、科技发展部、国际事业部和勘探开发公司、国际工程有限责任公司；副总经理段文德，在中国石油天然气股份有限公司工作；副总经理王宜林，在新疆油田工作；总经理助理廖永远，协助集团公司有关领导负责市场开发、关联交易的协调工作；总经理助理徐文荣，协助集团公司有关领导负责企业重组改制工作；总经理助理汪东进，协助集团公司有关领导负责海外业务工作；集团公司其他领导成员和总经理助理的工作分工不变。【中油办字〔2004〕18号】

1月29日 股份公司决定，成立股份公司新一轮全国油气资源评价工作领导小组，贾承造任组长。【石油人字〔2004〕23号】

二　月

2月4日 股份公司人事部批复，同意高景利任锦州石化分公司安全总监。【油人函字〔2004〕9号】

2月6日 集团公司决定，调整集团公司安全生产委员会成员。【中油人劳字〔2004〕40号】

同日 集团公司决定，调整集团公司产权制度改革领导小组成员，贡华章任组长，领导小组办公室设在集团公司资本运营部。【中油人劳字〔2004〕41号】

2月9日 集团公司决定，成立西部原油、成品油管道工程建设项目组，

凌霄任组长。【中油人劳字〔2004〕36号】

2月10日　根据工作需要，集团公司决定，集团公司总经理助理廖永远工作分工除《关于集团公司部分领导成员工作分工的通知》（中油办字〔2004〕18号）所列外，增加协助集团公司有关领导负责安全生产工作。【中油办字〔2004〕42号】

2月16日　股份公司决定，将中国石油天然气股份有限公司天然气与管道华北分公司更名为中国石油天然气股份有限公司华北天然气销售分公司，机构规格为正处级，行政上由股份公司直接管理。【石油人字〔2004〕32号】

同日　集团公司决定，推荐周元祥为中国石油集团测井有限公司董事；免去娄铁强的董事职务。【中油任字〔2004〕47号】

2月17日　股份公司人事部决定，免去纪士寅同志的大连销售分公司党委书记职务，退休。【石油人字〔2004〕33号】

2月18日　集团公司党组决定，王铁军同志任东方地球物理公司党委副书记；免去徐文荣同志的党委副书记、常委、委员职务。集团公司决定，推荐王铁军为东方地球物理公司董事、副董事长、总经理人选；免去徐文荣的副董事长、董事、总经理职务。【中油党字〔2004〕16号　中油任字〔2004〕48号】

同日　股份公司人事部决定，中国石油天然气股份有限公司大庆、吉林、抚顺、辽阳、兰州、乌鲁木齐、独山子、宁夏等8个化工销售中心名称分别变更为中国石油天然气股份有限公司大庆、吉林、抚顺、辽阳、兰州、乌鲁木齐、独山子、宁夏化工销售公司。【油人字〔2004〕65号】

同日　股份公司人事部决定，成立中国石油天然气股份有限公司化工与销售华南分公司，为股份公司直属地区公司，机构规格为正处级。【油人字〔2004〕67号】

2月19日　中油燃料油股份有限公司一届九次董事会通过决议，同意黄炎、林青山、汪国良、王立华、潘民强等5人辞去董事职务。【中石油燃料油有限责任公司上报】

2月25日　集团公司决定，调整集团公司关联交易协调领导小组成员，周吉平任组长。【中油人劳字〔2004〕71号】

同日　集团公司党组决定，刘凤亮同志任西安石油勘探仪器总厂党委委员、书记；免去刘田福同志的党委书记职务。集团公司决定，刘凤亮任西安

石油勘探仪器总厂厂长；免去孙鹏的厂长职务。【中油党字〔2004〕18号　中油任字〔2004〕70号】

三　　月

3月1日　集团公司印发《中国石油天然气集团公司建设具有国际竞争力跨国企业集团战略纲要》。【《集团公司2005年年鉴》】

同日　股份公司人事部决定，聘任孙玉发为中油燃料油股份有限公司副总经理。【油人字〔2004〕77号】

同日　股份公司人事部决定，庞晓东同志任大港石化分公司党委书记。【油人字〔2004〕82号】

同日　集团公司党组决定，免去赵伯超的大庆石油化工总厂党委副书记、常委、委员职务。集团公司决定，郑怀义任大庆石油化工总厂厂长；免去赵伯超的厂长职务。【中油任字〔2004〕78号】

同日　集团公司党组决定，赵益红同志任中国石油天然气第一建设公司党委书记；免去朱忠虎同志的党委书记、委员职务。集团公司决定，顾满林任中国石油天然气第一建设公司经理；免去朱忠虎的经理职务。【中油党字〔2004〕20号　中油任字〔2004〕79号】

3月3日　集团公司决定，成立重庆地区石油企业工作协调小组，四川石油管理局一名副局长兼任组长。【中油人劳字〔2004〕120号】

同日　集团公司颁布《中国石油石化工种目录》。【中油人劳字〔2004〕82号】

同日　集团公司批复，同意何庆华任中国石油学会第六届理事会秘书长。【中油任字〔2004〕83号】

3月5日　集团公司决定，调整集团公司科技委员会成员。【中油人劳字〔2004〕95号】

同日　炼油与销售分公司党委决定，贾瑞民同志任黑龙江销售分公司党委委员；免去孙玉发同志的党委委员职务。炼油与销售分公司决定，贾瑞民任黑龙江销售分公司副总经理；免去孙玉发的副总经理职务。【油炼销党字〔2004〕5号　油炼销字〔2004〕47号】

同日　股份公司决定，委派陈耀华、刘合合、王立学、佟福财等4人为中油

BP江门石油有限公司董事，陈耀华为董事长人选。【石油人函字〔2004〕20号】

3月9日　集团公司决定，将辽阳石油化纤公司设计院划入中国石油集团工程设计有限责任公司。【中油资字〔2004〕101号】

3月10日　股份公司决定，调整股份公司科技与信息技术委员会成员，陈耕为主任，委员会办公室设在股份公司科技与信息管理部。【石油人字〔2004〕58号】

3月11日　股份公司人事部批复，同意焦玉瑞兼任大连石化分公司安全总监。【油人函字〔2004〕34号】

同日　集团公司决定，建立集团公司新闻发言人制度，并归口集团公司办公厅负责，集团公司办公厅主任许永发为集团公司新闻发言人。【中油人劳字〔2004〕121号】

同日　中国石油天然气集团公司、中国中煤能源集团公司决定，中联煤层气有限责任公司第三届董事会由接铭训、孙茂远、林建浩、冯三利、王跃峰、宫清超等6人组成，接铭训任中联煤层气有限责任公司董事长，孙茂远任中联煤层气有限责任公司副董事长；纪成岐任中联煤层气有限责任公司监事会主席；孙茂远任中联煤层气有限责任公司总经理，林建浩、冯三利任中联煤层气有限责任公司副总经理；王之和任中联煤层气有限责任公司总会计师。【中石油煤层气有限责任公司上报】

3月12日　集团公司人事劳资部决定，撤销中国石油天然气总公司浦东办公室，其职能及债权债务转由上海浦东华油实业公司承担。【人劳字〔2004〕63号】

3月18日　集团公司决定，聘任冯振清为宝鸡石油机械厂厂长；免去张冠军的厂长职务。【中油任字〔2004〕126号】

3月19日　股份公司决定，成立中国石油天然气股份有限公司陕京二线输气管道工程项目经理部，该部与北京华油天然气有限责任公司合署办公，实行一个机构两块牌子，账目分开，独立核算。【石油人字〔2004〕68号】

同日　中油燃料油股份有限公司一届十次董事会召开，选举段文德为中油燃料油股份有限公司董事长，蔺爱国为副董事长。【中石油燃料油有限责任公司上报】

3月22日　集团公司决定，成立集团公司基层建设工作领导小组，郑虎任组长。【中油人劳字〔2004〕95号】

同日 集团公司党组决定，肖平同志任中国石油报社纪委书记（兼）。【中油党字〔2004〕24号】

3月23日 股份公司人事部决定，从瑜滋任化工与销售华东分公司总经理，赵一芹、黄润东任副总经理；免去靳永青的总经理职务。【油人字〔2004〕121号】

同日 股份公司人事部决定，免去赵一芹的化工与销售东北分公司副总经理职务。【油人字〔2004〕122号】

同日 股份公司人事部决定，张培华任化工与销售华南分公司总经理，刘付阳任副总经理兼总会计师，马宗立任副总经理。【油人字〔2004〕123号】

3月26日 集团公司直属党委同意，增补刘东徐、高忠民同志为中国石油审计服务中心临时党委委员。【直属党字〔2004〕13号】

3月30日 集团公司直属党委批复，同意张文业同志任中国石油报社党委委员。【直机党字〔2004〕16号】

四　月

4月6日 股份公司决定，组建中国石油天然气股份有限公司华中天然气销售分公司，机构规格为正处级，行政上由股份公司直接管理。【石油人字〔2004〕79号】

同日 股份公司决定，组建中国石油天然气股份有限公司华南、华中两个销售分公司，行政上由股份公司直接管理，行政级别均为副局级。【石油人字〔2004〕80号】

4月8日 中共中央批准，陈耕同志任中国石油天然气集团公司党组书记，蒋洁敏同志任党组副书记；同意马富才同志辞去党组书记职务。【中委〔2004〕45号】

同日 中共中央批准，陈耕同志任中国石油天然气集团公司总经理，蒋洁敏同志任副总经理；同意马富才同志辞去总经理职务。【中委〔2004〕44号】

4月9日 集团公司决定，推荐夏义平为东方地球物理公司副总经理兼总地质师人选。【中油任字〔2004〕178号】

同日 集团公司决定，免去季振华的林源炼油厂副厂长职务。【中油任字〔2004〕179号】

同日　集团公司党组决定，李殿敏同志任林源炼油厂党委书记，季振华同志任党委副书记、纪委书记、工会主席；免去刘自强同志的党委书记、委员、纪委书记、工会主席职务。【中油党字〔2004〕26号】

4月12日　股份公司决定，免去刘强的抚顺石化分公司总经理职务。【石油任字〔2004〕93号】

4月13日　国务院国资委党委决定，蒋洁敏同志任中国石油天然气集团公司党组副书记。【国资党任字〔2004〕15号】

同日　国务院国资委决定，任命蒋洁敏为中国石油天然气集团公司副总经理。【国资任字〔2004〕25号】

同日　集团公司决定，聘任穆华东为中国华铭国际投资有限公司总经理。【《集团公司2005年年鉴》】

4月14日　集团公司党组决定，汪东进同志任中国石油天然气勘探开发公司党委书记；免去史训知同志的党委书记、委员职务。【中油党字〔2004〕27号】

同日　集团公司决定，孙先锋任集团公司审计部主任；免去陈维忠的主任职务。【中油任字〔2004〕187号】

同日　集团公司决定，聘任刘戬、张晗亮、潘伟芳（挂职）等3人为中油国际工程有限责任公司副总经理。【中油任字〔2004〕188号】

同日　集团公司决定，聘任周永强为中国石油物资装备（集团）总公司安全总监（兼）。【中油任字〔2004〕189号】

同日　集团公司党组决定，李军同志任辽阳石油化纤公司党委委员、常委。集团公司决定，聘任李军为辽阳石油化纤公司副经理。【中油党字〔2004〕28号　中油任字〔2004〕191号】

4月15日　集团公司党组决定，免去刘强同志的抚顺石化分公司党委书记、委员职务。【中油党字〔2004〕29号】

同日　股份公司决定，聘任贺嘉为股份公司法律事务部副总经理。【石油任字〔2004〕95号】

同日　股份公司决定，聘任宋亦武为中国石油天然气国际（勘探开发）有限公司副总经理。【石油任字〔2004〕96号】

4月16日　集团公司决定，推荐刘凤亮为中国石油集团测井有限公司董事；免去孙鹏的董事职务。【中油任字〔2004〕199号】

4月19日 集团公司决定，聘任兰云升为中油财务有限责任公司副总裁。【中油任字〔2004〕187号】

4月22日 集团公司党组决定，给予陈应权撤销四川石油管理局局长职务的处分。【中油监字〔2004〕205号】

4月23日 中共四川省国资委纪律检查委员会决定，给予陈应权同志撤销四川石油管理局党委委员、常委、书记职务处分。【川国资纪发〔2004〕1号】

同日 集团公司党组决定，廖永远同志任四川石油管理局党委委员、常委、书记。集团公司决定，廖永远任四川石油管理局局长。【中油党字〔2004〕31号 中油任字〔2004〕208号】

同日 集团公司决定，成立川渝地区石油企业协调组，廖永远任组长。【《集团公司2005年年鉴》】

同日 集团公司党组决定，陈忻同志任宁夏大元炼油化工有限责任公司党委书记。股份公司决定，陈忻任宁夏大元炼油化工有限责任公司总经理。【中油党字〔2004〕32号 石油任字〔2004〕107号】

同日 股份公司人事部决定，陈坚同志任宁夏大元炼油化工有限责任公司党委副书记；免去焦学义同志的党委书记、委员、总经理职务。【油人字〔2004〕155号】

同日 集团公司党组决定，焦学义同志任宁夏石化分公司党委副书记、纪委书记、工会主席；免去陈忻同志的党委副书记、委员、纪委书记、工会主席职务。【中油党字〔2004〕33号】

同日 集团公司党组决定，张栋杰同志任庆阳炼化有限责任公司党委书记。股份公司决定，张栋杰任庆阳炼化有限责任公司总经理。【中油党字〔2004〕34号 石油任字〔2004〕108号】

同日 股份公司人事部决定，刘至祥同志任庆阳炼化有限责任公司党委副书记、副总经理；免去刘文学同志的党委副书记、委员、总经理职务，辛克庆同志的党委书记、委员、纪委书记、工会主席职务。【油人字〔2004〕156号】

同日 集团公司党组决定，严进元同志任宁夏销售分公司党委书记。股份公司决定，刘德祥任宁夏销售分公司总经理；免去严进元的总经理职务。【中油党字〔2004〕35号 石油任字〔2004〕105号】

同日 炼油与销售分公司党委决定，刘德祥同志任宁夏销售分公司党委副书记。炼油与销售分公司决定，聘任严进元为宁夏销售分公司副总经理。【油炼销党字〔2004〕9号 油炼销字〔2004〕88号】

同日 集团公司党组决定，徐卫喜同志任新疆油田分公司党委书记，陈新发同志任党委副书记；免去王宜林同志的党委书记、委员职务。股份公司决定，陈新发任新疆油田分公司总经理；免去王宜林兼任的总经理职务。【中油党字〔2004〕36号 石油任字〔2004〕101号】

同日 集团公司党组决定，王立学同志任华南销售分公司党委委员、书记。股份公司决定，佟福财任华南销售分公司总经理。【中油党字〔2004〕37号 石油任字〔2004〕103号】

同日 炼油与销售公司党委决定，佟福财同志任华南销售分公司党委委员、副书记。炼油与销售分公司决定，聘任王立学为华南销售分公司副总经理。【油炼销党字〔2004〕10号 油炼销字〔2004〕87号】

同日 集团公司党组决定，何瑞林同志任华中销售分公司党委书记。股份公司决定，何瑞林任华中销售分公司总经理。【中油党字〔2004〕38号 石油任字〔2004〕104号】

同日 集团公司党组决定，王永和任中国石油内蒙古销售分公司党委书记。炼油与销售分公司党委决定，免去王永和的中国石油内蒙古销售分公司纪委书记、工会主席职务。炼油与销售分公司决定，聘任王永和为中国石油内蒙古销售分公副总经理。【中油党字〔2004〕39号 油炼销党字〔2004〕12号 油炼销字〔2004〕84号】

同日 集团公司党组决定，鲁发展同志任大连销售分公司党委书记。炼油与销售分公司决定，聘任鲁发展为大连销售分公司副总经理。【中油党字〔2004〕40号 油炼销字〔2004〕93号】

同日 股份公司决定，王立学任中油BP江门石油有限公司董事长；免去陈耀华的董事长职务。【石油任字〔2004〕106号】

同日 股份公司决定，付斌任中国船舶燃料有限责任公司常务副总经理。【石油任字〔2004〕109号】

同日 炼油与销售分公司党委决定，免去刘德祥同志的西北销售分公司党委委员职务。炼油与销售分公司决定，免去刘德祥的西北销售分公司副总经理职务。【油炼销党字〔2004〕8号 油炼销字〔2004〕86号】

同日 股份公司决定，刘合合任华东销售分公司总经理；免去瞿国忠的总经理职务。【石油任字〔2004〕102号】

同日 炼油与销售分公司党委决定，瞿国忠同志兼任华东销售分公司纪委书记、工会主席，刘合合同志任党委副书记；免去何瑞林同志的党委副书记、委员、纪委书记、工会主席职务。炼油与销售分公司决定，免去何瑞林的华东销售分公司副总经理职务。【油炼销党字〔2004〕11号 油炼销字〔2004〕85号】

五 月

5月8日 国务院国资委同意，陈耕为中国石油天然气股份有限公司董事长人选，蒋洁敏为董事、副董事长、总裁人选，周吉平、段文德为董事人选；免去马富才的董事长、董事职务，吴耀文的副董事长、董事职务。【企干函〔2004〕20号】

5月9日 集团公司党组决定，唐健同志任新疆石油管理局党委书记，徐卫喜同志任党委副书记，陈新发同志任党委委员、常委；免去王宜林同志兼任的党委书记、常委、委员职务。【中油党字〔2004〕43号】

5月13日 集团公司决定，调整集团公司密码工作领导小组成员，郑虎任组长，领导小组办公室设在集团公司办公厅。【中油人劳字〔2004〕229号】

5月14日 股份公司人事部批复，同意张万权同志辞去庆阳炼化有限责任公司党委委员、副总经理职务。【油人字〔2004〕182号】

同日 股份公司人事部决定，免去高宝光同志的呼和浩特石化分公司党委委员、副总经理职务。【油人字〔2004〕183号】

5月17日 中油国际工程有限责任公司批复，同意吴惠起、闫久红、王学旨等3名同志任中国石油工程建设（集团）公司党委委员。【国际党字〔2004〕20号】

同日 集团公司决定，成立集团公司定点扶贫与援藏工作领导小组，郑虎任组长，领导小组办公室设在集团公司办公厅。【中油人劳字〔2004〕224号】

5月18日 集团公司人事劳资部印发《集团公司挂职扶贫干部管理暂行办法》。【人劳字〔2004〕119号】

同日 中国石油天然气股份有限公司2003年度股东年会召开，选举陈耕、蒋洁敏、周吉平、段文德等4人为中国石油天然气股份有限公司董事，孙先锋、徐丰利为监事。【股决字〔2004〕1号】

5月19日　中国石油天然气股份有限公司第二届董事会六次会议召开，选举陈耕为中国石油天然气股份有限公司董事长，蒋洁敏为副董事长、总裁。【董决字〔2004〕11号、12号】

5月21日　集团公司决定，胥永杰任四川石油管理局安全总监（兼）。【中油任字〔2004〕257号】

5月31日　集团公司决定，调整集团公司保密委员会成员，郑虎任主任，委员会办公室设在集团公司办公厅。【中油人劳字〔2004〕282号】

六　月

6月3日　集团公司召开分离企业办社会职能视频会议，贯彻落实国务院《关于中央企业分离办社会职能试点有关问题的通知》和财政部、国资委中央企业分离办社会职能试点工作会议精神，集团公司分离企业办社会职能移交工作正式展开。【《集团公司2005年年鉴》】

6月7日　股份公司人事部决定，郑海波任化工与销售东北分公司副总经理。【油人字〔2004〕213号】

6月9日　集团公司决定，成立集团公司机关采购工作领导小组，郑虎任组长，领导小组办公室设在集团公司办公厅。【中油人劳字〔2004〕291号】

同日　根据集团公司企业分离办社会职能要求，吐哈石油勘探开发指挥部将所属的中小学4所、教育服务管理人员477人移交新疆维吾尔自治区哈密地区行署，移交资产净值6643.3万元。【中油财字〔2004〕290号】

6月10日　集团公司人事劳资部决定，调整重庆地区石油企业工作协调小组成员，廖光中任组长。【人劳字〔2004〕130号】

6月12日　股份公司决定，成立股份公司A股上市发行工作领导小组，王福成任组长，领导小组办公室设在资本运营部。【石油人字〔2004〕138号】

6月17日　股份公司决定，成立海洋石油作业安全办公室中油分部，设在勘探与生产分公司，业务上接受国家安全生产监督管理局海洋石油作业安全办公室领导。【《集团公司2005年年鉴》】

同日　炼油与销售分公司党委决定，黄永祥同志任华南销售分公司党委委员、副书记、纪委书记、工会主席，马生荣、刘树志、王明富等3名同志任党委委员。炼油与销售分公司决定，聘任马生荣、刘树志、王明富等3人为华

南销售分公司副总经理，董磊为总会计师。【油炼销党字〔2004〕14号　油炼销字〔2004〕131号】

6月18日　炼油与销售分公司党委决定，李多、杨子清、张文荣、张国宏、王跃等5名同志任华中销售分公司党委委员。炼油与销售分公司决定，聘任李多、杨子清、张文荣、张国宏等4人为华中销售分公司副总经理，王跃为华中销售分公司总会计师。【油炼销党字〔2004〕16号　油炼销字〔2004〕129号】

同日　炼油与销售分公司党委决定，孙志玉、王力军、金浩、杨昌陶、姜滇等5名同志任华东销售分公司党委委员；免去孟繁礼同志的党委委员职务。炼油与销售分公司决定，聘任孙志玉、王力军、金浩、杨昌陶等4人为华东销售分公司副总经理，姜滇为总会计师。【油炼销党字〔2004〕115号　油炼销字〔2004〕130号】

6月24日　集团公司人事劳资部印发《关于进一步规范人事档案管理工作的通知》。【人劳字〔2004〕159号】

6月28日　股份公司人事部决定，聘任王建德为化工与销售华北分公司副总经理兼总会计师，马振航为副总经理。【油人字〔2004〕243号】

6月30日　炼油与销售分公司党委决定，王那顺同志任内蒙古销售分公司党委副书记、纪委书记、工会主席。【油炼销党字〔2004〕18号】

七　月

7月2日　股份公司决定，调整股份公司安全生产委员会成员，蒋洁敏任主任。【石油人字〔2004〕150号】

同日　集团公司人事劳资部印发《中国石油天然气集团公司安全培训管理办法》。【人劳字〔2004〕163号】

7月12日　炼油与销售分公司党委决定，郑新龙同志任内蒙古销售分公司党委委员。【油炼销党字〔2004〕19号】

7月13日　集团公司党组决定，戴宏斌同志任新疆石油管理局党委委员、常委。【中油党字〔2004〕49号】

7月14日　集团公司决定，调整集团公司领导成员工作分工，党组书记、总经理陈耕负责集团公司全面工作，分管办公厅和人事、监察、审计工作；党组副书记、副总经理蒋洁敏负责协助陈耕同志工作，主持中国石油天然气股份有限公司工作；党组成员、副总经理任传俊负责规划计划工作，协助分管审计工作，分管规划计划部，联系工程设计有限责任公司、中国华油集团公司、华油北京服务总公司；党组成员、副总经理苏树林在中国石油天然气股份有限公司工作；党组成员、副总经理郑虎负责劳资、职工培训、企业改革、稳定、发展战略研究工作，协助分管办公厅和人事工作，分管发展研究部、人事劳资部、人事服务中心、机关行政事务中心，联系北京石油管理干部学院、石油经济技术研究中心、石油工业出版社；党组成员、副总经理周吉平负责科技、对外合作、外事工作，分管科技发展部、国际事业部，联系中国石油天然气勘探开发公司、中油国际工程有限责任公司、中国华铭国际投资有限公司；党组成员、副总经理段文德在中国石油天然气股份有限公司工作；党组成员、副总经理王宜林负责质量安全环保、工程技术服务、市场管理、关联交易工作，分管市场管理部、质量安全环保部，联系中国石油物资装备（集团）总公司；党组成员、纪检组长李克成负责纪检、思想政治、企业文化建设、机关离退休职工工作，协助分管监察工作，分管政治思想工作部、直属党委、纪检组、离退休职工管理局（老干部局），联系中国石油报社；党组成员、总会计师贡华章负责财务资产、资本运营工作，分管财务资产部、资本运营部，联系中油财务有限责任公司、奥伊尔投资管理有限责任公司、中意人寿保险有限公司；总经理助理刘海胜协助负责规划计划工作；总经理助理曾玉康在大庆石油管理局工作；总经理助理廖永远在四川石油管理局工作；总经理助理徐文荣协助负责企业改革管理和重组改制工作；总经理助理汪东进协助负责海外业务工作，主持中国石油天然气勘探开发公司工作。【中油办字〔2004〕352号】

7月19日　集团公司决定，调整集团公司职称改革工作领导小组成员，郑虎任组长。【中油人劳字〔2004〕364号】

同日　集团公司决定，王宜林兼任中国石油天然气集团公司安全总监。【中油任字〔2004〕360号】

同日　集团公司决定，聘任刘东徐为集团公司审计部副主任，免去其中国石油审计服务中心总审计师职务。【中油任字〔2004〕361号】

同日　集团公司党组决定，隋军、闫宏同志任大庆油田有限责任公司党委委员。【中油党字〔2004〕52号】

同日　集团公司党组决定，于宝祥同志兼任大庆炼化分公司纪委书记、工会主席，李正光同志任党委副书记；免去张振同志的党委副书记、纪委书记、工会主席职务，魏强同志的党委委员职务。【中油党字〔2004〕50号】

同日 股份公司决定，李正光任大庆炼化分公司总经理，张振任副总经理；免去董孝利的总经理职务，于宝祥、魏强的副总经理职务。【石油任字〔2004〕158号】

同日 股份公司人事部决定，栾永江同志任大庆炼化分公司党委委员。【油人字〔2004〕298号】

同日 股份公司决定，聘任隋军为大庆油田有限责任公司副总经理，闫宏为总会计师；隋军、闫宏任大庆油田有限责任公司董事，杨钧、朱国文任监事；免去萧德铭、周明春的董事职务，王成俊、李涛的监事职务。【石油任字〔2004〕160号、161号】

同日 集团公司党组决定，魏强同志任哈尔滨石化分公司党委书记；免去李正光同志的党委书记、委员职务。股份公司决定，魏强任哈尔滨石化分公司总经理；免去李正光的总经理职务。【中油党字〔2004〕51号　石油任字〔2004〕159号】

同日 集团公司党组决定，王昆同志任大庆油田有限责任公司第二采油厂党委书记；免去李凤林同志的党委书记职务。【中油党字〔2004〕53号】

同日 股份公司批复，同意王建新任大庆油田有限责任公司第一采油厂厂长，免去宁树枫的厂长职务；史新任大庆油田有限责任公司第二采油厂厂长，免去王建新的厂长职务。【石油任字〔2004〕162号】

同日 集团公司党组决定，徐会举同志任塔里木油田分公司党工委副书记。股份公司决定，徐会举任塔里木油田分公司副总经理。【中油党字〔2004〕54号　石油任字〔2004〕163号】

同日 集团公司党组决定，王忠仁同志任中油长城钻井公司党委书记（兼）。【中油党字〔2004〕55号】

7月21日 股份公司印发《关于进一步加强领导班子思想作风建设的意见》。【石油人字〔2004〕167号】

7月23日 集团公司决定，成立集团公司专项行动领导小组暨清理管道占压领导小组，苏树林任组长，专项行动领导小组办公室设在集团公司办公厅和股份公司总裁办公室，清理管道占压领导小组办公室设在集团公司和股份公司质量安全环保部。【中油人劳字〔2004〕376号】

同日 集团公司决定，调整集团公司关联交易协调领导小组成员，王宜林任组长，领导小组办公室设在集团公司市场管理部。【中油人劳字〔2004〕377号】

7月26日 股份公司人事部决定，聘任施龙、陈晓秋为华北天然气销售分公司副总经理，张增轩为总会计师，免去其股份公司财务部清欠办公室副主任职务。【油人字〔2004〕311号】

7月28日 集团公司决定，成立中国石油集团海洋工程技术服务有限公司筹备工作组，石林任组长。【中油人劳字〔2004〕381号】

八　　月

8月2日 股份公司决定，为充分发挥中国石油的整体优势，进一步强化专业化管理，形成中国石油终端销售网络的合力，将各油田、炼化地区公司所属加油站全部划归销售地区公司经营管理。【石油人字〔2004〕173号】

同日 集团公司党组决定，免去于秀珍同志的北京石油管理干部学院党委委员职务。【中油党字〔2004〕59号】

同日 集团公司党组决定，尹君泰同志任中国石油天然气勘探开发公司党委副书记、纪委书记、工会主席；免去王莎莉同志的纪委书记职务。【中油党字〔2004〕58号】

同日 集团公司决定，王莎莉任集团公司苏丹工程建设项目协调领导小组组长；免去孙波的组长职务。【中油任字〔2004〕397号】

8月6日 集团公司决定，成立集团公司维护稳定工作办公室，设在办公厅，作为集团公司维护稳定工作领导小组的办事机构。【中油人劳字〔2004〕409号】

8月9日 集团公司人事服务中心印发《中国石油天然气集团公司出国留学人员管理办法（试行）》。【人服字〔2004〕20号】

同日 集团公司直属党委决定，王莎莉同志任集团公司苏丹地区党委委员、书记。【直属党字〔2004〕27号】

8月11日 集团公司决定，成立中国石油集团西部管道有限责任公司，为

正局级管道运输企业。【中油人劳字〔2004〕415号】

8月13日 集团公司决定，塔里木石油化工工程建设指挥部机构和人员整体划入股份公司，并更名为股份公司塔里木石化分公司，作为塔里木油田分公司所属副局级单位，实行独立核算，业务上由炼化与销售分公司归口管理。【中油人劳字〔2004〕422号】

同日 集团公司决定，委托股份公司授权塔里木油田分公司对塔里木石油勘探开发指挥部实行全面管理。【中油人劳字〔2004〕423号】

同日 集团公司决定，聘任薛时文为中国石油报社副社长。【中油任字〔2004〕425号】

8月16日 集团公司决定，成立集团公司财务税收检查工作领导小组，贡华章任组长。【中油人劳字〔2004〕431号】

同日 集团公司决定，施哲彦任集团公司维护稳定工作办公室主任。【中油任字〔2004〕430号】

同日 股份公司决定，杨冬艳任股份公司财务部副总经理。【石油任字〔2004〕187号】

同日 集团公司党组决定，马桂成同志任华北石油管理局党委书记，单祥国同志任党委副书记，免去其党委书记职务；免去张宝庄同志的党委副书记、常委、委员职务。集团公司决定，单祥国任华北石油管理局局长；免去张宝庄的局长职务。【中油党字〔2004〕60号 中油任字〔2004〕424号】

同日 集团公司党组决定，孙崇仁同志任辽河石油勘探局党委书记，张凤山同志任党委副书记；免去宋道堂同志的党委书记、常委、委员职务，王革同志的党委副书记、常委、委员职务。集团公司决定，张凤山任辽河石油勘探局局长，孙崇仁任副局长；免去王革的局长职务，宋道堂的副局长职务。【中油党字〔2004〕61号 中油任字〔2004〕426号】

同日 集团公司党组决定，姜笃志同志任天然气与管道分公司党委委员。股份公司决定，姜笃志任天然气与管道分公司副总经理。【中油党字〔2004〕62号 石油任字〔2004〕186号】

同日 集团公司党组决定，石振东同志任抚顺石油化工公司党委委员、常委。集团公司决定，聘任石振东为抚顺石油化工公司副经理。【中油党字〔2004〕67号 中油任字〔2004〕432号】

同日　集团公司批复，同意聘任李军为辽阳石油化纤公司安全总监（兼）。【中油任字〔2004〕433号】

8月17日　集团公司决定，在集团公司市场管理部基础上组建集团公司工程技术与市场部。【中油人劳字〔2004〕442号】

同日　集团公司党组决定，周海民同志任冀东油田分公司党委书记；免去徐中清同志的党委书记、委员职务。股份公司决定，周海民为冀东油田分公司总经理，金明权兼任安全总监；免去徐中清的总经理职务。【中油党字〔2004〕63号　石油任字〔2004〕191号】

同日　集团公司党组决定，李若平同志任抚顺石化分公司党委书记；免去杨冬艳同志的党委委员职务。股份公司决定，李若平任抚顺石化分公司总经理，李耕南兼任安全总监，陈港任总会计师；免去杨冬艳的总会计师职务。【中油党字〔2004〕64号　石油任字〔2004〕188号】

同日　集团公司党组决定，李政华同志兼任兰州石化分公司纪委书记；李家民、杨健、火金三等3名同志任党委委员；免去许国华同志的党委副书记、委员、纪委书记职务，李春升、张文奎、陈越民等3名同志的党委委员职务。股份公司决定，聘任李家民、杨健、火金三等3人为兰州石化分公司副总经理，李家民兼任安全总监；免去李春升、张文奎、陈越民等3人的副总经理职务。【中油党字〔2004〕65号　石油任字〔2004〕189号】

同日　集团公司党组决定，熊建嘉、康建国、徐春春、师春元等4名同志任西南油气田分公司党委委员；免去何炽同志的党委委员职务。股份公司同意，聘任熊建嘉、康建国、徐春春、师春元等4人为西南油气田分公司副总经理，师春元兼任安全总监；免去何炽的副总经理职务，退休。【中油党字〔2004〕66号　石油任字〔2004〕190号】

8月23日　集团公司决定，聘任方栋良为集团公司资本运营部副主任，韩树举为集团公司国际事业部（外事局）副主任（副局长）。【中油任字〔2004〕443号、444号】

8月26日　集团公司决定，成立中国石油集团西部管道有限责任公司股东会及董事会、监事会，董事会由9人组成，凌霄任董事长；监事会由4人组成，刘东徐任监事会主席；凌霄任总经理，张强、王林林任副总经理。【中油任字〔2004〕448号】

8月31日 集团公司人事劳资部印发《集团公司总部机关工资管理暂行规定》。【人劳字〔2004〕190号】

8月 集团公司决定，整合集团公司和股份公司的国际勘探开发业务，设立中油勘探开发有限公司，与中国石油天然气勘探开发公司合署办公，一套机构两块牌子。【中油勘探开发有限公司上报】

九 月

9月1日 集团公司人事劳资部印发《集团公司总部机关员工休假的规定》。【人劳字〔2004〕191号】

同日 集团公司决定，调整集团公司石油工程技术服务企业和队伍资质认证委员会成员，王宜林任主任，委员会办公室设在集团公司质量安全环保部。【中油人劳字〔2004〕460号】

同日 集团公司决定，调整集团公司安全生产委员会成员，陈耕任主任。【中油人劳字〔2004〕461号】

9月2日 股份公司人事部决定，聘任刘丽华、马健、王建立等3人为化工与销售西南分公司副总经理，刘丽华兼任总会计师。【油人字〔2004〕389号】

9月5日 集团公司决定，聘任纪成岐为集团公司投资公司专职监事。【中油任字〔2004〕466号】

9月6日 中国中煤能源集团公司、中国石油天然气集团公司工会同意林建浩任中联煤层气有限责任公司工会主席。【中煤工〔2004〕14号】

同日 集团公司决定，孙龙德兼任塔里木石油勘探开发指挥部指挥；免去范垂明的指挥职务。【中油任字〔2004〕471号】

9月8日 集团公司党组决定，刘希和同志任中国石油集团工程技术研究院党委书记，屈建省同志任党委副书记；免去冯星安同志的党委书记、委员职务，赵修杰同志的党委委员职务。集团公司决定，屈建省任中国石油集团工程技术研究院院长；免去冯星安的院长职务。【中油党字〔2004〕70号　中油任字〔2004〕474号】

9月9日 集团公司决定，调整集团公司维护稳定工作领导小组成员，陈耕任组长。【中油人劳字〔2004〕478号】

同日 股份公司决定，成立独山子石化项目领导小组，段文德任组长，领导小组办公室设在股份公司规划计划部。【石油人字〔2004〕206号】

9月14日 股份公司决定，王光军兼任海洋石油作业安全办公室中油分部主任，吴奇兼任副主任。【石油人字〔2004〕208号】

9月15日 炼油与销售分公司党委决定，虎仁山同志任青海销售分公司党委副书记、纪委书记、工会主席，高现勇、马光元、孙永超、王昊等4名同志任党委委员；免去王浩同志的党委委员职务。【油炼销党字〔2004〕204号】

同日 炼油与销售分公司决定，聘任高现勇、孙永超为青海销售分公司副总经理，马光元为总会计师；免去王浩的副总经理职务。【油炼销字〔2004〕204号】

9月30日 集团公司和新疆维吾尔自治区人民政府决定，成立独山子炼化项目协调领导小组，王金祥任组长，段文德、艾力更·依明巴海、王永明等3人任副组长。【独山子石化分公司上报】

十　　月

10月2日 集团公司人事劳资部批复，同意撤销中国石油天然气集团公司深圳办事处，其资产及负债转由深圳石油实业有限责任公司承担。【人劳字〔2004〕212号】

10月5日 集团公司决定，免去凌霄的新疆石油管理局副局长职务。【中油任字〔2004〕520号】

10月9日 股份公司批复，同意隋军兼任大庆油田有限责任公司安全总监；免去王玉普兼任的安全总监职务。【石油任字〔2004〕232号】

10月9日 股份公司批复，同意张兴福兼任吉林石化分公司安全总监。【石油任字〔2004〕233号】

10月13日 集团公司决定，李润生任集团公司办公厅主任；免去许永发的主任职务。【中油任字〔2004〕545号】

同日 集团公司决定，李万余任集团公司人事劳资部主任；免去郑虎兼任的主任职务。【中油任字〔2004〕546号】

同日 集团公司决定，许永发任经济技术研究中心主任；免去严绪朝的主任职务。【中油任字〔2004〕547号】

同日 集团公司党组决定，高栋平同志任华北销售分公司党委书记；免去李万余同志的党委书记、委员职务。炼油与销售分公司党委决定，冀玉军同志任华北销售分公司党委委员。【中油党字〔2004〕75号 油炼销党字〔2004〕30号】

同日 集团公司党组决定，覃国军同志任炼油与销售分公司党委书记；免去李润生同志的党委书记、委员职务。【中油党字〔2004〕76号】

10月14日 集团公司党组决定，梁春秀同志任吉林油田分公司党委书记；侯启军同志任吉林油田分公司党委副书记；免去王永春同志的吉林油田分公司党委书记、委员职务。【中油党字〔2004〕74号】

同日 股份公司决定，侯启军任吉林油田分公司总经理，免去王永春的吉林油田分公司总经理职务。【石油任字〔2004〕240号】

同日 股份公司决定，王永春任股份公司人事部总经理；免去覃国军的总经理职务。【石油任字〔2004〕235号】

同日 股份公司决定，覃国军任炼油与销售分公司副总经理；免去李润生的副总经理职务。【石油任字〔2004〕236号】

同日 股份公司决定，卢乃洪任重庆销售分公司总经理；免去项平生的总经理职务。炼油与销售分公司党委决定，卢乃洪同志任重庆销售分公司党委副书记；免去项平生同志的党委副书记、党委委员职务。【石油任字〔2004〕237号 油炼销党字〔2004〕32号】

同日 股份公司决定，项平生任华北销售分公司总经理；免去李万余的总经理职务。炼油与销售分公司党委决定，项平生同志任华北销售分公司党委副书记；免去赵永起同志的党委委员职务。炼油与销售分公司决定，免去赵永起的华北销售分公司副总经理职务。【石油任字〔2004〕242号 油炼销党字〔2004〕31号 油炼销字〔2004〕238号】

10月15日 集团公司决定，组建中国石油集团海洋工程有限公司，机构规格为正局级。【中油人劳字〔2004〕554号】

同日 集团公司印发《中国石油天然气集团公司完善基本工资制度实施方案》。【中油人劳字〔2004〕660号】

同日 集团公司人事劳资部印发《企业离退休人员生活补贴发放暂行办法》。【人劳字〔2004〕220号】

10月19日 股份公司人事部印发《企业离退休人员生活补贴发放暂行办

法》。【油人字〔2004〕463号】

同日　炼油与销售分公司党委决定，赵永起同志任内蒙古销售分公司党委副书记；免去卢乃洪同志的党委副书记、委员职务。【油炼销党字〔2004〕33号】

10月20日　集团公司党组决定，朱龙同志任中国石油审计服务中心党委书记；免去孙先锋同志的党委书记、委员职务。集团公司决定，聘任朱龙为中国石油审计服务中心副主任（兼）。【中油党字〔2004〕79号　中油任字〔2004〕561号】

同日　集团公司党组决定，薄启亮同志任中国石油天然气勘探开发公司党委委员、副书记、高级副总经理，魏志刚任中油国际（印度尼西亚）公司总经理，宋亦武任中国石油天然气勘探开发公司副总经理。【中油党字〔2004〕80号　中油任字〔2004〕562号】

10月21日　集团公司批复，同意聘任陈岩为新疆石油管理局安全总监（兼）。【中油任字〔2004〕563号】

同日　集团公司决定，中国石油集团海洋工程有限公司董事会由9人组成，刘海胜任董事长；监事会由3人组成，卢丽平任监事会召集人；石林任总经理。【中油任字〔2004〕564号】

10月28日　股份公司印发《中国石油天然气股份有限公司完善基本工资制度实施方案》。【石油人字〔2004〕316号】

同日　股份公司人事部印发《关于进一步调整和完善销售企业岗位基薪工资制度的通知》。【油人字〔2004〕593号】

10月31日　集团公司决定，吴双全任中国石油集团西部管道有限责任公司总会计师。【中油任字〔2004〕571号】

十 一 月

11月2日　股份公司人事部决定，聘任汤亚利兼任华北天然气销售分公司负责人。【油人字〔2004〕482号】

11月5日　股份公司人事部决定，祖国繁同志任化工与销售东北分公司党委书记。【油人字〔2004〕490号】

11月8日　集团公司党组决定，许永发同志任中国石油集团经济技术研究中心党委委员、副书记；免去严绪朝同志的党委副书记、委员职务。【中油党

字〔2004〕81号】

同日 集团公司决定，免去石兴春的咨询中心开发部主任职务。【中油任字〔2004〕581号】

11月12日 集团公司党组决定，免去刘桂林同志的四川销售分公司党委委员职务。股份公司决定，免去刘桂林的四川销售分公司副总经理职务。【中油党字〔2004〕85号 石油任字〔2004〕269号】

同日 股份公司人事部决定，哈尔滨石化分公司所属哈尔滨实华实业股份有限公司划转黑龙江销售分公司。【油人函字〔2004〕174号】

11月13日 集团公司人事劳资部印发《集团公司总部机关人员选调暂行办法》、《集团公司总部机关人员借调暂行办法》、《集团公司总部机关人员到基层挂职锻炼暂行办法》、《集团公司援藏干部管理暂行办法》。【人劳字〔2004〕232号、233号、234号、235号】

11月16日 集团公司决定，委派王铁军为中油油气勘探软件国家工程研究中心有限公司董事长；免去徐文荣的董事长职务。【中油任字〔2004〕603号】

11月19日 集团公司印发《中国石油天然气集团公司技师、高级技师管理办法》。【中油人服字〔2004〕644号】

11月22日 股份公司决定，成立股份公司资源配置协调领导小组，苏树林任组长，领导小组办公室设在规划计划部。【石油人字〔2004〕268号】

同日 股份公司决定，华北销售分公司所属山东销售分公司上划为股份公司直接管理，机构规格为副局级。【石油人字〔2004〕270号】

11月23日 集团公司党组决定，李润生同志任集团公司党组机要秘书（兼）。【中油党字〔2004〕84号】

同日 集团公司明确，集团公司办公厅主任李润生为集团公司新闻发言人。【中油人劳字〔2004〕622号】

同日 集团公司决定，调整集团公司职称改革工作领导小组成员。【中油人劳字〔2004〕623号】

11月24日 集团公司印发《关于加强和改进企业经营管理人员教育培训工作的实施意见》。【中油人劳字〔2004〕630号】

11月26日 集团公司印发《中国石油天然气集团公司加强高技能人才队伍建设的意见》。【中油人劳字〔2004〕628号】

同日　集团公司人事劳资部印发《企业离退休人员生活补贴发放管理程序（暂行）》的通知。【人劳字〔2004〕242号】

同日　股份公司决定，成立四川乙烯项目筹备组，姜吉祥为组长，陈位强为副组长。【石油人字〔2004〕277号】

11月27日　股份公司印发《中国石油天然气股份有限公司赴境外工作人员薪酬管理办法》。【石油人字〔2004〕320号】

十 二 月

12月1日　股份公司印发《中国石油天然气股份有限公司油气田、炼化地区公司组织结构设置指导规范》。【石油人字〔2004〕287号】

同日　炼油与销售分公司党委决定，于东阳同志任华中销售分公司党委委员。【油炼销党字〔2004〕39号】

12月2日　集团公司印发《中国石油天然气集团公司高级技术专家评选聘任委员会组织及工作办法（试行）》、《中国石油天然气集团公司海外项目人员借聘工作暂行规定》。【中油人劳字〔2004〕639号　中油人服字〔2004〕638号】

12月3日　炼油与销售分公司党委决定，刘守德同志任西北销售公司副总经理、党委委员。【油炼销党字〔2004〕40号　油炼销字〔2004〕305号】

12月7日　炼油与销售分公司批复，同意聘任王玉滨为东北销售分公司安全总监（兼）；免去马丹的安全总监职务。【油炼销人字〔2004〕64号】

12月9日　集团公司党组同意，王永春同志任股份公司直属机关党委委员；免去李润生同志的党委委员职务。【中油党字〔2004〕88号】

12月10日　股份公司批复，同意炼油与销售分公司林青山、段振兴退休。【石油人字〔2004〕297号、298号】

同日　股份公司决定，成立苏里格气田合作开发项目管理委员会，胡文瑞任主任。【石油人字〔2004〕302号】

12月13日　集团公司决定，调整集团公司机关采购工作领导小组成员。【中油人劳字〔2004〕654号】

同日　集团公司决定，调整集团公司国家安全领导小组成员，陈耕任组长。【中油人劳字〔2004〕656号】

同日　集团公司决定，调整集团公司保密委员会成员。【中油人劳字

〔2004〕657号】

同日 股份公司人事部决定，将中国石油集团宁夏大元炼油化工有限责任公司更名为中国石油天然气股份有限公司宁夏炼化分公司，中国石油集团庆阳炼油化工有限责任公司更名为中国石油天然气股份有限公司庆阳石化分公司，两个公司均作为股份公司直属地区公司，行政上由股份公司直接管理，业务上归口炼油与销售分公司管理。【油人字〔2004〕579号】

12月15日 集团公司决定，郑虎任集团公司总法律顾问（兼）。【中油任字〔2004〕666号】

同日 炼油与销售分公司党委决定，次仁扎西、房玉林同志任西藏销售分公司党委委员。【油炼销党字〔2004〕43号】

12月20日 股份公司决定，同意施建勋、吴增炎退休，并免除现任职务。【石油人字〔2004〕329、331号】

12月22日 集团公司印发《中国石油天然气集团公司赴境外工作人员薪酬管理办法》。【中油人劳字〔2004〕675号】

12月23日 集团公司决定，成立集团公司品牌管理委员会，郑虎任主任，委员会办公室设在集团公司办公厅。【中油人劳字〔2004〕676号】

同日 集团公司人事劳资部决定，自2004年11月30日起，注销中国石油集团庆阳炼油化工有限责任公司法人资格，资产由股份公司收购，机构和人员划入股份公司。【人劳字〔2004〕249号】

12月24日 股份公司决定，成立南海油气勘探协调领导小组，刘宝和任组长，领导小组办公室设在勘探与生产分公司。【石油人字〔2004〕314号】

12月27日 股份公司印发《中国石油天然气股份有限公司赴境外工作人员薪酬管理办法》。【石油人字〔2004〕320号】

12月28日 股份公司决定，张栋杰任庆阳石化分公司总经理。【石油任字〔2004〕323号】

12月30日 集团公司人事劳资部决定，自2004年11月30日起，注销中国石油集团宁夏大元炼油化工有限责任公司法人资格，资产由股份公司收购，机构和人员划入股份公司。【人劳字〔2004〕258号】

12月31日 股份公司决定，成立内控项目建设委员会，蒋洁敏任主任。【石油人字〔2004〕339号】

12月　集团公司决定，成立兰州地区石油石化企业协调组，喻宝才任组长。【兰州石化分公司上报】

本年　集团公司先后与18个省市自治区签订了移交协议，涉及33个成员企业，移交社会职能机构464个，其中中小学431个，公检法机构33个；向省、市主管部门移交机构28个，向地市级主管部门移交机构436个，共移交各类人员54606人，并确保了原有管理机构职能基本不变和队伍稳定。【《集团公司2005年年鉴》】

本年　集团公司用工总量151.25万人。

二〇〇五年

一　月

1月5日　股份公司决定，阎存章任中国石油天然气国际（勘探开发）有限公司总经理，免去其勘探与生产分公司副总经理职务。【石油任字〔2005〕4号、5号】

同日　股份公司决定，张加林任规划总院副院长。【石油任字〔2005〕6号】

同日　股份公司决定，向泽、陈方红任股份公司直接控股、参股企业专职董事。【石油任字〔2005〕7号】

同日　集团公司直属党委批复，同意中共中国石油天然气勘探开发公司第一届委员会由汪东进、薄启亮、尹君泰、王莎莉、吴恩来、祝俊峰、吴东山、吕功训、蒋奇、张弘等10名同志组成，汪东进同志任党委书记，薄启亮同志任党委副书记，尹君泰同志任党委副书记、纪委书记。【直属党字〔2005〕1号】

同日　集团公司人事劳资部决定，推荐朱忠虎为中国石油集团工程设计有限责任公司董事长。【人劳字〔2005〕5号】

1月6日　集团公司决定，于洪金任集团公司质量安全环保部主任；免去王海森的主任职务。【中油任字〔2005〕9号】

同日　集团公司决定，免去石林的集团公司工程技术与市场部副主任职务。【中油任字〔2005〕10号】

同日　集团公司决定，聘任戴宪生为集团公司资本运营部副主任，卢丽平为集团公司投资公司专职监事，卢宏为集团公司审计部副主任。【中油任字〔2005〕11号、12号、13号】

同日　集团公司决定，聘任陈永武、刘显法为咨询中心副主任；免去苗铁生的副主任职务。【中油任字〔2005〕17号】

同日　集团公司党组决定，赵政璋同志任勘探与生产分公司党委书记；胡文瑞同志任党委副书记，免去其党委书记职务。【中油党字〔2005〕2号】

同日　集团公司党组决定，张加林同志任规划总院党委书记、纪委书记、

工会主席。【中油党字〔2005〕3号】

同日 集团公司党组决定，李晶同志任辽河油田分公司党委委员。股份公司决定，聘任李晶为辽河油田分公司总会计师。【中油党字〔2005〕4号 石油任字〔2005〕10号】

同日 集团公司党组决定，常学军同志任冀东油田分公司党委委员。股份公司决定，聘任常学军、陆德喜为冀东油田分公司副总经理，陆德喜兼任总会计师。【中油党字〔2005〕6号 石油任字〔2005〕8号】

同日 集团公司党组决定，于明祥、韩圣福同志任大连石化分公司党委委员。股份公司决定，聘任于明祥为大连石化分公司副总经理，韩圣福为总会计师。【中油党字〔2005〕8号 石油任字〔2005〕12号】

同日 集团公司党组决定，刘磊同志任管道分公司党委书记，丛建华同志任党委委员；免去张加林同志的党委书记、委员职务。股份公司决定，聘任丛建华为管道分公司副总经理；免去张加林的副总经理职务。【中油党字〔2005〕9号 石油任字〔2005〕11号】

同日 集团公司党组决定，凌霄、赵士峰、张强、王林林、吴双全等5名同志任中国石油集团西部管道有限责任公司党委委员，凌霄同志任党委书记，赵士峰同志任党委副书记、纪委书记、工会主席。【中油党字〔2005〕13号】

同日 集团公司党组决定，肖建军同志任北京石油管理干部学院党委委员、副院长，兼任中国石油天然气集团公司党校副校长。【中油党字〔2005〕14号 中油任字〔2005〕14号】

同日 集团公司党组决定，王文沧同志任中国华油集团公司党委委员、书记；免去王煌今同志的党委书记、委员职务。集团公司决定，王文沧任中国华油集团公司总经理；免去王煌今的总经理职务。【中油党字〔2005〕15号 中油任字〔2005〕15号】

同日 集团公司党组决定，朱忠虎同志任中国石油集团工程设计有限责任公司党委委员、书记；免去刘毅同志的党委书记、委员职务。【中油党字〔2005〕16号】

同日 集团公司党组决定，管少华同志任中国石油审计服务中心党委委员。集团公司决定，管少华任中国石油审计服务中心总审计师。【中油党字〔2005〕17号 中油任字〔2005〕16号】

同日 集团公司党组决定，韩建业任塔里木石化分公司党委书记，邵波任塔西南勘探开发公司党委书记。【中油党字〔2005〕5号】

同日 股份公司决定，郭建军兼任塔里木石化分公司经理，熊建国任塔里木油田分公司副总经理兼塔西南勘探开发公司经理，贾东任塔里木油田分公司总会计师。【石油任字〔2005〕9号】

同日 股份公司决定，聘任姜国骅为大庆炼化分公司副总经理、安全总监。【石油任字〔2005〕13号】

1月7日 集团公司党组决定，石林同志任中国石油集团海洋工程有限公司党委委员、书记，许元科同志任党委委员、副书记、纪委书记、工会主席，张运通、彭飞、王亮等3名同志任党委委员。集团公司决定，聘任张运通、许元科、彭飞等3人为中国石油集团海洋工程有限公司副总经理，王亮为总会计师。【中油党字〔2005〕10号 中油任字〔2005〕4号】

同日 集团公司党组决定，雷庆平同志任宝鸡石油机械厂党委书记；免去冯振清同志的党委书记、委员职务。集团公司决定，聘任张永泽为宝鸡石油机械厂厂长；免去冯振清的厂长职务。【中油党字〔2005〕11号 中油任字〔2005〕6号】

1月10日 集团公司决定，聘任赵士峰为中国石油集团西部管道有限责任公司副总经理。【中油任字〔2005〕8号】

1月12日 炼油与销售分公司决定，聘任次仁扎西、房玉林为西藏销售分公司副总经理。【油炼销字〔2005〕17号】

1月21日 炼油与销售分公司决定，聘任冀玉军为华北销售分公司副总经理。【油炼销字〔2005〕31号】

同日 股份公司决定，成立中国石油天然气股份有限公司液化天然气项目协调领导小组，苏树林任组长。在江苏、广西、大连、唐山等地分别成立液化天然气项目筹备组。【石油人字〔2005〕29号】

1月22日 吉林燃料乙醇有限责任公司监事会第二届董事会第一次会议决议，选举刘海胜为吉林燃料乙醇有限责任公司第二届董事会董事长，袁维森、乔世波为第二届董事会副董事长，聘任王学泠为总经理，邓德利、王成军、吴振华、王冲等4人为副总经理，于占春为总工程师。吉林燃料乙醇有限责任公司监事会第四次会议决议，选举佟易为监事会主席。【吉林石化分公司上报】

1月24日　炼油与销售公司党委决定，王智利同志任西北销售分公司党委委员。【油炼销党字〔2005〕7号】

1月26日　集团公司决定，成立集团公司保持共产党员先进性教育活动领导小组，陈耕任组长。【中油人劳字〔2005〕41号】

1月27日　股份公司人事部决定，王晓耘同志任乌鲁木齐石化分公司党委委员。【油人字〔2005〕40号】

1月31日　炼油与销售分公司党委决定，宋根成同志任西南销售分公司党委副书记、纪委书记、工会主席，刘杰、张永、陈进军、张晓玲等4名同志任党委委员；免去刘启银同志的党委委员职务。炼油与销售分公司决定，聘任刘杰、张永、陈进军等3人为西南销售分公司副总经理，张晓玲为总会计师，张永兼任安全总监；免去刘启银的副总经理、安全总监职务。【油炼销党字〔2005〕8号　油炼销字〔2005〕43号】

二　月

2月16日　集团公司党组印发《关于加强各级领导班子领导管理能力建设的意见》。【中油党字〔2005〕24号】

同日　集团公司决定，免去王文沧的东方地球物理公司副总经理职务。【中油任字〔2005〕63号】

同日　集团公司党组决定，免去于洪金同志的大庆石油管理局党委常委、委员职务。集团公司决定，免去于洪金的大庆石油管理局副局长职务。【中油党字〔2005〕23号　中油任字〔2005〕65号】

同日　股份公司人事部决定，刘至祥兼任庆阳石化分公司安全总监。【油人字〔2005〕75号】

2月17日　集团公司人事劳资部批复，同意中国华油集团公司第二届董事会由任传俊、王文沧、江夕根、温青山、王永纯、胡继善、张二林、石清俊、王永刚等9人组成，任传俊任董事长，王文沧任副董事长；展孺牛任监事会主席。【人劳函字〔2005〕17号、18号】

2月17至18日　集团公司在北京举办保持共产党先进性教育活动领导骨干学习培训班。【《集团公司2006年年鉴》】

2月21日 集团公司党组通过视频召开了集团公司保持共产党先进性教育活动动员大会。【《集团公司2006年年鉴》】

2月22日 股份公司印发《中国石油天然气股份有限公司总裁班子年度业绩考核办法》。【石油人字〔2005〕65号】

同日 炼油与销售分公司决定，张起鹏兼任大连销售分公司安全总监；免去西金来的安全总监职务。【油炼销人字〔2005〕17号】

2月23日 集团公司直属党委决定，中共中国石油集团西部管道有限责任公司委员会由凌霄、张强、王林林、赵士峰、吴双全等5名同志组成，凌霄同志任党委书记，赵士峰同志任党委副书记、纪委书记。【直属党字〔2005〕7号】

2月25日 股份公司人事部决定，继续沿用中国石油天然气股份有限公司对外合作经理部名称，不再使用中国石油天然气国际（勘探开发）有限公司名称。【油人字〔2005〕90号】

2月28日 集团公司党组决定，曾玉康同志兼任大庆石油管理局党委书记，姜万春同志任党委副书记、纪委书记，曲广学、钟启刚、刘强等3名同志任党委常委；免去苏玉添同志的党委书记、常委、委员职务，李忠臣同志的党委常委、委员职务。【中油党字〔2005〕25号】

同日 集团公司党组决定，刘玉章同志任勘探开发研究院党委委员。股份公司决定，刘玉章任勘探开发研究院副院长。【中油党字〔2005〕26号 石油任字〔2005〕52号】

同日 集团公司党组决定，免去熊愚同志的中国石油天然气国际（勘探开发）有限公司党委委员职务。股份公司决定，免去熊愚的中国石油天然气国际（勘探开发）有限公司总会计师职务。【中油党字〔2005〕27号 石油任字〔2005〕54号】

同日 集团公司党组决定，杜金虎、王元基、马新华等3名同志任勘探与生产分公司党委委员；免去冉新权同志的党委委员职务。股份公司决定，聘任杜金虎、王元基、马新华等3人为勘探与生产分公司副总经理；免去冉新权的副总经理职务。【中油党字〔2005〕28号 石油任字〔2005〕51号】

同日 集团公司党组决定，熊愚同志任中国石油国际事业有限责任公司党委委员。股份公司决定，熊愚任中国石油国际事业有限责任公司总会计师。【中油党字〔2005〕29号 石油任字〔2005〕36号】

同日 集团公司党组决定，赵贤正同志任华北油田分公司党委委员；免去杜金虎同志的党委委员职务。股份公司决定，聘任赵贤正为华北油田分公司副总经理；免去杜金虎的副总经理职务。【中油党字〔2005〕30号 石油任字〔2005〕62号】

同日 集团公司党组决定，冉新权同志任长庆油田分公司党委副书记、纪委书记、工会主席。股份公司决定，冉新权任长庆油田分公司副总经理。【中油党字〔2005〕31号 石油任字〔2005〕63号】

同日 集团公司党组决定，刘振军同志任辽河油田分公司党委书记、纪委书记、工会主席，谢文彦同志任党委副书记；免去孙崇仁同志的党委书记、委员、纪委书记、工会主席职务，王春鹏同志的党委副书记、委员职务。股份公司决定，谢文彦任辽河油田分公司总经理；免去王春鹏的总经理职务。【中油党字〔2005〕32号 石油任字〔2005〕64号】

同日 集团公司决定，钟启刚、赵国、高殿龙等3人任大庆石油管理局副局长，刘强任总会计师；免去苏玉添的副局长职务，李忠臣的总会计师职务。【中油任字〔2005〕71号】

三 月

3月2日 集团公司直属党委批复，同意翁自力同志任北京石油管理干部学院党委委员。【直属党字〔2005〕10号】

3月3日 集团公司决定，设立集团公司质量管理奖和成立中国石油优质产品评审委员会，王宜林任主任，委员会办公室设在集团公司质量安全环保部。【中油人劳字〔2005〕82号】

3月7日 集团公司党组决定，申尧民同志任吉化集团公司党委书记，王学泠同志任党委委员、常委、副书记；免去李志深同志的党委书记、常委、委员职务，张晓霈同志的党委副书记、常委、委员职务，孙树祯同志的党委常委、委员职务。集团公司决定，王学泠任吉化集团公司经理；免去张晓霈的经理职务，李志深的副经理职务，孙树祯的副经理、安全总监职务。【中油党字〔2005〕33号 中油任字〔2005〕80号】

同日 吉林燃料乙醇有限责任公司股东会决议，聘任孙树祯为吉林燃料乙醇有限责任公司第二届董事会董事，解聘王学泠的董事职务。【吉林石化分

公司上报】

同日 集团公司党组决定，孙树祯同志任吉林燃料乙醇有限责任公司党委书记；免去王学泠同志的党委书记、委员职务。集团公司决定，孙树祯任吉林燃料乙醇有限责任公司总经理；免去王学泠的总经理职务。【中油党字〔2005〕34号 中油任字〔2005〕80号】

同日 集团公司决定，免去刘振军的辽河石油勘探局副局长职务。【中油任字〔2005〕81号】

3月14日 中国石油物资装备（集团）总公司同意，推荐雷庆平为宝鸡石油机械有限责任公司董事会董事长；免去冯振清的董事、董事长职务。【物任字〔2005〕104号】

3月15日 集团公司决定，聘任孙成立为华油北京服务总公司副总经理。【中油任字〔2005〕199号】

3月17日 集团公司召开保持共产党先进性教育活动动员阶段情况通报会。【《集团公司2006年年鉴》】

同日 集团公司直属党委批复，同意中共中国石油集团海洋工程有限公司委员会由石林、许元科、张运通、彭飞、王亮等5名同志组成，石林同志任党委书记，许元科同志任党委副书记、纪委书记。【直属党字〔2005〕15号】

3月18日 集团公司决定，调整集团公司科技委员会成员，陈耕任主任，委员会办公室设在集团公司科技发展部。【中油人劳字〔2005〕97号】

3月23日 股份公司决定，调整股份公司领导成员工作分工，总裁蒋洁敏，负责股份公司全面工作，分管人事部、监察部和审计部；高级副总裁苏树林，负责计划、科技和天然气与管道工作，分管规划计划部、科技与信息管理部、对外合作经理部；高级副总裁段文德，负责炼油、化工和质量安全环保工作，分管质量安全环保部；副总裁王福成，负责资本市场工作，分管总裁办公室（外事办公室）、法律事务部、电子商务部，协助分管审计工作；财务总监王国樑，负责财务和关联交易工作，分管财务部、资本运营部；副总裁刘宝和，负责油气勘探与开发生产；总地质师贾承造，负责油气战略勘探工作，主持石油勘探开发研究院全面工作。【石油办字〔2005〕100号】

3月25日 股份公司批复，同意华北销售分公司梅士琪退休。【石油人字〔2005〕89号】

3月30日　股份公司决定，闫存章任对外合作经理部总经理，张湘宁任副总经理。【石油任字〔2005〕92号】

3月31日　集团公司人事劳资部决定，调整集团公司苏丹工程建设项目协调领导小组成员，王莎莉任组长。【人劳字〔2005〕61号】

同日　集团公司人事劳资部决定，成立集团公司哈萨克斯坦、委内瑞拉、俄罗斯、印度尼西亚等4个协调领导小组，蒋奇、吕功训、王仲才、魏志刚等4人分别任组长。【人劳字〔2005〕62号、63号、64号、65号】

四　月

4月4日　炼油与销售分公司党委决定，员广瑞同志任大连销售分公司党委委员。炼油与销售分公司决定，员广瑞同志任大连销售分公司总会计师。【油炼销党字〔2005〕10号　油炼销字〔2005〕106号】

4月6日　集团公司召开保持共产党员先进性教育活动分析评议阶段征求意见座谈会。听取企业代表、直属单位代表、先进模范代表、党外人士和职工群众代表的意见和建议。【《集团公司2006年年鉴》】

4月13日　股份公司决定，调整LNG项目协调领导小组成员，苏树林任组长。【石油人字〔2005〕107号】

4月14日　集团公司决定，聘任计秉玉等176名同志为集团公司高级技术专家。【中油人劳字〔2005〕148号】

4月15日　集团公司人事劳资部印发《关于做好两级技术专家聘任管理工作的意见》。【人劳字〔2005〕67号】

4月20日　股份公司决定，委派向泽为中国船舶燃料有限责任公司董事；免去陆德喜的董事职务。【石油人函字〔2005〕47号】

4月22日　国务院国资委决定，中国寰球工程公司采取资产无偿划转的方式，整体并入中国石油天然气集团公司，并入后为集团公司全资子企业，机构规格为正局级。【国资改革〔2005〕435号】

4月25日　化工与销售分公司党委批复，同意中共化工与销售华北分公司委员会由6名同志组成，杨天奎同志负责党委工作。【油化党字〔2005〕5号】

同日　化工与销售分公司党委批复，同意中共化工与销售华南分公司委员会由4名同志组成，刘付阳负责党委工作。【油化党字〔2005〕6号】

4月26日 集团公司决定，聘任曲广学为大庆石油管理局安全总监（兼）。【中油任字〔2005〕176号】

同日 集团公司决定，聘任张运通为中国石油集团海洋工程有限公司安全总监（兼）。【中油任字〔2005〕177号】

4月27日 集团公司人事劳资部印发《企业经营管理人员教育培训教学指导纲要》。【人劳字〔2005〕78号】

4月28日 集团公司决定，在上海、广州、武汉分别设立中国石油天然气集团公司上海代表处、广州代表处、武汉代表处，3个代表处成立后，原由中国石油物资装备（集团）总公司管理的华东办事处、广州办事处和中南办事处同时撤销。【中油人劳字〔2005〕180号】

同日 股份公司决定，成立中国石油天然气股份有限公司广西石化分公司筹建组，内部按正局级管理。【石油人字〔2005〕123号】

同日 集团公司决定，聘任魏君为林源炼油厂安全总监（兼）。【中油任字〔2005〕179号】

同日 股份公司决定，吴恩来任广西石化分公司筹建组组长，王学文、李军任副组长。【石油任字〔2005〕128号】

4月29日 集团公司党组决定，中国石油集团工程设计有限责任公司朱忠虎、迟尚忠的职务级别为正局级，闫伦江、王惠敏、孙秀娟、李俊英等4人的职务级别为副局级。【中国石油集团工程设计有限责任公司上报】

4月30日 集团公司决定，自2005年1月1日起，中国石油兰州炼油化工总厂与中国石油兰州化学工业公司整体合并，组建中国石油兰州石油化工公司，该公司为集团公司成员企业。【中油人劳字〔2005〕186号】

五　月

5月2日 集团公司党组决定，杨继钢同志任大庆石化分公司党委副书记。【中油党字〔2005〕60号】

5月8日 集团公司决定，聘任姜力孚为集团公司规划计划部副主任；免去江夕根的主任职务。【中油任字〔2005〕187号、188号】

同日 集团公司决定，聘任李海平为咨询中心开发部主任。【中油任字〔2005〕190号】

同日 集团公司党组决定，杨庆理同志任长庆石油勘探局党委书记，江夕根同志任党委委员、常委、副书记；免去孙玉辰同志的党委书记、常委、委员职务，蒲建中同志的工会主席职务。集团公司决定，江夕根任长庆石油勘探局局长，蒲建中任副局长兼安全总监；免去孙玉辰的局长职务，杨庆理的安全总监职务。【中油党字〔2005〕46号 中油任字〔2005〕192号】

同日 集团公司决定，聘任袁明生为吐哈石油勘探开发指挥部指挥；免去杨盛杰的指挥职务。集团公司党组决定，袁明生同志任吐哈石油勘探开发指挥部党委委员、常委、副书记；免去杨盛杰同志的党委副书记、常委、委员职务。【中油任字〔2005〕193号 中油党字〔2005〕47号】

同日 集团公司党组决定，王庭富同志任兰州石油化工公司党委委员、常委、书记，姚志强同志任党委委员、常委、副书记，许志清同志任党委委员、常委、副书记、纪委书记、工会主席，丁军、高志文、李汝新、王凌、马自勤等5名同志任党委委员、常委。集团公司决定，姚志强任兰州石油化工公司总经理，聘任王庭富、丁军、高志文、李汝新、王凌、马自勤等6人为副总经理，丁军兼任安全总监。【中油党字〔2005〕48号 中油任字〔2005〕194号】

同日 集团公司党组决定，李仁同志任大庆石油管理局电力总公司党委书记（副局级）；免去徐国才同志的党委书记职务。集团公司决定，聘任徐国才为大庆石油管理局电力总公司总经理(副局级)；免去尤靖波的总经理职务。【中油党字〔2005〕50号 中油任字〔2005〕196号】

同日 集团公司党组决定，孙建伟同志任中国石油集团海洋工程有限公司党委委员。【中油党字〔2005〕51号】

同日 集团公司党组决定，谷伟同志任华油北京服务总公司党委副书记、纪委书记、工会主席，孙成立、张国祥同志任党委委员。集团公司决定，聘任张国祥为华油北京服务总公司副总经理。【中油党字〔2005〕52号 中油任字〔2005〕200号】

同日 集团公司决定，张强任中国石油集团西部管道有限责任公司安全总监（兼），推荐曲广学为中国石油集团西部管道有限责任公司董事人选，免去李忠臣的董事职务。【中油任字〔2005〕197号、198号】

同日 集团公司决定，聘任李建新为中国石油化学公司经理。【中油任字〔2005〕201号】

同日 集团公司党组决定，刘锡惠、刘宝刚同志任中国石油工程建设（集团）公司党委委员。集团公司决定，聘任侯浩杰、刘锡惠为中国石油工程建设（集团）公司副总经理，刘宝刚为总会计师。【中油党字〔2005〕71号 中油任字〔2005〕229号】

5月9日 股份公司决定，古学进任股份公司科技与信息管理部副总经理。【石油任字〔2005〕142号】

同日 集团公司党组决定，雷群同志任勘探开发研究院党委委员。股份公司决定，雷群任勘探开发研究院副院长兼廊坊分院院长。【中油党字〔2005〕53号 石油任字〔2005〕141号】

同日 集团公司党组决定，王波同志任山东销售分公司党委书记。股份公司决定，刘宪华任山东销售分公司总经理。【中油党字〔2005〕54号 石油任字〔2005〕129号】

同日 集团公司党组决定，王建中同志任四川销售分公司党委委员。股份公司决定，聘任王建中为四川销售分公司副总经理。【中油党字〔2005〕55号 石油任字〔2005〕138号】

同日 集团公司党组决定，刘建明同志任西南销售分公司党委书记；免去王建中同志的党委书记、委员职务。【中油党字〔2005〕56号】

同日 集团公司党组决定，朱廉宝同志兼任大连西太平洋石油化工有限公司纪委书记、工会主席，郝相民、李玉成同志任党委委员；免去蓝海波同志的党委副书记、委员、纪委书记、工会主席职务。股份公司人事部决定，郝相民同志任大连西太平洋石油化工有限公司党委委员、副总经理，李玉成同志任党委委员、总会计师；免去文延普的总会计师职务，退休。【中油党字〔2005〕57号 油人字〔2005〕281号】

同日 集团公司党组决定，谢延凯同志任独山子石化分公司党委书记；徐福贵同志任党委副书记，免去其党委书记职务。股份公司决定，谢延凯任独山子石化分公司副总经理。【中油党字〔2005〕58号 石油任字〔2005〕137号】

同日 集团公司党组决定，吕文君同志任锦州石化分公司纪委书记、工会主席；免去裴宏斌同志的纪委书记、工会主席职务。股份公司决定，裴宏斌任锦州石化分公司总经理；免去吕文君的总经理职务。【中油党组〔2005〕59号 石油任字〔2005〕136号】

同日　集团公司党组决定，免去高凤翔的大港油田分公司党委委员职务。股份公司决定，免去高凤翔的大港油田分公司副总经理职务。【中油党字〔2005〕61号　石油任字〔2005〕126号】

同日　集团公司党组决定，李安琪同志任长庆油田分公司党委委员；免去雷群同志的党委委员职务。【中油党字〔2005〕62号】

同日　集团公司党组决定，杨盛杰同志任吐哈油田分公司党委书记；免去蔡志刚同志的党委书记职务，袁明生同志的党委委员职务。股份公司决定，杨盛杰任吐哈油田分公司总经理；免去蔡志刚的总经理职务，袁明生的副总经理职务。【中油党字〔2005〕63号　石油任字〔2005〕134号】

同日　集团公司决定，杨继钢任大庆石化分公司总经理，勾振东任副总经理，免去其总经理职务。【中油任字〔2005〕135号】

同日　股份公司决定，高凤翔任大连海运分公司总经理；免去张本良的总经理职务。炼油与销售分公司党委决定，高凤翔同志任大连海运分公司党支部书记；免去张本良同志的党支部副书记职务。【石油任字〔2005〕127号　油炼销党字〔2005〕12号】

同日　股份公司决定，免去杨继钢的化工与销售分公司副总经理兼总工程师职务。【石油任字〔2005〕139号】

同日　股份公司批复，同意勘探开发研究院副院长李文阳退休，并免去现任职务。【石油人字〔2005〕140号】

同日　股份公司决定，王立昕任LNG项目工作组副组长。【石油任字〔2005〕143号】

同日　炼油与销售分公司决定，聘任刘建明为西南销售分公司副总经理。【油炼销字〔2005〕137号】

同日　炼油与销售分公司党委决定，刘宪华同志任山东销售分公司党委副书记。炼油与销售分公司决定，聘任王波为山东销售分公司副总经理。【油炼销党字〔2005〕13号　油炼销字〔2005〕138号】

5月11日　集团公司决定，孙建伟任中国石油集团海洋工程有限公司总工程师。【中油任字〔2005〕207号】

5月16日　集团公司党组决定，免去吴恩来同志的中国石油天然气勘探开发公司党委委员职务。集团公司决定，免去吴恩来的中国石油天然气勘探开

发公司副总经理职务。【中油党字〔2005〕65号　中油任字〔2005〕217号】

5月16日　集团公司党组决定，免去王立昕同志的中国石油集团工程设计有限责任公司党委委员职务。集团公司人事劳资部决定，免去王立昕的中国石油集团工程设计有限责任公司副总经理职务。【中油党字〔2005〕66号　人劳字〔2005〕95号】

5月17日　集团公司党组决定，张守梅同志任广州培训中心党委委员、书记、纪委书记，郭飞同志任党委委员、副书记；免去戴向东同志的党委书记、委员、纪委书记职务。集团公司决定，郭飞任广州培训中心主任，张守梅任副主任；免去戴向东的主任职务。【中油党字〔2005〕67号　中油任字〔2005〕219号】

同日　集团公司党组决定，姜立增、王桂军同志任华北石油管理局党委委员、常委。集团公司决定，聘任姜立增为华北石油管理局总会计师。【中油党字〔2005〕69号　中油任字〔2005〕218号】

5月24日　股份公司决定，免去姜力孚的股份公司资本运营部副总经理职务。【石油任字〔2005〕156号】

同日　集团公司党组决定，免去孙成立同志的辽河石油勘探局党委常委、委员职务。集团公司决定，免去孙成立的辽河石油勘探局副局长职务。【中油党字〔2005〕72号　中油任字〔2005〕231号】

5月26日　集团公司决定，刘合合任集团公司上海代表处主任，佟福财任集团公司广州代表处主任，何瑞林任集团公司武汉代表处主任。【中油任字〔2005〕52号】

5月27日　集团公司党组决定，吴国干同志任勘探与生产分公司党委委员。【中油党字〔2005〕73号】

5月31日　集团公司决定，成立集团公司北京2008年奥运会合作伙伴工作领导小组，段文德任组长。【中油人劳字〔2005〕251号】

六　　月

6月7日　集团公司决定，调整集团公司人事档案工作领导小组成员，领导小组办公室在集团公司人事劳资部。【中油人劳字〔2005〕265号】

6月20日　股份公司批复，同意张兴福为吉林化学工业股份有限公司总经理人选。【石油任字〔2005〕171号】

6月21日　集团公司批复，同意四川石油管理局峨眉疗养院（含黄龙山庄）整体移交中国华油集团公司。【中油财字〔2005〕283号】

同日　集团公司保持共产党员先进性教育活动总结暨纪念“七一”表彰大会在北京召开。【《集团公司2006年年鉴》】

6月23日　集团公司人事劳资部向黑龙江省委组织部发出《关于大庆师范学院和大庆职业学院管理方式的函》。【人劳字〔2005〕127号】

同日　炼油与销售分公司决定，聘任卢鸿鹏、吴恩海为山东销售分公司副总经理，李立为总会计师。【油炼销字〔2005〕209号】

6月24日　炼油与销售分公司党委决定，王桂娟同志任山东销售分公司党委副书记、纪委书记、工会主席，卢鸿鹏、吴恩海、李立、袁瑞森等4名同志任党委委员。【油炼销党字〔2005〕16号】

七　月

7月1日　股份公司决定，委派蔺爱国、覃国军、杜烈奋、田景惠、陈方红等5人为中国石油销售有限责任公司第二届董事会董事，蔺爱国为董事长；委派吴枚、张国臣、朱文等3人为第二届监事会监事，吴枚为监事会主席；推荐蔺爱国为总经理，覃国军、杜烈奋、田景惠、戴鑑等4人为副总经理，杨信为总会计师。

7月6日　集团公司人事劳资部决定，委派杨盛杰为中加阿尔伯达石油中心第三届董事会中方董事；免去蔡志刚的董事职务。【人劳字〔2005〕134号】

7月7日　炼油与销售分公司决定，聘任黄永满为山东销售分公司安全总监。【油炼销人字〔2005〕38号】

同日　集团公司决定，调整集团公司安全生产委员会组成人员，陈耕任主任，委员会办公室设在集团公司质量安全环保部。【中油人劳字〔2005〕310号】

7月8日　集团公司同意聘任吕健为独山子石油化工总厂安全总监（兼）。【中油任字〔2005〕313号】

7月12日　集团公司决定，委托股份公司授权玉门油田分公司对玉门石油管理局实行全面管理。【中油人劳字〔2005〕320号】

同日　集团公司党组决定，孔繁瑾同志任玉门石油管理局党委委员、常委、副书记，严晓昱同志任党委副书记、纪委书记、工会主席，陈建军、熊湘华、杨国玲、桑云超等4名同志任党委委员、常委；免去高玉江同志的纪委书记、工会主席职务，田玉军同志的党委副书记、常委、委员职务。集团公司决定，孔繁瑾任玉门石油管理局局长，高玉江、陈建军、熊湘华、杨国玲等4人任副局长，杨国玲兼任总会计师；免去田玉军的局长职务，严晓昱的副局长职务。【中油党字〔2005〕76号 中油任字〔2005〕317号】

同日 集团公司党组决定，高玉江同志任玉门油田分公司党委委员、书记，严晓昱同志任党委副书记、纪委书记、工会主席，孙卫东、孙永会、张作祥等3名同志任党委委员。股份公司决定，孔繁瑾任玉门油田分公司总经理，高玉江、陈建军、熊湘华、杨国玲、孙卫东、桑云超、孙永会、张作祥等8人任副总经理，杨国玲兼任总会计师。【中油党字〔2005〕78号 石油任字〔2005〕193号】

同日 集团公司党组决定，郭文祥同志任华东销售分公司党委副书记。【中油党组〔2005〕77号】

同日 集团公司党组决定，宫云喜同志任前郭石化分公司党委书记；免去曾宪君同志的党委书记职务。股份公司决定，刘德佳任前郭石化分公司总经理；免去曾宪君的总经理职务。【中油党字〔2005〕79号 石油任字〔2005〕194号】

同日 集团公司党组决定，王基鹏同志任集团公司广州培训中心党委委员。【中油党字〔2005〕80号】

同日 集团公司决定，田玉军任中国石油销售西北公司经理；免去郭文祥的经理职务。【中油任字〔2005〕324号】

同日 股份公司决定，田玉军任西北销售分公司总经理，免去郭文祥的总经理职务。炼油与销售分公司党委决定，田玉军同志任西北销售分公司党委副书记；免去郭文祥同志的党委副书记、委员职务。【石油任字〔2005〕192号 油炼销党字〔2005〕18号】

同日 股份公司决定，张健任中国航空油料有限责任公司副总经理。【石油任字〔2005〕209号】

7月13日 集团公司决定，委托股份公司授权前郭石化分公司对前郭炼油厂实行全面管理。【中油人劳字〔2005〕319号】

同日 股份公司人事部决定，叶舟同志任浙江油田分公司党委书记、总经理，徐桂欣同志任党委副书记、纪委书记、工会主席，曹志光、郑华平同志任党委委员、副总经理。【油人字〔2005〕450号】

同日 股份公司决定，刘迪任四川乙烯项目筹备组副组长。【四川石化分公司上报】

7月15日 集团公司人事劳资部印发《集团公司机关附属单位临时性岗位用工管理暂行办法》。【人劳字〔2005〕143号】

7月18日 股份公司决定，收购浙江石油勘探处资产，将该处资产、人员与浙江勘探分公司重组，重组后浙江勘探分公司更名为中国石油天然气股份有限公司浙江油田分公司，作为股份公司的地区公司，行政上由股份公司直接管理，业务上由勘探与生产分公司归口管理。【石油人字〔2005〕199号 中油人劳字〔2005〕329号】

同日 股份公司直属机关党委决定，成立华北天然气销售分公司临时党支部委员会，汤亚利同志任临时党支部书记。【油直机党字〔2005〕12号】

同日 集团公司决定，聘任夏显佰为集团公司工程技术与市场部副主任。【中油任字〔2005〕328号】

7月19日 炼油与销售分公司决定，免去马宏的大连海运分公司副总经理职务，退休。【油炼销字〔2005〕257号】

7月20日 集团公司党组决定，刘自强同志任长庆石油勘探局党委委员、常委。【中油党字〔2005〕81号】

同日 集团公司决定，委派秦永和为大港油田集团有限责任公司董事、董事长，并建议其任大港油田集团有限责任公司总经理；李文强为董事、副董事长，并建议其任大港油田集团有限责任公司副总经理；石桂臣为监事、监事会主席。免去朱敬成的董事长、董事职务，并建议其不再担任大港油田集团有限责任公司总经理职务；免去郭德宝的副董事长、董事职务，并建议其不再担任大港油田集团有限责任公司副总经理职务；免去李文强的监事会主席、监事职务；免去石桂臣的董事职务，并建议其不再担任大港油田集团有限责任公司副总经理职务。【中油任字〔2005〕330号】

同日 集团公司党组决定，李文强同志任大港油田集团有限责任公司党委书记，秦永和同志任党委副书记，石桂臣同志任党委副书记、纪委书记、工会主席；免去郭德宝同志的党委书记、常委、委员职务，李文强同志的纪委书记、工会主席职务，朱敬成同志的党委副书记、常委、委员职务。【中油党字〔2005〕82号】

7月25日 集团公司印发《中国石油天然气集团公司高级技术专家考核管理办法（试行）》。【中油人劳字〔2005〕334号】

7月30至31日 集团公司在北京召开2005年人事工作会议。集团公司、股份公司机关及所属企事业单位260余人参加会议。这次会议的主要任务是：以"三个代表"重要思想和党的十六届四中全会精神为指导，总结回顾两年来的人事工作和基本经验，研究讨论加强领导班子建设、技能专家队伍建设、规范劳动用工管理等5个方面9个制度文件，明确今后一个时期人事工作的总体思路和重点工作任务。集团公司总经理、党组书记陈耕出席会议并讲话，党组成员、副总经理郑虎作工作报告。

八 月

8月2日 炼油与销售分公司决定，免去张健同志的大连销售分公司党委委员职务。【油炼销党字〔2005〕30号】

8月3日 集团公司人事劳资部批复，同意在集团公司国际事业部设立集团公司海外HSE协调办公室。【人劳字〔2005〕147号】

8月4日 炼油与销售分公司批复，同意陈三强兼任重庆销售分公司安全总监。【油炼销字〔2005〕280号】

8月16日 集团公司批复，同意聘任石振东为抚顺石油化工公司安全总监（兼）。【中油任字〔2005〕388号】

8月17日 股份公司决定，将华北、大港、长庆、辽河等4个石化分公司的机构规格由正处级调整为副局级。【石油人字〔2005〕245号】

8月22日 集团公司人事劳资部批复，同意推荐赵士峰为中国石油集团西部管道有限责任公司职工董事人选，免去马志祥的董事职务。【人劳字〔2005〕154号】

8月30日 股份公司决定，成立中国石油天然气股份有限公司"810"炼化项目领导小组，段文德任组长。【石油人字〔2005〕251号】

九 月

9月5日 集团公司印发《中国石油天然气集团公司技能专家管理办法》。【中油人劳字〔2005〕417号】

同日 集团公司人事劳资部决定，聘任张其滨、吕光明、付小萍等3人为

中国石油集团工程技术研究院副院长。【人劳字〔2005〕168号】

9月8日 集团公司决定，将集团公司党组纪检组、监察部与股份公司监察部合并，成立集团公司党组纪检组、监察部，股份公司监察部；将集团公司政治思想工作部（直属党委）与股份公司党群工作部（企业文化部、直属机关党委）重组为集团公司思想政治工作部（企业文化部）、股份公司企业文化部，集团公司、股份公司直属机关党委；将集团公司法律事务业务从发展研究部分离出来，与股份公司法律事务部合并，成立集团公司、股份公司法律事务部；将集团公司信息管理办公室从规划计划部分离出来，以股份公司科技与信息管理部信息管理部分为基础，组建集团公司、股份公司信息管理部；以股份公司科技与信息管理部科技管理部分为基础，组建股份公司科技管理部。【中油人劳字〔2005〕422号】

9月9日 集团公司决定，徐文荣兼任集团公司发展研究部主任，胡绎任副主任，免去胡绎的总经济师职务，严绪朝的主任职务，苏志良的副主任职务；刘宏斌任集团公司规划计划部主任，免去李文绮的副主任职务；杨庆理任集团公司工程技术与市场部主任，免去刘兴和的主任职务；张国珍任集团公司科技发展部副主任；郭进平任集团公司法律事务部主任，晓坤、苏志良、贺嘉等3人任副主任；刘希俭任集团公司信息管理部主任，古学进任副主任；茅启平任集团公司国际事业部（外事局）副主任（副局长）；关晓红任集团公司思想政治工作部（企业文化部）主任，贾光生、朱元任副主任；陈明任集团公司监察部主任，刘晓莉任副主任、监察专员，李风山任副主任，赵旭东、叶东风、刘江宁、杨佳安、苏琦等5人任监察副专员，免去姜善亭的监察专员、副主任职务，安志忠的监察专员职务；徐新福任集团公司人事服务中心主任，免去孙祖岭的主任职务。【中油任字〔2005〕424号】

同日 集团公司党组决定，安志忠同志任股份公司直属机关党委副书记、纪委书记，王益岭同志任工会主席；免去刘敏星同志的工会主席职务，陈明同志的纪委书记职务；王德义、胡杰同志任化工与销售分公司党委委员。【中油党字〔2005〕87号】

同日 集团公司党组决定，陈明同志任集团公司党组纪检组副组长，刘敏星同志任集团公司直属机关党委常务副书记，安志忠同志任党委副书记、纪委书记，王益岭同志任党委副书记；免去关晓红同志的集团公司直属党委

常务副书记职务，贾光生同志的党委副书记职务。【中油党字〔2005〕95号】

同日 集团公司党组决定，免去袁士义同志的勘探开发研究院党委委员职务。股份公司决定，免去袁士义的勘探开发研究院副院长职务。【中油党字〔2005〕88号 石油任字〔2005〕262号】

9月12日 股份公司决定，吴枚任股份公司规划计划部总经理，免去刘宏斌的总经理职务；刘晓莉任股份公司监察部副总经理，叶东风、刘江宁、杨佳安、苏琦等4人任监察副专员；苏志良任股份公司法律事务部副总经理；黄飞任股份公司质量安全环保部副总经理；袁士义任股份公司科技管理部总经理，罗治斌任副总经理；刘希俭任股份公司信息管理部总经理，古学进任副总经理；关晓红任股份公司企业文化部总经理，贾光生、朱元任副总经理，免去刘敏星的股份公司企业文化部主任职务，王益岭的副主任职务；王炳芳任股份公司对外合作经理部副总经理；王德义任化工与销售分公司副总经理，胡杰任总工程师。【石油任字〔2005〕263号】

9月13日 集团公司党组决定，任芳祥、张恩臣、孟卫工等3名同志任辽河油田分公司党委委员；免去刘俊荣、王正江、付从飞等3名同志的党委委员职务。【中油党字〔2005〕89号】

同日 集团公司党组决定，沈殿成同志任辽阳石化分公司党委书记，李铁同志任党委副书记、纪委书记、工会主席，朱景利、潘大强同志任党委委员；免去韩述岐同志的党委书记、委员、纪委书记、工会主席职务，李传良、王德义同志的党委委员职务。【中油党字〔2005〕90号】

同日 集团公司党组决定，刘吉法、吕蔷、任立新等3名同志任独山子石化分公司党委委员。【中油党字〔2005〕91号】

同日 集团公司党组决定，王惠智、陈健峰同志任管道分公司党委委员。股份公司同意，聘任王惠智、陈健峰为管道分公司副总经理。【中油党字〔2005〕92号 石油任字〔2005〕267号】

同日 集团公司党组决定，于臣同志任吉林销售分公司党委书记；免去顾希山同志的党委书记、委员职务。【中油党字〔2005〕93号】

同日 集团公司党组决定，多布拉同志任西藏销售分公司党委书记；免去阿丁同志的党委书记、委员职务，退休。【中油党字〔2005〕94号】

同日　集团公司党组决定，江夕根同志任长庆石油勘探局党委书记；免去杨庆理同志的党委书记、常委、委员职务。集团公司决定，免去杨庆理的长庆石油勘探局副局长职务。【中油党字〔2005〕96号　中油任字〔2005〕427号】

同日　集团公司党组决定，冯艳成同志任辽河石油勘探局党委常委，李志杰同志任党委委员、常委，杜春玲同志任党委常委；免去姚亚元同志的党委常委、委员职务，陈雨范同志的党委常委、委员、工会主席职务，赵永河同志的党委常委、委员职务。集团公司决定，聘任冯艳成、李志杰为辽河石油勘探局副局长，杜春玲任总会计师；免去姚亚元、郝家奎的副局长职务。【中油党字〔2005〕97号　中油任字〔2005〕426号】

同日　集团公司党组决定，赵永河同志任石油工业出版社党委委员、副书记。【中油党字〔2005〕98号】

同日　集团公司决定，聘任林长海为中国华油集团公司副总经理。【中油任字〔2005〕429号】

同日　集团公司决定，胡爱梅任中联煤层气有限责任公司副总经理。【中油任字〔2005〕430号】

9月14日　股份公司决定，聘任任芳祥、张恩臣、孟卫工等3人为辽河油田分公司副总经理；免去刘俊荣的常务副总经理职务，王正江的副总经理职务，2人退休；免去付从飞的副总经理职务。【石油任字〔2005〕264号】

同日　股份公司决定，聘任朱景利为辽阳石化分公司副总经理，潘大强为总会计师；免去李传良、王德义的副总经理职务。【石油任字〔2005〕265号】

同日　股份公司决定，聘任刘吉法、吕蔷、任立新等3人为独山子石化分公司副总经理。【石油任字〔2005〕266号】

同日　炼油与销售分公司党委决定，免去顾希山同志的吉林销售分公司纪委书记职务。炼油与销售分公司党委决定，免去顾希山的吉林销售分公司副总经理职务。【油炼销党字〔2005〕40号　油炼销字〔2005〕331号】

9月16日　集团公司决定，免去张国珍的新疆石油管理局副局长职务。【中油任字〔2005〕437号】

9月19日　集团公司决定，成立中国石油天然气集团公司钻井工程技术研究院筹备组，孙宁任组长。【中油人劳字〔2005〕436号】

同日　股份公司决定，设立中国石油天然气股份有限公司广西石化分公

司，机构规格为正局级，作为股份公司地区公司。【石油人字〔2005〕273号】

9月20日 炼油与销售分公司党委决定，陈元武同志任陕西销售分公司党委副书记、纪委书记、工会主席，史文华、谭立村、黄桥林、李致安等4名同志任党委委员；免去班文、韩孝山、王建学等3名同志的党委委员职务。炼油与销售分公司决定，聘任史文华、谭立村、李致安等3人为陕西销售分公司副总经理，黄桥林为总会计师；免去班文、韩孝山、王建学等3人的副总经理职务。【油炼销党字〔2005〕42号 油炼销字336号】

9月21日 国务院国资委党委决定，曾玉康同志任中国石油天然气集团公司党组成员，王福成同志任党组成员、党组纪检组组长；免去任传俊同志的党组成员职务，李克成同志的党组成员、党组纪检组组长职务（退休）。【国资党任字〔2005〕73号】

同日 国务院国资委决定，任命曾玉康为中国石油天然气集团公司副总经理；免去任传俊的副总经理职务（退休）。【资任字〔2005〕108号】

9月22日 集团公司人事劳资部公布2004年度享受政府特殊津贴人员名单。【人劳字〔2005〕175号】

9月26日 中联煤层气有限责任公司股东会决定，中国石油天然气集团公司所持中联煤层气有限责任公司50%的股权转让给中国石油天然气股份有限公司。股权转让后，中国石油天然气股份有限公司和中国中煤能源集团公司各持有中联煤层气有限责任公司股权的50%。【中石油煤层气有限责任公司上报】

9月28日 集团公司党组决定，张宝增同志任大港油田集团有限责任公司党委常委，周宝华、王守信同志任党委委员、常委。【中油党字〔2005〕99号】

9月29日 集团公司决定，委派周抚生、张宝增为大港油田集团有限责任公司董事，李淑芳为监事；免去刘爱萍的监事职务。集团公司同意，聘任张宝增、周宝华、王守信等3人为大港油田集团有限责任公司副总经理。【中油任字〔2005〕446号、447号】

9月30日 集团公司党组决定，黄刚同志任辽河石油勘探局工会主席。【中油党字〔2005〕101号】

同日 股份公司决定，徐福贵任独山子石化工程建设指挥部总指挥，谢延凯任常务副总指挥，胡永庆、努尔麦麦提·阿曼、默新社、刘吉法、吕蔷、任立新等6人任副总指挥。【石油人字〔2005〕283号】

十　　月

10月8日　中国石油天然气股份有限公司2005年第二次临时股东大会召开，选举苏树林、贡华章、王宜林、曾玉康、蒋凡等5人为中国石油天然气股份有限公司董事，董建成、刘鸿儒为独立董事，王福成、温青山为监事，李勇、吴志攀为独立监事。

10月12日　集团公司印发《关于进一步加强人事队伍自身建设的意见》。【中油人劳字〔2005〕463号】

同日　股份公司决定，在唐山、大连、江苏3个LNG项目筹备组的基础上，分别组建中国石油天然气股份有限公司唐山、大连、江苏3个液化天然气项目经理部，行政上由股份公司管理，业务上归口天然气与管道分公司管理。【石油人字〔2005〕287号】

10月14日　股份公司决定，吴恩来任广西石化分公司总经理，王学文、李军任副总经理。【石油任字〔2005〕228号】

10月19日　集团公司批复，同意聘任冯艳成为辽河石油勘探局安全总监（兼）。【中油任字〔2005〕491号】

同日　集团公司党组印发《关于领导人员交流工作的暂行办法》、《关于领导人员后备人选工作的暂行规定》、《关于公开选拔领导班子副职人选的试行办法》、《关于领导人员谈话工作的暂行规定》、《领导人员廉洁自律规定》等5个文件。【中油党字〔2005〕103号】

10月20日　集团公司党组印发《关于开展“四好”领导班子创建活动的实施方案》。【中油党字〔2005〕104号】

10月24日　集团公司人事劳资部批复，同意中国石油天然气集团公司新疆职工培训中心更名为中国石油天然气集团公司新疆培训中心。【人劳字〔2005〕188号】

10月25日　集团公司人事劳资部印发《关于加强集团公司总部机关领导人员公开竞聘工作的暂行办法》。【人劳字〔2005〕189号】

10月26日　炼油与销售分公司决定，聘任关玲为新疆销售分公司副总经理兼新疆兵团石油有限公司总经理。【油炼销字〔2005〕370号】

10月27日 黑龙江省委组织部决定，免去王江的大庆职业学院院长职务。【黑组任字〔2005〕190号】

10月31日 股份公司印发《中国石油天然气股份有限公司机构编制管理办法》、《中国石油天然气股份有限公司技能专家管理办法》。【石油人字〔2005〕299号、300号】

同日 集团公司决定，王仲才任中油国际（哈萨克斯坦）有限责任公司总经理、中油阿克纠宾油气股份有限公司总经理，免去其兼任的中油国际（俄罗斯）有限责任公司总经理职务；免去蒋奇的中油国际（哈萨克斯坦）有限责任公司总经理、中油阿克纠宾油气股份有限公司总经理职务。【中油任字〔2005〕509号】

同日 集团公司批复，同意辽阳石油化纤公司所属大连疗养院整体移交中国华油集团公司。【中油资〔2005〕578号】

十 一 月

11月2日 集团公司决定，薄启亮任中油国际（PK）公司总裁（兼）。【中油任字〔2005〕516号】

同日 集团公司人事劳资部决定，薄启亮任集团公司哈萨克斯坦协调领导小组组长；免去蒋奇的组长职务。【人劳字〔2005〕208号】

同日 集团公司人事劳资部决定，蒋奇任集团公司俄罗斯协调领导小组组长；免去王仲才的组长职务。【人劳字〔2005〕209号】

11月4日 炼油与销售分公司党委决定，李向宇、王建军同志任华东销售分公司党委委员。【油炼销党字〔2005〕50号】

同日 股份公司批复，同意股份公司审计部陈桂儒退休。【石油人字〔2005〕316号】

同日 股份公司人事部决定，卢钟同志任辽河石化分公司党委副书记、纪委书记、工会主席，屠规龙、闫铁伦、张世杰等3名同志任党委委员、副总经理；免去刘文华同志的党委书记、委员、副总经理职务，李树槐同志的党委委员、副总经理职务，刘敬岳同志的党委委员、总会计师职务。【油人字〔2005〕683号】

同日 股份公司人事部决定，张喜文同志兼任长庆石化分公司党委副书记，张锋同志任纪委书记、工会主席，刘永干、杨廷（庭）、韦勇等3名同志任党委委员、副总经理；免去冼健民同志的党委委员、副总经理职务。【油人字〔2005〕684号】

同日　股份公司人事部决定，杨立峰同志任华北石化分公司党委副书记、纪委书记、工会主席，于建忠、李金城、张景涛等3名同志任党委委员、副总经理；免去白跃华、刘金尚的副总经理职务，马表的总会计师职务，李大平同志的工会主席职务。【油人字〔2005〕685号】

同日　股份公司人事部决定，李超英同志任大港石化分公司党委副书记、纪委书记、工会主席，武文斌、杨金凡、崔秋凯等3名同志任党委委员、副总经理；免去张俊泽同志的党委副书记、委员、常务副总经理职务，胡小明同志的党委委员、副总经理职务，左文斗的副总经理职务，武宝贵的副总经理、总会计师职务，孙建国同志的工会主席职务。【油人字〔2005〕686号】

11月7日　股份公司决定，徐丰利任股份公司审计部总经理，免去其股份公司监事会办公室主任职务；张金铸任股份公司监事会办公室主任，免去其股份公司财务部副总经理职务；何盛宝任股份公司科技管理部副总经理，免去其大连石化分公司副总经理职务；王同良任股份公司信息管理部副总经理兼信息服务中心主任；董仁平任炼油与销售分公司副总经理。【石油任字〔2005〕307号】

同日　集团公司决定，郭秀竹任中国石油销售东北公司经理，免去其辽宁省石油总公司总经理职务；免去董仁平的中国石油销售东北公司经理职务；王贤泸任黑龙江省石油化工销售总公司总经理；王振刚任辽宁省石油总公司总经理，免去其吉林省石油总公司总经理职务；刘松林任吉林省石油总公司总经理，免去其黑龙江省石油化工销售总公司总经理职务。【中油任字〔2005〕525号】

同日　集团公司党组决定，李鹭光同志任西南油气田分公司党委书记，张元泽同志任党委委员、副书记、纪委书记、工会主席；免去张书铭同志的党委书记、委员、纪委书记、工会主席职务。【中油党字〔2005〕107号】

同日　集团公司党组决定，王振刚同志任辽宁销售分公司党委委员、副书记；免去郭秀竹同志的党委副书记、委员职务。股份公司决定，郭秀竹任东北销售分公司总经理；免去董仁平的总经理职务。炼油与销售分公司党委决定，郭秀竹同志任东北销售分公司党委副书记；免去董仁平同志的党委副

书记、委员职务。【中油党字〔2005〕108号　石油任字〔2005〕309号　油炼销党字〔2005〕48号】

同日　集团公司党组决定，董仁平同志任炼油与销售分公司党委委员。【中油党字〔2005〕110号】

同日　集团公司党组决定，刘存柱同志任华北石化分公司党委书记，庞晓东同志任大港石化分公司党委书记，李占宁同志任辽河石化分公司党委书记，张锋同志任长庆石化分公司党委书记。股份公司决定，刘存柱任华北石化分公司总经理，庞晓东任大港石化分公司总经理，李占宁任辽河石化分公司总经理，张喜文任长庆石化分公司总经理。【中油党字〔2005〕111号　石油任字〔2005〕313号】

同日　股份公司决定，王贤泸任黑龙江销售分公司总经理；免去刘松林的总经理职务。炼油与销售分公司党委决定，王贤泸同志任黑龙江销售分公司党委副书记；免去刘松林同志的党委副书记、委员职务。【石油任字〔2005〕308号　油炼销党字〔2005〕49号】

同日　股份公司决定，聘任冯志强为大庆油田有限责任公司副总经理。【石油任字〔2005〕310号】

同日　股份公司决定，刘松林任吉林销售分公司总经理；免去王振刚的总经理职务。【石油任字〔2005〕311号】

同日　股份公司决定，王振刚任辽宁销售分公司总经理；免去郭秀竹的总经理职务。【石油任字〔2005〕312号】

同日　股份公司决定，陈建志任中油BP江门石油有限公司副总经理；免去王立学的副总经理职务。【石油任字〔2005〕315号】

同日　股份公司决定，康伟力任油气储量评审办公室副主任。【石油任字〔2005〕317号】

11月8日　集团公司决定，调整集团公司领导成员工作分工，党组成员、副总经理曾玉康，负责大庆地区石油石化企业改革发展稳定的全面协调工作，主持大庆石油管理局工作；党组成员、纪检组组长王福成，负责纪检检查、思想政治工作、企业文化建设和老干部工作，主持集团公司直属机关党委工作，协助总经理分管审计、监察工作，分管党组纪检组（监察部）、思想政治工作部（企业文化部）、审计部、直属机关党委、离退休职工管理局（老干部局），联系中国石油报社；法律事务工作由郑虎负责，分管法律事务部，联系中国华油集团公司、华油北京服务总公司；信息化建设与管理工作由周吉平负责，分管信息管理部，徐文荣同志协助管理；规划计划工作由王宜林负责，分管规划计划部，联系工程设计有限责任公司、中国寰球工程公司。【中油办字〔2005〕517号】

同日　集团公司党组决定，王福成同志兼任集团公司直属机关党委书记。【中油党字〔2005〕114号】

11月10日　集团公司党组决定，张书铭同志任四川石油管理局党委委员、常委、书记，胥永杰同志任党委副书记；免去廖永远同志的党委书记、常委、委员职务，张元泽同志的党委常委、委员职务。集团公司决定，胥永杰任四川石油管理局局长，张书铭任副局长；免去廖永远的局长职务，张元泽的副局长职务。【中油党字〔2005〕117号　中油任字〔2005〕528号】

同日　集团公司党组决定，李鹭光任川渝地区石油企业协调组组长；免去廖永远的组长职务。【中油党字〔2005〕116号】

11月11日　集团公司决定，以中国石油集团经济和信息研究中心现有信息技术力量为基础，组建集团公司、股份公司信息技术服务中心，机构规格为副局级。股份公司11月22日下文明确，信息技术服务中心列股份公司机构序列管理。【中油人劳字〔2005〕529号　石油人字〔2005〕329号】

11月15日　国务院国资委党委同意，王宜林、曾玉康为中国石油天然气股份有限公司董事人选，王福成为监事、监事会主席人选，廖永远、贾承造、胡文瑞等3人为副总裁人选；免去任传俊的董事、副董事长职务，李克成的监事、监事会主席职务。【国资党委干一〔2005〕143号】

11月21日　集团公司决定，聘任王同良为集团公司信息管理部副主任兼集团公司信息技术服务中心主任；免去王同良的中国石油集团经济技术研究中心副主任职务。【中油任字〔2005〕546号、547号】

11月25日　集团公司直属机关党委批复，同意林长海、李建新同志任中国华油集团公司党委委员。【直机党字〔2005〕6号】

11月27日　黑龙江省委决定，范垂明同志任大庆职业学院党委书记；免去李仁同志的党委书记职务。【黑发干字〔2005〕251号】

11月28日　中国石油天然气股份有限公司第三届监事会一次会议召开，

选举王福成为中国石油天然气股份有限公司监事会主席；免去李克成的监事会主席职务。

同日 中国石油天然气股份有限公司第三届董事会一次会议召开，同意聘任苏树林、段文德为中国石油天然气股份有限公司高级副总裁，王国樑为财务总监，廖永远、贾承造、胡文瑞等3人为副总裁。【董决字〔2005〕33号】

11月29日 中共黑龙江省委组织部决定，大庆石油管理局党组织关系从大庆市委划出，归黑龙江省委管理。大庆油田有限责任公司、大庆炼化分公司、大庆石油化工总厂、大庆石化分公司、林源炼油厂的党组织关系隶属于大庆石油管理局党委。【黑组建字〔2005〕14号】

11月30日 集团公司决定，以中国石油集团经济和信息研究中心现有经济技术研究力量为基础，组建中国石油集团经济技术研究院。【中油人劳字〔2005〕581号】

同日 股份公司推荐，张玉珍为中油勘探开发有限公司董事会秘书。【石油任字〔2005〕335号】

十 二 月

12月1日 股份公司决定，王少征任股份公司电子商务部副总经理；免去朱巩的副总经理职务。【石油任字〔2005〕343号】

同日 集团公司党组决定，孙淑红同志任哈尔滨石化分公司党委书记，魏强同志改兼任党委副书记，刘守信同志任党委副书记、纪委书记、工会主席，郭洪明同志任党委委员；免去李长安同志的党委副书记、纪委书记、工会主席职务。股份公司决定，李长安任哈尔滨石化分公司副总经理。【中油党字〔2005〕124号 石油任字〔2005〕337号】

12月2日 集团公司决定，自2005年8月31日起，委托股份公司授权哈尔滨石化分公司对哈尔滨炼油厂实行全面管理，资产和人员全部纳入股份公司管理。【中油人劳字〔2005〕586号】

同日 集团公司决定，自2005年8月31日起，委托股份公司授权宁夏石化分公司对宁夏化工厂实行全面管理，资产和人员全部纳入股份公司管理。【中油人劳字〔2005〕587号】

同日 股份公司决定，在中国石油天然气股份有限公司化工与销售华东分公司基础上，设立中国石油天然气股份有限公司华东化工销售分公司，机构规格调整为副局级，为股份公司所属地区公司。【石油人字〔2005〕339号】

同日 集团公司党组决定，许飞同志任华东化工销售分公司党委委员、书记、纪委书记、工会主席，从瑜滋同志任党委委员、副书记。股份公司决定，从瑜滋任华东化工销售分公司总经理。【中油党字〔2005〕123号 石油任字〔2005〕336号】

同日 集团公司党组决定，耿承辉同志任辽阳石化分公司党委委员、书记；免去沈殿成同志的党委书记、委员职务。股份公司决定，耿承辉任辽阳石化分公司总经理；免去沈殿成的总经理职务。【中油党字〔2005〕125号 石油任字〔2005〕342号】

同日 集团公司党组决定，沈殿成同志任吉林石化分公司党委委员、书记；免去于力同志的党委书记、委员职务。股份公司决定，沈殿成任吉林石化分公司总经理；免去于力的总经理职务。【中油党字〔2005〕126号 石油任字〔2005〕341号】

同日 集团公司党组决定，免去耿承辉同志的抚顺石油化工公司党委副书记、常委、委员职务。集团公司决定，玄昌伟任抚顺石油化工公司经理；免去耿承辉的经理职务。【中油党字〔2005〕127号 中油任字〔2005〕588号】

同日 集团公司党组决定，姜小兴同志任济南柴油机厂党委委员、书记；免去何清山同志的党委书记、委员职务，退休。【中油党字〔2005〕128号】

12月3日 集团公司决定，聘任齐治欣为集团公司离退休职工管理局（老干部局）副局长。【中油任字〔2005〕592号】

12月4日 集团公司党组决定，康建华同志兼任宁夏石化分公司纪委书记、工会主席，雍瑞生同志任党委副书记，高永祥、马波同志任党委委员；免去焦学义同志的党委副书记、纪委书记、工会主席职务。股份公司决定，雍瑞生任宁夏石化分公司总经理，高永祥、焦学义任副总经理；免去康建华的总经理职务。【中油党字〔2005〕122号 石油任字〔2005〕338号】

12月7日 集团公司党组决定，宋友立同志任新疆石油管理局党委副书记，韩炜同志任党委副书记、纪委书记；免去张殿云同志的党委副书记、常委、委员、纪委书记职务。【中油党字〔2005〕129号】

同日 集团公司同意，聘任包尔汉·卡哈尔为新疆石油管理局副局长。【中油任字〔2005〕595号】

同日 集团公司党组决定，苟量同志任东方地球物理公司党委常委。【中油党字〔2005〕130号】

同日 股份公司批复，同意炼油与销售分公司陈耀华退休。【石油人字〔2005〕88号】

同日 股份公司决定，委派刘宝和为中油勘探开发有限公司股东代表；刘宝和、吴枚、周明春、于毅波等4人为董事，刘宝和为董事长；徐丰利、贺嘉为监事，徐丰利为监事会召集人。【石油人字〔2005〕334号】

12月9日 股份公司决定，调整股份公司领导成员工作分工，总裁蒋洁敏，负责股份公司全面工作，分管人事部、监察部和审计部；高级副总裁苏树林，负责计划和天然气与管道工作，分管总裁办公室（外事办公室）、规划计划部，协助分管审计工作；高级副总裁段文德，负责炼油与销售、化工与销售和电子商务部工作，分管电子商务部；财务总监王国樑，负责财务、资本市场和内控工作，分管财务部、资本运营部、内控部；副总裁廖永远，负责质量安全环保、法律和管道工程建设工作，分管质量安全环保部、法律事务部；副总裁贾承造，负责油气勘探、科技和信息，分管科技管理部、信息管理部；副总裁胡文瑞，负责油气开发、对外合作工作，分管对外合作经理部。【石油办字〔2005〕345号】

12月12日 股份公司决定，自2005年12月1日起，宁夏化工厂1018名在册职工纳入股份公司管理，由宁夏石化分公司具体管理。【石油人字〔2005〕781号】

同日 股份公司决定，自2005年12月1日起，哈尔滨炼油厂790名在册职工纳入股份公司管理，由哈尔滨石化分公司具体管理。【石油人字〔2005〕782号】

12月13日 股份公司决定，委派陈方红为中国联合石油有限责任公司董事；免去陆德喜的董事职务。【石油人函字〔2005〕118号】

同日 中油勘探开发有限公司第二届董事会第一次会议召开，同意汪东进辞去中油勘探开发有限公司董事长职务，选举刘宝和为董事长，汪东进为副董事长，聘任薄启亮为总经理，吴东山、李庆平、黄瑜为副总经理，吴东山为财务总监。【中油勘探开发有限公司上报】

12月14日 集团公司党组决定，汪桃义同志兼任中国石油天然气第七建

设公司党委书记。【中油党字〔2005〕132号】

12月17日 集团公司党组决定，王福成同志兼任股份公司直属机关党委书记。【中油党字〔2005〕133号】

12月19日 集团公司直属机关党委批复，同意赵永河同志任石油工业出版社纪委书记。【直机党字〔2005〕9号】

同日 集团公司决定，刘宏斌任中国华油集团公司董事；免去江夕根的董事职务。【人劳函字〔2005〕第71号】

12月23日 集团公司直属机关党委批复，同意赵永河同志任石油工业出版社工会主席。【直机党字〔2005〕6号】

同日 股份公司人事部决定，聘任宓龙彪为华北天然气销售分公司副总经理。【油人字〔2005〕822号】

12月26日 炼油与销售分公司党委决定，免去王杨同志的吉林销售分公司党委委员职务。炼油与销售分公司决定，免去王杨的吉林销售分公司总会计师职务。【油炼销党字〔2005〕63号 油炼销字〔2005〕422号】

12月29日 股份公司决定，哈尔滨石化分公司所属哈尔滨华安石化有限公司划归黑龙江销售分公司。【石油人函字〔2005〕190号】

同日 股份公司决定，设立中国石油天然气股份有限公司内部控制部，列股份公司机关职能部门序列，机构规格为正局级。【石油人字〔2005〕364号】

同日 炼油与销售分公司决定，聘任王杨、刘承波为大连销售分公司副总经理。【油炼销字〔2005〕429号】

12月30日 炼油与销售分公司党委决定，王杨、刘承波同志任大连销售分公司党委委员。【油炼销党字〔2005〕64号】

同日 股份公司决定，韦勇兼任长庆石化分公司安全总监。【石油人函字〔2005〕193号】

本年 集团公司用工总量159.49万人。

二〇〇六年

一　月

1月4日　集团公司决定，成立集团公司健康安全环境（HSE）委员会，陈耕任主任，委员会办公室设在集团公司质量安全环保部。【中油人劳字〔2006〕1号】

同日　国务院国资委党委群众工作部批复，同意王益岭同志任集团公司直属机关工会主席。【群工函〔2006〕8号】

1月5日　炼油与销售分公司同意，免去王建学的陕西销售分公司安全总监职务。【油炼销人字〔2006〕1号】

1月6日　集团公司决定，雍瑞生任宁夏化工厂厂长；免去许飞的厂长职务。【中油任字〔2006〕55号】

1月10日　股份公司决定，赵政璋任勘探与生产分公司总经理；免去胡文瑞的总经理职务。【石油任字〔2006〕13号】

同日　炼油与销售分公司党委同意，高凤翔同志任大连海运分公司党委书记。【油炼销党字〔2006〕1号】

1月11日　股份公司决定，聘任董范、周荣学、苗坤等3人为华北油田分公司副总经理；免去赵树栋的副总经理职务。【石油任字〔2006〕8号】

同日　股份公司决定，聘任杨学文为新疆油田分公司副总经理。【石油任字〔2006〕10号】

同日　股份公司决定，聘任王仲林为吐哈油田分公司副总经理，梁世君为总地质师；免去王仲林的总地质师职务。【石油任字〔2006〕11号】

同日　股份公司决定，赵勇任国际事业有限责任公司副总经理。【石油任字〔2006〕12号】

同日　股份公司决定，赵传香任股份公司财务部副总经理，侯创业任股份公司人事部副总经理，谢戈果任股份公司内部控制部总经理，周国芳、于广纯任股份公司内部控制部副总经理；免去谢戈果的西气东输管道分公司副

总经理兼总会计师职务。【石油任字〔2006〕14号】

1月13日　集团公司党组印发《关于加强企业领导班子日常管理监督工作的意见》。【中油党字〔2006〕9号】

同日　集团公司党组决定，免去胡文瑞同志的勘探与生产分公司党委副书记、委员职务。【中油党字〔2006〕1号】

同日　集团公司党组决定，赵勇同志任国际事业有限责任公司党委委员。【中油党字〔2006〕3号】

同日　集团公司党组决定，董范、周荣学、苗坤、杨利民等4名同志任华北油田分公司党委委员；免去赵树栋、董立国同志的党委委员职务。【中油党字〔2006〕5号】

同日　集团公司党组决定，梁世君同志任吐哈油田分公司党委委员。【中油党字〔2006〕7号】

同日　集团公司党组决定，杨勇同志任冀东油田分公司党委委员。【中油党字〔2006〕8号】

同日　集团公司党组决定，范卓瑛同志兼任中国石油天然气管道局工会主席，马骅、孙福泉、刘为民、李文东等4名同志任党委委员、常委；免去郭大伟同志的党委副书记、常委、委员职务，程桂彬同志的党委常委、委员、工会主席职务。集团公司决定，聘任刘为民、李文东为中国石油天然气管道局副局长。【中油党字〔2006〕11号　中油任字〔2006〕16号】

同日　集团公司决定，聘任姜文为中国石油天然气勘探开发公司副总经理，黄永章为中油国际（苏丹）炼油有限公司总经理；免去姜文的中油国际（苏丹）炼油有限公司总经理职务。【中油任字〔2006〕17号】

同日　集团公司决定，聘任何京为中国石油物资装备（集团）总公司副总经理。【中油任字〔2006〕18号】

同日　集团公司决定，聘任张来勇、王新革、魏亚斌、刘雅伟等4人为中国寰球工程公司副总经理；免去张永久的副总经理职务。【中油任字〔2006〕20号】

1月13日　集团公司决定，郭大伟任中国石油审计服务中心副主任。【中油任字〔2006〕19号】

1月18日　集团公司党组决定，胡炳军同志任中国石油集团海洋工程有限公司党委委员；免去王亮同志的党委委员职务。集团公司决定，聘任胡炳军为中国石油集团海洋工程有限公司总会计师；免去王亮的总会计师职务。【中油党字〔2006〕11号　中油任字〔2006〕31号】

1月21日　上海浦东华油实业有限责任公司召开第五次股东会，选举阎三忠、王煌今、王永纯、袁明生、孙奎荣、石清俊、孙福泉、刘强、邹利平、节海兰等10人为第三届董事会成员。【中国华油集团公司上报】

1月26日　集团公司党组决定，徐晓明、李京辉同志任抚顺石油化工公司党委委员、常委。集团公司决定，聘任徐晓明、李京辉为抚顺石油化工公司副经理。【中油党字〔2006〕14号　中油任字〔2006〕54号】

二　月

2月5日　集团公司党组决定，张来勇、王新革、魏亚斌、刘雅伟等4名同志任中国寰球工程公司党委委员；免去张永久同志的党委委员职务。【中油党字〔2006〕15号】

同日　集团公司党组决定，何京同志任中国石油物资装备（集团）总公司党委委员。【中油党字〔2006〕16号】

同日　集团公司党组决定，王基鹏同志任集团公司广州培训中心党委副书记。集团公司决定，王基鹏任集团公司广州培训中心主任。【中油党字〔2006〕17号　中油任字〔2006〕60号】

2月6日　集团公司印发《中国石油天然气集团公司直属单位工资总额调控办法》。【中油人劳字〔2006〕67号】

同日　集团公司决定，成立集团公司投资管理委员会，王宜林任主任，委员会办公室设在集团公司规划计划部。【中油人劳字〔2006〕66号】

同日　股份公司决定，成立股份公司健康安全环保委员会，蒋洁敏任主任委员，委员会办公室设在股份公司质量安全环保部。【石油人字〔2006〕34号】

同日　股份公司人事部印发《关于向重大建设项目派驻财务总监督的试行办法》。【油人字〔2006〕62号】

2月13日　集团公司印发《中国石油天然气集团公司企业领导人员经营业绩考核办法》。【中油人劳字〔2006〕86号】

2月14日　股份公司人事部决定，肖华同志任华东化工销售分公司党委委

员、副总经理、总会计师，赵一芹同志任党委委员、副总经理，黄润东同志任党委委员、副总经理。【油人字〔2006〕89号】

2月15日　股份公司人事部决定，周顺同志任呼和浩特石化分公司党委委员、副总经理。【油人字〔2006〕91号】

2月17日　集团公司人事劳资部决定，聘任吴志良为集团公司广州培训中心副主任。【人劳字〔2006〕42号】

2月20日　集团公司决定，成立集团公司安全环保研究院筹备组，闫伦江任组长。【中油人劳字〔2006〕91号】

2月21至25日　集团公司职业技能鉴定工作会议在长庆油田召开。全面总结了集团公司“十五”期间职业技能开发工作，提出“十一五”技能开发工作意见。

2月22日　集团公司党组决定，调整集团公司贯彻落实《建立健全教育、制度、监督并重的惩治和预防腐败体系实施纲要》工作领导小组，陈耕任组长，领导小组办公室设在集团公司党组纪检组。【中油党字〔2006〕20号】

同日　集团公司党组印发《中国石油天然气集团公司贯彻落实〈建立健全教育、制度、监督并重的惩治和预防腐败体系实施纲要〉的实施意见》。【中油党字〔2006〕21号】

同日　集团公司党组决定，李晓络同志任集团公司直属机关党委副书记、纪委书记；免去安志忠同志的党委副书记、纪委书记职务。【中油党字〔2006〕18号】

同日　集团公司决定，李慧杰任集团公司监察部监察副专员。【中油任字〔2006〕97号】

同日　集团公司党组决定，郑玉宝同志任石油工业出版社党委委员。集团公司决定，郑玉宝任石油工业出版社副社长。【中油党字〔2006〕19号　中油任字〔2006〕98号】

2月23日　股份公司决定，在化工销售华北分公司的基础上，组建华北化工销售分公司，机构规格调整为副局级，为股份公司所属地区公司。【石油人字〔2006〕48号】

同日　集团公司党组决定，黄泽俊同志任西气东输管道分公司党委书记，丁建林、姜昌亮、王刚等3名同志任党委委员；免去黄维和同志的党委书记、委员职务，吴宏同志的党委委员职务。股份公司决定，黄泽俊任西气东输管道分公司总经理，聘任丁建林、姜昌亮为副总经理，王刚为总会计师，姜昌亮兼任安全总监；免去黄维和的总经理职务，吴宏的副总经理职务。【中油党字〔2006】27号 石油任字〔2006〕53号】

同日 股份公司决定，方朝亮任股份公司科技管理部副总经理，免去罗治斌的副总经理职务；李慧杰任股份公司监察部监察副专员；吴宏任天然气与管道分公司副总经理，免去丁建林的副总经理职务。【石油任字〔2006〕56号】

2月24日 集团公司决定，委托股份公司授权青海油田分公司对青海石油管理局实行全面管理，同时将青海石油管理局钻井公司的业务、资产和人员，整体划转吐哈石油勘探开发指挥部。【中油人劳字〔2006〕101号】

同日 集团公司决定，委托股份公司授权冀东油田分公司对冀东石油勘探开发公司实行全面管理。【中油人劳字〔2006〕102号】

同日 集团公司决定，委托股份公司授权大庆炼化分公司对林源炼油厂实行全面管理。【中油人劳字〔2006〕103号】

同日 集团公司党组决定，李晓络同志任股份公司直属机关党委副书记、纪委书记；免去安志忠同志的党委副书记、纪委书记职务。【中油党字〔2006〕29号】

同日 集团公司决定，聘任邱宝林、张海云、周德军等3人为中国石油报社副社长。【中油任字〔2006〕104号】

同日 集团公司党组决定，王昆同志任大庆油田有限责任公司党委委员、副书记、纪委书记、工会主席，王建新同志任党委委员，免去孙淑光同志兼任的纪委书记、工会主席职务；李景禄同志任大庆油田有限责任公司第二采油厂党委书记，免去王昆的党委书记职务。【中油党字〔2006〕22号】

同日 股份公司决定，聘任王建新为大庆油田有限责任公司副总经理；万军为大庆油田有限责任公司第一采油厂厂长，免去王建新的厂长职务。【石油任字〔2006〕49号】

同日 股份公司决定，黄立功任青海油田分公司总经理，聘任李建青、宗贻平、党玉琪、高云建、陈长青、徐凤银等6人为副总经理，李厚联为总会计师。【石油任字〔2006〕51号】

同日 集团公司党组决定，中共冀东油田分公司委员会由张国旗、周海民、王富、金明权、常学军、焦向民、席励新、郑丽芳、杨勇等9名同志组成，张国旗同志任党委书记，周海民同志任党委副书记，王富同志任党委副书记、纪委书记，郑丽芳同志任工会主席。股份公司决定，周海民任冀东油田分公司总经理，聘任张国旗、金明权、常学军、焦向民、席励新、陆德喜等6人为副总经理，杨勇为总工程师，金明权兼任安全总监，陆德喜兼任总会计师。【中油党字〔2006〕24号　石油任字〔2006〕54号】

同日　股份公司同意，聘任段良伟为吉林石化分公司副总经理兼安全总监，王春霞为总会计师；免去邹海峰的副总经理职务（退休），张兴福兼任的安全总监职务。【石油任字〔2006〕50号】

同日　集团公司党组决定，中共大庆炼化分公司委员会由于宝祥、李正光、季振华、张振、姜国骅、肖锐、郭亚新、魏君等8名同志组成，于宝祥同志任党委书记，李正光同志任党委副书记，季振华同志任党委副书记、纪委书记、工会主席。股份公司决定，李正光任大庆炼化分公司总经理，聘任张振、姜国骅、郭亚新、魏君等4人为副总经理，肖锐为总会计师，姜国骅兼任安全总监。【中油党字〔2006〕26号　石油任字〔2006〕52号】

同日　集团公司党组决定，阎效山同志任华北化工销售分公司党委书记，杨天奎同志任党委副书记。股份公司决定，杨天奎任华北化工销售分公司总经理，阎效山任副总经理。【中油党字〔2006〕28号　石油任字〔2006〕57号】

同日　集团公司党组决定，吴宏同志任天然气与管道分公司党委委员；免去丁建林同志的党委委员职务。【中油党字〔2006〕30号】

同日　集团公司党组决定，李殿敏同志任大庆石油化工总厂党委书记；免去郑怀义同志的党委书记职务。集团公司决定，李殿敏任大庆石油化工总厂副厂长。【中油党字〔2006〕31号　中油任字〔2006〕100号】

同日　集团公司党组决定，李遵义同志任经济技术研究院党委委员、书记，许永发同志任党委委员、副书记，刘克雨同志任党委委员；免去张振明同志的党委书记职务。集团公司决定，许永发任经济技术研究院院长，聘任李遵义、刘克雨为副院长；免去张振明的经济技术研究中心主任职务。【中油党字〔2006〕38号　中油任字〔2006〕105号】

三　　月

3月2日　集团公司党组决定，佟德安同志任吐哈石油勘探开发指挥部党委委员、常委。集团公司决定，聘任佟德安为吐哈石油勘探开发指挥部副指挥。【中油党字〔2006〕36号　中油任字〔2006〕111号】

3月3日　集团公司党组决定，夏义平同志任东方地球物理公司党委常委；免去殷会祥同志的党委常委职务。【中油党字〔2006〕37号】

同日　股份公司决定，黄泽俊任西气东输销售分公司总经理；免去黄维和的总经理职务。【石油任字〔2006〕67号】

同日　集团公司决定，同意聘任徐晓明为抚顺石油化工公司安全总监（兼）；免去石振东的安全总监职务。【中油任字〔2006〕121号】

3月6日　集团公司党组决定，调整集团公司巡视工作领导小组，王福成同志任组长，领导小组办公室设在党组纪检组监察部。【中油党字〔2006〕40号】

3月7日　集团公司党组决定，伍志明同志任四川石油管理局党委委员、常委、副书记、纪委书记、工会主席，万尚贤、李爱民同志任党委常委，张本全同志任党委委员、常委；免去郭跃武同志的党委副书记、常委、委员、工会主席职务，王思爵同志的党委副书记、常委、纪委书记职务，廖光中、张敬谦、王泽福等3名同志的党委常委职务。集团公司决定，聘任万尚贤、李爱民、张本全等3人为四川石油管理局副局长，万尚贤兼任安全总监；免去胥永杰的安全总监职务，廖光中的副局长职务，张敬谦的总会计师职务。【中油党字〔2006〕39号　中油任字〔2006〕125号】

3月13日　股份公司决定，对规划总院副院长李凯予以除名。【石油人字〔2006〕71号】

3月14日　集团公司决定，将集团公司未上市企业消防业务与股份公司上市企业消防业务进行整合，由股份公司相关地区公司统一管理。【中油人劳字〔2006〕135号】

同日　集团公司党组决定，刘乃震同志任辽河石油勘探局党委委员、常委。集团公司决定，刘乃震任辽河石油勘探局总工程师。【中油党字〔2006〕41号　中油任字〔2006〕130号】

同日　集团公司党组批复，同意东方地球物理公司第一届工会委员会选

举结果，段世民同志任工会主席；免去殷会祥同志的工会主席职务。【中油党字〔2006〕42号】

3月15日　集团公司人事服务中心印发《中国石油天然气集团公司职业技能鉴定质量督导管理办法》、《中国石油天然气集团公司职业技能鉴定工作规程》。【人服字〔2006〕10号、11号】

同日　股份公司直属机关党委批复，同意成立中油燃料油股份有限公司党委，李伟同志任党委书记，吴国志同志任党委副书记。【油直机党字〔2006〕6号】

3月17日　集团公司决定，调整集团公司石油工程技术服务企业和队伍资质认证管理委员会成员，王宜林任主任，委员会办公室设在集团公司工程技术与市场部。【中油人劳字〔2006〕144号】

同日　集团公司决定，黄立功任青海石油管理局局长；免去李建青的局长职务。【中油任字〔2006〕141号】

同日　集团公司决定，周海民任冀东石油勘探开发公司经理；免去张国旗的经理职务。【中油任字〔2006〕142号】

同日　集团公司决定，李正光任林源炼油厂厂长；免去李殿敏的厂长职务。【中油任字〔2006〕143号】

同日　集团公司决定，免去李法兰的中国石油天然气绿化委员会办公室主任职务。【中油任字〔2006〕145号】

3月23日　集团公司决定，王学泠兼任吉化集团公司安全总监。【中油任字〔2006〕153号】

3月27日　集团公司决定，组建中国石油集团钻井工程技术研究院，为集团公司直属正局级科研机构。【中油人劳字〔2006〕160号】

同日　集团公司党组决定，刘玉喜同志任华北石油管理局工会主席；免去沈文先同志的党委常委、委员、工会主席职务。【中油党字〔2006〕44号】

3月29日　集团公司决定，将西安石油勘探仪器总厂的物探装备业务资产和人员、测井装备制造业务资产和人员、钻机电控系统研发制造业务资产和人员、射孔弹制造业务资产和人员分别划入东方地球物理公司、中国石油集团测井有限公司、宝鸡石油机械厂、大庆石油管理局射孔弹厂等4个单位。【中油研字〔2006〕171号】

3月30日 股份公司人事部印发《关于西藏与内地销售企业干部双向挂职锻炼的实施意见》。【油人字〔2006〕253号】

3月31日 股份公司人事部印发《股份公司总部机关人员到基层挂职锻炼暂行办法》。【油人字〔2006〕192号】

四 月

4月2日 集团公司决定，聘任李庆平为中国石油天然气勘探开发公司安全总监（兼）。【中油任字〔2006〕177号】

4月7日 集团公司党组决定，伍贤柱同志任四川石油管理局党委常委。集团公司决定，伍贤柱任四川石油管理局总工程师。【中油党字〔2006〕47号 中油任字〔2006〕184号】

同日 集团公司人事劳资部决定，调整集团公司哈萨克斯坦协调领导小组成员，薄启亮任组长。【人劳字〔2006〕114号】

同日 集团公司人事劳资部决定，调整集团公司俄罗斯协调领导小组成员，蒋奇任组长。【人劳字〔2006〕115号】

4月10日 股份公司人事部印发《中国石油天然气股份有限公司市场化用工管理试行办法》。【油人字〔2006〕272号】

4月12日 股份公司人事部决定，唐山液化天然气项目经理部规格为副局级。【油人字〔2006〕275号】

同日 集团公司决定，李志杰、姜力孚、严九等3人任中国石油集团海洋工程有限公司董事，许元科任职工董事；免去刘振军、王士林（王世林）、王亮等3人的董事职务。【中油任字〔2006〕192号】

4月24日 集团公司印发《中国石油天然气集团公司职业技能竞赛管理办法》。【中油人劳字〔2006〕214号】

同日 股份公司决定，整合西北地区化工产品销售网络，组建西北化工销售分公司，机构规格为副局级，为股份公司所属地区公司，行政上由股份公司直接管理，业务上由化工与销售分公司归口管理；同时将化工与销售西北分公司、兰州化工销售分公司、乌鲁木齐化工销售分公司、独山子化工销售分公司、宁夏化工销售分公司等5个单位划入该公司管理。【石油人字〔2006〕120号】

同日 股份公司决定，整合东北地区化工产品销售网络，组建东北化工销售分公司，机构规格为副局级，为股份公司所属地区公司，行政上由股份公司直接管理，业务上由化工与销售分公司归口管理；同时将化工与销售东北分公司、抚顺化工销售分公司、辽阳化工销售分公司、大庆化工销售分公司、吉林化工销售分公司等5个单位划入该公司管理。【石油人字〔2006〕121号】

4月26日　股份公司决定，在中国石油天然气股份有限公司炼油化工技术研究中心基础上，组建中国石油天然气股份有限公司石油化工研究院，为股份公司直属正局级研究机构。【石油人字〔2006〕119号】

同日　集团公司决定，聘任翟双民等185人为中国石油天然气集团公司技能专家。【中油人劳字〔2006〕216号】

4月30日　集团公司召开集团公司首届技能专家聘任视频大会。集团公司副总经理蒋洁敏、国资委群工局局长李学东、中国就业培训技术指导中心主任刘康出席会议并讲话，为集团公司技能专家代表颁发聘书。

五　　月

5月8日　集团公司党组印发《中共中国石油天然气集团公司党组工作制度》。【中油党字〔2006〕79号】

同日　集团公司决定，成立集团公司信息化工作领导小组，周吉平任组长，领导小组办公室设在集团公司信息管理部。【中油人劳字〔2006〕230号】

同日　股份公司决定，组建中国石油天然气股份有限公司北京油气调控中心（正局级），为天然气与管道分公司派出机构，行政上由股份公司按直属单位管理，业务上由天然气与管道分公司归口管理。【石油人字〔2006〕106号】

5月15日　集团公司人事劳资部决定，玉门石油管理局、塔里木油田服务公司、中国石油集团科学技术研究院（北京石油机械厂、江汉机械所除外）3个单位的全部人员整体纳入股份公司后，不再列入集团公司机构序列，分别由玉门油田分公司、塔里木油田分公司、勘探开发研究院3个单位实行全面管理。【人劳字〔2006〕131号、132号、133号】

同日　股份公司人事部决定，聘任阎智才、黄庆东、王建德、马振航等4人为华北化工销售分公司副总经理，王建德兼任总会计师。【油人字〔2006〕375号】

5月19日 集团公司决定，成立集团公司新闻工作组，王福成任组长。【中油人劳字〔2006〕249号】

5月24日 集团公司决定，成立集团公司北京地区住房领导小组，郑虎任组长。【中油人劳字〔2006〕260号】

5月29日 集团公司党组决定，免去何树山同志的吉林石油集团有限责任公司党委副书记职务。集团公司决定，单纪宽任吉林石油集团有限责任公司董事长、总经理；免去何树山的董事长、总经理职务。【中油党字〔2006〕49号 石油任字〔2006〕264号】

同日 集团公司党组决定，邱克同志任吉化集团公司党委委员、常委，李纯同志任党委常委。集团公司决定，邱克任吉化集团公司副经理，李纯任副经理兼安全总监；免去王学泠的安全总监职务。【中油党字〔2006〕50号 中油任字〔2006〕265号】

同日 集团公司党组决定，蒲建中同志任长庆石油勘探局党委副书记、纪委书记、工会主席，谢文虎、杨再生、凌心强等3名同志任党委委员、常委；免去张继昌同志的党委副书记、常委、委员、纪委书记职务。集团公司决定，聘任赵业荣、谢文虎、杨再生、凌心强等4人为长庆石油勘探局副局长，杨再生兼任安全总监；免去滕玉林的副局长职务，蒲建中的副局长、安全总监职务。【中油党字〔2006〕51号 中油任字〔2006〕266号】

同日 集团公司党组决定，范卓瑛同志任中国石油集团测井有限公司党委委员、书记、纪委书记、工会主席；免去饶永久同志的党委书记、委员、纪委书记、工会主席职务。集团公司决定，范卓瑛任中国石油集团测井有限公司董事长；免去饶永久的董事长职务。【中油党字〔2006〕52号 中油任字〔2006〕267号】

5月31日 集团公司党组决定，赵玉建同志任大港油田分公司党委书记，何树山同志任党委委员、副书记；免去姚和清同志的党委书记、委员职务，张幸福同志的党委委员职务。股份公司决定，何树山任大港油田分公司总经理；免去姚和清的总经理职务。【中油党字〔2006〕53号 石油任字〔2006〕133号】

同日 集团公司党组决定，苟三权同志任长庆油田分公司党委书记；王道富同志任党委副书记，免去其党委书记职务。【中油党字〔2006〕54号】

同日 集团公司党组决定，郭建军、熊建国、贾东等3名同志任塔里木油田分公司党工委常委，唐守信同志任党工委委员、常委兼任塔里木石化分公司党委书记；免去徐会举同志的塔里木油田分公司党工委副书记、常委、委员职务，韩建业同志的塔里木油田分公司塔里木石化分公司党委书记职务，退休。股份公司决定，聘任唐守信为塔里木油田分公司副总经理；免去徐会举的副总经理职务。【中油党字〔2006〕55号　石油任字〔2006〕136号】

同日　集团公司党组决定，冷胜军同志任抚顺石化分公司党委书记，李若平同志任党委副书记，免去其党委书记职务，王洪军、刘荣江同志任党委委员。股份公司决定，聘任王洪军、刘荣江为抚顺石化分公司副总经理，刘荣江兼任总工程师。【中油党字〔2006〕57号　石油任字〔2006〕134号】

同日　集团公司党组决定，赵金法同志任兰州石化分公司党委委员；免去火金三同志的党委委员职务。股份公司决定，聘任赵金法为兰州石化分公司副总经理；免去火金三的副总经理职务。【中油党字〔2006〕58号　石油任字〔2006〕132号】

同日　集团公司党组决定，马安同志任大连石化分公司党委委员。股份公司决定，聘任马安为大连石化分公司副总经理。【中油党字〔2006〕59号　石油任字〔2006〕131号】

同日　集团公司党组决定，于国文同志任大连西太平洋石油化工有限公司党委书记；免去朱廉宝同志的党委书记、委员、纪委书记、工会主席职务。【中油党字〔2006〕60号】

同日　集团公司党组决定，王光军同志任东北化工销售分公司党委委员、书记。股份公司决定，王光军任东北化工销售分公司总经理。【中油党字〔2006〕61号　石油任字〔2006〕126号】

同日　集团公司党组决定，火金三同志任西北化工销售分公司党委书记。股份公司决定，火金三任西北化工销售分公司总经理。【中油党字〔2006〕62号　石油任字〔2006〕125号】

同日　集团公司党组决定，次仁扎西同志任华中销售分公司党委委员、书记；免去何瑞林同志的党委书记职务。【中油党字〔2006〕63号】

同日　集团公司党组决定，唐胜云同志任重庆销售分公司党委委员、书记。【中油党字〔2006〕64号】

同日　集团公司党组决定，吴冠京同志任石油化工研究院党委委员、书

记，刘显法同志任党委委员、副书记，胡徐腾同志任党委委员。【中油党字〔2006〕65号】

同日 集团公司党组决定，葛雁冰、韩景宽同志任规划总院党委委员。【中油党字〔2006〕66号】

同日 股份公司决定，王光军任东北化工销售分公司总经理。【石油任字〔2006〕126号】

同日 股份公司决定，李伟任唐山液化天然气项目经理部总经理，王立昕任大连液化天然气项目经理部总经理，张成伟任江苏液化天然气项目经理部总经理。【石油任字〔2006〕127号、128号、129号】

同日 股份公司决定，聘任叶志伟、于学恭为广西石化分公司副总经理，叶志伟兼任总工程师。【石油任字〔2006〕130号】

同日 股份公司决定，李宝军任西藏销售分公司总经理；免去唐胜云的总经理职务。【石油任字〔2006〕135号】

同日 股份公司决定，徐会举任新疆销售分公司总经理；免去王梓桐的总经理职务。【石油任字〔2006〕137号】

六　月

6月1日 集团公司决定，王莎莉任中国石油天然气勘探开发公司高级副总经理，吕功训任副总经理兼安全总监，免去李庆平的安全总监职务，康明章的副总经理职务；李庆平任中油国际（委内瑞拉）有限责任公司总裁，免去吕功训的总裁职务。【中油任字〔2006〕278号】

同日 集团公司决定，卞德智任中油国际海外研究中心主任。【中油任字〔2006〕279号】

同日 集团公司决定，免去刘显法的咨询中心副主任职务。【中油任字〔2006〕285号】

同日 集团公司党组决定，侯浩杰同志任中国石油工程建设（集团）公司党委书记；免去孙波同志的党委书记职务。【中油党字〔2006〕69号】

同日 集团公司党组决定，孙宁同志任中国石油集团钻井工程技术研究院院长；林建、苏义脑、邹来方等3人任副院长。【中油任字〔2006〕280号】

同日 集团公司党组决定，孙宁同志任中国石油集团钻井工程技术研究院临时党委委员、书记；林建同志任临时党委委员、副书记、纪委书记、工会主席；苏义脑、邹来方同志任临时党委委员。【中油党字〔2006〕70号】

同日 集团公司党组决定，杨龙同志任管材研究所所长兼党委副书记，免去其党委书记职务；饶永久同志任党委委员、书记兼副所长。【中油党字〔2006〕71号】

同日 集团公司党组决定，卢祥福同志任中国石油物资装备（集团）总公司党委委员；免去马广悦同志的党委委员职务。集团公司决定，卢祥福任中国石油物资装备（集团）总公司总会计师；免去马广悦的副总经理、总会计师职务。【中油党字〔2006〕73号 中油任字〔2006〕284号】

同日 集团公司决定，徐文荣兼任中油国际工程有限责任公司董事长，孙波任总经理；免去蒋金楚的董事长职务，许大坤的总经理职务。【《集团公司2007年年鉴》】

同日 集团公司决定，祝俊峰任集团公司苏丹工程建设项目协调领导小组组长；免去王莎莉的组长职务。【《集团公司2007年年鉴》】

同日 股份公司决定，马志祥任北京油气调控中心主任。【石油任字〔2006〕142号】

同日 股份公司决定，葛雁冰、韩景宽任规划总院副院长。【石油任字〔2006〕139号】

同日 股份公司决定，魏国良任股份公司资本运营部副总经理；张幸福任股份公司质量安全环保部副总经理，免去王光军的副总经理职务。【石油任字〔2006〕140号】

同日 股份公司决定，刘显法任石油化工研究院院长，吴冠京、胡徐腾任副院长。【石油任字〔2006〕141号】

同日 炼油与销售分公司党委决定，徐会举同志任新疆销售分公司党委委员、副书记；免去王梓桐同志的党委副书记、委员职务。【油炼销党字〔2006〕11号】

同日 炼油与销售公司党委决定，李宝军同志任西藏销售分公司党委委员、副书记；免去唐胜云同志的党委副书记、委员职务，次仁扎西同志的党委委员、副总经理职务。【油炼销党字〔2006〕10号 油炼销字〔2006〕153号】

同日 炼油与销售分公司党委决定，何瑞林同志任华中销售分公司党委

副书记，次仁扎西任副总经理。【油炼销党字〔2006〕12号　油炼销字〔2006〕154号】

同日　炼油与销售分公司决定，聘任唐胜云为重庆销售分公司副总经理。【油炼销字〔2006〕155号】

6月4日　集团公司党组决定，张学明同志任中国石油天然气管道局党委委员、常委、副书记、纪委书记、工会主席；免去范卓瑛同志的党委副书记、常委、委员、纪委书记、工会主席职务。【中油党字〔2006〕74号】

同日　集团公司党组决定，兰谊平同志任集团公司中心医院党委书记；免去张学明同志的党委书记职务。【中油党字〔2006〕75号】

6月8日　集团公司印发《中国石油天然气集团公司专业技术人员执业资格管理规定》。【中油人劳字〔2006〕312号】

6月9日　集团公司决定，聘任佟德安为吐哈石油勘探开发指挥部安全总监（兼）；免去娄铁强兼任的安全总监职务。【中油任字〔2006〕311号】

6月13日　集团公司党组决定，王福成、刘敏星、李晓络、王益岭、李润生、李华民、李万余、陈明、关晓红、李学志等10名同志任集团公司直属机关党委委员，李晓络、刘晓莉、樊胜利、孙先锋、王莎莉、张加林、李亚平、史习盐、王文沧等9名同志任集团公司直属机关纪委委员；王福成、刘敏星、李晓络、王益岭、李华民、王永春、陈明、赵政璋、覃国军、黄维和、李学志、王立华等12名同志任股份公司直属机关党委委员，李晓络、李风山、单昆基、徐丰利、上官建新、周灏等6名同志任股份公司直属机关纪委委员。【中油党字〔2006〕43号】

6月19日　股份公司印发《中国石油天然气股份有限公司地区公司分类管理办法》和重新确定地区公司类别的通知。【石油人字〔2006〕153号】

6月20日　股份公司人事部批复，同意李久杰任中油燃料油股份有限公司副总经理。【油人函字〔2006〕99号】

同日　中国石油天然气股份有限公司、中国中煤能源集团公司决定，陈方红任中联煤层气有限责任公司董事；免去王跃峰的董事职务。【中石油煤层气有限责任公司上报】

同日　集团公司党组决定，范瑞丰同志任中国石油天然气运输公司工会主席（兼），陈良启同志任党委委员、常委。【中油党字〔2006〕72号】

6月21日 集团公司决定，聘任陈良启为中国石油天然气运输公司总会计师。【中油任字〔2006〕283号】

6月26日 集团公司党组决定，张红彦同志任新疆石油管理局党委委员、常委。【中油党字〔2006〕80号】

同日 炼油与销售分公司党委决定，范志敏同志任大连海运分公司纪委书记。【油炼销党字〔2006〕18号】

6月27日 集团公司决定，成立克拉玛依地区石油石化企业协调组，唐健任组长。【中油党字〔2006〕81号】

6月29日 集团公司决定，徐新福兼任集团公司职业技能鉴定指导中心、人才交流中心、社会保险中心、留学服务中心主任。【中油任字〔2006〕365号】

七 月

7月4日 炼油与销售分公司决定，免去侯汝星同志的新疆销售分公司党委委员、副总经理职务，退休。【油炼销字〔2006〕45号】

7月10日 股份公司人事部决定，陈勇同志任浙江油田分公司党委副书记、总经理，叶舟任副总经理，免去其总经理职务。【油人字〔2006〕571号】

7月12日 中国石油物资装备（集团）总公司决定，西安石油勘探仪器总厂重组后，机构规格由副局级调整为正处级。【物人劳字〔2006〕190号】

7月14日 股份公司人事部批复，同意聘任曹志光为浙江油田分公司安全总监，刘前保为呼和浩特石化分公司安全总监，宫伟军为润滑油分公司安全总监，黄润东为华东化工销售分公司安全总监，阎智才为华北化工销售分公司安全总监，王建立为化工与销售西南分公司安全总监，马宗立为化工与销售华南分公司安全总监，陈晓秋为华北天然气销售分公司安全总监，廖亮为华中天然气销售分公司安全总监，李久杰为中油燃料油股份有限公司安全总监。【油人字〔2006〕586号】

同日 炼油与销售分公司决定，李宝军兼任西藏销售分公司安全总监，薛彦卓兼任华北销售分公司安全总监，王力军兼任华东销售分公司安全总监，刘树志兼任华南销售分公司安全总监，张文荣兼任华中销售分公司安全总监，吴恩海兼任山东销售分公司安全总监，李致安兼任陕西销售分公司安全总监，余宪龙兼任黑龙江销售分公司安全总监。【油炼销字〔2006〕202号】

7月17日 股份公司决定，聘任吴奇为勘探与生产分公司安全总监，姜笃志为天然气与管道分公司安全总监，孙晓岗为新疆油田分公司安全总监，周荣学为华北油田分公司安全总监，周宗强为长庆油田分公司安全总监，高云建为青海油田分公司安全总监，焦桐祥为大庆石化分公司安全总监，朱景利为辽阳石化分公司安全总监，李波为锦州石化分公司安全总监，宋自力为乌鲁木齐石化分公司安全总监，陈俊豪为独山子石化分公司安全总监，郝相民为大连西太平洋石油化工有限公司安全总监，叶志伟为广西石化分公司安全总监，王建中为四川销售分公司安全总监，高庭禹为管道分公司安全总监，胡徐腾为石油化工研究院安全总监，王立华为国际事业公司（中国联合石油有限责任公司）安全总监。【石油任字〔2006〕187号】

7月21日 集团公司决定，李华林任中国石油天然气香港有限公司副董事长、总经理，张博闻任副总经理；免去王明才的副董事长、总经理职务。【中油任字〔2006〕281号、282号】

7月24日 集团公司党组决定，徐福贵同志任独山子石油化工总厂党委副书记。【独山子石化分公司上报】

7月26日 股份公司直属机关党委决定，成立石油化工研究院党委，吴冠京同志任党委书记，刘显法同志任党委副书记，胡徐腾同志任党委委员。【油直机党字〔2006〕21号】

7月27日 集团公司决定，免去孙宁的集团公司科技发展部副主任，魏国良的集团公司投资公司专职董事职务。【中油任字〔2006〕420号】

7月31日 股份公司批复，同意大庆油田有限责任公司新一届董事会由王玉普、王广昀、齐振林、隋军、闫宏、冯志强、王建新、郭万奎、董焕忠等9人组成，王玉普任董事长；监事会由孙淑光、刘万昌、梁学志、杨钧、朱国文等5人组成，孙淑光任监事会主席。【石油任字〔2006〕191号】

八　月

8月4日 股份公司人事部决定，黄克平、杨继胜、刘玉新、王毅等4名同志任西北化工销售分公司党委委员、副总经理，戴良才同志任党委副书记、纪委书记、工会主席，马庆新同志任党委委员，杨继胜兼任安全总监。【油人字〔2006〕642号】

同日　股份公司人事部决定，霍建中、刘羽、黄国春、王会奇等4名同志任东北化工销售分公司党委委员、副总经理，祖国繁同志任党委副书记、纪委书记、工会主席，房立勇任党委委员，霍建中兼任安全总监。【油人字〔2006〕641号】

8月9日　集团公司人事劳资部印发《集团公司工程技术类专业技术岗位系列》。【人劳字〔2006〕210号】

8月17日　股份公司人事部决定，免去霍建中的化工与销售东北分公司总经理职务。【油人字〔2006〕684号】

8月25日　集团公司印发《中国石油天然气集团公司"十一五"员工教育培训规划纲要》、《中国石油天然气集团公司建立一线主体队伍关键岗位体系的指导意见》、《关于进一步加强高技能人才工作的意见》。【中油人劳字〔2006〕466号、467号、468号】

九　月

9月1日　集团公司决定，聘任叶先灯为中国石油天然气勘探开发公司副总经理，肖清华为副总经理（挂职）；免去叶先灯的总地质师职务。【中油任字〔2006〕481号】

9月8日　集团公司决定，成立集团公司内控体系建设委员会，陈耕任主任。【中油人劳字〔2006〕501号】

9月27日　中共黑龙江省委组织部批复，同意大庆师范学院祁志群同志退休。【黑组任字〔2006〕116号】

9月29日　集团公司批复，同意中国石油天然气勘探开发公司设立苏丹、哈萨克斯坦、南美等3个海外地区公司，机构名称分别为：中油国际（尼罗）公司、中油国际（哈萨克斯坦）公司、中油国际（南美）公司；撤销中油国际（委内瑞拉）公司。【中油人劳字〔2006〕541号】

同日　集团公司印发《中国石油天然气集团公司教育培训工作暂行规定》。【中油人劳字〔2006〕542号】

9月30日　国务院国资委党委决定，免去苏树林同志的中国石油天然气集团公司党组成员职务。【国资党任字〔2006〕71号】

同日　国务院国资委决定，免去苏树林的中国石油天然气集团公副总经

理职务。【国资任字〔2006〕82号】

同日 集团公司印发《中国石油天然气集团公司关于规范企业领导人员职务消费的指导意见》。股份公司印发《中国石油天然气股份有限公司关于规范企业领导人员职务消费的指导意见》。【中油人劳字〔2006〕544号 石油人字〔2006〕242号】

同日 集团公司决定，调整集团公司科技奖励委员会成员，周吉平任主任。【中油人劳字〔2006〕543号】

十 月

10月19日 集团公司决定，撤销奥伊尔投资管理有限责任公司，将集团公司持有奥伊尔投资管理有限责任公司90%的股权转让给中油资产管理有限公司，奥伊尔投资管理有限责任公司资本业务、资产负债和人员等全部并入中油资产管理有限公司。股权划转后，中油资产管理有限公司作为集团公司直属控股公司进行管理，机构规格为副局级。【中油人劳字〔2006〕575号】

同日 集团公司决定，戴宪生任中油资产管理有限公司总经理；免去王林的奥伊尔投资管理有限责任公司董事长、总经理职务。【中油任字〔2006〕576号】

同日 中共黑龙江省委决定，王亚伟同志任大庆师范学院党委书记，徐克明、贾文涛同志任党委副书记，陈少清同志任纪委书记、工会主席；徐克明任大庆师范学院院长，吕晓波、刘恒任副院长。【黑发干字〔2006〕104号 黑发干字〔2006〕107号】

同日 中共黑龙江省委决定，明晨任大庆职业学院院长。【黑发干字〔2006〕106号】

10月30日 集团公司党组决定，冉新权同志任长庆油田分公司党委书记；免去苟三权同志的党委书记、委员职务。股份公司决定，免去苟三权的长庆油田分公司副总经理职务。【中油党字〔2006〕92号 石油任字〔2006〕264号】

同日 集团公司党组决定，李善春同志任大庆炼化分公司党委委员。股份公司决定，聘任李善春为大庆炼化分公司总工程师。【中油党字〔2006〕94号 石油任字〔2006〕265号】

同日 集团公司党组决定，免去梁作利同志的辽河油田分公司党委委员职务。股份公司决定，免去梁作利的辽河油田分公司副总经理职务。【中油党

字〔2006〕95号 石油任字〔2006〕261号】

同日 集团公司党组决定，梁作利同志任山东销售分公司党委委员。股份公司决定，聘任梁作利为山东销售分公司副总经理。【中油党字〔2006〕96号 石油任字〔2006〕263号】

同日 股份公司决定，赵忠勋任股份公司规划计划部副总经理。【石油任字〔2006〕259号】

同日 集团公司党组决定，周灏同志任勘探开发研究院党委书记，赵文智同志任党委副书记，宋新民同志任党委委员；免去李学志同志的党委书记、委员职务，贾承造同志的党委副书记、委员职务，丁树柏同志的党委委员职务。股份公司决定，赵文智任勘探开发研究院院长，周灏任副院长，宋新民任总工程师；免去贾承造兼任的院长职务，李学志、丁树柏的副院长职务。【中油党字〔2006〕97号 石油任字〔2006〕260号】

同日 集团公司批复，同意中国石油天然气集团公司咨询中心注册为独立法人，名称为中国石油集团工程咨询有限责任公司，注册后该公司为集团公司成员企业，保留中国石油天然气集团公司咨询中心牌子。【中油人劳字〔2006〕594号】

10月31日 集团公司决定，调整集团公司保密委员会成员，保密委员会办公室设在集团公司办公厅。【中油人劳字〔2006〕603号】

同日 集团公司决定，聘任吴苏江为集团公司质量安全环保部副主任，严九为集团公司资本运营部投资公司专职董事。【中油任字〔2006〕598号】

同日 集团公司决定，聘任邓德利为中国石油工程建设（集团）公司副总经理兼安全总监。【中油任字〔2006〕599号】

同日 集团公司决定，聘任姜春华为华油实业开发总公司总经理；免去胡继善的总经理职务。【中油任字〔2006〕600号】

同日 集团公司决定，免去罗自坚的中国寰球工程公司副总经理、总工程师职务，退休。【中油任字〔2006〕601号】

同日 集团公司决定，免去刘海胜的集团公司总经理助理职务，退休。【中油人劳字〔2006〕602号】

同日 集团公司党组决定，郑玉宝同志任石油工业出版社党委书记；免去韩世全同志的党委书记、委员职务。【中油党字〔2006〕98号】

十 一 月

11月2日 集团公司印发《中国石油天然气集团公司关于加强研发人员激励措施的指导意见》。【中油人劳字〔2006〕612号】

11月3日 集团公司党组决定，苟三权同志任长庆石油勘探局党委委员、常委、副书记；免去江夕根同志的党委书记、常委、委员职务。【中油党字〔2006〕99号】

同日 集团公司党组决定，张维君同志任锦西炼油化工总厂党委书记；免去田庆峰同志的党委书记职务。集团公司决定，免去田庆峰的锦西炼油化工总厂副厂长职务。【中油党字〔2006〕100号 中油任字〔2006〕609号】

11月6日 股份公司决定，明确中油燃料油股份有限公司为股份公司所属地区公司，行政上由股份公司直接管理，作为股份公司的子公司，保留企业法人资格，内部按分公司管理。【石油人字〔2006〕269号】

11月8日 集团公司印发《中国石油天然气集团公司关于完善基本工资制度的指导意见》。【中油人劳字〔2006〕618号】

11月9日 股份公司印发《中国石油天然气股份有限公司完善基本工资制度的指导意见》。【石油人字〔2006〕270号】

同日 中共中央批准，蒋洁敏同志任中国石油天然气集团公司党组书记；免去陈耕同志的党组书记职务。【中委〔2006〕312号】

11月10日 国务院决定，任命蒋洁敏为中国石油天然气集团公司总经理；免去陈耕的总经理职务。【国人字〔2006〕90号】

11月13日 集团公司人事劳资部印发《关于规范统一关键和艰苦岗位上岗津贴的实施意见》。股份公司印发《关于规范统一关键和艰苦岗位上岗津贴的实施意见》。【人劳字〔2006〕285号 石油人字〔2006〕962号】

同日 集团公司党组决定，韩炜同志任新疆石油管理局工会主席；免去赵为民同志的工会主席职务。集团公司决定，聘任聂海光为新疆石油管理局副局长，赵彩玲为总会计师。【中油党字〔2006〕102号 中油任字〔2006〕630号】

11月14日 股份公司印发《关于调整和完善成品油销售企业岗位基薪工资制度的通知》。【石油人字〔2006〕967号】

11月16日 集团公司印发《中国石油天然气集团公司企业补充医疗保险管理办法》。【中油人劳字〔2006〕640号】

11月17日　集团公司决定，调整集团公司领导成员工作分工，总经理助理廖永远，在中国石油天然气股份有限公司工作；总经理助理徐文荣，协助负责企业改革和信息化建设工作，主持发展研究部工作；总经理助理汪东进，协助负责海外业务工作，主持中国石油天然气勘探开发公司工作。【中油办字〔2006〕654号】

同日　炼油与销售分公司党委决定，赵振学同志任西北销售分公司党委委员；免去田发禄同志的党委委员职务。炼油与销售分公司决定，赵振学任西北销售分公司总会计师；免去田发禄的总会计师职务。【油炼销党字〔2006〕29号　油炼销字〔2006〕348号】

11月20日　集团公司党组决定，白泽生同志任石油工业出版社党委副书记。【中油党字〔2006〕106号】

11月21日　集团公司决定，成立集团公司《西气东输工程志》编纂工作领导小组，郑虎任组长。【中油人劳字〔2006〕655号】

11月23日　股份公司人事部同意，免去任广利同志的管道分公司党委委员职务。【油人字〔2006〕980号】

十　二　月

12月8日　股份公司决定，成立中国石油海上应急救援响应中心（正处级），挂靠冀东油田分公司管理，业务归口股份公司质量安全环保部管理。【石油人字〔2006〕295号】

12月11日　集团公司党组决定，免去孙立同志的化工与销售分公司党委书记、委员职务。股份公司决定，免去孙立的化工与销售分公司总经理职务。【中油党字〔2006〕110号　石油任字〔2006〕298号】

12月14日　集团公司党组印发《中国石油天然气集团公司党员领导干部报告个人有关事项的规定》。【中油党字〔2006〕111号】

同日　股份公司决定，大庆石化分公司、兰州石化分公司所属化工研究中心划归石油化工研究院管理。【石油人字〔2006〕301号】

12月20日　集团公司决定，成立中国石油集团大连培训中心，该中心为集团公司专业技术人员培训基地。【中油人劳字〔2006〕722号】

12月27日 集团公司人事劳资部印发《集团公司总部机关及在京单位接收高校毕业生工作暂行规定》、《集团公司总部机关及在京单位京外调干工作暂行规定》。【人劳字〔2006〕324号、325号】

本年 集团公司用工总量173.58万人。

二〇〇七年

一　月

1月10日　集团公司人事劳资部印发《中国石油天然气集团公司人事统计工作考评办法》。【人劳字〔2007〕4号】

1月14日　集团公司决定，调整集团公司HSE（安全生产）委员会成员，蒋洁敏任主任，委员会办公室设在集团公司质量安全环保部。【中油人劳字〔2007〕18号】

1月22日　集团公司决定，陈明任中国石油天然气集团公司总经理助理。【中油任字〔2007〕45号】

同日　集团公司决定，聘任孙贤胜为中国石油天然气勘探开发公司副总经理。【中油任字〔2007〕34号】

1月23日　股份公司人事部决定，张豫锋同志兼任庆阳石化分公司工会主席。【油人字〔2007〕84号】

同日　炼油与销售分公司党委决定，免去潘传清同志的重庆销售分公司党委委员职务。【油炼销党字〔2007〕2号】

1月27日　集团公司召开创建“四好”（政治素质好、经营业绩好、团结协作好、作风形象好）领导班子经验交流会。【《集团公司2008年年鉴》】

二　月

2月1日　集团公司人事劳资部印发《集团公司挂职扶贫干部管理暂行办法的补充规定》。【人劳字〔2007〕48号】

2月15日　股份公司决定，成立中国石油天然气股份有限公司管道建设项目经理部，按股份公司直属单位管理，机构规格为正局级。【石油人字〔2007〕46号】

2月28日　国务院国资委党委决定，廖永远、王国樑同志任中国石油天然气集团公司党组成员；免去郑虎、贡华章同志的党组成员职务。【国资党任字〔2007〕8号】

同日 国务院国资委任命，廖永远为中国石油天然气集团公司副总经理，王国樑为总会计师；免去郑虎的副总经理职务，贡华章的总会计师职务，退休。【国资任字〔2007〕8号】

三 月

3月2日 股份公司决定，周灏兼任勘探开发研究院安全总监；免去李学志的安全总监职务。【石油任字〔2007〕53号】

3月4日 股份公司印发《中国石油天然气股份有限公司用工总量管理暂行办法》。【石油人字〔2007〕200号】

3月5日 集团公司决定，委托股份公司授权辽阳石化分公司、大连石化分公司、锦州石化分公司、锦西石化分公司、乌鲁木齐石化分公司、独山子石化分公司分别对辽阳石油化纤公司、大连石油化工公司、锦州石油化工公司、锦西炼油化工总厂、乌鲁木齐石油化工总厂、独山子石油化工总厂等单位实行全面管理。【中油人劳字〔2007〕79号、80号、81号、82号、83号、84号】

同日 集团公司党组决定，中共辽阳石化分公司委员会由孙洪来、耿承辉、张景仁、李铁、孙克栋、宋杰、吕文军、李军、朱景利、潘大强等10名同志组成，孙洪来同志任党委书记，耿承辉、李铁同志任党委副书记，张景仁同志任纪委书记、工会主席。股份公司决定，耿承辉任辽阳石化分公司总经理，聘任孙洪来、孙克栋、宋杰、吕文军、李军、朱景利等6人为副总经理，潘大强为总会计师，朱景利兼任安全总监。【中油党字〔2007〕8号 石油任字〔2007〕54号】

同日 集团公司党组决定，中共大连石化分公司委员会由马平凡、蒋凡、巩立志、张瑞祥、王继国、刘栋、杜吉洲、焦玉瑞、于明祥、马安、韩圣福等11名同志组成，马平凡同志任党委书记，蒋凡、巩立志同志任党委副书记，张瑞祥同志任纪委书记、工会主席。股份公司决定，蒋凡任大连石化分公司总经理，聘任马平凡、王继国、刘栋、杜吉洲、焦玉瑞、于明祥、马安、韩圣福等8人为副总经理，焦玉瑞兼任安全总监，韩圣福兼任总会计师。【中油党字〔2007〕9号 石油任字〔2007〕55号】

同日 集团公司党组决定，中共独山子石化分公司委员会由付德新、徐福贵、努尔麦麦提·阿曼、默新社、麦麦提·伊力、王明章、肖宏伟、吕健、陈俊豪、胡永庆、刘吉法、吕蔷、任立新等13名同志组成，付德新同志任党委书记，徐福贵、努尔麦麦提·阿曼同志任党委副书记，默新社同志任纪委书记，麦麦提·伊力同志任工会主席；免去谢延凯同志的党委书记、委员职务。股份公司决定，徐福贵任独山子石化分公司总经理，聘任付德新、王明章、肖宏伟、吕健、陈俊豪、胡永庆、刘吉法、吕蔷、任立新等9人为副总经理，陈俊豪兼安全总监；免去谢延凯的独山子石化分公司副总经理、独山子石化工程建设指挥部常务副总指挥职务。【中油党字〔2007〕10号　石油任字〔2007〕56号】

同日　股份公司决定，翁兴波任股份公司派驻独山子炼油乙烯项目财务总监督。【石油任字〔2007〕60号】

同日　集团公司党组决定，中共乌鲁木齐石化分公司委员会由杨炳升、郑明禹、努尔曼·吾甫力哈斯木、张剑、刘继远、郝新刚、宋自力、李石新、乌斯满·依米热木孜、悦仲林、陈礼军等11名同志组成，杨炳升同志任党委书记，郑明禹、努尔曼·吾甫力哈斯木同志任党委副书记，张剑同志任纪委书记、工会主席。股份公司决定，郑明禹任乌鲁木齐石化分公司总经理，聘任杨炳升、刘继远、郝新刚、宋自力、李石新、乌斯满·依米热木孜、悦仲林等7人为副总经理，陈礼军为总会计师，宋自力兼任安全总监。【中油党字〔2007〕11号　石油任字〔2007〕57号】

同日　集团公司党组决定，中共锦州石化分公司委员会由谢延凯、裴宏斌、何明杰、李波、尹航、夏中伏、胡运昌等7名同志组成，谢延凯同志任党委书记，裴宏斌同志任党委副书记，何明杰同志任党委副书记、纪委书记、工会主席；免去吕文君同志的党委书记、委员、纪委书记、工会主席职务。股份公司决定，裴宏斌任锦州石化分公司总经理，聘任谢延凯、李波、尹航、夏中伏等4人为副总经理，胡运昌为总会计师，李波兼任安全总监；王锡元办理退休。【中油党字〔2007〕12号　石油任字〔2007〕58号】

同日　集团公司党组决定，中共锦西石化分公司委员会由张维君、王洪斌、孙景毅、常力强、胡晓明、魏立东、张友才、陈志、崔柳凡等9名同志组成，张维君同志任党委书记，王洪斌、常力强同志任党委副书记，孙景毅同志任纪委书记、工会主席。股份公司决定，王洪斌任锦西石化分公司总经理，聘任张维君、胡晓明、魏立东、张友才、陈志等5人为副总经理，张友才兼安全总监，崔

柳凡为总会计师。【中油党字〔2007〕13号　石油任字〔2007〕59号】

同日　集团公司决定，王洪斌任锦西炼油化工总厂厂长；免去张维君的厂长职务。【中油任字〔2007〕104号】

3月6日　集团公司决定，自2007年1月1日起，四川石油管理局所属资阳钢管厂全部业务、在册职工和相关资产整体划转中国石油物资装备（集团）总公司所属宝鸡石油钢管厂。【中油人劳字〔2007〕90号】

3月7日　股份公司决定，成立中国石油四川石化有限责任公司，为股份公司控股子公司，行政上由股份公司直接管理，炼油业务归口炼油与销售分公司管理，化工业务归口化工与销售分公司管理。机构规格为正局级，该公司成立后，即行撤销四川乙烯项目筹备组。【石油人字〔2007〕62号】

3月9日　集团公司决定，对集团公司和股份公司两个机关质量安全环保部实施整合，设立集团公司、股份公司安全环保部（人员管理纳入股份公司机关序列），集团公司、股份公司质量管理与节能部（人员管理纳入集团公司机关序列）。【中油人劳字〔2007〕93号】

3月10日　集团公司党组决定，郭万奎同志任大庆油田有限责任公司党委委员、海拉尔石油勘探开发指挥部党委书记。股份公司决定，聘任郭万奎为大庆油田有限责任公司副总经理兼海拉尔石油勘探开发指挥部指挥，免去其大庆油田有限责任公司勘探开发研究院院长职务。【中油党字〔2007〕16号　石油任字〔2007〕68号】

同日　集团公司党组决定，中共四川石化有限责任公司委员会由赵增和、栗东生、姜吉祥、陈位强、刘迪等5名同志组成，赵增和同志任党委书记，栗东生同志任副书记。股份公司决定，栗东生任四川石化有限责任公司总经理，聘任赵增和、姜吉祥、陈位强、刘迪等4人为副总经理。【中油党字〔2007〕17号　石油任字〔2007〕69号】

3月12日　集团公司决定，免去孙成立的华油北京服务总公司副总经理职务。【中油任字〔2007〕98号】

同日　集团公司决定，贺荣芳任集团公司安全环保部主任，张幸福、吴苏江任副主任；于洪金任集团公司质量管理与节能部主任，杨果、黄飞任副主任。【中油任字〔2007〕99号　中油任字〔2007〕100号】

3月13日 股份公司决定，贺荣芳任股份公司安全环保部总经理，张幸福、吴苏江任副总经理；于洪金任股份公司质量管理与节能部总经理，杨果、黄飞任副总经理。【石油任字〔2007〕71号】

同日 集团公司决定，耿承辉兼任辽阳石油化纤公司经理；免去栗东生的经理职务。【中油任字〔2007〕103号】

同日 集团公司决定，裴宏斌兼任锦州石油化工公司经理；免去陈青松的经理职务。【中油任字〔2007〕106号】

同日 集团公司决定，徐福贵任独山子石油化工总厂厂长；免去付德新的厂长职务。【中油任字〔2007〕108号】

3月14日 股份公司印发《中国石油天然气股份有限公司人工成本管理暂行办法》。【石油人字〔2007〕222号】

同日 股份公司人事部印发《中国石油天然气股份有限公司职业技能竞赛管理办法》。【油人字〔2007〕201号】

同日 股份公司决定，成立东北炼化工程公司筹备组（内部按正局级管理），陈青松任筹备组组长。【石油人字〔2007〕70号】

3月 股份公司决定，将所持中国联合石油有限责任公司70%的股权转让给集团公司，股权划转后，中国联合石油有限责任公司列入集团公司机构序列，仍与中国石油国际事业有限公司合署办公。【中国联合石油有限责任公司上报】

四 月

4月2日 集团公司决定，成立集团公司储备油公司，不进行法人注册，按分公司管理，该公司挂靠在集团公司财务资产部，实行一个机构、一套人马、两块牌子的管理方式，对内称中国石油天然气集团公司储备油办公室，对外称中国石油天然气集团公司储备油公司。【中油人劳字〔2007〕136号】

同日 股份公司决定，免去刘凯信的股份公司规划计划部副总经理职务。【石油任字〔2007〕89号】

4月3日 炼油与销售分公司决定，免去西金来同志的大连销售分公司党委副书记、纪委书记、工会主席职务，退休。【油炼销党字〔2007〕8号】

同日 黑龙江省政府决定，杨锐锋任大庆师范学院副院长。【黑人任字〔2007〕24号】

4月6日 股份公司人事部印发《中国石油天然气股份有限公司总部机关部门和专业公司中级管理人员绩效考核暂行办法》。【油人字〔2007〕250号】

4月10日 国务院国资委党委批准，同意蒋洁敏为中国石油天然气股份有限公司董事长人选；免去陈耕的董事、董事长职务。【国资党委干一〔2007〕66号】

4月11日 国务院国资委党委决定，李新华同志任中国石油天然气集团公司党组成员。【国资党任字〔2007〕23号】

同日 国务院国资委决定，任命李新华为中国石油天然气集团公司副总经理。【国资任字〔2007〕34号】

4月12日 中油国际工程有限责任公司党委批复，同意邓德利同志任中国石油工程建设（集团）公司党委委员。【国际党字〔2007〕8号】

4月18日 集团公司决定，成立集团公司国家石油公司（NOC）论坛工作领导小组，周吉平任组长，秘书处设在集团公司国际事业部（外事局）。【中油人劳字〔2007〕171号】

4月19日 集团公司决定，马桂成任集团公司矿区服务工作部主任，胡绎任副主任。【中油任字〔2007〕169号】

同日 集团公司党组决定，免去李殿敏同志的大庆石油化工总厂党委书记、常委、委员职务。【中油党字〔2007〕22号】

4月20日 集团公司决定，曹政言任集团公司政策研究室主任，卢思忠任副主任。【中油任字〔2007〕172号】

同日 集团公司决定，于毅波任集团公司资本运营部主任，王征、魏国良、丁士炉、方栋良等4人任副主任，周抚生、王跃峰、向泽、陈方红、严九等5人任专职董事，纪成岐、卢丽平任专职监事；免去李庆毅的主任职务。股份公司决定，于毅波任股份公司资本运营部总经理，王征、魏国良、丁士炉、方栋良等4人任副总经理，周抚生、王跃峰、向泽、陈方红、严九等5人任专职董事，纪成岐、卢丽平任专职监事。【中油任字〔2007〕173号 石油任字〔2007〕117号】

同日 集团公司决定，施哲彦任集团公司维护稳定工作办公室（综合治理办公室）主任，免去其兼任的集团公司办公厅副主任职务。【中油任字〔2007〕176号】

同日 集团公司决定，樊胜利任集团公司离退休职工管理局（老干部局）局长；免去蒿成的局长职务。【中油任字〔2007〕177号】

同日　集团公司党组决定，李庆毅同志任中国石油物资装备（集团）总公司党委委员、副书记；免去王涛同志的党委副书记、委员职务。集团公司决定，李庆毅任中国石油物资装备（集团）总公司总经理；免去王涛的总经理职务。【中油党字〔2007〕23号　中油任字〔2007〕175号】

同日　股份公司决定，张伟任北京油气调控中心副主任。【石油任字〔2007〕101号】

同日　股份公司决定，吴宏任管道建设项目经理部总经理，董盛厚任副总经理。【石油任字〔2007〕102号】

4月21日　集团公司党组决定，李伟同志任北京华油天然气有限责任公司党委书记、纪委书记、工会主席，刘磊同志任党委副书记；免去刘勇同志的党委书记、委员职务，姚伟同志的党委委员职务。股份公司决定，刘磊任北京华油天然气有限责任公司总经理，李伟任副总经理；免去刘勇的总经理职务（退休），姚伟的副总经理职务。【中油党字〔2007〕25号　石油任字〔2007〕116号】

同日　集团公司党组决定，李建青同志任勘探开发研究院党委委员，兼任勘探开发研究院西北分院党委书记，雷群同志兼任勘探开发研究院廊坊分院党委书记，邹才能同志任勘探开发研究院党委委员；免去方克礼同志的勘探开发研究院西北分院党委书记职务（退休），朱开成同志的勘探开发研究院廊坊分院党委书记职务。股份公司决定，李建青任勘探开发研究院副院长兼西北分院院长，宋新民任勘探开发研究院副院长兼总工程师，邹才能任勘探开发研究院副院长兼总地质师；免去刘全新的勘探开发研究院西北分院院长职务（退休）。【中油党字〔2007〕26号　石油任字〔2007〕113号】

同日　股份公司决定，委派徐凤银任中联煤层气国家工程研究中心有限责任公司副总经理。【石油任字〔2007〕114号】

4月23日　集团公司决定，对集团公司和股份公司两个机关的维护稳定职能实施整合调整，设立集团公司维护稳定工作办公室，同时挂集团公司、股份公司综合治理办公室牌子，按集团公司机关职能部门管理。【中油人劳字〔2007〕178号】

同日　集团公司党组决定，熊金良、赵平起同志任大港油田分公司党委委员。股份公司决定，聘任熊金良为大港油田分公司副总经理，赵平起为总地质师。【中油党字〔2007〕27号　石油任字〔2007〕111号】

同日 集团公司党组决定，宗贻平同志任青海油田分公司党委书记，付锁堂同志任党委委员；免去李建青同志的党委书记、委员职务，徐凤银同志的党委委员职务。【中油党字〔2007〕28号】

同日 集团公司党组决定，冯尚存同志任长庆油田分公司党委委员、副书记、纪委书记、工会主席，刘德同志任党委委员；免去冉新权同志的纪委书记、工会主席职务。股份公司决定，聘任刘德为长庆油田分公司总会计师。【中油党字〔2007〕29号 石油任字〔2007〕110号】

同日 集团公司党组决定，王光军同志任吉林石化分公司党委委员、书记，沈殿成同志任党委副书记，免去其党委书记职务。股份公司决定，王光军任吉林石化分公司副总经理。【中油党字〔2007〕30号 石油任字〔2007〕108号】

同日 集团公司党组决定，李殿敏同志任东北化工销售分公司党委委员、书记；免去王光军同志的党委书记、委员职务。股份公司决定，李殿敏任东北化工销售分公司总经理；免去王光军的总经理职务。【中油党字〔2007〕31号 石油任字〔2007〕107号】

同日 集团公司党组决定，成立中共广西石化分公司委员会，吴恩来、王学文、李军、叶志伟、于学恭等5名同志任党委委员，吴恩来同志任党委书记、纪委书记、工会主席。【中油党字〔2007〕32号】

同日 集团公司党组决定，姚伟同志任管道分公司党委委员、书记；免去刘磊同志的党委书记、委员职务，董盛厚同志的党委委员职务。股份公司决定，姚伟任管道分公司总经理；免去刘磊的总经理职务，董盛厚的副总经理职务。【中油党字〔2007〕33号 石油任字〔2007〕106号】

同日 集团公司党组决定，王小平同志任西气东输管道分公司党委委员；免去李伟同志的党委副书记、委员、纪委书记、工会主席职务。股份公司决定，王小平任西气东输管道分公司副总经理。【中油党字〔2007〕34号 石油任字〔2007〕105号】

同日 集团公司决定，推荐王亮为中意财产保险有限公司董事长人选，王林为中意人寿保险有限公司董事长人选；免去王林的中意财产保险有限公司董事长职务，李忠臣的中意人寿保险有限公司董事长职务。【《集团公司2008年年鉴》】

4月24日 集团公司决定，对集团公司和股份公司两个机关的资本运营部

实施整合，设立集团公司、股份公司资本运营部，人员管理纳入集团公司机关序列。【中油人劳字〔2007〕179号】

同日 集团公司决定，成立集团公司矿区服务工作部，该部列集团公司机关职能部门管理。【中油人劳字〔2007〕180号】

同日 集团公司决定，成立集团公司政策研究室，该室列集团公司机关职能部门管理，撤销集团公司发展研究部。【中油人劳字〔2007〕181号】

同日 集团公司决定，成立集团公司节能减排工作领导小组，蒋洁敏任组长，领导小组办公室设在集团公司质量管理与节能部。【中油人劳字〔2007〕243号】

同日 集团公司决定，塔里木勘探开发指挥部、青海石油管理局、中国石油集团科学技术研究院等3个单位所持的中国石油集团测井有限公司股权，全部上划集团公司持有。【财资字〔2007〕32号】

4月27日 集团公司党组决定，单祥国同志任华北石油管理局党委书记；免去马桂成同志的党委书记、常委、委员职务。集团公司决定，免去马桂成的华北石油管理局副局长职务。【中油党字〔2007〕35号 中油任字〔2007〕192号】

4月28日 集团公司决定，调整集团公司国家安全领导小组成员，周吉平任组长，领导小组办公室设在集团公司办公厅。【中油人劳字〔2007〕194号】

同日 集团公司决定，调整集团公司社会治安综合治理领导小组成员，王福成任组长，领导小组办公室设在集团公司维护稳定工作办公室（综合治理办公室）。【中油人劳字〔2007〕195号】

同日 集团公司决定，调整集团公司维护稳定工作领导小组成员，蒋洁敏任组长。【中油人劳字〔2007〕196号】

同日 集团公司决定，调整集团公司北京2008年奥运会合作伙伴工作领导小组成员，段文德任组长。【中油人劳字〔2007〕197号】

同日 集团公司决定，成立集团公司水平井工作领导小组，廖永远、胡文瑞任组长，领导小组办公室设在集团公司工程技术与市场部。【中油人劳字〔2007〕223号】

4月 国务院国资委党委批复，将集团公司直属机关党委更名为集团公司直属党委。【集团公司直属党委上报】

五　月

5月9日　集团公司决定，调整集团公司领导成员工作分工，总经理、党组书记蒋洁敏，负责集团公司、股份公司全面工作，分管政策研究、审计、监察、人事劳资工作；副总经理、党组成员周吉平，负责海外业务、外事工作，分管办公厅、国际事业部（外事局），协助分管政策研究室、审计部；副总经理、党组成员段文德，负责重点工程建设、物资采购工作，在股份公司工作；副总经理、党组成员王宜林，负责规划计划、科技发展、信息化建设、质量标准化、节能工作，分管规划计划部、科技发展部、信息管理部、质量管理与节能部；副总经理、党组成员曾玉康，负责大庆地区石油石化企业改革发展稳定的全面组织协调工作，主持大庆石油管理局工作；纪检组组长、党组成员王福成，负责纪检检查、思想政治工作、新闻宣传、维护稳定工作，主持集团公司直属党委工作，分管党组纪检组（监察部）、思想政治工作部（企业文化部）、直属党委、维护稳定工作办公室，协助分管人事劳资部；副总经理、党组成员李新华，负责法律事务、装备制造、矿区服务和老干部工作，分管法律事务部、矿区服务工作部和离退休职工管理局（老干部局）；副总经理、党组成员廖永远，负责健康安全环保、工程技术工作，分管安全环保部、工程技术部，在股份公司工作；总会计师、党组成员王国樑，负责财务资产、资本运营工作，分管财务资产部、资本运营部。【中油办字〔2007〕215号】

5月11日　集团公司人事劳资部决定，吴志良同志任集团公司广州培训中心党委委员。【人劳字〔2007〕120号】

5月15日　集团公司党组批复，同意中共中国石油天然气集团公司直属第九届委员会由王永春、王益岭、王福成、朱忠虎、刘敏星、关晓红、李万余、李华民、李晓络、李润生、周灏等11名同志组成，王福成同志任党委书记，刘敏星同志任党委常务副书记，李晓络、王益岭同志任党委副书记，李晓络同志任纪委书记。【中油党字〔2007〕36号】

同日　集团公司印发《关于提高两院院士待遇的通知》。【中油人劳字〔2007〕225号】

5月20日　中国石油天然气股份有限公司临时董事会会议召开，选举蒋洁敏为中国石油天然气股份有限公司董事长。【《中国石油大事记》】

5月22日　集团公司党组决定，成立陕西省石油石化企业协调组，王道富任组长。【中油党字〔2007〕37号】

5月23日　集团公司决定，调整集团公司业绩考核委员会成员，王福成任主任，委员会办公室设在集团公司人事劳资部。【中油人劳字〔2007〕241号】

5月24日　炼油与销售分公司党委决定，赵尔全、张贵升、孙立志等3名同志任吉林销售分公司党委委员。炼油与销售分公司决定，赵尔全、张贵升同志任吉林销售分公司副总经理，孙立志任总会计师。【油炼销党字〔2007〕11号　油炼销字〔2007〕184号】

5月28日　集团公司人事劳资部决定，推荐张博闻为中国石油天然气香港有限公司董事；免去王明才、江夕根、王利德等3人的董事职务。【人劳函字〔2007〕45号】

同日　集团公司人事劳资部批复，同意成立集团公司海外防恐安全和HSE办公室，挂靠集团公司国际事业部。【人劳字〔2007〕132号】

5月29日　集团公司印发《中国石油天然气集团公司管理专家管理办法》。【中油人劳字〔2007〕249号】

六　月

6月4日　集团公司决定，调整集团公司职称改革工作领导小组成员，蒋洁敏任组长。【中油人劳字〔2007〕258号】

6月5日　集团公司印发《关于加强和规范一线队伍管理的意见》、《中国石油天然气集团公司市场化用工管理暂行办法》。【中油人劳字〔2007〕276号、277号】

6月6日　集团公司决定，成立集团公司石油商业储备领导小组，王国樑任组长，领导小组办公室设在集团公司储备油办公室。【中油人劳字〔2007〕265号】

6月7日　集团公司人事劳资部决定，自2007年1月1日起，集团公司离退休职工管理局（老干部局）所属北京华油经济技术开发公司成建制划转中国华油集团公司管理。【人劳字〔2007〕138号】

6月8日　股份公司决定，成立中国石油天然气股份有限公司西部管道原油销售分公司，由中国石油集团西部管道有限责任公司代管，分开建账，单

独核算，业务上由天然气与管道分公司归口管理。【石油人字〔2007〕153号】

同日 集团公司决定，吴枚任集团公司规划计划部主任，孔祥国、白玉光、连建家、姜力孚、赵忠勋等5人任副主任；免去刘宏斌的主任职务。【中油任字〔2007〕271号】

同日 集团公司决定，黄刚任集团公司维护稳定工作办公室（综合治理办公室）副主任。【中油任字〔2007〕272号】

同日 集团公司决定，周抚生任集团公司矿区服务工作部副主任，免去其集团公司资本运营部专职董事职务。【中油任字〔2007〕273号】

同日 集团公司决定，周惠任中国石油物资装备（集团）总公司副总经理。【中油任字〔2007〕274号】

6月11日 股份公司决定，组建中石油东北炼化工程有限公司（正局级），为股份公司的全资子公司，内部按地区分公司管理，行政上由股份公司直接管理，业务上由化工与销售分公司归口管理。【石油人字〔2007〕167号】

同日 集团公司决定，自2007年7月1日起，委托股份公司授权大庆石化分公司、抚顺石化分公司、兰州石化分公司分别对大庆石油化工总厂、抚顺石油化工公司、兰州石油化工公司等单位实行全面管理。【中油人劳字〔2007〕267号、268号、269号】

6月12日 集团公司党组决定，张国珍同志任勘探与生产分公司党委委员。股份公司决定，张国珍任勘探与生产分公司副总经理兼总工程师。【中油党字〔2007〕53号 石油任字〔2007〕172号】

同日 集团公司党组决定，中共大庆石化分公司委员会由郑怀义、杨继钢、王东军、万志强、焦同祥、朱喜龙、杨大明、黄成义、王金娥、李天书、王彬、陈汇明等12名同志组成，郑怀义同志任党委书记，杨继钢、王东军同志任党委副书记，陈汇明同志任纪委书记、工会主席；免去勾振东同志的党委书记、委员职务。股份公司决定，杨继钢任大庆石化分公司总经理，聘任郑怀义、万志强、焦同祥、朱喜龙、杨大明、黄成义、王金娥、李天书、王彬等9人为副总经理，焦同祥兼任安全总监；免去勾振东的副总经理职务。【中油党字〔2007〕40号 石油任字〔2007〕154号】

同日 集团公司党组决定，冷胜军同志任大庆炼化分公司党委书记；免去于宝祥同志的党委书记、委员职务，张振同志的党委委员职务。股份公司决定，聘任冷胜军为大庆炼化分公司副总经理；免去张振的副总经理职务。【中油党字〔2007〕41号　石油任字〔2007〕165号】

同日　股份公司决定，推荐王振刚任中国船舶燃料有限责任公司副董事长。【石油任字〔2007〕173号】

6月13日　国务院国资委党委批复，同意孙龙德、沈殿成、刘宏斌等3人为中国石油天然气股份有限公司副总裁人选，周明春为财务总监人选；免去王国樑的财务总监职务。【国资党委干一〔2007〕95号】

同日　集团公司党组决定，中共抚顺石化分公司委员会由玄昌伟、李若平、白连刚、钱新华、李耕南、石振东、陈港、徐晓明、李京辉、王洪军、刘荣江、巴恒越等12名同志组成，玄昌伟同志任党委书记，李若平同志任党委副书记，白连刚同志任党委副书记、纪委书记、工会主席；免去冷胜军同志的党委书记、委员、纪委书记、工会主席职务。股份公司决定，李若平任抚顺石化分公司总经理，聘任玄昌伟、钱新华、李耕南、石振东、徐晓明、李京辉、王洪军、刘荣江、巴恒越等9人为副总经理，陈港为总会计师，李耕南兼任安全总监，刘荣江兼任总工程师。【中油党字〔2007〕42号　石油任字〔2007〕156号】

同日　集团公司党组决定，中共吉林石化分公司委员会由申尧民、王光军、张兴福、倪慕华、周海峰、李崇杰、李殿军、邱克、段良伟、李纯、王春霞等11名同志组成，申尧民同志任党委书记；王光军同志任党委副书记，免去其党委书记职务；张兴福同志任党委副书记、纪委书记、工会主席；免去沈殿成同志的党委副书记、党委委员职务。股份公司决定，王光军任吉林石化分公司总经理，聘任申尧民、倪慕华、周海峰、李崇杰、李殿军、邱克、段良伟、李纯等8人为副总经理，王春霞为总会计师，李崇杰、李殿军兼任总工程师，段良伟兼任安全总监；免去沈殿成的总经理职务。【中油党字〔2007〕43号　石油任字〔2007〕157号】

同日　集团公司党组决定，中共兰州石化分公司委员会由王庭富、喻宝才、李政华、夏荣安、蒋尚军、丁军、高志文、李汝新、王凌、李家民、杨健、赵金法等12名同志组成，王庭富同志任党委书记，喻宝才同志任党委副书记，李政华同志任党委副书记、纪委书记、工会主席。股份公司决定，喻宝才任兰州石化分公司总经理，聘任王庭富、夏荣安、蒋尚军、丁军、高志文、李汝新、王凌、李家民、杨健、赵金法等10人为副总经理，蒋尚军兼任总会计师，李家民兼任安全总监。【中油党字〔2007〕44号　石油任字〔2007〕162号】

同日　集团公司党组决定，姚志强同志任四川销售分公司党委副书记，许强同志任党委委员；免去杨顺成同志的党委副书记、委员职务。股份公司决定，姚志强任四川销售分公司总经理，聘任许强为副总经理；免去杨顺成的总经理职务。【中油党字〔2007〕45号　石油任字〔2007〕163号】

同日　集团公司党组决定，王学泠同志任辽宁销售分公司党委副书记；免去王振刚同志的党委副书记、委员职务。股份公司决定，王学泠任辽宁销售分公司总经理；免去王振刚的总经理职务。【中油党字〔2007〕46号　石油任字〔2007〕160号】

同日　集团公司党组决定，宋文杰同志任塔里木油田分公司党工委书记，周新源同志任党工委副书记；免去孙龙德同志的党工委书记、常委职务，秦刚同志的党工委副书记、常委、纪工委书记、工会主席职务。股份公司决定，周新源任塔里木油田分公司总经理；免去孙龙德的总经理职务。【中油党字〔2007〕47号　石油任字〔2007〕164号】

同日　集团公司党组决定，廖仕孟同志任西南油气田分公司党委委员。股份公司决定，聘任廖仕孟为西南油气田分公司副总经理兼川东北高含硫气田开发建设项目部经理。【中油党字〔2007〕48号　石油任字〔2007〕158号】

同日　集团公司党组决定，王志学同志任青海油田分公司工会主席。【中油党字〔2007〕49号】

同日　集团公司党组决定，李懂章同志任大庆油田有限责任公司第一采油厂党委书记；免去杨广山同志的党委书记职务。【中油党字〔2007〕50号】

同日　集团公司党组决定，秦刚同志任西气东输管道分公司党委书记、纪委书记、工会主席，黄泽俊同志任党委副书记，免去其党委书记职务。【中油党字〔2007〕51号】

同日　集团公司党组决定，马自勤同志任宁夏销售分公司党委书记；免去严进元同志的党委书记、委员职务。炼油与销售分公司决定，马自勤任宁夏销售分公司副总经理；免去严进元、来建国的副总经理职务，退休。【中油党字〔2007〕52号　油炼销字〔2007〕211号】

同日　股份公司决定，胡兢克任炼化工程建设项目部总经理，聘任杨健、

于明祥、李军、杨建让等4人为副总经理。【石油任字〔2007〕382号】

同日　股份公司决定，聘任董焕忠为大庆油田有限责任公司勘探开发研究院院长。【石油任字〔2007〕161号】

同日　股份公司决定，杜丽学任青海销售分公司总经理；免去杨顺义的总经理职务。炼油与销售分公司党委决定，杜丽学同志任青海销售分公司党委副书记；免去杨顺义同志的党委副书记、委员职务。【石油任字〔2007〕155号　油炼销党字〔2007〕14号】

同日　炼油与销售分公司决定，免去杜丽学的西北销售分公司副总经理、安全总监职务。【油炼销字〔2007〕212号】

同日　股份公司决定，杨顺义任甘肃销售分公司总经理；免去张德义的总经理职务，退休。炼油与销售分公司党委决定，杨顺义同志任甘肃销售分公司党委副书记；免去张德义同志的党委副书记、委员职务。【石油任字〔2007〕159号　油炼销党字〔2007〕15号】

6月15日　集团公司决定，集团公司和股份公司两个机关的规划计划部实施整合，设立集团公司、股份公司规划计划部，建立统一机构，实施统一管理，按照两个投资主体、分账运行的方式运作，人员管理纳入集团公司机关序列。【中油人劳字〔2007〕280号】

同日　集团公司决定，调整集团公司定点扶贫与援藏工作领导小组成员，周吉平任组长，领导小组办公室设在集团公司办公厅。【中油人劳字〔2007〕282号】

同日　集团公司决定，调整集团公司密码工作领导小组成员，周吉平任组长，领导小组办公室设在集团公司办公厅。【中油人劳字〔2007〕283号】

同日　集团公司决定，对新疆石油管理局、吐哈石油勘探开发指挥部风险作业服务业务实施整合，自2007年1月1日起，将在册职工整体划入股份公司，并分别由新疆油田分公司，吐哈油田分公司进行管理。【中油人劳字〔2007〕281号】

同日　集团公司人事劳资部印发《中国石油天然气集团公司技能专家考核暂行办法》、《中国石油天然气集团公司留学人员派遣落户管理办法》。【人劳字〔2007〕155号　人劳字〔2007〕196号】

6月18日　股份公司决定，凌霄任西部管道原油销售分公司总经理。【石油任字〔2007〕175号】

6月19日 中国石油天然气股份有限公司第三届董事会第七次会议召开，同意聘任孙德龙、沈殿成、刘宏斌等3人为中国石油天然气股份有限公司副总裁，周明春为财务总监，蔺爱国为总工程师。【董决字〔2007〕14号】

同日 集团公司人事劳资部决定，自2007年1月1日起，将长庆石油勘探局、东方地球物理公司在长庆油田分公司13个采油作业区工作的在册职工划入长庆油田分公司管理。【人劳字〔2007〕159号】

同日 集团公司人事劳资部决定，自2007年6月30日起，中国石油集团工程设计有限责任公司东北分公司、锦州石油化工公司设计院、锦西炼油化工总厂设计院等3个单位划入中石油东北炼化工程有限公司管理。【人劳字〔2007〕160号】

同日 集团公司决定，喻宝才任兰州石油化工公司总经理；免去姚志强的总经理职务。【中油任字〔2007〕295号】

同日 集团公司决定，李若平任抚顺石油化工公司经理；免去玄昌伟的经理职务。【中油任字〔2007〕296号】

同日 集团公司决定，王光军任吉化集团公司经理；免去王学泠的经理职务。【中油任字〔2007〕297号】

同日 股份公司决定，吴枚任股份公司规划计划部总经理，孔祥国、白玉光、连建家、姜力孚、赵忠勋等5人任副总经理。【石油任字〔2007〕177号】

同日 股份公司决定，陈永武任油气储量评审办公室主任；免去萧德铭的主任职务，退休。【石油任字〔2007〕178号】

6月20日 集团公司决定，肖燕明兼任集团公司储备油气办公室（储备油公司）主任（总经理）。【中油任字〔2007〕304号】

6月25日 集团公司决定，成立集团公司矿区服务系统改革领导小组，李新华任组长，领导小组办公室设在集团公司矿区服务工作部。【中油人劳字〔2007〕311号】

同日 集团公司决定，调整集团公司绿化委员会成员，李新华任组长，委员会办公室设在集团公司矿区服务工作部。【中油人劳字〔2007〕312号】

同日 集团公司决定，调整集团公司住房制度改革领导小组成员，李新华任组长，领导小组办公室设在集团公司矿区服务工作部。【中油人劳字〔2007〕313号】

同日　集团公司决定，长庆石油勘探局、华北石油管理局、吐哈石油勘探开发指挥部、西安石油勘探仪器总厂等4个单位所持有的中国石油集团测井有限公司股权全部划转到集团公司。股权划转后，中国石油集团测井有限公司变更为一人有限责任公司。【中油资字〔2007〕307号】

同日　集团公司党组决定，沈殿成同志兼任化工与销售分公司党委书记；免去杜建荣同志的党委副书记、委员职务。股份公司决定，沈殿成兼任化工与销售分公司总经理；免去杜建荣的副总经理职务。【中油党字〔2007〕59号　石油任字〔2007〕182号】

同日　集团公司决定，将吐哈石油勘探开发指挥部承担吐哈油田难采储量、长停井、低效井、边缘井等油气资源风险作业的油气合作开发公司整体由吐哈油田分公司收购。【中油人事字〔2007〕465号】

6月26日　集团公司决定，自2007年4月30日起，中国石油天然气管道局所属辽阳钢管厂整体划转中国石油物资装备（集团）总公司所属的宝鸡石油钢管厂。【中油人劳字〔2007〕318号】

6月27日　股份公司决定，调整股份公司领导成员工作分工，副总裁孙龙德，负责资源配置和投资管理工作，分管规划计划部；副总裁沈殿成，负责炼油、化工工作，主持化工与销售分公司工作；副总裁刘宏斌，负责成品油销售工作；财务总监周明春，负责财务、资本市场和内控工作，主持财务部工作，分管财务部、资本运营部、内控部；总工程师蔺爱国，负责炼油、化工技术工作，主持炼油与销售分公司工作。【石油办字〔2007〕183号】

6月28日　集团公司决定，免去陈永武的咨询中心副主任职务，张国珍的集团公司科技发展部副主任职务。【中油任字〔2007〕322号】

同日　集团公司党组决定，免去黄刚同志的辽河石油勘探局党委副书记、常委、委员、纪委书记、工会主席职务。【中油党字〔2007〕60号】

6月29日　集团公司党组决定，表彰集团公司先进基层党组织、优秀共产党员和优秀党务工作者。大庆石油管理局1205钻井队党支部等305个基层党组织被授予“先进党组织”荣誉称号，李新民等402名同志被授予“优秀共产党员”荣誉称号，李忠诚等265名同志被授予“优秀党务工作者”荣誉称号。【《集团公司2008年年鉴》】

七　月

7月3日　集团公司决定，周新源任塔里木石油勘探开发指挥部指挥；免去孙龙德的指挥职务。【中油任字〔2007〕323号】

同日　集团公司人事劳资部决定，青海石油管理局、冀东石油勘探开发公司、林源炼油厂、前郭炼油厂等4个单位的在册职工整体划入股份公司，分别由相应的上市企业实行全面管理。【人劳字〔2007〕164号】

同日　集团公司人事劳资部决定，高正琦任中油资产管理有限公司副总经理。【人劳字〔2007〕165号】

7月4日　集团公司党组决定，成立吉林松原地区石油石化企业协调组，侯启军任组长。【中油党字〔2007〕62号】

同日　集团公司党组印发《中国石油天然气集团公司领导人员述廉议廉办法》。【中油党字〔2007〕64号】

同日　集团公司党组决定，周惠同志任中国石油物资装备（集团）总公司党委委员。【中油党字〔2007〕63号】

7月6日　股份公司决定，陈青松任中石油东北炼化工程有限公司总经理、武军任副总经理。【石油任字〔2007〕190号】

7月12日　四川石化有限责任公司首次股东会及首届董事会、监事会第一次会议召开，选举沈殿成为董事长，茆俊强为副董事长；选举朱平为监事会主席；聘任栗东生为总经理、法定代表人，赵增和、姜吉祥、陈位强、刘迪等4人为副总经理。【四川石化有限责任公司上报】

7月20日　集团公司作出《关于表彰中国石油天然气集团公司标兵个人、标杆班组及先进班组的决定》。授予大庆石油管理局李新民等10人“集团公司标兵个人”称号，授予抚顺石化分公司“王海班”等100个班组“集团公司标杆班组”称号，授予大庆油田分公司采油一厂中二采油队4号井组等100个班组“集团公司先进班组”称号。【《集团公司2008年年鉴》】

同日　集团公司党组决定，免去杜吉洲同志的大连石化分公司党委委员职务。股份公司决定，免去杜吉洲的大连石化分公司副总经理职务。【中油党字〔2007〕71号　石油任字〔2007〕220号】

7月23日　股份公司决定，在中国石油勘探开发研究院杭州地质研究所的基础上组建中国石油天然气股份有限公司杭州地质研究院，机构规格为副局级，按中国石油勘探开发研究院分院管理。【石油人字〔2007〕206号】

7月26日　集团公司决定，廖永远任中国石油天然气集团公司安全总监（兼）；免去王宜林兼任的安全总监职务。【中油任字〔2007〕365号】

7月27日　集团公司决定，自2007年7月1日起，委托股份公司授权吉林油田分公司对吉林石油集团有限责任公司实行全面管理。【中油人劳〔2007〕369号】

同日　集团公司决定，谢戈果任集团公司内部控制部主任，周国芳、于广纯任副主任。【中油任字〔2007〕370号】

同日　集团公司决定，李斌任集团公司物资采购管理部主任，王国强、王少征任副主任。【中油任字〔2007〕371号】

同日　集团公司党组决定，白泽生同志任中国石油报社党委委员、书记、纪委书记；免去肖平同志的党委书记、委员、纪委书记职务。集团公司决定，白泽生任中国石油报社社长；免去肖平的社长职务。【中油党字〔2007〕68号　中油任字〔2007〕372号】

同日　集团公司决定，孙先锋任集团公司审计部主任，闫光、刘毅、刘东徐、卢宏等4人任副主任。【中油任字〔2007〕373号】

7月30日　集团公司党组决定，中共吉林油田分公司委员会由梁秀春、侯启军、马平超、周荣阁、马卫东、刘兴忠、张凤民、林宽海、赵志魁等9名同志组成，梁秀春同志任党委书记，侯启军同志任党委副书记，马平超同志任党委副书记、纪委书记、工会主席；免去范国籍、姜鹏飞同志的党委委员职务。股份公司决定，侯启军任吉林油田分公司总经理，聘任梁秀春、周荣阁、马卫东、刘兴忠、张凤民、林宽海等6人为副总经理，赵志魁为总地质师，张凤民兼任安全总监，林宽海兼任总会计师；免去范国籍的副总经理职务。【中油党字〔2007〕69号　石油任字〔2007〕217号】

同日　集团公司党组决定，杜吉洲同志任呼和浩特石化分公司党委副书记。股份公司决定，杜吉洲任呼和浩特石化分公司总经理，李文勖任副总经理，免去其总经理职务。【中油党字〔2007〕70号　石油任字〔2007〕221号】

同日　集团公司党组决定，中共中石油东北炼化工程有限公司委员会由陈青松、武军、高晓明、徐晓明、范喜哲等5名同志组成，陈青松同志任党委书记。股份公司决定，聘任高晓明为中石油东北炼化工程有限公司总会计师，徐晓明、

范喜哲为副总经理。【中油党字〔2007〕72号　石油任字〔2007〕216号】

同日　集团公司党组决定，李汝新同志任宁夏石化分公司党委委员。股份公司决定，聘任李汝新为宁夏石化分公司副总经理。【中油党字〔2007〕74号　石油任字〔2007〕215号】

同日　集团公司党组决定，免去姜昌亮同志的西气东输管道分公司党委委员职务。股份公司决定，免去姜昌亮的西气东输管道分公司副总经理、安全总监职务。【中油党字〔2007】76号　石油任字〔2007〕219号】

同日　集团公司党组决定，免去陈健峰同志的管道分公司党委委员职务。股份公司决定，免去陈健峰的管道分公司副总经理职务。【中油党字〔2007〕77号　石油任字〔2007〕218号】

同日　集团公司党组决定，姜昌亮、陈健峰同志任天然气与管道分公司党委委员；免去吴宏同志的党委委员职务。股份公司决定，聘任姜昌亮、陈健峰为天然气与管道分公司副总经理；免去吴宏的副总经理职务。【中油党字〔2007〕78号　石油任字〔2007〕225号】

同日　股份公司决定，贾忆民任股份公司预算管理办公室主任，郭铁栋任副主任；孙先锋任股份公司审计部总经理，闫光、刘毅、刘东徐、卢宏等4人任副总经理，免去徐丰利的总经理职务；谢戈果任股份公司内部控制部总经理，周国芳、于广纯任副总经理；李斌任股份公司物资采购管理部总经理，王国强、王少征任副总经理；雷平任股份公司企业文化部副总经理，免去朱元的副总经理职务；免去贾忆民、郭铁栋的股份公司财务部副总经理职务。【石油任字〔2007〕223号】

同日　股份公司决定，常延魁、陈向新任管道建设项目经理部副总经理。【石油任字〔2007】224号】

7月31日　集团公司党组决定，免去李汝新同志的兰州石化分公司党委委员职务。股份公司决定，免去李汝新的兰州石化分公司副总经理职务。【中油党字〔2007〕75号　石油任字〔2007〕222号】

八　　月

8月1日　集团公司决定，设立集团公司、股份公司内部控制部，人员管理纳入股份公司机关序列。【中油人劳字〔2007〕383号】

同日 集团公司决定，对集团公司和股份公司两个机关的审计部实施整合，设立集团公司、股份公司审计部，人员管理纳入集团公司机关序列。【中油人劳字〔2007〕384号】

同日 集团公司决定，成立集团公司中亚天然气合作领导小组，汪东进任组长。【中油人劳字〔2007〕391号】

同日 集团公司决定，辽河石油勘探局、四川石油管理局、华北石油管理局、抚顺石油化工公司、吉化集团公司等5家企业持有的中国石油集团工程设计有限公司股权全部转到集团公司，股权划转后，中国石油集团工程设计有限公司变更为一人有限责任公司。【中油资字〔2007〕392号】

同日 集团公司决定，将吐哈石油勘探开发指挥部持有的中国石油集团东方地球物理勘探有限责任公司股权全部划转到集团公司。【中油资字〔2007〕393号】

同日 集团公司决定，东方地球物理公司变更为一人有限责任公司。【中油资字〔2007〕502号】

同日 集团公司决定，贾忆民任集团公司预算管理办公室主任，郭铁栋任副主任。【中油任字〔2007〕388号】

同日 集团公司决定，雷平任集团公司思想政治工作部（企业文化部）副主任；免去朱元的副主任职务。【中油任字〔2007〕389号】

同日 集团公司党组决定，郭大伟同志任中国石油审计服务中心党委书记、纪委书记；朱龙同志任党委副书记，免去其党委书记、纪委书记职务。集团公司决定，朱龙任中国石油审计服务中心主任，刘毅、卢宏任副主任（兼）；免去孙先锋兼任的主任职务。【中油党字〔2007〕79号 中油任字〔2007〕390号】

8月3日 集团公司决定，成立集团公司、股份公司预算管理委员会，下设集团公司、股份公司预算管理办公室，预算管理办公室人员管理纳入集团公司机关序列；同时调整集团公司财务资产部和股份公司财务部的职责。【中油人劳字〔2007〕395号】

8月8日 股份公司决定，在股份公司电子商务部的基础上成立集团公司、股份公司物资采购管理部，人员纳入集团公司机关序列管理，撤销股份公司电子商务部。【石油人字〔2007〕239号】

8月9日 集团公司决定，成立集团公司阿姆河天然气公司和中亚天然气管道公司筹备组，按集团公司直属正局级地区公司（筹备组）管理和运作。阿姆河天然气公司筹备组由吕功训、邓民敏、刘廷富、牛刚等4人组成，吕功训任组长。中亚天然气管道公司筹备组由孙波、孟繁春、曹亚明、张少峰等4人组成，孙波任组长。【中油人劳字〔2007〕406号】

同日 集团公司决定，成立中国石油科技园建设领导小组，王宜林任组长，领导小组办公室设在集团公司规划计划部。【中油人劳字〔2007〕407号】

同日 集团公司决定，调整集团公司信息化工作领导小组成员，王宜林任组长，领导小组办公室设在集团公司信息管理部。【中油人劳字〔2007〕409号】

同日 集团公司党组决定，陈鹏同志任中国石油集团测井有限公司党委委员。集团公司决定，聘任陈鹏为中国石油集团测井有限公司总会计师。【中油党字〔2007〕80号 中油任字〔2007〕405号】

8月21日 集团公司决定，成立集团公司关联交易结算协调领导小组，王国樑任组长，领导小组办公室设在预算管理办公室。【中油人劳字〔2007〕427号】

同日 集团公司人事劳资部决定，成立集团公司境外资金集中管理工作小组，温青山任组长。【人劳字〔2007〕197号】

同日 集团公司人事劳资部决定，中国华油集团公司下属廊坊单位划转中国石油天然气管道局。【人劳字〔2007〕198号】

8月22日 集团公司决定，成立集团公司境外资金集中管理领导小组，王国樑任组长。【中油人劳字〔2007〕428号】

8月29日 集团公司人事劳资部决定，以2007年7月31日为划转基准日，东方地球物理公司旅游接待服务中心、北京石油培训中心、青岛科技培训中心、北京东方神韵温泉宾馆全部业务及资产，和开封市天中大酒店有限责任公司、开封市天中旅行社有限责任公司、中油东方涿州旅行社有限责任公司全部业务及股权，以及三亚中油大酒店有限公司、北京市紫京四方石油技术服务有限责任公司所拥有的股权，整体划转中国华油集团公司管理。【人劳字〔2007〕202号】

同日 集团公司批复，同意将华北石油管理局装备制造事业部与装备制造相关的全部业务、在册职工和资产（含股权），成建制划入中国石油物资装备（集团）总公司管理。【中油人劳字〔2007〕442号】

8月30日 股份公司决定，调整股份公司清欠工作领导成员，周明春任组长。【石油人字〔2007〕254号】

同日　股份公司决定，调整股份公司预算管理委员会成员，蒋洁敏任主任。【石油人字〔2007〕255号】

同日　集团公司党组决定，免去孙淑光同志的大庆油田有限责任公司党委书记、委员职务。【中油党字〔2007〕92号】

九　月

9月7日　集团公司党组决定，胡兢克同志任集团公司直属党委委员。【中油党字〔2007〕87号】

9月14日　国务院国资委党委决定，陈明同志任中国石油天然气集团公司党组成员、党组纪检组组长；免去王福成同志的党组纪检组组长职务。【国资党任字〔2007〕56号】

同日　国务院国资委决定，任命王福成为中国石油天然气集团公司副总经理。【国资任字〔2007〕69号】

同日　集团公司决定，成立集团公司、股份公司预算管理委员会，蒋洁敏任主任。【中油人劳字〔2007〕466号】

同日　集团公司决定，成立集团公司中亚及西气东输二线工程建设领导小组，廖永远任组长，领导小组办公室设在集团公司规划计划部。【中油人劳字〔2007〕467号】

9月18日　集团公司决定，王忠华兼任中石油（北京）科技开发有限公司执行董事、总经理、法定代表人，委派李风山、刘东徐为监事。集团公司人事劳资部决定，宋泓明、唐建军、张立鑫等3人任中石油（北京）科技开发有限公司副总经理。【中油任字〔2007〕477号　人劳字〔2007〕232号】

9月24日　集团公司决定，成立中亚天然气管道公司，按集团公司直属正局级地区公司管理，注册地在北京市，注册名称为中石油中亚天然气管道有限公司。【中油人劳字〔2007〕490号】

同日　集团公司决定，成立中国石油（土库曼斯坦）阿姆河天然气公司，按集团公司直属正局级地区公司管理。【中油人劳字〔2007〕491号】

同日　集团公司决定，以中国华油集团公司为业务平台，对所属单位在长三角（上海、浙江、江苏）地区的酒店旅游资源进行专业化整合重组。【中油资字〔2007〕482号】

9月25日 集团公司党组决定，刘晓莉同志任集团公司党组纪检组副组长。【中油党字〔2007〕90号】

9月26日 股份公司决定，调整股份公司内控体系建设委员会成员，蒋洁敏任主任。【石油人字〔2007〕273号】

同日 集团公司决定，刘晓莉任集团公司监察部主任，刘江宁任副主任；陈港任集团公司财务资产部副主任；杨大新任集团公司法律事务部副主任；孔祥国任咨询中心副主任，姚超任咨询中心勘探部主任，王林林任咨询中心工程经济部副主任。【中油任字〔2007〕495号】

同日 股份公司决定，刘晓莉任股份公司监察部总经理，刘江宁任副总经理；马晓峰任股份公司财务部副总经理；杨大新任股份公司法律事务部副总经理。【石油任字〔2007〕270号】

同日 股份公司决定，吴景阳任管道建设项目经理部总会计师。【石油任字〔2007〕274号】

9月27日 集团公司决定，成立集团公司中俄合作项目部，按集团公司直属正局级单位管理，蒋奇任经理，李应常、陈兵剑任副经理。【中油任字〔2007〕497号】

同日 集团公司决定，吕功训任中国石油（土库曼斯坦）阿姆河天然气公司总经理，邓民敏、刘廷富任副总经理；孙波任中亚天然气管道公司总经理，孟繁春、曹亚明任副总经理，吴小莺任副总经理（挂职一年）。【中油任字〔2007〕498号】

同日 集团公司党组决定，董月霞同志任冀东油田分公司党委委员。股份公司决定，聘任董月霞为冀东油田分公司总地质师。【中油党字〔2007〕93号 石油任字〔2007〕278号】

同日 集团公司党组决定，吴永烈同志任抚顺石化分公司党委委员；免去陈港同志的党委委员职务。股份公司决定，聘任吴永烈为抚顺石化分公司总会计师；免去陈港的总会计师职务。【中油党字〔2007〕94号 石油任字〔2007〕279号】

同日 集团公司党组决定，李伟东、袁庆斌同志任锦州石化分公司党委委员。股份公司决定，聘任李伟东为锦州石化分公司副总经理、安全总监，袁庆斌为总工程师；免去李波的安全总监职务。【中油党字〔2007〕95号 石

油任字〔2007〕275号】

同日 集团公司党组决定，孙克栋同志任大连西太平洋石油化工有限公司党委委员、书记、纪委书记、工会主席，于国文同志任党委副书记，免去其党委书记职务。【中油党字〔2007〕96号】

同日 集团公司党组决定，张静波同志任广西石化分公司党委委员。股份公司决定，聘任张静波为广西石化分公司总会计师。【中油党字〔2007〕97号 石油任字〔2007〕277号】

同日 集团公司党组决定，崔涛、张琦同志任管道分公司党委委员。股份公司决定，聘任崔涛为管道分公司副总经理，张琦为总会计师。【中油党字〔2007〕98号 石油任字〔2007〕276号】

同日 集团公司党组决定，免去王林林同志的中国石油集团西部管道有限责任公司党委委员职务。集团公司决定，免去王林林的中国石油集团西部管道有限责任公司副总经理职务。【中油党字〔2007〕101号 中油任字〔2007〕500号】

同日 炼油与销售分公司党委决定，免去张静波同志的重庆销售分公司党委委员职务。炼油与销售分公司决定，免去张静波的重庆销售分公司总会计师职务。【油炼销党字〔2007〕21号 油炼销字〔2007〕317号】

9月28日 集团公司直属党委决定，将中国石油集团钻井工程技术研究院党组织关系改为隶属于集团公司直属党委。【直属党字〔2007〕20号】

9月29日 集团公司决定，成立中石油（北京）科技开发有限公司，为集团公司独资设立的一人有限责任公司，具体管理和日常业务挂靠华油北京服务总公司。【中油人劳字〔2007〕505号】

9月30日 集团公司决定，调整集团公司内控体系建设委员会成员，蒋洁敏任主任。【中油人劳字〔2007〕515号】

十　月

10月9日 集团公司直属机关工会决定，同意成立中国石油集团钻井工程技术研究院工会委员会。【直机工字〔2007〕4号】

10月10日 集团公司党组决定，免去孙克栋的辽阳石化分公司党委委员职务。【中油党字〔2007〕102号】

同日 炼油与销售分公司决定，聘任王智利为西北销售分公司副总经理。

【油炼销字〔2007〕319号】

同日 炼油与销售分公司党委决定，赵树民同志任东北销售分公司党委委员；免去邹友军同志的党委委员职务。炼油与销售分公司决定，赵树民任东北销售分公司总会计师；免去邹友军的总会计师职务，退休。【油炼销党字〔2007〕22号 油炼销字〔2007〕320号】

同日 炼油与销售分公司党委决定，杨锡云同志任宁夏销售分公司党委委员，胡张兴同志任党委副书记、纪委书记、工会主席；免去杨振恒同志的党委副书记、纪委书记、工会主席职务。炼油与销售分公司决定，杨锡云任宁夏销售分公司副总经理。【油炼销党字〔2007〕23号 油炼销字〔2007〕321号】

10月11日 股份公司人事部决定，聘任赵玉民为唐山液化天然气项目经理部副总经理，王成忠为总会计师；马铁轮为江苏液化天然气项目经理部副总经理，王忠海为总会计师；田士章为大连液化天然气项目经理部副总经理，刘佳为总会计师。【油人字〔2007〕792号、793号、794号】

10月16日 国务院国资委批复，同意中国纺织工业设计院并入中国石油天然气集团公司，并入后成为其全资子企业，机构规格为正局级。【国资改革〔2007〕1161号】

同日 炼油与销售分公司党委决定，王世明同志任西北销售分公司党委委员。【油炼销党字〔2007〕24号】

10月18日 中联煤层气有限责任公司董事会决定，孙茂远任中联煤层气有限责任公司董事长，接铭训任副董事长、总经理，林建浩、冯三利、胡爱梅等3人任副总经理，彭文任总会计师。【中石油煤层气有限责任公司上报】

10月25日 集团公司人事劳资部决定，孙波任中石油中亚天然气管道公司执行董事兼总经理、法定代表人，委派卢宏为监事，同意任文全为职工监事。【中石油中亚天然气管道公司上报】

10月26日 集团公司党组决定，陈庆勋、刘伟、沈庚民、张二林等4名同志任中国石油天然气管道局党委委员、常委；免去马骅、孙福泉同志的党委常委、委员职务。集团公司决定，聘任陈庆勋、刘伟为中国石油天然气管道局副局长，刘伟兼任安全总监，沈庚民为总会计师；免去马骅的副局长、安全总监职务，孙福泉的总会计师职务。【中油党字〔2007〕104号 中油任字〔2007〕540号】

十 一 月

11月1日　中国中煤能源集团公司党委决定，孙茂远同志任中联煤层气有限责任公司党委书记，接铭训同志任党委副书记，免去其党委书记职务。【中煤党字〔2007〕45号】

同日　集团公司决定，调整集团公司科技奖励委员会成员，王宜林任主任。【中油人劳字〔2007〕550号】

11月5日　中国石油股票在上海证券交易所挂牌上市。【《中国石油大事记》】

11月6日　集团公司人事劳资部批复，同意中国华油集团公司组建中油阳光酒店管理集团有限公司，对集团公司所属相关企业的酒店旅游业务进行整合。【人劳字〔2007〕271号】

同日　炼油与销售分公司党委决定，冯志国同志任重庆销售分公司党委委员。【油炼销党字〔2007〕26号】

11月7日　集团公司决定，委派王铁军任东方地球物理公司执行董事兼任总经理，段世民任监事，李伟任职工监事。【中油任字〔2007〕556号】

11月12日　集团公司印发《中国石油天然气集团公司调整完善基本工资制度的指导意见》。【中油人劳字〔2007〕569号】

11月14日　股份公司决定，对中国石油天然气股份有限公司炼油与销售分公司和化工与销售分公司实施重组，成立中国石油天然气股份有限公司炼油与化工分公司和销售分公司两个专业公司。【石油人字〔2007〕316号】

同日　集团公司党组决定，沈殿成同志兼任炼油与化工分公司党委书记，沈钢、周世民、戴鑑、王德义、杨信、胡杰等6名同志任党委委员。股份公司决定，沈殿成兼任炼油与化工分公司总经理，沈钢、周世民、戴鑑、王德义等4人任副总经理，杨信任总会计师，胡杰任总工程师，沈钢兼任安全总监。【中油党字〔2007〕108　石油任字〔2007〕314号】

同日　集团公司党组决定，刘宏斌同志兼任销售分公司党委书记，杜烈奋、田景惠、董仁平、上官建新、孙宗民等5名同志任党委委员。股份公司决定，刘宏斌兼任销售分公司总经理，杜烈奋、田景惠、董仁平、上官建新等4人为副总经理，孙宗民任总会计师，田景惠兼任安全总监。【中油党字〔2007〕

109号　石油任字〔2007〕315号】

同日　集团公司党组决定，熊湘华同志任杭州地质研究院党委书记。股份公司决定，熊湘华任杭州地质研究院院长。【中油党字〔2007〕110号　石油任字〔2007〕313号】

同日　集团公司党组决定，侯创业同志任天然气与管道分公司党委委员。股份公司决定，侯创业任天然气与管道分公司副总经理。【中油党字〔2007〕111号　石油任字〔2007〕312号】

11月15日　国务院国资委党委批复，同意李华林为中国石油天然气股份有限公司副总裁人选。【国资党委干一〔2007〕183号】

11月16日　集团公司决定，廖永远任集团公司HSE管理体系管理者代表（兼）。【中油任字〔2007〕579号】

同日　集团公司决定，李润生、李万余任中国石油天然气集团公司总经理助理，郭进平任总法律顾问，温青山任副总会计师，王立华任副总经济师，刘振武任副总工程师，关晓红任副总经济师。【中油任字〔2007〕580号、581号】

同日　集团公司决定，胡永庆、李华启任集团公司规划计划部副主任。【中油任字〔2007〕582号】

同日　集团公司决定，对集团公司国际事业部（外事局）、股份公司外事办公室进行整合，设立集团公司国际事业部、股份公司外事办公室，仍保留外事局的牌子。【中油人劳字〔2007〕594号】

同日　集团公司决定，组建中国石油集团安全环保技术研究院，为集团公司直属正局级科研机构，独立法人，按分公司管理。覃国军任院长，闫伦江任副院长。【中油人劳字〔2007〕595号　中油任字〔2007〕589号】

同日　集团公司决定，李润生兼任集团公司办公厅主任，李华民、王志刚任副主任；王永春任集团公司人事部主任，单昆基、孙金瑜、金华、刘志华、徐新福等5人任副主任，免去李万余的主任职务；袁士义任集团公司科技管理部主任，何盛宝、方朝亮任副主任，免去刘振武的主任职务；章欣任集团公司国际事业部（外事局）主任（局长），茅启平、裴颖、韩树举等3人任副主任（副局长）。【中油任字〔2007〕593号】

同日　股份公司决定，李华民任股份公司总裁办公室主任，王志刚任副主任，免去桑珍萍、茅启平的副主任职务；胡永庆、李华启任股份公司规划计划部副总经理；王永春任股份公司人事部总经理，单昆基、孙金瑜、金华、刘志华、徐新福等5人任副总经理，免去侯创业的副总经理职务；袁士义任股份公司科技发展部总经理，何盛宝、方朝亮任副总经理；章欣任股份公司外事办公室主任，茅启平、裴颖、韩树举等3人任副主任。【石油任字〔2007〕324号】

同日 集团公司党组决定，冯忠田同志任塔里木油田分公司党工委常委、副书记、纪工委书记、工会主席，何君、王招明、刘建勋等3名同志任党工委委员、常委，吴文阳同志任塔里木石化分公司党委书记。股份公司决定，聘任何君为塔里木油田分公司副总经理，王招明为总地质师，刘建勋为总工程师。【中油党字〔2007〕112号 石油任字〔2007〕323号】

同日 集团公司党组决定，免去赵玉建同志的大港油田分公司党委书记、委员、纪委书记、工会主席职务。【中油党字〔2007〕113号】

同日 集团公司党组决定，刘玉喜同志任吐哈油田分公司党委委员、书记，杨生杰同志任党委副书记，免去其党委书记职务。股份公司决定，刘玉喜任吐哈油田分公司副总经理。【中油党字〔2007〕115号 石油任字〔2007〕320号】

同日 集团公司党组决定，刘圣志同志任青海油田分公司党委委员、书记，宗贻平同志任党委副书记；免去宗贻平同志的党委书记职务，黄立功同志的党委副书记、委员职务。股份公司决定，宗贻平任青海油田分公司总经理，刘圣志任副总经理；免去黄立功的总经理职务。【中油党字〔2007〕116号 石油任字〔2007〕322号】

同日 集团公司党组决定，董焕忠同志任大庆油田有限责任公司勘探开发研究院党委书记；免去夏济连同志的党委书记职务。【中油党字〔2007〕117号】

同日 集团公司党组决定，免去胡永庆同志的独山子石化分公司党委委员职务。股份公司决定，免去胡永庆的独山子石化分公司副总经理职务。【中油党字〔2007〕118号 石油任字〔2007〕318号】

同日 集团公司党组决定，免去杨炳升同志的乌鲁木齐石化分公司党委书记、委员职务。集团公司决定，免去杨炳升的乌鲁木齐石化分公司副总经理职务。【中油党字〔2007〕119号 中油任字〔2007〕319号】

同日 集团公司党组决定，夏济连同志任黑龙江销售分公司党委委员、书记；免去王世清同志的党委书记、委员职务。股份公司决定，夏济连任黑龙江销售分公司副总经理；免去王世清的副总经理职务，退休。【中油党字〔2007〕121号　油人字〔2007〕866号】

同日　集团公司党组决定，免去刘圣志同志的勘探与生产分公司党委委员职务。股份公司决定，免去刘圣志的勘探与生产分公司副总经理职务。【中油党字〔2007〕122号　石油任字〔2007〕325号】

同日　集团公司党组决定，赵玉建同志任华北石油管理局党委委员、常委、书记、纪委书记、工会主席，单祥国同志任党委副书记，免去其党委书记职务；免去刘玉喜同志的党委副书记、常委、委员、纪委书记、工会主席职务。集团公司决定，聘任赵玉建为华北石油管理局副局长。【中油党字〔2007〕123号　中油任字〔2007〕583号】

同日　集团公司党组决定，郭开旗同志任中国石油物资装备（集团）总公司党委委员、书记；免去史习盐同志的党委书记、委员职务，退休。集团公司决定，聘任郭开旗为中国石油物资装备（集团）总公司副总经理；免去史习盐的副总经理职务。【中油党字〔2007〕124号　中油任字〔2007〕585号】

同日　集团公司党组决定，黄立功同志任中国石油集团海洋工程有限公司党委委员、书记，石林同志任党委副书记，免去其党委书记职务。集团公司决定，聘任黄立功为中国石油集团海洋工程有限公司副总经理。【中油党字〔2007〕125号　中油任字〔2007〕586号】

同日　集团公司党组决定，桑珍萍同志任中国石油集团钻井工程技术研究院党委委员、书记，孙宁同志任党委副书记，免去其党委书记职务。【中油党字〔2007〕126号】

同日　集团公司党组决定，桑珍萍任中国石油集团钻井工程技术研究院副院长。【中油任字〔2007〕587号】

同日　集团公司党组决定，杨炳升同志任北京石油管理干部学院党委委员、书记，李玉平同志任党委副书记，免去其党委书记职务。集团公司决定，聘任杨炳升为北京石油管理干部学院副院长。【中油党字〔2007〕127号　中油任字〔2007〕588号】

同日　集团公司党组决定，覃国军同志任安全环保技术研究院党委委员、书记，闫伦江同志任党委委员。【中油党字〔2007〕128号】

同日　股份公司人事部决定，委派陈青松为中石油东北炼化工程有限公司执行董事，周远鸿、孙洪革为监事。【油人字〔2007〕865号】

11月20日　中国石油天然气股份有限公司第三届董事会第九次会议召开，聘任李华林为中国石油天然气股份有限公司副总裁。【董决字〔2007〕22号】

同日　股份公司决定，股份公司副总裁李华林分管资本市场工作。【石油办字〔2007〕327号】

11月21日　集团公司决定，对集团公司办公厅、股份公司总裁办公室实施整合，设立集团公司办公厅、股份公司总裁办公室。【中油人劳字〔2007〕602号】

同日　集团公司决定，对集团公司、股份公司两个机关的科技管理部门实施整合，设立集团公司、股份公司科技管理部。【中油人劳字〔2007〕604号】

11月23日　集团公司决定，以中国华油集团公司为业务平台，对集团公司所属单位的酒店旅游资源进行专业化整合重组。【中油资字〔2007〕612号】

同日　股份公司印发《中国石油天然气股份有限公司调整完善基本工资制度的指导意见》。【石油人字〔2007〕333号】

11月25日　集团公司决定，委派李剑浩为中国石油集团测井有限公司执行董事兼总经理，范卓瑛为监事，同意张秀梅为职工监事。【中油任字〔2007〕615号】

11月27日　集团公司决定，对集团公司人事劳资部、人事服务中心和股份公司人事部的业务职能进行整合，设立集团公司、股份公司人事部，保留集团公司人才交流中心、社会保险中心、职业技能鉴定中心、CNPC留学服务中心牌子。【中油人劳字〔2007〕618号】

11月30日　集团公司党组决定，免去黄渝同志的中国石油天然气勘探开发公司党委委员、总经济师职务。【中油党字〔2007〕135号】

同日　股份公司印发《关于调整成品油销售企业岗位基薪工资制度的通知》。【石油人字〔2007〕931号】

十 二 月

12月6日　股份公司直属机关党委批复，同意成立唐山液化天然气项目经理部党支部，李伟同志任党支部书记。【油直机党字〔2007〕13号】

同日 股份公司直属机关党委批复，同意成立江苏液化天然气项目经理部党支部，张成伟同志任党支部书记。【油直机党字〔2007〕12号】

12月7日 集团公司决定，将吐哈石油勘探开发指挥部所属苏州太湖度假中心业务、资产和人员整体划转中国华油集团公司。【财资字〔2007〕123号】

12月13日 股份公司印发《中国石油天然气股份有限公司关于贯彻实施〈劳动合同法〉若干问题的意见》。【石油人字〔2007〕353号】

12月17日 集团公司决定，成立城市燃气公司筹备办公室，该办公室设在股份公司天然气与管道分公司。【中油人事字〔2007〕656号】

12月25日 股份公司人事部印发《中国石油天然气股份有限公司劳动合同管理暂行办法》。【油人字〔2007〕1029号】

同日 集团公司决定，整合新疆石油管理局和吐哈石油勘探开发指挥部的钻井、测井、录井力量，组建中国石油集团西部钻探工程有限公司，机构规格为正局级。【中油人事字〔2007〕679号】

同日 集团公司决定，自2008年1月1日起，授权新疆油田分公司对新疆石油管理局实行全面委托管理。【中油人事字〔2007〕680号】

同日 集团公司决定，自2008年1月1日起，授权吐哈油田分公司对吐哈石油勘探开发指挥部实行全面委托管理。【中油人事字〔2007〕681号】

同日 集团公司决定，自2008年1月1日起，中国石油天然气第七建设公司、中国石油集团工程技术研究院业务、资产及人员整体并入中国石油集团海洋工程有限公司。【中油人事字〔2007〕682号】

12月26日 集团公司党组决定，中共西部钻探工程有限公司委员会由徐卫喜、杨盛杰、魏银广、陈岩、包尔汉·卡哈尔、赵明方、潘仁杰、佟德安、赵彩玲等9名同志组成，徐卫喜同志任党委书记，杨盛杰同志任党委副书记，魏银广同志任党委副书记、纪委书记、工会主席。集团公司决定，杨盛杰任西部钻探工程有限公司总经理，聘任徐卫喜、陈岩、包尔汉·卡哈尔、赵明方、潘仁杰、佟德安等6人为副总经理，佟德安兼任安全总监，赵彩玲为总会计师。【中油党字〔2007〕140号 中油任字〔2007〕683号】

同日 集团公司党组决定，中共新疆油田分公司委员会常务委员会由唐健、徐卫喜、陈新发、宋友立、韩炜、杨盛杰、付德新、徐福贵、戴宏斌、陈岩、包尔汉·卡哈尔、张有林、张红彦、郭仲军等14名同志组成，唐健同志任党委书记，徐卫喜、陈新发、宋友立等3名同志任党委副书记，韩炜同志任党委副书记、纪委书记、工会主席；免去徐卫喜同志的党委书记、纪委书记、工会主席职务，阿不来海提·克尤木同志的党委副书记职务。股份公司决定，陈新发任新疆油田分公司总经理，聘任唐健、阿不来海提·克尤木、张中洲、孙晓岗、匡立春、聂海光、杨学文等7人为副总经理，吴会军为总会计师，孙晓岗兼任安全总监，聂海光兼任新疆培训中心主任；免去王庆祥的副总经理职务，退休。【中油党字〔2007〕141号 石油任字〔2007〕372号】

同日 集团公司决定，陈新发任新疆石油管理局局长。【中油任字〔2007〕684号】

同日 集团公司党组决定，中共吐哈油田分公司委员会由刘玉喜、袁明生、朱洪月、娄铁强、张志东、许君祖、王仲林、李大祥、周元祥、梁世君等10名同志组成，刘玉喜同志任党委书记，袁明生同志任党委副书记，朱洪月同志任党委副书记、纪委书记、工会主席；免去杨盛杰同志的党委副书记、委员职务。股份公司决定，袁明生任吐哈油田分公司总经理，聘任刘玉喜、娄铁强、张志东、许君祖、王仲林、李大祥等6人为副总经理，周元祥为总会计师，梁世君为总地质师，张志东兼任安全总监；免去杨盛杰的总经理职务，朱洪月的副总经理职务，许君祖的总会计师职务。【中油党字〔2007〕142号 石油任字〔2007〕371号】

同日 集团公司党组决定，汤亚利同志任中国石油集团西部管道有限责任公司党委委员、书记，凌霄同志任党委副书记，免去其党委书记职务，闵希华、王小龙同志任党委委员。集团公司决定，聘任汤亚利、闵希华、王小龙等3人为中国石油集团西部管道有限责任公司副总经理。【中油党字〔2007〕143号 中油任字〔2007〕685号】

同日 集团公司党组决定，汪桃义、屈建省同志任中国石油集团海洋工程有限公司党委委员，刘希和同志任党委委员、工会主席；免去许元科同志的工会主席职务。集团公司决定，聘任汪桃义、屈建省为中国石油集团海洋工程有限公司副总经理。【中油党字〔2007〕144号 中油任字〔2007〕686号】

同日 集团公司党组决定，沈定成同志任中国石油国际事业有限公司（中国联合石油有限责任公司）党委书记，王立华同志任党委副书记，免去其党委书记职务，张景福同志任大连国际事业公司党委书记，于吉友同志任华东

国际事业公司党委书记。【中油党字〔2007〕145号】

同日 股份公司决定，夏红卫任国际事业新加坡公司总经理，丁克英任国际事业香港公司总经理，葛凯华任国际事业哈萨克斯坦公司总经理，司丙军任国际事业伦敦公司总经理，李少林任国际事业美洲公司总经理，赵云钢任国际事业日本公司总经理，孙宏伟任大连国际事业公司总经理，王志军任华东国际事业公司总经理。【石油任字〔2007〕373号】

同日 股份公司决定，林长海任华北天然气销售分公司总经理。【石油任字〔2007〕374号】

同日 股份公司决定，聘任崔涛为管道分公司安全总监；免去高庭禹的安全总监职务。【石油任字〔2007〕370号】

12月27日 集团公司决定，以中国石油物资装备（集团）总公司（装备制造业务除外）为基础，将能源一号网站和中国石油国际事业公司技术装备等采购业务职能及机关相关人员划入，组建中国石油物资采购中心（正局级）。【中油人事〔2007〕697号】

同日 集团公司决定，以中国石油物资装备（集团）总公司机关装备制造业务为基础，组建装备制造分公司，该公司为集团公司直属正局级单位，按总部专业公司管理。同时，将中国石油物资装备（集团）总公司所属的宝鸡石油机械厂、宝鸡石油钢管厂、济南柴油机厂和中油国际工程有限责任公司所属的中国石油技术开发公司等4个单位上划集团公司直接管理，机构规格均为副局级。【中油人事〔2007〕698号】

同日 股份公司决定，华北天然气销售分公司机构规格由正处级调整为副局级。【石油人字〔2007〕376号】

同日 集团公司决定，管道分公司所属塔里木输油气分公司、乌鲁木齐输油分公司划入中国石油集团西部管道有限责任公司，封堵中心划归中国石油天然气管道局；将中国石油天然气管道局所属的大庆、长春、沈阳、大连、锦州、秦皇岛、北京、中原、长庆、长吉等10个单位划归管道分公司管理。【中油人事字〔2007〕699号 石油人字〔2007〕385号】

同日 股份公司决定，组建中国石油天然气股份有限公司炼化工程建设项目部，机构规格为正局级，行政上由股份公司直接管理，业务上由炼油与化工分公司归口管理；胡兢克任炼化工程建设项目部总经理，聘任杨健、于

明祥、李军、杨建让等4人为副总经理。【石油人字〔2007〕378号 石油任字〔2007〕382号】

同日 集团公司决定，白智勇任集团公司办公厅副主任，张华林任集团公司政策研究室副主任。股份公司决定，白智勇任股份公司总裁办公室副主任。【中油任字〔2007〕696号 石油任字〔2007〕375号】

同日 集团公司党组决定，免去胡兢克同志的中国寰球工程公司党委书记、委员职务。集团公司决定，免去胡兢克的中国寰球工程公司副总经理职务。【中油党字〔2007〕146号 中油任字〔2007〕702号】

同日 集团公司党组决定，张晗亮同志任装备制造分公司党委书记，李庆毅同志任党委副书记，张冠军、何京、卢祥福同志任党委委员。集团公司决定，李庆毅任装备制造分公司总经理，聘任张晗亮、张冠军、何京等3人为副总经理，卢祥福为总会计师。【中油党字〔2007〕147号 中油任字〔2007〕700号】

同日 集团公司党组决定，郭开旗同志任中国石油物资采购中心党委书记、纪委书记、工会主席，周永强同志任党委副书记，陈永胜、周惠同志任党委委员。集团公司决定，周永强任中国石油物资采购中心主任，聘任郭开旗、陈永胜、周惠等3人为副主任。【中油党字〔2007〕148号 中油任字〔2007〕701号】

同日 集团公司党组决定，何江川同志任勘探与生产分公司党委委员；免去汤亚利同志的天然气与管道分公司党委委员职务。股份公司决定，何江川任勘探与生产分公司副总经理；免去汤亚利的天然气与管道分公司副总经理职务。【中油党字〔2007〕149号 石油任字〔2007〕375号】

同日 集团公司决定，免去林长海的中国华油集团公司副总经理职务。【中油任字〔2007〕703号】

同日 集团公司党组决定，免去于明祥同志的大连石化分公司党委委员职务。股份公司决定，免去于明祥的大连石化分公司副总经理职务。【中油党字〔2007〕151号 石油任字〔2007〕383号】

同日 集团公司党组决定，免去李军同志的广西石化分公司党委委员职务。股份公司决定，免去李军的广西石化分公司副总经理职务。【中油党字〔2007〕152号 石油任字〔2007〕384号】

12月28日 集团公司决定，将吐哈石油勘探开发指挥部所属成都吐哈石油大厦业务、资产和人员整体划转中国华油集团公司。【财资字〔2007〕134号】

12月29日 集团公司印发《中国石油天然气集团公司企业年金管理办法》、《中国石油天然气集团公司高级管理人员绩效考核办法（试行）》。【中油人事字〔2007〕707号、712号】

本年 集团公司用工总量179.48万人。

二〇〇八年

一　　月

1月1日　集团公司决定，塔西南勘探开发公司勘探工程部整体划转四川石油管理局。【中油人事〔2008〕190号】

1月2日　集团公司党组决定，曲广学同志任长庆石油勘探局党委书记。【《集团公司2009年年鉴》】

1月4日　集团公司印发《中国石油天然气集团公司企业分类管理办法》。【中油人事〔2008〕640号】

同日　集团公司人事部印发《关于劳动合同签订与变更有关问题的通知》。股份公司人事部印发《关于劳动合同签订与变更有关问题的通知》。【人事〔2008〕3号　油人事〔2008〕3号】

1月9日　集团公司印发《中国石油天然气集团公司赴境外工作人员薪酬福利管理办法》。股份公司印发《中国石油天然气股份有限公司赴境外工作人员薪酬福利管理办法》。【中油人事〔2008〕16号　石油人事〔2008〕3号】

1月11日　集团公司党组决定，陶玉春同志任深圳石油实业有限责任公司党委书记；免去李华林同志的党委书记职务。【中油党组〔2008〕3号】

1月15日　股份公司人事部决定，聘任杨锡云为宁夏销售分公司安全总监（兼）；免去李宁宝兼任的安全总监职务。【油人事〔2008〕43号】

同日　股份公司人事部决定，李多同志任华中销售分公司党委副书记、纪委书记、工会主席。【油人事〔2008〕44号】

同日　股份公司人事部决定，巴亚斯·喀里木同志任新疆销售分公司纪委书记。【油人事〔2008〕45号】

同日　股份公司人事部决定，于臣同志兼任吉林销售分公司纪委书记、工会主席。【油人事〔2008〕46号】

同日　股份公司人事部决定，李建华同志任重庆销售分公司党委委员、总会计师。【油人事〔2008〕47号】

同日 股份公司人事部决定，马庆新任西北化工销售分公司总会计师；免去黄克平同志的副总经理、党委委员职务，退休。【油人事〔2008〕48号】

同日 股份公司人事部决定，刘刚同志任西北销售分公司党委委员、副总经理、安全总监。【油人事〔2008〕49号】

1月28日 集团公司党组印发《关于进一步加强和规范企业领导人员选拔任用工作的通知》。【中油党组〔2008〕7号】

1月30日 股份公司人事部决定，朱圣珍任新疆销售分公司副总经理；免去关玲的副总经理职务。【油人事〔2008〕121号】

二 月

2月3日 股份公司决定，调整股份公司清欠工作领导小组成员，周明春任组长。【石油人事〔2008〕35号】

2月4日 集团公司人事部决定，委派杨盛杰为西部钻探工程有限公司执行董事，王文雄、王维荣为监事。【人事〔2008〕88号】

2月22日 集团公司决定，调整集团公司保密委员会成员，周吉平任主任。【中油人事〔2008〕82号】

同日 集团公司批复，同意保留中国石油物资装备（集团）总公司法人资格，中国石油物资装备（集团）总公司更名为中国石油物资公司（独立法人），中国石油物资采购中心不再进行工商注册。【中油人事〔2008〕83号】

2月25日 集团公司决定，授权大庆油田有限责任公司对大庆石油管理局实行全面委托管理；同时整合大庆石油管理局和吉林石油集团有限责任公司的钻探业务，组建大庆钻探工程公司（副局级），行政上由大庆油田有限责任公司全面管理。【中油人事〔2008〕85号】

同日 集团公司决定，整合辽河石油勘探局和中油长城钻井有限责任公司的钻井、测井、地质录井、物探业务，组建中国石油天然气集团公司长城钻探工程分公司，为集团公司直属正局级单位。【中油人事〔2008〕86号】

同日 集团公司决定，授权辽河油田分公司对辽河石油管理局实行全面委托管理。【中油人事〔2008〕87号】

同日 集团公司决定，整合华北石油管理局和大港油田集团有限责任公司的钻探业务，组建中国石油天然气集团公司渤海钻探工程分公司，为集团

公司直属正局级单位。【中油人事〔2008〕88号】

同日 集团公司决定，授权华北油田分公司对华北石油管理局实行全面委托管理。【中油人事〔2008〕89号】

同日 集团公司决定，授权大港油田分公司对大港油田集团有限责任公司实行全面委托管理。【中油人事〔2008〕90号】

同日 集团公司决定，整合四川石油管理局和长庆石油勘探局的钻探业务，组建中国石油天然气集团公司川庆钻探工程分公司，为集团公司直属正局级单位。【中油人事〔2008〕91号】

同日 集团公司决定，授权长庆油田分公司对长庆石油勘探局实行全面委托管理。【中油人事〔2008〕92号】

同日 集团公司决定，授权西南油气田分公司对四川石油管理局实行全面委托管理。【中油人事〔2008〕93号】

同日 集团公司决定，中国石油集团测井有限公司与中油测井技术服务有限责任公司合并重组，重组后使用中国石油集团测井有限公司名称。【中油人事〔2008〕94号】

同日 集团公司决定，中国寰球工程公司与中国石油天然气第六建设公司合并重组，重组后使用中国寰球工程公司名称。【中油人事〔2008〕95号】

同日 集团公司决定，中国石油工程建设（集团）公司（含中国石油天然气华东勘察设计研究院）与中国石油天然气第一建设公司重组，重组后中国石油工程建设（集团）公司更名为中国石油工程建设公司，为集团公司正局级全资子公司。【中油人事〔2008〕96号】

2月26日 集团公司党组决定，中共大庆油田有限责任公司（大庆石油管理局）委员会常务委员会由王永春、王玉普、姜万春、王昆、王广昀、王亚伟、齐振林、隋军、钟启刚等9名同志组成，王永春同志任党委书记，王玉普同志任党委副书记，姜万春同志任党委常务副书记、纪委书记，王昆同志任党委副书记，王亚伟同志任工会主席，林宽海、闫宏、赵国、高殿龙、冯志强、王建新、王玉华等7名同志任党委委员，林宽海同志兼任大庆钻探工程公司党委书记，王玉华同志兼任大庆油田海拉尔石油勘探开发指挥部党委书记；免去曾玉康同志兼任的大庆石油管理局党委书记、常委职务，刘强同志的大庆石油管理局党委常委职务，王昆同志的大庆油田有限责任公司纪委书记、

工会主席职务。【中油党组〔2008〕9号】

同日 集团公司决定，王玉普任大庆石油管理局局长，聘任王广昀为常务副局长，王永春、齐振林、隋军、钟启刚、林宽海、赵国、高殿龙、冯志强、王建新、王玉华等10人为副局长，闫宏为总会计师，隋军兼任安全总监，钟启刚兼任大庆钻探工程公司总经理；免去曾玉康兼任的局长职务，姜万春的副局长职务，刘强的总会计师职务。【中油任〔2008〕85号】

同日 股份公司决定，王玉普任大庆油田有限责任公司总经理，聘任王广昀为常务副总经理，王永春、齐振林、隋军、钟启刚、林宽海、赵国、高殿龙、冯志强、王建新、王玉华等10人为副总经理，闫宏为总会计师，隋军兼任安全总监，王玉华兼任大庆油田海拉尔石油勘探开发指挥部指挥。【石油任〔2008〕42号】

同日 集团公司党组决定，中共长城钻探工程公司委员会由王忠仁、张凤山、冯艳成、刘乃震、杜春玲等5名同志组成，王忠仁同志任党委书记、纪委书记、工会主席，张凤山同志任党委副书记。集团公司决定，张凤山任长城钻探工程分公司总经理，聘任王忠仁、冯艳成、刘乃震等3人为副总经理，杜春玲为总会计师，冯艳成兼任安全总监，刘乃震兼任总工程师。【中油党组〔2008〕11号 中油任〔2008〕86号】

同日 集团公司党组决定，中共辽河油田分公司委员会由孙崇仁、谢文彦、任芳祥、张恩臣、李志杰、孟卫工、李晶等7名同志组成，孙崇仁同志任党委书记、纪委书记、工会主席，谢文彦同志任党委副书记；免去刘振军同志的党委书记、委员、纪委书记、工会主席职务。股份公司决定，谢文彦任辽河油田分公司总经理，聘任孙崇仁、任芳祥、张恩臣、李志杰、孟卫工等5人为副总经理，李晶为总会计师，任芳祥兼任安全总监。【中油党组〔2008〕12号 石油任〔2008〕44号】

同日 集团公司决定，谢文彦任辽河石油勘探局局长。【中油任〔2008〕111号】

同日 集团公司党组决定，中共渤海钻探工程公司委员会由单祥国、秦永和、石桂臣、马永峰、周宝华、王育山、王保记等7名同志组成，单祥国同志任党委书记，秦永和同志任党委副书记，石桂臣同志任党委副书记、纪委书记、工会主席。集团公司决定，秦永和任渤海钻探工程分公司总经理，聘任单祥国、马永峰、周宝华、王育山、王保记等5人为副总经理，马永峰兼任安全总监，王育山兼任总会计师。【中油党组〔2008〕13号 中油任〔2008〕120号】

同日 集团公司党组决定，中共华北油田分公司委员会由赵玉建、苏俊、王立民、赵贤正、董范、周荣学、苗坤、姜立增、王桂军等9名同志组成，赵玉建同志任党委书记、纪委书记、工会主席，苏俊同志任党委副书记。股份公司决定，苏俊任华北油田分公司总经理，聘任赵玉建、王立民、赵贤正、董范、周荣学、苗坤等6人为副总经理，姜立增为总会计师，周荣学兼任安全总监。【中油党组〔2008〕14号 石油任〔2008〕45号】

同日 集团公司决定，苏俊任华北石油管理局局长。【中油任〔2008〕89号】

同日 集团公司党组决定，中共大港油田分公司委员会由李文强、何树山、吴永平、纪树范、张宝增、王守信、熊金良、赵平起等8名同志组成，李文强同志任党委书记、纪委书记、工会主席，何树山同志任党委副书记。股份公司决定，何树山任大港油田分公司总经理，聘任李文强、吴永平、张宝增、王守信、熊金良等5人为副总经理，纪树范为总会计师，赵平起为总地质师。【中油党组〔2008〕15号 石油任〔2008〕46号】

同日 集团公司决定，何树山任大港油田（集团）有限责任公司总经理。【中油任〔2008〕90号】

同日 集团公司党组决定，中共川庆钻探工程公司委员会由蒲建中、胥永杰、赵业荣、万尚贤、李爱民、谢文虎、张本全、伍贤柱、王亮等9名同志组成，蒲建中同志任党委书记、纪委书记、工会主席，胥永杰同志任党委副书记。集团公司决定，胥永杰任川庆钻探工程分公司总经理，聘任蒲建中、赵业荣、万尚贤、李爱民、谢文虎、张本全等6人为副总经理，伍贤柱为总工程师，王亮为总会计师。【中油党组〔2008〕16号 中油任〔2008〕91号】

同日 集团公司党组决定，中共西南油气田分公司委员会由张书铭、李鹭光、张元泽、周志斌、熊建嘉、康建国、徐春春、师春元、伍志明、廖仕孟等10名同志组成，张书铭同志任党委书记，李鹭光同志任党委副书记，张元泽同志任党委副书记、纪委书记、工会主席；免去李鹭光同志的党委书记职务。股份公司决定，李鹭光任西南油气田分公司总经理，聘任张书铭、周志斌、熊建嘉、康建国、徐春春、师春元、伍志明、廖仕孟等8人为副总经理，周志斌兼任总会计师，师春元兼任安全总监，廖仕孟兼任川东北高含硫气田

开发建设项目部经理。【中油党组〔2008〕17号　石油任〔2008〕47号】

同日　集团公司决定，李鹭光任四川石油管理局局长。【中油任〔2008〕92号】

同日　集团公司党组决定，中共长庆油田分公司委员会由曲广学、冉新权、冯尚存、杨华、周宗强、刘自强、李安琪、杨再生、凌心强、刘德等10名同志组成，曲广学同志任党委书记，冉新权同志任党委副书记，冯尚存同志任党委副书记、纪委书记、工会主席；免去冉新权同志的党委书记职务，王道富同志的党委副书记、委员职务。股份公司决定，冉新权任长庆油田分公司总经理，聘任杨华为常务副总经理，曲广学、周宗强、刘自强、李安琪、杨再生、凌心强等6人为副总经理，刘德为总会计师，周宗强兼任安全总监；免去王道富的总经理职务。【中油党组〔2008〕18号　石油任〔2008〕48号】

同日　集团公司党组决定，苟三权同志任冀东油田分公司党委副书记，严九同志任党委委员；免去周海民同志的党委副书记、委员职务。股份公司决定，苟三权任冀东油田分公司总经理，严九任总会计师；免去周海民的总经理职务，陆德喜的副总经理、总会计师职务。【中油党组〔2008〕19号　石油任〔2008〕49号】

同日　集团公司决定，苟三权任冀东石油勘探开发公司经理；免去周海民的经理职务。【中油任〔2008〕113号】

同日　集团公司党组决定，中共中国石油集团测井有限公司委员会由李越强、李剑浩、李储龙、胡启月、王春利、陈鹏等6名同志组成，李越强同志任党委书记、纪委书记、工会主席，李剑浩同志任党委副书记。集团公司决定，李剑浩任中国石油集团测井有限公司总经理，聘任李越强、李储龙、胡启月、王春利等4人为副总经理，陈鹏为总会计师，胡启月兼任安全总监。【中油党组〔2008〕20号　中油任〔2008〕112号】

同日　集团公司党组决定，中共北京油气调控中心委员会由范卓瑛、马志祥、张伟等3名同志组成，范卓瑛同志任党委书记、纪委书记、工会主席，马志祥同志任党委副书记。股份公司决定，范卓瑛任北京油气调控中心副主任。【中油党组〔2008〕21号　石油任〔2008〕50号】

同日　集团公司党组决定，中共中国寰球工程公司委员会由刘振军、汪世宏、杨跃东、杨庆前、黄勇华、张来勇、王新革、魏亚斌、刘雅伟等9名同志组成，刘振军同志任党委书记，汪世宏同志任党委副书记，杨跃东同志任党委副书记、纪委书记，杨庆前同志任党委副书记、工会主席。集团公司决定，汪世宏任中国寰球工程公司总经理，聘任刘振军、黄勇华、张来勇、王新革、魏亚斌、刘雅伟等6人为副总经理，张来勇兼任总工程师，魏亚斌兼任安全总监。【中油党组〔2008〕22号　中油任〔2008〕97号】

同日　集团公司党组决定，中共中国石油工程建设公司委员会由顾满林、侯浩杰、李海龙、赵益红、李利民、邓德利、刘锡惠、刘宝刚等8名同志组成，顾满林同志任党委书记，侯浩杰同志任党委副书记，李海龙同志任党委副书记、纪委书记，赵益红同志任党委副书记、工会主席。集团公司决定，侯浩杰任中国石油工程建设公司总经理，聘任顾满林、李利民、邓德利、刘锡惠等4人为副总经理，刘宝刚为总会计师，邓德利兼任安全总监。【中油党组〔2008〕23号　中油任〔2008〕98号】

同日　集团公司党组决定，周旭同志任华油北京服务总公司党委委员。集团公司决定，聘任周旭为华油北京服务总公司副总经理。【中油党组〔2008〕24号　中油任〔2008〕99号】

同日　集团公司党组决定，周海民同志任勘探与生产分公司党委书记；赵政璋同志改任党委副书记。【中油党组〔2008〕25号】

同日　集团公司决定，李亚平任工程建设分公司总经理，聘任刘戬为副总经理兼总会计师，杨时榜为副总经理兼安全总监。【中油任〔2008〕100号】

同日　集团公司决定，单昆基任集团公司人事部主任，免去王永春的主任职务；刘强、余同钢任集团公司预算管理办公室副主任；陆德喜任集团公司资本运营部副主任，免去纪成岐的专职监事职务，严九的专职董事职务。【中油任〔2008〕116号】

同日　股份公司决定，单昆基任股份公司人事部总经理，免去王永春的总经理职务；刘强、余同钢任股份公司预算管理办公室副主任；陆德喜任股份公司资本运营部副总经理，免去纪成岐的专职监事职务，严九的专职董事职务；周海民任勘探与生产分公司副总经理。【石油任〔2008〕51号】

2月28日　集团公司决定，调整集团公司中亚及西气东输二线工程建设领导小组成员及办事机构，廖永远任组长，领导小组办公室设在集团公司规划计划部。【中油人事〔2008〕72号】

2月29日 股份公司决定，将吐哈油田分公司成品油销售业务及人员85名分别划转新疆销售分公司和甘肃销售分公司。【中油资〔2008〕108号】

三 月

3月4日 集团公司决定，成立集团公司HSE专业委员会，下设勘探开发、炼油化工、油气管道、销售、油气田工程技术、国际合作、装备制造、公共事业等8个专业委员会。【中油人事〔2008〕118号】

同日 集团公司决定，调整集团公司内控体系建设委员会成员，蒋洁敏任主任。【中油人事〔2008〕119号】

3月5日 股份公司直属机关党委决定，同意中共华北天然气销售分公司党支部委员会由林长海、施龙、陈晓秋、宓龙彪、张增轩、高巍等6名同志组成，林长海同志任党支部书记。【油直机党字〔2008〕2号】

3月6日 集团公司决定，委派陶玉春为深圳石油实业有限公司执行董事兼总经理，戴宪生为中油资产管理有限公司执行董事兼总经理。【中油任〔2008〕124号、125号】

同日 经国家工商行政管理总局核准，中国石油物资装备（集团）总公司正式变更注册为中国石油物资公司。【（国）登记内变字〔2008〕第141号】

3月12日 集团公司人事部决定，免去田旭升的中国石油技术开发公司副总经理职务。【人事〔2008〕179号】

3月14日 集团公司人事部决定，自2008年1月1日起，塔里木油田分公司塔西南勘探开发公司勘探工程部整体划归四川石油管理局。【人事〔2008〕190号】

同日 股份公司决定，成立中国石油天然气股份有限公司深圳液化天然气项目筹备组。【油人事〔2008〕220号】

3月25日 集团公司决定，调整集团公司定点扶贫与援藏工作领导小组成员。【中油人事〔2008〕142号】

同日 集团公司党组决定，王福成同志兼任集团公司党校校长；免去李克成同志的党校校长职务。【中油党组〔2008〕79号】

3月28日 集团公司党组决定，刘继远同志任乌鲁木齐石化分公司党委书记，董淑华同志任党委委员；免去乌斯满·依米热木孜同志的党委委员职务。

股份公司决定，聘任陈礼军为乌鲁木齐石化分公司副总经理，董淑华为总会计师；免去陈礼军的总会计师职务，乌斯满·依米热木孜的副总经理职务，办理退休。【中油党组〔2008〕27号　石油人事〔2008〕80号】

同日　集团公司党组决定，赵增和同志任四川石化有限责任公司纪委书记、工会主席，张东平、朱宝兴、廖洪伟等3名同志任党委委员。股份公司决定，陈位强兼任四川石化有限责任公司安全总监，张东平任副总经理兼总工程师，朱宝兴任副总经理，廖洪伟任总会计师。【中油党组〔2008〕28号　石油人事〔2008〕81号】

同日　集团公司党组决定，靳望康同志任广西石化分公司党委委员、副书记、纪委书记、工会主席，张建国同志任党委委员；免去吴恩来同志兼任的纪委书记、工会主席职务，叶志伟同志的党委委员职务。股份公司决定，聘任张建国为广西石化分公司副总经理兼安全总监；免去叶志伟的副总经理、总工程师、安全总监职务。【中油党组〔2008〕29号　石油人事〔2008〕82号】

同日　集团公司党组决定，李文勖同志任辽阳石化分公司党委委员、工会主席；免去张景仁同志的工会主席职务。【中油党组〔2008〕30号】

同日 集团公司党组决定，王东军同志任大庆石化分公司纪委书记、工会主席；免去陈汇明同志的党委委员、纪委书记、工会主席职务。【中油党组〔2008〕31号】

同日　集团公司党组决定，陈汇明同志任呼和浩特石化分公司党委委员、书记；免去李文勖同志的党委书记、委员职务。股份公司决定，陈汇明任呼和浩特石化分公司副总经理；免去李文勖的副总经理职务。【中油党组〔2008〕33号　石油人事〔2008〕83号】

同日　集团公司党组决定，罗文柱同志任辽河油田分公司党委副书记、纪委书记、工会主席，张维申、刘喜林同志任党委委员；免去孙崇仁同志的纪委书记、工会主席职务。股份公司决定，聘任张维申为辽河油田分公司副总经理兼安全总监，刘喜林为总工程师；免去任芳祥的安全总监职务。【中油党组〔2008〕34号　石油任〔2008〕85号】

同日　集团公司党组决定，李建青同志任大港油田分公司党委副书记；免去何树山的党委副书记、委员职务。股份公司决定，李建青任大港油田分公司总经理；免去何树山的总经理职务。【中油党组〔2008〕35号　石油任

〔2008〕84号】

同日 集团公司决定，李建青任大港油田（集团）有限责任公司总经理；免去何树山的总经理职务。【中油任〔2008〕147号】

同日 集团公司党组决定，张德有同志任吉林油田分公司党委副书记、纪委书记、工会主席，姜鹏飞、史振祥同志任党委委员；免去马平超同志的党委副书记、委员、纪委书记、工会主席职务。【中油党组〔2008〕36号】

同日 集团公司党组决定，褚永杰、陈正惠同志任西气东输管道分公司党委委员。股份公司决定，聘任褚永杰、陈正惠为西气东输管道分公司副总经理，褚永杰兼任安全总监。【中油党组〔2008】37号 石油任〔2008〕87号】

同日 集团公司党组决定，张希勤同志任长城钻探工程分公司党委副书记、纪委书记、工会主席，门廉魁同志任党委委员。集团公司决定，聘任门廉魁为长城钻探工程分公司副总经理。【中油党组〔2008〕38号 中油任〔2008〕148号】

同日 集团公司党组决定，石清俊同志任中国华油集团公司党委委员、副总经理。集团公司决定，吴熙荣任上海浦东华油实业有限责任公司总经理；免去石清俊的总经理职务。【中油党组〔2008〕40号 中油任〔2008〕163号、164号】

同日 集团公司党组决定，潘建全同志任渤海石油装备制造有限公司党委书记，朱明会同志任党委副书记。【中油党组〔2008〕41号】

同日 股份公司决定，聘任姜鹏飞为吉林油田分公司副总经理；史振祥为总会计师。【石油任字〔2008〕86号】

3月30日 集团公司决定，组建中国石油天然气集团公司工程技术分公司（正局级），为集团公司专业分公司；同时撤销集团公司工程技术与市场部、石油工程技术承包商协会。【中油人事〔2008〕150号】

同日 集团公司决定，组建中国石油天然气集团公司工程建设分公司（正局级），为集团公司专业分公司；同时撤销中油国际工程有限责任公司。【中油人事〔2008〕151号】

同日 集团公司决定，整合中国石油物资装备（集团）公司和大港石油集团有限责任公司的装备制造业务，组建中国石油集团渤海石油装备制造有限公司（副局级），为集团公司独资设立的一人有限责任公司。【中油人事〔2008〕152号】

同日　集团公司决定，宝鸡石油机械厂与咸阳石油钢管钢绳厂合并重组，重组后使用宝鸡石油机械有限责任公司名称，机构规格为副局级，为集团公司独资设立的一人有限责任公司。【中油人事〔2008〕153号】

3月31日　集团公司党组决定，梁萍同志任中油财务有限责任公司党委书记。集团公司决定，兰云升任中油财务有限责任公司总经理；免去梁萍的总经理职务。【中油党组〔2008〕39号　中油任〔2008〕154号】

同日　集团公司决定，杨庆理任工程技术分公司总经理，秦文贵、夏显佰任副总经理。【中油任〔2008〕155号】

同日　集团公司决定，免去胡绎的集团公司矿区服务工作部副主任职务。【中油任〔2008〕156号】

同日　集团公司决定，朱明会任渤海石油装备制造有限公司总经理，潘建全任副总经理。【中油任〔2008〕157号】

四　　月

4月1日　集团公司决定，推荐胡文瑞为中国石油企业协会会长；免去郑虎的会长职务。【中油人事函〔2008〕30号】

4月2日　集团公司决定，郑虎任咨询中心主任；免去阎三忠的主任职务。【中油任〔2008〕165号】

4月7日　股份公司人事部决定，王文彦、严文年同志任新疆销售分公司党委委员、副总经理。【油人事〔2008〕271号】

4月8日　集团公司党组决定，中共阿姆河天然气公司委员会由吕功训、张本全、邓民敏、刘廷富等4名同志组成，吕功训同志任党委书记，张本全同志任党委副书记，邓民敏同志任纪委书记，刘廷富同志任工会主席；在土库曼地区作业的其他有关单位作业期间党组织关系隶属阿姆河天然气公司党委管理。【中油党组〔2008〕44号】

4月9日　中共中央组织部批准，同意阎三忠、黄炎同志退休。【干任字〔2008〕79号】

同日　集团公司人事部印发《关于进一步规范岗位描述工作的通知》。【人事〔2008〕267号】

同日　集团公司人事部决定，新疆石油管理局甲醇厂整体划入克拉玛依

石化分公司。【人事〔2008〕268号】

4月11日 股份公司印发《中国石油天然气股份有限公司企业年金管理办法》。【石油人事〔2008〕99号】

同日 集团公司人事部印发《关于开展高级技术专家聘期届满考核工作的通知》。【人事〔2008〕273号】

4月29日 集团公司共16个单位、25名个人分别获得2008年度“全国五一劳动奖状”和“全国五一劳动奖章”。【《集团公司2009年年鉴》】

同日 集团公司决定，成立土库曼地区协调领导小组，吕功训任组长，张本全任副组长。【中油人事〔2008〕208号】

4月30日 股份公司决定，成立中国石油天然气股份有限公司华北天然气管道分公司（正局级），与北京华油天然气有限责任公司合署办公，分账核算。【石油人事〔2008〕123号】

同日 股份公司决定，成立中国石油天然气股份有限公司物资采购中心，该中心与中国石油物资公司合署办公，分账核算。【石油人事〔2008〕124号】

同日 股份公司决定，华中天然气销售分公司划归管道分公司管理，不再纳入股份公司地区公司序列。【石油人事〔2008〕125号】

同日 股份公司决定，成立中国石油天然气股份有限公司西部管道分公司（正局级），为股份公司地区分公司，业务上由天然气与管道分公司归口管理，与中国石油集团西部管道有限责任公司合署办公、分账核算。【石油人事〔2008〕126号】

五　月

5月4日 集团公司人事部印发《中国石油天然气集团公司过渡性企业年金办法》。【人事〔2008〕339号】

同日 股份公司直属机关工会委员会批复，同意成立中油燃料油股份有限公司工会委员会，李伟任工会主席。【油直机工字〔2008〕3号】

5月8至9日 集团公司在廊坊召开2008年人事工作会议。集团公司机关、所属企事业单位共300余人参加会议。会议的主要任务是：认真学习贯彻党的十七大和全国组织工作会议精神，深入贯彻落实集团公司工作会议部署，总结工作，研究部署今后一个时期及2008年重点工作，强化科学管理，提高运行效率，在机构编制、用工总量、人工成本上加大调控力度，并将其作为当前人事工作的重中之重抓紧抓好，确保新体制、新机制规范平稳运行，确保集团公司决策部署的贯彻落实。集团公司副总经理、党组成员王福成出席会议并讲话，集团公司总经理助理李万余主持会议，人事部主任单昆基作工作报告。

5月12日　股份公司人事部决定，聘任施龙、陈晓秋、宓龙彪等3人为华北天然气销售分公司副总经理，张增轩为总会计师，宓龙彪兼任安全总监。【油人事〔2008〕366号】

5月13日　股份公司决定，成立股份公司关联交易上限申请工作领导小组，周明春任组长。【石油人事〔2008〕149号】

5月15日　中国石油天然气股份有限公司股东大会批准，蒋洁敏、周吉平、王宜林、曾玉康、王福成、李新华、廖永远、王国樑、蒋凡等9人为中国石油天然气股份有限公司董事；董建成、刘鸿儒、李勇武、崔俊慧等4人为独立董事；陈明、温青山、孙先锋、于毅波等4人为监事，吴志攀、李元为独立监事；经民主选举，王亚伟、秦刚、王莎莉等3人为职工监事。【《集团公司2009年年鉴》】

同日　中国石油天然气股份有限公司第四届监事会第一次会议召开，选举陈明为中国石油天然气股份有限公司第四届监事会主席。【油监字〔2008〕5号】

5月16日　中国石油天然气股份有限公司第四届董事会一次会议在北京召开，选举蒋洁敏为中国石油天然气股份有限公司董事长，周吉平为副董事长；同意聘任周吉平为总裁，赵政璋为副总裁，王道富为总地质师，黄维和为总工程师；免去贾承造、胡文瑞的副总裁职务。【董决字〔2008〕17号、18号、19号】

5月23日　天津市总工会批复，李文强任大港油田分公司第五届工会委员会委员、主席；免去石桂臣的工会主席、委员职务。【津工复〔2008〕23号】

5月30日　集团公司人事部决定，聘任舒高新、郭东、郭孟齐等3人为渤海石油装备制造有限公司副总经理。【人事〔2008〕433号】

六　　月

6月2日　股份公司对领导成员工作分工进行明确：总裁周吉平，负责股份公司工作，全面组织协调生产经营运行工作；副总裁廖永远负责安全、环保和天然气与管道建设工作；副总裁孙龙德，负责规划计划、质量、节能、科技和信息化工作；副总裁沈殿成，负责炼油、化工业务，主持炼油与化工分公司工作；副总裁刘宏斌，负责成品油销售业务，主持销售分公司工作；财务总监周明春，负责财务、预算、资产和内控工作，主持财务部工作；副总裁李华林，负责资本运营和资本市场工作；副总裁赵政璋，负责勘探开发和对外合作工作，主持勘探与生产分公司工作；总工程师蔺爱国，负责炼化技术及重点项目的论证工作；总地质师王道富，负责开发地质和重大开发专项工作；总工程师黄维和，负责管道运营和技术管理工作，主持天然气与管道分公司工作；董事会秘书李怀奇，负责董事会秘书局工作。【石油办字〔2008〕160号】

6月3日 集团公司党组决定，潘建全同志兼任渤海石油装备制造有限公司纪委书记、工会主席，舒高新、郭东、郭孟齐等3名同志任党委委员。【中油党组〔2008〕52号】

6月11日 集团公司决定，大港油田井下作业公司冀东分公司整建制划归冀东油田分公司管理。【中油人事〔2008〕272号】

6月13日 股份公司决定，庆阳石化分公司机构规格由正处级调整为副局级。【石油人事〔2008〕170号】

同日 股份公司决定，大连海运分公司机构规格由正处级调整为副局级。【石油人事〔2008〕171号】

同日 中共甘肃省委将中国石油兰州石化公司党组织关系由兰州市委改为隶属甘肃省委管理。【省委发〔2008〕33号】

6月20日 集团公司决定，中国石油天然气集团公司长城钻探工程分公司更名为中国石油集团长城钻探工程有限公司，中国石油天然气集团公司渤海钻探工程分公司更名为中国石油集团渤海钻探工程有限公司，中国石油天然气集团公司川庆钻探工程分公司更名为中国石油集团川庆钻探工程有限公司，上述3个公司均为集团公司独资设立的一人有限责任公司。【中油人事〔2008〕292号】

6月23日 集团公司党组决定，姜纯朴同志任济南柴油机厂党委副书记、纪委书记、工会主席；免去石瑛同志的党委副书记、纪委书记职务，卢宪忠同志的工会主席职务。【中油党组〔2008〕55号】

同日 集团公司人事部决定，聘任张心勤为济南柴油机厂副厂长；免去王在武的副厂长职务，姜纯朴的总会计师职务。【人事〔2008〕511号】

同日　集团公司人事部决定，推荐姜小兴为济南柴油机股份有限公司董事长，田树民为总经理；免去姜小兴的总经理职务。【人事函〔2008〕106号】

6月24日　集团公司决定，姜小兴任济南柴油机厂厂长。【中油任〔2008〕296号】

同日　集团公司决定，中国石油物资成都公司、西安公司、广州公司、武汉公司由股份公司收购，并分别由西南油气田分公司、长庆油田分公司、华南销售分公司、华中销售分公司管理；中国石油物资昆山公司划转中国华油集团公司所属的中国石油化学公司；中国石油物资沈阳公司、沧州公司、郑州公司、天津公司等4个单位纳入中国石油物资公司（物资采购中心）管理；中国石油物资上海公司注销法人资格，改组为中国石油物资公司（物资采购中心）驻上海代表处；撤销西安公司、天津公司加挂的中国石油西北办事处、中国石油华北办事处牌子。【中油人事〔2008〕295号】

6月25日　集团公司人事部印发《关于开展技术专家岗位聘任工作的通知》。【人事〔2008〕514号】

同日　股份公司批复，同意北京华油天然气有限责任公司更名为中石油北京天然气管道有限公司。【石油人事〔2008〕180号】

6月26日　集团公司决定，将集团公司内控体系建设委员会更名为集团公司内控与风险管理委员会，并将集团公司内部控制部更名为集团公司内控与风险管理部。【中油人事〔2008〕300号】

同日　集团公司决定，李遵义任集团公司物资采购管理部主任，付建昌任集团公司矿区服务工作部副主任，卢丽平任集团公司所投资公司专职董事，免去其专职监事职务；免去卢思忠的集团公司政策研究室副主任职务，卢祥福的集团公司装备制造分公司总会计师职务；同意李斌辞去集团公司物资采购管理部主任职务。【中油人事〔2008〕301号】

同日　股份公司决定，李遵义任股份公司物资采购管理部总经理，卢丽平任股份公司所投资公司专职董事，免去其专职监事职务；同意李斌辞去股份公司物资采购管理部总经理职务。【石油任〔2008〕182号】

同日　集团公司党组决定，朱荣生同志任华南销售分公司党委委员、书记；免去王立学同志的党委书记、委员职务。【中油党组〔2008〕56号】

同日　集团公司党组决定，刘至祥同志任庆阳石化分公司党委书记，张

栋杰同志任党委副书记，免去其党委书记职务。【中油党组〔2008〕57号】

同日 集团公司党组决定，卢祥福同志任装备制造分公司党委委员。【中油党组〔2008〕58号】

同日 集团公司党组决定，卢思忠同志任经济技术研究院党委委员、书记、纪委书记、工会主席；免去李遵义同志的党委书记、委员、纪委书记职务。集团公司决定，聘任卢思忠为经济技术研究院副院长；免去李遵义的副院长职务。【中油党组〔2008〕59号　中油任〔2008〕311号】

同日 集团公司党组决定，卢祥福同志任中国石油物资采购中心党委委员。【中油党组〔2008〕60号】

同日 集团公司党组决定，桑珍萍同志任中国石油集团钻井工程技术研究院纪委书记、工会主席，免去林建同志的党委副书记、纪委书记、工会主席职务。【中油党组〔2008〕61号】

同日 集团公司党组决定，赵士峰同志任安全环保技术研究院党委委员。集团公司决定，赵士峰任安全环保技术研究院副院长。【中油党组〔2008〕62号　中油任〔2008〕309号】

同日 集团公司党组决定，张明禄同志任长庆油田分公司党委委员。股份公司决定，聘任张明禄为长庆油田分公司总地质师。【中油党组〔2008〕63号　石油任〔2008〕188号】

同日 集团公司党组决定，赵东同志任中国石油天然气勘探开发公司党委委员；免去祝俊峰、吴东山同志的党委委员职务，尹君泰同志的党委副书记、委员、纪委书记、工会主席职务。集团公司决定，聘任赵东为中国石油天然气勘探开发公司总会计师；免去祝俊峰的副总经理职务，吴东山的总会计师职务。【中油党组〔2008〕64号　中油任〔2008〕298号】

同日 集团公司党组决定，中共中国石油管道建设项目经理部委员会由吴宏、常延魁、董盛厚、陈向新、吴景阳等5名同志组成，吴宏同志任党委书记、纪委书记、工会主席。【中油党组〔2008〕65号】

同日 集团公司党组决定，中共中石油中亚天然气管道有限公司委员会由孙波、孟繁春、曹亚明、吴小莺等4名同志组成，孙波同志任党委书记、纪委书记、工会主席。【中油党组〔2008〕66号】

同日 集团公司党组决定，汤亚利同志兼任中国石油集团西部管道有限责任公司纪委书记、工会主席；免去赵士峰同志的党委副书记、委员、纪委书记、工会主席职务。集团公司决定，免去赵士峰的中国石油集团西部管道有限责任公司副总经理职务。【中油党组〔2008〕67号 中油任〔2008〕304号】

同日 集团公司党组决定，中共南美公司委员会由吴东山、尹君泰、穆龙新、张兴等4名同志组成，吴东山同志任党委书记，尹君泰同志任党委副书记、纪委书记、工会主席。【中油党组〔2008〕68号】

同日 集团公司决定，吴东山任南美公司总经理，聘任尹君泰、穆龙新、张兴等3人为副总经理；同时成立集团公司南美地区协调组，吴东山任组长。【中油任〔2008〕306号】

同日 集团公司党组决定，中共尼罗河公司委员会由祝俊峰、黄永章、秦安江、陈曙东等4名同志组成，祝俊峰同志任党委书记、纪委书记、工会主席。集团公司决定，祝俊峰任尼罗河公司总经理，聘任黄永章、秦安江、陈曙东等3人为副总经理；同时成立集团公司苏丹地区协调组，祝俊峰任组长。【中油党组〔2008〕69号 中油任〔2008〕307号】

同日 集团公司党组决定，王卫国、白克林同志任中国石油天然气管道局党委委员、常委；免去刘为民、曹华光同志的党委常委、委员职务。集团公司决定，聘任王卫国、白克林为中国石油天然气管道局副局长；免去刘为民、曹华光的副局长职务。【中油党组〔2008〕70号 中油任〔2008〕305号】

同日 中共黑龙江销售分公司第一次代表大会召开，选举产生中共黑龙江销售分公司第一届委员会，夏济连同志任党委书记，王贤泸、史敬波同志任党委副书记，史敬波同志任纪委书记。【黑龙江销售分公司上报】

同日 集团公司决定，项平生任中石油昆仑燃气有限公司筹备组组长。【中油任〔2008〕312号】

6月27日 集团公司决定，整合集团公司部分城市燃气业务，成立昆仑燃气公司筹备组。【中油人事〔2008〕310号】

同日 集团公司决定，聘任卢祥福为中国石油物资采购中心总会计师。【中油任〔2008〕308号】

同日 股份公司决定，组建中国石油昆仑燃气有限公司，为股份公司独资设立的一人有限责任公司，机构规格为正局级，行政上由股份公司直接管理，业务上由天然气与管道分公司归口管理，注册名称为中石油昆仑燃气有

限公司。【石油人事〔2008〕192号】

同日 股份公司决定，组建中国石油煤层气有限公司，为股份公司独资设立的一人有限责任公司，机构规格为正局级，行政上由股份公司直接管理，业务上由勘探与生产分公司归口管理。【石油人事〔2008〕191号】

同日 股份公司决定，王立学为华北销售分公司总经理；免去项平生的总经理职务。【石油任〔2008〕186号】

同日 股份公司人事部决定，赵明泉同志任呼和浩特石化分公司党委委员、副总经理兼安全总监；免去刘前保的安全总监职务。【油人事〔2008〕495号】

同日 股份公司人事部决定，张豫锋同志任庆阳石化分公司党委委员、副书记、纪委书记、工会主席，颉天合同志任党委委员、副总经理兼安全总监，俄克斌、魏治中同志任党委委员、副总经理，何瑛同志任党委委员、总会计师；免去张豫锋的副总经理职务，刘至祥的安全总监职务，韩登科同志的党委委员、总会计师职务。【油人事〔2008〕496号】

同日 股份公司人事部决定，朱荣生任华南销售分公司副总经理；免去王立学的副总经理职务。【油人事〔2008〕497号】

同日 股份公司人事部决定，王立学任华北销售分公司党委委员、副书记；免去项平生的党委副书记、委员职务。【油人事〔2008〕498号】

七　　月

7月1日 集团公司决定，成立集团公司薪酬管理委员会，王福成任主任，委员会办公室设在集团公司人事部。【中油人事〔2008〕313号】

同日 集团公司决定，新疆石油管理局井下作业公司24支钻井队伍整体划转西部钻探工程有限公司。【中油人事〔2008〕314号】

7月2日 集团公司决定，在中油国际（南美）公司基础上组建中国石油天然气集团公司南美公司，行政上由集团公司管理，业务上由中国石油天然气勘探开发公司归口管理，机构规格为正局级，该公司为集团公司内部海外业务区域性管理机构，不进行工商注册。【中油人事〔2008〕323号】

同日 集团公司决定，在中油国际（尼罗）公司基础上组建中国石油天然气集团公司尼罗河公司，机构规格为正局级，尼罗河公司为集团公司内部海外业务区域性管理机构，不进行工商注册。【中油人事〔2008〕324号】

同日　集团公司人事部印发《关于做好集团公司人力资源管理系统试运行工作的通知》。【人事〔2008〕532号】

7月3日　集团公司决定，委派张永泽为宝鸡石油机械有限公司执行董事兼总经理。【宝鸡石油机械有限公司上报】

同日　股份公司人事部决定，叶舟同志任浙江油田分公司纪委书记、工会主席；免去徐桂欣同志的党委副书记、委员、纪委书记、工会主席职务。【油人事〔2008〕523号】

7月7日　集团公司决定，调整集团公司石油工程技术服务企业和队伍资质管理委员会成员，廖永远任主任，委员会办公室设在集团公司工程技术服务分公司。【中油人事〔2008〕330号】

同日　股份公司人事部决定，邢默飞任华东化工销售分公司党委委员、副总经理。【油人事〔2008〕530号】

7月8日　集团公司决定，赵永起任内蒙古自治区石油总公司总经理；免去卢乃洪的总经理职务。【中油任〔2008〕334号】

同日　集团公司决定，卢乃洪任重庆石油（集团）有限公司总经理；免去项平生的总经理职务。【中油任〔2008〕339号】

同日　集团公司决定，王学泠任辽宁省石油总公司总经理；免去王振刚的总经理职务。【中油任〔2008〕333号】

同日　集团公司决定，杨顺义任甘肃省石油总公司总经理；免去张德义的总经理职务。【中油任〔2008〕335号】

同日　集团公司决定，杜丽学任青海省石油有限责任公司[1]总经理；免去杨顺义的总经理职务。【中油任〔2008〕336号】

7月10日　集团公司印发《中国石油天然气集团公司机构编制管理办法》、《中国石油天然气集团公司严格控制机构编制的意见》、《中国石油天然气集团公司关于加强劳动用工管理严格控制用工规模的意见》。【中油人事〔2008〕342号、343号、344号】

同日　集团公司人事部印发《关于制定赴境外工作人员薪酬福利管理办法实施细则有关问题的规定》。【人事〔2008〕547号】

7月11日　股份公司人事部印发《中国石油天然气股份有限公司过渡性企

① 即青海石油（集团）有限公司。

业年金办法》。【油人事〔2008〕548号】

同日 股份公司决定，委派接明训为中联煤层气有限责任公司执行董事兼总经理、法定代表人，同意王喆为职工监事。【石油任〔2008〕203号】

同日 集团公司人事部决定，委派秦永和为渤海钻探工程有限公司执行董事，石桂臣为监事，同意刘铮为职工监事。【人事〔2008〕553号】

同日 集团公司人事部决定，委派胥永杰任川庆钻探工程有限公司执行董事，丁岩松为监事，同意王莉为监事（职工代表）。【人事（2008）554号】

7月15日 集团公司人事部印发《集团公司企业组织机构设置指导规范编制工作方案》。【人事〔2008〕558号】

同日 集团公司决定，秦永和任渤海钻探工程有限公司总经理。原渤海钻探工程分公司领导班子其他成员相应改任中国石油集团渤海钻探工程有限公司的领导职务。【中油任〔2008〕352号】

同日 集团公司决定，王跃峰、向泽、陈方红等3人任集团公司所投资公司专职董事。【中油任〔2008〕355号】

7月16日 集团公司印发《中国石油天然气集团公司专业技术职务任职资格评审工作管理规定》。【中油人事〔2008〕367号】

7月17日 股份公司决定，聘任董焕忠为大庆油田有限责任公司副总经理兼大庆油田海拉尔石油勘探开发指挥部指挥；免去王玉华兼任的大庆油田海拉尔石油勘探开发指挥部指挥职务。【石油任〔2008〕211号】

7月23日 集团公司决定，聘任董焕忠为大庆石油管理局副局长。【中油任〔2008〕373号】

同日 股份公司决定，凌霄任西部管道分公司总经理，中国石油集团西部管道有限责任公司领导班子其他成员担任股份公司西部管道分公司相应领导职务。【石油任〔2008〕212号】

7月24日 股份公司人事部推荐，沈殿成为大连西太平洋石油化工有限公司副董事长人选。【石油人事函〔2008〕42号】

7月28日 股份公司印发《中国石油天然气股份有限公司机构编制管理办法》。【石油人事〔2008〕220号】

同日 集团公司决定，设立中国石油天然气集团公司规划总院，该院与股份公司规划总院合署办公，不办理工商登记手续。【中油人事〔2008〕383号】

同日　中共黑龙江省委决定，刘相彬同志任大庆医学高等专科学校党委书记，何旭辉任校长。【黑发干字〔2008〕176号、177号】

7月31日　股份公司决定，设立中国石油天然气股份有限公司安全环保技术研究院，该院与中国石油天然气集团公司安全环保技术研究院合署办公，分账核算。【石油人事〔2008〕224号】

八　月

8月1日　集团公司人事部印发《关于重新调整高级职称评审权限的通知》、《关于进一步规范总部机关及专业公司培训计划管理的意见》。【人事〔2008〕600号、601号】

同日　集团公司党组决定，王增岭同志任西北销售分公司党委书记；免去张贵生同志的党委书记、委员职务。股份公司人事部决定，王增岭任西北销售分公司副总经理；免去张贵生的副总经理职务。【中油党组〔2008〕80号　油人事〔2008〕627号】

同日　集团公司党组决定，默新社同志任克拉玛依石化分公司党委委员、书记，张友林同志任党委副书记，免去其党委书记职务。股份公司人事部决定，默新社任克拉玛依石化分公司副总经理。【中油党组〔2008〕81号　油人事〔2008〕625号】

同日　集团公司党组决定，艾南同志任华北石化分公司党委委员、书记，刘存柱同志任党委副书记，免去其党委书记职务。股份公司决定，艾南任华北石化分公司副总经理。【中油党组〔2008〕82号　石油任〔2008〕213号】

同日　集团公司党组决定，赵益红同志任大港石化分公司党委委员、书记，庞晓东同志任党委副书记，免去其党委书记职务。股份公司人事部决定，赵益红任大港石化分公司副总经理。【中油党组〔2008〕83号　油人事〔2008〕626号】

同日　集团公司党组决定，陈坚同志任宁夏炼化分公司党委书记，陈忻同志任党委副书记，免去其党委书记职务。【中油党组〔2008〕84号】

同日　集团公司党组决定，李京辉同志任辽河石化分公司党委委员、书记，李占宁同志任党委副书记，免去其党委书记职务。股份公司人事部决定，李京辉任辽河石化分公司副总经理。【中油党组〔2008〕85号　油人事〔2008〕624号】

同日　集团公司党组决定，努尔麦麦提·阿曼同志任独山子石化分公司纪

委书记；免去默新社同志的党委委员、纪委书记职务。【中油党组〔2008〕93号】

同日 集团公司党组决定，免去李京辉同志的抚顺石化分公司党委委员职务。【中油党组〔2008〕94号】

8月4日 集团公司党组决定，免去王永纯同志的中国华油集团公司党委委员职务。【中油党组〔2008〕88号】

同日 集团公司党组决定，李海龙同志兼任中国石油工程建设公司工会主席；免去赵益红同志的党委副书记、委员、工会主席职务。【中油党组〔2008〕89号】

同日 集团公司党组决定，王振刚同志任中油燃料油股份有限公司党委委员、书记、纪委书记、工会主席；免去李伟同志的党委书记、委员、纪委书记、工会主席职务。【中油党组〔2008〕90号】

同日 集团公司党组决定，李伟同志任中国石油技术开发公司党委委员、书记、纪委书记、工会主席，毕跃明同志任党委副书记，免去其党委书记职务；免去张晗亮同志兼任的党委副书记、委员职务。【中油党组〔2008〕91号】

同日 集团公司党组决定，许元科同志任润滑油分公司党委书记、纪委书记、工会主席、副总经理；免去梁国藩同志的党委书记职务。【中油党组〔2008〕92号】

8月5日 集团公司印发《关于进一步加强培训基地建设的意见》。【中油人事〔2008〕396号】

8月6日 集团公司决定，石清俊兼任中国华油集团公司安全总监；免去王永纯的副总经理、安全总监职务。【中油任〔2008〕399号】

同日 集团公司决定，毕跃明任中国石油技术开发公司总经理、李伟任副总经理；免去张晗亮兼任的总经理职务。【中油任〔2008〕400号】

8月7日 集团公司决定，聘任孟繁春为中亚天然气管道有限公司安全总监。【中油任〔2008〕397号】

同日 集团公司决定，成立集团公司中缅油气管道项目部筹备组，按集团公司直属正局级地区公司（筹备组）管理和运作，筹备组由张加林、李自林、崔新华等3人组成，张加林任组长。【中油任〔2008〕398号】

同日 集团公司决定，刘文成任集团公司物资采购管理部副主任，免去王国强的副主任职务；王国强任集团公司信息技术服务中心主任，免去王同良兼任

的主任职务；免去翁心林的咨询中心炼化部主任职务。【中油任〔2008〕402号】

同日　股份公司决定，王一端任股份公司监事会办公室主任，免去张金铸的主任职务；刘文成任股份公司物资采购管理部副总经理，免去王国强的副总经理职务；金安耀任销售分公司副总经理兼安全总监，免去田景惠的安全总监职务；王国强任股份公司信息技术服务中心主任，免去王同良兼任的主任职务。【石油任〔2008〕227号】

同日　集团公司党组决定，王永纯同志任中石油昆仑燃气有限公司党委书记、纪委书记、工会主席，项平生同志任党委副书记，姜银涛、胡兆科、王刚等3名同志任党委委员。股份公司决定，项平生任中石油昆仑燃气有限公司总经理，王永纯、姜银涛、胡兆科等3人任副总经理，王刚任总会计师，胡兆科兼任安全总监。【中油党组〔2008〕95号　石油任〔2008〕226号】

同日　集团公司党组决定，刘春林同志任管道建设项目经理部党委副书记、纪委书记、工会主席；免去吴宏同志兼任的纪委书记、工会主席职务。【中油党组〔2008】96号】

同日　集团公司党组决定，免去王刚同志的西气东输管道分公司党委委员职务。股份公司决定，免去王刚的西气东输管道分公司总会计师职务。【中油党组〔2008】97号　石油任〔2008〕225号】

同日　集团公司党组决定，王益岭同志任集团公司直属党委常务副书记兼股份公司直属机关党委常务副书记，金安耀同志任股份公司销售分公司党委委员；免去刘敏星同志的集团公司直属党委常务副书记兼股份公司直属机关党委常务副书记职务。【中油党组〔2008〕98号】

8月12日　集团公司人事部决定，推荐潘国潮为中意财产保险公司董事长人选。【人事函〔2008〕170号】

8月13日　股份公司决定，刘磊任华北天然气管道分公司总经理。【石油任〔2008〕234号】

8月15日　集团公司人事部决定，成立集团公司财产保险工作小组，肖燕明任组长。【人事〔2008〕628号】

同日　集团公司人事部决定，聘任张心勤为济南柴油机厂安全总监。【人事〔2008〕630号】

同日　集团公司决定，委派迟尚忠为中国石油集团工程设计有限责任公

司执行董事兼总经理、法定代表人，同意李俊英为职工监事，朱忠虎兼任副总经理。【中油任〔2008〕411号】

8月19日 股份公司决定，免去李京辉的抚顺石化分公司副总经理职务。【石油任〔2008〕236号】

8月21日 集团公司党组印发《中共中国石油天然气集团公司党组工作制度》。【中油党组〔2008〕102号】

同日 集团公司印发《中国石油天然气集团公司工作规则》。【中油办字〔2008〕419号】

同日 集团公司党组决定，刘希和同志任中国石油集团海洋工程有限公司党委副书记、纪委书记；免去许元科同志的党委副书记、委员、纪委书记职务。集团公司决定，免去许元科的中国石油集团海洋工程有限公司副总经理职务。【中油党组〔2008〕101号　中油任〔2008〕413号】

8月22日 集团公司决定，成立集团公司融资领导小组，王国樑任组长，领导小组下设工作小组，工作小组设在集团公司财务资产部。【中油人事〔2008〕416号】

同日 集团公司决定，调整集团公司维护稳定工作领导小组成员。【中油人事〔2008〕417号】

同日 集团公司决定，成立集团公司财产保险领导小组，王国樑任组长。【中油人事〔2008〕418号】

8月25日 集团公司决定，调整集团公司企业年金管理委员会及理事会成员，单昆基兼任集团公司企业年金管理委员会副主任（兼办公室主任）和集团公司企业年金理事会副主席；免去王永春的集团公司企业年金管理委员会副主任（兼办公室主任）和集团公司企业年金理事会副主席职务。【中油人事〔2008〕420号】

8月26日 集团公司印发《中国石油天然气集团公司企事业单位中级管理人员年度绩效考核指导意见》。【中油人事〔2008〕422号】

8月30日 集团公司决定，撤销深圳石油实业有限责任公司，将该公司的压缩天然气业务转让给中石油昆仑天然气利用有限公司，酒店管理业务整体移交中国华油集团公司，城市燃气业务整体移交中石油昆仑燃气有限公司，浅层天然气开发业务经营管理权移交西南油气田分公司，所持有的招商银行

股权上划集团公司管理。【中油人事〔2008〕424号】

同日　集团公司决定，对大庆石油管理局、吉林石油集团有限责任公司、辽河石油勘探局、大港油田集团有限责任公司、华北石油管理局、四川石油管理局、长庆石油勘探局等7家企业的风险作业服务业务相关资产进行评估，评估后的资产纳入股份公司，相关业务的合同化员工纳入上市部分管理和统计。【中油人事〔2008〕428号】

九　　月

9月1日　股份公司决定，以深圳石油实业有限责任公司压缩天然气业务和现有人员为基础，组建中石油昆仑天然气利用有限公司（副局级），为股份公司独资设立的一人有限责任公司，内部按分公司管理。【石油人事〔2008〕242号】

9月5日　国务院国资委党委决定，汪东进、喻宝才同志任中国石油天然气集团公司党组成员。【国资党任〔2008〕51号】

同日　国务院国资委决定，任命汪东进、喻宝才为中国石油天然气集团公司副总经理。【国资任〔2008〕79号】

9月8日　集团公司党组决定，玄昌伟同志任兰州石化分公司党委委员、副书记；免去喻宝才同志的党委副书记、委员职务。股份公司决定，玄昌伟任兰州石化分公司总经理；免去喻宝才的总经理职务。【中油党组〔2008〕106号　石油任〔2008〕250号】

同日　集团公司党组决定，白连刚同志任抚顺石化分公司党委书记；免去玄昌伟同志的党委书记、委员职务。股份公司决定，免去玄昌伟的抚顺石化分公司副总经理职务。【中油党组〔2008〕107号　石油任〔2008〕248号】

同日　集团公司党组决定，王立斌同志任大庆石化分公司党委委员。股份公司决定，王立斌任大庆石化分公司总会计师。【中油党组〔2008〕108号　石油任〔2008〕249号】

同日　集团公司党组决定，杨跃东同志兼任中国寰球工程公司工会主席；免去杨庆前同志的党委副书记、委员、工会主席职务。【中油党组〔2008〕110号】

同日　股份公司决定，覃国军任股份公司安全环保技术研究院院长，闫花江、赵士峰任副院长。【石油任〔2008〕251号】

9月10日　集团公司决定，调整集团公司应急领导小组和应急领导小组办

公室成员，蒋洁敏任组长。【中油人事〔2008〕451号】

同日 集团公司决定，调整集团公司信息化工作领导小组成员。【中油人事〔2008〕452号】

同日 股份公司决定，成立股份公司上市油气储量领导小组，赵政璋任组长，领导小组办公室设在勘探与生产分公司。【石油人事〔2008〕256号】

同日 股份公司决定，赵文智任勘探与生产分公司副总经理；免去周海民的副总经理职务。【石油任〔2008〕255号】

同日 集团公司决定，杨庆前任集团公司工程建设分公司副总经理。【中油任〔2008〕441号】

同日 集团公司党组决定，王道富、周海民同志任勘探开发研究院党委委员、副书记，卞德智同志任党委委员，朱开成同志任党委委员、工会主席；免去赵文智同志的党委副书记、委员职务，朱开成同志的中油国际海外研究中心党委书记职务，周灏同志兼任的勘探开发研究院工会主席职务。股份公司决定，王道富兼任勘探开发研究院院长，周海民、卞德智任副院长，刘玉章兼任安全总监；免去赵文智的院长职务，卞德智的中油国际海外研究中心主任职务，周灏兼任的勘探开发研究院安全总监职务。【中油党组〔2008〕111号 石油任〔2008〕254号】

同日 集团公司党组决定，赵文智同志任勘探与生产分公司党委书记，免去周海民同志的党委书记、委员职务；张宏同志任集团公司直属党委委员、工会主席，股份公司直属机关党委委员、工会主席，免去王益岭同志的集团公司直属工会主席、股份公司直属机关工会主席职务。【中油党组〔2008〕112号】

9月11日 股份公司决定，成立中国石油天然气股份有限公司海外勘探开发分公司，机构规格为正局级，为股份公司专业分公司。集团公司授权海外勘探开发分公司对南美公司、尼罗河公司、哈萨克斯坦公司、阿姆河公司、中亚天然气管道公司、中俄合作项目部等6个单位的业务归口管理，将中国石油天然气勘探开发公司机关人员纳入海外勘探开发分公司。【石油人事〔2008〕257号 中油人事〔2008〕447号】

同日 股份公司决定，中油国际海外研究中心与中国石油天然气股份有限公司勘探开发研究院合并重组为新的勘探开发研究院，列股份公司机构序列管理。【石油人事〔2008〕258号】

同日　集团公司决定，在中油国际（哈萨克斯坦）公司基础上组建中国石油天然气集团公司哈萨克斯坦公司（正局级），哈萨克斯坦公司为集团公司内部海外业务区域性管理机构，不进行工商注册。【中油人事〔2008〕448号】

同日　集团公司决定，中国石油天然气勘探开发公司所属的南方石油勘探开发有限责任公司（副局级）上划集团公司管理，机构规格不变。【中油人事〔2008〕449号】

同日　集团公司党组决定，王莎莉同志任中国石油天然气勘探开发公司党委书记、纪委书记；免去汪东进同志的党委书记、委员职务。【中油党组〔2008〕115号】

同日　集团公司决定，薄启亮任中国石油天然气勘探开发公司总经理，聘任姜文为安全总监；免去汪东进的总经理职务，王仲才、石彦民的副总经理职务。【中油任〔2008〕446号】

同日　集团公司党组决定，王仲才同志任中国石油哈萨克斯坦公司党委书记，孙星云、徐可强、卫玉祥、姜石等4名同志任党委委员，孙星云同志兼任纪委书记。集团公司决定，王仲才任中国石油哈萨克斯坦公司总经理，聘任孙星云、徐可强、卫玉祥、姜石等4人为副总经理，孙星云兼任安全总监。【中油党组〔2008〕116号　中油任〔2008〕443号】

同日　集团公司党组决定，石彦民同志任南方石油勘探开发有限公司党委书记。集团公司决定，石彦民任南方石油勘探开发有限公司总经理。集团公司人事部决定，石彦民同志任南方石油勘探开发有限公司纪委书记，罗忠焱、吴炜强、洪建荣等3名同志任党委委员、副总经理。【中油党组〔2008〕117号　中油任〔2008〕444号　人事〔2008〕684号】

同日　集团公司决定，聘任陶先明为东方地球物理公司总会计师。【中油任〔2008〕445号】

同日　集团公司党组决定，王宁任西气东输管道分公司党委委员。股份公司决定，王宁任西气东输管道分公司总会计师。【中油党组〔2008〕118号　石油任〔2008〕261号】

9月19日　集团公司党组决定，接铭训、林建浩、胡爱梅、徐凤银、李景明等5名同志任中联煤层气有限责任公司党委委员，接铭训同志任党委书记，林建浩同志任党委副书记、纪委书记、工会主席。【中油党组〔2008〕119号】

同日 集团公司党组决定，陶玉春、杜绍周、赵玉民、夏雨、曲永平、文科、仲旭东、陈冬等8名同志任昆仑天然气利用公司党委委员，陶玉春同志任党委书记，杜绍周同志任党委副书记、纪委书记、工会主席。【《集团公司2009年年鉴》】

9月22日 集团公司决定，兰州石化分公司总经理玄昌伟为兰州地区石油石化协调组组长；免去喻宝才的组长职务。【《集团公司2009年年鉴》】

9月23日 集团公司人事部决定，白功利同志兼任宝鸡石油钢管有限责任公司党委副书记。【人事〔2008〕709号】

同日 集团公司党组决定，任命玄昌伟为兰州石油化工公司总经理；免去喻宝才的总经理职务。【中油任〔2008〕465号】

9月24日 国务院国资委批准，同意中国石油天然气集团公司党组成员、副总经理吴耀文同志退休。【国资任〔2008〕94号】

同日 集团公司党组决定，陶玉春同志任中石油昆仑天然气利用有限公司党委书记。集团公司决定，陶玉春任中石油昆仑天然气利用有限公司执行董事、总经理。【中油党组〔2008〕120号　中油任〔2008〕266号】

同日 股份公司人事部决定，免去赵玉民的唐山液化天然气项目经理部副总经理职务。【油人事〔2008〕760号】

同日 股份公司决定，接铭训任中联煤层气有限责任公司总经理，聘任林建浩、胡爱梅、徐凤银等3人为副总经理，李景明为总地质师。【石油任〔2008〕267号】

同日 集团公司决定，委派石林为中国石油集团海洋工程有限公司执行董事，黄立功为监事；同意严哲珠为职工监事。【中油人事〔2008〕466号】

9月25日 集团公司人事部决定，成立集团公司国家科技重大专项实施管理办公室，袁士义任主任。【人事〔2008〕721号】

9月26日 集团公司决定，成立集团公司国家科技重大专项实施领导小组，王宜林任组长。【中油人事〔2008〕468号】

同日 股份公司决定，在大庆、辽河、西南、新疆、华北等5个油气田设立海外技术支持中心，名称统一规范为“××油（气）田海外技术支持中心”，与各油气田勘探开发研究院一套机构两块牌子。【石油人事〔2008〕270号】

9月27日 股份公司决定，中国石油天然气股份有限公司内部控制部更名

为中国石油天然气股份有限公司内控与风险管理部。【石油人事〔2008〕273号】

9月28日　股份公司人事部决定，推荐叶志伟任大连西太平洋石油化工有限公司总工程师。【油人事函〔2008〕20号】

同日　集团公司人事部决定，阎伟同志任中国石油技术开发公司党委委员，程进、范士洪同志任党委委员、副总经理。【人事〔2008〕729号】

9月　经国家商务部批准，股份公司在香港成立全资子公司——中石油香港有限公司（PetroChina Hong Kong Ltd.）。【中石油香港有限公司上报】

十　月

10月4日　集团公司决定，组建工程建设HSE专业委员会。【中油人事〔2008〕484号】

10月6日　集团公司决定，调整集团公司领导成员工作分工，总经理、党组书记蒋洁敏，负责集团公司全面工作，分管监察部、审计部；副总经理、党组成员周吉平，负责股份公司工作，全面组织协调生产经营运行，分管办公厅、政策研究室；副总经理、党组成员王宜林，负责规划计划、科技管理、信息化建设、质量管理和节能工作，分管规划计划部、科技管理部、信息管理部、质量管理与节能部；副总经理、党组成员曾玉康，负责矿区服务和大庆地区石油石化企业改革发展稳定的组织协调工作，分管矿区服务工作部；副总经理、党组成员王福成，负责劳动人事管理、思想政治、新闻宣传和维护稳定工作，主持直属党委工作，分管人事部、思想政治工作部（企业文化部）、直属党委、维护稳定工作办公室；副总经理、党组成员李新华，负责炼油化工、国际贸易、法律事务、装备制造和老干部工作，分管法律事务部、离退休职工管理局（老干部局）；副总经理、党组成员廖永远，负责健康安全环保和工程技术工作，分管安全环保部；总会计师、党组成员王国樑，负责财务资产、预算管理、资本运营和内控与风险管理工作，分管财务资产部、预算管理办公室、资本运营部、内控与风险管理部；党组纪检组组长、党组成员陈明，负责纪律检查工作，分管党组纪检组，协助分管监察部、审计部；副总经理、党组成员汪东进，负责海外油气合作业务和外事工作，分管国际事业部（外事局）；副总经理、党组成员喻宝才，负责工程建设和物资采购工作，分管物资采购管理部。【中油办〔2008〕489号】

同日 集团公司决定，周永强任中国石油物资公司总经理，聘任郭开旗、陈永胜、周惠等3人为副总经理，卢祥福为总会计师。【中油任〔2008〕463号】

10月7日 股份公司人事部决定，免去张宏同志的华北销售分公司党委副书记、纪委书记、工会主席职务。【油人事〔2008〕787号】

10月14日 集团公司决定，成立集团公司费用标准化工作委员会，王国樑任主任，委员会办公室设在集团公司预算管理办公室。【中油人事〔2008〕497号】

同日 股份公司人事部决定，推荐接铭训为煤层气国家工程研究中心董事、董事长人选，胡爱梅为总经理人选。【油人事函〔2008〕101号】

10月16日 股份公司人事部决定，张锦平任华北化工销售分公司党委委员、副总经理（挂职）。【油人事〔2008〕829号】

10月27日 股份公司决定，设立中国石油天然气股份有限公司经济技术研究院，该院与中国石油集团经济技术研究院合署办公、分账核算。【石油人事〔2008〕290号】

同日 股份公司批复，同意大连LNG项目合资公司名称为中石油大连液化天然气有限公司（副局级），该公司注册后，大连液化天然气项目经理部即行撤销。【石油人事〔2008〕291号】

10月28日 集团公司人事部决定，姚飞任中油资产管理有限公司副总经理，卢晓萍任总会计师。【人事〔2008〕779号】

10月29日 股份公司人事部决定，聘任章泽华为唐山液化天然气项目部副总经理。【油人事〔2008〕851号】

同日 股份公司人事部决定，赵国安同志任浙江油田分公司党委委员、副总经理、安全总监；免去曹志光的安全总监职务。【油人事〔2008〕852号】

十 一 月

11月3日 北京市工商行政管理局核准，北京华油天然气有限责任公司正式更名为中石油北京天然气管道有限公司。【中石油北京天然气管道有限公司上报】

同日 集团公司党组决定，梁作利同志任山东销售分公司党委书记；免去王波同志的党委书记、委员职务。股份公司决定，免去王波的山东销售分

公司副总经理职务。【中油党组〔2008〕124号　油人事〔2008〕850号】

11月4日　集团公司党组决定，王波同志任销售分公司党委委员。股份公司决定，王波任销售分公司副总经理。【中油党组〔2008〕125号　石油任〔2008〕306号】

11月5日　集团公司党组决定，丁克英同志任中国石油国际事业有限公司（中国联合石油有限责任公司）党委委员，免去熊愚同志的党委委员职务；熊愚同志任中国石油国际事业有限公司新加坡公司党委书记。股份公司决定，丁克英任中国石油国际事业有限公司（中国联合石油有限责任公司）总会计师；免去熊愚的总会计师职务。【中油党组〔2008〕133号　石油任〔2008〕310号】

同日　股份公司决定，王志军任国际事业香港公司总经理，免去丁克英的总经理职务；于吉友兼任华东国际事业公司总经理，免去王志军的总经理职务。【石油任〔2008〕310号】

同日　集团公司党组决定，郑丽芳同志任中国石油经济技术研究院党委委员、工会主席，钱兴坤同志任党委委员；免去卢思忠同志兼任的工会主席职务。【中油党组〔2008〕134号】

同日　股份公司人事部决定，刘德祥同志任山西销售分公司党委副书记，谭立村任副总经理。【油人事〔2008〕863号】

同日　股份公司人事部决定，免去谭立村同志的陕西销售分公司党委委员、副总经理职务。【油人事〔2008〕864号】

同日　股份公司人事部决定，免去刘守德同志的西北销售分公司党委委员、副总经理职务。【油人事〔2008〕865号】

同日　股份公司人事部决定，刘守德同志任宁夏销售分公司党委委员、副书记；免去刘德祥同志的党委副书记、委员职务。【油人事〔2008〕866号】

同日　股份公司人事部决定，高凤翔同志任大连海运分公司纪委书记，吴贵林任副总经理；免去范志敏同志的党委委员、纪委书记、工会主席、副总经理职务，办理退休。【油人事〔2008〕867号】

11月6日　集团公司党组决定，修景涛同志任冀东油田分公司党委委员，王富同志任工会主席；免去郑丽芳同志的党委委员职务。股份公司决定，聘任修景涛为冀东油田分公司副总经理；免去杨勇的总工程师职务。【中油党组〔2008〕126号　石油任〔2008〕302号】

同日 集团公司党组决定，杨勇同志任华北油田分公司党委委员。股份公司决定，杨勇任华北油田分公司总工程师。【中油党组〔2008〕127号 石油任〔2008〕303号】

同日 集团公司党组决定，潘殿军同志任管道分公司党委委员。股份公司决定，潘殿军任管道分公司副总经理。【中油党组〔2008〕128号 石油任〔2008〕304号】

同日 集团公司党组决定，中共华北天然气销售分公司委员会由施龙、林长海、陈晓秋、宓龙彪、张增轩等5名同志组成，施龙同志任党委书记、纪委书记，林长海同志任党委副书记。【中油党组〔2008〕129号】

同日 集团公司党组决定，谭立村同志任山西销售分公司党委书记。股份公司决定，刘德祥任山西销售分公司总经理。【中油党组〔2008〕130号 石油任〔2008〕305号】

同日 集团公司党组决定，栾永江同志任大庆炼化分公司党委委员、副书记、纪委书记、工会主席，周云霞同志任党委委员；免去季振华同志的党委副书记、纪委书记、工会主席职务，郭亚新同志的党委委员职务。股份公司决定，聘任季振华、李善春为副总经理，周云霞为总工程师；免去李善春的总工程师职务，郭亚新的副总经理职务。【中油党组〔2008〕132号 石油任〔2008〕309号】

同日 股份公司决定，刘守德任宁夏销售分公司总经理；免去刘德祥的总经理职务。【石油任〔2008〕307号】

同日 股份公司决定，聘任杨友胜为锦州石油化分公司总会计师；免去胡运昌的总会计师职务。【石油任〔2008〕308号】

11月7日 集团公司党组印发《关于落实“三重一大”决策制度的实施办法》。【中油党组〔2008〕135号】

同日 股份公司决定，华北销售分公司管理的山西销售分公司上划股份公司直接管理，机构规格调整为副局级。【石油人事〔2008〕314号】

同日 集团公司决定，聘任钱兴坤为中国石油经济技术研究院副院长。【中油任〔2008〕534号】

11月12日 集团公司人事部召开加强高管人员薪酬管理及规范津贴补贴视频会议。

11月14日　集团公司决定，成立集团公司费用标准化工作委员会，王国樑任主任。【中油人事〔2008〕497号】

11月18日　集团公司人事部印发《中国石油集团公司关于规范津贴补贴管理的指导意见》、《关于加强高级管理人员薪酬管理的通知》。【中油人事〔2008〕547号　中油人事〔2008〕548号】

11月24日　集团公司人事部印发《中国石油天然气集团公司人力资源管理系统管理暂行办法》、《中国石油天然气集团公司人力资源管理系统用户认证管理暂行办法》。【人事〔2008〕866号】

11月25日　股份公司人事部决定，杨继胜同志任化工与销售西南分公司党委书记、总经理；免去秦明星的总经理职务。【油人事〔2008〕948号】

11月26日　集团公司决定，调整集团公司HSE（安全生产）委员会成员。【中油人事〔2008〕565号】

11月28日　集团公司人事部印发《中国石油天然气集团公司工资总额管理暂行办法》。【人事〔2008〕876号】

十　二　月

12月1日　集团公司党组下发文件，对311个思想政治工作先进集体、20名模范思想政治工作者、453名优秀思想政治工作者予以表彰。【《集团公司2009年年鉴》】

12月3日　集团公司决定，宫云喜同志任吉林油田分公司党委委员、副书记，刘德佳同志任党委委员。【中油党组〔2008〕138号】

12月4日　股份公司决定，前郭石化分公司划入吉林油田分公司管理，不再列入股份公司地区公司序列。【石油人事〔2008〕333号】

同日　集团公司党组决定，郑玉宝同志兼任石油工业出版社纪委书记、工会主席；免去赵永河同志的党委副书记、委员、纪委书记、工会主席职务。【中油党组〔2008〕152号】

同日　集团公司党组决定，免去顾满林同志的中国石油工程建设公司党委书记、委员职务。集团公司决定，免去顾满林的中国石油工程建设公司副总经理职务。【中油党组〔2008〕153号　中油任〔2008〕581号】

同日　集团公司党组决定，免去陈长青同志的青海油田分公司党委委员

职务。股份公司决定，免去陈长青的青海油田分公司副总经理职务。【青海油田分公司上报】

同日 股份公司人事部决定，杨子清任西南销售分公司副总经理；免去刘建明的副总经理职务，刘杰同志的党委委员、副总经理职务，张永同志的党委委员、副总经理、安全总监职务。【油人事〔2008〕963号】

同日 股份公司人事部决定，王力军同志任江苏销售分公司党委副书记，张永任副总经理。【油人事〔2008〕965号】

同日 股份公司人事部决定，李占宁同志任安徽销售分公司党委副书记，金浩任副总经理。【油人事〔2008〕966号】

同日 股份公司人事部决定，刘战明同志任福建销售分公司党委副书记，王明富同志任副总经理。【油人事〔2008〕967号】

同日 股份公司人事部决定，陈长青同志任河南销售分公司党委副书记，李多任副总经理。【油人事〔2008〕968号】

同日 股份公司人事部决定，徐国才同志任湖南销售分公司党委副书记，朱明玉任副总经理。【油人事〔2008〕969号】

同日 股份公司人事部决定，刘建明同志任广西销售分公司党委副书记，刘杰任副总经理。【油人事〔2008〕970号】

同日 股份公司人事部决定，悦仲林任新疆销售分公司副总经理；免去刘战明的副总经理职务。【油人事〔2008〕971号】

同日 股份公司人事部决定，路来宏同志任江西销售分公司党委副书记、总经理，张军同志任党委书记、副总经理。【油人事〔2008〕972号】

同日 股份公司人事部决定，张文荣同志任贵州销售分公司党委副书记、总经理，李怀忠同志任党委书记、副总经理。【油人事〔2008〕973号】

12月5日 股份公司决定，化工与销售华南分公司、化工与销售西南分公司分别更名为华南化工销售分公司、西南化工销售分公司，机构规格均调整为副局级。【石油人事〔2008〕345号】

同日 股份公司决定，宁夏炼化分公司与宁夏石化分公司合并重组，重组后使用宁夏石化分公司名称，机构规格调整为正局级，同时注销中国石油天然气股份有限公司宁夏炼化分公司。【石油人事〔2008〕346号】

同日 股份公司决定，华北销售分公司所属河南销售分公司上划股份公

司直接管理，机构规格调整为副局级。【石油人事〔2008〕348号】

同日 股份公司决定，华南销售分公司管理的福建销售分公司上划股份公司直接管理，机构规格调整为副局级；将华南销售分公司与广东销售分公司整合，保留华南销售分公司、广东销售分公司名称，实行一个机构两块牌子。【石油人事〔2008〕349号】

同日 股份公司决定，华中销售分公司管理的湖南、湖北2个销售分公司上划股份公司直接管理，机构规格均调整为副局级；华中销售分公司与湖北销售分公司整合，保留华中销售分公司、湖北销售分公司名称，实行一个机构两块牌子。【石油人事〔2008〕350号】

同日 股份公司决定，西南销售分公司管理的广西、贵州2个销售分公司上划股份公司直接管理，广西销售分公司的机构规格调整为副局级；保留西南销售分公司、云南销售分公司名称，实行一个机构两块牌子。【石油人事〔2008〕351号】

同日 股份公司决定，华东销售分公司管理的浙江、江苏、安徽、江西等4个销售分公司上划股份公司直接管理，浙江、江苏、安徽等3个销售分公司的机构规格调整为副局级，华东销售分公司与所属的上海销售分公司整合，保留华东销售分公司、上海销售分公司名称，实行一个机构两块牌子。【石油人事〔2008〕352号】

同日 集团公司决定，陈忻任集团公司维护稳定工作办公室（综合治理办公室）副主任。【中油任〔2008〕587号】

同日 集团公司党组决定，杨昌陶同志任华东销售分公司党委书记；免去瞿国忠同志的党委书记、委员职务，退休。【中油党组〔2008〕139号】

同日 集团公司党组决定，杨子清同志任西南销售分公司党委书记；免去刘建明同志的党委书记、委员职务。【中油党组〔2008〕140号】

同日 集团公司党组决定，李向宇同志任浙江销售分公司党委书记。股份公司决定，赵永河任浙江销售分公司总经理。股份公司人事部决定，赵永河同志任浙江销售分公司党委副书记，李向宇任副总经理。【中油党组〔2008〕141号 石油任〔2008〕339号 油人事〔2008〕964号】

同日 集团公司党组决定，张永同志任江苏销售分公司党委书记。股份公司决定，王力军任江苏销售分公司总经理。【中油党组〔2008〕142号 石

油任〔2008〕340号】

同日 集团公司党组决定，金浩同志任安徽销售分公司党委书记。股份公司决定，李占宁任安徽销售分公司总经理。【中油党组〔2008〕143号 石油任〔2008〕334号】

同日 集团公司党组决定，王明富同志任福建销售分公司党委书记。股份公司决定，刘战明任福建销售分公司总经理。【中油党组〔2008〕144号 石油任〔2008〕341号】

同日 集团公司党组决定，李多同志任河南销售分公司党委书记。股份公司决定，陈长青任河南销售分公司总经理。【中油党组〔2008〕145号 石油任〔2008〕343号】

同日 集团公司党组决定，朱明玉同志任湖南销售分公司党委书记。股份公司决定，徐国才任湖南销售分公司总经理。【中油党组〔2008〕146号 石油任〔2008〕342号】

同日 集团公司党组决定，刘杰同志任广西销售分公司党委书记。股份公司决定，刘建明任广西销售分公司总经理。【中油党组〔2008〕147号 石油任〔2008〕344号】

同日 集团公司党组决定，悦仲林同志任新疆销售分公司党委委员、书记；免去刘战明同志的党委书记、委员职务。【中油党组〔2008〕148号】

同日 集团公司党组决定，康建华同志任宁夏石化分公司党委书记、纪委书记、工会主席，雍瑞生同志任党委副书记，陈坚、高永祥、邹敏、李汝新、张洪斌等5名同志任党委委员；免去焦学义同志的党委委员职务。股份公司决定，雍瑞生任宁夏石化分公司总经理，聘任陈坚、高永祥、邹敏、李汝新等4人为副总经理，张洪斌为总会计师；免去焦学义的副总经理的职务。【中油党组〔2008〕149号 石油任〔2008〕338号】

同日 集团公司党组决定，李庆平、叶先灯、孙贤胜、姜文、宋亦武等5名同志任中国石油天然气勘探开发公司党委委员。【中油党组〔2008〕150号】

同日 集团公司党组决定，免去悦仲林同志的乌鲁木齐石化分公司党委委员职务。股份公司决定，免去悦仲林的乌鲁木齐石化分公司副总经理职务。【中油党组〔2008〕151号 石油任〔2008〕335号】

同日 集团公司党组决定，孟向东同志任中石油中亚天然气管道有限公司党委委员，张少峰同志任党委委员。集团公司决定，聘任孟向东为中石油中亚天然气管道有限公司副总经理，张少峰为总会计师。【中油党组〔2008〕154号　中油任〔2008〕589号】

同日　股份公司决定，李天书任辽河石化分公司总经理；免去李占宁的总经理职务。股份公司人事部决定，李天书同志任辽河石化分公司党委委员、副书记；免去李占宁同志的党委副书记、委员职务。【石油任〔2008〕337号　油人事〔2008〕976号】

同日　集团公司党组决定，免去李天书同志的大庆石化分公司党委委员职务。股份公司决定，免去李天书的大庆石化分公司副总经理职务。【大庆石化分公司上报】

同日　集团公司人事部决定，聘任陈镭为中国石油天然气勘探开发公司绿洲石油有限公司总经理。【油人字〔2008〕3号】

12月8日　侯祥麟在北京逝世，享年96岁。侯祥麟，1912年4月出生，广东汕头人，1935年毕业于燕京大学化工系，1938年入党，1945年赴美国留学，1948年获博士学位，1950年回国后历任石油科学研究院副院长、院长、石油工业部副部长，任全国政协五届、六届、七届常委，中国科学院、中国工程院院士，是国际著名的石油化工科学家、我国炼油技术奠基人之一。【《集团公司2009年年鉴》】

12月11日　股份公司人事部决定，从瑜滋兼任上海中油石油交易中心有限公司执行董事、总经理，刘中安任华东化工销售分公司副总经理、党委委员兼上海中油石油交易中心有限公司常务副总经理。【油人事〔2008〕996号、998号】

12月16日　股份公司决定，刘合合任上海销售分公司总经理，何瑞林任湖北销售分公司总经理，佟福财任广东销售分公司总经理，杨宁海任云南销售分公司总经理。【石油任〔2008〕373号、375号、376号、377号】

12月17日　集团公司党组决定，杨昌陶同志任上海销售分公司党委书记，次仁扎西同志任湖北销售分公司党委书记，朱荣生同志任广东销售分公司党委委员、党委书记，杨子清同志任云南销售分公司党委书记。【中油党组〔2008〕157号、158号、159号、160号】

12月22日　股份公司决定，徐晓鸣兼任黑龙江销售分公司安全总监；免去

余宪龙兼任的安全总监职务。【黑龙江销售分公司上报】

12月23日 股份公司同意，江苏LNG项目合资公司名称为中石油江苏液化天然气有限公司，机构规格为副局级。【石油人事〔2008〕387号】

同日 股份公司人事部决定，米玛顿珠同志任西藏销售分公司党委委员、副总经理，杨学卫同志任党委委员、副总经理、安全总监，次仁欧珠同志任党委副书记、纪委书记、工会主席，吕生喜兼任总会计师；免去李宝军兼任的安全总监职务，多布拉同志兼任的纪委书记、工会主席职务，马斌太同志的党委委员、副总经理职务，刘西彩同志的党委委员、副总经理职务，退休。【油人事〔2008〕1041号】

同日 股份公司人事部决定，杨昌陶同志兼任华东销售分公司（上海销售分公司）纪委书记，孙志玉同志任党委委员、副总经理，姜滇同志任党委委员、总会计师，王建军同志任党委委员、工会主席、副总经理，高贤才同志任党委委员、副总经理、安全总监。【油人事〔2008〕1045号】

同日 股份公司人事部决定，次仁扎西同志兼任华中销售分公司（湖北销售分公司）纪委书记，王跃同志任党委委员、总会计师，王长根同志任党委委员、副总经理，于东阳同志任党委委员、副总经理、安全总监，吴红峰同志任党委委员、工会主席、副总经理；免去张国宏同志的华中销售分公司党委委员、副总经理职务。【油人事〔2008〕1046号】

同日 股份公司人事部决定，黄永祥同志任华南销售分公司（广东销售分公司）党委委员、副书记、纪委书记、工会主席，马生荣、赵明奎同志任党委委员、副总经理，刘树志同志任党委委员、副总经理、安全总监，董磊同志任党委委员、总会计师。【油人事〔2008〕1048号】

同日 股份公司人事部决定，杨子清同志兼任西南销售分公司（云南销售分公司）纪委书记，陈进军同志任党委委员、副总经理，张晓玲同志任党委委员、总会计师，王德耀同志任党委委员、工会主席、副总经理、安全总监；免去宋根成同志的西南销售分公司党委副书记、委员、纪委书记、工会主席职务。【油人事〔2008〕1049号】

同日 股份公司人事部决定，李向宇同志任浙江销售分公司纪委书记，王琦同志任党委委员、工会主席、副总经理，严志军同志任党委委员、副总经理、安全总监，黄勤同志任党委委员、总会计师。【油人事〔2008〕1050号】

同日　股份公司人事部决定，张永同志兼任江苏销售分公司纪委书记，张达同志任党委委员、工会主席、副总经理，张国俊同志任党委委员、副总经理、安全总监，李军同志任党委委员、总会计师。【油人事〔2008〕1051号】

同日　股份公司人事部决定，金浩同志兼安徽销售分公司纪委书记，王显柱同志任党委委员、副总经理、安全总监，任传吉同志任党委委员、工会主席、副总经理，陈利锋同志任党委委员、总会计师。【油人事〔2008〕1052号】

同日　股份公司人事部决定，王明富同志兼任福建销售分公司纪委书记，韩非同志任党委委员、副总经理、安全总监，孙培锦同志任党委委员、工会主席、副总经理，齐峰同志任党委委员、总会计师。【油人事〔2008〕1053号】

同日　股份公司人事部决定，李多同志任河南销售分公司纪委书记，张国宏同志任党委委员、副总经理、安全总监，张明学同志任党委委员、工会主席、副总经理，樊丽同志任党委委员、总会计师。【油人事〔2008〕1054号】

同日　股份公司人事部决定，朱明玉同志兼任湖南销售分公司纪委书记，宋根成同志任党委委员、工会主席、副总经理，王建国同志任党委委员、副总经理、安全总监，蔺亚韬同志任党委委员、总会计师。【油人事〔2008〕1055号】

同日　股份公司人事部决定，刘杰同志兼任广西销售分公司纪委书记，王成信同志任党委委员、副总经理、安全总监，杨德华同志任党委委员、工会主席、副总经理，梅元金同志任党委委员、总会计师。【油人事〔2008〕1056号】

同日　股份公司人事部决定，谭立村同志兼任山西销售分公司纪委书记，赵杰同志任党委委员、副总经理、安全总监，马荣义同志任党委委员、工会主席、副总经理，董良同志任党委委员、总会计师。【油人事〔2008〕1057号】

同日　股份公司人事部决定，张军同志兼任江西销售分公司纪委书记，李亚刚同志任党委委员、副总经理、安全总监，王玉和同志任党委委员、工会主席、副总经理，张志强同志任党委委员、总会计师。【油人事〔2008〕1058号】

12月24日　股份公司直属机关党委批复，同意侯创业同志任天然气与管道分公司纪委书记。【油直机党字〔2008〕12号】

同日　集团公司直属党委批复，同意中共中国华油集团公司委员会由王文沧、梁彪、梁森林、展孺牛、石清俊、梁德成、姜春华等7名同志组成，王文沧同志任党委书记，展孺牛同志任纪委书记。【直属党委〔2008〕52号】

12月29日 集团公司人事部印发《关于进一步理顺和完善海外业务人力资源管理体制的通知》。【中油人事〔2008〕629号】

12月30日 股份公司人事部决定，免去高现勇同志的青海销售分公司党委委员、副总经理、安全总监职务。【油人事〔2008〕1077号】

12月31日 集团公司人事部印发《集团公司、股份公司总部机关部门、专业分公司和企事业单位名录》。【人事〔2008〕971号】

本年 集团公司用工总量163.90万人。

二〇〇九年

一 月

1月7日 集团公司人事部批准，成立集团公司员工培训教材（课件）编审指导委员会，李万余任主任委员。【人事〔2009〕10号】

1月9日 集团公司人事部印发《赴境外工作的企业高级管理人员薪酬管理暂行规定》。【人事〔2009〕11号】

1月12日 集团公司党组决定，黄刚同志任华北油田分公司党委书记、纪委书记、工会主席；免去赵玉建同志的党委书记、委员、纪委书记、工会主席职务。【中油党组〔2009〕4号】

同日 集团公司党组决定，张学明同志任中国石油天然气管道局党委书记，赵玉建同志任党委副书记；免去苏士峰同志的党委书记、常委职务。集团公司决定，赵玉建任中国石油天然气管道局局长，聘任张学明为副局长；免去苏士峰的局长职务。【中油党组〔2009〕5号 中油任〔2009〕14号】

同日 集团公司党组决定，卢宏同志任中国石油尼罗河公司党委委员。集团公司决定，聘任卢宏为中国石油尼罗河公司总会计师。【中油党组〔2009〕6号 中油任〔2009〕15号】

同日 集团公司决定，免去张幸福的集团公司安全环保部副主任职务，卢宏的集团公司审计部副主任、中国石油审计服务中心副主任职务。股份公司决定，免去张幸福的股份公司安全环保部副总经理职务，卢宏的股份公司审计部副总经理职务。【中油任〔2009〕9号 石油任〔2009〕5号】

同日 集团公司党组决定，张幸福同志任中国石油集团测井有限公司党委书记、纪委书记、工会主席；免去李越强同志的党委书记、委员、纪委书记、工会主席职务。集团公司决定，聘任张幸福为中国石油集团测井有限公司副总经理；免去李越强的副总经理职务。【中油党组〔2009〕7号 中油任〔2009〕13号】

同日 集团公司党组决定，成立中国石油天然气集团公司工程技术分公

司党委，李越强同志任党委书记，杨庆理同志任党委副书记，秦文贵、夏显佰同志任党委委员。【中油党组〔2009〕8号】

同日 集团公司决定，李越强任工程技术分公司副总经理；免去黄刚的集团公司维护稳定工作办公室（综合治理办公室）副主任职务，陈安家的集团公司机关行政事务中心主任职务，张继光的集团公司机关行政事务中心副主任职务。【中油任〔2009〕19号】

同日 集团公司决定，明确中油国际（阿尔及利亚）有限公司总经理李书良，中油国际（尼日尔）有限公司总经理杨华，中油国际（加拿大）有限公司总经理张德亮等3人的职务级别为副局级。【中油任〔2009〕12号】

1月13日 集团公司党组决定，张继光同志任华油北京服务总公司党委委员。集团公司决定，聘任张继光为华油北京服务总公司副总经理。【中油党组〔2009〕3号 中油任〔2009〕16号】

1月14日 集团公司决定，自2009年1月1日起，集团公司机关行政事务中心整体划入华油北京服务总公司（机关服务中心）管理，不再保留机关行政事务中心牌子。【中油人事〔2009〕26号】

同日 集团公司决定，自2009年1月1日起，中国石油集团测井有限公司所属北京分公司纳入长城钻探工程有限公司管理。【中油人事〔2009〕29号】

1月19日 集团公司人事部印发《中国石油天然气集团公司HSE培训管理办法》。【人事〔2009〕35号】

二 月

2月9日 集团公司人事部印发《关于开展集团公司技能专家聘期考核续聘及补充工作的通知》。【人事〔2009〕62号】

同日 集团公司人事部印发《干部任职前人事部听取纪检组意见和纪检组回复人事部意见试行办法》。【人事〔2009〕64号】

同日 集团公司人事部印发《人事工作落实集团公司党组〈关于落实“三重一大”决策制度的实施办法〉建立报批、报备制度的具体实施意见》。【人事〔2009〕65号】

2月13日 股份公司人事部决定，史敬波同志任黑龙江销售分公司工会主席；免去卞忠智同志的党委委员、工会主席职务，退休。【油人事〔2009〕50号】

2月17日　集团公司决定，成立集团公司水平井、欠平衡井工作领导小组，撤销原集团公司水平井工作领导小组，廖永远任组长，领导小组办公室设在工程技术分公司。【中油人事〔2009〕58号】

同日　集团公司决定，成立集团公司钻井“提速、提效、提素”工作领导小组，廖永远任组长，领导小组办公室设在中国石油集团钻井工程技术研究院。【中油人事〔2009〕59号】

2月19日　股份公司人事部决定，宋文国同志任西北销售分公司党委委员、副总经理，郑国玉同志任党委副书记、纪委书记、工会主席；免去王增龄同志兼任的纪委书记、工会主席职务。【油人事〔2009〕67号】

同日　股份公司人事部决定，刘玉新兼任西北化工销售分公司安全总监，王文博同志任党委委员、副总经理，贾占普同志任党委委员、总会计师；免去杨继胜同志的党委委员、副总经理、安全总监职务，马庆新同志的党委委员、总会计师职务。【油人事〔2009〕68号】

同日　股份公司人事部决定，马庆新同志任甘肃销售分公司党委委员、总会计师；免去贾占普同志的党委委员、总会计师职务。【油人事〔2009〕69号】

2月20日　集团公司决定，成立集团公司资金集中管理领导小组，王国樑任组长。【中油人事〔2009〕65号】

2月24日　集团公司决定，自2009年1月1日起，中油国际海外研究中心与勘探开发研究院合并重组为新的勘探开发研究院，列入股份公司机构序列管理。【中油人事〔2009〕67号】

同日　集团公司决定，免去张景仁同志的辽阳石化分公司党委委员、纪委书记职务，退休。【中油党组〔2009〕9号】

2月25日　股份公司决定，董福财任中油碧辟石油有限公司董事长；免去王立学的董事长职务。【《集团公司2010年年鉴》】

2月27日　集团公司2009年信息化工作视频会议暨人力资源管理系统上线会议在北京召开。会议要求加快推进以ERP系统为核心的集团公司统一信息系统平台建设，为建设综合性国际能源公司提供有力支撑。【《集团公司2010年年鉴》】

三　月

3月3日　集团公司人事部印发《关于公布2008年度享受政府特殊津贴人员的通知》，集团公司有55人享受政府特殊津贴，其中专业技术人员43人，高技能人员12人。【人事〔2009〕136号】

同日　集团公司决定，在集团公司内控与风险管理委员会设立金融业务风险管理专业委员会，王国樑任主任，集团公司内控与风险管理部作为办事机构，负责专业委员会的日常管理工作。【中油人事〔2009〕66号】

3月6日　集团公司深入开展学习实践科学发展观活动动员大会在北京召开。【《集团公司2010年年鉴》】

3月9日　集团公司人事部印发《关于实行用工进出两条线管理的意见》。【人事〔2009〕154号】

3月11日　股份公司人事部决定，免去陈元武同志的陕西销售分公司党委副书记、委员、纪委书记、工会主席职务，退休。【油人事〔2009〕111号】

3月12日　集团公司人事部决定，聘任李淑娟为渤海石油装备制造有限公司总会计师。【人事〔2009〕163号】

3月16日　集团公司决定，调整集团公司住房制度改革领导小组成员，曾玉康任主任，领导小组办公室设在矿区服务工作部。【中油人事〔2009〕104号】

3月18日　集团公司在北京召开2009年人事工作视频会议。会议的主要任务是全面贯彻落实集团公司工作会议部署，扎实推进“三控制一规范”重点工作落实，统筹抓好领导班子和人才队伍建设等各项人事工作，为集团公司积极应对挑战、实现科学发展提供组织和人才保证。集团公司副总经理、党组成员王福成出席会议并讲话，集团公司总经理助理李万余主持会议，副总会计师温青山出席会议，人事部主任单昆基作工作报告。

同日　股份公司决定，孙龙德任中油勘探开发有限公司董事长，薄启亮任副董事长兼总经理，王莎莉任监事会主席，叶先灯、孙贤胜、赵东等3人为副总经理，赵东兼任财务总监。【石油人事〔2009〕52号】

3月19日　集团公司人事部印发《关于企业开展技术专家岗位聘任工作的通知》。【人事〔2009〕174号】

3月20日　集团公司决定，调整中俄油气合作项目领导小组成员，廖永远、

汪东进任组长，领导小组办公室设在集团公司规划计划部。【中油人事〔2009〕108号】

3月24日 集团公司决定，将兰州石油化工公司所属润滑脂厂和兰州兰炼黄河高级润滑油有限责任公司整体划入股份公司润滑油分公司。【中油人事〔2009〕117号】

3月27日 集团公司印发《关于进一步严格控制机构编制的通知》。【中油人事〔2009〕125号】

同日 中石油大连液化天然气有限公司召开首届董事会第一次会议，选举黄维和为公司董事会董事长、法定代表人，聘任王立昕为总经理，田士章为副总经理，刘佳为财务总监，肖礼军为副总经理。【中石油大连液化天然气有限公司上报】

3月31日 根据国家发改委的批复，由中国石油天然气有限公司、大连港股份有限公司和大连市建设投资有限公司共同出资组建中石油大连液化天然气有限公司，完成工商注册，大连液化天然气项目经理部即行撤销。【中石油大连液化天然气有限公司上报】

四 月

4月3日 集团公司决定，吕文军任集团公司安全环保部副主任，张耀芳任集团公司离退休职工管理局（老干部局）副局长；免去张冠军的装备制造分公司副总经理职务。【中油任〔2009〕142号】

同日 股份公司决定，吕文军任股份公司安全环保部副总经理。【石油任〔2009〕76号】

同日 股份公司决定，于力任大连销售分公司总经理；免去沈庆凯的总经理职务。【石油任〔2009〕69号】

同日 集团公司党组决定，马生荣同志任西南化工销售分公司党委书记。股份公司决定，杨继胜任西南化工销售分公司总经理。【中油党组〔2009〕12号 石油任〔2009〕68号】

同日 集团公司党组决定，王志学同志任华南化工销售分公司党委书记。股份公司决定，张培华任华南化工销售分公司总经理。【中油党组〔2009〕13号 石油任〔2009〕67号】

同日 集团公司党组决定，赵士峰同志任安全环保技术研究院纪委书记、工会主席；闫伦江兼任安全环保技术研究院安全总监。【中油党组〔2009〕14号 中油任〔2009〕133号】

同日 集团公司党组决定，张冠军同志任中国石油天然气运输公司党委委员、常委、书记，刘志同志任党委副书记，免去其党委书记职务；徐华、魏国庆同志任党委常委；免去初延洪、赵太民同志的党委常委、委员职务。集团公司决定，聘任张冠军、徐华为中国石油天然气运输公司副经理；魏国庆为副经理兼安全总监；免去初延洪的副经理、安全总监职务，赵太民的副经理职务（退休）。【中油党组〔2009〕16号 中油任〔2009〕134号】

同日 集团公司党组决定，李铁同志兼任辽阳石化分公司纪委书记；免去吕文军同志的党委委员职务。股份公司决定，免去吕文军的辽阳石化分公司副总经理职务。【中油党组〔2009〕17号 石油任〔2009〕72号】

同日 集团公司党组决定，免去魏立东的锦西石化分公司党委委员职务。股份公司决定，免去魏立东锦西石化分公司副经理职务。【中油党组〔2009〕18号 石油任〔2009〕71号】

同日 集团公司党组决定，魏立东同志任哈尔滨石化分公司党委委员、副书记；免去魏强同志的党委副书记、委员职务。股份公司决定，魏立东任哈尔滨石化分公司总经理；免去魏强的总经理职务。【中油党组〔2009〕19号 石油任〔2009〕70号】

同日 集团公司党组决定，马志祥同志任北京油气调控中心党委书记，闫宝东同志任党委委员；免去范卓瑛同志的党委书记、委员、纪委书记、工会主席职务。股份公司决定，闫宝东任北京油气调控中心副主任；免去范卓瑛的副主任职务，退休。【中油党组〔2009〕20号 石油任〔2009〕74号】

同日 集团公司党组决定，李爱民同志任川庆钻探工程有限公司党委副书记、纪委书记、工会主席；免去蒲建中同志的纪委书记、工会主席职务。集团公司党组决定，免去李爱民的川庆钻探工程有限公司副总经理职务。【中油党组〔2009〕21号 中油任〔2009〕137号】

同日 集团公司党组决定，秦安江同志任中国石油尼罗河公司党委副书记、纪委书记、工会主席，刘英才同志任党委委员；免去祝俊峰同志的纪委书记、工会主席职务，黄永章同志的党委委员职务。集团公司决定，聘任刘英才、赵玉军为中国石油尼罗河公司副总经理；免去黄永章的副总经理职务。【中油党组〔2009〕23号　中油任〔2009〕136号】

同日　集团公司决定，聘任黄永章为中国石油天然气勘探开发公司副总经理、安全总监，张品先为副总经理，薛良清为总地质师，赵颖为总法律顾问；免去姜文的副总经理、安全总监职务。【中油任〔2009〕135号】

同日　集团公司党组决定，牛刚同志任中国石油（土库曼斯坦）阿姆河天然气公司党委委员。集团公司决定，聘任牛刚为中国石油（土库曼斯坦）阿姆河天然气公司总会计师。【中油党组〔2009〕24号　中油任〔2009〕138号】

同日　集团公司党组决定，黄永章、张品先、薛良清、赵颖等4名同志任中国石油天然气勘探开发公司党委委员；免去姜文同志的党委委员职务。【中油党组〔2009〕25号】

同日　集团公司党组决定，免去王建中同志的四川销售分公司党委委员职务。股份公司决定，许强任四川销售分公司安全总监；免去王建中的副总经理、安全总监职务。【中油党组〔2009〕27号　石油任〔2009〕83号】

同日　集团公司党组决定，免去董仁平的销售分公司党委委员职务，张冠军的装备制造分公司党委委员职务。【中油党组〔2009〕29号】

同日　集团公司党组决定，郭大伟任中国石油审计服务中心工会主席；刘毅任党委委员。【中油党组〔2009〕15号】

4月6日　股份公司决定，免去董仁平的销售分公司副总经理职务。【石油任〔2009〕86号】

4月8日　集团公司人事部决定，中国石油集团海洋工程有限公司变更为集团公司独资设立的一人有限责任公司，不再设立董事会和监事会；免去刘海胜的董事长职务。【人事〔2009〕241号】

同日　集团公司决定，胡成礼任中国石油化学公司经理；免去李建新的经理职务。【中油任〔2009〕139号】

同日　股份公司人事部决定，杨继胜同志任西南化工销售分公司党委副书记，马生荣同志任纪委书记、工会主席、副总经理，刘丽同志任党委委员、副总经理兼总会计师，马建同志任党委委员、副总经理，王建立同志任党委委员、副总经理兼安全总监。【油人事〔2009〕264号】

同日　股份公司人事部决定，于力同志任大连销售分公司党委委员、副

书记，鲁发展同志兼任纪委书记、工会主席；免去沈庆凯同志的党委副书记、委员职务。【油人事〔2009〕265号】

同日 股份公司人事部决定，张培华同志任华南化工销售分公司党委副书记，王志学同志任纪委书记、工会主席、副总经理，刘付阳同志任党委委员、副总经理兼总会计师，马宗立同志任党委委员、副总经理兼安全总监。【油人事〔2009〕266号】

同日 股份公司人事部决定，免去马生荣同志的广东销售分公司党委委员、副总经理职务。【油人事〔2009〕267号】

4月13日 集团公司决定，将股份公司香港代表处、中石油香港有限公司、中国石油天然气香港有限公司实行合署办公，由中石油香港有限公司统一行使对外投资和经济实体运营职能。【中油人事〔2009〕143号】

同日 集团公司决定，将中国石油集团大连培训中心整体划入大连石油化工公司，划转后，大连培训中心作为大连石油化工公司二级单位管理，机构规格调整为正处级。【中油人事〔2009〕144号】

4月14日 集团公司人事部印发《中国石油天然气集团公司海外项目对口支持和借聘工作规定》。【人事〔2009〕253号】

4月18日 集团公司决定，成立中国石油集团东南亚管道有限公司（正局级），作为集团公司成员企业，行政上由集团公司直接管理。【中油人事〔2009〕161号】

五　月

5月7日 集团公司决定，成立集团公司未上市企业解困扭亏工作领导小组，王宜林任组长，领导小组办公室设在预算管理办公室。【中油人事〔2009〕198号】

5月14日 集团公司党组决定，免去姜笃志的天然气与管道分公司党委委员职务。【中油党组〔2009〕30号】

同日 集团公司决定，免去李风山的集团公司监察部副主任职务。【中油任〔2009〕210号】

同日 股份公司人事部决定，阎效山同志任华北化工销售分公司工会主席。【油人事〔2009〕363号】

同日　股份公司人事部决定，苏震同志任中油燃料油股份有限公司党委委员、副总经理。【油人事〔2009〕364号】

5月15日　股份公司决定，免去姜笃志的天然气与管道分公司副总经理职务。【石油任〔2009〕102号】

同日　股份公司决定，免去李风山的股份公司监察部副总经理职务。【石油任〔2009〕103号】

5月20日　股份公司决定，组建中国石油天然气股份有限公司广东石化项目筹备组（内部按正局级管理），行政上由股份公司直接管理，业务上由炼油与化工分公司归口管理。【石油人事〔2009〕111号】

同日　集团公司决定，聘任孙景阳等253人为集团公司技能专家。【中油人事〔2009〕219号】

同日　集团公司党组决定，孙炜东同志任中国石油天然气勘探开发公司党委委员、副总经理（挂职）。【中油党组〔2009〕31号　中油任〔2009〕214号】

同日　集团公司决定，李怀奇任咨询中心副主任。【中油任〔2009〕220号】

5月26日　集团公司决定，克拉玛依市商业银行股份有限公司由集团公司直接管理，机构规格为正局级，注册地仍为克拉玛依市，运营管理机关办公地址设在北京。【中油人事〔2009〕227号】

5月31日　集团公司决定，长城钻探工程有限公司所属辽河物探公司整体划入东方地球物理公司。【中油人事〔2009〕235号】

同日　股份公司决定，自2009年6月1日起，将华北油田分公司天然气销售业务、资产和人员划转华北天然气销售分公司管理。【石油人事〔2009〕121号】

5月　中油资产管理有限公司对金港信托有限责任公司增资扩股，并更名为昆仑信托有限责任公司。【昆仑信托有限责任公司上报】

六　　月

6月1日　集团公司决定，成立中国石油金融租赁公司筹建领导小组，王国樑任组长。【中油人事〔2009〕237号】

6月4日　集团公司决定，将中国石油集团西部管道有限责任公司的业务、资产和人员整体划入股份公司西部管道分公司。【中油人事〔2009〕239号】

6月9日　集团公司决定，白玉光任工程建设分公司总经理；免去李亚平

的总经理职务。【中油任〔2009〕249号】

同日 集团公司决定，免去白玉光的集团公司规划计划部副主任职务。股份公司决定，免去白玉光的股份公司规划计划部副总经理职务。【中油任〔2009〕249号 石油任〔2009〕141号】

同日 集团公司决定，王庭富任咨询中心副主任兼炼化部主任。【中油任〔2009〕268号】

同日 集团公司决定，曲浩任集团公司办公厅副主任。股份公司决定，曲浩任股份公司总裁办公室副主任。【中油任〔2009〕269号 石油任〔2009〕149号】

同日 集团公司党组决定，钟裕敏同志任装备制造分公司党委委员。集团公司决定，聘任钟裕敏为装备制造分公司副总经理。【中油党组〔2009〕44号 中油任〔2009〕270号】

同日 集团公司党组决定，田景惠同志任销售分公司党委书记，刘宏斌同志改兼任党委副书记。【中油党组〔2009〕45号】

同日 集团公司党组决定，免去张二林同志的中国石油天然气管道局党委常委职务。【中油党组〔2009〕53号】

同日 集团公司党组决定，丁建林、梁鹏同志任天然气与管道分公司党委委员。股份公司决定，丁建林任天然气与管道分公司副总经理，梁鹏任副总经理、安全总监；免去马志祥的安全总监职务。【中油党组〔2009〕46号 石油任〔2009〕140号】

同日 集团公司党组决定，李政华同志任兰州石化分公司党委书记；免去王庭富同志的党委书记、委员职务。股份公司决定，免去王庭富的兰州石化分公司副总经理职务。【中油党组〔2009〕35号 石油任〔2009〕144号】

同日 集团公司党组决定，免去康建华同志的宁夏石化分公司党委书记、纪委书记、工会主席职务。【中油党组〔2009〕36号】

同日 集团公司党组决定，吴冠京同志兼任石油化工研究院纪委书记、工会主席，马安同志任党委委员。股份公司决定，聘任马安为石油化工研究院副院长。【中油党组〔2009〕37号 石油任〔2009〕147号】

同日 集团公司党组决定，免去马安同志的大连石化分公司党委委员职务。股份公司决定，免去马安的大连石化分公司副总经理职务。【中油党组

〔2009〕38号　石油任〔2009〕148号】

同日　集团公司党组决定，李波同志任锦州石化分公司党委书记；免去谢延凯同志的党委书记、委员职务。股份公司决定，免去谢延凯的锦州石化分公司副总经理职务。【中油党组〔2009〕39号　石油任〔2009〕145号】

同日　集团公司党组决定，王富同志任东北化工销售分公司党委委员、书记；免去李殿敏同志的党委书记职务。【中油党组〔2009〕40号】

同日　集团公司党组决定，李凤鸣同志任中石油东北炼化工程有限公司党委委员、副书记、纪委书记、工会主席，张成中同志任党委委员。股份公司决定，聘任张成中为副总经理。【中油党组〔2009〕41号　石油任〔2009〕143号】

同日　集团公司党组决定，沈定成同志兼任国际事业有限公司（中国联合石油有限责任公司）工会主席，张永祥、吕建池同志任国际事业有限公司（中国联合石油有限责任公司）党委委员；免去刘仲秋同志的国际事业有限公司（中国联合石油有限责任公司）党委委员、工会主席职务。【中油党组〔2009〕42号】

同日　股份公司决定，聘任张永祥、吕建池为国际事业有限公司副总经理，吕建池兼任安全总监；免去王立华兼任的安全总监职务，刘仲秋的副总经理职务。【石油任〔2009〕142号】

同日　集团公司党组决定，免去于学恭同志的广西石化分公司党委委员职务。股份公司决定，免去于学恭的广西石化分公司副总经理职务。【中油党组〔2009〕43号　石油任〔2009〕146号】

同日　集团公司党组决定，李逵同志任宝鸡石油钢管有限公司党委委员、书记；免去钟裕敏同志的党委委员、书记职务。集团公司决定，白功利任宝鸡石油钢管有限公司总经理；免去钟裕敏的总经理职务。【中油党组〔2009〕47号　中油任〔2009〕254号】

同日　集团公司党组决定，朱龙同志任中国华油集团公司党委委员、书记；王文沧同志任党委副书记，免去其党委书记职务。【中油党组〔2009〕51号】

同日　集团公司党组决定，孙先锋同志兼任中国石油审计服务中心党委副书记；免去朱龙同志的党委副书记、委员职务。集团公司决定，孙先锋兼任中国石油审计服务中心主任；免去朱龙的主任职务。【中油党组〔2009】55号　中油任〔2009〕266号】

同日 集团公司党组决定，谢延凯任西气东输管道分公司党委委员、副书记；免去丁建林同志的党委委员职务。股份公司决定，免去丁建林的西气东输管道分公司副总经理职务。【中油党组〔2009】56号 石油任〔2009】151号】

同日 集团公司党组决定，刘仲秋同志任中国石油工程建设公司党委委员、书记。集团公司决定，聘任刘仲秋为中国石油工程建设公司副总经理。【中油党组〔2009〕34号 中油任〔2009〕252号】

同日 集团公司决定，穆华东兼任中俄合作项目部副经理。【中油任〔2009〕260号】

同日 集团公司决定，张皓若任克拉玛依市商业银行行长，聘任敬林为财务总监，谢鹏飞为副行长，谢海兵为信息总监，许新元为董事会秘书。【中油任〔2009〕267号】

同日 集团公司决定，张冠军同志任中国石油天然气运输公司纪委书记、工会主席；免去范瑞丰同志的党委副书记、常委、纪委书记、工会主席职务。【中油党组〔2009〕49号】

6月10日 股份公司决定，将乌鲁木齐石化分公司、宁夏石化分公司、大港石化分公司、长庆石化分公司等4家企业液化气销售业务划转中石油昆仑燃气有限公司管理。【石油人事〔2009〕133号】

6月11日 集团公司决定，在尼日尔、乍得、伊拉克分别成立CNPC工程建设协调领导小组。【中油人事〔2009〕248号】

6月12日 股份公司人事部决定，李殿敏同志任东北化工销售分公司党委副书记，王富任副总经理。【油人事〔2009〕450号】

6月15日 集团公司人事部决定，李逵同志任宝鸡石油钢管有限责任公司纪委书记、工会主席、副总经理。【人事〔2009〕380号】

同日 集团公司人事部决定，范瑞丰同志任宝鸡石油机械有限责任公司纪委书记、工会主席、副总经理，马广蛇同志任党委委员、副总经理。【人事〔2009〕381号】

6月16日 集团公司决定，自2009年6月30日起，将华北石油管理局所属河北华北石油工程建设有限公司整建制划转中国石油天然气管道局管理。【中油人事〔2009〕271号】

同日 集团公司决定，中国石油天然气管道局所属沈阳国际皇冠假日酒

店和管道分公司所属秦皇岛国际饭店划转中国华油集团公司管理。【中油人事〔2009〕272号】

同日　集团公司决定，中国华铭国际投资有限公司与中俄合作项目部合署办公，实行两块牌子两套班子，业务上相对分开运作、分账核算。【中油人事〔2009〕273号】

6月17日　中石油江苏液化天然气有限公司在江苏省如东县洋口港经济开发区注册成立。该公司由中国石油天然气股份有限公司、太平洋油气有限公司、江苏省国信资产管理集团有限公司共同合资建设并运营，三方分别持有55%、35%和10%的股权，完成工商注册，江苏液化天然气项目经理部即行撤销。【中石油江苏液化天然气有限公司上报】

6月18日　股份公司董事会决定，李华林任股份公司董事会秘书。

6月22日　股份公司人事部决定，窦秀升同志任华北销售分公司党委委员、副书记、纪委书记、工会主席。【油人事〔2009〕476号】

同日　集团公司决定，成立集团公司国家石油储备基地安全工作领导小组，廖永远任组长，安全环保部负责相关工作的组织协调。【中油人事〔2009〕291号】

6月24日　集团公司决定，调整集团公司品牌管理委员会成员，周吉平任主任。【中油人事〔2009〕292号】

七　　月

7月7日　集团公司人事部决定，聘任王忠来为克拉玛依市商业银行代理副行长。【人事〔2009〕425号】

同日　股份公司人事部决定，邵镇江同志任陕西销售分公司党委委员、副书记、纪委书记、工会主席，翟西平同志任党委委员、副总经理。【油人事〔2009〕524号】

同日　股份公司人事部决定，王那顺同志任内蒙古销售分公司副总经理，免去其党委副书记、纪委书记、工会主席职务，郑新龙同志任党委委员、副书记、纪委书记、工会主席。【油人事〔2009〕525号】

同日　股份公司人事部决定，周强同志任山东销售分公司党委委员、副总经理。【油人事〔2009〕526号】

同日 股份公司人事部决定，林鹏同志任东北销售分公司党委委员、副总经理。【油人事〔2009〕527号】

7月9日 股份公司决定，成立中石油阿姆河天然气勘探开发有限公司（正局级），为股份公司地区子公司，行政上由股份公司直接管理，业务上由海外勘探开发分公司归口管理，后注册名称为中石油阿姆河天然气勘探开发（北京）有限公司；撤销中油勘探开发有限公司项下的中石油阿姆河天然气勘探开发有限公司。【石油人事〔2009〕178号】

7月10日 集团公司印发《关于认真贯彻实施油气田企业组织机构设置规范等企业标准的通知》。【中油人事〔2009〕312号】

同日 股份公司人事部决定，田士章兼任中石油大连液化天然气有限公司安全总监。【油人事〔2009〕537号】

7月13日 集团公司决定，成立集团公司扩大装备产品出口领导小组，李新华任组长，领导小组办公室设在中国石油技术开发公司。【中油人事〔2009〕307号】

7月21日 集团公司党组决定，中共克拉玛依市商业银行委员会由张皓若、许新元、敬林、谢鹏飞、王忠来等5名同志组成，张皓若同志任党委书记，许新元同志任党委副书记、纪委书记、工会主席。【中油党组〔2009〕59号】

7月24日 股份公司决定，成立中石油远东油气开发有限责任公司，该公司为股份公司独资设立的一人有限责任公司，内部按分公司管理，行政上由股份公司直接管理，业务上由海外勘探开发分公司管理。【石油人事〔2009〕201号】

7月29日 股份公司决定，委派吕功训为中石油阿姆河天然气勘探开发有限公司执行董事、总经理、法人代表，靳凤兰为监事，同意余志清为职工监事。【石油人事〔2009〕207号】

八　月

8月5日 集团公司印发《关于进一步加强人工成本控制的通知》。【中油人事〔2009〕343号】

8月12日 股份公司决定，成立中石油国际投资有限公司，为股份公司独资设立的一人有限责任公司，由海外勘探开发分公司负责具体运营管理工作。

【石油人事〔2009〕219号】

8月14日　集团公司党组决定，陈港同志任中国石油集团海洋工程有限公司党委委员；免去石林同志的党委副书记、委员职务，胡炳军同志的党委委员职务。集团公司决定，黄立功任中国石油集团海洋工程有限公司总经理，聘任陈港为总会计师；免去石林的总经理职务，胡炳军的总会计师职务。【中油党组〔2009〕64号　中油任〔2009〕351号】

同日　集团公司党组决定，石林同志任中国石油集团钻井工程技术研究院党委委员、副书记，刘广华同志任党委委员；免去孙宁同志的党委副书记、委员职务，苏义脑同志的党委委员职务。集团公司决定，石林任中国石油集团钻井工程技术研究院院长，聘任刘广华为副院长；免去孙宁的院长职务，苏义脑的副院长职务。【中油党组〔2009〕63号　中油任〔2009〕352号】

同日　集团公司决定，李正光任集团公司监察部主任，赵旭东、杨佳安、苏琦等3人任副主任；免去刘晓莉的主任职务，赵旭东、叶东风、杨佳安、苏琦等4人的监察副专员职务。股份公司决定，李正光任股份公司监察部总经理，赵旭东、杨佳安、苏琦等3人任副总经理；免去刘晓莉的总经理职务，赵旭东、叶东风、杨佳安、苏琦等4人的监察副专员职务。【中油任〔2009〕357号　石油任〔2009〕227号】

同日　集团公司党组决定，许君祖同志任宁夏石化分公司党委书记、纪委书记、工会主席。【中油党组〔2009〕69号】

同日　股份公司决定，免去许君祖同志的吐哈油田分公司党委委员、副总经理职务。【中油党组〔2009〕62号　石油任〔2009〕222号】

同日　集团公司党组决定，免去李正光同志的大庆炼化分公司党委副书记、委员职务。股份公司决定，冷胜军任大庆炼化分公司总经理；免去李正光的总经理职务。【中油党组〔2009〕65号　石油任〔2009〕228号】

同日　集团公司决定，刘戬任集团公司财务资产部副主任；免去陈港的副主任职务。【中油任〔2009〕354号】

同日　集团公司决定，免去刘戬的工程建设分公司副总经理、总会计师职务。【中油任〔2009〕355号】

同日　集团公司决定，叶东风任集团公司政策研究室副主任。【中油任〔2009〕356号】

同日 集团公司党组决定，胡炳军同志任勘探与生产分公司党委委员；免去贾东同志的党委委员职务。股份公司决定，胡炳军任勘探与生产分公司总会计师；免去贾东的总会计师职务。【中油党组〔2009〕66号 石油任〔2009〕226号】

同日 集团公司党组决定，李正光同志任集团公司党组纪检组副组长；免去刘晓莉同志的副组长职务。【中油党组〔2009〕67号】

同日 集团公司党组决定，杨侠同志任西北化工销售分公司党委委员、书记，火金三同志任党委副书记，免去其党委书记职务。【中油党组〔2009〕68号】

同日 集团公司党组决定，李铁同志兼任辽阳石化分公司工会主席，李贵合同志任党委委员；免去李文勖同志的工会主席、党委委员职务，退休。股份公司决定，聘任李贵合为辽阳石化分公司副总经理。【中油党组〔2009〕70号 石油任〔2009〕229号】

8月18日 股份公司决定，杨侠任西北化工销售分公司副总经理。【油人事〔2009〕644号】

同日 中石油江苏液化天然气有限公司召开董事会，选举黄维和为公司董事长、法定代表人。【中石油江苏液化天然气有限公司上报】

8月19日 集团公司党组印发《贯彻落实〈国有企业领导人员廉洁若干规定〉的意见》。【中油党组〔2009〕71号】

同日 中共新疆维吾尔自治区委员会同意，中共中国石油集团西部管道有限责任公司委员会更名为中共中国石油天然气股份有限公司西部管道分公司委员会，党组织隶属关系不变。

8月26日 集团公司党组决定，王亚伟同志任大庆炼化分公司党委委员、书记，冷胜军同志任党委副书记，免去其党委书记职务。股份公司决定，王亚伟任大庆炼化分公司副总经理。【中油党组〔2009〕73号 石油任〔2009〕239号】

同日 集团公司党组决定，姜万春同志任大庆油田党委书记，免去其纪委书记职务；王永春同志改任大庆油田党委副书记，免去其党委书记职务；王昆同志兼任大庆油田纪委书记、工会主席；免去王玉普同志的大庆油田党委副书记、常委、委员职务，王亚伟同志的大庆油田党委常委、委员、工会主席职务。【中油党组〔2009〕74号】

8月27日 股份公司决定，组建中国石油天然气股份有限公司伊拉克公司筹备组（内部按正局级管理），行政上由股份公司直接管理，业务上由海外勘探开发分公司归口管理。【石油人事〔2009〕243号】

同日　股份公司决定，委派薄启亮为中石油国际投资有限公司执行董事、总经理，赵颖为监事，同意戴瑞祥为职工监事。【石油人事〔2009〕236号】

8月31日　股份公司人事部决定，张文荣同志任贵州销售分公司党委书记；免去李怀忠同志的党委书记、委员、副总经理职务。【油人事〔2009〕686号】

九　　月

9月8日　集团公司决定，于力任大连石油总公司总经理；免去沈庆凯的总经理职务。【中油任〔2009〕390号】

同日　集团公司决定，冷胜军任林源炼油厂厂长；免去李正光的厂长职务。【中油任〔2009〕391号】

9月10日　集团公司决定，成立中国石油驻任丘地区企业协调组，华北油田分公司为组长单位，苏俊任组长；成立中国石油驻大港地区企业协调组，大港油田分公司为组长单位，李建青任组长；成立中国石油驻沈阳地区企业协调组，抚顺石化分公司为组长单位，李若平任组长；成立中国石油驻大连地区企业协调组，大连石化分公司为组长单位，蒋凡任组长；成立中国石油驻内蒙古地区企业协调组，内蒙古销售分公司为组长单位，赵永起任组长；成立中国石油驻宁夏地区企业协调组，宁夏石化分公司为组长单位，雍瑞生任组长；成立中国石油驻广西地区企业协调组，广西石化分公司为组长单位，吴恩来任组长；调整大庆地区石油石化企业协调组为中国石油驻黑龙江地区企业协调组，大庆油田有限责任公司为组长单位，曾玉康兼任组长；调整吉林松原地区石油石化企业协调组为中国石油驻吉林地区企业协调组，吉林油田分公司为组长单位，侯启军任组长；调整盘锦地区石油石化企业协调组为中国石油驻辽西地区企业协调组，辽河油田分公司为组长单位，孙崇仁任组长；调整克拉玛依地区石油石化企业协调组为中国石油驻新疆地区企业协调组，新疆油田分公司为组长单位，唐建任组长。【中油人事〔2009〕396号】

9月11日　股份公司人事部决定，贠广瑞任大连销售分公司副总经理。【油人事〔2009〕724号】

同日　股份公司人事部决定，乔世明任内蒙古销售分公司安全总监；免

去刘宏设的安全总监职务。【油人事〔2009〕725号】

9月16日 集团公司人事部决定，在集团公司财务资产部成立集团公司土地管理办公室，集团公司规划计划部不再加挂土地管理办公室的牌子。【人事〔2009〕548号】

9月27日 集团公司人事部决定，委派黄立功为中国石油集团海洋工程有限公司执行董事、法人代表，马宝金为监事；免去石林的执行董事职务，黄立功的监事职务。【中油人事〔2009〕241号】

9月30日 股份公司决定，将大庆石化分公司、吉林石化分公司、抚顺石化分公司、辽阳石化分公司、兰州石化分公司、独山子石化分公司、大连石化分公司、锦州石化分公司、锦西石化分公司、大庆炼化分公司、哈尔滨石化分公司、华北石化分公司、呼和浩特石化分公司、辽河石化分公司、克拉玛依石化分公司、庆阳石化分公司等16家炼化企业液化气销售业务划转中石油昆仑燃气有限责任公司。【石油人事〔2009〕281号】

十 月

10月10日 集团公司决定，成立中国石油驻伊朗地区企业协调组，李庆平任组长。【中油人事〔2009〕432号】

10月20日 集团公司决定，大港油田集团有限责任公司和华北石油管理局的井下作业业务资产人员整体划入渤海钻探工程有限公司管理。【中油人事〔2009〕444号】

同日 集团公司决定，四川石油管理局所属装备制造公司和成都天然气压缩机厂业务、资产、人员分别整体划入宝鸡石油机械有限责任公司和济南柴油机厂。【中油人事〔2009〕446号】

同日 股份公司决定，翁兴波任股份公司财务部副总经理，免去杨冬艳的副总经理职务；免去翁兴波的股份公司派驻独山子炼油乙烯项目财务总监督职务。【石油任〔2009〕304号】

同日 集团公司决定，戴宪生任集团公司资本运营部副主任；免去方栋良的副主任职务，向泽的集团公司所投资公司专职董事职务。股份公司决定，戴宪生任股份公司资本运营部副总经理；免去方栋良的副总经理职务，向泽的股份公司所投资公司专职董事职务。【中油任〔2009〕462号 石油任〔2009〕301号】

同日 集团公司决定，免去余同钢的集团公司预算管理办公室副主任职务。股份公司决定，免去余同钢的股份公司预算管理办公室副主任职务。【中油任〔2009〕464号　石油任〔2009〕302号】

同日　集团公司决定，刘振武任咨询中心副主任，免去其集团公司副总工程师职务。【中油任〔2009〕465号、466号】

同日　集团公司决定，李军任集团公司规划计划部副主任。股份公司决定，李军任股份公司规划计划部副总经理；免去李军的炼化工程建设项目部副总经理职务。【中油任〔2009〕467号　石油任〔2009〕299号、303号】

同日　集团公司党组决定，张国祥同志任甘肃销售分公司党委委员、书记；免去何能祯同志的党委书记、委员职务。股份公司人事部决定，聘任张国祥为甘肃销售分公司副总经理；免去何能祯的副总经理职务。【中油党组〔2009〕83号　油人事〔2009〕820号】

同日　集团公司党组决定，方栋良同志任广西石化分公司党委委员；免去张静波同志的党委委员职务。股份公司决定，聘任方栋良为广西石化分公司副总经理兼总会计师；免去张静波的总会计师职务。【中油党组〔2009〕84号　石油任〔2009〕300号】

同日　集团公司党组决定，韩炜同志任西部钻探工程有限公司党委委员、书记，马永峰同志任党委委员；免去徐卫喜同志的党委书记、委员职务，陈岩、包尔汉·卡哈尔同志的党委委员职务。集团公司决定，聘任韩炜、马永峰为西部钻探工程有限公司副总经理；免去徐卫喜、陈岩、包尔汉·卡哈尔等3人的副总经理职务。【中油党组〔2009〕86号　中油任〔2009〕456号】

同日　集团公司党组决定，陈岩同志任渤海钻探工程有限公司党委委员；免去马永峰同志的党委委员职务。集团公司决定，聘任陈岩为渤海钻探工程有限公司副总经理；免去马永峰的副总经理、安全总监职务。【中油党组〔2009〕87号　中油任〔2009〕458号】

同日　集团公司党组决定，荀量同志任东方地球物理公司党委书记；免去王小牧同志的党委书记、常委、委员职务。【中油党组〔2009〕88号】

同日　集团公司党组决定，张静波同志任川庆钻探工程有限公司党委委员；免去王亮同志的党委委员职务。集团公司决定，聘任张静波为川庆钻探工程有限公司总会计师；免去王亮的总会计师职务。【中油党组〔2009〕89号　中油任〔2009〕457号】

同日 股份公司决定，薄启亮兼任中石油国际投资有限公司总经理，赵东兼任财务总监。【石油任〔2009〕296号】

同日 集团公司党组决定，刘伟同志任管道建设项目经理部党委委员。股份公司决定，聘任刘伟为管道建设项目经理部副总经理。【中油党组〔2009〕92号 石油任〔2009〕294号】

同日 集团公司决定，免去刘伟的中国石油天然气管道局副局长、安全总监职务。【中油任〔2009〕455号】

同日 集团公司党组决定，免去张国祥同志的华油北京服务总公司党委委员职务。集团公司决定，免去张国祥的华油北京服务总公司副总经理职务。【华油北京服务总公司上报】

同日 集团公司决定，王亮任中油资产管理有限公司、昆仑信托有限责任公司总经理；免去戴宪生的总经理职务。【中油任〔2009〕463号】

同日 集团公司党组决定，免去张宏同志的集团公司直属党委委员、工会主席，股份公司直属机关党委委员、工会主席职务。【中油党组〔2009〕94号】

同日 集团公司党组决定，谢戈果同志任克拉玛依市商业银行党委委员、书记，张皓若同志任党委副书记，免去其党委书记职务。【中油党组〔2009〕95号】

同日 集团公司党组决定，组建中共中油资产管理有限公司、昆仑信托有限责任公司委员会，李晶同志任党委委员、书记。【中油党组〔2009〕96号】

同日 集团公司党组决定，杨冬艳同志任炼油与化工分公司党委委员；免去杨信同志的党委委员职务。股份公司决定，杨冬艳任炼油与化工分公司总会计师；免去杨信的总会计师职务。【中油党组〔2009〕97号 石油任〔2009〕305号】

同日 集团公司人事部决定，王亮为中油资产管理有限公司、昆仑信托有限责任公司党委委员、副书记，高正琦、姚飞、卢晓萍等3名同志任中油资产管理有限公司、昆仑信托有限责任公司党委委员，李晶任中油资产管理有限公司副总经理。【人事〔2009〕612号】

同日 股份公司人事部决定，张宏同志任贵州销售分公司党委委员、副书记、总经理，张文荣任副总经理，免去其总经理职务。【油人事〔2009〕818号】

10月25日 集团公司人事部决定，委派吴静为川庆钻探工程有限公司监事；免去丁岩松的监事职务。【人事〔2009〕608号】

10月27日　股份公司决定，将浙江油田分公司、江西销售分公司、贵州销售分公司等3个单位的机构规格由正处级调整为副局级。【石油人事〔2009〕313号】

10月30日　股份公司决定，调整大庆油田有限责任公司法人治理结构，不设董事会，设执行董事兼任公司总经理，不设监事会，设职工监事1名。【石油人事〔2009〕312号】

同日　集团公司决定，撤销中国石油（土库曼斯坦）阿姆河天然气公司，业务和人员划入中石油阿姆河天然气勘探开发（北京）有限公司。【中油人事〔2009〕479号】

同日　股份公司人事部决定，免去王志才同志的吉林销售分公司党委委员、副总经理、安全总监职务，退休。【油人事〔2009〕835号】

十 一 月

11月2日　集团公司决定，成立中国石油驻阿联酋地区企业协调组，刘锡惠任组长。【中油人事〔2009〕478号】

11月3日　集团公司决定，调整集团公司新闻工作组成员，王福成任组长。【中油人事〔2009〕485号】

同日　集团公司决定，成立集团公司工程建设领域突出问题专项治理工作领导小组，陈明任组长，领导小组办公室设在集团公司监察部。【中油人事〔2009〕519号】

11月10日　集团公司党组决定，免去汪桃义同志的中国石油集团海洋工程有限公司党委委员职务。集团公司决定，免去汪桃义的中国石油集团海洋工程有限公司副总经理职务。【中油党组〔2009〕102号　中油任〔2009〕495号】

同日　集团公司党组决定，汪桃义同志任中国石油工程建设公司党委委员。集团公司决定，聘任汪桃义为中国石油工程建设公司副总经理、安全总监；免去邓德利兼任的安全总监职务。【中油党组〔2009〕103号　中油任〔2009〕492号】

同日　集团公司党组决定，孙全军同志任中国石油天然气管道局党委副书记、纪委书记、工会主席，葛书义同志任党委常委；免去张学明同志兼任的纪委书记、工会主席职务。集团公司决定，聘任葛书义为中国石油天然气管道局副局长、安全总监。【中油党组〔2009〕105号　中油任〔2009〕496号】

同日 集团公司党组决定，张宝增同志任渤海钻探工程有限公司党委委员。集团公司决定，聘任张宝增为渤海钻探工程有限公司副总经理、安全总监。【中油党组〔2009〕107号 中油任〔2009〕493号】

同日 集团公司党组决定，张军同志任江西销售分公司党委书记。股份公司决定，路来宏任江西销售分公司总经理。【中油党组〔2009〕109号 石油任〔2009〕331号】

同日 集团公司决定，赵国任渤海石油装备制造有限公司总经理；免去朱明会的总经理职务。【中油任〔2009〕494号】

同日 股份公司决定，薄启亮任海外勘探开发分公司总经理，聘任王莎莉、叶先灯、孙贤胜、宋亦武、黄永章、张品先、孙炜东等7人为副总经理，李庆平为总工程师，赵东为总会计师，薛良清为总地质师，赵颖为总法律顾问，黄永章兼任安全总监。【石油任〔2009〕335号】

同日 集团公司党组决定，中共海外勘探开发分公司委员会由王莎莉、薄启亮、李庆平、叶先灯、孙贤胜、宋亦武、黄永章、赵东、张品先、薛良清、赵颖、孙炜东等12名同志组成，王莎莉同志任党委书记，薄启亮同志任党委副书记。【中油党组〔2009〕108号】

同日 股份公司决定，王莎莉任伊拉克公司总经理，陈镭、张德亮、韩绍国等3人任副总经理，韩绍国兼任鲁迈拉项目中方总经理。同时，成立中国石油驻伊拉克地区企业协调组，王莎莉任组长。【石油任〔2009〕336号】

同日 集团公司党组决定，张文荣同志任贵州销售分公司党委书记。股份公司决定，张宏任贵州销售分公司总经理。【中油党组〔2009〕110号 石油任〔2009〕330号】

11月13日 集团公司人事部决定，赵国同志任渤海石油装备制造有限公司党委委员、副书记；免去朱明会同志的党委副书记、委员职务。【人事〔2009〕652号】

11月17日 集团公司决定，天津大港油田集团有限责任公司所属天津大港油田集团工程建设有限责任公司业务、资产和人员整体划入中国石油天然气管道局。【中油人事〔2009〕503号】

同日 集团公司决定，中国石油集团海洋工程有限公司所属中国石油天然气第七建设公司（包括金属结构建造事业部）、中国石油集团工程设计有限

责任公司所属大连分公司整体划入中国石油工程建设公司。【中油人事〔2009〕504号】

同日 集团公司决定，新疆油田勘察设计研究院、新疆石油工程建设有限责任公司业务、资产和人员整体划入中国石油集团工程设计有限责任公司。【中油人事〔2009〕505号】

同日 集团公司决定，兰州石油化工公司所属兰州石油化工工程公司、新疆独山子石油化工总厂所属新疆独山子方辰石化工程有限责任公司、中国石油集团工程设计有限责任公司所属抚顺分公司等3家单位的业务、资产和人员整体划入中国寰球工程公司。【中油人事〔2009〕506号】

同日 股份公司决定，西南油气田分公司所属南充炼油化工总厂划转中国石油四川石化有限责任公司。【石油人事〔2009〕339号】

11月24日 集团公司决定，中国纺织工业设计院所属中国纺织化纤工程总公司上划集团公司直接管理，并更名为中国昆仑工程公司，保留中国纺织工业设计院名称。同时，将大庆石油化工总厂所属大庆石化工程有限公司，中国石油集团工程设计有限责任公司所属辽阳分公司业务、资产和人员整体划入中国昆仑工程公司，作为其分支机构管理。【中油人事〔2009〕522号】

11月27日 集团公司决定，调整集团公司HSE（安全生产）委员会成员。【中油人事〔2009〕537号】

同日 股份公司决定，将华北销售分公司管理的天津、河北两个销售分公司上划股份公司直接管理，上划后两个公司机构规格均调整为副局级。同时，将华北销售分公司机关及相关附属机构与所属北京销售分公司实施重组，重组后的公司使用中国石油天然气股份有限公司北京销售分公司名称，机构规格为副局级。【石油人事〔2009〕372号、373号、374号】

同日 股份公司人事部决定，华东销售分公司、华中销售分公司、华南销售分公司、西南销售分公司分别单独使用中国石油天然气股份有限公司上海销售分公司、中国石油天然气股份有限公司湖北销售分公司、中国石油天然气股份有限公司广东销售分公司、中国石油天然气股份有限公司云南销售分公司的名称，不再加挂华东、华中、华南、西南大区分公司牌子，将4个大区公司予以注销。【油人事〔2009〕375号】

同日 集团公司党组决定，付斌、赵传香同志任销售分公司党委委员；

免去杜烈奋、孙宗民同志的党委委员职务。股份公司决定，付斌任销售分公司副总经理，赵传香任总会计师；免去杜烈奋的副总经理职务，孙宗民的总会计师职务。【中油党组〔2009〕112号　石油任〔2009〕355号】

同日　集团公司决定，免去李向阳的集团公司离退休职工管理局（老干部局）副局长职务。【中油任〔2009〕547号】

同日　股份公司决定，王跃任股份公司财务部副总经理；免去赵传香的副总经理职务。【石油任〔2009〕354号】

同日　集团公司党组决定，卢乃洪同志任北京销售分公司党委委员、书记。股份公司决定，王立学任北京销售分公司总经理。股份公司人事部决定，王立学同志任北京销售分公司党委委员、副书记，卢乃洪任副总经理。【中油党组〔2009〕113号　石油任〔2009〕363号　油人事〔2009〕925号】

同日　股份公司决定，刘合合任内蒙古销售分公司总经理；免去赵永起的总经理职务。股份公司人事部决定，刘合合同志任内蒙古销售分公司党委委员、副书记；免去赵永起同志的党委副书记、委员职务。【石油任〔2009〕358号　油人事〔2009〕924号】

同日　集团公司党组决定，刘战明同志任天津销售分公司党委委员、书记。股份公司决定，高栋平任天津销售分公司总经理。股份公司人事部决定，高栋平任天津销售分公司党委委员、副书记，刘战明同志任副总经理。【中油党组〔2009〕114号　石油任〔2009〕364号　油人事〔2009〕926号】

同日　集团公司党组决定，冀玉军同志任河北销售分公司党委书记。股份公司人事部决定，杨宁海任河北销售分公司总经理。【中油党组〔2009〕115号　油人事〔2009〕931号】

同日　集团公司党组决定，张安平同志任云南销售分公司党委委员、书记；免去杨子清同志的党委书记职务。股份公司决定，杨子清任云南销售分公司总经理；免去杨宁海的总经理职务。股份公司人事部决定，杨子清同志任云南销售分公司党委副书记，免去其纪委书记职务；张安平同志任纪委书记、副总经理；免去杨宁海同志的党委副书记、委员职务。【中油党组〔2009〕116号　石油任〔2009〕370号　油人事〔2009〕909号】

同日　集团公司党组决定，徐毅同志任重庆销售分公司党委书记；免去唐胜云同志的党委书记、委员职务。股份公司决定，李宝军任重庆销售分公司总经理；免去卢乃洪的总经理职务。股份公司人事部决定，李宝军同志任重庆销售分公司党委委员、副书记；免去唐胜云的副总经理职务。【中油党组〔2009〕117号　石油任〔2009〕369号　油人事〔2009〕932号】

同日　集团公司党组决定，唐胜云同志任四川销售分公司党委委员。股份公司决定，唐胜云任四川销售分公司副总经理。【中油党组〔2009〕118号　石油任〔2009〕371号】

同日　集团公司党组决定，次仁扎西同志任西藏销售分公司党委委员、书记；免去多布拉同志的党委书记、委员职务。股份公司决定，王珺任西藏销售分公司总经理；免去李宝军的总经理职务。股份公司人事部决定，王珺同志任西藏销售分公司党委委员、副书记，次仁扎西任副总经理；免去李宝军同志的党委副书记、委员职务，多布拉的副总经理职务。【中油党组〔2009〕119号　石油任〔2009〕359号　油人事〔2009〕930号】

同日　集团公司党组决定，薛彦卓同志任湖北销售分公司党委委员、书记；免去次仁扎西同志的党委书记、委员职务。股份公司决定，李长安任湖北销售分公司总经理；免去何瑞林的总经理职务。股份公司人事部决定，李长安同志任湖北销售分公司党委委员、副书记，薛彦卓同志任纪委书记、副总经理；免去何瑞林同志的党委副书记、委员职务，次仁扎西同志的纪委书记、副总经理职务，王跃同志的党委委员、总会计师职务。【中油党组〔2009〕120号　石油任〔2009〕368号　油人事〔2009〕928号】

同日　集团公司党组决定，免去李长安同志的哈尔滨石化分公司党委委员职务。集团公司决定，免去李长安的哈尔滨石化分公司副总经理职务。【中油党组〔2009〕121号　石油任〔2009〕367号】

同日　集团公司人事部决定，刘虎、魏敬国同志任济南柴油机厂党委委员、副厂长。【中国石油集团济柴动力总厂上报】

同日　股份公司决定，王广生任福建销售分公司总经理；免去刘战明的总经理职务。股份公司人事部决定，王广生同志任福建销售分公司党委委员、副书记；免去刘战明同志的党委副书记、委员职务。【石油任〔2009〕336号　油人事〔2009〕927号】

同日　股份公司决定，佟福财任上海销售分公司总经理；免去刘合合的总经理职务。股份公司人事部决定，佟福财同志任上海销售分公司党委委员、

副书记；免去刘合合同志的党委副书记、委员职务。【石油任〔2009〕361号　油人事〔2009〕923号】

同日　股份公司决定，何瑞林任广东销售分公司总经理；免去佟福财的总经理职务。股份公司人事部决定，何瑞林同志任广东销售分公司党委委员、副书记；免去佟福财同志的党委副书记、委员职务。【石油任〔2009〕362号　油人事〔2009〕933号】

11月30日　股份公司人事部决定，中国石油天然气股份有限公司西部管道原油销售分公司更名为中国石油天然气股份有限公司西部管道销售分公司。【油人事〔2009〕915号】

十 二 月

12月1日　集团公司决定，李宝军任重庆石油（集团）有限公司总经理；免去卢乃洪的总经理职务。【中油任〔2009〕562号】

12月8日　集团公司党组决定，朱喜龙同志任黑龙江销售分公司党委委员、书记；免去夏济连同志的党委书记职务。股份公司决定，夏济连任黑龙江销售分公司总经理；免去王贤泸的总经理职务。股份公司人事部决定，夏济连同志任黑龙江销售分公司党委副书记，聘任朱喜龙为副总经理；免去王贤泸同志的党委副书记、委员职务。【中油党组〔2009〕122号　石油任〔2009〕387号　油人事〔2009〕970号】

同日　集团公司党组决定，免去朱喜龙同志的大庆石化分公司党委委员职务。股份公司决定，免去朱喜龙的大庆石化分公司副总经理职务。【中油党组〔2009〕123号　石油任〔2009〕388号】

12月9日　股份公司决定，成立中国石油天然气股份有限公司广东石化分公司（正局级），为股份公司所属地区公司，行政上由股份公司直接管理，同时，撤销中国石油天然气股份有限公司广东石化项目筹备组。【广东石化分公司上报】

同日　股份公司决定，魏强任广东石化分公司总经理，聘任姜文为副总经理。【石油任〔2009〕399号】

12月16日　集团公司决定，调整集团公司应急领导小组和应急领导小组办公室成员。【中油人事〔2009〕575号】

12月18日　股份公司决定，成立中国石油天然气股份有限公司天然气销售结算中心，设在华北天然气销售分公司。不进行工商注册，以华北天然气销售分公司名义从事天然气购销业务。【石油人事〔2009〕403号】

同日　集团公司决定，胡宝顺任集团公司财务资产部副主任兼土地管理办公室主任。【中油任〔2009〕604号】

同日　集团公司决定，王育山任集团公司预算管理办公室副主任。股份公司决定，王育山任股份公司预算管理办公室副主任。【中油任〔2009〕605号　石油任〔2009〕420号】

同日　集团公司决定，贺荣芳任集团公司安全副总监。【中油任〔2009〕606号】

同日　集团公司决定，李懂章任集团公司思想政治工作部（企业文化部）副主任；免去贾光生的副主任职务。股份公司决定，李懂章任股份公司企业文化部副总经理；免去贾光生的副总经理职务。【中油任〔2009〕607号　石油任〔2009〕421号】

同日　集团公司党组决定，孙波同志任中国石油哈萨克斯坦公司党委委员、书记，卢耀忠同志任委委员；免去王仲才同志的党委书记、委员职务。【中油党组〔2009〕126号】

同日　集团公司决定，孙波任中国石油哈萨克斯坦公司总经理、中国石油驻哈萨克斯坦地区企业协调组组长，卢耀忠任中国石油哈萨克斯坦公司总会计师，卫玉祥兼任中油国际（PK）有限责任公司总经理；免去王仲才的中国石油哈萨克斯坦公司总经理、中国石油驻哈萨克斯坦地区企业协调组组长、中油国际（PK）有限责任公司总经理职务。【中油任〔2009〕601号】

同日　集团公司党组决定，孙贤胜同志任中国石油尼罗河公司党委委员、书记，李国诚同志任党委委员；免去祝俊峰同志的党委书记、委员职务。【中油党组〔2009〕127号】

同日　集团公司党组决定，组建中共东南亚管道有限公司委员会，张加林同志任党委书记、纪委书记、工会主席。集团公司决定，张加林任东南亚管道有限公司总经理，聘任李自林、崔新华为副总经理，崔新华兼任安全总监。【中油党组〔2009〕128号　中油任〔2009〕594号】

同日　集团公司党组决定，组建中共中国石油伊拉克公司工作委员会，王莎莉同志任党工委书记。【中油党组〔2009〕129号】

同日 集团公司党组决定，贾勇同志任海外勘探开发分公司（中国石油天然气勘探开发公司）党委委员、副书记、纪委书记、工会主席，王仲才同志任海外勘探开发分公司（中国石油天然气勘探开发公司）党委委员；免去王莎莉同志兼任的中国石油天然气勘探开发公司纪委书记职务，李庆平、叶先灯、孙贤胜等3名同志的海外勘探开发分公司（中国石油天然气勘探开发公司）党委委员职务。【中油党组〔2009〕131号】

同日 集团公司党组决定，杨继钢同志任炼油与化工分公司党委书记，沈殿成同志改兼任党委副书记；免去王德义同志的党委委员职务。股份公司决定，杨继钢任炼油与化工分公司副总经理；免去王德义的副总经理职务。【中油党组〔2009〕132号　石油任〔2009〕419号】

同日 集团公司党组决定，叶先灯同志任中国石油南美公司党委委员、书记；免去吴东山同志的党委书记、委员职务。集团公司决定，叶先灯任中国石油南美公司总经理、中国石油驻南美地区企业协调组组长；免去吴东山同志的中国石油南美公司总经理、中国石油驻南美地区企业协调组组长职务。【中油党组〔2009〕133号　中油任〔2009〕599号】

同日 集团公司党组决定，桂王来同志任渤海钻探工程有限公司党委委员；免去王育山同志的党委委员职务。集团公司决定，聘任桂王来为渤海钻探工程有限公司总会计师；免去王育山的副总经理、总会计师职务。【中油党组〔2009〕135号　中油任〔2009〕596号】

同日 集团公司党组决定，吴东山同志任规划总院党委委员、书记、纪委书记、工会主席；免去张加林同志的党委书记、委员、纪委书记、工会主席职务。股份公司决定，吴东山任规划总院副院长；免去张加林的副院长职务。【中油党组〔2009〕136号　石油任〔2009〕415号】

同日 集团公司党组决定，刘军库同志任中国石油集团工程设计有限责任公司党委委员。集团公司决定，聘任刘军库为中国石油集团工程设计有限责任公司副总经理。【中油党组〔2009〕137号　中油任〔2009〕595号】

同日 集团公司党组决定，苟量同志兼任东方地球物理公司纪委书记、工会主席；免去段世民同志的党委副书记、委员、纪委书记、工会主席职务。集团公司决定，免去郭月良的东方地球物理公司副经理职务。【中油党组〔2009〕138号　中油任〔2009〕592号】

同日　集团公司党组决定，谷伟同志任华油北京服务总公司党委书记，田玉军同志任党委委员、副书记；免去王忠华同志的党委委员、书记职务。集团公司决定，田玉军任华油北京服务总公司总经理；免去王忠华的总经理职务，退休。【中油党组〔2009〕139号　中油任〔2009〕597号】

同日　集团公司党组决定，王广昀同志任西南油气田分公司党委委员、书记，刘彬同志任党委委员、副书记、纪委书记、工会主席，钱治家同志任党委委员；免去张书铭同志的西南油气田分公司党委书记、委员职务，免去张元泽同志的党委副书记、委员、纪委书记、工会主席职务。【中油党组〔2009〕134号】

同日　集团公司党组决定，薛时文、邱宝林、张海云、周德军等4名同志任中国石油报社党委委员；免去王毅锴、张文业同志的党委委员职务。集团公司决定，聘任邱宝林为中国石油报社总编辑；免去王毅铠的总编辑职务，退休。【中油党组〔2009〕140号　中油任〔2009〕598号】

同日　集团公司党组决定，王德义同志任大庆石化分公司党委委员、副书记；免去杨继钢同志的党委副书记、委员职务。股份公司决定，王德义任大庆石化分公司总经理；免去杨继钢的总经理职务。【中油党组〔2009〕142号　石油任〔2009〕418号】

同日　集团公司党组决定，段世民同志任集团公司直属党委副书记、工会主席，股份公司直属机关党委副书记、工会主席。【中油党组〔2009〕143号】

同日　集团公司决定，蒋尚军任中国石油销售西北公司经理；免去田玉军的经理职务。【中油任〔2009〕602号】

同日　股份公司决定，王广昀、钱治家任西南油气田分公司副总经理；免去张书铭西南油气田分公司副总经理职务。【石油任〔2009〕414号】

同日　股份公司决定，蒋尚军任西北销售分公司总经理；免去田玉军的总经理职务。【石油任〔2009〕416号】

同日　集团公司决定，孙贤胜任中国石油尼罗河公司总经理、中国石油驻苏丹地区企业协调组组长，李国诚任中国石油尼罗河公司副总经理；免去祝俊峰的中国石油尼罗河公司总经理、中国石油驻苏丹地区企业协调组组长职务。【中油任〔2009〕600号】

同日　股份公司决定，王仲才任海外勘探开发分公司高级副总经理；免

去李庆平的总工程师职务，叶先灯、孙贤胜的副总经理职务。【石油任〔2009〕410号】

同日 股份公司决定，聘任祝俊峰为伊拉克公司常务副总经理兼哈法亚项目部中方总经理，郭月良为伊拉克公司副总经理兼哈法亚项目部中方副总经理。【石油任〔2009〕411号】

同日 集团公司党组决定，李庆平同志任中国石油伊朗公司党委书记。集团公司决定，李庆平任中国石油伊朗公司总经理。【中国石油伊朗公司上报】

同日 股份公司人事部决定，聘任苏震为中油燃料油股份有限公司安全总监；免去李久杰的安全总监职务。【油人事〔2009〕1001号】

12月23日 集团公司人事部决定，乌鲁木齐石油化工总厂的设计院业务、资产和人员整体划入中国石油工程建设公司。【人事〔2009〕742号】

同日 集团公司决定，在中国石油天然气勘探开发公司所属中油国际（伊朗）公司基础上组建中国石油天然气集团公司伊朗公司，机构规格为正局级，行政上由集团公司直接管理，业务上归口海外勘探开发分公司管理。【中油人事〔2009〕611号 石油人事〔2009〕422号】

同日 股份公司决定，陈朝晖任兰州石化分公司总会计师，免去蒋尚军的副总经理、总会计师职务。【石油任〔2009〕417号】

同日 集团公司决定，免去王广昀的大庆油田有限责任公司（大庆石油管理局）常务副总经理（常务副局长）职务。【石油任〔2009〕413号】

同日 集团公司党组决定，免去王广昀的大庆油田党委常委、委员职务。【中油党组〔2009〕141号】

12月25日 集团公司决定，成立集团公司水平井、欠平衡井、带压作业工作领导小组，廖永远任组长，领导小组办公室设在工程技术分公司。同时，撤销集团公司水平井、欠平衡井工作领导小组。【中油人事〔2009〕589号】

12月26日 集团公司决定，王仲才任中国石油天然气勘探开发公司高级副总经理；免去李庆平的总工程师职务，叶先灯、孙贤胜的副总经理职务。【中油任〔2009〕591号】

同日 股份公司人事部决定，蒋尚军同志任西北销售分公司党委委员、副书记；免去田玉军同志的党委副书记、委员职务。【油人事〔2009〕1023号】

12月28日 集团公司党组决定，叶体亚同志任中国昆仑工程公司党委书记，周华堂同志任党委副书记，曹健同志任党委副书记、纪委书记、工会主席，李玉清、王全光、王海志等3名同志任党委委员。集团公司决定，周华堂任中国昆仑工程公司总经理，聘任叶体亚、李玉清、王全光等3人为副总经理，王海志为总会计师。【中油党组〔2009〕145号 中油任〔2009〕619号】

12月30日 国务院国资委党委批复，同意薄启亮、孙波为中国石油天然气股份公司副总裁人选。【国资党委干一〔2009〕221号】

本年 集团公司用工总量162.38万人。

二〇一〇年

一 月

1月6日 股份公司决定，涂安宁任四川销售分公司安全总监，免去许强的安全总监职务。【石油任〔2010〕2号】

1月11日 股份公司人事部决定，免去王成信同志的广西销售分公司党委委员、副总经理、安全总监职务。【油人事〔2010〕15号】

同日 股份公司人事部决定，周强任山东销售分公司安全总监；免去吴恩海的安全总监职务。【油人事〔2010〕16号】

同日 股份公司人事部决定，路来宏同志兼任江西销售分公司党委副书记，张军同志兼任纪委书记、工会主席、副总经理，曾祥浩同志任党委委员、副总经理，刘凤春同志任党委委员、副总经理、安全总监，刘海波同志任党委委员、总会计师；免去李亚刚、王玉和、张志强等3名同志的原任领导职务。【油人事〔2010〕17号】

同日 股份公司人事部决定，朱长青同志任青海销售分公司党委委员、副总经理、安全总监。【油人事〔2010〕19号】

同日 股份公司人事部决定，赵尔全任吉林销售分公司安全总监，夏春同志任党委委员、副总经理，林喜东同志任党委委员、副书记、纪委书记、工会主席；免去于臣同志的纪委书记、工会主席职务。【油人事〔2010〕20号】

同日 股份公司人事部决定，王诚信同志任大连销售分公司党委委员、副总经理；免去王杨同志的党委委员、副总经理职务。【油人事〔2010〕22号】

同日 股份公司人事部决定，王国松同志任北京销售分公司党委委员、总会计师，窦秀生同志任党委副书记、纪委书记、工会主席，王克信同志任党委委员、副总经理，韩钊同志任党委委员、副总经理、安全总监。【油人事〔2010〕23号】

同日 股份公司人事部决定，刘战明同志兼任天津销售分公司纪委书记、工会主席，王扬同志任党委委员、副总经理，周建国同志任党委委员、副总

经理、安全总监，梁恒全同志任党委委员、副总经理，孙伟宏同志任党委委员、总会计师。【油人事〔2010〕24号】

1月12日　集团公司批复，同意济南柴油机厂更名为中国石油集团济柴动力总厂。【中油人事〔2010〕13号】

1月15日　中国石油天然气股份有限公司董事会决定，聘任薄启亮、孙波为中国石油天然气股份有限公司副总裁。【董决字〔2010〕1号】

1月18日　集团公司决定，竞盛保险经纪股份有限公司（竞胜保险公估有限公司）在行政上委托中油财务有限责任公司管理，业务上由股份公司财务部归口管理。【中油人事〔2010〕25号】

同日　集团公司印发《中国石油天然气集团公司劳动合同管理办法》。股份公司印发《中国石油天然气股份有限公司劳动合同管理办法》。【中油人事〔2010〕26号　石油人事〔2010〕11号】

同日　集团公司人事部批复，将华北石油管理局所属运输公司整体划转中国石油天然气运输公司管理。【人事〔2010〕30号】

1月19日　集团公司决定，姜小兴同志任济柴动力总厂党委书记、厂长，田树民同志任党委副书记，姜纯朴同志任党委副书记、纪委书记、工会主席，唐祖华、张心勤、卢宪忠、李树生、贾胜军、刘虎、魏敬国等7名同志任党委委员、副厂长，唐祖华兼任总会计师，张心勤兼任安全总监，李树生兼任总工程师。【中油任〔2010〕27号　人事〔2010〕35号】

1月22日　集团公司印发《中国石油天然气集团公司海外高层次人才引进工作管理暂行规定》。【中油人事〔2010〕30号】

1月28日　集团公司决定，成立集团公司基础管理建设工程领导小组，王宜林任组长，领导小组办公室设在集团公司质量管理与节能部。【中油人事〔2010〕34号】

二　月

2月5日　集团公司决定，调整集团公司业绩考核委员会成员，王福成、王国樑任主任。【中油人事〔2010〕46号】

2月10日　股份公司人事部决定，秦本记同志任克拉玛依石化分公司党委委员、副总经理。【油人事〔2010〕100号】

同日 股份公司人事部决定，余昌信、相养冬同志任辽河石化分公司党委委员、副总经理，余昌信兼任安全总监。【油人事〔2010〕102号】

2月18日 国务院国资委首批青年干部学习教育基地在大庆油田揭牌。国务院国资委授予大庆铁人王进喜纪念馆和大庆油田历史陈列馆“国资委青年学习教育基地”称号。【《集团公司2011年年鉴》】

三 月

3月5日 集团公司党组决定，朱景利同志任辽阳石化分公司党委副书记；免去耿承辉的党委副书记、委员职务。股份公司决定，朱景利任辽阳石化分公司总经理；免去耿承辉的总经理职务。【中油党组〔2010〕9号 石油任〔2010〕47号】

同日 集团公司决定，刘守德任新疆维吾尔自治区石油总公司总经理，免去徐会举的总经理职务。【中油任〔2010〕70号】

同日 集团公司决定，朱景利任辽阳石油化纤公司经理；免去耿承辉的经理职务。【中油任〔2010〕71号】

同日 集团公司党组决定，刘农基同志任广西石化分公司党委委员。股份公司决定，聘任刘农基为广西石化分公司副总经理。【中油党组〔2010〕10号 石油任〔2010〕46号】

同日 集团公司党组决定，段良伟同志任吉林燃料乙醇有限责任公司党委委员、书记，孙树祯同志任吉林石化分公司党委委员；免去孙树祯同志的吉林燃料乙醇有限责任公司党委书记、委员职务。集团公司决定，段良伟任吉林燃料乙醇有限责任公司总经理；免去孙树祯的总经理职务。股份公司决定，聘任孙树祯为吉林石化分公司常务副总经理。【中油党组〔2010〕8号、11号 中油任〔2010〕72号 石油任〔2010〕48号】

同日 集团公司决定，王忠来任克拉玛依市商业银行副行长。【中油任〔2010〕73号】

同日 集团公司党组决定，成立炼化工程建设项目部党委，胡兢克同志任党委委员、书记、纪委书记、工会主席，杨健、于明祥、杨建让等3名同志任党委委员。【中油党组〔2010〕12号】

同日 集团公司党组决定，李久杰同志任中油燃料油股份有限公司党委书

记；免去王振刚同志的党委书记、委员职务，退休。【中油党组〔2010〕13号】

同日 集团公司党组决定，耿承辉同志任中国昆仑工程公司党委书记；免去叶体亚同志的党委书记、委员职务，退休。集团公司决定，聘任耿承辉为中国昆仑工程公司副总经理；免去叶体亚的副总经理职务。【中油党组〔2010〕14号 中油任〔2010〕69号】

同日 股份公司决定，聘任王峰为吉林油田分公司总工程师；免去周荣阁的副总经理职务，退休。【石油任〔2010〕53号】

同日 集团公司党组决定，姜昌亮同志任管道分公司党委委员、书记；姚伟同志改任党委副书记，免去其党委书记职务。股份公司决定，姜昌亮任管道分公司副总经理。【中油党组〔2010〕15号 石油任〔2010〕58号】

同日 集团公司党组决定，万军同志任大庆油田党委委员，陈广玉同志任大庆油田有限责任公司第一采油厂党委书记，杨钧同志任大庆油田有限责任公司勘探开发研究院党委书记，李永民同志任大庆油田工程建设有限公司党委书记，王莉同志任大庆油田电力集团党委书记；免去董焕忠同志的大庆油田有限责任公司勘探开发研究院党委书记职务，李仁同志的大庆油田电力集团党委书记职务，刘富国同志的大庆油田有限责任公司油田建设设计研究院党委书记职务。【中油党组〔2010〕16号】

同日 股份公司决定，聘任万军为大庆油田有限责任公司（大庆石油管理局）副总经理（副局长）。【石油任〔2010〕56号】

同日 集团公司党组决定，徐会举同志任中国华油集团公司党委委员、副书记、纪委书记、工会主席；免去展孺牛同志的党委委员、纪委书记、工会主席职务，退休。【中油党组〔2010〕17号】

同日 集团公司党组决定，吴西华同志任新疆培训中心（新疆石油学院）党委书记；免去白克力·乌麻尔同志的党委书记、委员职务，退休。【中油党组〔2010〕18号】

同日 集团公司党组决定，黄一兴、李庆学、许岱文等3名同志任中国石油伊拉克公司党工委委员。股份公司决定，聘任黄一兴为中国石油伊拉克公司总工程师，李庆学、许岱文为中国石油伊拉克公司哈法亚项目部副总经理。【中油党组〔2010〕20号 石油任〔2010〕61号】

同日 股份公司人事部决定，王仲才任中油勘探开发有限公司董事、副

总经理，黄永章任副总经理；免去叶先灯的董事、副总经理职务，孙贤胜的副总经理职务。【石油人事〔2010〕55号】

同日 集团公司党组决定，阎万朝同志任东方地球物理公司党委副书记、纪委书记、工会主席，杨举勇、郑华生同志任党委委员；免去苟量同志兼任的纪委书记、工会主席职务。集团公司决定，聘任杨举勇、郑华生为东方地球物理公司副总经理，杨举勇兼任安全总监；免去阎万朝的副总经理、安全总监职务。【中油党组〔2010〕21号 中油任〔2010〕78号】

同日 集团公司党组决定，张柏松、胡欣峰同志任长城钻探工程有限公司党委委员。集团公司决定，聘任张柏松、胡欣峰为长城钻探工程有限公司副总经理。【中油党组〔2010〕22号 中油任〔2010〕77号】

同日 集团公司决定，刘广华兼任中国石油集团钻井工程技术研究院安全总监。【中油任〔2010〕80号】

同日 集团公司党组决定，朱天寿同志任长庆油田分公司党委委员。股份公司决定，聘任朱天寿为长庆油田分公司总工程师。【中油党组〔2010〕23号 石油任〔2010〕54号】

同日 集团公司党组决定，免去姜昌亮同志的天然气与管道分公司党委委员职务。股份公司决定，免去姜昌亮的天然气与管道分公司副总经理职务。【中油党组〔2010〕25号 石油任〔2010〕63号】

同日 股份公司决定，刘守德任新疆销售分公司总经理；免去徐会举的总经理职务。【石油任〔2010〕44号】

同日 股份公司决定，刘刚任宁夏销售分公司总经理；免去刘守德的总经理职务。【石油任〔2010〕45号】

同日 股份公司决定，吴东山兼任规划总院安全总监；免去刘飞军的安全总监职务。【石油任〔2010〕59号】

同日 股份公司决定，赵平起任大港油田分公司副总经理，朱明会兼任安全总监；免去赵平起的总地质师职务。【石油任〔2010〕60号】

3月8日 集团公司决定，由中国石油天然气集团公司与重庆机电控股(集团)公司共同出资设立昆仑金融租赁有限责任公司，中国石油天然气集团公司出资90%，内部按副局级管理。【中油人事〔2010〕74号】

3月9日 股份公司人事部决定，刘守德同志任新疆销售分公司党委委员、

副书记；免去徐会举同志的党委副书记、委员职务。【油人事〔2010〕139号】

同日 股份公司人事部决定，免去刘刚同志的西北销售分公司党委委员、副总经理、安全总监职务。【油人事〔2010〕140号】

同日 股份公司人事部决定，刘刚同志任宁夏销售分公司党委委员、副书记；免去刘守德同志的党委副书记、委员职务。【油人事〔2010〕141号】

同日 股份公司人事部决定，李久杰同志任中油燃料油股份有限公司纪委书记、工会主席；免去王振刚同志的纪委书记、工会主席职务。【油人事〔2010〕142号】

同日 集团公司党组决定，王峰任吉林油田分公司党委委员；免去宫云喜同志的党委副书记、委员职务，退休；免去周荣阁同志的党委委员职务。【中油党组〔2010〕24号】

3月10日 股份公司决定，朱国文任大庆油田有限责任公司第一采油厂厂长，徐正顺任大庆油田有限责任公司勘探开发研究院院长，谢中立任大庆油田工程建设有限公司总经理，李仁任大庆油田电力集团总经理；免去董焕忠的大庆油田有限责任公司勘探开发研究院院长职务，万军的大庆油田有限责任公司第一采油厂厂长职务。【石油任〔2010〕57号】

3月18日 股份公司人事部决定，免去黎志钦同志的重庆销售分公司党委副书记、委员、纪委书记、工会主席职务，退休。【油人事〔2010〕156号】

3月18至19日 中国石油教育学会第四届代表大会在北京召开。集团公司副总经理曾玉康当选为中国石油教育学会第四届理事会理事长。【《集团公司2011年年鉴》】

3月19日 集团公司决定，田玉军任集团公司机关服务中心主任。【中油任〔2010〕95号】

3月23日 中国银行业监督管理委员会核准，温青山任昆仑信托有限责任公司董事长，王亮任总裁。【银监复〔2010〕123号】

3月24日 股份公司决定，将中石油香港有限公司间接持股的中国（香港）石油有限公司更名为昆仑能源有限公司（Kunlun Energy Company Limited）。【中石油香港有限公司上报】

3月26日 集团公司决定，中国石油兰州石油化工公司机械厂业务、资产和人员整体划转渤海石油装备制造有限公司。【中油人事〔2010〕110号】

3月30日 集团公司人事部决定，李晶同志任中油资产管理有限公司纪委书记、工会主席。【人事〔2010〕176号】

同日 集团公司人事部印发《关于深入推进人事系统“讲党性、重品行、作表率”活动，带头创先争优的意见》。【人事〔2010〕177号】

四 月

4月1日 集团公司决定，调整集团公司密码工作领导小组成员，周吉平任组长。【中油人事〔2010〕132号】

4月8日 集团公司人事部印发《关于开展人力资源管理量化分析工作的实施意见》。【人事〔2010〕192号】

同日 集团公司决定，成立中东地区油气业务支持服务领导小组和中东地区工程技术服务协调组，汪东进任中东地区油气业务支持服务领导小组组长。【中油人事〔2010〕148号】

同日 集团公司批复，同意中国石油天然气集团公司管材研究所更名为中国石油集团石油管工程技术研究院。【中油人事〔2010〕145号】

4月15日 集团公司人事部决定，杨忠文同志任宝鸡石油钢管有限责任公司党委委员、总工程师，晁卫东同志任党委委员、总会计师。【人事〔2010〕226号】

同日 股份公司人事部决定，刘伟同志任华北天然气销售分公司党委委员、副总经理。【油人事〔2010〕205号】

4月19日 股份公司决定，设立中国石油天然气股份有限公司钻井工程技术研究院，该院与中国石油集团钻井工程技术研究院合署办公，分账核算。【石油人事〔2010〕85号】

4月26日 集团公司决定，设立中国石油集团石油化工研究院，该院与中国石油天然气股份有限公司石油化工研究院合署办公。【中油人事〔2010〕173号】

4月27日 股份公司决定，设立中国石油天然气股份有限公司石油管工程技术研究院，该院与中国石油集团石油管工程技术研究院合署办公，分账核算。【石油人事〔2010〕89号】

同日 集团公司决定，成立中国石油天然气集团公司北京、黑龙江、新疆3个联合监督中心，3个联合监督中心由集团公司党组纪检组、监察部归口管理。【中油人事〔2010〕181号】

4月30日　集团公司印发《中国石油天然气集团公司企业补充医疗保险管理办法》。股份公司印发《中国石油天然气股份有限公司企业补充医疗保险管理办法》。【中油人事〔2010〕186号　石油人事〔2010〕95号】

同日　股份公司人事部决定，魏秋冬同志任云南销售分公司党委委员、副总经理、安全总监；免去王德耀的安全总监职务。【油人事〔2010〕249号】

同日　股份公司人事部决定，李丙义同志任广西销售分公司党委委员、副总经理、安全总监。【油人事〔2010〕250号】

同日　集团公司人事部决定，雷胜利兼任宝鸡石油钢管有限责任公司安全总监。【人事〔2010〕279号】

同日　集团公司人事部决定，李克雄同志任渤海石油装备制造有限公司党委委员、副总经理。【人事〔2010〕280号】

五　　月

5月8日　集团公司党组决定，免去周华堂、李玉清、王全光、曹建、王海志等5名同志的中国纺织工业设计院党政领导职务。【中油党组〔2010〕30号】

5月10日　股份公司印发《中国石油天然气股份有限公司企业年金管理办法》。【石油人事〔2010〕102号】

5月11日　集团公司党组决定，李晓络同志任集团公司直属党委常务副书记、股份公司直属机关党委常务副书记，免去其集团公司直属纪委书记、股份公司直属机关纪委书记职务；段世民同志兼任集团公司直属纪委书记、股份公司直属机关纪委书记；免去王益岭同志的集团公司直属党委常务副书记、委员，股份公司直属机关党委常务副书记、委员职务。【中油党组〔2010〕31号】

同日　集团公司党组决定，张海云同志任河南销售分公司党委委员、书记；免去李多同志的党委书记、委员职务。【中油党组〔2010〕33号】

同日　集团公司党组决定，李多同志任浙江销售分公司党委委员、书记；免去李向宇同志的党委书记、委员职务。【中油党组〔2010〕34号】

同日　集团公司党组决定，李向宇同志任安徽销售分公司党委委员、书记；免去金浩同志的党委书记、委员职务。【中油党组〔2010〕35号】

同日　股份公司决定，金浩任江西销售分公司总经理。【石油任〔2010〕108号】

同日 集团公司党组决定，杨盛杰同志任冀东油田分公司党委委员、书记；免去张国旗同志的党委书记、委员职务。股份公司决定，杨盛杰任冀东油田分公司副总经理；免去张国旗的副总经理职务。【中油党组〔2010〕36号 石油任〔2010〕111号】

同日 集团公司党组决定，马永峰同志任西部钻探工程有限公司党委副书记；免去杨盛杰同志的党委副书记、委员职务。集团公司决定，马永峰任西部钻探工程有限公司执行董事、总经理；免去杨盛杰同志的执行董事、总经理职务。【中油党组〔2010〕37号 中油任〔2010〕215号】

同日 股份公司决定，免去刘德佳的吉林油田分公司副总经理、前郭石化分公司总经理职务，另有任用。【石油任〔2010】110号】

同日 集团公司党组决定，白玉、刘峰同志任管道建设项目经理部党委委员；免去董盛厚同志的党委委员职务。股份公司决定，聘任白玉为管道建设项目经理部副总经理、安全总监，刘峰为副总经理；免去董盛厚的副总经理职务，退休。【中油党组〔2010〕38号 石油任〔2010〕109号】

同日 集团公司党组决定，郭伟昌同志任中国石油审计服务中心党委委员。集团公司决定，管少华任中国石油审计服务中心副主任，免去其总审计师职务，郭伟昌任总审计师。【中油党组〔2010〕39号 中油任〔2010〕213号】

同日 集团公司党组决定，免去张海云同志的中国石油报社党委委员职务。集团公司决定，免去张海云的中国石油报社副社长职务。【中油党组〔2010〕41号 中油任〔2010〕214号】

同日 集团公司党组决定，张国旗同志任集团公司党组巡视组巡视专员。【中油党组〔2010〕42号】

同日 集团公司党组决定，王卓岩、宋少光同志任中国寰球工程公司党委委员。集团公司决定，聘任王卓岩、宋少光为中国寰球工程公司副总经理，宋少光兼任总工程师；免去张来勇兼任的总工程师职务。【中油党组〔2010〕43号 中油任〔2010〕221号】

同日 股份公司决定，李纯兼任吉林石化分公司安全总监；免去段良伟的安全总监职务。【石油任〔2010〕106号】

同日 集团公司决定，张柏松兼任长城钻探工程有限公司安全总监，免去冯艳成兼任的安全总监职务。【中油任〔2010〕212号】

5月12日　股份公司人事部决定，金浩同志任江西销售分公司党委委员、副书记。【油人事〔2010〕268号】

同日　股份公司人事部决定，张海云同志任河南销售分公司纪委书记、副总经理；免去李多同志的纪委书记、副总经理职务。【油人事〔2010〕270号】

同日　股份公司人事部决定，李向宇同志任安徽销售分公司纪委书记、副总经理；免去金浩同志的纪委书记、副总经理职务。【油人事〔2010〕271号】

同日　股份公司人事部决定，李多同志任浙江销售分公司纪委书记、副总经理；免去李向宇同志的纪委书记、副总经理职务。【油人事〔2010〕272号】

5月13日　集团公司印发《中国石油天然气集团公司企业年金管理办法》。【中油人事〔2010〕210号】

5月17日　集团公司决定，调整集团公司定点扶贫与援藏工作领导小组成员。【中油人事〔2010〕223号】

同日　集团公司党组印发《中国石油天然气集团公司党组巡视组巡视员管理暂行办法》。【中油党组〔2010〕44号】

同日　集团公司人事部印发《中国石油天然气集团公司在京单位接收高校毕业生管理暂行办法》、《中国石油天然气集团公司在京单位接收留学回国人员管理暂行办法》。【人事〔2010〕326号、327号】

5月27日　集团公司人事部印发《中国石油天然气集团公司过渡年金办法》。股份公司人事部印发《中国石油天然气股份有限公司过渡年金办法》。【人事〔2010〕345号　油人事〔2010〕301号】

六　月

6月4日　集团公司决定，委派李宝军为重庆石油（集团）有限公司执行董事，徐毅为监事。【中油人事〔2010〕254号】

6月7日　在全国两院院士大会上，中国科学院最高奖项——陈嘉庚科学奖、中国工程院最高奖项——光华工程奖揭晓，勘探开发研究院李德生、钻井工程技术研究院苏义脑和新疆油田分公司况军分别获得陈嘉庚地球科学奖、光华工程奖和光华工程青年奖。【《集团公司2011年年鉴》】

同日　集团公司人事部印发《中国石油天然气集团公司进一步加强职业技能竞赛管理工作的意见》。【人事〔2010〕372号】

同日 股份公司人事部决定，免去黄永祥同志的广东销售分公司党委副书记、委员、纪委书记、工会主席职务，退休。【油人事〔2010〕323号】

6月12至13日 集团公司在北京召开首次绩效考核工作会议，集团公司机关、所属企事业单位的190余名代表参加会议。会议主要任务是：贯彻落实国资委、集团公司关于绩效考核工作的有关部署和要求，总结集团公司绩效考核工作，交流推广绩效考核工作经验和先进做法，深刻分析面临的新情况新挑战，安排部署经济增加值和全员绩效考核，深入推进集团公司绩效考核工作。集团公司副总经理、党组成员王福成出席会议并讲话，国资委综合局副局长赵世堂作专题讲座，集团公司人事部主任单昆基作主题报告，集团公司人事部副主任孙金瑜作总结讲话。

6月18日 股份公司决定，聘任李贵合为辽阳石化分公司安全总监；免去朱景利兼任的安全总监职务。【石油任〔2010〕130号】

同日 股份公司决定，郝新刚任乌鲁木齐石化分公司总经理，聘任张剑为副总经理；免去郑明禹的总经理职务。【石油任〔2010〕132号】

同日 股份公司决定，郑明禹任中油燃料油股份有限公司总经理，聘任王力国为常务副总经理；免去吴国志的总经理职务，退休。【石油任〔2010〕134号】

同日 集团公司党组决定，郝新刚同志任乌鲁木齐石化分公司党委副书记，努尔曼·吾甫力哈斯木同志任纪委书记、工会主席；免去郑明禹同志的党委副书记、委员职务，张剑同志的纪委书记、工会主席职务。【中油党组〔2010〕51号】

同日 集团公司党组决定，巩立志同志任大连石化分公司纪委书记、工会主席，郭强同志任党委委员；免去张瑞祥同志的党委委员、纪委书记、工会主席职务。股份公司决定，聘任郭强为大连石化分公司副总经理。【中油党组〔2010〕52号 石油任〔2010〕133号】

同日 集团公司党组决定，免去李崇杰同志的吉林石化分公司党委委员职务。股份公司决定，免去李崇杰的吉林石化分公司副总经理、总工程师职务。【中油党组〔2010〕53号 石油任〔2010〕131号】

同日 集团公司党组决定，曹亚明同志任哈萨克斯坦公司党委委员。集团公司决定，聘任曹亚明为哈萨克斯坦公司副总经理。【中油党组〔2010〕54号 中油任〔2010〕276号】

同日 集团公司党组决定，吕建中同志任经济技术研究院党委委员。集团公司决定，聘任吕建中为经济技术研究院副院长。【中油党组〔2010〕55号 中油任〔2010〕275号】

同日 集团公司决定，王保记任中东地区工程技术服务协调组副组长。【中油人事〔2010〕264号】

同日 集团公司决定，聘任周爱国为集团公司安全环保部副主任。股份公司决定，聘任周爱国为股份公司安全环保部副总经理。【中油任〔2010〕272号 石油任〔2010〕129号】

同日 集团公司决定，聘任李崇杰为工程建设分公司副总经理。【中油任〔2010〕273号】

同日 集团公司决定，克拉玛依市商业银行股份有限公司更名为昆仑银行股份有限公司。【中油人事〔2010〕267号】

同日 集团公司决定，吐哈石油勘探开发指挥部所属工程技术研究院纳入吐哈油田分公司管理。【中油人事〔2010〕269号】

6月23日 股份公司人事部决定，郑明禹同志任中油燃料油股份有限公司党委委员、副书记；免去吴国志同志的党委副书记、委员职务。【油人事〔2010〕351号】

6月28日 股份公司人事部决定，免去戴良才同志的西北化工销售分公司党委副书记、纪委书记、工会主席职务，退休。【油人事〔2010〕367号】

同日 股份公司人事部决定，免去赵维国同志的甘肃销售分公司党委委员、副总经理职务，退休。【油人事〔2010〕368号】

6月30日 集团公司人事部印发《中国石油天然气集团公司总部企业年金实施办法》。【人事〔2010〕432号】

七 月

7月6日 集团公司决定，成立集团公司推进钻探业务市场化工作领导小组，周吉平任组长，领导小组办公室设在预算管理办公室。【中油人事〔2010〕296号】

7月7日 集团公司人事部印发《中国石油天然气集团公司职业技能鉴定考评人员管理工作规程》。【人事〔2010〕435号】

同日　集团公司党组决定，肖华同志任华东化工销售分公司党委书记；免去许飞同志的党委书记、委员职务，退休。【中油党组〔2010〕56号】

同日　集团公司党组决定，中共昆仑金融租赁有限责任公司委员会由杨信、贺金霞、肖文建、杨博钦、管铁文等5名同志组成，杨信同志任党委书记，贺金霞同志任党委副书记。集团公司决定，贺金霞任昆仑金融租赁有限责任公司总经理，推荐杨信为董事长人选；免去杨信的总经理职务。【中油党组〔2010〕57号　中油任〔2010〕301号】

同日　集团公司党组决定，卞德智同志任海外勘探开发分公司（中国石油天然气勘探开发公司）党委委员。股份公司决定，聘任卞德智为海外勘探开发分公司副总经理。【中油党组〔2010〕60号　石油任〔2010〕151号】

同日　集团公司决定，聘任卞德智为中国石油天然气勘探开发公司副总经理。【中油任〔2010〕297号】

同日　集团公司党组决定，穆龙新同志任勘探开发研究院党委委员，刘玉章同志兼任勘探开发研究院廊坊分院党委书记；免去卞德智同志的勘探开发研究院党委委员职务，雷群同志兼任的勘探开发研究院廊坊分院党委书记、委员职务。【中油党组〔2010〕61号】

同日　集团公司党组决定，杨华、李方明、陈金涛等3名同志任中国石油南美公司党委委员；免去穆龙新同志的党委委员职务。集团公司决定，聘任杨华、李方明、陈金涛等3人为中国石油南美公司副总经理；免去穆龙新的副总经理职务。【中油党组〔2010〕62号　中油任〔2010〕298号】

同日　集团公司党组决定，陈岩同志任西气东输管道分公司党委委员。股份公司决定，聘任陈岩为西气东输管道分公司副总经理。【中油党组〔2010〕64号　石油任〔2010〕153号】

同日　集团公司党组决定，免去陈岩同志的渤海钻探工程有限公司党委委员职务。集团公司决定，免去陈岩的渤海钻探工程有限公司副总经理职务。【中油党组〔2010〕65号　中油任〔2010〕299号】

同日　股份公司决定，张余任中油北京天然气管道有限公司（华北管道分公司）总经理。【石油任〔2010〕150号】

7月8日　股份公司人事部决定，聘任刘伟为华北天然气销售分公司安全总监（兼）；免去宓龙彪兼任的安全总监职务。【油人事〔2010〕405号】

7月16日　集团公司人事部印发《中国石油天然气集团公司企业年金个人账户管理暂行规定》。【人事〔2010〕468号】

7月25日　集团公司决定，将集团公司持有的吉林燃料乙醇有限责任公司股权授权吉化集团公司管理，其机构规格仍为副局级，不再列集团公司直属企业序列。【中油人事〔2010〕337号】

7月26日　集团公司人事部印发《中国石油天然气集团公司一线艰苦岗位员工退出指导办法》。【人事〔2010〕472号】

7月27日　股份公司人事部印发《中国石油天然气股份有限公司总部企业年金实施办法》、《中国石油天然气股份有限公司企业年金个人账户管理暂行规定》。【油人事〔2010〕446号、457号】

八　　月

8月5日　集团公司人事部印发《中国石油天然气集团公司在京单位企业补充医疗保险实施办法》。【人事〔2010〕502号】

8月18日　股份公司决定，张德有任前郭石化分公司总经理、前郭炼油厂厂长。【石油任〔2010〕191号】

8月19日　集团公司决定，成立中缅油气项目领导小组，廖永远任组长，领导小组办公室设在集团公司规划计划部。【中油人事〔2010〕372号】

8月23日　集团公司决定，在云南省昆明市注册成立中国石油天然气集团公司云南石化分公司，项目建设期间，暂不列集团公司直属企业序列。【中油人事〔2010〕374号】

8月27日　股份公司人事部决定，杨侠同志兼任西北化工销售分公司纪委书记、工会主席。【油人事〔2010〕510号】

同日　股份公司人事部决定，韩越任甘肃销售分公司副总经理，郑雪峰同志任党委委员、副书记、纪委书记、工会主席，王骏同志任党委委员、副总经理；免去韩越同志的党委副书记、纪委书记、工会主席职务。【油人事〔2010〕511号】

同日　股份公司人事部决定，冯志国同志任重庆销售分公司党委副书记、纪委书记、工会主席，彭小虎同志任党委委员、副总经理。【油人事〔2010〕512号】

同日　股份公司人事部决定，卢宝华同志任广东销售分公司党委委员、副书记、纪委书记、工会主席。【油人事〔2010〕513号】

8月31日　股份公司决定，免去蒋立新的股份公司董事会助理秘书职务。【石油任〔2010〕201号】

九　月

9月3日　股份公司决定，免去张玉珍的中油勘探开发有限公司董事会秘书职务。【石油任〔2010〕207号】

同日　股份公司决定，中油燃料油股份有限公司更名为中国石油燃料油有限责任公司，该公司调整为股份公司独资设立的一人有限责任公司，内部按分公司管理。【石油人事〔2010〕209号】

9月8日　股份公司决定，辽河油田分公司等13家企业液化气销售业务划转中石油昆仑燃气有限公司。【石油人事〔2010〕214号】

同日　股份公司决定，成立中国石油天然气股份有限公司管道销售分公司，与中国石油天然气股份有限公司管道分公司合署办公。【石油人事〔2010〕215号】

9月9日　集团公司决定，大庆石油管理局、吐哈石油勘探开发指挥部、玉门石油管理局、南方勘探开发有限责任公司等4家企业的液化气销售业务划转中石油昆仑燃气有限公司。【中油人事〔2010〕410号】

同日　集团公司印发《中国石油天然气集团公司高级管理人员经济增加值考核办法（试行）》、《中国石油天然气集团公司关于加强全员绩效考核工作的指导意见》【中油人事〔2010〕415号、416号】

同日　集团公司决定，成立集团公司人才工作领导小组，蒋洁敏任组长，领导小组办公室设在集团公司人事部。【中油人事〔2010〕417号】

9月10日　集团公司决定，原克拉玛依市商业银行股份有限公司党政领导班子成员领导职务变更为昆仑银行股份有限公司相应领导职务。【中油党组〔2010〕70号】

9月13日　集团公司决定，成立中国石油天然气集团公司新闻办公室，设在集团公司办公室厅，机构规格为副局级。【中油人事〔2010〕447号】

同日　集团公司决定，成立中国石油天然气集团公司休斯敦技术研究中心。该中心为集团公司直属科研单位，机构规格为副局级，业务上接受集团公司科技管理部指导和管理。【中油人事〔2010〕460号】

同日 股份公司决定，华南销售分公司所属海南销售分公司上划股份公司直接管理，机构规格为正处级，为股份公司所属地区公司。【石油人事〔2010〕230号】

同日 集团公司党组决定，周灏同志任辽河油田分公司党委委员、书记；免去孙崇仁同志的党委书记、委员职务。股份公司决定，周灏任辽河油田分公司副总经理；免去孙崇仁的副总经理职务。【中油党组〔2010〕72号 石油任〔2010〕219号】

同日 集团公司决定，张国珍任休斯敦技术研究中心主任。【中油任〔2010〕428号】

同日 集团公司党组决定，免去张皓若同志的昆仑银行股份有限公司党委副书记、委员职务。集团公司决定，免去张皓若同志的昆仑银行股份有限公司行长职务。【中油党组〔2010〕74号 中油任〔2010〕437号】

同日 集团公司党组决定，刘岩生同志任中国石油集团钻井工程技术研究院党委委员。集团公司决定，刘岩生为中国石油集团钻井工程技术研究院副院长。【中油党组〔2010〕79号 中油任〔2010〕429号】

同日 集团公司党组决定，刘海军同志任中国石油工程建设公司党委委员。集团公司决定，聘任刘宝刚、刘海军为中国石油工程建设公司副总经理。【中油党组〔2010〕81号 中油任〔2010〕431号】

同日 集团公司党组决定，李庆毅同志任中国石油审计服务中心党委委员、副书记；免去孙先锋同志兼任的党委副书记、委员职务。集团公司决定，李庆毅任中国石油审计服务中心主任；免去孙先锋兼任的主任职务。【中油党组〔2010〕78号 中油任〔2010〕432号】

同日 集团公司决定，白智勇兼任集团公司新闻办公室主任。【中油任〔2010〕433号】

同日 集团公司党组决定，免去李庆毅同志的装备制造分公司党委副书记、委员职务。集团公司决定，免去李庆毅的装备制造分公司总经理职务。【中油党组〔2010〕82号 中油任〔2010〕435号】

同日 集团公司决定，聘任王洪涛为集团公司国际事业部（外事局）副主任（副局长）兼海外防恐安全和HSE办公室主任。股份公司决定，聘任王洪涛为股份公司外事办公室副主任兼海外防恐安全和HSE办公室主任。【中油任〔2010〕438号　石油任〔2010〕226号】

同日　集团公司决定，聘任张国珍为集团公司科技管理部副主任。股份公司决定，聘任张国珍为股份公司科技管理部副总经理。【中油任〔2010〕439号　石油任〔2010〕225号】

同日　集团公司决定，赵旭东兼任集团公司第一纪检监察中心主任，王昆兼任集团公司第二纪检监察中心主任、集团公司（股份公司）监察部监察副专员，张红彦兼任集团公司第三纪检监察中心主任、集团公司（股份公司）监察部监察副专员。【中油任〔2010〕473号】

同日　集团公司党组决定，免去张国珍同志的勘探与生产分公司党委委员职务。股份公司决定，免去张国珍的勘探与生产分公司副总经理、总工程师职务。【中油党组〔2010〕83号　石油任〔2010〕228号】

同日　集团公司人事部决定，姜纯朴任济南柴油机股份有限公司监事会主席，免去石瑛的监事会主席职务。【人事〔2010〕579号】

同日　集团公司党组决定，李俊海同志任大连海运分公司党委书记；免去高凤翔同志的党委书记职务。【中油党组〔2010〕76号】

同日　集团公司决定，聘任宋泓明为华油北京服务总公司副总经理、安全总监。【中油任〔2010〕430号】

同日　集团公司决定，田玉军兼任中石油（北京）科技开发有限公司执行董事、总经理、法定代表人；免去王忠华的执行董事、总经理、法定代表人职务。【中油任〔2010〕434号】

9月16日　股份公司人事部决定，李俊海同志任大连海运分公司纪委书记、工会主席；高凤翔同志任党委副书记，免去其纪委书记职务。【油人事〔2010〕561号】

同日　股份公司决定，聘任毛泽锋为股份公司董事会高级助理秘书，免去其股份公司香港代表处总代表职务，聘任魏方为股份公司香港代表处总代表。【石油任〔2010〕224号】

同日　国务院国资委在北京召开大会，表彰中央企业红旗班组（科室）和先进职工。吉林石化公司化肥厂丁辛醇车间丛强班和西南油气田公司输气管理处成都输气站，分别获得中央企业“红旗班组标杆”荣誉；海外勘探开发公司乍得项目经理窦立荣和塔里木油田公司销售事业部轮南集输站副站长吾加买提·吐尼牙孜，分别获得中央企业“先进职工标兵”称号。【《集团公司2011年年鉴》】

9月17日 全国班组建设会议在辽宁抚顺召开，中华全国总工会、工业和信息化部、国务院国资委、中华全国工商业联合会等四部门作出《关于开展向“王海班”学习活动的决定》。同时，会上授予包括“王海班”等7个中国石油基层班组的全国103个班组“社会主义劳动竞赛先进班组”称号。【《集团公司2011年年鉴》】

同日 集团公司决定，调整集团公司人民防空委员会成员，李新华任主任，委员会办公室设在华油北京服务总公司。【中油人事〔2010〕442号】

9月20日 集团公司党组决定，滕宪忠、许贤文、吴玉波等3名同志任中国昆仑工程公司党委委员；免去王全光同志的党委委员职务。集团公司决定，聘任滕宪忠、许贤文、吴玉波等3人为中国昆仑工程公司副总经理；免去王全光的副总经理职务。【中油党组〔2010〕75号 中油任〔2010〕436号】

9月29日 集团公司党组决定，中国石油天然气集团公司北京、黑龙江、新疆3个联合监督中心，分别更名为中国石油天然气集团公司第一纪检监察中心、第二纪检监察中心、第三纪检监察中心。【中油人事〔2010〕454号】

9月30日 集团公司党组印发《中国石油天然气集团公司企业领导人员管理暂行规定》、《中国石油天然气集团公司所属领导班子和领导人员综合考核评价办法（试行）》、《中国石油天然气集团公司实行领导人员问责的实施办法（试行）》等3个文件。【中油党组〔2010〕85号】

十　月

10月11日 集团公司决定，调整集团公司科技委员会成员，蒋洁敏任主任。【中油人事〔2010〕466号】

10月12日 集团公司决定，成立中国石油驻缅甸地区企业协调组，张加林任组长。【中油人事〔2010〕465号】

10月13日 集团公司决定，成立中国石油驻休斯敦地区企业协调组，张国珍任组长。【中油人事〔2010〕468号】

10月14至16日 集团公司工会工作会议暨“五型”班组建设大庆石化现场经验交流会在大庆召开。会议首次以集团公司名义用班组长李天照、王海、東滨霞、刘玲玲、曹树祥、李树林、丛强、赵林源、王萍、尚丽群等10人的名字命名10个班组。集团公司副总经理王福成出席会议并讲话。【《集团公司2011年年鉴》】

10月18日 股份公司人事部决定，施龙同志兼任华北天然气销售分公司工会主席。【油人事〔2010〕608号】

10月19日 股份公司印发《中国石油天然气股份有限公司关于成品油销售企业机构规格调整的指导意见》。【石油人事〔2010〕266号】

十 一 月

11月5日 集团公司决定，白泽生任石油工业出版社有限公司执行董事、总经理，郑玉宝任副总经理、监事，张卫国任副总经理，张镇任总编辑。【中油任〔2010〕505号】

11月15日 股份公司人事部决定，委派胡爱梅、曹代功为中联煤层气国家工程研究中心有限责任公司董事人选，委派李建华为监事人选。【石油人事函〔2010〕54号】

11月18日 集团公司人事部印发《中国石油天然气集团公司领导人员选拔任用工作年度报告办法（试行）》。【人事〔2010〕724号】

11月20日 股份公司决定，中石油东北炼化工程有限公司所属抚顺工程建设分公司、广西分公司分别划归抚顺石化分公司和广西石化分公司。【石油人字〔2010〕310号】

同日 集团公司决定，整体收购中石油东北炼化工程有限公司的股权，股权收购完成后，公司名称变更为中国石油集团东北炼化工程有限公司，行政上由集团公司直接管理，业务上由工程建设分公司归口管理。【中油人事〔2010〕543号】

同日 股份公司印发《关于进一步完善管道建设体制有关问题的通知》。【石油人事〔2010〕325号】

同日 集团公司党组决定，刘圣志同任玉门油田分公司党委副书记、委员。股份公司决定，刘圣志任玉门油田分公司总经理；免去孔繁瑾的总经理

职务。【中油党组〔2010〕89号　石油任〔2010〕290号】

同日　集团公司党组决定，免去刘圣志的青海油田分公司党委书记、委员职务。股份公司决定，免去刘圣志的青海油田分公司副总经理职务。【中油党组〔2010〕90号　石油任〔2010〕291号】

同日　集团公司党组决定，吴汉同志任辽宁销售分公司党委书记；免去杜斌同志的党委书记、委员职务。股份公司决定，免去杜斌的辽宁销售分公司副总经理职务，退休。【中油党组〔2010〕91号　石油任〔2010〕297号】

同日　集团公司党组决定，邱宝林同志任中国石油报社党委书记、纪委书记，白泽生同志任党委副书记，免去其党委书记、纪委书记职务。【中油党组〔2010〕92号】

同日　集团公司党组决定，徐会举同志任北京油气调控中心党委委员、书记、纪委书记、工会主席，马志祥同志任党委副书记，免去其党委书记职务。股份公司决定，徐会举任北京油气调控中心副主任。【中油党组〔2010〕93号　石油任〔2010〕308号】

同日　集团公司党组决定，孔繁瑾同志任中国石油集团工程设计有限责任公司党委书记，宋德琦同志任党委委员；免去朱忠虎同志的党委书记、委员职务，退休。集团公司决定，聘任孔繁瑾、宋德琦为中国石油集团工程设计有限责任公司副总经理；免去朱忠虎的副总经理职务。【中油党组〔2010〕94号　中油任〔2010〕539号】

同日　集团公司党组决定，李岩冰、施铁权任大庆炼化分公司党委委员；免去季振华、肖锐同志的党委委员职务。股份公司决定，聘任李岩冰为大庆炼化分公司副总经理，施铁权为总会计师；免去季振华的副总经理职务，肖锐的总会计师职务。【中油党组〔2010〕98号　石油任〔2010〕301号】

同日　集团公司党组决定，常力强同志任锦西石化分公司纪委书记、工会主席；免去孙景毅同志的党委委员、纪委书记、工会主席职务，退休。【中油党组〔2010〕99号】

同日　集团公司党组决定，徐晓明同志任广西石化分公司党委委员。股份公司决定，聘任徐晓明为广西石化分公司副总经理。【中油党组〔2010〕100号　石油任〔2010〕299号】

同日　集团公司党组决定，鲍永忠、熊术学同志任辽阳石化分公司党委委员。股份公司决定，聘任鲍永忠、熊术学为辽阳石化分公司副总经理。【中油党组〔2010〕101号　石油任〔2010〕298号】

同日　集团公司党组决定，朱龙同志兼任中国华油集团公司纪委书记、工会主席，章亚泉、王保生、孙戒龙3名同志任党委委员；免去徐会举同志的党委副书记、委员、纪委书记、工会主席职务。集团公司决定，聘任章亚泉、王保生、孙成龙3人为中国华油集团公司副总经理。【中油党组〔2010〕102号　中油任〔2010〕542号】

同日　集团公司党组决定，杨学文同志任新疆油田分公司党委常委、纪委书记、工会主席，朱水桥同志任党委委员；免去包尔汉·卡哈尔同志的工会主席职务，张红彦同志的纪委书记职务。股份公司决定，包尔汉·卡哈尔、朱水桥任新疆油田分公司副总经理；免去杨学文的副总经理职务。【中油党组〔2010〕103号　石油任〔2010〕307号】

同日　集团公司决定，陈曙东任中国石油天然气勘探开发公司总工程师。【中油任〔2010〕535号】

同日　集团公司党组决定，陈曙东同志任海外勘探开发公司（中国石油天然气勘探开发公司）党委委员。股份公司决定，聘任陈曙东为海外勘探开发分公司总工程师。【中油党组〔2010〕105号　石油任〔2010〕305号】

同日　集团公司党组决定，张品先同志任中国石油尼罗河公司党委委员；免去陈曙东同志的党委委员职务。集团公司决定，聘任张品先为中国石油尼罗河公司副总经理；免去陈曙东的副总经理职务。【中油党组〔2010〕106号　中油任〔2010〕541号】

同日　集团公司党组决定，刘合年同志任中石油阿姆河天然气勘探开发（北京）有限公司党委委员。股份公司决定，聘任刘合年为中石油阿姆河天然气勘探开发（北京）有限公司副总经理。【中油党组〔2010〕107号　石油任〔2010〕309号】

同日　集团公司党组决定，宫本才同志任中国石油南美公司党委委员。集团公司决定，聘任宫本才为中国石油南美公司副总经理。【中油党组〔2010〕108号　中油任〔2010〕540号】

同日　集团公司党组决定，潘成刚同志任伊拉克公司党工委委员。股份公司决定，聘任潘成刚为伊拉克公司总会计师兼哈法亚项目部总会计师、鲁

迈拉项目部总会计师。【中油党组〔2010〕109号　石油任〔2010〕302号】

同日　集团公司党组决定，免去张亚成同志的中国石油天然气运输公司党委常委、委员职务。集团公司决定，免去张亚成的中国石油天然气运输公司副经理职务。【中油党组〔2010〕110号　中油任〔2010〕536号】

同日　集团公司决定，聘任张亚成为集团公司离退休职工管理局（老干部局）副局长；免去齐治欣的副局长职务，退休。【中油任〔2010〕532号】

同日　集团公司决定，孙金瑜任集团公司内控与风险管理部主任；免去谢戈果的主任职务。股份公司决定，孙金瑜任股份公司内控与风险管理部总经理；免去谢戈果的总经理职务。【中油任〔2010〕533号　石油任〔2010〕303号】

同日　集团公司决定，推荐高骏为昆仑银行股份有限公司监事会监事长人选，谢戈果为行长人选。【昆仑银行股份有限公司上报】

同日　集团公司决定，免去孙金瑜的集团公司人事部副主任职务。股份公司决定，免去孙金瑜的股份公司人事部副总经理职务。【中油任〔2010〕534号　石油任〔2010〕300号】

同日　集团公司决定，聘任韩青华为集团公司办公厅副主任。股份公司决定，聘任韩青华为股份公司总裁办公室副主任。【中油任〔2010〕537号　石油任〔2010〕304号】

同日　集团公司决定，杨学文任第三纪检监察中心主任、集团公司（股份公司）监察部监察副专员；免去张红彦兼任的第三纪检监察中心主任、集团公司（股份公司）监察部监察副专员职务。【中油任〔2010〕538号】

同日　集团公司党组决定，张晓东同志任大港油田分公司党委委员、副书记、纪委书记、工会主席，方武同志任党委委员；免去李文强同志兼任的纪委书记、工会主席职务。股份公司决定，聘任方武为大港油田分公司总会计师。【中油党组〔2010〕104号　石油任〔2010〕306号】

11月23日　股份公司决定，姚伟任管道销售分公司总经理。【石油任〔2010〕293号】

11月27日　集团公司决定，设立中国石油天然气集团公司加拿大代表处，由海外勘探开发公司代行管理。【中油人事〔2010〕616号】

11月29日　股份公司人事部决定，免去王兴太的呼和浩特石化分公司党委委员、副总经理职务，退休。【油人事〔2010〕758号】

十 二 月

12月2日 股份公司人事部决定，王占国同志任华东化工销售分公司党委委员、总会计师。【油人事〔2010〕787号】

12月6日 股份公司人事部决定，王智利兼任西北销售分公司安全总监。【油人事〔2010〕795号】

12月10日 集团公司决定，成立中国石油驻中亚地区企业协调组，孙波任组长。【中油人事〔2010〕468号】

同日 股份公司人事部决定，杨颖同志任中石油燃料油有限责任公司党委委员、总会计师。【油人事〔2010〕814号】

12月19日 国家新闻出版总署批准，同意石油工业出版社更名为石油工业出版社有限公司。【新出审字〔2010〕955号】

12月20日 集团公司人事部印发《关于开展集团公司岗位及职位等级体系研究工作的通知》。【人事〔2010〕844号】

同日 集团公司人事部决定，根据云南炼油项目实施需要，成立中国石油云南石化有限公司后，集团公司项下的中国石油天然气集团公司云南石化分公司予以撤销。【人事〔2010〕845号】

同日 集团公司决定，调整集团公司保密委员会成员。【中油人事〔2010〕583号】

12月22日 股份公司印发《中国石油天然气股份有限公司在京单位企业补充医疗保险实施办法》。【油人事函〔2010〕140号】

12月24日 集团公司决定，成立集团公司敏感地区结算领导小组，王国樑任组长，领导小组办公室设在集团公司财务资产部。【中油人事〔2010〕594号】

同日 集团公司党组印发《中国石油天然气集团公司巡视工作规定》。【中油党组〔2010〕113号】

同日 集团公司印发《中国石油天然气集团公司管理人员违纪违规行为处分规定》。【中油监〔2010〕593号】

12月27日 股份公司印发《中国石油天然气股份有限公司海外高层次人才引进工作管理暂行规定》。【石油人事〔2010〕361号】

同日 集团公司“十一五”培训工作总结表彰大会召开。“十一五”期间，集团公司以提升“五种能力”为重点，实施经营管理人员“能力建设培训工程”，培训经营管理人员131.3万人次，比“十五”增加142.3%；以提高创新能力为目标，实施专业技术人员“技术创新培训工程”，培训专业技术人员103.5万人次，比“十五”增加19.1%；以作风硬、技艺精、一专多能为目标，实施操作技能人员“技能提升培训工程”，培训操作技能人员443.1万人次，比“十五”增加42.9%；实施国际化人才“千人培训工程”，培训国际化人才3.6万人次。“十一五”总计培训各类人员681.5万人次，比“十五”增加51%，员工培训力度明显加大。王福成到会讲话。

同日 股份公司决定，将海南销售分公司机构由正处级调整为副局级。【石油人事〔2010〕350号】

同日 集团公司决定，设立中国石油天然气集团公司加拿大代表处，由海外勘探开发公司代行管理。【中油人事〔2010〕616号】

同日 股份公司决定，中国石油国际投资（加拿大）公司的机构规格为副局级。【石油人事〔2010〕351号】

同日 集团公司党组决定，中共中国石油天然气集团公司党组纪律检查组由陈明、李正光、郭进平、温青山、李华民、单昆基、孙先锋、李晓络、刘江宁等9名同志组成，陈明同志任组长，李正光同志任副组长。【中油党组〔2010〕121号】

同日 集团公司党组决定，史青琦同志任海南销售分公司党委委员、书记。股份公司决定，张安平任海南销售分公司总经理。【中油党组〔2010〕117号 石油任〔2010〕349号】

同日 集团公司党组决定，兰建彬同志任云南销售分公司党委委员、书记；免去张安平同志的党委书记、委员职务。【中油党组〔2010〕118号】

同日 集团公司党组决定，闫宝星同志任山西销售分公司党委委员、书记；免去谭立村同志的党委书记职务。股份公司决定，谭立村任山西销售分公司总经理；免去刘德祥的总经理职务。【中油党组〔2010〕119号 石油任〔2010〕348号】

同日 集团公司党组决定，李力斌同志任广西石化分公司党委委员。股份公司决定，聘任李力斌为广西石化分公司副总经理。【中油党组〔2010〕120号 石油任〔2010〕360号】

同日 集团公司决定，聘任任一村为集团公司人事部副主任。股份公司决定，聘任任一村为股份公司人事部副总经理。【中油任〔2010〕607号 石油任〔2010〕341号】

同日 集团公司决定，刘德祥任陕西省石油总公司总经理；免去卢济新的总经理职务。股份公司决定，刘德祥任陕西销售分公司总经理；免去卢济新的总经理职务，退休。【中油任〔2010〕612号 石油任〔2010〕346号】

同日 股份公司人事部决定，免去孙玉发同志的中石油燃料油有限责任公司党委委员、副总经理职务，退休。【油人事〔2010〕884号】

同日 股份公司决定，李智明任中石油国际投资（加拿大）公司总经理。【石油任〔2010〕344号】

同日 集团公司决定，贾晓霞任中国石油天然气集团公司加拿大代表处主任。【中油任〔2010〕609号】

12月28日 集团公司党组印发《中国石油天然气集团公司党风廉政建设责任制实施办法》。【中油党组〔2010〕116号】

同日 股份公司批准，成立中国石油云南石化有限公司，暂不列入股份公司直属企业序列，该公司由炼化工程建设项目部负责管理。【石油人事〔2010〕340号】

12月30日 集团公司决定，川庆钻探工程有限公司所属长庆录井公司、西安长庆钻宇实业集团有限公司、长庆运输总公司和长庆钻井总公司等10支整建制钻井队及相关配套业务人员移交给长庆油田分公司；川庆钻探工程有限公司将所属长庆运输总公司车辆及相关资产划转中国石油天然气运输公司。【川庆钻探工程有限公司上报】

12月31日 集团公司决定，调整集团公司应急领导小组和应急领导小组办公室成员，蒋洁敏任组长。【中油人事〔2010〕618号】

同日 集团公司印发《中国石油天然气集团公司党组巡视工作领导小组、巡视办公室、巡视组工作规则》、《关于被巡视单位配合集团公司党组巡视组开展巡视工作的规定》。【中油纪检〔2010〕13号、14号】

同日 股份公司人事部决定，兰建彬同志任云南销售分公司纪委书记、副总经理；免去张安平同志的纪委书记、副总经理职务。【油人事〔2010〕917号】

同日 股份公司人事部决定，张安平同志任海南销售分公司党委委员、副

书记，史青琦同志任纪委书记、工会主席、副总经理。【油人事〔2010〕918号】

同日　股份公司人事部决定，刘德祥同志任陕西销售分公司党委委员、副书记；免去卢济新同志的党委副书记、委员职务。【油人事〔2010〕919号】

同日　股份公司人事部决定，谭立村同志任山西销售分公司党委副书记，闫宝星同志任纪委书记、副总经理；免去谭立村同志的纪委书记职务，刘德祥同志的党委副书记、委员职务。【油人事〔2010〕927号】

本年　集团公司用工总量163.10万人。

二○一一年

一　　月

1月5日　股份公司决定，免去倪慕华的吉林石化分公司副总经理职务，退休。【石油任〔2011〕2号】

1月6日　集团公司批复，同意石油工业出版社转制后，名称变更为石油工业出版社有限公司，为集团公司独资设立的一人有限责任公司。【中油人事〔2011〕5号】

1月13日　集团公司人事部批复，同意中国石油天然气管道局现有应急抢险机构加冠中国石油管道应急救援响应中心名称。【人事〔2011〕17号】

1月17日　股份公司印发《中国石油天然气股份有限公司境外用工管理办法（试行）》。【石油人事〔2011〕12号】

同日　集团公司人事部决定，张守梅任广州石油培训中心工会主席。【人事〔2011〕114号】

1月18日　集团公司印发《中国石油天然气集团公司境外用工管理办法（试行）》。【中油人事〔2011〕18号】

1月24日　集团公司决定，调整集团公司HSE（安全生产）委员会成员，蒋洁敏任主任。【中油人事〔2011〕21号】

同日　集团公司印发《中国石油天然气集团公司"十二五"员工培训规划》。【中油人事〔2011〕22号】

1月30日　集团公司印发《中国石油天然气集团公司"十二五"人才发展规划》。【中油人事〔2011〕31号】

1月31日　集团公司决定，成立集团公司工程建设承包商管理领导小组，喻宝才任组长，领导小组办公室设在集团公司工程建设分公司。【中油人事〔2011〕33号】

二 月

2月23日 集团公司决定，中国华油集团所属中国石油化学公司划转长城钻探工程有限公司。【中油人事〔2011〕65号】

同日 集团公司决定，王健任东方地球物理公司副总经理（挂职，时间一年半）。【中油任〔2011〕57号】

同日 集团公司决定，李建军任集团公司思想政治工作部（企业文化部）副主任（挂职，时间一年半）。股份公司决定，李建军任股份公司企业文化部副总经理（挂职，时间一年半）。【中油任〔2011〕59号 石油任〔2011〕35号】

同日 集团公司决定，聘任吴妍为中国石油天然气勘探开发公司副总经理。股份公司决定，聘任吴妍为海外勘探开发分公司副总经理。【中油任〔2011〕87号 石油任〔2011〕46号】

同日 集团公司党组决定，蔺爱国同志任石油化工研究院党委委员、副书记；免去刘显法同志的党委副书记、委员职务。股份公司决定，蔺爱国任石油化工研究院院长（兼任）；免去刘显法的院长职务。【中油党组〔2011〕10号 石油任〔2011〕31号】

同日 集团公司党组决定，中共独山子石化分公司委员会设立常务委员会，常务委员会由付德新、徐福贵、努尔麦麦提·阿曼、肖宏伟、麦麦提·伊力、吕健、陈俊豪、刘吉法、吕蕾、任立新、任军革、王学锋等12名同志组成，付德新同志任党委书记，徐福贵、努尔麦麦提·阿曼同志任党委副书记。【中油党组〔2011〕11号】

同日 集团公司党组决定，董焕忠同志任大庆钻探工程公司党委书记；免去林宽海同志的大庆油田党委委员、大庆钻探工程公司党委书记职务。【中油党组〔2011〕12号】

同日 股份公司决定，王玉华兼任大庆油田海拉尔石油勘探开发指挥部指挥；免去林宽海的大庆油田有限责任公司（大庆石油管理局）副总经理（副局长）职务，董焕忠兼任的大庆油田海拉尔石油勘探开发指挥部指挥职务。【石油任〔2011〕34号】

同日 集团公司党组决定，胡成礼同志任中国石油长城钻探工程有限公司党委委员。集团公司决定，聘任胡成礼为中国石油长城钻探工程有限公司

副总经理。【中油党组〔2011〕13号　中油任〔2011〕58号】

2月28日　集团公司人事部印发《关于做好“双向挂职”干部管理工作的通知》。【人事〔2011〕110号】

同日　集团公司决定，成立集团公司社会责任管理工作委员会，并调整集团公司品牌管理委员会成员，两个委员会按一套人马两块牌子的架构运行，周吉平任主任，两个委员会办公室均设在集团公司办公厅。【中油人事〔2011〕61号】

同日　集团公司人事部决定，委派白立青为石油工业出版社有限公司监事；免去郑玉宝的监事职务。【人事〔2011〕109号】

三　月

3月2日　股份公司人事部决定，孙永超任青海销售分公司安全总监；免去朱长青的安全总监职务。【油人事〔2011〕69号】

同日　股份公司人事部决定，赵明奎任广东销售分公司安全总监；免去刘树志的安全总监职务。【油人事〔2011〕70号】

3月11日　集团公司党组决定，田玉军同志任华油北京服务总公司党委书记、纪委书记、工会主席，谷伟同志任党委副书记，免去其党委书记、纪委书记、工会主席职务。【中油党组〔2011〕17号】

同日　集团公司决定，谷伟兼任中石油（北京）科技开发有限公司执行董事、总经理、法定代表人；免去田玉军的执行董事、总经理、法定代表人职务。【中油任〔2011〕73号】

同日　集团公司决定，谷伟任集团公司机关服务中心主任；免去田玉军的主任职务。【中油任〔2011〕74号】

同日　集团公司决定，谷伟任华油北京服务总公司总经理；田玉军任副总经理，免去其总经理职务。【中油任〔2011〕75号】

3月18日　股份公司人事部决定，刘锋同志任海南销售分公司党委委员、副总经理，任禹绩同志任党委委员、副总经理、安全总监，林柏春同志任党委委员、总会计师。【油人事〔2011〕100号】

3月22日　集团公司决定，成立集团公司第二届企业年金理事会，王国樑任主席。【中油人事〔2011〕91号】

3月28日　集团公司决定，将集团公司维护稳定工作办公室更名为集团公司维稳信访工作办公室，并加冠集团公司保卫部名称，保留集团公司综合治理办公室名称。同时，将中国石油天然气股份有限公司综合治理办公室更名为中国石油天然气股份有限公司保卫部，与集团公司维稳信访工作办公室（综合治理办公室、保卫部）实行一个机构四块牌子。【中油人事〔2011〕114号　石油人事〔2011〕61号】

3月30日　集团公司决定，调整中国石油科技园建设领导小组成员，王宜林任组长，领导小组办公室设在集团公司规划计划部。【中油人事〔2011〕110号】

3月31日　集团公司决定，成立集团公司中央巡视工作联络组，陈明任组长。【中油人事〔2011〕113号】

四　月

4月6日　股份公司人事部决定，汪长军同志任中油燃料油股份有限公司党委委员、副总经理兼安全总监；免去苏震兼任的安全总监职务。【油人事〔2011〕136号】

同日　股份公司人事部决定，赵津同志任大港石化分公司党委委员、副总经理。【油人事〔2011〕137号】

同日　股份公司人事部决定，许经滨、纪明斯、王廷林等3名同志任大连海运分公司党委委员、副总经理，许经滨兼任安全总监；免去李俊海兼任的安全总监职务。【油人事〔2011〕138号】

4月8日　集团公司党组决定，免去李玉清同志的中国昆仑工程公司党委委员职务。集团公司决定，免去李玉清的中国昆仑工程公司副总经理职务，退休。【中油党组〔2011〕19号　中油任〔2011〕136号】

4月14日　集团公司人事部印发《中国石油天然气集团公司人事统计工作管理办法》。【人事〔2011〕239号】

4月15日　股份公司人事部决定，兰建彬同志兼任云南销售分公司工会主席，刘启然同志任党委委员、副总经理，杨亚进同志任党委委员、总会计师；免去张晓玲同志的党委委员、总会计师职务，王德耀同志的工会主席职务。【油人事〔2011〕159号】

同日　股份公司人事部决定，王昊同志任青海销售分公司党委委员、副

总经理。【油人事〔2011〕160号】

4月18日 集团公司决定，调整集团公司领导成员工作分工，副总经理、党组成员周吉平，负责规划计划、科技管理和股份公司工作，分管办公厅、政策研究室、规划计划部、科技管理部；副总经理、党组成员廖永远，负责健康安全环保、工程技术和节能工作，分管安全环保部；副总经理、党组成员喻宝才，负责质量、计量、标准化、信息化管理和工程建设、物资采购工作，分管质量管理与节能部、信息管理部、物资采购管理部；集团公司其他领导成员的工作分工不变。【厅发〔2011〕17号】

同日 集团公司决定，调整集团公司勘探开发、炼油化工、销售、油气管道、国际合作、油气田工程技术、工程建设、装备制造、公共事业等9个HSE专业委员会成员。【中油人事〔2011〕145号】

同日 股份公司决定，胡兢克任中石油云南石化有限公司总经理，聘任杨健、于明祥、杨建让等3人为副总经理。【石油任〔2011〕70号】

4月22日 集团公司决定，北京华昌置业有限公司不再列集团公司直属企业序列，自2011年5月1日起，员工全部返回华油北京服务总公司。【中油人事〔2011〕152号】

4月25日 国务院国资委党委批复，同意蒋洁敏、周吉平、李新华、廖永远、王国樑、汪东进、喻宝才等7人为股份公司董事会成员，其中蒋洁敏为董事长，周吉平为副董事长，刘鸿儒、博纳贝、李勇武、崔俊慧、陈志武等5人为独立董事，冉新权为职工董事；陈明为监事会主席。【国资党委干一〔2011〕80号】

4月27日 国务院国资委党委决定，王永春、沈殿成同志任中国石油天然气集团公司党组成员；免去曾玉康、王福成同志的党组成员职务。【国资党任字〔2011〕18号】

同日 国务院国资委决定，任命王永春、沈殿成为中国石油天然气集团公司副总经理；免去曾玉康、王福成的副总经理职务，退休。【国资任字〔2011〕43号】

同日 国务院国资委党委决定，免去王宜林同志的中国石油天然气集团公司党组成员职务。【国资党任字〔2011〕20号】

同日 国务院国资委决定，免去王宜林的中国石油天然气集团公司副总经理职务。【国资任字〔2011〕43号】

五　　月

5月6日　集团公司决定，将集团公司、股份公司预算管理办公室更名为集团公司、股份公司预算管理部，集团公司、股份公司安全环保部更名为集团公司、股份公司安全环保与节能部，集团公司、股份公司质量管理与节能部更名为集团公司、股份公司质量与标准管理部，集团公司国际事业部（外事局）、股份公司外事办公室更名为集团公司国际部（外事局）、股份公司国际部，集团公司监察部加挂集团公司监察局牌子。同时，还整合节能减排业务，调整工程质量监督业务，明确工程建设业务管理职能。【中油人事〔2011〕189号　石油人事〔2011〕85号】

同日　集团公司决定，成立集团公司管材工程技术研究中心领导协调小组，张晗亮任组长，领导小组办公室设在集团公司装备制造分公司。【中油人事〔2011〕179号】

同日　集团公司党组决定，免去张强同志的西部管道分公司党委委员职务。股份公司决定，免去张强的西部管道分公司副总经理职务。【中油党组〔2011〕29号　石油任〔2011〕87号】

同日　集团公司党组决定，张强同志任东南亚管道有限公司党委委员。集团公司决定，聘任张强为东南亚管道有限公司副总经理。【中油党组〔2011〕30号　中油任〔2011〕195号】

同日　集团公司党组决定，免去孙晓岗同志的新疆油田分公司党委常委、委员职务。股份公司决定，免去孙晓岗的新疆油田分公司副总经理、安全总监职务。【中油党组〔2011〕31号　石油任〔2011〕88号】

同日　集团公司党组决定，孙晓岗同志任青海油田分公司党委委员、书记。股份公司决定，孙晓岗任青海油田分公司副总经理。【中油党组〔2011〕32号　石油任〔2011〕89号】

同日　集团公司党组决定，段晓华同志任塔里木油田分公司塔西南勘探开发公司党委书记。【中油党组〔2011〕33号】

同日　集团公司党组决定，金庆国同志任中石油中亚天然气管道有限公司党委委员。集团公司决定，聘任金庆国为中石油中亚天然气管道有限公司副总经理。【中油党组〔2011〕34号　中油任〔2011〕194号】

同日 集团公司党组决定，组建中石油江苏液化天然气有限公司临时党委，张成伟同志任临时党委书记、纪委书记、工会主席。【中油党组〔2011〕35号】

同日 集团公司党组决定，组建中石油大连液化天然气有限公司临时党委，王立昕同志任临时党委书记、纪委书记、工会主席。【中油党组〔2011〕36号】

同日 集团公司决定，孙成龙兼任中国华油集团公司安全总监；免去石清俊兼任的安全总监职务。【中油任〔2011〕191号】

同日 集团公司决定，聘任黄飞为集团公司安全环保与节能部副总经理。股份公司决定，聘任黄飞为股份公司安全环保与节能部副总经理。【中油任〔2011〕193号 石油任〔2011〕84号】

5月9日 集团公司人事部印发《关于开展集团公司管理专家聘期届满考核工作的通知》。【人事〔2011〕278号】

5月17日 股份公司人事部决定，王那顺任内蒙古销售分公司安全总监；免去乔世明的安全总监职务。【油人事〔2011〕203号】

5月18日 国务院国资委党委决定，王立新同志任中国石油天然气集团公司党组成员、党组纪检组组长；免去陈明同志的党组成员、党组纪检组组长职务，退休。【国资党任字〔2011〕33号】

同日 集团公司决定，对参加全国工程建设系统第十届职业技能竞赛的优胜选手进行表彰，共有17人次获奖，有14人被授予中国石油天然气集团公司技术能手称号。【中油人事〔2011〕204号】

同日 中国石油天然气股份有限公司2010年年度股东会召开，选举蒋洁敏、周吉平、李新华、廖永远、王国樑、汪东进、喻宝才、冉新权等8人为中国石油天然气股份有限公司董事，选举刘鸿儒、Franco Bernabe、李勇武、崔俊慧等4人为独立董事；免去王宜林、曾玉康、王福成、蒋凡等4人的董事职务，董建成的独立董事职务；选举陈明、郭进平、温青山、王道富等4人为监事，李元、王道成为独立监事；免去于毅波的监事职务。【股决字〔2011〕1号】

同日 国务院国资委党委决定，徐文荣同志任中国海运（集团）总公司党组成员、党组纪检组组长。【国资党任字〔2011〕30号】

5月19日 中国石油天然气股份有限公司第五届董事会一次会议召开，选举蒋洁敏为中国石油天然气股份有限公司董事长，周吉平为副董事长。【董决字〔2011〕16号】

同日　中国石油天然气股份有限公司第五届监事会一次会议召开，选举陈明为中国石油天然气股份有限公司监事会主席。【《集团公司2012年年鉴》】

5月27日　集团公司在广州召开人事系统开展“讲党性、重品行、作表率，带头创先争优”活动总结表彰视频会议。全系统4800余名人事干部在132个分会场参加了会议。会议的主要内容是：对活动三年来开展情况进行全面总结，对深入推进下一步工作做出明确部署，并对105个先进集体和179名优秀个人进行表彰。集团公司人事部总经理单昆基出席会议并讲话，人事部副总经理金华主持会议。

六　　月

6月1日　集团公司决定，同意将中国华油集团公司所属华油实业开发总公司所持北京华油鑫业工程监理有限公司34%的股权无偿划入中国石油集团安全环保技术研究院。【中油资〔2011〕229号】

6月7日　股份公司人事部决定，成立股份公司新建液化天然气项目部，该项目部与股份公司唐山液化天然气项目经理部合署办公。【油人事〔2011〕245号】

6月10日　集团公司决定，调整集团公司领导成员工作分工，总经理、党组书记蒋洁敏，负责集团公司和党组全面工作，分管人事部、监察部、审计部；副总经理、党组成员周吉平，负责股份公司和集团公司生产经营、规划计划、科技管理工作，主持直属党委工作，分管办公厅、政策研究室、规划计划部、科技管理部、直属党委；副总经理、党组成员李新华，负责党的建设、思想政治、新闻宣传工作和法律事务、矿区服务、装备制造、老干部工作，分管法律事务部、矿区服务工作部、思想政治工作部（企业文化部）、离退休职工管理局（老干部局）；副总经理、安全总监、党组成员廖永远，负责健康安全环保和节能、管道建设与保护、工程技术工作，分管安全环保与节能部；总会计师、党组成员王国樑，负责财务资产、预算管理、资本运营、内控与风险管理及金融业务工作，分管财务资产部、预算管理部、资本运营部、内控与风险管理部；副总经理、党组成员汪东进，负责海外油气合作业务、国际贸易和外事工作，分管国际部（外事局）；副总经理、党组成员喻宝才，负责质量、计量、标准化、信息化管理、工程建设、物资采购工作，分管质量与标准管理部、信息管理部、物资采购管理部；副总经理、党组成员王永春，负责黑龙江地区石油石化企业改革发展稳定的组织协调工作，主持大庆油田有限责任公司工作；副总经理、党组成员沈殿成，负责炼油化工业务工作，主持炼油与化工分公司工作；党组纪检组组长、党组成员王立新，负责纪律检查、维稳信访、综合治理工作，分管党组纪检组、维稳信访工作办公室（综合治理办公室、保卫部），协助分管监察部、审计部；集团公司总经理助理李润生，协助分管品牌建设、保密工作、定点扶贫和对口支援工作，兼任集团公司新闻发言人；集团公司总经理助理李万余，协助分管薪酬、劳动组织、保险和员工培训工作。【中油办〔2011〕252号、253号】

同日 集团公司决定，调整集团公司部分非常设机构领导。李新华兼任集团公司住房制度改革领导小组组长，曾玉康不再担任；李新华兼任中国石油党建思想政治工作研究会第七届理事会会长、中国石油大庆精神铁人精神研究会第一届理事会会长，王福成不再担任；集团公司新闻工作组改为集团公司新闻工作领导小组，李新华任组长，李润生、关晓红任副组长；王永春兼任中国石油驻黑龙江地区企业协调组组长，曾玉康不再担任；王立新兼任集团公司维护稳定工作领导小组副组长、集团公司社会治安综合治理领导小组组长，王福成不再担任；王立新兼任集团公司中央巡视工作联络组组长、集团公司工程建设领域突出问题专项治理工作领导小组组长，陈明不再担任；王永春、沈殿成、王立新兼任集团公司HSE（安全生产）委员会副主任、集团公司应急领导小组副组长，曾玉康、王福成、陈明不再担任；王福成不再担任集团公司业绩考核委员会主任、集团公司人才工作领导小组副组长、集团公司职称改革工作领导小组副组长、集团公司年鉴编委会副主任职务。【中油人事〔2011〕254号】

同日 集团公司决定，成立集团公司国家石油天然气管材工程技术研究中心领导协调小组，张晗亮任组长，领导协调小组办公室设在装备制造分公司。【中油人事〔2011〕179号】

同日 集团公司决定，王福成任咨询中心主任；免去郑虎的主任职务。【中油任〔2011〕248号】

同日 集团公司党组决定，周吉平同志兼任集团公司党校校长；免去王福成同志的校长职务。【中油党组〔2011〕38号】

同日 集团公司党组决定，周吉平同志兼任集团公司直属党委书记、股份公司直属机关党委书记；免去王福成同志兼任的集团公司直属党委书记、股份公司直属机关党委书记职务。【中油党组〔2011〕39号】

6月28日 集团公司决定，成立集团公司水运以气代油工作领导小组，李华林任组长，领导小组办公室设在集团公司装备制造分公司。【中油人事〔2011〕287号】

同日 集团公司决定，调整集团公司企业年金管理委员会成员，蒋洁敏任主任。【中油人事〔2011〕288号】

同日 集团公司决定，调整集团公司安全生产保证基金管理委员会成员，廖永远任主任，委员会办公室设在集团公司安全环保与节能部。【中油人事〔2011〕289号】

6月29日 集团公司党组决定，中油燃料油股份有限公司更名为中石油燃料油有限责任公司后，原中油燃料油股份有限公司党政领导班子成员领导职务变更为中石油燃料油有限责任公司相应领导职务。【中油党组〔2011〕48号】

同日 股份公司决定，委派郑明禹为中石油燃料油有限责任公司执行董事、总经理，张新华为监事。【石油人事〔2011〕126号】

七　月

7月1日 大庆油田党委、长庆油田分公司党委、华北油田分公司党委、锦西石化分公司党委、长城钻探工程有限公司党委、抚顺石化分公司石油三厂分子筛车间党支部、辽河油田分公司兴隆台工程技术处党委、新疆油田分公司陆梁作业区党委，被评为“全国先进基层党组织”。中国石油集团测井有限公司长庆事业部靖边项目部党总支书记张自亮获“全国优秀党务工作者”荣誉称号。【《集团公司2012年年鉴》】

7月14日 股份公司人事部决定，蒋浩波任西南化工销售分公司党委委员、副总经理。【油人事〔2011〕332号】

7月17日 集团公司决定，成立集团公司新闻工作领导小组，李新华任组长 。【中油人事〔2011〕308号】

7月25日 集团公司决定，成立集团公司井控管理领导小组，廖永远任组长，领导小组办公室设在集团公司工程技术分公司。【中油人事〔2011〕320号】

同日 集团公司决定，调整集团公司关心下一代工作委员会成员，陈明任主任，委员会办公室设在集团公司离退休职工管理局（老干部局）。【中油人事〔2011〕321号】

7月26日 集团公司决定，调整中国石油奖学金领导小组成员，李万余任组长，领导小组办公室设在集团公司人事部。【中油人事〔2011〕327号】

同日 集团公司人事部批复，同意集团公司土地管理办公室加挂股份公司土地管理办公室牌子在此项下统筹负责股份公司土地管理工作。【人事〔2011〕421号】

同日 集团公司决定，白功利任宝鸡石油钢管厂厂长。【中油任〔2011〕322号】

同日 股份公司人事部决定，李伟兼任新建液化天然气项目部总经理，吴忠良兼任副总经理。【京唐液化天然气有限公司上报】

同日 股份公司人事部决定，免去赵杰同志的山西销售分公司党委委员、副总经理、安全总监职务。【油人事〔2011〕347号】

八　　月

8月12日 股份公司决定，股份公司监事会办公室与股份公司董事会秘书局合署办公，一个机构两块牌子。【石油人事〔2011〕173号】

同日 集团公司决定，中国华铭国际投资有限公司纳入中国华油集团公司管理。【中油人事〔2011〕381号】

同日 股份公司决定，将昆仑能源有限公司列入股份公司直属企业序列，与中石油香港有限公司、中国石油天然气香港有限公司实行一套人马三块牌子。【石油人事〔2011〕184号】

同日 股份公司决定，股份公司对外合作经理部改设为股份公司对外合作部，列股份公司机关职能部门序列。【石油人事〔2011〕187号】

同日 集团公司党组决定，孙树祯同志任吉林石化分公司党委书记，金彦江、赵纯同志任党委委员；免去申尧民同志的党委书记、委员职务。股份公司决定，聘任孙树桢、金彦江、赵纯等3人为吉林石化分公司副总经理，金彦江兼任安全总监；免去孙树桢的常务副总经理职务，申尧民的副总经理职务，李纯兼任的安全总监职务。【中油党组〔2011〕58号　石油任〔2011〕171号】

同日　集团公司党组决定，杨侠同志任四川销售分公司党委委员、副书记、纪委书记、工会主席，刘星国同志任党委委员；免去叶学胜同志的党委副书记、委员、纪委书记、工会主席职务，退休。股份公司决定，刘星国任四川销售分公司副总经理；免去温明友的副总经理职务。【中油党组〔2011〕60号　石油任〔2011〕170号】

同日　集团公司党组决定，蔡向阳同志任西北化工销售分公司党委书记；免去杨侠同志的党委书记职务。【中油党组〔2011〕61号】

同日　集团公司党组决定，张彤同志任中国石油国际事业有限公司党委委员，杨连国同志任伦敦公司党委书记，努尔兰·哈孜看同志任哈萨克斯坦公司党委书记，张红岩同志任大连公司党委书记；免去于吉友同志兼任的中国石油国际事业有限公司党委委员职务。【中油党组〔2011〕62号】

同日　股份公司决定，聘任张彤为中国石油国际事业有限公司副总经理，吕建池兼任哈萨克斯坦公司总经理；免去葛凯华的哈萨克斯坦公司总经理职务。【石油任〔2011〕166号】

同日　集团公司党组决定，中共中石油香港有限公司临时委员会由姜昌亮、法玉晓、张博闻、仲文旭、成城等5名同志组成，姜昌亮同志任党委书记，法玉晓同志任党委副书记、纪委书记、工会主席。【中油党组〔2011〕63号】

同日　集团公司党组决定，张红彦同志任新疆油田分公司党委副书记。【中油党组〔2011〕64号】

同日　集团公司党组决定，秦文贵同志任中国石油集团渤海钻探工程有限公司党委委员、书记，潘仁杰、范先祥同志任党委委员；免去单祥国同志的党委书记职务。集团公司决定，聘任秦文贵、潘仁杰、范先祥等3人为中国石油集团渤海钻探工程有限公司副总经理，范先祥兼任安全总监；免去张宝增兼任的安全总监职务。【中油党组〔2011〕65号　中油任〔2011〕375号】

同日　集团公司党组决定，单祥国同志任中国石油集团海洋工程有限公司党委委员、书记，黄立功同志任党委副书记，免去其党委书记职务。集团公司决定，聘任单祥国为中国石油集团海洋工程有限公司副总经理。【中油党组〔2011〕66号　中油任〔2011〕376号】

同日　集团公司党组决定，张忠志同志任中国石油集团西部钻探工程有限公司党委委员；免去潘仁杰同志的党委委员职务。集团公司决定，聘任张忠志为中国石油集团西部钻探工程有限公司副总经理；免去潘仁杰的副总经理职务。【中油党组〔2011〕67号 中油任〔2011〕373号】

同日 集团公司党组决定，汤亚利同志任管道分公司党委委员、书记；免去姜昌亮同志的党委委员、书记职务。股份公司决定，汤亚利任管道分公司副总经理；免去姜昌亮的副总经理职务。【中油党组〔2011〕69号 石油任〔2011〕175号】

同日 集团公司党组决定，李文东同志任西部管道分公司党委委员、书记、纪委书记、工会主席；免去汤亚利同志的党委书记、委员、纪委书记、工会主席职务。股份公司决定，李文东任西部管道分公司副总经理；免去汤亚利的副总经理职务。【中油党组〔2011〕70号 石油任〔2011〕179号】

同日 集团公司决定，许贤文兼任中国昆仑工程公司总工程师，吴玉波兼任安全总监。【中油任〔2011〕362号】

同日 集团公司党组决定，免去李文东同志的中国石油天然气管道局党委常委、委员职务。集团公司决定，免去李文东的中国石油天然气管道局副局长职务。【中油党组〔2011〕71号 中油任〔2011〕372号】

同日 集团公司党组决定，免去赵业荣同志的中国石油集团川庆钻探工程有限公司党委委员职务。集团公司决定，免去赵业荣的中国石油集团川庆钻探工程有限公司副总经理职务。【中油党组〔2011〕73号 中油任〔2011〕374号】

同日 集团公司党组决定，穆华东同志任中国石油工程建设公司党委委员。集团公司决定，聘任穆华东为中国石油工程建设公司副总经理。【中油党组〔2011〕75号 中油任〔2011〕367号】

同日 集团公司党组决定，免去穆华东同志的中国华铭国际投资有限公司党委书记、委员职务。集团公司决定，免去穆华东的中俄合作项目部副经理职务。【中油党组〔2011〕76号 中油任〔2011〕389号】

同日 集团公司党组决定，杨仁远同志任青海油田分公司党委委员；免去李厚联同志的党委委员职务。股份公司决定，聘任杨仁远为青海油田分公司总会计师；免去李厚联的总会计师职务。【中油党组〔2011〕77号 石油任〔2011〕176号】

同日 集团公司党组决定，于开敏同志任中国石油南美公司党委委员。集团公司决定，聘任于开敏为中国石油南美公司副总经理。【中油党组〔2011〕

78号 中油任〔2011〕370号】

同日 集团公司党组决定，周颖秋同志任中国石油集团东南亚管道有限公司党委委员。集团公司决定，聘任周颖秋为中国石油集团东南亚管道有限公司总会计师。【中油党组〔2011〕79号 中油任〔2011〕371号】

同日 集团公司决定，聘任李庆毅为集团公司审计部副总经理。股份公司决定，聘任李庆毅为股份公司审计部副总经理。【中油任〔2011〕378号 石油任〔2011〕181号】

同日 股份公司决定，朱水桥兼任新疆油田分公司安全总监。【石油任〔2011〕177号】

同日 股份公司决定，免去高殿龙的大庆油田有限责任公司（大庆石油管理局）副总经理（副局长）职务。【石油任〔2011〕180号】

同日 股份公司决定，毛泽锋兼任股份公司监事会办公室主任；免去王一端的主任职务。【石油任〔2011〕182号】

同日 集团公司党组决定，赵业荣同志任工程技术分公司党委委员；免去秦文贵同志的党委委员职务。集团公司决定，聘任赵业荣为工程技术分公司副总经理；免去秦文贵的副总经理职务。【中油党组〔2011〕80号 中油任〔2011〕377号】

同日 集团公司党组决定，鲁发展同志任集团公司党组巡视组巡视副专员。【中油党组〔2011〕81号】

同日 股份公司决定，聘任黄让敏为派驻中石油云南石化项目财务总监督。【石油任〔2011〕167号】

同日 集团公司党组决定，李庆毅同志任中国石油审计服务中心党委书记、纪委书记、工会主席，免去郭大伟同志的党委书记、纪委书记、工会主席职务；集团公司决定，免去郭大伟的中国石油审计服务中心副主任职务，退休。

8月18日 股份公司决定，推荐姜昌亮为昆仑能源有限公司首席执行官，法玉晓、仲文旭、成城等3人为高级副总裁。【油人事函〔2011〕84号】

同日 股份公司人事部决定，蔡向阳同志任西北化工销售分公司纪委书记、工会主席、副总经理；免去杨侠同志的纪委书记、工会主席、副总经理职务。【油人事〔2011〕381号】

同日　股份公司人事部决定，高殿龙同志任大连销售分公司纪委书记、工会主席、副总经理；免去鲁发展同志的纪委书记、工会主席、副总经理职务。【油人事〔2011〕382号】

8月22日　集团公司决定，成立集团公司司库委员会，王国樑任主任，委员会办公室设在集团公司财务资产部。【中油人事〔2011〕382号】

8月23日　国务院国资委党委批准，同意王立新为股份公司监事会主席人选。【国资党委干一〔2011〕164号】

8月29日　集团公司党组决定，免去冷胜军同志的大庆炼化分公司党委副书记、委员职务。股份公司决定，免去冷胜军的大庆炼化分公司总经理职务。【中油党组〔2011〕83号　石油任〔2011〕192号】

同日　集团公司党组决定，冷胜军同志任大连石化分公司党委委员、副书记。股份公司决定，冷胜军任大连石化分公司总经理；免去蒋凡的总经理职务。【中油党组〔2011〕84号　石油任〔2011〕191号】

同日　集团公司党组决定，万志强同志任大庆炼化分公司党委委员、副书记。股份公司决定，万志强任大庆炼化分公司副总经理。【中油党组〔2011〕85号　石油任〔2011〕196号】

同日　集团公司党组决定，免去万志强同志的大庆石化分公司委员职务。股份公司决定，免去万志强的大庆石化分公司副总经理职务。【中油党组〔2011〕86号　石油任〔2011〕197号】

8月31日　集团公司决定，成立集团公司国家天然气商业储备领导小组及工作小组，周吉平任组长，领导小组办公室设在集团公司储备油办公室。【中油人事〔2011〕395号】

九　月

9月7日　股份公司人事部决定，免去陈三强同志的重庆销售分公司党委委员、副总经理、安全总监职务。【油人事〔2011〕428号】

9月12日　集团公司党组决定，免去段良伟的吉林石化分公司党委委员职务。【中油党组〔2011〕94号】

同日　股份公司决定，廖仕孟兼任西南油气田分公司安全总监；免去师春元的安全总监职务。【石油任〔2011〕306号】

9月13日 集团公司党组决定，李纯同志任吉林燃料乙醇有限责任公司党委委员、书记、总经理；免去段良伟同志的党委书记、委员、总经理职务。股份公司决定，免去段良伟的吉林石化分公司副总经理职务。【中油党组〔2011〕95号 中油任〔2011〕425号 石油任〔2011〕225号】

同日 集团公司党组决定，苗坤同志任北京销售分公司党委委员、书记；免去卢乃洪同志的党委书记、委员职务，退休。【中油党组〔2011〕96号】

同日 集团公司党组决定，魏立东任锦州石化分公司党委委员、副书记；免去裴宏斌同志的党委副书记、委员职务。股份公司决定，魏立东任锦州石化分公司总经理；免去裴宏斌的总经理职务。【中油党组〔2011〕97号 石油任〔2011〕220号】

同日 集团公司决定，魏立东任锦州石油化工公司经理；免去裴宏斌的经理职务。【中油任〔2011〕427号】

同日 集团公司党组决定，庞晓东同志任哈尔滨石化分公司党委委员、副书记；免去魏立东同志的党委副书记、委员职务。股份公司决定，庞晓东任哈尔滨石化分公司总经理；免去魏立东的总经理职务。【中油党组〔2011〕93号 石油任〔2011〕223号】

同日 集团公司党组决定，裴宏斌同志任抚顺石化分公司党委委员、副书记；免去李若平同志的党委副书记、委员职务。股份公司决定，裴宏斌任抚顺石化分公司总经理；免去李若平的总经理职务。【中油党组〔2011〕98号 石油任〔2011〕226号】

同日 集团公司决定，裴宏斌任抚顺石油化工公司经理；免去李若平的抚顺石油化工公司经理职务。【中油任〔2011〕426号】

同日 集团公司党组决定，陈俊豪同志任独山子石化分公司党委副书记；免去徐福贵同志的党委副书记、常委、委员职务。股份公司决定，陈俊豪任独山子石化分公司总经理；免去徐福贵的总经理职务。【中油党组〔2011〕99号 石油任〔2011〕218号】

同日 集团公司决定，陈俊豪任独山子石油化工总厂厂长；免去徐福贵的厂长职务。【中油任〔2011〕420号】

同日 集团公司党组决定，康志军、王一民同志任大庆石化分公司党委委员。股份公司决定，聘任康志军、王一民为大庆石化分公司副总经理。【中

油党组〔2011〕100号 石油任〔2011〕224号】

同日 集团公司党组决定，侯启军同志任天然气与管道分公司党委委员、书记，黄维和同志任党委副书记，免去其党委书记职务。股份公司决定，聘任侯启军为天然气与管道分公司副总经理，丁建林兼任安全总监；免去梁鹏兼任的安全总监职务。【中油党组〔2011〕101号 石油任〔2011〕228号】

同日 集团公司党组决定，免去苏俊同志的华北油田分公司党委副书记、委员职务，免去苗坤同志的党委委员职务。股份公司决定，黄刚任华北油田分公司总经理；免去苏俊的总经理职务，苗坤的副总经理职务。【中油党组〔2011〕102号 石油任〔2011〕222号】

同日 集团公司决定，周鼎任中国石油天然气勘探开发公司副总经理（挂职锻炼）。【中油任〔2011〕440号】

同日 集团公司党组决定，徐福贵同志任炼油与化工分公司党委委员、副书记；免去沈殿成同志的党委副书记、委员职务。股份公司决定，徐福贵任炼油与化工分公司总经理；免去沈殿成兼任的总经理职务。【中油党组〔2011〕103号 石油任〔2011〕227号】

同日 集团公司党组决定，李若平同志任装备制造分公司党委委员、书记，张晗亮同志任党委副书记，免去其党委书记职务。集团公司决定，张晗亮任装备制造分公司总经理，聘任李若平为副总经理。【中油党组〔2011〕104号 中油任〔2011〕429号】

同日 集团公司党组决定，李华民同志任集团公司党组机要秘书；免去李润生同志的机要秘书职务。集团公司决定，李华民任集团公司办公厅主任；免去李润生的主任职务。【中油党组〔2011〕106号 中油任〔2011〕428号】

同日 集团公司党组决定，周鼎同志任海外勘探开发公司（中国石油天然气勘探开发公司）党委委员，挂职锻炼两年。股份公司决定，周鼎任海外勘探开发分公司副总经理，挂职锻炼两年。【中油党组〔2011〕107号 石油任〔2011〕232号】

同日 集团公司决定，万志强任林源炼油厂厂长；免去冷胜军的厂长职务。【中油任〔2011〕421号】

同日 股份公司决定，万志强任大庆炼化分公司总经理。【石油任〔2011〕219号】

同日　集团公司决定，黄刚任华北石油管理局局长；免去苏俊的局长职务。【中油任〔2011〕424号】

同日　股份公司决定，段良伟任大港石化分公司总经理；免去庞晓东的总经理职务。【石油任〔2011〕229号】

同日　股份公司决定，苏俊任吉林油田公司总经理，免去侯启军的吉林油田分公司总经理职务，另有任用。【中油党组〔2011〕105号】

9月14日　中国华铭国际投资有限公司召开第十一次股东会暨第四届董事会、监事会第一次会议，选举李新华为董事长，王文沧为执行董事，温青山为监事会主席，聘任石清俊为总经理；免去穆华东的总经理职务。【中国华油集团公司上报】

9月15日　集团公司在新疆克拉玛依召开"三控制一规范"经验交流暨人事三基工作推进会。集团公司部分企业有关负责人，各企事业单位人事劳资部门负责人，各专业公司有关同志参加会议。会议的主要任务是，贯彻落实集团公司领导干部会议精神，总结"三控制一规范"工作实施3年多来取得的主要成果，表彰先进，交流经验，对下一阶段全力推进"三控制一规范"工作和人事三基工作做出安排和部署。集团公司总经理助理李万余出席会议并讲话，集团公司人事部总经理单昆基作主题报告。

9月16日　股份公司人事部决定，段良伟同志任大港石化分公司党委委员、副书记；免去庞晓东同志的党委副书记、委员职务。【油人事〔2011〕440号】

同日　股份公司人事部决定，聘任苗坤为北京销售分公司副总经理；免去卢乃洪的副总经理职务。【油人事〔2011〕441号】

9月22日　集团公司决定，成立集团公司厂办大集体改革工作领导小组，王国樑任组长，领导小组办公室设在集团公司资本运营部。【中油人事〔2011〕439号】

9月　集团公司党组印发《中国石油天然气集团公司党支部工作条例》。【《集团公司2012年年鉴》】

十　月

10月4日　集团公司党组决定，刘战君同志任玉门油田分公司党委委员。【中油党组〔2011〕113号】

10月9日 集团公司印发《中国石油天然气集团公司高校毕业生招聘工作管理办法（试行）》。【中油人事〔2011〕459号】

10月12日 国务院国资委党委批准，同意黄维和、徐福贵、冉新权等3人为股份公司副总裁人选。【国资党委干一〔2011〕195号】

10月14日 集团公司决定，刘自强任集团公司矿区服务工作部总经理；免去马桂成的总经理职务。【中油任〔2011〕483号】

同日 集团公司决定，免去吕文军的集团公司安全环保与节能部副总经理职务。股份公司决定，免去吕文军的股份公司安全环保与节能部副总经理职务。【中油任〔2011〕484号 石油任〔2011〕251号】

同日 集团公司党组决定，夏义平同志任南方石油勘探开发有限责任公司党委委员、书记、纪委书记；免去石彦民同志的党委书记、委员、纪委书记职务。集团公司决定，夏义平任南方石油勘探开发有限责任公司总经理；免去石彦民的总经理职务。【中油党组〔2011〕114号 中油任〔2011〕485号】

同日 集团公司党组决定，张维君同志任中国石油集团东北炼化工程有限公司党委委员、书记、副总经理；免去陈青松同志的党委书记职务，改任党委副书记。【中油党组〔2011〕109号 中油任〔2011〕482号】

同日 集团公司党组决定，王洪斌同志任锦西石化分公司党委书记，吕文军同志任党委委员、副书记；免去张维君同志的党委书记、委员职务。股份公司决定，吕文军任锦西石化分公司总经理，王洪斌任副总经理，免去其总经理职务；免去张维君的副总经理职务。【中油党组〔2011〕110号 石油任字〔2011〕250号】

同日 集团公司党组决定，史新同志任大庆油田党委委员、工会主席，庞铁力同志任党委委员，免去王昆同志的工会主席职务；李茂同志任大庆油田有限责任公司第二采油厂党委书记，免去李景禄同志的党委书记职务。【中油党组〔2011〕111号】

同日 集团公司党组决定，王铵同志任大庆油田党委副书记（挂职时间一年）。【中油党组〔2011〕112号】

同日 股份公司决定，聘任庞铁力为大庆油田有限责任公司（大庆石油管理局）副总经理（副局长），苗丰裕为大庆油田有限责任公司第二采油厂厂长，王宏伟为大庆油田有限责任公司勘探开发研究院院长；免去史新的大庆

油田有限责任公司第二采油厂厂长职务，徐正顺的大庆油田有限责任公司勘探开发研究院院长职务。【石油任〔2011〕249号】

同日 集团公司党组决定，刘维石、罗良才同志任中国石油报社党委委员；免去白泽生同志的党委副书记、委员职务，退休。集团公司决定，邱宝林任中国石油报社社长，聘任刘维石、罗良才为副社长；免去白泽生的社长职务。【中油党组〔2011〕115号 中油任〔2011〕488号】

同日 集团公司党组决定，免去夏义平同志的东方地球物理公司党委常委、委员职务。集团公司决定，免去夏义平的东方地球物理公司副总经理、总地质师职务。【中油党组〔2011〕116号 中油任〔2011〕486号】

同日 集团公司党组决定，免去白泽生同志的石油工业出版社有限公司党委副书记、委员职务。集团公司决定，郑玉宝任石油工业出版社有限公司执行董事、总经理；免去白泽生的执行董事、总经理职务。【中油党组〔2011〕117号 中油任〔2011〕487号】

同日 集团公司党组决定，李利民同志任中国石油工程建设公司党委书记，李小宁、姚长斌同志任党委委员；免去刘仲秋同志的党委书记、委员职务。集团公司决定，聘任李小宁、姚长斌为中国石油工程建设公司副总经理；免去刘仲秋的副总经理职务。【中油党组〔2011〕118号 中油任〔2011〕489号】

同日 集团公司党组决定，杨元建同志任中国石油集团济柴动力总厂党委书记；免去姜小兴同志的党委书记职务。【中油党组〔2011〕119号】

同日 集团公司决定，免去刘自强同志的长庆油田分公司党委委员职务。股份公司决定，免去刘自强的长庆油田分公司副总经理职务。【中油党组〔2011〕120号 石油任〔2011〕253号】

同日 集团公司决定，黄勇华兼任中国寰球工程公司安全总监；免去魏亚斌兼任的安全总监职务。【中油任〔2011〕480号】

同日 集团公司决定，吕文军任锦西炼油化工总厂厂长；免去王洪斌的厂长职务。【中油任〔2011〕481号】

同日 股份公司决定，任立新兼任独山子石化分公司安全总监；免去陈俊豪兼任的安全总监职务。【石油任〔2011〕255号】

10月19日 集团公司人事部印发《关于进一步严肃人事信息管理工作纪律的通知》。【人事〔2011〕581号】

同日 集团公司人事部决定，姜小兴同志任中国石油集团济柴动力总厂党委副书记，杨元建任副厂长。【人事〔2011〕559号】

10月20日 集团公司决定，设立华美国际技术发展有限公司（后注册为北京华美世纪国际技术有限公司），为集团公司独资设立的一人有限责任公司，该公司注册完成后，集团公司将持有的休斯敦技术研究中心的股权划转该公司。【中油人事〔2011〕492号】

同日 集团公司决定，表彰中国石油2011年职业技能竞赛及参加国际技能竞赛优胜单位和优胜选手。集团公司推荐的裴先峰、王召军、农华科、薛正才、孙廷华等5人在国际大赛上获奖，裴先峰被人力资源和社会保障部授予“全国技术能手”称号，王召军、农华科、薛正才、孙廷华等4人被国务院国资委授予“中央企业技术能手”荣誉称号。同时，对参加集团公司技能竞赛获奖的75名选手进行表彰，有12人被授予中国石油天然气集团公司技术能手称号。【中油人事〔2011〕491号】

同日 中国石油天然气股份有限公司第五届监事会第三次会议召开，选举王立新为中国石油天然气股份有限公司监事会主席，陈明辞去监事会主席职务。【《集团公司2012年年鉴》】

10月27日 中共中央批准，同意蒋洁敏任中国石油天然气集团公司董事长，免去其总经理职务，周吉平任总经理。【中委〔2011〕415号】

同日 中国石油天然气股份有限公司2011年第五次临时董事会会议召开，同意聘任黄维和、徐福贵、冉新权等3人为中国石油天然气股份有限公司副总裁；免去沈殿成的副总裁职务，黄维和的总工程师职务。【董决字〔2011〕26号】

10月31日 股份公司印发《中国石油天然气股份有限公司人事档案管理规定》。【石油人事〔2011〕272号】

十 一 月

11月3日 股份公司决定，中国石油天然气股份有限公司、北京控股集团有限公司、河北省天然气有限责任公司共同出资组建中石油京唐液化天然气有限公司，三方分别持有51%、29%和20%的股权，为股份公司控股子公司，机构规格为副局级，完成工商注册，唐山液化天然气项目经理部即行撤销。【石油人事〔2011〕274号】

11月4日 集团公司印发《中国石油天然气集团公司人事档案管理规定》。【中油人事〔2011〕510号】

11月6日 集团公司批复，同意中国石油集团经济技术研究中心更名为中国石油集团经济技术研究院。【中油人事〔2011〕543号】

11月9日 集团公司决定，成立集团公司落实职教幼教退休教师待遇工作领导小组，李万余任组长，领导小组办公室设在集团公司人事部。【中油人事〔2011〕511号】

11月10日 股份公司人事部决定，赵振学任西北销售分公司副总经理。【油人事〔2011〕530号】

同日 股份公司人事部决定，杜存平同志任山西销售分公司党委委员、副总经理、安全总监。【油人事〔2011〕531号】

同日 股份公司人事部决定，孙艳波同志任润滑油分公司党委委员、总会计师。【油人事〔2011〕532号】

同日 股份公司人事部决定，戴永同志任华南化工销售分公司党委委员、副总经理、安全总监；免去马宗立兼任的安全总监职务。【油人事〔2011〕533号】

同日 股份公司人事部决定，王富兼任东北化工销售分公司纪委书记、工会主席，王毅同志任党委委员、副总经理；免去祖国繁同志的党委副书记、委员、纪委书记、工会主席职务，退休。【油人事〔2011〕534号】

同日 股份公司人事部决定，郑海波同志任西北化工销售分公司党委委员、副总经理；免去王毅同志的党委委员、副总经理职务。【油人事〔2011〕535号】

11月11日 集团公司与13所高校签订协议，设立第三期中国石油奖学金，年度设奖金额提高到425万元。

同日 集团公司印发《关于进一步促进企业劳动关系和谐稳定若干问题的意见》。【中油人事〔2011〕520号】

同日 股份公司人事部决定，李伟任中石油京唐液化天然气有限公司总经理，章泽华任常务副总经理，王成忠任副总经理、财务总监。【油人事〔2011〕538号】

11月14日 国务院决定，任命蒋洁敏为中国石油天然气集团公司董事长，免去其总经理职务；周吉平为总经理。【国人字〔2011〕122号】

11月15日 集团公司党组决定，田玉军同志任四川销售分公司党委委员、书记；免去胡兴东同志的党委书记、委员职务，许强同志的党委委员职务。股份公司决定，聘任田玉军为副总经理；免去胡兴东、许强的副总经理职务。【中油党组〔2011〕124号　中油任〔2011〕289号】

11月16日　股份公司决定，免去康伟力的油气储量评审办公室副主任职务。【石油人事〔2011〕281号】

11月18日　国务院国资委决定，任命周吉平为中国石油天然气集团公司董事。【国资任字（2011）122号】

11月23日　股份公司决定，江苏销售分公司机构规格由副局级调整为正局级。【石油人事〔2011〕295号】

11月25日　集团公司决定，设立中国石油勘探技术专家委员会，周吉平任主任。【中油人事〔2011〕565号】

同日　股份公司决定，组建中国石油天然气股份有限公司西南管道分公司筹备组（正局级），筹备组由常延魁、许强、崔涛等3人组成，常延魁为组长，许强任副组长。【石油人事〔2011〕294号　石油任〔2011】305号】

同日　股份公司决定，成立股份公司天然气销售分公司，该公司与股份公司天然气与管道分公司一个机构两块牌子。【石油人事〔2011〕324号、325号】

同日　股份公司决定，将内蒙古、广东、陕西、江苏等4家销售分公司机构规格由副局级调整为正局级。【石油人事〔2011〕295号】

同日　集团公司决定，张志东任吐哈石油勘探开发指挥部指挥；免去袁明生的指挥职务。集团公司党组决定，张志东同志任吐哈油田分公司党委副书记，免去袁明生同志的党委副书记、委员职务。股份公司决定，张志东任吐哈油田分公司总经理；免去袁明生的总经理职务。【中油任〔2011〕560号　中油党组〔2011〕129号　石油任〔2011〕301号】

同日　股份公司决定，调整油气管道管理体制，将宁夏中卫以西的西气东输管道分公司西气东输管道西段及其运营机构和管道分公司涩宁兰线及其运营机构业务、资产划入西部管道分公司管理；西气东输管道分公司冀宁联络线冀鲁段和冀鲁管理处业务资产人员划入管道分公司管理；管道分公司忠武线及华中输气分公司业务资产人员划入西气东输管道分公司管理。【石油人事〔2011〕328号】

同日　股份公司决定，免去崔涛的管道分公司副总经理、安全总监职务。

【石油任〔2011〕308号】

同日　集团公司党组决定，赵邦六同志任勘探与生产分公司党委委员。股份公司决定，聘任赵邦六为勘探与生产分公司总工程师。【中油党组〔2011〕123号　石油任〔2011〕302号】

同日　集团公司党组决定，郭臣、张文新同志任西部管道分公司党委委员。股份公司决定，聘任郭臣、张文新为西部管道分公司副总经理，郭臣兼任安全总监。【中油党组〔2011〕126号　石油任〔2011〕311号】

同日　集团公司党组决定，卢思忠同志兼任中国石油集团经济技术研究院工会主席，姜学峰同志任党委委员。集团公司决定，聘任姜学峰为经济技术研究院副院长。【中油党组〔2011〕127号　中油任〔2011〕561号】

同日　集团公司党组决定，免去常延魁同志的管道建设项目经理部党委委员职务。股份公司决定，免去常延魁的管道建设项目经理部副总经理职务。【中油党组〔2011〕128号　石油任〔2011〕307号】

同日　集团公司党组决定，袁明生同志任华北油田分公司党委委员、书记，黄刚同志任党委副书记，免去其党委书记职务。股份公司决定，袁明生任华北油田分公司副总经理。【中油党组〔2011〕130号　石油任〔2011〕300号】

同日　集团公司党组决定，孙志远同志任中国石油天然气运输公司党委常委。集团公司决定，孙志远任中国石油天然气运输公司副经理。【中油党组〔2011〕132号　中油任〔2011〕562号】

同日　集团公司党组决定，谷伟同志任华油北京服务总公司党委书记、纪委书记、工会主席职务；免去田玉军同志的党委书记、委员、纪委书记、工会主席职务。集团公司决定，免去田玉军的华油北京服务总公司副总经理职务。【中油党组〔2011〕133号　中油任〔2011〕563号】

同日　集团公司决定，聘任汤长江为集团公司维稳信访工作办公室（综合治理办公室、保卫部）副主任。股份公司决定，聘任汤长江为股份公司保卫部副主任。【中油任〔2011〕559号　石油任〔2011〕303号】

同日　股份公司决定，吴国干兼任股份公司油气储量评审办公室副主任。【石油任〔2011〕304号】

同日　集团公司决定，设立中国石油勘探技术专家委员会，周吉平任主任，委员会办公室设在勘探与生产分公司。【中油人事〔2011〕565号】

同日 股份公司决定，聘任吴凯、隋祥波为中石油云南石化有限公司副总经理。【石油任〔2011〕290号】

11月30日 集团公司决定，中国石油天然气管道局中油管道防腐有限公司所属辽阳分公司、上海宝世威内防腐分公司、陕西亚东防腐有限公司的业务、资产（股权）和人员划入宝鸡石油钢管厂；中国石油天然气管道局所属青县分公司、南京分公司、镇江分公司及在建的扬州分公司的业务、资产和人员划入渤海石油装备制造有限公司。【中油人事〔2011〕566号】

同日 集团公司决定，将吉林石油集团有限责任公司吉林油田机械总厂整体划转大庆石油管理局装备制造集团管理。【中油人事〔2011〕567号】

同日 股份公司决定，青海油田分公司和玉门油田分公司不再从事油田地面及管道工程建设业务，由专业化公司提供服务保障。【石油人事〔2011〕316号】

十 二 月

12月6日 股份公司人事部决定，辛本利同志任重庆销售分公司党委委员、副总经理、安全总监。【油人事〔2011〕611号】

12月8日 集团公司决定，成立中国石油驻云南、浙江、湖南、新加坡等4个地区企业协调组，云南销售分公司、浙江销售分公司、湖南销售分公司、中国石油国际事业有限公司分别为地区企业协调组组长单位，杨子清、赵永河、徐国才、夏卫红等4人分别任地区企业协调组组长。【中油人事〔2011〕575号】

同日 股份公司副总裁孙龙德当选中国工程院能源与矿业学部院士，中国石油企业协会会长胡文瑞当选中国工程院工程管理学部院士。【《集团公司2012年年鉴》】

同日 集团公司决定，成立集团公司休斯敦技术研究中心管理委员会，周吉平任主任。【中油人事〔2011〕576号】

12月9日 集团公司决定，辽河石油勘探局井下作业公司、兴隆台工程技术处大修、侧钻、试油、连续油管、对外服务的带压作业等业务、资产和人员划转长城钻探工程有限公司管理。【中油人事〔2011〕578号】

同日 集团公司决定，新疆石油管理局所属井下作业公司、试油公司整

体划转西部钻探工程有限公司管理。【中油人事〔2011〕579号】

同日　集团公司决定，吉林石油集团有限责任公司井下作业公司、试油测试公司、修井作业公司机关及所属大修、侧钻及辅助生产等业务、资产和人员整体划入大庆石油管理局大庆钻探工程公司管理。【中油人事〔2011〕580号】

12月14日　集团公司决定，调整《中国石油天然气集团公司年鉴》编委会成员，蒋洁敏任主任。【中油人事〔2011〕583号】

同日　集团公司决定，调整集团公司HSE（安全生产）委员会成员，蒋洁敏、周吉平任主任。【中油人事〔2011〕584号】

同日　集团公司决定，调整集团公司维护稳定工作领导小组成员。【中油人事〔2011〕585号】

同日　集团公司决定，调整集团公司住房制度改革领导小组成员，李新华任组长。【中油人事〔2011〕586号】

12月17日　中共黑龙江省委决定，王志恒任大庆职业学院院长，刘国志同志任党委书记。【黑发干字〔2011〕373号、374号】

12月19日　集团公司人事部决定，推荐姜小兴为济南柴油机股份有限公司董事长，贾胜军为总经理；免去田树民的总经理职务。【人事〔2011〕714号】

同日　集团公司人事部决定，田树民同志任中国石油集团济柴动力总厂副厂长，免去其党委副书记职务；贾胜军任安全总监，免去其副厂长职务；免去张心勤的安全总监职务。【人事〔2011〕715号】

12月21日　集团公司决定，聘任张晓东等100人为中国石油天然气集团公司管理专家。【中油人事〔2011〕625号】

同日　股份公司人事部决定，杨德有任上海销售分公司副总经理；免去孙志玉同志的党委委员、副总经理职务。【油人事〔2011〕705号、714号】

12月27日　集团公司决定，免去黄绍和的咨询中心副主任职务。【中油任〔2011〕616号】

12月30日　集团公司人事部印发《关于公布2010年度享受政府特殊津贴人员的通知》，集团公司有53人享受政府特殊津贴，其中专业技术人员44人，高技能人员9人。【人事〔2011〕753号】

12月31日　集团公司决定，免去闫光的集团公司审计部副总经理职务。股份公司决定，免去闫光的股份公司审计部副总经理职务。【中油任〔2011〕

626号　石油任〔2011〕363号】

同日　股份公司印发《关于明确昆仑能源有限公司管理体制有关问题的通知》。【石油人事〔2011〕184号】

12月　集团公司决定，将南方石油勘探开发有限责任公司的业务、资产和人员纳入股份公司管理，不再列入集团公司机构序列。【南方石油勘探开发有限责任公司上报】

本年　集团公司海外油气作业产量当量超过1亿吨、权益产量达到5175万吨，实现建成“海外大庆”的目标。历经18年的努力，中国石油5个海外油气合作区战略布局基本完成，在全球29个国家运作81个项目。【《集团公司2012年年鉴》】

本年　集团公司用工总量160.98万人。

二〇一二年

一　月

1月6日　集团公司决定，调整集团公司应急领导小组及其办公室成员，蒋洁敏、周吉平任组长，廖永远兼任办公室主任。【中油人事〔2012〕4号】

二　月

2月6日　集团公司决定，免去陈方红的集团公司所投资公司专职董事职务。股份公司决定，免去陈方红的股份公司所投资公司专职董事职务。【中油任〔2012〕32号　石油任〔2012〕29号】

2月9日　集团公司决定，调整集团公司保密委员会成员。【中油人事〔2012〕44号】

2月15日　集团公司决定，调整集团公司标准化委员会成员，喻宝才任主任。【中油人事〔2012〕55号】

2月20日　集团公司决定，沈殿成兼任集团公司安全总监；免去廖永远兼任的安全总监职务。【中油任〔2012〕61号】

2月21日　集团公司决定，调整集团公司密码工作领导小组成员，周吉平任主任。【中油人事〔2012〕62号】

2月23日　股份公司人事部决定，师野任黑龙江销售分公司副总经理。【油人事〔2012〕66号】

2月24日　中国华油集团公司党委决定，石清俊同志任中国华铭国际投资有限公司党委书记。【华集党〔2012〕5号】

2月27日　国务院国资委决定，任命王立新为集团公司董事。【资任字〔2012〕6号】

三　月

3月1日　集团公司人事部印发《关于开展集团公司技能专家聘期考核续聘及补充工作的通知》。【人事〔2012〕98号】

3月2日 集团公司决定，成立中国石油天然气集团公司阿联酋油气业务领导小组，汪东进任组长，领导小组办公室设在集团公司中东地区工程技术服务协调组。【中油人事〔2012〕85号】

3月6日 集团公司党组决定，刘聚洋同志任辽宁销售分公司党委委员。股份公司决定，聘任刘聚洋为辽宁销售分公司副总经理、安全总监；免去吴汉兼任的安全总监职务。【中油党组〔2012〕6号 石油任〔2012〕62号】

同日 集团公司党组决定，贠广瑞同志任大连海运分公司党委委员、书记；免去李俊海同志的党委书记职务。股份公司决定，李俊海任大连海运分公司总经理；免去高凤翔的总经理职务。【中油党组〔2012〕7号 石油任〔2012〕63号】

同日 股份公司人事部决定，李俊海同志任大连海运分公司党委副书记，贠广瑞同志任纪委书记、工会主席、副总经理；免去高凤翔同志的党委副书记、委员职务，李俊海同志的纪委书记、工会主席职务。【油人事〔2012〕101号】

同日 集团公司党组决定，高凤翔同志任大连销售分公司党委委员、书记；免去高殿龙同志的党委书记职务。股份公司决定，高殿龙任大连销售分公司总经理；免去于力的总经理职务。【中油党组〔2012〕8号 石油任〔2012〕65号】

同日 股份公司人事部决定，高殿龙同志任大连销售分公司党委副书记，高凤翔同志任纪委书记、工会主席、副总经理；免去高殿龙同志的纪委书记、工会主席职务，于力同志的党委副书记、委员职务，贠广瑞同志的党委委员、副总经理、总会计师职务。【油人事〔2012〕100号】

同日 集团公司决定，高殿龙任大连石油总公司总经理；免去于力的总经理职务。【中油任〔2012〕107号】

同日 集团公司决定，王忠来任昆仑银行股份有限公司行长。【中油任〔2012〕105号】

同日 集团公司党组决定，王力国同志任北京销售分公司党委委员、书记；免去苗坤同志的党委书记职务。股份公司决定，苗坤任北京销售分公司总经理；免去王立学的总经理职务。【中油党组〔2012〕9号 石油任〔2012〕56号】

同日 股份公司人事部决定，苗坤同志任北京销售分公司党委副书记，王力国任副总经理；免去王立学同志的党委副书记、委员职务。【油人事〔2012〕97号】

同日 集团公司党组决定，玄昌伟同志任中国昆仑工程公司党委书记；免去耿承辉同志的党委书记、委员职务。集团公司决定，玄昌伟任中国昆仑

工程公司副总经理；免去耿承辉的副总经理职务。【中油党组〔2012〕11号　中油任〔2012〕103号】

同日　集团公司党组决定，王立学同志任中石油燃料油有限责任公司党委委员、书记；免去李久杰的党委书记职务。股份公司决定，李久杰任中石油燃料油有限责任公司常务副总经理；免去王力国的副总经理职务。【中油党组〔2012〕12号　石油任〔2012〕68号】

同日　股份公司人事部决定，王立学同志任中石油燃料油有限责任公司纪委书记、工会主席、副总经理；免去李久杰同志的纪委书记、工会主席职务，王力国同志的党委委员职务。【油人事〔2012〕104号】

同日　集团公司党组决定，陈建志同志任湖南销售分公司党委委员、书记；免去朱明玉同志的党委书记、委员职务。股份公司人事部决定，陈建志同志任湖南销售分公司纪委书记、副总经理；免去朱明玉同志的纪委书记、副总经理职务。【中油党组〔2012〕13号　油人事〔2012〕99号】

同日　集团公司党组决定，李家民同志任兰州石化分公司党委副书记；免去玄昌伟同志的党委副书记、委员职务，赵金法同志的党委委员职务。股份公司决定，李家民任兰州石化分公司总经理；免去玄昌伟的总经理职务，赵金法的副总经理职务。【中油党组〔2012〕14号　石油任〔2012〕59号】

同日　集团公司决定，李家民任兰州石油化工公司总经理；免去玄昌伟的总经理职务。【中油任〔2012〕104号】

同日　集团公司党组决定，杨大明同志任大庆石化分公司党委书记；免去郑怀义同志的党委书记，委员职务。股份公司决定，免去郑怀义的大庆石化分公司副总经理职务。【中油党组〔2012〕15号　石油任〔2012〕60号】

同日　集团公司党组决定，吴庆善同志任宁夏石化分公司党委委员；免去邹敏同志的党委委员职务。股份公司决定，吴庆善同志任宁夏石化分公司副总经理；免去邹敏同志的副总经理职务。【中油党组〔2012〕16号　石油任〔2012〕57号】

同日　集团公司党组决定，高静乐同志任长庆石化分公司党委委员、书记；免去张锋同志的党委书记、委员职务，退休。股份公司人事部决定，高静乐同志任长庆石化分公司纪委书记、工会主席、副总经理；免去张锋同志的纪委书记、工会主席职务。【中油党组〔2012〕17号　油人事〔2012〕106号】

同日 集团公司党组决定，马强、李炜同志任大连石化分公司党委委员。股份公司决定，聘任马强、李炜为大连石化分公司副总经理，马强兼任安全总监；免去焦玉瑞的安全总监职务。【中油党组〔2012〕18号 石油任〔2012〕58号】

同日 集团公司党组决定，田霖同志任中国石油集团东北炼化工程有限公司党委委员、副总经理；免去陈青松同志的党委副书记、委员职务。集团公司决定，张维君任中国石油集团东北炼化工程有限公司总经理，田霖任副总经理；免去陈青松的总经理职务。【中油党组〔2012〕19号 中油任〔2012〕102号】

同日 集团公司党组决定，李储龙同志任内蒙古销售分公司党委委员。股份公司决定，内蒙古销售分公司刘合合、王永和的职务级别为正局级，刘宏设、王那顺的职务级别为副局级，聘任李储龙为副总经理。【中油党组〔2012〕20号 石油任〔2012〕72号】

同日 集团公司党组决定，隋东章同志任大庆油田海拉尔石油勘探开发指挥部党委书记；免去王玉华同志兼任的党委书记职务。股份公司决定，张文生任大庆油田海拉尔石油勘探开发指挥部指挥；免去冯志强的大庆油田有限责任公司（大庆石油管理局）副总经理（副局长）职务，王玉华兼任的大庆油田海拉尔石油勘探开发指挥部指挥职务。【中油党组〔2012〕21号 石油任〔2012〕84号】

同日 集团公司党组决定，高贵民同志任华北油田分公司党委委员。股份公司决定，聘任高贵民为华北油田分公司副总经理。【中油党组〔2012〕23号 石油任〔2012〕83号】

同日 集团公司党组决定，娄铁强同志任吐哈油田分公司党委书记；免去刘玉喜同志的党委书记、委员职务。股份公司决定，免去刘玉喜的吐哈油田分公司副总经理职务。【中油党组〔2012〕24号 石油任〔2012〕82号】

同日 集团公司党组决定，免去张红彦同志的新疆油田分公司党委副书记、常委、委员职务。【中油党组〔2012〕25号】

同日 集团公司党组决定，侯启军同志任北京油气调控中心党委委员、副书记；免去马志祥同志的党委副书记、委员职务。股份公司决定，侯启军任北京油气调控中心主任；免去马志祥的主任职务。【中油党组〔2012〕26号 石油任〔2012〕78号】

同日 集团公司党组决定，高建国同志任中国石油天然气管道局党委常委，王国华同志任中心医院党委书记；免去兰谊平同志的中心医院党委书记职务。集团公司决定，聘任高建国为中国石油天然气管道局副局长，王伟刚为中心医院院长；免去姜杉的中心医院院长职务，退休。【中油党组〔2012〕27号　中油任〔2012〕114号】

同日　集团公司党组决定，兰谊平同志任集团公司党组巡视组巡视副专员。【中油党组〔2012〕28号】

同日　集团公司党组决定，沈双平、邹兵同志任中国石油集团川庆钻探工程有限公司党委委员；免去万尚贤同志的党委委员职务，退休。集团公司决定，聘任伍贤柱、沈双平、邹兵等3人为中国石油集团川庆钻探工程有限公司副总经理，伍贤柱兼任总工程师，沈双平兼任安全总监；免去万尚贤的副总经理、安全总监职务，退休。【中油党组〔2012〕29号　中油任〔2012〕112号】

同日　集团公司党组决定，王公江同志任中国石油集团测井有限公司党委委员；免去李储龙同志的党委委员职务。集团公司决定，聘任王公江为中国石油集团测井有限公司副总经理；免去李储龙的副总经理职务。【中油党组〔2012〕30号　中油任〔2012〕109号】

同日　集团公司党组决定，张欣佳同志任管道分公司党委委员。股份公司决定，张欣佳任管道分公司副总经理、安全总监。【中油党组〔2012〕31号　石油任〔2012〕80号】

同日　集团公司党组决定，刘玉喜同志任华油北京服务总公司党委委员、书记、纪委书记、工会主席，谷伟同志任党委副书记，免去其党委书记、纪委书记、工会主席职务。集团公司决定，聘任刘玉喜为华油北京服务总公司副总经理。【中油党组〔2012〕32号　中油任〔2012〕110号】

同日　集团公司党组决定，裴建胜同志任哈萨克斯坦公司党委委员。集团公司决定，聘任裴建胜为哈萨克斯坦公司副总经理。【中油党组〔2012〕33号　中油任〔2012〕113号】

同日　集团公司党组决定，免去马志祥同志的天然气与管道分公司党委副书记、委员职务。股份公司决定，免去马志祥的天然气与管道分公司副总经理职务。【中油党组〔2012〕35号　石油任〔2012〕52号】

同日　集团公司决定，朱明玉任青海省石油有限责任公司总经理；免去杜丽学的总经理职务。【中油任〔2012〕106号】

同日　股份公司决定，朱明玉任青海销售分公司总经理；免去杜丽学的总经理职务。股份公司人事部决定，朱明玉同志任青海销售分公司党委委员、副书记；免去杜丽学同志的党委副书记、委员职务。【石油任〔2012〕64号　油人事〔2012〕102号】

同日　集团公司决定，刘宪华任中国石油销售东北公司经理；免去郭秀竹的经理职务。【中油任〔2012〕108号】

同日　股份公司决定，刘宪华任东北销售分公司总经理，聘任于力为副总经理；免去郭秀竹的总经理职务。【石油任〔2012〕61号】

同日　股份公司决定，杜丽学任云南销售分公司总经理；免去杨子清的总经理职务。股份公司人事部决定，杜丽学同志任云南销售分公司党委委员、副书记；免去杨子清同志的党委副书记、委员职务。【石油任〔2012〕66号　油人事〔2012〕103号】

同日　股份公司决定，杨子清任山东销售分公司总经理；免去刘宪华的总经理职务。股份公司人事部决定，杨子清同志任山东销售分公司党委委员、副书记；免去刘宪华同志的党委副书记、委员职务。【石油任〔2012〕67号　油人事〔2012〕98号】

同日　集团公司决定，聘任赵金法为集团公司质量与标准管理部副总经理。股份公司决定，聘任赵金法为股份公司质量与标准管理部副总经理。【中油任〔2012〕99号　石油任〔2012〕53号】

同日　集团公司决定，聘任邹敏为集团公司安全环保与节能部副总经理。股份公司决定，聘任邹敏为股份公司安全环保与节能部副总经理。【中油任〔2012〕100号　石油任〔2012〕54号】

同日　集团公司决定，聘任梁春秀、刘炳义为咨询中心副主任。【中油任〔2012〕101号】

同日　股份公司决定，上海销售分公司佟福财的职务级别为正局级。【石油任〔2012〕75号】

同日　股份公司决定，广东销售分公司何瑞林、朱荣生的职务级别为正局级，刘树志、董磊、赵明奎等3人的职务级别为副局级。【石油任〔2012〕70号】

同日　集团公司决定，王惠敏兼任中国石油集团工程设计有限责任公司安全总监。【中国石油集团工程设计有限责任公司上报】

同日　股份公司决定，将东北、西北两个销售分公司的机构规格由副局

级调整为正局级。【石油人事〔2012〕55号】

同日　股份公司决定，江苏销售分公司王力军、张永的职务级别为正局级，张达、张国俊、李军等3人的职务级别为副局级。【江苏销售分公司上报】

同日　集团公司党组决定，张德有任吉林油田公司党委书记，免去梁春秀的吉林油田分公司党委书记、委员职务，另有任用。【中油党组〔2012〕22号】

3月12日　集团公司人事部决定，吴熙荣同志任上海浦东华油实业有限责任公司党委书记，吴军任总经理，免去李建新同志的党委书记职务，吴熙荣的总经理职务；李建新同志任中国华铭国际投资有限公司党委委员、书记。【人事函〔2012〕46号】

3月16日　集团公司印发《关于全面启动中国石油组织史编纂工作的通知》。【厅发〔2012〕11号】

同日　集团公司决定，调整集团公司海外高层次人才引进工作领导小组成员，蒋洁敏、周吉平任组长。【中油人事〔2012〕124号】

3月22日　集团公司人事部印发《关于开展总部机关与海外项目干部“双向”实践锻炼工作的通知》。【人事〔2012〕150号】

同日　集团公司人事部印发《集团公司总部机关处级管理人员选拔任用暂行规定》、《集团公司总部机关高级主管、主管、主办岗位聘任办法》、《集团公司总部机关工资管理办法》。【人事〔2012〕156号、157号、158号】

3月26日　集团公司人事部印发《集团公司总部机关及在京单位人员选调暂行办法》。【人事〔2012〕159号】

同日　集团公司决定，成立中国石油天然气集团公司第四纪检监察中心。【中油人事〔2012〕134号】

3月29日　集团公司决定，委派张维君为中国石油集团东北炼化工程有限公司执行董事，范喜哲兼任安全总监。【中油任〔2012〕140号、141号】

四　　月

4月4日　集团公司决定，调整集团公司基础管理建设工程领导小组成员，喻宝才任组长，领导小组办公室设在集团公司质量与标准管理部。【中油人事〔2012〕158号】

同日　集团公司决定，在云南省昆明市注册成立中国石油集团西南管道有限责任公司，与股份公司西南管道分公司一套人马、两块牌子、统一管理分账运行，不列入直属企业序列。【中油人事〔2012〕156号】

4月6日 集团公司决定，聘任冯子辉等134人为集团公司高级技术专家。【中油人事〔2012〕138号】

同日 集团公司人事部决定，孙贤胜兼任中国石油尼罗河公司3/7区项目总经理；免去刘英才兼任的总经理职务。【人事〔2012〕183号】

4月10日 股份公司决定，成立股份公司西南管道分公司（正局级），行政上由股份公司直接管理，业务上归口天然气与管道分公司管理，该公司成立后，西南管道分公司筹备组即行撤销。【石油人事〔2012〕103号】

4月12日 股份公司决定，刘占军任中石油京唐液化天然气有限公司副总经理。【石油人事〔2012〕155号】

4月13日 股份公司决定，刘佳任中石油大连液化天然气有限公司副总经理兼财务总监，推荐丁士炉为中石油大连液化天然气有限公司董事人选；免去陈方红的董事职务。【石油人事〔2012〕102号】

4月17日 集团公司决定，成立中国石油驻香港、福建、贵州等3个地区企业协调组，中国石油国际事业有限有公司、福建销售分公司、贵州销售分公司分别为3个地区企业协调组组长单位，王志军、王广生、张宏分别为3个地区企业协调组组长。【中油人事〔2012〕179号】

4月23日 集团公司决定，常延魁任西南管道有限责任公司执行董事、总经理。【中油任〔2012〕181号】

4月25日 集团公司印发《中国石油天然气集团公司因公出国人员审批管理办法》。【中油党组〔2012〕40号】

同日 集团公司决定，将辽河石油勘探局所属辽河石油装备制造总公司、辽河装备集团有限公司、总机械厂及辽河油田设备安装工程公司，工程建设公司象山海工基地在建工程划入渤海石油装备制造有限公司管理。【中油人事〔2012〕193号】

同日 股份公司决定，王凌兼任兰州石化分公司安全总监；免去李家民兼任的安全总监职务。【石油任〔2012〕119号】

同日 股份公司决定，免去张达同志的江苏销售分公司党委委员、工会主席、副总经理职务，退休。【石油人事〔2012〕121号】

同日　股份公司人事部决定，刘承波兼任大连销售分公司安全总监；免去张起鹏兼任的安全总监职务。【油人事〔2012〕166号】

4月　股份公司决定，将中石油昆仑天然气利用有限公司的业务划入中石油昆仑燃气公司管理，实行统一运作。【中石油昆仑燃气有限公司上报】

五　月

5月4日　股份公司决定，成立股份公司天然气业务整合领导小组，周吉平任组长。【石油人事〔2012〕132号】

5月16日　集团公司人事部印发《关于进一步做好中国石油组织史资料编纂工作的通知》。【人事〔2012〕251号】

5月17日　集团公司决定，调整集团公司绿化委员会成员。【中油人事〔2012〕227号】

同日　集团公司党组印发《中国石油天然气集团公司领导人员选拔任用工作责任追究办法（试行）》。【中油党组〔2012〕41号】

5月20日　集团公司人事部印发《领导人员选拔任用工作有关事项报告实施办法（试行）》、《领导人员选拔任用工作“一报告两评议”实施办法（试行）》。【人事〔2012〕267号】

同日　国务院国资委党委批复，同意王忠仁、关晓红、李万余、李正光、李华民、李利民、李晓络、杨继钢、周吉平、赵文智、段世民等11名同志任集团公司直属第十届党委常委，周吉平同志任党委书记，李晓络、段世民同志任党委副书记，段世民同志任纪委书记。【国资党委组织〔2012〕130号】

同日　集团公司决定，张冠军任石油管工程技术研究院院长；免去杨龙的院长职务，退休。【中油任〔2012〕291号】

5月24日　集团公司在广州召开人事系统以“一迎双争”为主题，继续深化“讲党性重品行作表率”活动视频会议。会议的主要任务是：总结2011年以来“讲党性重品行作表率”活动开展情况，以“一迎双争”为主线，着力在提高选人用人公信度、提高组织人事工作科学化水平和提高组织人事工作满意度等方面下工夫，引导各级组织人事部门和广大组织人事干部带头讲政治、顾大局与守纪律，以锐意进取的精神状态、公道正派的良好形象、风清气正的用人环境和争创一流的工作业绩，迎接党的十八大胜利召开。人事部总经理单昆基讲话并做思想动员和工作部署。

5月30日 集团公司人事部印发《关于坚持讲党性、重品行、作表率，进一步加强组织人事队伍建设的意见》。【人事〔2012〕264号】

六 月

6月11日 集团公司决定，成立中国石油天然气集团公司招标中心，与中国石油物资采购中心一个机构两块牌子。【中油人事〔2012〕300号】

同日 集团公司决定，集团公司内控与风险管理部加挂企业管理部牌子，并以集团公司企业管理部（内控与风险管理部）形式列总部职能部门序列。同时，将集团公司管理提升活动领导小组办公室设在集团公司企业管理部（内控与风险管理部），将设在集团公司质量与标准管理部的集团公司基础管理建设工程领导小组办公室改设在集团公司企业管理部（内控与风险管理部），两个办公室合署办公。【中油人事〔2012〕301号】

同日 股份公司决定，成立股份公司西南管道销售分公司，由西南管道分公司管理，单独建账，独立核算。西南管道分公司、西南管道有限责任公司、西南管道销售公司按照一个机构三块牌子的机构管理模式运营。【石油人事〔2012〕185号】

同日 集团公司党组决定，张永泽同志任装备制造分公司党委委员。集团公司决定，聘任张永泽为装备制造分公司副总经理。【中油党组〔2012〕43号 中油任〔2012〕296号】

同日 集团公司党组决定，刘江宁同志任北京石油管理干部学院党委委员、书记，周永强同志任党委委员、副书记；免去杨炳升同志的党委书记、委员职务，李玉平同志的党委副书记、委员职务。集团公司决定，周永强任北京石油管理干部学院院长兼集团公司党校副校长，刘江宁任副院长；免去李玉平的北京石油管理干部学院院长、集团公司党校副校长职务，杨炳升的副院长职务（退休）。【中油党组〔2012〕45号 中油任〔2012〕290号】

同日 集团公司党组决定，李遵义同志任中国石油物资采购中心（中国石油物资公司）党委委员、副书记；免去周永强同志的党委副书记、委员职务。集团公司决定，李遵义任中国石油物资采购中心（中国石油物资公司）主任（总经理）；免去周永强同志的主任（总经理）职务。【中油党组〔2012〕

46号　中油任〔2012〕286号】

同日　集团公司党组决定，刘志同志任中国石油天然气运输公司党委书记，魏国庆同志任党委副书记、纪委书记、工会主席；免去张冠军同志的中国石油天然气运输公司党委书记、常委、委员、纪委书记、工会主席、副经理职务。【中油党组〔2012〕44号　中油任〔2012〕292号】

同日　集团公司党组决定，喻著成、王界益同志任西部钻探工程有限公司党委委员。集团公司决定，聘任喻著成、王界益为西部钻探工程有限公司副总经理。【中油党组〔2012〕47号　中油任〔2012〕288号】

同日　集团公司党组决定，杨跃东同志任中国石油集团渤海石油装备制造有限公司党委委员、书记；免去潘建全同志的党委书记、委员职务，退休。【中油党组〔2012〕48号】

同日　集团公司党组决定，刘彬同志兼任集团公司第四纪检监察中心主任、集团公司（股份公司）监察部监察副专员。【中油党组〔2012〕49号】

同日　股份公司决定，东北销售分公司刘宪华、李绍双的职务级别为正局级，孟庆涛、王玉斌、王荣利、赵树民等4人的职务级别为副局级。【石油任〔2012〕169号】

同日　集团公司党组决定，李伟同志任中石油京唐液化天然气有限公司临时党委书记，刘占军同志任临时纪委书记、工会主席。【中油党组〔2012〕50号】

同日　集团公司党组决定，李玉平同志任中国寰球工程公司党委书记；免去刘振军同志的党委书记、委员职务，杨跃东同志的党委副书记、委员、纪委书记、工会主席职务。集团公司决定，李玉平任中国寰球工程公司副总经理；免去刘振军的副总经理职务，退休。【中油党组〔2012〕51号　中油任〔2012〕284号】

同日　集团公司党组决定，任军革同志任独山子石化分公司党委副书记、纪委书记；免去努尔麦麦提·阿曼同志的党委副书记、常委、委员、纪委书记职务。【中油党组〔2012〕52号】

同日　集团公司党组决定，张维波同志任吉林石化分公司党委委员。股份公司决定，聘任张维波为吉林石化分公司副总经理。【中油党组〔2012〕53号　石油任〔2012〕171号】

同日　股份公司决定，张红岩任大连国际事业公司总经理。【石油任〔2012〕174号】

同日 集团公司党组决定，中共西南管道分公司临时委员会由许强、常延魁、崔涛、缪勇等4名同志组成，许强同志任临时党委书记、纪委书记、工会主席，常延魁同志任临时党委副书记。【中油党组〔2012〕54号】

同日 集团公司党组决定，刘明高同志任新疆油田分公司党委委员。股份公司决定，聘任刘明高为新疆油田分公司副总经理。【中油党组〔2012〕55号 石油任〔2012〕180号】

同日 集团公司党组决定，周波同志任吐哈油田分公司党委委员。股份公司决定，聘任周波为吐哈油田分公司副总经理、安全总监；免去张志东兼任的安全总监职务。【中油党组〔2012〕56号 石油任〔2012〕177号】

同日 集团公司党组决定，买买提·乌斯曼同志任塔里木油田分公司党工委委员、常委。股份公司决定，聘任买买提·乌斯曼为塔里木油田分公司副总经理。【中油党组〔2012〕57号 石油任〔2012〕179号】

同日 集团公司决定，中美洲地区的油气业务纳入南美公司统一管理，并将中国石油天然气集团公司南美公司更名为中国石油天然气集团公司拉美公司，其英文名称（CNPC America,Ltd.）保持不变。【中油人事〔2012〕302号】

同日 集团公司党组决定，王行义同志任拉美公司党委委员。集团公司决定，王行义任拉美公司副总经理。【中油党组〔2012〕58号 中油任〔2012〕285号】

同日 集团公司党组决定，冯艳成同志任长城钻探工程有限公司党委书记、王忠仁同志任党委副书记，免去其党委书记职务，曹建国同志任党委委员；免去张凤山同志的党委副书记、委员职务。集团公司决定，王忠仁任长城钻探工程有限公司执行董事、总经理，曹建国任总会计师；免去张凤山的执行董事、总经理职务，杜春玲的总会计师职务（退休）。【中油党组〔2012】59号 中油任〔2012】287号】

同日 集团公司党组决定，张永同志兼任江苏销售分公司工会主席，夏荣安同志任党委委员。股份公司决定，聘任夏荣安为江苏销售分公司副总经理。【中油党组〔2012〕60号 石油任〔2012〕168号】

同日 集团公司党组决定，免去夏荣安同志的兰州石化分公司党委委员职务。股份公司决定，免去夏荣安的兰州石化分公司副总经理职务。【中油党组〔2012〕61号 石油任〔2012〕173号】

同日 股份公司决定，西北销售分公司蒋尚军、王增岭的职务级别为正局级，王智利、赵振学、宋文国、郑国玉等4人的职务级别为副局级。【石油任〔2012〕167号】

同日 集团公司决定，张凤山任集团公司安全环保与节能部总经理；免去贺荣芳的集团公司安全副总监、安全环保与节能部总经理职务。股份公司决定，张凤山任股份公司安全环保与节能部总经理；免去贺荣芳的股份公司安全总监、安全环保与节能部总经理职务。【中油任〔2012〕283号 石油任〔2012〕170号】

同日 股份公司决定，委派杨华、周宗强、丁士炉、刘德、杨玉祥等5人为陕西延安石油天然气有限公司董事会董事，委派冯尚存、殷明为监事会监事；推荐周宗强为总经理，杨玉祥、苏志峰、徐永高等3人为副总经理，徐永高兼任总工程师，王红为总会计师。【石油人事〔2012〕205号】

同日 集团公司决定，聘任王黎明为集团公司政策研究室副主任，贺荣芳任咨询中心副主任。【中油任〔2012〕297号、298号】

同日 股份公司决定，赵邦六兼任勘探与生产分公司安全总监；免去吴奇的安全总监职务。【石油任〔2012〕182号】

同日 集团公司党组决定，刘志同志任中国石油天然气运输公司党委书记，魏国庆同志任党委副书记、纪委书记、工会主席，免去张冠军同志的党委书记、副经理、纪委书记、工会主席职务。【中油党组〔2012〕44号 中油任〔2012〕292号】

6月12日 集团公司印发《中国石油天然气集团公司注册安全工程师管理暂行办法》。【人事〔2012〕320号】

6月14日 股份公司人事部决定，张耀明兼任天然气销售结算中心主任，张增轩、米庆来任副主任。【油人事〔2012〕246号】

同日 集团公司人事部决定，免去吴根柱的宝鸡石油机械有限责任公司党委委员、副总经理职务。【人事〔2012〕703号】

同日 集团公司人事部决定，郭孟齐同志任宝鸡石油机械有限责任公司党委委员、副书记；免去张永泽同志的党委副书记、委员职务。【人事〔2012〕309号】

同日 集团公司人事部决定，张冠军同志任中国石油集团石油管工程技

术研究院党委委员、副书记；免去杨龙同志的党委副书记、委员职务。【人事〔2012〕314号】

同日 集团公司人事部决定，杨跃东同志任渤海石油装备制造有限公司纪委书记、工会主席、副总经理；免去潘建全同志的纪委书记、工会主席、副总经理职务，郭孟齐同志的党委委员、副总经理职务。【人事〔2012〕315号】

6月21日 股份公司决定，常延魁任西南管道分公司（西南管道销售分公司）总经理，许强、崔涛任副总经理，缪勇任总会计师。【石油任〔2012】178号】

同日 集团公司决定，常延魁任西南管道有限责任公司总经理，许强、崔涛任副总经理，缪勇任总会计师。【中油任〔2012】289号】

七　　月

7月2日 股份公司人事部决定，张成伟任深圳液化天然气项目经理部总经理，赵玉民任常务副总经理。【油人事〔2012〕284号】

7月3日 集团公司决定，聘任张连友等322人为集团公司技能专家。【中油人事〔2012〕338号】

7月4日 中石油京唐液化天然气有限公司董事会首届一次会议，选举黄维和为董事长，聘任李伟为总经理，章泽华、刘占军、王成忠、闫亮、陶洋等5人为副总经理，王成忠兼财务总监。【中石油京唐液化天然气有限公司上报】

7月5日 股份公司决定，与延长石油集团双方合资成立陕西延安石油天然气有限责任公司，机构规格为正局级，双方委派董事会、监事会和经营管理层的管理人员，授权长庆油田分公司对陕西延安石油天然气有限责任公司进行管理。【石油人事〔2012〕207号】

7月18日 集团公司人事部决定，成立中国石油驻肯尼亚地区企业协调组，冯艳成任组长。【人事〔2012〕363号】

7月 中国石油物资采购中心获“全国五一劳动奖状”。

八　　月

8月2日 集团公司决定，成立集团公司人力资源管理提升专项工作领导小组，李万余任组长，领导小组办公室设在集团公司人事部。【中油人事〔2012〕379号】

8月7日 集团公司决定，成立集团公司援疆项目推进领导小组，蒋洁敏、

周吉平任组长，领导小组办公室设在集团公司办公厅。【中油人事〔2012〕389号】

8月22日　集团公司人事部印发《政工专业高级职称量化评价标准（试行）》。【人事〔2012〕404号】

8月27日　股份公司人事部决定，免去刘宪广的河北销售分公司党委委员、副总经理、安全总监职务。【油人事〔2012〕369号】

8月28日　股份公司人事部决定，免去肖礼军同志的中石油大连液化天然气有限公司党委委员职务。【油人事〔2012〕388号】

8月31日　股份公司人事部决定，蔺亚韬同志任湖南销售分公司副总经理，免去其总会计师职务；苏红卫同志任党委委员、总会计师。【油人事〔2012〕381号】

同日　股份公司人事部决定，王文伟同志任安徽销售分公司党委委员、副总经理，杨旭同志任大连销售分公司党委委员、总会计师。【油人事〔2012〕382号、383号】

同日　股份公司人事部决定，武宝贵任贵州销售分公司副总经理，景占虎同志任党委委员、总会计师；免去武宝贵的总会计师职务。【油人事〔2012〕384号】

同日　股份公司人事部决定，郭新平任河南销售分公司党委委员、副总经理，王申国同志任福建销售分公司党委委员、副总经理，王嘉良同志任湖北销售分公司党委委员、总会计师。【油人事〔2012〕385号、386号、387号】

九　月

9月4日　集团公司人事部决定，胡德祥同志任渤海石油装备制造有限公司党委委员、副总经理。【人事〔2012〕424号】

同日　股份公司人事部决定，贾东同志任南方石油勘探开发有限责任公司党委副书记、纪委书记、工会主席、副总经理，免去其兼任的总会计师职务，吴炜强兼任安全总监，洪常法同志任党委委员、总会计师；免去夏义平同志兼任的纪委书记职务。【油人事〔2012〕397号】

同日　股份公司人事部决定，聘任刘庆松为天然气销售结算中心副主任。【油人事〔2012〕398号】

9月6日　集团公司人事部印发《关于2012年增补选聘集团公司高级技术专家的通知》。【人事〔2012〕428号】

同日　集团公司人事部决定，林亮同志任渤海石油装备制造有限公司党委委员、副总经理（挂职时间半年）。【人事〔2012〕429号】

9月13日　集团公司人事部印发《关于企业卷组织史资料编纂工作有关问题的通知》。【人事〔2012〕432号】

9月20日　集团公司决定，张华林任集团公司政策研究室主任；免去曹政言的主任职务。【中油任〔2012〕453号】

同日　集团公司决定，李庆毅任集团公司审计部总经理；免去孙先锋的总经理职务。股份公司决定，李庆毅任股份公司审计部总经理；免去孙先锋的总经理职务。【中油任〔2012〕454号　石油任〔2012〕292号】

同日　集团公司党组决定，梁湖青同志任中国石油审计服务中心党委委员、副书记、纪委书记、工会主席；免去李庆毅同志兼任的纪委书记、工会主席职务。【中油党组〔2012〕78号】

同日　集团公司决定，聘任秦安江为集团公司法律事务部副总经理；免去晓坤的副总经理职务。股份公司决定，聘任秦安江为股份公司法律事务部副总经理；免去晓坤的副总经理职务。【中油任〔2012〕455号　石油任〔2012〕293号】

同日　集团公司决定，聘任马自勤、姜凯为集团公司监察部（监察局）副总经理（副局长）。股份公司决定，聘任马自勤、姜凯为股份公司监察部副总经理。【中油任〔2012〕456号　石油任〔2012〕294号】

同日　股份公司决定，免去柴守平的股份公司财务部副总经理职务。【石油任〔2012〕296号】

同日　集团公司党组决定，李占宁同志任西北销售分公司党委委员、副书记；免去蒋尚军同志的党委副书记、委员职务。股份公司决定，李占宁任西北销售分公司总经理；免去蒋尚军的总经理职务。【中油党组〔2012〕66号　石油任〔2012〕273号】

同日　集团公司决定，李占宁任中国石油销售西北公司经理；免去蒋尚军的经理职务。【石油任〔2012〕273号】

同日　集团公司党组决定，蒲建中、孙洪来、赵增和等3名同志任集团公司党组巡视组巡视专员，张兴福、魏银广同志任巡视副专员。【中油党组〔2012〕67号】

同日　集团公司党组决定，方栋良同志任广西石化分公司党委书记、纪委书记、工会主席，吴恩来同志任党委副书记，免去其党委书记职务；免去靳望康同志的党委副书记、纪委书记、工会主席职务。股份公司决定，靳望康任广西石化分公司副总经理；免去方栋良的总会计师职务。【中油党组〔2012〕69号　石油任〔2012〕275号】

同日　集团公司党组决定，陈位强同志任四川石化有限责任公司党委书记、纪委书记、工会主席；免去赵增和同志的党委书记、委员、纪委书记、工会主席职务。股份公司人事部决定，朱宝兴任四川石化有限责任公司安全总监；免去赵增和的副总经理职务，陈位强的安全总监职务。【中油党组〔2012〕70号　石油人事〔2012〕81号】

同日　集团公司党组决定，李军同志任辽阳石化分公司党委书记，解文健、陈玉玺同志任党委委员；免去孙洪来同志的党委书记、委员职务，宋杰、潘大强同志的党委委员职务。【中油党组〔2012〕71号】

同日　股份公司决定，解文健任辽阳石化分公司副总经理、安全总监，陈玉玺任总会计师；免去孙洪来、宋杰的副总经理职务，潘大强的总会计师职务（退休），李贵合的安全总监职务。【石油任〔2012〕269号】

同日　集团公司党组决定，免去张兴福同志的吉林石化分公司党委副书记、委员、纪委书记、工会主席职务，另有任用。【中油党组〔2012〕85号】

同日　集团公司党组决定，李爱民同志任川庆钻探工程有限公司党委书记；免去蒲建中同志的党委书记、委员职务。集团公司决定，李爱民任川庆钻探工程有限公司副总经理；免去蒲建中的副总经理职务。【中油党组〔2012〕72号　中油任〔2012〕441号】

同日　集团公司党组决定，丁建林同志任中国石油天然气管道局党委委员、常委、书记；免去张学明同志的党委书记、常委、委员职务。集团公司决定，丁建林任中国石油天然气管道局副局长；免去张学明的副局长职务。【中油党组〔2012〕74号　中油任〔2012〕443号】

同日　集团公司党组决定，柴守平、刘英才同志任海外勘探开发分公司党委委员；免去赵东同志的党委委员职务。股份公司决定，聘任柴守平为海外勘探开发分公司总会计师，聘任刘英才为总工程师；免去赵东的总会计师职务。【中油党组〔2012〕75号　石油任〔2012〕272号】

同日 股份公司决定，委派柴守平为中油勘探开发有限公司副总经理、财务总监、中石油国际投资有限公司财务总监；免去赵东的中油勘探开发有限公司副总经理、财务总监、中石油国际投资有限公司财务总监职务。【石油任〔2012〕272号】

同日 集团公司决定，柴守平任中国石油天然气勘探开发公司总会计师，刘英才任总工程师；免去赵东的总会计师职务。【中油任〔2012〕444号】

同日 集团公司党组决定，赵东同志任尼罗河公司党委委员、副书记、纪委书记、工会主席，赵玉军同志任党委委员；免去刘英才同志的党委委员职务，秦安江同志的党委副书记、委员、纪委书记、工会主席职务。集团公司决定，聘任赵东为尼罗河公司副总经理；免去刘英才、秦安江的副总经理职务。【中油党组〔2012〕76号　中油任〔2012〕445号】

同日 集团公司党组决定，免去姜昌亮同志的昆仑能源有限公司临时党委书记职务。【中油党组〔2012〕77号】

同日 集团公司党组决定，张智慧同志任中国石油集团测井有限公司党委委员、副书记、纪委书记、工会主席，汤天知同志任党委委员；免去张幸福同志兼任的纪委书记、工会主席职务。集团公司决定，聘任汤天知为中国石油集团测井有限公司总工程师。【中油党组〔2012〕79号　中油任〔2012〕446号】

同日 集团公司党组决定，惠龙同志任中国石油集团西部钻探工程有限公司党委委员、副书记、纪委书记、工会主席；免去魏银广同志的党委副书记、委员、纪委书记、工会主席职务。【中油党组〔2012〕80号】

同日 集团公司党组决定，免去马自勤同志的宁夏销售分公司党委书记、委员职务。股份公司人事部决定，免去马自勤的宁夏销售分公司副总经理职务。【中油党组〔2012〕82号　油人事〔2012〕430号】

同日 集团公司党组决定，免去肖宏伟同志的独山子石化分公司党委常委、委员职务。股份公司决定，免去肖宏伟的独山子石化分公司副总经理职务。【中油党组〔2012〕83号　石油任〔2012〕271号】

同日 集团公司党组决定，免去丁建林同志的天然气与管道分公司党委委员职务。股份公司决定，免去丁建林的天然气与管道分公司副总经理、安全总监职务，免去其天然气销售分公司副总经理、安全总监职务。【中油党组〔2012〕84号　石油任〔2012〕295号】

同日　集团公司党组决定，免去张兴福同志的吉林石化分公司党委副书记、委员、纪委书记、工会主席职务，另有任用。【中油党组〔2012〕第85号】

同日　股份公司决定，肖宏伟任安徽销售分公司总经理；免去李占宁的总经理职务。股份公司人事部决定，肖宏伟同志任安徽销售分公司党委委员、副书记；免去李占宁同志的党委副书记、委员职务。【石油任〔2012〕270号　油人事〔2012〕431号】

9月25日　股份公司人事部决定，张汝霖、阮晓刚同志任河北销售分公司党委委员、副总经理，阮晓刚兼任安全总监。【油人事〔2012〕430号、439号】

同日　股份公司人事部决定，王富同志任浙江销售分公司党委委员、副总经理。【油人事〔2012〕438号】

9月26日　集团公司人事部决定，王旭任休斯敦技术研究中心副主任。【人事〔2012〕463号】

十　　月

10月15日　集团公司决定，免去周抚生的集团公司矿区服务工作部副总经理职务。【中油任〔2012〕474号】

同日　集团公司决定，推荐周抚生为中国石油管理学会理事会副理事长人选；免去何庆华的副理事长职务。【人事函〔2012〕292号】

10月24日　股份公司人事部决定，免去王琦同志的浙江销售分公司党委委员、工会主席、副总经理职务，退休。【油人事〔2012〕487号】

10月25日　集团公司决定，聘任李润生为咨询中心副主任。【中油任〔2012〕487号】

10月29日　集团公司人事部决定，将石油天然气工程质量监督总站隶属关系由海洋工程有限公司调整为中国石油天然气管道局管理，与中国石油天然气管道局石油天然气管道工程质量监督站合并，组建新的石油天然气工程质量监督总站。【人事〔2012〕518号】

同日　集团公司决定，成立集团公司工程建设项目领导小组，喻宝才任组长，领导小组办公室设在集团公司规划计划部。【中油人事〔2012〕493号】

同日　集团公司人事部印发《中国石油天然气集团公司企业年金业务管理细则》。【人事〔2012〕524号】

十 一 月

11月5日 集团公司党组决定，调整集团公司党组巡视工作领导小组成员，蒋洁敏任组长。【中油党组〔2012〕86号】

11月9日 集团公司人事部决定，中油资产管理有限公司与昆仑信托有限责任公司合署办公，实行一套人马、两块牌子、分账核算的管理体制，合署办公后，在集团公司内部可使用昆仑信托有限责任公司（中油资产管理有限公司）称谓。【人事〔2012〕543号】

11月19日 集团公司决定，姜凯兼任集团公司第一纪检监察中心主任；免去赵旭东的主任职务。【中油任〔2012〕526号】

同日 集团公司决定，免去赵旭东同志的集团公司监察部（监察局）副总经理（副局长）职务。股份公司决定，免去赵旭东的股份公司监察部副总经理职务。【中油任〔2012〕515号 石油任〔2012〕335号】

11月30日 股份公司决定，将新疆、甘肃、山东、河北等4个销售分公司和中石油燃料油有限责任公司的机构规格由副局级调整为正局级。【石油人事（2012）365号】

同日 股份公司决定，将大港、华北、辽河、长庆、克拉玛依等5个石化分公司的机构规格由副局级调整为正局级。【石油人事〔2012〕366号】

同日 股份公司决定，将中油国际（印度尼西亚）公司、中油国际（乍得）公司、中油国际（尼日尔）公司的机构规格调整为副局级。【石油人事〔2012〕367号】

同日 集团公司决定，将中国石油技术开发公司、渤海石油装备制造有限公司的机构规格由副局级调整为正局级。【中油人事〔2012〕566号】

11月30日至12月1日 集团公司召开学习贯彻十八大精神领导干部读书班暨创建“四好”领导班子总结表彰会。会议的主要任务是：深入学习贯彻党的十八大精神，全面推进各级领导班子和干部队伍建设，推动集团公司各项事业新发展，为全面建成综合性国际能源公司提供坚强保障。集团公司党组成员、总经理助理、股份公司管理层、集团公司副总师、国资委企业领导人员管理一局有关同志出席会议。总部机关各部门、专业分公司和所属企事业单位党政主要负责同志，各单位组织人事部门负责人和受表彰的先进集体代表等参加会议。15个单位做大会发言，28个单位书面交流经验，100个创建“四好”领导班子先进集体受到表彰。

十 二 月

12月19日　集团公司决定，成立集团公司两岸能源合作领导小组、台湾海峡天然气管道及海洋油气合作项目工作小组，蒋洁敏任两岸能源合作领导小组组长,廖永远任台湾海峡天然气管道及海洋油气合作项目工作小组组长。【中油人事〔2012〕576号】

同日　集团公司直属党委批复,同意梁春秀同志任咨询中心党支部书记,刘炳义同志任党支部副书记。【直属党委〔2012〕27号】

12月24日　集团公司人事部印发《中国石油天然气集团公司离退休人员生活补贴（过渡年金）发放业务管理细则》【人事〔2012〕674号】

同日　股份公司人事部决定,张海云同志兼任河南销售分公司工会主席。【油人事〔2012〕616号】

同日　股份公司人事部决定，王申国兼任福建销售分公司安全总监；免去韩非兼任的安全总监职务。【油人事〔2012〕617号】

同日　股份公司人事部决定，折恕平同志任天津销售分公司党委委员、副总经理。【油人事〔2012〕618号】

同日　股份公司人事部决定，李多同志兼任浙江销售分公司工会主席，梁生光同志任党委委员、副总经理。【油人事〔2012〕619号】

12月26日　集团公司党组决定，翟智勇同志任长城钻探工程有限公司党委委员。集团公司决定，翟智勇任长城钻探工程有限公司副总经理、安全总监；免去张柏松兼任的安全总监职务。【中油党组〔2012〕105号　中油任〔2012〕605号】

同日　集团公司党组决定，蒋凡同志任炼化工程建设项目部党委委员、书记、纪委书记、工会主席，胡兢克同志任党委副书记，免去其党委书记、纪委书记、工会主席职务。股份公司决定，聘任蒋凡为炼化工程建设项目部副总经理，于明祥为安全总监。【中油党组〔2012〕106号　石油任〔2012〕386号】

同日　集团公司党组决定，王金娥同志任哈尔滨石化分公司党委委员、书记、纪委书记、工会主席；免去孙淑红同志的党委书记、委员、纪委书记、工会主席职务。股份公司决定，王金娥任哈尔滨石化分公司副总经理。【中油

党组〔2012〕103号　石油任〔2012〕398号】

同日　集团公司决定，免去叶东风的集团公司政策研究室副主任职务。【中油任〔2012〕593号】

同日　集团公司决定，荀三权任集团公司离退休职工管理局（老干部局）局长；免去樊胜利的局长职务。【中油任〔2012〕594号】

同日　集团公司党组决定，齐振林同志任冀东油田分公司党委委员、副书记；免去荀三权同志的党委副书记、委员职务。股份公司决定，齐振林任冀东油田分公司总经理；免去荀三权的总经理职务。【中油党组〔2012〕108号　石油任〔2012〕404号】

同日　集团公司决定，齐振林任冀东石油勘探开发公司总经理；免去荀三权的总经理职务。【中油任〔2012〕607号】

同日　集团公司党组决定，免去张本全同志的中国石油集团川庆钻探工程有限公司党委委员职务。集团公司决定，免去张本全的中国石油集团川庆钻探工程有限公司副总经理职务。【中油党组〔2012〕114号　中油任〔2012〕599号】

同日　集团公司党组决定，刘江宁同志兼任北京石油管理干部学院纪委书记、工会主席，周文祥同志任党委委员；免去汪鉴定同志的党委副书记、委员、纪委书记、工会主席职务。集团公司决定，聘任翁自力、周文祥为北京石油管理干部学院副院长；免去汪鉴定的副院长职务。【中油党组〔2012〕115号　中油任〔2012〕604号】

同日　集团公司党组决定，连建家同志任中国石油集团经济技术研究院党委委员、书记、纪委书记、工会主席，孙贤胜同志任党委委员、副书记；免去卢思忠同志的党委书记、委员、纪委书记、工会主席职务，许永发同志的党委副书记、委员职务。集团公司决定，孙贤胜任中国石油集团经济技术研究院院长，连建家任副院长；免去许永发的院长职务，卢思忠的副院长职务，退休。【中油党组〔2012〕116号　中油任〔2012〕592号】

同日　集团公司党组决定，上官建新同志任山东销售分公司党委委员、书记；免去梁作利同志的党委书记、委员职务。股份公司决定，聘任上官建新为山东销售分公司副总经理。【中油党组〔2012〕117号　石油任〔2012〕388号】

同日　集团公司党组决定，李玉平同志兼任中国寰球工程公司纪委书记、工会主席，杨锦同志任党委委员。集团公司决定，聘任杨锦为中国寰球工程

公司副总经理。【中油党组〔2012〕119号　中油任〔2012〕608号】

同日　集团公司党组决定，汪鉴定同志任浙江油田分公司党委委员、书记；免去叶舟同志的党委书记、委员职务，退休。股份公司人事部决定，汪鉴定同志任浙江油田分公司纪委书记、工会主席、副总经理；免去叶舟同志的纪委书记、工会主席、副总经理职务。【中油党组〔2012〕120号　油人事〔2012〕656号】

同日　集团公司党组决定，李宁宝同志任宁夏销售分公司党委书记。【中油党组〔2012〕122号】

同日　集团公司党组决定，免去杨元建同志的中国石油集团济柴动力总厂党委书记职务。集团公司决定，杨元建任中国石油集团济柴动力总厂厂长；免去姜小兴的厂长职务，退休。集团公司人事部决定，杨元建同志任中国石油集团济柴动力总厂党委副书记，吴根柱同志任党委委员、副书记、副厂长；免去姜小兴同志的党委委员、副书记职务。【中油党组〔2012〕124号　中油任〔2012〕601号　人事〔2012〕701号】

同日　集团公司人事部决定，委派杨元建为济南柴油机股份有限公司董事、董事长人选；免去姜小兴的董事长、董事职务。【人事〔2012〕702号】

同日　集团公司党组决定，周海峰同志任吉林石化分公司党委副书记、纪委书记、工会主席，白雪峰同志任党委委员。股份公司决定，聘任白雪峰为吉林石化分公司副总经理；免去周海峰的副总经理职务。【中油党组〔2012〕130号　石油任〔2012〕389号】

同日　股份公司决定，聘任李庆平为股份公司对外合作部副总经理。【石油任〔2012〕390号】

同日　股份公司决定，康志军兼任大庆石化分公司安全总监；免去王金娥的副总经理职务。【石油任〔2012〕395号】

同日　集团公司党组决定，王利中同志任广西石化分公司党委委员。股份公司决定，王利中任广西石化分公司总会计师。【中油党组〔2012〕131号　石油任〔2012〕406号】

同日　集团公司党组决定，刘凤春同志任江西销售分公司党委书记；免去张军同志的党委书记职务。股份公司决定，张文荣任江西销售分公司总经理；免去金浩同志的总经理职务。【中油党组〔2012〕132号　石油任〔2012〕387号】

同日　股份公司人事部决定，张文荣同志任江西销售分公司党委委员、副书记，刘凤春同志兼任纪委书记、工会主席；免去金浩同志的党委副书记、委员职务，张军同志的党委委员、纪委书记、工会主席、副总经理职务。【油人事（2012）661号】

同日 集团公司党组决定，栾永江同志任广西销售分公司党委书记；免去刘杰同志的党委书记职务。股份公司人事部决定，栾永江同志任广西销售分公司党委委员、纪委书记、工会主席、副总经理；免去刘杰同志的党委委员、纪委书记、副总经理职务，杨德华同志兼任的工会主席职务。【中油党组〔2012〕133号 油人事〔2012〕662号】

同日 集团公司党组决定，张宏同志任销售分公司党委委员；免去上官建新同志的党委委员职务。股份公司决定，聘任张宏为销售分公司副总经理；免去上官建新的销售分公司副总经理职务。【中油党组〔2012〕136号 石油任〔2012〕393号】

同日 集团公司党组决定，吴世勤同志任天然气与管道分公司党委委员。股份公司决定，吴世勤任天然气与管道分公司副总经理、安全总监。【中油党组〔2012〕137号 石油任〔2012〕392号】

同日 股份公司决定，邹永胜任西南管道分公司副总经理。【石油任〔2012〕400号】

同日 股份公司决定，聘任梁世君为吐哈油田分公司副总经理，免去其总地质师职务。【石油任〔2012〕410号】

同日 集团公司决定，冷胜军任大连石油化工公司经理；免去蒋凡的经理职务。【中油任〔2012〕591号】

同日 股份公司决定，新疆油田分公司杨生榛的职务级别为副局级。【石油任〔2012〕399号】

同日 股份公司人事部同意，委派陈新发、聂海光、余同钢、黄庆民、杨生榛等5人为克拉玛依红山油田有限责任公司董事，推荐陈新发为董事长人选；委派吴晋文为监事、监事会主席人选；推荐杨生榛为总经理人选。【油人事〔2012〕657号】

同日 股份公司人事部决定，免去吴根柱同志的宝鸡石油机械有限责任公司党委委员、副总经理职务。【油人事〔2012〕703号】

本年 集团公司用工总量158.65万人。

二〇一三年

一 月

1月16日 集团公司人事部印发《关于进一步加强一线员工培训工作的意见》。【人事〔2013〕19号】

同日 股份公司人事部批复，同意克拉玛依石化分公司余国孝退休。【油人事〔2013〕20号】

三 月

3月1日 集团公司党组决定，免去王凌同志的兰州石化分公司党委委员职务。股份公司决定，免去王凌的兰州石化分公司副总经理、安全总监职务，另有任用。【中油党组〔2013〕7号 石油任〔2013〕72号】

同日 集团公司党组决定，张培华同志任华南化工销售分公司党委书记；免去王志学同志的党委书记职务，退休。【中油党组〔2013〕8号】

同日 集团公司党组决定，廖国勤同志任中石油燃料油有限责任公司党委委员、书记、纪委书记、工会主席；免去王立学同志的党委书记职务，退休。【中油党组〔2013〕9号】

同日 集团公司党组决定，贾瑞民同志任黑龙江销售分公司党委书记；免去朱喜龙同志的党委书记职务。【中油党组〔2013〕10号】

同日 集团公司党组决定，郝相民同志任大连西太平洋石油化工有限公司党委副书记；免去于国文同志的党委副书记、委员职务，另有任用。【中油党组〔2013〕11号】

同日 集团公司党组决定，于国文同志任安全环保技术研究院党委委员、书记；免去覃国军同志的党委书记、委员职务。集团公司决定，于国文任安全环保技术研究院院长；免去覃国军的院长职务，退休。【中油党组〔2013〕12号 中油任〔2013〕73号】

同日 集团公司党组决定，赵永起同志任中石油昆仑燃气有限公司党委书记，崔颖凯同志任党委副书记、纪委书记、工会主席；免去项平生同志的中石油昆仑燃气有限公司党委书记、委员、纪委书记、工会主席，中石油昆仑天然气利用有限公司党委书记职务，退休。股份公司决定，免去项平生的中石油昆仑燃气有限公司副总经理职务。【中油党组〔2013〕13号　石油任〔2013〕68号】

同日　集团公司党组决定，邹兵同志兼任中石油阿姆河天然气勘探开发（北京）有限公司党委委员、副书记。股份公司决定，刘廷富兼任中石油阿姆河天然气勘探开发（北京）有限公司安全总监；免去邓民敏兼任的安全总监职务。【中油党组〔2013〕14号　石油任〔2013〕67号】

同日　集团公司决定，孙志远兼任中国石油天然气运输公司安全总监；免去魏国庆兼任的安全总监职务。【中油任〔2013〕72号】

同日　股份公司决定，柴守平任股份公司财务部总经理；免去王跃峰的股份公司所投资公司专职董事职务；聘任张宏为股份公司销售分公司安全总监；免去金安耀的安全总监职务。【石油任〔2013〕69号】

同日　集团公司决定,免去王跃峰的集团公司所投资公司专职董事职务。【中油任〔2013〕74号】

同日　股份公司决定，聘任廖国勤为中石油燃料油有限责任公司副总经理。【石油任〔2013〕70号】

同日　股份公司决定，王凌任润滑油分公司总经理；免去廖国勤的总经理职务。【石油任〔2013〕71号】

同日　股份公司决定，朱喜龙任黑龙江销售分公司总经理；免去夏济连的总经理职务。【石油任〔2013〕73号】

3月4日　集团公司决定，调整集团公司标准化委员会成员，喻宝才任主任。【中油人事〔2013〕64号】

同日　集团公司决定，成立集团公司产权全面重新登记工作领导小组，王国樑任组长。【中油人事〔2013〕66号】

3月6日　股份公司人事部决定，王凌同志任润滑油分公司党委委员、副书记；免去廖国勤同志的党委副书记、委员职务。【油人事〔2013〕84号】

同日　股份公司人事部决定，免去王立学同志的中石油燃料油有限责任公司党委委员、纪委书记、工会主席、副总经理职务。【油人事〔2013〕86号】

同日　股份公司人事部决定，朱喜龙同志任黑龙江销售分公司党委副书记；免去夏济连同志的党委副书记、委员职务。【油人事〔2013〕87号】

同日　股份公司人事部决定，推荐郝相民为大连西太平洋石油化工有限公司总经理人选，于国文不再担任总经理职务。【油人事函〔2013〕10号】

同日　股份公司人事部决定，李勇同志任华南化工销售分公司党委委员、副书记、纪委书记、工会主席；免去王志学同志的党委委员、纪委书记、工会主席、副总经理职务。【油人事〔2013〕85号】

3月8日　股份公司人事部决定，同意董事会秘书局（监事会办公室）设立监事会事务处，人员编制2人，其中处级职数2人。【油人事〔2013〕88号】

同日　股份公司人事部决定，同意勘探与生产分公司地面建设管理处承担的储气库建设管理职能划转合作开发处。合作开发管理处更名为合作开发与储气库处，具体承担油气上游合作开发和储气库建设管理等职能。【油人事〔2013〕88号】

3月11日　集团公司决定，成立集团公司巴基斯坦培训中心建设领导小组，李万余任组长。【中油人事〔2013〕65号】

3月13日　集团公司印发《中国石油天然气集团公司企业分类管理办法》。【中油人事〔2013〕90号】

3月14日　股份公司董事会聘任于毅波为股份公司财务总监，周明春辞去财务总监职务。【董决〔2013〕1号】

3月16日　中共中央批准，免去蒋洁敏的中国石油天然气集团公司董事长、党组书记职务。【中委〔2013〕126号、128号】

3月18日　蒋洁敏因工作变动辞去股份公司董事长、董事职务。

3月19日　集团公司同意中国石油工程建设公司李海龙退休。【中油人事〔2013〕95号】

3月20日　集团公司决定，免去邱伟法的集团公司离退休职工管理局（老干部局）副局长职务。【石油任〔2013〕100号】

3月25日　集团公司人事部印发《关于进一步明确领导人员退休和返聘有关问题的通知》。【人事〔2013〕157号】

同日　集团公司人事部印发《关于进一步规范高校毕业生接收和“京外调干”管理工作的通知》。【人事函〔2013〕46号】

3月26日 集团公司人事部推荐，经中油财务有限责任公司第三十二次股东会通过、中国银监会核准，陆凌为中油财务有限责任公司董事，赵东不再担任董事职务；李庆毅为公司监事、监事长，孙先锋不再担任监事长、监事职务；廖筱燕为公司职工代表监事，贺金霞不再担任监事职务。【人事函〔2013〕47号 银监复〔2013〕326号】

3月27日 股份公司人事部决定，刘启然兼任云南销售分公司安全总监；免去魏秋冬兼任的安全总监职务。【油人事〔2013〕105号】

同日 股份公司人事部决定，何瑛兼任庆阳石化分公司副总经理。【油人事〔2013〕106号】

3月29日 集团公司在北京召开人力资源管理提升暨“三控制一规范”工作推进视频会议。会议的主要任务是：贯彻落实集团公司工作会议精神，安排部署集团公司人力资源管理提升专项活动，深入推进“三控制一规范”工作，为实现党组确定的“十二五”末 150 万人用工总量控制目标奠定坚实的基础。集团公司总经理、党组成员周吉平出席会议并讲话，集团公司党组成员、总经理助理、股份公司管理层、集团公司副总师，总部机关各部门、专业分公司和所属企事业单位主要领导，各单位人事劳资、财务等有关部门人员分别在主会场和分会场参加会议。长庆油田分公司、吉林石化分公司等6个单位在会上作经验交流。

四　月

4月10日 股份公司决定，对中石油昆仑天然气利用有限公司部分业务实施重组，将中石油昆仑天然气利用有限公司辽宁省天然气业务划转辽河油田分公司，中油上海销售有限公司管理权整体移交上海销售分公司，深圳中石油昆仑置业有限公司纳入中国华油集团公司，中石油昆仑天然气利用有限公司所持上海捷仁天然气运输有限公司股权由中国石油天然气运输公司收购。【石油人事〔2013〕113号】

4月11日 中共中央批准，周吉平同志任中国石油天然气集团公司董事长、党组书记；免去周吉平的中国石油天然气集团公司总经理职务。【中委〔2013〕241号、242号】

4月12日 集团公司印发《中国石油天然气集团公司海外高层次人才引进

工作管理规定》。【中油人事〔2013〕141号】

4月15日 股份公司决定，将大港石化分公司管理的股份公司所持中国石油汇鑫油品储运有限公司51%股权划转管道分公司管理。【油资〔2013〕131号】

4月19日 集团公司党组决定，刘德祥同志任陕西销售分公司党委书记；免去曹俊文同志的党委书记、委员职务，退休。股份公司决定，免去曹俊文的陕西销售分公司副总经理职务。【中油党组〔2013〕16号 石油任〔2013〕124号】

同日 集团公司党组决定，王建国同志任重庆销售分公司党委书记；免去徐毅同志的党委书记职务。【中油党组〔2013〕17号】

同日 集团公司党组决定，于力同志任东北销售分公司党委书记；免去李绍双同志的党委书记、委员职务，退休。【中油党组〔2013〕19号】

同日 集团公司党组决定，王强同志任锦西石化分公司党委委员；免去张友才同志的党委委员职务。【中油党组〔2013〕20号】

同日 集团公司党组决定，贾鸿武同志任兰州石化分公司党委委员、副书记、纪委书记、工会主席，张友才、郭健、王世宏同志任党委委员；免去李政华同志的纪委书记、工会主席职务。股份公司决定，聘任李政华、张友才、郭健、王世宏为兰州石化分公司副总经理，王世宏兼任安全总监。【中油党组〔2013〕21号 石油任〔2013〕119号】

同日 集团公司党组决定，李春妍同志任大庆炼化分公司党委委员、副书记、纪委书记、工会主席，王一民同志任党委委员；免去周云霞同志的党委委员职务。【中油党组〔2013〕22号】

同日 集团公司党组决定，周云霞、孙玉彬同志任大庆石化分公司党委委员；免去王一民同志的党委委员职务。【中油党组〔2013〕23号】

同日 集团公司党组决定，朱国文、张文生同志任大庆油田有限责任公司党委委员。【中油党组〔2013〕25号】

同日 集团公司党组决定，陈怀龙同志任中石油阿姆河天然气勘探开发（北京）有限公司党委委员。股份公司决定，陈怀龙任中石油阿姆河天然气勘探开发（北京）有限公司副总经理。【中油党组〔2013〕26号 石油任〔2013〕126号】

同日 股份公司决定，王珺任吉林销售分公司总经理；免去刘松林的总

经理职务，退休。【石油任〔2013〕157号】

同日 股份公司决定，徐毅任湖南销售分公司总经理；免去徐国才的总经理职务。【石油任〔2013〕117号】

同日 股份公司决定，王强任锦西石化分公司副总经理、安全总监；免去张友才的副总经理、安全总监职务，另有任用。【石油任〔2013〕118号】

同日 股份公司决定，王一民任大庆炼化分公司副总经理；免去周云霞的总工程师职务，另有任用。【石油任〔2013〕120号】

同日 股份公司决定，周云霞、孙玉彬任大庆石化分公司副总经理；免去王一民的副总经理职务。【石油任〔2013〕121号】

同日 股份公司决定，刘华治任西藏销售分公司总经理；免去王珺的总经理职务。【石油任〔2013〕122号】

同日 股份公司决定，朱国文、张文生任大庆油田有限责任公司副总经理（大庆石油管理局副局长），王岩楼任大庆油田有限责任公司第一采油厂厂长；免去朱国文的第一采油厂厂长职务。【石油任〔2013〕127号】

同日 股份公司人事部决定，徐毅同志任湖南销售分公司党委副书记；免去徐国才同志的党委副书记、委员职务，王建国同志的副总经理、安全总监、党委委员职务。【油人事〔2013〕151号】

同日 股份公司人事部决定，王珺同志任吉林销售分公司党委委员、副书记；免去刘松林同志的党委副书记、委员职务。【油人事〔2013〕148号】

4月20至23日 在第十一届全国工程建设系统职业技能竞赛上，中国石油代表队获焊工、无损检测员竞赛团体总分第一名，冷作钣金工团体总分第二名。在个人比赛中，中国石油代表队获得成年组焊工2金1银、无损检测员2银、冷作钣金工1银2铜，以及青工组焊工第一名的优异成绩，再次延续了中国石油在全国工程建设系统职业技能竞赛中连续8年4届比赛中保持“第一集团军”的优异成绩。【人事部】

4月23日 股份公司人事部决定，王建国同志任重庆销售分公司党委委员、副总经理；免去徐毅同志的党委委员、副总经理职务。【油人事〔2013〕149号】

同日 股份公司人事部批准，新疆油田分公司巴亚斯·喀里木退休。【油人事〔2013〕150号】

同日　股份公司人事部决定，刘华治同志任西藏销售分公司党委委员、副书记；免去王珺同志的党委副书记、委员职务。【油人事〔2013〕152号】

4月24日　集团公司党组决定，成立中国共产主义青年团中国石油天然气集团公司工作委员会（简称集团公司团工委）。次日，集团公司人事部决定，雷平任集团公司团工委书记，宋新辉任副书记。【中油党组〔2013〕24号　人事〔2013〕204号】

4月25日　股份公司董事会选举周吉平为中国石油天然气股份有限公司董事长。【董决〔2013〕14号】

4月27日　集团公司人事部印发《中国石油天然气集团公司在京单位企业补充医疗保险实施办法》。【人事〔2013〕212号】

4月30日　国务院决定，周吉平任中国石油天然气集团公司董事长，免去其中国石油天然气集团公司总经理职务。【国人字〔2013〕82号】

五　　月

5月7日至21日　集团公司在广州培训中心举办2013年人事处长培训班，来自企事业单位的88名人事部门正副处长参加培训。人事部总经理单昆基出席开学典礼并讲话，副总经理刘志华出席结业典礼并讲话。【人事部】

5月8日　股份公司人事部决定，郭新平兼任河南销售分公司安全总监；免去张国宏兼任的安全总监职务。【油人事〔2013〕176号】

同日　股份公司决定，对中石油昆仑天然气利用有限公司实施重组，全部项目采取内部资产划转重组方式、合资项目采取股权转让方式，按照“成熟一个，划转一个”的原则进行重组。车用天然气业务原则上移交各销售企业，重组所涉及的现有在册合同化员工划入接收单位管理。撤销中石油昆仑天然气利用有限公司公司机关及其附属机构、区域管理机构，无业务壳公司予以清理注销，人员纳入中石油昆仑燃气有限公司管理。【石油人事〔2013〕137号】

5月9日　中共中央批准，廖永远任中国石油天然气集团公司总经理。【中委〔2013〕343号】

同日　集团公司同意许永发、赵旭东退休。【中油人事〔2013〕182号】

5月20日　国务院国资委任命廖永远为中国石油天然气集团公司董事。【国资任字〔2013〕68号】

5月23日 股份公司股东大会选举李庆毅为股份公司监事,范福春为独立监事。【股决〔2013〕1号】

同日 孙先锋因年龄原因辞去股份公司监事职务。【股决〔2013〕1号】

5月27日 集团公司人事部印发《关于成立海峡能源有限公司我方工作筹备组的通知》【人事〔2013〕234号】

5月29日 集团公司决定,成立集团公司第五纪检监察中心。【中油人事〔2013〕219号 】

同日 集团公司印发《关于进一步加强和规范福利项目管理的通知》。【厅发〔2013〕19号】

5月30日 国务院决定,廖永远任中国石油天然气集团公司总经理。【国人字〔2013〕113号】

六 月

6月5日 集团公司人事部印发《关于贯彻新〈劳动合同法〉规范劳务派遣用工管理的通知》。【人事〔2013〕259号】

6月9日 股份公司决定,成立股份公司石油未动用储量合作开发领导小组,赵政璋任组长。【石油人事〔2013〕156号】

6月13日 集团公司党组决定,免去周世民同志的股份公司炼油与化工分公司党委委员职务。股份公司决定,免去周世民的股份公司炼油与化工分公司副总经理职务。【中油党组〔2013〕32号 石油任〔2013〕155号】

6月14日 集团公司人事部印发《关于加强企业级技术专家岗位聘任管理工作的通知》。【人事〔2013〕274号】

同日 集团公司同意中国石油工程建设公司刘锡惠退休。【中油人事〔2013〕244号】

同日 股份公司决定,免去刘喜林的辽河油田分公司总工程师职务,退休。【石油人事〔2013〕159号】

6月18日 股份公司人事部决定,推荐侯启军为中石油管道联合有限公司总经理人选,张耀明为财务总监人选,侯创业、陈键峰、梁鹏、吴世勤为副总经理人选。【油人事〔2013〕228号】

6月19日 股份公司决定,委派黄维和、凌霄、赵忠勋、陆德喜、张耀明为中石油管道联合有限公司董事，黄维和为董事长、法定代表人、股东代表人选。委派翁兴波、西昕、刘阳为中石油管道联合有限公司监事，翁兴波为监事会主席人选。【石油人事〔2013〕161号】

6月24日　集团公司决定，成立集团公司实施国家《计量发展规划（2013—2020年）》领导小组，喻宝才任组长。【中油人事〔2013〕254号】

同日　集团公司党组决定，免去李善春同志的大庆炼化分公司党委委员职务。股份公司决定，免去李善春的大庆炼化分公司副总经理职务，另有任用。【中油党组〔2013〕33号　石油任〔2013〕175号】

同日　集团公司党组决定，李善春同志任大连石化分公司党委委员、书记；免去马平凡同志的党委书记、委员职务。【中油党组〔2013〕34号】

同日　股份公司决定，李善春任大连石化分公司副总经理；免去马平凡的副总经理职务。【石油任〔2013〕176号】

同日　集团公司决定，马平凡任集团公司驻大连地区企业协调组副组长。【中油人事〔2013〕262号】

同日　股份公司人事部同意，润滑油分公司罗贵儒退休。【油人事〔2013〕233号】

6月25日　股份公司同意，锦西石化分公司胡晓明退休。【石油人事〔2013〕167号】

同日　中共黑龙江省委决定，隋军任大庆师范学院党委书记。【黑发干字〔2013〕137号】

6月27日　集团公司决定，成立集团公司效益考核领导小组，周吉平任组长，喻宝才任副组长。【中油人事〔2013〕265号】

同日　集团公司决定，调整集团公司机关交通安全委员会成员。【中油人事〔2013〕267号】

同日　集团公司决定，免去林建的钻井工程技术研究院副院长职务，退休。【中油人事〔2013〕261号】

同日　集团公司决定，免去杨国玲的玉门油田分公司副总经理（玉门石油管理局副局长）、总会计师职务。【石油人事〔2013〕169号】

同日　股份公司人事部决定，赵玉民任中石油江苏液化天然气有限公司党委委员。股份公司决定，推荐赵玉民为中石油江苏液化天然气有限公司副

总经理人选。【油人事〔2013〕243号、244号】

七　月

7月2日　股份公司人事部决定，木黑提·科可乃依同志任克拉玛依石化分公司党委副书记、纪委书记、工会主席。【油人事〔2013〕263号】

同日　股份公司人事部决定，阿迪力·吾买尔同志任新疆销售分公司党委委员、副书记、纪委书记、工会主席。【油人事〔2013〕264号】

同日　集团公司人事部决定，赵红超同志任渤海石油装备制造有限公司副总经理、安全总监、党委委员。【人事〔2013〕312号】

7月3日　集团公司人事部印发《集团公司所属单位选人用人工作监督检查办法（试行）》的通知。【人事〔2013〕311号】

7月5日　集团公司人事部印发《中国石油天然气集团公司油气储量评估和审计人员职业资格管理办法（试行）》。【人事〔2013〕323号】

7月8日　股份公司决定，委派侯启军为中石油管道联合有限公司董事人选，张耀明不再作为中石油管道联合有限公司董事人选。【石油人事〔2013〕180号】

7月18日　股份公司同意，锦州石化分公司何明杰退休。【石油人事〔2013〕185号】

7月19日　国务院国资委党委决定，刘宏斌、李华林、温青山同志任中国石油天然气集团公司党组成员；免去李新华、王国樑同志的党组成员职务。【国资党任字〔2013〕52号】

同日　国务院国资委决定，刘宏斌、李华林任中国石油天然气集团公司副总经理，温青山任总会计师；免去李新华的副总经理职务，王国樑的总会计师职务。【国资任字〔2013〕81号】

同日　集团公司人事部印发《关于进一步做好领导干部报告个人有关事项工作的意见》。【人事〔2013〕328号】

7月20日　集团公司党组决定，王彬同志任大港石化分公司党委委员、副书记。股份公司决定，王彬任大港石化分公司总经理；免去段良伟的总经理职务，另有任用。【中油党组〔2013〕41号　石油任〔2013〕190号】

同日　集团公司党组决定，免去王彬同志的大庆石化分公司党委委员职

务。【中油党组〔2013〕42号】

同日 股份公司决定，段良伟同志任大连石化分公司党委委员、副书记，景玉忠同志任党委委员。【中油党组〔2013〕43号】

同日 集团公司决定，段良伟任大连石油化工公司经理。【中油任〔2013〕303号】

同日 股份公司决定，免去王彬的大庆石化分公司副总经理职务。【石油任〔2013〕191号】

同日 股份公司决定，段良伟任大连石化分公司总经理，景玉忠任副总经理。【石油任〔2013〕192号】

7月23日 中共中央组织部同意马富才同志退休。

7月26日 集团公司决定委派廖永远、温青山、戴宪生、秦安江为海峡能源有限公司董事人选，廖永远为董事长人选；委派廖永远为海峡能源有限公司我方股东代表。【中油人事函〔2013〕96号】

7月28日 股份公司董事会决定，聘任汪东进为股份公司总裁，周吉平不再兼任总裁职务。【董决〔2013〕19号】

7月29日 股份公司决定，给予大连石化分公司总经理冷胜军、副总经理焦玉瑞行政撤职处分。【石油监〔2013〕199号、203号】

八 月

8月2日 股份公司决定，钱新华兼任抚顺石化分公司安全总监；免去李耕南兼任的安全总监职务。【石油任〔2013〕204号】

同日 股份公司决定，叶志伟兼任大连西太平洋石油化工有限公司安全总监；免去郝相民兼任的安全总监职务。【石油任〔2013〕205号】

同日 股份公司人事部决定，免去曹志光的浙江油田分公司副总经理、党委委员职务，退休。【油人事〔2013〕319号】

8月8日 集团公司党组决定，调整集团公司党组巡视工作领导小组及其办公室成员，周吉平任组长，王立新任副组长。【中油党组〔2013〕55号】

同日 集团公司党组决定，吴根柱同志任中国石油集团济柴动力总厂党委书记。【中油党组〔2013〕46号】

同日 集团公司党组决定，谢军同志任西南油气田分公司党委委员。股

份公司决定，谢军任西南油气田分公司副总经理。【中油党组〔2013〕47号　石油任〔2013〕227号】

同日　集团公司党组决定，赵尔全同志任吉林销售分公司党委书记；免去于臣同志的党委书记职务。【中油党组〔2013〕48号】

同日　集团公司党组决定，卢耀忠、李国诚同志任海外勘探开发分公司党委委员；免去贾勇同志的党委副书记、委员、纪委书记、工会主席职务。股份公司决定，陈曙东任海外勘探开发分公司副总经理，免去其总工程师职务；聘任卢耀忠为海外勘探开发分公司总会计师，并委派为中油勘探开发有限公司副总经理、财务总监、中石油国际投资有限公司财务总监；聘任李国诚为海外勘探开发分公司总工程师；免去柴守平的海外勘探开发分公司总会计师职务，不再担任中油勘探开发有限公司副总经理、财务总监、中石油国际投资有限公司财务总监职务。明确窦立荣、付吉林的职务级别为副局级。【中油党组〔2013〕49号　石油任〔2013〕231号】

同日　集团公司党组决定，艾南同志任华北石化分公司纪委书记、工会主席，免去杨立峰同志的党委副书记、纪委书记、工会主席职务。【中油党组〔2013〕50号】

同日　集团公司党组决定，杨学文同志任新疆油田分公司党委副书记；免去宋友立同志的党委副书记职务。股份公司决定，宋友立任新疆油田分公司副总经理（正局级）。【中油党组〔2013〕51号　石油任〔2013〕228号】

同日　集团公司党组决定，赵东同志任尼罗河公司党委书记，贾勇、陈焕龙同志任党委委员；免去李国诚同志的尼罗河公司党委委员职务。集团公司决定，赵东任尼罗河公司总经理，贾勇、陈焕龙任副总经理；免去李国诚的副总经理职务。【中油党组〔2013〕52号　中油任〔2013〕347号】

同日　集团公司党组决定，王贵海同志任伊拉克公司党工委委员。股份公司决定，王贵海任伊拉克公司副总经理兼鲁迈拉项目中方总经理，韩绍国不再兼任鲁迈拉项目中方总经理。【中油党组〔2013〕53号　石油任〔2013〕155号】

同日　集团公司党组决定，免去卢耀忠同志的哈萨克斯坦公司党委委员职务。集团公司决定，免去卢耀忠的哈萨克斯坦公司总会计师职务。【中油党组〔2013〕54号　中油任〔2013〕348号】

同日 集团公司决定，渤海石油装备制造有限公司赵国、杨跃东为正局级，舒高新、郭东、李淑娟、李克雄为副局级。【中油任〔2013〕345号】

同日 集团公司决定，中国石油技术开发公司毕跃明、李伟为正局级，李建国、阎伟、高京建、程进、范士洪为副局级。【中油任〔2013〕346号】

同日 集团公司决定，陈曙东任中国石油天然气勘探开发公司副总经理，免去其总工程师职务；聘任卢耀忠为总会计师，李国诚为总工程师；免去柴守平的总会计师职务。【中油任〔2013〕349号】

同日 集团公司党组印发《关于调整中共中国石油天然气集团公司党组巡视工作领导小组及其办公室成员的通知》。集团公司党组决定，李正光、单昆基同志为集团公司党组巡视工作领导小组办公室主任。【中油党组〔2013〕55号】

同日 集团公司决定，王志刚任集团公司办公厅主任，免去李华民的主任职务；刘志华任集团公司人事部总经理，免去单昆基的总经理职务；陆凌任集团公司财务资产部总经理，免去温青山的总经理职务。【中油任〔2013〕350号】

同日 股份公司决定，克拉玛依石化分公司张有林、默新社为正局级，李明科、许立甲、梁永智、秦本记为副局级，余国孝享受副局级待遇。【石油任〔2013〕219号】

同日 股份公司决定，辽河石化分公司李天书、李京辉为正局级，卢钟、屠规龙、闫铁伦、余昌信、相养冬为副局级。【石油任〔2013〕220号】

同日 股份公司决定，大港石化分公司赵益红为正局级，李超英、武文斌、杨金凡、崔秋凯为副局级。【石油任〔2013〕221号】

同日 股份公司决定，长庆石化分公司张喜文、高静乐为正局级，刘永干、杨庭、韦勇为副局级。【石油任〔2013〕222号】

同日 股份公司决定，华北石化分公司刘存柱、艾南为正局级，杨立峰、于建忠、李金城、张景涛为副局级；杨立峰任华北石化分公司副总经理。【石油任〔2013〕223号】

同日 股份公司决定，呼和浩特石化分公司杜吉洲、陈汇明为正局级。【石油任〔2013〕224号】

同日 股份公司决定，庆阳石化分公司张栋杰为正局级。【石油任〔2013〕

225号】

同日 股份公司决定，王志刚任股份公司总裁办公室主任，免去李华民的主任职务；刘志华任股份公司人事部总经理，免去单昆基的总经理职务；田景惠任销售分公司总经理，免去刘宏斌的总经理职务。【石油任〔2013〕235号】

同日 股份公司人事部决定，免去于臣同志的吉林销售分公司党委委员、副总经理职务。【油人事〔2013〕333号】

同日 股份公司委派西南油气田分公司总经理李鹭光为四川长宁天然气开发有限公司股东代表，副总经理谢军为副董事长、总经理。【石油人事〔2013〕230号】

同日 集团公司决定，马广蛇兼任宝鸡石油机械有限责任公司安全总监；免去朱安达兼任的安全总监职务【人事〔2013〕164号】

同日 集团公司党组决定，王志刚同志任集团公司党组机要秘书；免去李华民同志的机要秘书职务。【中油党组〔2013〕56号】

同日 集团公司同意，集团公司资本运营部王跃峰退休。【中油人事〔2013〕334号】

8月14日 中共中央组织部同意陈耕同志退休。

8月19日 集团公司决定，贾勇任南苏丹项目公司总经理、中国石油驻南苏丹地区企业协调组组长。【中油任〔2013〕356号】

8月26日 集团公司党组决定，刘宏斌同志任大庆油田有限责任公司党委常委、副书记；免去王永春同志的党委副书记、常委职务。【中油党组〔2013〕57号】

同日 集团公司党组决定，赵政璋同志任长庆油田分公司党委委员、副书记；免去冉新权同志的党委副书记、委员职务。股份公司决定，赵政璋兼任长庆油田分公司总经理；免去冉新权的总经理职务。【中油党组〔2013〕58号 石油任〔2013〕245号】

同日 集团公司党组决定，赵文智同志任勘探开发研究院党委委员、书记、纪委书记；免去王道富同志的党委书记、委员、纪委书记职务。股份公司决定，赵文智任勘探开发研究院院长；免去王道富的院长职务。【中油党组〔2013〕59号 石油任〔2013〕247号】

同日　集团公司决定，免去李华林的中国石油天然气香港有限公司执行董事、总经理，昆仑能源有限公司董事会主席、董事职务。

同日　集团公司决定，刘宏斌兼任大庆石油管理局局长；免去王永春的局长职务。【中油任〔2013〕371号】

同日　集团公司决定，赵政璋任长庆石油勘探局局长；免去冉新权的局长职务。【中油任〔2013〕373号】

同日　股份公司决定，刘宏斌任大庆油田有限责任公司执行董事、总经理；免去王永春的执行董事、总经理职务。【石油任〔2013〕246号】

8月27日　董事会批准，李华林辞去股份公司副总裁、董事会秘书职务，冉新权辞去股份公司董事、副总裁职务，王道富辞去股份公司总地质师职务。【股份公司公告　编号：临2013-022】

8月28日　国务院国资委党委决定，免去王永春、李华林同志的中国石油天然气集团公司党组成员职务。【国资党任字〔2013〕73号】

同日　国务院国资委决定，免去王永春、李华林的中国石油天然气集团公司副总经理职务。【国资任字〔2013〕101号】

同日　股份公司董事会指定副总裁孙龙德代行董事会秘书职责。【股份公司公告　编号：临2013-023】

九　月

9月5日至10月15日　集团公司举办2013年职业技能竞赛，共有钻井井控班组、测井工、500万吨级炼化企业班组长及催化重整装置操作工、机泵维修钳工等6个工种的近400名选手参赛，共产生32金49银59铜。

9月6日　集团公司人事部印发《中国石油天然气集团公司关于创建技能专家工作室的实施意见》。【人事〔2013〕403号】

9月10日　集团公司同意，集团公司离退休职工管理局（老干部局）邱伟法退休。【中油人事〔2013〕390号】

9月13日　集团公司党组决定，窦立荣同志任海外勘探开发分公司党委委员；免去薛良清的党委委员职务。股份公司决定，窦立荣任海外勘探开发分公司总地质师，免去其中油国际（乍得）公司总经理职务；李书良任中油国际（乍得）公司总经理，免去其中油国际（阿尔及利亚）公司总经理职务；

韩绍国任中油国际（阿尔及利亚）公司总经理；薛良清任中油国际（印度尼西亚）公司总经理，免去其海外勘探开发分公司总地质师职务。【中油党组〔2013〕64号　石油任〔2013〕260号】

同日　集团公司党组决定，免去韩绍国同志的伊拉克公司党工委委员职务。股份公司决定，免去韩绍国的伊拉克公司副总经理职务。【中油党组〔2013〕65号　石油任〔2013〕259号】

同日　集团公司决定，窦立荣任中国石油天然气勘探开发公司总地质师，免去薛良清的总地质师职务。【中油任〔2013〕401号】

9月14至20日　在德国埃森市举行的国际焊接技术大赛上，来自中国石油的5名选手分别参加4个项目的比赛。大庆油田有限责任公司的王天明、臧立欢、姚晨分别获得氩弧焊第一名、电弧焊第二名、气焊第三名，中国石油工程建设公司第一建设公司的蒋浩浩、郅梦阳分别获得二氧化碳焊接第一名、氩弧焊第三名。

9月24日　集团公司党组决定，王彬同志任四川石化有限责任公司党委委员、副书记，王一民同志任党委委员；免去栗东生同志的党委副书记、委员职务。股份公司决定，王彬任四川石化有限责任公司总经理，王一民为副总经理；免去栗东生的总经理职务。【中油党组〔2013〕66号　石油任〔2013〕272号】

同日　集团公司党组决定，杨健同志任大港石化分公司党委委员、副书记；免去王彬同志的党委副书记、委员职务。股份公司决定，杨健任大港石化公司副总经理；免去王彬的总经理职务，另有任用。【中油党组〔2013〕67号　石油任〔2013〕270号】

同日　集团公司党组决定，免去王一民同志的大庆炼化分公司党委委员职务。股份公司决定，免去王一民的大庆炼化分公司副总经理职务，另有任用。【中油党组〔2013〕68号　石油任〔2013〕271号】

同日　集团公司党组决定，免去杨健同志的炼化工程项目建设部党委委员职务。股份公司决定，免去杨健的炼化工程项目建设部副总经理、中石油云南石化有限公司副总经理、长江物流分公司副总经理职务，另有任用。【中油党组〔2013〕69号　石油任〔2013〕269号】

9月27日　集团公司决定，成立集团公司联合监督信息系统建设工作领导小组，王立新任组长。【中油人事〔2013〕416号】

十　月

10月11日　集团公司人事部印发《关于修订〈中国石油天然气集团公司海外项目对口支持和借聘工作规定〉的通知》。【人事〔2013〕423号】

10月12日　集团公司人事部印发《关于进一步规范集团公司境外培训工作的通知》。【人事〔2013〕426号】

10月16日　集团公司印发《中国石油天然气集团公司高校毕业生招聘工作管理办法》。【中油人事〔2013〕436号】

10月19日至11月11日　在以"技能—中国化工"为主题的第六届中国石油和化工职业技能竞赛上，集团公司共有15名选手进入各工种竞赛前十五名，代表集团公司参赛的全部6支参赛队都获得团体奖。其中，辽阳石化分公司和独山子分石化公司分别获得化工仪表维修工和化学检验工团体第一；辽阳石化分公司杨宝星和独山子石化分公司赵丽丽分别夺得化工仪表维修工、化学检验工两个个人第一，并被授予"全国技术能手"荣誉称号。

10月21日　股份公司同意，天津销售分公司梁恒权退休。【油人事〔2013〕419号】

10月22日　集团公司决定，温青山兼任中国石油天然气香港有限公司执行董事、总经理。【中油任〔2013〕444号】

10月30日至11月1日　在国务院国资委主办的2013年中央企业财会职业技能大赛决赛上，中国石油代表队荣获团体二等奖，西南油气田分公司张先洁、大庆油田有限责任公司周宝洁和管东北分别获得第三、第六和第十名，并被国务院国资委授予"十大金牌岗位能手"荣誉称号。

10月31日　集团公司决定，成立集团公司落实企业社会保险纳入地方管理工作领导小组，李万余任组长。【中油人事〔2013〕455号】

十一月

11月1日　集团公司党组决定，赵永起同志任中石油香港有限公司临时党委委员、书记。【中油党组〔2013〕71号】

同日　股份公司决定，推荐赵永起为昆仑能源有限公司首席执行官人选。【油人事函〔2013〕87号】

同日　集团公司印发《关于做好企业社会保险纳入地方管理工作有关问

题的通知》。【中油人事〔2013〕456号】

11月13日 集团公司党组决定，免去雍瑞生同志的宁夏石化分公司党委副书记、委员职务。股份公司决定，免去雍瑞生的宁夏石化分公司总经理职务，另有任用，由副总经理陈坚主持行政全面工作。【中油党组〔2013〕72号 石油任〔2013〕302号】

同日 集团公司党组决定，雍瑞生同志任广西石化分公司党委委员、副书记；免去吴恩来同志的党委副书记、委员职务。股份公司决定，雍瑞生任广西石化分公司总经理；免去吴恩来的总经理职务，另有任用。【中油党组〔2013〕73号 石油任〔2013〕303号】

同日 集团公司党组决定，张栋杰同志任华北石化分公司党委委员、副书记；免去刘存柱同志的党委副书记、委员职务。股份公司决定，张栋杰任华北石化分公司总经理；免去刘存柱的总经理职务。【中油党组〔2013〕74号 石油任〔2013〕300号】

同日 股份公司决定，刘至祥任庆阳石化分公司总经理；免去张栋杰的总经理职务，另有任用。【石油任〔2013〕301号】

同日 股份公司人事部决定，免去张栋杰同志的庆阳石化分公司党委副书记、委员职务。【油人事〔2013〕460号】

同日 股份公司同意，炼油与化工分公司周世民退休。【石油人事〔2013〕296号】

11月21日 股份公司同意西气东输管道分公司与中建能源基建有限公司合资组建深港天然气管道有限公司，注册资本122658万人民币，其中股份公司持股60%，并委托西气东输管道分公司对深港天然气管道有限公司实行股权管理。【石油资〔2013〕313号】

11月25日 集团公司决定，调整集团公司维护稳定工作领导小组成员，廖永远任组长，喻宝才任副组长。【中油人事〔2013〕485号】

11月28日 集团公司决定，成立集团公司审计信息化建设工作领导小组，王立新任组长。【中油人事〔2013〕487号】

同日 股份公司董事会决定，聘任吴恩来为中国石油天然气股份有限公司董事会秘书。【董决〔2013〕28号】

11月29日 集团公司党组决定，冀玉军同志任辽宁销售分公司党委委员、书记；免去吴汉同志的党委书记职务，改任党委副书记；免去王学泠同志的辽宁销售分公司党委副书记、委员职务。【中油党组〔2013〕78号】

同日 集团公司党组决定，刘杰同志任贵州销售分公司党委书记；免去李荡同志的党委书记职务，另有任用。【中油党组〔2013〕79号】

同日 集团公司党组决定，阎智才同志任华北化工销售分公司党委书记；免去阎效山同志的党委书记职务，退休。【中油党组〔2013〕80号】

同日 集团公司党组决定，免去王光军同志的吉林石化分公司党委副书记、委员职务。【中油党组〔2013〕81号】

同日 集团公司党组决定，凌霄任西气东输管道分公司党委委员、书记；免去秦刚同志的党委书记、委员、纪委书记、工会主席职务，退休；免去黄泽俊同志的党委副书记、委员职务。股份公司决定，凌霄任西气东输管道分公司总经理、西气东输销售分公司总经理；免去黄泽俊的总经理职务。【中油党组〔2013〕83号 石油任〔2013〕337号】

同日 集团公司党组决定，佟德安同志任安全环保技术研究院党委委员。集团公司决定，佟德安任安全环保技术研究院副院长。【中油党组〔2013〕85号 中油任〔2013〕502号】

同日 集团公司党组决定，杨宁海同志任河北销售分公司党委书记。股份公司人事部决定，免去冀玉军同志的党委书记、委员、纪委书记、工会主席、副总经理职务。【中油党组〔2013〕86号 油人事〔2013〕503号】

同日 集团公司党组决定，王智利同志任西北销售分公司党委副书记（主持党委全面工作）、纪委书记、工会主席；免去王增岭同志的党委书记、委员职务，郑国玉同志的党委副书记、纪委书记、工会主席职务。【中油党组〔2013〕87号】

同日 集团公司党组决定，陈长青同志任西南化工销售分公司党委书记；免去马生荣同志的党委书记职务，另有任用。股份公司人事部决定，陈长青同志任西南化工销售分公司纪委书记、工会主席、副总经理；免去马生荣同志的党委委员、纪委书记、工会主席、副总经理职务。【中油党组〔2013〕88号 油人事〔2013〕504号】

同日 集团公司党组决定，免去凌霄同志的西部管道分公司党委副书记、委员职务。股份公司决定，李文东任西部管道分公司总经理、西部管道销售

分公司总经理；免去凌霄的总经理职务，另有任用。【中油党组〔2013〕89号　石油任〔2013〕336号】

同日　集团公司党组决定，黄泽俊同志任北京油气调控中心党委委员、副书记；免去侯启军同志的党委副书记、委员职务。股份公司决定，黄泽俊任北京油气调控中心主任；免去侯启军的主任职务，另有任用。【中油党组〔2013〕90号　石油任〔2013〕335号】

同日　集团公司党组决定，张冠军同志任石油管工程技术研究院党委书记；免去饶永久同志的党委书记、委员职务。集团公司决定，免去饶永久石油管工程技术研究院副院长职务，退休。【中油党组〔2013〕91号　人事〔2013〕488号】

同日　集团公司党组决定，王光军同志任物资采购中心党委委员、副书记；免去李遵义同志的党委副书记、委员职务。集团公司决定，王光军任物资采购中心（物资公司）主任（总经理）；免去李遵义兼任的物资采购中心（物资公司）主任（总经理）职务。【中油党组〔2013〕92号　中油任〔2013〕507号】

同日　集团公司党组决定，免去苏俊同志的吉林油田分公司党委副书记、委员职务。【中油党组〔2013〕93号】

同日　集团公司党组决定，张宝增同志任中国石油集团海洋工程有限公司党委委员、书记；免去单祥国同志的党委书记、委员职务。集团公司决定，张宝增任中国石油集团海洋工程有限公司副总经理；免去单祥国的副总经理职务，退休。【中油党组〔2013〕94号　中油任〔2013〕505号】

同日　集团公司党组决定，免去尹君泰同志的拉美公司党委副书记、委员、纪委书记、工会主席职务。集团公司决定，免去尹君泰的拉美公司副总经理职务。【中油党组〔2013〕95号　中油任〔2013〕495号】

同日　集团公司党组决定，潘仁杰同志任渤海钻探工程有限公司党委副书记、纪委书记、工会主席、监事；免去石桂臣同志的党委副书记、委员、纪委书记、工会主席、监事职务，退休；免去张宝增同志的党委委员职务。集团公司决定，免去潘仁杰的渤海钻探工程有限公司副总经理职务；免去张宝增的副总经理职务，另有任用。【中油党组〔2013〕96号　中油任〔2013〕504号】

同日　集团公司党组决定，尹君泰同志任工程设计有限责任公司党委委

员。集团公司决定，尹君泰任工程设计有限责任公司副总经理。【中油党组〔2013〕97号 中油任〔2013〕496号】

同日 集团公司党组决定，谢文虎同志任西部钻探工程有限公司党委委员、书记；免去韩炜同志的党委委员、书记职务，佟德安同志的党委委员职务。集团公司决定，谢文虎任西部钻探工程有限公司副总经理，张忠志任安全总监；免去韩炜的副总经理职务，佟德安的副总经理、安全总监职务。【中油党组〔2013〕98号 中油任〔2013〕503号】

同日 集团公司党组决定，蔡勇同志任伊拉克公司党工委委员；免去郭月良、潘成刚同志的党工委委员职务。【中油党组〔2013〕100号】

同日 集团公司党组决定，免去冯亚平同志的伊朗公司党工委委员职务。集团公司决定，免去冯亚平的伊朗公司副总经理职务。【中油党组〔2013〕101号 中油任〔2013〕499号】

同日 集团公司党组决定，王红坚同志任海外勘探开发分公司党委委员（挂职期限两年）。集团公司决定，王红坚任中国石油天然气勘探开发公司副总经理（挂职期限两年）。【中油党组〔2013〕102号 中油任〔2013〕498号】

同日 集团公司党组决定，韩青华任石油工业出版社有限公司党委委员。集团公司决定，韩青华任石油工业出版社有限公司副总经理。【中油党组〔2013〕103号 中油任〔2013〕494号】

同日 集团公司党组决定，王治富同志任东方地球物理公司党委副书记、纪委书记、工会主席、监事；免去阎万朝同志的党委副书记、委员、纪委书记、工会主席、监事职务，另有任用。集团公司决定，免去王治富的东方地球物理公司副总经理职务。【中油党组〔2013〕104号 中油任〔2013〕493号】

同日 集团公司决定，组建生产经营管理部，列集团公司总部部门序列。【中油人事〔2013〕489号】

同日 集团公司决定，对财务资产部、预算管理部进行整合，设立集团公司财务部、资金部、财税价格部。【中油人事〔2013〕521号】

同日 股份公司决定，组建生产经营管理部，列股份公司总部部门序列。【石油人事〔2013〕322号】

同日 股份公司决定，对财务部、预算管理部进行整合，设立股份公司财务部、资金部、财税价格部。【石油人事〔2013〕348号】

同日 集团公司决定，聘任李荡为集团公司办公厅副主任，免去韩青华的副主任职务，另有任用；聘任侯启军为集团公司规划计划部总经理，免去吴枚的总经理职务；聘任柴守平为集团公司财务部总经理，陆凌为集团公司资金部总经理，刘戬为集团公司财税价格部总经理；聘任贾忆民为集团公司资本运营部总经理，免去于毅波的总经理职务；聘任苏俊为集团公司生产经营管理部总经理；聘任潘成刚为集团公司审计部副总经理；聘任阎万朝为集团公司矿区服务工作部副总经理；聘任张亚成为集团公司离退休职工管理局(老干部局)局长，赵波为副局长【中油任〔2013〕509号】

同日 股份公司决定，聘任李荡为股份公司总裁办公室副主任，免去韩青华的副主任职务，另有任用；聘任侯启军为股份公司规划计划部总经理，免去吴枚的总经理职务；聘任柴守平为股份公司财务部总经理，陆凌为股份公司资金部总经理，刘戬为股份公司财税价格部总经理；聘任贾忆民为股份公司资本运营部总经理，免去于毅波的总经理职务；聘任苏俊为股份公司生产经营管理部总经理；聘任潘成刚为股份公司审计部副总经理；免去吴国干的股份公司勘探与生产分公司总地质师职务，另有任用；聘任杨天奎为股份公司炼油与化工分公司副总经理；聘任黄泽俊为股份公司天然气与管道分公司副总经理、天然气销售分公司副总经理。【石油任〔2013〕343号】

同日 集团公司党组决定，免去吴国干同志的勘探与生产分公司党委委员职务；杨天奎同志任炼油与化工分公司党委委员；黄泽俊同志任天然气与管道分公司党委委员，免去侯启军同志的党委书记、委员职务。【中油党组〔2013〕106号】

同日 集团公司决定，李光华任广州培训中心主任；免去王基鹏的主任职务，退休。集团公司人事部决定，李光华同志任广州培训中心党委委员、副书记；免去王基鹏同志的党委副书记、委员职务。【中油任〔2013〕500号 人事〔2013〕487号】

同日 股份公司决定，张德有任吉林石油集团有限责任公司执行董事、总经理；免去苏俊的执行董事、总经理职务。【中油任〔2013〕506号】

同日 集团公司决定，孙树桢任吉化集团公司经理；免去王光军的经理职务。【中油任〔2013〕510号】

同日 集团公司决定，许新元、敬林、谢海兵任昆仑银行股份有限公司

副行长；免去敬林的财务总监职务，谢海兵的信息总监职务。【中油任〔2013〕514号】

同日　集团公司决定，免去吴妍的中国石油天然气勘探开发公司副总经理职务。【中油任〔2013〕525号】

同日　股份公司决定，王红坚任海外勘探开发分公司副总经理（挂职期限两年）。【石油任〔2013〕330号】

同日　股份公司决定，蔡勇任伊拉克公司总会计师兼哈法亚项目部总会计师、鲁迈拉项目部总会计师；免去潘成刚的伊拉克公司总会计师兼哈法亚项目部总会计师、鲁迈拉项目部总会计师职务，郭月良的伊拉克公司副总经理、哈法亚项目部副总经理职务。【石油任〔2013〕331号】

同日　股份公司决定，郭月良任中油国际（阿联酋）公司总经理；免去吴妍的海外勘探开发分公司副总经理职务。【石油任〔2013〕329号】

同日　股份公司决定，张德有任吉林油田分公司总经理；免去苏俊的总经理职务，另有任用。【石油任〔2013〕333号】

同日　股份公司决定，孙树桢任吉林石化分公司总经理；免去王光军的总经理职务。【石油任〔2013〕338号】

同日　股份公司决定，杨健任大港石化分公司总经理。【石油任〔2013〕339号】

同日　股份公司决定，吴汉任辽宁销售分公司总经理，冀玉军任副总经理；免去王学泠的总经理职务。【石油任〔2013〕340号】

同日　股份公司决定，刘杰任华北化工销售分公司总经理；免去杨天奎的总经理职务，另有任用。【石油任〔2013〕341号】

同日　股份公司决定，郑国玉任西北销售分公司副总经理；免去王增岭的副总经理职务。【石油任〔2013〕342号】

同日　股份公司决定，广东销售分公司卢宝华为副局级。【石油任〔2013〕344号】

同日　股份公司决定，马生荣任河南销售分公司总经理；免去陈长青的总经理职务。【石油任〔2013〕345号】

同日　集团公司决定，郭月良、冯亚平任中东地区工程技术服务协调领导小组副组长。【中油人事〔2013〕497号】

同日 股份公司人事部决定，刘杰同志任华北化工销售分公司党委委员、副书记，阎智才同志任纪委书记、工会主席；免去杨天奎同志的党委副书记、委员职务，阎效山同志的党委委员、纪委书记、工会主席、副总经理职务。【油人事〔2013〕502号】

同日 股份公司人事部决定，马生荣同志任河南销售分公司党委委员、副书记；免去陈长青同志的党委副书记、委员职务。【油人事〔2013〕505号】

十 二 月

12月9日 集团公司党组决定，宗贻平同志任青海油田分公司党委书记；免去孙晓岗同志的党委书记、委员职务。【中油党组〔2013〕107号】。

同日 集团公司党组决定，孙晓岗同志任中国石油天然气运输公司党委委员、常委、书记；免去刘志同志的党委书记、常委、委员职务。集团公司决定，孙晓岗任中国石油天然气运输公司经理；免去刘志的经理职务。【中油党组〔2013〕108号 中油任〔2013〕519号】

12月12日 股份公司决定，吴国干任油气储量评审办公室主任；免去陈永武的主任职务。【石油任〔2013〕334号】

12月17日 股份公司同意，抚顺石化分公司王洪军退休。【石油人事〔2013〕351号】

12月20日 集团公司决定，吴恩来任中国石油天然气香港有限公司执行董事、总经理；免去温青山的执行董事、总经理职务。【中油任〔2013〕540号】

同日 股份公司决定，推荐吴恩来为昆仑能源有限公司董事、董事局主席人选，温青山不再担任昆仑能源有限公司董事局主席、董事职务。【油人事函〔2013〕87号】

12月23日 集团公司决定，调整集团公司信息化工作领导小组成员，廖永远任组长。【中油人事〔2013〕547号】

同日 股份公司人事部决定，推荐李文东为中石油管道联合有限公司董事，凌霄不再担任中石油管道联合有限公司董事职务；推荐李文东为中石油管道联合有限公司西部分公司负责人人选。【油人事函〔2013〕97号】

12月24日 新疆维吾尔自治区党委决定，李林任克拉玛依市委常委；免去冯经礼的克拉玛依市委常委职务。【新党干字〔2013〕480号】

12月26日 集团公司人事部印发《关于进一步做好领导干部报告个人有关事项工作的通知》。【人事〔2013〕517号】

12月30日 国务院国资委党委决定，刘跃珍同志任中国石油天然气集团公司党组成员，免去温青山同志的党组成员职务。【国资党任字〔2013〕93号】

同日 国务院国资委决定，刘跃珍任中国石油天然气集团公司总会计师，排序列沈殿成之后；免去温青山的总会计师职务。【国资任字〔2013〕131号】

同日 集团公司印发《关于贯彻落实国务院国资委〈关于进一步规范中央企业收入分配秩序严肃收入分配纪律有关事项的通知〉的通知》。【中油人事〔2013〕556号】

本年 共任免调整干部232人次。集团公司招聘高校毕业生10752人，招聘海外留学生95人，增补公司级高级技术专家221名，2人当选中国工程院院士。总部层面组织实施各类培训项目166个，培训近2万人次。举办16期技师培训班，培训技能人才562人，并与德国焊接协会合作，培训专兼职实训教师35名。开展职业技能鉴定20万人次，12.9万人获得职业资格晋升，新增技师2438人、高级技师608人。截至2013年底，集团公司共有中国科学院和中国工程院院士19名，高级技术专家433人、管理专家100人、高级技能专家322人；高级技师4069人、技师24268人。集团公司从业人员153.4万人，比上年减少2.1万人，全员劳动生产率比上年提高4.7%，海外员工本地化程度超过90%；有30名员工获全国五一劳动奖章。

后　记

在中国石油天然气集团公司领导和历任石油工业老领导、老职工的关心和支持下，经过全体编纂人员的辛勤努力，由中国石油天然气集团公司人事部牵头，会同办公厅、石油工业出版社共同组织编纂的《中国石油组织史资料》(1949—2013）正式出版了。这套丛书对展现中国石油工业发展历程，总结组织建设发展规律和经验，传承历史，资政育人，将起到积极的作用。

编纂中国石油工业的组织史资料，是中国石油天然气集团公司领导一直思考的一项重要基础性工作，也是多年来许多石油战线老领导、老职工的共同愿望。2011年3月，根据集团公司基础管理建设要求，在综合考虑各方面情况后，时任人事部总经理单昆基主动提出，编纂工作由人事部牵头组织，并要求人事部综合处以中共中央组织部主编的《中国共产党组织史资料》(1949—1997)为蓝本进行顶层设计。2012年1月，经过10个多月的前期调研和准备工作，编纂初步方案经时任集团公司总经理助理李润生审阅后，呈送集团公司党组领导审定并获得批准。2月，人事部、办公厅、出版社相关负责人召开碰头会，对编纂方案进行研究、细化，并召集中共中央党建研究所、党史研究室、全国党建研究会和集团公司人事、档案、出版等方面的专家、老领导对方案进行研讨，广泛征求意见。3月中旬，集团公司正式批准人事部提交的《中国石油组织史资料编纂工作方案》和《中国石油组织史资料编纂技术规范》，并下发《关于全面启动中国石油组织史资料编纂工作的通知》(厅发〔2012〕11号)，全面启动《中国石油组织史资料》编纂工作。同时，成立编审委员会和编纂工作领导小组，在人事部综合处设立编纂办公室，并组织和抽调20多人组成总部卷编纂组。4月，编纂办公室分批对总部机关、专业公司和企事业单位资料征集人员进行业务培训，并向已划出系统外的涉编石油高校和部分油田、管道单位发送资料征集函。从5月7日开始，集团公司编纂办公室组织专门人员耗时两个多月，每天前往中央档案馆查阅档案。5月15日，人事部下发《关于进一步做好中国石油组织史资料编纂工作的通知》(人事〔2012〕251号)。6月，分业务板块对各单位上报的总部卷征集资料进行第一次审核对接。7月5日，人事部下发《关于下发组织史总部卷上报材料最新规范要求的通知》(人事函〔2012〕183号)。8月，向中国石油化工集团公司、中国海洋石油总公司等所属部委时期40多家涉编单位征集相关资料。9月13日，人事部下发《关于企业卷组织史资料编纂工作有关问题的通知》(人事〔2012〕432号)，全面启动企业卷、基层卷编纂工作。2013年1月9日，人事部组织召开编纂工作领导小组会议，对总部卷初稿的编纂凡例、框架结构、内容编排、具体收录范围界定、特殊问题处理等进行初审。4月2日，人事部下发《关于开展组织史资料总部卷审核对接暨企业卷培训的通知》(人事函〔2013〕56号)，分两批对各单位上报的资料进行终审对接和企业卷培训，共有600多人参加培训。从6月中下旬开始，先后将总部卷各卷的《征求意见稿》送有关老领导、老专家进行审定，并在一定范围内征求意见。10月，1949年至2012年期间的总部卷组织史资料完成统稿。

2014年6月，集团公司编纂领导小组决定将总部卷编纂下限时间由2012年12月延至2013年12月，6月30日，人事部下发《关于补充核对总部卷组织史资料暨进一步做好企业卷编纂工作的通知》(人事函〔2014〕209号)，全面启动2013年组织史资料的补充和征集工作。11月，总部卷全套丛书定稿并交付石油工业出版社出版印刷。与此同时，所属各单位企业卷、基层卷编纂工作正在有条不紊地进行，随后将陆续出版。

编纂《中国石油组织史资料》(1949—2013)是集团公司组织人事和基础管理建设工作的一件大事，是一项政策性、业务性、技术性、规范性较强的业务工作，是一项艰巨浩繁的系统工程。本套丛书涉编内容时间跨度长达六十多年，期间历经七个时期，组织机构分合变迁，错综复杂，人事更迭频繁，时过境迁，物易人非，欲追本寻源，首尾相应，编纂完整、准确的资料，需要调研和查阅的档案工作量非常大。作为史料性著作，标准要求高，时间要求紧，其难度和倾注的精力之大，均非始料所及。在资料无先例可援、无前规可循的情况下，编纂人员积极探索，边干边学，发现问题，解决问题，不断研究，逐步完善。在编纂体例、编目结构的确定，收录范围的宽严、各时期和层级机构的详略，文字叙述的内容、层次、规范化，名录、图表的有机结合，干部任免时间的确定，组织人事工作特定内容的注释，历史背景的把握等方面，都形成了一系列可遵循、可操作的技术规范。

在编纂工作中，编纂人员始终坚持实事求是的原则和“广征、核准、精编、严审”的工作方针。完整、准确的原始基础资料是做好编纂工作的关键。编纂组在查阅中央档案馆和集团公司档案馆原始文件的基础上，向涉编的240多个系统内外单位和部门开展“普征、普查、普访”，做了大量艰巨细致的资料搜集与整理工作，从历史资料、文献档案、干部履历表、当事人回忆及群众中搜集了大量资料，尤其从老同志那里抢救了大批珍贵的“活资料”，并建立了资料依据、参考文献等方面的档案索引表。据不完全统计，总部卷编纂组直接整理档案条目16.6万余条，审核修改摘录查阅资料2亿多字。组织参与总部卷资料征集人员1500余人，参与企业卷、基层卷编纂人员1万余人。在广征资料的基础上，全体编纂人员始终坚持在核准环节上下大工夫。在档案原件与其他文献资料之间、档案资料文献与回忆资料之间、不同的个人回忆资料之间，以档案为主又不唯档案，分清主次，相互补充，综合考证。对有争议、有分歧的问题，不厌其烦，不辞辛苦，深入调查分析，力求核实无误。在广征、核准资料的基础上，编纂组按照总部卷编纂技术规范，采取实事求是、秉笔直书和由此及彼、由表及里的工作方法，撰写提炼各机构文字叙述，科学组合各部分内容，精心编纂书稿。这是编纂工作中最为艰苦、最耗时间精力、最需要文字功底的环节，也是出精品的关键。编纂组先后七次组织全书统稿，在尊重史实的基础上，做到突出重点，材料有取舍，突出主干，枝蔓有删减，确保结构体例合乎规范，观点鲜明正确，文字简明精炼，内容详略得当，前后相互照应。审查定稿是立准立好资料的最后保证。编纂组要求凡征集收录的资料，必须经涉编单位主要领导亲自审定，并严格按照自审、互审、会审和最后报审的“四审”制度，分级负责，层层把关，从而保证了本套资料丛书的准确性、真实性和可靠性。

中国石油组织史资料的编纂，如实理清了中国石油工业从国家部委时期到中国石油天然气总公司时期再到中国石油天然气集团公司时期，60多年来各级党政组织的成立、更名、发展、撤并以及领导干部变动情况等内容，为企业存史、资政、育人、交流等提供了可信的依据。这套系统、完整的中国石油组织史资料，既丰富了石油企业的历史资料，又增添了国家的工业企业史资料，不仅为组织人事、史志研究、档案管理等部门的有关业务提供了诸多便利，而且为体制改革和机构调整提供了历史借鉴。

编纂《中国石油组织史资料》（1949—2013），得到了中国石油天然气集团公司领导和编纂工作领导小组以及各涉编单位的重视和指导。本书分别呈送中国石油天然气集团公司周吉平等现任领导和王涛、马富才、陈耕等离退休老领导进行审阅，收集和采纳了他们许多宝贵的意见和建议。编纂工作之所以能够顺利完成，也是有关部门和单位共同协助的结果，人事部总经理单昆基、刘志华对编纂工作全过程给予了大力支持和具体指导，人事部各处都落实有专人配合，提供全力支持；办公厅在办公场所、档案查阅等方面给予了密切配合和帮助，石油工业出版社为该项工作专门成立了领导小组，并配备和抽调了一批精兵强将参与编纂。各涉编单位不辞辛苦，为本书提供了包括文字叙述、领导名录、大事纪要、文件依据等大量基础性资料。在本丛书第一卷的档案查阅和资料征集过程中，还得到了中央档案馆和中国石油化工集团公司人事部、中国海洋石油总公司人力资源部等单位的大力支持和无私帮助。作为石油工业发展历史的见证者，许多长期从事和热爱组织人事、企业管理以及史志出版研究工作的老专家、老同志都非常关心和支持编纂工作，也积极主动为本书提供了大量素材和资料。总部卷编纂组人员在时间紧、任务重的情况下，怀着对历史、对后人负责的高度责任心和对石油事业的浓厚感情，按照编纂领导小组提出的精准、精编、精品的要求，加班加点，任劳任怨，一丝不苟，辛勤耕耘，按时、保质地完成了编纂任务。

本丛书由单昆基、刘志华任执行主编。编纂办公室由张昌寰、白广田、周家尧负责统筹协调和指导，由白广田具体负责整体编纂方案设计、技术规范制定和总部卷、企业卷全套丛书的编纂组织工作，由王昕具体负责编辑部的日常管理和全套丛书的出版协调工作。本丛书总部卷编纂组由白广田负责总编纂、总统稿和综述、前言总纂稿，由孙万安、齐治欣、郭光明、张建华牵头负责初纂组织和分卷统稿，由于晓飞、董凤霞、徐涛、王一端具体负责分卷编纂和文字统稿。本书第一卷分别由张建华（上册）、徐涛（中册）、齐治欣（下册）负责组织编纂，由李廷璐、鲜于文晶、王海英任责任编纂，张洪国、王晓平、吴雁荣、石军、白丽任常务编辑；第二卷由孙万安、郭光明负责组织编纂，周勇任责任编纂，于晓飞、刘浩、尚桂秋任常务编辑；第三卷（上下册）由白广田、董凤霞负责组织编纂，武晓达、李廷璐任责任编纂，于晓飞、马乾钧、袁媛、李怀志、卢晓东任常务编辑；附卷一和附卷二由孙万安、郭光明、张建华、王晓平、吴雁荣负责初纂，由周勇、王海英、鲜于文晶、武晓达、李廷璐负责编纂，由白广田、于晓飞、董凤霞负责总纂。全书排版、图表制作、文书管理分别由常务编辑邢军、刘浩、杜昕负责。参与总部卷编辑编务工作的还有：于维海、候瑞华、宋艳钊、宗德、朱明、张丽东、郑岩、曾路、曹月、王子云、任宏伟、梁保伟、刘巍、何晓东、曲子洲、闫好强、刘晓芳、潘煜斌、张万莉、孙树红、朱晨喆、龚志康、职丽枫、何波、刘玉娟、王强、任洁江、绳德芳等。

为加强编纂统稿工作，后期还邀请了一批近年来刚从岗位上退下来、较为熟悉干部人事工作和石油工业发展情况的老同志对书稿进行了分卷统稿和征求意见，他们是（按姓氏笔画排序）：牛瑄、卢思忠、叶东风、兰谊平、许永发、许进军、李友弟、李希文、林传礼、曹政言、裴德海、樊胜利、魏宜清。负责出版和文字统稿的专业编辑有马新福、王金凤、刘文国、李玲、李梅、潘玉全、任洪林、孙喧等。负责提供口碑资料的有尤乃文、孙延祯、金衍泰、贾金会、高喜发、曹炳炎等离退休老同志。各涉编单位编纂组人员负责整理上报了本单位征集资料。中国石油化工集团公司戴锭、钟文标和中国海洋石油总公司唐代治、徐晓武分别组织协调提供了国家部委时期石化企业和海洋企业的资料。

为编纂好本套丛书，在编写各卷卷首综述和卷末附录附表过程中参考了大量文献资料。如历年中国石油《年鉴》、《年报》、《社会责任报告》、《石油工业统计年报》、《人事劳资统计年报》和《中国工业五十年》、《当代中国的石油工业》、《百年石油》、《中国石油工业经济若干问题回顾与思考》、《中国石油通史》、《中国油气田开发志》、《中国海洋石油总公司志》、《石油教育》、《康世恩传》、《李聚奎传》、《余秋里传》和《世纪大庆》等。由于篇幅所限，不再一一列示。

值此《中国石油组织史资料》（1949—2013）出版之际，谨向对该套丛书编纂工作给予支持和帮助的所有单位和人员表示衷心的感谢。

60多年来，由于中国石油组织机构沿革错综复杂，人事更迭频繁，早期有些文献资料和人事档案保存不够完整，有些档案分散在全国各地查找非常困难，有些机构设置和干部任免手续也不尽完备，加之编纂者水平有限，虽经一再努力，书中内容难免有错漏之处，恳请读者批评指正。按照中共中央组织部关于“十三大以后的组织史资料要继续编下去，而且要把它作为组织部门的一项经常性业务”的要求和集团公司有关编纂文件规定，集团公司总部及各企事业单位今后每年都要进行企业组织史资料的征集，并每五年统一续编一次。届时，错漏之处一并修正。

编纂办公室联系方式

地址:北京市东直门北大街9号中国石油天然气集团公司人事部综合处
邮编：100007
电话：010-59984913　传真：010-62095679
电子邮箱：rsbzhc@cnpc.com.cn

编辑部联系方式

地址：北京市朝阳区安华里二区1号楼石油工业出版社
邮编：100011
电话：010-62067197　64523611　64523616
电子邮箱：cnpczzs@cnpc.com.cn

《中国石油组织史资料》编纂办公室

2014年11月

图书在版编目（CIP）数据

中国石油组织史资料. 附卷一：全2册/中国石油天然气集团公司人事部，中国石油天然气集团公司办公厅编.—北京：石油工业出版社，2014.12

ISBN 978-7-5183-0544-5

Ⅰ. 中…

Ⅱ. ①中… ②中…

Ⅲ. 石油企业—工业企业管理—史料—中国

Ⅳ. F426.22

中国版本图书馆CIP数据核字（2014）第288457号

中国石油组织史资料　附卷一（1949—2013）

中国石油天然气集团公司人事部
中国石油天然气集团公司办公厅　编

责任编辑：王海英　鲜于文晶

责任校对：李适芝

出版发行：石油工业出版社

（北京安定门外安华里2区1号　100011）

网　址：www.petropub.com

编辑部：（010）64523616

印　　刷：北京中石油彩色印刷有限责任公司

2014年12月第1版　2014年12月第1次印刷

787×1092毫米　开本：1/16　印张：65.25

字数：1070千字

定价：300.00元（全2册）